칼빈
주석

요한복음

**칼빈
주석**

라 틴 어 원 전 완 역 본

요한복음

박 문 재 옮 김

18

IOANNIS CALVINI COMMENTARII

크리스찬
다이제스트

헌사 獻辭

충심으로 존경하는 제네바 시의 모든 고명하신 장관님들과 시의회 의원님들, 그리고 재판장님들께, 요한 칼빈은 주께서 여러분에게 지혜와 능력의 영을 주셔서 모든 정사(政事)를 잘 감당하여 형통케 하여 주시기를 기도합니다.

나그네들을 따뜻하게 영접하는 자비로운 일을 마치 자기에게 행한 일처럼 여겨 주실 정도로 높이 평가하신 그리스도의 말씀을 기억할 때마다, 나는 그리스도께서 여러분의 도시를 한두 사람의 안식처가 아니라 자신의 교회 전체의 안식처로 삼으신 놀라운 영광을 여러분께 주시기를 기뻐하신 일을 떠올리게 됩니다. 이교도들 사이에서는 나그네들을 대접하는 일은 언제나 칭찬받는 일이었고, 더 나아가 최고의 미덕들 중의 하나로 여겨져 왔습니다. 그래서 그들은 어떤 사람들을 아주 저질스럽게 야만적이고 미개한 자들이라고 비난하고 싶을 때에 '악세누스'(ἀξένους, "나그네를 대접할 줄 모르는 자")라는 표현을 사용했습니다. 이 소란하고 참담한 격동의 시기에 주님께서 여러분을 세우셔서, 적그리스도의 신성모독적인 잔혹한 폭정(暴政)으로 인해서 자신의 고국에서 추방당하여 쫓겨난 경건하고 무죄한 자들을 안전하게 보호해 주는 일을 감당하게 하신 것을 생각할 때, 여러분은 지극한 칭송을 받아 마땅합니다. 뿐만 아니라, 주님께서는 여러분 가운데에서 거룩한 처소를 자신에게 봉헌하게 하셔서 순전한 예배가 드려질 수 있게 하셨습니다. 이 두 가지를 조금이라도 공공연히 침탈하거나 은밀하게 여러분에게서 빼앗아 버리고자 하는 자가 있다면, 그는 여러분의 도시에서 최고의 보석을 없애서 이 도시를 망쳐 놓고자 하는 자일 뿐만 아니라, 이 도시가 잘 되는 것을 시기하여 악의적인 눈으로 바라보는 자일 것입니다. 여러분이 여기에서 그리스도와 그의 흩어진 지체들을 위하여 행하고 있는 경건한 섬김의 일로 인해서 저 불경건한 개들이 짖어댄다고 할지라도, 하늘에서는 천사들이, 그리고 이 세상에서는 도처에서 하나님의 자녀들이 여러분을 위하여 복을 빌어줄 것이기 때문에, 그것이 여러분에게 충분한 보상이 될 것입니다. 그러므로 여러분은 신앙도 없고 수치심도 없는 그들이 마음 내키는 대로 토해내고 있는 여러분에 대한 저 추악한 비방을 담대하게 무시하는 것이 마땅합니다. 그들은 여러분을 비방하는 것 같지만, 사실은 하나님을 모독하고 있는 것입니다. 그들의 그런 비방이 여러분에 대한 많은 사람들의 분노와 적대감을 불러일으킨다고 할지라도, 여러분은 거기로부터 생겨날 그 어떤 위험에 대해서 염려하거나 두려워할 이유가 없습니다. 왜냐하면, 자신의 복음의 가르침이 자리 잡고 있고 세상이 감당할 수 없는 경건한 자들의 거처가 되어주는 도시들을 지켜주는 신실한 수호자가 되어주시겠다고 약속하신 주님의 보호하시는 손길이 그들의 분노를 막아주실 것이기 때문입니다. 나는 그런 부류의 원수들을 달래거나 그들과 화해하기 위한 여러분의 노력이 불필요하다고 말하는 것이 아닙니다. 왜냐하면, 복음 이외의 다른 이유들로 인해서 여러분이 망하거나 잘못되기를 바라지 않는 자가 단지 복음으로 인하여 여러분을 적대시하는 일은 없기 때문입니다. 그러나 설령 여러분이 올바른 가르침을 옹호한다는 이유만으로 복음의 대적들이 여러분을 미워한다고 할지라도, 여러분은 그들의 음모와 위협들을 무시하고서, 그리스도께서 여러분의 날개 그늘 아래 두신 교회를 보호해야 하는 경건한 직무와 순전한 신앙을 장려하는 일, 이 두 가지 난공불락의 보루를 단호히 지켜나가야 합니다.

　교황이 고용한 나팔수들은 우리가 교황청과 불화하여 결별했다는 이유로 배교(背敎)하고 교회를 떠났다고 비방하지만, 나는 우리가 그들이 우리를 비난할 때에 습관적으로 들고 나오는 저 죄목(罪目)이 얼마나 터무니없는 것인지를 얼마든지 쉽게 증명할 수 있는 것은 물론이고, 우리가 저 더러운 시궁창으로부터 최대한 멀리 떨어져 있다는 것을 하나님과 천사들 앞에서 온전한 확신 가운데서 증언할 수 있기를 바랍니다. 그들은 율법과 복음의 "보편적인" 가르침 가운데서 그 어떤 부분도 순전하게 남겨놓지 않고 모두 다 훼손하고 더럽혔으며, 온갖 더러운 미신(迷信)들로 하나님에 대한 예배 전체를 모독하고, 하나님의 모든 규례들에 자기들이 고안해 낸 것들을 뒤섞어서 혼잡케 하는 일도 서슴지 않아 왔으면서도, 자신들이 "가톨릭교회," 즉 보편 교회라고 자랑합니다. 아니, 그들은 교회를 수백 번도 더 파괴하고 삼켜 버리고도 남을 정도로 엄청나게 많은 오류들을 "보편적으로" 들여와서 기독교 신앙 전체를 뒤엎어 버렸습니다. 그러므로 우리로 하여금 저 멸망의 소용돌이에서 기적적으로 빠져나와서 하나님의 견고하고 영원한 진리에 믿음의 닻을 내리게 하신 하나님의 한량없으신 선하심을 우리는 그 어떤 고상한 말로도 다 찬양할 수 없습니다. 나는 이 요한복음 주석이, 교황 제도가 사탄의 무수한 속임수들로부터 탄생한 괴물일 뿐이고, 그들이 교회라고 부르는 것은 바벨론보다 더 난잡한 곳임을 분명하게 보여주는 증언이 되기를 소망합니다.

그렇지만 전염된 범위가 너무 광범위하게 퍼져 있는 까닭에, 우리가 저 더러운 시궁창에서 아직 충분히 벗어나 있지 않다는 것은 사실이고, 나는 그 점을 솔직하게 인정합니다. 적그리스도는 우리가 자기를 배신하고 떠났다고 불평하지만, 그가 온 세상에 전염시킨 저 무수한 악(惡)들이 우리 가운데 여전히 남아 있어서, 우리는 신음하고 괴로워할 수밖에 없습니다. 하나님의 은혜로 말미암아, 순전한 가르침, 흠 없이 온전한 신앙, 하나님에 대한 순전한 예배, 성례전의 올바른 시행은 그리스도께서 우리에게 전해 주신 그 모습으로 회복되었습니다. 그러나 우리로 하여금 생활과 행실의 변화를 이루어내지 못하게 방해하는 가장 주된 원인은 상당히 많은 사람들이 교황주의자들이 하나님의 명령을 거슬러서 부추겼던 저 고삐 풀린 방종한 삶을 연연해하며 그리스도의 멍에를 낯설어 한다는 것입니다. 따라서 우리의 원수들이 무지한 자들 사이에서 우리에 대한 근거 없는 적대감을 불러일으키기 위해서, 우리가 교회의 모든 치리(治理)를 무너뜨렸다고 분노하며 소리칠 때, 그들의 중상모략이 옳지 않다는 것은 비록 우리가 아무런 말을 하지 않아도 다음과 같은 단 한 가지 사실, 즉 많은 사람들이 우리가 지나치게 엄격한 것이 아니냐고 생각할 정도로 우리 내부에서의 치리(治理)가 그 엄격성에 있어서 경쟁상대가 없다는 사실에 의해서 충분히 증명되고도 남습니다. 그러나 나나 내 동역자들이 마땅히 필요한 정도, 아니 꼭 취하지 않으면 안 되는 정도 이상으로 엄격하거나 가혹하지 않다는 것은 여러분이 가장 잘 증언해 주실 수 있는 까닭에, 우리는 여러분의 양심에 따른 결정에 기꺼이 승복할 것이고, 여러분은 이 문제에 있어서 우리의 원수들이 우스꽝스러울 정도로 너무나 뻔뻔스럽다는 것을 한 눈에 쉽게 아실 것입니다.

이제 나의 개인적인 문제에 대해 말씀드리고자 합니다. 내가 이 교회를 어떻게 가르쳐 왔는지에 대해서는 나의 많은 저술들이 온 세상을 향한 충분한 증언이 될 것이라고 믿지만, 나는 여러분의 이름을 이 책에 기록해서 특별한 기념으로 남긴다면, 이 책이 더욱 가치 있게 될 것이라고 생각해 왔습니다. 여러분이 아시다시피, 내가 가르쳐 온 것과 같은 가르침을 모든 사람이 볼 수 있게 하는 것은 꼭 필요한 일입니다. 나의 바람은 여러분과 여러분이 책임지고 있는 사람들이 제가 죽은 뒤에도 지금까지 출간된 나의 모든 책들에서 유익을 얻을 수 있게 하는 것입니다. 그런데 여러분의 도시에서 시작되어 다른 나라들로 퍼져나간 이 가르침이 도처에서 열매를 맺고 있는데도, 정작 원조(元祖) 격인 이 도시에서 무시되는 일이 벌어진다면, 그것은 참으로 있어서는 안 될 일일 것입니다. 그렇지만 나는 특별히 여러분에게 헌정된 이 요한복음 주석이 여러분의 기억 속에 확고하게 자리를 잡게 될 것이라고 확신합니다. 그러므로 나는 하나님께서 자신의 손가락으로 여러분의 마음에 이 주석을 아주 깊이 새겨 주셔서, 사탄의 그 어떤 술수에 의해서도 결코 지워지지 않게 해주시기를 기도합니다. 왜냐하면, 하나님께서는 지금까지 내게 오직 여러분 모두의 구원을 위해 신실하게 애쓰는 것 외에는 그 어떤 것도 바라지 않는 마음을 주신 까닭에, 이제 나의 수고를 형통케 하시는 것은 오직 하나님께 달려 있기 때문입니다. 나는 선한 목자라는 직분의 위대함과 탁월함에 걸맞은 성실함이나 그 밖의 다른 덕목들과는 거리가 먼 자라는 것을 온 세상 앞에서 솔직하게 고백하고, 나의 달려갈 길을 가로막았던 많은 죄들을 생각하며 하나님 앞에서 끊임없이 슬퍼합니다. 그러나 나는 충성되고 진실하고자 했다는 것만큼은 감히 자신 있게 말씀드릴 수 있습니다. 저 악한 자들이 나를 괴롭히는 일을 그치지 않는다면, 그들의 비방을 잘 반박해내는 일은 나의 몫이듯이, 여러분에게 부여된 저 신성한 권세로 그 비방을 억제하는 것은 여러분의 몫입니다. 그리스도 안에서 존경하는 고명하신 장관님들과 의원님들, 그리스도께서 여러분을 지켜주시기를 기도하며 작별인사를 고합니다.

1553년 1월 1일 제네바에서

요한복음의 주제

"복음"을 뜻하는 헬라어가 무엇을 의미하는지는 잘 알려져 있다. 성경에서 "복음"은 다른 무엇보다도 우리에게 세상 및 그 덧없는 부귀영화와 쾌락들을 멸시하고서 저 비할 바 없는 복을 온 마음으로 바라다가 그 복이 우리에게 제시되었을 때에 즉시 받아드리라고 가르치기 위하여 그리스도 안에서 우리에게 계시된 은혜에 관한 기쁘고 즐거운 소식(nuntio)을 가리킨다. 우리가 속된 자들에게서 보는 모습, 즉 영적인 복들에 대한 지각(知覺)이 거의, 아니 전혀 없이 세상의 헛된 쾌락들을 무절제하게 즐기는 모습은 우리 모두의 타고난 속성이다. 그러므로 그러한 악(惡)을 바로잡기 위해서 하나님께서는 그리스도에 관하여 선포하라고 명하신 메시지에 특별히 "복음"이라는 이름을 부여하셔서 구별하셨다. 이런 식으로 하나님께서는 우리에게 다른 곳에서는 참되고 온전한 행복을 얻을 수 없고, 오직 하나님 안에서만 우리가 복된 삶을 구성하는 모든 부분들을 온전하게 가질 수 있다는 것을 일깨워 주신다.

어떤 이들은 "복음"이라는 단어를 율법과 선지자들의 글 속에 산재해 있는 하나님의 모든 은혜의 약속들에도 적용할 수 있다고 여긴다. 사실, 하나님께서 사람들과 화해하시고 그들의 죄를 사해 주시겠다고 말씀하실 때마다 그리스도를 나타내시는 것임을 우리는 부인할 수 없다. 왜냐하면, 그리스도의 고유한 직무는 그가 어디에서 빛을 발하시든 바로 그곳에서 기쁨의 광선을 널리 퍼뜨리시는 것이기 때문이다. 그러므로 나는 값없이 주어지는 구원에 대한 믿음에 관한 한 조상들도 우리와 동일한 복음에 참여한 자들이었다는 것을 인정한다. 그러나 그리스도께서 오셨을 때에 비로소 처음으로 복음이 선포되었다는 것이 성경에 나타난 성령의 일반적인 선언이기 때문에, 우리도 그러한 표현방식을 따라야 할 것이고, 아울러 내가 앞서 제시한 바 있는 복음에 대한 정의(定義), 즉 복음은 그리스도 안에서 계시된 은혜에 관한 공식적인 선포라는 정의를 따라야 할 것이다. 하나님께서는 복음 속에서 자신의 의(義)를 나타내시기 때문에, 복음은 "모든 믿는 자에게 구원을 주시는 하나님의 능력"(롬 1:16)이라고도 불리고, 하나님께서 복음으로 말미암아 사람들로 하여금 자기와 화목하게 하신다고 해서 "사신(使臣)"(고후 5:20)이라고도 불린다. 또한, 그리스도께서는 우리를 향한 하나님의 긍휼하심과 아버지로서의 사랑에 대한 보증(保證)이시기 때문에 복음의 주제가 되시기에 합당하다.

그런 까닭에, 특히 그리스도께서 육신을 입고 나타나셔서 죽으셨다가 죽은 자 가운데서 다시 살아나시고 마침내 승천하신 것을 다룬 기사(記事)들이 "복음"이라는 이름을 얻게 되었다. 우리가 앞에서 말한 이유로 인해서 "복음"이라는 단어는 신약(新約)을 의미하는 것이었지만, 관행적으로는 제유법(提喩法)을 통해서 신약 중에서도 그리스도께서 육신을 입으시고 우리에게 나타나셔서 죽으셨다가 죽은 자 가운데서 다시 살아나신 것을 말하고 있는 부분을 가리키는 용어로 사용되어 왔다. 그러나 단순한 역사적 기사(記事) 자체는 우리에게 구원을 가져다주기에 충분하지 않을 뿐더러, 사실 아무런 유익도 없을 것이었기 때문에, 복음서 기자들은 단지 그리스도께서 태어나시고 죽으셨다가 죽음을 이기셨다는 것만을 보도하는 것이 아니라, 어떤 목적을 위해서 그리스도께서 태어나시고 죽으셨다가 다시 살아나셨는지, 그리고 우리가 그러한 사건들로부터 어떤 유익을 얻게 되는지에 대해서도 설명한다.

그렇지만 복음서 기자들 사이에서도 서로 차이가 존재한다. 즉, 다른 세 복음서 기자들은 그리스도의 삶과 죽음에 관한 기사(記事)를 더 풍부하게 보도하는 반면에, 요한복음 기자는 그리스도의 직분 및 그의 죽음과 부활의 능력을 설명하고 있는 가르침(doctrina)에 더 많은 중점을 둔다. 물론, 다른 세 복음서 기자들도 그리스도께서 자신의 죽음의 제사를 통해서 세상의 죄를 속(贖)하셔서 세상에 구원을 가져다주시기 위하여 오셨다는 것, 즉 간단히 말해서 중보자에게 요구된 모든 일을 행하시기 위하여 오셨다는 것을 언급하지 않는 것이 아니고, 요한복음 기자도 역사적인 서술에 일정 분량을 할애한다. 그러나 그리스도의 오심과 관련된 능력과 유익을 우리에게 보여주는 가르침은 다른 세 복음서 기자들보다 요한복음 기자에게서 훨씬 더 분명하게 드러난다. 복음서 기자들은 모두 다 그리스도를 보여준다는 동일한 목적을 가지고 있었지만, 비유적으로 말하자면, 다른 세 복음서 기자는 그리스도의 몸(corpus)을 보여주고, 요한복음 기자는 그리스도의 영혼(anima)을 보여준다. 그런 까닭에, 나는 요한복음이 나머지 세 복음서를 이해하기 위한 문(門)을 여는 열쇠라고 말하곤 한다. 왜냐하면, 요한복음에 생생하게 묘사된 그리스도의 능력을 이해한 사람은 나중에 다른 세 복음서가 "계시된 구속주(救贖主)"에 관하여 보도하는 내용을 좀 더 수월하게 읽을 수 있게 될 것이기 때문이다.

요한은 특히 에비온파와 케린투스파의 불경스러운 신성모독들에 맞서서 그리스도의 신성(神性)을 옹호하고자 하는 의도로 복음서를 쓴 것으로 믿어지는데, 에우세비우스(Eusebius)와 히에로니무스(Hieronymus)가 옛 사람들의 공통된 견해를 근거로 해서 그렇게 말하고 있다. 그러나 요한이 복음서를 쓸 당시에 어떤 동기나 이유를 가지고 있었든지 간에, 하나님께서 자신의 교회에 훨씬 더 큰 유익을 주시기 위해서 그렇게 하셨다는 것은 의심의 여지가 없다. 하나님께서는 네 복음서 기자에게 각자가 써야 할 부분을 쓰게 하시고, 사복음서 전체가 하나의 완전한 작품이 되게 하셨다. 그러므로 사복음서를 서로 연결시키고 통합해서 사복음서가 마치 한 입에서 나오는 것처럼 우리를 가르치게 하는 것은 이제 우리의 몫이다. 요한복음은 시간상으로 네 번째로 기록되었기 때문에 순서상으로 네 번째에 놓이게 된 것이지만, 사복음서를 읽을 때에는 다른 순서로 읽는 것이 더 유익하다. 즉, 우리가 마태복음을 비롯한 다른 세 복음서에서 아버지 하나님께서 우리에게 그리스도를 주신 것에 관한 기사(記事)를 읽고자 한다면, 먼저 요한복음을 읽어서 그리스도께서 나타나신 목적이 무엇이었는지를 아는 것이 더 유익하다는 것이다.

제1장

¹태초에 말씀이 계시니라 이 말씀이 하나님과 함께 계셨으니 이 말씀은 곧 하나님이시니라 ²그가 태초에 하나님과 함께 계셨고 ³만물이 그로 말미암아 지은 바 되었으니 지은 것이 하나도 그가 없이는 된 것이 없느니라 ⁴그 안에 생명이 있었으니 이 생명은 사람들의 빛이라 ⁵빛이 어둠에 비치되 어둠이 깨닫지 못하더라(1:1-5).

 1. **태초에 말씀이 계시니라.** 복음서 기자가 이 서문에서 그리스도의 영원한 신성(神性)을 선언하는 것은 그리스도가 "육신으로 나타난 바 되신"(딤전 3:16) 영원하신 하나님이시라는 것을 우리에게 가르치기 위한 것이다. 그리고 이 가르침의 목적은 인류의 회복이 오직 하나님의 아들에 의해서 이루어져야 했다는 것을 보여주는 것이다. 왜냐하면, 만물이 그의 능력으로 말미암아 창조되었고, 오직 그만이 모든 피조물들 속에 생기(生氣)를 불어넣으셔서 그 피조물들이 계속해서 존재하게 하실 뿐만 아니라, 특히 사람들 속에 그의 능력과 은혜를 보여주는 특별한 증거를 두셨고, 심지어 아담의 타락과 배역(背逆) 이후에도 그 후손들에 대하여 너그러우심과 인자하심을 그치지 않으셨기 때문이다. 이 가르침을 아는 것은 필수적이다. 왜냐하면, 하나님을 떠나서는 우리가 결코 생명과 구원을 얻을 수 없는데, 여기에서 가르치고 있는 것을 확실하게 알지 못한다면, 우리의 믿음은 그리스도라는 터 위에 확고하게 세워질 수 없게 될 것이기 때문이다. 그러므로 이 구절을 통해서 복음서 기자는 우리가 그리스도를 믿을 때에, 그것은 유일하시고 영원하신 하나님을 떠나거나 버리는 것이 아니라는 것, 그리고 사람의 본성이 아직 타락되지 않았을 때에 생명의 원천이자 근원이셨던 바로 그 그리스도의 인자하심으로 말미암아 지금 생명이 죽은 자들에게 회복되고 있는 것임을 증언한다. 내가 보기에, 여기에서 복음서 기자가 하나님의 아들을 "말씀"(sermo)이라 부르는 이유는 먼저 그는 하나님의 영원하신 지혜(sapientia)이자 의지(voluntas)이시기 때문이고, 다음으로는 그가 하나님의 계획(consilium)을 분명하게 나타내신 형상(形象)이시기 때문이다. 사

람들에게 있어서 말은 생각을 나타내는 것이다. 이것을 하나님에 대하여 적용해서, 하나님은 자신의 "말씀"을 통해서 자기 자신을 우리에게 나타내신다고 말하는 것은 결코 부적절하지 않다. 헬라어 '로고스'의 그 밖의 다른 의미들은 여기에 적합하지 않다. '로고스'라는 단어에는 "정의," "이성," "헤아림"이라는 의미도 있는 것은 분명하지만, 나는 내 믿음의 분량을 넘어서서 철학적인 논쟁을 하고 싶지는 않다. 우리는 하나님의 성령이 그러한 교묘한 논쟁들을 결코 인정하지 않으실 뿐만 아니라, 우리에게 드문드문 말씀하시며 많은 부분을 침묵하심으로써 우리가 이 지극한 신비(神秘)들을 얼마나 신중하고 진지하게 다루어야 마땅한지를 오히려 큰 소리로 외치고 계시는 것을 본다. 게다가, 하나님은 세상을 창조하실 때에 이 "말씀"을 통해서 자신을 계시하신 것인 까닭에, 그 이전에 말씀은 하나님 안에 감추어져 있었다. 따라서 말씀과 관련해서 두 가지 관계가 존재하는데, 하나는 하나님에 대한 관계이고, 다른 하나는 사람들에 대한 관계이다. 오만방자하기 짝이 없는 스페인 출신의 악당인 세르베투스(Servetus)는 하나님이 세상을 창조하실 때에 이 영원한 말씀이 모습을 드러내었고, 바로 그 때에 비로소 존재하기 시작한 것이라는 날조된 주장을 펴서, 마치 이 말씀의 능력이 외적인 활동에 의해서 드러나기 전에는 이 말씀이 존재하지 않았다는 듯이 말한다. 하지만 복음서 기자가 여기에서 가르치고 있는 것은 그런 주장과는 판이하게 다르다. 왜냐하면, 그는 말씀을 시간이 시작된 때와 결부시키는 것이 아니라, "태초에 말씀이 계셨다"고 함으로써 모든 시간을 초월하여 말씀이 존재하셨다고 말하고 있기 때문이다. 나는 이 개가 어떻게 짖고 있는지, 그리고 옛적에 아리우스파가 어떤 궤변을 늘어놓았는지를 알고 있다. 즉, 그들은 "태초에 하나님이 천지를 창조하시니라"(창 1:1)는 말씀 속에서 하나님은 영원하지 않은 "천지"를 창조하신 것이기 때문에 "태초"라는 단어는 영원(aeternitas)이 아니라 시간적 순서(ordo)를 가리키는 것이라고 주장한다. 그러나 복음서 기자는 "이 말씀이 하나님과 함께 계셨으니"라고 말함으로써 그러한 궤변이 들어설 여지를 아예 처음부터 차단하고 있다. 만약 그들의 주장대로, 말씀이 시간상의 어느 시점에서 존재하기 시작한 것이라면, 그들은 하나님과 관련해서도 일련의 시간이 존재한다는 것을 밝혀내어야 한다. 그러나 분명한 것은 요한이 이 구절을 통해서 하나님을 모든 피조물로부터 구별하고자 했다는 것이다. 여기에서 많은 의문들이 생겨날 수 있었다. 이 말씀은 어디에 있었던 것인가? 이 말씀은 어떤 식으로 자신의 능력을 행하였던 것인가? 이 말씀의 본질은 무엇이었는가? 이 말씀은 어떻게 해서 알려질 수 있었던 것인가? 그래서 복음서 기자는 이 말씀은 세상이 존재하기 이전부터 늘 하나님과 연합된 가운데 존재하셨기 때문에 세상 및 피조물들 속에 묶여 있는 것이 아니라고 선언한다. 그러므로 "태초"라는 단어가 "천지"가 창조된 시점을 가리키는 것이라고 주장하는 자들이 있다면, 그들은 요한이 이 구절을 통해서 명시적으로 선언하고 있는 것을 무시하고서, 그리스도를 세상의 질서(ordo)에 종속시키고 있는 것이 아니면 무엇이겠는가? 그들이 그렇게 하는 것은 하나님의 아들만이 아니라, 그 아들의 영원하신 아버지이신 하나님까지 심하게 욕보이고, 하나님에게서 그 지혜를 빼앗아 버리는 것이다. 지혜가 없으신 하나님을 상상하는 것 자체가 잘못된 것이라면, 우리는 이 말씀의 기원을 하나님의 영원하신 지혜가 아닌 다른 어떤 것에서 찾아서는 안 된다는 것을 인정하여야 한다.

세르베투스는 모세가 하나님이 말씀하신 것으로 소개하기 전까지는 말씀은 인식될 수 없었다는 반론을 제기한다. 이것은 마치 말씀이 공공연하게 드러내서 알려지지 않았기 때문에 하나님 안에서도 결코 존재하지 않았다는 듯이, 즉 안에 존재하고 있었더라도 밖으로 나타나기 전까지는 결코 존재한 것이 아니라는 듯이 말하는 것이다. 그러나 복음서 기자는 "이 말씀이 하나님과 함께 계시니라"고 단호하게 선언함으로써, 이런 유의 터무니없는 정신 나간 주장이 들어설 여지를 아예 없애 버린다.

여기에서 미완료 시제의 동사가 사용되었다는 것을 근거로 말씀이 일정 기간 동안 지속적으로 존재해왔다는 결론을 이끌어 내는 자들은 그 논거가 희박하다. 그들은 완료시제보다 미완료 시제가 지속적인 상태를 표현하는 데에 더 적합하였기 때문에 요한이 미완료 동사를 사용한 것이라고 말한다. 그러나 이러한 중요한 문제를 다룰 때에는 더 확고한 논거들이 있어야 하는데, 사실 우리는 내가 앞에서 제시한 논거, 즉 복음서 기자는 우리를 하나님의 가장 은밀한 영원한 지성소 속으로 데려가서, 거기에서 우리로 하여금 말씀이 세상이라는 외적인 구조물 가운데에 자신을 나타내시기 전에 이미 그 지성소에 계셨다는 것을 배우게 하고자 하였다는 논거야말로 아주 충분한 논거라는 것을 받아들이는 것이 마땅하다. 따라서 아우구스티누스(Augustinus)가 여기에 나오는 "태초"는 "시작"이 없는 "태초"라는 것을 일깨워준 것은 지극히 옳다. 왜냐하면, 성부 하나님은 순서상으로 자신의 지혜 이전에 이미 존재하셨지만, 하나님이 자신의 지혜 이전에 존재하셨던 특정한 시점(時點)을 생각하는 것은 하나님에게서 그에게 합당한 영광을 빼앗는 것이기 때문이다. 이것이 성자의 영원한 출생(aeterna generatio)이다. 즉, 성자는 창세 전에 무한한 시간 동안 하나님 안에 감추어져 계셨고, 율법 아래에서는 족장들에게 희미하게 그 존재를 드러내셨다가, 마침내 육신으로 더 온전히 나타나셨다는 것이다.

나는 라틴어 역본들이 왜 헬라어 '호 로고스'(ὁ λόγος, "말씀")를 라틴어 '베르붐'(Verbum)으로 번역했는지가 의아하다. 왜냐하면, '베르붐'이라는 단어는 헬라어 '토 레마'(τὸ ῥῆμά)의 역어(譯語)로 더 적합하였을 것이기 때문이다. 그들이 그렇게 한 데에는 그럴 만한 이유가 있고, 그렇게 번역하는 것이 어느 정도 일리가 있다고 할지라도, 우리는 '호 로고스'를 라틴어 '세르모'(Sermo)로 번역하는 것이 훨씬 더 적절하였으리라는 사실을 여전히 부인할 수 없다. 이것으로부터 분명해지는 것은 에라스무스(Erasmus)가 이 구절의 한 단어를 더 나은 역어로 바꾸었다는 이유로, 소르본 학파의 가톨릭 신학자들이 그를 끈질기고 혹독하게 괴롭힌 것은 야만적인 폭압(暴壓)이었다는 것이다.

이 말씀이 하나님과 함께 계셨으니. 우리는 복음서 기자가 하나님의 아들이 이런 식으로 세상과 모든 피조물을 초월해 계신다는 것과 모든 시간 이전에 존재하셨다는 것을 선언하고 있다는 것에 대해서는 이미 말한 바 있다. 그런데 그것과 아울러서 여기에서 이 구절은 하나님의 아들에게는 성부 하나님과는 구별되는 '휘포스타시스'(ὑπόστασις), 즉 "위격(位格)"을 지니고 계시는 것으로 묘사한다. 왜냐하면, 만약 말씀이 하나님 안에서 어떤 종류의 자신만의 고유한 존재를 지니고 있지 않는데도, 복음서 기자가 이 "말씀이" 늘 "하나님과 함께 계셨다"고 말한 것이라면, 그것은 앞뒤가 맞지 않는 말이 되고 말 것이기 때문이다. 그러므로 이 구절은 사벨리우스(Sabellius)의 오류를 반박하고 있는 셈이다. 왜냐하면, 이 구절은 성자가 성부와 구별되어 존재한다는 것을 보여주기 때문이다. 나는 이미 우리가 이러한 신비들을 다룰 때에는 신중하고 조심스럽게 생각하고 말을 아껴야 한다는 것을 지적한 바 있다. 그러나 옛적에 교회의 저술가들이 이단들의 교묘하고 모호한 궤변들에 맞서서 바르고 순전한 가르침을 지켜내기 위해서 결국 성경에서 가르치고 있는 내용들을 다른 식으로 표현한 몇몇 단어들을 만들어 낼 수밖에 없었던 것은 충분히 용납될 수 있는 일이었다. 그들은 하나님의 하나의 동일한 본질 안에 세 위격(hypostasis 또는 persona)이 존재한다고 말하였다. 이런 의미로 사용된 '휘포스타시스'는 히브리서 1:3에 나오는데, 이 '휘포스타시스'는 힐라리우스(Hilarius)가 사용한 라틴어 '수브스탄티아'(substantia, "실체")에 해당한다. 또한, 그들은 헬라어로 '타 프로소파'(τὰ πρόσωπα), 즉 라틴어로 '페르소나'를 우리의 정신에 인식되는 하나님 안에 존재하는 세 구별된 속성들(proprietas)이라고 정의하였다. 그래서 나지안주스의 그레고리우스(Gregorius Nazianzenus)는 "내 주위에서 빛을 발하시는 세 위격을 생각함이 없이는 한 분 하나님을 생각할 수 없다"고 말하였다.

　　이 말씀은 곧 하나님이시니라.　그리스도의 신적 본질에 대하여 한 치의 의구심도 남겨 놓지 않기 위해서, 복음서 기자는 그리스도가 "하나님"이시라고 분명하게 못을 박는다. 그런데 오직 한 분 하나님이 존재하시는 것이기 때문에, 그리스도는 성부 하나님과 동일한 본질을 지니고 계시기는 하지만, 어떤 점에서 성부 하나님과 구별되어 존재하신다는 결론이 나온다. 이 두 가지 측면 중에서 두 번째 측면에 관해서는 우리가 이미 앞에서 다루었다. 한편, 세 위격 간의 신적 본질의 단일성과 관련해서, 아리우스(Arius)는 그리스도의 영원한 신성(神性)을 인정할 수밖에 없는 상황을 회피하기 위해서, "나는 그런 허구적인 신을 알지 못한다"고 실없는 말들을 늘어놓았다. 그러나 우리로서는 "이 말씀은 곧 하나님이셨다"는 요한의 말을 듣고서, 어떻게 더 이상 그리스도의 영원한 본질에 대하여 의심을 품을 수 있겠는가?

　　2. 그가 태초에 하나님과 함께 계셨고.　앞에서 한 말들이 우리의 마음에 더 깊이 새겨지도록 하기 위하여, 복음서 기자는 1절에서 말한 두 문장을 압축해서 여기에서 짤막한 요약문으로 제시하여, 이 말씀이 늘 계셨고, "하나님과 함께 계셨다"고 선언한다. 따라서 우리는 더욱 여기에 나오는 "태초"가 모든 시간 이전을 의미하는 것임을 알게 된다.

　　3. 만물이 그로 말미암아 지은 바 되었으니.　복음서 기자는 이 말씀이 하나님이시라고 선언하고, 이 말씀의 영원성(永遠性)을 천명한 후에, 이제 여기에서는 이 말씀이 한 일들을 근거로 삼아서 그 신성(神性)을 증명한다. 이것은 우리가 특히 익숙하게 잘 알아두어야 하는 실제적인 지식이다. 왜냐하면, 그리스도께서 하나님이시라는 말을 귀가 따갑게 듣는다고 해도, 우리의 믿음이 그것을 실제로 피부로 느끼지 못한다면, 우리는 냉랭하게 있을 수밖에 없을 것이기 때문이다. 여기에서 복음서 기자는 엄밀하게 말해서 원래 오직 하나님에게만 해당되는 것을 하나님의 아들에게 돌리고 있다. 사실, 바울은 종종 "만물이 하나님에게서 나온다"(롬 11:36)고 오직 하나님만을 언급하고, 성자와 성부를 비교할 때마다 성부 하나님을 통상적으로 이 표지(標識)를 통해서 성자와 구별한다. 따라서 여기에서도 통상적인 표현 방식, 즉 성부께서 성자를 통해서 만물을 지으셨고, 만물은 성자를 통해서

하나님으로 말미암아 지음받았다는 명제가 채택되고 있는 것으로 보인다. 그러므로 앞에서 이미 말했듯이, 복음서 기자의 의도는 세상이 창조된 것은 하나님의 말씀이 처음으로 외적인 활동을 개시한 결과임을 보여주는 것이다. 왜냐하면, 이전에는 말씀의 본질(essentia)이 인식될 수 없는 상태로 있었지만, 세상이 창조되었을 때에, 비로소 그의 능력의 결과물을 통해서 그가 공개적으로 알려지게 되었기 때문이다. 사실, 심지어 철학자들 중에서도 하나님을 세상의 건축가로 보고 그 설계도도 하나님의 계획에서 나온 것이라고 말하는 자들이 있다. 거기까지 그들의 말은 옳다. 왜냐하면, 그들의 그런 말은 성경과 일치하기 때문이다. 그러나 그들은 거기에서 머무르지 않고 즉시 더 나아가 쓸데없는 사변(思辨)들로 빠져 버리기 때문에, 우리가 그들의 증언을 애타게 기다릴 이유는 전혀 없고, 도리어 복음서 기자가 여기에서 선포하고 있는 하늘로부터 주어진 이 말씀이 우리가 이해하고 헤아릴 수 있는 것을 훨씬 뛰어넘는 내용을 전하고 있다는 것을 인정하고서, 겸손히 이 말씀으로 만족하는 것이 마땅하다.

지은 것이 하나도 그가 없이는 된 것이 없느니라. 이 본문에 대한 여러 가지 읽기가 존재하지만, 나로서는 이 구절을 하나의 연속된 문장으로 보아서 "지은 것이 하나도 그가 없이는 된 것이 없느니라"라는 읽기를 택하는 데에 아무런 주저함이 없다. 이 점에 있어서 거의 모든 헬라어 사본들, 또는 적어도 가장 권위 있는 사본들이 일치하고, 게다가 이 읽기를 택할 때에 문맥이 가장 잘 통한다. "지은 것이"라는 어구를 원문에서 앞에 나오는 구절로부터 떼어내서 뒤에 나오는 구절에 붙여서 읽고자 하는 자들이 있지만, 그런 읽기를 택하면, "지은 것이 그 안에서 생명이었다," 즉 지음받은 것들이 말씀 안에서 "살거나" "생명을 부지하였다"는 뜻이 되어서, 그 뜻이 부자연스러워질 뿐만 아니라, 그들은 이런 표현방식이 피조물에 대하여 적용된 예를 성경에서 단 하나도 제시할 수 없을 것이다. 플라톤 철학에 깊이 빠져 있던 아우구스티누스(Augustinus)는 "이데아" 사상에 사로잡혀서, 하나님께서 세상을 창조하시기 전에 자신의 마음 속에 그 전체에 대한 설계도를 지니고 계셨고, 세상을 창조하는 일이 그리스도께 맡겨졌기 때문에, 아직 존재하지 않았던 것들의 생명이 그리스도 안에 있었다고 말한다. 그러나 이런 생각이 복음서 기자의 의도와 얼마나 거리가 먼 것인지를 우리는 곧 알게 될 것이다. 자, 이제 본문으로 돌아가 보자. "지은 것이 하나도 그가 없이는 된 것이 없느니라"는 구절은 얼핏 보면 쓸데없는 군더더기처럼 보이지만, 사실은 그렇지 않다. 왜냐하면, 사탄은 어

떻게 해서든지 뭐든지 그리스도로부터 떼어놓고자 안간힘을 쓰는 까닭에, 복음서
기자는 지음받은 것들 중에서 그 어떤 것도 결코 예외가 될 수 없다는 것을 분명하
게 선언하고자 한 것이기 때문이다.

4. 그 안에 생명이 있었으니. 지금까지 복음서 기자는 하나님의 말씀에 의해서
만물이 창조되었다는 것을 가르쳐 왔지만, 이제 여기에서는 창조된 것들을 보전하
는 일도 하나님의 말씀이 하시는 일로 돌린다. 이것은 세상이 창조될 때에 말씀의
능력이 잠시 나타났다가 곧 사라져 버린 것이 아니라, 그가 "그의 능력의 말씀으로
만물을 붙드시고"(히 1:3) 계시다는 말씀처럼 그 능력이 안정되고 견고한 자연 질
서 속에 드러나 있다고 말하고 있는 것과 같다. 이 생명은, 감정은 없지만 나름대로
의 방식에 따라 살아간다고 할 수 있는 무생물에게도 미치고 있다고 말할 수 있고,
오직 생물들에게만 해당된다고 말할 수도 있다. 하지만 어느 쪽을 선택하느냐 하
는 것은 별로 중요하지 않다. 왜냐하면, 이 구절의 의미는 단지 하나님의 말씀은 모
든 피조물에게 생명의 원천이 되어서 존재하지 않았던 것들이 존재하기 시작하였
을 뿐만 아니라, 하나님의 말씀 안에 있는 생명의 능력이 그 피조물들로 하여금 계
속해서 그들의 상태를 유지하며 살아가게 해주고 있다는 것이기 때문이다. 만약
하나님의 말씀이 계속해서 그 생기를 불어넣어서 이 세상을 살아 움직이게 하지
않는다면, 살아 있는 모든 것들은 즉시 사멸(死滅)되거나 무(無)로 돌아가게 될 것
이다. 한 마디로 말해서, 바울이 "우리가 그를 힘입어 살며 기동하며 존재한다"(행
17:28)고 말하면서 하나님께 돌리고 있는 그 일을 요한은 "말씀"의 은혜로운 역사
(役事, sermonis beneficium)를 통해서 이루어지고 있다고 선포하는 것이다. 그러
므로 우리에게 생명을 주시는 분은 하나님이시지만, 그 생명은 영원한 "말씀"을 통
해서 주어진다.

이 생명은 사람들의 빛이라. 나는 복음서 기자의 의도와 부합하지 않는 해석들
을 일일이 살펴보는 일은 생략하고자 한다. 이 구절은 인간에게 주어진 생명 가운
데서 다른 생명체들을 뛰어넘는 어떤 부분에 대하여 언급하고 있는 것이라는 것이
내 생각이다. 따라서 복음서 기자는 여기에서 인간에게 주어진 생명은 통상적인
것이 아니라 지성(intelligentia)의 빛과 결합된 것이라고 말하는 것이다. 그는 인간
을 다른 생물들과 구별한다. 왜냐하면, 다른 생명체들은 외부에서 하나님의 능력
을 바라볼 뿐이지만, 우리 인간은 우리 안에서 그 능력을 느끼는 까닭에 다른 생명
체들보다 더 잘 그 능력을 인식하기 때문이다. 그래서 바울은 하나님은 자기 자신

을 우리 안에 계시하시기 때문에 우리가 하나님을 "멀리서" 찾아서는 안 된다고
말한다(행 17:27).

복음서 기자는 그리스도께서 모든 피조물들에게 은혜를 베풀고 계시다는 사실
을 먼저 제시한 후에, 사람들로 하여금 그 은혜를 더욱 주목하도록 하기 위하여, 무
엇이 인간에게 특별히 주어졌는지를 보여주는데, 그것은 인간은 짐승과 똑같이 지
음받은 것이 아니라, 마음(mens)을 부여받아서 짐승보다 더 고등한 존재가 되었다
는 것이다. 하나님께서 인간의 이성에 그의 빛을 비추어 주시는 것은 결코 헛된 일
이 아니라는 것을 생각하면, 하나님께서 인간을 창조하신 목적은 인간으로 하여금
이토록 특별한 복의 근원이 되시는 분을 알고 시인(是認)하게 하기 위한 것이었다
는 결론이 나온다. 이 빛은 그 근원이 되시는 "말씀"으로부터 나와서 우리에게 주
어지는 것이기 때문에, 우리가 그 빛을 거울로 삼아서 "말씀"의 신적인 능력을 분
명하게 볼 수 있게 되는 것은 당연하다.

5. 빛이 어둠에 비치되. 어떤 이들은 여기에서 인간을 눈 먼 소경(caecos)이라고
부르는 성경 본문이 부지기수(不知其數)이고, 그 눈 먼 것 때문에 하나님께서 인간
을 정죄하고 계신다는 사실도 너무나 잘 알려져 있지 않느냐고 반론을 제기할지
모른다. 왜냐하면, 인간의 이성(ratio)은 철저히 그 힘을 잃어버리고 만 것도 엄연
한 현실이고, 인간이 자신의 지각(知覺, sensus)을 의지하여 살아감으로써 오직 헛
되고 거짓된 것들 속으로만 빠져들게 되면서, 이 세상 속에 온갖 오류들이 미로(迷
路)처럼 얽혀 있게 된 것도 엄연한 현실이기 때문이다. 그러나 만약 인간 속에서
그 어떤 빛도 찾을 수 없다면, 복음서 기자가 그리스도의 신성(神性)에 관하여 지
금까지 증언한 것은 다 무너지게 될 것이다. 왜냐하면, 내가 앞에서 언급했듯이, 사
람들의 생명 속에는 "기동(起動)하고 숨 쉬는" 것보다 훨씬 더 고귀하고 탁월한 그
무엇이 존재한다는 증언은 그리스도의 신성(神性)에 관한 복음서 기자의 전체적인
증언 속에서 세 번째 단계의 증언이기 때문이다. 복음서 기자는 여기에서 무엇보
다도 그와 같은 반론을 예상하고서, 인간에게 원래 주어졌던 "빛"은 이 타락하여
부패한 인간의 본성 속에서 "어둠"으로 변해 버린 것이기 때문에, 빛이 인간에게
주어졌다는 말씀을 인간의 현재의 상태에 비추어서 평가하는 것은 합당치 않다는
것을 이 말씀을 통하여 경고하고 있는 것이다. 따라서 복음서 기자는 지성의 빛
(intelligentiae lux)이 완전히 꺼져 버린 것은 아니라고 선언한다. 즉, 인간의 마음
(mens)을 뒤덮고 있는 두터운 "어둠" 속에 희미한 빛이 여전히 남아 있다는 것이

다.

　독자들은 이제 이 구절이 두 가지 개념을 담고 있다는 것을 알게 되었을 것이다. 복음서 기자는 본래 인간의 마음(mens)은 사방으로 빛을 발하는 것이 마땅한데도, 실제로는 어둠 속에 깊이 빠져서 철저히 눈이 멀어 버렸고, 그 결과 그리스도의 영광의 빛이 부패한 본성 속에서 어두워지게 되었기 때문에, 인간은 원래 부여받았던 저 순전한 본성으로부터 대단히 멀어져 있게 되었다고 말한다. 그러나 다른 한편으로, 복음서 기자는 이러한 "어둠" 가운데서도 인간의 이성 속에는 그리스도의 신적인 능력을 어느 정도 나타내 보여주는 희미한 빛이 여전히 남아 있다고 말한다. 따라서 복음서 기자는 인간의 마음(mens)이 눈멀어 있다는 것을 인정하기 때문에, 그 마음이 "어둠"에 뒤덮여 있다고 그가 말하는 것은 옳다. 복음서 기자는 좀 더 온건한 표현을 사용해서 "빛"이 어두워졌다거나 가물가물해졌다고 말할 수도 있었지만, "첫 사람"의 타락 이래로 우리 인간의 상태가 얼마나 비참해져 있는지를 좀 더 분명하게 보여주기를 원하였다. "빛이 어둠에 비치되"라는 말씀은 인간의 부패한 본성을 긍정적으로 묘사하고자 하는 것이 아니라, 무지(無知)를 변명으로 내세울 여지를 아예 처음부터 차단하기 위한 것이다.

　어둠이 깨닫지 못하더라. 복음서 기자는 하나님의 아들이 우리 속에 여전히 남아 있는 저 희미한 빛을 의지하여 늘 사람들을 자기에게로 오라고 초대하셨지만, 사람들은 "보아도 보지 못하였기"(마 13:13) 때문에, 그 초대는 별 소용이 없었다고 말한다. 인간이 하나님의 은총을 상실한 후로, 무지(無知, ignorantia)가 그 마음을 완전히 뒤덮어 버렸기 때문에, 그 속에 남아 있던 빛은 다 막혀서 아무런 힘도 발휘할 수 없게 되었다. 이것은 우리의 매일매일의 경험에 의해서 증명된다. 하나님의 성령으로 거듭나지 않은 자들도 어느 정도의 이성(ratio)을 지니고 있고, 이것은 인간이 단지 숨쉬며 살아갈 수 있게 지음받은 것이 아니라, 지각(知覺)을 가지고 살아가도록 지음받았다는 사실을 보여주는 부인할 수 없는 증거이다. 그러나 인간은 단지 그러한 이성의 인도를 받아서는 하나님께 다다르기는커녕 그 근처에도 갈 수 없기 때문에, 인간의 지성(intelligentia)은 결국 헛된 것일 수밖에 없다. 이것으로부터 얻어지는 결론은 하나님께서 새로운 통로를 열어 주시지 않는 한 인간에게는 구원의 소망이 있을 수 없다는 것이다. 왜냐하면, 하나님의 아들이 자신의 빛을 인간에게 비처 주셔도, 인간은 너무나 둔하여서, 그 빛이 어디에서 나오는지를 깨닫지 못하고, 도리어 광기어린 기괴하고 악한 망상에 사로잡혀서 완전히 미친 상태로 살아가기 때문이다.

　인간의 부패한 본성 속에 여전히 잔존하는 빛은 두 부분으로 이루어져 있다. 하나는 모든 인간은 어느 정도의 종교심의 씨앗을 지니고 태어난다는 것이고, 다른 하나는 선과 악을 분별하는 능력이 인간의 양심에 새겨져 있다는 것이다. 그러나 거기에서 결국 무슨 열매가 맺혔는가? 인간에게 남아 있는 종교심은 괴물 같은 미신(迷信)들을 양산하는 방향으로 변질되었고, 양심은 모든 판단을 왜곡시켜서 악덕과 미덕을 혼동하는 결과를 낳지 않았는가? 요컨대, 타고난 그대로의 이성(naturalis ratio)은 결코 인간을 그리스도께로 인도하지 못한다는 것이다. 인간은 자신들의 삶을 규율할 수 있는 지혜를 부여받았고, 인문학과 과학을 계발할 수 있는 능력을 타고났지만, 이 모든 것은 결국 아무런 열매도 맺지 못한 채 허무하게 소멸되어 버리고 만다.

　하지만 우리가 유의해야 할 것은 복음서 기자는 여기에서 오직 인간이 본성적으로 타고난 은사들에 대해서만 언급하고 있는 것이고, 거듭남의 은혜(regenerationis gratia)에 대해서는 아직 한 마디도 하지 않고 있다는 것이다. 왜냐하면, 하나님의 아들에게는 두 가지 서로 구별되는 능력이 존재하는데, 첫 번째 능력은 세상을 건축하신 것(mund architectura)과 자연의 질서(naturae ordo) 속에 드러나 있고, 두 번째 능력은 타락한 자연이나 본성(natura)을 새롭게 하여 회복시키시는 능력이기 때문이다. 이 하나님의 아들은 하나님의 영원한 "말씀"이시고, 세상은 "그로 말미암아" 창조되었으며, 만물이 처음에 받은 "생명"을 계속해서 유지해 나갈 수 있는 것도 "그의 능력으로 말미암은" 것이다. 만물 중에서 특히 인간은 지성(知性, intelligentia)이라는 특별한 은사를 부여받았다.

　인간은 비록 자신의 반역으로 인해서 지성의 빛을 상실하긴 했지만, 여전히 보고 깨닫는 힘을 지니고 있어서, 인간이 하나님의 아들의 은혜로 말미암아 본성적으로 소유하고 있는 이 빛이 완전히 소멸되어 버린 것이 아니다. 그러나 인간 속에 여전히 잔존해 있는 이 빛은 인간의 우둔함과 타락으로 인해서 어두워져 있기 때문에, 하나님의 아들은 중보자라는 새로운 직임(職任), 즉 타락하여 멸망받게 되어 있던 인간을 중생의 성령을 통해서 새롭게 하시는 직임을 수행하셔야 했다. 그러므로 복음서 기자가 여기에서 언급하고 있는 이 빛이 복음과 구원에 관한 가르침을 가리키는 것이라고 생각하는 자들은 시간적인 순서에 있어서 앞뒤가 뒤바뀐 잘못된 생각을 하고 있는 것이다.

⁶하나님께로부터 보내심을 받은 사람이 있으니 그의 이름은 요한이라 ⁷그가 증언하러 왔으니 곧 빛에 대하여 증언하고 모든 사람이 자기로 말미암아 믿게 하려 함이라 ⁸그는 이 빛이 아니요 이 빛에 대하여 증언하러 온 자라 ⁹참 빛 곧 세상에 와서 각 사람에게 비추는 빛이 있었나니 ¹⁰그가 세상에 계셨으며 세상은 그로 말미암아 지은 바 되었으되 세상이 그를 알지 못하였고 ¹¹자기 땅에 오매 자기 백성이 영접하지 아니하였으나 ¹²영접하는 자 곧 그 이름을 믿는 자들에게는 하나님의 자녀가 되는 권세를 주셨으니 ¹³이는 혈통으로나 육정으로나 사람의 뜻으로 나지 아니하고 오직 하나님께로부터 난 자들이니라(1:6-13).

6. 하나님께로부터 보내심을 받은 사람이 있으니. 복음서 기자는 이제 어떤 식으로 하나님의 아들이 육신으로 나타나시게 되었는지에 대한 설명을 시작하면서, 그리스도께서 하나님의 영원한 아들이시라는 것을 그 누구도 의심할 수 없도록 하기 위하여, 세례 요한이라는 전령(傳令)이 그리스도를 많은 사람들 앞에 미리 알린 사실을 여기에서 언급한다. 그리스도께서는 스스로 사람들 앞에 자기 자신을 나타내 보이셨을 뿐만 아니라, 세례 요한의 증언과 가르침을 통해서 자기 자신을 사람들에게 알리는 방법도 사용하셨다. 아니, 아버지 하나님께서는 사람들로 하여금 그리스도께서 제시하시는 구원을 좀 더 기꺼이 받아들이게 하시기 위해서 그리스도보다 앞서 세례 요한이라는 증인을 보내셨다고 말하는 편이 더 나을 것이다.

한편, 그리스도께서 마치 증인을 꼭 필요로 하시기라도 하셨다는 듯이 다른 사람으로부터 증언을 받으신 것은, 얼핏 보면, 황당해 보일 수 있다. 왜냐하면, 그리스도께서는 "나는 사람에게서 증언을 취하지 아니하노라"(요 5:34)고 분명하게 선언하고 계시기 때문이다. 즉, 이 증언은 그리스도를 위해서가 아니라 우리를 위해서 준비된 것이었다는 것이다. 또한, 누가 인간의 증언은 너무 약해서 그리스도께서 하나님의 아들이시라는 것을 증명하기에는 역부족인 것이 아니냐고 반론을 제기한다면, 그 반론에 대한 대답도 역시 쉽다. 즉, 세례 요한은 사사로운 증인이 아니라, 하나님으로부터 권세를 받아서 인간이 아니라 천사에 더 가까운 그런 성격을 띤 인물로 여기에서 거론되고 있고, 그가 지닌 어떤 미덕들이나 그가 행한 어떤 업적들 때문이 아니라 그가 하나님의 전권대사(全權大使, legatus)였다는 이 한 가지 사실 때문에 여기에 언급되고 있다는 것이다. 또한, 이것은 복음을 전파하는 일을 그리스도께 맡기셔서 그리스도께서 자기 자신에 대하여 스스로 증인이 되게 하셨다는 사실과도 모순되지 않는다. 왜냐하면, 하나님께서 세례 요한을 전령(傳令)으로 사용하신 목적은 사람들로 하여금 그리스도의 가르침과 이적에 주의를 기울이도록 하시기 위한 것이었기 때문이다.

복음서 기자는 세례 요한이 하나님의 부르심을 받은 것이 확실하다는 것을 확인해주기 위한 것이 아니라, 단지 지나가는 말로 세례 요한이 "하나님께로부터 보내심을 받았다"고 언급하고 있을 뿐이다. 자기 스스로 나서서 활동을 하면서도 하나님께서 자기를 보내셨다고 자랑하는 자들이 많기 때문에, 이 한 마디 말로는 세례 요한이 하나님으로부터 보내심을 받은 것이 확인될 수는 없을 것이지만, 복음서 기자는 나중에 이 증인에 대하여 좀 더 자세하게 말할 생각이었기 때문에, 현재로서는 세례 요한이 하나님의 명령을 받들어 온 것이라는 이 한 마디 말로 충분하다고 생각하였다. 우리는 나중에 세례 요한 자신이 직접 하나님이 자신의 사역의 원천(源泉, autor)이시라는 것을 어떤 식으로 천명하는지를 보게 될 것이다. 지금 우리가 유념해야 할 것은, 내가 앞에서 이미 언급하였듯이, 세례 요한에 대하여 여기에 기록된 것, 즉 그가 "하나님께로부터 보내심을 받았다"는 것은 교회의 모든 가르치는 자들에게도 그대로 요구된다는 것이다. 다시 말해서, 오직 하나님의 부르심을 받은 자들만이 교회에서 가르치는 자들이 되게 함으로써, 가르치는 권위(docendi autoritas)가 오직 하나님의 부르심에 그 토대를 두게 하여야 한다는 것이다.

그의 이름은 요한이라. 복음서 기자는 단지 "하나님께로부터 보내심을 받은 사람"이 구체적으로 누구였는지를 밝히기 위해서가 아니라, 이 이름이 하나님께서 전령(傳令)의 사명을 받은 자에게 친히 주신 것이었기 때문에, 여기에서 그 이름을 분명하게 밝히고 있는 것이다. 하나님께서 천사를 보내서서 그의 전령이 이 이름으로 불리게 하라고 명령하실 때에 세례 요한에게 주어진 사명이 무엇인지를 언급하셨고, 이렇게 하심으로써 세례 요한이 하나님의 은혜를 전할 자로 부르심을 받았다는 것을 모두가 다 알게 하고자 하셨다는 것은 의심의 여지가 없다. 왜냐하면, '예호하난'(יהוחנן)이라는 이름이 지닌 의미를 좁게 해석하여 세례 요한에게 개인적으로 적용해서 그가 하나님을 기쁘시게 할 자가 될 것임을 가리키는 것으로 볼 수도 있지만, 내 생각으로는 적용 범위를 좀 더 넓혀서, 다른 사람들이 그로 말미암아 입게 될 은택을 가리키는 것으로 보는 것이 더 좋을 것 같기 때문이다.

7. 그가 증언하러 왔으니. 하나님께서 세례 요한을 부르신 목적이 여기에서 짤막하게 언급되는데, 그것은 그리스도께서 자신의 개인적인 일을 이루기 위해서 오신 것이 아니라는 것을 아주 분명하게 보여주면서, 모든 사람을 그리스도께로 초청함으로써, 교회로 하여금 그리스도를 영접할 준비를 갖추게 하는 것이었다.

8. 그는 이 빛이 아니요. 복음서 기자는 세례 요한이 지나치게 부각되어 그 후광으로 인해서 그리스도의 영광이 가려지는 일이 없도록 하기 위하여, "그는 이 빛이 아니었다"고 잘라 말한다. 실제로 세례 요한을 너무도 열렬히 바라보고 따라가다가 그리스도를 보지 못한 자들이 있었는데, 그런 자들은 동 트는 광경을 바라보는 데에 정신이 팔려서 정작 눈을 돌려 해를 보려고 하지는 않는 것과 같다. 복음서 기자가 여기에서 "빛"이라는 단어를 어떤 의미로 사용하고 있는지에 대해서는 우리가 곧 살펴보게 될 것이다. 사실, 모든 경건한 자들이 성령의 조명(illuminatio)을 받아서 스스로 보게 되었다는 의미에서만이 아니라, 그들 자신의 모범을 통해서 다른 사람들을 구원의 길로 인도한다는 점에서 "주 안에서 빛"(엡 5:8)이라 불리는 것은 마땅하다. 또한, 사도들도 복음의 횃불을 들고 앞서 가며 세상의 어둠을 쫓아낸다는 점에서 "빛"(마 5:14)이라 불리는 것은 마땅하다. 그러나 여기에서 복음서 기자는 모든 빛의 유일하고도 영원한 원천이 되시는 분을 "빛"으로 지칭하고 있고, 곧이어서 이것을 더욱 분명하게 보여준다.

9. 참 빛. 여기에서 복음서 기자의 의도는 참 빛과 거짓 빛을 대비시키는 것이 아니라, 그리스도께서도 천사들이나 사람들이 지니고 있는 것과 동일한 빛을 지니고 계신 것이라고 오해하는 자들이 아무도 없게 하기 위하여, 그리스도를 그 밖의 다른 모든 존재들로부터 구별시키는 것이었다. 하늘과 땅에 있는 모든 빛은 어떤 다른 존재로부터 오는 빛을 받아서 반사하는 것에 불과한 반면에, 그리스도는 그 빛이 자기 자신에게서 나오고 스스로 빛을 발하셔서 그 빛으로 온 세상을 밝히시는 그런 빛이시라는 점에서, 이 둘은 서로 구별된다. 그리스도께서 발하시는 빛의 근원은 자기 자신 속에 있기 때문에 외부의 그 어디에서도 찾을 수 있는 것이 아니다. 그래서 복음서 기자는 빛을 발하시는 고유한 본성을 지니신 그리스도를 "참 빛"이라 소개한다.

각 사람에게 비추는 빛이 있었나니. 복음서 기자가 무엇보다도 이 점을 여기에서 부각시키는 이유는 우리 "각 사람"이 자기 자신 속에서 빛의 어떤 효과를 감지할 때에 그리스도께서 "빛"이시라는 사실을 깨닫게 하기 위한 것이다. 복음서 기자는 그리스도는 영원한 빛이시기 때문에 다른 어떤 것으로부터 온 것이 아닌 고유한 빛을 지니고 계시다고 좀 더 논리적이고 고상하게 서술해 나갈 수도 있었을 것이지만, 그렇게 하는 것 대신에 우리 모두가 갖고 있는 경험을 상기시키는 쪽을 택하였다. 따라서 우리 모두는 단지 "빛"에 참여하는 자들이기 때문에, 엄밀하게 말하자면, "빛"이라 불리는 이 영광과 존귀는 오로지 그리스도께서만 받으시는 것이 마땅하다.

이 구절은 보통 두 가지 방식으로 해석된다. 어떤 이들은 "각 사람"이라는 보편적인 어구를 하나님의 성령으로 말미암아 거듭나서 생명의 "빛"에 참여하게 된 자들만을 가리키는 것으로 국한시켜서 해석한다. 아우구스티누스(Augustinus)는 이런 해석 방식을 서당 선생에 비유해서 설명한다. 즉, 어느 마을에 서당이 하나밖에 없다면, 그 서당에 다니지 않는다고 해도, 그 서당을 맡고 있는 선생은 모든 사람의 선생이라 불린다는 것이다. 따라서 이 해석 방식을 따르는 자들은 이 어구를 상대적인 의미로 이해해서, 그 누구도 그리스도의 은혜가 아닌 다른 식으로 생명의 "빛"을 얻었다고 자랑할 수 없는 까닭에, 모든 사람은 그리스도로 말미암아 빛을 받는다는 의미로 이 구절을 해석한다. 그러나 복음서 기자가 "세상에 온 각 사람" (개역에는 "세상에 와서 각 사람에게 비추는 빛이 있었나니"로 되어 있지만, 칼빈이 사용한 성경에는 "세상에 온 각 사람에게 비추는 빛이 있었나니"로 되어 있다 — 역주)이라는 일반적이고 포괄적인 표현을 사용하고 있는 것을 감안해서, 나는 또 다른 해석 방식, 즉 내가 이미 앞에서 말했듯이, "참 빛"이신 그리스도에게서 나온 빛이 모든 사람에게 비춰지고 있다는 의미로 이 구절을 해석하는 쪽을 택하고 싶다. 왜냐하면, 인간은 이성과 지성(知性)을 부여받았고, 그 양심에는 선악을 분별하는 능력이 새겨져 있어서, 다른 동물들과 구별되는 독특성을 지니고 있는 까닭에, 영원한 빛을 어느 정도 인식하고 있지 않은 사람은 아무도 없기 때문이다.

그러나 이 구절을 막무가내로 붙잡고 늘어져서 제멋대로 왜곡하여, "조명" (illuminatio)의 은혜가 모든 사람에게 동일하게 주어진다고 주장하는 광신자들이 있기 때문에, 우리는 이 구절은 단지 "믿음"과는 한참 거리가 먼 본성이 보편적으로 지니고 있는 빛(communis naturae lux)에 대하여 말하고 있는 것임을 주의하지 않으면 안 된다. 왜냐하면, 그 마음이 아무리 영리하고 지혜로워도 사람이 자기 힘으로 하나님의 나라에 들어가는 것은 불가능하고, 오직 하나님의 성령만이 택함받은 자들에게 천국 문을 열어 주실 수 있기 때문이다. 또한, 우리는 하나님께서 인간

속에 두신 이성의 빛(rationis lux)은 죄로 인해서 너무나 어두워져서, 짙은 어둠과 끔찍한 무지와 오류의 심연 속에서 거의 다 꺼지고, 단지 몇몇 희미한 불빛만이 가물거리고 있는 상태라는 것을 기억하여야 한다.

10. 그가 세상에 계셨으며. 복음서 기자는 사람들이 자발적으로 자신의 눈을 멀게 하여서, 그들이 향유한 빛이 어디에서 왔는지를 알지 못할 정도가 되어버린 현실을 들어서, 사람들의 배은망덕함을 고발하고 있고, 이것은 이 세상의 모든 세대에 적용된다. 왜냐하면, 그리스도께서 친히 육체로 나타나시기 전에도, 그의 능력은 어디에서나 나타났던 까닭에, 사람들은 누구나 매일매일 나타난 그의 능력의 효과들을 보고서 자신의 무감각함(torpor)에서 깨어나 정신을 차리는 것이 마땅하였기 때문이다. 흐르는 시내에서 물을 길으면서도 그 시내가 발원한 원천(源泉)에 대해서는 전혀 생각하지 않는다면, 그것보다 더 이치에 맞지 않는 일이 어디에 있겠는가? 그러므로 그리스도께서 육체로 나타나시기 전에도, 세상이 그를 알지 못한 것에 대하여 그 어떤 변명도 있을 수 없다. 왜냐하면, 사람들은 그리스도께서 늘 그 능력으로 임재해 계시다는 것을 볼 수 있는 기회들이 주어져 있었는데도, 그들의 나태함(ignavia)과 악한 우둔함(stupor)으로 말미암아 그것을 보지 못한 것이기 때문이다. 요컨대, 그리스도께서는 이 세상에 잠시도 임재해 계시지 않으신 적이 없으셨기 때문에, 사람들은 언제라도 그리스도의 빛으로 말미암아 깨어나서 그 눈을 들어 그를 바라볼 수 있었다는 것이다. 이것으로부터 우리는 모든 잘못과 책임이 전적으로 사람들에게 있다는 결론을 얻게 된다.

11. 자기 땅에 오매. 하나님의 아들이 육체로 나타나셨을 때, 그것도 하나님께서 다른 민족들로부터 구별하셔서 자기 소유로 삼으셨던 유대인들에게 나타나셨을 때에 사람들이 그를 인정하거나 영접하지 않은 것은 사람들의 타락(pravitas)과 악독(malitia), 그리고 사람들의 불경(不敬, impietas)이 얼마나 극에 달해 있었는지를 잘 보여준다. 이 구절도 여러 가지로 해석되어 왔다. 어떤 이들은 분명히 이 세상에는 하나님의 아들이 자신의 합법적인 소유라고 주장할 수 없는 곳은 그 어디에도 없기 때문에, 복음서 기자는 여기에서 세상 전체에 대하여 말하고 있는 것이라고 생각한다. 그들의 견해에 의하면, 이 구절의 의미는 "온 인류는 그리스도의 소유였기 때문에, 그가 이 세상에 임하셨을 때에 그것은 결코 남의 땅에 오신 것이 아니다"라는 것이다. 그러나 나는 이 구절이 오직 유대인들만을 가리키고 있는 것으로 해석하는 이들의 견해에 동의한다. 왜냐하면, 이 구절 속에는 암묵적인 대비(對

比)가 존재하고, 복음서 기자는 이러한 대비를 통해서 사람들의 극악무도한 배은
망덕함을 드러내 보여주고 있는 것이기 때문이다. 하나님의 아들은 한 민족 속에
자신의 거처를 정해 두었다가 거기에 친히 나타나셨지만 배척을 당하셨다. 이것은
사람들이 얼마나 지독하게 악하고 눈이 멀어 있는지를 잘 보여주는 것이었다. 그
러나 복음서 기자는 단지 유대인들의 불신앙이 많은 사람들에게 걸림돌로 작용할
가능성이 있었기 때문에 그 걸림돌을 제거해주기 위해서 이 말을 했을 것임에 틀
림없다. 왜냐하면, 하나님의 아들이 그가 오시기로 약속되어 있었던 바로 그 민족
에 의해서조차 멸시받고 배척당하셨다면, 그를 온 세상의 구주(救主)로 여길 자는
아무도 없을 것이기 때문이다. 이런 이유 때문에 사도 바울도 이 문제를 다루는 데
에 특별한 수고를 아끼지 않았다.

한편, 강조점은 동사와 명사에 두어져 있다. 복음서 기자는 하나님의 아들이 이
전에 계셨던 그 곳으로 "오신" 것이라고 말한다. 따라서 여기에서 "오셨다"는 것은
사람들이 하나님의 아들을 더 가까이에서 볼 수 있도록 하기 위해서 새롭고 특별
한 임재 방식을 통해서 나타나셨다는 것을 의미한다. 또한, 복음서 기자가 "자기
땅에"라고 말할 때, 그것은 유대인들과 이방인들을 대비시키고 있는 것이다. 왜냐
하면, 유대인들은 유일무이한 특권을 수여받고서 하나님의 권속으로 택함을 받은
자들이기 때문이다. 그래서 그리스도께서는 자신의 권속이자 특별법에 의해서 자
신의 나라에 속해 있던 유대인들에게 먼저 자신을 나타내셨다. 이와 동일한 맥락
에서, 하나님께서 선지자 이사야의 입을 빌어 "소는 그 임자를 알고 나귀는 그 주
인의 구유를 알건마는 이스라엘은 알지 못하고"(사 1:3)라고 탄식하셨다. 왜냐하
면, 하나님께서는 온 땅을 다스리시는 주(主)이시기도 하지만, 친히 특별한 방식으
로 자신의 거룩한 양 우리(sacrum ovile)로 모으신 이스라엘의 주(主)도 되시기 때
문이다.

12. 영접하는 자. 유대인들이 그리스도를 멸시하고 배척했다는 이 걸림돌에 걸
려 넘어지는 자가 없도록 하기 위해서, 복음서 기자는 그리스도를 믿는 경건한 자
들을 하늘 위로 높이 들어올린다. 왜냐하면, 복음서 기자는 그들이 믿음으로 말미
암아 "하나님의 자녀"로 여김을 받는 이 영광을 얻게 된다고 말하고 있기 때문이
다. "영접하는 자"는 누구나 하나님의 자녀가 된다는 보편성을 띤 표현 속에는 암
묵적인 대비(對比)가 내포되어 있다. 즉, 유대인들은 마치 그들이 하나님을 독점하
고 있다는 듯이 맹목적인 자랑에 빠져 있는 상황 속에서, 복음서 기자는 유대인들

이 하나님께 버림받아서 비게 된 자리를 이방인들이 차지하게 되었기 때문에 유대인들의 운명이 바뀌었다고 선언하고 있는 것이다. 이것은 양자(養子)됨의 권리가 외인(外人)들에게로 넘어갔다고 말한 것과 같다. 바울이 한 민족의 멸망이 온 세상의 생명이 되었다고 말한 것(롬 11:12)이 바로 이것이다. 왜냐하면, 유대 민족이 배척한 복음이 온 세상으로 두루 널리 퍼져 나가기 시작했기 때문이다. 이렇게 해서 유대인들은 지금까지 그들이 모든 민족 위에서 누려왔던 특권을 박탈당하였다. 그러나 유대인들의 불경건(impietas)은 그리스도께 그 어떤 해(害)나 장애가 될 수 없었다. 왜냐하면, 그리스도께서는 자신의 나라의 보좌를 다른 곳에 세우시고서, 전에는 하나님께 배척당하는 것처럼 보였던 모든 민족을 차별 없이 누구나 다 구원의 소망(spes salutis)으로 부르셨기 때문이다.

권세를 주셨으니. 여기에 나오는 '엑수시아'(ἐξουσία)라는 단어는 "존귀"(dignitas)를 의미하는 것으로 보이는데, 교황주의자들의 거짓된 주장을 일축하기 위해서도, 그런 식으로 번역하는 것이 더 나을 것이다. 왜냐하면, 그들은 이 구절을 악하게 왜곡시켜서, 일단 하나님께서 우리를 이 특권을 받기에 합당한 자로 여기신 경우에, 그것을 받아들일 것인지의 선택권이 우리에게 있다는 것을 의미한다고 주장하기 때문이다. 이런 식으로 그들은 이 구절에서 인간의 자유의지(liberum arbitrium)를 이끌어 낸다. 하지만 그것은 물에서 불을 이끌어 내는 것과 같다. 얼핏 보면, 그들의 주장에는 일리가 있어 보인다. 왜냐하면, 복음서 기자는 그리스도께서 자기를 "영접하는 자들"을 하나님의 자녀들로 삼으신다고 말하고 있는 것이 아니라, 그들에게 "하나님의 자녀가 되는 권세"를 주신다고 말하고 있기 때문이다. 이것으로부터 그들은 우리에게는 단지 이 은혜가 주어지는 것일 뿐이기 때문에, 그 은혜를 받아들이느냐 거절하느냐 하는 자유는 우리 손에 달려 있는 것이라는 결론을 이끌어 낸다. 그러나 한 단어를 놓고 벌이는 그들의 이러한 유치한 말장난은 그 다음에 이어지는 말씀에 의해서 무너지고 만다. 왜냐하면, 복음서 기자는 그리스도를 "영접하는 자들"이 육신에 속한 의지(propria carnis voluntas)에 의해서가 아니라 오직 "하나님께로부터 나서 하나님의 자녀들"이 되는 것이라는 말씀을 덧붙이고 있기 때문이다. "믿음"이 우리를 거듭나게 하여 우리가 "하나님의 자녀들"이 되는 것이고, 하나님께서 하늘로부터 우리 속에 "믿음"을 불어넣어 주시는 것이라면, 그리스도께서 우리에게 주시는 양자됨의 은혜는 그들의 주장대로 단지 하나의 가능성(potentialiter)으로가 아니라 실제로(actu) 주어지는 것임이 분명해 보인다. 그리고 헬라어 '엑수시아'(ἐξουσία)는 종종 '악시오시스'(ἀξίωσις, "권리")를 나타내는데, 이러한 용법은 이 구절과 아주 잘 맞아 떨어진다.

복음서 기자가 사용한 "권세를 주셨으니"라는 완곡어법은 그리스도께서 자기를 믿는 모든 자들을 하나님의 자녀들이 되게 하셨다고 직설적으로 말씀하셨을 경우보다 "은혜"의 탁월성(gratiae excellentia)을 훨씬 더 분명하게 부각시키는 효과를 지닌다. 왜냐하면, 복음서 기자는 여기에서 영원히 부끄러움을 당해야 할 자들로 정죄를 받아서 사망의 어둠 속에 내던져진 부정(不淨)하고 불경건한 자들에 대하여 이렇게 말하고 있는 것이기 때문이다. 그리스도께서는 바로 그런 자들에게 이와 같은 존귀를 수여하셔서 그들로 하여금 즉시 하나님의 자녀들이 되게 하심으로써 그의 은혜가 얼마나 놀라운 것인지를 실례(實例)로 나타내 보이셨다. 그러므로 복음서 기자가 이 은혜의 지극히 큰 것을 찬양하고, 사도 바울도 에베소서 2:4에서 "긍휼이 풍성하신 하나님이 우리를 사랑하신 그 큰 사랑을 인하여"라고 찬양하고 있는 것은 합당한 일이다. 또한, 설령 어떤 사람이 "권세"라는 단어를 통상적인 의미로 해석하는 쪽을 선호한다고 해도, 복음서 기자는 이 단어를 통해 온전하고 완결된 결과를 포함하고 있지 않은 절반의 권세를 표현하고자 한 것이 아니라, 도리어 반대로 그리스도께서 부정하고 할례받지 않은 자들에게 도저히 불가능한 것처럼 보였던 것을 주셨다는 것을 표현하고자 한 것이었다는 사실에는 변함이 없다. 왜냐하면, 그리스도께서 "돌들"로부터 하나님의 자녀들을 일으켜 세우셨을 때(마 3:9), 도저히 믿을 수 없는 변화가 일어났기 때문이다. 그러므로 여기에서 "권세"는 바울이 골로새서 1:12에서 "우리로 하여금 빛 가운데서 성도의 기업의 부분을 얻기에 합당하게 하신" 하나님께 감사한다고 말했을 때에 사용된 "합당함"(ἱκανότης, 히카노테스)이다.

그 이름을 믿는. 복음서 기자는 그리스도를 "영접하는" 방법에 대해서 짧게 언급하는데, 그것은 그리스도를 "믿는" 것이다. 우리는 "믿음"으로 말미암아 그리스도께 접붙여져서, 양자(養子)됨의 권리를 얻어 "하나님의 자녀들"이 된다. 오직 그리스도만이 하나님의 "독생자"이시기 때문에, 하나님의 자녀가 되는 존귀가 우리의 것이 되는 것은 우리가 그리스도의 지체가 되는 것 외에는 다른 길이 없다. 여기에서 다시 한 번 "권세"라는 단어와 관련된 교황주의자들의 주장은 반박된다. 복음서 기자는 이 "권세"가 이미 믿은 자들에게 주어진다고 선언하고 있는데, 확실한 것은 그런 자들이 실제적으로 이미 "하나님의 자녀들"이 되어 있다는 것이다.

사람은 믿음으로써 단지 "하나님의 자녀"가 될 수 있는 선택권만을 얻게 된다고 말하는 자들은 "믿음"의 가치를 지나치게 폄하하는 것이다. 왜냐하면, 그런 자들은 현재적으로 이미 이루어진 결과(praesentis effectus)를 확정되지 않고 유보된 가능성(suspensa potentia)으로 둔갑시켜 버리고 있는 것이기 때문이다. 13절에 나오는 말씀에 비추어 보면, 그런 자들의 주장이 얼마나 모순되는지가 더욱 확연히 드러난다. 거기에서 복음서 기자는 "믿는"자들은 이미 "하나님께로부터 난 자들"이라고 말한다. 따라서 이미 여기에서 언급된 특권을 획득해서 "하나님의 자녀"가 된 것이기 때문에, 그들에게는 단지 하나님의 자녀가 될 것인지 말 것인지를 선택할 수 있는 자유만이 주어지는 것이 아니다. 히브리어 '셈'(□□, "이름")은 종종 "권세"를 나타내는 데에 사용되기는 하지만, 여기에서는 복음의 선포의 준거(準據)를 나타낸다. 왜냐하면, 그 이름이 우리에게 선포될 때, 우리는 그리스도를 믿게 되기 때문이다. 이것은 주님께서 우리를 "믿음"으로 인도하실 때에 사용하시는 통상적인 방법에 대한 것이지만, 우리는 이것을 유념할 필요가 있다. 왜냐하면, 많은 사람들이 복음에 대한 그 어떤 이해도 없이 어리석게도 스스로 혼잡한 믿음(confusa fides)을 만들어내고 있는 것이 현실이기 때문이다. 일례로 교황주의자들에게는 복음을 들어서 알게 된 그리스도에 관한 지식은 전혀 없는데도, 그들 사이에서 "믿는다"라는 말만큼 일상적으로 흔히 사용되는 말은 없다. 그리스도께서는 "복음"을 통해서 자기 자신을 우리에게 주시고, 우리는 "믿음"을 통해서 그리스도를 영접한다.

13. 혈통으로나. 어떤 이들은 이 구절 속에 유대인들의 악하고 왜곡된 자부심(confidentia)에 대한 간접적인 언급이 내포되어 있다고 생각하는데, 나도 그런 견해에 전적으로 동감한다. 유대인들은 자신들의 혈통이 거룩하다는 것을 끊임없이 입에 올리면서, 자신들은 거룩한 혈통에서 난 자들이기 때문에 당연히 나면서부터 거룩한 것처럼 말해 왔다. 만일 그들이 정말 사생아(私生兒)들이 아니라 적자(嫡子)들이었다면, 그들이 아브라함의 자손이라는 것은 자랑할 만한 일이었을 것이다. 그러나 "믿음"을 자랑하는 자들은 혈통에 대해서는 아무런 가치도 부여하지 않고, 그들이 받은 모든 선한 것은 오직 하나님의 은혜로 말미암은 것이라고 고백한다. 그래서 요한은, 전에 부정(不淨)했던 이방인들 중에서 그리스도를 믿게 된 자들은 모태로부터 하나님의 자녀들이 되어서 태어난 것이 아니라, 하나님으로 말미암아 새롭게 되고 거듭나서 비로소 하나님의 자녀들이 된 것이라고 말한다. 요

한이 "혈통"이라는 단어를 복수형으로 사용한 것은 그 혈통이 오랜 세월 동안 대대로 이어져 내려온 사실을 좀 더 부각시켜서 표현하기 위한 것으로 보인다. 왜냐하면, 유대인들에게는 그들의 혈통이 중간에서 단절되지 않고 곧장 족장들에게까지 이어져 있다는 것이 큰 자랑거리 중의 하나였기 때문이다.

나는 "육정"(肉情)과 "사람의 뜻"도 동일한 의미를 지니고 있다고 생각하는데, 아우구스티누스(Augustinus)를 비롯해서 많은 사람들이 여기에서 "육정"이라고 할 때에 "육신"이 여자를 나타내는 것으로 설명하는 이유를 이해하지 못하겠다. 사실, 복음서 기자는 사람들의 마음에 좀 더 깊이 각인시키기 위하여 서로 다른 다양한 단어들을 사용해서 동일한 내용을 반복하고 있는 것일 뿐이다. 복음서 기자는 "육체를 자랑하는" 유대인들을 직접적으로 언급하고 있는 것이기는 하지만, 우리는 이 구절에서 보편적인 가르침을 얻을 수 있는데, 그것은 우리가 하나님의 자녀로 여김을 받는 것은 우리 자신이 지닌 본성(natura)으로 말미암은 것도 아니고, 우리에게서 나오는 것도 아니며, 오직 하나님께서 순전히 "자기의 뜻을 따라," 곧 값없이 거저 주시는 사랑으로(gratuito amore) "우리를 낳으셨기"(약 1:18) 때문이라는 것이다. 이것으로부터 우리는 다음과 같은 결론을 얻게 된다. 첫째로, 믿음은 우리 자신에게서 나오는 것이 아니라, 영적인 거듭남의 열매라는 것이다. 복음서 기자는 "하나님께로부터 나지" 않고서는 그 누구도 "믿음"을 가질 수 없다고 말한다. 그러므로 "믿음"은 하늘의 은사(恩賜)이다. 둘째로, 하나님의 영에 의해서 새롭게 되지 않고서는 그 누구도 믿음을 가질 수 없기 때문에, "믿음"은 단순한 지식도 아니고 냉랭한 지식도 아니라는 것이다. 거듭남(regeneratio)은 믿음(fides)의 결과이기 때문에 믿음 뒤에 와야 하는데도, 복음서 기자는 반대로 거듭남을 믿음보다 앞에 둠으로써 본래의 순서를 뒤집고 있는 것으로 보일 수 있다. 나의 대답은 이 두 가지 순서는 둘 다 전적으로 옳다는 것이다. 왜냐하면, 우리는 "믿음"으로 썩지 아니할 씨(벧전 1:23)를 받아서 하나님이 주시는 새 생명으로 "거듭나는" 것이기는 하지만, "믿음" 자체가 오직 하나님의 자녀 속에만 거하시는 성령의 역사(役事)이기 때문이다.

따라서 여러 가지 측면에서 볼 때, "믿음"은 우리의 "거듭남"의 일부분임과 동시에, 우리로 하여금 하나님의 나라로 들어가서 하나님의 자녀가 되게 해주는 통로이다. 성령께서 우리의 마음을 조명(照明)해 주시는 일은 우리를 새롭게 하시는 일(renovatio)에 속하는 까닭에, "믿음"은 그 근원이 되는 "거듭남"으로부터 흘러나

온다. 그러나 우리는 이 동일한 "믿음"으로 그리스도를 영접하고, 그리스도께서는 자신의 영으로 우리를 거룩하게 하시는 까닭에, "믿음"은 우리의 양자(養子) 됨의 시작이라고 할 수 있다.

하지만 이 둘을 좀 더 간단명료하게 구별할 수 있는 또 다른 방법이 있다. 하나님께서 우리 속에 믿음을 불어넣으셔서 우리를 거듭나게 하실 때에는 우리가 알지 못하는 은밀한 방법으로 그렇게 하신다. 그러나 우리에게 믿음이 주어진 후에는 우리는 살아 있는 양심의 지각(知覺)을 통해서 양자됨의 은혜만이 아니라 새 생명을 비롯한 성령의 다른 은사들도 인식하게 된다. 왜냐하면, 앞에서 말했듯이, "믿음"은 그리스도를 영접하는 것인 까닭에 모종의 방식으로 우리를 그리스도의 모든 복 속으로 이끌어가기 때문이다. 따라서 우리의 지각(知覺)과 관련해서는, 우리는 "믿은" 후에 비로소 하나님의 자녀가 된다. 영생을 얻는 것은 양자됨의 결과이기 때문에, 우리는 복음서 기자가 우리의 구원 전체를 오직 그리스도의 은혜로 돌리는 것을 본다. 사실, 사람들이 자기 자신을 아무리 꼼꼼하게 살펴본다고 할지라도, 그들은 그리스도께서 그들에게 주신 것들을 제외하면 그들을 하나님의 자녀가 되기에 합당한 자들로 만들어 줄 만한 것을 그들 속에서 아무것도 찾아낼 수 없을 것이다.

[14]말씀이 육신이 되어 우리 가운데 거하시매 우리가 그의 영광을 보니 아버지의 독생자의 영광이요 은혜와 진리가 충만하더라(1:14).

14. 말씀이 육신이 되어. 복음서 기자는 자기가 이제까지 말해왔던 저 그리스도의 강림(christi adventus)이 어떤 식으로 이루어졌는지를 여기에서 우리에게 가르쳐준다. 즉, 그리스도께서는 우리와 같은 육신을 입으시고 자기 자신을 세상에 공개적으로 나타내셨다는 것이다. 복음서 기자는 하나님의 아들이 인성(人性)을 입으셨다는 저 말로 표현할 수 없는 신비를 짤막하게 다루고 있기는 하지만, 이 짤막한 말 한 마디는 놀라울 정도로 명료하다. 일부 정신 나간 자들은 말도 안 되는 어리석은 궤변들로 이 신비를 우롱한다. 이를테면, 그들은 "말씀이 육신이 되었다"고 하는 것은 하나님께서 자신의 마음속에 품고 계셨던 하나의 정신적 개념이었던 자기 아들을 세상에 보내셔서 사람이 되게 하셨다는 뜻이라고 말한다. 이것은 "말씀"이 마치 우리가 알지 못하는 어떤 실체 없는 관념이었다는 듯이 말하는 것이다.

그러나 우리는 이 "말씀"이 하나님의 본질(essentia) 안에 계신 한 위격(hypostatis) 또는 실체를 가리킨다는 것을 이미 살펴본 바 있다.

"육신"이라는 단어는 "사람"이라는 단어를 사용했을 때보다도 복음서 기자의 의도를 더 강력하게 표현해주는데, 그 의도는 하나님의 아들이 우리를 위해 그 높은 하늘의 영광을 버리시고 얼마나 낮고 천한 모습으로 내려오셨는지를 보여주는 것이었다. 성경에서는 사람을 경멸적으로 비하해서 지칭할 때에 "육신"이라 부른다. 하나님의 말씀이신 그리스도께서 지니고 계셨던 신령한 영광(gloria)과 우리의 육신이 지닌 혐오스러운 더러움(putidas) 간의 간격은 이루 말할 수 없이 크다. 그럼에도 불구하고, 하나님의 아들은 자신을 지극히 낮추셔서, 참담한 일들을 무수히 겪을 수밖에 없게 되어 있는 저 "육신"을 스스로 입으셨다. 여기에서 사용된 "육신"이라는 단어는 "타락한 본성"(바울은 이런 의미로 자주 사용한다)이 아니라 죽을 수밖에 없는 존재인 인간을 가리킨다. 즉, "그들은 육체 … 임을 기억하셨음이라"(시 78:39), 또는 "모든 육체는 풀이요"(사 40:6) 등과 같은 구절들이 보여주듯이, "육신"(또는, "육체")이라는 단어는 덧없이 스러져갈 수밖에 없는 인간의 본성(本性)을 경멸적으로 표현한 말이다. 하지만, 우리가 아울러 주목해야 할 것은 이 표현 속에서는 인간의 열등한 부분으로 인간 전체를 나타내고 있다는 점에 제유법(提喩法)이 사용되고 있다는 것이다. 그러므로 아폴리나리스(Apollilnaris)가 그리스도께서는 영혼 없이 인간의 몸만 입으신 것이라고 생각한 것은 정말 어리석은 일이었다. 그리스도께서 몸만이 아니라 영혼도 입으셨다는 것은 수많은 성경 본문들을 통해서 쉽게 증명될 수 있다. 또한, 성경이 사람들을 "육신"이라 부를 때, 그것은 사람들을 영혼이 없는 존재들로 여기고 그렇게 부르는 것이 아니다.

그러므로 본문의 의미는 분명하다. 즉, 모든 세대 이전에 하나님께서 낳으셔서 늘 아버지 하나님과 함께 거하셨던 바로 그 "말씀"이 사람이 되셨다는 것이다. 이 본문 속에는 우리의 신앙에 중요한 두 가지 신조(信條)가 들어 있다. 첫 번째는 그리스도에게 있어서는 신성과 인성이라는 두 본성이 하나의 인격 안에 연합되어 있기 때문에, 한 분 그리스도는 참 하나님이자 참 인간이시라는 것이다. 두 번째는 두 본성이 한 인격 안에 연합되어 있기는 하지만 서로 뚜렷이 구별되어 있기 때문에 그의 신성은 그 자체에 고유한 모든 것을 그대로 유지하고 있고, 마찬가지로 그의 인성도 그 자체에 고유한 모든 것을 따로 지니고 있다는 것이다. 그래서 사탄은 이단들을 통해서 신앙의 건전한 교리를 뒤엎고자 여러 가지 다양한 어리석은 시도들을 행할 때에 언제나 다음과 같은 두 가지 오류 중 하나를 들고 나왔다. 첫 번째 오류는 그리스도 안에서는 하나님의 아들로서의 본성과 사람의 아들로서의 본성이 서로 뒤섞여 있었기 때문에 그의 신성도 온전히 유지되지 않았고, 그가 참된 인성을 입은 것도 아니었다는 것이다. 두 번째 오류는 그리스도는 육신을 입음으로써 이중(二重)의 인격을 지니게 되었고, 그리스도에게 있어서 이 두 인격은 서로 따로 따로 존재하였다는 것이다. 네스토리우스(Nestorius)는 그리스도의 두 본성을 명시적으로 인정하였지만, 하나님이신 그리스도와 사람이신 그리스도, 이렇게 두 그리스도를 상정(想定)하였고, 반면에 유티케스(Eutyches)는 한 분 그리스도가 하나님의 아들이신 동시에 사람의 아들이시라는 것을 인정했지만, 두 본성이 그대로 유지되고 있었던 것이 아니라 서로 뒤섞여서 혼합되어 있었다고 주장하였다. 오늘날에는 세르베투스(Servetus)와 재세례파가 두 본성이 서로 뒤섞여 혼합되어 있는 신적인 인간(homo divinus)인 그리스도를 만들어내고 있다. 세르베투스는 그리스도가 하나님이시라는 것을 말로는 인정하지만, 우리가 세르베투스의 망상(妄想)을 받아들이는 순간, 어떤 때는 그리스도의 신성이 인성으로 바뀌기도 하고, 어떤 때는 인성이 신성에 흡수되기도 하는 일이 벌어지게 된다.

　　복음서 기자의 말은 이 두 가지 신성모독적인 주장들을 반박할 수 있는 충분한 근거를 제공해준다. "말씀이 육신이 되었다"는 그의 말에서 우리는 그리스도의 인격이 하나라는 것을 분명하게 추론해 낼 수 있다. 왜냐하면, 하나님이 사람이 되신 것인 까닭에, 지금 사람이신 그리스도는 그 이전에 언제나 참 하나님이셨던 분 이외의 다른 존재일 수는 없기 때문이다. 또한, 복음서 기자가 그리스도라는 사람에게 "말씀"이라는 이름을 분명하게 부여하고 있기 때문에, 그리스도가 사람이 되셨을 때에 자신의 이전의 신분을 상실하게 된 것이 아니었고, "육신"을 입은 하나님의 저 영원한 본질(Dei essentia)에는 아무런 변화도 일어나지 않았다는 결론이 도출된다. 요컨대, 하나님의 아들은 여전히 계속해서 시간상의 시점(始點)이 없는 저 영원한 "말씀"이신 가운데 사람이 되셨다는 것이다.

우리 가운데 거하시매 우리가 그의 영광을 보니. 그리스도에게 있어서 "육신"은 마치 "거처"와 같은 것이었다고 말하는 자들은 복음서 기자의 의도를 파악하지 못한 것이다. 왜냐하면, 복음서 기자는 그리스도께서 "우리 가운데" 거하실 때에 자신의 "육신"을 거처로 삼으셨다고 말하는 것이 아니라, 단지 우리 가운데 객(客)으로서 일정 기간 머무셨다고 말하는 것이기 때문이다. 복음서 기자가 사용한 헬라어 '에스케노센'($\dot{\epsilon}\sigma\kappa\dot{\eta}\nu\omega\sigma\epsilon\nu$)은 "장막"을 가리키는 단어에서 왔다. 따라서 복음서 기자가 말하고자 한 것은 그리스도께서는 자기에게 주어진 직무를 이 땅에서 수행하셨다는 것, 즉 그리스도께서는 단지 그저 이 땅에 잠시 나타나신 것이 아니라 자신의 직무를 다 끝마칠 때까지 사람들 가운데서 사셨다는 것이다.

복음서 기자가 "우리 가운데"라고 말했을 때, 그것이 일반적인 사람들을 가리키는 것인지, 아니면 자기 자신을 비롯해서 자기가 전하고 있는 것의 목격자들이었던 나머지 제자들만을 가리키는 것인지는 확실하지 않다. 복음서 기자가 즉시 이어서 "우리가 그의 영광을 보니"라는 말을 덧붙이고 있는 것으로 보아서, 나는 두 번째 견해가 더 적절하다고 본다. 왜냐하면, 그리스도의 영광을 볼 수 있는 가능성은 모든 사람에게 열려져 있기는 하지만, 실제로는 대다수의 사람들은 눈이 멀어 있어서 이 영광을 알지 못하였고, 오직 성령께서 눈을 열어 주신 소수의 사람들만이 이 영광이 나타난 것을 볼 수 있었기 때문이다. 요컨대, 그리스도는 자기 자신 속에서 지극히 크고 고상하며 탁월한 그 무엇을 나타내시는 방식으로 사람이 되셨다는 것이다. 이것으로부터 우리는 하나님의 위엄은 육신에 둘러싸여 있었어도 결코 소멸되지 않았고, 도리어 육신의 비천함 속에 감추어져 있었어도 여전히 그 "영광"을 나타냈다는 결론을 얻게 된다.

아버지의 독생자의 영광이요. 이 구절에서 사용된 헬라어 '호스'($\ddot{o}\varsigma$, -"같이"; 개역에는 나타나 있지 않다 — 역주)는 여기에서 "독생자 같은"이라는 비교의 이미를 지니는 것이 아니라, 참되고 확고한 "독생자"로서의 영광이라는 강력한 확증의 의미를 지닌다. 이것은 바울이 "빛의 자녀들처럼($\ddot{o}\varsigma$, 호스) 행하라"(엡 5:8)고 한 것이 우리에게 우리의 행실을 통해서 우리가 "빛의 자녀들"이라는 것을 실제로 증언하라고 명한 것임과 마찬가지이다. 그러므로 복음서 기자가 이 구절을 통해서 말하고자 한 것은 하나님의 아들에 걸맞은 "영광"이 그리스도에게서 나타났고, 이것은 그리스도의 신성(神性)을 보여주는 확실한 증거였다는 것이다. 복음서 기자가 그리스도를 "독생자"라고 한 것은 그리스도는 본래 하나님의 유일하신 아들이시기 때문이었다. 이것은 그리스도를 사람이나 천사 위에 두고서, 그 어떤 피조물에게도 속하지 않은 것을 오직 그리스도께 돌리고자 한 것처럼 보인다.

은혜와 진리가 충만하더라. 이 구절은 바로 앞에 나온 구절을 재확인해 준다. 사실, 그리스도의 위엄(maiestas)은 다른 것들 속에서도 나타났지만, 복음서 기자는 우리로 하여금 그 위엄에 대하여 사변적인 지식이 아니라 실제적인 지식을 얻도록 하기 위해서 다른 예들이 아닌 이 예를 선택하였다. 그러므로 우리는 이 점을 명심하지 않으면 안 된다. 그리스도께서는 물 위를 걸으시고, 귀신들을 쫓아내시며, 그밖의 다른 이적들을 통해서 자신의 능력을 나타내셨을 때도, 분명히 사람들은 그런 일들 속에서 그리스도께서 하나님의 "독생자"이시라는 것을 알아볼 수 있었을 것이다. 그러나 그리스도가 "아버지의 독생자"이심을 보여주는 많은 증거들 — 믿음은 이런 증거들로부터 선한 유익을 얻는다 — 중에서 복음서 기자는 그리스도께서 "은혜와 진리"의 마르지 않는 샘(fons) 자체이시라는 것을 그 중심에 가져다 놓는다. 성경은 스데반에 대해서도 "은혜가 충만하였다"(행 7:55, 개역에는 "성령 충만하여"로 되어 있다 — 역주)고 말하고 있지만, 그 구절의 의미는 여기에서와는 다르다. 왜냐하면, 내가 조금 후에 더 자세하게 설명하겠지만, 그리스도 안에 있는 "충만한 은혜"(plenitudo gratiae)는 우리 모두가 길어내야 하는 샘(fons)이기 때문이다.

"은혜와 진리"라는 표현은 환치법(換置法)으로서 "참된 은혜"를 나타낸다고 볼 수도 있고, "진리"가 부연 설명의 의미를 지닌 것으로 보아서 "그에게는 은혜가 충만한데, 이는 참되나라(또는 온전하니라)"로 해석할 수도 있다. 그러나 복음서 기자는 뒤에서(17절) 곧 이 동일한 표현을 그대로 사용하고 있는 것으로 보아서, 나는 이 두 구절 속에서 이 표현이 동일한 의미를 지니고 있다고 생각한다. 17절에서 복음서 기자는 "은혜와 진리"를 "율법"과 대비시킨다. 따라서 나는 이 구절이 다음과 같은 의미를 지니고 있는 것으로 해석한다. 즉, 그리스도께서는 영적인 하나님의 나라에 속한 것들을 자기 자신 안에 "충만히" 지니고 계셨기 때문에, 요컨대 그리스도께서는 모든 것들 속에서 자기가 진정으로 구속주요 메시야이시라는 것을 보여주셨기 때문에 — 이것은 다른 모든 존재들과 구별되어야 하는 그리스도의 가장 중요한 표지(標識)이다 — 사도들은 그리스도께서 하나님의 아들이심을 인정하였다는 것이다.

[15]요한이 그에 대하여 증언하여 외쳐 이르되 내가 전에 말하기를 내 뒤에 오시는 이가 나보다 앞선 것은 나보다 먼저 계심이라 한 것이 이 사람을 가리킴이라 하니라 [16]우리가 다 그의 충만한 데서 받으니 은혜 위에 은혜러라 [17]율법은 모세로 말미암아 주어진 것이요 은혜와 진리는 예수 그리스도로 말미암아 온 것이라 [18]본래 하나님을 본 사람이 없으되 아버지 품 속에 있는 독생하신 하나님이 나타내셨느니라 (1:15-18).

15. 요한이 그에 대하여 증언하여 외쳐 이르되. 복음서 기자는 이제 세례 요한이 선포한 것이 무엇이었는지를 보도한다. 그는 "증언하여"(μαρτυρεῖ, 마르튀레이)라는 동사의 현재 시제를 사용함으로써 세례 요한의 증언을 계속되는 행위(continuum actum)로 묘사한다. 사실, 이 증언은 계속해서 유효하여야 하기 때문에, 세례 요한의 목소리는 사람들의 귀에 계속해서 현재적으로 쟁쟁하게 울려 퍼지는 것이 마땅하다. 마찬가지로 복음서 기자는 세례 요한의 증언이 결코 희미하거나 애매모호하지 않았고, 그가 소수의 사람들 속에서 속삭이듯 말한 것이 아니라, 많은 사람 앞에서 공개적으로 큰 소리로 그리스도를 전하였다는 것을 보여주기 위해서 "외쳐"라는 단어를 사용한다. 이 첫 번째 구절은 세례 요한이 그리스도를 위하여 보내심을 받았다는 것을 보여주기 위한 것이다. 따라서 그리스도께서 스스로 낮아져 계신 이 때에 세례 요한이 높임을 받는다면, 그것은 말도 되지 않는 일이 될 것이었다.

내가 전에 말하기를 … 이 사람을 가리킴이라. 세례 요한이 이 말을 한 것은 사람들에게 처음부터 자신의 의도는 그리스도를 알리는 것이고, 그것이 자신의 공적인 증언의 목적임을 밝히기 위한 것이었다. 왜냐하면, 사실 그가 자기 제자들을 그리스도께로 이끄는 것 외에는 대사(大使)로서의 자신의 직무를 수행할 수 있는 다른 길이 없었기 때문이다.

내 뒤에 오시는 이. 세례 요한은 그리스도보다 몇 개월 앞서 태어나기는 했지만, 여기에서는 나이를 거론하고 있는 것은 아니고, 단지 그리스도께서 공생애를 시작하시기 전에 이미 얼마 동안 선지자의 직무를 수행하고 있었던 까닭에, 시간상으로 자기가 "먼저"라고 말하고 있는 것일 뿐이다. 따라서 공적인 활동을 개시한 시점이라는 측면에서 볼 때에는, 세례 요한이 그리스도보다 먼저였다. 그 다음에 이어지는 구절은 직역하면 그가 "나보다 앞선 것은 나보다 먼저 계심이라"가 되지만, 그 의미는 그리스도께서 세례 요한보다 더 크시기 때문에 높임을 받으시는 것이 마땅하다는 것이다. 그래서 세례 요한은 그리스도께 모든 것을 넘기고, 속담을 빌려서 표현하자면 "횃불을 넘겨주고" 퇴장하면서, 그리스도께서는 존귀를 받으시기에 합당하신 분이시기 때문에, 그가 시간적으로 뒤에 오셨다는 사실은 그가 자기보다 더 높임을 받으시는 데에 결코 장애가 될 수 없다는 것을 사람들에게 일깨워 준다. 그러므로 하나님으로부터 남들보다 더 큰 은사나 존귀함을 받은 사람들은 누구나 자신의 본분과 분수를 지켜서 자기 자신을 그리스도 아래에 두는 것이 마땅하다.

16. 우리가 다 그의 충만한 데서 받으니. 세례 요한은 이제 그리스도의 직임(職任)에 대하여 얘기하면서, 그가 우리를 위해 해주시기로 되어 있는 일 속에는 온갖 복에 속한 것들이 다 풍성하게 들어 있기 때문에, 우리는 우리의 구원과 관련된 일을 그 어떤 것이라도 다른 곳에서 찾아서는 안 된다고 선포한다. 사실, 하나님 안에는 생명과 의(義)와 능력과 지혜의 샘이 있지만, 그 샘은 우리에게 감춰져 있고 접근할 수 없는 것이었다. 그러나 이제 그런 것들이 그리스도 안에서 우리에게 주어지고 있기 때문에, 우리는 그리스도를 의지해서 그런 것들을 구할 수 있게 되었다. 왜냐하면, 우리가 믿음이라는 수로(水路)를 준비하기만 한다면, 그리스도께서는 기꺼이 우리에게로 흘러들어오실 준비가 다 되어 계시기 때문이다.

세례 요한은 여기에서 우리가 그리스도 밖에서는 그 어떤 복도 찾아서는 안 된다고 개괄적으로 선포하고 있는 것이지만, 거기에는 세부적으로 몇 가지 내용이 담겨 있다. 첫째, 세례 요한은 우리 모두에게는 영적인 복이 철저히 결여되어 있어서, 우리는 그 복을 단 하나도 갖고 있지 않다는 것을 보여준다. 왜냐하면, 그리스도 안에 있는 풍성함은 우리의 결핍을 채워주고, 우리의 빈곤을 덜어주며, 우리의 굶주림과 목마름을 해결해주기 위한 것이기 때문이다. 둘째, 세례 요한은 우리가 그리스도를 떠나면 바로 그 순간부터 아무리 복을 구하여도 결코 얻을 수 없다는 것을 일깨워 준다. 왜냐하면, 하나님께서는 모든 복이 오직 그리스도 안에만 있도록 정하셨기 때문이다. 그러므로 우리가 그리스도를 통해서가 아니라 다른 식으로 하나님의 은사들에 참여하는 자가 되고자 한다면, 우리에게 천사들과 사람들은 메마르고, 하늘은 공허하며, 땅은 황무하게 될 것이다. 요컨대, 그런 경우에 우리에게는 모든 것이 무가치하게 되어 버릴 것이라는 말이다. 셋째, 세례 요한은 우리가 그리스도의 "충만한 데서 받으면" 그 어떤 것에 대해서도 결핍될 것을 두려워할 이유가 없다는 것을 일깨워 준다. 왜냐하면, 그리스도의 "충만"은 모든 면에서 너무나 온전한 까닭에, 우리는 그것이 진정으로 마르지 않는 샘이라는 것을 알게 될 것이기 때문이다. 세례 요한이 "우리"라는 표현을 통해서 자기 자신을 다른 사람들과 똑같이 취급하고 있는 것은 겸손해서가 아니라 사람이라면 그 누구도 이 점에서 예외가 될 수 없다는 것을 더 분명히 보여주기 위한 것이다.

한편, 세례 요한이 이 구절을 말할 때, 인류 전체를 염두에 두었던 것인지, 아니면 단지 그리스도께서 육신을 입으시고 나타나신 이후에 그의 복에 더 온전히 참여하게 된 사람들만을 염두에 두었던 것인지는 확실하지 않다. 물론, 율법 아래에서 살았던 모든 경건한 사람들도 그리스도의 이 동일한 "충만한 데서 받았다"는 것은 분명하지만, 세례 요한이 곧이어서 두 시기를 구별하고 있는 것으로 보아서, 여기에서는 특히 그리스도께서 육신을 입고 오셨을 때에 나타내 보여주신 저 풍성한 복을 찬양하고 있는 것일 가능성이 많다. 왜냐하면, 우리는 율법 아래에서는 사람들이 하나님의 은택(恩澤)들을 상대적으로 적게 맛보았다고 한다면, 그리스도께서 육신을 입고 오신 후에는 사람들이 배불러서 물릴 정도로 그 은택들이 물 붓듯이 부어졌다는 것을 알기 때문이다. 그렇다고 해서, 나는 그런 까닭에 우리 가운데 누구나 다 아브라함보다 성령의 은혜를 더 크고 풍성하게 받은 것이라고 말하는 것이 아니라, 단지 하나님의 통상적인 경륜(dispensatio) 및 그 방식과 방법에 대해서 말하고 있는 것일 뿐이다.

세례 요한은 자신의 제자들이 더 기꺼이 그리스도께로 나아가도록 하기 위해서, 그리스도 안에는 그들에게 결핍되어 있는 온갖 풍성한 복들이 다 준비되어 있다고 선포한다. 여기에서 어떤 사람이 이 구절의 의미를 좀 더 확대해서 적용하여, 세상이 창조된 이래로 모든 조상들이 그들에게 주어진 모든 은사들을 그리스도에게서 받았다고 말한다고 하여도, 그것은 결코 이치에 맞지 않는 일이 되지 않을 뿐더러, 도리어 이 구절의 취지나 맥락과 잘 맞아떨어지는 것이 될 것이다. 왜냐하면, 율법이 모세를 통해서 주어지긴 했지만, 조상들은 율법으로 말미암아 은혜를 받은 것이 아니기 때문이다. 그러나 앞에서도 이미 언급했듯이, 내가 보기에 더 나은 견해가 있는데, 그것은 세례 요한은 여기에서 우리의 처지를 조상들의 처지와 비교하면서, 바로 그 비교를 통해서 우리에게 주어진 것이 얼마나 탁월한 것인지를 부각시키고 있다는 것이다.

은혜 위에 은혜러라. 아우구스티누스가 이 구절을 어떤 식으로 해석하였는지는 잘 알려져 있다: "하나님께서 끊임없이 때를 따라 우리에게 온갖 복을 주시고, 마지막에는 영생을 주신 것은 그런 것들이 우리의 공로로 인해서 우리가 마땅히 받아야 할 것들이었기 때문이 아니다. 하나님께서 이렇게 전에 은혜를 부어주시다가 그 모든 주신 것들 위에 영생을 더하여 주신 것은 순전히 후히 거저 주시는 하나님으로 인한 것이다."

이것은 경건하고 지혜로운 말이기는 하지만, 현재의 구절과는 별 상관이 없다. 만약 우리가 여기에서 "위에"로 번역된 헬라어 '안티'(ἀντί)를 비교의 의미로 사용된 것으로 본다면, 이 구절의 의미는 좀 더 간단해질 것이다. 즉, 복음서 기자는 하나님께서 우리에게 주시는 은혜는 무엇이든지 다 똑같이 동일한 근원(fons)에서 흘러나오는 것이라고 말한 것이 된다. 또한, 우리는 이 단어가 최종적인 목적(causa)을 나타내는 것으로 보아서, 우리가 지금 "은혜"를 받고 있는 것은 하나님께서 언젠가 우리의 구원의 역사(役事)를 다 이루어내시기 위한 것인데, 그것은 그 "은혜"의 완성이 될 것이라는 의미로 이 구절을 해석할 수도 있다. 그러나 나는 그리스도께 부어진 은혜들이 우리에게 흘러들어오는 것이라고 설명하는 자들의 견해에 동의한다. 왜냐하면, 우리가 그리스도로부터 받는 것들은 단지 그가 하나님으로서 우리에게 주시는 것이 아니라, 아버지 하나님께서 통로 또는 수로(水路)가 되시는 그리스도를 통해서 우리에게 흘러들어가게 하고자 하셔서 그에게 주신 것들이기 때문이다. 그것은 그리스도께서 자기와 더불어 우리도 기름부음을 받게 해주시기 위해서 친히 받으신 기름부음이다. 그런 까닭에, 그는 "그리스도"(기름부음을 받은 자)라 불리고, 우리는 "그리스도인"이라 불린다.

17. 율법은 모세로 말미암아 주어진 것이요. 이것은 세례 요한이 강력한 반발을 예상하고서 미리 선제적으로 대처하기 위해 한 말이다. 왜냐하면, 유대인들은 모세를 대단히 공경하고 있었던 까닭에, 모세가 한 말과 다른 것은 그 어떤 것도 받아들이려 하지 않을 것이었기 때문이다. 그래서 세례 요한은 모세가 한 사역이 그리스도의 통치(potestas)에 비하면 얼마나 보잘것없는 것이었는지를 보여준다. 아울러, 이러한 비교는 그리스도의 능력(virtus)을 아주 분명하게 조명해 준다. 왜냐하면, 유대인들이 모세에게 최고의 공경(恭敬)을 드려오고 있는 상황 속에서 세례 요한은 모세가 그들에게 해준 일은 그리스도의 은혜에 비하면 극히 보잘것없는 것이었다는 것을 일깨워 주고 있기 때문이다. 즉, 세례 요한은 우리가 오직 그리스도를 통해서만 얻을 수 있는 것들을 그들이 율법으로부터 얻기를 기대한다면, 그것은 그들에게 커다란 걸림돌이 될 것임을 경고한 것이다.

한편, 우리는 세례 요한이 "율법"을 "은혜와 진리"와 반대되는 것으로 대비시키고 있는 것을 주목할 필요가 있다. 왜냐하면, 이것은 율법에는 은혜와 진리가 결여되어 있다는 것을 의미하기 때문이다. "진리"는 어떤 사물이나 일이 확고하고 견고하게 안정되어 있어서 불변하는 속성을 지니고 있다는 것(stabilitas)을 의미하고, "은혜"는 율법 속에서는 단지 문자(littera)로만 표현되어 있던 것들이 영적으로 성취되는 것(spirituale complementum)을 의미한다는 것이 나의 견해이다.

또는, "은혜와 진리"라는 어구에 환치법(換置法)이 사용된 것으로 본다면, "은혜"와 "진리"는 동일한 것을 가리킨다고 볼 수도 있다. 이 경우에는, 세례 요한은 율법의 "진리"가 담겨 있는 "은혜"가 마침내 그리스도 안에서 나타났다고 말한 것이 된다. 그러나 어느 쪽이든 의미는 동일하기 때문에, 이 두 단어가 후자처럼 결합되어 있다고 보든, 아니면 전자처럼 구별되어 있다고 보든, 그런 것은 중요하지 않다. 적어도 확실한 것은 세례 요한은 율법에는 영적인 복들의 그림자(imago)만이 존재하였던 반면에, 그리스도 안에서는 그 복들이 참된 실체(實體)로 존재한다는 것을 말하고자 하였다는 것이다. 이것으로부터 우리는 율법을 그리스도와 분리시키면 율법에는 오직 빈껍데기만이 남게 된다는 결론을 얻는다. 이것이 바울이 율법에는 "그림자들"이 있었지만 그리스도 안에는 "몸"(즉, 실체 — 역주)이 있다고 말한 이유이다(골 2:17). 그러나 우리는 율법이 거짓된 것들을 보여주었다고 생각해서는 안 된다.

왜냐하면, 그리스도는 율법 아래에서 죽어 있던 것들을 살아나게 해주는 생명(anima)이시기 때문이다. 여기에서 우리는 과연 그리스도를 떠나서 율법 자체가 무엇을 할 수 있는가라는 전혀 별개의 문제를 만난다. 세례 요한은 우리가 그리스도께 나아갈 때까지는 율법 속에서 실체(實體)에 속한 것은 그 어떤 것도 찾을 수 없다고 단언한다. 나아가, 이 "진리"는 율법이 결코 우리에게 줄 수 없었던 저 "은혜"를 우리가 그리스도를 통해서 얻게 되었다는 데에 있다. 그러므로 나는 "은혜"라는 말을 일반적인 의미로 받아들여서, 무조건적인 죄 사하심(gratuita peccatorum remissio)과 마음을 새롭게 하시는 것(renovatio cordis)을 가리키는 것으로 본다. 왜냐하면, 세례 요한은 구약과 신약의 차이(이것은 예레미야 31:31-34에 더 자세하게 묘사되어 있다)를 간략하게 지적할 때에 영적인 의(spiritualis iustitia)와 관련된 모든 것을 "은혜"라는 단어로 포괄하고 있기 때문이다. 이 의(義)는 두 부분으로 이루어져 있다. 하나는 하나님께서 우리의 죄를 우리에게 돌리지 않으시고 값없이 우리와 화목을 이루시는 것이고, 다른 하나는 하나님께서 자신의 법을 우리의 마음에 새기시고서 자신의 영으로 사람들을 내적으로 변화시키셔서 그 법에 순종하게 하시는 것이다. 이것으로부터 분명해지는 것은 율법이 사람들을 율법 자체에 묶어두거나 사람들이 그리스도께로 나아가는 것을 가로막고 있다면, 그 율법은 잘못되고 거짓되게 해석되고 있다는 것이다.

18. 본래 하나님을 본 사람이 없으되. 앞에 나온 구절을 확증하기 위해서 이 구

절을 덧붙인 것은 대단히 적절한 것이었다. 왜냐하면, 하나님을 아는 지식은 우리로 하여금 모든 복을 누리게 해주는 문(門, ianua)이고, 하나님께서는 오직 그리스도를 통해서만 자기 자신을 우리에게 알게 하시는 까닭에, 우리는 모든 것을 그리스도에게서 구하여야 한다는 결론이 도출되기 때문이다. 우리는 이러한 가르침의 순서를 눈여겨 보아둘 필요가 있다. 우리 각 사람은 하나님이 우리에게 주시는 것들을 각자의 믿음의 분량에 따라서 받는다는 말보다 우리에게 더 친숙한 말은 없을 것이다. 그러나 세례 요한이 "본래 하나님을 본 사람이 없으되"라고 말했을 때, 우리는 그가 육신의 눈을 통해서 외적으로 인지(認知)했다는 의미로 "보았다"는 단어를 사용했다고 이해해서는 안 된다. 왜냐하면, 복음서 기자는 하나님은 "가까이 가지 못할 빛에 거하시는"(딤전 6:16) 까닭에, "하나님의 본체의 형상"이신 그리스도를 통해서가 아니면 누구도 하나님을 알 수 없다는 일반적인 의미로 이 말을 한 것이기 때문이다. 사람들은 통상적으로 이 구절을 이렇게 해석한다. 즉, 하나님의 있는 그대로의 위엄은 하나님 자신 안에 감춰져 있기 때문에, 하나님께서 그리스도 안에서 자기 자신을 계시하실 때 외에는 그 누구도 하나님을 결코 인식할 수 없고, 따라서 하나님께서 전에 조상들에게 자기 자신을 알게 하신 때에도 오직 그리스도 안에서 그렇게 하신 것이라는 것이다. 그러나 나는 세례 요한은 앞에서 했던 비교(比較)를 여기에서 다시 한 번 재확인하고 있다고 본다. 즉, 하나님께서 전에는 자신의 비밀한 영광 가운데 감춰져 계셨지만 이제는 자기 자신을 나타내 보이셨다는 점에서 우리의 처지가 조상들의 처지보다 비교할 수 없을 정도로 나아졌다는 것이다. 왜냐하면, 성경에서 그리스도를 "하나님의 본체의 형상"(히 1:3)이라 부를 때, 그것은 신약 시대만의 특별한 은택(恩澤)을 가리키는 것임에 틀림없기 때문이다.

또한, 세례 요한이 "아버지 품 속에" 있던 "독생하신 하나님"이 전에 감춰져 있던 것을 우리에게 "나타내셨다"고 말할 때도, 그것은 뭔가 새롭고 유례없는 일이 일어났음을 보여주고 있는 것이다. 그래서 세례 요한이 복음으로 말미암아 우리에게 일어난 일, 즉 하나님께서 우리에게 나타나신 것을 찬양하면서, 이것으로 인해서 우리가 조상들과 다르고 그들보다 훨씬 더 나은 처지에 있다는 것을 보여준다. 마찬가지로, 바울도 고린도후서 3-4장에서 이것을 더 자세하게 다루면서, 율법 아래에 있었던 것과 같은 "수건"이 더 이상 존재하지 않게 되어서, 이제 우리가 "그리스도의 얼굴"에서 하나님을 분명하게 볼 수 있게 되었다고 말한다. 선지자들이 매일 같이 진리의 햇불을 밝히고 말씀을 전했는데도 불구하고, 조상들에게 하나님을 아는 지식이 없었다고 말하는 것은 이치에 맞지 않는 말처럼 생각될 수도 있지만, 나의 대답은 우리에게 지금 주어지고 있는 것이 그들에게는 하나도 주어지지 않았다는 것이 아니라, 우리가 흔히 하는 말로 정도(程度)에 있어서 상대적으로 차이가 있었다는 것이다. 왜냐하면, 조상들은 생명의 빛(viva lux)을 작은 불꽃들로 가지고 있었던 반면에, 오늘날에는 그 빛이 온전히 밝아진 상태로 우리를 비추고 있기 때문이다.

만약 누가 조상들의 때에도 사람들이 하나님을 "대면하여" 보지 않았느냐(창 32:30; 신 34:10)고 반론을 제기한다면, 나는 우리가 지금 하나님을 보는 것은 그들이 그렇게 하나님을 본 것과는 비교가 되지 않을 정도로 엄청난 것이라고 말하고자 한다. 그때에도 하나님께서는 자기 자신을 사람들에게 희미하게, 그러니까 멀리서 나타내 보이시곤 하셨기 때문에, 이런 식으로 하나님을 좀 더 분명하게 본 사람들은 하나님을 "대면하여" 보았다고 말하였다. 그러나 그들은 자신들의 시대의 상황 속에서 상대적인 의미에서 그렇게 말한 것뿐이고, 사실은 수많은 가리개와 덮개들로 둘러싸이고 감춰진 하나님을 본 것일 뿐이었다. 사람이 하나님을 본 사건들 중에서 모세가 산 위에서 하나님을 본 것(출 33:23)은 다른 어떤 것들보다도 특출나고 특이한 것이었지만, 심지어 이 사건 속에서도 하나님께서는 "네가 내 등을 볼 것이요 얼굴은 보지 못하리라"고 분명하게 말씀하시고, 이 은유를 통해서 하나님께서 자기 자신을 온전히 분명하게 계시하실 때가 아직 이르지 않았다는 것을 보여주신다. 또한, 우리가 주목해야 할 것은 조상들도 하나님을 보고자 했을 때에는 언제나 자신들의 눈을 그리스도께로 돌렸다는 것이다. 이것은 그들이 하나님을 그의 영원한 말씀 안에서 보았다는 것이 아니라, 그리스도께서 장차 오실 것이라는 약속을 온 마음으로 바라보았다는 것이다. 이런 맥락 속에서 그리스도께서는 "너희 조상 아브라함은 나의 때 볼 것을 즐거워하다가 보고 기뻐하였느니라"(요 8:56)고 말씀하셨다. 그러므로 확실한 것은 전에 볼 수 없었던 하나님을 우리가 이제는 그리스도 안에서 볼 수 있게 되었다는 것이다.

세례 요한이 이 아들이 "아버지 품 속에 있었다"고 했을 때, 이 비유는 사람들이 자신의 모든 비밀을 남김없이 다 말해준 자를 자신의 품 속에 있는 자라고 말하는 예(例)에서 빌려온 것이다. "품"은 모략(謀略) 또는 계획이 자리잡고 있는 곳이다. 따라서 세례 요한은 아들이신 그리스도께서는 아버지 하나님의 가장 은밀한 비밀들까지 알고 계셨고, 이것은 하나님의 "품"이 복음 안에서 우리에게 열려져 있다는 것을 알게 하시기 위한 것이었음을 보여주고 있는 것이다.

¹⁹유대인들이 예루살렘에서 제사장들과 레위인들을 요한에게 보내어 네가 누구냐 물을 때에 요한의 증언이 이러하니라 ²⁰요한이 드러내어 말하고 숨기지 아니하니 드러내어 하는 말이 나는 그리스도가 아니라 한대 ²¹또 묻되 그러면 누구냐 네가 엘리야냐 이르되 나는 아니라 또 묻되 네가 그 선지자냐 대답하되 아니라 ²²또 말하되 누구냐 우리를 보낸 이들에게 대답하게 하라 너는 네게 대하여 무엇이라 하느냐 ²³이르되 나는 선지자 이사야의 말과 같이 주의 길을 곧게 하라고 광야에서 외치는 자의 소리로라 하니라(1:19-23).

19. 요한의 증언이 이러하니라. 복음서 기자는 지금까지 그리스도에 대한 세례 요한의 통상적인 설교를 보도하였지만, 이제 여기에서는 좀 더 특별한 증언을 제시하는데, 이 증언은 제사장들이 보낸 대표들을 상대로 행해진 것으로서, 나중에 예루살렘에 보고된 것이었다. 복음서 기자는 세례 요한이 자기가 어떤 목적으로 하나님의 보내심을 받은 것인지를 공개적으로 밝혔다고 말한다. 여기에서 우리가 가장 먼저 살펴보아야 할 것은 제사장들이 무슨 목적으로 이런 질문들을 세례 요한에게 던졌느냐 하는 것이다. 일반적으로 제시되는 설명은 제사장들이 그리스도에 대한 증오심에서 짐짓 거짓으로 세례 요한을 공경하는 체하였다는 것이다. 그러나 이때에는 그들에게 아직 그리스도께서 알려져 있지 않았기 때문에, 이것은 이유가 될 수 없다. 어떤 이들은 세례 요한이 제사장의 혈통과 반열에 속해 있었기 때문에 제사장들이 그에게 더 우호적이었을 것이라고 말한다. 그러나 나는 이 견해도 설득력이 없다고 생각한다. 왜냐하면, 그리스도에게서 온갖 형통을 기대하고 있었던 제사장들이 일부러 거짓 그리스도를 만들어 내고자 하였을 리가 없기 때문이다. 따라서 나는 그들을 부추긴 다른 이유가 있었을 것이라고 생각한다. 그들은 이미 오랜 세월 동안 선지자 없이 살아왔다. 그런데 갑자기 예상치 않게 세례 요한이 등장하였고, 모든 사람들의 마음이 메시야에 대한 기대감으로 부풀어 있었다. 게다가, 백성들은 모두 메시야가 오실 날이 가까웠다는 믿음을 품고 있었다. 이런 상황 속에서 제사장들이 이토록 중요한 문제를 무시하거나 은폐해 버린다면, 그것은 그들의 직무(職務)를 태만히 하는 것으로 보일 수 있었기 때문에, 그들은 세례

요한에게 "네가 누구냐"고 묻게 된 것이다. 그러므로 처음에는 그들이 악의(惡意)에 의해서 행한 것이 아니었고, 도리어 구속(救贖)을 바라는 동기에서, 과연 세례 요한이 그리스도인지를 알고자 한 것이었다. 왜냐하면, 세례 요한은 교회의 통상적이고 관습적이었던 질서를 바꾸어 나가기 시작하였기 때문이다. 그렇다고 해서, 한편으로는 그들의 권세를 유지하고자 하는 야심이 그들에게 강하게 작용하고 있었다는 것을 내가 부인하는 것은 아니다. 하지만 그리스도께서 받으셔야 할 영광과 존귀를 다른 사람에게 옮기려고 한 것이 그들의 의도가 결코 아니었다는 것은 분명하다. 또한, 이 일에 있어서 그들이 보여준 행동은 그들의 직분에 어긋나는 것이 전혀 아니었다. 왜냐하면, 그들은 하나님의 교회를 다스리는 직분을 맡고 있었던 까닭에, 아무도 함부로 나서서 교회를 흔들거나 새로운 분파를 세우지 못하도록 해서, 교회 안에서 믿음의 통일성이 깨어지지 않게 하고, 그 누구도 이질적인 예전(禮典)들을 새로 도입하지 못하게 감독할 책임이 그들에게 있었기 때문이다. 그러므로 세례 요한에 관한 소문이 널리 퍼져서, 모든 사람의 마음을 일깨우고 있었음이 분명하지만, 그것은 세례 요한의 이 증언이 더 부각되도록 하기 위해서 하나님의 놀라운 섭리에 의해서 이루어진 일이었다.

20. 드러내어 말하고 숨기지 아니하니 드러내어 하는 말이. 이것은 세례 요한이 그 어떤 모호함이나 가식(假飾)도 없이 공개적으로 솔직하게 말하였다는 것이다. 처음에 사용된 "드러내어 말하고"는 세례 요한이 사실을 있는 그대로 밝혔다는 일반적인 의미를 나타내는 것이고, 두 번째로 나오는 "드러내어 하는 말이"는 세례 요한이 고백(告白, confessio)의 형식을 빌려서 말하였다는 것을 보여주기 위해 다시 한 번 사용된 것이다. 그러므로 세례 요한은 자기가 그리스도가 아니라고 분명하게 대답한 것이었다.

21. 네가 엘리야냐. 왜 그들은 모세가 아니라 엘리야를 거론한 것일까? 그것은 말라기의 예언(4:2, 5)을 통해서 그들이 "공의로운 해"이신 메시야가 떠오르기 전에 새벽별인 "엘리야"가 먼저 나타나리라는 것을 알고 있었기 때문이었다. 그러나 이 질문은 그들이 오랫동안 지녀 왔던 잘못된 개념을 전제로 한 것이었다. 왜냐하면, 그들은 사람의 영혼이 한 사람의 몸에서 나가서 다른 사람의 몸 속으로 들어간다는 환생설(還生說)을 믿고 있었던 까닭에, 하나님께서 엘리야를 다시 보내실 것이라고 한 말라기 선지자의 예언을 아합 왕 치하에서 살았던 바로 그 엘리야가 환생하리라는 것을 의미하는 것으로 오해하였기 때문이다. 그러므로 세례 요한이 자

기는 엘리야가 아니라고 한 것은 합당하고 옳다. 왜냐하면, 그는 그들이 이러한 말들을 이해하고 있는 방식에 맞춰서 대답을 한 것이기 때문이다. 그러나 그리스도께서는 나중에 말라기 선지자의 예언에 대한 제대로 된 해석을 토대로 해서, 세례 요한이 바로 "엘리야"였다고 단정적으로 말씀하신다(마 11:14; 막 9:13).

　　네가 그 선지자냐. 에라스무스(Erasmus)는 "그 선지자"가 "그리스도"를 가리키는 것으로 해석하였는데, 그러한 해석은 잘못된 것이다. 왜냐하면, "선지자"에 관사가 첨가된 것(ὁ προφήτης, 호 프로페테스)은 이 구절에서 별 의미가 없고, 이 질문을 한 자들은 나중에 그들이 한 질문 전체를 "네가 만일 그리스도도 아니요 엘리야도 아니요 그 선지자도 아닐진대"(25절)라는 말로 요약하고 있는 것을 보면, 이 질문이 그리스도가 아닌 다른 어떤 선지자를 염두에 둔 것임이 아주 분명하기 때문이다. 그러므로 우리는 "그 선지자"가 다른 어떤 인물을 가리키고 있음을 알게 된다. 또 어떤 이들은 세례 요한이 옛 선지자들 중의 한 사람인지를 그들이 물은 것이라고 생각하지만, 나는 그런 해석에도 동의하지 않는다. 여기에서 그들은 "그 선지자"라는 단어를 통해서 세례 요한의 직분(officium)이 무엇인지, 즉 하나님께서 세례 요한을 "선지자"로 세우신 것이 과연 맞는지를 묻고 있는 것이다. 세례 요한이 "아니라"고 대답한 것은 겸손함으로 인해서 거짓말을 한 것이 아니라, 자기는 기존의 선지자들과는 다르다는 것을 정직하고 진실되게 밝힌 것이다. 세례 요한이 이렇게 자기가 "그 선지자"가 아니라고 대답한 것은 결코 겸손해서 짐짓 아닌 체한 것이 아니었고, 그가 자신은 이전의 수많은 선지자들과 다르다고 한 것은 정직하고 진실한 것이었다. 그렇지만 그의 이러한 대답은 그리스도께서 그를 높여 말씀하신 것과 모순되는 것이 아니었다.

　　그리스도께서는 세례 요한을 "선지자"라고 하셨을 뿐만 아니라, "선지자보다 더 나은 자"(마 11:9)라는 말씀도 덧붙이셨고, 그가 그렇게 말씀하신 것은 세례 요한의 가르침에 신뢰성과 권위를 부여하심과 동시에, 세례 요한에게 맡겨진 직분이 얼마나 크고 뛰어난 것이었는지를 알리고 높이기 위한 것이었다. 그러나 이 본문에서 세례 요한의 목적은 다른 데에 있었는데, 그것은 자기는 이전의 선지자들의 경우와는 달리 어떤 독자적이고 고유한 사명을 받고서 보내심을 받은 것이 아니라, 단지 그리스도의 전령(傳令) 역할을 하도록 부르심을 받은 것일 뿐임을 밝히는 것이었다. 이것은 다음과 같은 비유를 생각해 보면 훨씬 더 분명해질 것이다. 즉, 심지어 별로 중요하지 않은 일들을 위해서 보내심을 받은 대사들일지라도, 모든 대사(大使)들이 "대사"라는 명칭과 권위를 지니는 것은 그들이 독자적이고 고유한 사명(使命)을 받았기 때문이다. 특정한 예언들을 선포하라는 명령을 받고서 선지자의 직분을 수행한 모든 선지자들의 경우도 마찬가지였다. 그러나 어떤 중대한 문제를 처리해야 할 필요가 생겨서, 두 명의 대사가 보내심을 받게 되었는데, 그들 중 한 명은 이 문제를 처리할 전권(全權)을 위임받은 다른 한 명의 대사가 속히 올 것이라는 소식을 전하는 임무만을 부여받았고, 이 후자(後者)는 이 문제를 완전히 처리하라는 명령을 받았다면, 전자(前者)는 주된 역할을 맡은 후자의 일부분이자 부속물이라고 하는 것이 마땅하지 않겠는가? 세례 요한의 경우가 그러하였다. 왜 냐하면, 하나님께서는 세례 요한에게 오직 그리스도를 위하여 제자들을 준비하라는 명령만을 주셨기 때문이다. 이것이 그러하다는 것은 전후 문맥을 전체적으로 살펴보면 더욱더 분명하게 드러나는데, 우리가 곧 이어지는 세례 요한의 대답이 나오는 구절, 즉 내용적으로 이 구절과 대구(對句)가 되는 구절을 살펴보는 것은 당연한 일이다. 세례 요한은 자기는 선지자가 아니고, "광야에서 외치는 자의 소리"라고 말한다. 주의 길을 준비하기 위하여 "외치는 자의 소리"는 단지 보조사역자에 불과하기 때문에 자신의 독립적이고 고유한 사명을 부여받은 선지자와는 다르다. 그가 전하는 것들은 단지 사람들로 하여금 또 다른 선생의 가르침을 경청하도록 하기 위한 일종의 정지(整地) 작업일 뿐이다. 이런 식으로 세례 요한은 모든 선지자보다 더 큰 자였지만, 그럼에도 불구하고 일반적인 의미에서의 선지자는 아니었다.

23. 외치는 자의 소리. 세례 요한은 자기가 선지자의 사명을 받은 것이 아니라면 가르치는 일을 수행하는 것은 잘못된 것이 아니냐는 비난을 받을 수도 있었기 때문에, 자기에게 주어진 일이 무엇인지를 밝히고, 이사야 40:3의 말씀을 통해서 그것을 증명한다. 이것을 통해서 우리는 세례 요한이 오직 하나님께서 명령하신 것만을 행하였다는 결론을 얻게 된다. 사실, 이사야는 거기에서 세례 요한에 대해서만 말한 것이 아니라, 교회가 회복될 것이라는 약속의 말씀을 전하면서, 장차 "주의 길을 곧게 하라"고 명령하며 기뻐하는 "소리들"을 듣게 될 것이라고 예언하였다. 이사야는 하나님께서 오셔서 이 백성을 바벨론의 포로생활로부터 다시 돌아오게 하실 것이라고 예언하였지만, 이 예언은 그리스도께서 육체로 나타나실 때에 진정으로 성취되었다. 그러므로 주님이 오실 날이 가까웠다는 것을 알린 전령(傳令)들 가운데서 세례 요한은 가장 으뜸 되는 위치에 있었다.

　어떤 이들처럼 "소리"라는 단어를 가지고서 교묘한 사변(思辨)을 늘어놓는 것은 쓸데없는 일이다. 세례 요한은 "외치라"는 명령을 받았기 때문에 "소리"라고 불리는 것일 뿐이다. 이사야는 교회가 황폐하게 되어 버려진 비참한 상황 가운데에 있고, 그러한 상황이 이 백성이 포로생활에서 돌아오는 것을 가로막고 있는 현실을 비유적으로 "광야"라고 표현하였음에 틀림없다. 그러니까 이사야는 현실적으로는 포로 된 백성이 돌아올 수 있는 길이 막혀 있지만, 여호와께서는 길이 없어 다닐 수 없는 곳에 길을 놓으실 것이라고 예언한 것이나 다름없었다. 세례 요한이 말씀을 전하였던 곳인 유대 "광야"는 구원의 모든 소망이 사라져 버리고 모든 것이 황폐화되어 있던 고립무원(孤立無援, vasta solitudo)의 현실에 대한 비유이자 표상(表象)이었다. 이러한 비유를 고려한다면, 우리는 세례 요한이 여기에서 이사야 선지자의 예언을 결코 왜곡해서 적용한 것이 아님을 쉽게 알게 된다. 왜냐하면, 하나님께서는 자신들이 처한 참담한 현실에 당혹스러워 하고 있던 자기 백성의 눈앞에 이 예언의 거울을 들이미시기 위하여 모든 것을 계획하시고 준비하신 것이기 때문이다.

²⁴그들은 바리새인들이 보낸 자라 ²⁵또 물어 이르되 네가 만일 그리스도도 아니요 엘리야도 아니요 그 선지자도 아닐진대 어찌하여 세례를 베푸느냐 ²⁶요한이 대답하되 나는 물로 세례를 베풀거니와 너희 가운데 너희가 알지 못하는 한 사람이 섰으니 ²⁷곧 내 뒤에 오시는 그이라 나는 그의 신발끈을 풀기도 감당하지 못하겠노라 하더라 ²⁸이 일은 요한이 세례 베풀던 곳 요단 강 건너편 베다니에서 일어난 일이니라 (1:24-28).

　24. 그들은 바리새인들이 보낸 자라. 복음서 기자는 "그들"이 당시에 교회에서 최고위직에 있었던 "바리새인들"이었다고 말하는데, 그가 이런 말을 하는 것은 그들이 레위인들의 반열에 속한 다소 낮은 지위의 사람들이 아니라, 대단한 권세를 지니고 있던 사람들이었다는 것을 우리에게 알게 하기 위한 것이었다. 또한, 그것은 그들이 세례 요한이 베푼 "세례"에 대하여 질문한 이유이기도 했다. 일반 사역자들이었다면 그 어떤 대답을 들었어도 만족하였을 것이지만, 이 사람들은 세례 요한으로부터 자신들이 원했던 대답을 이끌어 내지 못하자, 감히 새로운 종교 의식을 도입하는 만용(蠻勇)을 부리고 있다고 그를 비난하였다.

25. 어찌하여 세례를 베푸느냐. 그들은 "네가 만일 그리스도도 아니요 엘리야도 아니요 그 선지자도 아닐진대"라고 세 가지 경우를 순차적으로 들어 얘기를 하고 있기 때문에, 매우 조리(條理) 있는 논증을 펼치고 있는 것처럼 보인다. 사실, 세례라는 의식(儀式)은 아무나 제정할 수 있는 그런 것이 아니었기 때문이다. 만약 메시야라면, 그에게 모든 권세가 있다는 것은 너무나 당연한 일이었다. 그리고 장차 오기로 되어 있던 "엘리야"에 대해서는, 그들은 이스라엘 나라와 그 교회의 회복이 그에 의해서 시작될 것이라는 신념을 지니고 있었다. 또한, 하나님의 선지자들이 자신들에게 맡겨진 직분을 수행하는 것은 당연하다는 것도 그들은 쉽게 인정할 수 있었다. 그러나 세례 요한은 하나님으로부터 그 어떤 공적인 직분도 받지 않은 자이기 때문에, 그가 세례를 베푸는 것은 불법적으로 기존의 것을 뒤엎고 새로운 것을 도입하는 행위라고 그들은 결론을 내렸다. 하지만 세례 요한이 자기는 그들이 상상 속에서 제멋대로 만들어낸 그런 엘리야가 아니라고 밝혔다고 해서, 그들이 세례 요한을 말라기 4:5에서 언급한 바로 그 엘리야로 인정하지 않은 것은 전적으로 그들의 잘못이었다.

26. 나는 물로 세례를 베풀거니와. 세례 요한이 해준 이 말은 그들의 잘못을 고쳐주기에 너무나 충분한 말이었지만, 아무리 분명한 가르침이라고 해도 귀가 먹어버린 자들에게는 아무 소용이 없었다. 왜냐하면, 세례 요한이 그들을 그리스도께로 보내면서, 그리스도가 이미 와 계시다고 분명하게 밝혔을 때, 그것은 그가 그리스도를 섬기는 사역자로 하나님에 의해서 세움을 입었을 뿐만 아니라, 교회의 회복의 때가 왔음을 증언하도록 보내심을 받은 참된 엘리야라는 것을 보여주는 분명한 증거였기 때문이다. 물론, 여기에서는 그리스도의 영적인 세례가 요한의 외적인 세례와 명시적으로 대비되고 있지 않기 때문에, 이 두 세례 간의 대비가 온전히 표현되어 있지는 않지만, 우리는 성령의 세례에 관한 대구(對句)를 여기에 보충해서 이 구절을 이해하는 것이 좋고, 실제로 조금 후에 복음서 기자는 이 두 세례를 한 대목에서 다룬다.

세례 요한의 이러한 대답 속에는 중요한 것이 두 가지가 들어 있다. 첫째, 세례 요한은 자기에게 합당하게 주어진 것 외에는 그 어떤 것도 자신의 것으로 주장하지 않는다는 것이다. 왜냐하면, 그가 베푸는 세례는 그리스도께서 베푸실 세례의 그림자일 뿐이고, 그가 베푸는 세례가 상징하고 있는 진리는 그리스도 안에 있기 때문이다. 둘째, 세례 요한은 단지 외적인 표징(表徵, signum)에 불과한 것을 행하고 있을 뿐이고, 모든 능력(vis)과 효력(efficacia)은 오직 그리스도의 수중에 있다는 것이다. 이렇게 세례 요한은 자기가 베푸는 세례는 오직 또 다른 세례, 즉 그리스도께서 베푸실 세례에 대한 표징이라는 의미에서만 참되다는 것을 밝히면서, 자기에게는 성령의 능력이 없다고 선언하여 그리스도의 위엄을 높임으로써, 사람들의 시선이 오직 그리스도에게 집중될 수 있게 한다. 사역자가 보일 수 있는, 어느 쪽으로도 치우치지 않는 가장 좋은 모습은 자신의 모든 권세가 다 그리스도께로부터 빌려온 것임을 알아서, 자기가 지닌 모든 것이 오직 그리스도로부터 온 것임을 고백하고, 모든 공로(功勞)를 그리스도께 돌리는 것이다. 그러나 어떤 자들처럼, 요한이 베푼 세례가 우리가 받는 세례와 달랐다고 생각하는 것은 대단히 어리석은 착각이다. 왜냐하면, 세례 요한은 여기에서 자기가 베푸는 세례의 유익에 대해서 논하고 있는 것이 아니라, 단지 자기 자신을 그리스도와 비교하고 있는 것일 뿐이기 때문이다. 마찬가지로, 오늘날 세례에 있어서 우리가 행하는 것이 무엇이고 그리스도께서 행하시는 것이 무엇인지를 묻는다면, 우리는 오직 그리스도만이 세례가 상징하고 있는 것을 행하시는 것이고, 우리는 단지 그 상징이 되는 의식(儀式)을 베푸는 것 외에는 아무것도 행할 수 없다는 것을 인정하지 않으면 안 된다. 성경에서는 성례전에 대하여 두 가지 방식으로 말한다. 그 중 하나는 성례전들은 "중생의 씻음"(딛 3:5)이고, 그것들에 의해서 우리의 죄가 씻음을 받으며(벧전 3:21), 우리는 그리스도의 몸에 접붙여져서 "우리의 옛 사람이 십자가에 못 박히고" 다시 살리심을 받아 "새 생명 가운데서" 행하게 된다(롬 6:4-6)는 것이다. 이러한 경우들에서 성경은 그리스도의 능력을 사람들의 사역(使役)과 결합시키고 있는 것이기 때문에, 결국 사람들은 그리스도의 손(manus)에 불과하다. 따라서 이런 식의 표현들은 사람이 스스로 무엇을 이룰 수 있는지를 보여주는 것이 아니라, 그리스도께서 사람과 성례전이라는 표징(signum)을 도구로 사용하셔서 무엇을 행하시는지를 보여주는 것이다. 그러나 다른 한편으로, 사람은 미신(迷信)에 빠지는 아주 강력한 성향을 지니고 있고, 타고난 교만(superbia)으로 인해서 오직 하나님께만 합당한 영광을 가로채서 자신의 것으로 삼기 때문에, 성경은 이러한 불경스러운 오만(insolentia)을 억제하고, 사역자들은 아무것도 아니고 아무것도 할 수 없다는 것을 알게 해주기 위하여, 종종 사역자들을 그리스도와 구별하기도 한다.

너희 가운데 … 한 사람이 섰으니. 여기에서 세례 요한은 그들이 온 마음을 드려 그리스도를 찾고 찾았어야 마땅한 자들인데도 정작 그리스도께서 오셨는데도 알

아보지 못하고 있는 그들의 아둔함(socordia)을 간접적으로 책망한다. 세례 요한은
사람들이 자신의 사역의 원천(autor)이 되시는 분에게로 나아가지 않으면 결코 자
신의 사역에 대해서 아무것도 알 수 없다는 것을 늘 역설한다. 세례 요한이 그리스
도께서 "너희 가운데 서 계시다"고 말한 것은 그들에게 그리스도를 알고자 하는
열심(studium)을 불러일으키기 위한 것이었다. 세례 요한이 한 이 말의 요지는, 영
광이 조금이라도 부당하게 자기에게 주어져서 홀로 높임을 받으셔야 할 그리스도
의 영광이 가려지는 일이 없도록 하기 위해서 자기는 가장 낮은 자리에 처하고자
한다는 것이다. 세례 요한은 사람들의 잘못된 판단으로 인해서 자기가 지나친 칭
송을 받게 된 것을 보고서 자주 이러한 말씀을 자신의 입에 올렸을 가능성이 높다.

27. 내 뒤에 오시는 그이라. 세례 요한은 여기에서 두 가지의 진실을 말하는데,
첫 번째는 그리스도께서 시간상으로는 자기보다 "뒤에" 오셨다는 것이고, 두 번째
는 그럼에도 불구하고 아버지 하나님께서 그리스도를 그 누구보다도 가장 사랑하
시기 때문에, 그리스도는 그 지위와 위엄에 있어서 자기보다 훨씬 "앞서" 계시다는
것이다. 조금 후에 세례 요한은 그리스도께서는 실제로 다른 모든 사람보다 우월
하시기 때문에 다른 모든 사람들보다 "앞서" 계시는 것이라는 세 번째의 진실을
추가로 말할 것이다.

28. 이 일은 … 베다니에서 일어난 일이니라. 복음서 기자가 여기에서 장소를 언
급하는 이유는 이 이야기가 실화(實話)임을 증명할 뿐만 아니라, 세례 요한의 이러
한 대답이 많은 무리들이 모인 자리에서 주어진 것임을 우리에게 알게 하기 위한
것이다. 왜냐하면, 많은 사람들이 세례 요한에게 몰려왔는데, "베다니"는 그가 사
람들에게 세례를 주곤 했던 장소였기 때문이다. 어떤 이들은 베다니가 "나루터 마
을"이라는 의미인 것을 근거로 해서 그곳은 요단 강을 건너는 길목에 있던 마을이
었고, 이 때문에 그런 이름이 붙여진 것이라고 말하고, 어떤 이들은 베다니라는 이
름을 옛적에 하나님께서 요단 강을 가르셔서 이스라엘 백성을 위하여 길을 열어
주심으로써 백성들이 여호수아의 영도 아래 그 강을 통과하게 된 것(수 3:13)을 기
념하여 붙여진 것이라고 말한다. 또한, "베다니"가 아니라 "베다라바"로 읽어야 한
다고 주장하는 이들도 있다. 어떤 이들이 여기에 "베다니"라는 이름을 끼워 넣은
것은 무지(無知)에 의한 것이다. 왜냐하면, 우리가 나중에 보게 되겠지만, 베다니
는 예루살렘에서 아주 가까운 마을이었기 때문이다. 지리학자들이 묘사한 "베다
라바"의 위치는 복음서 기자가 여기에서 말한 것과 정확히 일치한다. 하지만 나는

이 단어의 발음 문제를 놓고 논쟁을 하고 싶지는 않다.

²⁹이튿날 요한이 예수께서 자기에게 나아오심을 보고 이르되 보라 세상 죄를 지고 가는 하나님의 어린 양이로다 ³⁰내가 전에 말하기를 내 뒤에 오는 사람이 있는데 나보다 앞선 것은 그가 나보다 먼저 계심이라 한 것이 이 사람을 가리킴이라 ³¹나도 그를 알지 못하였으나 내가 와서 물로 세례를 베푸는 것은 그를 이스라엘에 나타내려 함이라 하니라 ³²요한이 또 증언하여 이르되 내가 보매 성령이 비둘기 같이 하늘로부터 내려와서 그의 위에 머물렀더라 ³³나도 그를 알지 못하였으나 나를 보내어 물로 세례를 베풀라 하신 그이가 나에게 말씀하시되 성령이 내려서 누구 위에든지 머무는 것을 보거든 그가 곧 성령으로 세례를 베푸는 이인 줄 알라 하셨기에 ³⁴내가 보고 그가 하나님의 아들이심을 증언하였노라 하니라(1:29-34).

29. 이튿날. 세례 요한이 메시야가 곧 오실 것이라는 얘기를 이미 전에도 했을 것임은 의심의 여지가 없다. 그러나 그리스도께서 공식적으로 모습을 드러내기 시작하시자, 세례 요한은 그리스도에 대하여 자기가 증언한 말들이 백성들에게 신속하게 알려지게 되기를 원하였다. 그리고 해가 떠오르면 새벽의 여명(黎明)이 신속하게 사라지듯이, 이제 그리스도의 등장으로 세례 요한의 사역은 곧 끝이 나게 될 것이었다. 그래서 세례 요한은 예루살렘의 제사장들이 보낸 대표들에게 자신의 세례를 참되게 해주고 효력 있게 해주는 분이 이미 오셔서 백성들 가운데서 다니고 계신다는 것을 증언하고 나서, "이튿날" 많은 사람들이 보는 앞에서 공개적으로 그리스도를 지목하였다. 세례 요한의 이 두 가지 행동은 시간적으로 연속해서 행해졌기 때문에 사람들의 마음을 움직이는 데에 한층 더 큰 힘을 발휘하였을 것임에 틀림없다. 또한, 그것은 그리스도께서 세례 요한 앞에 나타나신 이유이기도 했다.

보라 … 하나님의 어린 양이로다. 그리스도께서 행하시게 될 주된 직임(職任)이 여기에 간략하지만 분명하게 설명되고 있다. 즉, 그리스도께서는 죽음의 희생 제사를 드리셔서 "세상 죄"를 제거하시고 사람들로 하여금 하나님과 화목을 이루게 하시리라는 것이다. 물론, 그리스도께서는 우리에게 그 밖의 다른 복들도 주시지만, 다른 모든 복들의 토대가 되는 최고의 복은 그리스도께서 하나님의 진노를 누그러뜨리셔서 우리를 거룩하고 순전한 자들로 여기심을 받게 해주시는 것이다. 바로 이 근원(fons)이 되는 복, 즉 하나님께서 우리의 죄를 우리에게 돌리지 않으시고 우리를 값없이 은혜로 받아 주시는 이 복으로부터 모든 복의 물줄기(rivus)들이 흘러나온다는 말이다. 따라서 세례 요한은 우리를 그리스도께로 인도하기 위하여 증언할 때에 그리스도로 말미암아 값없이 죄 사함을 받게 되리라는 것으로부터 시작한다.

"어린 양"이라는 말 속에는 저 옛적에 율법 아래에서 행해졌던 희생 제사에 대한 암시가 들어 있다. 세례 요한은 유대인들을 상대하고 있었고, 유대인들에게는 희생 제사를 언급함이 없이 속죄(贖罪)에 대하여 가르칠 수 있는 방법이 달리 없었다. 그러나 여러 종류의 희생 제사가 있었기 때문에, 세례 요한은 한 가지를 들어서 전체를 나타내는 제유법(提喩法)을 사용하였는데, 아마도 유월절에 드려졌던 어린 양을 염두에 두고 있었을 가능성이 높다. 무엇보다도 우리가 주목해야 할 것은 세례 요한이 이러한 표현을 사용한 것은 유대인들을 가르치는 데에는 이것보다 더 적합하고 더 강력한 표현법이 없었기 때문이라는 것이다. 이것은 오늘날 세례가 일상적으로 베풀어지고 있기 때문에, 우리는 세례를 통해서 우리의 더러움들이 씻어지고 깨끗해진다는 것에 빗대어서 그리스도의 피로 말미암아 죄 사함을 얻는다는 가르침에 대한 설명을 들을 때, 그것이 무엇을 의미하는지를 더 잘 이해하게 되는 것과 같다.

아울러, 유대인들은 흔히 희생 제사에 대하여 미신적인 신앙을 지니고 있었기 때문에 세례 요한의 이 증언은 그 모든 희생 제사들이 궁극적으로 어떤 실체를 가리키고 있었던 것인지를 그들에게 일깨워 줌으로써 그들의 잘못된 것을 바로잡아 주는 역할도 하였다. 유대인들이 외적인 상징(symbolum)들에 집착한 것은 희생 제사를 아주 악하게 남용한 것이었다. 그래서 세례 요한은 그리스도를 지목해서, 이 분이야말로 "하나님의 어린 양"이시라고 증언한다. 이것은 유대인들이 율법 아래에서 드렸던 모든 희생 제사들에는 죄를 속하는 그 어떤 능력도 없고, 그것들은 단지 그리스도 안에서 계시될 실체(實體, veritas)의 표상(表象, figura)들에 불과하였다는 의미이다.

세상 죄를 지고 가는. 세례 요한은 온갖 종류의 죄를 다 포괄적으로 나타내기 위해서 "죄"라는 단어를 단수형으로 사용한다. 이것은 사람들을 하나님에게서 갈라 놓는 온갖 불의(iniustitia)를 그리스도께서 다 짊어지고 가서서 제거해 버리실 것이라고 말한 것과 같다. 또한, 세례 요한은 "세상 죄"라고 말함으로써 이 은혜가 온 인류에게 차별 없이 미칠 것임을 보여주고, 유대인들이 구속주(救贖主)가 오직 자신들만을 위해서 오셨다고 착각하지 못하게 한다. 이것으로부터 우리는 온 세상이 동일한 정죄(reatus) 아래 갇혀 있고, 모든 사람이 다 예외 없이 하나님 앞에서 불의한 죄인이기 때문에 하나님과의 화목을 필요로 한다는 결론을 얻게 된다. 그러므로 세례 요한은 "세상 죄"라는 보편적인 표현을 사용함으로써, 우리의 참상(miseria)을 깨닫게 하고, 우리에게 그 치유책을 찾도록 권하고자 한 것이었다. 각 사람이 결심을 하고서 "믿음"의 인도함을 받아 그리스도께로 나아가기만 한다면, 그리스도 안에서 하나님과의 화목됨을 발견하는 것을 가로막을 수 있는 것은 아무 것도 없기 때문에, 이제 모든 사람에게 제시된 이 복을 받아들이는 것이 우리가 해야 할 일이다.

세례 요한은 죄를 제거하는 단 한 가지 방법만을 제시한다. 우리는 세상이 창조된 이래로 사람들은 양심의 가책을 받을 때마다 죄 사함을 얻기 위해서 부단히 애써 왔다는 것을 안다. 이 때문에 아주 다양한 방식으로 속죄 의식(儀式)들이 행해졌고, 사람들은 그러한 의식들을 통해서 하나님의 진노를 누그러뜨렸다고 착각하였다. 이런 종류의 온갖 사이비 속죄 의식들은 사실 시초의 거룩한 제사들, 즉 하나님께서 사람들을 그리스도께로 이끄시기 위해서 제정해 놓으셨던 저 희생 제사들에서 비롯된 것이지만, 그 과정에서 사람들이 너나 할 것 없이 하나님의 진노를 누그러뜨릴 자신만의 방법을 스스로 고안해 낸 것이라고 나는 생각한다. 그러나 세례 요한은 우리를 다시 한 분 그리스도께로 인도하면서, 오직 그리스도만이 우리의 죄를 제거해 주실 수 있으시기 때문에, 우리가 그리스도의 은혜를 의지함이 없이 다른 방법으로 하나님과 화목하게 될 수 있는 길은 없다는 것을 우리에게 알려 준다. 그러므로 세례 요한은 그리스도께로 피하는 것 외에 죄인들의 피난처가 될 수 있는 다른 길들을 남겨 두지 않는다. 이런 식으로 세례 요한은 대속, 속죄, 구속 등과 관련하여 사람들이 고안해 낸 온갖 의식(儀式)들을 뒤집어엎는다. 왜냐하면, 그러한 것들은 다름 아닌 마귀의 교묘한 술책에 의해서 만들어진 불경스러운 것들에 지나지 않기 때문이다.

"지고 가는"으로 번역된 헬라어 동사 '아이레인'(αἴρειν)은 두 가지로 설명될 수 있다. 즉, 이 동사는 "친히 나무에 달려 그 몸으로 우리 죄를 담당하셨으니"(벧전 2:24)라는 말씀이나, "그가 징계를 받으므로 우리는 평화를 누리고"(사 53:5)라는 말씀에서 볼 수 있듯이, 우리를 짓누르고 있는 짐을 그리스도께서 친히 짊어지신다는 의미이거나, 그리스도께서 우리의 죄를 지워버리거나 제거하신다는 의미일 수 있다. 그러나 후자는 전자에 의거하고 있는 것이기 때문에, 나는 이 두 가지 의미를 다 기꺼이 받아들인다. 즉, 그리스도께서는 우리의 죄를 짊어지심으로써 그죄를 제거하신다는 것이다. 그러므로 죄가 우리 안에 지속적으로 거(居)하고 있다고 할지라도, 하나님의 판단에 있어서는 그 죄는 아무것도 아니다. 왜냐하면, 그 죄는 그리스도의 은혜로 말미암아 무효화된 까닭에 우리에게 돌려지지 않기 때문이다. 또한, 나는 이 동사는 현재 시제로 되어 있기 때문에(ὁ αἴρων, 호 아이론, "지고 가는") 지속적인 행위를 나타낸다는 크리소스토무스(Chrysostomus)의 설명에 대해서도 거부감이 없다. 왜냐하면, 그리스도로 말미암은 속죄(贖罪)는 단번에 (semel) 이루어진 것이지만, 그 효력은 지속적으로 늘(semper) 생생하게 존재하기 때문이다.

세례 요한은 그리스도께서 "죄를 지고 가신다"는 사실만을 우리에게 가르치는 것이 아니라, 그 방법도 보여준다. 즉, 그리스도께서는 자신의 죽으심을 통해서 아버지 하나님과 우리가 화목을 이루게 하시리라는 것이다. 왜냐하면, 그것이 세례 요한이 "어린양"이라는 단어를 통해서 전하고자 한 의미이기 때문이다. 그러므로 우리가 그리스도의 죽음 앞으로 곧장 나아가서, 십자가에 못 박혀 죽으신 그가 우리의 모든 죄책(罪責)을 제거한 유일한 속죄 제물이시라는 것을 믿기만 하면, 그리스도의 은혜로 말미암아 하나님과 화목을 이루게 된다는 것을 우리는 여기에서 배울 수 있어야 한다.

30. 내가 전에 말하기를 … 이 사람을 가리킴이라. 세례 요한은 자기가 전에 자기보다 "앞선" 분이 계신다고 말하였는데, 그리스도가 바로 그 분이라고 선언함으로써 이 짤막한 말로 모든 것을 포괄한다. 이 말을 통해서 세례 요한은 자기는 단지 그리스도를 위하여 보내심을 받은 전령(傳令)에 지나지 않는다는 것을 보여줌과 동시에, 그리스도께서 메시야이시라는 것을 다시 한 번 분명히 한다. 세례 요한은 이 말 속에서 세 가지를 구체적으로 제시한다. 먼저, 그는 "내 뒤에 오는 사람이 있는데"라고 말함으로써, 자기가 시간상으로 그리스도보다 "먼저" 온 것은 "보라 내가 내 사자를 보내리니 그가 내 앞에서 길을 준비할 것이요"(말 3:1)라고 예언하였던 말라기의 증언대로 그리스도의 길을 준비하기 위한 것이었음을 밝힌다. 다음으로, 그가 그리스도를 자기보다 "앞선" 분이라고 말하는 것은 그리스도께서 구속주의 직분을 행하시기 위하여 이 세상에 오셨을 때에 하나님이 자기 아들에게 덧입혀 주신 영광을 보여준 것이다. 마지막으로, 그 이유가 덧붙여져 있는데, 그것은 그

리스도가 그 신분과 위엄에 있어서 세례 요한보다 월등하시기 때문이라는 것이다. 그러므로 아버지 하나님께서 그리스도께 수여하신 존귀(尊貴)는 우연에 의한 것이 아니라 그의 영원한 위엄으로 인한 것이었다. "내 뒤에 오는 사람이 있는데 나보다 앞선 것은 그가 나보다 먼저 계심이라"는 표현에 대해서는 우리가 이미 앞에서 살펴본 바 있다.

31. 나도 그를 알지 못하였으나. 세례 요한은 사람들이 자신의 증언을 그리스도에 대한 인간적인 우정이나 호의에서 나온 것이 아니냐는 의심을 품을 수도 있다는 것을 예상하고서, 자기는 하나님으로부터 받은 것 외에는 그리스도에 대하여 사전에 달리 아는 것이 없었다는 사실을 분명히 한다. 그러므로 이 말의 요지는 세례 요한은 자기가 느끼고 생각한 대로 말하거나 사람에게 잘 보이기 위해서 말한 것이 아니라, 성령의 감동과 하나님의 명령을 따라서 말한 것일 뿐이라는 것이다.

세례 요한은 "내가 와서 물로 세례를 베푸는 것은 그를 이스라엘에 나타내려 함이라"고 말하는데, 이것은 그가 그리스도를 이스라엘에 나타내기 위해서 이 직분으로 부르심을 받고 세우심을 입었다는 것이다. 나중에 복음서 기자는 세례 요한이 하나님께서 말씀해 주신 것 외에는 그리스도에 대하여 전혀 알고 있지 않았다고 증언한 것으로 소개함으로써, 이 점을 좀 더 자세하게 설명하고 확증한다. 세례 요한은 여기에서는 "내가 와서 물로 세례를 베푼다"고 말하고 있지만, 거기에서는 "나를 보내어 물로 세례를 베풀라 하셨다"(33절)는 것을 분명하게 밝힌다. 오직 하나님의 부르심(Dei vocatio)이 있을 때에만 교회의 사역자는 합법성을 갖추게 된다. 아무리 학식이나 언변이 뛰어나더라도, 부르심도 없이 스스로 뛰어들어 일을 하는 자들은 그 어떤 권위나 권세도 주장할 자격이 없는데, 그 이유는 그런 자들은 그 권위나 권세의 근원이 되시는 하나님으로부터 온 것이 아니기 때문이다. 세례 요한이 백성들에게 합법적으로 세례를 베풀기 위해서는 하나님의 보내심을 받는 것이 필수적이었다는 사실로부터 우리는 성례전들을 제정하는 것은 결코 사람의 권한이 아니고, 그 권한은 오직 하나님께만 속해 있다는 결론을 얻게 된다. 그래서 그리스도께서는 어떤 계기로 요한의 세례가 참된 권위를 지니고 있었다는 것을 입증하고자 하셨을 때에, "요한의 세례가 어디로부터 왔느냐 하늘로부터냐 사람으로부터냐"(마 21:25)고 물으셨다.

32. 내가 보매 성령이 비둘기 같이 하늘로부터 내려와서. 이것은 문자 그대로의 사실을 묘사한 것이 아닌 비유적인 표현이다. 대체 세례 요한에게 어떤 눈이 있어

서 성령을 볼 수 있었겠는가? "비둘기"는 성령의 임재를 나타내는 확실하고 틀림없는 표징(表徵)이었기 때문에 환유법(換喩法)적으로 "성령"이라 불리고 있는 것이다. 즉, 비둘기는 실제로 성령인 것이 아니라, 사람이 인식할 수 있는 수준에서 성령을 나타내 주는 역할을 할 뿐이라는 말이다. 이런 식으로 어떤 실체를 다른 것으로 바꾸어 나타내는 환치(換置)는 성례전들에서 일반화되어 있다. 그리스도께서 "떡"을 "내 몸"이라고 하셨을 때, 표징(signum)인 "떡"을 "그의 몸"이라는 이름으로 환치해서 부르는 것이 합당하지 않았다면, 왜 그렇게 하셨겠는가? 이때에 표징은 실체에 대한 참되고 유효한 담보가 되어서, 우리는 표징이 나타내고 있는 실체 자체가 그 표징을 통해서 우리에게 주어진다는 것을 확신하게 된다. 그러나 우리는 "천지에 충만하신"(렘 23:24) 성령께서 비둘기 속에 담겨 있었던 것이 아니라, 단지 자신의 능력으로 거기에 임재해 계신 것이었음을 알아야 한다. 그런 까닭에, 세례 요한은 그런 광경이 자신의 눈앞에 펼쳐진 것이 결코 무익한 것이 아님을 알았다. 마찬가지로, 우리는 그리스도의 몸이 "떡"에 묶여 계시는 것은 아니지만, 우리가 그의 몸에 참여하고 있다는 것을 안다.

한편, 성령께서는 왜 이때에 "비둘기"의 모습으로 나타나신 것일까라는 질문이 생겨난다. 우리는 표징(signum)과 실체(veritas) 간에는 유비(類比, analogia)가 존재한다는 사실을 늘 염두에 두어야 한다. 성령이 사도들에게 주어졌을 때, 그들은 "불의 혀처럼 갈라지는 것들"을 보았는데, 이것은 복음이 "불"의 능력을 지니고서 모든 "혀"를 통해서 널리 전파될 것이었기 때문이다. 그런데 여기 이 본문 속에서는 하나님은 이사야가 그리스도께서는 "상한 갈대를 꺾지 아니하며 꺼져가는 등불을 끄지 아니하시는"(사 42:3) 분이 되실 것이라고 찬양한 바로 그 그리스도의 온유하심(mansuetudo)을 공개적으로 드러내고자 하셨다. 성령께서 그리스도 위에 임하시는 것이 가시적으로 보여진 것은 이번이 처음이었지만, 그렇다고 해서 그리스도께 이전에 성령이 없으셨던 것이 아니고, 단지 이때에 공식적인 엄숙한 의식(儀式)을 통해서 그리스도께서 공생애 사역을 위하여 성별되신 것이라고 할 수 있다. 왜냐하면, 그리스도께서는 이때까지는 본격적으로 나서실 때가 되지 않아서 30년 동안 마치 한 명의 사인(私人)인 양 모습을 드러내지 않으시고 살아오셨지만, 이제 때가 되어서 세상에 자신을 나타내고자 하셨을 때에 친히 세례를 받으시는 것으로 시작하셨기 때문이다. 그러므로 이때에 그리스도께서는 단지 자기 자신을 위해서가 아니라 자기 백성을 위해서 성령을 받으셨다. 그런 까닭에, 성령께서는 우리로 하여금 우리에게 결여되어 있거나 부족한 온갖 은사들이 그리스도 안에 차고 넘치게 거하고 있다는 것을 알게 해주기 위하여 사람들이 볼 수 있는 모습으로 임하신 것이었다. 이것은 세례 요한이 한 말에서 쉽게 추론될 수 있다. 왜냐하면, 세례 요한이 "나를 보내어 물로 세례를 베풀라 하신 그이가 나에게 말씀하시되 성령이 내려서 누구 위에든지 머무는 것을 보거든 그가 곧 성령으로 세례를 베푸는 이인 줄 알라 하셨기에"(33절)라고 말했을 때, 그것은 성령께서 사람들의 눈으로 볼 수 있는 모습으로 나타나셔서 그리스도 위에 임하신 이유는 그리스도께서 자신의 충만하심으로 자신의 모든 백성에게 차고 넘치게 부어주시기 위한 것이라고 말한 것이나 다름없기 때문이다. "성령으로 세례를 베푼다"는 것이 무엇을 의미하는지에 대해서는 내가 이미 앞에서 간단하게 설명한 바 있다. 즉, 그리스도께서는 세례에 그 효력을 부여하셔서, 세례가 헛되거나 무익하게 되지 않도록 하시는데, 이것을 자신의 성령의 능력을 통해서 이루신다는 것이다.

33. 성령이 내려서 누구 위에든지 머무는 것을 보거든. 여기에서 한 가지 어려운 질문이 생긴다: 세례 요한이 그리스도를 몰랐다면, 왜 그리스도께서 세례를 받고자 하셨을 때에 그것을 거부하였는가? 세례 요한이 자기가 알지도 못하는 사람에게 "내가 당신에게서 세례를 받아야 할 터인데"(마 3:14)라고 말하지 않았으리라는 것은 분명하다. 어떤 이들은 세례 요한이 그리스도를 하나님의 특별한 선지자로 알고서 공경하긴 하였지만, 그가 하나님의 아들이신 것을 알고 있지는 못한 것이었다고 설명한다. 그러나 그런 설명은 설득력이 약해서 이 난제에 대한 충분한 설명이 될 수 없다. 왜냐하면, 사람들의 지위 고하를 막론하고 사람의 눈치를 보지 말고 모든 사람에 대하여 하나님의 부르심을 따라 행하는 것이 마땅하기 때문이다. 어떤 사람이 지위가 높다거나 고귀한 신분이라고 해도, 우리가 그 사람에 대하여 해야 할 일을 하는 것이 마땅한 일이다. 그러므로 만일 세례 요한이 하나님의 아들 외에 다른 사람에게 이런 식으로 말하였다면, 그는 하나님 및 자신에게 맡겨진 세례에 대하여 불경(不敬)을 저지른 것이 되고 말 것이다. 따라서 세례 요한은 그리스도를 이미 알고 있었음에 틀림없다는 결론이 나온다.

먼저 우리가 주목해야 할 것은 여기에 언급된 "안다"는 말은 개인적인 오랜 친분을 통해서 알고 있는 것을 가리킨다는 것이다. 따라서 세례 요한이 그리스도를 볼 때마다 그가 어떤 분이신가를 알았다고 할지라도, 그들이 사람들의 통상적인 방식을 따라서 서로를 알고 있었던 것은 아니라는 것은 여전히 사실이다. 왜냐하면, 세례 요한이 처음으로 그리스도를 알아보기 시작한 것은 하나님으로 말미암은 것이기 때문이다. 그렇지만 이것은 충분한 대답이 되지 못한다. 왜냐하면, 세례 요한은 자기가 그리스도 위에 성령이 임하는 것을 본 것이 그를 알게 된 계기였다고 말하고 있는데, 여기에서는 아직 성령이 임하는 것을 보지 못했는데도, 그리스도를 "하나님의 아들"이라 부르고 있기 때문이다.

따라서 나는 이 표징(表徵)은 확증을 위해서 더해진 것으로서 세례 요한을 위한 것이 아니라 우리 모두를 위한 것이었다고 보는 자들의 견해에 전적으로 동의한다. 실제로 오직 세례 요한만이 성령이 임하는 것을 보긴 하였지만, 그것은 세례 요한 자신을 위한 것이라기보다는 다른 사람들을 위한 것이었다. 마르틴 부처(Martin Bucer)가 여기에서 하나님께서 모세에게 하신 말씀을 인용한 것은 적절하다: "네가 그 백성을 애굽에서 인도하여 낸 후에 너희가 이 산에서 하나님을 섬기리니 이것이 내가 너를 보낸 증거니라"(출 3:12). 즉, 틀림없이 이스라엘 백성은 애굽에서 나갈 때에 이미 하나님께서 자신들의 구원을 주관하시고 이끄시고 계시다는 사실을 알고 있었고, 이 구원의 실제적인 성취는 단지 그러한 사실에 대한 사후적(事後的)인 확증에 불과한 것이었다는 말이다. 마찬가지로, 세례 요한의 경우에도 성령이 임하는 것을 본 것은 이전에 그에게 주어졌던 계시를 확증하기 위하여 추가적으로 주어진 것이었다.

34. 내가 보고 … 증언하였노라. 세례 요한이 한 이 말의 취지는 하나님께서는 자기로 하여금 자기가 세상을 향하여 증언해야 할 것들에 대하여 제대로 철저하게 알게 하시기를 기뻐하셨기 때문에, 자기가 지금까지 한 말들 속에는 불확실하거나 의심스러운 내용이 전혀 없다는 것이다. 우리가 주목할 필요가 있는 것은, 세례 요한은 사람들을 하나님과 화목하게 만드는 영광스러운 직분은 오직 그리스도께 주어져 있고, 성령을 사람들에게 나누어 주시는 분이야말로 바로 그 그리스도이시기 때문에, 그리스도는 "하나님의 아들"이시라고 증언하였다는 것이다.

[35]또 이튿날 요한이 자기 제자 중 두 사람과 함께 섰다가 [36]예수께서 거니심을 보고 말하되 보라 하나님의 어린 양이로다 [37]두 제자가 그의 말을 듣고 예수를 따르거늘 [38]예수께서 돌이켜 그 따르는 것을 보시고 물어 이르시되 무엇을 구하느냐 이르되 랍비여 어디 계시오니이까 하니 (랍비는 번역하면 선생이라) [39]예수께서 이르시되 와서 보라 그러므로 그들이 가서 계신 데를 보고 그 날 함께 거하니 때가 열 시쯤

되었더라(1:35-39).

36. 보라 하나님의 어린양이로다. 이 구절 속에는 내가 앞에서 이미 말했던 것, 즉 세례 요한은 자신의 사역을 끝낼 때가 가까웠다는 것을 알고서는 이제 모든 것을 그리스도께 넘기기 위해서 무진 애를 썼다는 것이 더욱 분명하게 드러나 있다. 세례 요한의 이러한 일관되고 확고한 태도는 그의 증언에 한층 더 큰 신뢰감을 더해준다. 그러나 세례 요한은 그리스도를 높이고 찬양하는 말들을 날마다 계속해서 끈질기게 반복함으로써 자기가 해야 할 일이 이제 다 끝났다는 것을 보여준다. 이것을 통해서 우리는 교회의 시작이 얼마나 미약하고 보잘것없었는지를 본다. 세례 요한은 지금까지 실제로 그리스도를 위하여 제자들을 준비해 놓는 일을 해오긴 했지만, 그리스도께서 교회를 모으는 일은 이제야 비로소 시작되고 있고, 처음에 그리스도를 따라나선 것은 단지 보잘것없고 하찮은 두 사람뿐이었다. 그러나 이런 것조차도 그리스도의 영광을 더욱 두드러지게 하는 데에 기여한다. 왜냐하면, 그리스도께서는 인간적인 부(富)나 권력의 도움 없이 짧은 시간 안에 믿을 수 없을 정도로 놀랍고 기이한 방식으로 자신의 나라를 확장하셨기 때문이다. 또한, 우리는 세례 요한이 사람들을 특히 어디로 이끌었는지를 주목할 필요가 있다. 즉, 세례 요한은 그리스도 안에서 죄 사함을 발견하도록 사람들을 이끌었다.

그리스도께서는 제자들에게 자기 자신을 분명하게 나타내서서 그들로 하여금 자기에게 오도록 하셨던 것과 마찬가지로, 이제 그들이 왔을 때에도, 그들에게 온유하게 다가가서서 격려하시고 권면하신다. 즉, 그리스도께서는 그들이 말을 걸어올 때까지 기다리신 것이 아니라, 먼저 "무엇을 구하느냐"고 물으셨다. 전에 두 제자에게 향하였던 이 따뜻하고 인자하며 품격 있는 초대의 말씀은 지금은 모든 사람을 향하여 있다. 그러므로 우리는 그리스도께서 우리를 멀리 하시거나 우리가 쉽게 다가가지 못하도록 하시면 어쩌나 하고 염려할 필요가 없다. 도리어, 우리가 그리스도께 나아가고자 하기만 한다면, 그리스도께서는 자신의 손을 뻗으셔서 우리를 도와주실 것이다. 그리스도께서는 저 멀리서 길을 잃고 헤매는 자들을 찾아내셔서 올바른 길로 돌아오게 하시는 분이신데, 만약 그에게 나아오는 자들이 있다면, 어찌 그가 맨발로 달려나가서서 그들을 맞이하시지 않으시겠는가?

38. 랍비여. "랍비"라는 명칭은 일반적으로 높은 지위에 있는 사람들이나 어떤 식으로든 존귀함을 지니고 있던 사람들에게 주어졌지만, 복음서 기자는 여기에서

당시에 통용되던 이 명칭의 또 다른 용법을 보여준다. 즉, 당시 유대인들은 하나님의 말씀을 가르치고 해석해 주는 사람들을 이 명칭으로 불렀다. 따라서 두 제자는 아직 그리스도께서 교회의 유일하신 선생이라는 사실을 알고 있지 못했지만, 세례 요한에게서 그리스도를 칭송하는 말들을 듣고서 감동을 받아서, 그리스도를 선지자이자 선생으로 여긴 것이었는데, 이것은 가르침을 받기 위해서 꼭 필요한 첫 걸음이었다.

어디 계시오니이까. 교회가 이제 막 시작되려고 하는 이 시점에서 나온 이 모범을 통해서, 우리는 그리스도에 대한 목마름(gustus)으로 인하여 우리의 열심(studium)이 불타오르는 것이 우리에게 유익이 된다는 것을 배우게 된다. 그런 까닭에, 우리는 단지 구경꾼처럼 슬쩍 보고 지나치는 것으로 만족해서는 안 되고, 그리스도께서 거하시는 곳을 적극적으로 찾아서, 그가 우리를 손님으로 맞이하실 수 있게 하지 않으면 안 된다. 왜냐하면, 단지 멀리서 거리를 두고 복음의 냄새만을 맡고자 하는 까닭에, 그리스도께서 갑자기 자신들의 시야에서 사라지시고, 자신들이 그리스도에 대하여 배운 것들도 다 사라져 버려도, 별 상관을 하지 않는 자들이 아주 많기 때문이다. 세례 요한의 제자였던 이 두 사람은 이 날에 그리스도를 전적으로 따르는 제자들이 된 것은 아니었지만, 그 밤에 그리스도께서는 그들에게 더 많은 것들을 가르칠 수 있으셨기 때문에, 그들은 머지않아 전적으로 그리스도께 헌신하는 자들이 되었으리라는 것은 의심의 여지가 없다.

39. 때가 열 시쯤 되었더라. "열 시"는 해 지기 두 시간 전이었기 때문에, 이 구절은 저녁이 가까워 오고 있었다고 말하고 있는 것이다. 당시 사람들은 "낮"을 열두 시간으로 나누었고, 따라서 한 시간의 길이가 여름에는 더 길었고, 겨울에는 더 짧았다. 따라서 시간과 관련된 이러한 정황을 통해서 우리는 이 두 제자가 그리스도로부터 말씀을 듣고 그리스도를 더 깊이 알고자 하는 마음이 간절해서, 그날 밤에 어디에서 묵을지에 대해서는 전혀 관심이 없었다는 것을 알게 된다. 이와는 반대로, 그리스도를 따르는 것이 결코 편하지 않다고 해서, 그것을 무한정으로 계속해서 미루고 있는 우리들 대다수의 모습은 그들의 모습과는 너무나 다르다.

[40]요한의 말을 듣고 예수를 따르는 두 사람 중의 하나는 시몬 베드로의 형제 안드레라 [41]그가 먼저 자기의 형제 시몬을 찾아 말하되 우리가 메시야를 만났다 하고 (메시야는 번역하면 그리스도라) [42]데리고 예수께로 오니 예수께서 보시고 이르시되

네가 요한의 아들 시몬이니 장차 게바라 하리라 하시니라 (게바는 번역하면 베드로라)(1:40-42).

40. 두 사람 중의 하나는 시몬 베드로의 형제 안드레라. 요한복음 1장 끝에 이르기까지 복음서 기자의 의도는 어떻게 그리스도의 제자들이 조금씩 늘어나게 되었는지를 보여주는 것이다. 복음서 기자는 여기에서는 "베드로"에 대하여 말하고, 나중에는 "빌립"과 "나다나엘"에 대한 얘기를 덧붙일 것이다. "안드레"가 즉시 자신의 형제 "베드로"를 데려온 것은 믿음의 본질을 보여준다. 즉, 믿음은 그 빛을 안에 감추어두거나 꺼버리는 것이 아니라 사방으로 퍼뜨린다는 것이다. 안드레에게는 거우 하나의 불꽃이 있었을 뿐이지만, 그는 그 불꽃으로 자신의 형제를 밝게 해주었다. 그러므로 우리가 더 많은 빛을 받고서도 다른 사람들로 하여금 우리와 동일한 은혜에 참여하는 자들이 되게 하기 위하여 애쓰지 않는다면, 우리의 나태함(socordia)으로 인하여 우리에게 화(禍)가 있을 것이다! 우리는 선지자 이사야가 하나님의 자녀들에게 요구하였던 두 가지, 즉 먼저 각 사람은 자기 이웃의 손을 붙잡고서, 다음으로 "오라 우리가 여호와의 산에 오르며 야곱의 하나님의 전에 이르자 그가 그의 길을 우리에게 가르치실 것이라"(사 2:3)고 말해야 한다는 것을 안드레가 직접 행한 것을 여기에서 본다. 왜냐하면, 안드레는 자신의 형제 베드로가 그리스도의 학교에서 자기와 함께 제자가 되게 할 목적으로 그에게 손을 내밀었기 때문이다. 또한, 우리는 나중에 그 누구보다도 탁월한 인물이 될 베드로에게 안드레의 도움과 사역을 통해서 그리스도를 알게 하신 하나님의 계획(consilium)을 주목할 필요가 있다. 그러므로 우리 중에서 아무리 뛰어난 자라 할지라도 자기보다 못한 사람에게서 배우는 것을 거부해서는 안된다. 왜냐하면, 사람을 멸시하는 마음이 있어서 그리스도께로 나아오고자 하지 않는 자는 자신의 옹졸함(morositas), 아니 자신의 교만(superbia)으로 인하여 엄한 벌을 받게 될 것이기 때문이다.

41. 우리가 메시야를 만났다. 복음서 기자는 유대인들에게만 하나의 비밀(arcanum)로 알려져 있던 것을 온 세상에 널리 알리기 위해서 히브리어 "메시야"(기름부음 받은 자)를 헬라어 "그리스도"로 번역해서 제시한다. 기름부음은 왕을 세울 때에 공식적인 의식(儀式)으로 행해졌기 때문에, "메시야"는 왕들을 지칭하는 통상적인 칭호였다. 그렇지만 유대인들은 하나님께서 한 왕에게 기름을 부어 세우실 것이고, 그 왕 아래에서 자신들이 온전하고 영원한 복을 얻게 되리라는 것

도 알고 있었고, 특히 이 땅에 세워진 다윗의 나라가 영원하지 않을 것임을 알게 되었을 때에 더욱 그러한 소망을 지니게 되었다. 그래서 하나님께서는 여러 가지 재난과 환난의 무거운 짐에 짓눌려 있던 그들의 마음을 일으켜 세우셔서 메시야를 대망(待望)하게 하셨고, 메시야가 오실 때가 가까웠다는 것에 대해서 그들에게 더욱더 분명하게 계시하셨다.

"그리스도"라는 명칭과 관련된 예언들 중에서는 그 어떤 예언보다도 다니엘의 예언이 가장 분명하고 강력하다. 왜냐하면, 그는 이전의 선지자들과는 달리 이 명칭을 왕들에게는 적용하지 않고, 오로지 구속주(救贖主)를 가리키는 데에만 전적으로 사용하였기 때문이다(단 9:25-26). 이렇게 해서 "메시야"라는 명칭을 이런 식으로 사용하는 용법이 널리 통용되었고, 그 결과로 사람들은 이제 메시야 또는 그리스도라는 말을 구속주를 의미하는 것으로 이해하게 되었다. 따라서 우리는 사마리아 여인이 "메시야 곧 그리스도라 하는 이가 오실 줄을 내가 아노니"(요 4:25)라고 말하는 것을 보게 된다. 그러나 더욱 놀랍고 이상한 일은 모든 사람들이 그토록 간절하게 기다렸고 자신들의 입으로 끊임없이 얘기하였던 바로 그 그리스도께서 오셨을 때에 정작 그를 영접한 자들은 극소수에 지나지 않았다는 사실이다.

42. 네가 … 시몬이니. 사람들은 어떤 사람의 이름을 바꾸어줄 때에는 그 사람이 겪은 어떤 과거의 사건, 또는 현재 그 사람의 특징을 이루고 있는 어떤 것과 연관되어 있는 이름을 붙여주는 것이 보통이지만, 그리스도께서는 그렇게 하지 않으시고, 시몬을 장차 "반석"이 되게 하실 것이었기 때문에, 그에게 "베드로"라는 이름을 붙여 주신다. 그리스도께서는 먼저 "네가 요나의 아들 시몬이니"라고 말씀하시면서 시몬의 아버지의 이름을 축약된 형태로 표현하는데, 이것은 사람들의 이름을 다른 언어로 옮길 때에 자주 볼 수 있는 일이었다. 요한복음의 마지막 장(章)을 보면, 시몬은 요하난 또는 "요한"의 아들이었음이 분명하다.

어쨌든, 그리스도께서 이렇게 말씀하신 취지는 시몬이 장래에는 지금의 모습과는 판이하게 다른 인물이 되어 있으리라는 것이다. 그리스도께서는 시몬의 아버지가 지위나 신분이 높은 자였기 때문에 그를 언급하신 것이 아니라, 도리어 시몬이 별로 내세울 것 없는 집안, 사람들 가운데서 별 존중을 받지 못했던 집안에서 태어났지만, 그러한 것이 자기가 시몬을 장차 견고하여 요동치 않는 담대함을 지닌 인물로 만드시는 것을 방해하지 못할 것이라고 선언하고 계시는 것이다. 그러므로 복음서 기자는 그리스도께서 시몬에게 새 이름을 주신 것을 하나의 예언

(vaticinium)으로 기록하고 있다. 내가 이 말씀을 예언으로 이해하는 것은 그리스도께서 장차 베드로의 믿음이 반석처럼 견고해지리라는 것을 미리 내다보셨기 때문만이 아니라, 그가 장차 베드로에게 무엇을 주실 것인지도 미리 말씀하셨기 때문이다. 즉, 그리스도께서는 자기가 장차 베드로에게 주시기로 정해 놓으신 그 은혜를 지금 여기에서 미리 밝히고 계시는 것이라는 말이다. 그런 까닭에, 그리스도께서는 "게바"가 지금 당장에 시몬의 이름이라고 말씀하시는 것이 아니라, 장차 그렇게 될 것이라고 말씀하신다.

장차 게바라 하리라. 사실 그리스도라는 터 위에서 하나님의 성전을 세우는 데에 적합한 모든 경건한 자들은 "베드로들"(즉, "반석들")이라고 불러도 마땅할 것이지만, 실제로는 오직 시몬만이 자신의 독보적인 탁월성(excellentia)으로 인해서 "베드로"라 불린다. 그러나 교황주의자들이 마치 베드로가 다른 제자들과는 달리 그리스도의 터 위에 세워지지 않은 것처럼, 그리스도의 자리에 베드로를 대신 앉히고서 교회의 터(ecclesiae fundamentum)로 삼은 것은 어처구니없는 일이고, 거기에다 그리스도께서 베드로를 "반석"이라고 했다고 해서 그를 교회의 수장(首長)으로 삼은 것은 이중으로 어처구니없는 일이다. 왜냐하면, 그라티아누스(Gratianus)가 쓴 서사시들 가운데에 교황 아나클레투스(Anacletus)의 이름으로 된 얼빠진 교회법이 하나 나오는데, 거기에서 히브리어 "게바"를 헬라어로 옮길 때에 "머리"를 뜻하는 '케팔레'(κεφαλὴ)로 옮기고서는, 그리스도께서 베드로에게 이 이름을 붙여 주심으로써 그를 교회의 "머리"로 임명하신 것이라고 주장하고 있기 때문이다. 게다가, "게바"는 히브리어가 아니라 아람어였지만, 바벨론 포수(捕囚) 이후에는 통상적으로 그런 식으로 발음되었다. 그러므로 그리스도께서 하신 이 말씀 속에는 모호한 것은 아무것도 없다. 왜냐하면, 그리스도께서는 베드로에게 그가 전혀 기대할 수 없었던 것을 약속하시는 것을 통해서, 즉 베드로에게 이 놀라운 이름을 주셔서 베드로가 완전히 새 사람이 되었다는 것을 선언하시는 것을 통해서, 우리가 베드로의 이전의 모습을 생각하고서 그를 하찮게 여겨서는 안 된다는 것을 보여주심으로써, 자신의 은혜가 얼마나 놀라운 것인지를 모든 세대를 향하여 선포하고 계시는 것이기 때문이다.

[43]이튿날 예수께서 갈릴리로 나가려 하시다가 빌립을 만나 이르시되 나를 따르라 하시니 [44]빌립은 안드레와 베드로와 한 동네 벳새다 사람이라 [45]빌립이 나다나엘을

찾아 이르되 모세가 율법에 기록하였고 여러 선지자가 기록한 그이를 우리가 만났
으니 요셉의 아들 나사렛 예수니라 ⁴⁶나다나엘이 이르되 나사렛에서 무슨 선한 것
이 날 수 있느냐 빌립이 이르되 와서 보라 하니라(1:43-46).

43. 나를 따르라. 이 말씀 한 마디로 인해서 빌립의 마음은 그리스도를 따르고
자 하는 열망으로 불타올랐다. 이것을 통해서 우리는 하나님의 말씀이 얼마나 큰
능력을 지니고 있는지를 알게 된다. 그러나 이 능력은 모든 사람에게 다 똑같이 나
타나는 것은 아니다. 많은 사람들에게 하나님의 말씀은 그들의 귓전을 스치고 지
나가는 공허한 소리에 불과할 뿐이어서, 그들은 말씀으로부터 아무런 유익도 얻지
못한다. 그러므로 외적인 말씀 선포는 그 자체로는 아무런 열매도 맺지 못하고, 단
지 버림받은 자들에게 치명적인 상처를 입혀서 그들로 하여금 하나님 앞에서 변명
할 수 없게 만들 뿐이다. 그러나 성령의 비밀한 은혜가 그 말씀에 생명을 불어넣으
면, 사람들의 모든 지각(知覺, sensus)이 감화를 받아서, 사람들은 하나님이 그들을
어디로 부르시든 따르고자 하는 마음을 먹게 된다. 그러므로 우리는 그리스도께
우리 속에도 복음의 그 동일한 능력을 나타내 주시라고 기도하여야 한다. 물론, 빌
립이 그리스도를 "따른" 것에는 특별함이 있었다. 왜냐하면, 그는 우리와는 달리
그리스도와 결코 떨어질 수 없는 친밀한 자로 "따르라"는 명령을 받은 것이기 때
문이다. 그렇지만 여전히 빌립에 대한 부르심은 모든 사람에 대한 부르심의 전형
(典型)이다.

44. 빌립은 안드레와 베드로와 한 동네 벳새다 사람이라. "벳새다"라는 "동네"
이름이 여기에 언급된 것은 이 세 사도에 대한 하나님의 선하심이 얼마나 특별한
것이었는지를 보여주기 위한 것인 것 같다. 우리는 다른 구절들(마 11:21; 눅
10:13)에서 그리스도께서 이 동네를 얼마나 혹독하게 경고하시고 저주하셨는지를
안다. 그러므로 그토록 불경건하고 악한 주민들 가운데서 몇 사람이 하나님의 은
혜를 받게 된 것은 지옥의 심연(深淵)에서 끌어올려져서 건짐을 받은 것이라고 볼
수밖에 없다. 그리스도께서 그들을 그 깊은 심연에서 끌어올리신 후에 지극히 존
귀하게 하셔서 사도들로 삼으신 것은 정말 특별한 은총이어서 기록할 만한 가치가
있는 일이었다.

45. 빌립이 나다나엘을 찾아. 교만한 자들은 교회의 시작이 이렇게 초라한 것을
멸시하는 눈으로 바라볼지 모르지만, 우리는 그리스도의 나라가 처음부터 모든 면

에서 휘황찬란하고 장엄하게 시작된 것보다도 그러한 초라한 시작 속에서 하나님의 영광이 더 밝게 드러나고 있다는 것을 알아볼 수 있어야 한다. 왜냐하면, 우리는 이 작은 씨앗이 짧은 시간 안에 얼마나 크게 자라나게 되었는지를 알기 때문이다. 한편, 우리는 전에 안드레에게서 볼 수 있었던 다른 사람들을 세우고자 하는 열심(studium)을 빌립에게서도 본다. 또한, 빌립에게서는 절제(modestia)의 덕도 두드러진다. 왜냐하면, 그에게는 오로지 다른 사람들이, 만인(萬人)의 선생이 되시는 분으로부터 자기와 더불어서 함께 배우게 하고자 하는 열망과 열심만이 있었기 때문이다.

그이를 우리가 만났으니 … 예수니라. 빌립이 그리스도에 관하여 겨우 네 가지 사실을 얘기했는데도, 그 중 두 가지를 틀리게 말하는 큰 실수를 범한 것을 보면, 그의 신앙의 분량이 얼마나 보잘것없었는지가 드러난다. 빌립은 그리스도를 "요셉의 아들"이라고 부르고, "나사렛"이 그가 나신 곳이라고 말했지만, 이 두 가지는 다 틀린 것이었다. 그러나 빌립은 자신의 형제에게 유익을 끼치고자 하는 진실한 마음으로 그리스도에 대하여 말한 것이었기 때문에, 하나님께서는 그의 열심을 인정하시고서, 이 일을 형통하게 하셨다. 물론, 우리 각 사람은 자신의 분량과 한계를 지켜서 행하고자 애써야 한다.

그래서 복음서 기자도 빌립이 두 번씩이나 그리스도께 불명예를 안긴 것을 칭찬할 만한 것이라고 하지 않고, 단지 빌립의 가르침 속에는 오류와 결함이 있었을지라도 거기에는 사람들에게 그리스도를 진정으로 알게 하여야 하겠다는 목적이 있었기 때문에, 그 가르침은 유익을 가져왔다고 말한다. 빌립이 그리스도를 "요셉의 아들"이라고 말한 것은 어리석은 것이었고, "나사렛"이 그리스도가 나신 곳이라고 한 것은 무지한 것이었지만, 그는 나다나엘을 다름아닌 "베들레헴에서 나신"(마 2:1) 하나님의 아들에게로 인도하였다. 빌립은 결코 거짓 그리스도를 만들어 낸 것이 아니었고, 단지 그리스도를 "모세와 선지자들"이 전해 주었던 바로 그분으로 알리고 싶어한 것뿐이었다. 여기에서 우리는 말씀을 전하는 것의 주된 목적이 우리가 전하는 말씀을 듣는 자들을 어떤 식으로든 그리스도께로 나아오게 하는 데에 있다는 것을 알게 된다.

그리스도에 관하여 치밀하고 정교한 논증들을 제시하지만, 교묘한 말들로 그리스도를 복잡하게 둘러싸서 뭐가 뭔지 모르게 만들어서, 사람들이 결코 그리스도를 발견할 수 없게 만드는 자들이 많은데, 교황주의자들이 전형적으로 그런 자들이다. 그들은 그리스도라는 이름이 무엇을 뜻하는지를 명확히 알고 있기 때문에 그를 "요셉의 아들"이라고 하지는 않는다. 하지만 그들은 그리스도에게서 그 능력을 박탈하여, 그리스도의 자리에 허깨비를 갖다 놓는다. 유창하고 그럴 듯한 달변으로 거짓 그리스도를 소개하기보다는 빌립처럼 말을 잘 못하고 조금 실수가 있더라도 참 그리스도를 전하는 것이 더 낫지 않겠는가? 오늘날에는 도리어 말하는 것이 서툴고 무지한 가난하고 배움이 없는 자들 중에, 고상한 언변으로 교황을 선전하고 다니는 모든 신학자들보다도 더 충실하게 그리스도를 알리고 전하는 자들이 많다.

그러므로 이 구절은 어떤 배우지 못한 무지한 자들이 서투른 언변으로 그리스도에 관하여 말할 때, 그것이 우리를 그리스도께로 인도하는 말이기만 하다면, 우리는 그들의 말을 경멸하여 배척해서는 안되지만, 사람들이 망상 속에서 만들어 낸 거짓된 가르침들로 인해서 그리스도에게서 멀어지는 일이 생겨나지 않도록 하기 위해서는, "율법과 선지자" 속에서 그리스도에 관한 순전한 지식을 찾아야 한다는 이 해독제를 늘 우리 곁에 두어야 한다는 것을 일깨워 주고 있는 것이다.

46. 나사렛에서 무슨 선한 것이 날 수 있느냐. 처음에 나다나엘은 그리스도가 나신 곳이 "나사렛"이라는 빌립의 말을 듣고서 반신반의하며 소극적인 태도를 취한다. 하지만 무엇보다도 먼저 나다나엘은 빌립의 사려 깊지 못한 말에 속은 것이었다. 왜냐하면, 나다나엘은 빌립이 확인하지도 않고 별 생각 없이 한 말을 곧이곧대로 믿어버린 것이었기 때문이다. 다음으로, 나다나엘은 "나사렛"에 대한 증오 또는 멸시에서 생겨난 말도 안 되는 판단을 거기에 덧붙인다. 우리는 이 두 가지를 주의 깊게 살펴볼 필요가 있다. 나다나엘은 경건한 자였지만, 그런 그라도 그리스도께로 나아가는 길이 막힐 뻔하였다. 어떻게 이런 일이 벌어진 것일까? 그것은 빌립이 그리스도에 관하여 부정확하게 말한 것을 나다나엘이 경솔하게 믿었기 때문이었고, 나다나엘의 생각이 "나사렛"에서는 그 어떤 "선한 것"도 나올 수 없다는 선입견에 사로잡혀 있었기 때문이었다. 우리도 방심했다가는 나다나엘과 같은 위험에 처하게 될 것이다. 사탄은 날이면 날마다 이것과 비슷한 장애물들을 놓아서 우리가 그리스도께로 나아가는 것을 가로막거나 방해하려고 애쓴다. 예를 들어 사탄은 교활한 방법으로 무수한 거짓 가르침들을 퍼뜨려서, 우리에게서 복음에 대한 혐오감이나 의구심을 불러일으킴으로써, 우리가 복음을 제대로 맛보고자 하는 마음을 먹을 수 없게 만들어 버린다. 또한, 사탄에게는 우리로 하여금 그리스도를 멸시하게 만들 수 있는 또 다른 방법이 있는데, 그것은 머리되신 그리스도와 그 지체

들에게서 나타나는 십자가의 비천함(humiltas)을 보여주는 것이고, 많은 사람들이 이 걸림돌에 걸려서 넘어진다. 우리는 아무리 주의를 기울여도 사탄의 이런 술책들로부터 자유로울 수 없기 때문에 적어도 시험을 받는 즉시 "와서 보라"는 말을 붙잡아야 한다. 나다나엘은 두 가지 잘못을 저질렀지만, 빌립이 한 이 말을 붙잡음으로써 그 잘못들을 바로잡을 수 있었다. 그러므로 우리도 나다나엘의 모범을 따라서, 먼저 우리가 고분고분히 가르침을 배우며 잘 순종하는 자라는 것을 보이고, 다음으로 그리스도께서 친히 우리를 괴롭히는 의심들을 제거해주고자 하실 때에 그에게 가서 묻기를 주저하지 않아야 한다. 나다나엘이 한 말은 의문문이 아니라 긍정문으로 보아서 "나사렛에서 무슨 선한 것이 날 수도 있겠다"는 의미로 해석하는 자들은 크게 오해하고 있는 것이다. 먼저, 만약 그들의 해석이 옳다면, 나다나엘은 얼마나 싱거운 말을 하고 있는 것이 되겠는가? 다음으로, 우리는 당시에 "나사렛"이라는 동네가 별로 좋은 평판을 듣고 있지 못했다는 사실을 알고 있고, 나다나엘의 말에 대한 빌립의 반응은 그 말이 주저함과 불신을 나타내는 말이었다는 것을 아주 분명하게 보여준다.

⁴⁷예수께서 나다나엘이 자기에게 오는 것을 보시고 그를 가리켜 이르시되 보라 이는 참으로 이스라엘 사람이라 그 속에 간사한 것이 없도다 ⁴⁸나다나엘이 이르되 어떻게 나를 아시나이까 예수께서 대답하여 이르시되 빌립이 너를 부르기 전에 네가 무화과나무 아래에 있을 때에 보았노라 ⁴⁹나다나엘이 대답하되 랍비여 당신은 하나님의 아들이시요 당신은 이스라엘의 임금이로소이다 ⁵⁰예수께서 대답하여 이르시되 내가 너를 무화과나무 아래에서 보았다 하므로 믿느냐 이보다 더 큰 일을 보리라 ⁵¹또 이르시되 진실로 진실로 너희에게 이르노니 하늘이 열리고 하나님의 사자들이 인자 위에 오르락 내리락 하는 것을 보리라 하시니라(1:47-51).

47. 보라 이는 참으로 이스라엘 사람이라. 그리스도께서는 나다나엘 개인을 위해서가 아니라 그를 내세워서 보편적인 가르침을 베푸시기 위해서 이런 칭찬을 하신 것이다. 왜냐하면, 신자라고 자처하는 사람들 중에는 실제로는 신자가 아닌 사람이 많은 까닭에, 제대로 된 참된 신자와 거짓 신자를 구별할 수 있는 어떤 표지(標識)를 아는 것은 아주 중요하기 때문이다. 우리는 유대인들이 얼마나 오만방자한 태도로 자신들의 조상 아브라함을 자랑하였는지, 얼마나 안하무인(眼下無人)

식으로 자신들의 거룩한 혈통을 뽐내며 거들먹거렸는지를 안다. 그렇지만 유대인들은 대부분이 철저하게 타락하여 조상들의 신앙에서 떨어져 나갔고, 그렇지 않은 자는 백 명 중에서 한 명도 되지 않았다. 그래서 그리스도께서는 위선자들이었던 그들의 가면을 벗기시기 위해서 어떤 자가 참된 "이스라엘 사람"인지를 짤막하게 정의하심과 동시에, 나중에 이 백성의 불경건한 완악함(contumacia)으로 인하여 생겨나게 될 걸림돌(scandalum)을 제거하신다. 왜냐하면, 아브라함의 자손이자 하나님의 거룩한 백성으로 인정받고 싶어하였던 그들은 곧 복음을 대적하는 불구대천(不俱戴天)의 원수들이 될 것이었기 때문이다. 그러므로 유대인들 가운데서 거의 모든 계층에 만연되어 있던 불경건(impietas)을 보고서 낙심하거나 당혹스러워하는 자가 없도록 하시기 위해서, 그리스도께서는 이스라엘 사람이라는 이름을 지닌 자들 중에서 참 "이스라엘 사람"은 소수에 지나지 않는다는 경고를 미리 해두신 것이다.

또한, 이 구절은 기독교 신앙에 대한 정의를 담고 있기 때문에, 우리는 이 대목을 가볍게 보아 넘겨서는 안 된다. 여기에서 그리스도께서 하신 말씀의 취지를 몇 마디로 요약한다면, 우리는 "속임"(본문에서는 "간사한 것"으로 번역됨 — 역주)이 "진실함"의 반대말로 사용되고 있다는 것을 주목하지 않으면 안 된다. 그래서 성경의 다른 곳에서 두 마음을 품은 자들은 "속이는 자들"이라 불린다. "속임"이라는 것은 자기가 악하다는 것을 알면서도 선한 척하는 자들이 보여주는 노골적인 위선(crassa hypocrisis)만이 아니라, 사람들이 자신의 악으로 말미암아 눈이 멀어서 다른 사람들을 속일 뿐만 아니라 스스로도 속는 내재된 위선(interior hypocrisis)까지도 포함한다. 따라서 하나님 앞에서 흠 없는 마음을 지니고 있는 동시에 사람들을 향하여 진실하고 정직하게 행하는 자야말로 참된 그리스도인이다. 그러나 그리스도께서 여기에서 특히 염두에 두고 계셨던 것은 시편 32:2에 언급된 것과 같은 그런 "간사함"이었다: "마음에 간사함이 없고 여호와께 정죄를 당하지 아니하는 자는 복이 있도다."

이 구절에서 "참으로"는 단지 "확실히"라는 의미가 아니라, 그 이상을 의미한다. 물론, 이 헬라어는 흔히 단순한 긍정의 의미로 사용된다. 그러나 이 구절 속에서 실제(實際)와 명목(名目)이 서로 대비되고 있다는 점을 고려할 때, 그리스도께서는 "참으로"라는 단어를 통해서 나다나엘은 명목과 실제가 동일한 사람이라고 말씀하신 것이라 할 수 있다.

48. 어떻게 나를 아시나이까. 그리스도께서는 나다나엘을 기분 좋게 해주시기 위하여 그런 말씀을 하신 것은 아니었지만, 그에게서 새로운 질문을 이끌어 내시고, 그 질문에 대한 대답을 통해 자기가 하나님의 아들이시라는 것을 증명하시기 위해서, 그가 그 말씀을 듣기를 바라셨다. 나다나엘이 그리스도께 "어떻게" 자기를 아셨느냐고 묻게 된 데에는 그럴 만한 이유가 있었다. 왜냐하면, "간사함"이 전혀 없을 정도로 진실하고 정직한 사람은 극히 드물고, 어떤 사람의 마음이 진실하고 순전하다는 것을 알 수 있는 것은 오직 하나님뿐이시기 때문이다. 하지만 그리스도께서 하신 대답은 별로 적절해 보이지 않는다. 왜냐하면, 그가 무화과나무 아래에 있는 나다나엘을 보셨다고 할지라도, 그런 사실로부터 그가 사람의 마음 깊은 곳에 있는 은밀한 것들을 꿰뚫어 보실 수 있는 분이시라는 결론은 도출되지 않기 때문이다. 따라서 그리스도께서 그렇게 대답하신 데에는 분명히 어떤 다른 이유가 있으셨음에 틀림없다. 왜냐하면, 눈에 보이지 않는 것들을 보는 것이 오직 하나님만이 하실 수 있는 일인 것과 마찬가지로, 직접 눈으로 보지 않으시고도 사람들이 무엇을 하고 있는지를 아시는 것도 오직 하나님만이 하실 수 있는 일이기 때문이다. 나다나엘은 그리스도께서 인간의 방식이 아니라 진정으로 하나님의 방식으로 자기를 보셨다는 것을 깨달았기 때문에, 그가 지금 인간으로서 말씀하고 계시는 것이 아니라는 결론을 얻을 수 있었다. 그러므로 나다나엘은 동일한 진실을 보여주는 한 쌍의 일들 중의 다른 하나를 통해서 증거를 얻은 것이다. 왜냐하면, 어떤 사람의 마음이 정직하고 순전하다는 것을 아는 것과 마찬가지로 눈으로 보지 않고도 아는 것은 오직 하나님만이 하실 수 있는 일이었기 때문이다. 우리는 이 구절로부터 한 가지 유익한 교훈을 얻을 수 있는데, 그것은 우리가 그리스도를 생각하지 않고 있을 때에도 그리스도께서는 우리를 보고 계시다는 것, 그리고 그리스도를 떠나 있는 자들을 돌이키시기 위해서는 그렇게 하시는 것이 꼭 필요하다는 것이다.

49. 당신은 하나님의 아들이시요. 나다나엘이 그리스도의 신적인 능력을 깨닫고서 그를 "하나님의 아들"로 인정한 것은 놀랍거나 이상한 일이 아니다. 그러나 나다나엘은 무슨 이유로 그리스도를 "이스라엘의 임금"이라고 한 것일까? 왜냐하면, 이 둘은 서로 연관되어 있는 것 같지 않기 때문이다. 그러나 사실은 나다나엘은 더 높이 보고 있었다. 즉, 그는 그리스도가 메시야이시라는 것을 이미 들었는데, 이제 거기에 자기가 스스로 확인하고 확신한 것을 추가한 것이다. 나다나엘은 장차

하나님의 아들이 오시면 반드시 하나님의 백성을 다스리실 왕으로 오실 것이라는 또 다른 믿음을 지니고 있었다. 그래서 그는 그리스도께서 "하나님의 아들"이심이 틀림없기 때문에 당연히 "이스라엘의 임금"도 되신다고 고백한 것이다. 사실, 믿음은 단지 그리스도의 본질(essentia)만을 보겠다고 고집해서는 안 되고, 그리스도의 능력과 직분에도 주의를 기울여야 한다. 왜냐하면, 그리스도께서 우리에 대하여 어떤 존재가 되기를 원하시는지, 그리고 아버지 하나님께서는 어떤 목적으로 그리스도를 보내신 것인지 등과 같은 후속적(後續的)인 내용들을 알지 못한다면, 단지 그리스도가 누구이신지를 아는 것은 믿음에 별 유익이 되지 못하기 때문이다. 이것으로부터 분명해지는 것은 교황주의자들은 오직 그리스도의 그림자만을 지니고 있다는 것이다. 왜냐하면, 그들은 단지 그리스도의 본질(essentia)을 이해하는 데에만 신경을 써왔을 뿐이고, 구원의 능력이 달려 있는 그리스도의 왕권이나 나라에 대해서는 소홀히 해왔기 때문이다. 한편, 나다나엘이 그리스도를 "이스라엘의 임금"이라고 고백하였지만, 사실 그리스도의 나라는 땅 끝까지도 미치는 나라인 까닭에, 그의 고백은 그의 믿음의 분량에 따른 제한적인 것이었다. 왜냐하면, 아직 나다나엘의 믿음은 그리스도께서 온 세상의 임금으로 세우심을 받으셨다는 것, 아니 세상의 모든 곳에서 아브라함의 자손들이 모여와서 온 세상이 하나님의 이스라엘이 되리라는 것을 알 정도까지 성장되어 있지 않았기 때문이다. 그리스도의 나라가 어디까지 확장되었는지를 이미 알고 있는 우리가 그러한 한계를 뛰어넘어야 한다는 것은 당연한 일이다. 그렇지만 우리는 나다나엘을 본받아서, 믿음으로 말씀을 받아서 우리의 힘이 닿는 데까지 모든 수단을 동원해서 말씀을 확증하는 것이 마땅하다. 즉, 우리는 우리가 받은 말씀을 우리 속에만 묻어두지 말고, 신앙고백을 통하여 드러내어야 한다는 것이다.

50. 예수께서 대답하여 이르시되. 그리스도께서는 너무 쉽게 믿는다고 나다나엘을 책망하시는 것이 아니라, 도리어 의도적으로 그의 믿음을 인정하시는 말씀을 하심과 아울러서, 그를 비롯한 모든 사람들에게 그들의 믿음을 확증해 줄 더 큰 증거들을 보여주시겠다고 약속하신다. 즉, 그리스도께서는 나다나엘과 함께 있지 않으시고 멀리 떨어져 계셨는데도 무화과나무 아래 있던 그를 보신 것은 한 사람에게만 해당되는 특별한 일이었기 때문에, 이제 모든 사람에게 다 해당될 증거를 후에 보여주시겠다는 약속을 거기에 덧붙이신 것인데, 이렇게 해서 어느새 그리스도의 말씀은 한 사람을 향한 것에서 모든 사람을 향한 것으로 바뀌게 되었다.

51. 하늘이 열리고 … 보리라. 내 생각에는, 나다나엘을 비롯한 여러 사람들이 언제 어디에서 "하늘이 열리는" 것을 보았는지를 열심히 밝혀내고자 하는 자들은 크게 착각을 하고 있는 것이다. 왜냐하면, 그리스도께서는 장차 자신의 나라에서 늘 지속적으로 일어나게 될 일을 말씀하신 것이기 때문이다. 물론, 나는 제자들이 오늘날에는 보이지 않는 천사들을 종종 보았다는 것을 인정하고, 그리스도께서 승천하실 때에 나타났던 하늘의 영광이 오늘날 우리가 알고 있는 것과 달랐으리라는 것도 인정한다. 그러나 찬찬히 제대로 숙고해 보면, 우리는 당시에 일어났던 일들이 여전히 계속해서 일어나고 있다는 것을 알게 된다. 왜냐하면, 전에는 우리에게 닫혀 있던 하나님의 나라가 실제로 그리스도 안에서 열려 있기 때문이다. 스데반 (행 7:55), 변화산 위에서의 세 제자(마 17:5), 그리스도께서 승천하실 때에 여러 제자들은 이 하나님의 나라의 가시적인 모습을 눈으로 보았다. 하나님께서 우리와 함께 하신다는 것을 보여주는 모든 징표(徵表)들, 무엇보다도 특히 하나님께서 자기 자신을 우리에게 주셔서 우리의 생명이 되신 것은 이 하늘의 열림과 연관되어 있다. 두 번째 구절은 "천사들"에 관한 것이다. 천사들이 "오르락 내리락 한다"고 한 것은 그들은 하나님의 은총을 우리에게 가져다주는 사역자들이기 때문이다. 따라서 이러한 표현은 하나님과 사람들 간의 상호적인 교류를 나타낸다.

우리는 이러한 은총이 그리스도로 말미암아 주어졌다는 것을 인정하지 않으면 안 된다. 왜냐하면, 만일 그리스도가 아니었다면, 천사들은 우리를 돕고 보살펴 주는 우군(友軍)이 아니라, 도리어 우리의 철천지원수가 되었을 것이기 때문이다. 천사들이 "인자 위에 오르락 내리락 한다"고 말하는 것은 그들이 오직 그리스도만을 섬기기 때문이 아니라, 그리스도와 그 영광을 위해서이긴 하지만 그의 몸 된 교회 전체를 돌보기 때문이다. 또한, 나는 그리스도께서 족장 야곱의 꿈속에 나타났던 바로 그 "사닥다리"(창 28:12)를 염두에 두시고 이 말씀을 하셨다는 것을 조금도 의심하지 않는다. 즉, 야곱에게 환상으로 희미하게 나타났던 것이 이제 그리스도 안에서 실제로 성취된 것이다. 결국, 이 구절의 요지는 온 인류가 전에는 하나님의 나라 밖에 있었지만, 이제 하늘 문이 우리에게 열려서, 우리가 "성도들과 동일한 시민"이자 천사들과 동류(同類)가 되었기 때문에(엡 2:19), 우리의 구원을 지켜주는 자들로 임명된 천사들이 우리를 참상(慘狀)에서 건져주기 위하여 하늘의 복된 안식처에서 내려온다는 것이다.

제 2 장

[1]사흘째 되던 날 갈릴리 가나에 혼례가 있어 예수의 어머니도 거기 계시고 [2]예수와 그 제자들도 혼례에 청함을 받았더니 [3]포도주가 떨어진지라 예수의 어머니가 예수에게 이르되 저들에게 포도주가 없다 하니 [4]예수께서 이르시되 여자여 나와 무슨 상관이 있나이까 내 때가 아직 이르지 아니하였나이다 [5]그의 어머니가 하인들에게 이르되 너희에게 무슨 말씀을 하시든지 그대로 하라 하니라 [6]거기에 유대인의 정결 예식을 따라 두세 통 드는 돌항아리 여섯이 놓였는지라 [7]예수께서 그들에게 이르시되 항아리에 물을 채우라 하신즉 아귀까지 채우니 [8]이제는 떠서 연회장에게 갖다 주라 하시매 갖다 주었더니 [9]연회장은 물로 된 포도주를 맛보고도 어디서 났는지 알지 못하되 물 떠온 하인들은 알더라 연회장이 신랑을 불러 [10]말하되 사람마다 먼저 좋은 포도주를 내고 취한 후에 낮은 것을 내거늘 그대는 지금까지 좋은 포도주를 두었도다 하니라 [11]예수께서 이 첫 표적을 갈릴리 가나에서 행하여 그의 영광을 나타내시매 제자들이 그를 믿으니라(2:1-11).

1. 갈릴리 가나에 혼례가 있어. 나중에 알게 되겠지만, 이 기사(記事)를 눈여겨 보아야 할 다른 몇 가지 이유가 더 있기는 하지만, 이 기사가 그리스도께서 처음으로 행하신 이적을 기록하고 있다는 이유만으로도, 우리는 이 기사를 주의 깊게 살펴보는 것이 마땅하다. 그러나 이 기사를 살펴나가다 보면, 우리는 이 기사가 주는 유익이 많다는 것을 더욱 분명하게 알게 될 것이다. 복음서 기자는 먼저 이 일이 일어난 곳이 "갈릴리 가나"였다고 말하는데, 이 "가나"는 두로와 시돈 사이에 위치해서 사렙다(왕상 17:9)와 마주하고 있던 "가나," 즉 갈릴리 가나와 구별하기 위해서 "큰 가나"라 불렸고, 스불론 지파의 땅에 있었다고도 하고 아셀 지파의 땅에 있었다고도 하는 "가나"와는 다른 곳이었다. 히에로니무스(Hieronymus)도 자기가 살던 시대에도 "가나"라는 이름의 작은 마을이 존재하였다고 증언한다. 그리스도의 어머니가 이 혼례에 참석하였다고 하는 것으로 보아서, "가나"는 나사렛에서 가

까웠을 가능성이 높다. 요한복음 4장을 보면, "갈릴리 가나"는 가버나움에서 기껏해야 하룻길이었음이 분명하다. 또한, 그리스도께서 그 지역에 계신지 "사흘째 되던 날 갈릴리 가나에 혼례가 있었다"고 복음서 기자가 말하고 있는 것으로부터 "가나"가 벳새다에서 멀지 않았다는 추론이 가능하다. 그리고 갈릴리 밖이긴 하지만 예루살렘에서 멀지 않은 곳에 제3의 "가나"가 있었을 가능성도 있지만, 나는 그곳에 대해서는 알지 못하기 때문에 판단을 유보할 수밖에 없다.

　　예수의 어머니도 거기 계시고. 예수께서 어머니와 함께 참석하셨다고 되어 있는 것으로 보아서, 혼례를 치른 사람은 그리스도의 가까운 친척이었을 가능성이 높다. 제자들도 초대되었다는 사실에서 우리는 그리스도의 삶이 얼마나 소박하고 검소했는지를 알 수 있다. 왜냐하면, 이것은 그리스도께서 자신의 제자들과 더불어서 함께 생활을 하셨다는 것을 보여주는 것이기 때문이다. 큰 부자도 아니고 넉넉하게 살지도 않았던 사람 ― 이것은 포도주가 부족했다는 것에서 잘 드러난다 ― 이 그리스도 때문에 너댓 사람을 더 초대하였다는 것이 이치에 맞지 않는 일이라고 생각될 수 있다. 하지만 실제로는 가난한 자들이 도리어 손님을 더 잘 초대하고 더 많이 초대한다. 왜냐하면, 가난한 자들은 손님을 초대해서 서로 따뜻한 교제를 나누는 옛 관습에 더 충실하여서, 부자들처럼 격식을 갖추어서 손님들을 성대하게 대접하지 못해서 창피를 당하면 어쩌나 하고 염려하거나 노심초사하지 않기 때문이다. 또한, 신랑이 손님들을 초대해 놓고서 연회 도중에 포도주가 떨어지게 한 것은 결례(缺禮)로 비쳐질 수 있다. 왜냐하면, 손님들을 위해서 포도주를 충분히 준비해 놓지 않은 신랑은 사려 깊지 못한 사람으로 생각될 수 있었을 것이기 때문이다. 나의 대답은 이 기사(記事)가 얘기하고 있는 이런 일은 당시에 흔히 일어난 일이었다는 것이다. 포도주는 사람들이 일상적으로 사용하던 것이 아니었기 때문에 특히 그러하였다. 또한, 문맥으로 볼 때, 포도주가 떨어진 것은 통상적으로 손님들이 이미 충분히 마셨다고 생각될 수 있는 연회의 끝 무렵이었다. 왜냐하면, 연회장이 "사람마다 먼저 좋은 포도주를 내고 취한 후에 낮은 것을 내거늘 그대는 지금까지 좋은 포도주를 두었도다"(10절)라고 말하고 있기 때문이다. 게다가, 나는 이 모든 것이 그리스도께서 이적을 행하실 기회가 있게 하기 위한 목적으로 하나님의 섭리에 의해서 이루어진 것임을 의심하지 않는다.

　　3. 예수의 어머니가 예수에게 이르되. 그리스도께서는 아직 그 어떤 이적도 행하신 적이 없으셨기 때문에, "예수의 어머니"가 그녀의 아들에게 어떤 이적을 기대

하셨거나 요구하셨으리라고 보는 것은 사실 좀 의심스러울 수 있다. 따라서 아마도 그녀는 그런 식의 해법을 기대한 것이 아니라, 단지 손님들이 기분 상하지 않게 해줌과 동시에 신랑의 곤란함을 덜어줄 어떤 좋은 말을 해줘 보라고 권한 것일 수 있다. 더구나, 그녀의 이런 말은 측은히 여기고 걱정하는 마음에서 나온 것으로 해석된다. 왜냐하면, 이 거룩한 여인은 연회에 초대받은 손님들이 홀대(忽待)받고 무시당했다고 여겨서 신랑에게 안 좋은 말을 해서 연회가 엉망이 되어버릴 수도 있을 것임을 알고서, 이러한 상황을 수습할 수 있는 어떤 방도가 취해지기를 바랐기 때문이다. 크리소스토무스(Chrysostomus)는 그녀가 모성본능이 일어나서 그녀 자신과 그녀의 아들을 위한 어떤 호의를 구한 것은 아닐까라고 생각하지만, 나는 도대체 그가 어떤 호의를 말하는 것인지 알 수 없을 뿐더러, 그의 생각은 그 어떤 근거도 없는 억측일 뿐이다.

4. 여자여 나와 무슨 상관이 있나이까. 그리스도께서는 어머니의 말을 왜 이렇게 퉁명스럽고 쌀쌀맞게 맞받아치신 것일까? 나의 대답은 그녀는 야심(ambitio)이나 어떤 육정(肉情, carnis affectus)에 의해서 그런 말을 한 것은 아니었을지라도, 그녀가 자신의 분수를 지키지 못한 것은 잘못이었다는 것이다. 그녀가 다른 사람의 편치 않은 처지를 걱정해서 어떤 식으로든 도와주고자 한 것은 따뜻한 인정(人情)에서 나온 것이어서 미덕으로 여겨지는 것이 마땅하긴 하지만, 그것은 자기 자신을 내세운 일이었기 때문에, 그리스도의 영광을 가릴 수 있었다. 그렇지만 우리가 아울러 주목해야 할 것은 그리스도께서 이렇게 말씀하신 것은 그녀를 향한 것이라기보다는 다른 사람들을 위한 것이었다는 것이다. 그녀의 정숙(貞淑)함과 경건은 대단하였기 때문에, 그녀는 사실 이렇게 심한 질책을 받을 필요가 없었다. 게다가, 그녀는 알고 있으면서도 의도적으로 이런 잘못을 범한 것이 아니었다. 따라서 그리스도께서는 단지 사람들이 이런 상황을 잘못 해석해서, 조금 후에 그가 이적을 행하실 때, 그것을 그녀의 명령에 순종해서 행하신 것이라고 오해할 소지를 미리 없애고자 하신 것이다.

"나와 무슨 상관이 있나이까"로 번역된 헬라어 원문인 '티 에모이 카이 소이' (τί ἐμοὶ καὶ σοί)는 직역하면 "나에게, 그리고 당신에게 어떠하다는 것입니까"가 되지만, 이 헬라어 문장은 라틴어로 '퀴드 티비 메쿰' (Quid tibi mecum)과 동일한 것으로서 "당신이 나와 무슨 상관이 있나이까"를 의미한다. 그런데 라틴어로 된 불가타 역본은 이 원문을 앞에서 말한 바와 같이 직역을 해서, 마치 그리스도께서 포도주가 떨어진 것이 자기 및 자신의 어머니와 무슨 상관이 있느냐고 말씀하신 것으로 번역함으로써, 많은 사람들로 하여금 이 말씀을 곡해(曲解)하게 만들었다. 그러나 그리스도께서 곧이어서 말씀하신 것으로부터, 우리는 그러한 번역과 해석이 그리스도의 의도와는 한참이나 거리가 먼 것이라는 결론을 쉽게 얻을 수 있다. 왜냐하면, 그리스도께서는 "내 때가 이르지 아니하였나이다"라는 말씀을 덧붙이심으로써, 그런 걱정을 하는 것이나 거기에 따라 어떻게 행할지를 결정하는 일은 전적으로 자신의 소관이라는 것을 분명히 하고 계시기 때문이다. 우리는 여기에서 두 가지, 즉 그리스도께서 자기가 무엇을 해야 하는지를 알고 계신다는 것, 그러나 그가 이 일에 있어서 어머니의 권유에 의해서 어떤 행동을 취하시는 것이 결코 아니라는 것을 한데 묶어서 보지 않으면 안 된다.

이 구절이 주목할 만하다는 것은 분명하다. 그리스도께서는 나중에 기회가 되실 때마다 온갖 부류의 사람들에게 기꺼이 베풀어 주셨던 것을 왜 유독 여기에서 자신의 어머니에게는 단호하게 거절하신 것인가? 게다가, 그리스도께서는 왜 자신의 어머니의 청(請)을 거절하시는 것에서 그치지 않으시고, 그녀를 "여자여"라고 부르심으로써 수많은 평범한 여자들 중의 하나로 취급하신 것인가? 그리스도께서 어머니에게 이렇게 하신 것은 사람들이 그녀를 성모 마리아라고 부르며 지나치게 미신적으로 그 이름을 높임으로써 오직 하나님께만 속한 존귀를 그녀에게 돌려서는 안 된다는 것을 공개적이고 분명하게 경고하신 것이다. 그러므로 그리스도께서는 사람들이 자신의 어머니를 지나치게 공경하여 자신의 신적인 영광을 가리는 일이 있어서는 안 된다는 영속적이고 보편적인 가르침을 모든 세대를 위하여 기록해 두도록 하시기 위해서 그녀를 이런 식으로 부르신 것이다.

후에 그녀를 둘러싸고 끔찍하고 가증스러운 미신들이 생겨난 것을 보면, 우리는 이러한 경고가 얼마나 절실하게 필요한 것이었는지를 실감하게 된다. 왜냐하면, 후에 사람들은 마리아를 하늘의 여왕, 세상의 소망이자 생명이요 구원으로 만들어 놓았기 때문이다. 결국, 사람들의 광기(狂氣)는 그리스도에게서 거의 모든 것을 탈취하여 발가벗겨 놓고서, 그 탈취물들로 마리아를 치장하는 데에 광분(狂奔)하는 지경까지 이르렀다. 이런 상황에서 우리가 하나님의 아들에 대하여 자행되고 있는 저 망령된 신성모독 행위들을 단죄하자, 교황주의자들은 우리를 악의와 시기가 가득한 자들이라고 비방한다. 또한, 그들은 거기에서 한 술 더 떠서, 우리가 성모 마리아의 존귀하심을 짓밟는 불구대천의 원수들이라고 악의적인 중상모략을 서슴지 않는다. 그들은 마치 그녀를 여신(女神)으로 만들어 놓지 않으면 그녀가 그녀에게 합당한 모든 존귀를 받지 못하는 것인 양, 또는 그녀를 신성모독적인 칭호들로 치장하고 그리스도의 자리에 앉혀 놓는 것이 그녀를 공경하는 것인 양 행한다. 이런 식으로, 교황주의자들은 하나님께 속한 것들을 하나님에게서 탈취해서, 마리아를 거짓된 찬송들로 꾸며서 기형적이고 흉측한 모습으로 만들어 버림으로써 그녀를 잔인하게 야만적으로 짓밟고 있다.

내 때가 아직 이르지 아니하였나이다. 그리스도께서는 자기가 부주의하거나 게을러서 지금까지 아무 일도 하지 않고 있는 것이 아니라고 말씀하심과 동시에, "때가 이르면" 반드시 일을 하실 것임을 간접적으로 밝히신다. 이렇게 그리스도께서는 어머니가 조급하게 서두르는 것에 대하여 책망하심과 아울러서, 한편으로는 이적에 대한 기대감도 주신다. 마리아는 이 두 가지를 다 알아차렸다. 왜냐하면, 그녀는 그리스도께 더 이상 뭐라고 하지 않았고, 그녀가 "하인들"에게 그가 무슨 명령을 하시든 그대로 행하라고 당부한 것은 뭔가 새로운 일을 기대하고 있음을 보여주는 것이기 때문이다. 그리스도께서 여기에서 주신 가르침은 좀 더 폭넓게 적용될 수 있다. 즉, 주님께서 그의 도우심을 미루시면서 우리로 하여금 애태우게 하실 때, 그것이 그가 일을 하지 않고 계시는 것이 아니라, 도리어 "때가 이르면" 행하시기 위하여 모든 일들을 조율하고 계시는 것을 의미한다는 것이다. 모든 일들의 "때"가 운명에 의해서 정해져 있다는 것을 증명하는 데에 이 구절을 사용하는 자들은 너무나 어리석은 자들이기 때문에, 그들을 반박하기 위해서 단 한 마디도 할 필요가 없다. 그리스도의 "때"는 종종 아버지 하나님께서 그리스도와 관련해서 정해 놓으신 때를 가리킨다. 그리스도께서는 나중에 아버지 하나님의 명령들을 수행하기에 적절하고 알맞다고 생각된 때를 "내 때"라고 부르시지만, 여기에서는 일을 하거나 자신의 신적인 능력을 나타낼 "때"를 선택할 권한이 자신에게 있다고 밝히신다.

5. 그의 어머니가 하인들에게 이르되. 마리아는 여기에서 그녀의 아들과 관련해서 인간적인 일들에서가 아니라 그의 신적인 능력에 속하는 일들에서 참된 순종의 모범을 보여준다. 따라서 그녀는 그리스도의 대답에 대하여 말없이 겸손하게 따르는 가운데, 다른 사람들에게도 그가 명령하시는 대로 행하라고 당부한다. 나는 마리아가 한 말은 이 상황과 관련해서 자기에게는 어떻게 할 아무런 권한이 없고, 오직 그리스도께서 자신의 판단을 따라서 자기가 기뻐하시는 것을 행하실 것이라고

선언하신 것과 같다는 것을 인정한다. 그러나 우리가 그녀의 의도가 무엇이었는지를 더 면밀하게 살펴본다면, 그녀가 한 말은 한층 더 폭넓게 적용될 수 있을 것이다. 왜냐하면, 그녀는 먼저 월권(越權)이라고 생각될 수 있었던 자신의 생각을 더 이상 주장하지 않고 내려놓았고, 다음으로 하인들에게 그가 어떤 명령을 내리시든 그대로 행하라고 당부함으로써 모든 권한이 오직 그리스도께 있음을 인정하였기 때문이다. 따라서 우리가 여기에서 배우게 되는 일반적인 교훈은 우리가 그리스도에게서 무엇인가를 바란다고 할지라도, 우리는 오직 그만을 의지하고 바라보지 않는다면, 요컨대 그가 명령하시는 것이면 무엇이든 그대로 행하지 않는다면, 우리가 바라는 것을 얻지 못하리라는 것이다. 하지만 그리스도께서는 우리에게 자신의 육신의 어머니에게로 가라고 하시는 것이 아니라, 도리어 우리를 자기에게로 초대하신다.

6. 거기에 … 돌 항아리 여섯이 놓였는지라. 부데우스(Budaeus)의 계산에 의해서, 우리는 이 돌 항아리들이 매우 컸다고 추정할 수 있다. 왜냐하면, 한 "통"($\mu\varepsilon\tau\rho\eta\tau\acute{\eta}\varsigma$-메트레테스)은 대략 40리터여서, 이 돌 항아리 하나마다 적어도 80리터의 물이 들어갈 수 있었기 때문이다. 그러므로 그리스도께서는 연회에서 150명 이상의 사람들이 충분히 마시고도 남을 만큼 아주 많은 양의 포도주를 공급해 주신 것이다. 게다가, 이 돌 항아리들의 개수(個數)와 크기는 이 이적이 실제로 일어났다는 것을 증명해 주는 데에 일조한다. 만약 이 항아리들이 7-10리터 정도밖에 들어가지 않는 것들이었다면, 많은 사람들은 그 포도주를 다른 곳에서 가져온 것이라고 의심했을지도 모른다. 또한, 만약 단지 항아리 하나에서만 물이 포도주로 변하는 이적이 일어났다면, 이 이적은 너무나 분명해서 논란의 여지가 있을 수 없는 이적이 되지는 못했을 것이다. 그러므로 복음서 기자가 이 돌 항아리가 몇 개였는지를 언급하고, 각각의 항아리에 어느 정도의 물이 들어가는지를 말한 것은 결코 쓸데없는 것이 아니었다.

거기에 이렇게 큰 물 항아리들이 여러 개 놓여 있었던 것은 미신적인 신앙으로 인한 것이었다. 유대인들이 지키던 결례(潔禮)는 하나님의 율법에서 온 것이었다. 그러나 세상은 외적인 것들에 지나치게 집착하는 경향이 있기 때문에, 유대인들은 하나님께서 명하신 결례를 단순하고 소박하게 지키는 것에서 만족하지 않고, 시도 때도 없이 물을 뿌리고 씻는 의식(儀式)들을 행하는 것에서 만족감을 느꼈다. 또한, 미신(迷信)은 본래 과시하고자 하는 야심과 연관되어 있기 때문에, 우리가 오늘날 교황 제도 아래에서 하나님의 예배에 속한 것이라고 말해지는 모든 것들이 사실은 순전히 겉으로 보여주고 과시하기 위하여 행해지는 것에서 볼 수 있듯이, 결례도 과시용이 될 수밖에 없었다. 따라서 두 가지의 오류가 생겨났다. 첫째는 유대인들이 하나님의 명령도 없이 자기 마음대로 불필요한 예식(禮式)을 만들어 내서 맹목적으로 행한 것이었고, 둘째는 그러한 과시용 예식을 통해서 신앙이라는 미명 하에 야심이 판을 치게 되었다는 것이다. 교황을 추종하는 어떤 무뢰배들은 자신들이 가지고 있는 유물들 중에는 그리스도께서 가나에서 이 이적을 행하실 때에 사용하셨던 바로 그 돌 항아리들도 있다고 주장하며, 그 크기나 용량이 성경에서 말하는 것과 맞지도 않는 항아리들을 그 중 일부라고 말하면서 내어놓는 뻔뻔스럽기 짝이 없는 짓을 행함으로써, 그들의 사악함이 얼마나 극에 달해 있는지를 보여주었다. 복음의 빛이 너무도 환히 우리를 둘러 비치고 있는 오늘날에도 그들은 그러한 속임수들을 쓰는 것을 전혀 부끄러워하지 않는데, 그런 것들은 마술로 사람들을 속이는 차원을 뛰어넘어서, 사람들을 눈이 멀어서 아무것도 모를 것이라고 여겨서 대놓고 우롱하는 것이다. 그들이 이렇게 사람들을 우롱하는 것이 너무나 뻔한 데도 사람들이 그것을 알아차리지 못하는 것을 보면, 세상 사람들이 사탄의 마법에 걸려 있는 것이 분명하다.

7. 항아리에 물을 채우라. 그리스도의 이러한 지시는 "하인들"에게는 좀 어이없는 것으로 여겨졌을 것이다. 왜냐하면, 물은 그들에게 이미 충분히 있었기 때문이다. 그러나 그리스도께서는 예기치 않은 결과를 통해서 자신의 능력을 더 밝히 드러내시기 위해서 흔히 우리에게 이런 식으로 행하신다. 물론, 여기에서 그가 이러한 상황을 조성하신 것은 이 이적의 확실성을 보여주시기 위한 것이기도 하였다. 왜냐하면, 하인들이 물이 가득 채워진 항아리들에서 포도주를 뜬 것이라면, 이런 이적이 일어났다는 것에 대하여 그 어떤 의심도 남아 있을 수 없기 때문이다.

8. 연회장에게 갖다 주라. 그리스도께서는 앞에서와 동일한 이유로 자기 자신이나 다른 손님들에 앞서서 "연회장"에게 가장 먼저 그 포도주를 맛보게 하고자 하셨다. 하인들이 모든 일에서 그리스도께 기꺼이 순종하였다는 사실은 그들이 그에 대하여 큰 경외심을 갖고 있었고 그의 권위를 인정하고 있었음을 보여준다. 복음서 기자는 연회 준비와 식탁 배치를 총괄하는 책임을 맡고 있던 사람을 "연회장"이라 부르는데, 이것은 이 연회가 호화롭고 성대했기 때문이 아니라, 단지 부자들이 사치스럽고 호화로운 연회를 준비할 때에 "연회장"을 임명하여 총괄하게 하던

관례가 자연스럽게 가난한 자들의 혼인 잔치에서도 행해졌기 때문이었다. 그러나 평소에 검소함을 가르치셨던 그리스도께서 아주 많은 양의 포도주, 그것도 극상품의 포도주를 공급해 주신 것은 좀 놀라운 일이다. 나의 대답은 하나님께서 우리에게 날마다 포도주를 풍성하게 공급해 주실 때, 우리가 하나님의 그러한 은택을 악용하여 사치한 삶을 사는 쪽을 택한다면, 그것은 전적으로 우리 자신의 잘못이지만, 사도 바울이 "나는 비천에 처할 줄도 알고 풍부에 처할 줄도 알아 모든 일 곧 배부름과 배고픔과 풍부와 궁핍에도 처할 줄 아는 일체의 비결을 배웠노라"(빌 4:12)고 자랑하였듯이, 우리가 "풍부함" 중에서 아끼고 절제하는 삶을 산다면, 그것은 우리의 절제함이 참되다는 것을 보여주는 분명한 증거가 된다는 것이다.

11. 이 첫 표적을. "첫 표적"이라는 말의 의미는 이것이 그리스도께서 행하신 첫 번째 이적이었다는 것이다. 왜냐하면, 천사들이 목자들에게 그리스도가 베들레헴에서 나셨다고 알린 것(눅 2:8), 별이 동방 박사들에게 나타난 것(마 2:2), 성령이 비둘기의 모습으로 그리스도께 임한 것(마 3:16; 막 1:10; 요 1:32)은 모두 다 이적들이긴 하였지만, 엄밀하게 말해서, 그리스도께서 행하신 이적들은 아니었기 때문이다. 그러나 복음서 기자는 여기에서는 이제 그리스도께서 친히 행하신 이적들에 대하여 말하고 있는 것이다. 따라서 이 이적이 그리스도께서 갈릴리 가나에서 행하신 이적들 가운데서 첫 번째 이적이었다는 의미로 이 어구를 해석하는 자들은 어처구니없고 쓸모없는 짓을 하고 있는 것인데, 그런 해석은 성경에서 그리스도께서 두 번밖에 가지 않으신 것으로 기록하고 있는 지역을 마치 그리스도께서 자신의 능력을 나타내 보이시기 위하여 의도적으로 택하신 장소였던 것처럼 주장하는 것이나 다름없다. "첫 표적"이라는 표현을 사용한 복음서 기자의 의도는 그리스도께서 자신의 능력을 나타내실 때에 따르셨던 시간적인 순서를 보여주기 위한 것이었다. 그리스도께서는 삼십 세가 되실 때까지는, 말하자면, 공적인 직무를 맡지 않은 사인(私人) 같이 지내시다가, 세례를 받으시고서 자신의 직무에 취임하여 공적으로 모습을 드러내시면서, 아버지 하나님께서 자기를 어떠한 목적으로 보내셨는지를 분명한 증거들을 통하여 보여주기 시작하셨다. 그러므로 그리스도께서 자신의 신성(神性)에 대한 첫 번째 증거를 지금에야 비로소 보여주셨다는 것은 전혀 이상한 일이 아니었다. 그리스도께서 혼인 잔치에 참석하셨을 뿐만 아니라, 그 잔치를 자신의 첫 번째 이적으로 빛내주신 것은 "혼인"에 큰 존귀를 더하신 것이었다. 몇몇 오래된 교회법들은 성직자들이 결혼식에 참석하는 것을 금지하고 있는데, 성

직자들이 결혼식에 참석해서 거기에서 통상적으로 벌어지는 사람들의 방탕한 모습을 지켜보는 것이 마치 그러한 행동들을 인정하는 것으로 비쳐질 수 있다는 것이 그 이유였다. 그러나 부끄러움을 모르는 방종한 자들이 자신들을 지켜보는 사람들의 눈이 없을 때에 제멋대로 마음 놓고 방탕하게 행하기 쉽다는 것을 생각한다면, 성직자들이 그런 자들의 방탕함을 다스릴 수 있을 만한 위엄(gravitas)을 갖추고서 그런 자리에 참석하는 것이 훨씬 더 나은 일일 것이다. 따라서 우리는 그리스도께서 보이신 모범을 우리의 규범으로 삼는 것이 마땅하고, 성경에서 그리스도께서 행하신 것으로 기록하고 있는 것과 다른 그 무엇이 우리에게 유익할 수 있다는 생각을 버려야 한다.

그의 영광을 나타내시매. "그의 영광을 나타내셨다"는 것은 그리스도께서 자기가 하나님의 아들이시라는 것을 확증해 주는 두드러지고 영광스러운 증거를 보여 주셨다는 것이다. 그리스도께서 세상에 나타내 보여주신 모든 이적들은 그 하나하나가 다 그의 신적인 능력을 증언해 주는 사건들이었다. 이제 그리스도께서는 "그의 영광을 나타내실" 때가 왔기 때문에, 아버지 하나님의 명령에 따라 사람들에게 자기 자신을 알게 하고자 하셨다. 이것으로부터 우리는 이적들의 목적을 알게 된다. 즉, 이 어구는 그리스도께서 "그의 영광을 나타내시기" 위해서 이 이적을 행하셨다고 선언하고 있는 것이나 다름없다. 그렇다면, 그리스도의 영광을 가리는 이적들에 대해서는 우리가 어떻게 생각하여야 하는가?

제자들이 그를 믿으니라. 그들은 제자들이었기 때문에 이미 어느 정도 믿음을 지니고 있었을 것임에 틀림없지만, 지금까지는 확실하거나 분명하지 않은 믿음을 지니고서 그리스도를 따랐다고 한다면, 이때부터는 그리스도를 그가 그들에게 이미 밝히신 것과 같은 그런 메시야로 인정하여 그에게 헌신하기 시작하였다. 이렇게 믿음이 별로 없던 자들을 제자로 받아 주신 것을 보면, 그리스도의 너그러우심(indulgentia)은 참으로 대단하다. 사실, 이 구절에 나타나 있는 교훈은 우리 모두에게 일반적으로 적용될 수 있다. 왜냐하면, 지금은 장성한 믿음을 지닌 자도 처음에는 그 믿음이 초보적인 것이었을 것이고, 또한 믿음에 있어서 더 이상 진보가 필요 없을 정도로 온전한 믿음을 지닌 자는 아무도 없기 때문이다. 그런 점에서, 이미 믿음을 지닌 자들도 그들의 믿음의 목표를 향하여 날마다 진보해 나간다는 점에서 "믿기 시작한다"고도 말할 수 있을 것이다. 그러므로 믿음을 시작한 자들은 늘 진보하기 위하여 애쓰는 것이 마땅하다. 또한, 이 구절은 이적들이 가져다주는 열매

또는 유익도 보여준다. 즉, 이적들은 믿음의 확증(confirmatio)과 진보(profectus)를 위한 것이어야 한다는 것이다. 그러한 것 외에 다른 목적으로 이적들을 악용하는 자들은 이적들의 원래의 용도를 훼손하고 변질시키는 자들인데, 사람들의 믿음을 매장시키고 사람들의 마음을 그리스도에게서 떠나서 피조물들에게로 향하게 할 목적으로 자신들의 가공(架空)의 이적들을 자랑하는 교황주의자들이 바로 그런 자들이다.

[12]그 후에 예수께서 그 어머니와 형제들과 제자들과 함께 가버나움으로 내려가셨으나 거기에 여러 날 계시지는 아니하시니라 [13]유대인의 유월절이 가까운지라 예수께서 예루살렘으로 올라가셨더니 [14]성전 안에서 소와 양과 비둘기 파는 사람들과 돈 바꾸는 사람들이 앉아 있는 것을 보시고 [15]노끈으로 채찍을 만드사 양이나 소를 다 성전에서 내쫓으시고 돈 바꾸는 사람들의 돈을 쏟으시며 상을 엎으시고 [16]비둘기 파는 사람들에게 이르시되 이것을 여기서 가져가라 내 아버지의 집으로 장사하는 집을 만들지 말라 하시니 [17]제자들이 성경 말씀에 주의 전을 사모하는 열심이 나를 삼키리라 한 것을 기억하더라(2:12-17).

12. 예수께서 … 가버나움으로 내려가셨으나. 복음서 기자는 여기에서 새로운 이야기로 넘어간다. 그는 다른 세 복음서 기자가 생략한 일들 중에서 기억할 만한 가치가 있다고 생각되는 몇 가지 일들을 모아서 기록해 놓아야 하겠다고 생각하고 서는, 지금부터 자기가 얘기하고자 하는 사건이 언제 일어난 일인지 그 때(tempus)를 먼저 분명하게 밝힌다. 다른 복음서 기자들도 그리스도께서 행하신 것으로 여기에 기록된 사건에 대하여 보도하고 있기는 하지만, 이 두 사건은 일어난 "때"가 서로 다른 것으로 보아서 동일한 사건이 아니라 단지 비슷한 성격의 사건이었음에 틀림없다. 그러므로 그리스도께서는 속된 매매 행위들이 일상적으로 이루어지는 곳으로 변질되어 부정(不淨)하게 되어 버린 성전을 두 번에 걸쳐서 정결하게 하신 것이었다. 이 일은 한 번은 그리스도의 공생애가 시작될 때에 있었고, 또한 번은 그리스도께서 세상을 떠나 아버지 하나님께로 가시기 직전에 있었다(마 21:12; 막 11:15; 눅 19:45; 요 16:28).

이 단락에서 묘사하는 전체적인 모습을 파악하기 위해서는 그 세부적인 내용들을 순서대로 간단하게 살펴볼 필요가 있다. 성전 안에서 상인들이 "소와 양과 비둘

기"를 팔고 거기에 "돈 바꾸는 사람들"이 앉아 있게 된 것은 다 그럴 만한 이유가
있었다. 즉, 그들은 누구나 자기가 여호와께 드리고자 하는 것들을 어렵지 않게 구
할 수 있도록 하기 위하여 성전 안에서 그렇게 하는 것인 까닭에, 거기에서 행해지
는 매매나 환전은 속된 것이 아니라 도리어 사람들이 하나님을 거룩하게 예배하는
것을 돕기 위한 것이라고 주장할 수 있었다. 사실, 예배를 드리고자 하는 자들은 그
덕분에 어떤 종류의 제물이나 예물을 아주 편리하고 손쉽게 즉시 구할 수 있었고,
그런 것들을 구하기 위해서 이리저리 뛰어다니는 수고를 덜 수 있었다는 것은 분
명하였다. 그러므로 사람들은 그리스도께서 성전에서 장사하거나 돈 바꾸어 주는
자들에 대하여 이렇게 불같이 진노하시는 것을 얼마든지 이상하게 여길 수 있었
다. 그러나 우리는 그리스도께서 그렇게 하신 두 가지 이유를 주목할 필요가 있다.
먼저, 제사장들은 성전 안에서 장사하는 것을 그들 자신의 이익과 탐욕을 위하여
악용하였고, 하나님을 이런 식으로 우롱하는 짓은 용납될 수 없는 것이었다. 다음
으로, 사람들이 아무리 그럴 듯한 명분을 댈 수 있다고 하더라도, 그들의 행위가 조
금이라도 하나님의 명령에 어긋나는 것이라면, 그것은 책망을 받는 것이 마땅하고
당연히 바로잡아져야 한다. 이것이 그리스도께서 성전을 정결하게 하시고자 하신
주된 이유였다. 왜냐하면, 그리스도께서는 하나님의 성전이 "장사하는 집"이 되어
서는 안 된다고 분명하게 선언하고 계시기 때문이다.

　그런데 여기에서 그리스도께서는 왜 가르치시는 일로부터 시작하지 않으신 것
인가라는 질문이 제기될 수 있다. 왜냐하면, 가르침을 통해서 바로잡으려고 시도
하지도 않은 채로 다짜고짜 잘못된 것들을 뜯어고치겠다고 채찍을 드는 것은 도리
어 분란을 가져올 수도 있는, 순서가 뒤바뀐 부적절한 처사로 비쳐질 수 있기 때문
이다. 그러나 그리스도께서 그렇게 하신 것은 다른 목적을 염두에 두고 계셨기 때
문이었다. 즉, 그리스도께서는 아버지 하나님이 자기에게 맡기신 직분을 공식적으
로 수행하실 때가 오자, 어떤 식으로든 자기가 성전의 주인이시라는 것을 실제적
으로 보여주셔서, 자신의 신적인 권위(autoritas)를 나타내고자 하신 것이었다. 그
리고 그리스도께서는 모든 사람이 자신의 가르침에 주목하도록 하시기 위하여, 뭔
가 새롭고 기이한 일을 통해서 졸음에 취해서 나태해져 있는 그들의 둔감한 마음
을 깨우실 필요가 있으셨다. 또한, 성전은 하늘의 가르침과 참된 신앙의 전당(殿
堂, sacrarium)이었기 때문에, 그리스도께서는 성전에서 순전한 가르침이 회복되
기를 바라셨고, 이를 위해서는 자기가 성전의 주(主)이시라는 것을 증명하는 것은

대단히 중요한 일이었다. 게다가, 제사를 비롯해서 온갖 신앙 행위들에 그 본래의
영적인 목적을 되찾아줄 수 있는 방법은 그것들을 여러 가지로 남용하는 것들을
제거하는 길밖에는 다른 방법이 없었다. 그러므로 그리스도께서 이때에 행하신 일
은 아버지 하나님께서 그를 보내어 이루라고 하신 저 개혁(reformatio)의 서곡이었
던 셈이다. 요컨대, 유대인들은 이 일을 보고서 깨어나서 정신을 차리고, 그리스도
께서 장차 기이하고 놀라운 일을 하시리라는 것을 깨닫는 것이 마땅한 일이었고,
또한 그리스도께서는 하나님의 예배가 부패하고 타락해 있기 때문에 그들이 개혁
을 거부해서는 안 된다는 것을 그들에게 일깨워 주실 필요가 있으셨다는 것이다.

형제들과. "형제들"이 왜 그리스도와 동행하게 되었는지는 확실하지 않지만, 아
마도 우연히 예루살렘에 함께 가게 되었던 것 같다. 그리고 잘 알려져 있듯이, 히브
리어에서 "형제들"이라는 단어는 사촌들을 비롯해서 남자 친척들을 가리키는 데
에도 사용된다.

13. 유대인의 유월절이 가까운지라 예수께서 예루살렘으로 올라가셨더니. 헬라
어 원문에서 '카이 아네베'(καὶ ἀνέβη)는 직역하면 "그리고 그가 올라가셨다"가
되지만, 복음서 기자는 "그러므로"라는 원인을 나타내는 불변사(不變辭) 대신에
"그리고"라는 계사(繫辭)를 쓴 것이기 때문에, 이 구절의 의미는 그리스도께서는
예루살렘에서 유월절을 지키시기 위하여 이때에 올라가셨다는 것이다. 그리스도
께서 그렇게 하신 데에는 두 가지 이유가 있었다. 먼저, 그리스도께서는 하나님의
아들이셨지만 우리를 위하여 율법에 복종하기로 하셨기 때문에, 율법의 모든 계명
들을 정확히 지키심으로써, 친히 온전한 순복(順服)의 모범을 보이시고자 하셨다.

다음으로, 그리스도께서는 사람들이 많이 모일 때에 더 많은 선한 일을 하실 수
있을 것이었기 때문에 거의 언제나 그러셨듯이 이번에도 그런 기회를 활용하고자
하셨다. 그러므로 그리스도께서 절기 때에 예루살렘에 올라가셨다는 말씀이 나중
에 나올 때마다, 그 말씀을 읽는 우리는 그가 그렇게 하신 것은 먼저는 다른 사람들
과 더불어서 하나님이 정하신 신앙의 의무들을 지키기 위한 것이었고, 다음으로
는 사람들이 많이 모인 곳에서 자신의 가르침을 널리 전하시기 위한 것이었음을
유념해야 한다.

16. 내 아버지의 집으로 장사하는 집을 만들지 말라. 다른 복음서 기자들은 그리
스도께서 두 번째로 성전을 정결하게 하실 때에는 더 신랄하고 매서운 표현을 사
용하셔서 "기록된 바 내 집은 기도하는 집이라 일컬음을 받으리라 하였거늘 너희

는 강도의 소굴을 만드는도다"(마 21:13)라고 말씀하셨다고 보도한다. 처음에 좋은 말로 책망하신 것이 아무 소용이 없었기 때문에, 그리스도께서 그렇게 하신 것은 합당한 일이었다. 그러나 지금 첫 번째에는 그리스도께서 그들에게 하나님의 성전을 다른 이질적인 용도들로 사용해서 더럽혀서는 안 된다고만 경고하신다. 성전이 "하나님의 집"이라 불린 것은 사람들이 그 곳에서 하나님의 이름을 부르게 하신 것이 하나님의 뜻이었기 때문이고, 하나님이 그 곳에서 자신의 능력을 나타내셨기 때문이며, 그 곳을 영적이고 거룩한 예전(禮典)들을 위하여 성별하셨기 때문이다.

그리스도께서는 성전을 정결하게 할 권한과 권세가 자신에게 있다는 것을 보여주시기 위해서 자기가 하나님의 아들이라고 선언하신다. 게다가, 그리스도께서는 여기에서 자기가 행하신 일에 대한 이유를 밝히고 계시기 때문에, 그가 행하신 일로부터 유익을 얻고자 한다면, 우리는 무엇보다도 이 구절을 주목하여야 한다. 그렇다면, 그리스도께서는 왜 매매하는 자들을 성전에서 쫓아내신 것인가? 그것은 그리스도께서 사람들의 죄악(vitio)으로 인해서 부패하고 타락한 하나님의 예배를 그 본래의 흠 없는 순전한 예배로 되돌리고, 그런 식으로 해서 성전의 거룩성을 회복하고 보전하고자 하셨기 때문이다. 우리가 알고 있듯이, 성전은 장차 올 참된 것들의 그림자로 세워졌고, 그 참된 것들의 생생한 형상이 그리스도 안에 있다. 그러므로 성전이 계속해서 하나님에 대하여 거룩한 곳으로 남아 있으려면 오로지 영적인 용도로만 사용되지 않으면 안 된다. 그런 까닭에 그리스도께서는 성전을 "장사하는 집"으로 변질시키는 것은 불법이라고 선언하신 것이다. 즉, 그리스도의 이러한 선언은 우리가 언제나 지켜야 할 하나님의 명령(institutum)에 토대를 두고 있다. 사탄이 어떠한 술책들로 우리를 속이고자 할지라도, 우리는 하나님의 명령에서 조금이라도 벗어난 것은 무엇이든지 다 악한 것임을 알아야 한다. 신자들이 하나님께 드릴 제물들을 성전 안에서 손쉽게 구할 수 있게 되면, 그것이 하나님의 예배를 돕고 활발하게 해줄 것이라는 발상은 겉보기에는 그럴 듯해 보였지만 실상은 속임수에 지나지 않는 것이었다. 하나님은 자신의 성전을 특정한 용도들을 위해 구별하신 것이기 때문에, 그리스도께서는 하나님이 정하신 질서에 반대하여 제기될 수 있었던 온갖 반론들에 대해서는 아예 눈길조차 주지 않으셨다. 이러한 말들은 오늘날의 예배당 건물에는 적용되지 않지만, 옛적의 성전에 대하여 하나님께서 말씀하신 것들을 교회에 적용하는 것은 올바르고 마땅하다. 왜냐하면, 교회는 이 땅에 있는 하나님의 하늘 성소이기 때문이다. 그러므로 우리는 교회에 거하는 하나님의 위엄(maiestas)이 그 어떤 부정(不淨)한 것들에 의해서도 더럽혀지지 않도록 한시도 거기에서 눈을 떼서는 안 된다. 그러나 교회의 거룩함을 흠 없이 온전하게 보전할 수 있는 유일한 길은 하나님의 말씀과 다른 것은 그 어떤 것도 교회 속으로 들어오지 못하게 하는 것이다.

17. 제자들이 … 기억하더라. "제자들"이 지금까지 익숙하지 않았고 잘 알지 못했던 "성경 말씀"을 어떻게 "기억하게" 된 것인지를 밝혀내고자 애를 쓰는 자들은 헛된 일을 하는 것이다. 왜냐하면, 우리는 제자들이 이 성경 구절을 이때에 기억해낸 것이 아니라, 나중에 하나님의 가르치심을 받아서, 그리스도께서 여기에서 행하신 일의 의미가 무엇이었는지를 성령의 인도하심 아래에서 숙고할 때에, 이 성경 구절이 그들에게 떠오른 것으로 이해해야 하기 때문이다. 사실, 우리는 하나님께서 하신 일들의 이유를 언제나 즉시 알게 되는 것은 아니고, 나중에 시간이 흐른 뒤에 하나님께서 우리에게 그 이유를 알게 해주시는 경우가 많다. 이것은 우리의 판단으로는 하나님이 행하신 일을 전적으로 옳다고 시인할 수 없을 때에 우리가 하나님에 대하여 불평하지 않도록 하기 위해서, 우리의 주제넘음과 오만방자함을 억제해 주는 데에 기가 막히게 좋은 재갈이다. 아울러, 우리가 기억해야 할 것은 하나님께서 어떤 일에 대하여 우리에게 아무런 말씀도 해주시지 않을 때에 우리 속에서 자연스럽게 올라오는 지나친 조급함을 억제하고서 그 일에 대하여 좀 더 충분히 알게 될 때까지 기다리는 것이 우리에게 마땅한 일이라는 것이다. 왜냐하면, 하나님께서 자기가 하시는 일을 우리에게 온전히 나타내시는 것을 미루시는 이유는 우리를 낮추기 위한 것이기 때문이다.

주의 전을 사모하는 열심이 나를 삼키리라. 이 구절의 의미는 그리스도께서 "하나님의 전을 사모하는 열심"으로 인해서 성전을 더럽히는 것들을 거기에서 쫓아내셨다는 것을 제자들이 마침내 깨닫게 되었다는 것이다. 다윗은 여기에서 부분으로 전체를 나타내는 제유법(提喩法)을 사용해서, "주의 전"이라는 단어로 하나님의 예배 전체를 나타내고 있음에 틀림없다. 이 절 전체는 "주의 집을 위하는 열성이 나를 삼키고 주를 비방하는 비방이 내게 미쳤나이다"(시 69:9)로 되어 있는데, 하반절은 상반절과 상응관계(相應關係)에 있거나, 상반절을 단지 반복해서 설명한 것에 지나지 않기 때문에, 이 구절 전체의 의미는 다윗은 하나님의 영광을 지켜내고자 하는 "열성"이 너무 강렬하였기 때문에, 악인들이 하나님을 대적하여 쏟아낸 온갖 "비방"을 다 기꺼이 자신의 몸으로 받아내었다는 것, 그리고 그 "열성"은 그의 속에서 다른 모든 감정들을 삼켜 버릴 정도로 불타올랐다는 것이다. 다윗은 자기가 직접 그런 감정을 지니고 있었다고 우리에게 말하고 있지만, 사실은 자기 자신을 빌려서 본래 메시야에게 해당되는 것을 묘사하였다는 것은 의심의 여지가 없다.

그래서 복음서 기자는 이 사건이 제자들로 하여금 예수를 하나님의 나라를 보호하시고 회복시키실 분으로 알게 만든 여러 표지(標識)들 중 하나였다고 말한다. 그런데 우리는 제자들이 그리스도를 올바르게 깨닫기 위해서 성경의 인도(引導)를 따랐다는 것을 주목하여야 한다. 실제로, 성경의 가르침과 인도를 받지 않는다면, 그 누구도 그리스도께서 누구신지, 또는 그가 어떤 목적으로 일들을 행하시고 고난받으셨는지를 결코 알 수 없다. 그러므로 우리 각 사람이 그리스도를 아는 지식에서 진보를 이루고자 한다면, 성경을 부지런히 그리고 끊임없이 묵상하지 않으면 안 된다.

다윗이 하나님의 영광에 대하여 얘기하면서 "하나님의 전"을 언급한 데에는 그럴 만한 이유가 있는데, 그것은 하나님은 스스로 부족함이 없으시고 자기 자신만으로 충족하신 분이시지만, 자신의 영광을 교회에 나타내시기를 원하시기 때문이다. 하나님께서 이런 식으로 자신의 영광을 우리의 구원과 뗄레야 뗄 수 없을 정도로 단단히 하나로 결합시켜 놓으신 것은 우리를 향하신 그의 사랑을 보여주는 분명한 증거가 된다. 이제는 우리 각 사람이 하나가 되어 그리스도를 본받아서, 우리의 힘이 닿는 데까지 하나님의 성전이 어떤 식으로든 더럽혀지는 것을 막는 일만이 남아 있다. 왜냐하면, 바울이 로마서 15:3에서 가르쳐 주고 있듯이, 교회의 머리되시는 그리스도의 모범 속에 몸 전체를 위한 일반적인 가르침이 제시되어 있기 때문이다. 그러나 이와 아울러서, 우리 중 그 누구도 자신의 소명(召命)의 한계를 벗어나지 않도록 조심하지 않으면 안 된다. 왜냐하면, 우리는 모두 하나님의 아들이 지니고 계셨던 것과 같은 그런 "열성"을 가지고 있어야 하지만, 우리 모두가 동일한 능력이나 사명(使命)을 받은 것이 아닌 까닭에, 너나 할 것 없이 우리 손으로 직접 악(惡)들을 바로잡겠다고 채찍을 휘두르는 것은 허용되지 않기 때문이다.

[18]이에 유대인들이 대답하여 예수께 말하기를 네가 이런 일을 행하니 무슨 표적을 우리에게 보이겠느냐 [19]예수께서 대답하여 이르시되 너희가 이 성전을 헐라 내가 사흘 동안에 일으키리라 [20]유대인들이 이르되 이 성전은 사십육 년 동안에 지었거

늘 네가 삼 일 동안에 일으키겠느냐 하더라 ²¹그러나 예수는 성전된 자기 육체를 가리켜 말씀하신 것이라 ²²죽은 자 가운데서 살아나신 후에야 제자들이 이 말씀하신 것을 기억하고 성경과 예수께서 하신 말씀을 믿었더라(2:18-22).

18. 무슨 표적을 우리에게 보이겠느냐. 무수히 많은 무리 가운데서 그리스도께 손을 댄 자가 아무도 없었고, 가축을 파는 자들이나 돈을 바꾸어 주는 자들 중에서도 힘으로 그리스도를 몰아낸 자가 없었다는 것으로부터, 우리는 그들이 모두 하나님께 얻어맞고 넋이 나간 상태였다는 결론을 얻게 된다. 그러므로 만약 그들이 완전히 눈이 멀어 있지만 않았더라면, 수많은 무리에 맞선 한 사람, 힘이 센 자들에 맨손으로 맞선 한 사람, 내로라하는 백성들의 지도자들과 관원들에 맞선 한 무명의 사람이 이렇게 엄청난 일을 하는 것을 보았을 때에, 그들은 이것이 이적이라는 것을 너무도 분명하게 볼 수 있었을 것이다. 하나님께서 그들의 손을 묶어 버리시고 그들의 힘을 꺾어 버리신 것이 아니라면, 그리스도보다 훨씬 더 힘이 세었던 그들이 왜 그를 저지하지 못하였겠는가?

그들에게는 그리스도께 항변할 수 있는 근거가 없는 것이 아니었다. 왜냐하면, 하나님의 성전에 어떤 잘못된 것들이나 마음에 들지 않는 것들이 있다고 하더라도, 그런 것들을 당장에 바꾸려고 시도하는 것이 누구에게나 허용되어 있는 것은 아니기 때문이다. 실제로 누구나 다 부패하고 타락한 것들을 비난하고 단죄할 수는 있지만, 사인(私人)이 그런 것들을 제거하고자 시도한다면, 그는 무모하다는 비난을 받게 될 것이다. 성전 안에서 매매하는 관행은 일반적으로 용인된 일이었기 때문에, 사실 그리스도께서 행하신 일은 새삼스럽고 이례적인 것이었다. 그러므로 그들이 그리스도께 그가 하나님의 보내심을 받은 자인지를 증명해 보이라고 요구한 것은 당연한 일이었다. 왜냐하면, 그들의 그러한 요구는, 공적인 일에서 하나님의 분명한 소명이나 명령 없이 어떤 것을 변개(變改)하는 것은 불법이라는 원칙에 토대를 둔 것이기 때문이다. 그러나 그리스도께서 이적을 보이지 않을 경우에는 그의 소명을 인정하지 않으려 한 것은 그들의 잘못이었다. 왜냐하면, 선지자들을 비롯해서 하나님의 사역자들은 반드시 이적을 행해야 한다는 것이 불변의 법칙이었던 것이 아니었고, 하나님께서는 그런 강제 조항에 묶여 계시는 그런 분이 아니시기 때문이다. 그러므로 그들이 "표적"을 요구함으로써 하나님께 어떤 법(法)을 강제한 것은 잘못이었다. 복음서 기자가 "유대인들"이 그리스도께 이런 요구를 하였다고 말할 때, "유대인들"이라는 단어는 거기에 있던 무리들 전체, 그러니까 교회의 몸 전체(totum ecclesiae corpus)를 가리키고 있음에 틀림없기 때문에, 그는 그것이 한두 사람이 아니라 백성 전체의 요구였다고 말한 것과 같다.

19. 이 성전을 헐라. 이것은 알레고리적인 표현이다. 그리스도께서는 그들에게 직설적으로 대답할 가치가 없다고 여기셨기 때문에 의도적으로 이렇게 모호하게 말씀하셨다. 다른 곳에서, 그리스도께서는 그들은 "천국의 비밀"을 깨달을 수 없는 자들이기 때문에 그들에게는 "비유"로 말씀하시는 것이라고 분명하게 밝히셨다(마13:13). 그런데 그리스도께서는 먼저 그들이 요구한 "표적"을 그들에게 보이시는 것을 거부하셨는데, 이것은 아마도 자기가 표적을 보여도 그들에게 아무 소용이 없을 것임을 아셨거나 아직 그럴 때가 되지 않았다는 것을 아셨기 때문인 것 같다. 그리스도께서는 사람들이 부적절한 요구들을 할 때에도 종종 그 요구들을 들어주신 적이 있는 것으로 보아서, 여기에서 그가 그들의 요구를 거절한 데에는 어떤 강력한 이유가 있었을 것임에 틀림없다. 그리스도께서는 자기가 표적 보이기를 거절한 것을 그들이 그들 자신을 정당화하는 빌미로 삼지 못하도록 하시기 위해서, 자신의 능력은 통상적이지 않은 이례적인 표적을 통해서 증명되고 확증될 것이라고 분명하게 밝히신다. 왜냐하면, 그가 죽은 자 가운데서 부활하신다면, 그것보다 그의 신적인 능력을 더 확실하게 증명해 줄 표적은 없을 것이기 때문이었다. 그러나 그리스도께서는 그들은 명시적인 약속을 받을 만한 자들이 아니라고 여기셨기 때문에, 이것을 비유로 말씀하신다. 요컨대, 이렇게 하심으로써 그리스도께서는 불신자들을 그들에게 합당한 방식으로 대하심과 동시에, 자기 자신을 모든 멸시로부터 보호하신 것이다. 사실, 그들이 완악하다는 것이 아직 겉으로 명백하게 드러난 것은 아니었지만, 그리스도께서는 그들의 심령의 상태가 어떠한지를 잘 알고 계셨다.

그리스도께서는 온갖 종류의 무수히 많은 이적들을 행하셨는데도 왜 여기에서는 단 하나의 이적만을 언급하시는 것인가라는 질문이 제기될 수 있다. 나의 대답은 그리스도께서는 다음과 같은 이유들로 인해서 그밖의 다른 모든 이적들에 대해서는 침묵하셨다는 것이다. 첫째는 오직 그의 부활이라는 이적만으로도 그들의 입을 막는 데에 충분하였기 때문이다. 둘째는 그가 자신의 부활의 영광에 대해서조차 알레고리적으로 말씀하신 것에서 볼 수 있듯이 하나님의 능력이 그들의 조롱거리가 되는 것을 피하고자 하셨기 때문이다. 셋째는 그는 하나님의 참 성전을 짓는 엄청난 권세가 자기에게 있다고 말씀하심으로써 현재의 성전에 대한 모든 권세도 자기에게 있다는 것을 보여주시는 선에서, 이 상황에 적절한 것만을 말씀하셨기 때문이다.

그리스도께서는 당시의 관행에 따라 "성전"이라는 단어를 사용하시지만, 사실 진정으로 성전이라 불릴 수 있는 것은 그리스도의 몸뿐이다. 우리 각 사람의 몸이 "장막"(고후 5:4; 벧후 1:13)이라 불리는 것은 그 속에 영혼이 거하기 때문이지만, 그리스도의 몸은 그의 신성(神性)이 거하는 곳이었다. 왜냐하면, 하나님의 아들이 우리의 본성을 입으신 까닭에, 하나님의 영원한 위엄(maiestas)이 그 성소인 육신에 거하시게 되었다는 것을 우리가 알기 때문이다.

이 구절을 악용해서, 한 분 동일한 그리스도가 하나님이자 사람이신 것이 아니라는 것을 증명하고자 한 네스토리우스(Nestorius)의 논증을 반박하는 것은 쉬운 일이다. 그는 이렇게 추론하였다. 즉, 하나님의 아들은 그 "성전"인 육신에 거하신 것이기 때문에, 두 본성은 서로 구별되어 있었고, 따라서 한 분 동일한 그리스도가 하나님이자 사람이었던 것은 아니라는 것이다. 그러나 그러한 논증을 사람에게 적용해 보면, 그 오류가 분명하게 드러난다. 왜냐하면, 그의 논리대로라면, 각각의 사람의 경우에 그 "장막"인 몸에 영혼이 거하는 까닭에, 각 사람은 동일한 한 사람이 아니라는 결론이 도출되기 때문이다. 그러므로 이 구절의 표현 방식을 왜곡하여 악용해서, 그리스도 안에서의 인격의 통일성(personae in christo unitas)을 부정하려 드는 것은 어리석은 짓이다. 또한, 우리가 주목해야 할 것은 우리의 몸도 "하나님의 성전"(고전 3:16; 6:19; 고후 6:16)이라 불리지만, 그 의미는 그리스도의 경우와는 완전히 달라서, 단지 하나님이 자신의 성령의 능력과 은혜를 통해서 우리 안에 거하신다는 것을 의미할 뿐이지만, 그리스도 안에는 "신성의 모든 충만이 육체로 거하시기"(골 2:9) 때문에 그리스도는 "육신으로 나타난 바 되신"(딤전 3:16) 참하나님이시라는 것이다.

내가 … 일으키리라. 성경의 다른 구절들에서는 그리스도의 부활이 아버지 하나님의 역사(役事)라고 분명하게 밝히고 있는 반면에, 여기에서 그리스도께서는 자신의 부활의 영광을 자기 자신에게로 돌리신다. 그러나 이 두 가지 진술은 서로 완벽하게 부합한다. 왜냐하면, 성경은 하나님의 능력에 대한 확신을 우리에게 심어주기 위하여 그 아들을 죽은 자 가운데서 일으키신 일을 명시적으로 아버지 하나님께 돌리고 있지만, 여기에서 그리스도께서는 자신의 신성(神性)을 선언하시기 위한 특별한 목적으로 그렇게 말씀하신 것이기 때문이다. 그래서 바울은 "예수를 … 살리시리라"(롬 8:11)고 말함으로써, 성령을 부활의 역사(役事)를 이루시는 분이라고 하면서도, 아무런 차별 없이 "그리스도의 영"이라고 부르기도 하고 "아버지 하나님의 영"이라고도 부른다.

20. 사십육 년 동안에. 다니엘서에 나오는 연한은 이것과 일치한다(단 9:25). 왜냐하면, 다니엘은 "일곱이레"라고 했고, 이것은 사십구 년에 해당하지만, 그 마지막 "이레"가 끝나기 전에 성전이 완성되었기 때문이다. 에스라서에 나오는 기간은 훨씬 더 짧아서 뭔가 모순되는 것처럼 보이지만, 사실은 다니엘서에 기록된 것과 전혀 다르지 않다. 왜냐하면, 성소가 세워지자, 성전 건물이 완성되기도 전에, 거기에서 사람들이 제사를 드리기 시작했지만, 그 후에 백성들의 무관심으로 인해서 성전 공사는 오랫동안 중단되었기 때문이다. 이러한 사실은 선지자 학개의 탄식을 통해서 분명하게 드러난다. 왜냐하면, 그는 유대인들이 자신의 집을 짓는 일에 몰두하느라 하나님의 성전은 미완성인 채로 방치해 두고 있다고 호되게 질책하였기 때문이다(학 1:4). 그런데 왜 그리스도께서는 40여 년 전에 이미 헤롯에 의해서 파괴되어서 당시에는 없었던 바로 그 성전을 언급하고 계시는 것일까? 왜냐하면, 당시에 존재했던 성전은 헤롯이 나중에 막대한 비용을 들여서 아주 웅장한 규모로, 요세푸스(Iosephus)가 얘기해주고 있듯이(「유대 고대사」 제15권 11장), 사람들의 예상을 깨고 불과 8년 만에 완성한 성전이었기 때문이다. 내 생각으로는, 당시의 유대인들은 이 새로운 성전 건물을 마치 늘 원래의 상태를 그대로 유지해 온 저 옛 성전인 양 여겨서 지극히 공경하는 마음을 품고서 바라보았고, 그들의 조상들이 "사십육 년 동안에" 아주 어렵고 힘들게 이 성전을 지었다고 말하는 것이 관례처럼 되어 있었던 것 같다.

이 구절에 나오는 유대인들의 대답은 그들이 어떤 마음으로 "표적"을 구한 것인지를 아주 분명하게 보여준다. 왜냐하면, 만일 하나님께서 보내신 선지자를 공경하여 순종할 마음이 그들에게 있었다면, 그들은 그리스도께서 자신의 직임을 확증하는 것과 관련해서 말씀하신 것을 이렇게 코웃음치며 무시하는 태도로 배척하지는 않았을 것이기 때문이다. 그들은 신적인 능력을 보여주는 모종의 증거를 바라기는 했지만, 인간의 지극히 작은 그릇으로는 담을 수 없는 그런 증거들은 모조리 거부하였다. 마찬가지로, 오늘날 교황주의자들도 이적들을 요구하지만, 그것은 그들이 하나님의 능력 앞에 순복하기 위해서가 아니라(그들은 하나님보다 사람을 기

쁘게 하고, 그들이 물려받은 전통이나 관례에서 한 치라도 물러서지 않겠노라고
굳게 작정했기 때문에), 그들이 아무런 이유나 근거도 없이 하나님을 대적하는 것
처럼 보여서는 곤란한 까닭에, 그들의 완악함을 은폐해 줄 방패막이로 삼기 위해
서이다. 이런 식으로 불신자들의 마음도 하나님의 손이 그들에게 나타나는 것을
보고자 하여 맹목적인 격정에 휩싸여서 소동을 벌이지만, 그 나타난 것이 정말 하
나님의 손이기를 원하지는 않는다.

22. 죽은 자 가운데서 살아나신 후에야. 제자들이 이것을 깨닫게 된 과정은 복음
서 기자가 앞서 17절에서 언급했던 경우와 비슷하다. 즉, 그들은 그리스도께서 이
말씀을 하셨을 때에 그 자리에서 깨달은 것이 아니었지만, 당시에는 쓸데없어 보
였고 허공 속으로 사라져 버린 듯이 보였던 그 가르침이 후에 때가 이르자 열매를
맺었다. 그러므로 주님의 수많은 행위들과 말씀들이 당시에는 모호하게 느껴진다
고 해도, 우리는 즉시 이해되지 않는다는 이유로 낙심해서 그것들을 포기하거나
무시해 버려서는 안 된다.

또한, 우리는 복음서 기자가 "제자들이 성경과 예수께서 하신 말씀을 믿었더라"
고 함으로써 "성경"과 "예수께서 하신 말씀"을 연결시켜 놓은 것을 주목하여야 한
다. 왜냐하면, 이것은 제자들이 "성경"과 "그리스도의 말씀"을 비교해 봄으로써 믿
음의 진보를 이루는 데에 도움을 받았다는 것을 의미하기 때문이다.

²³유월절에 예수께서 예루살렘에 계시니 많은 사람이 그의 행하시는 표적을 보고
그의 이름을 믿었으나 ²⁴예수는 그의 몸을 그들에게 의탁하지 아니하셨으니 이는
친히 모든 사람을 아심이요 ²⁵또 사람에 대하여 누구의 증언도 받으실 필요가 없었
으니 이는 그가 친히 사람의 속에 있는 것을 아셨음이니라(2:23-25).

23. 많은 사람이… 믿었으나. 복음서 기자가 이 단락을 앞에 나온 사건과 연결시
킨 것은 적절하다. 앞서 그리스도께서는 유대인들이 요구한 이적을 보여주지 않으
셨지만, 이제 여기에서는 많은 이적들을 행하시고도 별 성과를 거두지 못하셨고,
사람들은 단지 허울뿐인 냉랭한 믿음만을 가지게 되었을 뿐이기 때문에, 이러한
결과는 그리스도께서 원한 것들을 들어주지 않으신 것은 그들에게 합당한 일이었
다는 것을 충분히 증명해 주고도 남는다. 물론, "많은 사람"이 그리스도와 "그의
이름을 믿고" 그의 가르침을 따르겠다고 고백한 것은 "표적들"로 인한 결과였다

(여기에서 "이름"은 "권위"를 나타낸다). 그들이 보인 이러한 반응은 믿음과 유사한 것으로서 아직까지는 금방 날아가 버릴 그런 성질의 믿음에 지나지 않는 것이었지만, 그런 믿음은 결국에는 참된 믿음으로 바뀔 수도 있었기 때문에, 사람들에게 그리스도의 이름을 전하는 자들이 될 수 있는 유익한 예비 단계가 될 수 있었다. 하지만 우리가 앞에서 했던 말, 즉 그들은 마땅히 올바른 마음가짐을 지니고서 하나님의 역사(役事)들로부터 유익을 얻어야 했지만 전혀 그렇지 못했다는 것은 여전히 사실이다.

그렇다고 해서, 그들이 사람들에게 잘 보이려고 믿음이 있는 것처럼 가장(假裝)한 것은 아니었다. 그들은 그리스도께서 큰 선지자라는 것을 확신하였고, 당시에 뜨거웠던 메시야 대망의 분위기 속에서 그리스도를 심지어 메시야라고까지 생각하기도 하였다. 그러나 그들은 메시야가 오셔서 행하시게 되어 있던 일이 무엇인지를 제대로 알지 못하였기 때문에, 그들의 믿음은 오로지 세상(mundus)과 땅에 속한 일(res terrena)들만을 추구하는 본말이 전도된 것이었다. 또한, 그들의 믿음은 참된 확신(persuasio)이 결여된 허울뿐인 것이기도 하였다. 외식하는 자들이 복음에 동의하는 것은 그리스도께 순종하는 가운데 자신을 드리기 위해서거나 진실한 신앙을 가지고서 그리스도의 부르심을 따르기 위해서가 아니라, 그들이 알게 된 진리를 감히 전적으로 배척할 수 없기 때문인데, 반대할 명분을 찾을 수 없을 때에는 더더욱 그러하다. 그들은 스스로 나서서, 또는 아무런 이유도 없이 하나님을 상대로 싸움을 하지는 않지만, 하나님의 말씀이 그들의 육신(carnis)이나 왜곡된 욕망(prava cupiditas)들과 정면으로 충돌하는 것을 느끼게 되면, 즉시 화를 내거나 적어도 그들이 지금까지 지니고 있던 믿음에서 떠나버린다.

따라서 복음서 기자가 "많은 사람이 믿었다"고 했을 때, 나는 그들이 자신들에게 있지도 않은 믿음을 가장한 것이 아니라, 어떤 식으로든 그리스도의 편에 서지 않을 수 없었을 것이라고 본다. 그러나 그리스도께서 확고한 믿음을 지닌 자들에서 그들을 배제하신 것으로 보아서, 그들의 믿음은 참되고 진정한 것은 아니었던 것으로 보인다. 게다가, 그들의 믿음은 오로지 이적들에만 의존한 것이었고 복음에 뿌리를 두고 있지 않은 것이었기 때문에, 견고하고 지속적일 수 없었다. 물론, 이적들은 하나님의 자녀들이 믿음에 이르는 데에 도움이 되기는 하지만, 하나님의 능력에 놀라서 하나님의 말씀이 참되다는 것을 믿기만 하고 그 말씀에 순종하지 않는다면, 그것은 진정으로 믿는 것이 아니다. 그러므로 일반적으로 믿음이라고 할 때, 우리는 단지 머리로 이해하는 것에서 그치는 믿음이 있다는 것을 알아야 한다. 그런 믿음은 마음에 견고하게 뿌리를 내리고 있지 않기 때문에 신속히 사라지고 마는데, 야고보는 그런 믿음을 "죽은" 믿음이라고 부른다(약 2:17, 20, 26). 반면에, 참된 믿음은 언제나 "중생의 영"(spiritus regenerationis)으로 말미암은 믿음이다. 우리는 모든 사람이 다 하나님의 역사(役事)들로부터 똑같이 유익을 얻는 것이 아님을 유의하여야 한다. 왜냐하면, 어떤 사람들은 하나님의 역사들에 이끌려서 하나님께로 나아가지만, 어떤 사람들은 단지 맹목적인 충동에 휘둘려서 하나님의 능력을 알아보기는 하면서도 여전히 그들 자신의 망상(妄想)들 속에서 헤매기 때문이다.

24. 예수는 … 의탁하지 아니하셨으니. 그리스도께서는 그들이 정직하지도 않고 신실하지도 않다는 것을 아셨기 때문에 그들을 경계하셨다는 의미로 이 구절을 해석하는 자들은, 내가 보기에는 복음서 기자의 의도를 제대로 표현한 것이 아니다. 또한, 나는 아우구스티누스(Augustinus)가 믿은 지 얼마 되지 않은 자들과 결부시켜서 이 구절을 설명한 것에도 동의하지 않는다. 내 생각에는, 복음서 기자의 취지는 그리스도께서 그들을 참된 제자들로 여기신 것이 아니라, 그들이 언제든지 등을 돌릴 수 있는 경박한 자들이라는 것을 아시고서 그들을 신뢰하지 않으셨다는 것이다. 이 구절은 그리스도를 믿는다고 고백하는 자들이라고 해서 모두 다 그리스도께서 보시기에 진정으로 그의 제자들인 것이 아니라고 말하고 있다는 점에서, 우리는 이 구절을 특히 주목할 필요가 있다. 복음서 기자는 곧이어서 그 이유를 덧붙인다.

이는 친히 모든 사람을 아심이요. 외식(hypocrisis), 곧 위선보다 더 위험한 것은 없는데, 그 이유는 많이 있지만, 그 중에서 한 가지만 든다면, 외식은 너무나 흔히 범해지는 잘못이라는 것이다. 왜냐하면, 자기 자신을 사랑하지 않는 사람은 거의 없기 때문이다. 우리는 우리의 육신이 좋아하는 헛된 말들로 우리 자신을 속이면서, 하나님도 우리와 마찬가지로 눈이 멀어 계신다고 착각한다. 그러나 이 구절은 하나님의 판단이 우리의 판단과 얼마나 판이하게 다른지를 일깨워 준다. 왜냐하면, 위장되고 은폐되어 있어서 우리가 알지 못하는 것들을 하나님은 똑똑히 보시고, 거짓된 현란한 겉모습으로 인해서 우리가 눈이 부셔서 보지 못하는 것들을 하나님은 저 숨겨진 근원, 곧 마음의 가장 은밀한 동기를 보시고 판단하시기 때문이다. 솔로몬이 "사람이 행위가 자기 보기에는 모두 정직하여도 여호와는 마음을 감찰하시느니라"(잠 21:2)고 말한 것이 바로 그것이다. 그러므로 우리는 그리스도께서 인정하시는 자들만이 그리스도의 참된 제자들이라는 것을 기억하여야 한다. 왜냐하면, 이 일에 있어서 결정하시고 판단하실 자격이 있으신 분은 오직 그리스도 한 분뿐이시기 때문이다.

여기에서 한 가지 질문이 제기될 수 있다. 즉, 복음서 기자가 그리스도께서 "모든 사람을 아심이요"라고 했을 때, "모든 사람"은 그가 방금 전에 언급하였던 자들만을 가리키는 것인지, 아니면 인류 전체를 가리키는 것인지가 문제가 될 수 있다. 많은 사람들이 이 구절을 인간의 본성 자체와 결부시켜서, 이 구절은 온 세상의 사악하고 기만적인 위선(impia ac perfida simulatio)을 정죄하고 있는 것이라고 한다. 그리스도께서 사람들을 자기 백성으로 삼으시게 된 것이 사람들 속에 있는 어떤 선한 것 때문이 아니라는 것은 분명히 옳은 말이다. 그러나 나는 그런 설명은 문맥과 맞지 않는다고 보기 때문에, 여기에서 "모든 사람"은 복음서 기자가 방금 전에 언급하였던 자들로 국한시키는 것이 타당하다고 생각한다.

25. 그가 친히 사람의 속에 있는 것을 아셨음이니라. 어떻게 그리스도께서 이런 것을 아셨을까 하는 질문이 제기될 수 있을 것이었기 때문에, 복음서 기자는 그러한 질문을 예상하고서, "사람의 속에 있는 것"이 우리에게는 숨겨져 있지만, 그리스도께서는 그것을 다 보시고, 자신의 독자적인 판단 하에서 사람들을 분별하실 수 있으셨다고 대답해 준다. 이렇게 그리스도께서는 그들의 마음을 아시기 때문에, 그들이 어떤 자인지를 알려줄 사람이 그에게는 필요하지 않았다. 그는 그들이 어떤 성품을 지녔고 심령의 상태가 어떠한지를 아셨기 때문에, 그가 그들을 자기에게 속하지 않은 자들로 여기신 것은 합당한 일이었다. 어떤 이들은 우리도 그리스도의 이러한 본을 따라서 진정성(眞正性)의 증거를 보이지 않는 자들을 의심스러운 자들로 여겨도 되는 것이냐는 질문을 제기하지만, 그런 문제는 이 구절과는 아무런 상관이 없다. 왜냐하면, 그리스도께서는 나무들의 뿌리 자체를 아시는 분이신 반면에, 우리는 겉으로 나타난 열매들을 통해서가 아니면 특정한 나무의 본성이 어떠한지를 알아낼 수 없는 자들인 까닭에, 우리의 경우는 그리스도와는 판이하게 다르기 때문이다. 게다가, 바울이 사랑은 의심하지 않는다고 말하고 있듯이(고전 13:5), 우리에게는 우리가 알지 못하는 사람들을 정당한 이유 없이 의심할 권리가 없다. 그러나 우리가 외식하는 자들에게 늘 속아 넘어가지 않게 하시고, 교회가 그런 자들의 악하고 거짓된 술책과 농간에 지나치게 휘둘리지 않게 하시기

위해서, 우리를 "분별의 영"(spiritus discretionis)으로 무장시켜 주시는 것은 그리
스도의 몫이다.

제3장

¹그런데 바리새인 중에 니고데모라 하는 사람이 있으니 유대인의 지도자라 ²그가 밤에 예수께 와서 이르되 랍비여 우리가 당신은 하나님께로부터 오신 선생인 줄 아나이다 하나님이 함께 하시지 아니하시면 당신이 행하시는 이 표적을 아무도 할 수 없음이니이다 ³예수께서 대답하여 이르시되 진실로 진실로 네게 이르노니 사람이 거듭나지 아니하면 하나님의 나라를 볼 수 없느니라 ⁴니고데모가 이르되 사람이 늙으면 어떻게 날 수 있사옵나이까 두번째 모태에 들어갔다가 날 수 있사옵나이까 ⁵예수께서 대답하시되 진실로 진실로 네게 이르노니 사람이 물과 성령으로 나지 아니하면 하나님의 나라에 들어갈 수 없느니라 ⁶육으로 난 것은 육이요 영으로 난 것은 영이니(3:1-6).

1. 그런데 … 니고데모라 하는 사람이 있으니. 복음서 기자는 이제 이적들을 보고서 흥분하여 즉흥적으로 그리스도의 편에 선 자들의 믿음이라는 것이 얼마나 덧없고 깨지기 쉬운 것인지를 "니고데모"라는 인물을 통해서 우리에게 보여준다. 왜냐하면, 니고데모는 바리새파에 속한 자였고, 유대 민족 중에서 지도자급에 속해 있던 자였던 까닭에 다른 사람들보다 훨씬 더 나은 자였을 것임에 틀림없기 때문이다. 당시에 일반 백성들은 대체로 경박한 자들이었을지라도, 적어도 학식과 연륜을 갖춘 니고데모 정도의 인물은 분명히 진실하고 지혜로운 자일 것이라고 생각하지 않았을 사람이 과연 누가 있었겠는가? 그렇지만 그리스도의 대답들을 보면, 니고데모는 고작 신앙의 초보들(pietatis rudimenta)을 배우기 위한 목적으로 찾아온 것일 뿐이었음이 분명해진다. 유대 백성 중에서 지도자급에 속한 인물이 어린아이보다 못한 수준이었다면, 일반 백성들은 어떠하였겠는가? 물론, 복음서 기자의 의도는 당시 예루살렘에는 복음을 제대로 받을 수 있었던 자들이 거의 없었다는 것을 니고데모라는 거울을 통해서 분명하게 보여주고자 하는 것이었긴 하지만, 그 밖의 다른 이유들로 인해서도 이 기사(記事)는 우리에게 대단히 유익하다. 그

중에서도 특히 이 기사는 인류의 타락한 본성에 대하여, 그리고 그리스도의 학교로 들어가게 해주는 올바른 통로가 무엇인지, 하늘의 가르침에서 진보를 이루기 위해서는 어떤 초보적인 가르침들이 갖추어져 있어야 하는지에 대하여 우리에게 가르쳐 준다는 점에서 대단히 유익하다. 그리스도께서 해주신 말씀들의 요지는 우리가 그의 참 제자가 되기 위해서는 새 사람(novus homo)이 되어야 한다는 것이다. 하지만 이것에 대하여 좀 더 자세하게 살펴보기 전에, 우리는 먼저 복음서 기자가 여기에서 상세하게 묘사한 정황들을 통해서 니고데모로 하여금 그리스도께 전적으로 헌신할 수 없게 만든 장애물들이 무엇이었는지를 살펴볼 필요가 있다.

바리새인 중에. 유대 백성들 중에서 "바리새인"이라는 호칭은 니고데모에게 존귀함을 더해 주는 호칭이었다는 것은 의심의 여지가 없다. 그러나 복음서 기자는 니고데모를 높이기 위해서가 아니라, 도리어 그가 그리스도께 아무런 얽매임 없이 흔쾌히 나아가지 못하게 만든 것이 무엇인지를 부각시키기 위해서 이 호칭을 그에게 붙이고 있는 것이다. 따라서 이 어구는 이 세상에서 높임을 받는 자들은 대체로 아주 위험한 덫에 잡혀 있는 것임을 우리에게 일깨워 준다. 아니, 우리는 그런 자들 중 다수가 너무나 단단히 덫에 걸려 있어서, 일생 동안 단 한 번이라도 하늘을 향해 기도하거나 하늘을 우러러보고자 하지 않는 것을 본다. 그들이 왜 "바리새인"으로 불리게 되었는지에 대해서는 우리가 앞에서 이미 살펴본 바 있다. 즉, 그들은 마치 오직 그들만이 유일하게 율법을 해석할 수 있는 자들로서 성경의 진수(眞髓)를 알고 그 숨겨진 뜻을 깨달을 수 있는 것으로 여겨서 대단한 자부심을 지니고 있었고, 그런 이유로 그들 자신을 '페루쉼'(פרושים, "해석자들")이라 칭하였다. 에세네파는 더 금욕적이고 엄격한 삶을 살아서 거룩함에 있어서 높은 명성을 얻고 있었지만, 인간의 통상적인 삶과 관습을 버리고 은둔자들처럼 살았기 때문에, 실질적으로는 바리새파가 더 높은 존경을 받았다. 한편, 복음서 기자는 니고데모가 "바리새인" 중 한 사람이었다는 사실만이 아니라, 그가 "유대인의 지도자" 중 한 사람이었다는 사실도 언급하고 있다.

2. 그가 밤에 예수께 와서. 니고데모가 "밤에" 찾아왔다는 사실로부터, 우리는 그가 아주 조심스럽고 신중하게 움직였다는 것을 추론해낼 수 있는데, 그가 이렇게 신중에 신중을 기한 것은 그의 높은 신분과 화려한 명성으로 인해서 그의 눈이 현혹되어 있었기 때문이었다. 또는, 니고데모는 수치심 때문에 그렇게 했을 수도 있다. 왜냐하면, 야심이 있는 자들은 한 번이라도 그들이 가르치는 자라는 위엄 있

는 신분에서 배우는 자의 반열로 내려오면 그들의 명성은 완전히 무너지고 만다고 생각하기 때문이다. 니고데모는 자기가 꽤 학식 있는 자라는 망상에 사로잡혀 그 마음이 높아져 있었을 것임에 틀림없다. 요컨대, 그는 자기 자신을 대단한 자로 여기고 있었기 때문에 자신의 명성에 금이 가는 일은 조금도 하고 싶지 않았던 것이다.

그런데도 니고데모 속에는 경건의 씨앗(pietatis semen)이 있었다. 왜냐하면, 하나님의 선지자가 나타났다는 말을 들었을 때, 그는 하늘로부터 전해진 가르침을 멸시하거나 무시한 것이 아니라, 도리어 그 가르침을 얻고자 하는 열망을 갖게 되었기 때문이다. 그리고 그 열망은 다름 아닌 하나님을 두려워하고 경외하는 마음에서 생겨난 것이었다. 많은 사람들이 쓸데없는 호기심에 이끌려서 뭔가 새로운 것이라면 열을 내서 알아보려고 하지만, 니고데모 속에서 그리스도의 가르침을 좀 더 자세히 알아보고자 하는 마음을 불러일으킨 것은 종교심(religio)과 양심(conscientia)이었다는 것을 의심할 이유가 없다. 그 씨앗은 오랫동안 감춰져 있었고 죽어 있는 것처럼 보였지만, 그리스도께서 죽으신 후에, 그 누구도 생각할 수 없었던 열매를 맺었다(요 19:39).

랍비여 우리가 … 아나이다. 이것은 "선생님, 우리는 당신이 선생으로 오신 것을 아나이다"라고 말한 것과 같다. 그러니까, 당시에 학식 있는 자들은 일반적으로 "선생님"이라 불렸기 때문에, 니고데모는 먼저 관례를 따라 그리스도를 통상적인 호칭인 "랍비"(선생님이라는 뜻)라 부르며 인사하고, 그런 후에 그리스도는 하나님께서 "선생"의 직분을 행하라고 보내신 분이라고 고백하고 있는 것이다. 교회에서 선생들이 지닌 모든 권위는 이 원칙에 의거해 있다. 왜냐하면, 우리는 오직 하나님의 말씀으로부터만 지혜를 배워야 하는 까닭에, 하나님의 말씀을 대언하는 자들 외에 그 누구의 말에도 귀를 기울여서는 안 되기 때문이다. 우리가 주목해야 할 것은 당시에 유대인들 가운데서 신앙은 크게 타락하고 거의 파괴되어 있었음에도 불구하고, 그들은 하나님의 보내심을 받지 않은 자는 합법적인 선생이 될 수 없다는 이 원칙을 여전히 고수하고 있었다는 것이다. 그러나 거짓 선지자들만큼 스스로 하나님의 이름을 들먹이며 자신들이 하나님의 보내심을 받았다고 뻔뻔스럽고 오만하게 자랑하는 자들도 없기 때문에, 우리는 이 일에 있어서 영들을 시험하여 분별할 필요가 있다.

니고데모는 이어서, 하나님이 그리스도 안에서 자신의 능력을 아주 강력하게 나타내고 계시는 것을 보건대, 하나님이 그리스도와 함께 하신다는 것은 부정할 수 없는 사실이기 때문에, 그리스도께서 하나님의 보내심을 받았다는 것은 확실하다는 말을 덧붙인다. 니고데모는 하나님께서는 오직 자신의 사역자들을 통해서만 역사하심으로써, 자기가 그들에게 맡기신 직분을 보증하시고 인치신다는 것을 당연한 사실로 전제하고 말한다. 하나님께서는 언제나 자신의 가르침이라는 것을 보증하시는 인(印)으로 이적들을 활용하셨기 때문에, 니고데모의 말은 결코 틀린 것이 아니다. 또한, 니고데모가 하나님이 함께 하시지 아니하시면 그 누구도 이런 이적들을 행할 수 없다고 말함으로써, 오직 하나님만이 이적들을 행하실 수 있으시다고 말한 것도 옳다. 이것은 이적들은 인간적인 행위들이 아니고, 이적들 속에는 하나님의 능력이 지배하며 분명하게 나타난다고 말한 것과 같다. 요컨대, 이적은 한편으로는 사람들의 마음이 믿음을 가질 수 있도록 준비시켜 주고, 다른 한편으로는 하나님의 말씀을 한층 더 견고하게 확증해 주는 두 가지 유익을 가져다주는데, 니고데모는 이적들을 통해서 그리스도께서 하나님의 참 선지자라는 것을 깨달았기 때문에 전자(前者)의 유익을 제대로 얻은 것이었다.

그렇지만 니고데모의 이러한 논증은 허술한 것으로 보인다. 왜냐하면, 거짓 선지자들은 속임수들을 사용해서, 마치 그들이 참된 표적들을 통해서 하나님의 사역자들이라는 것을 온전히 증명하였다는 듯이 무지한 자들을 속이기 때문이다. 그렇다면, 믿음이 이적들에 의존하는 것이라면, 참된 이적과 거짓 이적은 어떤 차이가 있는 것인가? 모세는 하나님께서 우리가 하나님을 사랑하는지를 "시험하시기" 위하여 거짓 선지자들의 그런 거짓 이적들을 허용하신다고 분명하게 말한다(신 13:3). 또한, 우리는 그리스도(마 24:24)와 바울(살후 2:9)이 경고한 것, 즉 믿는 자들은 "거짓 그리스도들"이 많은 자들의 눈을 현혹시켜서 미혹하기 위하여 행하는 "거짓 표적들"을 조심하여야 한다고 경고한 것을 알고 있다. 나의 대답은 하나님께서 미혹받기에 합당한 자들이 사탄의 속임수들에 의해서 미혹당하도록 하시기 위하여 그런 일이 일어나는 것을 허용하시는 것은 합당하신 일이라는 것이다. 그러나 내가 말하고 싶은 것은 사탄의 그런 속임수들이 "택하신 자들"이 이적들 속에서 참되고 바른 가르침을 확증해 주는 유익을 지닌 하나님의 능력을 분별하는 것을 방해하지 못한다는 것이다. 그래서 바울은 자신의 사도직(使徒職)이 "표적과 기사와 능력"에 의해서 확증되었다고 당당하게 밝힌다(고후 12:12). 그러므로 사탄이 어둠 속에서 하나님의 역사(役事)들을 아무리 교묘하게 흉내 내며 위조해 낸다고 할지라도, 우리의 눈이 열려 있고 영적인 지혜의 빛이 비치고 있는 한, 니고데모가 여기에서 분명하게 선언하고 있듯이, 이적들은 하나님의 임재를 아주 확고하게 증언하는 역할을 한다.

3. 진실로 진실로 네게 이르노니. 그리스도께서 "진실로"를 두 번 반복하신 이유는 니고데모로 하여금 더 정신을 차리고 집중해서 듣게 하시기 위한 것이었다. 왜냐하면, 그리스도께서는 지금부터 모든 주제들 중에서 가장 중요하고 무게 있는 주제를 말씀하고자 하셨을 때에, 니고데모가 그 말씀을 부주의하고 가볍게 듣고 넘겨버릴 위험성이 있었던 까닭에, 그의 주의를 환기시켜 집중하도록 할 필요가 있다는 것을 아셨기 때문이다. 따라서 그리스도께서 자기가 지금부터 하시는 말씀이 참되다는 것을 두 번이나 강조해서 확증하신 의도는 바로 그런 것이었다.

그리스도께서 자신의 말씀을 이런 식으로 시작하신 것은 좀 엉뚱해 보이고 별로 적절해 보이지 않을지라도 사실은 대단히 적절한 것이었다. 왜냐하면, 농부의 수고를 통해서 준비가 되어 있지 않은 밭에 씨를 뿌려 보아야 아무 소용이 없듯이, 사람의 마음이 먼저 잘 갈아져서 순종하여 배울 준비가 제대로 되어 있지 않을 경우에는 복음의 씨앗을 뿌리는 것이 헛수고가 될 뿐이기 때문이다. 그리스도께서는 니고데모의 마음이 많은 가시들로 가득 차 있고 많은 독초들로 인해서 질식되어 있어서 영적인 가르침이 들어갈 여지가 거의 없다는 것을 아셨다. 그러므로 이 권면의 말씀은 니고데모 속에서 복음의 가르침이 열매를 맺지 못하게 방해하는 것들을 다 제거하기 위해서 그 마음 밭을 쟁기로 갈아엎는 것과 같은 것이었다. 우리는 그리스도께서 여기에서 니고데모라는 한 개인에게 이 말씀을 하신 것은 하나님의 아들이 우리 모두에게 날마다 이 동일한 말씀을 들려주시기 위한 것임을 명심하여야 한다. 왜냐하면, 우리 중에서 그러한 쟁기질이 필요 없을 정도로 왜곡되고 부패한 육정(肉情)들에서 자유로운 자는 아무도 없기 때문이다. 그러므로 그리스도의 학교에서 제대로 유익한 진보를 이루어나가고자 한다면, 우리는 바로 이 지점에서 시작하는 법을 배워야 한다.

사람이 거듭나지 아니하면. 이것은 이렇게 말씀하신 것과 같다: "하나님의 나라에서 가장 중요한 것이 네게 빠져 있는 한, 네가 나를 선생으로 인정하더라도, 그런 것은 별 소용이 없다. 왜냐하면, 하나님의 나라로 들어가는 첫 관문은 새 사람이 되는 것이기 때문이다." 이 구절은 주목할 만한 것이기 때문에 그 모든 부분을 세세하게 살펴볼 필요가 있다.

문맥을 통해서 곧 알게 되겠지만, 하나님의 나라를 "본다"는 것은 하나님의 나라에 들어간다는 의미이다. 하나님의 나라가 하늘을 의미한다고 생각하는 자들이 있는데, 그것은 잘못이다. 왜냐하면, 하나님의 나라는 이 세상에서 믿음으로 말미암아 시작되어서 믿음의 진보를 따라 날마다 점점 더 성장해가는 영적인 삶(spiritualis vita)을 의미하기 때문이다. 따라서 이 말씀의 의미는 먼저 새롭게 된 자가 아니면 그 누구도 진정으로 교회 속으로 들어와서 하나님의 자녀들의 수(數)에 들 수 없다는 것이다. 이 말씀은 그리스도인으로서의 삶이 어떻게 시작되는지를 간략하게 보여줌과 동시에, 우리는 태어날 때부터 유배자(流配者)이고 하나님의 나라에서 철저히 소외되어 있다는 것, 그리고 하나님께서 우리를 거듭나게 하셔서 완전히 바꾸어 놓지 않으시면 하나님과 우리는 영원히 불화(不和, dissidium)하는 관계 속에 있을 수밖에 없다는 것을 가르쳐 준다. 왜냐하면, 이 말씀은 보편적인 것으로서 인류 전체에게 해당되는 말씀이기 때문이다. 만약 그리스도께서 한 사람이나 몇 사람에게 "너희가 먼저 거듭나지 않으면 하나님의 나라에 들어갈 수 없다"고 말씀하셨다면, 우리는 이 말씀이 바로 그 특정한 사람들에게만 해당되는 것이라고 생각했겠지만, 실제로는 그리스도께서는 예외 없이 모든 사람들에게 해당되는 말씀을 여기에서 하신 것이다. 왜냐하면, 이 말씀은 그 대상에 제한을 두고 있지 않은 말씀이어서, "거듭나지 않은 자는 누구든지 하나님의 나라에 들어갈 수 없다"고 보편적인 표현을 사용하여 말씀하신 것과 동일한 의미를 지니기 때문이다. 게다가 "거듭나다"라는 표현은 어느 한 부분을 고치는 것이 아니라 본성 전체가 새로워지는 것(renovatio totius naturae)을 나타낸다. 이것으로부터 우리는 우리 안에 죄악 되지 않은 것이 하나도 없다는 결론을 얻는다. 왜냐하면, 전체와 그 각 부분이 개혁되어야 하는 것이라면, 타락과 부패는 전체에 퍼져 있을 것임에 틀림없기 때문이다. 이 점에 대해서는 우리가 곧 좀 더 자세하게 살펴볼 기회를 갖게 될 것이다.

에라스무스(Erasmus)는 키릴루스(Cyrilus)의 견해를 받아들여서, 헬라어 부사 '아노텐'(ἄνωθεν)을 "위로부터"라는 의미로 잘못 이해해서, 이 구절을 "사람이 위로부터 나지 아니하면"으로 번역하였다. 헬라어에서 이 단어의 의미가 모호하다는 것은 나도 인정하지만, 우리는 그리스도께서 니고데모와 대화하실 때에 히브리어를 사용하셨다는 것을 알고 있다. 그러므로 니고데모가 히브리어로 된 이 표현이 모호해서 그 의미를 오해하여 사람이 "모태에 들어갔다가 두 번째로" 태어나는 것이 어떻게 가능하냐고 유치한 반문을 했을 가능성은 거의 없어 보인다. 분명히 니고데모는 그리스도께서 사람이 하나님의 나라에 들어가기 위해서는 먼저 거듭나지 않으면 안 된다는 말씀을 하신 것으로 이해한 것이었다.

4. 사람이 늙으면 어떻게 날 수 있사옵나이까. 그리스도께서 앞에서 사용하신 표현, 즉 "사람이 거듭나지 아니하면 하나님의 나라를 볼 수 없느니라"는 말씀은 율법이나 예언서에 나오지 않지만, "새로워져야 한다는 것"(renovatio)은 성경에서 자주 언급되는 주제이고, 신앙의 기본 원리들 중의 하나였기 때문에, 당시에 서기관들이 성경을 얼마나 불완전하고 허술하게 읽었는지가 분명하게 드러난다. 중생(重生, regeneratio)의 은혜가 무엇을 의미하는지를 모른 사람은 당시 니고데모 한 사람뿐이 아니었다는 것은 확실하다. 당시 거의 모든 사람들이 쓸데없는 세세한 것들에만 온통 신경을 쓰고 있었기 때문에, 경건의 가르침 속에서 가장 중요한 것은 무시되었다. 오늘날 우리는 교황의 시녀 노릇을 하고 있는 신학자들 속에서 그런 모습을 본다. 왜냐하면, 그들은 성경의 숨겨진 뜻을 찾는 사변(思辨)들에 빠져서 전 생애를 허비하느라고, 구두수선공이나 소 모는 자가 별들의 운행에 대하여 무지하듯이, 하나님의 예배와 우리의 구원에 대한 확실한 소망, 경건의 훈련 등과 관련된 것들에 대해서 무지하기 때문이다. 뿐만 아니라, 그들은 이방적인 신비들을 좋아해서, 성경의 참된 가르침은 그들처럼 선생의 신분이 되어 높은 직책에 있는 사람들이 다룰 만한 가치가 없는 것으로 여겨서 대놓고 멸시한다. 그러므로 우리는 여기에서 니고데모가 지푸라기에 걸려 넘어지는 것을 보고서 이상히 여길 필요가 없다. 왜냐하면, 스스로를 대단히 고상하고 뛰어난 선생이라 생각하여 평범하고 소박한 가르침을 천(賤)하고 멸시할 만한 것으로 여기는 자들이 이런 작은 일들에 크게 놀라고 당혹스러워하게 되는 것은 하나님의 의로우신 보응이기 때문이다.

5. 사람이 물과 성령으로 나지 아니하면. 이 구절은 여러 가지로 해석되어 왔다. 어떤 이들은 중생을 이루고 있는 두 요소가 여기에 명시적으로 제시되고 있다고 보고, "물"은 옛 사람이 죽는 것을 의미하고, "성령"은 새 생명을 가리키는 것이라고 생각하였다. 또 어떤 이들은 여기에 암묵적인 대비(對比)가 존재한다고 보아서, 그리스도께서 순전하고 부드러운 요소들인 "물과 성령"을 흙으로 된 조악하고 무거운 인간의 본성과 대비시키고자 하신 것이라고 생각한다. 이런 식으로 그들은 이 표현을 알레고리적인 것으로 보고, 그리스도께서는 우리가 위로 올라가기 위해

서, 또는 적어도 육신의 무게에 짓눌려 땅에 붙박이가 되지 않기 위해서는 무겁고 거추장스러운 육신 덩어리를 내려놓고 물과 공기처럼 되어야 한다는 것을 가르치신 것이라고 설명한다. 그러나 내가 보기에는, 이 두 가지 해석은 모두 다 그리스도의 의도와는 다른 것 같다.

상당수의 성경 해석자들의 지지를 받고 있는 크리소스토무스(Chrysostomus)는 여기에서 "물"은 세례를 가리킨다고 본다. 만약 그렇게 본다면, 이 구절은 세례를 통해서 하나님의 성령으로 말미암아 중생이 이루어지는 까닭에 세례로 우리가 하나님의 나라에 들어가는 것이라고 말하고 있는 것이 된다. 이러한 해석으로부터 영생의 소망을 위해서는 세례가 절대적으로 요구된다는 신앙이 생겨났다. 그러나 우리는 설령 그리스도께서 여기에서 세례에 대하여 말씀하셨다는 것을 인정한다고 할지라도, 이 말씀을 지나치게 협소하게 해석하여, 그리스도께서 구원을 외적인 표징(signum)에 가두어 놓으신 것으로 생각하는 지경까지 몰아가서는 안 된다. 그런 주장과는 반대로, 그리스도께서는 "물"을 "성령"과 연결시키셔서, "물"이라는 가시적인 상징(symbolum)을 통해서 오직 하나님께서 자신의 "성령"으로 말미암아 우리 안에 이루시는 새 생명을 증언하시고 인치신다. 물론, 세례를 무시함으로써 우리가 구원으로부터 배제되는 것은 사실이고, 그런 의미에서 나는 세례가 꼭 필요하다는 것을 인정하지만, 구원의 확신을 세례라는 표징에 가두어 버리는 것은 말도 되지 않는다. 그리고 이 구절에 관한 한, 나는 그리스도께서 세례에 대하여 말씀하신 것이라고 믿기 어렵다. 왜냐하면, 세례에 대한 말씀은 여기에서는 시기상조였을 것이기 때문이다.

우리는 앞에서 이미 내가 설명한 바 있는 그리스도의 의도, 즉 그리스도께서는 니고데모가 이전과는 다른 사람(alius homo)이 되어야만 복음을 받을 수 있기 때문에 그에게 새 생명을 권하시고자 하셨다는 것을 항상 기억하고 있지 않으면 안된다. 그러므로 하나님의 자녀가 되기 위해서는 거듭나야 한다는 것과 성령이 이 중생(重生)을 이루시는 분이라는 것은 동일한 말이다. 왜냐하면, 니고데모는 사람이 죽으면 영혼이 몸을 떠나 다른 몸으로 들어간다고 생각했던 피타고라스 (Pythagoras)의 환생설(還生說)을 염두에 두고 있었지만, 그리스도께서는 니고데모의 그런 잘못된 생각을 고쳐주시기 위해서, 사람이 자연적인 방식으로 두 번째로 태어나는 것은 불가능하고, 새로운 몸을 입을 필요도 없으며, 성령의 은혜로 말미암아 심령이 새로워질 때에 사람은 거듭나는 것이라는 설명을 덧붙이신 것이기 때문이다. 이렇게 그리스도께서는 동일한 것을 가리키시기 위해서 "성령"과 "물"
이라는 단어들을 사용하신 것이고, 이것은 결코 독선적이거나 억지스러운 해석이
아니다. 왜냐하면, 성경에서는 성령을 언급할 때에 그 능력을 표현하기 위하여
"물"이나 "불"이라는 단어를 덧붙이는 경우가 흔하기 때문이다. 우리는 성경에서
그리스도를 "성령과 불로 세례를 베푸실" 자로 소개하는 구절을 종종 만나게 되는
데(마 3:11; 눅 3:16), 거기에서 "불"은 성령과 다른 별개의 그 무엇을 가리키는 것
이 아니라, 단지 우리 안에서 성령의 능력이 어떤 식으로 나타나는지를 보여주는
것일 뿐이다. "물"이라는 단어가 먼저 나오는 것은 별로 중요하지 않다. 아니, 그런
순서로 표현된 것은 반대의 순서로 표현된 것보다 더 자연스럽다. 왜냐하면, 은유
가 먼저 나오고 직설적이고 분명한 서술이 나중에 나옴으로써, 마치 그리스도께서
는 "물"로 새로워지지 않으면 그 누구도 하나님의 아들이 될 수 없는데, 이 "물"은
우리를 씻어 새롭게 하시는 분이자, 날 때부터 완전히 말라비틀어진 불모지(不毛
地)인 우리를 그 능력으로 하늘 생명의 기운(vigor)으로 촉촉이 적셔 주시는 분이
신 성령이시라고 말씀하신 것이 되기 때문이다. 그리스도께서 니고데모의 무지(無
知)를 책망하시기 위하여 성경에 흔히 나오는 표현을 사용하신 것은 지극히 적절
한 일이었다. 왜냐하면, 니고데모는 결국 그리스도께서 말씀하신 것이 선지자들의
통상적인 가르침에서 온 것임을 인정하지 않을 수 없었을 것이기 때문이다.

그러므로 "물"은 바로 성령으로 말미암아 이루어지는 내적인 정화(淨化,
purgatio)와 생기의 수여(vegetatio)를 의미한다. 한편, 앞에 나온 단어를 보충설명
하고자 하여 그 뒤에 어떤 단어를 덧붙일 때에 "즉"이라는 단어 대신에 계사(繫辭)
인 "-과"("그리고")를 사용하는 것은 드문 일이 아니다. 지금까지 설명한 나의 견
해는 이후에 나오는 내용에 의해서도 밑받침된다. 왜냐하면, 그리스도께서는 곧
이어서 왜 우리가 거듭나야 하는지 그 이유를 설명하실 때에, "물"에 대한 언급 없
이, 그가 요구하시는 새 생명이 오직 "성령"으로부터 나온다는 것을 보여주시기 때
문이다. 이것으로부터 "물"을 "성령"과 분리해서는 안 된다는 결론이 나온다.

6. 육으로 난 것은 육이요. 그리스도께서는 역(逆)으로 추론하셔서, 거듭남을 통
해서 우리에게 문이 열릴 때까지는, 하나님의 나라는 우리에게 닫혀 있는 것이라
고 말씀하신다. 왜냐하면, 그리스도께서는 우리가 "영으로 난" 자가 되지 않으면
하나님의 나라에 들어갈 수 없다는 것을 당연한 사실로 전제하시기 때문이다. 우
리는 "모태"로부터 "육"에 속한 것들 외에 다른 것을 가지고 태어날 수 없다. 그러

므로 우리는 날 때부터 본성적으로 하나님의 나라에서 추방되어 있고, 하늘 생명을 박탈당한 채로 사망의 멍에 아래 놓여 있다는 결론이 도출된다. 또한, 그리스도께서는 여기에서 사람은 단지 "육"일 뿐이기 때문에 거듭나지 않으면 안 된다고 말씀하실 때에 "육"이라는 단어를 온 인류에 적용하고 계시다는 것은 의심의 여지가 없다. 따라서 이 구절에서 "육"은 몸만이 아니라 영혼도 가리키는 것으로서, 사람의 모든 부분을 다 포괄하는 용어로 사용되고 있다. 교황의 시녀 노릇을 하는 신학자들이 "육"이라는 단어를 그들이 "감각적인" 부분이라고 부르는 것에 국한시키는 것은 이 단어의 의미에 대한 그들의 철저한 무지 때문이다. 왜냐하면, 만약 그들의 주장대로라면, 그리스도께서는 우리 존재의 일부가 타락해 있는 까닭에 우리가 거듭나야 한다고 앞뒤가 맞지 않은 논증을 펼치신 것이 되고 말기 때문이다. 그러나 타락한 것과 타락하지 않은 것, 굽은 것과 올바른 것, 더러운 것과 거룩한 것, 오염된 것과 순전한 것으로서 "육"과 "영"이 대비되고 있는 것이라고 한다면, 우리는 그리스도께서 이 한 마디 말씀을 통해서 인간의 본성 전체를 단죄하신 것이라는 결론을 쉽게 내릴 수 있게 된다. 그러므로 그리스도께서는 우리의 오성(悟性, 깨닫는 능력)과 이성(理性, 추리하는 능력)이 육에 속하여 다 부패되어 있고, 마음의 모든 감성(感性)도 역시 육에 속하여 왜곡되고 타락되어 있다고 선언하신 것이다. 그러나 여기에서 의문이 제기될 수 있다. 즉, 영혼은 사람이 출생할 때에 만들어지는 것이 아니기 때문에 우리는 우리 본성의 주된 부분에 있어서 "육으로 난" 것이 아니지 않느냐는 것이다. 이러한 난점으로 인해서 많은 사람들이 우리의 몸만이 아니라 우리의 영혼도 우리의 부모로부터 물려받는 것이라고 생각하게 되었다. 왜냐하면, 그들은 우리 모두의 영혼이 그 근원인 한 사람 아담으로부터 온 것이 아니라면, 영혼을 자신의 고유한 거처로 삼는 원죄(原罪)가 한 사람 아담으로부터 그의 모든 자손에게로 대물림되었다는 것은 말이 되지 않는 것이라고 생각하였기 때문이다. 실제로, 얼핏 보면, 그리스도께서 하신 말씀은 우리가 "육으로 난" 자들이기 때문에 우리는 다 "육"이라고 하는 주장을 인정하시는 것처럼 보이기도 한다. 나의 대답은 그리스도께서 하신 말씀은 단지 우리는 다 태어날 때부터 "육"이라는 것, 우리는 죽을 수밖에 없는 존재인 인간으로 이 세상에 왔기 때문에 우리의 본성은 오직 "육"에 속한 것 외에 다른 것을 느끼거나 깨닫지 못한다는 것만을 의미할 뿐이라는 것이다. 그리스도께서는 여기에서 단지 인간의 본성과 그 본성을 뛰어넘는 초자연적인 은사(恩賜)를 구별하고 계시는 것일 뿐이다. 왜냐하면, 한 사람 아담 안에서 인류 전체가 타락한 것은 출생(genitura)으로 인한 것이 아니라, 하나님의 작정하심(Dei ordinatio)으로 인한 것이기 때문이다. 이 작정하심을 따라서 하나님은 한 사람 안에서 우리 모두를 존귀하게 하셨듯이, 한 사람 안에서 우리에게서 모든 은사들을 박탈하셨다. 그러므로 우리 각자가 우리의 부모로부터 악과 타락을 물려받는다고 말하는 것이 아니라, 아담의 반역 직후에 하나님께서 인간의 본성에 수여하신 것들을 박탈하셨기 때문에, 우리도 다 동일하게 한 사람 아담 안에서 타락하였다고 말하는 것이 더 옳을 것이다. 여기에서 또 다른 의문이 제기된다. 왜냐하면, 이 타락하고 부패한 본성 속에 하나님의 은사들의 그루터기가 어느 정도 지금도 여전히 남아 있는 것이 확실한 까닭에, 우리가 모든 면에서 완전히 다 타락하고 부패한 것은 아니라는 결론이 도출되기 때문이다. 이 의문에 대한 해법은 간단하다. 아담의 타락 후에 하나님께서 우리에게 남겨 놓으신 은사들은 그 자체로는 실제로 선한 것들이지만, 악에 의한 오염이 우리의 모든 부분에 다 퍼져 있기 때문에, 우리 안에서는 온갖 더러움으로부터 자유로운 순전한 것이 하나도 찾아볼 수 없게 되었다는 것이다. 하나님을 아는 지식이 우리 속에 어느 정도 내재되어 있다는 것, 선악을 분별하는 힘이 어느 정도 우리의 양심에 새겨져 있다는 것, 우리가 현세의 삶을 유지해나가기에 충분한 역량을 갖추고 있다는 것, 요컨대 우리 인간이 아주 많은 면에서 짐승들보다 우월하다는 것은 하나님으로부터 온 것인 한에서 그 자체로는 대단히 탁월한 것이지만, 이 모든 것들은 우리 안에서 완전히 오염되고 더럽혀져 있다. 이것은 마치 포도주가 아무리 향기롭다고 해도, 냄새 나는 가죽 부대로 인해서 그 전체가 완전히 다 오염되고 상해 버렸다면, 원래의 그 향기를 잃어버리고 고약한 썩은 냄새가 날 수밖에 없는 것과 같다. 왜냐하면, 지금 우리 안에 남아 있는 하나님을 아는 지식은 끔찍하게도 우상 숭배와 온갖 미신(迷信)의 뿌리가 되고 있고, 사물들을 선택하고 구별하는 데에 사용되는 우리의 판단력은 한편으로는 눈이 멀어 어리석게 되어 있고 한편으로는 불완전하고 혼란스럽게 되어 있으며, 우리가 지닌 성실함은 헛되고 하찮은 일들에 허비되고 있고, 우리의 의지(意志) 자체는 광분함으로 악을 향하여 치닫고 있기 때문이다. 이렇게 우리의 본성 속에는 그 어디에도 올바른 것이라고는 하나도 남아 있지 않다. 이것으로부터 분명한 것은 우리가 하나님의 나라에 합당한 자가 되려면 거듭나야 한다는 것이다. 따라서 그리스도께서 하신 말씀의 의미는 사람은 모태에서 날 때부터 오직 "육으로 난" 자들이기 때문에 영적인 자가 되기 위해서는 성령으로 거듭나지 않으면 안 된다는 것이다. "영"이라는 단어는 여기에서 두 가지 의미, 즉 은혜라는 의미와 은혜의 효과라는 의미로 사용되고 있다. 왜냐하면, 그리스도께서는 먼저 오직 하나님의 성령만이 사람의 본성을 순전하고 올바르게 할 수 있다는 것을 가르쳐 주시고, 그 후에 우리가 성령의 능력으로 새롭게 되었을 때에 영적인 자가 된다고 말씀하시기 때문이다.

[7]내가 네게 거듭나야 하겠다 하는 말을 놀랍게 여기지 말라 [8]바람이 임의로 불매 네가 그 소리는 들어도 어디서 와서 어디로 가는지 알지 못하나니 성령으로 난 사람도 다 그러하니라 [9]니고데모가 대답하여 이르되 어찌 그러한 일이 있을 수 있나이까 [10]예수께서 그에게 대답하여 이르시되 너는 이스라엘의 선생으로서 이러한 것들을 알지 못하느냐 [11]진실로 진실로 네게 이르노니 우리는 아는 것을 말하고 본 것을 증언하노라 그러나 너희가 우리의 증언을 받지 아니하는도다 [12]내가 땅의 일을 말하여도 너희가 믿지 아니하거든 하물며 하늘의 일을 말하면 어떻게 믿겠느냐(3:7-12).

7. 놀랍게 여기지 말라. 이 구절은 주석자들에 의해서 여러 가지로 왜곡되어 왔다. 어떤 이들은 그리스도께서 여기에서 니고데모와 그런 부류의 사람들은 자연의 질서 속에서 오감(五感)으로 인식할 수 있는 것들에 대해서조차도 그 이유를 알지 못하는 자들이기 때문에 하늘에 속한 중생(重生)의 신비를 이해하지 못하는 것은 놀라운 일이 아니라고 말씀하심으로써 그들의 심각한 우둔함과 무지를 질책하시는 것이라고 보고, 또 어떤 이들은 "바람이 임의로 불 듯이, 성령으로 말미암아 거듭나서 자유롭게 된 우리는 죄의 멍에로부터 놓임을 얻어서 자원하여 하나님께로 달려가게 된다"는 식으로 독창적이기는 하지만 너무나 억지스러운 해석을 제시한다. 또한, 하나님의 성령이 자기 뜻대로 역사하신다는 의미라고 설명하는 아우구스티누스(Augustinus)의 해석도 그리스도께서 원래 의도하신 것과 거리가 멀다. 크리소스토무스(Chrysostomus)와 키릴루스(Cyrillus)는 더 나은 견해를 제시하고 있는데, 그들은 "바람"에 관한 비유를 가져와서 이 구절에 적용하여, "우리가 성령의 능력을 감지하기는 하지만, 그 근원과 원인을 알지는 못한다"는 의미라고 설명한다. 나의 견해도 이 두 사람의 견해와 크게 다르지 않지만, 나는 그리스도께서 하신 말씀의 의미를 좀 더 명확하고 확실하게 설명해 보고자 한다.

나는 그리스도께서 자연의 질서에서 비유를 가져와 사용하고 계신다는 것을 출발점으로 삼고자 한다. 니고데모는 자기가 중생과 새 생명에 관하여 들은 것에 대하여 믿을 수 없다는 반응을 보였는데, 그것은 그러한 중생의 방식이 자신의 이해 범위를 넘어서는 것이었기 때문이었다. 그러자 그리스도께서는 니고데모에게서 그런 거리낌을 제거해 주시기 위하여, 물질의 세계에서조차도 하나님의 놀라운 능력이 나타나지만 그 이치는 숨겨져 있다는 것을 보여주신다. 왜냐하면, 모든 사람이 공기 속에서 숨을 쉬며 살아가면서도, 공기의 움직임을 감지하기는 하지만, 공기가 어디에서 와서 어디로 가는지를 알지 못하기 때문이다. 이 덧없고 깨어지기 쉬운 삶 속에서도 하나님이 너무나 강력하게 역사하시는 까닭에, 우리가 하나님의 능력을 찬양할 수밖에 없는데, 하물며 하늘에 속한 초자연적인 삶 속에서 일어나는 하나님의 은밀한 역사(役事)를 우리의 이해력으로 헤아려서 우리가 보는 것 외에는 그 어떤 것도 믿을 수 없다고 고집을 부린다면, 그것은 얼마나 어리석은 일이겠는가? 그래서 사람이 죽으면 썩어서 먼지가 되어 사라지고마는 그 몸이 그 후에 다시 저 복된 영원한 생명을 덧입게 되는 것은 불가능한 일이라고 단정하고서 그러한 전제 위에서 부활에 관한 가르침을 배척한 자들에 대하여 사도 바울은 분통을 터뜨리면서, 하나님의 그런 능력을 보여주는 비슷한 예를 밀의 "씨"에서 볼 수 있다는 사실, 즉 그 "씨가 죽어서" 썩지 않으면 다시 "살아나지 못한다"는 사실을 고려하지 못한 그들의 어리석음을 책망한다(고전 15:36-37). 또한, 다윗도 하나님의 이 놀라운 지혜를 소리 높여 찬양한다: "여호와여 주께서 하신 일이 어찌 그리 많은지요 주께서 지혜로 그들을 다 지으셨으니 주께서 지으신 것들이 땅에 가득하니이다"(시 104:24). 그러므로 자연의 일반적인 질서에 가로막혀서, 그 심령이 더 높이 날아오르지 못하여, 하나님의 손길이 그리스도의 영적인 나라에서 훨씬 더 강력하게 역사하고 계신다는 사실을 깨닫지 못하는 자들은 지독하게 우둔한 자들이다.

그리스도께서 니고데모에게 "놀랍게 여기지 말라"고 말씀하신 것에 대하여, 우리는 하나님의 역사(役事)는 너무나 놀랍고 대단해서 최고의 찬양을 받기에 합당한 것이기는 하지만, 우리가 그렇게까지 놀랄 필요는 없다는 의미로 말씀하신 것으로 이해해서는 안 되고, 우리가 너무나 놀랍게 여긴 나머지 우리의 믿음이 방해를 받는 지경까지 이르러서는 안 된다는 취지로 말씀하신 것이라고 이해해야 한다. 왜냐하면, 많은 사람들은 그들에게 너무나 고상하고 어렵다고 생각되는 것이 있으면 그것을 터무니없는 이야기로 여겨서 배척하는 경향이 있기 때문이다. 요컨대, 우리는 비록 어떤 식으로 그렇게 되는 것인지가 우리에게 숨겨져 있다고 할지라도, 하나님의 성령으로 말미암아 우리가 거듭나서 새 사람이 된다는 것을 의심하지 말아야 한다는 것이다.

8. 바람이 임의로 불매. 엄밀하게 말한다면, 바람이 부는 데에 무슨 "의지"가 있는 것은 아니고, 단지 바람은 자유롭게 이리저리 불고 변화가 많을 뿐이다. 왜냐하면, 바람의 방향은 수시로 바뀌기 때문이다. 바람의 이러한 성질은 그리스도께서 여기에서 말씀하시고자 하시는 것과 부합한다. 만약 바람이 물과 같이 한 방향으로만 분다면, 바람이 부는 것은 별로 놀라운 일이 아니게 될 것이다.

성령으로 난 사람도 다 그러하니라. 그리스도께서는 여기에서 이 땅의 외적인 물질세계 속에서 바람의 움직임이 감지되지만 그 이치는 숨겨져 있는 것과 마찬가지로, 사람이 거듭나서 새롭게 되는 것 속에서도 하나님의 성령의 움직임과 활동이 감지될 수 있지만 그 이치는 숨겨져 있다는 것을 말씀하시고자 하신다. 그러므로 우리가 하나님의 헤아릴 수 없는 능력이 이 세상에서 너무나 뚜렷하게 나타나고 있는 것을 뻔히 보면서도, 하늘 생명과 관련해서 역사하시는 하나님의 그 능력을 찬송하지 않고, 우리의 육신의 삶을 지탱해 주시는 하나님의 능력은 인정하면서도 우리 영혼의 구원을 회복시키시는 능력은 부정한다면, 그것은 배은망덕하고 인색하기 짝이 없는 짓을 하는 것이다. 우리가 이 말씀을 "거듭난 사람 속에서 성령의 능력과 효과도 다 그러하니라"로 바꾸어 본다면, 바람에 관한 비유가 여기에서 어떻게 적용되고 있는지가 한층 더 분명해질 것이다.

9. 어찌 그러한 일이 있을 수 있나이까. 우리는 니고데모를 가로막고 있는 주된 장애물이 무엇이었는지를 본다. 니고데모는 그리스도께서 말씀하시는 모든 일이 어떻게 이루어질 수 있는지를 이해하지 못하였기 때문에, 그것들이 모두 다 기괴하게 들렸다. 우리 자신의 오만함(arrogantia)보다 더 우리에게 장애물이 되는 것은 없다. 왜냐하면, 우리는 늘 우리 자신의 본 모습 이상으로 더 지혜롭고자 하는 까닭에, 마치 하나님의 무한하신 능력을 우리의 보잘것없는 이해력으로 제한하는 것이 합당한 일이기라도 한 것처럼, 우리의 생각으로 납득이 되지 않는 것은 무엇이든지 마귀적인 오만방자함으로 배척해 버리기 때문이다. 물론, 우리는 절제하고 경외하는 마음을 지니고 있기만 하다면 하나님의 역사(役事)들이 어떤 이치에 의해서 어떤 식으로 이루어지는지를 일정 정도 탐구하는 것이 허용된다. 그러나 니고

데모는 단지 자신의 생각으로 불가능해 보인다는 이유만으로 그리스도께서 하신 말씀들을 다 배척해 버렸다. 이 문제에 대해서는 우리가 요한복음 6장을 다룰 때에 좀 더 자세하게 살펴보고자 한다.

10. 너는 이스라엘의 선생으로서 이러한 것들을 알지 못하느냐. 그리스도께서는 이 교만한 자를 가르치는 데에 시간과 수고를 들여 보아야 아무 소용이 없다는 것을 아시고서, 니고데모를 책망하기 시작하신다. 실제로 이런 사람들은 왜곡되고 그릇된 자신감으로 잔뜩 부풀어 있는 그들의 마음이 깨지기 전에는, 아무리 가르쳐도 결코 그 어떤 진보도 이루어낼 수가 없다. 그리스도께서 여기에서 니고데모에게 던지신 반문은 그의 교만을 꺾는 데에 아주 적절한 것이었다. 왜냐하면, 그리스도께서는 니고데모가 가장 잘 알고 있고 자신 있다고 여기는 바로 그런 문제와 관련해서 그의 무지(無知)를 질책하고 계시는 것이기 때문이다. 니고데모는 남이 한 말을 충분히 이치를 따져보지도 않고 받아들이는 사람은 남의 말을 쉽게 믿는 어리석은 사람이라고 여겼기 때문에, 불가능한 것으로 생각되는 일을 받아들이지 않는 것이야말로 위엄 있고 진중(鎭重)한 처신이라고 생각하였다. 그러나 사실은 니고데모는 "이스라엘의 선생"이라는 자신의 오만함에도 불구하고 신앙의 초보적인 것들에 대해서조차 초등학생보다 더 어쩔 줄 모르며 당황해하는 모습을 보임으로써 자기 자신을 조롱거리로 만들고 있었다. 그렇게 갈팡질팡하며 당황해하는 모습은 꼴사납고 창피한 일이었다. 사람이 하나님의 성령으로 말미암아 새롭게 된다는 것을 믿지 않는다면, 어떻게 그런 자가 신앙을 갖고 있다거나 하나님을 아는 지식이 있다거나 올바르게 잘 살아가는 데에 필요한 규범을 안다거나 영생에 대한 소망을 지니고 있다고 말할 수 있겠는가? 따라서 이 말씀 속에서 강조점은 "이러한 것들"에 두어져 있다. 왜냐하면, 성경에서는 "이러한 것들"을 반복해서 역설하고 있는 까닭에, 이제 막 신앙에 입문한 초신자들일지라도 그러한 것들을 몰라서는 안 되기 때문이다. 그러므로 하나님의 교회에서 선생이라 자처하는 자가 그러한 것들에 무지하고 서투르다면, 그것은 결코 지나칠 수 없는 심각한 문제가 된다.

11. 우리는 아는 것을 말하고. 어떤 이들은 여기에서 "우리"를 그리스도와 세례 요한을 가리키는 것으로 이해하기도 하고, 어떤 이들은 단수형 대신에 복수형이 사용된 것일 뿐이라고 말하기도 한다. 그러나 나는 그리스도께서 하나님의 모든 선지자들과 자기 자신을 하나로 묶으셔서, 그들 모두를 대표해서 여기에서 말씀하고 계시는 것임을 의심하지 않는다. 철학자들을 비롯해서 헛된 영광을 추구하는

선생들은 흔히 그들 자신이 만들어낸 하찮은 가르침들을 제시하지만, 그리스도께서는 자기 자신을 비롯해서 하나님의 모든 종들은 오직 확실한 것만을 전하는 것이라고 선언하신다. 왜냐하면, 하나님께서는 그들 자신이 모르거나 의심스러운 것들을 나불거리라고 자신의 사역자들을 보내시는 것이 아니라, 그들을 자신의 학교에서 훈련시키셔서, 그들이 직접 배운 것들을 다른 사람들에게 전하게 하시기 때문이다. 또한, 그리스도께서는 이러한 증언을 통해서 우리에게 자신의 가르침이 확실하다는 것을 알게 하실 뿐만 아니라, 자신의 모든 사역자들에게 그들 자신의 꿈이나 추측들, 자신의 머릿속에서 아무런 확실함도 없이 고안해낸 것들을 전하지 말고, 오직 하나님께서 말씀하신 것들만을 신실하고 순수하게 전하는 겸손과 절제의 덕을 따르라고 명령하신다. 그러므로 모든 사람은 각각 주님께서 자기에게 무엇을 계시하셨는지를 살펴서, 먼저 자신의 믿음의 분량과 분수를 넘어서지 말고, 다음으로 자기가 주님으로부터 들은 것 외에는 아무것도 전하는 일이 없게 하여야 한다. 또한, 우리가 주목해야 할 것은 그리스도께서는 자신의 가르침이 우리에 대하여 온전한 권위를 지닐 수 있도록 하시기 위하여 여기에서 그 가르침을 맹세로써 확증하고 계신다는 사실이다.

너희가 우리의 증언을 받지 아니하는도다. 그리스도께서 이 말씀을 덧붙이신 것은 복음이 사람들의 배은망덕함으로 인해서 훼손되는 일이 없게 하시기 위한 것이다. 왜냐하면, 하나님의 진리를 받아들여 믿는 자들은 별로 없고, 진리는 그 어디에서나 세상에 의해서 배척을 당하는 까닭에, 우리는 온 세상이 복음을 멸시하고 불경건함으로 복음의 광채를 가린다고 하여도, 복음의 위엄이 땅에 떨어지는 일이 없도록 온갖 멸시에 맞서서 그 위엄을 지켜내는 것이 마땅하기 때문이다. 이 말씀 속에 나오는 단어들의 의미는 단순하지만, 우리는 이 말씀으로부터 두 가지 가르침을 이끌어 낼 수 있다. 첫 번째는 이 땅에서 복음을 따르는 제자들이 별로 없다고 할지라도 복음에 대한 우리의 믿음이 흔들리거나 금이 가서는 안 된다는 것이다. 여기에서 그리스도께서는 이렇게 말씀하신 것과 같다: "너희가 나의 가르침을 받지 않는다고 하여도, 그 가르침은 여전히 확실하고 확고할 것이다. 왜냐하면, 사람들의 불신앙은 하나님께서 늘 참되신 분으로 계시는 것을 결코 방해하지 못할 것이기 때문이다." 두 번째는 하나님의 진리는 변할 수 없는 것이기 때문에, 오늘날 복음을 믿지 않는 자들은 장차 형벌을 결코 피할 수 없으리라는 것이다. 우리는 사람들의 완악함(contumacia)에 맞서서 인내로써 끝까지 복음에 순종하기 위해서 이러한 방패로 무장하지 않으면 안 되고, 실제로 우리의 믿음이 하나님이라는 토대 위에 세워지기 위해서는 이러한 원칙을 굳게 붙잡지 않으면 안 된다. 그러나 우리에게는 우리의 존재의 근원이 되시는 하나님이 계시기 때문에, 우리는 사람들의 불신앙을 보고서 당혹해하는 것이 아니라, 하늘 위로 높이 들린 자들처럼 담대하게 온 세상을 우리의 발 아래 밟거나, 높은 곳에서 세상을 경건한 멸시함으로 내려다보는 것이 마땅하다. 그리스도께서 사람들이 자신의 "증언을 받지 아니한다"고 탄식하시는 것을 보면, 우리는 모든 시대에서 단지 소수의 사람들만 믿는 것이 바로 하나님의 말씀의 운명이었다는 것을 알게 된다. 왜냐하면, "너희가 받지 아니하는도다"라는 어구에서 "너희"는 대다수의 사람들 또는 거의 모든 사람들을 가리키기 때문이다. 그러므로 오늘날 믿는 자들의 수가 적다고 해서, 우리가 낙심할 이유는 전혀 없다.

12. 내가 땅의 일을 말하여도. 그리스도께서는 니고데모를 비롯한 사람들이 복음의 가르침 속에서 진보를 이루지 못한다면, 그 책임은 전적으로 그들에게 있다는 결론을 내리신다. 왜냐하면, 그리스도께서는 우리를 일으키셔서 하늘에 오르게 하시기 위하여 이 땅까지 내려오신 까닭에, 그들이 모든 것을 제대로 가르침받지 못한 책임은 자기에게 있지 않다는 것을 보여주고 계시기 때문이다. 독창적이고 교묘하며 기지(機智)가 넘치는 방식으로 가르침을 받고자 하는 것은 사람들이 너무나 흔히 범하는 잘못이기 때문에, 대다수의 사람들은 고상하고 심오한 사변(思辨)들을 아주 좋아하고, 아울러 복음을 하찮게 여겨서 멸시한다. 왜냐하면, 그들은 복음 속에서 자신들의 귀를 즐겁게 해줄 대단한 말들을 발견하지 못하고, 그런 까닭에 그렇게 평범하고 하찮은 가르침에 관심을 기울이고자 하지 않기 때문이다. 그러나 하나님께서는 우리의 무지(無知)를 고려하셔서 거기에 맞추어 자신을 낮추셔서 우리에게 말씀하시는 것인데도, 우리가 그런 하나님이 말씀하시는 것을 멸시한다면, 그것은 얼마나 악한 것이겠는가! 그러므로 우리는 하나님께서 성경 속에서 투박하고 평범한 어투로 우리에게 소박하게 말을 걸어오시는 것은 다 우리를 위한 것임을 알아야 한다. 성경에서 사용된 표현들이 서툴고 형편없어서 거슬리고 방해가 된다고 투덜거리거나, 그런 이유 때문에 하나님의 말씀에 순종하기가 어렵다고 핑계를 대는 자들은 거짓말을 하고 있는 것이다. 왜냐하면, 자기에게 가까이 다가오시는 하나님을 영접하지 못하는 자들은 구름 위에 계신 하나님을 만나기 위하여 날아올라가는 것은 더더욱 하지 못할 것이 분명하기 때문이다.

땅의 일. 어떤 이들은 우리 자신을 부인(否認)하는 것은 경건 훈련의 초보자들이 하는 일이기 때문에, 여기에서 "땅의 일들"은 영적인 가르침의 초보적인 것들을 가리키는 것이라고 설명한다. 그러나 나는 "땅의 일들"이라는 표현을 가르침의 양식(forma)을 가리키는 것으로 보는 자들의 견해에 동의한다. 왜냐하면, 그리스도의 말씀은 다 하늘에 속한 것이었지만, 그리스도께서는 사람들에게 아주 친숙한 방식으로 말씀하신 까닭에, 그 말씀 자체가 어느 정도는 땅에 속한 것처럼 보였을 것이기 때문이다. 또한, 우리는 그리스도께서 오직 자신의 특정한 말씀을 염두에 두시고 이런 표현을 사용하신 것이라고 보아서는 안 된다. 왜냐하면, 여기에서는 그리스도께서 통상적으로 대중적이고 단순하며 소박한 말투로 가르치신 것과, 야심 있는 자들이 현란하고 현학적인 표현들을 사용하는 것에 아주 강한 집착을 보이며 가르치는 것이 대비되고 있기 때문이다.

¹³하늘에서 내려온 자 곧 인자 외에는 하늘에 올라간 자가 없느니라 ¹⁴모세가 광야에서 뱀을 든 것 같이 인자도 들려야 하리니 ¹⁵이는 그를 믿는 자마다 영생을 얻게 하려 하심이니라 ¹⁶하나님이 세상을 이처럼 사랑하사 독생자를 주셨으니 이는 그를 믿는 자마다 멸망하지 않고 영생을 얻게 하려 하심이라 ¹⁷하나님이 그 아들을 세상에 보내신 것은 세상을 심판하려 하심이 아니요 그로 말미암아 세상이 구원을 받게 하려 하심이라 ¹⁸그를 믿는 자는 심판을 받지 아니하는 것이요 믿지 아니하는 자는 하나님의 독생자의 이름을 믿지 아니하므로 벌써 심판을 받은 것이니라(3:13-18).

13. 하늘에서 내려온 자 곧 인자 외에는 하늘에 올라간 자가 없느니라. 그리스도께서는 여기에서 다시 한 번 니고데모에게 자기 자신과 자신의 총명이나 통찰력을 의지하지 말라고 권면하신다. 왜냐하면, 죽을 수밖에 없는 존재인 인간은 그 누구도 자신의 독자적인 힘만으로는 "하늘에 올라갈" 수 없고, 오직 하나님의 아들의 인도하심을 받는 자만이 하늘에 올라갈 수 있기 때문이다. "하늘에 올라가는 것"은 여기에서 "하나님의 신비들을 아는 순전한 지식과 영적인 지각(知覺)의 빛을 갖는 것"을 의미한다. 왜냐하면, 그리스도께서는 여기에서 "육에 속한 사람은 하나님의 성령의 일들을 받지 아니한다"(고전 2:14)고 선언하였던 바울과 동일한 가르침을 주시면서, 하나님을 알기에는 턱없이 부족한 인간의 온갖 지각을 신령한 것

들로부터 배제하고 계시는 것이기 때문이다. 그러나 우리는 하늘에 속한 분이신 그리스도만이 "하늘에 올라가시고," 다른 모든 사람들에게는 그 문이 닫혀 있다는 말씀에 주목하여야 한다. 왜냐하면, 전반절인 "하늘에서 내려온 자 곧 인자 외에는"이라는 구절 속에서 그리스도께서는 온 세상을 하늘로부터 배제시키심으로써 우리를 낮추고 계시기 때문이다. 바울은 하나님으로 말미암아 지혜로운 자가 되고자 하는 자들은 "어리석은 자가 되라"(고전 3:18)고 권면한다. 이것은 우리에게 그 어떤 일보다도 주저되고 망설여지는 일이다.

그러므로 우리는 우리가 하나님께로 갈 때에 우리의 모든 감각은 끝이 나고 없어지게 된다는 것을 기억하여야 한다. 그런데 그리스도께서는 하늘에 올라가는 것이 우리에게 닫혀 있다고 선언하신 후에, 다른 모든 사람에게 허락되지 않은 것이 하나님의 아들에게는 허용되어 있다는 말씀을 덧붙이심으로써 즉시 그 해결책을 제시하신다. 왜냐하면, 그리스도께서는 개인적으로 혼자 유익을 얻으시기 위해서가 아니라 우리의 인도자와 안내자가 되시기 위해서 "하늘에 올라가신" 것이기 때문이다. 그가 자신을 "인자"라고 부르신 이유도 우리로 하여금 모든 복에 참여하는 자가 되게 하시기 위하여 우리와 같은 육신을 입으신 그와 더불어서 우리도 함께 하늘에 올라가게 되리라는 것을 의심하지 않도록 하시기 위한 것이었다. 그러므로 그리스도께서는 아버지 하나님의 유일하신 "모사"(사 9:6)이시기 때문에, 그가 아니었으면 여전히 우리에게 숨겨져 있을 수밖에 없었던 비밀들을 우리로 하여금 알게 하실 수 있으셨다.

그리스도께서는 여전히 이 땅에 계시는데도 자기 자신을 "하늘에 계신 인자"("인자"라고만 되어 있는 개역성경과는 달리, 칼빈이 사용한 라틴어 성경인 불가타 역본에는 이렇게 되어 있다 — 역주)라고 지칭하신 것은 앞뒤가 맞지 않는 것처럼 보일 수 있다. 만약 우리가 이 표현은 그리스도의 신성(神性)에 대한 것이라고 대답한다면, 이러한 표현 방식은 뭔가 다른 것, 즉 그가 사람이 되신 동안에도 하늘에 계셨다는 것을 의미하게 된다. 그러나 우리는 이 표현이 장소에 대한 언급이 아니고, 단지 온 인류가 하나님의 나라에서 추방당한 반면에, 그리스도께서는 그 나라의 상속자라는 의미에서 자신의 신분(身分)과 관련하여 자기가 다른 모든 사람과 구별된다는 것만을 나타낼 뿐이지만, 그리스도 안에서는 신성(神性)과 인성(人性)이 통일되어 있기 때문에, 원래는 한 본성에 속하는 것을 다른 본성에 적용하는 일이 비일비재하게 일어난다고 말할 수 있다. 그러므로 우리는 그 밖의 어떤 다른 해법을 찾으려고 하지 않는 것이 마땅하다. "하늘에 계신" 그리스도께서 우리와 같은 육신을 입으신 것은 그런 식으로 우리의 형제가 되어서 우리에게 형제로서의 손을 내밀어 우리를 잡아 일으키셔서 그와 더불어 하늘에 올라가게 하시기 위한 것이었다.

14. 모세가 … 뱀을 든 것같이. 그리스도께서는 여기에서 왜 자기가 오직 자기에게만 하늘이 열려 있다고 말씀하셨는지를 좀 더 분명하게 설명하시는데, 그것은 그를 인도자로 받아들여서 따르고자 하는 자들만이 그와 함께 하늘에 들어갈 수 있다는 것을 보여주시기 위한 것이었다. 왜냐하면, 그리스도께서는 온갖 부류의 사람들에게 능력을 부어주시기 위하여, 자기를 모든 사람에게 공개적이고 공공연하게 나타내실 것이라고 선언하고 계시기 때문이다.

"들린다"는 것은 모든 사람이 똑똑히 볼 수 있도록 높은 곳에 우뚝 세워지게 된다는 것을 의미한다. 어떤 이들은 이것을 그리스도께서 십자가에 달리시게 될 것을 가리키는 것이라고 설명하지만, 그런 설명은 전체적인 의도나 문맥과 맞지 않기 때문에, 우리는 복음이 전파됨으로써 이런 일이 일어나게 되었다고 보아야 한다. 그러므로 이 말씀의 있는 그대로의 의미는 복음이 전파됨으로써, 이사야가 예언한 대로(사 2:2; 5:26), 모든 사람이 눈을 들어 바라보게 될 "기치" 같이, 그리스도께서는 높은 곳에 세워지시게 되리라는 것이다. 그리스도께서는 자신의 이러한 "들리심"(exaltatio)의 모형으로 모세가 높이 세웠던 "놋뱀"을 언급하시는데, 이 "놋뱀"은 광야에서 불뱀에 물려 다 죽게 된 자들이 바라보기만 하면 다 살아날 수 있었던 바로 그 "놋뱀"이다. 민수기 21:9에 나오는 이 이야기는 잘 알려져 있었고, 그리스도께서는 믿음으로 자기를 바라보는 자들이 모두 구원을 얻을 수 있게 하기 위해서 자기가 복음 전파를 통해서 모든 사람의 눈앞에 제시되어야 한다는 것을 보여주시려고 이 이야기를 여기에서 소개하신다. 이것으로부터 우리가 알 수 있는 것은 그리스도께서는 그 누구도 그를 못 보았다고 변명하지 못하도록 복음 안에서 우리에게 분명하게 나타나셨다는 것, 이 나타나심은 누구에게나 똑같이 주어진다는 것, 믿음의 눈을 가진 자는 복음 안에 그가 임재해 계시는 것을 깨닫게 된다는 것이다. 그래서 바울은 우리가 복음을 제대로 전파하기만 하면 "예수 그리스도께서 십자가에 못 박히신 것"이 사람들의 "눈앞에 밝히 보이게" 된다는 것을 우리에게 말해준다(갈 3:1).

이 비유는 부적절하거나 억지스럽지 않다. 왜냐하면, "놋뱀"이 단지 뱀 모양만 하고 있었고 진짜 뱀은 아니었던 까닭에 그 속에 해로운 것이나 독(毒)을 지니고 있지 않았던 것과 마찬가지로, 그리스도께서는 우리 속에 있는 죄의 치명적인 상처를 치유하시려고 죄악 된 육신을 입고 계셨지만 실제로는 그 어떤 죄도 없으시고 순전하셨기 때문이다. 유대인들이 불뱀에 물려 죽게 되었을 때에 하나님께서는 쓸데없이 이런 해독제를 준비하신 것이 아니라, 장차 그리스도께서 하신 말씀을 확증해 주시기 위한 것이었다. 왜냐하면, 그리스도께서 자기가 보잘것없고 미천한 자로 멸시 받는 것을 보셨을 때에 "모세가 뱀을 든 것"을 언급하는 것보다 더 적절한 조치는 있을 수 없었기 때문이다. 이것은 사람들의 예상과는 반대로, 자기가 지극히 미천한 자리에서 들리심을 받아 높은 곳에 세워진다고 해도, 그 일은 이미 율법 아래에서 "놋뱀"이라는 모형을 통해서 미리 계시된 일인 까닭에, 그들이 이상하게 생각할 필요가 없다고 말씀하신 것과 같다.

여기에서 한 가지 질문이 제기된다. 그리스도께서 자기 자신을 "놋뱀"에 비유하신 것은 둘 사이에 어떤 유사성이 존재하기 때문인가, 아니면 그리스도께서는 단지 "모세가 놋뱀을 든 것"이 "만나"와 마찬가지로 일종의 상징(신비)이었다고 선언하시는 것인가? 왜냐하면, "만나"는 당시에 육신의 양식으로 공급된 것이었지만, 바울은 그것이 영적인 신비(mysterium spirituale)였다고 증언하기 때문이다(고전 10:3). 나는 이 구절뿐만 아니라, 이스라엘 백성이 미신(迷信)에 사로잡혀서 "놋뱀"을 우상으로 변질시켜 버리기 전까지는(왕하 18:4) 그 "놋뱀"이 장래를 위해 보전되었다는 사실을 고려할 때, "만나"에 대한 바울의 증언이 "놋뱀"에도 그대로 해당된다고 생각하게 된다. 이 점에 대해서 다른 견해를 지닌 사람이 있더라도, 나는 그와 논쟁할 생각은 없다.

16. 하나님이 세상을 이처럼 사랑하사. 그리스도께서는 우리의 구원의 최초의 원인(prima causa), 즉 원천(fons)을 밝히시는데, 이것은 그 어떤 의심도 남겨 놓지 않으시기 위한 것이었다. 왜냐하면, 우리가 하나님의 무조건적인 사랑을 확신하기 전에는 우리의 마음은 평안과 안식처를 찾을 수 없기 때문이다. 우리는 우리의 구원과 관련된 모든 것을 그리스도 외에 다른 곳에서 찾아서는 안 되기 때문에, 그리스도께서 어떻게 해서 우리에게 오게 되셨는지, 그리고 왜 하나님께서는 그리스도를 우리의 구원자로 주신 것인지를 알지 않으면 안 된다. 이 구절은 이 두 가지에 대한 분명한 대답을 우리에게 준다. 즉, 하늘에 계신 아버지 하나님께서는 모든 사람을 사랑하셔서 그들이 "멸망하지 않기"를 바라셨기 때문에 그리스도 안에서 그들을 살리시고, 모든 사람으로 하여금 그리스도를 믿음으로 생명을 얻게 하셨다는

것이다. 우리는 이 순서를 주의 깊게 살피고 주목하지 않으면 안 된다. 왜냐하면 불경건하고 악한 야심(ambitio)이 우리의 본성에 날 때부터 자리잡고 있어서, 우리의 구원의 기원(起源)에 관한 문제가 나오면, 우리의 공로(meritum)를 주장하고자 하는 마귀적인 망상(妄想)이 자동적으로 우리의 마음속에 스며들기 때문이다. 그 결과, 우리는 하나님께서 우리와 화목하고자 하시는 것은 우리를 그럴 만한 가치가 있는 자들로 여기셨기 때문이라는 망상에 사로잡히게 된다. 그러나 성경에서는 그 어디에서나 하나님의 순전하시고 순수하신 긍휼하심(misericordia)만을 찬양할 뿐이고, 인간의 공로를 철저히 배제한다. 그리스도께서 모든 원인이 전적으로 하나님의 사랑에 있다고 선언하실 때, 그 말씀은 지금까지 우리가 위에서 말해 온 것 외에 다른 것을 의미하지 않는다. 왜냐하면, 우리가 이것을 넘어서고자 하면, 성령께서는 이 "사랑"이 "하나님의 기쁘신 뜻"에 토대를 두고 있다는 것을 보여주는 바울의 선언(엡 1:5)을 들이미시면서 우리의 앞을 막아서시기 때문이다. 따라서 분명한 것은 그리스도께서는 사람들이 그들에게서 뭔가를 찾으려 하지 말고 그들의 눈을 들어 오직 하나님의 긍휼히 여기시는 마음(misericordia)만을 바라보도록 하시기 위하여 이런 식으로 말씀하셨다는 것이다. 또한, 그리스도께서는 하나님이 우리 속에 지극히 복을 받기에 합당한 그 무엇이 있는 것을 보시고 감동하셔서 우리를 구원하시기로 결심하신 것이라고 말씀하시는 것이 아니라, 우리의 구원과 관련된 모든 영광을 전적으로 하나님의 사랑에 돌리고 계신다. 이것은 계속해서 이어지는 말씀을 보면 한층 더 분명해진다. 왜냐하면, 그리스도께서는 사람들이 "멸망하지 않게" 하시기 위해서 하나님이 자기 아들을 그들에게 주신 것이라는 말씀을 덧붙이시기 때문이다.

이것으로부터 우리는 그리스도께서 잃어버린 자들(perditos)을 도우시기 위하여 오실 때까지는 모든 사람이 영원한 멸망에 처해질 수밖에 없는 운명 속에 있었다는 결론을 얻게 된다. 마찬가지로, 바울도 우리가 죄로 말미암아 원수 되었을 때에 하나님께서는 그런 우리를 사랑하셨다고 증언함으로써(롬 5:8, 10) 선후(後)를 따져서 그 전말을 보여준다. 죄가 지배하는 곳에서는 하나님의 진노와 그 결과인 사망 외에는 그 어떤 것도 찾아볼 수 없다. 그러므로 우리가 하나님과 화목하게 되어 생명을 얻을 수 있는 길은 오직 하나님께서 우리를 긍휼히 여기시는 것 외에는 없다.

하지만 이런 식의 표현 방식은 우리를 향한 하나님의 사랑의 토대를 그리스도에

게서 찾고, 그리스도 밖에 있는 자들은 하나님의 미워하심을 받는다고 말하는 성
경의 많은 구절들의 증언과 상충되는 것처럼 보일 수 있다. 그러나 우리는 내가 이
미 말했던 것, 즉 하늘에 계신 아버지 하나님께서 우리를 자신의 품에 품어 주시는
저 신비한 사랑(arcanum amor)은 그의 영원하신 뜻(propositum)에서 나온 것이기
때문에 다른 모든 원인들보다 앞선다는 것을 기억하여야 한다. 그러나 하나님께서
우리에게 증언하셔서 우리 속에 구원의 소망을 불러일으키고자 하시는 바로 그 은
혜(gratia)는 그리스도로 말미암아 이루어진 화목(reconciliatio)에서 시작된다. 하
나님께서는 필연적으로 죄를 미워하실 수밖에 없으신 까닭에, 우리의 죄들로 인하
여 우리를 미워하시는 것이 당연한데, 그 죄들에 대한 속죄가 이루어지기 전에, 어
떻게 우리가 하나님이 우리를 사랑하신다는 것을 믿을 수 있겠는가? 그러므로 우
리가 하나님께서 우리에게 베푸시는 아버지 같은 너그러우신 사랑을 느끼기 위해
서는, 먼저 그리스도께서 자신의 피로 하나님과 우리를 화목하게 하시는 일이 선
행되어야 했다. 따라서 여기에서 우리는 하나님께서 우리를 사랑하셨기 때문에 자
기 아들을 보내셔서 우리를 위해 죽게 하셨다는 말씀을 듣자마자, 연이어서 우리
가 믿음으로 바라보아야 할 분은 오직 그리스도뿐이라는 말씀을 듣게 된다.

독생자를 주셨으니. 나는 오직 그리스도만을 바라보고서 그 안에서 사랑으로 가
득한 하나님의 품을 보는 것이 믿음의 올바른 시선(視線)이고, 그 사랑의 유일한
보증(保證)인 그리스도의 죽으심을 의지하는 것이 가장 확실한 버팀목(fultura)이
라고 말하고 싶다. "독생자"라는 단어가 강조되고 있는 것은 우리를 향한 하나님
의 사랑이 얼마나 열렬한 것인지를 보여주기 위한 것이다. 왜냐하면, 사람들은 하
나님이 그들을 사랑하신다는 것을 쉽게 믿지 못하는 까닭에, 그리스도께서는 그들
의 모든 의심을 제거해 주시려고, 하나님이 우리를 위해서 자신의 "독생자"를 아끼
지 않으실 정도로 우리가 하나님께 대단한 사랑을 받고 있다는 것을 분명하게 밝
히신 것이기 때문이다. 하나님께서 우리를 향하신 자신의 사랑을 이렇게까지 모든
것을 다 동원하여 증언하셨는데도, 그러한 증언에 만족하지 못하고 여전히 의심을
품는 자가 있다면, 그것은 마치 하나님께서 아무 사람이나 골라서 죽음에 내주신
것인데, 거기에 운 나쁘게 그리스도가 걸려든 것이라고 생각하는 것이나 마찬가지
이기 때문에 그리스도를 크게 욕보이는 것이 된다. 우리는 하나님께서 자신의 "독
생자"를 귀하게 여기신 정도만큼 우리의 구원이 하나님께 귀한 것이었기 때문에,
우리의 구원을 위하여 자신의 "독생자"를 죽음에 내주시기로 작정하신 것임을 알

아야 한다. 그리스도께서는 원래부터 하나님의 유일하신 아들이시기 때문에 "독생자"라는 이름으로 불리시는 것이 당연하지만, 우리는 그리스도의 몸에 접붙여질 때에만 그리스도로 말미암아 양자(養子)의 방식으로 그러한 존귀를 얻게 된다.

이는 그를 믿는 자마다 멸망하지 않고. 그리스도께서 우리에게 믿음을 가지라고 권하시면서 그 주된 이유로 제시하시는 것은 "믿음"은 우리를 영원한 멸망에서 건져준다는 것이다. 왜냐하면, 그리스도께서는 우리가 죽어 멸망할 수밖에 없는 운명을 지니고서 태어난 것처럼 보일지라도, 그리스도를 믿기만 하면 틀림없이 죽음에서 건짐을 받을 수 있는 까닭에, 우리 위에 걸려 있는 죽음을 두려워할 필요가 없다고 분명하게 밝히고자 하셨기 때문이다. 그리고 그리스도께서는 모든 사람을 차별 없이 생명에 참여하도록 초청하심과 동시에, 믿지 않는 자들이 그 어떤 핑계를 대지 못하도록 하시기 위해서, " … 자마다"라는 보편적인 표현을 사용하셨다. 그리스도께서 앞에서 "세상"이라는 단어를 사용하신 취지도 마찬가지로 동일하다. 왜냐하면, 세상에는 하나님의 칭찬을 받을 만한 것이 하나도 없지만, 하나님께서는 모든 사람을 예외 없이 그리스도를 믿는 믿음으로 초청하셔서 생명으로 들어가게 하심으로써, 자기가 온 세상을 받으시고 화목을 이루셨다는 것을 보여주고 계시기 때문이다.

또한, 우리가 기억해야 할 것은 생명은 그리스도를 믿는 모든 사람에게 보편적으로 약속되고 있지만, 믿음은 모든 사람이 다 갖는 것은 아니라는 것이다. 왜냐하면, 그리스도는 모든 사람에게 제시되고 알려져 있더라도, 하나님께서는 오직 택하신 자들(electa)의 눈만을 열어 주셔서 그들로 하여금 믿음으로 그리스도를 찾을 수 있게 하시기 때문이다. "믿음"의 놀라운 효과가 여기에서도 드러난다. 왜냐하면, 아버지 하나님께서 우리에게 주시는 그리스도를 우리는 "믿음으로" 받고, 그리스도께서는 자신의 죽음의 희생제사를 통해서 우리의 죄를 대속하심으로써 우리를 영원한 사망의 정죄로부터 해방시키셔서 영생의 상속자들이 되게 하신 까닭에, 그 어떤 것도 하나님께서 우리를 자신의 아들들로 인정하시는 것을 가로막을 수 없게 되었기 때문이다. 그러므로 믿음은 그리스도 및 그의 죽음의 효력과 부활의 열매를 받아들이는 것이기 때문에, 우리는 믿음으로 말미암아 그리스도의 생명을 얻는다고 해도, 그것은 전혀 놀랍거나 이상한 일이 아니다.

그렇지만 믿음이 왜 그리고 어떻게 우리에게 생명을 가져다주는지는 여전히 그리 분명하지 않다. 그리스도께서 자신의 성령으로 우리를 거듭나게 하심으로써 하나님의 의(義)가 우리 안에서 활발하게 살아 움직이게 되었기 때문인 것인지, 아니면 우리가 그리스도의 피로 깨끗하게 된 까닭에 하나님의 거저 주시는 죄 사함을 받아서 하나님 앞에서 의롭다고 여기심을 받게 되었기 때문인 것인지는 불확실하지만, 적어도 확실한 것은 이 두 가지가 항상 결합되어 있다는 것이다.

그러나 어쨌든 우리가 지금 다루고 있는 주제는 구원의 확실성에 대한 것이기 때문에, 우리는 하나님께서 무조건적으로 우리를 사랑하셔서 우리의 죄를 우리에게 돌리지 않으신 까닭에 우리가 지금 살아 있다는 이 사실에 주로 집중할 필요가 있다. 희생제사가 명시적으로 언급된 것도 바로 그런 이유 때문이다. 왜냐하면, 희생제사는 죄와 더불어서 저주(maledictio)와 사망(mors)도 멸하기 때문이다. 나는 앞에서 이미 이 절의 상반절과 하반절의 취지가 어떤 것인지에 대해서 설명한 바 있는데, 그것은 우리가 잃어버렸던 생명을 "그리스도 안에서" 다시 회복할 수 있다는 것을 우리에게 알게 하기 위한 것이었다. 왜냐하면, 인류가 처해 있는 참상(慘狀)으로 인해서 구속(救贖, redemptio)이 시간적인 순서에 있어서 구원(salus)보다 선행되어야 하기 때문이다.

17. 하나님이 그 아들을 세상에 보내신 것은. 이 구절은 하나님이 아무런 목적이나 생각도 없이 그냥 자기 아들을 우리에게 보내신 것이 아니라고 함으로써 앞에 나온 말씀을 재확인해 주고 있다. 그렇지만 그리스도께서는 세상을 멸망시키기 위하여 오신 것이 아니다. 그러므로 이것으로부터 우리는 하나님의 아들에게 주어진 고유한 직임(officium)은 모든 믿는 자로 하여금 자기로 말미암아 구원을 얻게 하는 것이라는 결론을 얻게 된다. 이제는 우리가 그리스도로 말미암아 우리를 사망에서 건져주고자 하시는 것이 하나님의 뜻이라는 것을 믿기 때문에, 그 누구도 어떻게 하면 사망을 피할 수 있을지를 생각하느라고 고민하거나 안절부절못할 이유가 전혀 없다. 그리스도께서 "세상"이라는 단어를 두 번 반복해서 사용하신 것은 누구든지 믿음의 길을 걸어가기만 한다면 그가 구원에서 제외되는 일은 결코 없으리라는 것을 확실히 해두시기 위한 것이다.

이 구절에서 "심판하다"(κρίνω-크리노)라는 단어는 다른 많은 구절들에서와 마찬가지로 "정죄하다"라는 의미로 사용되었다. 그리스도께서 자기가 세상을 정죄하기 위하여 온 것이 아니라고 선언하신 말씀 속에서 이미 그가 세상에 오신 진짜 목적이 드러난다. 그렇지 않아도 무수히 멸망당해서 파멸에 처해 있는 우리를 멸하시기 위하여 그리스도께서 친히 오실 필요가 어디 있었겠는가? 우리는 그리스도 안에서 하나님께서 자신의 한없으신 선하심으로 인하여 영원히 멸망 받을 수밖에 없던 우리를 구원하시고자 도움의 손길을 뻗치시기로 작정하셨다는 것을 보고서, 우리의 죄가 우리를 압박하고 사탄이 우리를 절망으로 몰아갈 때마다, 자기 아들을 주서서 세상을 구원하시기로 작정하신 하나님께서는 결코 우리가 영원한 멸망에 처하게 되는 것을 원하지 않으신다는 이 방패를 앞세워야 한다. 그러므로 그리스도께서 다른 곳에서 자기가 "심판하러 이 세상에 왔다"(요 9:39)고 말씀하시거나, 성경의 다른 구절들이 그리스도를 "부딪치는 돌"(벧전 2:8)이라고 하거나 "많은 사람을 패하게" 하기 위하여 "세움을 받았다"(눅 2:34)고 하는 것은 본래적인 것이 아니라 부수적인 것에 불과하다.

왜냐하면, 그리스도 안에서 주어지는 은혜를 배척하는 자들이 그리스도께서 그들의 그러한 어처구니없고 무례하기 짝이 없는 멸시에 대하여 심판하시고 보응하시는 분이시라는 것을 경험하게 되는 것은 합당한 일이기 때문이다. 우리는 그 두드러진 예를 "복음"에서 볼 수 있다. 왜냐하면, 복음은 원래 "모든 믿는 자에게 구원을 주시는 하나님의 능력"(롬 1:16)이지만, 배은망덕한 많은 사람들에게는 "사망"이 되기 때문이다. 바울이 경건한 자들의 "복종이 온전하게 된" 후에, 그의 가르침을 대적한 모든 자들을 벌하게 될 보응(報應)이 "준비 중에" 있다고 말한 것 (고후 10:6)은 이 두 가지 측면을 아주 잘 표현한 것이다. 왜냐하면, 이것은 바울이 복음의 본래적이고 일차적인 목적은 믿는 자들에게 구원을 가져다주는 것이지만, 믿지 않는 자들이 그리스도의 은혜를 멸시함으로써 그리스도가 그들에게 생명이 아니라 사망이 되시게 한다면, 그들은 장차 반드시 거기에 상응하는 벌을 받게 되리라고 말한 것과 같기 때문이다.

18. 그를 믿는 자는 심판을 받지 아니하는 것이요. 그리스도께서는 모든 믿는 자들은 사망의 위험에서 벗어나 있다는 것을 아주 자주 반복해서 그리고 진지하게 역설하셨다. 이것으로부터 우리는 우리의 양심이 끊임없이 불안해하고 두려워 떠는 일이 없게 하기 위해서는 확실하고 견고한 믿음이 얼마나 필요한지를 알게 된다. 그래서 그리스도께서는 "믿는 자들"에게는 더 이상 "정죄함"(본문에서는 "심판"으로 표현됨 — 역주)이 없다는 것을 여기에서 다시 한 번 선언하실 뿐만 아니라, 나중에 5장에 가서 더 자세하게 설명하신다. 이 구절에서 이것을 "심판을 받지 아니할 것이요"라고 미래 시제로 표현하지 않고 "심판을 받지 아니하는 것이요"라고 현재 시제로 표현하고 있는 것은 히브리어의 관용어법을 따른 것이다. 따라서 이

말씀의 의미는 믿는 자들은 정죄(damnatio)에 대한 두려움에서 벗어나서 평안하게 된다는 것이다.

믿지 아니하는 자는 … 벌써 심판을 받은 것이니라. 이것은 인간이 사망을 피할 수 있는 다른 길이 없다는 것을 의미한다. 달리 말하면, 생명은 오직 믿음에만 있고 다른 그 어디에도 없기 때문에, 그리스도 안에서 주어지는 생명을 배척하는 모든 자들에게는 오직 사망 외에는 다른 그 어떤 것도 있을 수 없다는 것이다. 그리스도께서 "벌써 심판을 받은 것이니라"(ἤδη κέκριται-에데 케크리타이)고 동사의 과거 시제와 과거를 나타내는 부사를 사용하신 것은 모든 "믿지 아니하는 자"가 장차 어떻게 될 것인지를 좀 더 생생하게 묘사하시기 위한 것이다. 그러나 우리가 유의해야 할 것은 그리스도께서는 여기에서 특히 복음을 공개적으로 멸시함으로써 자신의 불경건(impietas)을 노골적으로 드러내는 자들을 염두에 두시고 이 말씀을 하셨다는 것이다. 왜냐하면, 사람이 그리스도께 피하는 것 외에는 사망을 피할 수 있는 다른 길이 전혀 없다는 것은 사실이지만, 그리스도께서는 지금까지 복음이 온 세상에 전파되어 두루 퍼져나가게 될 것에 대하여 말씀하시다가, 여기에서는 화제를 바꾸서, 하나님께서 밝혀 놓으신 불을 의도적이고 악의적으로 꺼버리는 자들을 향해 말씀하시는 것이기 때문이다.

[19]그 정죄는 이것이니 곧 빛이 세상에 왔으되 사람들이 자기 행위가 악하므로 빛보다 어둠을 더 사랑한 것이니라 [20]악을 행하는 자마다 빛을 미워하여 빛으로 오지 아니하나니 이는 그 행위가 드러날까 함이요 [21]진리를 따르는 자는 빛으로 오나니 이는 그 행위가 하나님 안에서 행한 것임을 나타내려 함이라 하시니라(3:19-21).

19. 그 정죄는 이것이니. 불경건한 자들은 하나님께서 자기들이 예상했던 것보다 더 심하게 자신들을 대하신다는 생각이 들면 하나님을 가혹하신 분이라고 비난하고 불평하는데, 그리스도께서는 여기에서 그들의 그런 생각을 반박하신다. 사람들은 누구나 다 하나님께서 그리스도를 믿지 않는 자들을 불문곡직(不問曲直)하고 멸망에 처하시는 것은 너무 가혹한 처사라고 생각한다. 그래서 그리스도께서는 그 누구도 자기가 정죄를 받게 된 것이 그리스도 때문이라고 말하지 못하도록 하시기 위해서, 각 사람이 "정죄"를 받는 것은 전적으로 그 사람 자신 탓이라고 선언하시면서, 불신앙(infidelitas)은 그 사람의 악한 양심(mala conscientia)을 증언해 주는

것이라는 사실을 그 근거로 제시하신다. 이것으로부터 분명해지는 것은 믿지 않는 자들이 그리스도께 나아가지 못하는 것은 그들 자신이 타락해서 악하게 되었기 때문이라는 것이다.

어떤 이들은 그리스도께서 여기에서 단지 "정죄"의 표지(標識)만을 보여주시는 것이라고 생각하지만, 그리스도께서 이 말씀을 하신 목적은 하나님께서 사람들의 불신앙을 영원한 사망으로 벌하실 때, 사람들이 자신들의 습관을 따라서, 마치 하나님이 그들을 불의하고 부당하게 대우하시는 것인 양, 하나님께 시비를 걸거나 논쟁하려 드는 일이 없도록 하시기 위하여, 그들의 후안무치(厚顏無恥)함을 조금이라도 억제하고자 하시는 것이다. 그러므로 그리스도께서는 "빛보다 어둠을 더 사랑하여" 그들에게 거저 주어지는 "빛"을 배척하는 자들은 악하게 행하는 자들일 뿐만 아니라, "빛을 미워하는" 것은 오직 그 마음이 악하여 죄책감을 느끼는 자들에게만 일어나는 일인 까닭에, 그런 자들에 대한 정죄는 옳고 마땅하기 때문에, 그런 정죄를 비방하는 것은 전혀 근거 없는 것임을 보여주신다. 물론, 복음을 대적하는 많은 사람들에게서도 거룩함으로 빛나는 아름다운 모습이 발견되는 것처럼 보일 수 있지만, 비록 그런 자들이 천사보다 더 거룩해 보인다고 할지라도, 그들이 외식(外飾)하는 자들이라는 것은 의심의 여지가 없다. 왜냐하면, 그들이 그리스도의 가르침을 배척하는 이유는 그들이 은밀하게 감추어 놓고 즐기는 더럽고 부끄러운 짓(foeditas)을 사랑하는 까닭 외에 다른 이유가 없기 때문이다. 외식하는 것 하나만으로도 사람들은 하나님의 진노를 불러일으켜서 원수들이 되는 것이기 때문에, 모든 사람은 정죄 가운데에 있다. 왜냐하면, 사람들이 교만함(superbia)으로 인하여 눈이 멀어서 죄악을 즐기고 있지 않다면, 그들은 기꺼이 복음의 가르침을 받아들이고자 할 것이기 때문이다.

20. 악을 행하는 자마다. 이 구절의 의미는 사람들이 악하고 힘이 닿는 데까지 자신들의 죄를 숨기고자 하기 때문에 "빛을 미워한다"는 것이다. 이것으로부터 도출되는 결론은 그들이 죄를 해결할 수 있는 길을 애써 배척하고서, 그들의 정죄의 근거가 되는 것을 의도적으로 소중히 보호한다고 말할 수 있다는 것이다. 그러므로 우리가 복음에 대하여 분노하는 자들이 경건한 열심 때문에 그렇게 하는 것이라고 생각한다면, 그것은 큰 착각이다. 정반대로, 그들은 어둠 속에서 더욱더 마음껏 자신들이 좋아하는 것들을 즐기기 위해서 "빛"이라면 몸서리를 치며 싫어하는 것이다.

21. 진리를 따르는 자는. 어떤 사람들은 하나님의 성령으로 거듭나기 전에도 바르고 진실하다는 것을 우리가 인정하고 전제하지 않는다면, 여기에 나오는 말씀은 앞뒤가 맞지 않는 부적절한 것으로 보일 수 있다. 하지만 그러한 전제는 성경의 일관된 가르침과 전혀 부합하지 않는다. 왜냐하면, 우리는 선한 행위라는 열매는 오직 믿음이라는 뿌리에서만 맺힌다는 것을 알기 때문이다. 아우구스티누스(Augustinus)는 "진리를 따른다"는 것은 "우리는 선을 행할 수 있는 힘이 전혀 없는 비참한 상태에 있다는 것을 인정한다"는 것을 의미한다고 말함으로써 이 난점을 해결하고자 하였다. 물론, 우리가 우리 자신의 결핍(inopia)을 깨닫고서 하나님의 은혜로 피할 수밖에 없는 절박한 상태에 있게 되었을 때, 그것이 믿음을 갖기 위한 참된 준비라는 것은 분명하다. 그러나 그런 설명은 그리스도께서 하신 말씀의 의미와는 한참이나 거리가 멀다. 왜냐하면, 그리스도께서는 단지 진실하게 행하는 자들은 자신들의 행위가 참된 것인지 거짓된 것인지를 시험(試驗)해보기 위하여, 그리고 그러한 시험을 통해서 하나님이 보시기에 자신들이 진실을 말하고 모든 거짓에서 떠나 있다는 것이 더욱 분명해지도록 하기 위하여, 다른 무엇보다도 "빛"을 간절하게 원한다는 것을 말씀하고자 하신 것이기 때문이다. 그런데도 만약 우리가 이 말씀을 근거로 해서, 사람은 믿음을 갖기 이전에도 선한 양심을 지닐 수 있다는 결론을 도출해 내고자 한다면, 그것은 무지하고 잘못된 추론이 될 수밖에 없을 것이다. 왜냐하면, 그리스도께서는 택하신 자들이 자신들의 선한 행위들에 대하여 칭찬을 받기 위하여 믿음으로 나아온다고 말씀하시는 것이 아니라, 단지 만일 믿지 않는 자들의 양심이 악하지만 않다면, 그들이 어떻게 행하게 될 것인지에 대하여 말씀하시는 것일 뿐이기 때문이다.

우리는 행위들의 그럴 듯한 외적인 모습에 미혹되어서 그 행위들 속에 무엇이 숨겨져 있는지를 생각하지 않기 때문에, 그리스도께서는 "진리"라는 단어를 사용하셨다. 그러므로 그리스도께서는 정직하여 외식(外飾)하지 않는 자들이 자신들의 행위들을 유일하게 올바르게 판단하실 수 있으신 재판장이신 하나님 앞에 기꺼이 나아가고자 한다고 말씀하신 것이다. 왜냐하면, 그들의 "행위들"은 "하나님 안에서 행한" 행위들, 즉 하나님의 인정을 받고 하나님의 기준에 비추어 보았을 때에 선한 행위들이라 말해지기 때문이다. 이것으로부터 우리는 우리의 이성(理性)은 완전히 눈멀어 있기 때문에 우리의 행위들을 복음의 빛에 비추어 보는 것 외의 다른 방식으로 판단해서는 안 된다는 것을 배워야 한다.

²²그 후에 예수께서 제자들과 유대 땅으로 가서 거기 함께 유하시며 세례를 베푸시더라 ²³요한도 살렘 가까운 애논에서 세례를 베푸니 거기 물이 많음이라 그러므로 사람들이 와서 세례를 받더라 ²⁴요한이 아직 옥에 갇히지 아니하였더라 ²⁵이에 요한의 제자 중에서 한 유대인과 더불어 정결예식에 대하여 변론이 되었더니 ²⁶그들이 요한에게 가서 이르되 랍비여 선생님과 함께 요단 강 저편에 있던 이 곧 선생님이 증언하시던 이가 세례를 베풀매 사람이 다 그에게로 가더이다 ²⁷요한이 대답하여 이르되 만일 하늘에서 주신 바 아니면 사람이 아무 것도 받을 수 없느니라 ²⁸내가 말한 바 나는 그리스도가 아니요 그의 앞에 보내심을 받은 자라고 한 것을 증언할 자는 너희니라(3:22-28).

22. 그 후에 예수께서 … 유대 땅으로 가서. 유월절이 끝나자, 그리스도께서는 므낫세 지파의 땅에 속하였던 "애논" 근방의 "유대 땅"으로 가셨던 것으로 보인다. 복음서 기자는 거기에 "물이 많았다"고 말하는데, 유대 땅은 전반적으로 물이 그리 풍부하지 않았다. 지리학자들은 "애논"과 "살렘"이라는 두 마을은 얍복 강과 요단 강이 합류하는 지점에서 멀지 않은 곳에 자리잡고 있었고, 스키토폴리스 (Scythopolis)가 이 두 마을 근방에 있었다는 말을 덧붙인다. 한편, 이 구절로부터 우리는 세례 요한과 그리스도께서 사람들에게 세례를 베푸실 때에 온 몸을 물에 잠기게 하는 침례(浸禮)를 베푸셨다는 것을 추론할 수 있다. 하지만 우리는 어떤 방식의 세례이든 그것이 영적인 진리에 부합하고 주님께서 정하신 원칙에 맞기만 한다면, 외적인 방식에 크게 신경을 쓸 필요는 없을 것이다. 추측컨대, 세례를 베푸는 이 두 사람이 동시에 등장하였기 때문에, 애논과 살렘 근방에서는 어디에서나 율법과 하나님에 대한 예배와 교회의 현실을 두고서 여러 가지 소문이 나돌고 많은 말들이 오고갔을 것이다. 왜냐하면, 나는 복음서 기자가 "예수께서 세례를 베푸시더라"고 보도한 것을 그리스도께서 자신의 공생애 사역을 시작하셨다는 것, 즉 아버지 하나님께서 그에게 명하신 직임을 이때에 공적으로 수행하기 시작하셨다는 것을 의미하는 것이라고 보기 때문이다. 그리스도께서는 자신의 제자들을 시켜서 사람들에게 세례를 베푸신 것이지만, 여기에서는 제자들에 대한 언급은 없고, 그리스도께서 세례를 베푸신 것으로 보도되고 있는데, 이것은 제자들은 그리스도의 명령에 따라 그의 이름으로 세례를 베푼 것일 뿐이고, 그들 스스로가 주체적으로 세례를 베푼 것은 아니기 때문이다. 이것과 관련해서는 우리가 다음 장의 서두

에서 좀 더 자세하게 살펴보게 될 것이다.

25. 이에 … 변론이 되었더니. 복음서 기자가 여기에서 세례 요한의 제자들이 한 유대인과 "변론"을 벌였다고 말한 것은 결코 이유가 없는 것이 아니다. 왜냐하면, 무식하면 용감하다는 말도 있듯이, 가르침을 제대로 받지 못한 자들일수록 겁 없이 논쟁에 뛰어드는 법이기 때문이다. 다른 사람들이 그들을 공격해서 논쟁이 벌어진 것이라면, 그들은 변명할 말이 있을 것이지만, 논쟁을 할 만한 역량을 갖추지 못한 그들이 먼저 나서서 유대인들을 자극한 것이라면, 그것은 경솔하고 잘못된 처신이다. 그런데 이 구절은 논쟁이 요한의 제자들에 의해서 시작되었다는 것을 보여준다. 그들은 단지 자신들이 알지 못하는 문제를 논쟁거리로 삼아서 자신들의 지식의 분량을 넘어서서 경솔하게 말한 잘못만을 범한 것이 아니었다. 그것 못지 않은 또 다른 잘못은 그들은 세례의 합법성을 변호하고자 한 것이 아니라, 그들의 스승인 세례 요한이 전한 말씀을 옹호하여 그의 권위가 손상되지 않게 하고자 하였다는 것이다. 그러므로 그들은 두 가지 점에서 책망을 받아 마땅하였다. 즉, 그들은 한편으로는 세례의 진정한 본질을 깨닫지 못하고, 하나님의 거룩한 규례를 조롱거리로 만들어버린 잘못을 저질렀고, 다른 한편으로는 악한 야심(野心)에 사로잡혀서 자신들의 스승을 옹호하느라고 그리스도를 대적하는 잘못을 저질렀다. 분명히 그들은 그리스도께서도 세례를 베풀고 계시다는 이 한 마디 말을 전해 들었을 때에 몹시 당혹스러워하고 낙담하였을 것이다. 왜냐하면, 그들은 자신들의 스승인 세례 요한이라는 사람 자체(hominis persona)에게 온통 사로잡혀 있어서, 정작 가르침(doctrina) 자체에는 별 관심이 없었기 때문이다. 그들의 예(例)를 통해서 우리는 하나님에 대한 열심이 아니라 사람을 기쁘게 하고자 하는 죄악 되고 왜곡된 욕망에 의해서 움직이는 자들이 결국 어떤 잘못을 저지르게 되는지를 배우게 된다. 또한, 이것을 통해서 우리는 우리가 늘 염두에 두어야 하고 모든 일 속에서 추구해야 할 유일한 것은 오직 그리스도만이 높임을 받으시게 하는 것임을 깨닫게 된다.

정결예식에 대하여. "변론"이 된 것은 "정결예식"에 대한 것이었다. 율법에서는 유대인들에게 여러 가지 "정결예식들"을 행하라고 명령하였는데, 유대인들은 하나님이 그들에게 정해주신 예식들로 만족하지 않고, 조상들로부터 전해져 내려온 다른 많은 예식들도 세심하게 지켰다. 이렇게 기존의 수많은 다양한 정결예식들이 존재하는 상황 속에서 그리스도와 세례 요한이 새로운 예식을 도입하자, 그들은 그것을 어이없는 일이라고 생각한 것이었다.

26. 선생님이 증언하시던 이가. 세례 요한의 제자들은 이런 식의 화법(話法)을 사용해서, 그리스도를 요한보다 못한 자로 만들거나, 요한이 그리스도를 높여 주었기 때문에 그리스도께서 신세를 지신 것임을 드러내고자 하였다. 왜냐하면, 그들은 요한이 그리스도를 증언하여 높여 줌으로써 은혜를 베풀었다고 여겼기 때문이다. 이것은 마치 그리스도를 선포하는 것이 요한의 의무가 아니라는 듯이, 또는 하나님의 아들의 전령(傳令)이 되어 일하는 것이 요한의 최고의 영광이 아니라는 듯이 생각한 것이었다. 그리스도를 세례 요한보다 못한 자로 만들고자 하는 것만큼 어처구니없는 일은 없을 것이다. 왜냐하면, 세례 요한은 자신의 증언을 통해서 그리스도를 자기와는 비교할 수 없을 정도로 크신 분이라고 칭송하였었기 때문이다. 우리는 세례 요한이 어떤 증언을 하였는지를 알고 있다. "사람이 다 그에게로 가더이다"라고 한 그들의 말은 악하고 뒤틀린 야심에서 나온 말이다. 사실, 그들은 자신들의 선생이 곧 무리들에게 버림을 받게 되지는 않을까 두려워하고 있었다.

27. 사람이 아무 것도 받을 수 없느니라. 어떤 이들은 이 구절이 그리스도에 대한 것이라고 보고, 세례 요한이 자신의 제자들에게 하나님이 그리스도께 주신 것을 그리스도로부터 빼앗고자 함으로써 하나님을 대적하여 주제넘고 악한 생각을 하고 있다고 꾸짖는 것으로 해석해서, 이 구절의 의미를 이렇게 풀이한다: "그리스도께서 이토록 짧은 시간에 저렇게 큰 존귀를 얻으신 것은 하나님의 역사(役事)이다. 그러므로 하나님께서 자기 손으로 높이신 분을 너희가 끌어내리고자 하여도, 그것은 헛된 일일 뿐이다." 또 어떤 이들은 이 구절을 세례 요한이 자신의 제자들의 진보가 너무 없는 것을 보고서 화가 나서 소리친 말이라고 본다. 그들이 그리스도에 대하여 그토록 자주 들어왔음에도 불구하고 그를 평범한 사람들의 반열(班列)로 끌어내려서, 그의 종들보다 높아지지 못하도록 하고자 애쓴 것은 분명히 너무나 어이없는 일이었다. 따라서 세례 요한이 사람들은 우둔하여서 그 마음이 새롭게 되기 전에는 사람들을 가르치는 일에 힘쓰는 것은 헛된 낭비일 뿐이라고 얼마든지 말할 수 있었을 것이다.

그러나 나는 이 구절이 세례 요한에 대한 것이라고 보는 이들의 견해에 동의한다. 즉, 세례 요한은 여기에서 우리 각 사람의 그릇의 크기는 하나님께서 정하시는 것이기 때문에 자기가 큰 자가 된 것은 자신의 능력이나 사람들의 힘으로 된 것이 아니라고 선언하고 있다는 것이다. 왜냐하면, 하나님의 아들조차도 스스로 영광을 취하지 않으셨는데(히 5:4), 하물며 그의 양 무리에 속한 자들이 하나님께서 주신 것보다 더 많은 것을 원한다면, 그것은 말이 되지 않는 일일 것이기 때문이다. 모든 사람이 단지 이것만이라도 마음 깊이 새긴다면, 사람들은 자신의 야심(ambitio)을 충분히 억제하고도 남게 될 것이다. 그리고 만약 야심이 사람들에게서 바로잡히고 제거된다면, 다툼과 분쟁이라는 역병(疫病)도 아울러 제거될 것이다. 왜냐하면, 우리 각 사람이 자기 자신을 자신의 분수 이상으로 높이고자 하는 것은 우리가 하나님을 의지해서 하나님이 우리에게 정해주신 분량에 만족하려 하지 않는 까닭이기 때문이다.

28. 증언할 자는 너희니라. 세례 요한은 자신의 제자들에게 그들이 자기가 한 말들을 믿지 않았다는 것을 따끔하게 지적한다. 그는 자주 자기는 그리스도가 아니라고 말해 왔었다. 그렇기 때문에, 세례 요한도 다른 사람들과 마찬가지로 하나님의 아들에게 복종하여야 할 종일 뿐이라는 것은 너무나 분명한 것이었다. 이 구절은 주목할 만한 가치가 있다. 왜냐하면, 세례 요한은 자기가 그리스도가 아니라고 선언함으로써, 자기는 단지 교회의 머리 되시는 분께 복종해야 할 자이고, 교회에서 많은 지체들 중의 하나로서 섬겨야 할 자인 까닭에, 교회의 머리 되시는 분의 영광을 가릴 정도로 자기가 높임을 받아서는 안 된다는 것에 대하여 일말의 여지도 남기지 않기 때문이다. 세례 요한은 마치 왕의 시종들이 미리 앞서 가서 왕의 행차를 준비하는 것과 마찬가지로, 자기는 그리스도를 위하여 길을 준비하라는 명령을 받고서 "그의 앞에 보내심을 받은 자"라고 말한다.

²⁹신부를 취하는 자는 신랑이나 서서 신랑의 음성을 듣는 친구가 크게 기뻐하나니 나는 이러한 기쁨으로 충만하였노라 ³⁰그는 흥하여야 하겠고 나는 쇠하여야 하리라 하나라 ³¹위로부터 오시는 이는 만물 위에 계시고 땅에서 난 이는 땅에 속하여 땅에 속한 것을 말하느니라 하늘로부터 오시는 이는 만물 위에 계시나니 ³²그가 친히 보고 들은 것을 증언하되 그의 증언을 받는 자가 없도다 ³³그의 증언을 받는 자는 하나님이 참되시다는 것을 인쳤느니라 ³⁴하나님이 보내신 이는 하나님의 말씀을 하나니 이는 하나님이 성령을 한량 없이 주심이니라(3:29-34).

29. 신부를 취하는 자. 이 비유를 통해서 세례 요한은 오직 그리스도만이 평범한 사람들에서 제외되어 계신다는 것을 한층 더 확증한다. 결혼하는 남자가 자신의

친구들을 결혼식에 부르고 초대하는 것은 그들에게 자기 신부를 내어주거나 자신만의 권리를 포기한 채 그들과 함께 신부의 침상을 공유하기 위해서가 아니라, 그들로 하여금 결혼식을 더욱 빛내주고 거룩하게 해주기를 바라기 때문인 것과 마찬가지로, 그리스도께서 자신의 사역자들을 부르셔서 가르치는 직분을 주시는 것은 그들로 하여금 교회 위에 군림하여 지배하게 하시기 위한 것이 아니라, 그들의 신실한 수고를 사용하셔서 교회가 자기와 연합되게 하시기 위한 것이다. 하나님께서 사람들로 하여금 교회에서 하나님의 아들을 위하여 직분을 감당하게 하신 것은 지극히 영광스러운 일이다. 그들은 결혼식을 축하해주도록 하기 위하여 신랑이 불러온 신랑의 친구들과 같은데, 신랑의 친구들은 신랑과 그들의 처지가 다르다는 것을 알고 그들 자신의 분수를 알아서, 신랑에게 속한 것을 그들 자신이 취하지 않아야 한다. 따라서 이 비유의 전체적인 취지는 교회에서 교사의 직분을 맡은 자들은 자신의 능력이 아무리 탁월할지라도 그리스도께서 홀로, 또는 오직 그의 말씀으로 그의 교회를 다스리시는 것에 방해가 되지 않게 하여야 한다는 것이다.

성경에서는 하나님께서 우리를 양자(養子)로 삼으심으로써 우리와 하나님 간에 이루어진 거룩한 연합(sacrum vinculum)을 표현하고자 할 때에 흔히 이 비유를 사용한다. 왜냐하면, 하나님께서는 자신을 우리에게 주셔서 우리의 소유가 되게 하시고 진정으로 누리게 하시는 까닭에, 마치 아내가 남편에게 하는 것 같은 상호적인 사랑과 정절(貞節)을 우리에게 요구하시는 것은 마땅한 일이기 때문이다. 그리고 이 결혼은 그리스도 안에서 전면적으로 이루어져서, 바울이 가르치는 바와 같이, 우리는 "그리스도의 몸의 지체," 곧 그의 살과 뼈가 되었다(엡 5:30). 또한 바울은 그리스도께서 우리에게 요구하시는 정절(貞節)은 무엇보다도 복음에 순종하되, 오로지 일심(一心)으로 복음에만 순종하는 것이라고(고후 11:2-3) 가르친다. 그러므로 우리는 오직 그리스도께만 순종하고 오직 그리스도만을 우리의 머리로 삼으며, 복음의 순전한 가르침에서 한 치라도 벗어나지 말고, 오직 하나님께만 모든 영광을 돌림으로써, 그리스도께서 우리 가운데서 신랑으로서의 지위와 권세를 지니실 수 있게 해드리는 것이 마땅하다.

그렇다면 사역자들은 대체 무엇이란 말인가? 물론, 하나님의 아들은 거룩한 결혼식에서 그들이 마땅히 해야 할 일을 하도록 그들을 부르신 것이다. 그러므로 사역자들의 책무는 그들에게 맡겨진 신부가 "정결한" 신부로 신랑 앞에 설 수 있도록 온갖 정성으로 신부를 돌보는 것이다. 바울은 앞서 인용된 구절들에서 자기가 그렇게 행한 것을 자랑한다. 그런데 사역자들이 교회를 그리스도께로 이끌지 않고 그들 자신에게로 이끌어서 취(取)해 버린다면, 그것은 그들이 마땅히 존귀하고 거룩한 것이 되게 해야 할 결혼을 사악하게 짓밟아 버리는 것이다. 그리스도께서 우리를 자신의 신부를 돌보아 줄 자로 삼으심으로써 우리에게 수여하신 존귀가 지극히 큰 까닭에, 우리가 그의 지위와 권세를 지켜드리고자 하지 않는다면, 우리의 배신(infidelitas)은 극악무도한 것이 될 수밖에 없다.

나는 이러한 기쁨으로 충만하였노라. 이것은 그리스도께서 다스리시고 사람들이 그리스도의 말씀을 귀 기울여 듣는 모습을 보았을 때, 자기가 바라던 모든 것이 다 이루어져서, 더 이상 바랄 것이 없게 되었다고 말하고 있는 것이다. 자기 자신을 전혀 고려하지 않고, 오직 그리스도만을 높이며 그리스도께서 높임을 받으시는 것을 보고 만족해하는 마음을 지닌 자는 정말 신실하고 충성되게 교회를 돌볼 것이고, 많은 열매를 맺게 될 것이지만, 그런 것에서 조금이라도 벗어나고자 하는 자는 단지 그리스도의 신부를 더럽히는 일밖에 할 수 없게 될 것이다.

30. 그는 흥하여야 하겠고. 여기에서 세례 요한은 한 걸음 더 나아간다. 왜냐하면, 전에 그리스도께서는 세례 요한을 높이셔서 그에게 최고의 존귀를 부여하신 바 있었지만, 세례 요한은 그것은 단지 일시적인 것일 뿐이고, 지금은 "공의로운 해"(말 4:2)가 떠올랐으므로, 자기가 물러가지 않으면 안 된다는 것을 자신의 제자들에게 깨우쳐 주고 있기 때문이다. 이런 식으로 세례 요한은 사람들이 무지하고 눈이 멀어서 그의 위에 쌓아올린 저 헛된 영광과 존귀라는 연무(煙霧)를 흩어서 없애버릴 뿐만 아니라, 그리스도께서 자기에게 수여하신 참되고 합당한 존귀라고 할지라도, 그것이 행여라도 그리스도의 영광을 가리는 일이 없도록 하기 위해서 몹시 조심한다. 그런 까닭에, 세례 요한은 자기가 이제까지 백성들에 의해서 하나님의 큰 선지자로 여김을 받아온 이유는 자기가 바통을 넘겨주게 되어 있던 그리스도께서 오실 때까지만 일시적으로 하나님께서 자기를 그런 존귀한 자리에 두셨기 때문이라고 말한다. 아울러, 세례 요한은 그리스도께서 온 세상을 자신의 빛으로 채우셔서 취하시기만 하신다면, 자기는 흔적도 없이 사라진다고 해도 너무나 기쁠 것이라고 자신의 심경을 밝힌다.

31. 위로부터 오시는 이는. 세례 요한은 또 다른 비유를 사용해서, 그리스도께서 다른 모든 사람들과 얼마나 다른 분이시고 다른 사람들보다 얼마나 더 높이 계시는 분이신지를 보여준다. 왜냐하면, 세례 요한은 그리스도를 높은 자리에서 말할

때에 그 권세로 인하여 사람들이 경외함으로 들을 수밖에 없는 왕 또는 최고 사령
관에 비유하기 때문이다. 그러나 세례 요한은 자기는 가장 낮은 자리에서 말하는
것도 과분하다고 말한다. 세례 요한은 그리스도가 하나님이시라는 의미에서만이
아니라, 그리스도 안에는 오직 하늘에 속한 왕적인 것들만이 존재한다는 의미에서
그리스도를 "위로부터 오신 이"라고 말한다.

불가타 역본에는 "땅에 속하여"라는 어구가 한 번 나오지만, 헬라어 사본들에는
한결같이 이 어구가 두 번 반복되어 나오는데, 무식한 자들이 이러한 반복을 불필
요한 것으로 여겨서 삭제해 버린 것 같다. 그러나 이 구절의 의미는 "땅에 속한 자"
는 자신이 어디에서 왔는지를 스스로 드러내는 가운데 자신의 본성을 좇아 계속해
서 땅에 속하여 있을 수밖에 없다는 것이다. 그러므로 오직 그리스도만이 하늘로
부터 내려 오셨기 때문에 "위로부터" 말씀하실 수 있으시다고 세례 요한은 선언한
다.

여기에서 한 가지 질문이 제기될 수 있다: 세례 요한의 소명과 직분을 생각할 때,
그도 "하늘로부터" 왔고, 그래서 사람들이 그의 입을 통해서 하나님의 말씀을 듣는
것이 마땅했던 것이 아닌가? 그런데 세례 요한은 여기에서 그런 사실을 부정하고,
마치 자신이 전한 하늘의 가르침을 훼손하고 있는 것처럼 보인다. 나의 대답은 세
례 요한은 절대적인 의미로가 아니라 상대적인 의미로 그렇게 말했다는 것이다.
사역자들만을 따로 떼어서 생각한다면, 그들은 분명히 하나님이 그들에게 명하신
것들을 마치 "하늘로부터" 말하는 것처럼 최고의 권위로 전한 것이다. 그러나 일
단 그리스도와 비교하게 되면, 그들은 아무것도 아닌 자들이 된다. 그래서 사도는
히브리서 12:25에서 율법을 복음과 비교하면서 "땅에서 경고하신 이를 거역한 그
들이 피하지 못하였거든 하물며 하늘로부터 경고하신 이를 배반하는 우리일까 보
냐"라고 말한다. 그러므로 그리스도께서는 자신의 사역자들의 활동을 통해서 사
람들이 그를 깨닫고 인정하게 되기를 바라시지만, 오직 그만이 홀로 주(主)로 남으
시고, 자신의 사역자들은 종의 지위로 만족하기를 바라신다. 특히 그리스도께서는
자기가 자신의 사역자들과 비교될 때에는 완전히 구별되셔서 홀로 높임을 받으시
기를 원하신다.

32. 그가 친히 보고 들은 것을 증언하되. 세례 요한은 자신의 직무를 계속해서
수행해 나간다. 즉, 세례 요한은 그리스도께서 제자들을 얻으시도록 사람들을 준
비시키기 위하여, 그리스도께서는 아버지 하나님으로부터 친히 받으신 것만을 말

씀하시는 까닭에, 그리스도의 가르침은 확실하다고 칭송한다. "보고 들은 것"은 의심스러운 견해들, 근거 없는 헛소문들, 온갖 종류의 허구(虛構)들과 대비된다. 왜냐하면, 세례 요한은 그리스도께서는 온전히 확증된 것들 외에는 가르치지 않으신다고 말하고 있는 것이기 때문이다. 그러나 오직 "들은 것"만을 말하는 자의 말을 어떻게 신뢰할 수 있느냐고 반문하는 사람이 있을 것이다. 나의 대답은 세례 요한은 여기에서 그리스도께서는 아버지 하나님으로부터 가르침을 받으셨기 때문에, 하나님에게서 나온 말씀들, 즉 하나님께서 그에게 주신 것들만을 전하시는 것이라는 의미로 이렇게 말했다는 것이다. 이것은 아버지 하나님께서 자신의 뜻을 전하는 대사(大使)로 세우셔서 이 세상에 보내신 분으로서의 그리스도의 신분(身分)에 완전히 부합한다.

그런 후에, 세례 요한은 이렇게 확실하고 믿을 만한 하나님의 증인(testis)을 배척한 불경건하고 악한 "세상"의 배은망덕함을 고발한다. 이런 식으로 세례 요한은, 많은 사람들의 마음을 믿음에서 돌아서게 만들 수 있고 그들의 믿음의 진보를 가로막거나 더디게 만들 수 있는 걸림돌을 미리 제거한다. 왜냐하면, 우리는 사람의 판단에 지나치게 의존하는 경향이 있어서, 상당수의 사람들은 복음이 세상에서 멸시받는 것을 기준으로 삼아서 복음을 평가하거나, 적어도 복음이 도처에서 배척당하는 것을 보고서 선입견에 사로잡혀서 믿음을 갖는 것이 어려워지기도 하고 지체되기도 하기 때문이다. 그러므로 우리는 세상에서 그러한 완악함과 강퍅함(pervicacia)을 볼 때마다, 여기에 주어진 경고의 말씀을 기억하고서, 복음은 하나님으로부터 온 진리라는 것을 믿고, 변함없이 복음에 순종하여야 한다. 세례 요한이 그리스도의 증언을 받는 자가 "아무도 없다"고 말한 것은 믿지 않는 불경건한 자들이 거대한 무리를 이루고 있는 것에 비하면, 믿는 자들은 "아무도 없다"고 말해도 될 정도로 소수이거나 거의 없다는 것을 의미한다.

33. 그의 증언을 받는 자는. 세례 요한은 여기에서 경건한 자들에게 복음의 가르침을 두려움 없이 주저하지 말고 받아들이라고 권면하고 격려한다. 이것은 그들의 믿음의 근원(autor)이 되시는 하나님은 오직 홀로 그들에게 모든 것이 되어 주시기에 충분하신 분이신 까닭에, 그들의 수(數)가 적다고 해서, 그들이 부끄러워하거나 주눅이 들 이유가 전혀 없다고 말하는 것과 같다. 그러므로 온 세상이 복음을 믿기를 거부하거나 주저한다고 할지라도, 선한 자들은 그런 것에 구애받지 말고 하나님의 말씀에 동의하여야 한다. 하나님의 말씀에 동의한다는 것은 다름 아닌 복음

을 믿는 것임을 안다면, 그들에게는 안전한 의지처(依支處)가 있는 것이다. 또한, 우리는 믿음이라는 것은 하나님을 의지하고 그의 말씀을 견고히 붙드는 것임을 안다. 만약 하나님께서 먼저 다가오셔서 말씀하지 않으신다면, 우리에게는 동의(subscriptio)의 기회조차 없을 것이다. 세례 요한은 여기에서 믿음은 인간이 고안해 낸 모든 것들만이 아니라, 의심스럽고 불확실한 견해들과도 구별된다고 가르친다. 왜냐하면, 믿음은 그 어떤 의심으로부터도 벗어나 있는 하나님의 진리에 응답하는 것이기 때문이다. 그러므로 하나님은 거짓말을 하실 수 없으신 까닭에, 믿음이 요동한다는 것은 말이 되지 않는다. 우리가 이러한 방비(防備)로 견고하게 무장하기만 한다면, 사탄이 그 어떤 술수를 써서 우리를 훼방하고 흔들어 놓고자 한다고 할지라도, 우리는 늘 승리하게 될 것이다.

또한, 이 구절은 믿음이라는 것이 하나님 앞에서 얼마나 받으심직하고 귀한 제사인지를 일깨워준다. 왜냐하면, 하나님께서는 자기가 참되시다는 것이 무엇보다도 가장 소중한 것인 까닭에, 우리가 하나님이 참되시다고 믿음으로 고백함으로써 하나님께 진정으로 합당한 영광과 존귀를 돌릴 때, 그것은 하나님께서 가장 받으심직한 예배를 드리는 것이 되기 때문이다. 반면에, 우리가 복음을 믿지 않는 것은 하나님께 최대의 모욕을 가하는 것이 된다. 왜냐하면, 우리가 하나님이 참되시다는 것을 인정하지 않을 때, 우리는 하나님에게서 그의 영광과 위엄도 다 빼앗아 버리는 것이 되기 때문이다.

어떤 의미에서 하나님의 참되심은 복음 속에 들어 있고, 하나님은 그 복음을 통해서 자기가 알려지기를 바라신다. 그러므로 믿지 않는 자들은 그들이 할 수 있는 한에서 하나님에게 아무것도 남겨두고자 하지 않는 자들이다. 왜냐하면, 그것은 그들의 불경건(impietas)으로 하나님의 신실하심(fides)을 뒤엎어 버리는 것일 뿐만 아니라, 하나님을 거짓말쟁이라고 주저함 없이 비난하는 것이기 때문이다. 우리가 돌보다 더 강퍅한 자들이 아니라면, "믿음"에 붙여진 이 고상한 칭호, 즉 "그의 증언을 받는 자"라는 칭호는 우리의 마음속에 그 칭호를 열렬히 사모하는 마음을 불러일으키는 것이 마땅하다. 왜냐하면, 본래부터 온통 거짓과 기만(欺瞞)으로 꽉 차 있는 인간에게 하나님의 거룩한 진리에 동의하고 시인할 기회를 주신 것은 아무짝에도 쓸데없는 가련하고 비참한 인간에게 더할 나위 없이 큰 영광을 수여하신 것이기 때문이다.

34. 하나님이 보내신 이는 하나님의 말씀을 하나니. 세례 요한은 여기에서 그리

스도께서는 다름 아닌 하늘에 계신 아버지에게서 나오신 분이시기 때문에 우리가 그리스도의 가르침을 받을 때에 하나님과 진정으로 상관이 있게 된다는 것을 보여 줌으로써 자기가 앞서서 한 말을 확증한다. 그러므로 그리스도를 통해서 우리에게 말씀하시는 이는 바로 하나님이시기 때문에, 우리가 그리스도의 가르침이 하나님 으로부터 나온 말씀이라는 것을 인정하지 않는다면, 우리는 그리스도의 가르침을 합당하게 대우하는 것이 아니게 된다.

이는 하나님이 성령을 한량 없이 주심이니라. 이 구절은 두 가지로 설명된다. 어 떤 이들은 이것을 하나님의 일반 섭리와 관련시켜서 넓은 의미로 이해해서, 이 구 절의 의미는 모든 은택(恩澤)의 무궁무진한 원천이신 하나님께서는 자신의 은사들 을 사람들에게 차고 넘치게 부어 주셔도, 하나님의 것은 조금도 줄어들지 않는다 는 것이라고 설명한다. 즉, 인간의 경우에는 다른 사람들에게 자신의 것을 계속해 서 나누어주다 보면 결국에는 바닥이 나버리고 말지만, 하나님의 경우에는 그런 일이 일어날 위험성이 전혀 없고, 하나님의 은사는 무궁무진하여서, 늘 새롭게 후 히 주실지라도 부족해서 못 주시는 일은 일어나지 않는다는 것이다. 이 구절에는 특정한 대상이 명시되어 있지 않기 때문에, 이러한 설명도 어느 정도 가능해보이 기는 하지만, 나는 이 구절은 그리스도에 대한 것이라고 본 아우구스티누스 (Augustinus)의 견해에 더 끌린다. 이 구절에 그리스도에 대한 명시적인 언급이 없 다는 것을 근거로 반론을 제기하는 것은 타당하지 않다. 왜냐하면, 여기에서 다수 의 불특정한 사람들과 관련해서 말해진 것처럼 보이는 내용을 오직 그리스도만으 로 한정하고 있는 다음 절이 모든 모호성을 제거해주기 때문이다. 즉, "아버지께서 아들을 사랑하사 만물을 다 그의 손에 주셨으니"(35절)라는 말씀은 의심할 여지 없이 보충 설명을 위해서 덧붙여진 것이기 때문에, 35절을 34절과 연결시켜서 동 일한 맥락 속에서 읽으면, 이 문제는 해결이 된다는 말이다. 이 구절에 현재 시제의 동사가 사용된 것은 계속되는 행위를 나타내기 위한 것이다. 물론, 그리스도께서 는 단번에 가장 완전하게 성령을 받으셨을지라도, 성령은 그 원천(源泉)으로부터 끊임없이 흘러나와서 널리 퍼져나가기 때문에, 그리스도께서 계속해서 현재적으 로 아버지 하나님께로부터 성령을 받으신다고 말해도, 그것은 틀린 말이 아니다. 그러나 좀 더 단순하게 해석하고자 한다면, 이 구절에서 과거완료 시제 대신에 현 재 시제가 사용된 것으로 보고서, "주심이니라"를 "주셨음이니라"로 해석해도 무 방할 것이다.

이제 이 구절의 의미는 분명하다. 즉, 성령은 그리스도께 "한량 없이" 주어졌기 때문에, 그리스도께서 지니신 은혜의 분량은 어떤 식으로든 결코 한정되어 있지 않다는 것이다. 바울은 "우리 각 사람에게 그리스도의 선물의 분량대로 은혜를 주셨나니"(엡 4:7)라고 말함으로써, 그리스도의 은사를 몽땅 다 혼자 가지고 있는 자는 아무도 없다고 가르친다. 즉, 우리 사이에는 형제의 교제(communicatio)라는 서로를 묶는 끈(vinculum)이 있어서, 아무도 스스로 자기가 필요로 하는 모든 것을 갖고 있지 않고, 모든 사람이 서로를 필요로 한다는 말이다. 그러나 아버지 하나님이 그리스도께 성령을 "한량 없이" 부어주셨다는 점에서, 그리스도는 우리와 다르다. 따라서 성령께서 그리스도 안에 "한량 없이" 거하시기 때문에, 요한복음 1장에서 이미 보았듯이, "우리가 다 그의 충만한 데서 받는다"는 말씀이 옳다.

다음에 오는 내용, 즉 "아버지께서 만물을 다 그의 손에 주셨으니"라는 말씀도 이것과 연관되어 있다. 왜냐하면, 세례 요한은 그 말씀을 통해서 만물 위에 뛰어나신 그리스도의 탁월성(excellentia)을 선포할 뿐만 아니라, 아울러 그리스도께 주어진 부요함(opulentia)의 목적과 용도를 보여주기 때문이다. 즉, 바울이 앞에서 인용된 에베소서 4장에서 좀 더 자세하게 설명하고 있듯이, 그리스도께서는 아버지 하나님을 대신한 집행관으로 세우심을 받으셨기 때문에 각 사람에게 가장 유익하고 좋은 것으로 생각되는 것들을 나누어 주신다는 말이다. 그러므로 하나님께서는 자기 백성을 여러 가지 다양한 방식으로 부요하게 하시지만, 오직 그리스도께만 "만물을 다 그의 손에 주셨다."

[35]아버지께서 아들을 사랑하사 만물을 다 그의 손에 주셨으니 [36]아들을 믿는 자에게는 영생이 있고 아들에게 순종하지 아니하는 자는 영생을 보지 못하고 도리어 하나님의 진노가 그 위에 머물러 있느니라(3:35-36).

35. 아버지께서 아들을 사랑하사. 세례 요한이 이러한 이유를 제시한 의도는 무엇인가? 하나님께서는 그리스도 외의 다른 모든 사람은 미워하신다는 말인가? 그 대답은 쉽다. 즉, 세례 요한은 지금 하나님께서 지으신 인간이나 그 밖의 다른 피조물에 대한 일반적인 사랑(vulgaris amor)이 아니라, 자기 아들에서 시작되어서 그 아들로부터 모든 피조물에게로 흘러가는 저 특별한 사랑(singularis amor)에 대하여 말하고 있다는 것이다. 왜냐하면, 하나님께서는 자기 아들에 대한 바로 그 사랑

으로 우리까지도 그 아들 안에서 품으시고, 그 사랑으로 인해서 자신의 모든 복들을 그 아들의 손을 빌려 우리에게 부어주시기 때문이다.

36. 아들을 믿는 자에게는. 이 구절이 덧붙여진 것은 모든 복들을 그리스도께 구하여야 한다는 것을 우리에게 알게 할 뿐만 아니라, 어떻게 해야 그 복들을 향유할 수 있게 되는지를 알게 하기 위한 것이다. 세례 요한은 이 복들을 향유하기 위한 비결은 "믿음"에 있다고 말한다. 우리는 "믿음"으로 말미암아 그리스도를 소유하고, 그리스도께서는 우리에게 자기 자신만이 아니라 의(iustitia)와 그 의의 열매인 생명(vita)도 주시기 때문에, 세례 요한의 말은 지극히 옳다. 그리스도를 믿는 믿음이 우리에게 생명을 가져다주는 원인(causa)이 된다는 말씀으로부터, 우리는 생명은 오직 그리스도 안에서만 발견될 수 있다는 것과 그리스도의 은혜로 말미암지 않고는 다른 어떤 식으로도 생명에 참여하는 자가 될 수 없다는 것을 알게 된다. 그러나 그리스도의 생명이 어떤 식으로 우리에게 오는지에 대해서는 모든 사람의 견해가 일치하는 것은 아니다. 어떤 이들은 "우리는 믿음으로 말미암아 성령을 받고, 이때에 성령께서는 우리를 거듭나게 하여 의에 이르게 하시는데, 바로 그 거듭남으로 인해서 우리가 구원을 얻는" 것이라고 설명한다. 물론, 나는 우리가 믿음으로 말미암아 새롭게 되어서 그리스도의 영이 우리를 다스리시게 된다는 것은 맞다고 인정하지만, 우리가 값없이 죄사함을 받아서 하나님께 받아들여진 사실이 먼저 고려되어야 한다고 말하고 싶다. 아울러 나는 구원에 관한 우리의 모든 확신이 바로 이 사실 속에 있고 거기에 근거하고 있다는 것도 말하고 싶다. 왜냐하면, 하나님께서 우리의 죄를 우리에게 돌리지 않게 되시기 전에는, 다른 어떤 방식으로도 하나님 앞에서 우리가 의롭다 하심을 받을 수는 없기 때문이다.

아들에게 순종하지 아니하는 자는. 세례 요한은 앞에서 그리스도 안에 있는 생명을 제시하면서 그 생명은 달콤하다고 말하며 우리를 초대했던 것과 마찬가지로, 이제 여기에서는 그리스도를 믿지 않는 모든 자에 대하여 영원한 사망을 선고한다. 세례 요한은 이 사망 선고는 우리 모두가 아담 안에서 타락하였다는 사실에 근거하고 있기 때문에, 그리스도께서 우리를 구원하지 않으시면, 우리에게는 사망을 피할 다른 길이 없다고 경고함으로써, 하나님의 자비하심(beneficium)을 부각시킨다. 멸망할 수밖에 없는 자들을 구원하시는 것이 그리스도의 직임(職任)이라면, 그리스도 안에서 주어지는 구원을 배척하는 자들이 사망 가운데 머물러 있을 수밖에 없게 되는 것은 당연하다. 방금 전에 우리는 복음을 듣고 알았으면서도 배척한 자들이 바로 그렇게 된다고 말하였다. 왜냐하면, 인류 전체가 동일한 멸망(exitium)을 받게 되어 있기는 하지만, 하나님의 아들을 자신의 구원자로 받아들이고자 하지 않은 자들에게는 갑절의 더 무거운 보응(報應)이 기다리고 있기 때문이다. 사실, 세례 요한은 믿지 않는 자들에게 사망을 경고함으로써 우리에게 그 사망에 대한 두려움을 불러일으켜서, 우리가 힘을 내어 그리스도를 믿는 쪽으로 나아가게 되기를 바랐다는 것은 의심의 여지가 없다.

또한, 여기에서 분명한 것은 세례 요한은 세상이 그리스도 밖에서 가지고 있다고 착각하고 있는 모든 의(義)를 단죄하고 무효화시키고 있다는 것이다. 그리스도 밖에서 다른 방식으로 경건하고 거룩하게 되었다고 생각하는 자들이 단지 그리스도를 믿지 않았다고 해서 멸망을 당하는 것은 부당하다고 그 누구도 이의를 제기할 수 없다. 왜냐하면, 그리스도께서 주시지도 않으셨는데, 사람들 안에 거룩함이 있다고 생각하는 것은 허황된 것이기 때문이다.

여기에서 "영생을 본다"는 것은 "영생을 누린다"는 뜻이다. 그러나 세례 요한은 우리가 그리스도로 말미암아 구원받지 못하면, 우리에게는 그 어떤 소망도 남아 있지 않게 된다는 것을 좀 더 분명하게 표현하기 위해서, "하나님의 진노"가 믿지 않는 자들 위에 "머물러 있다"고 말한다. 아우구스티누스(Augustinus)는 세례 요한이 우리가 다 "진노의 자녀"(엡 2:3)로 태어난 것이기 때문에 모태로부터 사망에 처해질 운명을 지니고 태어났다는 것을 알게 하기 위하여 "머물러 있다"는 단어를 사용한 것이라고 본다. 나는 그러한 견해에 대하여 별 불만은 없지만, 적어도 우리가 앞에서 내가 말한 바 있는 이 구절의 참되고 단순한 의미, 즉 모든 믿지 않는 자들 위에는 사망이 임하여 있고, 그 사망이 그들을 꼼짝못하게 짓누르고 있기 때문에, 그들이 결코 거기에서 빠져 나올 수 없다는 것을 견지하기만 한다면, 아우구스티누스의 견해 같은 그런 종류의 설명을 기꺼이 받아들일 수 있다. 사실, 타락하여 버림받은 자들은 이미 당연히 정죄 아래 있는 것이기는 하지만, 그들의 불신앙으로 말미암아 새로운 사망을 그들 위에 더 쌓아올리는 것이다. 복음 사역자들에게 "매는 권세"가 주어진 것은 바로 그런 목적을 위한 것이다. 왜냐하면, 하나님의 구원의 멍에(salutare iugum)를 떨쳐낸 자들이 스스로 사망의 사슬(mortis vinculum)에 묶이게 되는 것은 그들의 완악함과 강퍅함에 대한 의로운 보응(報應)이기 때문이다.

제4장

¹예수께서 제자를 삼고 세례를 베푸시는 것이 요한보다 많다 하는 말을 바리새인들이 들은 줄을 주께서 아신지라 ²(예수께서 친히 세례를 베푸신 것이 아니요 제자들이 베푼 것이라) ³유대를 떠나사 다시 갈릴리로 가실새 ⁴사마리아를 통과하여야 하겠는지라 ⁵사마리아에 있는 수가라 하는 동네에 이르시니 야곱이 그 아들 요셉에게 준 땅이 가깝고 ⁶거기 또 야곱의 우물이 있더라 예수께서 길 가시다가 피곤하여 우물 곁에 그대로 앉으시니 때가 여섯 시쯤 되었더라 ⁷사마리아 여자 한 사람이 물을 길으러 왔으매 예수께서 물을 좀 달라 하시니 ⁸이는 제자들이 먹을 것을 사러 그 동네에 들어갔음이러라 ⁹사마리아 여자가 이르되 당신은 유대인으로서 어찌하여 사마리아 여자인 나에게 물을 달라 하나이까 하니 이는 유대인이 사마리아인과 상종하지 아니함이러라(4:1-9).

1. 주께서 아신지라. 복음서 기자는 이제 그리스도께서 "사마리아 여자"와 나누신 대화를 얘기하기 위해서 먼저 이 여정(旅程)이 어떻게 시작되었는지를 설명한다. 그리스도께서는 바리새인들이 자기에게 악감을 품고 있다는 것을 아셨기 때문에, 때가 이르기 전에는 그들과 마주쳐서 그들의 분노를 자극하는 것을 피하고자 하셨는데, 이것이 그리스도께서 "유대를 떠나시게" 된 동기였다. 그래서 복음서 기자는 그리스도께서 사마리아로 가신 것은 거기에 머무르시기 위한 것이 아니라, 단지 갈릴리로 가시려면 거기를 통과하셔야 했기 때문이라고 말한다. 왜냐하면, 그리스도께서는 자신의 부활을 통해서 복음의 문이 열릴 때까지는 자기가 보내심을 받은 "이스라엘의 양들"을 모으는 일에 전념하셔야 했기 때문이다. 그러므로 그리스도께서 "사마리아인들"에게 자신의 가르침을 들을 수 있는 영광을 주신 것은 아주 이례적인 일이었고, 이런 표현을 써도 될지 모르겠지만, 우발적인 일이었다고 할 수 있다.

그런데 그리스도께서는 늘 자기가 사람들에게 널리 알려지게 되기를 그토록 바

라셨는데, 여기에서는 마치 사람들이 자기를 알아보는 것을 원치 아니하신다는 듯
이, 갈릴리로 물러나 은신하시고자 한 이유는 무엇인가? 나의 대답은 그리스도께
서는 자기가 어떻게 행하여야 할지를 아셨기 때문에, 온갖 기회들을 유익하게 활
용해서 한 순간도 허비하지 않으셨다는 것이다. 그러므로 그리스도께서는 자기가
달려가야 할 길을 올바른 순서를 따라 착실하게 차근차근히 달려가고자 하셨다.
이것으로부터 우리는 우리의 마음을 다스려서, 한편으로는 두려움으로 인해서 우
리가 마땅히 해야 할 일들을 추진해 나가는 것을 주저하는 일이 없게 하고, 다른 한
편으로는 경솔하게 위험들에 우리 자신을 던지는 일이 없게 하는 것이 마땅하다는
가르침을 얻는다. 자신의 소명(召命)을 이루고자 간절하게 원하는 자들은 모두 이
러한 중용(中庸, mediocritas)을 지켜나가지 않으면 안 된다. 왜냐하면, 우리는 죽
음의 길들 한가운데서도 변함없이 주님을 따라야 하지만, 무턱대고 그 길들로 뛰
어들어서는 안 되고, 그 가운데서 주님이 보여주신 길들로 행하여야 하기 때문이
다. 그러므로 우리는 우리의 소명(vocatio)이 요구하는 것 이상으로 앞서가지 말아
야 한다는 것을 명심하여야 한다.

바리새인들이 들은 줄을. 복음서 기자가 그리스도에 대하여 적대적인 자들로 오
직 "바리새인들"만을 언급한 것은 다른 서기관들은 우호적이었기 때문이 아니라,
당시에 바리새파가 지배적인 위치에 있었고, 경건한 열심이라는 미명 아래 광기
(狂氣)로 가득 차 있었기 때문이었다. 이것에 대하여, 바리새인들이 세례 요한에
대하여 더 큰 호감을 지니고 있어서 그의 존귀와 명성이 더 커지기를 바라고 있었
는데, 그리스도께서 세례 요한보다 더 많은 제자들을 모으게 되자, 그것을 시기한
것이 아닌가라고 말하는 이들이 있을지도 모르겠다. 그러나 이 구절의 의미는 그
런 것이 아니다. 왜냐하면, 바리새인들은 전에는 세례 요한이 제자들을 모으는 것
을 보고서 좋지 않은 감정을 품고 있었는데, 이제는 훨씬 더 많은 제자들이 그리스
도께로 가는 것을 보자 한층 더 격분하게 된 것이기 때문이다. 세례 요한이 자기는
하나님의 아들의 전령(傳令)에 불과한 자라고 공언한 때로부터, 더 많은 무리가 그
리스도께로 몰려가기 시작하였고, 세례 요한은 자신의 사역을 마무리하면서 가르
치고 세례를 베푸는 일을 그리스도께 점진적으로 넘겨드리는 중에 있었다.

2. 예수께서 친히 세례를 베푸신 것이 아니요. 복음서 기자가 그리스도께서 다른
사람들의 손을 빌려서 베푼 세례를 그리스도의 세례(baptismus Christi)라고 표현
한 것은 세례는 집례자가 누구냐에 의해서 평가되어서는 안 되고, 그 효력은 전적

으로 세례를 제정하신 이의 이름과 권위로 베풀어졌느냐의 여부에 달려 있다는 것을 우리에게 알게 하기 위한 것이다. 이것으로부터 우리는 우리가 받은 세례가 우리를 깨끗하게 하고 새롭게 함에 있어서 마치 하나님의 아들로부터 직접 받은 것과 동일한 효력을 지니고 있다는 것을 알게 되어서 큰 위로를 받게 된다. 그리스도께서는 세례가 죽을 수밖에 없는 존재인 인간에 의해서 베풀어져도 그 효력이 상실되지 않는다는 것을 모든 세대에 증언하시기 위한 분명한 목적을 가지시고서, 이 세상에 계실 때에 세례라는 외적인 표징(signum)을 직접 행하지 않으신 것이었다는 것은 의심의 여지가 없다. 요컨대, 우리는 그리스도께서 자신의 성령으로 우리의 내면에 세례를 베푸시지만, 거기에서 그치지 않으시고, 우리가 죽을 수밖에 없는 존재인 인간으로부터 그 외적인 표징인 세례를 받을 때에, 친히 하늘에서 자신의 손을 내미셔서 우리에게 뻗치시는 것으로 보아야 한다는 것이다. 사람이 집례하는 세례가 그리스도의 세례이기만 하다면, 누가 집례를 했든, 그 세례가 그리스도의 세례라는 것은 변함이 없게 될 것이다. 이것은 집례자가 악한 자인 경우에는 세례도 그 악에 의해서 더럽혀진다고 주장하며 그런 터무니없는 주장으로 교회를 어지럽히는 재세례파의 견해를 반박하기에 충분한 논거가 되는데, 아우구스티누스(Augustinus)가 전에 이 동일한 논거를 사용해서 도나투스파에 맞선 것은 대단히 적절한 것이었다.

5. 수가라는 하는 동네에 이르시니. 히에로니무스(Hieronymus)는 자신이 쓴 파울라(Paula)의 묘비명(墓碑銘)에서 "수가"는 틀린 읽기이고 "시겜"(성경에 나오는 "세겜")으로 썼어야 했다고 말했는데, 실제로 "시겜"이 이 동네에 대하여 아주 오래 전부터 사용된 진짜 명칭이었던 것으로 보이지만, 복음서 기자가 살던 시대에는 "수가"라는 명칭이 이미 통용되고 있었을 가능성이 높다. "수가"의 위치에 대해서는, 이 성읍이 그리심 산 옆에 있었다는 것이 일반적인 견해인데, 그 주민들은 옛적에 시므온과 레위의 기만전술로 인해서 살육을 당하였고(창 34:25), 나중에 이 성읍 출신이었던 아비멜렉에 의해서 완전히 훼파되었다. 그러나 그 지역은 입지조건이 좋았기 때문에 세 번째로 재건되어서 히에로니무스(Hieronymus) 시대에는 네아폴리스(Neapolis)라 불리게 되었다. 복음서 기자는 이 모든 정황들을 세세하게 보도하여, 사람들이 혹시라도 제기할지 모르는 모든 의구심을 미리 제거한다. 왜냐하면, 야곱이 요셉의 아들들에게 세겜 땅을 주었다는 것은 모세의 글을 통해서 분명하게 확인되고(창 48:22), 그리심 산이 세겜 근방에 있다는 것도 누구나

인정하는 사실이며, 거기에 성전이 세워졌었다는 것도 우리가 나중에 알게 될 것이고, 야곱이 자신의 가족과 함께 세겜 땅에서 오랫동안 거주하였다는 것도 의심의 여지가 없기 때문이다.

6. 예수께서 길 가시다가 피곤하여. 그리스도께서는 피곤하신 척하신 것이 아니라, 실제로 피곤하셨다. 왜냐하면, 사도가 "우리에게 있는 대제사장은 우리의 연약함을 동정하지 못하실 이가 아니요"(히 4:15)라고 말하였듯이, 그리스도께서는 우리를 더 동정하시고 우리의 아픔을 더 느끼시기 위하여 우리의 연약함(infirmitas)을 짊어지셨기 때문이다. 그리스도께서 피곤을 느끼신 것에는 시간적인 요인도 작용하였다. 유대인들은 해가 떠서 질 때까지를 열두 시간으로 나누었던 까닭에, 본문에서 "여섯 시"는 정오를 말하는 것이기 때문에, 그리스도께서 "정오쯤에" 목이 마르고 피곤하셔서 우물 곁에서 쉬시게 된 것은 전혀 이상한 일이 아니었다. 복음서 기자는 그리스도께서 우물 곁에 "그대로" 앉으셨다고 말하는데, 이것은 사람이 지쳤을 때에 보이는 태도를 묘사한 것이다.

7. 사마리아 여자 한 사람이 … 왔으매. 그리스도께서 "사마리아 여자"에게 "물을 좀 달라"고 하신 것은 단지 그녀를 가르칠 기회를 얻으시기 위한 것이 아니라, 실제로 목이 마르셔서 마실 물이 필요하셨기 때문이었다. 그러나 그렇다고 하더라도, 그리스도께서는 자신의 필요보다도 이 여자의 구원을 더 먼저 생각하시는 그런 분이셨던 까닭에, 자신이 얻은 기회를 활용해서 그녀를 가르치고자 하신 것은 당연한 일이었다. 그래서 그리스도께서는 마치 그녀와 대화할 짬과 기회를 얻어서 그녀에게 참된 경건을 가르치실 수 있게 된 것으로 자신의 갈증이 해소되셨다는 듯이 그 갈증을 잊으시고서, 눈에 보이는 물과 영적인 물 간의 유비(類比)를 사용하셔서, 자기에게 마실 물을 주기를 거절하였던 그녀의 마음을 하늘의 가르침으로 촉촉이 적셔주신다.

9. 당신은 유대인으로서 어찌하여 사마리아 여자인 나에게 물을 달라 하나이까. 이것은 이 "사마리아 여자"가 그동안 유대인들로부터 멸시를 당해오면서 사마리아인들에게 쌓였던 설움과 원망을 담아서 "유대인"이었던 그리스도께 쏟아놓은 질책이었다. 사마리아인들은 이방(異邦)에서 들어온 자들로부터 태어난 쓰레기 같은 종자(種子)들이었다고 알려져 있다. 그들은 하나님의 예배를 더럽히고 많은 잘못되고 악한 예식들을 도입한 자들이었기 때문에 유대인들의 증오의 대상이 된 것은 어쩌면 당연한 일이었다. 하지만 유대인들 중의 대다수가 자신들의 육적인

증오심을 은폐하기 위하여 율법에 대한 자신들의 열심을 명분으로 내세웠다는 것
도 의심의 여지가 없다. 왜냐하면, 유대인들 중 다수가 하나님의 예배가 더럽혀진
것에 대한 슬픔과 애통함으로 인해서가 아니라, 그들 자신의 야심과 시기심, 그리
고 본래 그들에게 주어졌던 땅을 사마리아인들이 차지하고 있는 것에 대한 불만으
로 인해서 그들을 증오한 것이기 때문이다. 만약 유대인들의 동기와 감정이 순수
하고 올바른 것이었다면, 그들이 사마리아인들과 거리를 둔 것은 합당한 일이었을
것이다. 그런 까닭에, 그리스도께서도 복음을 전하도록 하기 위하여 사도들을 처
음으로 보내실 때에 그들에게 "이방인의 길로도 가지 말고 사마리아인의 고을에도
들어가지 말라"(마 10:5)고 명하셨다.

사실 이 사마리아 여자는 우리 중 거의 모두에게 자연스러운 그런 행동을 보이
고 있는 것이다. 왜냐하면, 우리는 본성적으로 존중 받기를 원하는 까닭에, 멸시를
받으면 몹시 상처를 받게 되기 때문이다. 인간 본성에 내재되어 있는 이 질병은 너
무나 일반적인 것이어서, 누구나 다 자신의 그 어떤 악(惡)이라도 다른 사람들이
용납하고 받아주기를 바란다. 만약 어떤 사람이 우리 자신이나 우리의 언행을 받
아주지 않으면, 우리는 그 이유를 묻지 않고 무턱대고 즉시 화를 낸다. 이 교만의
씨(superbiae semen)가 하나님의 성령에 의해서 뿌리째 뽑힌 자가 아니라면, 누구
든지 자기 자신을 잘 살펴보면, 자신의 마음속에서 이 씨를 반드시 발견하게 될 것
이다. 그러니까, 이 사마리아 여자는 그녀가 속한 민족이 섬기고 있던 미신(迷信)
들이 유대인들에 의해서 단죄되고 있다는 것을 잘 알고 있었기 때문에, 지금 그리
스도를 상대로 해서 그들에게 분풀이하고 있는 것이다.

이는 유대인이 사마리아인과 상종하지 아니함이러라. 나는 이 말을 사마리아 여
자가 한 것이라고 보지만, 다른 이들은 복음서 기자가 보충설명을 위해 이 말을 덧
붙인 것이라고 본다. 사실, 어느 쪽으로 보든, 그런 것은 별로 중요하지 않지만, 나
는 이 사마리아 여자가 다음과 같은 취지로 그리스도를 야유하고 있는 것이라고
보는 것이 더 자연스럽다고 생각한다: "도대체 당신은 무슨 짓을 하고 있는 것인가
요? 당신들은 우리를 그토록 깔보고 업신여기고 있는데도, 내게 마실 물을 달라는
말이 당신 입에서 그렇게 자연스럽게 나올 수 있는 것인가요?" 하지만 이것과 다른
해석을 하는 사람이 있다고 해도, 나는 논쟁을 하고 싶지는 않다. 또한, 이 구절은
유대인들이 사마리아인들을 혐오하여 아예 "상종조차" 하지 않은 것은 그 도가 너
무 지나친 것이었음을 말하고자 한 것일 수도 있다. 왜냐하면, 앞에서 말했듯이, 유

대인들은 그들의 종교에 대한 거짓된 열심을 사마리아인들을 증오하는 데에 악용한 것이었던 까닭에, 악한 육정(肉情)에 휘둘리는 자들이 거의 언제나 그러하듯이, 사실 그들이 그 도를 넘어서서 극단으로 치닫게 된 것은 자연스러운 일이었기 때문이다.

[10]예수께서 대답하여 이르시되 네가 만일 하나님의 선물과 또 네게 물좀 달라 하는 이가 누구인 줄 알았더라면 네가 그에게 구하였을 것이요 그가 생수를 네게 주었으리라 [11]여자가 이르되 주여 물 길을 그릇도 없고 이 우물은 깊은데 어디서 당신이 그 생수를 얻겠사옵나이까 [12]우리 조상 야곱이 이 우물을 우리에게 주셨고 또 여기서 자기와 자기 아들들과 짐승이 다 마셨는데 당신이 야곱보다 더 크니이까 [13]예수께서 대답하여 이르시되 이 물을 마시는 자마다 다시 목마르려니와 [14]내가 주는 물을 마시는 자는 영원히 목마르지 아니하리니 내가 주는 물은 그 속에서 영생하도록 솟아나는 샘물이 되리라 [15]여자가 이르되 주여 그런 물을 내게 주사 목마르지도 않고 또 여기 물 길으러 오지도 않게 하옵소서(4:10-15).

10. 예수께서 대답하여 이르시되. 그리스도께서는 이제 기회가 주어지자, 성령의 은혜와 능력에 대하여 말씀하시기 시작하시는데, 그것도 그의 말씀을 듣기에 전혀 합당하지 않았던 사마리아 여자를 향하여 그런 말씀을 하기 시작하신다. 이 것은 분명히 그의 선하심(bonitas)이 어떠한 것인지를 보여주는 놀라운 예이다. 왜 냐하면, 창녀였다가 졸지에 하나님의 아들의 제자가 된 이 형편없는 여자 속에 그 어떤 선한 것이 있었을 리가 전혀 없기 때문이다. 그렇지만, 사실 우리 한 사람 한 사람이 모두 다 그리스도께서 여기에서와 동일한 자신의 긍휼(misericordia)을 나 타내 보여주신 예이다. 모든 여자가 다 창녀인 것은 아니고, 모든 사람이 다 어떤 흉악무도한 범죄로 더럽혀져 있는 것도 아니지만, 우리 중에서 누가 자기는 이 사 마리아 여자보다 낫기 때문에 그리스도에게서 하늘의 가르침을 받을 만하고 양자 (養子) 됨의 영광을 얻을 만하다고 말할 수 있겠는가? 그리스도께서 이 사마리아 여자 같은 사람과 얘기를 나누시게 된 것은 결코 우연이 아니었다. 왜냐하면, 그것 은 그리스도께서는 사람들의 어떤 뛰어난 점을 기준으로 삼아서 그런 자들을 선택 하여 그들에게 구원의 가르침을 주시는 것이 아니라는 것을 사마리아 여자라는 하 나의 모형을 통해서 우리에게 보여주신 것이기 때문이다. 얼핏 보면, 그리스도께

서 유대 땅에 있는 수많은 큰 자들을 그냥 지나치시고, 이 여자와 친밀한 대화를 나누신 것은 놀라운 선택인 것처럼 보인다. 그러나 사실은 하나님께서는 이사야 선지자의 입을 빌려서 "나는 나를 구하지 아니하던 자에게 물음을 받았으며 나를 찾지 아니하던 자에게 찾아냄이 되었으며 내 이름을 부르지 아니하던 나라에 내가 여기 있노라 내가 여기 있노라 하였노라"(사 65:1)고 말씀하신 것이 얼마나 참된 것인지를 그리스도를 통해서 우리에게 확증해주실 필요가 있으셨던 것이다.

네가 만일 하나님의 선물과 또 네게 물 좀 달라 하는 이가 누구인 줄 알았더라면. 나는 "네가 만일 하나님의 선물과"라는 구절과 "또 네게 물 좀 달라 하는 이가 누구인 줄 알았더라면"이라는 구절을 따로 떼어서, 후자를 전자에 대한 해석으로 본다. 왜냐하면, 이 사마리아 여자가 영생을 가져다주시는 그리스도와 함께 하게 된 것은 그 자체가 하나님의 놀라운 은혜(beneficium)로 주어진 선물이기 때문이다. 이 두 구절을 이어주는 계사(繫辭)인 "과" 대신에 보충설명을 나타내는 "즉"이나 "그러니까"를 넣어서 "네가 만일 하나님의 선물, 즉 네게 물 좀 달라 하는 이가 누구인 줄 알았더라면"이라고 읽으면, 이 문장 전체의 의미는 더욱 분명해질 것이다. 이 말씀은 우리가 아버지 하나님께서 그리스도 안에서 우리에게 무엇을 주셨는지, 그리고 그리스도께서 우리에게 어떤 복들을 가져다주시는지를 깨달을 때에만, 비로소 우리는 그리스도가 어떤 분이신지를 알게 된다는 것을 가르쳐준다. 그러나 그러한 지식은 우리가 우리의 빈곤(inopia)을 알게 될 때에 시작된다. 왜냐하면, 사람이 자기가 병들어 있다는 사실을 먼저 깨달아야 그 병을 고치고자 하는 마음도 들 것이기 때문이다. 그래서 주님께서는 충분히 마신 자들이 아니라 목마른 자들, 배부른 자들이 아니라 주린 자들을 부르셔서 "먹고 마시라"고 하시는 것이다. 만일 우리가 아무것도 없는 자들이 아니었다면, 하나님께서 그리스도를 성령으로 충만하게 하셔서 우리에게 보내실 이유가 어디에 있었겠는가?

자신의 결핍(defectus)을 느끼고서 다른 이의 도움이 자기에게 절실하다는 것을 알게 된 자는 이미 큰 진보를 이룬 것이기는 하지만, 하나님이 이미 준비해 두신 도우심을 바라는 마음이 그에게 없다면, 그가 자신의 곤경(malum) 속에서 신음하는 것만으로는 충분하지 않다. 왜냐하면, 그렇게 하는 것은 슬픔과 탄식 속에서 우리 자신을 소모하는 것일 뿐이거나, 적어도 교황을 신봉하는 자들처럼 이리저리 좌충우돌하다가 아무짝에도 쓸데없는 무익한 일들로 우리 자신을 짓눌러서 소진할 뿐이기 때문이다. 그러나 그리스도께서 오시면, 우리는 더 이상 아무도 얻을 수 없는 치료책을 찾아 헛되이 방황하는 것이 아니라 그에게로 곧장 달려가기만 하면 된다. 그러므로 하나님의 은혜가 그리스도 안에서 우리에게 나타난다는 것과 그리스도의 손에 의해서 우리에게 주어진다는 것을 아는 것이야말로 하나님의 은혜에 대한 유일하게 참되고 유익한 지식이다. 또한, 그리스도께서는 자기가 어떤 복들을 가져다주는지를 아는 것이 얼마나 유익한 것인지를 우리에게 일깨워 주신다. 왜냐하면, 그 복들이 무엇인지를 알게 되면, 우리는 마음이 뜨거워져서 그것들을 찾게 될 것이기 때문이다. 그리스도께서는 "네가 … 알았더라면 네가 … 구하였을 것이요"라고 말씀하신다. 그리스도께서 이 말씀을 하신 의도는 아주 분명하다. 즉, 그리스도께서는 이 사마리아 여자로 하여금 그녀가 진정으로 원하는 것이 무엇인지를 더 분명하게 깨닫게 하셔서, 이제 그녀에게 제시된 생명을 무시하고 배척해 버리는 일이 벌어지지 않게 하고자 하신 것이었다.

그가 생수를 네게 주었으리라. 이 말씀을 통해서 그리스도께서는 우리의 기도가 "그"에게 하는 것이라면 그 기도는 결코 헛되지 않을 것이라고 증언하신다. 사실, 이러한 확신이 없다면, 기도하고자 하는 열망은 완전히 냉랭하게 식어버릴 수밖에 없을 것이다. 그러나 실제로는 그리스도께서는 자기에게 나아오는 자들을 만나주시고 그들이 원하는 것들을 채워 주시고자 하시기 때문에, 우리의 기도에 응답해 주시기를 꺼리시거나 미루실 여지는 전혀 없다. 그리고 그리스도께서 여기에서 하신 말씀이 우리 모두에게 하신 말씀이라는 것을 깨닫지 못하는 자가 있다면, 그것은 오직 전적으로 그의 불신앙 때문이다.

그리스도께서는 현재의 상황을 고려하여 "물"이라는 단어로 성령을 나타내신 것이긴 하지만, 이러한 비유는 성경에 대단히 자주 등장하는 것은 물론이고, 아주 충분한 근거 위에서 사용되고 있는 것이다. 왜냐하면, 우리는 메마른 불모지와 같아서, 주님께서 그의 성령으로 우리를 적셔 주시기 전에는 우리 속에 그 어떤 진액(津液, succus)도 없고 그 어떤 생기(生氣, vigor)도 없기 때문이다. 한편, 성경의 다른 구절에서 성령은 "맑은 물"(히 10:22)로 불리기도 하지만, 그것은 성령께서 우리를 완전히 뒤덮고 있는 온갖 더러운 것들을 우리에게서 씻어내셔서 우리를 깨끗하게 하신다는 의미로 사용되고 있는 것이기 때문에, 여기에서와는 그 의미가 다르다. 왜냐하면, 이 구절이나 이와 비슷한 구절들에서 다루는 것은 우리 안에서 생명을 회복시키시고 유지시키시며 온전하게 하시는 성령의 은밀한 살리시는 역사(役事)이기 때문이다. 어떤 이들은 이 구절이 복음의 가르침에 대한 것이라고 설명하기도 하는데, 나는 얼마든지 그렇게 볼 수 있다는 것을 인정한다. 그러나 나는 그리스도께서는 새롭게 하시는 은혜(renovationis gratia) 전체를 이 구절 속에 포함시키고 계시는 것이라고 생각한다. 왜냐하면, 우리는 그리스도께서 우리에게 새 생명을 가져다주시기 위하여 보내심을 받은 것을 알고 있기 때문이다. 그러므로 내 생각에는, 그리스도께서는 온갖 복을 다 상실한 채 신음하며 고생하는 인류의 실상(實狀)을 "물"과 대비시키고자 하신 것으로 보인다. 또한, 그리스도께서 "생수"라고 하신 것은 이 물이 생명을 가져다주는 효과가 있기 때문이 아니라, 우물에서 긷는 물과는 다른 종류의 물이라는 것을 보여주시기 위한 것이다. 그러므로 그리스도께서는 자기가 주는 물은 살아 있는 샘에서 흘러나오는 물이라는 의미에서 "생수"라 하신 것이다.

11. 주여 물 길을 그릇도 없고. 유대인들이 사마리아인들을 멸시했던 것과 마찬가지로, 거기에 맞서서 사마리아인들도 유대인들을 경멸하였다. 그래서 처음에는 이 사마리아 여자도 그리스도를 경멸하였을 뿐만 아니라 야유하기까지 하였다. 이 여자는 그리스도께서 비유로 말씀하고 계시다는 것을 잘 알고 있었으면서도, 마치 "지금 당신은 스스로 지킬 수 없는 것을 약속하고 있는" 것이라고 말하고자 한다는 듯이, 다른 비유법을 사용해서 그리스도께서 하신 말씀을 조롱한다.

12. 당신이 야곱보다 더 크니이까. 사마리아 여자는 이제 한 걸음 더 나아가서, 그리스도께서 거룩한 족장 야곱보다 더 큰 자처럼 행세하고 있다는 말을 통해서, 그리스도를 교만하다고 비난한다. 이 여자는 "야곱도 자기 자신과 자기 가족이 이 우물을 사용하는 것에 만족하였는데, 당신에게는 더 좋은 물이 있다는 것인가요"라고 말하고 있는 것이다. 사마리아 여자가 종을 주인과, 죽은 사람을 살아 계신 하나님과 비교하고 있다는 사실만 보아도, 이러한 비교가 얼마나 잘못된 것인지가 아주 분명하게 드러난다. 그렇지만 오늘날에도 이런 잘못을 저지르는 사람들이 얼마나 많은가? 우리는 사람들을 높이다가 하나님의 영광을 가리는 일이 없도록 늘 조심하지 않으면 안 된다. 사실, 우리는 하나님의 은사들이 어디에 나타나든지 그 은사들을 인정하고 높이는 것이 마땅하기 때문에, 우리가 경건에 뛰어난 사람들이나 특별한 은사들을 받은 사람들을 존귀하게 여기는 것은 합당한 일이다. 그러나 우리는 하나님께서 늘 그들 위에 뛰어나시고 그리스도께서 그의 복음과 더불어서 빛을 발하실 수 있는 방식으로 그들을 존중하여야 한다. 왜냐하면, 세상의 모든 빛나는 것들은 그리스도 앞에서 굴복하는 것이 마땅하기 때문이다.

또한, 우리는 사마리아인들은 자신들이 거룩한 족장들의 후손이라고 자랑하였지만, 그것은 거짓이라는 것을 주목하여야 한다. 마찬가지로, 오늘날 교황주의자들도 사실은 사생아(私生兒)들이면서도 거룩한 조상들을 들먹이며 오만하기 짝이 없게 자랑하고 하나님의 참된 자녀들을 멸시하고 있다. 설령 사마리아인들이 육신의 혈통을 따라서 야곱의 후손들이었다고 할지라도, 그들은 철저히 타락해서 참된 경건에서 떠난 자들이었기 때문에, 그들의 자랑은 가소로운 것이 될 수밖에 없었다. 그런데도 그들은 "구다" 사람들의 후손이거나 적어도 여러 나라에서 옮겨온 부정(不淨)한 이방인들의 후손이었는데도 불구하고(왕하 17:24), 여전히 거룩한 족장 야곱이 그들의 조상이라고 우기는 것을 포기하지 않았다. 그러나 그들이 아무리 그렇게 우긴다고 하여도, 그런 것은 그들에게 아무런 유익도 되지 못하였다. 왜냐하면, 사람들이 주는 후광(後光)을 거짓되게 자랑하는 자들이 모두 그러하듯이, 그들은 그 대신에 하나님의 빛을 박탈당하였고, 그들이 거짓되게 입에 올린 거룩한 조상들과는 아무런 공통점도 없는 자들이 되어 버렸기 때문이다.

13. 이 물을 마시는 자마다. 그리스도께서는 자신의 가르침이 별 성과가 없고 도리어 조롱거리가 되고 있는 것을 아시고서, 지금까지 하신 말씀을 좀 더 분명하게 설명하기 시작하신다. 그리스도께서는 두 종류의 물의 용도(用途)를 구별하시고서, 하나는 몸에 잠시 이로움을 주는 물이고, 다른 하나는 영혼을 영원히 살게 하는 물이라고 말씀하신다. 왜냐하면, 몸은 썩어져가는 속성을 지니고 있는 까닭에, 그 몸을 유지하는 데에 도움을 주는 것들도 일시적이고 썩어질 수밖에 없지만, 영혼을 살리는 것은 영원할 수밖에 없기 때문이다. 또한, 그리스도께서 여기에서 하신 말씀은 믿는 자들이 죽을 때까지 계속해서 더 풍성한 은혜를 받고자 하는 갈망으로 불타오른다는 사실과 모순되지 않는다. 왜냐하면, 그리스도께서는 우리가 그 "생수"를 마시는 바로 그 날부터 목마름이 완전히 없어지게 된다고 말씀하신 것이 아니라, 성령은 끊임없이 계속해서 흘러나오는 샘인 까닭에, 영적인 은혜를 받아서 새롭게 된 자들은 목마르게 될 위험성이 없게 된다는 의미로 말씀하신 것이기 때문이다. 그러므로 우리가 일생 동안 내내 목마르다고 할지라도, 우리는 하루나 짧은 기간의 목마름을 해결하기 위해서가 아니라, 영원히 솟아올라서 우리 속에서 마르는 일이 결코 없는 그런 "샘물"로 성령을 받았다는 것은 분명하다. 따라서 믿는 자들은 일생 동안 내내 목마르고 몹시 갈증을 느낀다고 하여도, 그들 속에는 그들에게 생기를 공급해 주는 물이 풍부하게 존재한다. 왜냐하면, 그들이 받은 은혜

의 분량이 아무리 적을지라도, 그것은 그들에게 계속해서 생기를 공급해주는 까닭에, 그들이 완전히 말라 버리는 일은 결코 일어나지 않을 것이기 때문이다. 그러므로 그리스도께서 "목마르지 아니하리니"라고 말씀하셨을 때, 그것은 문자 그대로 "목마름"이 없을 것이라는 의미가 아니라 "완전히 말라 버리는 것"이 없을 것이라는 의미이다.

14. 영생하도록 솟아나는 샘물이 되리라. 이 말씀은 내가 방금 전에 한 말을 더 분명하게 확증해 준다. 왜냐하면, 이 말씀은 믿는 자들이 이 세상에서 죽을 수밖에 없는 썩어질 생명으로 사는 동안에 하늘에 속한 영원한 생명을 유지시켜 주는 "생수"가 그들 속에서 끊임없이 솟아날 것임을 보여주기 때문이다. 그러므로 그리스도의 은혜는 짧은 시간 동안만 우리 속에서 흐르는 것이 아니라, 우리에게 차고 넘치게 흘러서 우리를 저 복된 영원한 삶으로 이끌어간다. 왜냐하면, 그리스도의 은혜는 우리 속에서 영원히 썩지 않는 생명을 시작하실 뿐만 아니라 그 생명이 온전하게 될 때까지 흐르기를 그치지 않기 때문이다.

15. 그런 물을 내게 주사. 이 사마리아 여자는 그리스도께서 영적인 물에 대하여 말씀하고 계시다는 것을 충분히 알고 있었다. 그러나 그녀는 그리스도를 멸시하고 있었기 때문에, 그가 하신 약속들이 그녀의 귀에 전혀 들어오지 않았다. 왜냐하면, 말하는 자의 권위를 인정하지 않으면, 그 사람의 가르침이 전혀 들려오지 않는 법이기 때문이다. 그러니까, 여기에서 이 사마리아 여자는 "당신은 할 말이 많으신가 본데, 내 눈에 보이는 것은 없으니, 어디 할 수 있으시다면, 행동으로 보여주시죠"라고 말하며, 그리스도를 은근히 조롱하고 있는 것이다.

[16]이르시되 가서 네 남편을 불러 오라 [17]여자가 대답하여 이르되 나는 남편이 없나이다 예수께서 이르시되 네가 남편이 없다 하는 말이 옳도다 [18]너에게 남편 다섯이 있었고 지금 있는 자도 네 남편이 아니니 네 말이 참되도다 [19]여자가 이르되 주여 내가 보니 선지자로소이다 [20]우리 조상들은 이 산에서 예배하였는데 당신들의 말은 예배할 곳이 예루살렘에 있다 하더이다 [21]예수께서 이르시되 여자여 내 말을 믿으라 이 산에서도 말고 예루살렘에서도 말고 너희가 아버지께 예배할 때가 이르리라 (4:16-21).

16. 네 남편을 불러오라. 그리스도께서 하신 이 말씀은 지금까지 하셨던 말씀들

과 전혀 연결이 되지 않는 것처럼 보인다. 아니, 사실 그리스도께서 이 여자의 뻔뻔스러운 태도에 질리시고 당혹스러우셔서 화제를 바꾸신 것이 아닌가 하는 생각이 들기까지 한다. 그러나 전혀 그런 것이 아니었다. 왜냐하면, 그리스도께서는 자기가 지금까지 한 말들에 대하여 이 사마리아 여자가 오직 조롱과 비아냥 섞인 대답으로 일관하는 것을 보시고, 그녀의 질병에 적절한 치유책을 사용하셔서, 그녀의 죄를 지적하여 깨닫게 하심으로써 그녀의 양심에 충격을 가하신 것이기 때문이다. 그리스도께서 그녀가 자원해서 자기에게로 나아오려고 하지 않자 이런 식으로 거의 반강제로 그녀를 이끄신 것은 그의 긍휼히 여기시는 마음(misericordia)이 어떤 것인지를 보여주는 아주 분명한 예이다. 그러나 우리가 특히 명심할 것은, 내가 이미 앞에서 언급했듯이, 철저하게 무심(無心)하고 거의 아무것도 느끼지 못할 정도로 둔감한 자들에게는 그들의 죄를 깨닫게 해주어서 괴로움을 느끼게 해주어야 한다는 것이다. 왜냐하면, 그런 자들은 하나님의 심판대 앞에 소환되어서, 그들이 전에 무시하였던 이가 심판주(iudex)이심을 알고서 두려워하게 될 때까지는, 그리스도의 가르침을 꾸며낸 이야기 정도로만 여기기 때문이다. 우리는 그리스도의 가르침을 무시하여 조롱하고 비아냥거리는 것을 아무렇지도 않게 행하는 모든 자들에게는 그런 식으로 대응해서, 그들로 하여금 그들이 반드시 벌을 받게 되리라는 것을 느끼게 해줄 필요가 있다. 많은 사람들의 완악함(contumacia)은 너무나 심해서 어쩔 수 없이 그리스도의 가르침을 들을 수밖에 없게 되기 전까지는 결코 들으려 하지 않는다. 그러므로 우리는 사람들이 그리스도께서 주시는 기름을 맛보고서 아무런 맛도 느끼지 못하는 것을 볼 때마다 거기에 초를 쳐서 사람들로 하여금 뜨거운 맛을 보게 해줄 필요가 있다. 아니, 그렇게 하는 것은 우리 모두에게 필요한 일이다. 왜냐하면, 우리는 다 어떻게 해서든지 궁지에 몰려서 회개할 수밖에 없는 상황에 다다르기 전에는 그리스도께서 하신 말씀을 진지하게 받아들이지 않으려 하기 때문이다. 따라서 그리스도의 학교에서 배워서 유익을 얻고자 하는 자는 제대로 자신의 참상(miseria)을 봄으로써 그 완악함이 무너지거나 갈아엎어지지 않으면 안 된다. 왜냐하면, 우리는 오직 자신의 참상을 깨닫게 되었을 때에만 우리가 즐기던 모든 것들을 내려놓게 되고, 더 이상 감히 하나님을 조롱할 수 없게 되기 때문이다. 그러므로 하나님의 말씀을 경시하는 마음이 우리 속에서 스멀스멀 올라올 때마다, 우리 자신의 죄악들을 깊이 살펴봄으로써, 우리 자신을 부끄러워하고, 우리가 제멋대로 무시했던 하나님께 다시 순종하도록 우리 자신을 만드는 것보다 더 좋은 치료책은 없을 것이다.

17. 나는 남편이 없나이다. 그리스도께서는 이 사마리아 여자의 마음을 찔리게 만드셔서 그녀를 회개로 이끄시고자 하신 것이지만, 그의 이러한 방책은 아직 결실을 맺지 못하고 있다. 사실, 우리는 우리 자신을 사랑하는 자기애(自己愛)에 철저히 중독되어 있어서, 아니 그런 자기애로 인해서 철저히 둔해져 있어서, 한 번의 찔림으로는 꿈쩍도 하지 않는다. 그러나 그리스도께서는 그러한 둔감함을 고치실 수 있는 비책(秘策)을 갖고 계신다. 즉, 그는 이 사마리아 여자의 치부(恥部, flagitium)를 공개적으로 책망하심으로써 그녀의 곪은 곳을 더 세게 누르신다. 나는 여기에서 그리스도께서 이 여자가 저지른 단 한 번의 간음 행위를 지적하신 것이 아니라고 생각한다. 왜냐하면, 그리스도께서는 이 여자에게 "남편 다섯"이 있었다고 말씀하시는데, 그녀가 바람을 피우고 행실이 좋지 않아서, 그녀의 남편들로부터 이혼을 당할 수밖에 없었던 것이 그 이유였을 것이기 때문이다. 따라서 나는 그리스도께서 하신 말씀을 이렇게 해석한다. "하나님께서는 너를 계속해서 합법적인 남편들과 맺어 주셨는데도, 너는 범죄하기를 그치지 않았고, 여러 번의 이혼으로 음탕한 여자로 낙인이 찍히자, 결국 창기(娼妓)로 전락하고 말았다."

19. 내가 보니 선지자로소이다. 그리스도의 책망의 효과가 이제야 나타났다. 왜냐하면, 여기에서 사마리아 여자는 자신의 잘못을 겸손하게 인정할 뿐만 아니라, 조금 전까지 무시하고 거부하였던 그리스도의 가르침을 경청할 준비가 되어서, 이제 자원해서 그 가르침을 바라고 요구하고 있기 때문이다. 그러므로 내가 이미 말했듯이, 회개(poenitentia)는 사람들로 하여금 진정으로 배울 수 있게 해주는 참된 유순함(docilitas)의 시작이고, 그리스도의 학교에 들어갈 수 있는 문을 열어준다. 사마리아 여자의 예(例)는 우리에게 선생이 주어지면 우리는 반드시 그 기회를 붙잡아야 한다는 것을 가르쳐 준다. 왜냐하면, 하나님께서 선지자들을 보내시는 것은 자신의 손을 뻗으셔서 우리를 자기에게로 초대하시기 위한 것인데, 만약 우리가 그 선생들을 외면한다면, 그것은 하나님께 배은망덕한 짓이 되기 때문이다. 또한, "보내심을 받지 아니하였으면 어찌 전파하리요"(롬 10:15)라는 바울의 말대로, 가르치는 은사를 지닌 자들은 하나님께서 우리에게 보내신 자들이라는 것을 우리는 명심하여야 한다.

20. 우리 조상들은. 어떤 이들은 사마리아 여자가 그리스도의 책망을 수긍할 수 없는 것으로 여겨서 기분이 상하여 교묘하게 화제를 바꾼 것이라고 보지만, 그런

견해는 잘못된 것이고, 반대로 사마리아 여자는 자신의 죄에 대하여 가르침을 받은 후에, 특별한 것에서 일반적인 것으로 화제를 옮겨서, 하나님을 순전하게 예배하는 것이 무엇인가라는 일반적인 문제에 대하여 가르침 받기를 원한 것이었다. 그녀가 하나님을 잘못 예배하고 싶지 않아서 이 문제를 선지자에게 물은 것은 지극히 합당한 일이었다. 그러니까, 이것은 그녀가 하나님께서 어떤 식으로 예배 받으시기를 원하시는지를 그 당사자이신 하나님께 여쭌 것이라고 할 수 있다. 왜냐하면, 하나님의 말씀을 떠나서 여러 가지 다양한 예배 방식을 고안해 내는 것보다 더 악한 것은 없기 때문이다.

하나님을 어떻게 예배하는 것이 옳은 것이냐를 놓고서 유대인들과 사마리아인들 간에 끊임없는 논쟁과 분란이 있었다는 것은 잘 알려져 있는 사실이다. 북왕국 이스라엘의 열 지파가 포로로 잡혀간 후에 사마리아로 이주(移住)해온 "구다와 아와와 하맛과 스발와임" 사람들은 그들에게 내린 재앙들 때문에 어쩔 수 없이 율법의 예식들을 받아들이고 이스라엘의 하나님을 섬기겠다고 고백하긴 했지만(왕하 17:24 이하), 그들이 지니고 있던 하나님 신앙은 여러 가지 점에서 결함이 있고 타락한 것이었고, 유대인들은 그런 형태의 신앙을 견딜 수 없어 하였다. 그러다가 바사(페르시아) 제국의 마지막 왕이었던 다리오(다리우스)가 총독 산발랏을 앞세워서 유대를 장악하였을 때, 대제사장 요한의 아들이자 얏두스의 형제 므낫세가 그리심 산에 성전을 세운 후로, 이러한 분쟁은 한층 더 가열되었다. 왜냐하면, 요세푸스(Iosephus)가 「유대 고대사」(11:7:2; 11:8:2)에서 말하고 있듯이, 므낫세는 자기 형 얏두스에게 지지 않으려고, 총독 산발랏의 딸과 결혼해서, 그리심 산에 세워진 성전에서 제사장이 되어, 뇌물 공세를 통해서 안간힘을 써서 배교자들을 끌어 모았기 때문이다.

우리 조상들은 이 산에서 예배하였는데. 사마리아 여자의 말을 통해서, 우리는 참된 경건에서 떠난 자들이 흔히 그러하듯이, 당시에 사마리아인들도 조상들의 선례(先例)를 그들 자신을 보호하는 방패로 삼았다는 것을 알게 된다. 물론, 사마리아인들은 단지 그런 이유를 근거로 삼아서 그리심 산에서 제사를 드리게 된 것은 아니었지만, 일단 잘못되고 타락한 예배가 자리를 잡은 후에는, 그들의 고집스러운 완악함이 발동해서, 여러 가지 그럴 듯한 핑계와 변명들을 만들어내었다. 사실, 나는 변덕스럽고 생각 없는 자들이 종종 성인(聖人)들이 어떤 일을 했다는 것을 알았을 때에 마치 벌레에 물린 것처럼 어리석은 열정에 사로잡혀서 전혀 분별력을 사용함이 없이 맹목적으로 즉시 그것을 하나의 선례(先例)로 받아들인다는 것을 잘 알고 있다.

사마리아인들이 저지른 두 번째 악(惡)은 한층 더 흔한 것으로서, 조상들이 한 일들을 가져와서 자신들의 오류들을 가리고 은폐하는 수단으로 삼는 것인데, 우리는 이것을 교황주의자들에게서 쉽게 볼 수 있다. 그러나 이 구절은 하나님의 명령 따위는 안중에도 없고 오직 조상들의 모범들을 따르고자 하는 자들이 얼마나 본말이 전도된 어처구니없는 짓을 하고 있는 것인지를 보여주는 아주 중요한 교훈이기 때문에, 우리는 세상이 이런 유형의 죄를 얼마나 비일비재하게 저지르고 있는지를 주목하지 않으면 안 된다. 왜냐하면, 다수의 사람들이 "조상"이라고 불릴 자격이 전혀 없는 자들을 조상이라 부르며 무비판적으로 따르는 일이 자주 벌어지고 있기 때문이다. 우리는 오늘날에도 교황주의자들이 입을 크게 벌려서 나팔을 불어대며 쉴 새 없이 조상들을 칭송하는 말을 쏟아내지만, 선지자들과 사도들에게는 그 어떤 자리도 내어주지 않고, 지난날의 존경 받을 만한 몇몇 사람들을 거론하면서, 그들 자신과 같은 무수한 무리들을 끌어 모으거나, 지금처럼 이러한 엄청난 야만(野蠻)이 만연되어 있지는 않았을지라도 신앙과 순수한 가르침이 크게 훼손되어 타락해 있었던 그런 시대들로 많은 사람들을 끌고가는 것을 본다. 그러므로 우리는 오직 명백하게 하나님의 자녀인 자들, 즉 뛰어난 경건으로 인해서 "조상"이라는 존귀한 칭호로 불릴 만한 자격이 있는 자들만을 조상으로 대우하고, 아무나 조상이라고 부르지 않도록, 세심하게 선을 긋지 않으면 안 된다. 사람들은 조상들의 행위를 근거로 삼아서 경솔하게 일반적인 법칙을 도출해내는 잘못을 자주 저지른다. 왜냐하면, 조상들을 평범한 사람들과는 다른 특별한 인물들로 높이지 않으면 조상들을 충분히 존귀하게 예우하지 않는 것이라고 생각하는 사람들이 많기 때문이다. 그러나 우리가 조상들도 인간이기 때문에 잘못들을 저지를 수 있다는 것을 망각한다면, 우리는 그들의 미덕들과 더불어서 그들의 악덕들도 무차별적으로 받아들이게 되고, 그 결과 우리의 삶의 규범은 최악의 혼란에 직면하게 된다. 왜냐하면, 그것은 인간의 모든 행위가 율법이라는 규범에 의해서 검증 받는 것이 마땅한 일인 데도 불구하고, 우리는 그 규범에 의해서 검증 받아야 할 것들을 도리어 우리의 삶의 규범으로 받아들이는 것이 되기 때문이다. 요컨대, 조상들을 본받는 것이 극히 중시될 때, 세상은 조상들의 모범을 따르기만 하면 설령 그것이 범죄하는 것이 된다고 할지라도 벌을 받지 않을 것이라고 생각하게 된다는 것이다.

사마리아인들이 저지른 세 번째 악(惡)은 비뚤어진 마음으로 경쟁심이나 야심으로 따라했다는 것이다. 그런 일은 우리가 어떤 조상과 동일한 성령을 받거나 동일한 명령을 받지도 않은 상태에서 그 조상이 했던 일을 우리의 선례로 삼았을 때에 일어난다. 예를 들면, 어떤 개인이 모세가 행한 일(출 2:12)을 선례로 삼아서 자기 형제들이 당한 해악(害惡)을 칼로써 보복하고자 하거나, 비느하스가 행한 일(민 25:7)을 선례로 삼아서 간음한 자들을 처형하고자 하는 것이 바로 그런 것들이다. 유대인들이 "네 아들 … 이삭을 … 번제로 드리라"(창 22:2)는 하나님의 명령을 한 개인을 시험하시기 위한 특별한 명령이 아니라 일반적인 명령으로 받아들여서 그들의 조상 아브라함을 닮고자 한 것에서, 자기 자녀를 제물로 바치는 저 비인간적이고 광기어린 만행이 시작되었다고 생각하는 사람들이 많다. 대체로, 그러한 그릇된 모방은 사람이 자신의 분수에 만족하지 않고 자기 자신을 대단한 인물이라고 착각하는 교만함(fastus)과 과대망상(nimia confidentia)에서 나온다. 그렇지만 그런 자들 중에 조상들을 진정으로 본받는 자들은 아무도 없고, 그들 중 대부분은 그저 흉내만 내는 자들일 뿐이다. 옛 사람들의 글들을 사려 깊게 살펴본 사람들은 수도원 사상의 상당 부분이 앞에서 말한 것과 동일한 원천에서 흘러나왔다는 것을 인정하게 될 것이다. 그러므로 우리가 적극적으로 나서서 잘못을 저지르는 일이 일어나지 않게 하려면, 우리는 어떤 조상에게 어떤 영이 임했는지, 그의 소명이 특별히 그에게 무슨 일을 요구했는지, 그에게 특별히 합당한 일이 무엇이었는지, 그가 특별히 무슨 일을 행하도록 명령을 받았는지를 늘 유심히 살펴보지 않으면 안 된다.

사마리아인들이 저지른 네 번째 악(惡)은 이 세 번째 악과 밀접하게 연결되어 있는데, 그것은 시대들을 혼동한 것(confusio temporum)이었다. 그런 일은 사람들이 하나님께서 그들에게 그들이 따라야 할 다른 행위 규범을 주셨다는 것을 고려하지 않은 채로, 오직 조상들이 어떻게 살았는지에만 온통 주의를 기울일 때에 일어난다. 바로 그런 무지(無知) 때문에, 교황 제도 아래에서 기독교회가 무수한 예식(禮式)들에 묻혀 버렸다. 기독교회는 생겨나자마자 유대교에 대한 어리석은 애착과 지나친 동경심으로 인해서 그런 잘못을 저지르기 시작하였다.

유대인들에게는 그들 나름대로의 희생 제사들이 있었다. 그리스도인들은 화려함과 장엄함에 있어서 유대교의 희생 제사들에 뒤지지 않기 위해서, 그리스도의 희생 제사를 재현하는 예식을 고안해 내었는데, 그것은 마치 그리스도의 밝은 빛을 가리는 그림자들일 뿐인 그런 예식들을 모두 다 제거하면, 기독교회의 상태가 열악해질 것이라고 생각한 것이나 다름없었다. 그리고 그러한 광기(狂氣)는 나중에 더 강력하게 분출되어서 한없이 퍼져나갔다.

그러므로 우리가 이런 잘못에 빠지지 않기 위해서는 오늘 우리에게 주어진 규범에 늘 주의를 기울여야 한다. 전에는 분향, 등잔, 거룩한 옷들, 제단, 기명(器皿)들 및 그런 종류의 예식들이 하나님을 기쁘시게 하였는데, 그 이유는 하나님 앞에서 순종(obedientia)보다 더 귀하거나 열납될 만한 것이 없었기 때문이다. 그러나 그리스도께서 오신 이후에는 규범이 완전히 바뀌었다. 그러므로 우리는 조상들이 율법 아래에서 지켰던 것들을 맹목적으로 무턱대고 따라가지 말고, 그리스도께서 복음을 통해서 우리에게 무엇을 명령하고 계시는지를 잘 살펴보지 않으면 안 된다. 왜냐하면, 만일 우리가 율법 아래에서 하나님을 예배할 때에 조상들이 지켰던 거룩한 것들을 지금 행한다면, 그것은 하나님을 모독하는 악한 행위들이 되고 말 것이기 때문이다.

사마리아인들은 야곱의 모범이 그들의 시대에 주어진 규범과 판이하게 다르다는 것을 고려하지 않음으로써 잘못된 길로 가게 된 것이었다. 족장 시대에는 여호와께서 나중에 자신의 거처로 택하신 곳이 아직 정해져 있지 않았기 때문에, 족장들은 어디에나 제단을 세우는 것이 허락되었다. 그러나 하나님께서 시온 산에 성전을 지으라고 명령하신 때로부터 그들이 전에 누렸던 자유는 끝이 났다. 이것이 모세가 "우리가 오늘 여기에서는 각기 소견대로 하였거니와 너희가 거기에서는 그렇게 하지 말지니라 오직 너희의 한 지파 중에 여호와께서 택하실 그 곳에서 번제를 드리고 또 내가 네게 명령하는 모든 것을 거기서 행할지니라"(신 12:8, 14)고 말한 이유이다. 왜냐하면, 전에는 하나님을 예배하는 것과 관련해서 더 큰 자유가 주어졌었지만, 이제 하나님께서 율법을 주신 때로부터는 자신에 대한 참된 예배를 율법이 요구하는 것들로 국한시키셨기 때문이다. 벧엘에서 하나님을 예배하던 자들도 사마리아인들과 비슷한 변명을 제시하였다. 즉, 야곱도 거기에서 하나님께 공식적이고 엄숙한 제사를 드렸다는 것이다. 그러나 하나님께서 사람들이 자기에게 제사를 드려야 할 곳으로 예루살렘을 정하신 후에는 벧엘은 더 이상 "하나님의 집"(벧엘)이 아니라 "악의 집"(벧아웬)이 되었다.

우리는 이제 사마리아 여자의 질문과 관련된 정황(情況)이 어떤 것이었는지를 알게 되었다. 사마리아인들은 조상들의 모범을 자신들의 규범으로 삼았고, 유대인들은 하나님의 명령에 토대를 두고 있었다. 이 사마리아 여자는 이제까지 자기 백성의 관습을 따라왔지만 거기에 온전히 만족하거나 동의하지는 않았다. 우리는 이 구절에 나오는 "예배"라는 단어를 온갖 종류의 예배를 가리키는 것이 아니라(매일의 기도는 아무 곳에서나 드려질 수 있었다), 제사와 연관되어 있고 공적이고 엄숙한 신앙 고백을 이루고 있던 예배만을 가리키는 것으로 이해해야 한다.

21. 여자여 내 말을 믿으라. 그리스도께서는 자신의 대답 중 앞부분에서 율법 아래에서 제정된 예식(禮式)들을 통한 예배를 짤막한 어구를 사용하셔서 폐지하신다. 왜냐하면, 그리스도께서 예배를 위한 특정한 장소가 더 이상 존재하지 않게 될 "때가 이르리라"고 말씀하실 때, 그것은 모세가 전해준 것들은 단지 일시적인 것에 지나지 않고, 유대인과 이방인 "중간에 막힌 담"(엡 2:14)이 허물어질 때가 가까이 다가오고 있다는 것을 의미하기 때문이다. 이런 식으로, 그리스도께서는 하나님에 대한 예배를 이전의 좁은 한계들을 훨씬 뛰어넘는 방식으로 확대하셔서, 사마리아인들도 그 예배에 참여할 수 있게 하셨다.

때가 이르리라. 그리스도께서는 여기에서 미래 시제 대신에 현재 시제를 사용하고 계시지만, 이 어구의 의미는 성전과 제사장 제도를 비롯해서 외적인 예식들과 관련된 율법이 폐지될 때가 임박했다는 것이다. 그리스도께서는 하나님을 "아버지"라고 부르심으로써 사마리아 여자가 언급했던 조상들과 자기 자신을 간접적으로 대비시키시면서, 머지않아 하나님은 모든 사람에게 아버지가 되셔서 장소나 민족의 구별 없이 모든 사람의 예배를 받으실 것이라고 말씀하시는 것으로 보인다.

²²너희는 알지 못하는 것을 예배하고 우리는 아는 것을 예배하노니 이는 구원이 유대인에게서 남이라 ²³아버지께 참되게 예배하는 자들은 영과 진리로 예배할 때가 오나니 곧 이 때라 아버지께서는 자기에게 이렇게 예배하는 자들을 찾으시느니라 ²⁴하나님은 영이시니 예배하는 자가 영과 진리로 예배할지니라 ²⁵여자가 이르되 메시야 곧 그리스도라 하는 이가 오실 줄을 내가 아노니 그가 오시면 모든 것을 우리에게 알려 주시리이다 ²⁶예수께서 이르시되 네게 말하는 내가 그라 하시니라(4:22-26).

그리스도께서는 율법의 폐지와 관련해서 앞에서 짧게 언급하셨던 내용을 이제 여기에서는 더 자세하게 설명하시면서, 자신의 강론을 두 부분으로 나누어 진행하신다. 첫 번째 부분에서, 그리스도께서는 사마리아인들이 하나님을 예배하는 방식은 미신적이고 잘못된 것이라고 단죄하시는 반면에, 유대인들이 드리는 예배는 선하고 합법적인 것이라고 증언하시고 나서, 하나님에 대한 유대인들의 예배는 하나님의 말씀에 근거를 둔 것이어서 확증이 있는 반면에, 사마리아인들의 예배는 하나님의 입으로부터 그 어떤 확증도 얻지 못하였다는 것이 그런 차이가 나게 된 이유라고 설명하신다. 두 번째 부분에서, 그리스도께서는 유대인들이 이제까지 지켜왔던 예식들도 곧 끝나게 될 것이라고 선언하신다.

22. 너희는 알지 못하는 것을 예배하고 우리는 아는 것을 예배하노니. 기억해 둘 만한 문장인 이 구절은 신앙과 관련된 그 어떤 것도 경솔하게 또는 무턱대고 시도해서는 안 된다는 것을 우리에게 가르쳐 준다. 왜냐하면, 우리에게 하나님을 아는 지식(scientia)이 없다면, 우리는 하나님이 아니라 허깨비나 유령을 예배하고 있는 것이 될 것이기 때문이다. 그런 까닭에, 소위 "선한 의도"를 들먹거리는 사람들에게 이 구절은 날벼락과 같을 것이다. 왜냐하면, 이 구절을 통해서 우리는 사람들이 하나님의 말씀이나 명령 없이 그들 자신의 소견을 따라 행할 때에는 잘못된 것 이외의 그 어떤 것도 할 수 없다는 것을 알게 되기 때문이다. 그리스도께서는 자기가 속한 민족의 사람들과 그들의 명분(名分)을 옹호하시면서, 유대인들은 사마리아인들과는 판이하게 다르다는 것을 보여주신다. 그렇다면, 어떻게 다르다는 것인가?

이는 구원이 유대인에게서 남이라. 이 말씀을 통해서 그리스도께서 전하시고자 하시는 것은 유대인들은 하나님이 그들과 영원한 구원의 언약을 맺으셨다는 이 한 가지 점에서 사마리아인들보다 낫다는 것이다. 어떤 이들은 이 말씀을 유대인들로부터 나신 그리스도에게만 해당되는 것으로 한정시켜서 이해한다. 물론, 하나님의 모든 약속은 그리스도 안에서 재가(裁可)되고 확증되었기 때문에(고후 1:20), 오직 그리스도 안에만 구원이 있다는 것은 사실이다. 그러나 그리스도께서 유대인들은 어떤 알지 못하는 신(神)이 아니라 그들에게 스스로를 계시하시고 그들을 자기 백성으로 삼으신 바로 그 하나님을 예배한다는 사실을 근거로 해서 유대인들을 사마리아인들보다 낫다고 하신 것임은 의문의 여지가 없기 때문에, 우리는 "구원"이라는 단어를 유대인들이 하늘의 가르침으로 인해서 가지게 된 저 구원의 계시(salvifica manifestatio)를 가리키는 것으로 이해해야 한다.

그런데 왜 그리스도께서는 "구원"이 유대인들에게 맡겨져서 오직 그들만이 그 구원을 누릴 수 있게 되었다고 말씀하시지 않고, "구원이 유대인에게서 난다"고 말쓿하신 것일까? 나의 판단으로는, 그리스도께서는 선지자들이 예언하였던 것, 즉 "율법이 시온에서부터 나오리라"는 예언(사 2:3; 미 4:2)을 염두에 두신 것 같다. 왜 냐하면, 유대인들은 하나님을 아는 순전한 지식이 그들로부터 흘러나와서 온 세상 으로 퍼져나가야 한다는 전제 위에서 다른 모든 민족과 한동안 구별되었기 때문이 다. 이것은 오직 믿음의 확신(fidei certitudo)으로만 하나님을 올바르게 예배할 수 있고, 그런 확신은 하나님의 말씀 이외의 다른 방식으로는 결코 생겨날 수 없다는 것을 의미한다. 이것으로부터 도출되는 결론은 하나님의 말씀을 버리는 자는 누구 든지 우상 숭배에 빠지게 된다는 것이다. 그리스도께서는 사람들이 참 하나님에 대하여 무지할 때에 우상이나 자신들의 머리로 상상해 낸 것을 하나님의 자리에 대신 앉히는 것이라고 분명하게 증언하시고, 하나님의 계시를 받지 못한 모든 자 들의 무지(無知, ignorantia)를 책망하신다. 왜냐하면, 우리가 하나님의 말씀의 빛 을 박탈당하자마자, 어둠(tenebra)과 맹목(caecitas)이 우리를 지배하게 되기 때문 이다.

우리가 주목해야 할 것은, 유대인들은 하나님이 그들의 조상들과 맺으셨던 영생 의 언약을 배반하고 파기하였을 때에 그들이 그 때까지 향유하여 왔던 보화를 박 탈당하였지만, 아직 하나님의 교회에서 쫓겨나지는 않았다는 것이다. 그러나 이제 그들이 하나님의 아들을 부인하게 되자, 그들은 아버지 하나님과 아무런 상관이 없게 되어 버렸다. 왜냐하면, "아들을 부인하는 자에게는 또한 아버지가 없기"(요 일 2:23) 때문이다. 이것은 복음의 순전한 믿음을 버리고서 그들 자신이나 다른 사 람들이 고안해 낸 것들을 섬기는 모든 자들에게도 그대로 적용된다. 그들 자신의 생각이나 인간의 전통을 따라 하나님을 예배하는 자들이 자신들의 완고함 가운데 서 그들 자신을 기쁘게 하고 그들 자신에게 박수를 보낸다고 할지라도, 하늘로부 터 우렛소리처럼 들려오는 "너희는 알지 못하는 것을 예배하고"라는 한 마디 말씀 은 그들이 신령하고 거룩하다고 착각하였던 모든 것을 뒤엎어버린다. 이것으로부 터 우리가 얻는 결론은 우리의 신앙을 하나님으로부터 인정받고자 한다면 우리는 반드시 하나님의 말씀으로부터 얻은 지식을 의지하여야 한다는 것이다.

23. 때가 오나니. 이제 율법이 정한 예배 또는 예식들이 폐지될 것임을 언급하 는 내용이 이어진다. 그리스도께서 "때가 오나니"라고 말씀하신 것은 모세에 의해 서 전해진 질서가 영속적인 것이 아니라는 것을 보여주시는 것이고, "곧 이 때라" 고 말씀하신 것은 율법의 예식들을 폐기하심과 동시에, 사도가 말한 "개혁할 때"

(히 9:10)가 왔다고 선언하시는 것이다. 물론, 그리스도께서는 지난날과 관련해서는 성전과 제사장 제도, 그리고 그것들과 연결되어 있던 모든 예식들을 인정하신다. 그러나 그리스도께서는 이제 하나님은 예루살렘이나 그리심 산에서 예배 받으시는 것을 원하지 않으신다는 것을 보여주기 위해서, 더 상위(上位)의 원리, 즉 하나님에 대한 참된 예배는 "영"에 있다는 원리를 제시하신다. 이것으로부터 도출되는 결론은 우리는 하나님을 어디에서나 예배할 수 있다는 것이다.

그러나 여기에서 우리가 가장 먼저 물어야 할 것은 그리스도께서는 왜 그리고 어떤 의미에서 하나님에 대한 예배를 영적(spiritualis)이라고 하시는 것인가 하는 것이다. 이것을 이해하고자 한다면, 우리는 영(spiritus)과 외적인 표상(表象, figura)들 간의 대비를 주목하여야 하는데, 이것은 실체와 그림자들 간의 대비와 같은 것이다. 하나님을 예배하는 것이 "영"에 있다고 말하는 것은, 기도, 그리고 다음으로 순전한 양심(conscientiae puritas)과 자기부인(自己否認)이 이루어지게 하여서, 우리로 하여금 하나님께 순종하여 우리 자신을 거룩한 산 제물로 드릴 수 있게 해주는 것은 다름 아닌 마음의 내적 믿음(interior cordis fides)이기 때문이다.

이것으로부터 또 다른 질문이 생겨난다: 조상들은 율법 아래에서도 하나님을 영적으로 예배한 것이 아니던가? 나의 대답은 하나님은 언제나 동일하신 분이시기 때문에 창세로부터 자신의 본성과 부합하는 영적인 예배 외에는 그 어떤 예배도 인정하지 않으셨다는 것이다. 이것은 모세 자신도 충분히 증언한 것이다. 모세는 율법의 목적은 사람들로 하여금 믿음과 순전한 양심(pura conscientia)을 가지고서 하나님을 단단히 붙들게 하기 위한 것 외에 다른 것이 아니라고 많은 구절들에서 선언하였다. 선지자들은 이스라엘 백성이 여러 가지 제사들을 드리고 외적으로 보여지는 것들을 행하고서는 하나님을 잘 섬겼다고 생각하는 것에 대하여 그들의 외식(外飾)을 가차없이 공격함으로써 이것을 한층 더 분명하게 보여주었다. 그러한 증거들은 성경의 어디에서나 발견되기 때문에 굳이 여기에서 인용할 필요는 없지만, 그 중에서 가장 주목할 만한 구절들은 시편 50편, 이사야서 1장, 58장, 66장, 미가서 5장, 아모스서 7장이다. 율법 아래에서 드러진 하나님에 대한 예배는 영적인 것이긴 하였지만, 수많은 외적인 예식들로 포장되어 있어서 육신적이고 세상적인 냄새를 풍겼다. 그런 까닭에, 바울은 율법의 예식들을 "약하고 천박한 초등학문"(갈 4:9)이라고 부르고, 히브리서 기자도 옛 "성소"와 거기에 부속된 모든 것들이 "세상에 속한" 것이었다고 말한다(히 9:1). 그러므로 우리는 율법 아래에서의 예배는 그 본질에 있어서는 영적인 것이었지만, 그 형식과 관련해서는 어느 정도 세상적이고 육신적이었다고 말할 수 있을 것이다. 왜냐하면, 하나님의 경륜 전체가 지금은 그 실체가 온전히 드러나 있지만 율법 아래에서는 오직 그림자들로만 이루어져 있었기 때문이다.

우리는 이제 유대인들과 우리의 공통점이 무엇이었고, 어떤 점에서 그들이 우리와 달랐는지를 안다. 모든 세대에서 하나님께서는 믿음과 기도와 감사와 정결한 마음과 순전한 삶을 통해서 예배 받으시는 것을 원하셨고, 그 어떤 다른 제사를 기뻐하신 적은 한 번도 없으셨다. 율법 아래에서는 여러 가지 첨가된 것들이 있어서 "영과 진리"는 그러한 것들에 덮여서 가려져 있었던 반면에, 이제 "성소 휘장이 찢어진"(마 27:51) 후에는 모호하거나 가려진 것은 아무것도 없게 되었다. 물론, 오늘날 우리 가운데에도 우리의 연약함으로 인해서 신앙과 관련된 몇몇 외적인 것들이 존재하기는 하지만, 그런 것들은 심각할 정도는 아니어서 명백하게 드러나 있는 그리스도의 진리를 가리지는 못한다. 요컨대, 조상들에게는 그림자들을 통해서 희미하게 나타났던 것이 지금 우리에게는 분명하게 드러나 있다는 것이다.

그런데 교황제도 아래에서 이러한 구별은 뒤죽박죽이 되었을 뿐만 아니라, 완전히 뒤집어져 버렸다. 왜냐하면, 교황제도 아래에서는 이전의 유대교 아래에서만큼이나 그림자들이 두텁게 드리워져 있기 때문이다. 그리스도께서는 여기에서 우리와 유대인들을 분명하게 구별하고 계시다는 것은 부정할 수 없는 사실이다. 교황주의자들이 이 사실을 피해나가려고 그 어떤 핑계들을 댄다고 할지라도, 우리가 조상들과 다른 것은 단지 예배의 외적인 형식뿐이라는 사실은 분명하다. 왜냐하면, 조상들은 하나님을 영적으로 예배하긴 했지만 예식들에 묶여 있었던 반면에, 그 예식들은 그리스도께서 오심으로써 폐지되었기 때문이다. 그러므로 지나치게 많은 예식들로 교회에 짐을 지우는 자들은 모두 그들의 힘이 닿는 데까지 교회로부터 그리스도의 임재(Christi praesentia)를 빼앗는 짓을 하는 것이다. 나는 오늘날에도 많은 사람들이 옛적의 유대인들과 마찬가지로 외적인 예식들의 도움을 필요로 한다고 주장하는 자들이 늘어놓는 헛된 변명들을 결코 좌시하지 않을 것이다. 왜냐하면, 오직 그리스도만이 우리에게 유익한 것이 무엇인지를 가장 잘 아시는 까닭에, 우리는 그리스도께서 자신의 교회를 어떤 질서를 통해서 다스리고자 하시는지를 늘 유의하지 않으면 안 되기 때문이다. 그러나 확실한 것은 교황제도 아래에서 만연되어 있는 저 천박하고 너무나 육신적인 과시와 허영보다 하나님이 명하신 질서에 더 역행하는 것은 없다는 것이다. 물론, 율법의 그림자들은 "영"을 가렸다. 그러나 교황제도 아래에서의 가면(假面)들은 "영"을 철저히 기형적인 것으로 왜곡시켜 버리고 있다. 그러므로 우리는 저 끔찍하고 창피스러운 악폐(惡弊)들을 결코 좌시해서는 안 된다. 약삭빠른 사람들이나 악폐들을 바로잡을 만한 용기를 갖지 않은 소심한 자들은 여러 가지 논거들을 대면서, 그러한 것들은 가치중립적인 것들이기 때문에 거기에 대하여 중립적인 태도를 취하는 것이 마땅하다고 주장하겠지만, 그리스도께서 정하신 규범이 무너지도록 내버려 두는 것은 분명히 용납될 수 없는 일이다.

참되게 예배하는 자들은. 그리스도께서는 나중에 분출되어 나올 많은 사람들의 완악함(pervicacia)을 미리 여기에서 잠깐 책망하시는 것으로 보인다. 왜냐하면, 우리는 복음이 계시되었을 때에, 유대인들이 자신들에게 익숙했던 예식들을 옹호하는 일에 얼마나 고집스러웠고 얼마나 죽일 듯이 덤벼들었는지를 알기 때문이다. 그러나 이 말씀은 좀 더 폭넓은 의미를 지니고 있다. 왜냐하면, 그리스도께서는 세상이 결코 미신(迷信)들로부터 완전히 자유롭지 못할 것임을 아시고서, 경건하고 참되게 예배하는 자들을 거짓되고 위선적인 자들로부터 구별하시는 것이기 때문이다. 그러므로 우리는 이 증언으로 무장하고서, 교황주의자들이 고안해 낸 모든 것들을 단죄하고 그들의 수치스러운 것들을 무시하는 일에 주저함이 없어야 한다. 교황주의자들은 무수한 예식들로 부풀려져 있지 않다는 것 때문에 이 단순하고 소박한 예배를 경멸하지만, 하나님께서 이 예배를 기뻐하신다는 말씀을 들은 우리가 무엇 때문에 두려워하겠는가? 그리스도께서 육신의 헛된 과시가 "영"을 소멸시킨다고 증언하고 계시는데, 그런 과시가 그들에게 무슨 유익이 되겠는가? "영과 진리로" 하나님을 예배한다는 것이 무엇인지는 우리가 지금까지 한 말들 속에 분명하게 드러나 있다. 그것은 옛 예식들의 베일들을 치우고서, 하나님에 대한 예배에서 영적인 것만을 단순하고 소박하게 유지하는 것이다. 왜냐하면, 하나님에 대한 예배를 참되게 하는 것은 "영"에 있고, 예식들은 단지 일종의 부속물에 불과하기 때문이다. 우리가 여기에서 다시 한 번 주목해야 할 것은 그리스도께서는 "진리"를 거짓이 아니라 표상(表象)들이라는 외적인 부속물과 비교하고 계시기 때문에, "진리"는 영적인 예배의 순전하고 단순한 실체(substantia)라는 것이다.

24. 하나님은 영이시니. 이것은 하나님의 본성 자체로부터 참이라는 것이 도출되는 말씀이다. 사람들은 육(肉)이기 때문에, 사람들이 그들 자신의 타고난 본성과

부합하는 것들을 즐거워하고 기뻐한다고 해도, 그것은 이상한 일이 아니다. 이것이 사람들이 하나님을 예배할 때에 실체는 전혀 없으면서 온통 과시로 가득한 많은 것들을 고안해 내는 이유이다. 그러나 사람들은 마치 불이 물과 합하지 못하듯이 육(肉)과는 결코 합하실 수 없으신 하나님을 자신들이 상대하고 있다는 것을 무엇보다도 먼저 깊이 생각하지 않으면 안 된다. 우리가 하나님을 예배하는 것과 관련해서, 하나님은 우리와 너무나 다르신 분이기 때문에, 우리를 가장 기쁘게 해주는 것들은 하나님께는 혐오스럽고 역겨운 것들이라는 이 한 가지만을 깊이 숙고하기만 해도, 우리 마음의 방자함(lascivia)은 충분히 다스려질 수 있다. 외식하는 자들은 그들 자신의 교만(superbia)으로 인하여 너무나 눈이 멀어서, 하나님을 자신들의 자의적인 판단이나 욕망에 종속시키는 것을 두려워하지 않는 자들이니, 우리가 그들에 대해서 무슨 말을 하겠는가? 그러나 우리는 하나님을 예배하는 것과 관련해서 앞에서 말한 그러한 절제만으로 충분하다고 생각해서는 안 되고, 육신을 따라 기쁘거나 끌리는 것들은 무엇이든지 다 의심해보고 검토해 보지 않으면 안 된다. 우리는 하나님이 계신 높은 곳으로 올라갈 수는 없지만, 하나님의 말씀 속에서 우리를 지도해 줄 규범을 찾아야 한다는 것을 명심하여야 한다. 교부(敎父)들은 아리우스파에 맞서서 성령의 신성(神性)을 증명하기 위하여 이 구절을 종종 인용하였지만, 이 구절을 그런 용도로 사용하는 것은 옳지 않다. 왜냐하면, 그리스도께서는 여기에서 단지 아버지 하나님은 영적인 본성을 지니고 계시는 까닭에, 사람들이 자신들의 변덕스러운 본성을 따라 행하는 것과는 달리, 사소한 것들에 요동하지 않으신다는 것만을 선언하고 계시는 것이기 때문이다.

25. 메시야 곧 그리스도라 하는 이가 오실 줄을 내가 아노니. 사마리아인들의 신앙은 순수한 것이 아니었고 많은 오류들이 뒤섞여 있었지만, 메시야에 관한 것을 비롯해서 율법에서 가져온 몇몇 신앙 원리들은 그들의 마음에 뿌리를 내리고 있었다. 이 사마리아 여자는 그리스도께서 하신 말씀들을 듣고서, 하나님의 교회에 아주 특별한 변화가 머지않아 일어나게 되리라는 것을 감지하였을 때에, 사실 그녀는 메시야가 오셔서 모든 것을 온전히 회복시키실 것이라는 소망을 전부터 품고 있었기 때문에, 즉시 메시야를 기억해 내었던 것 같다. "메시야가 오실 줄을 내가 아노니"라고 말했을 때, 이 사마리아 여자는 그 때가 가까웠다는 것을 자기도 알고 있다는 의미로 그렇게 말한 것으로 보인다. 실제로, 당시에 어디에서나 사람들이 형편없이 몰락해 버린 그들, 아니 완전히 망해 버린 그들을 회복시켜 줄 메시야에

대한 기대로 고무(鼓舞)되어 있었다는 것을 보여주는 많은 증거들이 있다.

적어도 이 사마리아 여자가 가르치는 일에 있어서 메시야가 모세나 다른 모든 선지자들을 능가한다고 생각했다는 것은 논란의 여지가 없다. 왜냐하면, 그녀의 짧막한 말 속에는 다음과 같은 세 가지 내용이 함축되어 있기 때문이다. 첫째는 율법의 가르침은 모든 면에서 온전한 것이 아니고, 단지 초보적인 것들(rudimenta)만이 율법을 통해서 전해졌다는 것이다. 왜냐하면, 만일 율법이 온전해서 장차 더 진전될 것들이 존재하지 않았다면, 그녀는 메시야가 와서 "모든 것을 우리에게 알려주시리이다"라고 말하지 않았을 것이기 때문이다. 그녀가 한 이 말 속에는 메시야와 선지자들을 대비시키는 내용이 함축되어 있다. 즉, 그녀는 자신의 제자들을 최종 목적지로 인도하는 메시야 고유의 직무와 단지 그 제자들을 경기장의 출발선 상에 서도록 이끄는 선지자들의 직무를 대비시키고 있는 것이다. 둘째는 이 사마리아 여자는 그녀의 조상들이 전해준 말들을 해석해 주시는 분이자 모든 경건한 자들의 선생이 되어 주실 그런 메시야를 기다린다고 선언하고 있다는 것이다. 셋째는 이 사마리아 여자는 우리가 메시야의 가르침보다 더 낮거나 온전한 것을 바라서는 안 되고, 그 가르침은 지혜가 얻을 수 있는 최고의 것이기 때문에, 그 가르침을 넘어서서 나아가는 것은 불법(不法)임을 보여준다는 것이다.

지금 기독교회의 기둥들로 자처하며 자랑하는 자들이 교회 속에 자기들이 고안해 낸 것들을 도입할 권한이 자기들에게 있다고 주장하지 말고(나는 그들이 무슨 권한을 얘기하는지 도무지 모르겠지만), 적어도 이 사마리아 여자라도 좀 본받아서, 그리스도의 단순한 가르침만으로 만족했으면 좋겠다는 것이 나의 바람이다. 왜냐하면, 그들이 복음의 가르침을 보완해서 완성해 내겠다는 망상에 빠져서, 거기에 잘못되고 악한 가르침들을 덧붙이지 않았다면, 교황의 종교나 마호메트의 종교 같은 것들이 생겨났을 리가 없을 것이기 때문이다. 그들은 자신들의 그런 광기어린 가르침들이 없이는 복음의 가르침이 온전할 수 없을 것이라고 생각한 것이나 마찬가지였다. 그러나 그리스도의 학교에서 제대로 가르침을 받은 자들이라면 누구나 다른 선생들을 찾지도 않을 것이고 받아들이지도 않을 것이다.

26. 네게 말하는 내가 그라. 그리스도께서 자기가 메시야라는 것을 이 사마리아 여자에게 알려주신 것은, 그녀가 품어 왔던 소망에 응답하셔서 다름 아닌 자기가 바로 그녀의 선생이라고 말씀하신 것임에 틀림없다. 그러므로 나는 그리스도께서 그녀의 갈증을 풀어주기 위해, 그녀에게 계속해서 더 자세하게 가르침을 베푸셨

을 것이라고 생각한다. 그리스도께서는 이 가련한 여자의 예(例)를 통해서 자신의
은혜가 어떻게 주어지는지를 분명하게 보여주심으로써, 그를 선생으로 삼고자 하
는 자들에게 그가 자신의 직무를 결코 유기(遺棄)하지 않으신다는 것을 모든 사람
에게 증언하고자 하셨다.

그러므로 그리스도께서 자신의 제자가 되고자 하는 자들을 단 한 사람이라도 실
망시키실 위험성은 없다. 그러나 수많은 교만하고 불경스러운 자들, 또는 이슬람
교도들이나 교황주의자들 같이 다른 곳에서 더 온전한 지혜를 찾고자 하는 자들처
럼 그리스도께 복종하고자 하지 않는 자들이 끝없이 미혹과 망상들에 휘둘려 끌려
다니다가 결국 오류들의 미궁 속으로 빠져 버리는 것은 합당한 일이다. 또한, 그리
스도께서는 "네게 말하고 있는 내가 메시야, 곧 하나님의 아들이니라"고 말씀하심
으로써, "메시야"라는 이름을 자신의 복음의 가르침을 보증해주는 인(印)으로 사
용하신다. 왜냐하면, 이사야가 메시야에 대하여 증언한 그대로(사 61:1), 그리스도
께서는 우리에게 구원의 소식을 전해주시기 위해서, 아버지 하나님으로부터 기름
부음을 받으셨고, 하나님의 영이 그에게 머물러 있었다는 것을 우리는 알기 때문
이다.

²⁷이 때에 제자들이 돌아와서 예수께서 여자와 말씀하시는 것을 이상히 여겼으나
무엇을 구하시나이까 어찌하여 그와 말씀하시나이까 묻는 자가 없더라 ²⁸여자가 물
동이를 버려 두고 동네로 들어가서 사람들에게 이르되 ²⁹내가 행한 모든 일을 내게
말한 사람을 와서 보라 이는 그리스도가 아니냐 하니 ³⁰그들이 동네에서 나와 예수
께로 오더라 ³¹그 사이에 제자들이 청하여 이르되 랍비여 잡수소서 ³²이르시되 내게
는 너희가 알지 못하는 먹을 양식이 있느니라 ³³제자들이 서로 말하되 누가 잡수실
것을 갖다 드렸는가 하니 ³⁴예수께서 이르시되 나의 양식은 나를 보내신 이의 뜻을
행하며 그의 일을 온전히 이루는 이것이니라(4:27-34).

27. 제자들이 돌아와서 … 이상히 여겼으나. 복음서 기자는 "제자들이 이상히 여
겼다"고 보도하고 있는데, 제자들의 이러한 반응은 다음 두 가지 이유 중 하나로
인해서 생겨난 것 같다. 즉, 그들은 이 사마리아 여자의 초라한 행색을 보고서 당혹
스러웠기 때문일 수도 있고, 유대인들이 사마리아인들과 대화를 하면 부정(不淨)
하게 된다는 것을 떠올렸기 때문일 수도 있다. 하지만 이 두 가지 감정이 그들의

선생을 경건하게 공경하는 마음에서 나온 것이라고 할지라도, 그들이 그리스도께서 철저히 멸시받아 마땅한 여자를 그토록 존귀하게 대하시는 것을 몹시 부적절한 일로 생각해서 "이상히 여긴" 것은 잘못된 것이었다. 그들은 왜 그들 자신의 모습을 보지 못한 것일까? 만약 그들이 자신의 모습을 보았다면, 그들은 틀림없이 아무 짝에도 쓸모없고 사람들 가운데서 찌꺼기 같은 존재들인 그들을 주께서 가장 존귀한 자리로 높이신 것을 생각하고서, 이 사마리아 여자를 대하시는 그리스도의 모습을 이상히 여기거나 놀랄 이유가 전혀 없다는 것을 발견하게 되었을 것이다. 그러나 우리는 그들이 그리스도께 감히 의문을 제기하지는 않았다고 복음서 기자가 보도하고 있는 것을 주목할 필요가 있다. 왜냐하면, 그들의 예(例)를 통해서, 우리는 하나님과 그리스도의 역사(役事)들이나 말씀들 가운데서 종종 어떤 것이 우리의 생각과 맞지 않는 것이 있을 때, 막무가내로 분통을 터뜨리면서 대놓고 소리지르며 불평하고 이의를 제기하는 것이 아니라, 지금은 우리에게 감춰져 있는 그 무엇이 하늘로부터 계시될 때까지 겸손하게 절제하며 침묵하는 것이 마땅하다는 것을 배우게 되기 때문이다. 그러한 겸손과 절제의 토대는 하나님을 두려워하는 것과 그리스도를 경외하는 것에 있다.

28. 여자가 물동이를 버려두고. 복음서 기자가 이러한 정황을 보도하는 것은 이 사마리아 여자의 불타는 열심을 표현하기 위한 것이다. 왜냐하면, 그녀가 "물동이를 버려둔" 채로 동네로 돌아간 것은 그녀의 마음이 몹시 급했다는 것을 보여주는 것이기 때문이다. 우리가 영생에 참여하는 자가 되었을 때에 다른 사람들도 우리에게 동참하기를 바라는 것이 바로 믿음의 특성이다. 우리에게 하나님을 아는 지식이 주어지면, 우리가 그것을 사람들 앞에 드러내지 않고, 우리 마음속에 꼭꼭 묻어두고 숨겨두는 것은 불가능하다. 왜냐하면, 시편 기자가 고백했듯이, "내가 믿었으므로 말하리이다"(시 116:10)라는 말씀은 참일 수밖에 없기 때문이다. 이 사마리아 여자가 보여준 불타는 열심은 단지 작은 믿음의 불꽃에서 생겨난 것이라는 점에서 더욱더 주목할 만한 가치가 있다. 왜냐하면, 사실 그녀는 그리스도가 누구신지에 대하여 제대로 알지도 못하고 단지 조금 알게 된 때임에도 불구하고, 즉시 온 동네에 그의 이름을 전한 것이기 때문이다. 그러므로 그리스도의 학교에서 이미 꽤 신앙의 진보를 이룬 자들이 나태하고 무기력하게 있는다면, 그것은 얼마나 부끄러운 일이겠는가. 그러나 어떤 면에서, 이 사마리아 여자는 아직 무지하고 제대로 배우지도 않은 상태에서 자신의 믿음의 한계를 넘어서서 행한 것으로 평가될

수도 있기 때문에, 그런 점에서 책망을 받아 마땅하다고 생각될 수도 있다. 나의 대답은 이런 것이다. 즉, 만일 그녀가 스스로 선생을 자처해서 그렇게 한 것이라면, 그녀는 분별없이 행한 것이라고 할 수 있겠지만, 사실은 단지 동네 사람들에게 그리스도께서 하시는 말씀을 들어보라고 권하고 촉구하고자 해서 그렇게 한 것이기 때문에, 우리는 그녀가 분수를 망각하고 월권을 행하였다고 말해서는 안 된다는 것이다. 왜냐하면, 그녀는 단지 다른 사람들을 그리스도께로 나아오라고 초청하는 나팔 또는 종(鐘)의 역할만을 한 것일 뿐이기 때문이다.

29. 내가 행한 모든 일을 내게 말한 사람을 와서 보라. 사마리아 여자는 여기에서 뭔가 의심을 품은 채로 말하고 있는 것으로 보이기 때문에, 앞서 그리스도의 권세(權勢)에 별로 감화를 받지 않은 것으로 보일 수 있다. 나의 대답은 그녀는 그리스도께서 보이신 신비(神秘)들에 대하여 단정적으로 말하고 전할 수 있는 입장에 있지 않았기 때문에, 그녀 나름의 방식대로 동네 사람들을 설득해서 그리스도의 가르침을 받게 하고자 애를 썼다는 것이다. 또한, 그녀가 결코 애매모호하지 않은 분명한 표적(表蹟)을 통해서 그리스도가 "선지자"라는 것을 알았다는 사실은 동네 사람들에게 강력한 유인(誘因)이 되었다. 왜냐하면, 동네 사람들은 그리스도의 가르침을 들어보아야 제대로 된 판단을 내릴 수 있는 그런 상태에 있지 않았던 까닭에, 표적이라는 보조수단이 그들에게 유익하고 그들의 눈높이에 잘 맞는 것이었다고 할 수 있기 때문이다. 그러므로 그들은 그리스도께서 이 여자의 비밀들을 훤히 다 드러내셨다는 말을 듣고서는, 그리스도가 하나님의 선지자임에 틀림없다고 생각하게 되었고, 그런 토대 위에서 그리스도의 가르침을 경청하기 시작하게 된 것이었다. 그러나 이 사마리아 여자는 거기에서 한 걸음 더 나아간다. 즉, 그녀는 자기가 그리스도 안에서 이미 발견한 것을 그들로 하여금 스스로 찾아 나서게 할 수만 있다면, 그것으로 만족할 수 있었던 까닭에, 그들에게 그리스도가 "메시야"일 가능성을 한 번 숙고해 보라고 권한다. 왜냐하면, 그녀는 그들이 찾아 나서기만 한다면 그녀가 약속한 것 이상을 그리스도에게서 발견하리라는 것을 알고 있었기 때문이다.

그런데 사마리아 여자는 왜 그리스도께서 그녀가 행한 "모든 일"을 다 말씀하셨다고 거짓말을 한 것일까? 내가 이미 앞에서 말했듯이, 그리스도께서는 단지 그녀의 음행만을 책망하신 것이 아니라, 그녀가 평생에 걸쳐서 저질러 왔던 많은 죄들을 자신의 몇 마디 짧은 말씀으로 그녀 앞에 드러내신 것이었다. 복음서 기자는 그리스도께서 하신 말씀을 세세하게 다 기록하지 않고, 단지 그리스도께서 이 사마리아 여자의 조롱과 비아냥거림을 중단시키시기 위하여 그녀의 과거와 현재의 삶을 드러내셨다는 것만을 요약해서 보도한다. 한편, 우리는 이 사마리아 여자가 거룩한 열심에 사로잡혀서, 자기 자신이나 자신의 체면 따위는 아랑곳하지 않은 채로 오직 그리스도의 이름만을 높이는 모습을 보게 된다. 왜냐하면, 그녀는 자신의 삶 속에서 자기가 저질러 왔던 수치스러운 일들을 거리낌 없이 동네 사람들에게 드러내고 있기 때문이다.

32. 내게는 너희가 알지 못하는 먹을 양식이 있느니라. 그리스도께서는 피곤하시고 주리셨는데도 음식을 잡수시기를 거절하셨다는 것은 좀 기이하다. 왜냐하면, 그리스도께서 자신의 모범을 통해서 굶주림을 견뎌야 한다는 것을 우리에게 가르치실 목적으로 그렇게 하신 것이라면, 이 때뿐만 아니라 늘 그렇게 해 오셨어야 마땅하기 때문이다. 따라서 그리스도께서는 단지 음식을 먹지 않아 주리는 데에 익숙해져야 한다고 말씀하시고자 하신 것이 아니었고, 그에게는 어떤 다른 목적이 있으셨던 것이 분명한데, 우리는 다음과 같은 정황, 즉 그는 지금 사마리아 여자와 대화를 나누고 계시는 것에 마음이 온통 다 가 있으시고 몰두해 계셨기 때문에 음식을 잡수시지 않으셔도 아무런 문제가 없으셨다는 것에 주목하지 않으면 안 된다. 그러나 그리스도께서는 자기가 아버지 하나님의 명령에 순종하는 일에 몰두하고 있기 때문에 먹지도 마시지도 않으시겠다고 말씀하신 것은 아니고, 단지 무엇이 먼저 할 일이고 무엇이 나중에 할 일인지를 보여주고 계시는 것일 뿐이다. 이런 식으로, 그리스도께서는 자신의 모범을 통해서 육신의 편안함을 추구하는 온갖 일들보다도 하나님의 나라를 가장 우선적으로 고려하여야 한다는 것을 보여주신다. 물론, 하나님은 우리가 먹고 마시는 것을 허용하시지만, 그것은 어디까지나 우리가 가장 중요한 일, 즉 우리 각자의 소명을 먼저 제대로 행하고 있다는 전제 아래에서 허용하시는 것이다.

우리는 먹고 마시는 것에 마음을 뺏겨서 우리의 시간을 더 잘 사용할 수 없게 될 수밖에 없다고 말하는 사람들이 있다. 물론, 나도 그것이 사실이라는 것을 인정하지만, 너그러우신 하나님께서는 우리에게 필요할 때마다 우리의 몸을 돌보도록 허락하셨기 때문에, 자신의 몸을 소박하고 적절하게 돌보는 것이 하나님께 순종하는 것을 최우선순위로 행하는 것에 방해가 되는 일은 결코 없다. 그러나 하나님께서 우리에게 어떤 기회를 주시고서 우리의 시간을 그 일에 쓰시고자 하실 때, 우리는 이미 정해져 있는 시간들에 너무 집착을 해서, 식사를 하고 난 후가 아니면 그 일을 하지 않겠다고 고집을 부려서는 안 된다. 지금 그리스도의 손에 들어온 기회는 얼마든지 그 손에서 빠져나갈 수도 있는 것이었지만, 그리스도께서는 팔을 벌리셔서 그 기회를 꼭 붙잡으셨다. 그리스도께서는 아버지 하나님이 명령하신 일이 너무나 급한 것이어서 그 일을 위해서 다른 모든 일을 제쳐 두어야 한다는 것을 아셨기 때문에, 음식을 잡수시는 것을 미루시는 데에 아무런 주저함이 없으셨다. 사마리아 여자가 물동이를 버려두고서 동네 사람들을 부르러 갔는데, 만약 그리스도께서 나 몰라라 하시며 심드렁한 태도를 보이셨다면, 그것은 사실 말도 되지 않는 일이 되었을 것이다. 요컨대, 우리가 오로지 살아가는 데에만 몰두하고 삶의 목적에 대해서는 아랑곳하지 않기로 작정한 것이 아니라면, 살아가는 것과 삶의 목적 간의 적절한 균형을 유지하는 것은 어렵지 않을 것이다. 왜냐하면, 하나님을 섬기는 것을 삶의 목적으로 삼은 자는 죽음 앞에서도 하나님께 등을 돌리지 않는 것이 마땅한 까닭에, 하나님을 섬기는 일을 먹고 마시는 일보다 더 가치 있는 일로 여길 것임에 틀림없기 때문이다. 먹고 마시는 것에 관한 비유는 여기에서 그리스도와 제자들이 지금 나누는 대화로부터 가져온 것이어서 훨씬 더 실감나는 비유가 되었다.

34. 나의 양식은 나를 보내신 이의 뜻을 행하며. 이 말씀은 그리스도께서 자기를 "보내신 이의 뜻을 행하는" 것을 자신의 지상과제(至上課題)로 여기실 뿐만 아니라, 그 일보다 더 기뻐하는 일도 없고, 더 흔쾌히 그리고 더 열심을 내어 행하는 일도 없다는 것을 의미한다. 다윗도 하나님의 법(法)을 찬양하면서, 그 법은 자기가 가장 사모하는 것이고 "송이꿀보다 더 달다"(시 19:10)고 말한 바 있다. 그러므로 우리가 그리스도를 따르고자 한다면, 하나님을 섬기는 일에 우리 자신을 전심으로 드릴 뿐만 아니라, 그 명령들에 순종하는 것을 기뻐하고 즐거워함으로써, 그 수고가 결코 귀찮고 힘들며 고통스러운 것이 되지 않게 하는 것이 마땅하다.

그의 일을 온전히 이루는 이것이니라. 그리스도께서는 이 말씀을 덧붙이심으로써 자기가 지금 헌신하고 있는 아버지 하나님의 "뜻"이라는 것이 무엇인지를 충분히 설명해 주신다. 즉, "그를 보내신 이"이신 아버지 하나님의 "뜻"은 하나님이 그에게 명하시고 맡기신 일을 "온전히 이루는" 것이라는 것이다.

그러므로 각 사람은 자신의 소명(召命)이 무엇인지를 잘 살피고 헤아려서, 자기가 자기 멋대로 경솔하게 생각해 낸 것을 마치 하나님이 자기에게 명하신 것인 양 착각하는 일이 생기지 않게 하여야 한다. 그리스도께서 하실 일이 무엇인지는 잘 알려져 있었는데, 그것은 하나님의 나라를 진전시키고, 잃어버린 영혼들을 회복시켜서 생명을 얻게 하며, 복음의 빛을 널리 퍼뜨리는 것, 즉 세상에 구원을 가져다주는 것이었다.

이런 일들이 너무나 귀하고 중요했기 때문에, 그리스도께서는 지치셔서 피곤하고 주리셨는데도 음식을 "잡수시는" 것조차 잊으셨던 것이다. 이것으로부터 우리는 특별한 위로를 얻는다. 왜냐하면, 여기에서 우리는 그리스도께서는 사람들이 구원받기를 너무나 간절하게 원하신 까닭에, 그 일이 이루어지는 것을 보실 때에 가장 큰 기쁨과 즐거움을 얻으셨다는 것을 알게 되고, 또한 지금 우리를 향하신 그리스도의 심정도 그때와 동일하다는 것은 의심의 여지가 없기 때문이다.

[35]너희는 넉 달이 지나야 추수할 때가 이르겠다 하지 아니하느냐 그러나 나는 너희에게 이르노니 너희 눈을 들어 밭을 보라 희어져 추수하게 되었도다 [36]거두는 자가 이미 삯도 받고 영생에 이르는 열매를 모으나니 이는 뿌리는 자와 거두는 자가 함께 즐거워하게 하려 함이라 [37]그런즉 한 사람이 심고 다른 사람이 거둔다 하는 말이 옳도다 [38]내가 너희로 노력하지 아니한 것을 거두러 보내었노니 다른 사람들은 노력하였고 너희는 그들이 노력한 것에 참여하였느니라(4:35-38).

35. 너희는 … 하지 아니하느냐. 그리스도께서는 앞에서 하신 말씀을 이어받아 좀 더 내용을 발전시키신다. 즉, 그리스도께서는 자기에게는 아버지 하나님의 일을 이루어내는 것보다 더 우선적인 것은 아무것도 없다고 말씀하시고 나서, 이제 여기에서는 추수에 비유하셔서 그 일을 이루어낼 때가 무르익었다는 것을 보여주신다. 곡식이 무르익으면 추수를 미룰 수 없다. 왜냐하면, 즉시 추수하지 않으면, 곡식이 땅에 떨어져서 못쓰게 되어 버리게 되기 때문이다. 마찬가지로, 그리스도께서는 영적인 곡식이 지금 무르익었는데, 추수를 미루면 엉망이 되어 버릴 것이기 때문에, 미루어서는 안 된다고 말씀하신다. 우리는 그리스도께서 이 비유를 사용하신 목적이 무엇인지를 아는데, 그것은 그가 자신의 일을 서두르시는 이유를 설명하시기 위한 것이다. "너희는 … 하지 아니하느냐"는 어구를 통해서 그리스도께서는 사람들의 마음이 하늘에 속한 것들보다는 땅에 속한 것들에 훨씬 더 많이 기울어져 있다는 것을 간접적으로 지적하시고자 하셨다. 왜냐하면, 사람들은 달과 날을 손으로 꼽아가며 추수할 날이 오기를 간절하게 기다리지만, 하늘의 알곡을

거두어들이는 일에는 놀라울 정도로 게으름을 피우며 손가락 하나 까딱 하기를 싫
어하기 때문이다.

우리의 매일매일의 경험은 그러한 뒤틀리고 부패한 모습은 우리가 타고난 것일
뿐만 아니라, 우리의 마음에서 떼어내기가 거의 불가능하다는 것을 증명해 준다.
왜냐하면, 사람들은 너나 할 것 없이 이 땅에서의 삶과 관련해서는 먼 장래까지도
미리미리 대비하지만, 하늘에 속한 것들에 대하여 생각하는 것에는 정말 관심이
없고 무심하기 때문이다. 그래서 그리스도께서는 다른 곳에서 "외식하는 자여 너
희가 천지의 기상은 분간할 줄 알면서 어찌 이 시대는 분간하지 못하느냐"(눅
12:56; 마 16:3)고 말씀하셨다.

36. 거두는 자가 이미 삯도 받고. 그리스도께서는 우리가 하나님의 일에 부지런
히 헌신해야 한다는 것을 또 다른 논거를 들어 증명하시는데, 그 논거는 우리의 수
고에 대하여 크고 굉장한 상(賞)이 예비되어 있다는 것이다. 즉, 그리스도께서는
열매, 곧 썩지 않고 없어지지 않을 열매가 있을 것이라고 약속하신다. 그리스도께
서 여기에 덧붙이신 열매에 관한 말씀은 두 가지 방식 중 어느 하나로 설명될 수 있
다. 하나는 이 말씀을 상(賞)이 있을 것에 대한 것으로 보는 것인데, 그렇게 보는
경우에는 그리스도께서 동일한 내용을 서로 다른 표현을 사용하셔서 두 번 반복해
서 말씀하신 것이 된다. 다른 하나는 그리스도께서 나중에 15:16에서 "내가 너희를
택하여 세웠나니 이는 너희로 가서 열매를 맺게 하고 또 너희 열매가 항상 있게 하
여"라고 말씀하신 것처럼, 여기에서도 하나님의 나라를 부요하게 하는 자들의 수
고를 칭찬하시는 말씀으로 보는 것이다. 둘 중의 어느 것으로 보든, 이 구절을 통해
서 말씀 사역자들은 영광의 면류관이 하늘에서 그들을 위해 준비되어 있다는 것을
듣고, 그들이 추수한 열매가 하나님 보시기에 귀할 뿐만 아니라 영원하리라는 것
을 알게 되었을 때에, 아주 큰 격려를 받고 힘들고 어려운 일 속에서도 결코 낙심하
지 않게 되리라는 것은 분명하다. 성경의 도처에 상에 대한 언급이 있는 것은 바로
그러한 목적을 위한 것이고, 우리가 한 일들의 공로(功勞, meritum)에 대한 대가로
서의 상을 말하고자 하는 것이 아니다. 만약 우리 각자가 한 일에 대하여 결산을
하게 된다면, 우리 모두는 부지런히 일한 것에 대한 상을 받기보다는 나태하고 게
을렀던 것에 대한 벌을 받는 것이 더 마땅하다는 것이 분명해지지 않겠는가? 그러
므로 우리 중에서 가장 수고를 많이 한 자들일지라도 겸손히 하나님 앞에 나아가
서 용서해 주시라고 간구하는 것 외에는 그들이 기대할 것은 아무것도 없을 것이

다. 그러나 아버지의 사랑으로 우리를 대하시는 하나님께서는 우리의 나태함을 고치시고 낙심할 수밖에 없는 우리를 격려하시기 위하여 우리에게 값없이 거저 상을 주는 것이 좋겠다고 생각하신 것이다.

또한, 그것은 믿음으로 의롭다 하심을 얻는다는 칭의(稱義, fidei iustitia)의 가르침을 뒤엎는 것이 아니라 도리어 확증해 준다. 첫째는, 하나님께서 자신의 성령으로 말미암아 우리에게 상을 주시는 것이 아니라면, 우리 속에서 상을 주실 만한 것을 전혀 찾아내실 수 없으실 것이기 때문이다. 우리는 성령이 우리의 양자됨의 "보증"이시라는 것을 안다(엡 1:14). 둘째는, 하나님께서 우리로 하여금 값없이 하나님과 화목하게 하시고서, 우리의 행위들에 붙어 있는 죄들을 우리에게 돌리지 아니하시고, 그 어떤 공로와 상관없이 우리의 행위들을 받으시는 것이 아니라면, 우리의 불완전하고 죄악된 행위들에 그토록 큰 존귀를 수여하셔서 상을 주시는 것은 도저히 불가능할 것이기 때문이다. 이 구절의 요지는 사도들은 하나님의 말씀을 가르치는 일에 쏟는 그들의 수고가 그리스도와 교회에 큰 유익을 끼친다는 것을 알고서, 그런 수고를 힘들어하거나 싫어해서는 안 된다는 것이다.

뿌리는 자와 거두는 자가 함께 즐거워하게 하려 함이라. 이 말씀을 통해서 그리스도께서는 다른 사람들이 다 밭을 갈고 씨를 뿌려놓은 곳에서 사도들이 그 열매만을 "거두는" 것에 대하여 불평할 이유가 전혀 없다는 것을 보여주신다. 우리는 이 보충설명을 위한 말씀을 주목할 필요가 있다: 세상에서도 자신의 수고의 열매를 남이 가져가는 것을 보고 불평하는 자들이 있을지라도, 새 주인은 그런 것에 아랑곳하지 않고 남이 뿌려놓은 것을 즐겁게 거두는데, "뿌린 자와 거두는 자"가 서로 마음을 같이 하여 함께 기뻐하고 "즐거워하는" 상황 속에서 거두는 자들이 더욱더 기뻐하고 즐거워하는 것은 당연한 일이 아니겠는가?

우리가 이 구절을 제대로 이해하기 위해서는 "뿌리는" 것과 "거두는" 것 간의 대비(對比)를 파악하지 않으면 안 된다. "뿌리는" 것은 율법과 선지자들의 가르침을 가리킨다. 당시에 땅에 뿌려진 씨앗은, 말하자면, 겨우 잎을 낸 정도에 머물러 있었다. 그러나 복음의 가르침은 사람들을 온전히 무르익게 만드는 까닭에 "거두는" 것에 비유되는 것이 마땅하다. 율법은 그리스도 안에서 마침내 우리에게 나타난 저 온전함(perfectio)과는 거리가 멀었다. 바울이 "유업을 이을 자가 모든 것의 주인이나 어렸을 동안에는 종과 다름이 없어서 그 아버지가 정한 때까지 후견인과 청지기 아래에 있나니"(갈 4:1-2)라고 말하면서 유년기와 성년기를 대비시킨 저 유명한 비유도 그 취지가 여기에서와 동일하다. 요컨대, 그리스도의 오심으로 구원이 현재적인 것이 되었기 때문에, 우리가 천국의 문을 열어준 복음을 선지자들의 가르침을 추수하고 거두는 것이라고 불러도, 그것은 전혀 이상한 것이 아니라는 것이다. 그렇지만 그것은 율법 아래 있던 조상들이 하나님의 곳간(horreum) 속으로 모아들여지는 것을 막는 것이 아니다. 왜냐하면, 이러한 대비는 단지 하나님이 주신 가르침의 유형(docendi modum)과만 연관된 것이기 때문이다. 즉, 교회의 유년기는 율법이 폐해질 때까지 지속되다가, 복음이 전파되자마자 교회는 즉시 성년기에 도달했고, 그 때에 선지자들이 단지 뿌리기만 했던 저 구원이 무르익기 시작하였다.

그리스도께서 이 말씀을 사마리아에서 하신 것이기 때문에, "뿌리는" 것의 의미를 율법과 선지자들만이 아니라 그 이상으로 더 폭넓게 확대하고 계시는 것으로 보이고, 그런 맥락 속에서 이 말씀을 유대인과 이방인 양쪽에 똑같이 적용하는 방식으로 해석하는 자들도 있다. 물론, 나는 경건의 몇몇 씨앗들이 늘 온 세상에 흩어져 있었다는 것을 인정하고, 하나님께서 철학자들이나 세속의 작가들의 손을 빌려서 그들의 글들 속에서 찾아볼 수 있는 탁월한 감성이나 사고를 뿌리셨다는 것도 의심의 여지가 없다. 그러나 그러한 씨앗은 뿌리부터 썩었고, 설령 그 씨앗에서 곡식이 나왔다고 할지라도(그런 곡식은 선하지도 참되지도 않았을 것이지만), 그 곡식은 무수히 많은 오류들로 인해서 기운이 막혀 말라 죽었을 것이기 때문에, 그리스도께서 그렇게 썩거나 말라 죽을 수밖에 없는 결과를 가져올 것들을 "뿌리는" 것에 비유하셨을 리가 없다. 게다가, 그리스도께서 여기에서 "함께 즐거워하게 하려 함이라"고 하신 말씀은 철학자들이나 그런 부류의 사람들에게 전혀 걸맞지 않는 말씀이다.

하지만 매듭은 아직 풀린 것이 아니다. 왜냐하면, 그리스도께서는 여기에서 특히 사마리아인들을 염두에 두시고 그런 말씀을 하고 계시는 것이기 때문이다. 나의 대답은 사마리아인들과 관련된 모든 것이 타락하고 부패되어 있었음에도 불구하고, 거기에는 여전히 경건의 씨앗이 일부 감춰져 있었다는 것이다. 왜냐하면, 만일 사마리아인들이 구속주가 오시리라는 것을 율법과 선지자들을 통해서 알고 있지 않았다면, 그들이 그리스도에 관한 말을 듣자마자 그토록 신속하게 그를 찾는 일은 벌어지지 않았을 것이기 때문이다. "유대"가 하나님께서 선지자들을 통해서 경작해 오셨던 본래의 밭이었다는 것은 분명하지만, 씨앗 중 일부가 사마리아로 유입되어 자라고 있었기 때문에, 그리스도께서 사마리아에서도 씨앗이 다 자라서 무르익었다고 말씀하신 것은 일리가 있었다. 사도들은 온 세상에 복음을 전하도록 택하심을 받은 자들이었다는 것을 근거로 삼아서 위에서의 나의 설명에 반론을 제기하고자 한다면, 나의 대답은 간단하다. 즉, 그리스도께서는 이미 거의 무르익은 열매를 거두고자 하시는 기대로 인해서, 비록 사마리아인들 속에 있던 선지자들의 가르침의 씨앗이 많은 잡초들이나 부패한 것들과 뒤섞여 있었을지라도, 그것을 칭찬하고 계시는 것을 제외한다면, 당시의 사람들이 감당할 수 있는 방식으로 말씀하셨다는 것이다.

37. 한 사람이 심고 다른 사람이 거둔다 하는 말이 옳도다. 이것은 많은 사람들이 종종 남이 수고한 것의 열매를 가져간다는 것을 보여주는 속담이었다. 하지만 한 가지 차이점이 있다면, 그것은 세상에서는 자기가 한 수고의 열매를 남이 가져가는 것을 보는 자는 화가 나고 속상하지만, 여기에서는 선지자들이 사도들의 기쁨에 함께 동참하는 자들이 된다는 것이다. 그러나 이것을 근거로 해서 우리가 선지자들도 지금 교회 안에서 진행되고 있는 일을 알고 있다거나 그 증인들이라고 말한다면, 그것은 틀린 말이다. 왜냐하면, 그리스도께서 여기에서 말씀하시고자 하신 것은 선지자들에게는 그들 자신이 직접 열매를 거두는 일이 허락되지 않았지만 그들은 그 열매를 기대하면서 그러한 기쁨 가운데서 일생 동안 말씀을 전하였다는 것이기 때문이다. 베드로가 베드로전서 1장에서 사용한 대비(對比)도 여기에서와 동일한 것이다: "이 구원에 대하여는 너희에게 임할 은혜를 예언하던 선지자들이 연구하고 부지런히 살펴서 자기 속에 계신 그리스도의 영이 그 받으실 고난과 후에 받으실 영광을 미리 증언하여 누구를 또는 어떠한 때를 지시하시는지 상고하니라 이 섬긴 바가 자기를 위한 것이 아니요 너희를 위한 것임이 계시로 알게 되었으니 이것은 하늘로부터 보내신 성령을 힘입어 복음을 전하는 자들로 이제 너희에게 알린 것이요 천사들도 살펴 보기를 원하는 것이니라"(벧전 1:10-12). 다만 한 가지 차이점이 있다면, 베드로는 모든 믿는 자들에게 일반적인 방식으로 권면한 것인 반면에, 여기에서 그리스도께서는 오직 제자들, 그리고 그들을 대표로 내세우셔서 복음 사역자들에게 말씀하고 계신다는 것이다. 이 말씀을 통해서 그리스도께서는 그들에게 한 가지 공통의 목적을 위해서 일함으로써 그들 간에 그 어떤 악한 시기심도 있을 수 없게 하라고 명령하신다. 즉, 밭에 먼저 보내심을 받은 자들은 그들 뒤에 올 자들에게 주어질 더 큰 복을 시기하지 말고, 오직 그들에게 맡겨진 일, 곧

밭을 경작하는 일에 전념하는 것이 마땅하고, 익은 열매를 거두기 위해 보내심을 받은 자들도 마찬가지로 그들보다 앞서 밭을 경작했던 자들과 동일한 기쁨을 가지고서 그들에게 맡겨진 일을 하는 것이 마땅하다. 왜냐하면, 그리스도께서 앞에서 율법을 가르치는 자와 복음을 가르치는 자를 대비시키신 것은 이 말씀과 서로 연결되어 있어서 이 말씀에도 그대로 적용될 수 있기 때문이다.

[39]여자의 말이 내가 행한 모든 것을 그가 내게 말하였다 증언하므로 그 동네 중에 많은 사마리아인이 예수를 믿는지라 [40]사마리아인들이 예수께 와서 자기들과 함께 유하시기를 청하니 거기서 이틀을 유하시매 [41]예수의 말씀으로 말미암아 믿는 자가 더욱 많아 [42]그 여자에게 말하되 이제 우리가 믿는 것은 네 말로 인함이 아니니 이는 우리가 친히 듣고 그가 참으로 세상의 구주신 줄 앎이라 하였더라 [43]이틀이 지나매 예수께서 거기를 떠나 갈릴리로 가시며 [44]친히 증언하시기를 선지자가 고향에서는 높임을 받지 못한다 하시고 [45]갈릴리에 이르시매 갈릴리인들이 그를 영접하니 이는 자기들도 명절에 갔다가 예수께서 명절중 예루살렘에서 하신 모든 일을 보았음이더라(4:39-45).

39. 여자의 말이 … 증언하므로 … 많은 사마리아인이 예수를 믿는지라. 복음서 기자는 여기에서 사마리아 여자가 자기 동네 사람들에게 전한 말이 얼마나 강력한 효과를 가져왔는지를 보도한다. 이것으로부터 분명해지는 것은 하나님이 약속하신 메시야에 대한 그들의 기대와 열망이 결코 적지 않았다는 것이다. 여기에서 "믿다"라는 단어는 여기에서 느슨하게 사용되어서, 사마리아인들이 여자의 말을 듣고서 그리스도가 "선지자"라는 것을 인정하게 되었다는 것을 의미한다. 그러나 그것은 가르침을 받을 마음의 준비가 되었다는 것을 의미하기 때문에 어떤 면에서는 믿음의 시작이라고 할 수 있다. 그리스도께서 여기에서 사마리아인들이 이렇게 믿음에 들어가기 시작한 것을 "믿음"이라고 귀하게 불러주시는 것은 하나님께서 아직 본격적으로 가르침을 받지 않은 자들일지라도 그들의 유순한 태도를 이토록 귀히 여기신다는 것을 보여주심으로써, 사람들이 하나님의 말씀을 경외하는 것을 하나님이 얼마나 높이 평가하시는지를 우리에게 알게 하시기 위한 것이다. 또한, 사마리아인들이 믿음의 진보를 얻기를 원했고, 그런 이유로 그리스도께서 "그들과 함께 유하시기를 청했다"는 것 속에서도 그들의 믿음이 드러난다.

41. 믿는 자가 더욱 많아. 이후에 이루어진 일들을 보면, 그리스도께서 사마리아인들의 청을 들어주신 것이 대단히 적절하였다는 것이 분명해진다. 왜냐하면, 우리는 그리스도께서 그들의 청을 들어주셔서 "이틀"을 유하심으로써 많은 열매를 거두실 수 있으셨다는 것을 보기 때문이다. 이러한 모범을 통해서 우리는 하나님의 나라를 확장시킬 수 있는 기회가 우리에게 주어졌을 때에는 언제든지 결코 주저하거나 물러서서는 안 된다는 교훈을 얻는다. 적극적으로 나섰다가 욕을 먹지는 않을까, 또는 결국 쓸데없는 짓을 한 것이 되어버리지는 않을까 하고 염려가 된다면, 우리는 모략(謀略)의 성령께서 우리를 지도해 주시도록 그리스도께 구하여야 한다. 여기에서 "믿다"라는 단어는 앞에서와는 다른 의미로, 즉 사마리아인들이 단지 믿을 준비가 되어 있었다는 것이 아니라, 실제로 참된 믿음을 지니게 되었다는 의미로 사용되고 있다.

42. 네 말로 인함이 아니니. 나는 여기에서 불가타 역본이 사용한 '로쿠엘라'(loquela)가 조악(粗惡)한 용어여서 에라스무스가 사용한 역어인 '오라티오'(oratio)를 따르긴 했지만, 독자들은 여기에서 사용된 헬라어 '랄리아'($\lambda\alpha\lambda\iota\alpha$)가 라틴어 '로쿠엔티아'(loquentia)와 동일한 의미, 즉 "얘기, 수다"라는 의미를 지닌다는 것을 유의해야 한다. 따라서 사마리아인들은 자신들이 평소에 대체로 별로 믿을 만하지 못한 말들을 하던 한 여자의 얘기보다 더 강력한 근거를 이제야 갖게 되었다는 심정을 이런 식으로 표현한 것이다.

이제 우리가 믿는 것은. 이 구절은 사마리아인들이 갖게 된 믿음의 성격을 더 자세하게 표현해 주고 있다. 즉, 그들의 믿음은 하나님의 말씀 자체로부터 온 것이었기 때문에, 그들은 하나님의 아들이 자신들의 선생이라는 것을 자랑스러워할 수 있었다. 왜냐하면, 우리가 전적으로 의지하고 따라야 할 것은 오직 그리스도의 권위뿐이기 때문이다. 물론, 그리스도께서는 지금 우리 눈에 보이게 임재해 계셔서 우리와 얼굴을 맞대고 말씀하시는 것은 아니지만, 우리가 누구의 입을 통해서 그리스도에 대하여 듣든지, 우리의 믿음은 오직 그리스도에게만 두어야 한다. 또한, 여기에서 말하는 "앎"도 오직 그리스도라는 원천으로부터만 올 수 있다. 왜냐하면, 죽을 수밖에 없는 존재인 사람에게서 나오는 말은 우리의 귀를 만족시켜줄 수는 있지만, 결코 우리의 영혼이 구원에 관한 잠잠한 확신 속에서 견고하게 설 수 있게 해주지는 못하는 까닭에, 결국 사람의 말을 들은 자는 자기가 "알게 되었다"고 주장할 수 없기 때문이다. 그러므로 믿음에 있어서 첫 번째로 필요한 것은 사역자들이 말씀을 전할 때에 실제로 거기에서 말씀하시는 이는 바로 "그리스도"시라는 것을 아는 것이고, 두 번째로 필요한 것은 그리스도께서 받으시기에 합당한 존귀를 그에게 돌리는 것, 즉 우리가 그리스도께서 참되시고 신실하시다는 것을 의심하지 않고 그의 확실한 권위를 믿음으로써 그의 가르침을 전적으로 의지할 수 있어야 한다는 것이다. 다시 한 번 말하자면, 사마리아인들이 예수께서 그리스도이시고 세상의 구주(救主)시라는 것을 확신하고 선포하였을 때, 그들은 그리스도로부터 들음으로써 그것을 알게 되었을 것임에 틀림없다는 것이다. 이것은 그리스도께서 사마리아에 이틀 동안 머무시는 동안에 예루살렘에서 지금까지 가르치셨던 것보다 더 분명하게 복음의 요지(要旨)를 가르치셨을 것이라는 추론을 가능하게 해준다. 그리스도께서는 자기가 가져온 구원이 온 세상에 다 공통적으로 해당되는 것이라고 증언하셨을 것이고, 사마리아인들은 그 구원이 그들에게도 해당된다는 것을 더 잘 알 수 있게 되었을 것이다. 왜냐하면, 그리스도께서는 그들을 유대인들의 경우처럼 합법적인 후사(後嗣)의 자격으로 부르신 것은 아니었지만, 자기가 외인(外人)들을 하나님의 권속으로 받아들이고 "먼 데 있는" 자들에게 "평안을 전하시기" 위하여 "오셨다"는 것(엡 2:17)을 가르치셨을 것이기 때문이다.

44. 친히 증언하시기를. 이 말씀은 얼핏 보면 모순되어 보이기 때문에, 여러 가지 해석이 제시되어 왔다. 아구스티누스(Augustinus)는 그리스도께서는 사마리아인들 가운데서 단 이틀 동안 머무시면서 행하신 선한 일들이 갈릴리 사람들 가운데서 오랜 시간 동안 머무시면서 행하셨던 것보다 더 많으셨고, 갈릴리에서 많은 이적들을 행하시며 얻으셨던 제자들의 수보다 사마리아에서 이적을 행하지 않으시고도 더 많은 수의 제자를 얻으셨기 때문에, 그리스도가 "고향에서는 높임을 받지 못한다"고 말씀하신 것이라고 설명하는데, 이것은 지나치게 교묘한 감이 없지 않다. 또한, 크리소스토무스(Chrysostomus)는 그리스도께서는 다른 어느 곳보다도 가버나움에 더 자주 머무셨기 때문에, 여기에서 말씀하신 "고향"은 가버나움을 가리키는 것이라고 설명하는데, 나는 그런 설명에도 동의할 수 없다. 도리어, 나는 그리스도께서 나사렛을 떠나셔서 "갈릴리"의 다른 지역으로 가시면서 이 말씀을 하신 것이라고 보는 키릴루스(Cyrillus)의 설명에 동의한다. 왜냐하면, 다른 세 복음서 기자들은 그리스도께서 하신 이 말씀을 보도할 때에 나사렛을 언급하고 있기 때문이다. 따라서, 이 말씀의 요지는 그리스도께서는 자기 자신을 온전히 나타내실 때가 아직 이르지 않았기 때문에, 사람들의 주목을 덜 받으면서 물러나 있기에

좋은 자신의 "고향"에 은신해 계시기를 원하셨다는 것이다. 또한, 어떤 이들은 그리스도께서 멸시가 기다리고 있는 곳으로 서둘러 가실 이유가 없으셨기 때문에 사마리아에 이틀을 머무신 것이라고 설명하고, 어떤 이들은 그리스도께서 나사렛으로 곧장 가셨다가 즉시 그 곳을 떠나신 것이라고 설명한다. 그러나 복음서 기자는 전혀 그런 식으로 말하고 있지 않기 때문에, 나는 그런 추측을 받아들이는 모험을 하고 싶지 않다. 그러므로 그리스도께서는 자신의 "고향"인 나사렛에서 사람들이 자기를 멸시하는 것을 보시고서, 좀 더 형편이 좋은 다른 곳으로 발길을 돌리셨다고 보는 것이 옳다. 그런 까닭에, 그리스도께서 "갈릴리 가나에 이르셨다"(46절)는 내용이 곧 뒤이어 나온다. 이 절 뒤에 덧붙여진 내용, 즉 그리스도께서 베푸신 이적들로 인해서 갈릴리 사람들이 그를 "영접하였다"는 것은 멸시가 아니라 존경의 표시였다는 것이다.

선지자가 고향에서는 높임을 받지 못한다. 나는 이 말씀이 속담이었다는 것을 의심하지 않는다. 또한, 우리는 아주 일반적이고 자주 일어나는 일들이 속담으로 사람들 가운데서 회자(膾炙)된다는 것도 안다. 그러므로 우리는 마치 속담에서 말해지고 있는 내용이 언제나 참이어야 한다는 듯이, 속담에 대하여 늘 엄밀하게 참될 것을 요구해서는 안 된다. 선지자들이 자기 고향에서보다 다른 곳에서 더 존경을 받는다는 것은 분명하지만, 선지자가 타향 사람들 가운데서만큼 고향 사람들 가운데서도 존경을 받는 경우도 있을 수 있고, 실제로 종종 그런 일들이 있다. 그러니까, 이 속담은 일반적이고 통상적인 것, 즉 선지자들은 자기 고향에서보다도 다른 곳들에서 존경을 받는 것이 통상적이라는 것을 말하고 있는 것이다.

이 속담과 그 의미는 다음과 같은 두 가지 이유에서 나온 것으로 보인다. 왜냐하면, 어떤 사람이 요람에서 우는 것을 우리가 들었고, 그 사람이 어린 시절에 어리석게 행하는 것을 우리가 보았을 때, 우리가 마치 그 사람이 어린 시절 이래로 아무런 진보도 이루지 못했다는 듯이, 일생 동안 그 사람을 멸시하는 것은 누구나 다 저지르는 보편적인 잘못이고, 거기에 또 다른 악, 즉 아는 사람들 사이에서 더 만연되어 있는 시기(猜忌)가 더해지기 때문이다. 그러나 나는 이 속담이 선지자들이 자기 민족에 의해서 박해를 받은 사실로부터 생겨났을 가능성이 높다고 본다. 왜냐하면, 선하고 거룩한 자들이 유대 땅에서 하나님에 대한 엄청난 배은망덕함, 하나님의 말씀에 대한 엄청난 멸시, 사람들의 엄청난 완악함을 보았을 때, 하나님의 선지자들이 다른 어느 곳에서보다도 자기 나라에서 가장 존경을 받지 못한다는 불평이 그들의 입에서 나온 것은 어쩌면 당연한 일이었을 수 있기 때문이다. 만약 전자(前者)의 설명을 받아들인다면, 바울이 에피메니데스(Epimenides)를 "그레데인 중의 어떤 선지자"라고 불렀듯이(딛 1:12), 우리는 여기에서 "선지자"라는 말을 일반적인 의미에서의 선생을 가리키는 것으로 이해해야 한다.

45. 갈릴리인들이 그를 영접하니. 이러한 환대와 공경이 과연 얼마나 오랫동안 지속되었을지에 대해서는 우리가 알 길이 없지만, 어쨌든 사람들은 언제 그랬냐는 듯이 하나님의 선물들을 금세 잊어버린다. 또한, 복음서 기자도 그리스도께서 많은 증인들 앞에서 이적들을 행하셨고, 그 결과 그 소문이 널리 퍼져나갔다는 사실을 우리에게 알게 해 주고자 하는 것 이외의 다른 의도를 가지고서 그런 보도를 한 것은 아니다. 다시 말하자면, 이 구절은 이적들로 인한 한 가지 유익, 즉 이적들은 사람들로 하여금 그리스도에 대한 공경심을 불러일으켜서 가르침을 받을 수 있는 길을 열어준다는 것을 보여준다.

[46]예수께서 다시 갈릴리 가나에 이르시니 전에 물로 포도주를 만드신 곳이라 왕의 신하가 있어 그의 아들이 가버나움에서 병들었더니 [47]그가 예수께서 유대로부터 갈릴리로 오셨다는 것을 듣고 가서 청하되 내려오셔서 내 아들의 병을 고쳐 주소서 하니 그가 거의 죽게 되었음이라 [48]예수께서 이르시되 너희는 표적과 기사를 보지 못하면 도무지 믿지 아니하리라 [49]신하가 이르되 주여 내 아이가 죽기 전에 내려오소서 [50]예수께서 이르시되 가라 네 아들이 살아 있다 하시니 그 사람이 예수께서 하신 말씀을 믿고 가더니 [51]내려가는 길에서 그 종들이 오다가 만나서 아이가 살아 있다 하거늘 [52]그 낫기 시작한 때를 물은즉 어제 일곱 시에 열기가 떨어졌나이다 하는지라 [53]그의 아버지가 예수께서 네 아들이 살아 있다 말씀하신 그 때인 줄 알고 자기와 그 온 집안이 다 믿으니라 [54]이것은 예수께서 유대에서 갈릴리로 오신 후에 행하신 두번째 표적이니라(4:46-54).

46. 왕의 신하가 있어. 에라스무스(Erasmus)는 헬라어 '바실리코스'(βασιλικός)를 라틴어로 "작은 왕"을 뜻하는 '레굴루스'(regulus)로 번역했지만, "왕의 신하"로 옮기는 것이 더 정확하다. 물론, 나는 오늘날 공작, 남작, 백작이라 불리는 자들에게 당시에는 "작은 왕"이라는 칭호가 주어졌다는 사실을 인정하지만, 당시 갈릴리가 차지하고 있던 위치로 볼 때에 그런 지위에 있는 인물이 가버나움에 거주하

고 있었을 가능성은 없다. 나는 이 "왕의 신하"가 헤롯의 조신(朝臣)이었을 것이라고 생각한다. 왜냐하면, 그 사람을 로마 황제가 파견한 자였다고 볼 만한 증거가 전혀 없기 때문이다. 복음서 기자가 이 사람을 "왕의 신하"라고 명시한 것은 이 사람의 신분으로 인해서 그리스도께서 행하신 이적이 더 빛을 발하였기 때문이었다.

47. 그가 예수께서 유대로부터 오셨다는 것을 듣고. 이 사람이 그리스도께 도움을 청한 것은 어느 정도 그의 믿음을 보여주는 증거이긴 하지만, 그리스도께 어떻게 도움을 주시라고 방법을 구체적으로 제시하여 주문한 것은 그가 얼마나 무지했는지를 보여주는 것이다. 왜냐하면, 그는 그리스도께서 직접 오셔야 능력이 나타날 줄로 생각함으로써, 자기가 그리스도를 하나님의 보내심을 받은 선지자, 즉 이적들을 행함으로써 자기가 하나님의 권세와 능력을 지닌 사역자라는 사실을 증명해야 하는 그런 선지자 정도로밖에는 생각하지 않았다는 것을 보여주었기 때문이다. 그러나 그리스도께서는 책망을 받아 마땅한 그의 그러한 무지(無知)들에 대해서는 전혀 문제를 삼지 않으신 채, 다른 이유, 즉 그들이 이적들에 지나치게 집착했다는 이유를 드셔서, 그를, 아니 실제로는 모든 유대인들을 호되게 책망하신다.

그런데 전에 이적들을 원하던 다른 사람들에 대해서는 너그럽게 용납하시던 그리스도께서 왜 여기에서는 이렇게 엄해지신 것일까? 그리스도께서 평소와는 달리 "왕의 신하"를 호되게 책망하신 데에는 우리가 모르는 어떤 특별한 이유가 있었을 것임에 틀림없다. 그리고 그리스도께서는 "왕의 신하"라는 한 개인이 아니라, 유대 민족 전체를 염두에 두시고 그렇게 하셨을 것이다. 그리스도께서는 자신의 가르침이 거의 권위를 지니지 못한 채로 무시당할 뿐만 아니라 대놓고 멸시당하고 있는 반면에, 모든 사람들의 눈이 이적들에만 쏠리고 있어서, 그들의 지각(知覺) 전체가 경배하는 마음(admiratio)이 아니라 우둔함(stupor)에 사로잡혀 있는 것을 보셨다. 이런 상황 속에서 당시에 만연되어 있던 하나님의 말씀을 멸시하는 악한 풍조가 그리스도로 하여금 이러한 탄식을 하실 수밖에 없게 만들었다.

사실, 성인(聖人)들 가운데서도 일부는 하나님의 약속들이 참되다는 것에 대하여 그 어떤 의심도 품지 않기 위해서 이적들을 통한 확증을 종종 바랐고, 하나님께서는 그들의 청을 기꺼이 들어주셔서, 그들의 청이 잘못된 것이 아니라는 것을 보여주셨다. 그러나 여기에서는 그리스도께서 사람들의 훨씬 더 큰 악을 지적하고 계신다. 왜냐하면, 유대인들은 이적들에 지나치게 의존해 있어서, 그들 속에 하나님의 말씀이 들어갈 자리가 없었기 때문이다. 첫째, 그들이 이적들에 의해서 고무

되지 않으면 가르침을 받을 생각을 아예 하지 않을 정도로 우둔하고 육신적이 되어 있었던 것은 너무나 악하고 타락한 모습이었다. 왜냐하면, 그들은 어릴 때부터 하나님의 말씀으로 양육을 받아왔던 까닭에 하나님의 말씀을 잘 알고 있었을 것임에 틀림없기 때문이다. 둘째, 그들은 이적들을 보고서도 거기에서 제대로 유익을 얻지 못하였기 때문에 여전히 우둔함 가운데 머물면서 단지 놀라는 반응만을 보일 뿐이었다. 그러므로 그들 가운데는 오직 이적들만 있었고, 신앙이나 하나님을 아는 지식이나 경건의 실천은 전혀 없었다.

바울이 "유대인은 표적을 구한다"(고전 1:22)고 책망한 것도 동일한 취지에서이다. 왜냐하면, 바울은 유대인들이 어처구니없을 정도로 도가 지나치게 "표적들"에 집착해서, 그리스도의 은혜나 영생의 약속이나 성령의 신비한 능력에는 관심이 없고, 도리어 이적 이외에는 그 어떤 것도 재미가 없다는 이유로 오만하게 복음을 경멸하고 배척하였다고 말하고 있는 것이기 때문이다. 나는 오늘날에는 당시의 유대인들과 동일한 질병에 걸린 사람들이 그리 많지 않기를 바라지만, 오늘날에도 "먼저 이적을 보이라. 그러면 우리가 너희의 가르침에 귀를 기울이리라"는 말보다 더 흔히 들을 수 있는 말은 없다. 이것은 마치 하나님의 진리가 다른 어떤 것에 의해서 확증을 받지 못한다면 경멸받는 것이 마땅하다고 말하는 것이나 다름없다. 그러나 설령 하나님께서 그들 앞에서 무수한 이적들을 베푸셔서 그들을 압도하신다고 해도, 그들은 여전히 자기들이 믿겠다고 빈 말만 늘어놓을 뿐이고 실제로는 결코 믿지 않을 것이다. 그들은 "이적들"을 보고서 겉으로는 놀라겠지만, "가르침"에는 귀를 기울이지 않을 것이다.

49. 주여 내 아이가 죽기 전에 내려오소서. 왕의 신하는 끈질기게 구하여서, 자기가 바라던 것을 얻었기 때문에, 우리는 그리스도께서 그를 완전히 배척하시고 그의 기도를 거부하시고자 하시는 의도가 아니라, 그로 하여금 참된 믿음으로 들어가는 것을 가로막고 있던 그의 잘못을 바로잡아 주실 의도로 그를 책망하신 것이라는 결론을 얻을 수 있다. 여기에서 우리는 내가 앞에서 말했던 것, 즉 이 책망은 단지 특정한 한 개인이 아니라 모든 사람에게 해당되는 책망이었다는 것을 명심하여야 한다. 그러므로 우리의 기도 속에서 부적절하거나 왜곡되어 있거나 거품이 끼어 있는 것들은 다 바로잡거나 제거함으로써, 위험하고 해로운 걸림돌들이 치워질 수 있게 하여야 한다.

왕의 신하들은 통상적으로 까다롭고 교만하여서 호된 책망을 받으면 참지를 못하는 법이지만, 이 사람은 자신의 절박한 사정과 자기 아들을 잃을 수도 있다는 두려움으로 인해서 그 마음이 낮아져 있어서, 그리스도로부터 호된 책망을 받고도 묵묵히 받아넘기며 화를 내거나 불평을 터뜨리지 않았다는 것은 주목한 만할 일이다. 우리 안에도 이 왕의 신하와 같은 모습이 있다. 왜냐하면, 우리는 역경들에 굴복해서 우리 속에 있던 오만함(fastus)과 남을 경멸하는 마음(supercilium)을 어쩔 수 없이 내려놓지 않을 수 없게 될 때까지는 놀라울 정도로 까다롭게 굴고 참을 수 없어 하며 신경질적으로 반응하기 때문이다.

50. 네 아들이 살아 있다. 여기에서 가장 두드러지는 것은 그리스도께서 "왕의 신하"의 무지(無知)를 용납하시고서, 그 사람이 바랐던 것 이상으로 자신의 능력을 베풀어주심으로써 보여주신 놀라운 인간성(humanitas)과 인자하심(indulgentia)이다. 그 사람은 그리스도께서 친히 오셔서 자기 아들을 고쳐주시도록 부탁을 드렸었다. 또한, 그는 병에 걸린 자가 병에서 나음을 입을 수는 있지만, 일단 죽고 나면 다시 살아날 수는 없을 것이라고 생각했기 때문에, 죽음이 자기 아들에게 먼저 당도하는 일이 벌어지지 않도록 하기 위해서 그리스도를 재촉하였었다. 그러므로 그리스도께서는 그 사람의 두 가지 잘못을 다 용서하신 것이었다. 여기에서 우리는 그리스도께서는 우리의 작은 믿음조차도 아주 귀하게 여기신다는 것을 알게 된다. 또한, 우리가 주목할 필요가 있는 것은 그리스도께서는 그 사람이 원한 방식으로 해주신 것은 아니지만, 그 사람이 구한 것보다 훨씬 그 이상으로 해 주셨다는 것이다. 왜냐하면, 그 사람은 자기 아들이 지금 즉시 나았다는 말씀을 그리스도로부터 들었기 때문이다. 이렇게 우리의 천부(天父)께서는 우리가 원한 방식으로 하나하나 그대로 다 해주시는 것은 아니지만, 우리가 예상하지 못한 방식으로 우리의 간구를 들어주시는 일은 비일비재하다. 이것으로부터 우리는 하나님께 구체적인 방식을 정하여 이러저러하게 해주시라고 구하여서는 안 된다는 것을 배운다. 그리스도께서 "네 아들이 살아 있다"고 말씀하신 것은 그 아들이 죽음의 위험에서 건짐을 받았다는 것을 의미한다.

그 사람이 예수께서 하신 말씀을 믿고. 왕의 신하는 그리스도가 하나님의 선지자라는 확신을 가지고서 왔기 때문에, 이미 믿을 준비가 되어 있었다. 따라서 그리스도께서 한 마디 말씀을 하시자마자, 그는 그 말씀을 받아서 자신의 마음속에 새겼다. 물론, 그는 그리스도의 능력에 대하여 마땅히 드려야 할 온전히 합당한 공경(恭敬)을 드린 것은 아니었지만, 그리스도의 짤막한 약속의 말씀이 그의 마음속에 갑자기 확신(fiducia)을 불러일으켰기 때문에, 자기 아들의 생명이 그리스도의 한 마디 말씀 속에 담겨져 있다는 것을 믿었다. 이와 같이, 우리도 하나님의 말씀을 망설임 없이 즉각적으로 받아들이는 것이 마땅하지만, 실제로는 하나님의 말씀이 그 듣는 자들에게 이렇게 즉시 효력을 나타내는 경우는 극히 드물다. 사실, 사람들은 무수히 많은 설교를 듣지만, 절반은 이교도였던 이 사람이 그리스도의 한 마디 말씀을 듣고서 얻은 것과 같은 유익을 얻는 자는 거의 없는 것이 우리의 현실이 아닌가? 우리는 우리의 둔하고 나태한 마음을 깨우기 위하여 더욱더 열심으로 애써야 하고, 무엇보다도 특히 하나님께서 우리의 마음을 만져주셔서, 우리로 하여금 하나님은 자신이 약속한 것에 대하여 이루어주실 준비가 항상 되어 계시고, 기꺼이 차고 넘치게 이루어 주시고자 하신다는 것을 한 치의 의심도 없이 믿을 수 있게 해주시라고 기도하여야 한다.

51. 내려가는 길에서. 여기에는 "믿음"의 결과와 "말씀"의 효력이 묘사되어 있다. 왜냐하면, 그리스도께서는 죽어가던 아이를 말씀으로 살리신 것이었고, 그 때에 왕의 신하는 믿음으로 자기 아들을 건강한 모습으로 되돌려 받은 것이기 때문이다. 그러므로 우리는 하나님께서 우리에게 자신의 은택들을 베푸시고자 하실 때에는, 우리의 불신앙으로 인하여, 그 문이 닫혀 있지만 않다면, 그가 약속하신 것을 그의 능력으로 이루실 준비가 늘 되어 계시다는 것을 알아야 한다. 물론, 하나님께서 우리를 도우시기 위하여 자신의 손을 즉시 내미시는 경우는 늘 있는 것도 아니고, 심지어 흔히 일어나는 일도 아니라는 것은 나도 인정하지만, 하나님께서 응답을 미루신다면, 거기에는 반드시 합당한 이유가 있고, 그 이유는 당연히 우리의 유익을 위한 것이다. 한 가지 확실한 것은 하나님께서는 결코 쓸데없이 미루시는 것이 아니라, 우리가 그 길에 세워놓은 장애물들을 치우시는 데에 시간이 걸리는 것일 뿐이라는 것이다. 그러므로 우리는 하나님의 즉각적인 도우심을 보지 못할 때에는, 우리 안에 숨겨진 하나님에 대한 불신(不信)은 없는지, 또는 적어도 우리의 믿음이 작고 제한적인 것은 아닌지를 살펴보지 않으면 안 된다. 그리고 우리는 하나님께서 자신의 은택들이 헛되게 되는 것도 원하지 않으시고, 그 은택들을 아무데나 마구 뿌려대는 것도 원하지 않으시기 때문에, 마음을 열어 믿음으로 그 은택들을 받을 준비가 되어 있는 자들을 선택하셔서 그들에게 은택을 내리신다는 것을 이상하게 생각해서는 안 된다. 하나님께서는 자기 백성을 늘 동일한 방식으로 도우시는 것은 아니지만, 어떤 사람의 믿음이 아무런 열매를 맺지 못하게 되는 일은

결코 없고, 믿음을 지니고 있기만 한다면, 우리는 "하나님의 약속은 비록 더딜지라 도 기다리면 지체되지 않고 반드시 이루리라"(합 2:3)는 선지자의 예언이 참됨을 반드시 경험하게 된다.

52. 그 낫기 시작한 때를 물은 즉. 왕의 신하가 자신의 종들에게 자기 아들이 "낫 기 시작한 때"를 물은 것은 하나님에게서 온 비밀한 감동에 의해서 된 것이고, 그 것은 이 이적이 실제로 일어났다는 것을 더 생생하게 보여주기 위한 것이었다. 왜 냐하면, 우리는 하나님의 능력의 빛을 꺼버리고자 하는 극히 악한 성향을 본성적 으로 지니고 있고, 사탄은 하나님의 역사(役事)들을 우리의 시야에서 감추기 위하 여 여러 가지 다양한 수단들을 동원해서 애를 쓰기 때문이다. 그러므로 하나님의 역사들이 우리에게서 합당한 찬송을 받기 위해서는 그 어떤 의심의 여지도 남지 않을 정도로 아주 분명하게 우리에게 제시되지 않으면 안 된다. 그렇게 되었을 때, 아무리 배은망덕한 자들이라고 할지라도, 그런 상황 속에서는 그리스도께서 행하 신 너무나 분명한 역사(役事)를 우연한 일로 치부해 버릴 수는 없게 된다.

53. 자기와 그 온 집안이 다 믿으니라. 복음서 기자가 왕의 신하의 믿음을 이미 앞에서 칭찬해 놓고서는, 그 사람이 여기에서 비로소 믿기 시작하였다는 듯이 보 도하고 있는 것은 앞뒤가 맞지 않는 것처럼 보일 수 있다. 또한, 우리는 적어도 이 구절에서는 "믿다"라는 단어를 믿음의 진보(進步)를 가리키는 것으로 볼 수도 없 다. 따라서 유대인으로서 율법의 가르침으로 교육을 받은 이 "왕의 신하"는 이미 어느 정도의 믿음을 지니고서 그리스도께 온 것이기 때문에, 여기에서 그가 "믿었 다"는 것은 다름 아닌 자기 아들의 생명과 관련된 그리스도의 말씀을 믿었다는 의 미에서 구체적인 상황 속에서의 믿음을 가리키는 것으로 보아야 한다. 그러나 그 사람은 이제 이전과는 다른 방식으로 믿기 시작하였다. 왜냐하면, 그는 그리스도 의 가르침을 받아들이고서, 자기가 그리스도의 제자들 중의 한 사람이라는 것을 공개적으로 고백하였기 때문이다. 그는 이제 자기 아들이 그리스도의 은혜로 나았 다는 것을 믿었을 뿐만 아니라, 그리스도가 하나님의 아들이심을 시인하고 그리스 도의 복음에 대한 자신의 믿음을 고백하였다. 이 이적의 증인들이었던 가족들도 모두 그와 더불어서 이 믿음에 동참하였다. 그가 다른 사람들도 자기처럼 기독교 신앙을 받아들이도록 하기 위하여 최선을 다했으리라는 것은 두말 할 필요가 없을 것이다.

제5장

¹그 후에 유대인의 명절이 되어 예수께서 예루살렘에 올라가시니라 ²예루살렘에 있는 양문 곁에 히브리 말로 베데스다라 하는 못이 있는데 거기 행각 다섯이 있고 ³그 안에 많은 병자, 맹인, 다리 저는 사람, 혈기 마른 사람들이 누워 (물의 움직임을 기다리니 ⁴이는 천사가 가끔 못에 내려와 물을 움직이게 하는데 움직인 후에 먼저 들어가는 자는 어떤 병에 걸렸든지 낫게 됨이러라) ⁵거기 서른여덟 해 된 병자가 있더라 ⁶예수께서 그 누운 것을 보시고 병이 벌써 오래된 줄 아시고 이르시되 네가 낫고자 하느냐 ⁷병자가 대답하되 주여 물이 움직일 때에 나를 못에 넣어 주는 사람이 없어 내가 가는 동안에 다른 사람이 먼저 내려가나이다 ⁸예수께서 이르시되 일어나 네 자리를 들고 걸어가라 하시니 ⁹그 사람이 곧 나아서 자리를 들고 걸어가니라 이 날은 안식일이니(5:1-9).

1. 유대인의 명절이 되어. 복음서 기자는 어떤 "명절"이었는지를 명시하고 있지는 않지만, 여기에서 보도되고 있는 일이 그리스도께서 갈릴리로 오신 직후에 일어난 것이라면, 이 명절은 오순절이었을 가능성이 높다. 왜냐하면, 그리스도께서는 유월절 직후에 예루살렘을 떠나셨고, 사마리아를 통과하시면서는 4개월이 지나면 추수할 때라고 말씀하셨으며, 갈릴리로 들어오셔서는 왕의 신하의 아들을 고치셨고, 복음서 기자는 그 후에 이 "명절"이 찾아왔다는 말을 덧붙이고 있기 때문이다. 그러므로 우리는 이러한 시간상의 순서를 감안할 때에 이 명절을 오순절로 보아야 한다는 결론을 얻게 된다. 하지만 나는 이 문제를 놓고 논쟁하고 싶지는 않다. 그리스도께서 명절에 예루살렘에 올라가신 이유는 두 가지였는데, 그 중 하나는 명절에는 많은 사람들이 모여드는 까닭에 자신의 가르침을 더 널리 전할 기회를 얻을 수 있었기 때문이고, 다른 하나는 앞에서도 이미 여러 번 설명했듯이, 우리를 율법에 종노릇 하는 것으로부터 속량(贖良)하시기 위해서는 친히 율법에 순종하셔야 했기 때문이다.

2. 양문 곁에 … 못이 있는데. 복음서 기자는 그리스도께서 이적을 행하신 장소의 상황을 덧붙여놓았다. 이것으로부터 우리는 이 이적이 아무도 모르게 비밀리에 행해지지도 않았고, 단지 소수의 사람들에게만 알려져 있었던 것도 아니라는 사실을 알게 된다. 왜냐하면, 거기에 "행각 다섯"이 있었다는 사실은 그 곳이 많은 사람들이 찾아오는 곳이었다는 것을 보여주는 것이고, 마찬가지로 그곳이 성전 가까이에 있었다는 사실 속에도 그런 의미가 내포되어 있기 때문이다. 게다가, 복음서 기자도 "많은 병자"가 거기에 "누워" 있었다고 분명하게 밝히고 있다. 이 "못"의 이름과 관련해서 히에로니무스(Hieromymus)는 본문에서 이 못이 양들을 파는 시장 곁에 있었다고 말하고 있다는 것을 근거로 삼아서 이 못의 이름을 "베데스다"가 아니라 "베데데르"로 읽어서 "양들의 집"으로 해석하지만, 학자들이 히에로니무스의 그러한 억측을 거부한 것은 합당하다. 또한, 이 못의 이름을 "어부들의 집"이라는 뜻을 지닌 "벳새다"로 읽는 것은 전혀 근거가 없다. 따라서 "베데스다"의 의미를 "물이 쏟아져 들어오는 곳"으로 설명하는 견해가 가장 유력하다. 왜냐하면, 히브리어 '에셰드'(אשד)는 "흘러나오다"를 뜻하기 때문이다. 그러나 복음서 기자들은 당시에 통용되던 아람어식 발음을 따라서 이 히브리어를 '에스다'로 발음하였다. 나는 제사장들이 거기에서 물을 길을 수 있도록 수로(水路)를 통해서 물이 거기로 공급되었기 때문에, 아니면 적어도 수도관을 통해서 물이 거기로 "쏟아져 들어왔기" 때문에 그런 이름이 붙여졌을 것이라고 생각한다. 그리고 내가 생각하기에는 그 곳이 "양문"이라고 부리게 된 것은 사람들이 제물로 드릴 짐승들을 거기에서 구했기 때문인 것 같다.

3. 그 안에 많은 사람들이 누워. "병자들"은 성전에 예배하러 가는 사람들에게 구걸하기 위해서 "행각들"에 누워 있었던 것 같다. 또한, 사람들이 제사에서 사용할 짐승들을 베데스다에서 사는 것이 관례였다. 그런데 하나님께서는 명절 때마다 병자들 중 몇 사람을 고쳐 주셨고, 그런 식으로 율법에 정해진 예배를 장려하시고 성전의 거룩성을 나타내셨다. 그러나 이스라엘 백성의 신앙이 최고조에 달해 있었을 때에도 그런 일이 있었다는 것을 우리가 듣지 못했고, 선지자들의 시대에도 특별한 경우가 아니면 이적들이 나타나지 않았는데, 그들의 신앙이 땅에 떨어져서 거의 파멸에 이를 지경이 되어 버린 때에 하나님의 능력과 은혜가 이적들을 통해서 보통 때보다도 더 두드러지게 나타났다는 것은 말도 되지 않는 것으로 보이기 때문에, 이것에 대한 나의 대답은 거기에는 두 가지 이유가 있었다는 것이다. 먼저,

선지자들 안에 거하셨던 성령은 하나님의 임재를 증언해 주기에 충분한 증인이었기 때문에 당시의 신앙은 그 밖의 다른 확증을 필요로 하지 않았다. 왜냐하면, 율법은 차고 넘치는 표적들을 통해서 확증되었고, 하나님께서는 무수한 증언들을 통해서 자기가 명하신 예배를 확증하셨기 때문이다. 그러나 그리스도께서 오셨을 때에는 그들에게 선지자들이 없었고, 그들의 처지는 너무나 비참하고 형편없어서, 온갖 시험들이 사방으로부터 그들을 짓누르고 있었기 때문에, 그들이 하나님께서 자신들을 완전히 버리셨다고 생각하고서 낙심하여 떨어져나가지 않도록 하기 위해서는, 그들에게 이러한 특별한 도우심이 필요하였다. 왜냐하면, 말라기는 마지막 선지자였던 까닭에, 그리스도께서 나타나실 때까지 "너희는 내가 … 내 종 모세에게 명령한 법 곧 율례와 법도를 기억하라"(말 4:4)는 말로 자신의 가르침을 끝맺고 있다는 것을 우리는 알기 때문이다. 하나님께서는 그들이 그리스도에 대한 더 강렬한 대망(待望)으로 불타올라서, 그리스도께서 그들에게 나타나셨을 때에 더 큰 경외심으로 그리스도를 영접할 수 있도록 하기 위해서는, 그들에게 선지자들을 보내지 않으심으로써, 그들을 한동안 긴장 상태에 두시는 것이 그들에게 유익일 것이라고 보셨다. 그렇지만 온 세상을 위한 구원이 시작될 성전과 제사와 예배 전체에 대한 증언이 전혀 없어서는 안 될 것이었기 때문에, 하나님께서는 유대인들로 하여금 하나님이 그들을 다른 민족들로부터 구별하신 데에는 합당한 이유가 있다는 것을 알게 하시기 위하여 그들 가운데 이러한 치유의 은사를 보존해 두셨다. 왜냐하면, 이것은 하나님께서 마치 친히 하늘에서 팔을 뻗으시는 것처럼 병자들을 고쳐주심으로써, 그들이 율법의 계명들로부터 받은 예배가 옳다는 것을 분명하게 보여주신 것이기 때문이다. 다음으로, 나는 하나님께서 이러한 표적들을 통해서 구속(救贖)의 때가 가까웠고, 구원을 이루실 분이신 그리스도께서 이미 와계시다는 것을 그들에게 상기시키심으로써 그들 모두의 마음이 더 생생하게 깨어날 수 있게 하고자 하셨다는 것을 의심하지 않는다. 나는 당시에 표적들에는 다음과 같은 두 가지 목적이 있었다고 보는데, 첫 번째는 유대인들로 하여금 하나님이 그들과 함께 계신다는 것을 알게 함으로써 변함없이 율법에 순종하게 하기 위한 것이었고, 두 번째는 그들로 하여금 지금까지와는 판이하게 다른 새로운 질서(status)를 간절히 소망하게 하기 위한 것이었다.

맹인, 다리 저는 사람, 혈기 마른 사람들. 복음서 기자는 그리스도께서 고쳐 주신 질병들이 통상적인 것들이 아니라는 것을 우리에게 알게 해주기 위하여 그 질병들 중 일부의 병명들을 여기에서 열거한다. 왜냐하면, "맹인, 다리 저는 사람, 혈기 마른 사람들"의 병은 사람들이 고안해낸 치료법으로는 고칠 수 없는 병이기 때문이다. 무리들 중에 이렇게 많은 각양각색의 병자들이 있었다는 것은 정말 슬픈 광경이 아닐 수 없었다. 그렇지만 하나님의 영광은, 아주 잘 훈련된 최정예 군대가 가장 질서 있게 도열해 있는 모습에서보다도 이런 광경 속에서 더 밝게 빛난다. 왜냐하면, 하나님께서 자신의 놀라운 능력으로 자연의 결함들을 바로잡으시고 회복시키실 때보다 더 장엄한 것은 없고, 하나님께서 자신의 한량없으신 인자하심으로 사람들을 곤경에서 구해내실 때보다 더 아름답고 기쁜 것은 없기 때문이다. 그런 까닭에, 그리스도께서는 "베데스다"가 유대인들만이 아니라 이방인들도 하나님의 위엄(威嚴)을 보고 느낄 수 있는 고귀한 장(場)이 되게 하고자 하셨다. 내가 이미 앞에서 얼핏 언급했듯이, 그리스도께서 팔을 뻗어 병자들을 고치심으로써 자신의 임재를 분명하게 보여주신 것은 자신의 성전에 지극히 큰 존귀를 부여하신 것이었다.

4절 천사가 … 내려와. 병자를 고치시는 것이 하나님의 고유한 역사(役事)라는 것은 의문의 여지가 없지만, 하나님께서는 보통 천사들의 손을 빌려 일하시기 때문에, 천사에게 이 일을 행하라고 명하신 것이다. 그런 까닭에, 천사들은 "정사" 또는 "권세"라 불리지만(골 1:16), 이것은 그리스도께서 자신의 권세를 천사들에게 넘겨주시고서 하늘에서 아무 일도 안 하시고 계신다는 뜻이 아니라, 천사들을 통해서 능력으로 역사하심으로써 우리에게 자신의 능력의 크심을 나타내시고 선포하신다는 뜻이다. 그러므로 천사들이 그들 자신의 고유한 능력을 소유하고 있다고 생각하거나 천사들을 우리와 하나님을 연결해 주는 매개자라고 여김으로써, 사실 하나님께서는 자신의 임재를 나타내시기 위해서 천사들을 사용하시는 것인데도, 마치 하나님의 영광이 우리에게서 너무나 멀리 있다는 듯이 말하여 하나님의 영광을 가리는 자들은 악하고 부패한 자들이다. 플라톤(Platon)은 우리와 하나님 간의 거리는 너무나 멀기 때문에 우리는 천사들에게로 가서 우리로 하여금 하나님의 은총을 얻게 해달라고 해야 한다고 말하는데, 우리는 그의 그러한 어리석은 사변(思辨)을 조심해야 한다. 플라톤의 주장과는 반대로, 우리는 그리스도께로 곧장 가서, 그의 인도하심과 보호하심과 명령에 의해서 천사들이 우리의 구원의 조력자이자 일꾼들로 활동할 수 있게 하여야 한다.

가끔. 하나님께서는 얼마든지 어느 순간에 단 한 번으로 모든 병자들을 고치실 수도 있으셨지만, 하나님의 이적들에는 각각 목적이 있기 때문에, 거기에 따른 한계도 있는 것은 당연하다. 그렇기 때문에, 그리스도께서는 엘리사 시대에 죽은 사람들이 아주 많았지만 오직 한 아이만을 다시 살리셨고(왕하 4:32), 엘리야 시대에 큰 가뭄이 들었을 때에 많은 과부들이 기근에 시달렸지만 하나님은 오직 한 과부만을 그 기근에서 건지셨다는 것을 유대인들에게 상기시키시기도 하셨다(왕상 17:9; 눅 4:25). 따라서 여기에서도 하나님께서는 몇몇 병자들을 고치시는 역사(役事)를 통해서 자신의 임재를 나타내시는 것으로 충분하다고 여기신 것이었다. 그렇지만 여기에 묘사된 하나님의 치유방식은 사람들이 하나님의 역사(役事)를 그들 자신의 생각이나 판단에 따라 재단(裁斷)하는 것이야말로 얼마나 어리석은 것인지를 너무나 분명하게 보여준다. 어디 한 번 물어보겠는데, 못의 "물이 움직이는" 것에서 도대체 무슨 도움이나 치유를 기대할 수 있겠는가 ? 그러나 하나님께서는 이렇게 우리의 생각이나 판단을 멈추게 하시는 방식으로 우리에게 믿음의 순종을 가르치신다. 우리는 우리의 생각에 옳아 보이는 것이라면 비록 그것이 하나님의 말씀과 반대되는 것이라고 해도 너무나 쉽게 그것을 따라간다. 그러므로 하나님께서는 우리에게 순종을 가르치시고자 하실 때에는 흔히 우리의 생각과 반대되는 것들을 우리 앞에 가져다 놓으신다. 그럴 때에, 우리가 하나님의 가르침을 받고 순종할 준비가 되어 있다는 것을 보일 수 있는 유일한 방법은, 하나님께서 명하신 일이 우리의 생각에는 아무 소용이 없을 것으로 보일지라도, 눈을 딱 감고, 하나님의 말씀을 그대로 따르는 것뿐이다. 우리는 수리아 사람 나아만의 경우에서 그 예(例)를 본다(왕하 5:10). 선지자 엘리사가 나아만에게 나병을 고침받고자 한다면 요단강으로 가라고 말했을 때, 당연히 나아만은 처음에는 엘리사의 말을 얼토당토않은 어처구니없는 말로 여겨서 경멸하지만, 결국에는 하나님은 인간의 생각이나 이성(理性)과는 정반대로 행하시지만 결코 우리를 우롱하시거나 실망시키시지 않으신다는 것을 깨닫는다.

물을 움직이게 하는데. 못의 "물을 움직이게" 하셨다는 것은 하나님께서 모든 물질들을 자신의 뜻에 따라 자유자재로 사용하신다는 것과 그렇게 해서 이루어진 일들의 모든 결과물들은 오직 하나님께 돌려져야 한다는 것을 보여주는 명백한 증거였다. 사실, 오직 하나님께만 속한 것을 피조물들에게 돌리는 것은 우리가 밥 먹듯이 저지르는 잘못이다. 그러나 "물이 움직인" 것 속에서 치유의 원인(sanitatis causa)을 찾는다면, 그것처럼 어리석은 일도 없을 것이다. 그러므로 하나님께서

"움직이는 물"이라는 외적인 상징(externum symbolum)을 주신 것은 병자들이 그 상징을 볼 때에 그들의 눈을 들어 그 은혜의 유일한 원천이신 분을 바라보지 않을 수 없게 하시기 위한 것이었다.

5. 거기에 서른여덟 해 된 병자가 있더라. 복음서 기자는 이 이적이 실제로 확실하게 일어난 것임을 증명해 줄 여러 가지 정황들을 모아서 여기에 기록한다. 너무나 오랜 기간 동안의 투병은 그 병이 나을 수 있다는 일말의 소망조차 이 사람에게서 다 앗아가 버렸다. 이 사람은 물이 움직여도 자기는 고침을 받을 기회조차 얻을 수 없다고 탄식한다. 그는 혼자 힘으로 물 속으로 들어가려고 시도했지만, 그를 도와주는 사람이 없었기 때문에 번번이 실패하였는데, 사실 이것이 그리스도의 능력을 더 두드러지게 만든 요인이 되었다. 또한, 그리스도께서 그 사람에게 "네 자리를 들고 걸어가라"고 명하신 취지도 마찬가지로 그 사람이 다름 아닌 오직 그리스도의 은혜로 고침받았다는 것을 모든 사람으로 하여금 분명하게 볼 수 있게 하시기 위한 것이었다. 왜냐하면, 그 사람이 모든 신체가 건강해지고 힘을 얻어서 갑자기 벌떡 일어났을 때, 너무나 갑작스러운 이러한 변화는 이 일을 본 모든 사람의 마음에 큰 충격을 주어 그들을 각성시키는 데에 아주 적절한 것이었기 때문이다.

6. 네가 낫고자 하느냐. 그리스도께서 이런 질문을 던지신 것은 그 사람이 진정으로 낫고자 하는지가 의심스러워서 그것을 확인하시기 위한 것이 아니라, 그 사람 속에 이제 곧 그에게 주어질 은혜를 간절히 원하는 마음을 불러일으키심과 동시에, 거기에 있던 증인들의 주의를 환기시키시기 위한 것이었다. 왜냐하면, 사람들은 다른 것에 정신이 팔려 있는 경우에는 순간적으로 일어난 일을 흔히 인식하지 못하는 까닭에, 이 이적도 제대로 알아차리지 못할 수 있었기 때문이다. 그러므로 이 두 가지 이유로 인해서 이와 같은 준비과정이 필요하였다.

7. 나를 못에 넣어 주는 사람이 없어. 이 병자는 우리 중 거의 누구라도 그런 처지에 있을 때에 하게 될 그런 일을 하고 있다. 왜냐하면, 그는 자신의 생각에 맞춰서 하나님의 도우심을 제한하고, 자신의 마음속에 품고 있던 것 이상의 그 무엇을 기대조차 하지 않고 있기 때문이다. 그러나 그리스도께서는 이 병자의 연약함(infirmitas)을 용서하시는데, 여기에서 우리는 우리 각 사람이 날마다 경험하는 그리스도의 인자하심과 용납하심(indulgentia)의 한 예를 본다. 우리는 어떻게 해서든지 우리가 활용할 수 있는 범위 내에 있는 수단들을 통해서 우리의 곤경을 해결해 보고자 하지만, 그리스도께서는 우리의 기대나 예상과는 반대로 은밀한 곳에서

자신의 손을 내미심으로써, 그의 선하심이 우리의 편협한 믿음을 얼마나 훨씬 뛰어넘어 있는지를 보여주신다.

또한, 이 병자의 예(例)는 우리에게 인내(tolerantia)를 가르쳐준다. "삼십팔 년"은 오랜 세월인데, 그동안에 하나님께서는 애초부터 이 가엾은 병자에게 베푸시기로 정해 놓으셨던 저 은총을 미루어 오셨다. 그러므로 하나님께서 우리로 하여금 너무나 오랫동안 기다리게 하셔서, 우리가 지속적으로 고난 중에 신음한다고 할지라도, 우리는 무작정 오랜 기간을 기다려야 한다는 생각에 결코 낙심해서는 안 된다. 왜냐하면, 우리의 고난이 오랫동안 지속되어서 결코 끝날 기미가 보이지 않을 지라도, 우리는 하나님은 그 능력으로 모든 장애물들을 다 쉽게 제거하실 수 있으신 놀라운 구원자이시라는 것을 늘 믿어야 하기 때문이다.

9. 이 날은 안식일이니. 그리스도께서는 사람들이 이 병자가 "자리를 들고 걸어가는" 것을 보면 큰 소동이 일어나리라는 것을 잘 알고 계셨다. 왜냐하면, 율법은 안식일에는 그 어떤 짐이라도 지고 가는 것을 금지하고 있었기 때문이다(렘 17:21). 그러나 그리스도께서 그러한 위험을 무릅쓰시고 이와 같은 연출(演出)을 감행하신 데에는 두 가지 이유가 있었는데, 첫째는 이 이적을 더 널리 알리고자 하신 것이었고, 둘째는 그가 곧 이어서 하시게 될 놀라운 설교를 위한 기회를 얻으시기 위한 것, 즉 그런 설교를 하실 수 있는 길을 여시기 위한 것이었다. 또한, 사람들이 이 이적의 의미를 아는 것이 너무나 중요했기 때문에, 그리스도께서는 사람들이 분노하리라는 것을 아시면서도 담대하게 그것을 무시하는 것이 마땅하다는 것을 아셨다. 더욱이, 그리스도께서는 이미 정당한 변론(defensio)이 준비되어 있었기 때문에, 비록 악인들을 그 변론으로 승복시키실 수는 없으실지라도, 적어도 그들의 비방과 중상모략을 충분히 반박할 수 있으셨다. 그러므로 우리는 다음과 같은 원칙을 고수하는 것이 마땅하다. 즉, 온 세상이 분노로 들끓어 오르리라는 것이 예상되더라도, 우리는 세상 사람들에게 하나님의 영광을 알려야 할 필요성이 있는 한 하나님의 영광을 선포하고 하나님이 하신 일들을 송축하여야 한다는 것이다. 또한, 우리가 방금 내가 앞에서 말한 원칙을 지키고 우리의 직분의 한계를 넘어서지 않기만 한다면, 비록 우리의 수고가 별 성과가 없다고 할지라도, 우리는 지쳐서 포기하거나 낙심하지 않아야 한다.

[10]유대인들이 병 나은 사람에게 이르되 안식일인데 네가 자리를 들고 가는 것이 옳

지 아니하니라 ¹¹대답하되 나를 낫게 한 그가 자리를 들고 걸어가라 하더라 하니 ¹²
그들이 묻되 너에게 자리를 들고 걸어가라 한 사람이 누구냐 하되 ¹³고침을 받은 사
람은 그가 누구인지 알지 못하니 이는 거기 사람이 많으므로 예수께서 이미 피하
셨음이라 ¹⁴그 후에 예수께서 성전에서 그 사람을 만나 이르시되 보라 네가 나았으
니 더 심한 것이 생기지 않게 다시는 죄를 범하지 말라 하시니 ¹⁵그 사람이 유대인
들에게 가서 자기를 고친 이는 예수라 하니라 ¹⁶그러므로 안식일에 이러한 일을 행
하신다 하여 유대인들이 예수를 박해하게 됨지라(5:10-16).

10. 안식일인데. 안식일을 거룩하게 지키는 것은 모든 사람의 본분(本分)이었기
때문에, 사람들이 이 사람을 비난한 것은 옳고 합당한 것이었다. 그러나 이 사람의
해명을 듣고도 만족하지 못했을 때, 그들의 잘못은 이미 시작되었다. 왜냐하면, 그
들은 이 사람으로부터 그 이유를 듣고서 알게 되었을 때에 마땅히 이 사람에게 잘
못이 없다는 것을 인정했어야 했기 때문이다. 앞에서 말했듯이, 안식일에 짐을 들
고 가는 것은 안식일을 범하는 것이었다. 그러나 이 사람에게 짐을 들고 가라고 명
하신 것은 그리스도이셨기 때문에, 그리스도께서는 자신의 권세로써 이 사람을 그
러한 의무에서 풀어주신 것이었다. 그러므로 이 예(例)로부터 우리는 각각의 행위
의 이유가 충분히 소명(疏明)될 때까지는 그 어떤 성급한 판단도 피하여야 한다는
가르침을 받는다. 하나님의 말씀을 거스르는 것들은 무엇이든지 지체 없이 단죄되
어야 마땅하지만, 그런 과정에서 생각 없이 제멋대로 말하는 경우가 비일비재하게
일어나기 때문에, 우리의 결정이 올바르고 합당한 것이 되기 위해서는, 우리는 먼
저 차분하고 냉정하게 전후 사정을 꼼꼼하게 살펴보는 것이 마땅하다. 유대인들은
악하고 왜곡된 감정(affectus)에 사로잡혀 있어서, 전후사정을 꼼꼼히 살펴볼 인내
심을 갖고 있지 않았기 때문에, 사리분별(事理分別)을 제대로 할 수가 없었다. 만
약 가르침을 받고자 하는 마음이 그들에게 있기만 하였다면, 걸림돌이 그들에게서
제거되었을 뿐만 아니라, 그들은 한 걸음 더 나아가서 복음을 알게 되는 큰 유익을
얻게 되었을 것이다.

우리는 이제 유대인들이 올바른 해명을 받아들이지 않은 것이 얼마나 큰 죄였는
지를 본다. "고침을 받은 사람"이 내놓은 해명은 자기는 그저 명령하실 권세와 능
력을 지니신 분의 명령을 따른 것뿐이라는 것이었다. 왜냐하면, 그는 그리스도가
어떤 분이신지를 아직 알지는 못하였지만, 자기가 직접 그분의 신적인 능력을 체

험함으로써, 그분이 신적인 권세를 수여받으셨다는 것을 알게 되었던 까닭에, 그분이 하나님의 보내심을 받은 분이시라는 것을 확신하게 되었고, 따라서 그분께 순종할 수밖에 없었기 때문이다. 그러나 이 사람이 이적에 정신이 팔려서 율법에 순종해야 할 의무를 도외시한 것은 책망을 받아 마땅한 일로 보인다. 사실, 나는 이 사람이 그들을 충분히 승복시킬 수 있을 만큼 강력한 논거들을 제시하지 못하였다는 것을 인정한다. 하지만 그들도 두 가지 점에서, 즉 이것이 하나님의 특별하고도 이례적인 역사(役事)라는 것을 도외시했다는 점과 말씀으로 무장된 하나님의 선지자로부터 직접 들을 때까지 판단을 보류하고자 하지 않았다는 점에서 잘못이 있다.

13. 고침을 받은 사람은 그가 누구인지 알지 못하니. 그리스도께서는 이토록 엄청난 역사(役事)의 영광이 그냥 묻혀 버리는 것을 원하지 않으셨다는 것은 분명하지만, 이 역사를 일으키신 분이 바로 자기라는 것을 밝히시기 전에, 이 역사가 널리 알려지게 되기를 바라셨기 때문에, 유대인들로 하여금 누가 이 역사를 일으켰는지를 알지 못한 채 이 역사 자체를 그들 나름대로 판단해 보도록 하시기 위해서 잠시 물러나 계셨다. "고침을 받은 사람"이 고침을 받고 나서도 자기를 고치신 분이 누구인지도 모르고 있었던 것을 보면, 여기에서 우리는 이 역사가 이 사람의 믿음으로 인한 것이 아니었다는 것을 알게 된다. 그렇지만 그는 "자리를 들고 걸어가라"는 그리스도의 명령을 그대로 따랐는데, 이것은 믿음의 인도 하에서 이루어진 것으로 보인다. 나는 이 사람 속에 믿음의 은밀한 태동이 있었다는 것을 부인하지는 않지만, 전후 문맥으로 볼 때에 그가 의지할 수 있었던 확고한 가르침이나 밝은 빛이 그에게 없었다는 것은 분명하다.

14. 그 후에 예수께서 성전에서 그 사람을 만나. 이 구절은 그리스도께서 잠시 물러나 계셨던 것은 자기가 베푸셨던 은총에 대한 기억이 사람들 가운데서 사라지게 하기 위한 것이 아니었다는 것을 한층 더 분명하게 보여준다. 왜냐하면, 그리스도께서는 여기에서 자발적으로 공공연히 모습을 드러내고 계시기 때문이다. 그리스도께서는 단지 이 역사(役事)가 먼저 사람들에게 널리 알려지고 나서, 그런 후에 그 역사를 일으키신 이가 바로 자기라는 것을 분명하게 드러내시고자 하신 것이었다.

이 구절은 매우 유익한 가르침을 담고 있다. 왜냐하면, 그리스도께서 "보라 네가 나았으니"라고 말씀하신 취지는 우리는 감사해야 한다는 일깨움을 받지 않으면 하나님의 선물들을 악하게 오용(誤用)하는 그런 존재라는 것을 가르쳐주시기 위한 것이기 때문이다. 그리스도께서는 자기가 베풀어주신 은총을 거론하시며 그 사람의 배은망덕함을 꾸짖으신 것이 아니라, 단지 그 사람이 자기가 받은 은혜를 기억하고서 일생 동안 자신의 구원자이신 하나님을 섬기며 살아갈 수 있도록 하시기 위한 목적으로 고침을 받은 것임을 일깨워주신다. 이렇게 하나님께서는 책망을 통해서 우리에게 회개를 가르치고 촉구하기도 하시지만, 자신의 선하심과 용납하심(clementia)을 통해서 우리를 회개로 초대하시기도 하신다. 물론, 하나님께서 우리를 구속(救贖)하시고 온갖 은사들을 주시는 주된 목적은 우리로 하여금 전적으로 하나님께 헌신하게 하기 위한 것이다. 하지만 우리가 과거에 받은 징계(poena)에 대한 기억이 우리의 마음속에 계속해서 깊이 새겨져 있지 않고, 우리가 죄사함을 받은 사실을 일생 동안 깊이 묵상하지 않는다면, 그런 목적은 이루어질 수 없다.

또한, 여기에 나오는 그리스도의 권면 속에는 우리가 겪는 온갖 환난들은 다 우리의 죄 때문이라는 가르침이 들어 있다. 왜냐하면, 우리가 겪는 환난들은 우연한 것들이 아니라, 우리를 징계하시기 위한 하나님의 채찍들이기 때문이다. 그러므로 우리는 먼저 우리가 겪는 환난들을 맹목적인 운명의 장난으로 치부해 버리지 말고, 거기에서 우리를 치시는 하나님의 손길을 알아차려야 하고, 다음으로는 하나님은 지극히 선하신 아버지이신 까닭에 우리가 환난과 고통을 당하는 것을 기뻐하지 않으시고, 따라서 우리의 죄를 징계하시는 데에 필요한 것 이상으로 우리를 혹독하게 다루지 않으신다는 것을 인정함으로써 하나님께 영광을 돌려야 한다. 그리스도께서 고침을 받은 사람에게 "다시는 죄를 범하지 말라"고 명령하신 것은 그 어떤 죄도 범해서는 안 된다고 하신 것이 아니라, 단지 그 사람의 이전의 삶과 비교해서 상대적인 의미로 그렇게 말씀하신 것이다. 왜냐하면. 그리스도께서는 그 사람에게 이후로는 정신을 차려서 이전처럼 행하지 말라고 권면하신 것이기 때문이다.

더 심한 것이 생기지 않게. 만일 하나님께서 마치 지극히 자애로운 아버지가 자신의 상처받기 쉽고 예민한 자녀들을 징계하듯이 온유하게 우리를 채찍으로 징계하셔서, 우리에게 진보가 있게 하지 못하신다면, 그런 하나님은 참 하나님과 다른 어떤 이질적인 존재일 것임에 틀림없다. 그러므로 하나님께서는 율법을 통해서 이미 경고하셨듯이(레 26:14; 신 28:15; 시 32:9), 오직 우리의 사나움과 뻔뻔스러움(ferocia)을 길들여 바로잡으시기 위하여 채찍을 드시는 것이고, 실제로 이런 내용을 담고 있는 말씀들은 성경 전체에 걸쳐서 발견된다. 따라서 환난이 끊임없이 연달아 일어나 우리를 짓누를 때, 우리는 이 모든 것이 우리의 완악함 때문이라는 것을 깨달아야 한다. 왜냐하면, 우리는 고집 센 말이나 노새와 같을 뿐만 아니라, 아무리 해도 길들여지지 않는 들짐승과 같기 때문이다. 그러므로 하나님께서 온건한 징계로는 별 소용이 없는 것을 보셨을 때에 좀 더 혹독한 징계로 우리를 굴복시키신다고 하여도, 그것은 전혀 이상한 일이 아니다. 왜냐하면, 온건한 징계를 마다하고 고침받고자 하지 않는 자를 뼈를 부서뜨려서라도 바로잡는 것은 합당한 일이기 때문이다. 요컨대, 하나님의 징계의 목적은 우리로 하여금 이후로 좀 더 주의 깊게 행하게 하기 위한 것이다. 만약 하나님께서 한두 번 치실 때에 우리가 계속해서 여전히 마음의 완악함과 고집을 버리지 않는다면, 하나님은 이전보다 일곱 배나 더 혹독하게 우리를 치실 것이다. 만약 우리가 잠시 회개의 표(標)를 보인 후에 즉시 우리의 옛 성품으로 되돌아가 버린다면, 하나님께서는 나태하기 짝이 없고 금세 망각해 버리는 우리의 경박함과 변덕스러움(levitas)을 더 혹독하게 징계하실 것이다.

다시 한 번 말하자면, 우리가 이 "고침을 받은 사람"의 예(例)를 통해서 주목해야 할 것은 하나님께서는 지극한 인자하심과 너그러우심으로 우리에 대하여 오래 참으시고 용납해 주고 계신다는 사실이다. 만약 이 사람이 이 때에 노년기에 접어들었다면, 그는 인생의 절정기에 병에 걸렸을 것이고, 아니면 아주 어릴 때에 병에 걸렸을 수도 있다. 그러니, 그토록 오랜 세월 동안 지속된 그 사람을 고통스럽게 앓게 하셔서 거의 죽은 자나 진배없게 하셨다고 해서, 우리가 하나님을 지나치게 가혹하시다고 비난할 수 없다는 것은 분명하다. 그러므로 우리가 좀 더 가벼운 징계를 받는다면, 우리는 그것이 하나님께서 그 무한한 선하심으로 인해서 우리가 마땅히 받아야 했던 혹독한 징계를 경감시켜 주신 덕분임을 알아야 한다. 또한, 우리는 비록 우리가 겪는 징계가 아무리 혹독하다고 할지라도 하나님께서는 언제라도 자신의 뜻을 따라 그 징계를 더 한층 혹독하게 하실 수 있으시다는 것도 알아야 한다. 게다가, 환난을 당하는 자들이 자기들보다 더 혹독한 환난을 당하는 자는 없을 것이고, 자신들이야말로 가장 지독한 환난을 당하고 있는 것이라고 큰소리치다가, 그들의 악한 불평으로 인해서 무시무시하고 끔찍하고 처절한 고통을 자초하는 경우도 종종 있다는 것은 의심의 여지가 없다. 하나님께서는 "이것이 내게 쌓여 있고 내 곳간에 봉하여 있지 아니한가"(신 32:34)라고 말씀하신다.

아울러, 여기에서 우리는 하나님의 징계로부터 유익을 얻는 일에 우리가 얼마나 더디고 둔한지도 주목하여야 한다. 왜냐하면, 그리스도의 권면이 그저 하신 말씀이 아니었다고 할 때, 이 권면을 통해서 우리는 이 "고침을 받은 사람"이 아직 모든 악에서 온전히 깨끗함을 받은 것은 아님을 알게 되기 때문이다. 실제로, 악들의 뿌리는 우리 속에 너무나 깊이 박혀 있어서 하루 아침에, 또는 며칠 만에 뿌리 뽑혀질 수 없고, 영혼의 질병들을 치유하는 일은 너무나 어려워서 단기간의 치료로는 효과를 볼 수 없다.

15. 그 사람이 유대인들에게 가서. 이 "고침을 받은 사람"은 유대인들로 하여금 그리스도를 그들의 증오의 대상으로 삼게 할 의도가 전혀 없었고, 그들이 그리스도를 향하여 그토록 맹렬한 분노를 쏟아내리라고는 전혀 생각하지 못하였다. 그의 의도는 경건한 것이었다. 왜냐하면, 그는 단지 자기를 고쳐주신 분에게 합당한 존귀를 드리고 싶었을 뿐이었기 때문이다. 반면에, 유대인들은 안식일을 범했다는 이유로 그리스도를 비난할 뿐만 아니라, 극단적인 잔인함을 표출함으로써 자신들의 독기(毒氣)를 쏟아내었다.

[17]예수께서 그들에게 이르시되 내 아버지께서 이제까지 일하시니 나도 일한다 하시매 [18]유대인들이 이로 말미암아 더욱 예수를 죽이고자 하니 이는 안식일을 범할 뿐만 아니라 하나님을 자기의 친 아버지라 하여 자기를 하나님과 동등으로 삼으심이러라 [19]그러므로 예수께서 그들에게 이르시되 내가 진실로 진실로 너희에게 이르노니 아들이 아버지께서 하시는 일을 보지 않고는 아무 것도 스스로 할 수 없나니 아버지께서 행하시는 그것을 아들도 그와 같이 행하느니라(5:17-19).

17. 내 아버지께서 이제까지 일하시니. 우리는 그리스도께서 어떤 식의 변론(defensio)을 행하시는지를 눈여겨볼 필요가 있다. 그리스도께서는 안식일을 지키라는 율법은 잠정적인 것이었기 때문에 이제는 폐기되는 것이 마땅하다고 대답하신 것이 아니라, 정반대로 자기는 하나님의 일을 한 것이기 때문에 율법을 범한 것이 결코 아니라고 대답하신다. 바울이 가르치고 있듯이(골 2:16), 그리스도께서 오심으로써 그림자들에 불과한 율법의 예식(禮式)들을 폐하셨다는 것은 틀림없는 사실이지만, 그런 사실은 여기에서 문제되고 있는 것과는 아무런 관련이 없었다. 왜냐하면, 율법은 사람들에게 오직 그들 자신의 일들을 그치고 안식하라고 명령하고 있는 것인 까닭에, 사람의 일이 아니라 하나님의 일에 속하는 할례를 안식일에 행

하는 것은 결코 안식일을 범하는 것이 되지 않기 때문이다.

그리스도께서 주장하시는 것은 우리가 안식일에 하나님의 일을 하는 것은 모세의 율법이 명한 거룩한 안식을 범하는 것이 아니라는 것이다. 그리스도께서는 바로 그러한 논거 위에서 자신의 행위만이 아니라, "자리를 들고 걸어간" 병자의 행위도 변호하신다. 왜냐하면, 그 병자의 행위는 이적이 일어났음을 보여주는 부속적인 행위, 즉 이적의 일부에 불과한 것이었기 때문이다. 또한, 하나님께 감사하고 하나님의 영광을 선포하는 것이 하나님의 일들에 속한다면, 손과 발로 하나님의 은혜를 증거하는 행위는 안식일을 범한 것이라고 할 수 없다. 하지만 유대인들은 그리스도에 대하여 더 큰 적대감을 지니고 있었기 때문에, 그리스도께서는 주로 자기 자신에 대해서 변호하신다. 그리스도는 자기가 그 병자의 몸을 건강하게 회복시킨 일은 자신의 신적인 능력이 나타난 것이라고 증언하신다. 또한, 그리스도께서는 자기가 하나님의 아들이고, 자신의 아버지께서 행하시는 것과 동일한 방식으로 자기도 행하고 있는 것이라고 선언하신다. 나는 지금 안식일의 용도(用途)가 무엇이었는지, 그리고 어떤 이유들 때문에 하나님께서 안식일을 지키라고 명령하신 것인지를 장황하게 논하고 있는 것이 아니다. 왜냐하면, 현재의 본문과 관련해서는, 안식일을 지키는 것은 하나님의 일들을 가로막거나 방해하기는커녕 도리어 오직 하나님의 일들만이 행해질 수 있게 해준다는 것을 지적하는 것만으로도 충분한 설명이 되기 때문이다. 율법이 사람들에게 그들 자신의 일을 그치라고 명령하는 이유가 오직 하나님의 일들을 생각할 수 있도록 그들의 모든 지각과 감각을 다 비우게 하기 위한 것이 아니면 무엇이겠는가? 그러므로 안식일에 하나님의 일들이 그 날을 지배하여 자유롭게 행해지는 것을 가로막는 자는 율법을 잘못 해석하는 자일 뿐만 아니라 율법 자체를 사악하게 뒤엎어 버리는 자이기도 하다.

하나님께서 일곱째 날에 친히 안식하신 것이 사람들로 하여금 그 날에 안식하게 하신 본(本)과 근거가 되었다는 것을 들어서 누가 반론을 제기한다면, 그 대답은 쉽다. 즉, 사람들은 오직 이 세상의 요란한 일들을 그치고 하늘에 속한 안식을 열망할 때에만 안식일에 일을 쉬신 하나님을 본받는 것이 될 수 있다는 것이다. 그러므로 하나님의 안식은 단지 아무 일도 안 하신다는 것이 아니라, 참된 평안을 동반한 진정한 온전함의 상태이다. 이것은 모세가 "하나님이 그가 하시던 일을 일곱째 날에 마치시니"(창 2:2)라고 말한 것과 모순되지 않는다. 왜냐하면, 거기에서 모세의 취지는 하나님께서 세상을 창조하시는 일을 마치신 후에 사람들로 하여금 하나님이 하신 일들을 묵상하며 그 날을 보내도록 하시기 위하여, 그 날을 특별히 성별(聖別)하셨다는 것이기 때문이다. 하지만 하나님께서는 창조하신 세상을 자신의 능력으로 붙드시고, 자신의 지혜로 다스리시며, 자신의 선하심으로 보듬으시고, 하늘과 땅에 있는 모든 것을 자신의 뜻을 따라 제자리에 견고히 세우시는 일을 그치신 것은 아니었다. 그러므로 세상을 창조하는 일은 엿새 동안에 마쳐졌지만, 세상을 다스리는 일은 지금도 여전히 계속되고 있어서, 하나님께서는 세상의 질서를 유지하시고 보전하시기 위하여 쉬지 않고 일하고 계신다. 그래서 바울은 "우리가 하나님을 힘입어 살며 기동하며 존재한다"(행 17:28)고 가르쳤고, 다윗은 하나님의 영이 생기를 불어넣어 주는 동안에는 만물이 존재해 있지만 그 생기의 공급이 중단되면 즉시 없어져 버린다고 가르쳤다(시 104:29). 하나님께서는 자기가 창조하신 세상을 단지 일반 섭리(generalis providentia)를 통해서만 유지하고 계시는 것이 아니라, 친히 세상의 모든 부분을 세세하게 다스리시고 경영하시며, 특히 자기가 돌보시고 지켜주시겠다고 하신 믿는 자들에 대해서는 자신의 보호하심을 통해서 친히 지켜주신다.

나도 일한다. 그리스도께서는 이제 안식일과 관련된 변론을 그치시고서 이 이적의 목적과 용도를 설명하신다. 즉, 이 이적은 사람들로 하여금 그리스도가 하나님의 아들이시라는 것을 알게 하기 위한 것이라는 것이다. 왜냐하면, 그리스도께서 해오신 모든 말씀과 행위의 목적은 그가 구원을 가져다주시는 분이심을 보여주기 위한 것이었기 때문이다. 그리스도께서는 지금 자신의 신성(神性)을 증언하고 계시는 것이다. 그래서 사도는 그리스도께서 "그의 능력의 말씀으로(칼빈은 "그의 능력 있는 뜻으로"라고 번역한다 — 역주) 만물을 붙들고"(히 1:3) 계시다고 말하였다. 그러나 그리스도께서 여기에서 자기가 하나님이라고 증언하신 이유는 자기가 육신을 입고 나타나서 그리스도의 직임(職任)을 수행하고 있다는 것을 우리에게 알게 하시기 위한 것이고, 자기가 하늘로부터 왔다고 선언하신 이유도 주로 자기가 어떤 목적으로 이 땅에 왔는지를 우리에게 알게 하시기 위한 것이었다.

18. 유대인들이 이로 말미암아. 그리스도께서 자기 자신을 변호하기 위하여 하신 말씀은 유대인들의 분노를 가라앉히기는커녕 도리어 더 부채질하는 결과를 가져왔다. 물론, 그리스도께서는 그들의 악의(惡意)와 사악함과 강철 같은 완고함을 모르셨던 것이 아니라, 단지 우선은 거기에 있던 소수의 자기 사람들에게 유익을 끼치고, 다음으로는 유대인들의 구제 불능인 악의를 공공연히 드러내고자 하신 것

이었다. 이러한 모범을 통해서 그리스도께서는 악인들의 분노에 결코 굴복해서는 안 되고, 비록 온 세상이 들고 일어나서 우리를 대적한다고 할지라도, 필요한 경우에는 하나님의 진리를 변호하여야 한다는 것을 우리에게 가르쳐 주셨다. 또한, 그리스도의 종들은 자신들이 원한 대로 모든 사람에게 유익을 주지 못했다고 해서 상심할 이유는 없다. 왜냐하면, 그리스도께서도 그렇게 하지 못하셨기 때문이다. 그리고 우리는 하나님의 영광이 더 많이 나타날수록, 하나님의 자녀들과 하나님이 사용하시는 도구들에 대한 사탄의 공격이 더 맹렬해지는 것을 보고서, 놀라거나 이상히 여길 필요도 없다.

복음서 기자가 그리스도께서 "안식일을 범하였기" 때문에 유대인들이 그리스도에 대하여 적개심을 보였다고 말한 것은 유대인들이 지니고 있던 견해를 그대로 소개한 것이다. 왜냐하면, 나는 이미 앞에서 그리스도께서 안식일을 범하셨다는 것은 사실이 아니라는 것을 입증한 바 있기 때문이다. 유대인들이 그리스도에 대하여 분노하게 된 주된 원인은 그리스도께서 하나님을 "자기의 친 아버지"라고 하셨기 때문이었다. 그리스도께서는 하나님이 특별한 의미에서 자신의 "친 아버지"이시기 때문에 자기의 신분이 일반 사람들과는 다르다는 것을 사람들이 깨닫게 되기를 바라셨음이 분명하다. 그는 하나님께서 일하시기 때문에 자기도 일하는 것이라고 주장하심으로써 자신을 하나님과 동등한 자로 만드셨다. 그는 자기가 하나님과 동등하다는 것을 부인하시기는커녕 도리어 더 분명하게 확인해 주신다. 이것은 아리우스파의 정신 나간 주장을 반박하기에 충분한 논거가 된다. 왜냐하면, 그들은 그리스도가 하나님이시라는 것을 인정하면서도, 마치 하나님의 하나의 단일한 본질 속에 서로 동등하지 않은 어떤 것이 존재할 수 있기라도 한다는 듯이, 그리스도가 하나님과 동등하다는 것을 부정하기 때문이다.

19. 그러므로 예수께서 그들에게 이르시되. 앞에서 말했듯이, 우리는 여기에서 그리스도께서 유대인들이 자기를 비방하고 중상모략하기 위해서 한 말, 즉 "자기를 하나님과 동등으로 삼았다"는 말을 반박하며 자신을 변호하시기는커녕, 도리어 그 말이 맞다는 것을 더 공개적으로 주장하시는 것을 본다. 먼저, 그리스도께서는 유대인들에게 그들이 계속해서 이 일에 대하여 트집을 잡고 걸고넘어진다면 그것은 하나님을 상대로 싸우는 것임을 깨닫게 해주시기 위하여, 그들이 비방하고 있는 이 일이 다름 아닌 하나님께 속한 일이었다는 것을 밝히시고 역설하신다. 이 구절은 옛적에 정통적인 교부들과 아리우스파 간의 여러 가지 논쟁을 불러일으켰

다. 이 구절 속에서 아리우스(Arius)는 성자는 "아무것도 스스로 할 수 없기" 때문에 성부보다 열등하다는 결론을 이끌어 내었고, 교부들은 이 말씀은 단지 위격(位格)의 구별만을 보여주는 것이기 때문에, 그리스도는 성부로부터 나오긴 했지만 어떤 일을 행할 수 있는 고유한 능력을 박탈당한 것은 아니라고 반박하였다. 그러나 두 진영이 다 틀렸다. 왜냐하면, 여기에 나오는 설교는 그리스도의 신성(神性) 자체를 다루고 있는 것이 아니고, 우리가 앞으로 보게 될 설교들도 하나님의 영원한 말씀 자체를 다루고 있는 것이 아니며, 단지 육신으로 나타나신 하나님의 아들로만 한정해서 다루고 있는 것이기 때문이다. 그러므로 이 구절 속에서 우리는 성부 하나님에 의해서 구속자로 이 세상에 보내심을 받은 그리스도만을 염두에 두지 않으면 안 된다.

유대인들은 그리스도 속에서 인성(人性)을 뛰어넘는 더 고상한 그 무엇을 전혀 보지 못하였기 때문에, 그리스도께서는 자기가 삼십팔 년 된 병자를 고친 것은 자신의 인성(人性)이 아니라 자신의 육신 아래에 숨겨져 있는 신적 능력으로 한 것이라고 주장하신다. 문제의 핵심은 유대인들은 오직 육신이라는 외관(外觀)만을 보고서 그리스도를 멸시하였기 때문에, 그리스도께서는 그들에게 눈을 더 높이 들어서 하나님을 바라보라고 명하고 계시는 것이라는 것이다. 여기에 나오는 설교 전체는 다음과 같은 대비(對比), 즉 그리스도를 단지 유한한 존재에 불과한 인간으로 대하는 자들은 그리스도가 오직 하나님께만 합당한 일들을 하고 있다고 비난하는 중대한 잘못을 범하게 된다는 것을 그 중심축으로 삼고 있다. 바로 이것이 그리스도께서 이 병자를 고치신 일 속에서 자기가 아버지 하나님과 다른 것이 전혀 없다고 그토록 단호하게 선언하신 이유이다.

[20]아버지께서 아들을 사랑하사 자기가 행하시는 것을 다 아들에게 보이시고 또 그보다 더 큰 일을 보이사 너희로 놀랍게 여기게 하시리라 [21]아버지께서 죽은 자들을 일으켜 살리심 같이 아들도 자기가 원하는 자들을 살리느니라 [22]아버지께서 아무도 심판하지 아니하시고 심판을 다 아들에게 맡기셨으니 [23]이는 모든 사람으로 아버지를 공경하는 것 같이 아들을 공경하게 하려 하심이라 아들을 공경하지 아니하는 자는 그를 보내신 아버지도 공경하지 아니하느니라 [24]내가 진실로 진실로 너희에게 이르노니 내 말을 듣고 또 나 보내신 이를 믿는 자는 영생을 얻었고 심판에 이르지 아니하나니 사망에서 생명으로 옮겼느니라(5:20-24).

20. 아버지께서 아들을 사랑하사. 이 구절에 대한 교부들의 해석이 조잡하고 억지스럽다는 것은 누구나 다 알 수 있다. 그들은 "하나님께서 성자 안에서 자기 자신을 사랑하신" 것이라고 말한다. 그러나 아버지 하나님께서 자기 아들을 사랑하셨다는 이 말씀은 육신을 입으신 그리스도에게 아주 훌륭하게 적용되는 말씀이다. 게다가, 우리는 그리스도께서 천사들 및 사람들과 구별되시는 것은 바로 "이는 내 사랑하는 아들이요"(마 3:17)라는 이 탁월한 칭호로 말미암는 것임을 안다. 왜냐하면, 우리는 그리스도께서 택함받으신 분이신 까닭에, 하나님의 모든 사랑이 그리스도 안에 거하여, 마치 차고 넘치는 샘에서 물이 흘러나오듯이, 그리스도에게서 우리에게로 흘러들어온다는 것을 알기 때문이다. 즉, 그리스도께서는 교회의 머리시라는 점에서 아버지 하나님의 사랑을 받으신 것이다. 그리스도께서는 이 사랑이 아버지 하나님께서 자기의 손을 빌려 모든 일을 행하시는 이유라는 것을 보여주신다. 왜냐하면, 그리스도께서 "아버지께서 … 아들에게 보이시고"라고 말씀 하실 때, 우리는 "보이시고"라는 단어가 상호 간의 의사소통을 가리키는 것으로 이해해야 하기 때문이다. 즉, 그리스도께서는 이렇게 말씀하신 것과 같다: "아버지께서는 자신의 마음을 내게 부어주셨듯이, 자신의 능력도 내게 부어주셨기 때문에, 내가 하는 일들 속에서는 하나님의 영광이 빛나고 있고, 나아가 사람들은 오직 내 안에서가 아니면 그 어디에서도 하나님께 속한 일들을 발견할 수 없다." 분명한 것은 그리스도 밖에서 하나님의 능력을 찾는 것은 헛된 일이라는 것이다.

그보다 더 큰 일을 보이사. 이 말씀의 취지는 그리스도께서 삼십팔 년 된 병자를 고쳐주신 것을 통해 보여주신 이적은 아버지 하나님께서 자기에게 명하신 일들 중에서 가장 큰 일이 아니라는 것이다. 왜냐하면, 그리스도께서는 이 세상에 생명을 가져다주는 자신의 본연의 사명을 위해 일하시는 분이신 까닭에, 삼십팔 년 된 병자를 고치신 이적은 단지 그런 은혜의 맛보기에 불과한 일이었기 때문이다.

너희로 놀랍게 여기게 하시리라. 이 말씀을 덧붙이심으로써 그리스도께서는 하나님의 능력이 그토록 밝히 나타났는데도 그것을 멸시한 그들의 배은망덕함을 간접적으로 꾸짖으신다. 이것은 "너희가 어리석고 둔한 자들이긴 하지만, 하나님께서 후에 나를 통하여 행하실 일을 보게 되면, 너희는 비록 떨떠름해하면서도 놀라지 않을 수 없게 될 것"이라고 말씀하신 것과 같다. 하지만 이 말씀은 실제로는 이루어진 것 같지 않다. 왜냐하면, 이사야가 패역한 자들이 눈이 멀어서 하나님의 빛을 보지 못할 것이라고 말했듯이(사 6:9-10), 우리는 유대인들이 "보기는 보아도"

보지 못하고 "알지 못하였다"는 것을 알고 있기 때문이다. 그러므로 나의 대답은 그리스도께서는 여기에서 지금 유대인들이 장차 어떤 반응을 보일지에 대하여 말씀하신 것이 아니라, 단지 자기가 하나님의 아들이라는 증거를 나중에 보이실 때에 그 일이 얼마나 장엄할지를 암시하신 것이라는 것이다.

21. 아버지께서 죽은 자들을 일으켜 살리심 같이. 그리스도께서는 여기에서 아버지 하나님이 자기에게 주신 직임(職任)의 성격을 요약해서 제시하신다. 왜냐하면, 그리스도께서는 한 부류의 사람들을 특정해서 말씀하시는 것 같지만, 사실은 이 말씀은 자기가 생명을 주시는 분임을 선포하는 보편적인 가르침이기 때문이다. 그리고 생명은 그 자체 속에 의(義)를 비롯해서 성령의 모든 은사들 및 우리의 구원과 관련된 모든 것들을 담고 있다. 사실, 삼십팔 년 된 병자를 고치신 이 이적은 그리스도께서는 그러한 보편적인 열매를 맺으실 수 있는, 즉 복음의 문을 여실 수 있는 능력이 있으시다는 것을 보여주는 아주 특별한 증거였다.

또한, 우리는 그리스도께서 어떤 방식으로 우리에게 생명을 주시는지를 주목하여야 한다. 왜냐하면, 그리스도께서는 우리가 다 죽어 있다는 것을 알고 계셨던 까닭에 다시 살리시는 것으로부터 시작하시지 않으면 안 되셨기 때문이다. 그런데 그리스도께서 "일으키다"와 "살리다"라는 두 단어를 함께 사용하신 것은 쓸데없이 그렇게 하신 것이 아니다. 왜냐하면, 만약 그리스도께서 온전히 그리고 확실하게 우리에게 생명을 회복시켜 주시지 않는다면, 단지 우리가 죽음에서 건짐을 받는 것만으로는 충분하지 않을 것이기 때문이다. 또한, 그리스도께서는 이 생명을 누구에게나 다 주시겠다고 약속하시는 것이 아니다. 왜냐하면, 그리스도께서는 "자기가 원하는 자들"에게 생명을 주시겠다고 말씀하시기 때문이다. 이것은 오직 특정한 자들, 즉 택함받은 자들에게만 이 은혜를 주셔서 특별히 존귀하게 하시겠다는 것을 의미한다.

22. 아버지께서 아무도 심판하지 아니하시고. 그리스도께서는 이제 아버지 하나님은 아들을 세우셔서 세상을 다스리시고, 아들의 손을 빌려 통치권을 행사하신다는 일반적인 진리를 좀 더 분명하게 표명하신다. 왜냐하면, 복음서 기자는 통치와 권세를 가리키는 히브리어의 관용 표현인 "심판"이라는 단어를 사용하고 있기 때문이다. 이제 우리는 그리스도께서 하신 말씀의 취지를 알게 된다. 즉, 아버지 하나님께서는 아들로 하여금 아버지의 뜻을 따라 하늘과 땅을 다스리도록 하시기 위하여 자신의 나라를 아들에게 내주시고서는 은퇴한 자처럼 하늘에서 아무 일도 안

하시고 계신다는 것은 도무지 이해하기 어려운 일처럼 보일 수 있지만, 이 문제는 간단히 해결된다. 즉, 이것은 하나님의 관점이 아니라 인간적인 관점에서 말씀되고 있다는 것이다. 왜냐하면, 아버지 하나님께서 그리스도를 하늘과 땅을 다스릴 최고의 왕이자 주(主)로 세우셨다고 해서, 아버지 하나님께 그 어떤 변화가 일어난 것은 결코 아니기 때문이다. 그 이유는 아버지 하나님께서는 아들 안에 계시고, 아들 안에서 일하시는 까닭이다. 그러나 우리는 우리의 모든 지각(知覺)으로는 하나님께로 나아가 하나님을 알고자 하여도 여지없이 실패할 수밖에 없기 때문에, 하나님께서는 눈에 보이지 않는 하나님의 보이는 형상(imago)이신 그리스도를 우리 눈앞에 세워놓으셨다. 그러므로 하나님께서 우리의 연약함을 생각하셔서 그리스도를 보내셔서 자기 자신을 우리에게 가까이 보여주셨기 때문에, 우리는 하나님의 비밀들을 캐내려고 쓸데없이 애쓸 이유가 전혀 없게 되었다. 그 대신에, 우리는 세상에 대한 통치, 우리 자신의 상태, 우리의 구원에 대한 하늘의 보호 같은 문제들을 알고자 할 때에는, 우리의 눈을 들어서 오직 그리스도만을 바라보기만 하면 된다. 왜냐하면, "모든 권세"가 그리스도께 "주어져"(마 28:18) 있고, 이제까지 우리에게 감춰져 있고 멀리 계셨던 아버지 하나님께서 그리스도 안에서 우리에게 나타나신 까닭에, 이제는 우리가 베일에 가려지지 않은 하나님의 위엄(maiestas)을 보면서 그 지극한 광채로 인해서 삼켜져 버리는 일이 일어나지 않게 되었기 때문이다.

23. 모든 사람으로 … 아들을 공경하게 하려 하심이라. 이 말씀은 내가 방금 말한 것, 즉 하나님께서 그리스도를 세우셔서 다스리신다는 것은 하나님이 세상의 게으른 왕들처럼 하늘에서 아무 일도 안 하시고 쉬신다는 것이 아니라, 그리스도 안에서 자신의 능력을 선포하시고 자신의 임재를 나타내신다는 것을 충분히 확증해 준다. "모든 사람으로 아들을 공경하게 하려" 하시는 것이라는 말씀이 아버지 하나님께서 아들 안에서 알려지고 예배 받으시기를 원하신다는 의미가 아니라면, 대체 그 어떤 다른 의미일 수 있겠는가? 그러므로 우리는 그리스도 안에서 아버지 하나님을 찾아야 하고, 그리스도 안에서 아버지 하나님의 능력을 보아야 하며, 그리스도 안에서 하나님을 예배하여야 한다. 왜냐하면, 곧 이어지는 말씀에서 볼 수 있듯이, "아들을 공경하지 아니하는 자"는 하나님께 합당한 공경을 드리지 않는 자가 되기 때문이다. 우리가 하나님을 예배해야 한다는 것은 모든 사람이 인정하는 것이고, 태어날 때부터 자연스럽게 지니게 된 그러한 정서는 우리 마음속에 깊이 뿌리를 내리고 있어서, 그 누구도 하나님께 합당한 공경을 드려야 한다는 것을 감히

전적으로는 부정하지 못한다. 하지만 사람들의 마음은 점점 하나님을 찾는 길을 벗어나게 되고, 그 결과 수많은 거짓 신들과 잘못된 예배 방식들이 생겨나게 된다. 그러므로 우리는 그리스도 안에서가 아니면 그 어디에서도 참 하나님을 찾을 수 없고, 다윗의 말대로 "그의 아들에게 입 맞추는"(시 2:12) 것 외에 다른 방식으로는 하나님을 올바르게 예배할 수 없다. 왜냐하면, 요한이 다른 곳에서 선포하였듯이, "아들을 부인하는 자에게는 또한 아버지가 없기"(요일 2:23) 때문이다. 이슬람교도들과 유대인들은 자신들이 섬기는 신을 아름답고 멋진 명칭들로 장식하지만, 우리는 그리스도와 분리된 하나님이라는 이름은 단지 공허하고 헛된 상상의 산물일 뿐이라는 것을 명심하여야 한다. 그러므로 자신이 드리는 예배가 참 하나님이 인정하시는 예배가 되게 하고자 하는 자는 그리스도를 떠나서는 안 된다. 이런 사정은 율법 아래에서 살았던 조상들도 결코 다르지 않았다. 왜냐하면, 그들은 그림자들을 통해서 그리스도를 희미하게 바라보긴 하였지만, 하나님께서는 그리스도를 떠나서 자기 자신을 계시하신 적이 결코 없으셨기 때문이다. 그러나 이제는 그리스도께서 육체로 나타나셨고 우리를 다스리시는 왕으로 세우심을 받으셨기 때문에, 온 세상은 하나님께 순종하기 위해서는 그리스도 앞에 무릎을 꿇지 않으면 안 된다. 왜냐하면, 아버지 하나님께서는 그리스도께 자신의 오른편에 앉으라고 명하신 까닭에, 그리스도 없는 하나님을 생각하는 자는 하나님에게서 그 절반을 빼앗아가 버리는 것이기 때문이다.

24. 내 말을 듣고. 그리스도께서는 그 누구도 단지 외적인 의식(儀式)들이나 별 중요하지도 않은 예식(禮式)들을 행하고서는 하나님을 공경하고 예배하였다고 착각하는 일이 없도록 하시기 위하여, 여기에서 하나님을 어떤 식으로 공경하고 예배해야 하는지를 설명하신다. 왜냐하면, 복음의 가르침은 그리스도의 규(規)와 같아서, 그리스도께서는 아버지 하나님이 자기에게 맡기신 믿는 자들, 즉 자신의 신민(臣民)들을 바로 그 복음의 가르침으로 다스리시기 때문이다. 기독교 신앙을 잘못 고백하는 일보다 더 흔하게 일어나는 일도 없기 때문에, 복음의 가르침에 순종하는 것이야말로 그리스도의 왕권을 인정하고 그리스도를 공경하는 것임을 밝힌 이러한 정의는 특히 주목할 만한 가치가 있다. 왜냐하면, 심지어 그리스도의 철천 지원수인 교황주의자들조차도 너무나 뻔뻔스럽게 그리스도의 이름을 자랑스럽게 부르지만, 여기에서 그리스도께서는 우리에게 자신의 복음에 순종하는 것 이외의 다른 공경을 요구하고 계시지 않기 때문이다. 이것으로부터 우리는 외식하는 자들

이 그리스도께 드리는 모든 공경은 주님을 배신한 가룟 유다의 입맞춤(osculum)에 지나지 않는다는 것을 알게 된다. 그런 자들은 그리스도를 왕이라고 백 번을 부른 다고 할지라도, 복음을 믿는 믿음을 지니고 있지 않기 때문에, 그리스도에게서 그의 나라와 모든 권세를 빼앗아 버리고 있는 것이다.

영생을 얻었고. 이 말씀을 통해서 그리스도께서는 우리에게서 복음의 가르침에 순종하고자 하는 마음을 불러일으키시기 위해서, 우리가 그렇게 순종하였을 때에 얻게 될 열매가 무엇인지를 보여주신다. 그리스도께 기꺼이 순종하는 자에게는 영생이라는 상이 주어질 것이라는데, 완악한 마음을 품고서 순종하지 않겠다고 버틸 자가 누가 있겠는가? 그러나 우리는 그리스도께서 이토록 후하게 베푸시는데도 정작 자기 사람들로 얻으신 자들은 얼마 되지 않는다는 것을 안다. 우리가 자신을 쳐서 하나님의 아들에게 순종하여 그의 은혜로 구원을 얻기보다는 스스로 멸망의 길을 택하는 것이 바로 우리의 부패한 모습이다. 그래서 그리스도께서는 이 구절 속에서 두 가지, 즉 우리에게서 원하시는 경건하고 진실한 예배의 전범(典範, regula)과 우리를 생명으로 회복시키기 위하여 사용하시는 방법(ratio)을 둘 다 포함시켜 말씀하신다. 왜냐하면, 우리가 그리스도께서 우리를 생명으로 회복시키시는 방법을 아울러 알지 못한다면, 그리스도께서 앞서 가르치셨던 것, 즉 자기가 죽은 자들을 살리려고 오셨다는 것을 아는 것만으로는 충분하지 않기 때문이다. 이제 그리스도께서는 "생명"은 자신의 가르침을 들음으로써 얻어지는 것이라고 선언하시는데, 곧이어 나오는 말씀에서 알 수 있듯이, 여기에서 "듣는다"는 것은 "믿는" 것을 의미한다. 그러나 "믿음"은 귀가 아니라 마음에 자리를 잡는다. 믿음이 지닌 놀라운 능력이 어디에서 오는지에 대해서는 우리가 앞에서 살펴본 바 있다. 우리는 복음이 우리에게 가져다주는 것이 무엇인지를 늘 생각하여야 한다. 왜냐하면, 그리스도와 그의 모든 공로(功勞, meritus)들을 받아들이는 자는 하나님과 화목하게 되고 사망의 정죄(定罪)로부터 사함을 받아 놓여난 자라는 것, 그리고 성령을 받은 자는 "새 생명 가운데서 행할"(롬 6:4) 수 있도록 하늘에 속한 의(義)를 덧입은 자라는 것은 결코 뜻밖의 이상한 일이 아니기 때문이다.

"나 보내신 이를 믿는"이라는 덧붙여진 어구는 복음의 권위를 재확인해 주는 역할을 한다. 즉, 그리스도께서는 다른 곳에서 "자기가 하는 말은 스스로 하는 것이 아니라 아버지께로부터 받은"(요 7:16; 14:10) 것이라고 말씀하셨듯이, 여기에서도 복음은 하나님에게서 나온 것이지 사람들이 고안해 낸 것이 아니라고 증언하고 계

시는 것이다

심판에 이르지 아니하나니. 이 말씀 속에서는 우리 모두가 본성적으로 지니고 있는 죄책(罪責, reatus)과 우리가 그리스도로 말미암아 값없이 얻는 죄 사함(absolutio)이 암묵적으로 대비되고 있다. 정죄(定罪, damnatio)가 모든 사람을 기다리고 있는 것이 아니라면, 그리스도를 믿는 자들을 거기에서 건져낸다는 것이 도대체 무슨 의미가 있겠는가? 그러므로 이 말씀의 취지는 우리가 그리스도의 은혜로 말미암아 죄 사함을 받기 때문에 사망의 위험에서 벗어나게 된다는 것이다. 따라서 그리스도께서는 자신의 성령으로 우리를 거룩하게 하시고 거듭나게 하셔서 새 생명으로 들어가게 하시지만, 여기에서는 특별히 값없이 주시는 죄 사함을 언급하시는데, 인간의 지극한 복은 오직 이 죄 사함 속에 있다. 왜냐하면, 인간은 하나님과의 화해가 이루어질 때에야 비로소 진정으로 "살기" 시작할 수 있는데, 하나님께서는 우리의 죄를 사하시지 않고서는 결코 우리를 사랑하실 수 없으시기 때문이다.

옮겼느니라. 일부 라틴어 역본들이 동사를 미래 시제("옮기리라")로 번역하고 있지만, 그러한 번역은 복음서 기자의 취지를 깨닫지 못한 채 지나치게 자유롭게 번역해버린 일부 사람들의 무지와 경솔함에서 비롯된 것이다. 왜냐하면, 헬라어 본문에서 '메타베베켄'(μεταβέβηκεν, "옮겼느니라")이라는 단어에는 그 어떤 모호함도 없기 때문이다. 우리가 이미 "사망에서 생명으로 옮겼다"고 말하는 것은 전혀 잘못된 것이 아니다. 왜냐하면, 하나님의 자녀들 안에는 "썩지 아니할" 생명의 "씨"(벧전 1:23)가 있고, 그들은 소망으로 말미암아 이미 하나님의 영광 속에서 그리스도와 함께 앉아 있으며(골 3:3), 하나님의 나라가 이미 그들 가운데 견고하게 세워져 있기 때문이다(눅 17:21). 비록 그들의 생명이 감추어져 있다고 할지라도, 그들은 믿음으로 말미암아 그 생명을 소유하고 있고, 비록 그들이 사방으로 사망에 의해서 둘러싸여 있다고 할지라도, 그들은 그리스도의 보호하심으로 인해서 충분히 안전하다는 것을 아는 까닭에 평안할 수 있다. 그렇지만 우리가 명심해야 할 것은 신자들은 지금 언제나 사망의 잔재를 짊어진 채로 생명 가운데 살아간다는 사실이다. 그러나 우리 안에 거하시는 성령은 생명이신 까닭에 결국 사망의 잔재들을 멸하실 것이다. 왜냐하면, "맨 나중에 멸망 받을 원수는 사망"(고전 15:26)이라고 한 바울의 말은 참되기 때문이다. 물론, 그리스도께서 이 구절에서 하신 말씀 속에는 사망의 완전한 폐기나 생명의 온전한 나타남에 관한 언급이 없다. 그러

나 비록 생명이 단지 우리 속에서 시작된 것에 불과하다고 할지라도, 그리스도께
서는 신자들은 그 생명을 얻게 될 것이 너무나 확실하기 때문에 사망을 두려워할
필요가 없다고 선언하신다. 신자들은 마르지 않는 생명의 샘이신 분과 연합되어
있기 때문에, 이것은 결코 놀랄 일이 아니다.

²⁵진실로 진실로 너희에게 이르노니 죽은 자들이 하나님의 아들의 음성을 들을 때
가 오나니 곧 이 때라 듣는 자는 살아나리라 ²⁶아버지께서 자기 속에 생명이 있음
같이 아들에게도 생명을 주어 그 속에 있게 하셨고 ²⁷또 인자됨으로 말미암아 심판
하는 권한을 주셨느니라 ²⁸이를 놀랍게 여기지 말라 무덤 속에 있는 자가 다 그의
음성을 들을 때가 오나니 ²⁹선한 일을 행한 자는 생명의 부활로, 악한 일을 행한 자
는 심판의 부활로 나오리라(5:25-29).

25. 진실로 진실로. 복음서 기자는 하나님의 아들이 매우 자주 우리의 구원과
관련된 말씀을 맹세로써 하시는 모습을 소개하는데, 이것으로부터 우리는 먼저는
그가 우리의 일에 대하여 얼마나 간절하게 마음을 쓰고 계시는지를 알게 되고, 다
음으로는 복음에 대한 믿음이 깊게 뿌리를 내리고 철저하게 확증되는 것이 얼마나
중요한 것인지를 알게 된다. 여기에 나오는 말씀이 그리스도께서 말씀하시는 "믿
음"의 결과라고 할 때, 그 말씀은 사실 믿을 수 없어 보이기 때문에, 그리스도께서
는 자기가 전하는 복음의 "음성"은 생명을 주는 능력이 있기 때문에 죽은 자들을
능히 살릴 수 있다는 것을 맹세로써 확증하신다. 우리는 여기에서 그리스도께서
영적인 죽음에 대하여 말씀하고 계시는 것으로 보아야 한다. 왜냐하면, 이 말씀을
나사로(요 11:44), 나인성 과부의 아들(눅 7:15), 또는 그런 사건들과 비슷한 예들과
결부시키는 것은 문맥 자체에 의해서 배제되기 때문이다. 먼저, 그리스도께서는
자기가 우리를 살리시기 전에는 우리는 모두 죽어 있는 자들이라고 말씀하시는데,
이것으로부터 분명해지는 것은 인간이 구원을 얻는 일에 있어서 인간의 본성 전체
는 그 어떤 힘도 발휘할 수 없다는 것이다.
    교황주의자들은 자신들이 주장하는 자유의지를 옹호하기 위해서, 강도들을 만
나서 "거의 죽은" 채로 길에 버려진 "사마리아 사람"(눅 10:30)에 자유의지를 비유
하는데, 그것은 그리스도께서는 우리가 다 "죽은 자들"이라고 분명하게 선언하고
계시는데도, 그들은 그 분명한 말씀을 알레고리라는 연막으로 가리려고 하는 것과

같다. 분명히 우리는 첫 사람 아담의 반역 이래로 죄로 인하여 하나님에게서 멀어져서 소외되어 있는 것이기 때문에, 자기가 영원한 멸망 아래 짓눌려 있다는 사실을 인정하지 않는 자는 누구든지 달콤하지만 헛된 망상(妄想)들로 자기 자신을 속이고 있는 것일 뿐이다. 물론, 나는 인간의 영혼 속에는 어느 정도 생명의 잔재(vitae residuum)가 남아 있다는 것을 인정한다. 왜냐하면, 지성(知性), 판단력, 의지, 우리의 모든 지각(知覺, sensus)들은 생명을 이루는 여러 부분들이기 때문이다. 그러나 그런 부분들 가운데에 하늘의 생명을 갈구하는 부분은 전혀 없기 때문에, 하나님의 나라와 관련해서는 한 사람 전체가 다 죽어 있는 것이라고 말한다고 해도, 그것은 전혀 이상한 것이 아니다. 바울은 우리는 순전하고 건전한 정신작용으로부터 멀어져 있고 하나님의 원수들로서 온 마음으로 하나님의 의(義)를 대적하며, 눈이 멀어서 어둠 속에서 길을 잃고 방황하며 악한 욕심에 우리 자신을 내주는 자들이라고 말함으로써(엡 2:1; 4:17) 우리의 죽어 있는 상태를 좀 더 자세하게 설명해 준다. 이토록 타락하고 부패한 본성 속에 의(義)를 바라는 능력이 없다면, 우리는 하나님의 생명이 우리 속에서 소멸된 것이라는 결론을 얻게 된다. 그러므로 그리스도께서 주시는 은혜는 죽은 자들 가운데서의 참된 부활이다. 이 은혜는 복음을 통해서 우리에게 주어지는데, 이것은 외적인 "음성"이 그러한 힘을 지니고 있다는 것이 아니라(많은 경우에 이 음성은 사람들의 귓전을 공허하게 때릴 뿐이다), 우리로 하여금 우리에게 주어지는 생명을 믿음으로 받을 수 있도록 하기 위하여 그리스도께서 자신의 성령으로써 내적으로 우리의 마음에 말씀하시기 때문이다. 그리스도께서는 여기에서 모든 죽은 자들에 대하여 무차별적으로 말씀하고 계시는 것이 아니라, 오직 하나님께서 자기 아들의 "음성"을 듣고 "생명"을 얻도록 하시기 위하여 그 귀를 뚫어 주시고 열어 주시는 택함받은 자들에 대하여 이 말씀을 하고 계시는 것이다. 그리스도께서는 "죽은 자들이 하나님의 아들의 음성을 들을 때가 오나니 곧 이 때라 듣는 자는 살아나리라"는 말씀을 통해서 이 이중의 은혜를 우리에게 분명히 보여주신다. 왜냐하면, "죽은 자들이 듣는다"는 것은 그들이 잃었던 생명을 되찾게 되는 것만큼이나 순리(順理)에 어긋나는 일인 까닭에, 이둘은 다 하나님의 비밀한 능력에 의해서 이루어지는 일들일 수밖에 없기 때문이다.

그리스도께서 "때가 오나니 곧 이 때라"고 말씀하실 때, 그것은 이전에는 유례(類例)가 없었던 어떤 일에 대하여 말씀하고 계시는 것이다. 실제로 복음의 선포

(promulgatio evangelii)는 세상의 새롭고 갑작스러운 부활(nova et subita mundi resurrectio)이었다. 그러나 누가, 하나님의 말씀이 사람들에게 늘 생명을 준 것은 아니지 않는가라고 반문한다면, 그 대답은 쉽다. 즉, 율법과 선지자들의 가르침이 하나님의 백성에게 주어졌을 때, 그 목적은 하나님의 자녀들을 죽음에서 건져내어 다시 살리기 위한 것이었다기보다는 그들을 생명 가운데 보전하기 위한 것이었지만, 복음의 목적은 그것과는 달리 전에 하나님의 나라에 대하여 외인(外人)들이었고 하나님에게서 멀리 떠나 있었으며 구원의 소망이 전혀 없었던 백성들에게 생명에 참여하는 자들이 되라고 초청하는 것이다.

26. 아버지께서 자기 속에 생명이 있음 같이. 그리스도께서는 여기에서 자신의 "음성"이 어떻게 그런 효능(效能)을 발휘할 수 있는 것인지를 보여주신다. 즉, 그리스도께서는 생명의 근원이시고, 자신의 음성을 통해서 그 생명을 사람들에게 부어주신다는 것이다. 만약 그리스도께서 생명의 근원을 자기 자신 안에 가지고 있지 않으시다면, 생명은 그의 입으로부터 나와서 우리에게로 흘러들어오지 못할 것이다. 그리스도께서 하나님 안에 "생명이 있다"고 말씀하시는 것은 단지 오직 하나님만이 자신의 내재적인 힘으로 사시기 때문만이 아니라, 생명의 충만함이 자기 속에 있어서 만물에 생명을 주시기 때문이다. 시편 기자가 "생명의 원천이 주께 있사오니"(시 36:9)라고 고백하였듯이, 이것은 하나님께 고유한 것이다. 그러나 하나님의 위엄은 우리에게서 너무나 멀어서 은밀하게 감춰져 있는 샘과 같기 때문에, 하나님께서는 그 위엄을 그리스도 안에서 분명하게 나타내셨다. 그러므로 우리 앞에는 우리가 얼마든지 물을 길을 수 있는 샘이 준비되어 있는 것이다. 그리스도께서 여기에서 하신 말씀의 취지는 하나님께서는 생명을 자기 자신 속에 감추어 두고자, 그러니까 묻어두고자 하지 않으셨기 때문에, 그 생명을 자기 아들에 부어주셔서 우리에게로 흘러들어가게 하셨다는 것이다. 이것으로부터 우리는 이 "아들"이라는 칭호를 육체로 오신 그리스도께 돌리는 것이 합당하다는 결론을 얻게 된다.

27. 인자 됨으로 말미암아 심판하는 권한을 주셨느니라. 그리스도께서는 여기에서 다시 한 번 아버지 하나님께서 자기에게 "심판하는 권한을 주셔서" 하늘과 땅에 있는 모든 것들을 다스리는 완전한 권세를 갖게 하셨다고 말씀하신다. 이 구절에서 '엑수시아'(ἐξουσία)는 "권한" 또는 "권세"를 의미하고, "심판"은 지배와 통치를 나타내기 때문에, 그리스도께서는 아버지 하나님께서 자기를 세상을 다스리

고 아버지 자신의 권세를 행사할 왕으로 세우셨다고 말씀하신 것과 같다.

그리스도께서는 그렇게 말씀하시고 나서 즉시 "인자 됨으로 말미암아"라고 그 이유를 덧붙이시는데, 그 이유를 말해주고 있는 이 말씀은 그리스도께서 완전한 "권한"을 수여받으시고서 사람들에게 오신 까닭에, 자기가 아버지 하나님에게서 받은 것을 사람들에게 전해 주실 수 있으시다는 것을 의미하기 때문에, 우리가 특히 주목할 필요가 있다. 어떤 이들은 이 구절이 바울이 빌립보서 2:6-11에서 말한 것, 즉 그리스도께서는 본래 "하나님의 본체"이셨으나 "자기를 비워 종의 형체를 가지사 … 자기를 낮추시고 죽기까지 복종하셨으니 … 이러므로 하나님이 그를 지극히 높여 모든 이름 위에 뛰어난 이름을 주사 하늘에 있는 자들과 땅에 있는 자들과 땅 아래에 있는 자들로 모든 무릎을 예수의 이름에 꿇게 하시고 모든 입으로 예수 그리스도를 주라 시인하여 하나님 아버지께 영광을 돌리게" 하셨다는 것과 동일한 것을 말하고 있다고 생각한다. 그러나 나는 이 구절이 좀 더 넓은 의미를 지니고 있다고 본다. 즉, 그리스도께서는 사람이 되신 것과 관련해서 아버지 하나님으로부터 생명을 가져다주시는 분으로 세우심을 받으셨기 때문에, 우리는 생명을 먼 데서 찾을 필요가 없게 되었다는 것이다. 왜냐하면, 그리스도께서는 자기 자신에게 생명이 필요해서 아버지 하나님으로부터 생명을 받으신 것이 아니라, 자신의 부요하심으로 우리를 부요하게 하시기 위하여 그렇게 하신 것이기 때문이다. 따라서 이 구절의 요지는 하나님 안에 감춰져 있던 것이 사람이신 그리스도 안에서 우리에게 계시되었고, 전에는 접근할 수 없었던 생명이 이제는 우리 곁에 있게 되었다는 것이다. 어떤 이들은 이 말씀을 그 맥락에서 분리해서 다음 구절과 연결시키지만, 그런 식으로 해석하는 것은 억지이고, 그리스도께서 의도하신 것과 다르다.

28. 이를 놀랍게 여기지 말라. 그리스도께서 종말에 있을 부활을 자기가 이제까지 말씀하셨던 것을 확증해주는 사건으로 언급하시는 것은 그리 적절해 보이지 않을 수 있다. 왜냐하면, 몸을 살리는 것은 영혼을 살리는 것보다 더 큰 능력을 보여주는 사건이 아니기 때문이다. 나의 대답은 그리스도께서는 사실관계가 아니라 사람들의 생각을 기준으로 삼아서 큰 일과 작은 일을 서로 비교하여 말씀하고 계시다는 것이다. 왜냐하면, 사람들은 육신적이어서, 오직 외적이고 눈에 보이는 것만을 대단한 것으로 여겨서 감탄하기 때문이다. 그런 까닭에, 사람들은 영혼의 부활에 대한 얘기에는 별 관심을 갖지 않고 흘려듣지만, 몸의 부활에 관한 얘기를 들으면 흥분하여 탄성을 지르는 일이 벌어진다. 우리의 이러한 어처구니없을 정도의

우둔함(stupiditas)으로 인하여 야기되는 또 다른 결과는 오직 믿음으로만 알 수 있는 일들보다는 눈으로 볼 수 있는 일들이 우리로 하여금 믿음을 갖게 하는 데에 더 강력한 영향을 미친다는 것이다. 그리스도께서는 여기에서 마지막 날에 대하여 언급하시는 것이기 때문에 앞서 사용하셨던 "곧 이 때라"는 한정하는 어구를 덧붙이시지 않으시고, 단지 언젠가 그 "때가 오리라"고만 말씀하신다.

한데, 우리는 여기에서 또 다른 반론을 직면하게 된다. 왜냐하면, 신자들은 몸의 부활을 바라고 있기는 하지만, 그런 사실을 안다고 해서, 그들의 몸이 언젠가는 무덤에서 다시 일으키심을 받을 것이기 때문에, 지금 그들의 영혼이 사망에서 건짐을 받았다고 결론을 내릴 수는 없기 때문이다. 불경건한 자들은 한층 더 알지 못하는 일을 사용해서 알지 못하는 일을 증명하려고 하는 것보다 더 어리석고 우스꽝스러운 일은 없다고 생각한다. 나의 대답은 그리스도께서는 여기에서 버림받은 자들에 대한 자신의 권세를 당당하게 선언하심으로써, 아버지 하나님께서 자기에게 만물을 온전히 회복시키는 일을 맡기셨다는 것을 증언하고 계시다는 것이다. 즉, 그리스도께서는 "내가 지금 너희에게 나에 의해서 시작되었다고 말하고 있는 일을 나는 언젠가는 너희 눈앞에서 이룰 것이다"라고 말씀하신 것과 같다. 사실, 지금 그리스도께서 멸망 중에 가라앉아 있는 영혼들을 자신의 복음의 "음성"을 통해서 살리시고 계시는 것은 종말의 부활을 예고하는 일종의 전주곡(前奏曲)이라고 할 수 있다. 이 부활은 인류 전체가 참여하는 것이기 때문에, 그리스도께서는 택함받은 자들과 버림받은 자들을 구별해나가신다. 이러한 구별은 지금 그리스도의 "음성"을 통해서 심판을 선고받은 버림받은 자들이 장래에는 그 동일한 "음성"을 통해서 그리스도의 심판대 앞으로 끌려나오게 될 것임을 보여준다.

그런데 그리스도께서 마치 다른 사람들, 즉 배가 침몰해서 물에 빠져 죽은 자들이나 들짐승들에게 잡아 먹힌 자들이나 완전히 타버려서 재만 남은 자들 같은 사람들은 이 부활에 참여하지 못할 것이라는 듯이, 오직 "무덤 속에 있는 자들"만을 언급하시는 이유는 무엇인가? 죽은 자들은 무덤 속에 매장되는 것이 일반적이기 때문에, 그리스도께서는 제유법(提喩法)을 사용하셔서 일부를 가리키는 표현으로 이미 죽은 모든 자들을 나타내신 것이다. "무덤 속에 있는 자들"이라는 표현은 단순히 "죽은 자들"이라고 표현하는 것보다 그 의미가 더 강하다. 왜냐하면, 무덤은 죽음으로 인해서 이미 영혼과 빛을 박탈당한 자들이 세상으로부터 옮겨오는 곳이기 때문이다.

"그의 음성," 즉 아들의 음성은 그리스도의 명령과 능력에 의해서 울려 퍼지게 될 나팔 소리를 의미한다(마 24:31; 고전 15:52). 왜냐하면, 천사가 전령(傳令)이나 대리자 역할을 한다고 할지라도(살전 4:16), 그 일은 심판주의 이름과 권위로 행해져서 그리스도께서 친히 행하신 것이나 다름없을 것인 까닭에, 그 일을 그리스도께서 행하실 것으로 묘사하는 것은 지극히 합당하기 때문이다.

29. 선한 일을 행한 자는. 그리스도께서는 다른 곳에서 "열매"로 어떤 나무인지를 안다고 가르치셨던 것처럼(마 7:16; 눅 6:44), 여기에서는 신자들의 특성을 "선한 일들"로 규정지으신다. 그리스도께서는 신자들이 부르심을 받았을 때부터 시작한 "선한 일들"을 칭찬하신다. 십자가에 달리신 그리스도로부터 생명을 약속 받았던 강도(눅 23:42)는 일생 동안 죄만 짓고 살아오다가 마지막 순간에 한 번이라도 선한 일을 해 보고자 하였다. 그러나 그가 거듭나서 새 사람이 되어 죄의 종에서 벗어나서 의(義)의 종이 되기 시작하였을 때, 하나님께서는 그의 지난 날의 삶 전체를 기억조차 하지 않으신다. 게다가, 신자들이 믿고 나서 매일매일 짓는 죄들에 대해서도 하나님께서는 그 죄들을 그들에게 돌리지 않으신다. 하나님께서 자기를 믿는 자들에게 주시는 죄 사함(venia)이 없었다면, 세상에는 선하게 살았다고 할 수 있는 사람이 단 한 사람도 없었을 것이고, 하나님께서 어떤 일에 내재되어 있는 죄악을 사하시지 않으신다면, 온전히 선하다고 할 수 있는 일은 단 하나도 없을 것이다. 왜냐하면, 모든 것이 다 불완전하고 부패해 있기 때문이다. 그러므로 그리스도께서는 여기에서 그들을 "선한 일을 행한 자"라고 부르시고, 바울은 "선한 일을 열심히 하는" 자들이라고 부른다(딛 2:14). 그러나 이러한 평가는, 거부되어야 마땅한 일들을 자신의 거저 주시는 은혜로 말미암아 받아 주시는 하나님 아버지의 인자하심(indulgentia)에 의거한 것이다.

교황주의자들은 이 구절들을 근거로 삼아서 영생은 선한 일들로 인한 공로(meritus)에 대한 대가(代價)라고 주장하지만, 그런 주장을 반박하기는 전혀 어렵지 않다. 왜냐하면, 그리스도께서는 여기에서 구원의 원인(salutis causa)을 다루고 계시는 것이 아니라, 단지 각 사람이 나타내 보이는 표(標)를 통해서 택함받은 자와 버림받은 자를 구별하시는 것일 뿐이기 때문이다. 그리고 그리스도께서 그런 구별을 하시는 목적은 자기 백성을 거룩하고 순전한 삶으로 이끄시기 위한 것이다. 우리는 우리를 의롭게 하는 믿음에는 선하고 의롭게 살고자 하는 열망(studium)이 수반된다는 사실을 부인하는 것은 물론 아니고, 단지 우리가 믿고 의

뢰할 수 있는 것은 오직 하나님의 긍휼하심(misericordia)뿐임을 가르치고자 하는
것이다.

[30]내가 아무 것도 스스로 할 수 없노라 듣는 대로 심판하노니 나는 나의 뜻대로 하
려 하지 않고 나를 보내신 이의 뜻대로 하려 하므로 내 심판은 의로우니라 [31]내가
만일 나를 위하여 증언하면 내 증언은 참되지 아니하되 [32]나를 위하여 증언하시는
이가 따로 있으니 나를 위하여 증언하시는 그 증언이 참인 줄 아노라(5:30-32).

30. 내가 아무것도 스스로 할 수 없노라. 하나님의 아들이 자신의 영원한 신성
(神性)과 관련해서 "아무것도 스스로 할 수 없는" 것인지 아닌지를 놓고서 치밀한
논증을 펴는 것은 쓸데없는 일이 될 것이다. 왜냐하면, 그리스도께서는 우리의 마
음과 생각이 그런 궤변들로 점령당하는 것을 원하지 않으시기 때문이다. 따라서
사실 옛 교부들이 아리우스(Arius)의 궤변을 반박하느라고 그토록 염려하고 애쓸
이유가 전혀 없었다. 저 악한(惡漢)은 아들이 "아무것도 스스로 할 수 없다"고 한
이 구절을 근거로 삼아서 성자는 성부와 동등하지 않다고 주장하였다. 그러자 경
건한 교부들은 성자는 위격(位格)에 관한 한 성부로부터 나왔기 때문에 자기에게
있는 모든 것을 아버지에게서 받은 것이라고 말한 것은 당연하다고 반박하였다.
이 구절에서 우리가 먼저 살펴보아야 할 것은 그리스도께서는 그저 자신의 신성
(神性)에 대하여 말씀하시는 것이 아니라, 먼저 비록 자기가 우리와 같은 육체를
입고 있다고 할지라도, 자기는 인간 이상의 그 무엇을 소유하고 있기 때문에, 자기
를 겉모습으로만 판단해서는 안 된다고 우리에게 경고하신다는 것이다. 다음으로,
우리는 그리스도께서 누구를 상대하고 계시는 것인지를 고려하지 않으면 안 된다.
즉, 그리스도께서는 유대인들을 상대하고 계셨고, 그들은 하나님과 대비시켜서 그
리스도를 형편없이 폄훼하고자 애쓰고 있었기 때문에, 그들의 주장을 반박하실 필
요가 있으셨다는 것이다. 그러므로 그리스도께서는 자기 안에 거하시는 하나님이
자신의 인도자이시자 지도자이시기 때문에, 자기가 인간적인 힘으로 행하고 있는
것이라는 그들의 주장은 전혀 근거 없는 것이라고 일축하신다. 우리는 그리스도께
서 자기 자신에 대하여 말씀하실 때에는 언제나 인간 고유의 능력 범위에 속한 것
들만을 자기 자신에게 돌리신다는 것을 늘 명심하지 않으면 안 된다. 왜냐하면, 그
리스도께서는 자기를 단지 평범한 사람들 중의 하나일 뿐이라고 틀린 말을 하였던

유대인들을 염두에 두시고 말씀하셨기 때문이다. 동일한 이유로, 그리스도께서는 인간의 능력을 뛰어넘는 것들은 무엇이든지 아버지 하나님께 돌리신다. "심판"이라는 말은 원래는 가르침(doctrina)을 가리키지만, 그리스도께서는 여기에서 이 말을 자신이 행하는 모든 것들을 포괄하는 의미로 사용하신다. 그러므로 이것은 그리스도께서 자기가 행하는 모든 일들은 아버지 하나님에게서 나오고, 아버지 하나님의 뜻이 자신의 규범(regula)이 되고 있기 때문에, 아버지께서 무슨 일에서나 자기를 변호하시고 지켜주실 것이라고 말씀하신 것과 같다.

　　내 심판은 의로우니라. 그리스도께서는 자기는 아버지 하나님의 지시와 명령이 없이는 그 어떤 일도 행하지 않기 때문에, 사람들이 자신의 행위와 말을 흠 잡거나 비난할 수 없다고 결론을 내리신다. 왜냐하면, 하나님에게서 나오는 것은 무엇이든지 옳을 수밖에 없다는 것은 논란의 여지가 없는 것으로 여겨야 하기 때문이다. 하나님의 이름이 붙어 있는 것들은 바로 그 이름이 붙어 있다는 사실만으로도 그것들이 옳고 바르다는 것을 증명하기에 충분하다는 것에 대하여 전혀 의문을 품지 않을 정도로 하나님의 말씀과 역사(役事)들에 대하여 경외심을 품는 그러한 겸비가 우리 가운데서 경건의 제1공리(primum pietatis axioma)가 되어 있어야 마땅하다. 그러나 어쩔 수 없는 경우가 아니면, 하나님이 의로우시다는 것을 기꺼이 인정하는 자가 과연 얼마나 될까? 그런 사람은 거의 찾아보기 힘들다. 물론, 나는 하나님께서 우리가 경험적으로 알 수 있도록 자신의 의(義)를 나타내신다는 것을 인정하지만, 하나님의 의를 우리의 육신적인 지각(知覺) 범위에만 국한시켜서 오직 우리의 타고난 능력 범위 안에서만 생각한다면, 그것은 지극히 오만방자한 불경(不敬, impietas)이다. 그러므로 우리는 하나님에게서 나오는 것은 무엇이든지 다 옳고 참되다는 것, 그리고 하나님께서 자신의 모든 말씀에서 참되지 않으시거나 자신의 모든 행위들에서 의롭지도 않으시고 옳지도 않으실 가능성은 전혀 없다는 것을 의심할 여지 없이 확실한 결론으로 받아들이는 것이 마땅하다. 또한, 여기에서 우리는 선하고 올바르게 행하기 위한 유일한 규범은 하나님이 지시하시거나 알려주신 것 외에는 그 어떤 것도 행하지 않는 것이라는 가르침을 받는다. 이후에 온 세상이 일어나 우리를 치는 일이 벌어진다고 하여도, 하나님을 따르는 자는 잘못된 길로 가지 않는다는 이 천하무적의 방비(防備)가 우리에게 있다는 것만으로 우리는 충분할 것이다.

　　나는 나의 뜻대로 하려 하지 않고. 그리스도께서는 여기에서 마치 자신의 뜻과

아버지 하나님의 뜻이 반대되기라도 한다는 듯이 이 둘을 서로 충돌시키고 계시는
것이 아니라, 단지 자기가 하나님의 권위 아래에서 지시를 받고 행하는 것이 아니
라 인간의 주제넘은 만용(蠻勇, audacia)으로 행하고 있는 것이라고 본 유대인들의
잘못된 생각을 반박하고 계시는 것이다. 그러므로 그리스도께서는 자기는 아버지
하나님의 명령과는 별개로 자신만의 생각이나 감정 같은 것을 갖고 있지 않다고
분명하게 말씀하신다.

31. 내가 만일 나를 위하여 증언하면. 그리스도께서는 다른 곳에서 단호하게 변
호하셨던 자신의 증언의 권위를 여기에서 훼손시키고 계시는 것이 아니라, 단지
양보 또는 용인(容認)의 방식으로 말씀하고 계시는 것일 뿐이다. 즉, 그리스도께서
는 자신의 말이 다른 방식들로 충분히 그리고 최고로 지지를 받고 있기 때문에, 유
대인들이 자신의 말을 믿지 않는 것을 일단 용인하시고 수용하시는 태도를 취하셔
서, "너희가 사람들의 통념에 의거해서 나 자신에 관한 나의 증언을 의심한다면,
별 소용은 없겠지만 그렇게 하라"고 말씀하고 계시는 것이다. 우리는 그 어떤 사람
도 자신의 일에 있어서 유효한 증인이 될 수 없다는 것이 사람들의 통념이기 때문
에, 누가 다른 면들에서는 참된 것을 말한다고 해서, 그 사람이 자기 자신에 관하여
한 말을 사람들이 참되고 진정한 것으로 받아들이지는 않는다는 것을 안다. 하나
님의 아들을 이런 수준으로 끌어내려서 평가하고 판단하는 것은 부당한 일이긴 하
지만, 그리스도께서는 자신의 원수들을 하나님의 권위에 의거하여 설득하시기 위
해서 스스로 자신의 권리를 포기하시는 쪽을 택하고 계시는 것이다.

[33]너희가 요한에게 사람을 보내매 요한이 진리에 대하여 증언하였느니라 [34]그러나
나는 사람에게서 증언을 취하지 아니하노라 다만 이 말을 하는 것은 너희로 구원
을 받게 하려 함이니라 [35]요한은 켜서 비추이는 등불이라 너희가 한때 그 빛에 즐거
이 있기를 원하였거니와 [36]내게는 요한의 증거보다 더 큰 증거가 있으니 아버지께
서 내게 주사 이루게 하시는 역사 곧 내가 하는 그 역사가 아버지께서 나를 보내신
것을 나를 위하여 증언하는 것이요(5:33-36).

33. 너희가 요한에게 사람을 보내매. 그리스도께서는 하나님의 증언을 제시하
시기 전에, 먼저 세례 요한이 전에 어떻게 말하였는지를 상기시키며 그들을 압박
하시는데, 그들은 세례 요한의 증언을 들었으면서도 믿음을 가질 수 없었다. 세례

요한의 말을 받아들일 마음이 그들에게 없었는데, 그들이 그에게 사람을 보낸 것이 무슨 소용이 있었겠는가? 그들은 백성들 사이에서 하나님의 선지자로 여김을 받고 있던 세례 요한에게 사람을 보냈고, 그런 식으로 자기들이 세례 요한의 말을 하나님의 말씀으로 받아들이는 척하였다. 그리스도께서는 여기에서 다시 한 번 그들의 행위를 인정하시는 것처럼 보이지만, 사실은 그들은 다름 아닌 오직 그들의 악의(惡意, malitia) 때문에 믿지 못하는 것일 뿐이라고 공개적으로 그들을 책망하시는 것이다. 그러므로 우리는 그들이 세례 요한에게 사람을 보내어, 마치 진심으로 배우고 싶은 마음이 그들에게 있다는 듯이, 메시야가 누구시냐고 물었지만, 세례 요한의 대답에는 전혀 관심이 없었다는 것이 바로 이 일의 실상(實相)임을 알게 된다.

34. 나는 사람에게서 증언을 취하지 아니하노라. 하지만 하나님께서 쓸데없이 세례 요한을 증인으로 세우신 것이 아니었고, 그리스도께서도 다른 곳에서 자기 제자들이 자신의 "증인"이 될 것이라고 친히 선언하셨다(행 1:8). 나의 대답은 그리스도께서 세례 요한의 증언을 사용하신 것은 그 증언이 그에게 필요했기 때문이 아니라, 그 증언을 통해서 확증을 얻는 것이 우리에게 유익이 되기 때문이었다는 것이다. 사람들은 서로의 증언을 받아서 사용하는데, 이것은 그런 도움이 없이는 사람들이 아무 일도 할 수 없기 때문이다. 하지만 하나님과 그리스도의 경우는 사정이 다르다. 왜냐하면, 철학자들이 덕(德)은 외부의 도움을 필요로 하지 않는다고 선언하고 있듯이, 인간 속에는 하나님의 참되심을 증언하는 데에 도움이 될 만한 것이 아무것도 없기 때문이다. 그리스도께서는 즉시 "다만 이 말을 하는 것은 너희로 구원을 받게 하려 함이라"는 말씀을 덧붙이심으로써, 자기가 세례 요한의 증언을 거론하는 것은 다 그들을 위한 것임을 밝히신다. 이것은 그리스도께서 자신의 복음을 전할 자들을 세우셔서 자신의 뜻을 우리에게 증언하게 하시는 것은 자신을 위한 것이 아니라 사람들의 유익을 고려한 것이라고 하시는 것이다. 우리는 그리스도의 놀라운 선하심(bonitas)이 여기에서 빛을 발하는 것을 본다. 즉, 그리스도께서는 우리의 구원을 염두에 두신 채로 모든 일을 행하시고 안배하신다는 것이다. 그러므로 그리스도께서 우리를 구원하시기 위하여 온갖 정성을 다 쏟으시는 것이 결코 헛되지 않도록 하기 위하여 애쓰는 것이 우리의 마땅한 도리이다.

35. 요한은 켜서 비추이는 등불이라. 그리스도께서는 세례 요한을 "켜져 있는 등불"이라고 하심으로써 유대인들의 배은망덕함을 드러내신다. 왜냐하면, 하나님

께서 등불을 켜서서 그들의 눈앞에 내걸어놓으셨는데도, 그들은 스스로 작정하고서 눈먼 자들이 된 것이라는 결론이 이 말씀으로부터 도출되기 때문이다. 그러므로 이 말씀의 의미는 이런 것이다: "하나님께서는 너희가 잘못된 길로 가기를 원하지 않으셔서, 세례 요한을 하나님의 빛으로 너희를 인도해줄 등불로 세우셨다. 그러므로 너희가 나를 하나님의 아들로 인정하지 않는다면, 그것은 너희가 작심하고서 저지르는 잘못이다." 또 다른 질책이 이어지는데, 그것은 그들이 의도적으로 눈을 감아버림으로써 그들에게 제시된 빛이 그들 속으로 들어오는 것을 차단하였을 뿐만 아니라, 그 빛을 의도적으로 악용해서 그리스도를 압박하고 공격하는 데에 사용하였다는 것이다. 왜냐하면, 그들은 세례 요한을 그가 마땅히 받아야 할 정도 이상으로 칭송하였는데, 그들의 이러한 행태는 하나님의 아들에게 자리를 내주지 않으려는 악하고 기만적인 속셈에서 나온 것이었기 때문이다.

너희가 한때 그 빛에 즐거이 있기를 원하였거니와. 그리스도께서 유대인들이 하늘의 빛을 그런 식으로 악용한 것을 방종(lascivia)에 비유하신 것은 지극히 합당하다. 즉, 유대인들이 한 짓은 마치 집주인이 자기 종들로 하여금 자기가 명한 일들을 행하도록 하기 위하여 밤중에 그들을 위해 등불을 밝혀두었는데, 종들은 주인이 명한 일들은 하지 않고, 흥청거리며 온갖 유흥을 즐기는 데에 그 등불을 이용한 것과 같다는 것이다.

이것은 그리스도께서 유대인들을 질책하시는 말씀이지만, 아울러 하나님께서 우리를 바른 길로 인도하기 위하여 신실한 선생들을 보내실 때, 우리가 그 선생들에 대해서는 아랑곳하지 않고 각기 제멋대로 행함으로써 그들을 욕보이지 않도록 주의하여야 한다고 우리 모두에게 경고하시는 말씀이기도 하다. 이 경고의 말씀이 우리에게 얼마나 유익한지는 모든 세대의 경험 속에서 잘 드러난다. 하나님께서는 사람들을 최종적인 목적지에 도달하게 하시려고 일생에 걸쳐서 인도하시고, 선지자들을 보내서 그들의 인도자들이 되게 하신다. 하지만 사람들의 방종함은 말릴 수 없는 것이어서, 목적지를 향하여 전진해 나아가기보다는 그냥 눌러앉아서 춤추며 방탕하게 놀고자 하고, 사람들은 너무나 변덕스럽고 경박해서, 하나님의 끊임없는 인도하심을 멸시하고 거부한 채로 그들 자신 속에서 순간순간 올라오는 충동적인 욕구들에 휘둘러서 살아간다. 그래서 그리스도께서는 "한때"(직역하면, "한 시간 동안")라는 표현을 사용하신다. 이 표현을 통해서 그리스도께서는 그들 자신의 후안무치(厚顔無恥)한 임기응변으로 하나님의 영원한 빛을 꺼버릴 수 있다고

생각한 유대인들의 어리석음을 질책하신다. 마찬가지로, 오늘날에도 교황주의자
들은 하나님께서 자신의 교회에 "켜져 있는 등불들"로 주신 경건한 교사들을 정반
대의 목적으로 사용하고 있다. 즉, 그들은 자기들이 그 등불들에서 나오는 빛을 바
라봄으로써 그 빛으로 인해서 자신들의 눈이 아예 멀어버리기를 바라는 자들처럼
행동하고 있다는 것이다. 그들은 그 등불을 악용해서 하나님의 빛을 꺼버리고자
할 뿐만 아니라, 흔히 그들 자신의 요란한 선전원들이 복음의 순전한 가르침을 대
적하여 교묘하게 꾸며낸 어리석은 가르침들을 자랑함으로써 어둠 속에서 즐거워
하고 기뻐한다. 그리스도께서 여기에서 세례 요한에 관하여 분명하게 말씀하신 것
을 바울은 모든 신자들에게 적용한다(빌 2:15). 즉, 신자들은 "생명의 말씀"을 받았
기 때문에 횃불들이 되어서 세상에 "빛"을 비추는 것이 마땅하다는 것이다. 그러
나 그리스도께서는 다른 사람들보다 앞장 서서 그들을 이끄는 것은 사도들과 복음
사역자들의 고유한 일이라고 가르치신다. 왜냐하면, 우리는 모두 어둠 속에서 보
지 못하고 살아가지만, 하나님께서는 자신의 말씀의 빛으로 우리를 비추시기 때문
이다. 하지만 그리스도께서는 여기에서 특별히 세례 요한에게 "등불"이라는 영광
스러운 칭호를 수여하셔서 그를 존귀하게 하신다. 왜냐하면, 하나님께서는 세례
요한의 사역으로 인해서 자신의 교회에 훨씬 더 많은 빛을 비추실 수 있으셨기 때
문이다.

36. 내게는 요한의 증거보다 더 큰 증거가 있으니. 그리스도께서는 유대인들이
하나님께서 세례 요한을 통해서 주신 선물을 악하게 짓밟아 버렸다는 것을 보여주
신 후에, 이제 여기에서는 앞에서 이미 하셨던 말씀, 즉 자기만으로는 부족해서 사
람의 증언을 필요로 하는 것이 결코 아니라는 것을 다시 한 번 말씀하신다. 그렇지
만 그리스도께서는 그들이 세례 요한조차 멸시하는 것을 보시고서는, 늘 그러셨듯
이, 그들에게 아버지 하나님을 상기시키신다.

아버지께서 내게 주사 이루게 하시는 역사. 그리스도께서는 자기가 하나님의 아
들이라는 것을 증명해 주는 두 가지 증거를 제시하신다. 즉, 그리스도께서는 "아버
지께서 이적들을 통해서 내가 그의 아들이라는 것을 증언하고 계시고, 또한 내가
세상에 오기 이전에 성경을 통해서 나에 대하여 충분히 증언하셨다"고 말씀하신
다. 우리는 그리스도께서 어떤 목적으로 말씀하고 계시는 것인지를 늘 유의하여야
하는데, 여기에서 그리스도께서는 사람들로 하여금 자기가 하는 말들을 받아들이
게 할 목적으로, 자기가 하나님이 약속하신 메시야라는 사실을 인정받고자 하시는

것이다. 그래서 그리스도께서는 성경에 미리 약속된 것이 지금 실현되고 있는 것 이라고 주장하신다. 그리스도께서 행하신 것들과 비슷한 이적들을 선지자들이 이 미 행한 바 있기 때문에, 그러한 이적들이 과연 그리스도의 주장을 증명해 줄 수 있 는 충분한 증거가 될 수 있겠느냐는 반론이 있을 수 있다. 나의 대답은, 하나님께서 선지자들을 통해서 행하신 이적들은 그 이적들의 원래의 목적, 즉 그들이 하나님 의 사역자들임을 증명해 주는 것에 지나지 않았지만(선지자들은 다른 방식으로는 그들의 권위를 확보할 수 없었기 때문에), 하나님께서는 자기 아들을 더 높이고자 하신 까닭에, 우리는 하나님의 이러한 목적이 그리스도께서 행하신 이적들 속에 내재된 의도라고 보아야 한다는 것이다. 그러므로 만일 유대인들이 악에 사로잡혀 서 의도적으로 눈을 감지 않았다면, 그리스도께서는 자신의 이적들을 통해서 자기 가 누구이고 어떤 존재인지를 쉽고 분명하게 알게 해주실 수 있으셨을 것이다.

[37]또한 나를 보내신 아버지께서 친히 나를 위하여 증언하셨느니라 너희는 아무 때 에도 그 음성을 듣지 못하였고 그 형상을 보지 못하였으며 [38]그 말씀이 너희 속에 거하지 아니하니 이는 그가 보내신 이를 믿지 아니함이라 [39]너희가 성경에서 영생 을 얻는 줄 생각하고 성경을 연구하거니와 이 성경이 곧 내게 대하여 증언하는 것 이니라 [40]그러나 너희가 영생을 얻기 위하여 내게 오기를 원하지 아니하는도다 (5:37-40).

37. 나를 보내신 아버지께서. 어떤 이들이 그랬던 것처럼, 이 말씀이 가리키는 것을 그리스도께서 세례를 받으실 때에 들려왔던 음성(마 3:17)에 국한시키는 것 은 잘못이다. 왜냐하면, 그리스도께서는 하나님이 오래 전부터 율법과 선지자들의 글을 통해서 사람들이 그리스도임을 알아볼 수 있는 특별한 표지(標識)들을 미리 말씀해 주셨던 까닭에 자기가 사람들이 전혀 예상치 못한 가운데 뜻밖에 등장한 인물이 아니라는 것을 보여주실 목적으로 "아버지께서 친히 증언하셨느니라"고 과거 시제를 사용하여 말씀하시기 때문이다. 그러므로 나는 하나님께서 과거에 이 스라엘 백성에게 구원에 대한 소망을 제시하시거나 이스라엘 나라의 온전한 회복 을 약속하셨을 때마다 자기 "아들"에 대하여 증언하신 것이라고 해석한다. 그런 까닭에, 유대인들은 그리스도께서 육체로 나타나시기 이전부터 선지자들을 통해 서 그리스도를 제대로 알고 있었어야 마땅했다. 그러나 그들은 그리스도를 자신들

의 눈으로 뻔히 보면서도 멸시하고 배척함으로써, 자신들이 율법을 전혀 알지 못한다는 것을 분명하게 보여주었고, 이것 때문에 그리스도께서는 그들을 책망하셨다. 그런데도 그들은 마치 자기들이 하나님의 품속에서 양육을 받았다는 듯이 율법에 대한 자신들의 지식을 자랑하였다.

너희는 아무 때에도 그 음성을 듣지 못하였고. 그리스도께서는 그들이 자기를 영접하지 않는다고 탄식하신 후에, 그들의 눈먼 것을 한층 더 신랄하게 공격하신다. 그들이 "아무 때에도" 하나님의 "음성을 듣지 못하였다"는 것과 하나님의 "형상을 보지 못하였다"는 것은 그들이 하나님을 아는 지식에서 철저하게 멀어져 있다는 것을 요약적으로 가르쳐주기 위한 비유적인 표현들이다. 왜냐하면, 사람들이 외모와 말을 통해서 서로를 알아보듯이, 하나님께서는 선지자들의 음성을 통해서 자신의 "음성"을 내시고, 성례전들을 통해서 자신의 "형상"을 가시적으로 나타내심으로써, 우리로 하여금 우리의 작은 분량으로 그를 알아볼 수 있게 하셨기 때문이다. 그러나 하나님의 살아 있는 "형상"이신 그리스도를 보고서도 하나님을 알아보지 못하는 자는 단지 자기가 고안해 낸 신만을 섬길 뿐이고 참 하나님을 섬기는 것이 아니라는 사실을 스스로 분명하게 보여주는 것이다. 그런 까닭에, 바울은 "수건"이 그들의 눈을 덮어서, 그들이 "그리스도의 얼굴에 있는 하나님의 영광"을 보지 못하는 것이라고 말한다(고후 3:14).

38. 그 말씀이 너희 속에 거하지 아니하니. 하나님의 말씀이 우리 안에 뿌리를 내려서 우리의 마음속에 견고하게 자리를 잡았을 때, 우리는 진정으로 유익을 얻게 된다. 그리스도께서는 하늘의 가르침이 유대인들 속에 "거하지" 않는다고 선언하신다. 왜냐하면, 그 가르침이 어느 곳에서나 하나님의 아들에 대하여 증언하고 있는데도, 유대인들이 그를 영접하지 않고 있기 때문이다. 따라서 그리스도께서 여기에서 이런 식으로 그들을 책망하시는 것은 합당하다. 하나님께서 모세와 선지자들을 통해서 말씀하신 것은 쓸데없는 것이 아니었는데, 모세는 모든 사람을 초청하여 그리스도께로 곧장 인도하는 것 외에 다른 의도를 갖고 있지 않았다. 따라서 이것으로부터 분명한 것은 그리스도를 배척하는 자들은 모세의 제자도 아니라는 것이다. 생명 자체이신 분을 쫓아내는 자 속에 어떻게 생명의 말씀이 "거할" 수 있겠으며, 율법의 영혼이신 분을 자기에게 있는 힘을 다해서 죽이고자 하는 자가 어떻게 율법의 가르침을 지킬 수 있겠는가 ? 왜냐하면, 그리스도 없는 율법은 빈 껍데기에 지나지 않아서 아무런 실체(實體)도 없는 것이기 때문이다. 그러므로 우

리는 그리스도를 아는 것에 비례해서 바로 그 정도만큼 하나님의 말씀을 아는 것이다.

39. 성경을 연구하거니와. 우리는 그리스도께서 하늘에 계신 아버지 하나님이 자신의 증인이라고 하신 것은 하나님께서 모세와 선지자들을 통해서 증언하신 것을 가리킨다는 것을 앞에서 이미 말한 바 있는데, 여기에서는 좀 더 분명한 설명이 이어진다. 즉, 그리스도께서는 그 증언을 "성경" 속에서 찾아볼 수 있다고 말씀하신다. 그리스도께서는 여기에서 다시 한 번 유대인들의 어리석은 자랑(iactantia)을 책망하신다. 왜냐하면, 그들은 "성경" 속에 "생명"이 있다고 고백하면서도, 죽은 문자(littera)에만 매달렸기 때문이다. 그리스도께서는 유대인들이 성경 속에서 생명을 찾고자 한 것에 대하여 그들을 책망하시는 것이 아니라(성경은 그런 목적과 용도로 주어진 것이기 때문에), 그들이 실제로는 성경의 참된 의미를 전혀 알지 못한 것은 물론이고, 심지어 성경 속에 담겨 있는 생명의 빛을 꺼버리는 일을 자행하면서도, 성경 자체가 그들에게 생명을 가져다준다고 착각하고 있었기 때문에 그들을 책망하시는 것이다. 오직 그리스도만이 율법에 생명을 불어넣으실 수 있으신데, 어떻게 그리스도 없이 율법이 생명을 줄 수 있겠는가?

이 말씀을 통해서 우리는 그리스도를 아는 지식은 성경 속에서 찾아야 한다는 것을 다시 한 번 알게 된다. 왜냐하면, 그리스도에 관하여 제멋대로 상상만 하는 자들은 결국 참된 그리스도 대신에 그림자 같은 환영(幻影)만을 만나게 될 것이기 때문이다. 그러므로 우리는 먼저 성경을 통해서가 아닌 다른 방식으로는 그리스도를 올바르게 알 수 없다는 것을 깨달아야 한다. 이것이 사실이기 때문에, 우리는 성경 속에서 그리스도를 발견하고자 하는 분명한 목적을 지니고서 성경을 읽어야 한다는 결론을 얻게 된다. 이러한 목적을 벗어나서 성경을 읽는 자는 평생을 바쳐서 성경을 연구한다고 할지라도 진리를 아는 지식에 결코 이르지 못할 것이다. 어떻게 우리가 하나님의 지혜이신 분을 떠나서 지혜로워질 수 있겠는가? 다음으로, 이 구절에서 그리스도께서는 하나님이 우리에게 성경에서 그리스도를 찾으라고 명하셨기 때문에, 우리의 그런 수고가 헛되지 않을 것이라고 선언하신다. 왜냐하면, 아버지 하나님께서는 성경 속에서 그 아들을 찾는 자가 반드시 그 아들을 만날 수 있게 하시는 방식으로 성경 속에서 자기 아들에 대하여 증언하시기 때문이다. 성경을 읽는 상당수의 사람들에게 있어서 그리스도를 만날 수 없게 만드는 장애물로 작용하는 것은 그들이 성경을 건성으로 대충대충 읽는다는 것이다. 그러나 성경은 최고로 집중해서 읽어야 한다. 그래서 그리스도께서는 이 감춰진 보화 (absconditus thesaurus)를 부지런히 찾고 또 찾으라고 명하신다. 그러므로 율법을 평생에 손에서 놓지 않았던 유대인들이 그리스도에 대하여 깊은 증오심을 품게 된 것은 그들의 영적 나태함(socordia)으로 인한 것이라고 말할 수밖에 없다. 왜냐하면, 하나님의 영광의 광채가 모세에게서 밝게 빛났지만, 그들은 그 광채를 가릴 "수건"을 원하였기 때문이다. 여기에서 "성경"은 구약성경을 의미한다. 그리스도 께서는 복음서에서 처음으로 그 모습을 드러내신 것이 아니라, 선지자들의 증언을 쭉 받아오다가 복음서에서 공개적으로 그 모습을 드러내신 것이었다.

40. 너희가 … 원하지 아니하는도다. 그리스도께서는 여기에서 또다시 유대인 들이 성경에 제시된 생명을 얻지 못하는 것은 오직 그들 자신의 악의(malitia)로 인한 것이라고 말씀하시며 그들을 책망하신다. 왜냐하면, 그리스도께서는 그들이 "오기를 원하지 아니한다"고 말씀하심으로써, 그들이 무지하고 눈멀게 된 원인이 그들의 타락함과 완악함에 있다는 것을 보여주시기 때문이다. 실제로 그리스도께 서는 더할 나위 없이 너그러우시고 인자하시게 자기 자신을 그들에게 주셨기 때문에, 그들이 눈먼 것은 전적으로 그들 자신이 그것을 원했기 때문임에 틀림없다. 그들은 의도적으로 빛으로부터 도망쳤고, 심지어 그들의 불신앙의 어둠으로 태양을 가리고자 했기 때문에, 그리스도께서 그들을 더 호되게 질책하신 것은 합당한 일이었다.

⁴¹나는 사람에게서 영광을 취하지 아니하노라 ⁴²다만 하나님을 사랑하는 것이 너희 속에 없음을 알았노라 ⁴³나는 내 아버지의 이름으로 왔으매 너희가 영접하지 아니하나 만일 다른 사람이 자기 이름으로 오면 영접하리라 ⁴⁴너희가 서로 영광을 취하고 유일하신 하나님께로부터 오는 영광은 구하지 아니하니 어찌 나를 믿을 수 있느냐 ⁴⁵내가 너희를 아버지께 고발할까 생각하지 말라 너희를 고발하는 이가 있으니 곧 너희가 바라는 자 모세니라 ⁴⁶모세를 믿었더라면 또 나를 믿었으리니 이는 그가 내게 대하여 기록하였음이라 ⁴⁷그러나 그의 글도 믿지 아니하거든 어찌 내 말을 믿겠느냐 하시니라(5:41-47).

41. 나는 사람에게서 영광을 취하지 아니하노라. 그리스도께서는 여기에서도 유대인들에 대한 책망을 계속해서 이어가시지만, 자신의 주장이 옳다고 막무가내로

우긴다는 의심을 불식시키기 위해서, 자기는 사람들에게서 받는 영광 따위에는 아무런 관심도 없고, 사람들로부터 멸시를 받아도 신경을 쓰거나 불편해하지 않는다는 것을 먼저 밝히신다. 그리스도께서는 지극히 크신 분이어서 사람들의 평가에 의해서 좌우지되지 않는다. 왜냐하면, 온 세상이 악의(惡意)를 가지고서 그리스도를 공격한다고 할지라도 그를 조금이라도 훼손시킬 수 없고 그의 크심을 한 오라기라도 줄일 수 없기 때문이다. 그리스도께서는 그들의 비방과 중상모략을 아주 철저하게 반박하셔서 자기 자신을 모든 사람들 위에 높이 올려놓으신 후에, 그들에 대하여 자유롭게 맹공을 가하시고, 그들이 하나님을 경멸하고 미워하고 있다고 질책하신다. 비록 존귀함에 있어서 그리스도와 우리 간에는 하늘과 땅만큼의 차이가 있지만, 그렇더라도 우리는 사람들의 평가를 하찮은 것으로 여겨서 담대히 무시하는 것이 마땅하다. 하지만 우리는 사람들이 우리를 멸시하기 때문에 우리가 분노하는 것이 되지 않도록 극히 조심하여야 하고, 오직 사람들이 하나님께 합당한 존귀와 공경을 드리지 않을 때에만 분노하는 법을 배워야 한다. 세상이 너무나 배은망덕하여 하나님을 배척하는 것을 볼 때마다, 우리의 마음은 그러한 거룩한 질투(zelotypia)로 타올라서 괴로워하는 것이 마땅하다.

42. 하나님을 사랑하는 것이 너희 속에 없음을 알았노라. "하나님을 사랑하는 것"은 여기에서 모든 경건한 성품을 나타내는 표현으로 사용되었다. 왜냐하면, 그 누구도 하나님을 공경하여 우러러보며 하나님에게 전적으로 순복하지 않는다면 하나님을 사랑할 수 없고, 역으로 하나님을 사랑하는 것이 어떤 사람의 마음을 주관하고 있지 않다면, 하나님께 순복하고자 하는 마음이 거기에 있을 수 없기 때문이다. 이것이 바로 모세가 "너는 마음을 다하고 뜻을 다하고 힘을 다하여 네 하나님 여호와를 사랑하라"(신 6:5)는 말씀을 율법의 "강령"으로 제시한 이유이다.

43. 나는 내 아버지의 이름으로 왔으매. 그리스도께서는, 유대인들이 하나님께는 순복하기를 거부하면서도 정작 거짓 선지자들이 나타나면 그들을 열렬히 환영할 것이라는 논거를 들어서, 그들이 하나님을 사랑하지도 않고 공경하지도 않는다는 것을 입증하신다. 즉, 그리스도께서는 사람들이 의도적으로 진리를 무시하고 거짓말들에 동의하는 것이야말로 그들의 타락하고 불경건한 마음을 보여주는 증표(證票)라는 것을 기정사실로 여기고 계신다. 누가 그런 일은 대체로 악의(malitia)가 아니라 무지(error)로 인해 벌어지는 것이라는 반론을 제기한다면, 그 대답은 쉽다. 즉, 타락한 성품으로 인해서 거짓을 진리보다 더 좋아하는 것이 아니

라면, 그 누구도 사탄의 궤계에 넘어가지 않는다는 것이다. 하나님께서 말씀하실
때에는 귀를 막던 우리가 사탄의 말은 기꺼이 적극적으로 받아들이는 이유는 우리
가 의(義)를 싫어하고 자발적으로 죄악을 좋아하여 원하기 때문이 아니면 무엇이
겠는가? 그런데 우리가 주목해야 할 것은 여기에서 그리스도께서는 하나님이 특
별히 빛을 비추어 주셨던 자들, 즉 율법으로 가르침을 받아서 구원의 바른 길로 행
할 수 있게 된 특권을 수여받은 자들인 유대인들을 주로 염두에 두시고 이 말씀을
하고 계시다는 것이다. 그런 자들이 거짓 교사들을 청종(聽從)한다면, 그것은 그들
이 스스로 미혹(迷惑)되기를 원하였다는 것 외에 다른 이유로는 설명될 수 없음이
분명하다. 그런 까닭에, 모세는 거짓 선지자들이 일어나는 것은 하나님께서 자기
백성이 과연 "그들의 하나님을 사랑하는 여부를 알려 하사 그들을 시험하시는"(신
13:3) 것이라고 말한다. 많은 사람들 속에는 순진무구함이 있는 것처럼 보이는 것
도 사실이지만, 실제로는 그들의 마음속에 숨어 있는 위선 또는 외식(hypocirsis)으
로 인해서 그들의 눈은 멀어 있는 것이다. 왜냐하면, 하나님께서는 "두드리는 자
들"에게 문을 열어 주시지 않는 법이 없으시고(마 7:8), 하나님을 진실하게 찾는 자
들을 결코 실망시키지 않으시기 때문이다(사 45:19). 그러므로 바울이 하나님께서
사탄에게 "미혹의 역사"를 허락하셔서, "진리를 믿지 않고 불의를 좋아하는 모든
자들"로 하여금 "거짓 것을 믿게 하시는" 것은 하나님의 보응이자 "심판"이라고
한 것은 합당하다(살후 2:9-12). 이것은 오늘날 교황의 궤계들과 불경건한 미신(迷
信)들을 온 몸으로 추종하여 복음에 대한 독기어린 분노로 불타오르고 있는 많은
사람들의 위선을 그대로 드러내준다. 왜냐하면, 만약 그들의 속에 있는 것이 하나
님을 경외하는 마음이라면, 그 경외하는 마음은 당연히 복음에 대한 순종이라는
열매를 맺을 것이기 때문이다.

　　오늘날 교황이 입만 열었다 하면 자기가 그리스도의 대리자라고 떠벌리며 자랑
하고 다니듯이, 실제로 거짓 선지자들은 자기가 "아버지의 이름으로 왔다"고 자랑
한다. 사탄은 이러한 가면 아래에서 불쌍한 자들을 처음부터 속여 왔다. 그러나 그
리스도께서는 여기에서 그런 위선적인 가면을 쓰고 위장하는 것에 대해서가 아니
라, 실제로 자기가 "아버지의 이름으로 온" 것을 말씀하고 계신다. 왜냐하면, 그리
스도께서 자기가 "아버지의 이름으로 왔다"고 증언하시는 것은 아버지 하나님께
서 자기를 보내셨다는 것만이 아니라, 자기가 아버지에게서 받은 사명(使命)을 신
실하게 수행하고 있다는 것도 의미하기 때문이다. 또한, 그리스도께서는 이 표지

(標識)를 통해서 교회의 합법적인 교사들과 위장한 가짜들을 구별하신다. 그러므로 이 본문의 말씀은 교회에서 그들 자신을 높이고 영혼들을 다스릴 권세가 그들 자신에게 있다고 주장하는 모든 자들을 우리가 담대히 배척해야 한다고 가르친다. 왜냐하면, 하나님의 종으로 인정 받고자 하는 자는 하나님과는 별개로 자기 자신의 것을 주장해서는 안 되기 때문이다. 그런데 교황의 모든 가르침을 검토해 보면, 교황이 자기 자신의 이름으로 왔다는 것은 심지어 삼척동자도 다 알 수 있다.

44. 어찌 나를 믿을 수 있느냐. 어릴 때부터 율법과 선지자들의 제자로 훈련받아 온 자들을 그리스도께서 그토록 형편없이 무지한 자들로 단죄하시고 진리의 원수들이라고 선언하신 것은 너무 가혹한 것으로 보일 수 있고, 심지어 믿기 어려운 일로 생각될 수도 있겠지만, 그리스도께서는 그들이 "믿는" 것을 방해하고 있는 것이 무엇인지를 보여주신다. 즉, 그들은 야심(ambitio)으로 인해서 건전한 정신을 가지고 올바르게 생각할 수 없게 된 까닭에 "믿는" 것이 방해를 받게 되었다는 것이다. 왜냐하면, 그리스도께서는 여기에서 특히 교만(superbia)으로 인해서 잔뜩 헛바람이 든 제사장들과 서기관들을 향하여 말씀하고 계시는 것이기 때문이다. 이 말씀은 이 땅에 속한 영광을 얻고자 하는 헛된 욕망에 그 마음이 사로잡혀 있는 모든 자들에게는 믿음의 문이 닫혀 있다는 것을 가르쳐 준다는 점에서 주목할 만하다. 왜냐하면, 이 세상에서 대단한 인물이 되고자 하는 자는 그 마음이 정처(定處)가 없이 이리저리 요동할 수밖에 없는 까닭에 하나님을 향하여 나아가고자 하는 마음이 생겨날 수 없기 때문이다. 하나님의 인정을 받는 것이야말로 평생에 걸쳐서 추구해야 할 가장 중요한 일임을 확신할 때에만, 비로소 사람은 하늘의 가르침에 순종할 준비를 갖추게 된 것이다.

그러나 외식하는 자들이 거짓되고 악한 자부심(confidentia)으로 하나님 앞에서 자기 자신을 높이는 것이 세상적인 야심(ambitio)보다 더 큰 장애물이라고 생각될 수도 있다. 그리고 우리는 서기관들이 이 질병에도 깊이 감염되어 있었다는 것을 안다. 이것에 대한 대답은 쉽다. 즉, 서기관들은 거룩(sanctimonia)이라는 거짓된 가면을 쓰고서 무지한 백성들을 속여 왔는데, 여기에서 그리스도께서는 그들에게서 그 가면을 벗기는 것이 목적이셨기 때문에, 사람들에게 비친 그들의 겉모습과 그들의 진면목(眞面目)은 판이하게 다르다는 것을 분명하게 드러내줄 그들의 더 큰 악(惡)을 지목하여 보여주고 계신다는 것이다. 게다가, 사람이 외식(外飾)을 통해서 자신을 높이는 것은 하나님을 대적하는 것이지만, 세상과 사람들 앞에서 외식은 언제나 야심과 결부되어 있다. 아니, 야심은 우리로 하여금 하나님의 평가가 아니라 우리 자신을 비롯한 사람들의 평가를 더 의지하게 만든다는 점에서, 우리에게 헛바람을 집어넣어서 주제넘은 생각이나 거짓된 자부심을 갖게 만드는 것은 사실 바로 이 헛된 영광을 구하는 야심이다. 왜냐하면, 자신의 심판자이신 하나님 앞에 진심으로 나아가는 자는 자기 자신 속에 자기가 의지할 수 있는 것이 아무것도 없다는 것을 깨닫고서 하나님 앞에 통회자복하며 꿇어 엎드릴 수밖에 없기 때문이다. 그러므로 오직 하나님으로부터 오는 영광만을 구하고자 하는 자는 자기 자신이 부끄럽고 창피하여 너무나 곤혹스러워서, 오직 하나님이 값없이 베풀어 주시는 저 긍휼하심(misericordia)만을 의지하고 거기로 피하게 되어 있다. 사실, 하나님을 바라보는 자들은 자신들이 정죄를 받아 멸망받게 되었다는 것, 그리고 그리스도의 은혜 외에는 자신들이 자랑할 수 있는 것이 자기들에게 아무것도 남아 있지 않다는 것을 안다. 그러므로 오직 하나님으로부터 오는 영광만을 구하는 마음은 언제나 낮아진 마음(humilitas)을 수반한다.

현재의 본문 속에서 그리스도께서 의도하신 것은 세상을 향한 모든 욕망을 다 거두고서 모든 지각(知覺)을 오직 하나님께만 집중하여, 자기가 상대해야 할 분은 하나님이시라는 사실을 진지하게 받아들여서, 이제까지 자신을 기분 좋게 해주던 달콤한 말들에 빠져서 스스로를 속여 왔던 것에서 깨어나 자신의 양심을 깊이 들여다보는 것 외에 사람이 복음의 가르침을 받을 수 있도록 자기 자신을 준비할 수 있는 다른 길은 없다는 것을 보여주시는 것이었다. 그러므로 모든 사람이 야심에 휘둘려서 이리저리 끌려 다니는 오늘날에 있어서 복음의 가르침을 받고자 하는 자가 극히 적다는 것은 전혀 이상한 일이 아니다. 또한, 많은 사람이 복음에 대한 신앙고백을 버리고서 떠나는 것도 이상한 일이 아니다. 그들은 단지 허영(vanitas), 즉 헛된 영광을 구하고자 하는 욕망에 사로잡혀서 떠나가 버린 것일 뿐이기 때문이다. 하지만 이럴 때일수록, 우리는 이 한 가지, 즉 우리가 비록 세상 사람들의 눈에 비천하고 초라하며 멸시받을 만하고, 심지어 우리 자신 속에서조차 곤혹스러울지라도, 우리 자신이 하나님의 자녀로 인정받고자 하는 이 한 가지를 더 큰 열심으로 더욱 간절하게 구하여야 한다.

45. 내가 너희를 아버지께 고발할까 생각하지 말라. 이것은 좋은 말로 가르치고 따뜻하게 충고할 때에 거기에서 아무것도 배우지 못하고 유익을 얻지 못하는 완악하고 고집 센 자들을 다룰 때에 사용되어야 하는 방식이다. 즉, 그런 자들을 상대할

때에는 하나님의 심판대 앞으로 그들을 불러내는 수밖에 없다. 사실, 하나님을 대놓고 노골적으로 조롱하는 자는 거의 없다. 그러나 자기들이 실제로는 하나님의 원수들로 행하며 하나님을 대적하면서도, 하나님이 자기들에게 좋은 감정을 가지고 계실 것이라고 믿고서는, 달콤하지만 헛된 착각과 망상(妄想)에 빠져서 마음 편하게 인생을 즐기는 자들은 아주 많다. 이런 식으로 오늘날에도 우리의 거물(巨物)들은 실제로는 그리스도의 가르침 전체를 불경스럽게 발로 짓밟고 있으면서도, 마치 자기들이 하나님과 아주 가까운 친구들인 양 거만하게 거드름을 피운다. 그런 교황주의자들에게 우리가 기독교 신앙이 그들 가운데가 아니라 다른 곳에 있다고 말한다면, 그들이 과연 어떤 반응을 보이겠는가? 그리스도께서 여기에서 상대하여 논쟁을 하고 계시는 서기관들이 바로 그런 자들이었다. 그들은 실제로는 누구보다도 율법을 이루 말할 수 없이 멸시하는 자들이었지만, 모세를 추켜세우며 거창한 말들로 자랑하였고, 그리스도를 대적하면서 모세를 방패로 사용하는 것을 주저하지 않았다. 그리스도께서는 만약 자기가 그런 그들을 결코 용납하지 않고 강력하게 대적할 것이라고 경고한다면, 그들이 코웃음을 치며 그 경고를 철저히 경멸하리라는 것을 아셨기 때문에, 모세가 그들을 대적하여 제기한 "고발"이 이미 준비되어 있다고 선언하신다.

너희를 고발하는 이가 있으니 곧 너희가 바라는 자 모세니라. 믿지 않는 자들을 정죄하는 것이 율법의 고유한 기능이라는 점을 들어서, 그리스도께서 여기에서 자신의 직분과 모세의 직분 간의 차이를 지적하고 계시다고 생각하는 자들이 있지만, 그런 생각은 잘못된 것이다. 왜냐하면, 그리스도께서는 그런 의도로 이 말씀을 하신 것이 아니라, 단지 모세를 공경하는 체하며 거짓으로 자랑하고 뽐내는 외식하는 자들의 위선을 드러내서서 그들의 헛된 자부심을 뒤흔들어놓고자 하신 것이기 때문이다. 이것은 마치 오늘날 어떤 사람이 교황주의자들이 교회의 거룩한 박사들을 들먹이며 그들이 자신들의 편이라고 거짓 주장을 펴고 있지만, 사실은 교회의 거룩한 박사들이 그런 자들의 가장 적대적이고 치명적인 대적들임이 드러나게 될 것이라고 말한 것과 같다. 또한, 이것으로부터 우리는 쓸데없이 성경을 자랑해서는 안 된다는 것을 배워야 한다. 왜냐하면, 우리가 믿음으로 인한 참된 순종을 통해서 하나님의 아들을 공경하지 않는다면, 하나님께서 지금까지 자신의 증인들로 세우신 모든 자들이 마지막 날에 우리를 대적하여 일어나서 고소할 것이기 때문이다. 그리스도께서 서기관들에게 "너희가 바라는 자 모세"라고 말씀하신 것은 마치 그들이 모세로부터 그들의 구원이 올 것이라고 생각하기라도 했다는 듯이 그들의 잘못된 미신(迷信)을 질책하신 것이 아니라, 마치 모세가 그들의 편이 되어서 그들의 불경건한 완악함(contumacia)을 감싸주기라도 할 것처럼, 그들이 모세의 도움과 보호를 기대하는 것은 잘못임을 깨우쳐 주시고자 하신 것이다.

46. 모세를 믿었더라면 또 나를 믿었으리니. 그리스도께서는 모세가 왜 그들을 고발하는 자가 될 것인지를 보여주시는데, 물론 그것은 그들이 모세의 가르침을 배척하고 있기 때문이다. 우리는 하나님의 종들의 가르침을 멸시하거나 비방하는 것이야말로 그들에 대한 최대의 모욕이라는 것을 안다. 하나님으로부터 말씀의 사역자로 세우심을 받은 자들은 그 말씀을 지켜내는 것이 마땅하다. 그러므로 하나님께서는 자신의 모든 선지자들에게 경건한 자들의 구원을 위해서 가르치고 교훈하는 것과 버림받은 자들을 그들의 증언으로 찌르는 것, 이 두 가지 사명을 주셨다.

이는 그가 내게 대하여 기록하였음이라. 그리스도께서 모세가 "내게 대하여 기록하였다"고 하신 말씀은 그리스도가 율법의 마침이자 영혼이라는 사실을 인정하는 자들에게는 장황한 설명이나 증명을 필요로 하지 않는다. 그러나 이것으로 만족하지 않고서 그리스도에 대하여 기록한 성경 본문들을 보여주기를 원하는 사람이 있다면, 나는 먼저 사도행전 7장에 나와 있는 스데반의 설교와도 일치하는 히브리서를 주의 깊게 읽어보고, 다음으로는 바울이 자신의 논지(論旨)를 밑받침하기 위해서 인용하는 본문들을 눈여겨볼 것을 권한다. 물론, 나는 모세가 그리스도를 명시적으로 언급하거나 분명하게 예언하고 있는 본문이 거의 없다는 것을 인정한다. 그러나 성막과 제사들과 모든 예식들은 하나님께서 "산에서" 모세에게 보여주신 "양식" 또는 "본"을 따라 만들어진 모형들(출 25:40; 히 8:5)로서 바로 그 원래의 것을 가리키고 있는 것이 아니면 무엇이겠는가? 그러므로 그리스도를 빼버리면, 모세의 사역 전체는 허공으로 사라져 버리게 된다. 여기에서 다시 한 번 우리는 모세가 백성들에게 그들이 그리스도 안에서 확증된 "족장들의 언약의 백성"이라는 사실을 끊임없이 상기시키고 있고, 그리스도를 그 언약의 초석(礎石)이자 토대로 세워놓고 있다는 것을 알게 된다. 족장들도 이것을 알고 있었기 때문에 늘 이 중보자를 바라보며 살았다. 이 주제를 이 이상으로 길게 다루는 것은 간결하게 서술하는 것을 목표로 삼고 있는 나의 원칙에 부합하지 않을 것이다.

47. 그러나 그의 글도 믿지 아니하거든. 그리스도께서는 여기에서 마치 자신의 권위가 모세보다 못하다는 듯이 말씀하고 계시는 것처럼 보일 수 있다. 그러나 우

리는 율법이 주어질 때에는 그 소리에 의해서 땅이 진동하였지만, 복음의 소리에
의해서는 땅만이 아니라 하늘도 진동하였다는 것을 안다(히 12:26). 따라서 그리스
도께서는 여기에서 청중들의 수준에 맞춰서 말씀을 전하고 계시는 것일 뿐이다.
왜냐하면, 유대인들에게는 율법의 권위가 이론(異論)의 여지 없이 확고부동하게
거룩한 것이었기 때문이다. 그리스도께서 모세보다 못하시다는 것은 있을 수 없는
일이다. 이와 동일한 목적에서 그리스도께서는 모세의 "글"과 자신의 "말"을 대비
시키신다. 왜냐하면, 그리스도께서는 돌판에 확실하게 기록되어 있는 하나님의 진
리조차도 그들에게 통하지 않는 사실을 지적하심으로써 그들의 불신앙을 더욱 생
생하게 부각시키고 계시는 것이기 때문이다.

제6장

¹그 후에 예수께서 디베랴의 갈릴리 바다 건너편으로 가시매 ²큰 무리가 따르니 이는 병자들에게 행하시는 표적을 보았음이러라 ³예수께서 산에 오르사 제자들과 함께 거기 앉으시니 ⁴마침 유대인의 명절인 유월절이 가까운지라 ⁵예수께서 눈을 들어 큰 무리가 자기에게로 오는 것을 보시고 빌립에게 이르시되 우리가 어디서 떡을 사서 이 사람들을 먹이겠느냐 하시니 ⁶이렇게 말씀하심은 친히 어떻게 하실지를 아시고 빌립을 시험하고자 하심이라 ⁷빌립이 대답하되 각 사람으로 조금씩 받게 할지라도 이백 데나리온의 떡이 부족하리이다 ⁸제자 중 하나 곧 시몬 베드로의 형제 안드레가 예수께 여짜오되 ⁹여기 한 아이가 있어 보리떡 다섯 개와 물고기 두 마리를 가지고 있나이다 그러나 그것이 이 많은 사람에게 얼마나 되겠사옵나이까 ¹⁰예수께서 이르시되 이 사람들로 앉게 하라 하시니 그 곳에 잔디가 많은지라 사람들이 앉으니 수가 오천 명쯤 되더라 ¹¹예수께서 떡을 가져 축사하신 후에 앉아 있는 자들에게 나눠 주시고 물고기도 그렇게 그들의 원대로 주시니라 ¹²그들이 배부른 후에 예수께서 제자들에게 이르시되 남은 조각을 거두고 버리는 것이 없게 하라 하시므로 ¹³이에 거두니 보리떡 다섯 개로 먹고 남은 조각이 열두 바구니에 찼더라 (6:1-13).

1. 그 후에 예수께서 디베랴의 갈릴리 바다 건너편으로 가시매. 요한은 다른 세 복음서 기자들이 생략한 그리스도의 언행(言行)들을 모아서 보도하곤 하였지만, 여기에서는 자신의 관례를 깨고, 다른 복음서 기자들이 이미 언급했던 이적을 보도한다. 그러나 요한이 이 이적을 보도하는 것은 이 이적이 있은 다음 날 그리스도께서 가버나움에서 하신 설교를 다루고자 하는 분명한 목적이 있었고, 그 설교는 이 이적과 서로 연결되어 있었기 때문이었다. 따라서 요한복음에 나오는 이 기사(記事)는 다른 세 복음서에도 공통적으로 보도되고 있기는 하지만, 나중에 알 수 있듯이, 지향점이 서로 다르다는 데에 그 독특성이 있다. 다른 세 복음서 기자들

(마 14:13; 막 6:32; 눅 9:10)은 세례 요한이 죽은 직후에 이 이적이 있었다고 보도하면서, 세례 요한의 죽음이 그리스도께서 이 곳으로 떠나오신 이유가 되었다는 것을 시간적인 정황에 대한 묘사를 통해서 보여준다. 왜냐하면, 술주정뱅이들이 술을 마시면 마실수록 더욱더 술을 찾게 되는 것과 마찬가지로, 폭군들은 한 번 자신들의 손에 경건한 자들의 피를 묻히게 되면, 그 잔인함이 한층 더 극렬하게 불타오르는 법이기 때문이다. 그러므로 그리스도께서는 헤롯의 광분(狂奔)함을 가라앉히시기 위해서 그 자리를 떠나셨다. 복음서 기자가 사용하고 있는 "갈릴리 바다"라는 표현은 게네사렛 호수를 가리키는 말인데, 그는 그리스도께서 물러가신 곳을 좀 더 구체적으로 자세하게 설명하기 위해서 그 곳이 "디베랴" 바다라고 불린다는 사실도 덧붙인다. 왜냐하면, 이 호수 전체가 아니라 단지 디베랴라는 성읍이 자리잡고 있던 호숫의 부근만이 "디베랴 바다"라고 불렸기 때문이었다.

2. 큰 무리가 따르니. 사람들이 이토록 열렬하게 그리스도를 따른 것은 이적들 속에 나타난 그의 능력을 보고서, 그가 하나님의 보내심을 받은 큰 선지자라는 것을 확신하였기 때문이었다. 요한은 여기에서 다른 세 복음서 기자가 보도한 내용(마 14:13-14; 막 6:34-35; 눅 9:11-12), 즉 그리스도께서 이 날에 사람들을 가르치시고 병자들을 고치셨다는 것과 해가 지자 제자들이 그리스도께 무리를 보낼 것을 요청하였다는 것을 생략한다. 왜냐하면, 요한은 곧 이어질 나머지 내용으로 우리를 이끌어 가기 위한 계기로 이 부분을 사용하고자 한 까닭에, 이 부분을 몇 마디 말로 요약해서 보도하는 것으로 충분하다고 여겼기 때문이다.

무엇보다도 우리는 여기에서 사람들이 광야에서 하룻밤을 지새워야 될지도 모르는 자신들의 처지를 다 잊어버릴 정도로 그런 것에 대해서는 전혀 신경도 쓰지 않는 모습을 보면서, 그리스도의 말씀을 듣고자 하는 열망이 사람들에게 얼마나 간절했는지를 알게 된다. 그들의 그런 모습에 비추어보면, 우리의 영적 나태함(socordia)은 한층 더 변명할 수 없는 것이 된다. 왜냐하면, 배고픔을 참고서라도 하늘의 가르침을 받고자 하기는커녕, 하늘에 속한 삶을 묵상하다가 조금이라도 불편한 일이 생기면 즉시 그만두어 버리는 것이 바로 우리이기 때문이다. 그리스도께서, 우리를 얽매는 세상의 것들로부터 벗어나서 자유로워져 있는 우리의 모습을 보시기란 정말 하늘의 별을 따는 것만큼이나 어려운 일이다. 우리 중에서 그리스도를 만나기 위해서 기꺼이 광야로 갈 준비가 되어 있는 자가 극히 드문 것은 말할 것도 없고, 우리가 편히 쉬고 있는 집으로 찾아오시는 그리스도를 영접할 준비가 되어 있는 자도 극히 드물다. 이러한 영적 나태함의 질병이 거의 온 세상에 만연되어 있는 것이 현실이지만, 그러한 나태함을 떨쳐버리고서, 영혼의 양식을 사모하는 마음이 너무나 간절해서, 배고픔도 넉넉히 잊어버릴 수 있어야만, 비로소 하나님의 나라에 합당한 자가 될 수 있다는 것은 분명하다.

육신(carnis)은 자신의 욕구를 충족시켜 달라고 늘 아우성을 치지만, 우리는 그리스도께서 그를 따르기 위해 자원하여 자신의 육신의 욕구를 돌아보지 않는 자들을 돌보아주실 것임을 명심하여야 한다. 왜냐하면, 그리스도께서는 그런 자들이 너무나 굶주린 나머지 먹을 것이 없어서 굶어 죽게 생겼다고 소리칠 때까지 기다리시는 것이 아니라, 그들이 구하지 않아도 먼저 양식을 공급해 주시기 때문이다. 어떤 이들은 경건한 자들이 자신을 돌보지 않고서 하나님의 나라에 전적으로 헌신하다가 굶주려서 기진맥진하여 거의 죽게 되는 경우를 종종 본다는 것을 들어서, 하나님께서는 늘 그렇게 양식을 공급해 주시는 것은 아니지 않느냐고 반론을 제기할지도 모른다. 나의 대답은 그리스도께서는 그런 식으로 우리의 믿음과 인내를 시험해 보기를 원하시기는 하지만, 우리에게 꼭 필요할 때에는 하늘에서 우리의 궁핍을 보시고서 반드시 그것을 해결해 주신다는 것이다. 그리스도로부터의 도우심이 우리에게 즉시 주어지지 않는다면, 비록 그 이유가 우리에게는 감춰져 있다고 할지라도, 그것은 우리에게 가장 유익이 되게 하시기 위한 것이다.

3. 예수께서 산에 오르사. 그리스도께서는 유월절이 될 때까지는 조용히 물러나 계시고자 하셨던 것임에 틀림없다. 그래서 복음서 기자는 그리스도께서 제자들과 함께 산 위에 앉아 계셨다고 보도한다. 이것은 그리스도께서 인간으로서 품고 계셨던 계획이었음이 분명하지만, 하나님의 계획은 달랐고, 그리스도께서는 거기에 기꺼이 순종하셨다. 따라서 그리스도께서는 비록 사람들의 눈을 피해 산에 오르셨지만, 하나님의 손에 이끌려서 무리가 운집해 있는 무대로 다시 내려오셨다. 사람들이 북적대는 성읍보다도 더 많은 무리가 광야에 있는 산에 모였기 때문에, 이곳에서 행해진 이적은 디베랴의 붐비는 시장에서 행해졌을 때보다도 더 잘 사람들에게 알려질 수 있었다. 이러한 예를 통해서, 우리는 일들이 자연스럽게 되어져가는 것을 보고서 순리(順理)를 따라 계획을 세우고 행하는 것이 마땅하고, 우리가 계획했던 것과 다른 결과가 나온다고 할지라도, 하나님이 우리 위에 계셔서 모든 일을 자신의 기쁘신 뜻을 따라 조율하신다는 것을 믿고서 속상해하지 않아야 한다는 것을 배우게 된다.

5. 예수께서 … 빌립에게 이르시되. 여기에서는 그리스도께서 오직 빌립에게만 말씀하신 것으로 보도하고 있지만, 다른 복음서 기자들은 모든 제자에게 말씀하신 것으로 보도한다. 그러나 이 두 가지 보도는 서로 모순되는 것이 아니다. 왜냐하면, 다른 복음서 기자들이 모든 제자들이 한 것으로 보도한 말을 복음서 기자가 조금 후에 8절에서 안드레가 한 말로 보도하고 있는 것과 마찬가지로, 여기에서도 빌립이 모든 제자들을 대변해서 말을 한 까닭에, 그리스도께서도 오직 빌립에게만 대답하신 것일 가능성이 크기 때문이다. 그리스도께서는 자신의 제자들이 과연 조금 전에 보았던 것과 같은 이적을 기대하고 있는지를 알아보시기 위하여 제자들의 대표 격인 빌립을 시험하시고, 그런 후에, 그들이 이적에 의한 해결책을 전혀 생각하지 않고 있다는 것을 아시자, 적어도 그들의 눈앞에서 곧 벌어지게 될 사건을 볼 수 있도록 그들의 눈을 여시기 위하여, 잠들어 있는 것이나 다름없던 그들의 마음을 흔들어 깨우신다. 제자들이 그리스도께 온갖 말씀을 드린 이유는 사람들을 붙잡아두지 마시라고 그리스도를 설득하기 위한 것이었고, 그들이 사람들을 해산시키고자 한 것은 그들에게 골치 아픈 일이 조금이라도 생기지 않도록 하기 위한 것으로서 그들 자신의 사적인 이익을 추구한 것이었다. 그래서 그리스도께서는 그들의 반대를 무시하시고서 자신의 의도대로 일을 진행해 나가신다.

7. 이백 데나리온. 부데우스(Budaeus)의 계산에 의하면, 데나리온은 프랑스 투르 지방의 화폐로 4카롤루스 2데니에르에 해당하기 때문에, 이백 데나리온은 대략 35프랑 정도가 된다. 이 금액을 오천 명의 남자에게 배분하면, 100명마다 14투르 솔(sol)이 돌아갈 것이고, 거기에 대략 천 명 정도의 여자와 아이들을 더하면, 빌립이 투르 지방의 화폐로 일인 당 1.5데니에르를 계상했다는 것이 밝혀지는데, 이것은 작은 빵 한 개를 살 정도의 금액이었다. 그러나 사람들이 많이 모여 있을 때에는 보통 그러하듯이, 빌립도 거기에 모인 사람들의 수를 더 많이 잡은 것 같다. 제자들은 가난했고 돈이 별로 없었기 때문에, 빌립은 마치 그들에게는 이렇게 많은 사람들을 먹일 만한 돈이 없다고 시위라도 하려는 듯이, 거금(巨金)이 필요하다는 것을 강조함으로써 그리스도께 경각심을 불러일으키고자 하였다.

10. 이 사람들로 앉게 하라. 제자들이 주님이 주신 소망을 재빨리 알아차리지 못하고 주님이 본래 지니고 계셨던 능력을 그대로 인정하지 못한 것은 책망받아 마땅한 정도의 우둔함(stupor)이었지만, 이제 그들이 주님의 의도가 무엇인지, 그리고 그들이 행하는 일이 어떤 결과를 가져올지도 알지 못한 채로, 주님의 명령에 즉

시 기꺼이 순종한 것은 상당히 칭찬받을 만한 것이었다. 마찬가지로, 사람들도 기꺼이 순종하는 모습을 보였다. 왜냐하면, 그들은 그 이유를 알지도 못하였지만, 한 마디 명령이 떨어지자 모두 다 즉시 앉았기 때문이다. 하나님께서 사람들에게, 이를테면 어둠 속에서 걸으라고 명령하실 때, 거기에 순종하는 것은 그 믿음이 참되다는 것을 보여주는 증거가 된다. 그렇게 순종하기 위해서는 우리가 스스로 지혜 있는 체하지 말고, 자기 백성을 결코 실망시키지 않으시는 우리의 인도자 되시는 하나님을 따를 때에 큰 혼란 중에서도 형통하는 결과가 있을 것이라는 소망을 흔들림 없이 붙드는 법을 배우지 않으면 안 된다.

11. 축사하신 후에. 그리스도께서는 여러 번 자신의 모범을 통해서 우리가 식사할 때마다 기도로 시작하여야 한다는 것을 가르쳐 주셨다. 왜냐하면, 하나님께서 우리에게 사용하라고 주신 모든 것들은 그의 무한한 선하심과 우리를 향한 아버지로서의 사랑을 보여주는 증거들인 까닭에, 우리가 그때마다 하나님께 찬송을 올려드리는 것이 마땅하기 때문이다. 그리고 바울이 말한 대로, "감사" 기도는 모든 것을 거룩하게 하는 일종의 엄숙한 의식(儀式)이기 때문에(딤전 4:4), 감사 기도를 드린 후에 어떤 것들을 사용하게 되면, 그것들은 우리에게 정결한 것들이 된다. 이것으로부터 도출되는 결론은, 하나님을 생각하지 않고 음식을 삼키는 자들은 하나님께서 거저 주신 것들을 불경스럽게 더럽히는 자들이라는 것이다. 우리는 상당수의 세상 사람들이 짐승처럼 먹어대는 모습을 매일같이 보기 때문에 이 가르침을 좀 더 주목할 필요가 있다. 그리스도께서 제자들에게 주신 떡이 그들의 손에서 불어 나도록 하신 것을 통해서, 우리는 우리가 서로를 섬길 때에 하나님께서 우리의 수고에 복을 주신다는 가르침을 받게 된다.

이제 이 이적 전체의 의미를 요약해 보자. 이 이적이 다른 이적들과 공통적으로 갖는 의미는 그리스도께서 자신의 인자하심을 보여주심과 더불어서 자신의 신적 능력을 나타내셨다는 것이다. 또한, 이 이적은 그리스도께서 다른 "모든 것을 너희에게 더하시리라"고 약속하시면서 "너희는 먼저 그의 나라와 그의 의를 구하라"(마 6:33)고 우리에게 권면하신 말씀을 확증해 주는 역할도 한다. 그리스도께서는 단지 갑작스러운 충동에 이끌려서 자기에게로 온 자들도 돌보아 주셨는데, 우리가 변치 않는 마음과 확고한 결의로 그리스도를 찾는다면, 그런 우리를 어찌 버리시겠는가? 물론, 내가 말해왔듯이, 그리스도께서는 종종 자기 백성으로 하여금 굶주림을 겪게 하신다는 것은 사실이지만, 그것은 그들에 대한 자신의 도우심을 거두신 것이 결코 아니고, 거기에는 극단적인 상황에 이를 때까지 우리를 돕지 않으시고 내버려 두시는 지극히 합당한 이유가 있기 때문이다.

게다가, 그리스도께서는 자기가 세상에 영적인 생명을 가져다줄 뿐만 아니라, 육신이 필요로 하는 양식도 공급하라는 명령을 아버지 하나님에게서 받았다는 것을 분명히 보여주셨다. 하나님께서 그리스도에게 온갖 풍성한 복을 맡기신 것은 그리스도께서 "수로"가 되셔서 우리에게 그 복들을 전해 주도록 하시기 위한 것이었다. 하지만 그리스도는 영원하신 아버지에게서 나오신 "생명의 샘"이시기 때문에, 내가 그를 "수로"라고 한 것은 잘못된 것이다. 그런 까닭에, 바울은 모든 복이 "하나님 우리 아버지와 주 예수 그리스도로부터" 우리에게 오기를 기도하고, 다른 곳에서는 "범사에 우리 주 예수 그리스도의 이름으로 항상 아버지 하나님께 감사하여야"(엡 5:20) 한다고 가르친다. 이것은 단지 그리스도의 영원한 신성(神性)에 고유한 직무인 것만이 아니라, 그가 육체로 계실 때에 아버지 하나님께서는 그를 청지기(oeconomus)로 세우셔서, 그로 하여금 자신의 손으로 우리를 먹이시게 하셨다. 오늘날 우리는 이적들을 매일같이 우리의 눈앞에서 보지는 못하지만, 여전히 그리스도께서는 우리를 풍성하게 먹이시는 자신의 능력을 나타내 보여주신다. 그리고 사실 성경을 보면, 우리는 그리스도께서 자기 사람들에게 먹을 것을 주고자 하셨을 때에 매번 새롭고 신기한 수단을 동원하신 것이 아님을 알게 된다. 그러므로 누가 그리스도께 뭔가 특별한 방식으로 자기에게 먹고 마실 것을 주시라고 기도한다면, 그것은 잘못된 기도가 될 것이다.

또한, 그리스도께서는 사람들에게 굉장한 음식을 주어 먹게 하신 것이 아니었다. 그 저녁 식사 때에 그리스도께서 행하신 놀라운 능력을 본 사람들은 보리떡과 말린 생선으로 만족하여야 했다. 오늘날 그리스도께서는 "보리떡 다섯 개"로 오천 명을 배부르게 먹이시는 것은 아니지만, 여전히 놀라운 방법으로 온 세상을 계속해서 먹이고 계신다. "사람이 떡으로만 사는 것이 아니요 여호와의 입에서 나오는 모든 말씀으로" 산다는 것(신 8:3)은 우리에게 모순처럼 들릴 것임에 틀림없다. 왜냐하면, 우리는 외적인 수단들에 너무나 강력하게 들러붙어 있고 거기에 집착하고 있어서, 우리에게는 하나님의 섭리를 의지하는 것보다 더 어려운 일은 없기 때문이다. 이것이 우리의 손에서 양식이 떨어지자마자 우리가 그토록 안절부절못하는 이유이다. 만약 우리가 모든 것을 제대로 올바르게 평가하고 판단할 수 있게 된다면, 우리는 모든 양식, 곧 우리의 육신을 유지하도록 하시기 위하여 하나님이 주신 모든 것들 속에서 하나님의 축복을 알아차릴 수밖에 없게 될 것이다. 그러나 우리는 습성과 타성에 젖어서 자연의 이적(naturae miraculum)들을 과소평가한다. 이것과 관련해서 우리의 장애물은 우둔함(stupor)이 아니라 악의(惡意, malignitas)이다. 왜냐하면, 자신의 잘못된 마음과 생각을 따라서 정처 없이 방황하며 하나님을 찾겠다고 하늘과 땅을 백 번이라도 배회하는 쪽을 택하지 않고, 자신의 눈앞에 계신 하나님을 바로 바라보는 자는 거의 없기 때문이다.

13. 열두 바구니에 찼더라. 마태는 사천 명이 떡 일곱 개로 "다 배불리 먹고 남은 조각"을 떡의 개수와 동일하게 "일곱 광주리에 차게 거두었다"(마 15:37)고 보도한다. 얼마 안 되는 양식으로 아주 많은 사람들을 배불리 먹이고도 거의 두 배나 되는 양이 남았다는 것에서, 우리가 보지 않으려고 의도적으로 눈을 감아버린다고 할지라도, 우리는 하나님이 우리에게 베푸시는 복이 얼마나 큰 것인지를 더 분명하게 알게 된다. 또한, 우리가 부차적으로 주목해야 할 것은, 그리스도께서 제자들에게 남은 것들을 바구니에 채우라고 명하신 것은 이 이적을 부각시키시기 위한 것이기는 하지만, "남은 조각을 거두고 버리는 것이 없게 하라"는 말씀 속에는 제자들에게 검소함을 가르치시고자 하는 의도도 들어 있다는 것이다. 왜냐하면, 하나님께서 우리에게 차고 넘치게 부어 주신다고 해도, 우리는 그것을 악용해서 사치할 생각을 품어서는 안 되기 때문이다. 그러므로 재물을 넉넉하게 가진 자들은 자신들에게 있는 넉넉한 것을 하나님이 인정하시는 선한 목적에 세심하고 신실하게 사용하지 않는다면, 하나님께서는 언젠가는 그들이 소유한 과도한 재물에 대하여 결산하자고 하시고 그 책임을 물으시리라는 것을 명심하여야 한다.

[14]그 사람들이 예수께서 행하신 이 표적을 보고 말하되 이는 참으로 세상에 오실 그 선지자라 하더라 [15]그러므로 예수께서 그들이 와서 자기를 억지로 붙들어 임금으로 삼으려는 줄 아시고 다시 혼자 산으로 떠나 가시니라 [16]저물매 제자들이 바다에 내려가서 [17]배를 타고 바다를 건너 가버나움으로 가는데 이미 어두웠고 예수는 아직 그들에게 오시지 아니하셨더니 [18]큰 바람이 불어 파도가 일어나더라 [19]제자들이 노를 저어 십여 리쯤 가다가 예수께서 바다 위로 걸어 배에 가까이 오심을 보고 두려워하거늘 [20]이르시되 내니 두려워하지 말라 하신대 [21]이에 기뻐서 배로 영접하니 배는 곧 그들이 가려던 땅에 이르렀더라(6:14-21).

14. 그 사람들이 … 말하되. 이 이적은 사람들에게 어느 정도 유익을 가져다준 것으로 보인다. 왜냐하면, 그들은 이 이적을 행하신 분을 메시야로 인정하고 고백하였기 때문이다. 사실, 그리스도께서 이적을 행하신 목적은 바로 이것 외에 다른 목적이 없으셨다. 그러나 사람들은 그리스도에 대하여 자기들이 얻은 지식을 즉시 다른 엉뚱하고 부적절한 목적을 위해서 악용한다. 이것은 사람들 사이에서 너무도 비일비재하게 행해지는 잘못이다. 즉, 사람들은 그리스도께서 그들에게 자기 자신을 계시하자마자 곧 그리스도의 진리를 그들의 거짓 것들로 타락시키고 왜곡시키고, 올바른 길로 접어들은 것처럼 보이는 자들도 금세 그 길에서 벗어나 타락해 버리고 만다.

15. 자기를 억지로 붙들어 임금으로 삼으려는 줄 아시고. 이 사람들이 그리스도께 "임금"이라는 칭호와 존귀를 드리고자 한 것은 어느 정도 타당한 이유에서 나온 것이었다. 그러나 그들이 누구를 선택해서 왕으로 삼을 권한이 마치 자기들에게 있다는 듯이 생각하고 행동한 것은 중대한 잘못이었다. 왜냐하면, 성경은 "내가 나의 왕을 내 거룩한 산 시온에 세웠다"(시 2:6)고 선언함으로써, 왕으로 삼을 권한이 오직 하나님께만 있다는 것을 분명하게 보여주기 때문이다. 게다가, 사람들은 그리스도를 "임금"으로 삼아서 도대체 어떤 나라를 세우고자 한 것인가? 그들은 그리스도에게 전혀 낯설고 이질적인 세상 나라를 세우고자 하였다. 이것으로부터 우리는 하나님의 일들에 있어서 하나님의 말씀을 제쳐두고서 우리 자신의 생각이나 지각(知覺)으로 무언가를 만들어 내고자 하는 것이 얼마나 위험스러운 것인지를 배워야 한다. 왜냐하면, 우리의 뒤틀리고 교활한 마음과 생각이 끼어들면, 그 어떤 것이라도 부패하게 되기 때문이다. 우리의 왜곡되고 부패한 예배가, 하나님의 영광을 대놓고 의도적으로 공격하는 것보다 하나님께 더 큰 모욕이 되는데, 그런 상황 속에서 우리의 가장(假裝)된 열심이라는 것이 도대체 무슨 유익이 있겠는가?

우리는 그리스도의 원수들이 그의 영광을 없애버리기 위해서 얼마나 광분하여 왔는지를 안다. 그리스도께서 십자가에 못 박히셨을 때에 그러한 폭력이 절정에 달했다는 것은 두말 할 필요도 없다. 하지만 그리스도께서는 십자가에 못 박히시는 방법으로 세상을 위한 구원을 이루셨고, 사망과 사탄을 이기시고 영광스럽고 당당하게 승리하셨다. 만약 그리스도께서 여기에서 사람들이 그를 "임금"으로 삼고자 하는 것을 받아들이셨다면, 그의 영적인 나라는 망하였을 것이고, 복음은 영원한 오명(汚名)으로 낙인찍히게 되었을 것이며, 구원의 소망은 흔적도 없이 사라져 버렸을 것이다. 사람들이 급조해 낸 거짓된 예배와 공경(恭敬)은 하나님에게서 참된 공경을 도둑질하고 하나님께 오직 욕(辱)만을 끼치는 결과만을 가져올 뿐이다.

또한, 우리는 "억지로 붙들어"라는 어구를 주목할 필요가 있다. 복음서 기자는 사람들이 그리스도를 "억지로 붙들고자" 하였다고 보도한다. 즉, 그들은 그리스도의 뜻을 거슬러서 충동적인 폭력을 사용하여 그를 "임금으로 삼고자" 하였다는 것이다. 그러므로 우리는 그리스도께서 우리의 공경을 받으시기를 원한다면, 그가 무엇을 요구하시는지를 항상 고려하여야 한다. 그들 자신이 만들어 낸 방식으로 하나님을 공경하고자 하는 자들은 사실 어떤 의미에서는 하나님께 완력과 폭력을 사용하는 것이다. 왜냐하면, 참된 예배의 기초(基礎)는 순종(obedientia)이기 때문이다. 또한, 우리는 이 일을 통해서 우리가 얼마나 지극한 경외심을 지니고서 하나님의 순전한 말씀에 거하여야 하는지를 배워야 한다. 왜냐하면, 우리가 조금이라도 거기에서 벗어나는 순간, 진리는 우리의 누룩에 의해 오염되어서 비진리(非眞理)로 변질되어 버리기 때문이다. 그들은 하나님이 장차 세우시기로 약속하셨던 구속주가 "임금"이 되리라는 것을 이미 하나님의 말씀을 통해서 알고 있었지만, 그 말씀을 거스르고서 자신들의 머릿속에서 땅에 속한 나라를 고안해 내어, 그리스도에게 그 나라를 맡기고자 하였다. 이렇게 우리가 하나님의 말씀에 우리 자신의 생각이나 소견을 뒤섞어 넣을 때마다, 믿음은 쓰레기 같은 쓸모없는 추측들로 변질되고 만다. 그러므로 믿는 자들은 사탄이 자신들을 사로잡아서 하나님에 대한 잘못된 열심에서 생겨난 뒤틀린 열정으로 몰아가서, 그들이 그리스 신화에 나오는 거인족들처럼 하나님을 맹렬히 공격하는 일이 벌어지지 않도록 하기 위해서는, 꾸준한 훈련을 통해서 절제(modestia)를 몸에 익히지 않으면 안 된다. 왜냐하면, 하나님이 우리에게 계시하신 대로 우리가 하나님을 섬기는 것만이 올바른 예배이기 때문이다.

오천 명의 사람들이 그러한 대담하고 뻔뻔스러운 오만방자함에 사로잡혀서, 새로운 왕을 옹립함으로써 빌라도의 군대와 로마 제국의 막강한 권력을 자극하는 일을 서슴지 않았다는 것은 그저 놀라울 뿐이다. 만약 그들이 선지자들의 예언을 믿고서, 하나님이 그들 편이 되어 주셔서, 그들이 승리하리라는 소망을 품고 있지 않았다면, 그들은 결코 그렇게까지 극단적으로 행하지는 않았을 것이 분명하다. 그러나 그들은 선지자들이 결코 말한 적이 없었던 그런 나라를 만들어 내고자 한 잘못을 저질렀다. 그러므로 그들은 자신들이 하고자 하는 일에서 하나님의 도우심의 손길을 얻지 못하였고, 도리어 그리스도께서 그들을 떠나셨다. 마찬가지로, 교황 제도 아래에서 가련한 자들이 마치 하나님이 계시지 않는 것처럼 그토록 오랜 세월 동안 깜깜한 어둠 속에서 헤매고 방황해 온 이유도 그들이 하나님에 대한 모든 예배를 그들이 스스로 고안해 낸 것들로 더럽혔기 때문이다.

16. 제자들이 바다에 내려가서. 그리스도께서는 무리들이 흩어질 때까지 혼자 있고 싶어하셨음이 분명하다. 우리는 무리들의 소요(騷擾)를 진정시키는 것이 얼마나 어려운 일인지를 안다. 사람들이 자신들이 의도한 것을 공개적으로 시도했다면, 그 소문은 순식간에 퍼져나갔을 것이고, 한 번 그리스도께 뒤집어씌워진 오명(汚名)을 나중에 씻어내는 일은 결코 쉬운 일이 아니었을 것이다. 다른 복음서 기자들의 보도(마 14:23; 막 6:46)에 의하면, 이 시기에 그리스도께서는 모든 시간을 기도하며 보내셨는데, 아버지 하나님께서 사람들의 저 광분함을 바로잡아 주시라고 기도하셨을 것이다.

그리스도께서 이적을 통해서 "바다"를 건너신 것은 자기 제자들에게 그들의 믿음을 다시 한 번 견고하게 세워주는 유익을 가져다주었다. 게다가, 이 이적은 또 다른 결과를 초래하였는데, 그것은 그리스도께서 배를 이용해서가 아니라 자신의 능력으로 가버나움에 도착하셨다는 사실을 이튿날 모든 사람들이 저절로 알게 되었다는 것이다. 왜냐하면, 사람들은 그리스도께서 배를 타실 것으로 예상되는 해안의 모든 장소에서 그를 기다리고 있었고, 만약 제자들이 배를 타고 다른 곳으로 이동하는 것을 보지 못하였다면, 계속해서 그리스도께서 해안에 나타나시기를 기다리고 있었을 것이기 때문이다.

17. 이미 어두웠고. 요한은 다른 복음서 기자들이 소개하고 있는 여러 세부적인 정황들을 생략하는데, 그 중의 하나는 제자들이 여러 시간 동안 역풍과 씨름하였다는 것이다. 요한이 그리스도께서는 "밤 사경"이 되어서야 제자들에게 나타나셨다고 보도하는 것으로 보아서(마 14:25; 막 6:48), 폭풍은 밤이 되자마자 시작된 것으로 보인다. 요한이 "제자들이 십여 리쯤 가다가"라고 보도한 것을 근거로 해서, 그리스도께서 그들에게 나타나셨을 때에는, 그들이 바다 한가운데쯤에 있었을 것이라고 추측하는 자들이 있는데, 그런 추측은 제자들이 반대편의 해안이나 저 멀리 있는 해안으로 노를 저어 가고 있었다는 것을 전제로 한 것이기 때문에 잘못된 것이다. 왜냐하면, 누가는 오병이어의 이적이 "벳새다" 근방에서 있었다고 말하고

있고(눅 9:10), 제자들이 탄 배의 목적지였던 "가버나움"(요 6:16)은 동일한 지역에 있었기 때문이다. 플리니우스(Plinius)는 자신의 「박물지」 제5권에서 이 바다 또는 호수의 너비가 6마일(10km)이었고 길이가 16마일이었다고 말하고, 요세푸스 (Iosephus)는 「유대 전쟁사」 제3권에서 이 호수의 길이가 100퍼롱이고 너비가 40 퍼롱이라고 말하는데, 8퍼롱이 1마일이기 때문에, 우리는 이 두 사람의 설명이 서로 별로 다르지 않다는 것을 금방 알 수 있다. 따라서 이 항해와 관련해서 나의 생각은 제자들이 직선으로 배를 몰아서 아주 먼 거리를 나아간 것이 아니라, 폭풍 때문에 이리저리 휩쓸려 다니고 있었다는 것이다. 어쨌든 결론적으로 얘기하자면, 복음서 기자는 그리스도께서 제자들에게 나타나셨을 때에 그들이 극도의 위험에 처해 있었다는 것을 보여주고자 하였다는 것이다. 다른 사람들은 아무런 문제 없이 평온하게 항해하던 이 뱃길에서, 소위 제자들이라는 사람들이 이런 식으로 곤욕을 치렀다는 것이 이상하게 생각될지도 모른다. 그러나 주님께서는 자기 백성들로 하여금 구원을 경험함으로써 그들의 주님을 더 분명하고 친밀하게 알 수 있도록 하시기 위하여, 이런 식으로 종종 그들을 심각한 위험들 속에 빠뜨리신다.

19. 제자들이 … 두려워하거늘. 다른 복음서 기자들은 제자들이 자신들에게 나타나신 그리스도를 "유령"이라고 생각해서 두려워한 것이라고 그 이유를 설명한다(마 14:26; 막 6:49). 유령이 우리의 눈앞에 나타나면, 우리는 그것을 사탄이 우리를 속이고자 하는 것이거나 하나님께서 우리에게 불길한 징조를 보이시는 것이라고 생각하기 때문에 대경실색해서 두려움에 사로잡히지 않을 수 없게 된다. 한편, 요한복음 기자는 여기에서 우리에게 말씀이 없다면 우리가 그리스도에 대하여 어떤 종류의 지식을 얻을 수 있는지, 그리고 그 지식이 우리에게 무엇을 가져다주게 되는지를 마치 거울을 보는 것처럼 생생하게 보여준다. 왜냐하면, 그리스도께서 자신의 신성(神性)을 있는 그대로 드러내신다면, 우리는 즉시 온갖 망상(妄想)들에 빠져서, 각 사람이 그리스도 대신에 자기 자신을 위한 우상을 만들어 내게 되기 때문이다. 우리가 제대로 된 지각(知覺)을 얻지 못하고 갈피를 잡지 못하게 되면, 그 즉시 우리의 마음은 큰 혼란에 빠져서 공포와 두려움을 겪게 된다. 그러나 그리스도께서 말씀하시기 시작하면, 우리는 그의 음성으로부터 분명하고 확실한 지식을 얻게 되고, 우리의 마음에는 기쁨(gaudium)과 해맑은 평안(laeta pax)이 임한다. 왜냐하면, "내니 두려워하지 말라"는 말씀은 엄청난 무게를 지니고 있기 때문이다.

20. 내니 두려워하지 말라. 우리는 여기에서 오직 그리스도의 임재만이 우리의 확신(fiducia)의 충분한 근거가 될 수 있기 때문에, 그리스도께서 임재해 계실 때에만, 우리는 진정으로 평안하고 안심할 수 있게 된다는 것을 배우게 된다. 그러나 이것은 오직 그리스도의 제자들에게만 해당되는 말이다. 왜냐하면, 우리는 나중에, 악인들은 "내가 그니라"는 여기에서와 동일한 말씀을 들었을 때에 소스라치게 놀라서 땅에 엎드러지는 것을 보게 될 것이기 때문이다(요 18:6). 동일한 말씀에 악인들이 이렇게 다른 반응을 보이는 이유는 그리스도께서는 버림받은 자들과 믿지 않는 자들을 심판하여 멸망에 이르게 하시는 심판주(審判主)로 보내심을 받으신 까닭에, 그들이 그리스도의 임재를 견딜 수 없어서 즉각적으로 압도당하여 엎드러질 수밖에 없기 때문이다. 그러나 경건한 자들은 하나님이 그리스도를 그들에게 화목제물로 주셨다는 것을 알기 때문에, 하나님의 사랑과 그들의 구원을 그들에게 가져다줄 확실한 보증(保證, pignus)인 그리스도의 이름을 듣는 순간, 마치 사망에서 생명으로 옮겨진 양 담대함을 얻어서, 유쾌한 마음으로 청명한 하늘을 처다보며 평안한 마음으로 이 땅에서 살아가고, 그리스도의 도우심으로 모든 고난과 위험을 이겨낸다. 한편, 그리스도께서는 말씀으로 제자들을 위로하시고 힘을 주실 뿐만 아니라, 폭풍을 잔잔하게 하심으로써 그들에게 두려움을 불러일으켰던 원인 자체도 실제로 제거해 주신다.

[22]이튿날 바다 건너편에 서 있던 무리가 배 한 척 외에 다른 배가 거기 없는 것과 또 어제 예수께서 제자들과 함께 그 배에 오르지 아니하시고 제자들만 가는 것을 보았더니 [23](그러나 디베랴에서 배들이 주께서 축사하신 후 여럿이 떡 먹던 그 곳에 가까이 왔더라) [24]무리가 거기에 예수도 안 계시고 제자들도 없음을 보고 곧 배들을 타고 예수를 찾으러 가버나움으로 가서 [25]바다 건너편에서 만나 랍비여 언제 여기 오셨나이까 하니(6:22-25).

22. 이튿날. 복음서 기자는 여기에서 무리들이 그리스도께서 신적인 능력으로 바다를 건넜다고 생각할 수밖에 없게 만들었던 여러 정황들을 보도한다. 즉, 무리들이 밤새 그리스도를 기다렸던 곳, 그러니까 오병이어의 이적이 있었던 그 현장 근처의 바닷가에는 배가 한 척밖에 없었는데, 그들은 그 배가 제자들을 태우고서 그리스도를 태우지 않은 채로 떠난 것을 보았고, 이튿날 여러 지역에서 배들이 와

서, 그들이 그 배들을 타고 가버나움으로 갔더니, 거기에 그리스도께서 계셨다는 것이다. 그러므로 그리스도께서는 이적을 통해서 바다를 건너오셨음에 틀림없다는 결론이 나온다. 이 구절의 내용은 논리상으로 뭔가 어색하기는 하지만, 어쨌든 그 의미는 아주 명확하다. 왜냐하면, 요한복음 기자는 22절에서 배가 한 척밖에 없었다는 것과 그 배가 그리스도를 태우지 않은 채로 그 바닷가를 출항하는 것을 모든 무리가 다 보았다고 말하고 나서, 23절에서는 그리스도께서 어디론가 사라져버리시는 것을 막기 위해서 밤새 모든 선착장을 봉쇄하고 있던 무리들이 디베랴에서 온 배들을 타고 그 곳을 떠났다는 말을 덧붙이고 있기 때문이다.

23. 디베랴에서 배들이 주께서 축사하신 후 여럿이 떡 먹던 그곳에 가까이 왔더라. 이 구절의 의미는 모호하다. 왜냐하면, 이 구절은 "디베랴"가 그리스도께서 오병이어로 오천 명을 먹이셨던 곳과 가까웠다는 의미일 수도 있고, 배들이 오병이어의 이적이 일어났던 곳에서 가까운 해안가에 도착하였다는 의미일 수도 있기 때문이다. 나는 후자의 의미일 가능성이 더 높다고 생각한다. 왜냐하면, 누가는 오병이어의 이적이 "벳새다" 근방에서 있었다고 보도하는데, 벳새다는 디베랴와 가버나움의 중간 지점에 있어서, 배들은 디베랴에서 해안을 따라 항해하여(내려왔다고 할 수도 있고 올라왔다고 할 수도 있다) 무리가 서 있던 곳에 도착하였고, 그 배들이 거기에 정박한 것은 승객들을 태우기 위한 것이었다는 것은 의심의 여지가 없기 때문이다.

요한복음 기자가 그리스도께서 "축사하셨다"는 것을 다시 한 번 언급한 것은 쓸데없는 반복이 아니다. 왜냐하면, 이것은 그리스도께서 몇 개 안 되는 떡으로 그토록 많은 사람들을 먹이실 수 있으셨던 것은 바로 기도를 통해서였다는 것을 부각시키기 위한 것이고, 우리는 기도하는 일에 냉담하고 나태한 까닭에, 요한복음 기자는 동일한 것을 두 번 반복해서 역설하고자 한 것이기 때문이다.

25. 바다 건너편에서. 가버나움이 오병이어의 이적이 있었던 곳에서 반대편의 해안가에 자리 잡고 있지 않았다는 것은 우리가 이미 앞에서 언급한 바 있다. 디베랴는 이 바다의 폭이 가장 넓은 곳에 자리 잡고 있었고, 그 아래에 벳새다가 있었으며, 가버나움은 요단 강이 시작되는 지점에서 그리 멀지 않은 가장 아래 지역에 있었다. 그러므로 복음서 기자가 가버나움을 "바다 건너편"에 있는 것으로 묘사할 때, 우리는 그의 설명을 가버나움이 바다의 정반대편에 있다는 의미로 받아들여서는 안 되고, 바다의 아랫자락에서 해안선이 꾸불꾸불하고 사이사이에 만(灣)이 있

어서 육로로 가려면 굽이굽이 너무 많이 돌아가야 했기 때문에, 사람들이 가버나움으로 가고자 할 때에는 통상적으로 배를 타고 직선으로 가곤 해서, 일반 사람들의 표현을 그대로 빌려 와서 "바다 건너편"으로 표현한 것이라고 이해해야 한다.

[26]예수께서 대답하여 이르시되 내가 진실로 진실로 너희에게 이르노니 너희가 나를 찾는 것은 표적을 본 까닭이 아니요 떡을 먹고 배부른 까닭이로다 [27]썩을 양식을 위하여 일하지 말고 영생하도록 있는 양식을 위하여 하라 이 양식은 인자가 너희에게 주리니 인자는 아버지 하나님께서 인치신 자니라 [28]그들이 묻되 우리가 어떻게 하여야 하나님의 일을 하오리이까 [29]예수께서 대답하여 이르시되 하나님께서 보내신 이를 믿는 것이 하나님의 일이니라 하시니(6:26-29).

26. 예수께서 대답하여 이르시되. 무리들의 질문은 그리스도께서 이적으로 바다를 건너오신 자신의 능력을 그들에게 보여주실 수 있으셨던 절호의 기회였을 수도 있었는데도, 그리스도께서는 그들의 질문에 대답하지 않으시고, 도리어 별 생각 없이 몰려온 그들을 꾸짖으신다. 왜냐하면, 그들은 그리스도를 찾은 것이 아니라 그리스도 안에 있는 다른 무엇을 찾아서 거기에 온 것인 까닭에, 그리스도께서 왜 그런 이적을 행하셨는지를 올바르고 참되게 알지 못하고 있었기 때문이다. 그들의 잘못은 "표적" 때문이 아니라 이적을 통해서 먹고 배불렀기 때문에 그리스도를 찾은 데에 있었다. 그렇지만 그들이 이적을 염두에 두고 있었다는 것은 부인할 수 없다. 아니, 복음서 기자는 그들이 이적들을 보고서 그리스도를 따르기로 마음먹었다는 것을 이미 앞에서 우리에게 말해준 바 있다. 그러나 그들은 이적들을 다른 목적으로 악용하였기 때문에, 그리스도께서 그들이 이적들보다는 그들이 배불리 먹는 것에 더 큰 관심이 있다고 책망하신 것은 합당하다. 그리스도께서 하신 이 말씀의 취지는 그들이 하나님의 역사(役事)들을 통해서 제대로 된 유익을 얻었어야 하는데도 그렇지 못하였다는 것이다. 왜냐하면, 만약 그들이 이적들을 통해서 제대로 유익을 얻었다면, 마땅히 그들은 그리스도를 메시야로 인정하고서, 그에게 순복하여 그의 가르침과 다스림을 받아들이고, 그의 인도하심을 따라서 하늘에 속한 하나님의 나라를 열망했어야 하기 때문이다. 그러나 그들이 그리스도에게서 기대한 것은 이 세상에서 행복하고 편안하게 사는 것 이외에는 아무것도 없었다. 이것은 그리스도에게서 그의 주된 능력을 박탈하는 것이다. 왜냐하면, 아버지 하나

님께서 그리스도를 보내셔서 사람들에게 자기 자신을 계시하신 이유는 그리스도
로 하여금 사람들에게 그의 성령을 주어서 그들을 하나님의 형상으로 새롭게 하
고, 그들을 그의 의(義)로 옷 입혀서 영생으로 이끌게 하시기 위한 것이기 때문이
다. 그러므로 우리가 그리스도의 이적들 속에서 무엇을 바라보고 있는가 하는 것
은 아주 중요하다. 왜냐하면, 하나님의 나라를 열망하지 않고, 현세의 삶이 주는 안
락함들에 집착하는 자들은 오직 자신의 배를 채우는 것만을 찾기 때문이다. 오늘
날 많은 사람들이 십자가의 쓰디쓴 고난(acerbitas)이 없이 오직 육신적인 즐거움
들만을 가져다주는 복음이라면 기꺼이 받아들이겠다고 하는 이유도 여기에 있다.
아니, 심지어 우리는 많은 사람들이 덜 구속(拘束)을 받고 더 즐겁게 살려고 기독
교 신앙을 고백하는 것을 본다. 어떤 이들은 이득이 될까 해서, 어떤 이들은 두려워
서, 어떤 이들은 자기와 이해관계가 있는 자들을 기쁘게 해주기 위해서, 자기가 그
리스도의 제자라고 고백한다. 그러므로 그리스도를 찾을 때에 가장 중요한 것은
세상을 멸시하고 "하나님의 나라와 그의 의를 구하는"(마 6:33) 것이다. 게다가, 대
다수의 사람들은 실제로는 그리스도의 모든 능력을 헛된 것으로 만들어 버리고 있
으면서도, 자기들이 최선을 다해서 훌륭하게 그리스도를 찾고 있다고 착각하고 만
족해한다. 그런 까닭에, 그리스도께서는 마치 맹세코 우리의 위선과 외식 아래에
숨어 있는 악(惡)을 어둠에서 빛으로 끌어내고자 하신다는 듯이, 통상적으로 사용
해 오신 방식을 따라서 "진실로"라는 단어를 두 번 반복해서 말씀하신다.

27. 썩을 양식을 위하여 일하지 말고. 그리스도께서는 여기에서 자기 백성들의
열심이 어디를 향해야 하는지, 즉 그들이 영생을 목표로 삼아야 한다는 것을 가르
치신다. 그러나 우리는 태어날 때부터 육신적이어서 늘 땅에 속한 것들에만 몰두
하기 때문에, 그리스도께서는 우리가 무엇을 해야 하는지를 보여주시기 전에, 우
리가 태어날 때부터 지니고 있는 이 질병을 고치시고자 하신다. 그리스도께서는
그저 간단하게 "썩지 않을 양식을 위하여 일하라"고 가르치실 수도 있으셨을 것이
지만, 사람들의 지각(知覺)이 온통 세상의 염려들에 붙잡혀 있는 것을 아시고서,
먼저 그들에게 하늘로 오르려거든 그러한 족쇄들에서 벗어나라고 명하신다. 그리
스도께서는 자기 백성들에게 일용할 양식을 얻기 위해 일하는 것을 금지하시는 것
이 아니라, 경건한 자들이 이 땅에서 사는 이유는 오직 이 세상에서 나그네로 살다
가 신속하게 하늘에 있는 본향으로 가기 위한 것이기 때문에, 그들이 이 땅에서의
삶보다 하늘의 생명을 더 우선해야 한다는 것을 보여주시는 것이다.

다음으로, 우리는 여기에서 다루어지고 있는 것이 무엇인지를 살펴보지 않으면 안 된다. 왜냐하면, 그리스도께서는 자신의 능력이, 배부르게 하는 것과 땅에 속한 일들에만 관심이 있는 자들에 의해서 짓밟혀지고 있었던 까닭에, 여기에서 우리가 그리스도 안에서 무엇을 찾아야 하는지, 그리고 왜 그것을 찾아야 하는지를 변론하고 계시는 것이기 때문이다. 또한, 그리스도께서는 설교하시는 상황들에 맞는 비유들을 사용하신다. 만약 여기에서 "양식"이라는 말이 언급되지 않았더라면, 그리스도께서는 비유를 사용하지 않으시고, "너희는 세상의 염려를 버리고, 하늘에 속한 생명을 얻기 위해 애써야 한다"고 말씀하셨을 것이다. 그러나 사람들이 짐승처럼 먹이를 향해 달려가고 있었기 때문에, 그리스도께서는 자신의 설교에 비유의 옷을 입히셔서, 새 생명에 속한 모든 것을 "양식"이라고 하신 것이다. 우리는 복음의 가르침이 성령의 능력으로 인하여 우리 안에서 역사(役事)할 때에 우리의 영혼이 그 가르침을 먹고 거기에서 자양분을 얻는다는 것을 안다. 그런데 믿음은 영혼의 생명(animae vita)이기 때문에, 믿음에 자양분을 공급해주고 믿음을 키워주는 모든 것은 "양식"에 비유된다. 이런 종류의 양식을 그리스도께서는 "썩지 않는 양식"이라고 부르시면서, 우리의 영혼이 하루하루 살기 위해서가 아니라 저 복된 영원한 삶을 위해서 양식을 먹고 자양분을 취한다는 것을 우리에게 알게 해주시기 위하여, 그 양식은 "영생하도록 있는 양식"이라고 말씀하신다. 왜냐하면, 그리스도께서는 "그리스도 예수의 날에" 우리의 구원을 완성하시기 위하여 우리 안에서 구원을 시작하신 것이기 때문이다(빌 1:6). 그런 까닭에, 우리는 영생의 증표(證票)이자 보증(保證)인 성령의 은사들을 받아야 한다. 왜냐하면, 버림받은 자들은 흔히 이 "양식"을 맛본 후에 뱉어 버려서 이 양식이 그들 속에 머물러 있지 않지만, 믿는 자들은 성령의 은사들을 통해서 결코 없어지지 않고 늘 살아 움직이는 성령의 능력을 인식하는 까닭에 그들의 영혼 속에서 그 능력을 끊임없이 느끼게 되기 때문이다. "일하다"라는 단어를 근거로 삼아서, 우리가 행위로 영생을 얻는 것이라고 주장하는 자들이 있지만, 그것은 쓸데없는 궤변일 뿐이다. 왜냐하면, 우리가 지금까지 말해 왔듯이, 그리스도께서는 사람들에게 그들이 늘 해오던 대로 세상에 붙어 있지 말고 하늘에 속한 생명을 묵상하는 일에 열심을 내라고 비유를 통해서 권하시는 것이기 때문이다. 또한, 그리스도께서는 이 "양식"을 주는 자가 바로 자기라고 선언하심으로써 친히 모든 의심을 제거하신다. 왜냐하면, 그리스도께서 우리에게 거저 주시는 것을 우리가 받는 것이라면, 우리가 우리 자신의 노력으로 그것을 얻을 수는 없기 때문이다. 영혼의 영적인 양식이 그리스도께서 거저 주시는 선물이라는 말씀과 우리가 그토록 큰 복에 참여하는 자들이 되기 위해서는 온 마음을 다 바쳐서 힘써야 한다는 말씀은 서로 모순되어 보이는 것은 사실이지만, 이 두 말씀은 서로 아주 잘 부합한다.

인자는 아버지 하나님께서 인치신 자니라. 그리스도께서는 아버지 하나님이 바로 그런 목적을 위해서 자기를 세우셨다고 말씀하심으로써, 앞에서 "이 양식은 인자가 너희에게 주리니"라고 하신 말씀을 확증하신다. 옛 저술가들은 그리스도께서는 자기가 아버지 하나님의 인(印, character)이자 분명한 형상(形象, imago)이시기 때문에 자기를 "아버지 하나님께서 인치신 자"라고 말씀하신 것이라고 주장함으로써 이 구절을 잘못 해석하고 왜곡시켜 왔다. 그러나 그리스도께서는 여기에서 자신의 영원한 본질에 대하여 본격적으로 논의하고 계시는 것이 아니라, 단지 자기가 어떤 일을 하도록 위임받고 명령받았는지, 우리와의 관계 속에서 자신의 직분이 무엇인지, 우리가 자기에게서 무엇을 구하고 기대해야 하는지를 설명하고 계시는 것일 뿐이다. 게다가, 그리스도께서는 옛 사람들이 자신의 권위와 책임 하에 어떤 일을 한다는 것을 확인해 주고자 할 때에 인장 반지로 인을 치곤 했던 옛 관습을 자신의 취지를 전달하기에 적절한 비유로 여겨서 여기에 인용하신다. 이런 식으로, 그리스도께서는 마치 자기가 스스로 또는 자신의 사적인 권위로 어떤 것을 주장하는 것처럼 보이지 않도록 하시기 위해서, 이 일은 아버지 하나님이 자기에게 행하라고 마치 인(印)을 치신 것처럼 확실하게 명하신 것이라고 선언하고 계신다. 요약하자면, 그 누구도 자신의 영혼을 "썩지 않는 양식"으로 먹이지 못하는 까닭에, 그리스도께서 친히 오셔서, 자기가 그 큰 복을 사람들에게 주러 온 자라고 말씀하심과 동시에, 하나님께서 자기를 세우시고 인을 치셔서 사람들에게 보내신 것이라는 말씀을 덧붙이고 계신다는 것이다. 이것으로부터 우리는 그리스도에게서 양식을 공급받기 위하여 그에게 자신의 영혼을 드리는 자들의 소원은 결코 실망으로 끝나지 않을 것이라는 결론을 얻게 된다. 그러므로 우리 각 사람이 막연한 기대감이나 밑져야 본전이라는 생각으로가 아니라 반드시 주실 것이라는 확신을 가지고서 "생명"을 바랄 수 있기 위해서는, 생명이 그리스도 안에서 우리에게 나타났다는 사실을 우리가 확실히 알지 않으면 안 된다. 아울러, 여기에서 우리는 이 일로 인한 찬송을 그리스도 외의 다른 존재에게 드리는 자는 누구든지 하나님 앞에서 거짓말하고 속이는 죄를 짓는 것임을 알게 된다. 이것으로부터 분명한 것은 교황주의자들은 그들의 가르침의 모든 부분에서 철저하게 거짓말쟁이들로 행하고 있다는 것이다. 왜냐하면, 그들은 그리스도를 대신할 구원의 수단 또는 방편(方便)을 하나하나씩 고안해 내서, 구원의 유일하고 진정한 원천임을 인정하는 하나님의 인(印)을 자신들의 극악무도한 오만방자함과 악한 속임수로 지워 버리고 훼손해 왔기 때문이다. 우리가 이토록 무시무시하고 끔찍한 죄에 빠지지 않으려면, 우리는 아버지 하나님께서 그리스도에게 주신 모든 것을 손상되지 않은 온전한 모습으로 보존하는 법을 배우지 않으면 안 된다.

28. 우리가 어떻게 하여야 하나님의 일을 하오리이까. 무리들은 그리스도께서 그들에게 현세의 삶을 편안하게 해주는 것들보다 더 고상한 그 무엇을 위해서 애써야 하고, 하나님께서 그들을 부르고 계시기 때문에 그들이 오직 땅의 일에만 몰두해서는 안 된다고 권면하셨다는 것을 충분히 깨달았다. 그러나 이 질문을 한 자들은 그리스도께서 말씀하신 "일"이 무엇을 의미하는지를 깨닫지 못해서 부분적으로 오해를 하고 있었다. 왜냐하면, 그들은 영적인 삶을 사는 데에 필요한 모든 것을 하나님께서 아들의 손을 통해서 우리에게 주신다는 사실을 생각하지 않았기 때문이다. 그들은 먼저 자기들이 무엇을 해야 하느냐고 물었고, 다음으로는 "하나님의 일들"이라는 표현을 사용함으로써, 자기들이 무슨 말을 하고 있는지도 알지 못한 채로 횡설수설하는 모습을 보였다. 이런 식으로 그들은 하나님의 은혜에 대한 자신들의 무지(無知)를 드러내었다. 하지만 그들은 여기에서 마치 그리스도께서 그들을 근거 없이 비난하시기라도 하신 양 오만방자하게 그리스도를 향하여 다음과 같이 큰 소리를 지르며 대들고 있는 것으로 보인다: "우리가 영생에 대하여 관심이 없는 것처럼 보인단 말이지? 그렇다면, 우리의 능력 밖의 것을 우리에게 행하라고 명령하는 이유는 도대체 뭐요?" 우리는 여기에서 "하나님의 일들"을 하나님이 명령하시고 인정하시는 일들을 가리키는 것으로 이해해야 한다.

29. 하나님께서 보내신 이를 믿는 것이 하나님의 일이니라. 그들이 "일들"이라고 말하자, 그리스도께서는 한 가지 "일," 즉 믿음을 그들에게 상기시키시는데, 이것은 사람들이 믿음 없이 행하는 모든 일들은 다 쓸데없고 헛될 뿐이며, 하나님은 우리에게 오직 "믿는 것"만을 요구하시기 때문에, 오직 믿음만으로 충분하다는 것을 의미한다. 왜냐하면, 그리스도께서는 여기에서 믿음(fides)을 사람들의 열심(studium) 및 노력(conatus)과 암묵적으로 대비시키고 계시기 때문이다. 이것은 마치 사람들이 믿음 없이 하나님을 기쁘시게 하려고 애써 보아야 아무 소용이 없는

것은 코스를 벗어나서 아무리 열심히 달리더라도 결승점에 도달할 수 없는 것과 같다고 말씀하신 것이나 다름없다. 그러므로 이 구절은 사람들이 일생 동안 온갖 역경을 헤치며 있는 힘을 다해서 열심히 살았다고 할지라도, 그리스도를 믿는 믿음이 그들의 삶의 토대가 되어 있지 않았다면, 그들의 모든 수고와 괴로움은 다 헛일이 되고 말 것임을 보여준다는 점에서 주목할 만하다. 이 구절로부터 믿음은 하나님의 선물이라는 결론을 이끌어 내는 것은 잘못이다. 왜냐하면, 그리스도께서는 하나님이 우리 안에서 무엇을 만들어 내시는지를 가르치시는 것이 아니라, 하나님이 우리에게 무엇을 원하시고 요구하시는지를 가르치시는 것이기 때문이다.

그러나 우리는 하나님께서 오직 믿음 외에는 아무것도 인정하지 않으신다는 것을 이상하게 생각할 수도 있다. 왜냐하면, 사랑(caritas)도 무시되어서는 안 되고, 그 밖의 다른 경건의 행위들도 각각 나름대로의 위치와 중요성을 지니는 까닭에, 믿음에 최고의 위치가 부여되기만 한다면, 그 밖의 다른 경건의 행위들도 쓸데없는 것들이 아닐 것이기 때문이다. 이 문제에 대한 답변은 쉽다. 즉, 믿음은 사랑이나 그 밖의 다른 선한 행위들을 다 그 자체 안에 담고 있기 때문에 결코 그런 것들을 배제하는 것이 아니라는 것이다. 그리스도께서 여기에서 오직 믿음만을 하나님의 일이라고 하신 것은 우리가 믿음으로 말미암아 그리스도를 영접하여 하나님의 자녀들이 되어야 비로소 그리스도께서는 자신의 성령으로 우리를 다스리실 수 있으시기 때문이다. 그러므로 그리스도께서는 믿음을 그 열매들로부터 분리하지 않으시고 말씀하시는 것이기 때문에, 그가 믿음을 알파와 오메가로 삼으셨다고 해도, 그것은 놀랄 일이 전혀 아니다.

"믿는다"는 말이 무슨 의미인지에 대해서는 우리가 요한복음 3장을 다룰 때에 이미 살펴본 바 있다. 믿음의 능력을 제대로 이해하고자 한다면, 우리는 우리가 믿는 그리스도가 어떤 분이신지, 왜 아버지 하나님께서 그리스도를 우리에게 주셨는지를 이해해야 한다는 것을 늘 명심하여야 한다. 이 구절에서 믿음도 "일"이라고 하고 있다는 것을 빌미로 삼아서, 우리가 믿음으로 의롭게 되는 것이라면, 결국 행위로 의롭게 되는 것 아니냐고 주장하는 것은 메스꺼운 궤변일 뿐이다. 먼저, 그리스도께서 여기에서 믿음을 "일"이라고 하셨을 때, 그것은 바울이 "믿음의 법"과 "행위의 법"을 서로 비교할 때(롬 3:27)와는 달리, 엄밀하고 정확한 잣대로 구별해서 말씀하고 계시는 것이 아님은 너무나 분명하다. 다음으로, 우리가 사람은 행위로 의롭다 함을 받지 못한다고 말할 때, 거기에서 "행위"는 사람으로 하여금 하나님 앞에서 인정을 받게 해주는 어떤 공로(功勞, meritus)를 의미한다. 그런데 믿음은 하나님 앞에 아무것도 가지고 가지 않고, 도리어 하나님께서 그리스도와 그의 은혜로 어떤 사람을 채우실 수 있도록, 그 사람을 비어 있고 가난한 상태로 하나님 앞에 세운다. 그러므로 굳이 "일"로 표현하자면, 믿음은 그 어떤 상(賞)도 받을 수 없는 수동적인 일(passivum opus)이라고 할 수 있을 것이다. 믿음은 그리스도로부터 오는 의(義) 외에는 그 어떤 의도 사람에게 가져다주지 않는다.

[30]그들이 묻되 그러면 우리가 보고 당신을 믿도록 행하시는 표적이 무엇이니이까, 하시는 일이 무엇이니이까 [31]기록된 바 하늘에서 그들에게 떡을 주어 먹게 하였다 함과 같이 우리 조상들은 광야에서 만나를 먹었나이다 [32]예수께서 이르시되 내가 진실로 진실로 너희에게 이르노니 모세가 너희에게 하늘로부터 떡을 준 것이 아니라 내 아버지께서 너희에게 하늘로부터 참 떡을 주시나니 [33]하나님의 떡은 하늘에서 내려 세상에 생명을 주는 것이니라(6:30-33).

30. 당신을 믿도록 행하시는 표적이 무엇이니이까. 이러한 악함(improbitas)은 성경의 다른 곳에서 "악하고 음란한 세대가 표적을 구하나"(마 12:39)라고 한 말씀이 얼마나 참된 것인지를 여실히 증명해 준다. 그들은 처음에 그리스도께서 행하신 이적들 또는 표적들을 보고서 거기에 끌려서 그에게로 왔다가, 후에는 새로운 표적을 보고 놀라서, 그리스도를 메시야로 인정하고, 그러한 확신 속에서 그리스도를 왕으로 삼고자 하였었다. 그런데 지금 그들은 마치 그리스도를 전혀 모르는 사람들처럼 그에게 "표적"을 요구하고 있다. 그들이 이렇게 돌변하여 모든 것을 망각해 버린 듯이 행동하는 것은 그들이 하나님께 배은망덕하고 그들 자신의 악의로 말미암아 그들의 눈앞에서 벌어졌던 그리스도의 능력에 눈을 감아 버렸기 때문이 아니면 무엇 때문이겠는가? 그리스도께서 그들이 원하는 것들을 해주지 않으시고, 그리스도가 그들이 상상했던 그런 분이 아니라는 것을 알게 되자, 그들은 지금까지 그들이 보아왔던 모든 이적들을 깡그리 무시해 버리게 된 것이 분명하다. 만약 그리스도께서 그들에게 이 세상에서의 행복에 대한 기대를 심어 주셨더라면, 그들은 계속해서 그를 칭송하였을 것이고, 그를 선지자이자 메시야, 그리고 하나님의 아들로 떠받들며 환호했을 것임에 틀림없다. 그러나 이제 그리스도께서 그들이 육신적인 것에 지나치게 집착하고 있다고 책망하시자, 그들은 더 이상 그의 말

씀을 듣지 않아야 하겠다고 결심한다. 오늘날에도 그들과 같은 사람들이 얼마나 많은가! 그런 자들은 처음에는 그리스도께서 자신들의 죄악들을 눈감아 주실 것이라고 믿고서, 복음을 열렬히 받아들이고, 복음이 정말 참인지를 확인해 볼 수 있는 증거를 요구하지도 않는다. 그러나 육신을 부인하고 십자가를 지라는 부르심을 받게 되면, 그들은 그리스도에 대한 믿음을 완전히 배척하고, 복음이 도대체 어디로부터 온 것이냐고 따져 묻기 시작한다. 요컨대, 그리스도께서 그들이 원하는 것들을 들어주시지 않자마자, 그들은 즉시 그리스도를 자신들의 주님으로 인정하기를 거부한다는 말이다.

31. 우리 조상들은 광야에서 만나를 먹었나이다. 그리스도께서 그들에게 그들이 배를 채우려고 짐승들처럼 몰려왔다고 말씀하신 것은 그들의 아픈 상처를 건드리신 것이었다. 왜냐하면, 그들은 자기들을 먹여 살려줄 메시야를 원한다는 것을 밝힘으로써 그들의 야욕을 드러내었기 때문이다. 그들은 "만나"를 거론하며 하나님의 은혜를 아주 거창하게 칭송하는 것처럼 보였지만, 사실 그것은 썩을 양식을 얻기 위해 지나치게 집착하고 있다고 그들을 단죄하신 그리스도의 가르침을 희석시키기 위한 교활한 술책일 뿐이었다. 왜냐하면, 그들은 "만나"에 하늘의 떡이라는 거창한 명칭을 붙여서, 그것으로 그리스도의 가르침을 맞받아치고 있기 때문이다. 그러나 성령께서 "만나"에 "하늘 양식"(시 78:24)이라는 영광스러운 명칭을 붙이신 것은 하나님이 자기 백성을 돼지 떼 같이 먹이시고 더 귀한 것을 그들에게 주지 않으신 것이 결코 아니었다는 것을 보여주기 위한 것이었다. 그러므로 그들이 하나님께서 지금 그들에게 주시는 영혼의 영적 양식을 악하게 배척한다면, 그들은 변명할 말이 없게 된다.

32. 내가 진실로 진실로 너희에게 이르노니. 그리스도께서는 그들이 앞서 인용했던 시편의 말씀을 반박하시는 것처럼 보이지만, 사실은 단지 상대적인 의미로 말씀하시는 것일 뿐이다. "만나"는 "하늘 양식"으로 불리지만, 육신에 자양분을 공급해 주기 위한 것이다. 그러나 어떤 양식이 진정으로 제대로 "하늘 양식"으로 불리려면, 그것은 영혼에 영적인 자양분을 공급해 주는 양식이어야 한다. 그러므로 그리스도께서는 여기에서 세상과 하늘을 대비시키신다. 왜냐하면, 우리는 썩지 않는 양식을 오직 하늘나라에서만 찾아야 하기 때문이다. 다른 구절들에서 종종 그러는 것과는 달리, 이 구절에서는 진리를 그 그림자들과 대비시키고 있는 것이 아니다. 그리스도께서는 사람의 참된 생명이 무엇인지, 즉 사람을 짐승들과 다르게

해주고 피조물 중에서 가장 뛰어나게 해주는 것이 무엇인지를 가르치고 계시는 것이다.

그리스도께서는 "내 아버지께서 … 주시나니"라는 말씀을 덧붙이시는데, 이것은 "모세가 너희 조상들에게 준 만나는 하늘의 생명을 가져다주지 못했지만, 지금은 너희에게 진정으로 하늘로부터 온 떡이 주어지고 있다"고 말씀하신 것과 같다. 그리스도께서는 아버지 하나님이 이 "떡"을 주신다고 말씀하고 있지만, 이것은 이 떡이 자신의 손에 의해서 주어진다는 의미이다. 따라서 여기에서 대비되고 있는 것은 모세와 하나님이 아니라, 모세와 그리스도이다. 그리스도께서는 그들로 하여금 자기를 더 깊이 공경하도록 하시기 위하여, 이 선물을 주시는 이는 자기가 아니라 "내 아버지"라고 말씀하시는데, 이것은 "하나님께서 내 손을 빌려 너희의 영혼을 먹여 영생에 이르게 하시려고 나를 하나님의 사역자로 세우셨다는 것을 너희는 인정하라"고 말씀하신 것과 같다. 그런데 이것은 만나를 "신령한 음식"(고전 10:3)이라고 부른 바울의 가르침과 부합하지 않는 것처럼 보일 수 있다. 나의 대답은 그리스도께서는 여기에서 자기가 상대하고 계시는 자들의 수준에 맞춰서 말씀을 하고 계시는 것이고, 이런 일은 성경에서 드물지 않다는 것이다. 우리는 바울이 할례에 대하여 얼마나 다양하게 말하고 있는지를 안다. 바울은 규례에 대하여 글을 쓸 때에는 할례를 "믿음으로 된 의를 인친 것"(롬 4:11)이라고 하지만, 거짓 사도들과 논쟁을 해야 하는 상황에서는 할례를 저주받은 것을 인친 것이라고 하는데, 이것은 자기가 상대하는 자들이 누구냐에 따라서 여러 가지로 말하고 있는 것이다.

이제 무리들이 그리스도에 대하여 제기한 반론을 살펴보기로 하자. 그들은 그리스도가 자기 백성에게 육신의 양식을 공급하지 않는다면, 자기 자신이 메시야임을 증명하지 못한 것이라고 주장하였다. 그런 까닭에, 그리스도께서는 만나가 무엇을 예표(豫表)하고 있었던 것이냐고 먼저 그들에게 묻지 않으시고, 단지 모세가 그들로 하여금 먹게 한 떡은 "참 떡"이 아니었다고만 말씀하신다.

33. 하나님의 떡은. 그리스도께서는 다음과 같이 정의(定義)에서 출발하여 부정(否定)의 과정을 거쳐서 정의하고자 하는 것의 실체를 밝혀나가는 추론 방법을 사용하신다: "하늘의 떡은 하늘에서 내려 세상에 생명을 주는 떡이다. 만나에는 그런 것이 없었다. 그러므로 만나는 하늘의 떡이 아니었다." 아울러, 그리스도께서는 자기가 전에 말씀하셨던 것, 즉 자기는 모세가 먹인 것보다도 훨씬 더 좋은 것으로 사람들을 먹이기 위하여 아버지 하나님의 보내심을 받아서 왔다는 것을 확증하신다.

만나가 눈에 보이는 하늘, 곧 궁창에서 내려온 것은 분명하지만, 우리에게 흘러오는 생명의 근원지인 영원한 하나님의 나라에서 온 것은 아니었다. 그리스도께서 지금 상대하고 계시는 유대인들은 자기 조상들이 광야에서 배불리 먹었다는 것 이상의 것을 바라지 않았다.

그리스도께서는 앞서 하늘의 떡이라고 부르셨던 것을 여기에서는 "하나님의 떡"이라고 부르시는데, 이것은 현세의 삶 속에서 우리의 목숨을 지탱해주는 떡이 하나님 이외의 다른 곳에서 오기 때문이 아니라, 영혼들에 생명을 공급해서 저 복된 영생에 이르게 하는 떡만이 "하나님의 떡"이라고 할 수 있기 때문이다. 이 구절은 그리스도로 말미암아 살아나게 된 경우를 제외하고는 온 세상이 하나님에 대하여 죽어 있다는 것을 가르친다. 왜냐하면, 생명은 그리스도 안에서가 아니면 그 어디에서도 발견될 수 없기 때문이다.

"하늘에서 내려"라는 어구 속에서 우리가 주목해야 할 것이 두 가지가 있다. 하나는 그리스도께서는 하나님으로부터 오셔서 우리에게 생명을 공급해 주시는 분이시기 때문에, 우리는 그리스도 안에서 하나님의 생명을 갖고 있다는 것이고, 다른 하나는 하늘의 생명은 우리 가까이에 있기 때문에, 우리가 그 생명을 얻기 위해 구름 위로 날아올라가거나 바다를 건너서 그 너머로 갈 필요가 없다는 것이다(신 30:12-13; 롬 10:6-8). 왜냐하면, 그 누구도 그리스도께로 올라갈 수 없어서, 그리스도께서 친히 우리에게 내려오신 것이기 때문이다.

[34]그들이 이르되 주여 이 떡을 항상 우리에게 주소서 [35]예수께서 이르시되 나는 생명의 떡이니 내게 오는 자는 결코 주리지 아니할 터이요 나를 믿는 자는 영원히 목마르지 아니하리라 [36]그러나 내가 너희에게 이르기를 너희는 나를 보고도 믿지 아니하는도다 하였느니라 [37]아버지께서 내게 주시는 자는 다 내게로 올 것이요 내게 오는 자는 내가 결코 내쫓지 아니하리라 [38]내가 하늘에서 내려온 것은 내 뜻을 행하려 함이 아니요 [39]나를 보내신 이의 뜻을 행하려 함이니라 나를 보내신 이의 뜻은 내게 주신 자 중에 내가 하나도 잃어버리지 아니하고 마지막 날에 다시 살리는 이것이니라 [40]내 아버지의 뜻은 아들을 보고 믿는 자마다 영생을 얻는 이것이니 마지막 날에 내가 이를 다시 살리리라 하시니라(6:34-40).

34. 이 떡을 항상 우리에게 주소서. 그들은 그리스도께서 "생명의 떡"을 주시겠

다고 장담하시는 것을 듣고서 허풍을 치고 있는 것이라고 여기고 반어법(反語法)을 사용해서 조롱하듯이 말하고 있는 것임에 틀림없다. 이와 같이, 몹쓸 자들은 단지 하나님의 약속들을 배척하는 죄로 만족하지 않고, 그들 자신의 불신앙의 죄에 대한 책임을 그리스도에게 떠넘기기까지 한다.

35. 나는 생명의 떡이니. 그리스도께서는 먼저 그들이 조롱하듯이 구한 그 떡이 그들의 눈앞에 있다는 것을 보여주시고, 그런 후에 그들을 책망하신다. 그리스도께서는 그들이 배은망덕(背恩忘德)의 죄를 범하고 있다는 것을 보여주시기 위하여 가르치시는 것으로부터 시작하신다. 이 가르침은 두 부분으로 되어 있어서, 우리가 어디에서 생명을 찾아야 하고, 어떻게 해야 생명을 소유할 수 있게 되는지를 보여준다. 우리는 그리스도께서 "만나"와 "일용할 양식"이라는 비유들을 사용하신 것은 그런 말들이 앞에서 거론되었기 때문이라는 것을 안다. 그렇지만 다른 한편으로는, 무지한 자들을 가르치는 데에는 그러한 비유들을 사용하여 말씀하시는 것이 직설적으로 말씀하시는 것보다 더 적합하였다는 것도 사실이다. 우리는 "떡"이라는 말을 사용하지 않은 채로 단지 하나님께서 비밀한 능력을 베푸셔서 우리의 몸에 자양분을 공급해 주신다고 말할 때보다도 우리가 우리의 몸에 자양분을 공급하기 위하여 "떡"을 먹는다고 말할 때에 우리 자신의 연약함만이 아니라 하나님의 은혜의 능력도 더 분명하게 알게 된다. 이렇게 몸에서 영혼으로 옮겨가는 유비(類比)가 사용될 때, 우리는 그리스도의 은혜를 더 분명하게 인식할 수 있다. 왜냐하면, 그리스도가 우리의 영혼이 먹어야 하는 "떡"이라는 말씀이 그리스도께서 자기가 우리의 생명이라고 말씀하신 것보다 우리의 마음속에 더 깊이 들어와 박히기 때문이다.

하지만 우리가 유의해야 할 것은 "떡"이라는 단어는 우리가 경험하는 그리스도의 살리시는 능력(vis Christi vivifica)을 온전히 표현하지 못한다는 것이다. 왜냐하면, 떡은 단지 이미 존재해 있는 생명을 유지시켜 주고 자양분을 공급해 주는 것일 뿐이고, 생명을 창출해 내지는 못하기 때문이다. 따라서 그리스도의 은혜는 우리의 생명을 유지시켜 줄 뿐만 아니라 우리의 생명을 시작되게 하기도 하는 까닭에, "떡"이라는 비유는 부분적으로는 적절하지 못하다. 그러나 그리스도께서는 이 설교를 하시게 된 앞서의 상황에 맞춰서 거기에 적절한 표현들을 사용하셔서 말씀을 하시는 것이기 때문에, 이 비유가 불합리한 것은 결코 아니었다. 그리고 앞에서, 모세와 그리스도, 이 둘 중에서 누가 사람들을 더 잘 먹였는가라는 질문이 제기되었었는데, 이것도 그리스도께서 단지 "떡"이라는 비유만을 사용하신 이유였다. 왜냐하면, 그들이 그리스도께서 하신 말씀에 반론을 제기할 때에 오직 "만나"만을 언급하였던 까닭에, 그리스도께서는 "만나"와 대비되는 또 다른 종류의 "떡"을 말씀하시는 것만으로도 충분하다고 생각하셨기 때문이다. 따라서 그리스도께서 여기에서 가르치시고자 하신 것을 간단히 요약하자면, 우리의 영혼은 내재적인 힘 (intrinseca virtus)이라고 부를 수 있는 것에 의해서 사는 것이 아니라, 그리스도로부터 오는 생명(vita a Christo mutuari)으로 산다는 것이다.

내게 오는 자는. 그리스도께서는 이제 이 "떡"을 먹을 수 있는 방법을 구체적으로 제시하시는데, 그것은 그리스도를 믿음으로 영접하는 것이다. 왜냐하면, 믿지 않는 자들은 늘 공복(空腹)인 상태인데도 아무렇지도 않게 살아가는 까닭에, 그리스도가 "생명의 떡"이라는 것이 그들에게는 아무 소용이 없기 때문이다. 그러나 우리가 배가 고파서 우리를 배부르게 해주시라고 그리스도께로 나아가면, 그는 우리의 "떡"이 되어 주신다. 이 구절에서 "그리스도에게 오는" 것과 "그리스도를 믿는" 것은 동일한 의미이지만, 전자는 믿음의 결과를 나타낸다. 왜냐하면, 우리가 생명을 얻으려고 그리스도에게로 피하는 것은 배가 고파서 죽을 것 같아서이기 때문이다.

또한, 누가 이 구절로부터 그리스도를 먹는 것이 다름 아닌 믿음이라는 결론을 이끌어 낸다면, 그는 충분히 제대로 된 추론을 하고 있는 것이 아니다. 물론, 나는 우리가 그리스도를 "믿는" 것 외에 다른 방식으로는 그리스도를 먹을 수 없다는 것은 인정한다. 그러나 그리스도를 먹는 것은 믿음 자체라기보다는 믿음의 결과이자 열매이다. 왜냐하면, 믿음은 단지 멀리서 그리스도를 바라보는 것이 아니라, 그를 꼭 붙잡아서, 그가 우리의 것이 되어 우리 안에 거하시게 하기 때문이다. 믿음으로 말미암아 우리는 그의 몸에 연합되고, 그의 생명에 참여해서, 그와 "하나가 된다"(요 17:21). 그러므로 믿음이 우리를 어떤 식으로 그리스도와 연합시키는지를 알고 있다는 것이 전제되어 있다면, 오직 믿음으로 우리가 그리스도를 먹는다는 것은 옳다.

영원히 목마르지 아니하리라. "떡"의 용도는 목마름을 해소시켜 주는 것이 아니라 굶주림을 없애 주는 것이기 때문에, 그리스도께서 이 말씀을 여기에 덧붙이신 것은 왠지 어색해 보인다. 그러므로 그리스도께서는 여기에서 "떡"이라는 말을 원래의 떡이 의미하는 것 이상의 의미로 사용하고 계시는 것이라는 사실이 드러난다. 그리스도께서는 우리의 영혼을 생명 가운데 유지시켜 주는 하늘에 속한 자신의 능력을 "만나"와 대비시켜야 하는 상황에 계셨기 때문에 단지 "떡"이라는 단어만을 사용하셨다는 것에 대해서는 내가 이미 앞에서 말한 바 있다. 그런데 아울러, 그리스도께서는 유대 민족의 통상적인 관례에 따라서 자양분을 공급해 주는 모든 것을 "떡"이라는 단어를 통해서 표현하신다. 왜냐하면, 히브리인들은 제유법(提喩法)을 사용해서 "식사하다"라는 의미로 "떡을 먹다"라는 표현을 사용하기 때문이다. 따라서 우리가 하나님께 우리에게 "일용할 떡"(개역에는 "양식"으로 번역됨 ─ 역주)을 주시라고 기도할 때(마 6:11), "떡"이라는 단어 속에는 마실 것을 비롯해서 생명을 유지하는 데에 꼭 필요한 모든 것이 다 포함되어 있다. 그러므로 이 구절의 의미는 이런 것이다: 그리스도에게서 생명을 얻기 위하여 그에게로 나아가는 자는 누구든지 아무것도 부족함이 없을 것이고, 생명을 유지하는 데에 필요한 모든 것을 풍성히 얻게 될 것이다.

36. 그러나 내가 너희에게 이르기를. 그리스도께서는 이제 그들이 자신들에게 주어진 하나님의 선물을 악하게 거부하였다고 책망하신다. 하나님이 자기에게 주시는 것임을 알면서도 거부하는 자는 하나님을 이루 말할 수 없이 불경스럽게 멸시하는 자이다. 만약 그리스도께서 그들에게 자신의 능력을 알게 해주시지 않고, 자기가 하나님에게서 왔다는 것을 분명하게 보여주시지 않으셨다면, 몰라서 그런 것이라는 구실이라도 있어서 그들의 죄가 가벼워졌을 것이지만, 그들은 앞서 그들이 하나님에게서 온 메시야라고 인정하고 고백했던 분의 가르침을 거부하고 있는 것이기 때문에, 그것은 극히 뻔뻔스럽고 비열한 죄일 수밖에 없었다. 물론, 사람들이 자기가 하나님을 상대하고 있다는 사실을 잘 알면서 의도적으로 하나님을 배척하고 대적하는 일은 결코 없다는 것은 사실이고, 그래서 바울도 그들이 "만일 알았더라면 영광의 주를 십자가에 못 박지 아니하였으리라"(고전 2:8)고 말한다. 그러나 믿지 않는 자들은 의도적으로 빛에 대하여 눈을 감아 버리고, 사탄이 그들의 마음을 어둡게 하기 때문에, 비록 그들이 본 것이 그들의 시야에서 즉시 사라져 버리긴 하지만, 그리스도께서 "너희는 나를 보고도"라고 말씀하시는 것은 옳다. 그리스도께서 "그들이 나를 보았다"고 말씀하실 때, 우리는 그리스도께서 그들이 그의 겉모습을 보았다는 의미로 그렇게 말씀하신 것이 아니라, 그들이 의도적으로 눈을 감아 버린 것을 설명하시는 것으로 이해해야 한다. 왜냐하면, 만약 그들의 악의(惡意, malitia)가 그들을 가로막고 방해하지 않았다면, 그들은 그리스도께서 어떤 분

이신지를 알았을 것이기 때문이다.

37. 아버지께서 내게 주시는 자는 다 내게로 올 것이요. 그리스도께서는 그들의 불신앙이 자신의 가르침을 손상시키는 일은 결코 없을 것이고, 그들이 그토록 지독하게 완악한 이유는 그들이 버림받은 자들이어서 하나님의 양 무리에 속해 있지 않기 때문이라고 말씀하신다. 그러므로 그리스도께서 여기에서 택함받은 자들과 버림받은 자들을 구별하시는 의도는 자신의 가르침을 믿지 않는 자들이 많더라도, 그 가르침의 권위가 전혀 손상을 입지 않게 하시기 위한 것이다. 왜냐하면, 한편으로는 불경건한 자들은 하나님의 말씀을 존중하는 마음이 전혀 없어서 말씀을 끌어내리고 철저히 무시하며, 다른 한편으로는 많은 연약하고 무지한 자들은 대다수의 세상 사람들이 배척하는 것이 정말 하나님의 말씀일 수 있을까 하고 의심을 품기 때문이다. 이러한 걸림돌을 제거하기 위해서, 그리스도께서는 자기를 믿지 않는 자들은 자기 사람들이 아니기 때문에, 그런 자들이 하나님의 진리에 아무런 흥미도 느끼지 못하는 것은 이상한 일이 아니고, 다만 하나님의 모든 자녀들만이 그 진리를 받아들인다는 것을 분명하게 밝히신다. 먼저, 그리스도께서는 "아버지께서 내게 주시는 자는 다 내게로 올 것"이라고 말씀하시는데, 이것은 믿음은 사람의 뜻에 달려 있는 것이 아니기 때문에, 이 사람 저 사람 할 것 없이 누구나 스스로 믿을 수는 있지만, 자기 아들에게 넘겨줄 자들을 택하시는 이는 하나님이시라는 것이다. 왜냐하면, 우리는 아버지께서 주시는 자가 자기에게로 올 것이라고 하신 그리스도의 말씀 속에서 하나님이 모든 사람을 다 그리스도께 주시는 것은 아니라는 결론을 이끌어 낼 수 있기 때문이다. 또한, 이 말씀 속에서 우리는 하나님께서는 성령의 능력(efficacia)을 통해서 자신의 택한 자들 안에서 역사하심으로써 그들 중 아무도 떨어져나가지 않게 하신다는 결론도 이끌어 낼 수 있다. 왜냐하면, 그리스도께서 "주신다"는 단어를 사용하신 것은 "아버지께서는 택하신 자들을 중생시키시고서, 그들로 하여금 복음에 순종하게 하시기 위하여, 그들을 내게 주신다"고 말씀하신 것과 같기 때문이다.

내게 오는 자는 내가 결코 내쫓지 아니하리라. 그리스도께서는 경건한 자들을 위로하시기 위하여 이 말씀을 덧붙이신다. 즉, 이 말씀은 경건한 자들에게 믿음으로 그리스도께 나아가는 길이 그들에게 활짝 열려 있다는 것과 그들이 그의 신실하심과 보호하심에 그들 자신을 맡기는 순간 그가 그들을 따뜻하고 인자하게 맞아주실 것임을 확신시키기 위한 것이다. 이것으로부터 우리는 그리스도를 선하시고 신실하신 선생으로 느끼고 경험하지 못한 자는 그 누구도 그리스도의 제자가 되지 않을 것이기 때문에, 복음의 가르침은 모든 경건한 자들에게 반드시 유익을 가져다주는 참 좋은 것으로 경험될 것이 틀림없다는 결론을 얻게 된다.

38. 내가 하늘에서 내려온 것은. 이 구절은 앞에 나온 말씀, 즉 우리가 그리스도를 찾는 것이 결코 헛수고가 되지 않을 것이라는 말씀을 재확인해준다. 왜냐하면, 믿음은 하나님의 역사(役事)인 까닭에, 하나님은 우리가 자기 백성이라는 것과 친히 자기 아들을 우리의 구원을 지켜주는 감독자(praeses)로 세우셨다는 것을 우리의 믿음을 통해서 우리에게 보여주시기 때문이다. 하지만 아들이신 그리스도에게는 아버지 하나님께서 명령하신 것들을 이루는 것 외에는 다른 목적이 없으시다. 따라서 그리스도께서는 아버지 하나님이 자기에게 보내신 자들을 결코 "내쫓지" 않으실 것이다. 결국 이것으로부터 도출되는 결론은, 믿음은 결코 소용없게 되거나 무익하게 되지 않으리라는 것이다. 그리스도께서 자신의 뜻과 아버지의 뜻을 구별하신 것은 자신의 설교를 듣고 있는 자들을 위한 것이다. 왜냐하면, 사람의 마음은 무엇이든 불신하는 성향을 지니고 있는 까닭에, 우리는 의심을 불러일으킬 만한 어떤 다른 것을 생각해 내는 데에 익숙해져 있기 때문이다. 그리스도께서는 우리의 그러한 악한 상상들이 끼어들 빌미를 처음부터 아예 없애버리시기 위해서, 아버지 하나님께서 우리의 구원과 관련해서 작정하신 것을 확증하고 실제로 이루기 위하여 자기가 세상에 온 것이라고 분명하게 밝히신다.

39. 나를 보내신 이의 뜻은 … 이것이니라. 그리스도께서는 여기에서 믿는 자들로 하여금 자기 안에서 이루어진 구원을 얻게 하시는 것이 아버지 하나님의 뜻이라고 증언하신다. 이것으로부터 우리는 복음의 가르침에 의해서 유익을 얻지 못하는 자는 모두 버림받은 자라는 결론을 얻는다. 그러므로 복음이 많은 사람들을 멸망에 이르게 하는 것을 본다고 해도, 그 사람들은 그런 화(禍)를 스스로 원해서 자초하고 있는 것이기 때문에, 우리는 낙심할 이유가 없고, 다만 복음 속에는 택함받은 자들을 불러 모아서 구원에 이르게 하는 능력이 항상 있다는 것으로 만족하여야 한다.

내가 하나도 잃어버리지 아니하고. 이것은 "나는 아버지께서 내게 주신 자들을 한 사람도 빼앗기거나 멸망하도록 내버려 두지 않을 것"이라는 말씀이다. 이 말씀은 그리스도께서는 우리의 구원을 하루나 며칠 동안만 지켜 주시는 것이 아니라 끝까지 돌봐 주실 것이기 때문에 우리가 달려가야 할 길의 출발점에서부터 결승점에 이르기까지 우리를 이끌어 가시리라는 것을 의미한다. 그래서 그리스도께서는 종말의 부활을 언급하신다. 이러한 약속은 너무나 연약한 육신을 입고서 비참하게 고단한 삶을 살아가고 있는 우리에게 절실하게 필요하다. 우리는 너나 할 것 없이 우리의 이 비참한 삶에 대해 잘 알고 있다. 만약 믿는 자들이 그리스도의 떠받쳐 주시는 손길을 의지해서 부활의 날을 향하여 담대하게 나아가지 않는다면, 사실 온 세상의 구원은 한순간에 무너져 버리고 말 것이다. 그러므로 우리는 그리스도 께서 자신의 손을 우리에게 뻗으셔서 우리를 떠받치고 계시기 때문에 우리를 중도 에 버리시는 일은 결코 없으리라는 것, 그리고 우리가 그의 이끄심을 의지해서 담 대하게 우리의 눈을 들어 저 마지막 날을 바라볼 수 있다는 것을 우리 마음속에 깊 이 새겨두는 것이 마땅하다.

　그리스도께서 부활을 언급하신 데에는 또 다른 이유가 있는데, 그것은 우리의 "생명이 감추어져" 있는 동안에는 우리는 "죽은" 자들과 같기 때문이다(골 3:3). 왜 냐하면, 믿는 자들도 불경건한 자들과 별반 다를 것 없이 온갖 환난들에 시달리며 "도살 당할 양 같이"(롬 8:36) 늘 한 발을 무덤 속에 딛고서 끊임없이 죽음의 문턱 을 왔다갔다 하며 살아가기 때문이다. 그러므로 현세의 삶 속에서 우리가 사는 형 편이 어떠하든지 그런 것을 무시한 채로, 우리의 마음과 지각(知覺)을 마지막 날에 집중해서, 우리의 믿음의 열매가 마침내 나타날 때까지 세상의 무수한 장애물들을 통과하는 것만이 우리의 믿음과 인내를 지킬 수 있는 유일한 길이다.

　40. 내 아버지의 뜻은 … 이것이니. 그리스도께서는 앞에서 아버지 하나님이 우 리의 구원을 확보하고 지켜내는 일을 자기에게 맡기셨다고 말씀하신 바 있는데, 이제 여기에서는 그 일이 어떤 식으로 이루어질 것인지를 구체적으로 말씀하신다. 즉, 구원을 얻는 방법은 그리스도의 복음에 순종하는 데에 있다는 것이다. 사실, 그 리스도께서는 얼마 전에도 이것에 대해 잠깐 언급하신 적이 있으셨지만, 그때에는 조금 모호하게 말씀하셨던 것을 여기에서는 더 분명하게 표현하신다. 택하신 자들 이 믿음으로 말미암아 구원받게 하시는 것이 하나님의 뜻이고, 하나님께서는 그런 식으로 자신의 영원한 작정(decretum)을 확증하시고 집행하시는 것이라면, 그리 스도로 만족하지 못해서 호기심으로 영원한 예정(praedestinatio)에 대하여 어떻게 든 자신의 힘이 닿는 데까지 알아내고자 하는 자는 하나님의 계획이나 뜻을 거슬 러서 구원을 얻고자 하는 것이다. 하나님의 택하심(electio)은 그 자체가 감춰져 있 는 비밀한 것이고, 하나님께서는 부르심(vocatio)을 통해서, 즉 우리를 부르심에 합

당한 자로 여기셔서 부르심으로써 그 택하심을 나타내신다.

그러므로 하나님께서 그들에게 분명하게 보여주신 구원의 방법을 지키지 않은 채로, 예정(豫定)이라는 미로(迷路) 속에서 자기 자신이나 다른 사람들의 구원을 찾는 자들은 제정신이라고 할 수 없는 자들이다. 아니, 그들은 한술 더 떠서 그러한 어리석은 사변(思辨)을 통해서 예정론의 취지와 효과조차 뒤집어 엎어버리고자 한다. 왜냐하면, 하나님께서 우리로 하여금 "믿게" 하시려는 목적으로 우리를 "택하신" 것인 까닭에, 거기에서 믿음을 잘라내 버리면, 택하심은 절름발이가 되고 말 것이기 때문이다. 하나님의 계획 속에서 처음부터 끝까지 정해져 있는 일련의 순서를 깨뜨리는 것은 불경(不敬)의 죄를 짓는 것이다. 게다가, 하나님의 택하심은 항상 그의 부르심을 수반하는 까닭에 이 둘은 서로 뗄 수 없는 끈으로 연결되어 있기 때문에, 하나님께서 우리를 실효적(實效的)으로 부르셔서 그리스도를 믿게 하셨다면, 그것은 하나님께서 우리의 구원에 관한 자신의 작정을 확증해 주시는 인(印)을 우리에게 치신 것과 같은 효력을 지닌다. 왜냐하면, 성령의 증언은 우리의 양자됨을 인(印)친 것에 다름 아니기 때문이다(롬 8:15). 따라서 각 사람이 지닌 믿음은 하나님의 영원한 예정을 보여주는 풍부한 증언이기 때문에, 예정론을 이것 이상으로 지나치게 캐고자 하는 것은 신성모독이 될 것이다. 왜냐하면, 성령의 순수한 증언을 받아들이고자 하지 않는 자는 성령을 심하게 모독하는 것이 되기 때문이다.

그리스도께서는 "보고 믿는"이라는 어구를 앞에서 그가 사용하셨던 표현과 대조적인 의미로 사용하신다. 왜냐하면, 그는 36절에서 유대인들이 "보고도 믿지" 않는다고 질책하셨기 때문이다. 그러나 이제 그는 하나님의 아들들에 대하여 말씀하시면서, 그들의 믿음의 순종을 그들이 그리스도 안에서 나타난 하나님의 능력을 깨달은 것과 연결시키신다. 또한, "보고 믿는"이라는 어구는 믿음이 그리스도를 아는 지식에서 나온다는 것을 보여준다. 이것은 믿음이 하나님의 말씀을 넘어서서 어떤 것을 알고자 한다는 것이 아니라, 우리가 그리스도를 믿으려면, 우리는 먼저 그가 어떤 분이신지와 우리에게 무엇을 가져다주시는지를 알아야 한다는 것이다.

[41]자기가 하늘에서 내려온 떡이라 하시므로 유대인들이 예수에 대하여 수군거려 [42]이르되 이는 요셉의 아들 예수가 아니냐 그 부모를 우리가 아는데 자기가 지금 어찌하여 하늘에서 내려왔다 하느냐 [43]예수께서 대답하여 이르시되 너희는 서로 수군

거리지 말라 ⁴⁴나를 보내신 아버지께서 이끌지 아니하시면 아무도 내게 올 수 없으니 오는 그를 내가 마지막 날에 다시 살리리라 ⁴⁵선지자의 글에 그들이 다 하나님의 가르치심을 받으리라 기록되었은즉 아버지께 듣고 배운 사람마다 내게로 오느니라(6:41-45).

41. 유대인들이 예수에 대하여 수군거려. 복음서 기자는 유대인들이 그리스도에게서 어떤 신적이거나 하늘에 속한 것을 전혀 알아차리지 못하고서, 단지 그가 육신적으로 비천한 신분이라는 것이 그들의 마음에 걸려서 "수군거리게" 된 것이라고 설명하고, 그들에게 두 가지 걸림돌이 있었음을 보여준다. 그 중 한 가지 걸림돌은 그들의 잘못된 견해가 토대가 되어서 형성된 것으로서, "이는 요셉의 아들 예수가 아니냐 그 부모를 우리가 아는데"라는 그들의 말 속에서 그대로 드러난다. 또 다른 걸림돌은 그들의 잘못된 판단으로부터 생겨난 것이었다. 즉, 그리스도께서 육신을 입고 사람들에게 내려오신 까닭에, 그들은 그리스도가 하나님의 아들이라고 생각하지 않았다. 그러나 그리스도께서 우리를 위하여 "자신을 비워 종의 형체를 취하신"(빌 2 :7) 것인데도, 우리가 "영광의 주"를 멸시한다면, 그것은 지독히 악한 것이다. 왜냐하면, 그리스도의 성육신은 우리를 향한 그의 한없으신 사랑과 놀라운 은혜를 보여주는 탁월한 예(例)였기 때문이다. 게다가, 그리스도의 신적 위엄은 육신의 비천한 겉모습 아래 감춰져 있기는 하였지만 그 광채는 다양한 방식으로 표출되었다. 그러나 어두울 대로 어두워져 아둔해져 버린 사람들에게는 그리스도의 분명한 영광을 볼 수 있는 눈이 없었다.

우리도 이 두 가지 방식으로 날마다 죄를 짓는다. 첫째, 우리가 그리스도를 오직 육신적인 눈으로만 바라보는 것은 우리에게 큰 장애물이다. 그런 까닭에, 우리는 그리스도에게서 그 놀라운 광채를 보지 못한다. 왜냐하면, 우리는 그리스도 안에 있는 모든 것과 그의 가르침을 악독으로 가득한 우리의 지각(知覺)으로 왜곡시키기 때문이다. 우리는 이렇게 제대로 된 해석을 할 수 없는 자들이다. 둘째, 우리는 그 정도 선에서 만족하고 그치는 것이 아니라, 복음을 멸시하도록 부추기는 거짓된 것들을 붙든다. 아니, 거기에서 한 걸음 더 나아가서, 그들 자신을 스스로 괴물로 만들어놓고서는, 도리어 그들이 그렇게 된 책임을 복음에 전가시켜서, 그것을 복음을 미워하는 빌미로 삼는 자들도 많다. 이런 식으로 세상은 하나님의 은혜를 의도적으로 배척한다. 여기에서 복음서 기자가 "유대인들"이라고 구체적으로 명

시하고 있는 것은, 그들 자신에게 신앙이 있다고 자부하고 교회라는 명칭을 자랑
스러워하던 자들에게서 "수군거림"이 나왔다는 것을 우리에게 알게 하여서, 우리
로 하여금 그리스도께서 우리에게 나아오실 때에 그를 경외함으로 영접하고, 그가
우리에게 더 가까이 다가오실수록, 우리가 더 기쁜 마음으로 그에게 나아감으로
써, 그가 우리를 들어올리셔서 하늘에 속한 그의 영광에 참여하게 하실 수 있도록
하기 위한 것이다.

43. 너희는 서로 수군거리지 말라. 그리스도께서는 그들이 "수군거리는" 것을
꾸짖으시는데, 그것은 이렇게 말씀하신 것과 같다: "나의 가르침 속에는 너희가 못
마땅해하거나 화낼 만한 것이 없는데도, 너희가 버림받은 자들이기 때문에, 독기
가 가득한 너희의 영혼이 나의 가르침을 듣고서 화를 내는 것이고, 너희가 나의 가
르침을 좋아하지 않는 이유는 너희의 취향이 뒤틀려서 나의 가르침이 너희에게 무
미건조하고 재미없게 느껴지기 때문이다."

44. 나를 보내신 아버지께서 이끌지 아니하시면 아무도 내게 올 수 없으니. 그리
스도께서는 단지 그들의 악함을 꾸짖으시기만 하시는 것이 아니라, 자기가 베푸는
가르침을 받아들이는 것이 하나님의 특별한 선물임을 그들에게 상기시켜 주시기
도 하시는데, 이렇게 하시는 것은 그들의 불신앙으로 인해서 연약한 자들이 혼란
스러워 하지 않도록 하시기 위한 것이다. 왜냐하면, 많은 이들이 사람들의 평가나
견해에 의지해서 하나님의 일들을 판단하는 어리석음에 빠져있는 까닭에, 세상이
복음을 받아들이지 않는 것을 보게 되면, 금세 복음에 대하여 의심을 품기 때문이
고, 한편 믿지 않는 자들은 완악함 가운데 있으면서도 마치 자기들이 신앙과 인품
에 있어서 꽤 괜찮은 자들인 양 생각하는 망상 속에 빠져서 자기들을 기쁘게 해주
지 않는다는 이유로 복음을 서슴없이 단죄하기 때문이다.

그러므로 이런 상황 속에서 그리스도께서는 사람들의 그런 생각들이 틀렸음을
보여주시려고, 복음의 가르침이 모든 사람에게 차별 없이 선포되기는 하지만, 모
든 사람이 다 그 가르침을 깨달을 수 있는 것은 아니고, 거기에는 새 마음(mens)과
새 지각(sensus)이 필수적인 까닭에, 믿음은 사람들의 뜻에 좌지우지되는 것이 아
니라 하나님이 주시는 것임을 분명하게 선언하신다.

이 구절에서 "그리스도께로 온다"는 것이 "믿는다"는 것을 나타내는 비유적인
표현으로 사용되고 있기 때문에, 복음서 기자는 대구(對句)를 이루는 구절에서도
이 비유를 계속해서 유지해나가기 위해서, 하나님이 어떤 사람들의 지각(知覺)을

열어 거기에 빛을 비춰 주시고 그들의 마음을 부드럽게 하셔서 그리스도에게 순종
하게 하시는 것을 "아버지께서 이끄신다"는 비유적인 표현을 사용하여 나타낸다.
이 말씀의 요지는 하나님이 자신의 성령으로 어떤 사람에게 먼저 다가가지 않으시
면, 그 누구도 스스로 그리스도에게로 나아올 수 없기 때문에, 많은 사람들이 복음
을 받아들이기를 거부한다고 하여도, 그것은 놀랍거나 이상히 여길 일이 아니라는
것이다. 이것으로부터 우리는 하나님께서 모든 사람을 "이끄시는" 것이 아니고,
자신이 택하신 자들에게만 그러한 은혜를 주신다는 결론을 얻게 된다. "이끄시는"
방식과 관련해서, 하나님은 외적인 힘으로 사람들을 강제적으로 이끄는 폭력적인
방식을 사용하시는 것이 아니라, 성령의 능력의 역사(役事)를 통해서 이전에는 원
하지도 않고 하기도 싫어했던 자들을 자원하여 하고자 하는 자들로 바꾸어 놓으시
는 방식을 사용하신다. 그러므로 마치 사람이 자신의 힘으로 하나님께 순종할 수
있다는 듯이, 오직 스스로 원하는 자들만이 하나님의 "이끄심"을 받을 수 있다고
말하는 것은 거짓되고 불경스러운 일이다. 왜냐하면, 어떤 사람 속에 하나님을 따
르기를 원하는 마음이 생겼다면, 그것은 하나님이 그 사람에게 순종하고자 하는
마음을 이미 주신 까닭에, 그 사람이 자원하는 마음을 갖게 된 것이기 때문이다.

45. 선지자의 글에 … 기록되었은즉. 그리스도께서는 앞에서 자기가 하신 말씀,
즉 "아버지께서 이끌지 아니하시면 아무도 내게 올 수 없다"는 말씀을 이사야의
증언을 통해서 확증하신다. 그리스도께서 "선지자들"이라고 복수형을 사용하신
것은 모든 선지자들의 예언이 수집되어서 하나의 총서(叢書)로 편집되었던 까닭
에, 모든 선지자들의 글을 모아놓은 이 총서를 하나의 책으로 간주하는 것이 합당
하였기 때문이었다. 여기에 인용된 구절은 이사야 54:13에 나오는데, 거기에서 이
사야는 교회의 회복에 대하여 예언하는 가운데, 교회가 하나님으로부터 직접 가르
침을 받은 자녀들을 갖게 될 것이라고 약속한다. 이것으로부터 우리는 하나님께서
친히 선생이 되셔서 믿는 자들을 자기에게로 이끄시는 것 외에 교회가 회복될 수
있는 다른 길이 없다는 결론을 쉽게 이끌어 낼 수 있다. 이사야 선지자가 말한 하
나님의 가르치심은 단지 외적인 음성에 의해서만이 아니라 성령의 비밀한 역사(役
事)를 통해서도 이루어진다. 요컨대, 여기에서 말하는 하나님의 가르치심은 성령
의 내적 조명(interior cordis illuminatio)이다.

"그들이 다 하나님의 가르치심을 받으리라"는 말씀 속에서 "다"는 오직 택함받
은 자들만을 가리키는 것으로 제한적으로 해석되는 것이 마땅하다. 왜냐하면, 오

직 그들만이 교회의 참된 자녀들이기 때문이다. 그리스도께서 이 예언을 현재의 주제에 어떤 식으로 적용하시는지를 아는 것은 어렵지 않다. 이사야는 교회의 자녀들이 하나님으로부터 직접 가르침을 받게 될 때에만 비로소 교회가 진정으로 세워질 수 있다는 것을 보여준다. 그러므로 그리스도께서 하나님의 사람들의 눈을 열어 주시기 전에는 사람들에게는 생명의 빛을 볼 눈이 없다는 결론을 내리신 것은 옳다. 그러나 이와 동시에, 그리스도께서는 "다"라는 보편성을 나타내는 단어에 주목하시고 거기에 근거해서, 하나님에게서 가르침을 받은 자는 누구나 "다" 반드시 "이끄심"을 받아서 자기에게로 "오게" 된다고 논증하시는데, 곧바로 이어지는 말씀도 이것과 연관되어 있다.

아버지께 듣고 배운 사람마다. 이 말씀의 요지는 하나님께서는 교회의 자녀들과 생명의 상속자들을 반드시 모두 "다" 하나님께 순종하는 제자들로 만드실 것이기 때문에, 믿지 않는 모든 자들은 버림받은 자들로서 멸망에 처해지게 되리라는 것이다. 이것으로부터 우리는 하나님께서 택하신 자들 중에서 그리스도를 믿는 믿음 밖에 있게 될 자는 아무도 없을 것이라는 결론을 얻게 된다. 그리스도께서는 앞에서 사람들이 하나님의 "이끄심"을 받기 전까지는 제대로 "믿을" 수 없다고 선언하셨는데, 이제 여기에서 다시 한 번 사람들을 자기에게로 "이끄는" 성령의 은혜는 실제적인 효력을 지니고 있는 것이기 때문에, 그렇게 이끌림을 받은 자들은 반드시 그리스도를 믿게 될 수밖에 없다고 선언하신다.

이 두 구절은 교황주의자들이 꿈꾸는 자유의지론(liberum arbitrium)을 철저히 무력화시켜서 무너뜨리는 말씀들이다. 왜냐하면, 오직 아버지 하나님께서 우리를 "이끄실" 때에만 우리가 그리스도에게로 나아가는 것이 시작될 수 있다면, 믿음의 시작하는 것이나 믿음을 어떤 식으로든 준비하는 것이 우리에게 있지 않은 것이 분명하고, 다른 한편으로, 아버지 하나님으로부터 "가르치심"을 받은 자는 누구나 "다" 그리스도에게로 "오는" 것이라면, 하나님께서는 그들에게 믿을 기회만이 아니라 믿음 자체도 주시는 것이 분명하기 때문이다. 그러므로 우리가 원해서 성령의 인도하심에 순종할 때, 그것 자체가 이미 은혜의 일부분으로서 은혜의 인치신 역사(役事)이다. 왜냐하면, 만약 하나님께서 단지 자신의 팔을 우리에게 뻗으시기만 하시고 우리의 의지(意志)를 어정쩡한 상태로 내버려 두신다면, 그것은 우리를 "이끄시는" 것이라고 할 수 없을 것이기 때문이다. 그러나 하나님께서 자신의 성령의 능력으로 우리에게 역사하셔서 우리에게서 제대로 된 믿음을 이끌어 내신다면, 그것은 하나님께서 우리를 "이끄시는" 것이라고 말하는 것이 합당하다. 어떤 사람이 자신의 마음속에서 역사하시는 성령으로 말미암아 자신 속에서 말씀하시는 하나님의 음성에 기꺼이 자원하여 순종할 때, 우리는 그 사람이 하나님께로부터 "들었다"고 말할 수 있다.

내게로 오느니라. 그리스도께서는 여기에서 자기와 아버지는 뗄래야 뗄 수 없게 서로 결합되어 있다는 것을 보여주신다. 즉, 이 말씀의 의미는 하나님에게서 가르침을 받은 자는 그 누구도 그리스도께 순종하지 않을 수 없고, 그리스도를 배척하는 자는 하나님에게서 가르침받기를 거부하는 자들이라는 것이다. 왜냐하면, 아버지 하나님께서 친히 그리스도를 보내놓으시고서 그 후에 그리스도를 부인하시는 일은 일어날 수 없는 까닭에, 오직 모든 택함받은 자들이 하나님의 학교에서 배우게 되는 지혜만이 사람들을 그리스도께로 "오게" 할 수 있기 때문이다.

[46]이는 아버지를 본 자가 있다는 것이 아니니라 오직 하나님에게서 온 자만 아버지를 보았느니라 [47]진실로 진실로 너희에게 이르노니 믿는 자는 영생을 가졌나니 [48]내가 곧 생명의 떡이니라 [49]너희 조상들은 광야에서 만나를 먹었어도 죽었거니와 [50]이는 하늘에서 내려오는 떡이니 사람으로 하여금 먹고 죽지 아니하게 하는 것이니라 [51]나는 하늘에서 내려온 살아 있는 떡이니 사람이 이 떡을 먹으면 영생하리라 내가 줄 떡은 곧 세상의 생명을 위한 내 살이니라 하시니라(6:46-51).

46. 이는 아버지를 본 자가 있다는 것이 아니니라. 그리스도께서는 지금까지는 자기 아버지의 은혜를 찬양하였지만, 이제 여기에서는 믿는 자들의 관심과 주의를 다시 오직 자기에게로 돌려놓고자 하신다. 왜냐하면, 이 둘은 서로 결합되는 것이 마땅하기 때문이다. 사람들은 태어날 때부터 본성적으로 눈이 멀어 있는 까닭에, 아버지 하나님께서 그의 성령으로 빛을 비춰주지 않으시면, 그리스도를 아는 지식을 가질 수 없다. 하지만 하나님의 위엄은 너무나 커서 사람들의 지각으로는 하나님께 다가갈 수 없는 까닭에, 그리스도께서 앞장서지 않으시면, 사람들이 하나님을 찾아보아야, 그것은 헛수고만 될 뿐이다. 아니, 사람들이 그리스도 없이 스스로 사고하여 얻은 하나님에 관한 모든 지식은 멸망의 깊은 구덩이(exitialis abyssus)가 될 뿐이다. 그리스도께서 오직 자기만이 "아버지"를 알고 있다고 하신 말씀의 의미는 감춰져 계신 하나님을 사람들에게 나타내 보이는 일은 오직 자기에게만 주어

진 고유한 직무(officium)라는 것이다.

47. 믿는 자는 영생을 가졌나니. 이것은 앞에 나온 말씀에 대한 설명이다. 왜냐하면, 이 말씀은 우리가 하나님을 믿을 때에 하나님을 알게 된다는 것을 우리에게 가르치고 있기 때문이다. 즉, 우리가 믿을 때, 비로소 우리는 전에는 볼 수 없었던 하나님을 마치 거울을 보거나 생생하고 분명한 현상을 보듯이 보기 시작하게 된다는 것이다. 그러므로 우리를 그리스도에게로 인도하지 못하는 것이라면, 하나님에 관하여 우리에게 선포되는 모든 것들은 저주받은 것들일 뿐이다. 나는 앞에서 이미 그리스도를 믿는다는 것이 무엇인지를 설명한 바 있고, 우리는 여기에서 자신들의 입맛에 맞는 그리스도를 믿는 교황주의자들처럼 그리스도에게서 그에게 합당한 능력을 빼앗아 버리는 혼란스럽고 헛된 믿음을 생각해서는 안 된다. 왜냐하면, 우리는 우리의 생명의 모든 부분이 그리스도 안에 있다는 것을 아는 까닭에, 믿음으로 생명을 얻게 되는 것이기 때문이다.

이 구절로부터 어떤 이들은 그리스도를 믿는 것은 그리스도나 그의 살을 먹는 것과 동일하다는 결론을 도출해 내지만, 그런 추론은 근거가 약하다. 왜냐하면, 이둘은 순서상으로 선후(先後)의 관계에 있어서 서로 별개의 것이기 때문이다. 이것은 그리스도에게 오는 것과 그리스도를 마시는 것 중에서 그리스도에게 오는 것이 순서상으로 먼저인 것과 같다. 나는 우리가 오직 믿음으로만 그리스도를 먹는다는 것을 인정한다. 그러나 그렇게 되는 이유는 그리스도를 우리 안에 거하시게 하여서, 우리가 그에게 참여하여 하나가 되기 위하여, 우리가 믿음으로 그리스도를 영접하기 때문이다. 그러므로 그리스도를 먹는 것은 믿음의 효과 또는 역사(役事)이다.

48-50. 내가 곧 생명의 떡이니라. 그리스도께서는 앞에서 자기가 생명을 주는 떡이라고 하시며 우리의 영혼들이 그 떡으로 인해서 자양분을 공급받는 것이라고 말씀하셨던 것과 마찬가지로, 이제 여기에서는 그것을 좀 더 자세하게 설명하시기 위해서, 이 "떡"과 옛적의 "만나," 그리고 이 두 가지 양식을 먹은 자들의 각각의 운명도 대비시키는 말씀을 다시 한 번 반복하신다. 그리스도께서는 "너희 조상들은 광야에서 만나를 먹었어도 죽었거니와"라고 말씀하심으로써, "만나"는 그들의 조상들을 죽음에서 건져주지 못한 썩을 양식이었다는 것을 보여주신다. 그러므로 우리는 영혼들로 하여금 먹고 영적인 생명에 이르게 해주는 양식은 오직 그리스도에게서만 발견될 수 있다는 결론을 얻게 된다. 또한, 내가 다른 곳에서 말하였듯이,

우리가 명심해야 할 것은 이 구절은 그리스도를 나타내는 비밀한 표징(figura)으로서의 "만나"를 얘기하고 있는 것이 아니라는 것이다. 왜냐하면, 그런 측면과 관련해서는 바울이 "만나"를 "신령한 음식"(고전 10:3)이라고 부르기 때문이다. 그러나우리가 이미 앞에서 말한 바와 같이, 그리스도께서는 여기에서, 오직 자신의 배를채우는 데에만 관심이 있어서 "만나" 속에서 그 어떤 깊은 의미도 찾으려고 하지않았던 무리들의 수준에 맞춰서 설교를 하고 계시는 것이다. 그러므로 그리스도께서 그들의 조상들, 즉 그들과 마찬가지로 오직 자신의 배를 채우는 데에만 관심이있었던 그 조상들이 "죽었다"고 말씀하신 것은 합당하다. 그렇지만 그리스도께서는 "사람으로 하여금 먹게" 하기 위하여 자기가 "온" 것이라고 말씀하심으로써, 그들에게 자기를 먹으라고 초청하신다. 왜냐하면, 이런 식으로 말씀하시는 것은 사람들이 오직 자기를 먹고자 하기만 한다면 그 모든 사람들에게 자기를 내주어 먹게 해주실 준비가 되어 계시다고 말씀하시는 것과 같기 때문이다. 우리가 요한복음 5장을 다룰 때에 이미 말했듯이, 한 번 그리스도를 먹은 자들은 아무도 죽지 않을 것이라는 말씀은 그리스도께서 우리에게 주시는 생명은 결코 소멸되지 않으리라는 것을 의미하는 것으로 이해되어야 한다.

51. 나는 … 살아 있는 떡이니. 그리스도께서는 동일한 내용을 자주 반복해서 말씀하시는데, 그것은 어떤 것을 알게 하는 데에는 반복이 필수적이기 때문이다. 사람들은 누구나 다 그리스도께서 말씀하시는 것들을 믿게 되는 것이 얼마나 어려운지, 그리고 그 말씀들이 얼마나 쉽고 빠르게 잊혀져버리는지를 스스로 잘 알고 있다. 우리는 모두 생명을 원하지만, 어리석게도 엉뚱한 곳들을 이리저리 헤매고 다니면서 생명을 찾고, 심지어 생명이 우리 앞에 놓여 있을 때에도, 대부분의 사람들은 기겁을 하며 생명을 차 버린다. 왜냐하면, 사람들은 그리스도 밖에서 자기 생각으로 생명이라고 여겨지는 것을 고안해 내는 것이 보통이고, 오직 그리스도만으로만족하는 자는 극소수이기 때문이다. 그러므로 그리스도께서 오직 자기만이 생명을 줄 수 있다고 이렇게 자주 반복해서 말씀하시는 것은 결코 쓸데없는 것이 아니다. 그리스도께서 오직 자기만이 "떡"이라고 하시는 것은, 우리에게 생명을 가져다줄 것처럼 보이는 모든 헛된 소망들을 우리 마음에서 떼어내시기 위한 것이다. 그리스도께서는 앞에서는 자신을 "생명의 떡"이라고 하셨고, 이제 여기에서는 자신을 "살아 있는 떡"이라고 하시지만, 이 둘은 다 생명을 주는 떡이라는 동일한 의미를 지닌다.

하늘에서 내려온. 그리스도께서는 종종 자기가 하늘에서 내려왔다고 말씀하시는데, 이것은 영적이고 썩지 않는 생명은, 모든 것이 다 지나가고 사라지는 이 세상에서는 발견될 수 없고, 오직 하늘의 하나님 나라에서만 발견될 수 있기 때문이다.

사람이 이 떡을 먹으면. 우리는 오직 믿음으로만 "이 떡"을 먹고서 생명에 이를 수 있기 때문에, 그리스도께서 "먹다"라는 단어를 사용하실 때마다, 그것은 우리에게 믿음을 권하시는 것이다. 손을 뻗어 이 떡을 집어서 자신의 입으로 가져가는 자도 별로 없고, 심지어 주님이 이 떡을 입에 넣어 주셔도 맛보려 하는 자가 별로 없으며, 어떤 이들은 바람으로 배를 채우고, 어떤 이들은 음식이 자기 곁에 있는데도 자신의 어리석음으로 말미암아 탄탈루스(Tantalus: 그리스 신화. 신들의 비밀을 누설한 벌로 지옥의 물에 턱까지 잠겨 물을 마시려 하면 물이 빠졌다)처럼 죽어가는 것이 현실이기 때문에, 그리스도께서 이렇게 하시는 것은 결코 쓸데없는 것이 아니었다.

내가 줄 떡은 … 내 살이니라. 사람들은 그리스도께서 말씀하신 바 생명을 주는 이 비밀한 힘(vis)을 그의 신적 본질과 연관시킬 수도 있었기 때문에, 이제 그리스도께서는 두 번째 단계로 넘어가셔서, 이 생명이 자신의 "살"에 있는 까닭에, 자신의 "살"에서 "생명"을 이끌어올 수 있다는 것을 보여주신다. 전에는 오직 사망의 재료(mortis materia)일 뿐이었던 저 육신을 통해서 우리에게 생명을 나타내신 것은 하나님의 놀라운 뜻이다. 하나님께서 우리를 구름 위로 부르셔서 거기에서 생명을 얻으라고 하지 않으시고, 마치 우리를 들어올리셔서 하나님 나라의 비밀을 맛보게 하시려는 듯이, 이런 식으로 이 땅에서 생명을 나타내신 것은 우리의 연약함을 고려하신 것이다. 그렇지만 하나님께서 생명을 찾고자 하는 자들은 멸시받을 만한 그리스도의 "살," 즉 그리스도의 육신을 의지해서 생명을 얻으라고 명하시는 것은 우리 마음의 교만(superbia)을 바로잡으심과 동시에, 과연 우리가 믿음으로 낮아져서(humilitas) 순종하는지(obedientia)를 시험하시는 것이다.

그러나 먼저 육신은 죽게 되어 있는 것이고, 지금도 그 자체로는 영원한 것이 아니며, 다음으로 영혼들에 생명을 주는 것은 육신의 고유한 속성이 아니라는 이유로, 그리스도의 "살"은 생명을 줄 수 없다고 반론을 제기하는 자들이 있다. 나의 대답은, 생명을 주는 힘은 육신이 아닌 다른 원천으로부터 오는 것이기는 하지만, "살"이 생명을 준다고 말하는 것이 부적절하다고 결코 말할 수는 없다는 것이다. 왜냐하면, 하나님의 영원한 말씀이 생명의 원천이라고 할 때(요 1:4), 그리스도의 신성(神性) 속에 내재된 저 생명은 그의 육신이라는 통로를 통해서 우리에게 전달

되기 때문이다. 그러므로 그리스도의 "살," 즉 그리스도의 육신은 생명을 다른 곳에서 가지고 와서 우리에게 전달해 준다는 의미에서 "생명을 준다"고 말할 수 있다. 우리가 이 생명의 토대(causa)를 이루는 의(義)를 생각해 본다면, 이것을 둘러싼 모호함이 완전히 사라질 것이다. 의(義)는 오직 하나님으로부터 흘러나오지만, 그리스도의 육신 안에서가 아니면 그 어디에서도 온전히 드러나지 않는다. 왜냐하면, 그리스도의 육신을 매개로 인간의 구속(救贖, redemptio)이 이루어졌고, 그 육신을 매개로 인류의 죄를 속(贖)하기 위한 제사(sacrificium) 및 하나님과 우리 간의 화목을 이루기 위한 순종(obedientia)이 드려졌으며, 성령의 거룩하게 하심으로 충만하게 된 것도 그리스도의 육신이었고, 마침내 사망을 이기고 하늘의 영광 속으로 들어가게 된 것도 그리스도의 육신이었기 때문이다. 그러므로 우리는 생명의 모든 부분이 그리스도의 "살," 즉 그리스도의 육신에 있는 까닭에, 그 누구도 생명이 감춰져 있거나 너무 멀리 있어서 자기가 생명을 얻을 수 없다고 불평할 수 없다는 결론을 얻게 된다.

내가 줄 떡은 곧 세상의 생명을 위한 내 살이니라. "주다"라는 단어는 여러 가지 의미로 사용되고 있다. 그리스도께서 앞에서 첫 번째로 말씀하셨던 "주는" 것은 그가 우리에게 자신을 주실 때마다 매일같이 이루어지는 일이다. 두 번째로, "주다"라는 단어는 그리스도께서 십자가 위에서 자신을 아버지 하나님께 드리셨을 때에 단 한 번 이루어진 유일무이한 사건을 가리킨다. 그때에 그는 사람들의 생명을 위해서 자신을 죽음에 내주셨고, 지금은 그의 죽음의 열매를 받으라고 우리를 초청하신다. 왜냐하면, 우리가 지금 저 거룩한 잔치에 참여하여 먹지 않는다면, 그리스도께서 그때에 그런 제사를 드리셨다는 것이 우리에게 아무 소용이 없을 것이기 때문이다. 또한, 우리가 주목해야 할 것은 그리스도께서 자신의 "살"로 제사를 드리는 것이 바로 자신의 직무라고 선언하고 계신다는 것이다. 이것으로부터 분명해지는 것은 교황주의자들이 미사를 드릴 때에 오로지 저 한 분 대제사장만이 행하실 수 있는 직무를 찬탈하여 스스로를 더럽히고 있는 것은 아주 악한 신성모독이라는 것이다.

[52]그러므로 유대인들이 서로 다투어 이르되 이 사람이 어찌 능히 자기 살을 우리에게 주어 먹게 하겠느냐 [53]예수께서 이르시되 내가 진실로 진실로 너희에게 이르노니 인자의 살을 먹지 아니하고 인자의 피를 마시지 아니하면 너희 속에 생명이 없

느니라 ⁵⁴내 살을 먹고 내 피를 마시는 자는 영생을 가졌고 마지막 날에 내가 그를 다시 살리리니 ⁵⁵내 살은 참된 양식이요 내 피는 참된 음료로다 ⁵⁶내 살을 먹고 내 피를 마시는 자는 내 안에 거하고 나도 그의 안에 거하나니 ⁵⁷살아 계신 아버지께서 나를 보내시매 내가 아버지로 말미암아 사는 것 같이 나를 먹는 그 사람도 나로 말미암아 살리라 ⁵⁸이것은 하늘에서 내려온 떡이니 조상들이 먹고도 죽은 그것과 같지 아니하여 이 떡을 먹는 자는 영원히 살리라(6:52-58).

52. 그러므로 유대인들이 서로 다투어 이르되. 그리스도께서는 여기에서 또 다시 "유대인들"을 거론하시는데, 그것은 칭찬하시기 위한 것이 아니라 그들의 불신앙을 책망하시기 위한 것이다. 왜냐하면, 그들은 그들 사이에서 잘 알려져 있던 영생에 관한 가르침을 받아들이지도 않았고, 그 가르침이 그들에게 아직도 모호하고 의심스럽게 여겨진다면, 적어도 겸손히 이 문제를 살펴보는 것이 마땅하였는데도, 그렇게 하지 않았기 때문이다. 그들이 "다투었다"는 것은 그들이 완악하여 (pervicacia) 그리스도의 가르침을 경멸(contemptus)하고 있다는 것을 보여주는 증표였다. 실제로, 그토록 격렬하게 논쟁을 벌이는 자들은 진리를 아는 지식에 이르는 길을 자기 자신이 가지 못하도록 막아 버리는 자들이다. 그러나 그리스도께서 그들을 책망하신 것은 단지 그들이 사람이 어떻게 자기 살을 주어 먹게 할 수 있겠느냐고 의문을 제기했기 때문이 아니었다. 왜냐하면, 만약 그것이 그들이 책망받은 이유였다면, 아브라함과 저 복된 동정녀 마리아도 동일한 책망을 받았어야 할 것이기 때문이다(창 15:2; 눅 1:34). 그러므로 그들은 무지(無知)로 말미암아 잘못된 길로 가버리게 된 것이거나, 솔직함이 결여되어 있었기 때문에, 그들이 저마다 자기가 잘났다고 고집을 부리며 "다투고" 있다는 사실 ─ 복음서 기자는 바로 이 점을 단죄하고 있다 ─ 은 간과한 채로, 마치 유대인들이 어떤 식으로 그리스도의 "살"을 먹게 되는 것인지에 대하여 살펴보는 것이 불법이라도 된다는 듯이, 오직 "어찌"라는 단어 하나에 매달려서 서로 악을 쓰며 야단법석을 떨고 있었던 것이다. 만약 우리가 주님의 말씀에 의지해서 얼마든지 풀 수 있는 의심스럽거나 어려운 문제들을 그 해결방법을 뻔히 알면서도 의도적으로 방치해 둔다면, 그것은 믿음의 순종이 아니라 영적 나태함 때문이라고 하는 것이 마땅하다. 그러므로 그리스도의 "살"을 먹는 방법에 대하여 묻고 살펴보는 것은 합당한 일일 뿐만 아니라, 그 방법이 성경에 설명되어 있는 한에 있어서, 우리가 그 방법을 알고 깨닫는 것은

대단히 중요하다. 따라서 "나는 자신의 살이 참된 양식이라고 선언하시는 그리스도의 저 말씀 한 마디만으로 족하기 때문에, 나머지 다른 모든 것들에 대해서는 얼마든지 기꺼이 눈을 감을 수 있다"고 말하는 것 속에 나타나는 완악함, 즉 겸손을 가장(假裝)하였기 때문에 두 배로 악독한 저 완악함은 멀리 던져버리는 것이 옳다. 만약 그런 식의 변명이 통할 수 있다면, 이단들도 자신들은 그리스도가 아브라함의 자손이라는 것을 믿는 것으로 족하기 때문에 그 이상에 대해서는 관심이 없다는 이유로, 그리스도가 성령으로 잉태되었다는 사실을 의도적으로 모르는 체하여도, 그들에게는 얼마든지 변명할 말이 있게 될 것이다. 우리는 오직 하나님의 비밀한 일들에 대해서만 그러한 절제를 지켜서, 하나님께서 그런 일들에 대하여 자신의 말씀을 통해서 정해 놓으신 것 이상으로 더 알려고 하지 않는 것이 마땅하다.

53. 내가 진실로 진실로 너희에게 이르노니. 그리스도께서는 유대인들이 그들의 오만함과 멸시함으로 자신의 은혜를 배척하는 것을 보시고서는 분노하셔서 이렇게 맹세로써 말씀하지 않으실 수 없으셨다. 즉, 그리스도께서는 여기에서 단지 순수하게 가르침만을 베풀고 계시는 것이 아니라, 사람들을 두렵게 하시기 위하여 가르침에 경고들을 섞어서 말씀하고 계신다. 그리스도께서는 자신의 "살"에서 "생명"을 찾기를 거부하는 모든 자들에 대하여 영원한 멸망을 선언하시는데, 이것은 "너희가 내 '살'을 멸시한다면, 너희에게는 생명을 얻을 수 있는 다른 소망이 전혀 남아 있지 않다는 것을 너희는 확실히 알라"고 말씀하시는 것과 같다. 그리스도의 은혜를 멸시하는 모든 자들을 기다리고 있는 보응(報應)은 그들이 자신들의 교만과 함께 비참하게 망하게 되리라는 것이다. 그리스도께서 그들을 이렇게 가차 없이 혹독하게 몰아붙이시는 이유는 그들로 하여금 계속해서 자기만족에 빠져 있지 않도록 하시기 위한 것이다. 우리가 병에 걸렸으면서도 약을 먹기를 거부하는 자들에게 약을 먹지 않으면 죽게 된다고 경고하는 것이 마땅하다면, 불경건한 자들이 있는 힘을 다해서 생명 자체를 멸하려고 기를 쓴다면, 우리가 그들에게 어떻게 해야 마땅하겠는가?

그리스도께서는 "인자의 살을 먹지 아니하고"라고 말씀하시면서 "인자의 살"을 강조하신다. 왜냐하면, 이 말씀은 그들이 그리스도를 일반 사람들과 다를 바 없는 존재로 여겨서 멸시하는 것에 대하여 책망하시는 것이기 때문이다. 그러므로 이 말씀의 의미는 이런 것이다: "나의 '살'이 비천하고 멸시받을 만하게 보인다면, 너희 좋을 대로 나를 멸시하라. 하지만 저 멸시받을 만한 '살' 안에 생명이 담겨 있다. 그리고 너희에게 그 '살'이 없다면, 너희는 다른 그 어디에서도 너희를 살릴 것을 찾을 수 없을 것이다."

옛 사람들은 이 말씀을 근거로 삼아서, 어린아이들이 성만찬을 받지 않는다면 영생을 박탈당하게 될 것이라고 생각하는 큰 잘못을 범하였다. 왜냐하면, 이 말씀은 성만찬에 관한 것이 아니라, 성만찬을 받는 것과는 무관하게 우리에게 그리스도의 "살"이 지속적으로 주어지는 것에 관한 것이기 때문이다. 또한, 후스파(보헤미아의 종교개혁자 얀 후스의 추종자들)가 성만찬의 잔이 모든 사람에게 예외 없이 주어져야 한다고 주장하면서, 이 말씀을 그 증거 본문으로 제시한 것도 옳은 것이 아니다. 어린아이들과 관련해서는, 그들에게는 아직 그리스도의 죽으심을 기억하거나 기념할 수 있는 능력이 없는 까닭에, 그들이 성만찬에 참여하는 것을 금지하신 것이 그리스도께서 정하신 규례(institutio)이다. 또한, 그리스도께서는 "너희가 다 이것을 마시라"(마 26:27)고 명하심으로써, 모든 사람이 다 잔에 참여하게 하여야 한다는 것을 규례로 정하셨다.

54. 내 살을 먹고. 이것은 앞에 나온 말씀의 반복이기는 하지만, 쓸데없는 것은 아니다. 왜냐하면, 이 말씀은 우리가 믿기 어려웠던 것, 즉 몸이 먹는 것과 마시는 것에 의해서 유지되는 것과 정확히 동일한 방식으로, 영혼도 그리스도의 살과 피를 먹고 살아간다는 것을 다시 한 번 재확인해 주는 말씀이기 때문이다. 따라서 그리스도께서는 앞에서는 자신의 "살"에서가 아니라 다른 곳에서 생명을 찾는 모든 자들에게는 오직 사망만이 기다리고 있을 뿐이라고 증언하셨고, 이제 여기에서는 모든 믿는 자들에게 자신의 "살"로 인한 생명을 약속하심으로써 그들로 하여금 선한 소망을 품게 하시는 것이다.

마지막 날에 내가 그를 다시 살리리니. 우리가 여기에서 주목해야 할 것은 그리스도께서는 아주 자주 부활과 영생을 서로 연결시키신다는 것이다. 왜냐하면, 우리의 구원은 그 날까지 감춰져 있을 것이기 때문이다. 그러므로 세상을 뛰어넘어서 항상 종말의 부활을 바라보고 살아가는 자가 아니면, 그 누구도 그리스도께서 우리에게 주시는 것을 알 수 없다. 이 말씀을 통해서 분명해지는 것은 이 본문 전체를 성만찬에 적용하여 설명하는 것은 옳지 않다는 것이다. 왜냐하면, 만일 주님의 거룩한 식탁에 나아온 모든 자들이 그의 살과 피에 참여하는 자들이 된다는 것이 옳다면, 그들은 모두 생명도 얻게 될 것이지만, 실제로는 성만찬에 참여한 자들이라고 해도 그들 중에서 많은 사람들이 영원한 멸망에 이르게 되리라는 것을 우리가 알고, 또한 그런 전제 아래에서는 그리스도께서 성만찬을 제정하시기도 전에 성만찬에 관하여 자세하게 말씀하신 것도 뭔가 어색하고 순서가 뒤바뀐 감이 없지 않을 것이기 때문이다. 그러므로 그리스도께서는 지금 우리가 믿음으로 그의 살을 먹는 것에 대하여 말씀하고 계시는 것이 분명하다. 또한, 나는 성만찬에서 상징적으로 표상(表象)되고 있는 것이 아니라 실제적으로 주어지는 것에 대해서는 여기에 전혀 언급이 없다는 것도 아울러 인정한다. 그렇다면, 그리스도께서는 여기에서 하신 말씀을 인치시고 확증하시기 위해서 성만찬을 제정하신 것일 수도 있다. 이것은 요한복음 기자가 성만찬을 언급하지 않은 이유이기도 하다. 그러므로 아우구스티누스(Augustinus)가 요한복음 6장을 해설하면서 끝에 가서야 비로소 성만찬을 다룬 것은 올바른 순서를 따른 것이다. 거기에서 그는 교회들이 어떤 곳에서는 날마다, 어떤 곳에서는 오직 주일에만 성만찬을 거행하는데, 그 때마다 이 신비(mysterium)가 상징을 통해서 표상되고 있다고 가르쳤다.

55. 내 살은 참된 양식이요. 그리스도께서는 앞에서 하신 말씀을 또 다른 말씀으로, 즉 "몸이 아무것도 먹지 못하고 굶주리면 쇠약해져서 결국 죽게 되듯이, 영혼도 하늘의 양식을 먹고서 새 힘을 공급받지 못하면 곧 굶주려서 죽게 될 것"이라는 말씀으로 확증하신다. 왜냐하면, 그리스도께서 자신의 "살이 참된 양식"이라고 선언하시는 것은 영혼이 그 양식을 먹지 못하면 굶주려 죽게 되리라는 것을 의미하기 때문이다. 따라서 당신은 그리스도의 "살"에서 생명의 자양분을 찾을 때에만 그리스도 안에서 생명을 발견하게 될 것이다. 우리는 바울처럼 "십자가에 못 박히신 예수 그리스도 외에는" 그 어떤 것도 귀한 것으로 여기지 않는다고 자랑스럽게 말해야 한다(고전 2:2). 왜냐하면, 우리는 그리스도의 죽음의 희생제사를 떠나는 순간 오직 사망만을 만나게 되고, 그리스도의 죽음과 부활을 통해서가 아니면 그리스도의 신적 능력을 우리로 하여금 알게 해줄 수 있는 다른 길이 없기 때문이다. 그러므로 그리스도께서 당신에게 "생명의 주"(행 3:15)로 나타나시게 하려면, 그리스도를 아버지 하나님의 "종"(사 42:1)으로 받아들여라. 왜냐하면, 그리스도께서 "자기를 비우심"(빌 2:7)으로써 우리를 온갖 풍성한 복으로 부요하게 하셨고, 스스로 낮아지셔서 음부로 내려가심으로써 우리를 하늘로 올라갈 수 있게 하셨으며, 친히 십자가의 저주를 참아내심으로써 자신의 승리의 찬란한 기념비인 우리의 의(義)의 깃발을 세우셨기 때문이다. 따라서 영혼들을 그리스도의 "살"로부터 떼어놓는 자들은 성만찬의 신비(神秘)를 거짓되게 해석하는 자들이다.

내 피는 참된 음료로다. "피"는 "살"에 포함되어 있는 것인데도, 그리스도께서 자신의 "피"를 따로 분리해서 언급하시는 이유는 무엇인가? 나의 대답은 그리스도께서는 우리의 연약함을 배려하셔서 우리의 수준에 맞춰 그렇게 말씀하셨다는 것이다. 왜냐하면, 그리스도께서 "양식"과 "음료"를 따로 구별해서 말씀하시는 것은 자기가 주는 생명은 모든 면에서 완전하다고 말씀하시는 것인 까닭에, 우리가 그 생명을 반쪽짜리 생명 또는 불완전한 생명이라고 생각하지 않도록 하시기 위한 것이기 때문이다. 이것은 우리가 그리스도의 "살"을 먹고 그의 "피"를 먹으면, 우리에게는 생명의 그 어떤 부분도 결핍되지 않게 될 것이라고 말씀하신 것과 같다. 그런 까닭에, 그리스도께서는 이 가르침과 상응(相應) 관계에 있는 성만찬에서도 "떡"이라는 상징으로 만족하지 않으시고 거기에 "잔"을 더하심으로써, 우리로 하여금 그리스도 안에 있는 생명의 이 이중적인 표지(標識)를 보고서, 오직 그리스도만으로 만족하는 법을 배울 수 있게 하셨다. 왜냐하면, 그리스도 안에서 온전하고 완전한 생명(tota et solida vita)을 가진 자가 아니면, 그 누구도 그리스도 안에서 생명을 부분적으로도 얻을 수 없기 때문이다.

56. 내 살을 먹고. 또 하나의 확증하시는 말씀이 여기에 나온다. 왜냐하면, 이 말씀은 그리스도께서 오직 자신만이 생명을 가지고 계시는 까닭에, 어떻게 해야 우리가 그 생명을 향유할 수 있는지, 즉 그의 "살을 먹어야" 생명을 향유할 수 있다는 것을 가르쳐 주시는 것이기 때문이다. 이것은 그리스도의 "살"을 지향(指向)한 우리의 믿음을 통해서가 아니면 그리스도께서 우리의 것이 되게 할 수 있는 다른 길이 없다고 선언하신 것과 같다. 왜냐하면, 사람이신 그리스도를 멸시하는 자는 누구든지 하나님이신 그리스도에게로 나아오지 못할 것이기 때문이다. 그러므로 그리스도와 상관(相關)이 있는 자가 되고자 한다면, 무엇보다도 당신은 그리스도의 "살"을 경멸하는 일이 없도록 주의하여야 한다.

그리스도께서 "나도 그의 안에 거하나니"라고 말씀하시는 것은 연합(聯合)의 유일한 끈(unum unitatis vinculum), 즉 그리스도께서 우리와 하나가 되실 수 있게 하는 유일한 길은 우리의 믿음이 그리스도의 죽음이라는 터 위에 세워져 있을 때라고 말씀하시는 것과 같다.

아울러, 이 말씀으로부터 우리는 그리스도께서 여기에서 외적인 상징(symbolum)에 대하여 말씀하고 계시는 것이 아니라는 것을 추론해 낼 수 있다. 사실, 많은 불신자들이 믿는 자들과 똑같이 그 외적인 상징(성찬)을 받지만, 그럼에도 불구하고 여전히 그리스도 밖에 있는 것이 현실이다. 또한, 이 말씀을 근거로 해서, 우리는 그리스도께서 모든 제자들에게 떡을 주셨을 때에 가룟 유다도 다른 제자들과 마찬가지로 그리스도의 몸을 받은 것이라고 말하는 저 정신 나간 자들의 주장도 반박할 수 있다. 왜냐하면, 그런 주장은 여기에서의 그리스도의 가르침을 외적인 상징에 제한하여 적용한 무지(無知)에서 나온 것이기 때문이다. 따라서 우리는 내가 앞에서 말했던 것, 즉 성만찬은 여기에 나오는 그리스도의 가르침을 확증해주고 인치는 것임을 명심해야 한다. 그러므로 확실한 것은 첫째로는 유다는 결코 그리스도의 지체(肢體)가 아니었다는 것이고, 둘째로는 그리스도의 "살"을 죽은 것이자 성령이 결여되어 있는 것으로 생각하는 것은 터무니없는 망상이라는 것이며, 셋째로는 오직 믿음만이 영혼의 입이자 위(胃)인 까닭에 믿음 없이 그리스도의 "살"을 먹을 수 있다고 생각하는 것 자체가 우스꽝스러운 일이라는 것이다.

57. 살아 계신 아버지께서 나를 보내시매. 그리스도께서는 지금까지는 어떻게 해야 우리가 생명에 참여하는 자들이 될 수 있는지에 대하여 설명해 오셨지만, 이제 여기에서는 생명의 제1원인(causa principalis)에 대하여 말씀하신다. 왜냐하면, 생명의 최초의 원천(源泉)은 아버지 하나님 안에 있기 때문이다. 그러나 그리스도께서는 반론이 제기될 가능성에 미리 대처하시기 위하여 이 말씀을 하시는 것이기도 하다. 왜냐하면, 그리스도께서는 앞에서 자기 자신을 생명의 원인(causa)이라고 말씀하셨는데, 사람들은 얼마든지 그것을 그가 하나님으로부터 오직 하나님께만 속한 것을 빼앗아서 자기 것으로 주장하고 있다고 생각할 수 있었기 때문이다. 그러므로 그리스도께서는 자기가 생명을 가져다주는 자(vitae autor)이기는 하지만, 다른 분, 즉 아버지 하나님이 자기에게 주신 것을 자기가 사람들에게 나누어주는 것일 뿐임을 인정하신다. 우리는 이러한 말씀도 그리스도께서 자신의 말씀을 듣는 자들의 수준에 맞춰서 하고 계시는 것임을 알아야 한다. 왜냐하면, 그리스도께서는 오직 자신의 육신이 관련되어 있을 때에만 자기 자신을 아버지 하나님과 대비시키고 계시기 때문이다. 아버지 하나님이 생명의 시작(始作, principium)이신 것은 분명하지만, 영원한 말씀 자신도 생명이시다. 그러나 그리스도께서는 우리와 같은 육신을 입으시고 세상에 오신 바로 그 모습으로 여기에서 말씀하시고 행하시는 것이기 때문에, 그리스도의 영원한 신성(神性)은 여기에서 다루어지고 있는 주제가 아니다. 그러므로 그리스도께서 "내가 아버지로 말미암아 사는 것 같이"라고 하신 말씀은 당연히 그의 신성(神性)에 적용되지 않을 뿐만 아니라, 그의

인성(人性)만을 따로 떼어내어 보았을 때에 그 인성에도 적용되지 않고, 오직 "육
신으로 나타나신" 하나님의 아들에만 적용된다.

또한, 우리는 그리스도께서 자기 자신 속에 가지고 계신 모든 신적인 것들을 다
아버지 하나님에게서 온 것으로 번번이 돌리셨다는 것을 안다. 하지만, 여기에서
주목할 필요가 있는 것은 그리스도께서는 생명의 세 단계를 보여주고 계신다는 것
이다. 첫 번째 단계는 생명이 솟아나는 원천(scaturigo)이 되시지만 저 멀리 감춰져
계시는 "살아 계신 아버지"가 계신다는 것이고, 두 번째 단계는 우리에게 생명의
샘(fons)으로 나타나셨고 생명이 우리에게 흘러오는 통로가 되시는 "아들"이 계신
다는 것이며, 세 번째 단계는 우리가 "아들"에게서 생명을 긷는 것이다. 우리는 이
제 문제의 핵심을 알게 되었다. 즉, 생명이 거하는 아버지 하나님은 우리에게서 아
주 멀리 떨어져 계시기 때문에, 하나님 안에 감춰져 있는 생명이 우리에게 흘러들
어올 수 있는 통로가 되어 주시기 위하여, 그리스도께서 우리 중에 오셔서 생명의
두 번째 원인이 되셨다는 것이다.

58. 이것은 하늘에서 내려온 떡이니. 그리스도께서는 이 설교의 시작 부분에서
언급하셨던 "만나"와 자신의 "살" 간의 대비(對比)로 다시 돌아가신다. 왜냐하면,
그리스도께서는 자신의 설교를 다음과 같이 끝내실 필요가 있으셨기 때문이다:
"모세가 광야에서 너희 조상들을 먹였다는 사실은 너희가 나보다 모세를 더 좋아
할 이유가 되지 않는다. 나는 하늘의 생명을 가져온 자이고, 따라서 너희에게 훨씬
더 좋은 양식을 공급해 줄 것이기 때문이다." 앞에서도 말했듯이, 그리스도께서
"하늘에서 내려온 떡"이라고 말씀하시는 것은 그 떡 속에는 땅에 속한 것이나 썩
어질 것은 아무것도 들어 있지 않고, 오직 하나님 나라에 속한 영원함만이 살아 숨
쉬기 때문이다. 배불리 먹는 데에만 정신이 팔려 있던 자들은 "만나" 속에서 그러
한 효능(效能)을 발견하지 못하였다. 왜냐하면, "만나"는 이중적인 용도(用途)를
지니고 있었지만, 지금 그리스도와 논쟁을 벌이고 있는 유대인들은 "만나" 속에서
육신의 양식 이외의 다른 용도를 볼 수 없었기 때문이다. 그러나 영혼의 생명은 일
시적인 것이 아니라, 한 사람이 전인적(全人的)으로 새로워질 때까지 계속해서 자
라간다.

[59]이 말씀은 예수께서 가버나움 회당에서 가르치실 때에 하셨느니라 [60]제자 중 여럿
이 듣고 말하되 이 말씀은 어렵도다 누가 들을 수 있느냐 한대 [61]예수께서 *스스로*

제자들이 이 말씀에 대하여 수군거리는 줄 아시고 이르시되 이 말이 너희에게 걸
림이 되느냐 [62]그러면 너희는 인자가 이전에 있던 곳으로 올라가는 것을 본다면 어
떻게 하겠느냐 [63]살리는 것은 영이니 육은 무익하니라 내가 너희에게 이른 말은 영
이요 생명이라 [64]그러나 너희 중에 믿지 아니하는 자들이 있느니라 하시니 이는 예
수께서 믿지 아니하는 자들이 누구며 자기를 팔 자가 누구인지 처음부터 아심이러
라(6:59-64).

59. 이 말씀은 예수께서 가버나움 회당에서 가르치실 때에 하셨느니라. 요한복음
기자가 이 설교가 행하여진 장소를 구체적으로 밝힌 것은 우리로 하여금 그 자리
에는 많은 사람들이 있었다는 것과 무겁고 중요한 주제를 다룬 설교가 행하여졌다
는 것을 알게 하기 위한 것이다. 그러나 곧이어서, 그렇게 많은 무리들 중에서 이
설교를 듣고 유익을 얻은 자는 극소수였음을 보여주는 정황이 보도된다. 아니, 한
걸음 더 나아가서, 이 설교는 그리스도의 제자라고 고백했던 많은 자들이 스스로
떨어져나가는 빌미가 되었다. 만약 복음서 기자가 이 무리들 중에서 단지 일부가
이 설교를 듣고서 못마땅하게 여기며 떠났다고 보도했더라도, 우리는 그것을 끔찍
한 일로 여겼을 것이다. 그런데 그들이 떼를 지어서 일어나 서로 힘을 합쳐서 그리
스도를 거슬러 수군거린 것이라면, 우리는 그들의 그런 행동을 도대체 어떤 말로
표현해야 하겠는가? 그러므로 우리는 이 기사(記事)를 마음속에 깊이 새겨서, 그리
스도께서 말씀하실 때에 그를 거슬러서 수군거리고 불평하는 일이 결코 없게 하여
야 한다. 오늘날 우리가 다른 사람들이 그렇게 하는 것을 본다면, 그들의 오만방자
한 행동으로 인해서 우리의 믿음이 흐트러지는 일이 없게 하는 것이 마땅하다.

60. 이 말씀은 어렵도다. 그들의 말과는 정반대로, "어려움"(durities)은 그리스
도께서 하신 말씀에 있었던 것이 아니라 그들의 마음에 있었다("어려움"으로 번역된
단어는 원래 "단단함"을 의미하고, 이 "단단함"은 무엇이 어렵다거나 마음이 굳어져 있다는 것
을 나타낼 때에 사용된다 — 역주). 그러나 버림받은 자들은 이런 식으로 하나님의 말
씀으로부터 단단한 돌들을 끌어 모아놓고서 그 돌들을 향하여 돌진해 들어가는 일
에 익숙하다. 그리스도께서 말씀하실 때, 그들은 그 말씀을 받아서 그들 자신의 마
음을 부드럽게 만드는 것이 마땅한데도 그렇게 하지 않고, 그들 자신의 단단한 완
악함으로 인하여 스스로 그리스도를 거슬러 돌진해 들어가는 것임에도 불구하고,
도리어 그 "말씀이 어렵다"고 불평한다. 왜냐하면, 그리스도의 가르침에 겸손하게

순복하는 자는 누구든지 그 말씀 속에서 어렵거나 가혹한 것을 전혀 발견할 수 없을 것이지만, 말씀을 안 받아들이려고 완강하게 버티는 불신자들에게는 그 말씀이 선지자의 말마따나 "바위를 쳐서 부스러뜨리는 방망이"(렘 23:29)가 될 것이기 때문이다. 그러나 이와 같은 완악함은 우리 모두가 태어날 때부터 본성적으로 지니고 있는 것이기 때문에, 우리가 우리의 지각(知覺)을 따라 그리스도의 가르침을 판단한다면, 그 말씀들은 온갖 모순들로 점철되어 있는 말들, 너무나 이상하고 믿을 수 없는 말들로밖에 보이지 않게 될 것이다. 그러므로 우리가 할 수 있는 것은 성령께서 우리의 힘으로는 결코 들을 수 없는 그리스도의 말씀들을 우리의 마음판에 새겨 주시도록 우리 각자가 우리 자신을 성령의 인도하심에 맡기는 것뿐이다.

누가 들을 수 있느냐. 우리는 여기에서 불신앙이 얼마나 악한 것인지를 보게 된다. 왜냐하면, 구원의 가르침을 불경건하고 악하게 배척하는 자들은 그들 자신을 변명하는 것으로 만족하는 것이 아니라, 야단법석을 떨어서 자기들 대신에 하나님의 아들을 죄인으로 만들어 버리고서는, 그의 말씀은 들을 가치조차 없다고 일축해 버리기 때문이다. 이렇게 오늘날에도 교황주의자들은 뻔뻔스럽게 복음을 배척할 뿐만 아니라, 그들이 이유 없이 하나님을 배척하는 것이 아니라는 것을 보이기 위해서 하나님을 모독하는 끔찍한 말들을 쏟아낸다. 물론, 이것은 그들이 어둠을 원하기 때문에, 사실은 훤히 뚫린 대로(大路)밖에 없는 곳에서 사탄이 존재하지도 않는 괴상한 괴물들을 만들어 내어서 그들을 미혹시키는 것인 까닭에 이상한 일이 전혀 아니다. 그러나 불신자들로 하여금 듣기 싫어서 견딜 수 없어 사납게 날뛰게 만드는 것들이 겸손하게 가르침 받고자 하는 자들에게는 얼마든지 감당할 수 있는 것들이 될 뿐만 아니라, 그들을 지지해주고 위로해주는 것들이 된다. 그렇지만 그리스도의 말씀을 들을 때에 버림받은 자들이 듣기 싫어서 분노하며 악을 쓰는 것은 단지 더 큰 무시무시한 멸망을 그들 자신에게 자초하고 있는 것일 뿐이다.

61. 예수께서 … 아시고. 그리스도께서는 이 버림받은 자들이 못마땅해하고 화내는 것이 없앨 수 있는 것이 아니라는 것을 분명하게 아셨다. 왜냐하면, 그리스도의 가르침은 그들에게 상처를 준 것이 아니라, 그들이 자신들의 마음속에서 키워 왔던 곪을 대로 곪아서 지독한 악취를 풍기는 종양을 밖으로 드러내신 것이기 때문이다. 그러나 그리스도께서는 모든 방법을 동원하셔서, 자신의 가르침을 듣고서 화가 난 자들 중에서 혹시 한 사람이라도 고칠 수 있는 자가 있는지를 알아보고자 하심과 동시에 나머지 사람들의 입을 막고자 하셨다. 그래서 그리스도께서는 "이

말이 너희에게 걸림이 되느냐"고 질문하심으로써, 그들이 화낼 이유가 전혀 없다는 것, 그리고 적어도 그들이 화내는 이유가 자신의 가르침 자체에 있지 않다는 것을 보여주신다. 우리도 그렇게, 광기(狂氣)에 사로잡혀서 개처럼 으르렁대며 하나님의 말씀을 비방하는 자들의 뻔뻔스러운 악독함(improbitas)을 제압하고, 무분별하게 진리를 공격하는 자들의 어리석음(stultitia)을 질책하는 것이 마땅하다.

그들은 무엇이 그들을 화나게 했는지를 아직 공개적으로 밝히지 않고, 자기들끼리 수군대며 불평하고 있었기 때문에, 복음서 기자는 "예수께서 스스로 아셨다"고 말한다. 그러니까, 그리스도께서는 그들이 결국 공개적으로 불평하게 될 것임을 미리 예견하신 것이다. 그들이 이미 분명한 말로 명시적으로 그리스도의 가르침을 배척하였기 때문에, 그들이 어떤 상태에 있는지를 아는 것은 그리 어렵지 않았을 것이라고 누군가가 반론을 제기한다면, 나는 복음서 기자가 앞에서 보도한 그들의 말은 아주 분명하다는 것을 인정한다. 그러나 나는 어떤 일에 대하여 못마땅해하는 자들이 흔히 그러하듯이, 그들이 자기들끼리 낮은 목소리로 수군거렸다는 점도 아울러 말해두고자 한다. 왜냐하면, 만약 그들이 그리스도께 허심탄회하게 말씀을 드렸더라면, 그리스도께서 그들을 가르치실 길이 열렸을 것인 까닭에, 그들에게는 훨씬 더 소망이 있었을 것이지만, 실제로는 그들은 자기들끼리 은밀하게 수군거림으로써, 가르침을 받을 길을 스스로 가로막아 버렸다고 할 수 있기 때문이다. 그러므로 우리가 주님께서 하신 말씀의 의미를 그 자리에서 알아듣지 못했을 때에는 주님께 곧바로 찾아가서 주님으로 하여금 우리의 모든 문제들을 해결해 주시도록 하는 것보다 더 좋은 방법은 없다.

이 말이 너희에게 걸림이 되느냐. 그리스도께서는 여기에서 그들의 화를 풀어주시는 것이 아니라 도리어 부채질하시는 것처럼 보이지만, 사실은 그들이 그리스도께 화를 내는 이유가 무엇인지를 좀 더 곰곰이 살펴보기만 했다면, 그들은 그리스도께서 이어서 하신 말씀을 듣고서 마음을 푸는 것이 마땅한 일이었다.

62. 그러면 너희는 인자가 이전에 있던 곳으로 올라가는 것을 본다면 어떻게 하겠느냐. 그들이 그리스도께서 육신을 입으시고 일반 사람들과 다름없이 비천하고 멸시받을 만한 모습으로 그들 앞에 나타나신 것을 보았을 때, 그들의 마음에는 그리스도의 신적 능력을 인정할 수 있는 여지가 없었다. 그러나 그리스도께서는 이제 휘장을 거두시고서, 그들에게 자신이 지닌 하늘의 영광을 바라보라고 하신다. 이것은 "내가 사람들 사이에서 존귀함도 없이 살아가고 있는 까닭에, 지금은 너희

가 나를 멸시하고, 내 속에 있는 신적인 것을 알아보지 못하지만, 머지않아 하나님
께서 놀라운 능력으로 나를 두르시고, 이 죽을 인생의 멸시받을 만한 상태에서 나
를 일으키셔서 하늘 위로 오르게 하실 것"이라고 말씀하신 것과 같다. 왜냐하면,
바울이 말했듯이(롬 1:4), 그리스도의 부활 속에서 성령이 자신의 능력을 지극히
크게 나타내셔서 그리스도가 하나님의 아들이시라는 것을 분명하게 증언하셨고,
시편 기자는 "너는 내 아들이라 오늘 내가 너를 낳았도다"(시 2:7)라고 증언함으로
써 그리스도의 부활을 사람들이 그리스도의 영광을 인정해야 하는 증거로 제시하
고 있으며, 그리스도의 승천은 바로 그 영광의 완성이었기 때문이다. 그리스도께
서 자기가 "이전에" 하늘에 있었다고 말씀하신 것은 비록 "인자"에 대하여 말씀하
신 것이라고 해도, 엄밀하게 말하자면 그의 인성(人性)에는 적용되지 않는다. 그러
나 그리스도 안에서 두 본성, 즉 신성과 인성은 하나의 인격을 이루고 있는 까닭에,
어느 하나의 본성에 고유한 것을 다른 본성에 그대로 적용해서 말씀하시는 것은
이례적인 것이 아니다.

63. 살리는 것은 영이니 육은 무익하니라. 이 말씀을 통해서 그리스도께서는 유
대인들이 자신의 가르침을 통해서 유익을 얻지 못한 이유를 보여주시는데, 그것은
그들에게는 영적이고 "살리는" 것인 자신의 가르침을 듣고서 깨달음을 얻을 만큼
그 귀가 잘 준비되어 있지 않았다는 것이다. 그런데 이 구절은 여러 가지로 다양하
게 해석되어 왔기 때문에, 먼저 이 말씀의 참된 의미가 무엇인지를 확인하는 것이
중요하다. 그러면, 그리스도의 의도나 목적도 쉽게 드러나게 될 것이다.

크리소스토무스(Chrysostomus)는 그리스도께서 "육은 무익하니라"고 하신 것
은 육신적이었던 유대인들을 염두에 두고 하신 것이라고 해석하는데, 내가 보기에
는 그런 해석은 잘못된 것이다. 물론, 나는 하늘의 비밀들을 아는 데에는 인간의 온
갖 타고난 능력이 아무런 소용이 없다는 것을 인정하지만, 그리스도께서 여기에서
하신 말씀은 심하게 왜곡하지 않는 한 그러한 의미를 지니고 있지 않다. "살리는
것은 영이니"라는 대구(對句)에 대하여 크리소스토무스가 성령의 조명(照明)이
"살리는" 것이라고 해석한 견해도 마찬가지로 억지스럽다. 또한, 그리스도께서 십
자가에 못 박히셨다는 의미에서는 그리스도의 "살"이 유익하지만, 그 "살"을 먹는
것은 우리에게 아무런 유익도 없다는 뜻이라고 주장하는 자들의 견해도 옳지 않다
(칼빈은 이 구절에서 "육"과 "살"을 동일한 의미로 해석하는데, 역자는 문맥상 모두 "살"로 통일
해서 옮겼다 — 역주). 왜냐하면, 그들의 주장과는 정반대로, 십자가에 못 박힌 그리

스도의 "살"이 우리에게 유익이 되기 위해서는 우리가 그 "살"을 먹어야 하기 때문이다.

아우구스티누스(Augustinus)는 그리스도께서는 오직 "살" 또는 "살" 그 자체는 유익이 없고 거기에는 반드시 성령이 수반되어야 한다는 뜻으로 말씀하신 것이기 때문에 "오직" 또는 "그 자체"라는 단어를 보충해 넣어서 해석해야 한다고 생각하였다. 그리스도께서는 여기에서 단지 자신의 "살"을 먹는 방법에 대해서 언급하고 계시는 것이기 때문에, 아우구스티누스가 제시한 해석은 이 설교의 취지와 아주 잘 맞아떨어진다. 그러므로 그리스도께서는 마치 자신의 "살"에서는 얻을 것이 아무것도 없다는 듯이 자신의 "살"과 관련된 온갖 종류의 유용성을 부정하시는 것이 아니라, 자신의 "살"이 "영"과 분리되는 때에만 "무익하게" 될 것이라고 선언하시는 것이다. "살"이 영적인 것이 되지 않는다면, 살리는 힘이 "살"의 어디에서 나올 수 있겠는가? 따라서 그리스도의 "살"이 지닌 땅에 속한 속성에만 온통 관심을 갖는 자들은 거기에서 오직 죽은 것만을 발견하게 될 것이지만, 눈을 들어서 그 "살"에 스며 있는 성령의 능력을 바라보는 자들은 실제적인 효과 및 믿음으로 말미암은 체험을 통해서 그리스도의 "살"이 "살린다"는 것이 빈 말이 아니라는 것을 알게 될 것이다.

우리는 이제 그리스도의 "살"이 "참된 양식"이지만 어떤 때에 우리에게 "무익하게" 되는지를 알게 되었다. 그리스도의 "살"이 "양식"인 이유는 그 "살"이 우리로 하여금 생명을 얻게 해주고, 그 "살"을 통해서 하나님께서 우리와 화목하시며, 그 "살" 속에서 우리는 그리스도께서 이루신 구원의 모든 부분들을 소유하게 되기 때문이다. 하지만 그리스도의 "살"의 기원과 본성을 생각한다면, "살은 무익하다." 왜냐하면, 아브라함의 씨는 그 자체로는 죽음에 예속되어 있는 까닭에 생명을 주지 못하지만, 우리에게 자양분을 공급할 능력을 성령으로부터 받기 때문이다. 그러므로 우리는 그 "살"에 의해서 진정으로 자양분을 공급받고자 한다면, 믿음이라는 영적인 입으로 그 "살"을 먹어야 한다.

이 말씀은 여기에서 갑자기 끝나는데, 그리스도께서는 불신자들에게는 이런 식으로 하실 필요가 있다고 보시고서 그렇게 하신 것 같다. 따라서 그리스도께서는 그들에게 더 이상 말씀을 하실 필요가 없으시다고 보셨기 때문에 이렇게 이 말씀을 끝으로 갑자기 설교를 끝마치신 것이다. 하지만 그리스도께서는, 경건하여서 가르침을 받고자 하는 자들을 배려하는 것을 잊지 않으셨다. 왜냐하면, 그리스도께서는 그들이 몹시 만족해할 몇 마디로 된 말씀을 여기에 덧붙여 놓고 계시기 때문이다.

내가 너희에게 이른 말은 영이요 생명이라. 이것은 앞에서 하신 말씀을 염두에 두시고 하신 말씀이다. 왜냐하면, 그리스도께서는 여기에서 "영"이라는 단어를 앞에서와는 다른 의미로 사용하시기 때문이다. 그리스도께서는 앞에서 성령의 비밀한 능력에 대하여 말씀하셨고, 이제 그것을 자신의 가르침에 적용하시는데, 이것은 합당하다. 왜냐하면, 여기에서 "영"은 "영적인"을 의미하는 것으로 해석되어야 하는 까닭에, 그리스도의 가르침은 영적인 것으로 선언되고 있기 때문이다. 여기에서 그리스도의 말씀은 우리를 불러내어서 우리로 하여금 육신적인 지각(知覺)이 아니라 믿음으로 성령의 인도하심을 받아서 하늘의 영광 중에 계시는 그리스도를 찾게 하기 때문에 영적인 것이라 불린다. 이것이 오직 믿음으로 되는 이유는 그리스도께서 하신 말씀들 중에서 믿음 외에 다른 것으로 깨달을 수 있는 것은 하나도 없기 때문이다. 또한, 우리가 주목할 것은 그리스도께서는 생명을 성령과 연결시키고 계신다는 것이다. 그리스도께서는 자기가 한 말씀을 효과적인 측면에서 보아서 "생명"이라고 부르시는데, 이것은 "살리는" 말씀이라고 하신 것이나 다름없다. 그러나 그리스도께서는 자신의 말씀이 아무나 살리는 것이 아니라 영적으로 받는 자들에게만 "살리는" 말씀이 되고, 그렇지 않은 자들에게는 도리어 사망이 될 것이라고 말씀하신다. 복음에 대한 이러한 찬사(讚辭)는 경건한 자들에게는 더할 나위 없이 기쁜 것이다. 왜냐하면, 그들은 복음이 자신들의 영원한 구원을 위한 것임을 확신하게 되기 때문이다. 그러나 아울러, 그리스도께서는 그들에게 그들 각자가 참된 제자라는 것을 증명하기 위해 애써야 한다는 것을 상기시키신다.

64. 그러나 너희 중에 믿지 아니하는 자들이 있느니라. 그리스도께서는 여기에서 그들에게 성령이 없어서, 그들이 자신의 가르침을 악하게 훼손하고 왜곡시켜서 스스로 멸망을 자초하고 있다고 다시 한 번 질책하신다. 왜냐하면, 그리스도께서 이렇게 하지 않으셨다면, 그들은 "당신이 하는 말이 사람들을 살린다고 당신은 자랑하지만, 우리는 도무지 그런 것 따위를 체험할 수가 없다"고 반론을 제기했을 수도 있었기 때문이다. 그러므로 그리스도께서는 "살리는" 역사(役事)를 체험하지 못하는 것은 다 그들 자신의 탓이라고 말씀하고 계시는 것이다. 왜냐하면, 불신앙은 언제나 교만해서 그리스도께서 하신 말씀들을 다 멸시하고 경멸하는 까닭에 그 말씀 중에서 어떤 것도 결코 깨달을 수 없기 때문이다. 따라서 우리는 그리스도라

는 선생 아래에서 조금이라도 유익을 얻고자 한다면, 그의 말씀을 귀 기울여 들을 수 있는 잘 준비된 마음을 지니지 않으면 안 된다. 왜냐하면, 그리스도의 가르침을 받아들일 문(門)이 겸손함과 공경하는 마음에 의해서 열려 있지 않다면, 우리의 지각(知覺)은 돌보다 더 단단해서 바른 가르침을 조금도 받아들이지 못할 것이기 때문이다. 그러므로 오늘날 세상에서 복음을 통해서 유익을 얻는 자들을 거의 볼 수 없다고 할지라도, 우리는 그것이 다 사람들이 타락했기 때문이라는 것을 명심하여야 한다. 당신은 오늘날 자기를 부인한 채로 진정으로 그리스도께 헌신되어 있는 사람을 몇이나 볼 수 있는가? 그리스도의 설교를 듣고 있던 자들 중 거의 모두가 "믿지 아니하는 자들"이라는 질책을 들었어야 마땅한데도, 그리스도께서 "너희 중에 믿지 아니하는 자들이 있느니라"고 하신 이유는 혹시라도 아직 고침받을 수 있는 가능성이 남아 있는 자가 몇 사람이라도 있다면 그들의 마음이 낙심하여 절망에 빠지지 않도록 하시기 위한 것이었다.

이는 예수께서 ⋯ 처음부터 아심이러라. 복음서 기자는 그 누구도 그리스도께서 자신의 설교를 듣는 자들을 성급하게 판단하신 것이 아니냐는 생각을 갖지 않게 하기 위해서 이 구절을 덧붙여 놓았다. 많은 사람들이 자기가 그리스도의 양 무리에 속해 있다고 고백하였지만, 돌연한 배교(背敎)를 통해서 그들의 위선을 드러내었다. 그런데 여기에서 복음서 기자는 그들의 거짓을 다른 사람들은 몰랐을지라도 그리스도께서는 잘 알고 계셨다고 말한다. 복음서 기자가 이렇게 말하는 것은 그리스도를 위한 것이 아니라, 우리가 어떤 일들에 대하여 철저하게 조사한 후가 아니면 그 일들에 대하여 함부로 판단하지 않아야 한다는 것을 가르치기 위한 것이다. 왜냐하면, 그리스도께서 누가 그런 자들인지를 처음부터 알고 계신 것은 그의 신성(神性)으로 인한 것이었지만, 우리의 경우에는 사정이 달라서, 우리는 사람들의 마음을 알지 못하는 까닭에, 어떤 나무인지를 열매로 알 수 있다는 말씀대로(마 7:16), 어떤 사람의 불경건이 외적인 징후들을 통해서 드러날 때까지는, 그 사람에 대한 판단을 유보하는 것이 마땅하기 때문이다.

[65]또 이르시되 그러므로 전에 너희에게 말하기를 내 아버지께서 오게 하여 주지 아니하시면 누구든지 내게 올 수 없다 하였노라 하시니라 [66]그 때부터 그의 제자 중에서 많은 사람이 떠나가고 다시 그와 함께 다니지 아니하더라 [67]예수께서 열두 제자에게 이르시되 너희도 가려느냐 [68]시몬 베드로가 대답하되 주여 영생의 말씀이 주

께 있사오니 우리가 누구에게로 가오리이까 [69]우리가 주는 하나님의 거룩하신 자이
신 줄 믿고 알았사옵나이다 [70]예수께서 대답하시되 내가 너희 열둘을 택하지 아니
하였느냐 그러나 너희 중의 한 사람은 마귀니라 하시니 [71]이 말씀은 가룟 시몬의 아
들 유다를 가리키심이라 그는 열둘 중의 하나로 예수를 팔 자러라(6:65-71).

65. 그러므로 전에 너희에게 말하기를. 그리스도께서는 여기에서 믿음은 하나님
의 성령의 귀하고 특별한 선물이기 때문에, 우리는 복음이 모든 곳에서 모든 사람
에 의해서 받아들여지는 것이 아님을 보고서 놀랄 필요가 없다고 다시 한 번 말씀
하신다. 왜냐하면, 우리는 여러 가지 일들을 제대로 해석할 수 없는 자들인 까닭에,
온 세상이 당연히 복음을 받아들여야 할 것 같은데 실제로는 그렇지 않은 것을 보
면, "어떻게 대다수의 사람들이 그들 자신의 구원을 의도적으로 거부할 수 있단 말
인가"라고 생각하며, 우리도 덩달아 복음을 하찮은 것으로 생각하게 되기 쉽기 때
문이다.

그래서 그리스도께서는 믿는 자들이 그토록 소수일 수밖에 없는 이유를 여기에
서 설명해 주신다. 즉, 모든 사람은 하나님의 성령에 의해서 조명을 받기 전까지는
눈이 멀어 있어서, 그 누구도 자신의 이해력으로는 믿음에 이를 수 없기 때문에, 아
버지 하나님께서 허락하시는 자들만이 이 큰 복에 참여할 수 있다는 것이다. 만일
이 은혜가 모든 사람에게 차별 없이 주어지는 것이라면, 그리스도께서 여기에서
이렇게 말씀하신 것은 전혀 이치에 맞지 않는 어처구니없는 말씀이 될 수밖에 없
을 것이다. 왜냐하면, 우리는 믿음은 오직 성령의 비밀한 계시에 의해서만 생겨나
는 까닭에, 복음을 믿는 자들이 그리 많지 않을 것임을 보여주시기 위하여 그리스
도께서 이렇게 말씀하신 것으로 이해해야 하기 때문이다.

그리스도께서는 여기에서는 앞에서 사용하셨던 "이끌다"라는 단어 대신에 "주
다"라는 단어를 사용하시는데, 그렇게 하시는 취지는 하나님께서 우리를 "이끄시
는" 것은 다른 이유가 있는 것이 아니라 오직 값없는 은혜로 우리를 사랑하시기 때
문이라는 것을 보여주시기 위한 것이다. 왜냐하면, 하나님의 선물과 은혜로 말미
암아 우리가 얻는 모든 것은 그 누구도 자신의 노력으로 얻을 수 없기 때문이다.

66. 그때부터 그의 제자 중에서 많은 사람이 떠나가고. 이제 복음서 기자는 그리
스도께서 하신 설교로 인해서 얼마나 큰 소동이 일어났는지를 보도한다. 그리스도
의 그토록 인자하시고 은혜로우신 초대를 받고도 많은 사람들, 특히 이전에 그리

스도를 따르겠다고 고백하고서 제자가 된 자들의 마음이 그에게서 떠났다는 것은 정말 끔찍하고 기괴한 일이다. 그러나 이 일은 우리에게 세상 사람들이 원래는 평탄하였던 그들의 삶의 길에 악독과 배은망덕함을 층층이 높이 쌓아 놓아서 그런 것들에 걸려 넘어지고 막혀서 그리스도께로 나아올 수 없게 되었다는 것을 보여주는 거울 역할을 한다. 많은 사람들을 떨어져나가게 하고 배교하게 하는 그런 설교라면 그리스도께서 아예 처음부터 그런 설교를 하지 아니하셨다면 차라리 더 좋지 않았겠느냐고 말할 사람들이 아마도 많을 것이다. 그러나 우리는 그런 것과는 전혀 다른 관점으로 이 일을 보아야 한다. 즉, 그리스도의 가르침 속에서 그리스도에 대하여 성경에 예언된 것, 즉 그가 "걸림돌과 걸려 넘어지는 반석"(사 8:14)이 되시리라는 예언이 이루어지는 것을 깨닫는 것은 그 때에도 필요하였고 지금도 매일 필요하다는 것이다. 물론, 우리는 설교를 할 때에 아무도 우리의 잘못으로 인해서 실족하는 일이 없도록 조심해서, 우리가 할 수 있는 한 모든 사람을 끌어안아야 한다. 요컨대, 우리는 사려 깊지 못하게 아무 말이나 해서 무지하거나 연약한 심령들을 화나게 하거나 혼란에 빠뜨리는 일이 생기지 않도록 조심하여야 한다는 것이다. 그러나 우리가 아무리 조심한다고 해도, 그리스도의 가르침이 많은 사람들에게 걸림돌이 되지 않게 하는 것은 불가능하다. 왜냐하면, 멸망받기로 되어 있는 버림받은 자들은 자양분이 풍부한 가장 좋은 음식에서도 독(毒)을 빨아먹고, 꿀에서도 쓰디쓴 것을 흡수하기 때문이다. 하나님의 아들은 의심할 여지 없이 그들에게 무엇이 유익한지를 잘 알고 계셨지만, 우리는 그가 "그의 제자 중에서 많은 사람"이 걸려 넘어지는 것을 피하실 수 없으신 것을 본다. 그러므로 많은 사람들이 순전(純全)한 가르침을 싫어한다고 해서, 우리가 그런 가르침을 베풀지 않는다면, 그것은 하나님의 뜻도 아니고 옳지도 않다. 교회의 교사들은 오직 "너는 진리의 말씀을 옳게 분별하라"(딤후 2:15)는 바울의 권면을 마음에 새긴 채로 온갖 걸림돌들을 담대하게 헤쳐 나가는 것이 마땅하다. 많은 사람들이 떨어져나가고 배교한다고 해도, 우리는 하나님의 말씀이 버림받은 자들을 미소짓게 하거나 만족시켜 주지 못한다고 해서 하나님의 말씀에 진저리를 쳐서는 안 된다. 왜냐하면, 일부 사람들이 배교하고 떨어져나갈 때에 마음이 몹시 흔들려서 즉시 낙심한다는 것은 그 자체가 그 사람의 마음이 너무나 약하고 무르다는 것을 보여주는 것이기 때문이다.

복음서 기자가 "다시 그와 함께 다니지 아니하더라"는 말씀을 덧붙인 것은 그들이 완전히 배교한 것이 아니라, 단지 그리스도와 거리를 두고서 함께 다니는 것을 그만두었다는 것을 보여주기 위한 것이다. 그렇지만 복음서 기자는 그들을 배교자들로 단죄한다. 이것으로부터 우리는 한 걸음이라도 뒤로 물러나면, 그 즉시 우리의 주님을 배반하고 부인하게 될 위험에 처하게 된다는 것을 배워야 한다.

67. 예수께서 열두 제자에게 이르시되. 그렇게 많던 무리들이 다 떠나가고 몇 사람에 불과했던 사도들만이 남게 되었을 때에 그들의 믿음이 크게 흔들릴 수도 있었기 때문에, 그리스도께서는 이제 그들을 향하여 말씀하시면서, 그들이 다른 사람들의 경박함(levitas)과 변덕(inconstantia)에 놀아나서 거기에 휩쓸릴 이유가 전혀 없다는 것을 보여주신다. 그리스도께서 "너희도 가려느냐"고 물으신 것은 그들의 믿음을 견고하게 하시기 위한 것이었다. 왜냐하면, 이것은 그리스도께서 자기가 그들이 함께 할 자라는 것을 보여주심과 동시에, 그들에게 배교자들과 함께 하는 자들이 되지 말라고 권면하시는 것이기 때문이다. 사실, 믿음이 그리스도에 그 토대를 두고 있다면, 그 믿음은 사람들에 의해서 좌우지되지 않을 것이고, 천지가 무너지는 것을 본다고 해도 결코 흔들리지 않을 것이다. 또한, 우리가 주목해야 할 것은 이사야가 "너는 증거의 말씀을 싸매며 율법을 내 제자들 가운데에서 봉함하라"(사 8:16)는 명령을 받은 것과 마찬가지로, 그리스도께서는 거의 모든 제자들이 떠나간 상황에서 "열두 제자"만은 지키셨다는 것이다. 그러한 예들을 통해서 믿는 자들은 누구나 자기와 함께 하는 자들이 없다고 할지라도 자신만이라도 하나님을 따라야 한다는 가르침을 받는다.

68. 시몬 베드로가 대답하되. 베드로는 다른 경우들에서처럼 여기에서도 모든 제자들을 대표해서 대답한다. 왜냐하면, 진실성이 없었던 가룟 유다를 제외하고는 모든 제자들이 다 동일한 마음이었기 때문이다. 베드로의 대답은 두 부분으로 되어 있다. 먼저, 그는 자기가 자신의 형제들과 더불어서 기꺼이 그리스도와 함께 있고자 하는 이유를 말하는데, 그 이유는 그리스도의 가르침이 사람을 살리는 건전하고 유익한 것임을 자기들이 알기 때문이라는 것이다. 다음으로, 그는 만일 자기들이 그리스도를 떠나면 자기들에게는 오직 사망만이 남겨지게 될 것이라고 고백한다.

영생의 말씀이 주께 있사오니. 베드로는 "영생의 말씀"이라고 말할 때에 형용사 대신에 명사의 속격을 사용하는데, 이것은 히브리인들 사이에서 아주 흔한 어법이었다. 바울이 "이 복음은 모든 믿는 자에게 구원을 주시는 하나님의 능력이 됨이라"(롬 1:16)고 증언한 것과 마찬가지로, 베드로가 복음이 우리에게 "영생"을 준다고 고백한 것은 복음에 대한 상당한 찬사(讚辭)였다. 사실, 율법도 생명을 담고 있기는 하지만, 율법은 모든 범법자들에 대하여 영원한 사망(mors aeterna)을 선고하기 때문에, 죽이는 것 외에는 아무것도 할 수 없다. 그러나 율법과는 판이하게 다르게, 복음은 우리에게 생명을 준다. 왜냐하면, 복음 안에서 하나님이 우리의 죄를 우리에게 돌리지 않으시고 값없이 우리를 자기와 화목하게 하시기 때문이다(고후 5:19). 또한, 베드로가 그리스도께 "영생의 말씀"이 있다고 했을 때, 그는 그리스도에 관하여 엄청난 선언을 한 것이다. 즉, 그는 "영생의 말씀"이 오로지 그리스도에게만 있다고 선언한 것이다. 이것으로부터 내가 앞에서 베드로의 대답에 들어 있는 두 번째 내용으로 제시했던 것, 즉 그들이 그리스도를 떠나는 순간 어디를 가든 그들에게 남아 있는 것은 오직 사망뿐이라는 결론이 도출된다. 그러므로 그리스도라는 선생으로 만족하지 못해서 사람들이 고안해 낸 것들이 좋다고 거기로 날아가 버리는 모든 자들을 기다리고 있는 것은 확실한 멸망(certus interitus)뿐이다.

69. 우리가 … 믿고 알았사옵나이다. 이 구절에 나오는 동사들은 과거 시제로 되어 있지만, 현재 시제로 바꾸어도 의미상의 차이는 거의 없다. 베드로는 이 말로 믿음을 짧게 요약해서 제시하고 있지만, 그러한 신앙고백은 현재의 문제와는 아무런 관련이 없는 것처럼 보일 수 있다. 왜냐하면, 현재의 문제는 그리스도의 "살"을 먹는 것에 관한 것이기 때문이다. 나의 대답은 사도들은 그리스도께서 가르치신 모든 것을 즉시 깨닫지는 못하였지만, 각자의 믿음의 분량에 따라서 그리스도를 자신의 구원의 주(salutis autor)로 인정하고서 모든 일에서 그에게 순종하는 것에 있어서는 충분히 그렇게 하고 있었다는 것이다. "믿고"라는 단어가 먼저 나온 것은 믿음의 순종이 참된 지식(recta intelligentia)의 시작이기 때문이다. 아니, 사실은 믿음 자체가 마음의 눈(mentis oculus)이기 때문이다. 그러나 참된 지식에 관한 말씀이 즉시 덧붙여진다. 왜냐하면, 참된 지식의 유무(有無)가 참된 믿음과 그릇되고 거짓된 견해에 불과한 것들을 구별해 주기 때문이다. 즉, 이슬람교도들과 유대인들과 교황주의자들도 스스로 "믿는다"고 말하지만, 그들은 그 어떤 것도 "알지" 못하고 깨닫지 못한다. 우리는 인간의 학문들을 배우는 것과 같은 방식이 아니라, 오직 성령이 우리의 마음에 하나님의 진리를 인치실 때에 그 진리를 의심 없이 확실하게 알게 되기 때문에, 참된 지식은 믿음과 연결되어 있다.

70. 예수께서 대답하시되. 그리스도께서 사도들 모두를 향하여 대답하시고 계신다는 점에서, 우리는 앞서 사도들 모두가 베드로의 입을 빌려서 말한 것이라고

추론할 수 있다. 또한, 지금 여기에서 그리스도께서는 이미 시작된 새로운 걸림돌이 될 사건에 대비하여 열한 사도들을 준비시키고 무장시키고 계시는 것이기도 하다. 그리스도를 따르는 제자들의 수를 이렇게 몇 안 되는 사람들로 줄여버린 것도 사탄이 사도들의 믿음을 흔들기 위해 사용한 강력한 무기였지만, 가룟 유다의 배신은 사도들의 숨통을 조여서 완전히 절망하게 만들 수 있는 사건이 될 수 있었다. 왜냐하면, 그리스도께서 친히 "열둘"이라는 저 거룩한 수(數)를 택하셨는데, 그 "열둘" 중에서 누군가가 배교하여 떨어져나가리라고는 그 누구도 상상할 수 없는 일이었을 것이기 때문이다. 그러므로 여기에 나오는 그리스도의 권면은 이렇게 해석될 수 있다: "많은 무리 중에서 오직 너희 '열둘' 만이 지금 남아 있다. 많은 사람의 불신앙에 의해서 너희의 믿음이 흔들리지 않았다면, 새로운 시험을 준비하라. 왜냐하면, 너희 '열둘' 만으로도 이미 적은 무리인데, 거기에서 앞으로 한 사람이 더 줄어들게 될 것이기 때문이다."

내가 너희 열둘을 택하지 아니하였느냐. 그리스도께서 자기가 "열둘을 택하였다"고 말씀하시는 것은 하나님의 영원한 계획이나 작정을 가리키시는 것이 아니다. 왜냐하면, 영생을 얻을 자로 예정된 자들은 단 한 사람이라도 떨어져나갈 수 없기 때문이다. 그러나 어쨌든 사도의 직분을 행하도록 택함을 받은 자들은 경건함과 거룩함에 있어서 다른 모든 사람들을 능가했어야 했다. 그러므로 그리스도께서는 일반 신자들로부터 선별되고 구별된 자들을 지칭하시기 위하여 "택하였다"는 단어를 사용하신 것이다.

그러나 너희 중의 한 사람은 마귀니라. 그리스도께서는 가룟 유다를 "마귀"라고 지칭하심으로써, 유다가 지극히 가증스러운 존재라는 사실을 밝히고자 하셨음에 틀림없다. "마귀"라는 표현이 함축하고 있는 가증스러움을 약화시키고자 하는 자들은 잘못된 것이고, 사실 사도직이라는 그토록 거룩한 직분을 욕되게 하는 자들은 아무리 지독하게 저주와 증오를 받는다고 해도 충분할 수 없다. 자신의 직분을 신실하게 수행하는 교사들은 "천사들"(또는, "사자들")이라 불린다: "제사장의 입술은 지식을 지켜야 하겠고 사람들은 그의 입에서 율법을 구하게 되어야 할 것이니 제사장은 만군의 여호와의 사자가 됨이거늘"(말 2:7). 그러므로 그토록 존귀한 자리를 허락받은 후에 배신(perfidia)과 사악함(scelus)으로 말미암아 타락하여 배교한 자가 있다면, 그는 "마귀"라 불리는 것이 합당하다. 한 가지 이유가 더 있는데, 그것은 하나님께서는 사탄이 평범한 사람들보다도 악하고 불경건한 사역자들을 더 큰 능력으로 더 자유롭게 주무를 수 있게 허락하신 까닭에, 목회자로 택함받은 자들이 마귀에게 사로잡혀서 야수나 괴물처럼 미쳐서 날뛰더라도, 우리는 그런 이유를 들어서 그들이 받은 저 존귀한 직분을 결코 멸시해서는 안 되고, 도리어 그 직분을 더럽힌 자들에 대하여 무시무시한 벌이 임하는 것을 보고서, 그 직분을 더욱더 존귀하게 여기는 것이 마땅하다는 것을 보여주시기 위한 것이다.

71. 이 말씀은 가룟 시몬의 아들 유다를 가리키심이라. 가룟 유다는 악한 양심을 가지고 있었음에도 불구하고, 우리는 유다가 조금이라도 찔림을 받았다는 것을 본문 속에서 읽을 수 없다. 외식하는 자들, 즉 위선자들은 너무나 무디어져 있어서, 누가 그들의 아픈 곳을 찔러도, 느끼지를 못한다. 또한, 그들은 사람들 앞에서 너무나 철면피로 행하는 까닭에 인간 중에 최고이신 그리스도 앞에서도 조금도 거리낌 없이 그들 자신이 더 잘났다고 뻐긴다.

제7장

¹그 후에 예수께서 갈릴리에서 다니시고 유대에서 다니려 아니하심은 유대인들이 죽이려 함이러라 ²유대인의 명절인 초막절이 가까운지라 ³그 형제들이 예수께 이르되 당신이 행하는 일을 제자들도 보게 여기를 떠나 유대로 가소서 ⁴스스로 나타나기를 구하면서 묻혀서 일하는 사람이 없나니 이 일을 행하려 하거든 자신을 세상에 나타내소서 하니 ⁵이는 그 형제들까지도 예수를 믿지 아니함이러라 ⁶예수께서 이르시되 내 때는 아직 이르지 아니하였거니와 너희 때는 늘 준비되어 있느니라 ⁷세상이 너희를 미워하지 아니하되 나를 미워하나니 이는 내가 세상의 일들을 악하다고 증언함이라 ⁸너희는 명절에 올라가라 내 때가 아직 차지 못하였으니 나는 이 명절에 아직 올라가지 아니하노라(7:1-8).

1. 예수께서 갈릴리에서 다니시고. 복음서 기자는 하나의 연속된 이야기를 쓰고자 하는 것이 아니라, 서로 다른 시기에 일어난 일들 중에서 기록할 만한 가치가 있다고 여겨지는 일들을 선별해서 여기에 모아놓은 것으로 보인다. 복음서 기자는 그리스도께서는 유대인들 속에서는 그 어디에서도 안전하게 거하실 수 없으셨기 때문에 한동안 "갈릴리에서 다니셨다"고 보도한다. 그리스도께서는 마음만 먹으시면 얼마든지 자신의 원수들의 온갖 시도들을 다 부수시거나 무력화시키실 수 있으셨는데도 은신처를 찾으셨다는 것을 이상하게 생각하는 자가 있다면, 그러한 의문을 해결하는 것은 쉬운 일이다. 즉, 그리스도께서는 아버지 하나님에게서 받은 사명을 마음에 두시고서 인간으로서 자기에게 주어진 한계들 내에서 행하고자 하셨다는 것이다. 즉, 그리스도께서는 아버지 하나님이 자기를 높이실 때까지는 "자기를 비워 종의 형체를 가진" 상태로 행하셔야 했던 까닭에, 사람이 하는 식으로 위험을 피해 몸을 숨기신 것이었다는 말이다.

그리스도께서는 자기가 죽을 때가 하나님의 계획 속에서 미리 정해져 있다는 것을 알고 계셨기 때문에, 굳이 죽을 위험을 피해 은신하실 필요가 없으셨던 것이 아니냐고 누가 반론을 제기한다면, 앞에서 내가 말한 해법이 여기에도 그대로 적용된다. 즉, 그리스도께서는 위험에 희생될 수 있는 하나의 인간으로서 행하고 계셨던 까닭에, 무턱대고 경솔하게 위험 속으로 뛰어드는 것은 합당치 않은 일이었다는 것이다. 위험을 만났을 때에 우리가 해야 할 일은, 하나님이 자신의 작정 속에서 우리에 대하여 정해 놓으신 것이 무엇인지를 묻는 것이 아니라, 하나님이 이 상황에서 우리에게 무엇을 명하시고 지시하시는 것인지, 우리의 직분이 우리에게 무엇을 요구하고 원하는 것인지, 우리의 삶을 올바르게 조율하는 길이 무엇인지를 묻는 것이다. 또한, 그리스도께서는 위험을 피하기는 하셨지만, 자기가 마땅히 해야 할 일들에서는 한 치도 벗어나지 않으셨다. 왜냐하면, 그리스도께서 안전하게 피하신 것은 순전히 아버지 하나님이 명하신 일들을 이루시기 위한 것이었기 때문이다. 우리가 하나님을 섬기기 위한 것이 아니라면, 우리의 목숨을 보존하여 살아갈 이유가 어디에 있겠는가? 그러므로 우리는 그저 우리의 목숨을 보존하기 위해서 우리가 살아가는 이유를 저버리지 않도록 늘 조심하지 않으면 안 된다. "유대"에서는 그리스도를 용납하지 않았지만, "갈릴리"의 한 보잘것없는 촌구석에서는 그리스도를 받아들여서 머무실 수 있게 한 것을 볼 때, 우리는 경건이나 하나님을 경외함이 언제나 교회의 주된 본거지들 속에서 발견되는 것은 아니라는 교훈을 얻는다.

2. 유대인의 명절인 초막절이 가까운지라. 내가 단정적으로 말할 수 있는 것은 아니지만, 이 일은 그리스도께서 세례를 받으신 지 2년째 되던 해에 일어났을 가능성이 높다. 지금으로서는 복음서 기자가 언급한 이 명절에 대해서 우리가 많은 것을 말할 필요는 없다. 모세는 하나님이 어떤 목적과 용도로 초막절을 지키라고 하셨는지를 보여주는데(레 23:34 이하), 그것은 유대인들로 하여금 해마다 초막절을 지키면서, 그들의 조상들이 40년 동안 집도 없이 초막에서 살았다는 것을 기억하고서, 그들을 구원하신 하나님의 은혜를 찬송하게 하기 위한 것이었다.

우리는 그리스도께서 두 가지 이유 때문에 이 절기 동안에 예루살렘에 오셨다는 것을 이미 앞에서 말한 바 있는데, 그 중 하나는 그리스도께서는 율법에 종노릇하는 우리 모두를 구속(救贖)하시기 위하여 스스로 율법의 멍에를 메시고서 한 가지도 빠짐없이 모든 율법을 지키고자 하셨다는 것이고, 다른 하나는 그리스도께서는 무수히 많은 사람들이 모이는 때를 복음을 전파할 좋은 기회로 활용하고자 하셨다는 것이다. 그러나 지금 복음서 기자는 초막절이 가까이 다가왔는데도 그리스도께서는 마치 예루살렘에 가실 의향이 전혀 없으시다는 듯이 한적한 갈릴리에서 별 움직임이 없이 그대로 머물러 계셨다고 보도한다.

3. 그 형제들이 예수께 이르되. 히브리인들 사이에서는 "형제들"이라고 하면 촌수를 따지지 않고 모든 친족과 혈족이 다 포함된다. 복음서 기자는 그들이 그리스도께서 사람들의 눈에 띄지 않도록 사람들을 피해서 갈릴리의 한 촌구석에 틀어박혀서 몸을 숨기고 있다고 생각해서 그를 비웃었다고 보도한다. 그들이 그리스도께서 유명해지기를 바라는 야심에 이끌려서 그렇게 하였으리라는 것은 의심의 여지가 없다. 그러나 그렇다고 하더라도, 그들이 그리스도께서 합리적이고 계획성 있게 행동하지 않는 것으로 생각하여서 그를 조롱했다는 것은 여전히 분명한 사실이다. 심지어 그들은 그리스도께서 유명한 사람이 되고자 하면서도 자기 자신에 대한 확신이 없어서 사람들 앞에 당당하게 나서지 못하는 것이라고 여겨서 그의 어리석음을 나무라기까지 하였다. 그들이 "제자들도 보게"라고 말했을 때, 거기에서 "제자들"은 그리스도와 함께 하였던 소수의 제자들만이 아니라, 그가 장차 이 나라 전체에서 얻고자 한 모든 제자들도 아울러 가리키는 것이었다. 왜냐하면, 그들은 "당신은 모든 사람에게 알려지게 되기를 원하면서도 은신해 계십니다"라는 말을 덧붙이고 있기 때문이다.

4. 이 일을 행하려 하거든 자신을 세상에 나타내소서. 이것은 "당신이 아주 유명해져서 모든 사람이 당신을 칭송하게 하고자 한다면, 모든 사람의 눈앞에 당신을 보이십시오"라는 뜻이다. 그들은 그리스도께서 출세해서 존귀함을 얻지도 못한 채로 "소수의 사람들"과 함께 시간을 보내며 살아가고 있는 것을 "세상"과 대비시킨다. 이것으로부터 우리는 다음과 같은 또 다른 의미를 이끌어 낼 수 있다: "당신이 이런 일들을 행하려 하거든, 즉 당신이 이적들을 계속해서 행하고자 한다면, 당신에게 있는 그 큰 능력을 통해서 얼마든지 스스로 명성을 얻을 수 있으니, 그 이적들을 쓸데없게 만들지 마십시오. 왜냐하면, 여기에서는 당신이 아무에게서도 당신에게 합당한 증언이나 공경(恭敬)을 얻을 수 없는 까닭에, 당신은 하나님이 당신에게 주신 모든 것을 여기에서 쓸데없이 낭비하고 있는 것이기 때문입니다." 이것을 통해서 우리는 하나님의 일을 생각함에 있어서 사람들의 영적 무감각함(socordia)이 얼마나 극심한지를 알게 된다. 왜냐하면, 그리스도의 친척들은 당연히 그가 나타내신 그의 신성(神性)의 명백한 증거들을 이루 말할 수 없이 경탄(驚歎)하고 공경하는 마음으로 바라보았어야 마땅한데도, 실제로는 그 증거들을 발로 짓밟아 버

렸던 까닭에, 이런 식으로 말할 수 있었던 것이기 때문이다.

우리가 여기에서 그리스도와 관련해서 듣고 있는 일은 매일같이 일상적으로 일어난다. 즉, 하나님의 자녀들은 외부인들보다도 자신들의 가까운 친척들로부터 더 큰 고통을 겪는다. 왜냐하면, 그들은 하나님을 순전하고 신실하게 섬기고자 하는 자들을 때로는 야심(ambitio)으로, 때로는 탐욕(avaritia)으로 이끌기 위해 시험하는 사탄의 도구들이기 때문이다. 그러나 그리스도께서는 그러한 사탄들을 단호하게 뿌리치시고, 우리가 형제들이나 친척들의 어리석은 욕망들에 굴복해서는 안 된다는 것을 자신의 모범을 통해서 우리에게 경고하신다.

5. 이는 그 형제들까지도 예수를 믿지 아니함이러라. 이 구절을 통해서 우리는 육신적으로 가까운 관계라는 것이 얼마나 쓸데없는 것인지를 알게 된다. 그토록 많은 역사(役事)들을 통해서 확증되었음에도 불구하고, 그들이 끝끝내 그리스도를 믿지 않은 까닭에, 성령께서는 여기에서 그리스도의 친척들에게 영원한 불명예(infamia)의 낙인을 찍으신다. 그러므로 바울이 말한 대로, 자기가 "그리스도 안에" 있는 자로 여김을 받고자 하는 자는 누구든지 "새로운 피조물"이 되어야 할 것이다(고후 5:17; 갈 6:15). 왜냐하면, 자기 자신을 온전히 하나님께 드리는 자들은 그리스도의 아버지, 어머니, 형제의 자리를 얻게 되고, 나머지 다른 사람들에 대해서는 그리스도께서 전혀 모른다고 부인하시기 때문이다(마 12:50). 한편, 동정녀 마리아와 관련해서 다른 모든 것에 대해서는 눈을 감은 채로 오직 그리스도의 어머니라는 관계만을 보고서 성모 마리아로 추앙하는 교황주의자들의 미신(迷信)은 한층 더 가관이다. 그들은 그리스도께서 무리 중에서 "당신을 밴 태와 당신을 먹인 젖이 복이 있나이다"라고 소리쳤던 여자를 책망하시고서, "오히려 하나님의 말씀을 듣고 지키는 자가 복이 있느니라"고 대답하셨다는 사실(눅 11:27-28)이 마치 없었던 것처럼 애써 외면해 버린다.

6. 내 때는 아직 이르지 아니하였거니와. 어떤 이들은 이 구절을 그리스도께서 죽으실 "때"를 가리키는 것으로 해석하지만, 그런 해석은 잘못된 것이다. 왜냐하면, 이 구절에 나오는 "때"는 그리스도께서 초막절을 지키시기 위해 예루살렘으로 떠날 때를 가리키기 때문이다. 이 말씀을 통해서 그리스도께서는 자기는 자신의 친척들과는 사정이 다르다는 것을 밝히신다. 즉, 그들은 세상이 자기들 편이고 자기들에게 우호적인 까닭에 언제라도 아무런 위험 없이 자유롭게 세상 앞에 나설 수 있지만, 그리스도께서는 세상이 자기에 대하여 적대적이기 때문에 세상 앞에

나서는 것을 조심하는 것이 당연하다는 것이다. 그리스도께서 이렇게 말씀하신 취지는 그들이 이해하지 못하는 일에 대하여 충고하는 것은 잘못된 것임을 보여주시기 위한 것이다.

7. 세상이 너희를 미워하지 아니하되. 이것은 그리스도께서 그들이 철저히 육신적이라고 책망하시는 말씀이다. 왜냐하면, 세상과의 화평(pax mundi)은 온갖 죄악에 대한 불경건한 동의(同意)를 통해서만 얻어질 수 있기 때문이다.

나를 미워하나니 이는 내가 세상의 일들을 악하다고 증언함이라. 여기에서 "세상"은 거듭나지 않아서 자신의 타고난 본성을 그대로 지니고 있는 자들을 가리킨다. 그런 까닭에, 그리스도께서는 성령으로 거듭나지 않은 자들은 모두 다 자신의 대적들임을 밝히신다. 그들이 그리스도를 대적하는 이유는 무엇인가? 그것은 그리스도께서 그들의 행위를 정죄하시기 때문이다. 우리가 여기에 나오는 그리스도의 판정(判定, iudicium)에 동의하고 그대로 받아들인다면, 우리는 인간의 본성 전체는 너무나 타락되어 있고 죄악으로 가득 차 있기 때문에, 거기로부터는 올바르거나 진실하거나 선한 것이 결코 나올 수 없다는 것을 인정하지 않을 수 없게 된다. 이것이 우리가 우리 자신이 타고난 상태에 그대로 머물고 있는 한, 우리 자신에 대하여 만족스러워하는 이유이다.

그리스도께서 자기가 "세상의 일들을 악하다고 증언하는" 까닭에 "세상이 나를 미워한다"고 말씀하시는 의도는 성령이 "와서 죄에 대하여 … 세상을 책망하시리라"(요 16:8)는 말씀처럼, 복음이 온 세상을 유죄(有罪)로 단죄하여 하나님의 심판대 앞으로 소환해서, 혈(血)과 육(肉)을 부수어서 아무것도 아닌 것으로 만들어 버리지 않는다면, 그것은 제대로 복음을 전하는 것이 아니라는 것을 보여주시기 위한 것이다. 또한, 이 말씀으로부터 우리는 사람들의 타고난 교만이 너무나 크기 때문에, 사람들은 온갖 악을 저지르면서도 자기가 괜찮은 사람이고 잘난 사람이라고 생각한다는 것을 배운다. 왜냐하면, 만일 사람들이 도가 지나친 자기애(自己愛)에 도취되어 눈이 멀어 있어서 온갖 죄를 지으면서도 자기 자신이 잘났다고 생각하지만 않는다면, 그들은 책망을 받아도 분노로 활활 타오르지는 않을 것이기 때문이다. 사람들이 저지르는 온갖 악들 가운데서 가장 치명적이고 특별한 악은 오만방자함(fastus et arrogantia)이다. 오직 성령만이 우리를 부드럽게 만들어서, 우리로 하여금 책망들을 인내로써 잘 감당하는 가운데에 우리 자신을 복음의 칼에 의해서 죽임을 당하도록 기꺼이 내줄 수 있게 해준다.

⁹이 말씀을 하시고 갈릴리에 머물러 계시니라 ¹⁰그 형제들이 명절에 올라간 후에 자기도 올라가시되 나타내지 않고 은밀히 가시니라 ¹¹명절중에 유대인들이 예수를 찾으면서 그가 어디 있느냐 하고 ¹²예수에 대하여 무리 중에서 수군거림이 많아 어떤 사람은 좋은 사람이라 하며 어떤 사람은 아니라 무리를 미혹한다 하나 ¹³그러나 유대인들을 두려워하므로 드러나게 그에 대하여 말하는 자가 없더라(7:9-13).

9. 갈릴리에 머물러 계시니라. 복음서 기자는 여기에서 한편으로는 그리스도의 "형제들"이 유대인들의 통상적인 관습을 따라서 하나님을 예배하는 체하면서 불신자들과 어울러서 안전하게 길을 떠난 모습, 다른 한편으로는 세상으로부터 미움을 받으셨던 그리스도께서는 자신의 직무를 행하시기 위하여 사람들 앞에 공공연히 나서지 않으실 수 없게 된 때가 되어서야 비로소 "은밀히" 예루살렘으로 길을 떠나시는 모습을 우리에게 보여준다. 그러나 그리스도에게서 떠나는 것보다 더 비참한 것은 없기 때문에, 하나님의 아들 그리스도를 부정(否定)하고 떠나는 너무나 큰 대가를 치르고서 얻은 평화에 저주가 있으라.

11. 유대인들이 예수를 찾으면서. 우리는 여기에서 당시의 교회가 어떤 상태에 있었는지를 생각할 필요가 있다. 당시에 유대인들은 굶주린 자들처럼 하나님께서 약속하셨던 구속(救贖, redemptio)을 간절하게 기다리고 있었지만, 그리스도께서 그들에게 나타나셨을 때, 그들에게서는 그리스도를 의심스러운 눈초리로 바라보는 것이 계속되고 있었기 때문에, 그리스도를 놓고서 온갖 견해들과 수군거림이 난무하는 가운데 그들은 혼란스러운 상태에 있었다. 그들이 은밀하게 "수군거리는" 모습은 제사장들과 서기관들이 그들에 대하여 폭정(暴政)을 행하고 있었음을 보여주는 증표였다. 당시에 세상에서 유일한 교회였던 유대 교회가 여기에서 제대로 모습을 갖추지 못한 혼란스러운 혼돈 상태로 우리에게 제시되고 있다는 것은 사실 끔찍한 일이 아닐 수 없다. 다스리는 자들이 백성들의 목자(牧者)가 되어주지 못하고, 도리어 두려움과 공포로 백성들을 억압했기 때문에, 온 "몸," 즉 교회 전체가 부끄러울 정도로 초토화되고 통탄스러울 정도로 지리멸렬한 상태가 되어 있었다. 복음서 기자가 여기에서 "유대인들"이라고 지칭한 자들은 지난 2년 동안 그리스도의 말씀을 들어 왔던 평범한 사람들을 가리키는데, 그들은 여느 때와는 달리 그리스도의 모습이 보이지 않았기 때문에, 그리스도께서 어떻게 되신 것이냐고 묻고 다닌 것이었다. 왜냐하면, "그가 어디 있느냐"라는 말은 이미 알고 있는 사람에

대하여 물을 때에 사용되는 말이기 때문이다. 하지만 이 말은 그들의 마음이 아직 진정으로 감화를 받은 것은 아니고, 그들 속에 여전히 의심이 남아 있었다는 것을 보여주는 것이기도 하였다.

12. 무리 중에서 수군거림이 많아. 이 구절의 의미는 유대인들은 여럿이 모일 때 마다, 사람들이 많이 모일 때에 보통 그러하듯이, 그리스도를 놓고서 은밀하게 서로의 견해들을 교환하였다는 것이다. 복음서 기자가 그리스도를 놓고서 사람들의 의견이 분분했다고 보도하고 있는 것은, 사람들이 심지어 교회 속에서조차도 그리스도에 관하여 의견이 서로 다른 것은 전혀 새삼스러운 악(惡)이 아니라는 것을 증명해 준다. 그리스도께서 옛적에 자기 백성 중 대다수의 사람들에 의해서 정죄를 당하셨다고 해도, 우리가 그리스도를 영접하기를 주저하는 일이 없는 것과 마찬가지로, 그리스도를 놓고서 사람들 사이에서 매일처럼 분분한 견해들이 오고간다고 해도, 우리가 그리스도를 믿는 것에 주저하는 일이 없어야 우리의 믿음이 방해를 받지 않게 된다. 또한, 우리는 여기에서 사람들이 하나님의 일들과 관련해서 얼마나 경솔하고 무모한지를 볼 수 있다. 만약 이 일이 별로 중요하지 않은 문제였다면, 그들은 그토록 무모하게 제멋대로 판단하거나 처리하지 않았을 것이다. 그러나 어떤 일이 하나님의 아들이나 그의 지극히 거룩한 가르침과 관련된 것일 때, 그들은 그 일에 대하여 즉시 아무런 주저 없이 경솔하게 판단을 내려버린다. 우리가 별 생각 없이 무분별하게 행하는 것으로 인해서 우리의 삶이 하나님의 영원한 진리에 의해서 정죄당하는 일이 없게 하려면, 우리는 더욱더 절제하고 절제하여야 한다. 세상이 우리를 사기꾼이라고 비방할 때, 우리가 그런 것에 개의치 않고 늘 진실하다는 것을 보여주기만 한다면, 그런 비방이야말로 우리가 그리스도의 사람들임을 증명해주는 표(標, stigma)라는 것을 기억하라. 한편, 이 구절은 온 "몸," 즉 교회 전체가 혼돈 상태에 있다고 할지라도, 큰 무리 중에는 올바르게 생각하는 사람들도 늘 있지만, 올바른 지각(知覺)을 지닌 이 소수의 사람들은 광기(狂氣)에 사로잡혀 있는 다수의 사람들에 의해서 압도당하여 묻혀 버린다는 것도 보여준다.

13. 유대인들을 두려워하므로 드러나게 그에 대하여 말하는 자가 없더라. 이 구절에 나오는 "유대인들"은 당시에 정권을 장악하고 있던 지배 계층에 속한 자들을 가리킨다. 그들은 그리스도에 대한 증오심으로 불타올라 있어서, 백성들이 그리스도에 대하여 가타부타 얘기하는 것 자체를 금지하였다. 그들이 그런 조치를 한 것은 그리스도께서 백성들로부터 온갖 비방을 듣는 것을 그들이 싫어했기 때문이 아

니라, 그리스도라는 이름을 아예 입에 올리지 못하게 해서 그 이름이 백성들 사이
에서 잊혀지게 하는 것이 상책이라고 생각했기 때문이었다. 진리를 미워하는 자들
은, 아무리 탄압을 해보아야 별 소용이 없다는 것을 알게 되면, 이런 식으로 진리에
대한 기억을 사람들 사이에서 없애버리는 쪽으로 목표를 바꾸어서, 오직 그 목표
를 이루기 위해서 전력투구를 한다. 내가 앞에서 이미 말했듯이, 모두가 "두려워
서" 공개적으로 말을 못하였다는 것은 극심한 폭정(暴政)의 증거였다. 왜냐하면,
교회가 제대로 잘 다스려져서 거기에 자유를 빙자한 방종(licentia)이 들어설 자리
가 없어야 하는 것은 당연하지만, 두려움으로 인해서 모든 자유가 억압당하고 있
다면, 그것은 교회의 가장 비참한 모습이기 때문이다. 그러나 그리스도께서는 무
장한 원수들이 증오심에 가득 차서 광분하여 무시무시한 폭정을 자행하는 와중에
서, 모든 백성들이 듣도록 입을 여셔서 하나님의 진리를 선포하신 것이기 때문에,
그리스도의 능력은 한층 더 분명하고 놀랍게 빛을 발하였다.

[14]이미 명절의 중간이 되어 예수께서 성전에 올라가사 가르치시니 [15]유대인들이 놀
랍게 여겨 이르되 이 사람은 배우지 아니하였거늘 어떻게 글을 아느냐 하니 [16]예수
께서 대답하여 이르시되 내 교훈은 내 것이 아니요 나를 보내신 이의 것이니라 [17]사
람이 하나님의 뜻을 행하려 하면 이 교훈이 하나님께로부터 왔는지 내가 스스로
말함인지 알리라 [18]스스로 말하는 자는 자기 영광만 구하되 보내신 이의 영광을 구
하는 자는 참되니 그 속에 불의가 없느니라 [19]모세가 너희에게 율법을 주지 아니하
였느냐 너희 중에 율법을 지키는 자가 없도다 너희가 어찌하여 나를 죽이려 하느
냐(7:14-19).

14. 예수께서 성전에 올라가사. 우리는 여기에서 그리스도께서 사람들 앞에 나
서기가 두려워서 자신의 일을 수행하지 않으신 것이 아니라는 것을 알게 된다.
왜냐하면, 이 구절은 그리스도께서 자신의 일을 미루신 것은 아주 큰 무리가 모일
때를 기다리셔서 그 무리 앞에서 말씀을 전하시기 위한 것임을 보여주기 때문이
다. 그러므로 우리는 때로 위험을 피하여 물러나는 것은 괜찮지만, 선을 행할 기회
를 단 한 번이라도 소홀히 하거나 놓쳐서는 결코 안 된다. 그리스도께서 성전에서
가르치신 것은 옛적의 규례와 관습을 따르신 것이었다. 하나님께서는 아주 많은
예식(禮式)들을 명하시긴 했지만, 자기 백성이 무턱대고 아무런 의미도 모른 채 그

런 예식들을 행하는 데에 몰두하는 것을 원하지 않으셨고, 백성들에게 그 예식들의 의미를 알게 해주기 위해서는 반드시 가르침이 수반되어야 했다. 이런 식으로 외적인 의식(儀式)들은 하나님의 말씀을 토대로 해서 행하여질 때에만 영적인 일들을 상징적으로 보여주는 생생한 표상(表象, imago)들이 된다. 그런데 당시에 거의 모든 제사장들은 입을 다물었고, 서기관들은 "누룩"과 자기들이 거짓으로 고안해 낸 것들로 순전한 가르침을 더럽히고 훼손시켰기 때문에, 그리스도께서는 친히 가르치시는 직분을 담당하셨다. 잠시 후에 자기는 아버지 하나님께서 명하신 것 외에는 아무 일도 하지 않는다고 분명하게 밝히시고 계시듯이, 그리스도께서는 대제사장이셨기 때문에, 그것은 합당한 일이었다.

15. 유대인들이 놀랍게 여겨. "유대인들이 놀랍게 여겼다"고 해서, 그들이 그리스도를 받아들여서 존경하고 공경하게 되었다고 생각한다면, 그것은 착각이다. 즉, 유대인들이 놀랍게 여긴 것은 이제 그 일로부터 그리스도를 멸시할 빌미를 찾아내기 위한 수순에 불과한 것이었다. 왜냐하면, 사람들은 하나님의 역사(役事)들을 평가할 때에 언제나 자연스럽게 의도적으로 거기에서 뭔가 틀린 것이나 잘못된 것은 없는지를 찾아내는 것이 몸에 배어 있을 정도로, 그 배은망덕함이 극에 달해 있기 때문이다. 하나님께서 통상적인 수단들과 통상적인 방식으로 역사하시면, 우리 눈에 보이는 그러한 수단들은 우리로 하여금 거기에서 하나님의 손길을 보지 못하게 가로막는 휘장들과 같은 역할을 한다. 그러므로 우리는 거기에서 인간적인 것 외에는 아무것도 보지 못한다. 그러나 자연의 질서나 우리에게 일반적으로 알려져 있는 수단들을 초월하여 전에 보지 못했던 하나님의 특별한 능력이 나타나서 빛을 발하면, 우리는 너무나 놀라 넋이 나가버리기 때문에, 그 일은 우리의 모든 지각(知覺)에 깊이 감화를 주었어야 마땅한데도, 도리어 꿈결에 일어난 일처럼 흘러가버리고 만다. 왜냐하면, 우리의 교만(superbia)은 너무나 커서, 우리는 그 원인을 알 수 없는 일에 대해서는 관심을 기울이지도 않고 깊이 생각하지도 않기 때문이다.

그리스도께서는 그 어떤 선생에게서도 가르침을 받으신 적이 없으셨는데도 성경을 아는 지식에 있어서 뛰어난 능력을 보여주셨다는 것, 그리고 학생이셨던 적이 없으셨는데도 아주 뛰어난 교사이셨다는 것은 하나님의 능력과 은혜를 보여주는 놀라운 증거였다. 그런데도 유대인들이 하나님의 은혜를 멸시한 것은 그 은혜가 그들의 이해력의 수준을 넘어서 있었기 때문이었다. 그러므로 우리는 여기에서 유대인들의 예(例)를 경계로 삼아서, 하나님의 역사(役事)들을 생각할 때에 갖게 되는 것보다도 더 큰 경외심으로 하나님을 섬기는 법을 배우는 것이 마땅하다.

16. 내 교훈은 내 것이 아니요. 그리스도께서는 유대인들에게 이 일이 그들에게 걸림돌로 작용하고 있지만, 사실은 그들이 이 일을 사다리로 삼아서 더 높은 곳으로 올라가 하나님의 영광을 보았어야 마땅했다는 것을 보여주신다. 이것은 "너희가 사람들의 학교에서 배우지 않은 이가 선생이 되어 있는 것을 본다면, 그가 하나님에게서 가르침을 받은 이라는 것을 알라"고 말씀하신 것과 같다. 왜냐하면, 천부(天父)께서 자기 아들이 서기관들의 학교에서가 아니라 목수의 작업장에서 나오도록 정하신 이유는 복음의 기원(起源)을 좀 더 분명하게 드러내서, 그 누구도 복음이 이 땅에서 만들어졌다고 생각하거나 사람이 복음을 만들어 내었다고 상상하지 않도록 하시기 위한 것이었기 때문이다. 마찬가지로, 그리스도께서 무지하고 배우지 못한 자들을 사도들로 택하셔서 3년 동안 아무것도 모르는 무지(無知) 가운데 그대로 두신 것도 그들을 한순간에 가르치셔서 새롭게 된 사람들로, 아니 심지어 하늘에서 방금 내려온 천사들로 사람들 앞에 세우시기 위한 것이었다.

나를 보내신 이의 것이니라. 이 말씀을 통해서 그리스도께서는 우리가 영적인 가르침의 권위를 어디에서 찾아야 하는지를 보여주신다. 즉, 우리는 그 권위를 오직 하나님에게서 찾아야 한다는 것이다. 그리스도께서 자기가 가르치는 것이 아버지 하나님의 가르침이지 자신의 가르침이 아니라고 말씀하신 것은 자기를 단지 사람으로 보고서 그 이상으로는 보지 않았던 청중들의 수준을 고려하신 것이었다. 그러므로 여기에서 그리스도께서는 자기가 백번 양보해서 그들이 자기를 아버지 하나님과 다른 존재로 여긴다고 할지라도 얼마든지 감수하겠으니, 아버지 하나님께서 명하신 것만을 자기가 전한다는 것만이라도 믿어달라고 말씀하고 계시는 것이다. 이 말씀의 요지는, 그리스도께서 아버지 하나님의 이름으로 가르치시는 "교훈"은 사람들에게 속한 것도 아니고 사람들로부터 나온 것도 아니기 때문에 그 교훈을 멸시하는 자들은 결코 무사하지 못하리라는 것이다. 우리는 그리스도께서 어떤 방식으로 자신의 가르침에 대한 권위를 확보하시는지를 보는데, 그것은 자신의 가르침을 그 원천(源泉)이 되시는 하나님께 돌리는 것이다.

또한, 우리는 그리스도께서 어떤 권한과 근거로 자신의 가르침을 들으라고 사람들에게 요구하시는지를 보는데, 그것은 아버지 하나님께서 자기를 보내셔서 가르치게 하셨다는 것이다. 가르치는 직분을 맡고 있고, 사람들이 자기가 가르치는 것을 믿기를 원하는 자는 누구든지 반드시 이 두 가지를 갖추고 있어야 한다.

17. 사람이 하나님의 뜻을 행하려 하면. 그리스도께서는 사람들이 제기할 수 있는 반론들을 내다보시고서 미리 거기에 대해 말씀하신다. 왜냐하면, 그 자리에서 그리스도를 대적하는 자들이 많아서, 그들 중 한 사람이 얼마든지 다음과 같이 그를 향해 쏘아붙일 수도 있었을 것이기 때문이다: "우리는 당신이 하나님으로부터 온 사람이라는 것을 알지도 못하고 인정하지도 않는데, 왜 당신은 하나님의 이름을 거론하며 우리 앞에서 으스댑니까? 마찬가지로, 우리는 알지도 못하고 인정하지도 않는데, 왜 당신은 오직 하나님이 명하신 것만을 가르친다는 원론적인 이야기로 우리를 압박하는 겁니까?" 그러므로 그리스도께서는, 올바른 판단(rectum iudicium)은 하나님을 두려워하고 경외하는 것으로부터 나오기 때문에, 그들에게 하나님을 두려워하는 마음이 있기만 한다면, 그들은 자기가 전하는 "교훈"이 참인지 거짓인지를 금방 알게 될 것이라고 대답하신다. 또한, 이 말씀은 그리스도께서 그들을 간접적으로 꾸짖으시는 말씀이기도 하다. 그들이 거짓과 참을 구별하지 못하는 것은 오직 올바른 깨달음에 가장 우선적으로 꼭 필요한 것, 즉 경건(pietas)과, 하나님께 순종하고자 하는 열심(studium obsequendi Deo)이 그들에게 결여되어 있기 때문이 아니라면 도대체 무엇 때문이겠는가?

그리스도께서 하신 이 말씀은 매우 주목할 만한 말씀이다. 왜냐하면, 사탄은 자신의 속임수들로 우리를 잡기 위해서 끊임없이 우리에 대하여 음모를 꾸미고 사방에 덫을 놓아 두는데, 그리스도께서는 여기에서 사탄의 속임수에 넘어가지 않도록 조심해야 한다는 것을 너무나 탁월한 방식으로 우리에게 경고하시면서, 우리가 하나님께 순종할 준비가 되어 있기만 한다면, 하나님께서는 반드시 자신의 성령의 빛으로 우리를 비추셔서, 우리로 하여금 참과 거짓을 분별하게 하실 것이라고 선언하고 계시기 때문이다. 그러므로 우리로 하여금 바르게 판단하지 못하도록 방해하는 것은 오직 우리가 고집이 세서 남의 말을 듣지 않고 자기 멋대로 행하고자 하는 것 외에 다른 것이 없기 때문에, 우리가 사탄의 속임수에 넘어갈 때마다, 사실 그것은 우리의 외식(外飾) 또는 위선에 대한 합당한 벌을 받는 것이다. 따라서 모세도 하나님께서 거짓 선지자들이 일어나는 것을 허락하시는 것은 우리를 시험하시고 검증하시기 위한 것이라고 경고한다(신 13:3). 왜냐하면, 올바른 마음을 지닌 자들은 결코 거기에 속아 넘어가거나 미혹당하지 않을 것이기 때문이다. 이것으로부터 분명해지는 것은 오늘날 많은 사람들이 마치 "문을 두드리라 그리하면 너희에게 열릴 것이니"(마 7:7)라는 말씀이 헛된 빈 말이라는 듯이, 자기가 잘못되면 어쩌나 하는 두려움에 사로잡혀서 바로 그 두려움 때문에 배우고자 하는 마음을 전부 닫아버리는 너무나 악하고 어리석은 짓을 저지르고 있다는 것이다. 그러나 그런 두려움과는 정반대로, 우리가 하나님께 온전히 순종하기만 한다면, 하나님께서 우리를 늘 지도해 주고 인도해 줄 분별의 영(spiritus discretionis)을 주시리라는 것을 우리는 의심해서는 안 된다. 그래도 계속해서 의심하고 주저하는 자들이 있다면, 그들은 자신들이 몰라서 그랬다고 하는 변명이나 핑계가 얼마나 공허한 것인지를 결국 알게 될 것이다. 실제로, 우리는 성경을 읽거나 듣고서 하나님의 진리가 어디에 있는지를 진지하게 탐구하기보다는 지금도 여전히 의심을 품고 주저하는 쪽을 택한 모든 자들이 일반적인 원리들을 들먹이며 아무렇지도 않게 하나님께 도전하는 것을 본다. 어떤 사람은 자신의 판단을 불신하는 까닭에, 악한 자들이 연옥(煉獄)에 관하여 만들어 낸 거짓된 교리들을 감히 단죄할 수 없기 때문에, 죽은 자들을 위해서 기도한다고 말하지만, 사실 그 사람은 뒤에서 아무렇지도 않게 간음을 저지른다. 어떤 사람은 그리스도의 순전한 가르침과 사람이 고안해 낸 거짓 교리들을 구별해 낼 수 있을 만큼 자기가 영리하지 않다고 말하지만, 사실 그 사람은 남의 물건을 훔치고 위증을 할 만큼 영리하다. 요컨대, 오늘날 논쟁이 되고 있는 신앙적인 문제들에 대해서는 의심스럽다고 말하며 의심이라는 휘장(dubitationis velum) 뒤에 숨어 있는 모든 회의론자들은 신앙적으로 아주 분명하고 모호하지 않은 문제들에 있어서는 하나님을 대놓고 멸시하고 있다는 것이다. 그러므로 복음의 가르침이 오늘날 극소수의 사람들에 의해서만 받아들여지고 있다는 것은 전혀 이상하거나 놀랄 일이 아니다. 왜냐하면, 세상에서는 하나님을 두려워하는 일이 대단히 드물기 때문이다. 한편, 그리스도께서 하신 이 말씀 속에는 참된 신앙에 대한 정의도 담겨 있다. 즉, 우리가 하나님의 뜻을 마음으로 따를 준비가 되어 있을 때, 거기에 참된 신앙이 있다는 것이다. 하지만 자기 자신의 지각이나 감(感)을 버린 자들이 아니면, 아무도 그렇게 할 수 없다.

내가 스스로 말함인지. 우리는 그리스도께서 우리가 어떤 가르침에 대하여 어떤 방식으로 판단을 내리기를 원하시는지를 주목할 필요가 있다. 그리스도께서는 우리가 하나님으로부터 온 가르침은 군말 없이 받아들이고, 사람들로부터 나온 가르침은 주저 없이 버리기를 원하신다. 이것은 우리로 하여금 이런저런 가르침들을 분별하도록 하시기 위하여 그리스도께서 주신 유일한 표지(標識)이다.

18. 스스로 말하는 자는 자기 영광만 구하되. 지금까지 그리스도께서는 사람들의 눈이 멀어 있는 유일한 이유는 그들에게 하나님을 두려워하는 것이 없기 때문이라는 것을 보여주셨는데, 이제 여기에서는 어떤 가르침이 하나님으로부터 온 것인지, 아니면 사람에게서 온 것인지를 알게 해주는 또 하나의 표지(標識)를 제시하신다. 즉, 하나님의 영광을 드러내는 것은 무엇이든지 거룩할 뿐만 아니라 하나님으로부터 온 것인 반면에, 사람들의 야심(ambitio)에 기여하거나, 사람들을 높임으로써 하나님의 영광을 가리는 것은 무엇이든지 믿을 가치가 없을 뿐만 아니라 단호하게 배척하는 것이 마땅하다는 것이다. 하나님의 영광을 자신의 목적으로 삼는 자는 결코 잘못되지 않을 것이고, 이러한 시금석(試金石)을 사용해서 하나님의 이름으로 온 것인지를 살피고 검증하는 자는 결코 사이비(似而非)에 속아 넘어가지 않을 것이다. 또한, 이 말씀은 오직 그 어떠한 야심도 없이 자기에게 있는 힘을 다해서 하나님의 영광을 높이는 것을 자신의 유일한 목적으로 삼는 자만이 교회에서 가르치는 자의 직분을 신실하게 수행할 수 있다는 것을 우리에게 일깨워 준다.

그리스도께서 "그 속에 불의가 없느니라"고 말씀하신 것은 자기에게는 거짓되거나 외식하는 것이 전혀 없고, 자기는 오직 하나님의 정직하고 진실한 사역자에 합당한 것들만을 행하고 계신다는 의미이다.

19. 모세가 너희에게 율법을 주지 아니하였느냐. 복음서 기자는 그리스도께서 행하신 설교의 모든 내용을 다 세세하게 보도하는 것이 아니라, 단지 그 설교의 핵심을 담고 있는 주된 주제들을 간략하게 선별해서 보도한다. 제사장들과 서기관들은 그리스도께서 중풍병자를 고치셨다는 이유로 죽일 듯이 미워하고 분노하면서, 그러한 증오와 분노가 율법에 대한 그들의 열심(zelus)에서 나온 것이라고 당당하게 말하였다. 그리스도께서는 그들의 외식(外飾)을 반박하시기 위해서, 지금 문제가 되고 있는 일이 아니라 그들의 사람됨(persona)을 근거로 해서 논증을 해나가신다. 즉, 그리스도께서는 그들이 모두 마치 율법을 전혀 알지 못하는 자들인 듯이 온갖 죄악들을 거리낌 없이 행해온 자들이라는 사실을 근거로 삼아서, 거기로부터 그들은 율법에 대한 사랑이나 열심에 의해서 행하고 있는 것이 아니라는 결론을 제시하신다. 하지만 이러한 변증만으로는 그리스도께서 하신 일이 옳다는 것을 증명하는 데에는 충분하지 않아 보일 수 있다. 왜냐하면, 우리는 다른 사람들이 저지른 죄악들을 들추어내서, 거기에 편승하여 우리 자신의 잘못을 덮거나 가볍게 넘어가고자 해서는 안 되는 까닭에, 설령 그들이 자신들의 악하고 불의한 증오심을

거짓된 핑계를 대며 은폐하였다는 것이 인정된다고 할지라도, 그리스도께서 율법의 계명과 어긋나는 일을 하신 것이라면, 그것이 옳게 행하신 것이라는 결론은 도출될 수 없기 때문이다. 그러나 사실, 그리스도께서는 여기에서 두 부분을 서로 연결시켜서 말씀하고 계시는 것이다. 즉, 그리스도께서는 앞부분에서 원수들의 양심을 향해 말씀하시면서, 그들이 율법의 수호자라고 교만하게 자랑하고 다녔기 때문에, 실상인즉 그들은 기분 내키는 대로 아무렇지도 않게 율법을 범하는 자들인 까닭에 율법에 대해서는 전혀 관심이 없는 자들이라고 꾸짖으심으로써 그들의 가면을 벗겨내시고, 그런 후에 우리가 곧 살펴보게 될 뒷부분, 곧 "너희가 어찌하여 나를 죽이려 하느냐"는 질문으로 넘어가시는 것이다. 그러므로 그리스도의 변증은 완벽하고 모든 부분이 아주 잘 짜여 있다. 따라서 여기에 나오는 말씀의 요지는 율법을 멸시하는 자들 속에는 율법에 대한 열심이라는 것은 존재하지 않는다는 것이다. 이것으로부터 그리스도께서는 유대인들에게 그토록 큰 분노를 불러일으켜서 자기를 죽이고자 하는 마음을 촉발시킨 다른 어떤 요인이 있다는 결론을 제시하신다. 마찬가지로, 악한 자들이 하나님과 바른 가르침을 대적하여 싸우면서도, 마치 경건한 동기들을 가지고서 그렇게 행하는 체할 때마다, 우리도 그리스도께서 하셨던 방식대로 그 악한 자들을 그들의 은신처(latebra)에서 끌어내야 한다.

오늘날 복음을 가장 지독하게 대적하는 원수들이자 교황 제도를 가장 열렬하게 옹호하는 자들은 자기들이 하나님에 대한 열심(zelus)으로 그렇게 행하는 것이라고 아주 자랑스럽게 말한다. 그러나 그런 자들의 삶을 조금 더 세밀하게 살펴보면, 그들은 모두 자신들의 추악하고 부끄러운 짓들을 감춘 채로 하나님을 공개적으로 우롱하고 있다는 것이 드러난다. 교황청이 쾌락주의자들로 가득 차 있다는 것을 모르는 사람이 어디에 있는가? 주교들과 수도원장들에게서 자신들의 추악함을 부끄러워할 만한 염치나 신앙심 비슷한 것이라도 찾아볼 수 있는가? 또한, 수도사들과 그 밖의 다른 떠벌이기 좋아하는 자들 중에서, 온갖 사악함과 정욕과 탐욕, 온갖 종류의 충격적인 범죄들에 자신을 내던져서, 그들이 하나님을 완전히 잊었다는 것을 그들의 삶이 큰 소리로 외치지 않는 자가 어디 있는가? 이제 그들이 하나님과 교회에 대한 자신들의 열심을 자랑하는 것을 부끄러워하지 않는다면, 우리가 그리스도께서 하신 이 대답으로 그들에게 재갈을 물리는 것이 마땅하지 않겠는가?

²⁰무리가 대답하되 당신은 귀신이 들렸도다 누가 당신을 죽이려 하나이까 ²¹예수께

서 대답하여 이르시되 내가 한 가지 일을 행하매 너희가 다 이로 말미암아 이상히 여기는도다 ²²모세가 너희에게 할례를 행했으니 (그러나 할례는 모세에게서 난 것이 아니요 조상들에게서 난 것이라) 그러므로 너희가 안식일에도 사람에게 할례를 행하느니라 ²³모세의 율법을 범하지 아니하려고 사람이 안식일에도 할례를 받는 일이 있거든 내가 안식일에 사람의 전신을 건전하게 한 것으로 너희가 내게 노여워하느냐 ²⁴외모로 판단하지 말고 공의롭게 판단하라 하시니라(7:20-24).

20. 당신은 귀신이 들렸도다. 이것은 "당신은 미쳤다"고 말한 것과 같다. 이 말은 어떤 사람이 분노에 차서 광분하거나 넋이 나가고 이성을 잃었을 때에 귀신이 들려서 그런 것이라고 배워왔던 유대인들 사이에서 흔하게 사용되던 말이었다. 우리의 아버지가 되시는 하나님의 회초리는 온유하면서도 절제된 징계인 까닭에, 하나님께서 우리를 좀 더 엄하고 호되게 다루실 필요가 있으실 때에는, 자신의 손으로 직접 우리를 때리시는 것이 아니라, 자신의 진노를 집행할 일꾼인 마귀를 사용하시는 것으로 보인다. 무리들은 단순해서 그리스도를 나무랐다. 왜냐하면, 일반 사람들은 제사장들의 속셈을 알 수 없었기 때문이다. 그래서 이 어리석은 자들은 그리스도께서 그들이 자기를 죽이려 한다고 항변하시는 것을 미쳐서 그렇게 말하는 것이라고 한 것이다. 이것으로부터 우리는 우리가 잘 알지 못하는 일들에 대해서 섣불리 무엇이라고 단정하는 것을 극히 조심해야 하고, 무지한 자들이 경솔하게 우리를 단죄하는 경우에는, 그리스도의 모범을 따라서 그러한 모욕을 온유하게 받아넘겨야 한다는 것을 배운다.

21. 내가 한 가지 일을 행하매. 그리스도께서는 이제 유대인들의 인간됨에 대해서 말씀하시는 것을 그치시고, 문제가 된 일 자체에 대해서 말씀하시기 시작하신다. 즉, 그리스도께서는 자기가 행한 이적이 하나님의 율법에 저촉되지 않는다는 것을 증명하신다. 그리스도께서 자기가 "한 가지 일"을 행하셨다고 말씀하신 취지는 그들이 자기를 죄인 취급하고 비난하는 것은 단 한 가지 범죄 또는 "한 가지 일," 즉 자기가 안식일에 사람을 고쳤다는 것 때문이지만, 그들은 안식일마다 그것과 동일하거나 비슷한 일들을 수도 없이 행하면서도 그 일들을 잘못된 것으로 여기지 않는다는 것을 말씀하시기 위한 것이었다. 실제로 유대 땅에서는 안식일이 다 지나가지 않았는데도 많은 유아들에 대하여 할례가 행하여지곤 하였다. 그리스도께서는 이런 예(例)를 들어 자신의 행위를 변호하시지만, 비슷한 예를 들어서 변

중하시는 것이 아니라, 큰 일과 작은 일을 대비시키시는 방식으로 변증하신다. 할
례와 중풍병자를 고치신 일은 둘 다 하나님의 일이라는 점에서 유사성이 있었지
만, 그리스도께서는 후자가 그 사람에게 전인적으로 유익을 끼친다는 점에서 더
큰 일이라고 주장하신다. 만일 그리스도께서 단지 그 사람의 육체적인 질병만을
고치신 것이라면, 이러한 비교는 타당하지 않을 것이다. 왜냐하면, 그런 경우에는
할례가 영혼의 건강과 관련해서 더 큰 유익을 주는 일이 되었을 것이기 때문이다.
그러므로 그리스도께서는 이 이적이 가져다준 영적 유익을 육신에 주어진 외적인
유익에 합산하신 것이기 때문에, 한 사람을 온전히 고치신 일을 할례보다 더 큰 일
로 여기신 것은 합당하다.

또한, 그리스도께서 이 두 일을 그렇게 비교하신 데에는 또 다른 이유가 있었을
수도 있는데, 성례전들에는 항상 능력과 효력이 수반되는 것이 아니지만, 중풍병
자를 고치신 일에서는 그리스도의 능력이 실효적(實效的)으로 행해졌다는 것이 그
이유였을 수도 있다는 것이다. 그러나 나는 첫 번째 설명을 더 선호한다. 즉, 유대
인들은 할례를 대단히 존귀한 일로 여겼기 때문에 그 일을 했다고 해서 안식일을
범한 것이라고는 전혀 생각하지 않았지만, 할례에서보다도 더 밝게 하나님의 은혜
가 빛을 발하였던 일에 대해서는 악의적으로 비방하였다는 것이다.

그리스도께서 "너희가 다 이상히 여기는도다"라고 말씀하셨을 때, "이상히 여겼
다"는 것은 그들이 그리스도께서 감히 합법적인 것을 넘어서서 불법을 저질렀다고
생각했기 때문에 그 일을 놓고 "수군거린" 것을 의미한다.

22. 모세가 너희에게 할례를 행했으니 … 그러므로. 이 절의 처음에 나오는 불변
화사 "그러므로"는 문맥에 맞지 않는 것처럼 보인다(개역에는 이 불변화사가 처음에 나
오지 않고 중간에 나온다 — 역주). 그래서 어떤 이들은 '디아 투토'(διὰ τουτο, "그러
므로, 이런 이유로")를 '디아 토'(διὰ τὸ, "- 때문에")라는 의미로 해석하기도 하
지만, 그런 해석은 헬라어 구문상으로는 허용되지 않는다. 나는 이 절이 모세가 이 상
징적인 예식을 안식일에 행하여도 되는 것으로 명하였다는 것을 의미하는 것으로
좀 더 단순하게 해석하고자 한다. 그러므로 그리스도께서 "그러므로"라고 말씀하
신 것은 하나님의 일들을 하는 것이 안식일 예배를 범하는 것이 아님이 이제 충분
히 밝혀졌으니, 할례의 예(例)를 현재의 문제에 적용해 보시겠다고 말씀하신 것과
같다. 그러면서도, 그리스도께서는 모세가 할례를 베푼 최초의 인물이 아니었다고
말씀하시면서, 즉시 잘못을 바로잡으신다. 그러나 안식일을 지킬 것을 그토록 엄

격하게 요구하였던 모세가 비록 안식일과 겹치는 한이 있더라도 태어난 지 팔 일 만에 유아들에게 꼭 할례를 베풀라고 명하였다는 사실을 지적하는 것만으로도 그리스도께서는 자신의 의도를 전하시기에 충분하였다.

24. 외모로 판단하지 말고. 그리스도께서는 자신에 대한 변호를 끝내시고 나서, 그들이 악하고 뒤틀린 성벽(性癖)에 이끌려서 문제 자체의 사실 관계에 따라서 판단하지 않는다고 책망하신다. 그들이 할례를 존중한 것은 옳은 일이었고, 그들은 할례를 안식일에 베풀더라도, 하나님의 일들은 서로 잘 조화를 이루기 때문에, 그것은 율법을 범하는 것이 아니라는 것을 알고 있었다. 그런데도 그들이 그리스도께서 하신 일에 대하여 동일한 결론에 도달하지 못한 이유가 그들의 마음과 생각이 그리스도에 대한 편견과 선입견에 사로잡혀 있었기 때문이 아니라면 무엇 때문이겠는가? 그러므로 어떤 문제에 대한 진실을 토대로 해서 나오지 않은 판단은 결코 옳을 수 없다. 왜냐하면, 사람들의 인격이나 개성(persona)이 전면에 등장하는 순간, 사람들의 눈과 감(感)이 모든 판단의 중심이 되고, 진실(veritas)은 즉시 사라져 버리고 말기 때문이다. 이러한 경고는 모든 문제와 일들에서 지켜져야 하는 것이기는 하지만, 하늘의 가르침과 관련된 문제나 일에서는 특히 더 지켜져야 한다. 왜냐하면, 우리는 사람들이 하늘의 가르침을 미워하고 멸시하는 것을 보면서, 바로 그런 이유로 인해서 다른 어떤 것들보다도 하늘의 가르침을 멀리하고자 하는 마음을 갖기가 너무나 쉽기 때문이다.

[25]예루살렘 사람 중에서 어떤 사람이 말하되 이는 그들이 죽이고자 하는 그 사람이 아니냐 [26]보라 드러나게 말하되 그들이 아무 말도 아니하는도다 당국자들은 이 사람을 참으로 그리스도인 줄 알았는가 [27]그러나 우리는 이 사람이 어디서 왔는지 아노라 그리스도께서 오실 때에는 어디서 오시는지 아는 자가 없으리라 하는지라 [28]예수께서 성전에서 가르치시며 외쳐 이르시되 너희가 나를 알고 내가 어디서 온 것도 알거니와 내가 스스로 온 것이 아니니라 나를 보내신 이는 참되시니 너희는 그를 알지 못하나 [29]나는 아노니 이는 내가 그에게서 났고 그가 나를 보내셨음이라 하시니 [30]그들이 예수를 잡고자 하나 손을 대는 자가 없으니 이는 그의 때가 아직 이르지 아니하였음이러라(7:25-30).

25. 예루살렘 사람 중에서 어떤 사람이. 이 사람들은 "당국자들"의 음모를 알고

있었고, 그리스도께서 얼마나 지독하게 미움을 받고 있는지도 알고 있던 자들이었다. 왜냐하면, 앞에서 보았듯이, 대다수의 일반 사람들은 그리스도를 몽상가(夢想家)나 미친 사람으로 여겼기 때문이다. 그러므로 이 나라의 "당국자들"이 그리스도를 불구대천의 원수로 여겨서 이를 갈고 있다는 사실을 알고 있던 이 사람들이 그리스도께서 성전에서 공공연히 활보하고 다니면서 자유롭게 사람들에게 말씀을 전하시는데도, 당국자들이 아무 말도 않고 내버려 두는 것을 보았을 때에 놀란 것은 어쩌면 당연한 일이었을지도 모른다. 그러나 그들이 그리스도께서 그렇게 아무 일 없이 일하시는 것이 하나님의 섭리 가운데서 일어나고 있는 이적이라는 것을 생각하지 못한 것은 잘못이다. 이렇게 육신에 속한 자들은 하나님의 놀라운 역사(役事)를 볼 때마다 놀라기는 하지만, 하나님의 능력에 대해서는 전혀 생각하지 않는다. 그러나 우리는 하나님의 역사(役事)들을 좀 더 지혜롭게 숙고하는 것이 마땅하다. 특히 불경건한 자들이 온갖 술책들을 동원해서 복음의 진보를 방해하고자 하는데도, 그들이 원하는 대로 되지 않을 때, 우리는 하나님께서 친히 손을 대서서 그 술책들을 다 수포로 돌아가게 하셨기 때문에, 그들의 수고가 쓸데없게 되어 버린 것이라는 사실을 알아야 한다.

27. 그러나 우리는 이 사람이 어디서 왔는지 아노라. 우리는 여기에서 사람들이 하나님의 일들을 판단할 때에 얼마나 지독하게 눈이 멀어 있는지를 볼 뿐만 아니라, 그들 자신이 진리의 지식에 이르지 못하도록 하기 위해서 장애물들을 쌓는 악을 행함에 있어서 거의 천부적인 재능을 타고 났다는 것을 본다. 그런데 사실, 많은 사람들을 그리스도에게서 멀어지게 하는 이 장애물들 또는 걸림돌들은 사탄의 계략에서 나오는 경우가 많지만, 진리에 이르는 길이 분명하고 순탄할 때조차도, 사람들은 스스로 걸림돌을 만들어 낸다. "당국자들"이 그리스도를 대적하여 적대시하였을 때에는 이 무리에게는 오직 당국자들의 불신앙만이 걸림돌로 작용했지만, 이제 그 장애물이 일시적으로 제거되자, 그들은 믿음으로 나아가지 않기 위해서 스스로 새로운 핑곗거리를 만들어 낸다. 비록 그들이 당국자들의 태도로 인해서 영향을 받은 것은 맞지만, 그들에게는 옳은 것을 따르고자 하는 마음이 없었기 때문에, 그들은 첫 걸음부터 고의적으로 걸려 넘어진다. 마찬가지로, 믿음의 첫걸음을 아무리 잘 내디딘 자들이라고 해도, 주님께서 그들을 이 여정(旅程)의 목적지까지 이끌어 주지 않으시면, 곧 걸려 넘어져서 떨어져나가는 일이 흔히 일어난다.

그들이 믿음으로 나아가지 않기 위해서 스스로 만들어 낸 논리는 "선지자들은 사람들이 그리스도의 기원(起源)을 알지 못할 것이라고 증언했는데, '우리는 이 사람이 어디서 왔는지 알기' 때문에, 이 사람은 그리스도일 수가 없다"는 것이었다. 그들의 이런 모습은 성경, 그리고 더 나아가 그리스도 자신을 자기 마음대로 난도질해서 그 중 일부분만을 인정하는 것이 얼마나 위험스러운 일인지를 우리에게 일깨워준다. 하나님께서는 다윗의 자손에게서 나올 구원자를 약속하셨고, 그리스도께서는 자기가 바로 그 구원자라고 자주 주장하셨다. 그러므로 그리스도는 자신의 교회의 구속자(救贖者)가 되시기 위하여 육신을 입으시고 나타나신 하나님이심에 틀림없다. 그래서 미가 선지자는 "베들레헴 에브라다야 … 이스라엘을 다스릴 자가 네게서 내게로 나올 것이라"고 예언함으로써 그리스도께서 태어나실 곳을 알려 주고 나서, 곧이어서 "그의 근본은 상고에, 영원에 있느니라"는 이제까지 감춰져 있던 비밀을 얘기해 준다(미 5:2). 그런데도 저 불쌍한 자들은 그리스도에게서 오직 멸시받을 만한 것들만을 보고서는, 그가 하나님께서 약속하신 이가 아니라고 성급하고 경솔하게 결론을 내려 버렸다. 그러므로 우리는 육신을 입으신 그리스도의 비천하신 모습을 볼 때에, 악인들은 그리스도께서 그렇게 낮아지신 것을 멸시하지만, 그런 모습은 우리를 일으키셔서 그의 하늘 영광에 이르게 하시기 위한 것임을 거기에서 보는 법을 배워야 한다. 그럴 때에 그리스도께서 사람으로 태어나셔야 했던 곳인 베들레헴은 우리를 영원하신 하나님께로 인도해 줄 문(門)이 될 것이다.

28. 예수께서 성전에서 가르치시며 외쳐 이르시되. 사람들이 그들 자신의 잘못되고 거짓된 소견(所見)에 사로잡혀 오만방자하게 자기만족에 빠져서 진리의 지식으로 나아오는 것을 스스로 차단해 버리자, 그리스도께서는 그들의 성급함과 경솔함을 호되게 꾸짖으시는 말씀을 하시는데, 이것은 "너희가 모든 것을 알고 있다고 생각하지만, 사실 너희는 아무것도 모르고 있다"고 말씀하시는 것과 같다. 사실, 사람들이 자신의 얼마 안 되는 지식을 철석같이 믿고서 자신의 견해와 다른 것들은 모두 가차 없이 배척해 버리는 것보다 더 끔찍한 재앙은 없다.

그리스도께서 "너희가 나를 알고 내가 어디서 온 것도 알거니와 내가 스스로 온 것이 아니니라"고 하신 말씀은 역설적인 것으로서, 그들이 자기에 대하여 가지고 있던 잘못된 견해와 진실(眞實)을 대비시키시는 말씀이다. 이것은 "너희는 너희의 눈으로 이 땅만 쳐다보고서는, 나에 대한 모든 것을 보고 있다고 생각해서, 마치 내가 이 땅에 속한 비천한 자인 양 여기고 나를 멸시하지만, 하나님께서는 내가 하늘로부터 왔다는 것을 증언하실 것이기 때문에, 내가 너희로부터는 배척을 받을지 모르지만, 하나님은 나를 진정으로 자기가 보낸 자로 인정하실 것이다"라고 말씀하신 것과 같다.

나를 보내신 이는 참되시니. 그리스도께서는 바울이 "우리는 미쁨이 없을지라도 주는 항상 미쁘시니 자기를 부인하실 수 없으시니라"(딤후 2:13)고 말하면서 하나님을 "미쁘시다"고 한 것과 동일한 의미로 하나님을 "참되시다"고 말씀하신다. 그리스도께서, 여기에서 이런 말씀을 하시는 의도는 하나님의 진리가 견고해서 언제나 한결같은 까닭에 세상이 복음을 무너뜨리려고 아무리 안간힘을 써도 복음의 신뢰성은 조금도 줄어들지 않고, 악인들이 그리스도에게서 그에게 속한 것들을 빼앗고자 할지라도 그리스도는 여전히 아무런 손상도 입지 않을 것임을 증명하시기 위한 것이다. 그리스도께서는 자기가 멸시받고 있다는 것을 아시지만, 거기에 굴복하시기는커녕, 도리어 자기를 철저하게 무시하며 오만방자함으로 광분하는 자들의 기세를 보기 좋게 꺾어 놓으신다. 모든 믿는 자들은 여기에서 그리스도께서 보여주신 것과 같은 굴하지 않는 담력과 그 누구도 넘볼 수 없는 당당함으로 무장되어 있는 것이 마땅하다. 아니, 악인들이 일어나서 그리스도를 대적할 때, 우리가 그들의 주제넘은 뻔뻔스러움이 얼마나 우스꽝스러운 것인지를 보여주지 않는다면, 우리의 믿음은 결코 견고할 수도 없고 오래 가지도 못하게 될 것이다. 특히 경건한 교사들이 비록 온 세상이 바른 가르침을 대적한다고 할지라도, 그 가르침을 끝까지 지켜나가기 위해서는 반드시 그렇게 하지 않으면 안 된다. 그래서 예레미야는 자기가 사람들에 의해서 사기꾼으로 몰렸을 때에, "여호와여 주께서 나를 권유하시므로 내가 그 권유를 받았사오며 주께서 나보다 강하사 이기셨으므로 내가 조롱거리가 되니"(렘 20:7)라고 말하며 자기를 지키시고 변호해 주시는 하나님께 호소하였고, 이사야도 사방에서 자기에 대한 비방과 중상모략이 쏟아졌을 때에, "나를 의롭다 하시는 이가 가까이 계시니 나와 다툴 자가 누구냐"(사 50:8)라고 말하며 하나님께 피하였다. 바울도 사람들의 부당한 "판단들"이 자기에게 쏟아졌을 때, 온 세상이 자기를 집어삼키려고 광분한다고 할지라도, 자기에게는 오직 하나님이 계시는 것으로 충분하다고 말하며, "여호와의 날"에 호소하는 가운데에 자기에 대한 그런 판단들에 맞선다(고전 4:5).

너희는 그를 알지 못하나. 그리스도께서 하신 이 말씀의 취지는 유대인들이 하나님을 알지 못하기 때문에, 그들이 자기를 알지 못하는 것은 이상한 일이 아니라는 것이다. 왜냐하면, 지혜의 시작은 하나님을 바라보는 데에 있기 때문이다.

29. 나는 아노니. 그리스도께서 자기는 하나님을 "안다"고 말씀하시는 것은 자기가 아무런 근거도 없이 그토록 큰 확신을 갖고 있는 것이 아니라는 것을 밝히시기 위한 것이다. 이러한 모범을 통해서 그리스도께서는 우리에게 하나님의 이름을 함부로 들먹거리며 마치 하나님이 우리의 주장을 지지해 주시고 변호해 주시는 분인 양 자랑해서는 안 된다고 경고하시는데, 이것은 많은 사람들이 너무나 주제넘고 뻔뻔스럽게도 하나님의 권위를 자랑하기 때문이다. 실제로, 자기 자신이 고안해 낸 것들을 하나님에게서 받은 말씀들이라고 주장하는 광신자들만큼 모든 사람들의 견해나 판단들을 아무런 주저 없이 다 배척하고 단칼에 잘라버리는 자들은 없을 것이다. 그러나 그리스도께서 여기에서 하신 말씀을 통해서 우리는 헛바람이 들어 오만하여져서 생긴 헛된 확신을 특히 조심하여야 하고, 하나님의 진리를 제대로 깨달아 알게 된 후에야 비로소 사람들과 담대하게 맞설 수 있게 된다는 가르침을 받는다. 하나님이 자기편이시라는 것을 온전히 알고 있는 자는 세상의 온갖 높아진 것(altitudo)들을 짓밟으면서, 사람들로부터 오만방자하다는 비난을 듣는 것을 두려워할 이유가 없다.

내가 그에게서 났고 그가 나를 보내셨음이라. 어떤 이들은 이 구절을 두 부분으로 구분해서, 앞 구절("내가 그에게서 났고")은 그리스도의 신적 본질을 가리키는 것이고, 뒷 구절("그가 나를 보내셨음이라")은 아버지 하나님께서 그리스도로 하여금 육신과 인성(人性)을 입게 하시고서 그에게 직분을 주어 행하라고 명하신 것을 가리키는 것이라고 설명한다. 나는 그러한 견해를 완전히 배척할 생각은 없지만, 과연 그리스도께서 그토록 미묘하고 난해하게 말씀하시고자 하신 것인지는 잘 모르겠다. 사실, 나도 이 말씀을 근거로 해서 그리스도께서 하늘로부터 임하셨다는 사실을 추론해 내는 것은 가능하다는 것을 인정하기는 하지만, 그것은 아리우스파의 주장을 반박하고 그리스도의 영원한 신성(神性)을 옹호하기에 충분히 강력한 증거는 되지 않는 것 같다.

30. 그들이 예수를 잡고자 하나. 유대인들은 그리스도를 해치고자 하는 의지를 포기한 것이 아니라, 도리어 그 의지를 실행에 옮기려고까지 하였고, 그들에게는 그렇게 할 수 있는 힘이 있었다. 그런데, 그들이 그토록 불타는 의지를 가지고 있었는데도, 마치 그들의 손발이 묶여 있는 것처럼 아무런 힘도 쓸 수 없었던 이유는 무엇이었는가? 복음서 기자는 그리스도의 "때가 아직 이르지" 않았기 때문이라고 답

변한다. 이것은 하나님께서 그들의 온갖 폭력과 분노어린 공격들로부터 그리스도를 지키시고 보호하셨다는 것을 의미함과 동시에, 십자가가 사람들에게 걸림돌로 작용하지 않도록 복음서 기자가 여기에서 미리 조치를 취해두고 있는 것이기도 하다. 왜냐하면, 그리스도께서 사람들의 뜻과 음모 때문이 아니라 아버지 하나님의 작정을 따라 희생제물이 되도록 되어 있었기 때문에 죽음의 자리로 끌려가신 것임을 우리가 안다면, 우리는 그리스도께서 십자가에 못 박혀 죽으신 것에 대하여 당혹스러워할 이유가 없게 될 것이기 때문이다. 우리는 이 말씀으로부터 또 하나의 일반적인 가르침을 얻을 수 있는데, 그것은 우리 각 사람이 이 땅에 사는 날수는 서로 다를지라도, 각 사람의 죽음의 때는 하나님이 이미 정해 놓으셨다는 것이다. 우리는 무수히 일어나는 사고들, 사람들이나 짐승들에 의한 해악들과 위험들, 너무나 많은 질병들에 노출되어 있는데도, 하나님께서 우리를 불러 가실 때까지는 그 모든 것들로부터 안전하다는 것을 믿기 어렵지만, 우리 자신의 그런 불신앙에 맞서서 싸워 이기는 것이 마땅하다. 우리는 먼저 이 본문이 가르치고 있는 교훈 자체를 명심하고, 다음으로는 이 교훈의 목적 및 이 교훈으로부터 도출되는 권면, 즉 우리 각 사람은 모든 "염려를 다 주께 맡기고"(시 55:22; 벧전 5:7), 자신의 부르심을 따라 하나님을 섬기며, 두려움에 사로잡혀서 자신의 본분에서 벗어나지 않아야 한다는 권면을 굳게 붙들어야 한다. 그러나 누구든 자신의 한계를 넘어서서는 안 된다. 왜냐하면, 하나님의 섭리에 대한 확신은 하나님께서 친히 명하신 것 이상을 넘어가서는 안 되기 때문이다.

[31]무리 중의 많은 사람이 예수를 믿고 말하되 그리스도께서 오실지라도 그 행하실 표적이 이 사람이 행한 것보다 더 많으랴 하니 [32]예수에 대하여 무리가 수군거리는 것이 바리새인들에게 들린지라 대제사장들과 바리새인들이 그를 잡으려고 아랫사람들을 보내니 [33]예수께서 이르시되 내가 너희와 함께 조금 더 있다가 나를 보내신 이에게로 돌아가겠노라 [34]너희가 나를 찾아도 만나지 못할 터이요 나 있는 곳에 오지도 못하리라 하시니 [35]이에 유대인들이 서로 묻되 이 사람이 어디로 가기에 우리가 그를 만나지 못하리요 헬라인 중에 흩어져 사는 자들에게로 가서 헬라인을 가르칠 터인가 [36]나를 찾아도 만나지 못할 터이요 나 있는 곳에 오지도 못하리라 한 이 말이 무슨 말이냐 하니라(7:31-36).

31. 무리 중의 많은 사람이 예수를 믿고. 그리스도께서는 귀 먹은 자들과 철저하게 완악한 자들을 상대로 설교하신 것처럼 보였지만, 복음서 기자는 꽤 열매가 있었다고 말한다. 그러므로 복음이 전파되면, 수군거리며 격분하는 자들도 있고, 조롱하며 비방하는 자들도 있으며, 사람들 사이에서 의견이 분분할지라도, 그것이 아무런 열매도 없이 무익한 것으로 끝나버리는 일은 없기 때문에, 우리는 씨를 뿌리고 나서, 시간이 흘러 열매가 나타날 때까지 인내로써 기다려야 한다. "많은 사람이 믿고"라고 했을 때에 "믿고"라는 단어는 엄밀한 의미에서의 "믿음"을 가리키는 것이 아니다. 왜냐하면, 그들은 가르침이 아니라 이적들을 더 의지했고, 예수가 그리스도시라는 것을 믿은 것도 아니었기 때문이다. 그러나 그들은 그리스도의 말씀을 경청할 준비가 되어 있었고, 그리스도를 자신들의 선생으로 받아들여서 기꺼이 가르침을 받고자 하는 태도를 보여주었기 때문에, 복음서 기자는 믿을 준비가 갖추어진 그러한 상태를 "믿음"이라고 지칭한 것이다. 그러므로 우리는 성령께서 그들이 보여준 선한 성향(bonus affectus)의 작은 불꽃에도 "믿음"이라는 지극히 존귀한 명칭을 붙여주신 것을 보고 담력을 얻어서, 하나님께서는 아무리 작은 "믿음"이라도 기꺼이 받아주시리라는 것을 결코 의심하지 않는 것이 마땅하다.

32. 바리새인들에게 들린지라. 이 구절을 보면, 바리새인들이 마치 보초를 서는 자들처럼 어떻게 해서든지 그리스도께서 백성들 사이에서 유명해지는 것을 막기 위해서 끊임없이 감시하며 애쓰고 있었다는 사실이 드러난다. 복음서 기자는 처음에는 그들을 단지 "바리새인들"이라고 지칭하고 있지만, 나중에는 거기에 "제사장들"을 덧붙이는데, 제사장들의 일부는 바리새인들이었다. 바리새인들은 율법에 대하여 가장 열심이 있는 자들이라는 평을 듣고 싶어했기 때문에 다른 어느 분파들보다도 더 그리스도를 대적하는 일에 열을 냈다는 것은 의심의 여지가 없다. 그러나 그들은 오직 자신들의 분파만으로는 그리스도를 제압하기에 역부족이라는 것을 깨닫고서, 이 일을 제사장들의 집단 전체에 넘겼다. 이렇게 해서, 다른 면들에서는 서로 견해가 달라서 갈등을 빚고 있던 자들이 지금은 사탄의 인도 아래에서 하나님의 아들을 대적하는 일에 있어서는 서로 머리를 맞대고 공모하게 된 것이다. 또한, 바리새인들이 자신들의 폭정(暴政)과 부패한 교회를 그대로 유지시키고 지켜내기 위해서 그토록 큰 열심을 내고 끊임없이 애쓰며 노심초사하는 모습을 볼 때, 하물며 그리스도의 나라를 지켜내는 일에 우리가 얼마나 더 큰 열심과 수고를 들여야 하겠는가? 오늘날 복음의 빛을 꺼뜨리고자 미쳐 날뛰는 교황주의자들의 열

심과 광기(狂氣)도 당시의 바리새인들 못지않다. 그러나 우리가 그들의 그런 행태를 보면서도 참되고 바른 가르침을 지켜내고자 하는 열망이 우리 마음속에서 끓어오르지도 않고 그 열망을 더 담대하게 실행에 옮겨 애쓰고 수고하지 않는다면, 그것은 지독하게 악한 것이다.

33. 내가 너희와 함께 조금 더 있다가. 이 설교를 거기에 있던 무리들을 겨냥한 것이라고 생각하는 자들도 있고, 그리스도를 잡기 위해 온 관리들을 겨냥한 것이라고 생각하는 자들도 있지만, 나는 그리스도께서 특히 자기를 죽일 음모를 세운 원수들을 겨냥해서 이 설교를 하신 것임을 의심치 않는다. 왜냐하면, 여기에서 그리스도께서는 아버지 하나님이 정하신 때가 오기 전까지는 그들의 모든 계획이 다 철저하게 수포로 돌아가게 되리라는 것을 아시는 까닭에, 그들의 시도들을 비웃고 계시는 것이기 때문이다. 아울러, 그리스도께서는 그들에게 주어진 은혜를 거부할 뿐만 아니라 격렬하게 대적하는 그들의 완악함(contumacia)을 꾸짖으시면서, 그 은혜가 곧 그들에게서 떠날 것이라고 경고하신다. 그리스도께서 "내가 너희와 함께 … 있다가"라고 말씀하시는 것은 그들의 배은망덕함을 꾸짖으시는 것이다. 왜냐하면, 그리스도께서 아버지 하나님의 보내심을 받으시고, 자신의 하늘 영광을 버리시고 그들에게 내려오셔서, 오로지 그들과 "함께" 있고자 하시는 일념으로 다정하게 그들을 자기에게로 초대하셨음에도 불구하고, 그를 영접한 자는 극소수였기 때문이다. 그리스도께서는 "조금 더 있다가"라고 말씀하심으로써, 하나님이 자신의 은혜가 그토록 모욕과 멸시를 당하는 것을 오랫동안 두고 보지는 않으시리라는 것을 그들에게 경고하신다. 또한, 그리스도께서 그렇게 말씀하시는 것은 자신의 죽고 사는 것이 그들의 손에 달려 있는 것이 아니라, 아버지 하나님께서 그 "때"를 정해 놓으셨고, 거기에 따라 모든 일이 이루어지리라는 것을 보여주시는 것이기도 하다.

나를 보내신 이에게로 돌아가겠노라. 이 말씀을 통해서 그리스도께서는 자신의 죽음으로써 자기가 소멸되는 것이 아니라, 도리어 자신의 죽을 몸을 벗어버릴 때에 부활(resurrectio)의 장엄한 승리를 통해서 하나님의 아들로 선포될 것이라고 증언하고 계신다. 이것은 "너희가 아무리 애를 쓴다고 해도, 내가 내 아버지로부터 받은 사명을 다한 후에, 내 아버지께서 나를 받으셔서 그의 하늘 영광으로 들어가게 하시는 것을 결코 방해하지 못할 것이기 때문에, 내가 죽은 후에도 나의 신분은 전혀 손상되지 않은 채로 있게 될 뿐만 아니라, 그때에 훨씬 더 나은 상황이 나를 위해 준비되어 있다"고 말씀하신 것과 같다. 또한, 이 말씀 속에는 우리를 일깨워 주시는 일반적인 교훈이 들어 있는데, 그것은 그리스도께서는 복음의 선포를 통해서 우리를 구원의 소망으로 부르실 때마다 우리와 "함께" 계신다는 것이다. 왜냐하면, 성경에서 "또 오셔서 먼 데 있는 너희에게 평안을 전하시고 가까운 데 있는 자들에게 평안을 전하셨으니"(엡 2:17)라고 말씀하면서, 복음을 선포하는 것을 그리스도께서 우리에게 "오시는" 것이라고 하는 데에는 다 그럴 만한 이유가 있기 때문이다. 우리가 그리스도께서 내미시는 손을 잡기만 한다면, 그리스도께서는 우리를 아버지 하나님께로 인도하실 것이고, 우리가 이 세상에서 나그네로 살아가야 하는 동안에, 자기가 우리 가까이에 계시다는 것을 보여주실 뿐만 아니라 우리 안에 계속해서 내주(內住)해 계실 것이다. 우리가 그리스도의 임재(praesentia)를 무시하면, 그리스도께서는 아무것도 잃지 않으실 것이지만, 결국 우리를 떠나셔서, 우리로 하여금 하나님과 생명에 대하여 철저하게 낯선 외인(外人)들이 되게 내버려 두실 것이다.

34. 너희가 나를 찾아도. 그들은 그리스도를 죽이기 위해서 그를 "찾았다." 그런데 그리스도께서는 여기에서 "찾다"라는 단어를 가지고 언어유희를 하심으로써 그들을 비웃으신다. 왜냐하면, 그들은 머지않아 지금과는 다른 의미에서, 즉 모든 것이 초토화되어 버린 비참한 상태 속에서 도우심과 위로하심을 얻기 위해서 그리스도를 찾게 될 것이기 때문이다. 따라서 그리스도께서는 여기에서 이렇게 말씀하신 것과 같다: "너희는 내가 너희의 눈앞에 있는 것이 참을 수 없을 정도로 넌더리가 나겠지만, 그럴 시간도 얼마 남지 않았다. 그 때에는 너희가 나를 찾아도 아무 소용이 없을 것이다. 왜냐하면, 단지 나의 몸만이 아니라 나의 능력도 너희를 멀리 떠나서, 내가 하늘로부터 너희의 멸망을 지켜볼 것이기 때문이다." 그런데 그리스도께서는 여기에서 자기를 배척함으로써 그 완악함이 극에 달한 버림받은 자들을 염두에 두시고서 말씀하고 계시는 것이 너무나 분명하기 때문에, "그리스도를 찾는다"는 것이 도대체 무슨 의미인지에 대한 의문이 생겨날 수 있다. 어떤 이들은 유대인들은 어리석게도 행위로 인한 의(義)를 추구함으로써 그들이 원한 것을 얻지 못했다는 사실(롬 9:31)에 근거해서, "그리스도를 찾는다"는 것은 그의 가르침을 받고자 하는 것이라고 해석하고, 어떤 이들은 유대인들이 궁지에 몰렸을 때에 하나님께 구속주를 보내주실 것을 간청하였지만 아무 소용이 없었다는 점을 들어서, "그리스도를 찾는다"는 것은 메시야를 찾는 것이라고 해석한다. 하지만 나는

여기에서 "그리스도를 찾는다"는 것은 단지 악인들이 어쩔 수 없이 어떤 식으로든 하나님을 찾을 수밖에 없게 되었을 때에 그들에게서 흘러나오는 비탄과 절규의 신음소리를 가리키는 것이라고 설명하고자 한다. 그러나 그들이 그리스도를 찾는다고 해도, 그것은 진정으로 찾는 것이 아니다. 왜냐하면, 그들은 불신앙(incredulitas)과 완악함(pervicacia)으로 인해 그 마음이 닫혀 있어서 하나님에게서 멀리 떠나 있기 때문이다.

그들은 하나님이 자신들의 구원자로 오시기를 바랄 수 있지만, 그들의 회개치 않는 완고한 마음이 그들의 길을 가로막는다. 우리는 에서에게서 그 예(例)를 본다. 즉, 에서는 자신의 장자권(長子權)을 빼앗기자 슬픔을 억누르지 못하고 몹시 괴로워할 뿐만 아니라, 이를 갈고 분노를 터뜨리며 어쩔 줄 몰라 하기까지 하였지만(창 27:38; 히 11:17), 복을 올바르게 구하는 것과는 너무나 거리가 멀었기 때문에, 복을 구하는 바로 그 순간에도 복을 받을 만한 자가 전혀 되어 있지 않았다. 하나님께서는 버림받은 자들이 자신의 은혜를 멸시하는 것에 대하여 통상적으로 이런 식으로 그들을 벌하시기 때문에, 그들은 혹독한 징벌들로 인해서 괴로움을 겪거나, 자신들의 비참한 모습을 깨닫고서 극심한 심적 고통에 짓눌리거나, 그 밖의 다른 방식으로 궁지에 몰려서 불평하고 소리지르며 악을 쓰지만, 그들이 그렇게 발악을 해서 얻는 것은 아무것도 없다. 왜냐하면, 그들은 예나 지금이나 언제나 동일한 모습으로 자신들의 마음속에 이전과 똑같은 잔인함(ferocia)을 품고 있는 까닭에, 하나님께로 나아가는 것이 아니라, 도리어 그들이 하나님을 없앨 수 없는 상황에서 하나님이 달라지기를 바라기 때문이다. 이것으로부터 우리는 그리스도께서 우리와 함께 계실 때에 우리가 지체 없이 그를 영접함으로써, 그를 향유할 기회가 우리에게서 그냥 지나가 버리는 일이 일어나지 않게 하여야 한다는 것을 배워야 한다. 왜냐하면, 일단 그 문이 닫혀 버리면, 우리가 거기로 들어가려고 해도 소용이 없을 것이기 때문이다. 이사야는 "너희는 여호와를 만날 만한 때에 찾으라 가까이 계실 때에 그를 부르라"(사 55:6)고 말한다. 그러므로 우리는 이사야가 말하듯이 "은혜의 때에"(49:8) 온 힘을 다해서 하나님께 나아가지 않으면 안 된다. 왜냐하면, 우리는 하나님께서 얼마 동안이나 우리의 영적 나태함을 참아주실지를 알지 못하기 때문이다. 그리스도께서는 "나 있는 곳에 오지도 못하리라"고 번역된 본문을 말씀하실 때에 "나 있을 곳에 너희가 오지 못하리라"고 미래 시제를 사용하지 않으시고, 그 대신에 "나 있는 곳에 너희가 올 수 없다"고 현재 시제를 사용하신다.

35. 이 사람이 어디로 가기에. 복음서 기자는 이 백성의 우둔함(stupor)이 얼마나 심한지를 보여주기 위해서 의도적으로 이런 내용을 덧붙인다. 악인들은 이렇게 하나님의 가르침에 귀를 막고 듣지 않을 뿐만 아니라, 하나님의 무시무시한 경고조차도 꾸며낸 이야기쯤으로 여기고서는 조롱하며 흘려듣는다. 그리스도께서는 분명하게 아버지 하나님을 언급하셨는데도, 그들의 생각은 오직 이 땅에만 묶여 있었기 때문에, 그들은 그리스도께서 먼 나라로 여행을 떠나시고자 하신다는 것 외에 그 밖의 다른 가능성에 대해서는 전혀 생각하지 않았다.

유대인들이 바다 너머의 이방 백성들을 "헬라인들"이라고 불렀다는 것은 잘 알려져 있는 사실이다. 그러나 그들은 그리스도께서 이방의 무할례자들이 아니라, 세상의 여러 나라들에 흩어져 살고 있던 유대인들에게로 갈 것이라고 생각한 것이었다. 왜냐하면, "흩어져 사는 자들"이라는 말은 이방의 여러 나라에 거주하는 그 나라 사람들이 아니라, 포로로 잡혀갔거나 피난민이 되어 이방 나라들에 정착하여 살고 있던 유대인들을 가리키는 데에 적합한 말이기 때문이다. 따라서 베드로는 자신의 첫 번째 서신을 "본도, 갈라디아, 갑바도기아, 아시아와 비두니아에 흩어진 나그네($\pi\alpha\rho\epsilon\pi\iota\delta\acute{\eta}\mu o\iota\varsigma$ $\delta\iota\alpha\sigma\pi o\rho\tilde{\alpha}\varsigma$-파레피데모이스 디아스포라스)"(벧전 1:1)에게 보낸다는 것을 서두에서 밝히고, 야고보는 해외에 "흩어져 있는($\epsilon\nu$ $\tau\tilde{\eta}$ $\delta\iota\alpha\sigma\pi o\rho\tilde{\alpha}$-엔 테 디아스포라) 열두 지파"(약 1:1)에게 문안인사를 보내는데, 이 표현은 모세와 선지자들의 글에서 가져온 것이다. 그러므로 그들이 여기에서 한 말은 "그가 바다를 건너서, 우리가 알지 못하는 땅에 살고 있는 유대인들에게 가려고 하는 것인가"라는 의미이다. 아마도 그들은 "이 사람이 자기가 메시야라고 하면서, 하나님께서 그에게 가나안 땅을 그의 거처로 주셨는데도, 그의 나라의 보좌를 헬라에 세우고자 하는 것인가"라는 의미를 담은 조롱의 말로 그리스도를 괴롭히고자 했던 것 같다. 하지만 그들의 의도가 어떠하였든지 간에, 우리는 여기에서 그들이 그리스도께서 하신 심각한 경고의 말씀에 전혀 영향을 받지 않은 것을 확인하게 된다.

[37]명절 끝날 곧 큰 날에 예수께서 서서 외쳐 이르시되 누구든지 목마르거든 내게로 와서 마시라 [38]나를 믿는 자는 성경에 이름과 같이 그 배에서 생수의 강이 흘러나오리라 하시니 [39]이는 그를 믿는 자들이 받을 성령을 가리켜 말씀하신 것이라 (예수께서 아직 영광을 받지 않으셨으므로 성령이 아직 그들에게 계시지 아니하시더라)(7:37-39).

37. 명절 끝 날 곧 큰 날에. 우리가 여기에서 가장 먼저 주목해야 할 것은 원수들의 음모나 흉계들 중 그 어떤 것도 그리스도께 두려움을 주어서 그가 마땅히 하셔야 할 일들을 하실 수 없게 만들지 못하였을 뿐만 아니라, 도리어 위험에 직면하실수록 그의 담력은 더욱 강해져서, 그리스도께서는 한층 더 굳건하게 자신의 길을 가셨다는 것이다. 당시의 정황이 그것을 증명해준다. 왜냐하면, 이때쯤 해서 관원들이 당국자들로부터 지시받은 것을 집행할 준비를 갖추고 있었을 가능성이 높았다는 점을 감안할 때, 그리스도께서는 자기를 잡고자 하는 손길이 도처에 뻗쳐있다는 것을 아셨으면서도, 사람들이 많이 모이는 "명절 끝 날"에 거리낌 없이 "외치셨기" 때문이다. 우리가 그 다음으로 주목해야 할 것은 그리스도께서는 오직 하나님의 보호하심만을 의지해서, 모든 권력을 자신의 수중에 쥐고 있던 자들의 폭력적인 시도들에 당당히 맞설 수 있으셨다는 것이다. 그리스도께서 "명절 끝 날 곧 큰 날에," 당국자들에 의해서 완벽하게 장악되어 있던 성전 한복판에서, 그것도 당국자들이 한 무리의 관원들을 준비시켜 놓은 상황에서 백성들을 향하여 말씀을 전하실 수 있었던 이유가 하나님께서 그 당국자들의 분노를 억제하셨기 때문이 아니라면 다른 무엇 때문이었겠는가? 복음서 기자가 그리스도께서 "누구든지 목마르거든 내게로 와서 마시라"고 큰 소리로 외치셨다고 소개한 것은 우리에게 큰 도움이 된다. 왜냐하면, 이것으로부터 우리는 그리스도께서 나지막하고 부드럽게 속삭이는 듯한 어조로 단지 한두 사람만을 초대하신 것이 아니라, 일부러 귀를 막고 크고 분명하게 울려 퍼진 이 외치는 소리를 듣지 않으려고 한 자들 외에는 누구에게나 그 소리가 들릴 수밖에 없도록, 모든 사람에게 이 말씀을 선포하셨다는 것을 알게 되기 때문이다.

누구든지 목마르거든. 이 말씀을 통해서 그리스도께서는 자신의 궁핍함(inopia)을 알고서 도움 받기를 원하는 모든 사람에게 그가 준비해 두신 복들에 참여하라고 권면하신다. 왜냐하면, 비록 자신의 궁핍함을 느낀다고 해서 모두가 그 해결책을 찾아나서는 것은 아니라고 할지라도, 사실 우리는 다 궁핍해서 복이라는 것이 다 결여되고 결핍되어 있기 때문이다. 그런데도 많은 사람들은 거기에서 벗어나기 위해서 한 걸음을 떼는 것조차 하지 않고서 그대로 비참하게 말라 비틀어져서 죽어가고, 심지어 하나님의 성령이 자신의 불로써 그들의 마음속에 굶주림과 목마름을 일깨워 주시기 전까지는 자기 자신에게 아무것도 없다는 것을 전혀 깨닫지 못하는 사람들도 부지기수이다. 그러므로 우리로 하여금 그 은혜를 갈망하게 하시는 것은 성령의 역사이다.

이 본문 속에서 우리가 먼저 주목해야 할 것은 성령의 부요함(spiritus divitia)을 갈망하는 마음으로 불타오르는 자가 아니라면 그 누구도 그 부요함을 얻도록 그리스도의 부르심을 받은 자라고 할 수 없다는 것이다. 우리는 "목마름"의 고통은 너무나 고통스럽고 괴롭기 때문에, 아무리 힘든 일도 견뎌낼 수 있는 아주 튼튼한 장정(壯丁)들일지라도 목마름 앞에서는 기진(氣盡)하고 만다는 것을 안다. 여기에서 그리스도께서 굶주린 자들이 아니라 "목마른" 자들을 초청하시는 이유는 나중에 "물"과 "마시다"라는 단어들로 이루어진 비유를 사용하실 때에, 비유의 일관성이 유지되고, 이 설교 전체의 모든 부분이 서로 아귀가 잘 맞아떨어지게 하기 위한 것이다. 나는 여기에서 그리스도께서 "너희 모든 목마른 자들아 물로 나아오라"(사 55:1)고 한 이사야서의 말씀을 간접적으로 인용하고 계시는 것임을 의심치 않는다. 왜냐하면, 동정녀 마리아가 "주리는 자를 좋은 것으로 배불리셨으며 부자는 빈손으로 보내셨도다"(눅 1:53)라고 노래하였듯이, 이사야 선지자가 거기에서 하나님께서 장차 행하실 것이라고 예언한 일이 마침내 그리스도 안에서 성취되었음이 틀림없기 때문이다. 그러므로 그리스도께서는 오직 자기만이 모든 사람의 "목마름"을 온전히 해결해 줄 수 있는 까닭에, 다른 데에 가서 목마름을 조금이라도 해결해 보고자 하는 자는 누구든지 자기가 속아서 헛수고를 했다는 것을 알게 될 것이라고 말씀하시며, 우리에게 곧장 자기에게로 오라고 권면하신다.

마시라. 그리스도께서는 권면의 말씀에 약속의 말씀을 덧붙이신다. "마시라"는 말씀은 권면이지만, 그 속에 약속을 담고 있다. 왜냐하면, 그리스도께서는 자기가 물이 말라서 비어 있는 저수지가 아니라, 모든 사람에게 마실 물을 차고 넘치게 공급해 줄 수 있는 마르지 않는 샘(fons)이라고 증언하시기 때문이다. 이것으로부터 우리는 우리에게 부족한 것을 그리스도께 구하면 우리가 구한 것이 반드시 이루어질 것이라는 결론을 얻게 된다.

38. 나를 믿는 자는. 이 말씀은 그리스도께 나아가는 방법을 보여준다. 즉, 우리는 발로 걸어서가 아니라 믿음으로 그리스도께 나아가야 한다. 아니, 당신이 "믿는다"는 말은 정확히 정의하기만 한다면, 그리스도께 나아가는 것은 곧 "믿는다"는 것이다. 앞에서 이미 말했듯이, 우리가 그리스도를 "믿는다"는 것은 복음에 제시된 그대로의 그리스도, 즉 능력과 지혜와 의(義)와 정결함과 생명과 성령의 모든 은사로 충만하신 그리스도를 받아들인다는 것을 의미한다. 아울러, 그리스도께서

는 여기에서 자기는 우리를 온전히 충족시켜 주고도 남음이 있을 만큼의 부요하심과 풍성하심을 지니고 계시다고 말씀하심으로써, 우리가 방금 전에 언급했던 약속을 더 분명하고 온전하게 확증해 주신다. 믿는 자들의 "배에서 생수의 강이 흘러나오리라"는 비유는 얼핏 보면 거칠고 기묘하다는 느낌을 받게 되지만, 그 의미는 아주 분명하다. 즉, "믿는" 자들은 영적인 복들이 차고 넘쳐서 결코 부족하지 않으리라는 것이다. 그리스도께서는 영적인 복을 "생수"라 부르시는데, 생수의 원천(源泉)은 마르는 법도 없고 흐르는 것이 멈추는 법도 없다. "강들"이라고 복수형이 사용된 것에 대해서 나는 그것이 영혼의 영적인 삶에 꼭 필요한 성령의 다양한 은혜들을 나타내는 것이라고 본다. 요컨대, 그리스도께서는 여기에서 우리에게 성령의 은사들과 은혜들의 풍성함(affluentia)과 영속성(perpetuitas)을 약속해 주고 계신다. 어떤 이들은 믿는 자들의 "배에서 생수가 흘러나오리라"는 말씀을 믿는 자들 간에는 상호적인 교통(交通, communicatio)이 있어야 한다는 점에서 성령을 받은 자가 그 일부를 자기 형제들에게 흘려보낸다는 것을 의미하는 것으로 이해하기도 하지만, 나는 좀 더 단순하게 이해하는 것이 좋다고 본다. 즉, 그리스도께서 앞서 "내가 주는 물을 마시는 자는 영원히 목마르지 아니하리니"(요 4:14)라고 말씀하셨듯이, 이 말씀도 그리스도를 믿는 자는 누구든지 자기 자신 속에 끊임없이 솟아나는 생명의 샘(fons vitae)을 갖게 될 것임을 의미한다는 것이다. 왜냐하면, 일반적인 물은 목마름을 단지 일시적으로 해소시켜 줄 뿐이지만, 그리스도께서는 우리는 "영생하도록 솟아나는 샘물"(요 4:14)이신 성령에서 믿음으로 물을 긷는 것이라고 말씀하시기 때문이다. 하지만 그리스도께서는 믿는 자들이 첫 날에 그리스도로 온전히 만족함을 얻어서 그 후에는 굶주리지도 목마르지도 않을 것이라고 말씀하시는 것이 아니다. 도리어, 그리스도를 향유하게 된 자는 다시 늘 새롭게 그리스도를 갈망하게 된다. 따라서 이 말씀의 의미는 성령은 믿는 자들 속에서 영원토록 솟아나는 생명의 샘이라는 것이다. 그래서 바울도 비록 우리가 죄의 잔재들로 말미암아 여전히 사망의 짐을 지고 다니기는 하지만, 우리 안에 계시는 성령이 우리의 "생명"이라고 증언한다(롬 8:10). 그런데 각 사람은 자신의 믿음의 분량에 따라 성령의 은사들과 은혜들에 참여하는 까닭에, 현세에서 그러한 은사들과 은혜들로 온전히 충만해지는 것은 불가능하다. 그러나 믿는 자들은 자신의 믿음이 진보함에 따라서 끊임없이 성령의 새로운 은사들과 은혜들을 갈망하게 되기 때문에, 그들에게 주어진 첫 열매는 그들 속에서 생명이 영원히 지속될 수 있게 해주기에 충분하다. 그렇지만 이 말씀은 우리의 믿음의 분량이 얼마나 작은지도 아울러 우리에게 일깨워 준다. 왜냐하면, 우리가 그리스도께 제대로 자리를 내드리기만 한다면, 즉 우리의 믿음의 분량이 그리스도를 제대로 받아낼 수 있기만 한다면, 성령의 은혜들은 우리에게 한두 방울씩 오는 것이 아니라 "강"같이 흘러들어올 것이기 때문이다.

성경에 이름과 같이. 어떤 이들은 이 어구를 앞에 나온 어구와 연결시켜서 "성경에서 말씀한 대로 나를 믿는 자는"으로 해석하기도 하고, 어떤 이들은 뒤에 나오는 어구와 연결시켜서 "성경이 말씀한 대로 그 배에서 생수의 강이 흘러나오리라"로 해석하기도 하지만, 나는 이 어구가 여기에 나오는 말씀 전체에 걸리는 것으로 본다. 게다가, 내 생각에는 그리스도께서는 여기에서 성경에 나오는 어느 특정한 본문을 염두에 두고 말씀하시는 것이 아니라, 선지자들의 공통적인 가르침을 토대로 해서 증언하고 계시는 것으로 보인다. 왜냐하면, 그리스도께서는 자신의 영, 즉 성령의 풍성함을 약속하시면서 그 풍성함을 "생수"에 비교하실 때마다, 일차적으로 그리스도의 나라를 염두에 두시는 가운데, 믿는 자들의 마음을 거기로 이끌고 계시는 것이기 때문이다. 그러므로 "생수"에 관한 모든 예언들은 다 그리스도 안에서 성취된다. 왜냐하면 오직 그리스도만이 하나님의 감춰진 보화들을 여셔서 나타내셨기 때문이다. 성령의 은혜들이 그리스도에게 부어진 것은 "우리가 다 그의 충만한 데서"(요 1:16) 그 은혜들을 길어 올릴 수 있게 하기 위한 것이다. 그러므로 그리스도께서 그토록 인자하시고 다정하게 부르시는데도 이리저리 헤매고 다니는 자들은 비참하게 멸망을 당하는 것이 합당하다.

39. 이는 … 성령을 가리켜 말씀하신 것이라. "물"이 하는 일은 우리의 더러운 것들을 깨끗이 씻어주는 것인 까닭에, 성령은 정결하게 하는 역사(役事)로 인해서 종종 "물"에 비유되지만, 이 구절 및 그 비슷한 구절들에서는 "물"이 다른 의미로 사용된다. 즉, 하나님의 성령이 그 비밀한 생명력으로 우리를 깨워 살리시고 우리에게 생수를 대주지 않으시면, 우리는 생명의 진액(津液)과 물기가 없는 상태로 살아갈 수밖에 없다는 것이다. 그리스도께서는 "물"이라는 한 단어로 생명의 모든 부분을 다 포괄해서 표현하고 계시는 것이기 때문에, 여기에서는 일부분으로 전체를 나타내는 제유법(提喩法)이 사용되고 있다고 할 수 있다. 또한, 이것으로부터 우리는 그리스도의 영으로 거듭나지 않은 자들은 누구든지 아무리 그들이 여러 모양으로 생명을 지니고 있는 체할지라도 사실은 죽은 자들로 여겨져야 한다는 것을 알

게 된다.

성령이 아직 그들에게 계시지 아니하시더라. 성령이 영원하시다는 것을 우리는 안다. 그러나 복음서 기자는 그리스도께서 "종의 비천한 형체"를 입으시고 세상에 계신 동안에는, 그리스도의 부활 후에 사람들에게 부어졌던 성령의 저 은혜가 공공연(公共然)하게 임하지는 않았다고 말한다. 하지만 이것은 복음서 기자가 신약성경과 구약성경을 서로 비교해서 말할 때와 마찬가지로 절대적인 의미에서가 아니라 상대적인 의미에서 그렇게 말하고 있는 것이다.

하나님께서는 마치 이스라엘의 족장들에게 한 번도 성령을 주신 적이 없으셨다는 듯이, 장차 자신의 택하신 자들과 믿는 자들에게 성령을 주시겠다고 약속하신다. 하지만 당시에 제자들이 이미 "성령의 처음 익은 열매"(롬 8:23)를 받았다는 것은 의심의 여지가 없다. 만약 그들의 믿음이 성령에게서 온 것이 아니라면, 도대체 어디에서 온 것이겠는가? 그러므로 복음서 기자는 그리스도의 죽음 이전에는 성령의 은혜가 믿는 자들에게 나타나거나 주어지지 않았다는 것을 절대적으로 단언하고 있는 것이 아니라, 그리스도의 죽음 이후에 나타난 것만큼 그렇게 밝고 분명하게 나타나지는 않았다고 말하는 것이다. 왜냐하면, 그리스도의 나라의 절정(絕頂)은 그리스도께서 자신의 영, 즉 성령으로 자신의 교회를 다스리시는 것인데, 그가 자신의 나라를 합법적이고 공식적으로 소유하게 되신 것은 아버지 하나님이 그를 지극히 높이셔서 자신의 오른편에 앉히셨을 때였기 때문이다. 따라서 성령의 온전한 나타남이 그 때까지 미루어진 것은 전혀 이상한 일이 아니었다.

그러나 우리가 해결해야 할 한 가지 의문이 여전히 남아 있다. 즉, 그리스도께서는 여기에서 성령의 가시적인 은혜들에 대하여 말씀하시는 것인가, 아니면 양자(養子) 됨의 열매인 거듭남에 대하여 말씀하시는 것인가? 나의 대답은, 그리스도께서 이 땅에 오실 때에 하나님이 주시기로 약속하셨던 성령은 이미 저 가시적인 은사들을 통해서 거울을 보는 것처럼 분명하게 나타났고, 여기에서 그리스도께서 말씀하시는 것은 우리를 그리스도 안에서 거듭나게 하고 새로운 피조물이 되게 하는 성령의 역사(役事)라는 것이다. 그리스도께서는 지금 자신의 나라의 최고 통치자로서의 위엄으로 옷 입으시고서 아버지 하나님의 오른편에 영광 중에 앉아 계시는데도, 우리가 이 땅에서 영적으로 가난하고 굶주린 채 영적인 복을 거의 받아 누리지 못해서 빈사상태로 누워 있다면, 그것은 전적으로 우리의 게으름과 초라한 믿음 때문임에 틀림없다.

⁴⁰이 말씀을 들은 무리 중에서 어떤 사람은 이 사람이 참으로 그 선지자라 하며 ⁴¹어떤 사람은 그리스도라 하며 어떤 이들은 그리스도가 어찌 갈릴리에서 나오겠느냐 ⁴²성경에 이르기를 그리스도는 다윗의 씨로 또 다윗이 살던 마을 베들레헴에서 나오리라 하지 아니하였느냐 하며 ⁴³예수로 말미암아 무리 중에서 쟁론이 되니 ⁴⁴그 중에는 그를 잡고자 하는 자들도 있으나 손을 대는 자가 없었더라(7:40-44).

40-43. 무리 중에서 어떤 사람은. 복음서 기자는 이제 그리스도께서 방금 전에 마치신 설교가 어떤 열매를 맺었는지를 보도하는데, "무리 중에서" 이 사람은 이렇게, 저 사람은 저렇게 생각하는 등 제각각 의견이 분분하게 나뉘었다는 것이다. 우리가 주목해야 할 것은 복음서 기자는 여기에서 그리스도를 공공연하게 대적하는 원수들이나 올바른 가르침에 대한 지독한 증오심으로 이미 가득 차 있었던 자들이 아니라, 좀 더 건전한 정신으로 생각할 수 있었던 자들도 꽤 포함되어 있었던 일반 사람들의 반응을 보도하고 있다는 것이다. 복음서 기자는 그들을 세 부류로 나누어 설명한다.

첫 번째 부류에 속한 사람들은 예수께서 진정으로 "선지자"라는 것을 인정하였다. 이것으로부터 우리는 그들이 그리스도의 가르침을 싫어하지 않았다는 것을 알게 된다. 그러나 다른 한편으로, 그들은 그리스도를 선생으로 인정하기는 했지만, 그가 어떤 의도로 말씀하시는 것인지를 이해하지도 못했고, 그가 전하는 말씀을 받아먹지도 않았다는 사실로부터, 그들의 그러한 고백이 얼마나 가볍고 하찮은 것이었는지가 분명하게 드러난다. 왜냐하면, 그들은 그리스도를 하나님의 아들이자 그들의 구원의 주(主)로 인정하지 않은 까닭에, 비록 그들이 그리스도를 "선지자"로 인정했다고 해도, 그것이 진정한 것이 될 수 없었기 때문이다. 그렇지만 그들이 그리스도에게서 신적인 것을 보고서, 그것으로 인해서 그를 공경하게 된 것은 좋은 일이었다. 왜냐하면, 이렇게 그리스도로부터 기꺼이 배우고자 하는 마음은 그들이 나중에 믿음으로 나아갈 수 있게 해줄 좋은 발판이 되었을 것이기 때문이다.

두 번째 부류에 속한 사람들은 좀 더 정확하게, 그가 "그리스도"라는 것을 분명하게 인정하였지만, 다른 사람들이 그들의 견해를 반박하면서, 충돌과 다툼이 일어났다. 이 일을 통해서 우리는 오늘날 사람들이 각자의 다양한 견해를 제시하며 서로 나뉘어 논쟁을 벌이는 것을 이상하게 생각하지 말아야 한다는 교훈을 얻는다. 우리는 그리스도께서 하신 설교를 놓고서 믿음에 대해서는 아무것도 몰랐던 이방인들이 아니라 그리스도의 교회 안에서, 그것도 교회의 본거지에서 분열이 일어난 것을 본다. 그렇다면, 그리스도의 가르침이 그러한 소란과 분규를 불러일으킨 주범이라는 비난을 받아야 하는 것인가? 결코 그렇지 않다. 온 세상이 소동하여 소란해진다고 할지라도, 하나님의 말씀은 너무나 귀한 까닭에, 우리는 비록 소수만이라도 그 말씀을 받게 되기를 바라는 것이 마땅하다. 그러므로 하나님의 백성으로 여김을 받고자 하는 자들이 자기주장을 내세우며 서로 싸우고 다투는 것을 보더라도, 우리의 양심이 괴로워하거나 눌릴 이유는 없다. 그렇지만 우리가 명심해야 할 것은 분열의 진정한 원인이 복음에 있지 않다는 것이다. 왜냐하면, 의심할 여지 없는 확실한 사실 외에는 사람들 사이에서 확고하게 의견이 일치되는 일은 있을 수 없기 때문이다. 그러므로 하나님을 모르는 자들 사이에서 이루어진 평화는 진정한 의견 일치가 아니라 우둔함(stupor)에서 나온 것이다. 요컨대, 복음이 선포될 때에 일어나는 모든 의견의 차이들의 원인과 씨앗은 이미 사람들 속에 잠복해 있다가, 복음 선포로 인해서 잠에서 깨어나서 움직이기 시작한 것이라고 할 수 있다. 그것은 마치 수증기들이 태양이 아닌 다른 어떤 것에 의해서 생겨나는 것이지만, 태양이 떠올라서 그 수증기들의 존재를 드러내기 전까지는 마치 없는 것처럼 보이는 것과 마찬가지이다.

그리스도가 어찌 갈릴리에서 나오겠느냐. 그들은 자기들이 아무것도 모르면서 무턱대고 그리스도를 거부한다는 인상을 주지 않기 위해서 성경의 증언으로 그들 자신을 무장한다. 그들은 비록 그 증언을 잘못 적용해서 그리스도를 공격하는 데에 사용하고 있기는 하지만, 그들의 말 속에는 어느 정도 진리와 비슷한 것이 있었다. 그들이 잘못한 것은 단 한 가지, 즉 그들 눈앞에 계시는 그리스도를 "갈릴리 사람"으로 단정해 버린 것이었다. 그러나 그러한 무지(無知)가 그리스도를 멸시한 데서 나온 것이 아니라면 어디에서 나왔겠는가? 만일 그들이 그리스도에 대하여 꼼꼼히 알아보는 수고를 하기만 했더라면, 그들은 그리스도에 대한 두 가지 사실, 즉 그가 베들레헴에서 태어나셨다는 사실과 그가 다윗의 자손이셨다는 사실을 알게 되었을 것이다. 그러나 그런 수고를 하지 않으려고 하는 것이 우리의 타고난 본성이다. 곧, 우리는 별로 중요하지 않은 일들을 게을리하는 것은 부끄러워하면서도, 천국의 비밀들에 대해서는 아무런 관심도 보이지 않고, 그런 것들에 대하여 들으면 태평하게 잠을 청해 버린다. 또한, 우리가 마찬가지로 주목해야 할 것은 사람들은 그리스도로부터 멀리 떠나기 위한 구실을 찾는 데에는 아주 부지런하고 끈질기지만, 바른 가르침을 받는 데에는 놀라울 정도로 더디고 둔하다는 것이다. 사람들은 이런 식으로, 우리의 손을 잡아서 그리스도께로 인도해 주는 역할을 하는 바로 그 성경 속에서 그들 자신을 위한 장애물들을 만들어 내서 그리스도께로 나아가려고 하지 않는다.

44. 그중에는 그를 잡고자 하는 자들도 있으나. 이 말을 통해서 복음서 기자는 사람들이 그리스도를 멸시했을 뿐만 아니라, 그를 배척하는 악(惡)과 더불어서 그를 해치고자 하는 잔인하고 포악한 욕망도 나타냈음을 보여준다. 원래 미신(迷信), 즉 잘못된 신앙은 언제나 잔인하고 포악한 법이기 때문이다. 그들의 시도가 무산된 것은 하나님의 섭리로 인한 것임에 틀림없다. 왜냐하면, 앞에서도 말했듯이, 그리스도께서는 자신의 "때"가 아직 오지 않았던 까닭에, 아버지 하나님의 보호하심을 의지하셔서 모든 위험을 이겨내신 것이기 때문이다.

[45]아랫사람들이 대제사장들과 바리새인들에게로 오니 그들이 묻되 어찌하여 잡아오지 아니하였느냐 [46]아랫사람들이 대답하되 그 사람이 말하는 것처럼 말한 사람은 이 때까지 없었나이다 하니 [47]바리새인들이 대답하되 너희도 미혹되었느냐 [48]당국자들이나 바리새인 중에 그를 믿는 자가 있느냐 [49]율법을 알지 못하는 이 무리는 저주를 받은 자로다 [50]그 중의 한 사람 곧 전에 예수께 왔던 니고데모가 그들에게 말하되 [51]우리 율법은 사람의 말을 듣고 그 행한 것을 알기 전에 심판하느냐 [52]그들이 대답하여 이르되 너도 갈릴리에서 왔느냐 찾아 보라 갈릴리에서는 선지자가 나지 못하느니라 하였더라 [53](다 각각 집으로 돌아가고(7:45-53).

45. 아랫사람들이 … 오니. 우리는 여기에서 불경건한 자들이 교만함으로 인해서 얼마나 극심하게 눈멀어 있는지를 본다. 즉, 그들은 세상에서 크고 힘 있는 자가 되는 것을 너무도 동경하고 숭배하기 때문에, 인간의 법과 하늘의 법을 오만방자하게 짓밟는 일을 서슴없이 행하고, 자신들의 마음에 들지 않는 어떤 일이 생기면, 무슨 짓을 해서라도 그 일을 자신들의 뜻대로 처리해 버리고자 한다. 왜냐하면, 이 오만하고 악한 제사장들이 그리스도를 "어찌하여 잡아오지 아니하였느냐"고 아랫사람들을 다그친 것은 마치 그 누구도 자신들의 명령을 거슬러서는 안 된다는 듯이 그들 자신의 권력을 과시한 것이기 때문이다.

46. 그 사람이 말하는 것처럼 말한 사람은 이 때까지 없었나이다. "아랫사람들"

은 자기들이 그리스도의 말씀에 의해서 굴복당해서 물러날 수밖에 없었다고 인정
한다. 하지만 그렇다고 해서 그들이 회개하거나, 그리스도의 말씀에 합당한 존귀
를 돌려드리고 있는 것은 아니다. 만일 "그 사람이 말하는 것처럼 말한 사람은 이
때까지 없었나이다"라고 한 그들의 말이 진심이었다면, 왜 그들은 자신들이 느낄
수밖에 없었던 신적인 능력에 감화를 받아서, 하나님께 전적으로 헌신하지 않은
것인가? 그러나 "그의 입술의 기운으로 악인을 죽일 것이며"(사 11:4)라고 한 이사
야의 예언은 그런 식으로 성취되어야 했다. 아니, 더 나아가서, 우리는 나중에 그리
스도를 죽이려고 하던 자들이 단지 그리스도의 음성을 들었을 뿐인데도, 마치 망
치로 얻어맞아서 쓰러지듯이, 뒤로 물러나 엎드러지는 모습을 보게 될 것이다(요
18:6). 그러므로 우리는 그리스도의 가르침 속에는 악인들을 두렵게 하는 능력이
있다는 것을 알아야 한다. 그러나 그리스도의 가르침이 악인들에게 멸망이 되는
것을 볼 때, 우리는 낙심할 것이 아니라, 도리어 정신을 차려서 우리 자신의 마음을
부드럽고 고분고분하게 하는 것이 마땅하다. 오늘날에도 우리는 많은 사람들이 여
기에 나오는 "아랫사람들"과 너무나 흡사하다는 것을 보게 된다. 그들은 복음의
가르침을 마지못해 억지로 존중하는 체하기는 하지만, 그리스도께 순복하기는커
녕 여전히 원수의 진영에 그대로 머물러 지낸다. 심지어 더 악하고 교활한 자들도
있어서, 그들은 마음으로는 복음의 가르침이 하나님에게서 왔다는 것을 확신하고
인정하면서도, 악인들의 환심을 사기 위해서 차마 입에 담을 수 없는 온갖 부끄러
운 말로 그 가르침을 독하게 비방한다.

47-48. 너희도 미혹되었느냐. 대제사장들과 바리새인들은 "아랫사람들"을 자기
들에게 계속해서 복종하도록 만들기 위해서 이런 식으로 꾸짖고 있는 것이다. 왜
냐하면, 이 말을 통해서 그들은 온 백성이 다 그리스도에게 미혹되어 떨어져 나간
다고 하여도, 자기들이 그리스도로 인해서 흔들릴 것이라고 생각하는 것은 어처구
니없고 가당치 않은 일이라고 일축하고 있기 때문이다. 그러나 우리는 그들이 어
떠한 근거 위에서 그리스도를 그토록 오만방자하게 모욕하고 있는 것인지를 잘 살
펴볼 필요가 있다. 그들은 "오직 뭘 잘 모르는 자들만이 그리스도 편에 서 있을 뿐
이고, '당국자들'과 유명인사들은 그를 반대하고 있다"고 말하면서, 그 예로 "바리
새인들"을 구체적으로 거명한다. 왜냐하면, 바리새인들은 학식과 거룩함, 이 두 가
지 면에서 다 다른 사람들보다 더 큰 명성을 얻고 있어서, 마치 나라의 최고 지도자
들 같은 위치에 있었기 때문이다. 이러한 반론은 꽤 그럴 듯해 보인다. 왜냐하면,

교회를 다스리는 최고 지도자들과 감독들에게 권위가 주어져 있지 않다면, 어떤
일 하나도 제대로 이루어질 수 없고, 교회의 선한 질서도 오랫동안 유지될 수 없을
것이기 때문이다. 우리는 군중(群衆)들은 제멋대로 하고자 하는 성향이 아주 강해
서, 모든 사람에게 자기가 하고 싶은 대로 하는 것이 허용되면, 그 즉시 너무나 끔
찍한 혼란이 야기되리라는 것을 안다. 그러므로 다스리는 자들에게 주어진 권위는
교회의 선한 질서를 유지하는 데에 꼭 필요한 "재갈"인 까닭, 사람들 사이에서
어떤 문제나 논쟁이 일어나거든, 대제사장에게 가서 물어서 그의 판결에 따라야
한다고, 하나님의 법이 그 권위를 부여한 것이었다(신 17:8). 그러나 그들은 자신들
은 하나님께 순복하고자 하지 않으면서도, 최고의 권위가 마치 그들에게 당연히
있는 것처럼 주장하였다는 점에서 잘못을 저질렀다. 하나님께서 대제사장에게 판
결권을 위임하신 것은 사실이지만, 하나님의 의도는 대제사장으로 하여금 오직 하
나님의 법에 따라서만 판결하라고 하신 것이었다. 그러므로 목회자들이 어떤 권위
를 지니고 있든지 간에, 그 권위는 하나님의 말씀에 종속되어 있지 않으면 안 된다.
그렇게 될 때에만, 가장 큰 자로부터 가장 작은 자에 이르기까지 모든 사람이 자신
의 위치를 지키는 가운데에 오직 하나님 한 분만이 높임을 받으실 수 있게 된다.
목회자들이 정직하고 진실하게 자신의 직무를 수행하는 가운데에 그들 자신의 권
위를 주장한다면, 그러한 자랑(gloriatio)은 거룩하고 합법적인 것이지만, 하나님의
말씀과는 아무런 상관도 없이 단지 목회자로서의 권위를 주장하는 것은 헛되고 무
익한 자랑일 뿐이다. 그러나 악인들이 교회를 지배하는 일이 자주 일어나는 까닭
에, 우리는 어떤 사람이 하나님의 말씀을 떠났을 때에는 그 즉시 그 사람에게 조금
이라도 권위를 부여하지 않도록 주의하여야 한다.

우리는 사람들이 거의 모든 선지자들을 그런 식으로 괴롭히고 흔들어서, 선지자
들이 많이 시달리고 고통을 당했다는 것을 안다. 왜냐하면, 사람들은 선지자들의
가르침을 매장시키기 위해서, 왕이나 제사장이나 교회라는 고상하고 거창한 이름
으로 끊임없이 그들을 대적하고 공격하였기 때문이다. 오늘날 교황주의자들도 동
일한 무기로 무장하고서, 옛적에 그리스도와 선지자들을 대적하였던 원수를 못지
않게 맹렬한 공격을 감행하고 있다. 사실, 죽을 수밖에 없는 존재인 인간이 하나님
을 대적하면서도 부끄러움을 모른다는 것은 끔찍할 정도로 눈이 먼 것이다. 그러
나 하나님의 진리보다 그들 자신의 야심을 더 사랑하는 자들을 이렇게까지 끔찍한
광기(狂氣)로 몰아가는 것은 사탄이 하는 일이다. 그러나 우리는 하나님의 말씀을

지극히 경외하는 마음을 품음으로써 우리의 마음속에서 세상의 온갖 영화(榮華)를 바라는 것이 다 사라지고, 세상의 허망한 안개들이 걷히게 하는 것이 마땅하다. 왜 나하면, 우리의 구원을 세상의 왕들이나 지도자들의 뜻에 의해서 좌지우지되게 내 버려 둔다면, 우리의 처지가 너무나 비참하게 될 것이고, 그 왕들이나 지도자들의 기분에 따라서 우리의 믿음이 서거나 넘어지도록 내버려 둔다면, 우리의 믿음은 너무나 불안정하게 될 것이기 때문이다.

49. 율법을 알지 못하는 이 무리는 저주를 받은 자로다. 그들의 교만이 드러난 첫 번째 모습은 그들이 제사장이라는 직함을 이용해서 고압적이고 포악한 방식으로 모든 사람을 자기들에게 복종시키고자 한 것이었는데, 이제 그 두 번째 모습은 그 들이 다른 사람들을 하찮은 자들로 여겨서 멸시한 것이었다. 왜냐하면, 자신을 꽤 괜찮은 사람으로 착각하여 지나치게 자기만족에 빠져 있는 자들은 언제나 다른 사 람들을 멸시하여 무례하게 대하게 될 수밖에 없고, 자기가 속한 집단을 지나치게 사랑하는 자들은 다른 부류의 형제들을 경멸하게 될 수밖에 없기 때문이다. 그들 은 "이 무리" 전체가 "저주를 받은 자들"이라고 선언한다. 그렇다면, 그 이유는 무 엇인가? 물론, 그들은 이 무리들이 "율법을 알지 못하기" 때문이라고 주장한다. 하 지만 그들이 은폐한 또 다른 이유가 있었는데, 그것은 그들이 자기들이 속한 바리 새파 외에는 그 어디에도 거룩함이 존재하지 않는다고 생각하였다는 것이다. 마찬 가지로, 오늘날에도 교황의 사제들은 오직 자기들만이 교회라 불릴 자격이 있다고 여기기 때문에, 그들이 평신도라고 부르는 자들을 속(俗)된 자들로 여겨서 멸시한 다. 그러나 하나님께서는 그러한 극심한 광기(狂氣)를 무너뜨리시기 위하여, 지위 가 높고 권세를 지닌 자들보다 비천하고 멸시받는 자들을 택하시고 사용하신다. 우리는 그들이 여기에서 자기들은 율법을 아는 지식을 갖고 있다고 자랑하지만, 그것은 사람들을 가르쳐서 신앙을 갖게 하고 하나님을 경외하게 하는 지식이 아니 라, 단지 선생이라는 오만함에 빠져서 오직 자기들만이 율법을 해석할 권한이 있 다는 듯이 말하게 만든 그런 지식에 불과한 것이었음을 주목할 필요가 있다. 하나 님의 율법을 아는 지식으로 말미암아 우리가 진정으로 거룩하게 되는 까닭에, 율 법으로 가르침을 받지 못한 모든 자들은 "저주를 받은 자들"이라는 것은 분명히 사실이다. 그러나 율법을 아는 지식은, 오직 소수에게만 주어져서, 그들로 하여금 거짓되고 왜곡된 확신 속에서 교만해져서 자기들은 다른 부류의 사람들과는 다르 다는 의식을 갖게 만드는 그런 지식이 아니라, 하나님의 모든 자녀들에게 주어져

서, 가장 작은 자로부터 가장 큰 자에 이르기까지 모두가 동일한 믿음의 순종 가운데서 하나가 되게 하는 그런 지식이다.

50. 니고데모가 그들에게 말하되. 복음서 기자는 니고데모를 경건한 가르침을 진지하게 변호하고자 하지는 않지만 진실이 억압되는 것을 용납하지는 않는 중립적인 인물로 묘사한다. 복음서 기자가 여기에서 니고데모를 "전에 밤에 예수께 왔던"(개역에는 "밤에"라는 어구가 없다 — 역주) 사람이라고 소개한 것은 그에 대한 칭찬이기도 하고 그의 치부(恥部)를 드러낸 것이기도 하다. 만일 그리스도의 가르침을 좋아하지 않았다면, 니고데모는 불경건한 자들이 격분할 일을 결코 감행할 수 없었을 것이다. 왜냐하면, 그는 그들 중 한 사람이라도 입을 열기만 하면, 자기는 그 즉시 그들의 미움을 사서 위험해지리라는 것을 알고 있었기 때문이다. 그러므로 니고데모가 대수롭지 않은 말 한 마디를 던졌다고 해도, 그것은 그의 마음에서 새어나온 경건의 한 줄기 작은 불꽃이었다. 하지만 그는 지나치게 겁을 먹고서, 그리스도를 좀 더 적극적으로 변호하지 못하였다. 그래서 복음서 기자는 니고데모가 여전히 밤의 어둠에 자신의 몸을 숨기고서 애만 태우고 있을 뿐이지, 그리스도의 참된 제자가 아니라는 의미에서 그를 그런 식으로 소개한 것이었다. 즉, 복음서 기자는 니고데모가 "전에 밤에 예수께 왔지만," 지금도 여전히 공공연히 그리스도의 원수들 가운데에 몸을 담고서 그 원수들의 진영에서 한 자리를 차지하고 있었다고 말하고 있는 것이다.

우리는 이 점을 좀 더 세심하게 주목할 필요가 있다. 왜냐하면, 오늘날에도 니고데모 같이 행하여, 그러한 가면을 쓰고서 벌 받는 것을 피한 채로 하나님을 우롱하며 속여먹을 수 있다고 자신하는 자들이 많기 때문이다. 설령 우리가, 자신들은 니고데모와 아무런 차이가 없다는 그들의 주장을 받아들인다고 해도, 도대체 니고데모가 보여준 모습이 그들에게 어떤 도움이 될 수 있겠는가? 니고데모는 그리스도에게서 직접 말을 들어보기 전에는 그를 단죄해서는 안 될 것이라고 말하지만, 그런 말은 강도나 살인자의 경우에 대해서도 얼마든지 해줄 수 있는 말이다. 죄 없는 자를 증거도 없이 단죄하는 것보다는 차라리 죄 있는 자를 증거 부족으로 놓아주는 편이 더 낫다는 유명한 법언(法諺)도 있지 않은가. 게다가, 니고데모는 어떻게 해서든지 그리스도를 곤경에서 벗어나게 해주고자 하는 마음이 앞서서, 그리스도께서 무엇을 가르치셨는지에 대해서는 아예 언급조차 하지 않는다. 그러니, 우리가 여기에서 무엇을 니고데모를 믿는 자 또는 그리스도인이라고 할 만한 증거로 제시할 수 있겠는가? 니고데모 안에 있는 복음의 씨앗은 나중에는 결국 열매를 맺긴 하였지만, 아직까지는 질식 상태로 숨겨져 있었다. 니고데모의 예(例)를 다른 목적을 위해 사용한다면, 우리는 훨씬 더 큰 유익을 얻을 수 있다. 즉, 주님께서는 종종 자신의 가르침을 들은 자들 속에서 죽어 없어져 버린 것처럼 보였던 그 가르침이 그들 속에서 점차 은밀하게 뿌리를 내리게 하시고, 오랜 시간이 지난 후에 싹이 나게 하셔서, 처음에는 죽은 것 같았던 믿음을 나중에는 생기와 활기가 넘치는 믿음으로 자라게 하시는데, 그리스도께서 죽으신 후에 니고데모의 믿음이 갑자기 새롭게 활기를 얻게 된 것이 바로 그 예라는 것이다.

52. 너도 갈릴리에서 왔느냐. 그들은 그리스도에게 호의를 보이는 자는 모두 다 갈릴리에서 온 자임에 틀림없다는 투로 말하는데, 이것은 갈릴리의 저 이름없는 촌구석에서 온 자들이 아니라면 그리스도의 편에 설 자가 있을 수 없다는 식으로 말함으로써 니고데모에게 핀잔을 준 것이었다. 그들이 니고데모에게 이런 식의 폭언을 퍼부었다는 것은 그리스도에 대한 그들의 증오심이 어느 정도로 활활 불타오르고 있었는지를 잘 보여준다. 왜냐하면, 니고데모는 그리스도를 공공연하게 비호했던 것이 아니라, 단지 당사자의 말을 들어보기 전에는 단죄하는 것이 옳지 않다고만 말했을 뿐이기 때문이다. 마찬가지로, 오늘날에도 교황주의자들 가운데서 어느 한 사람이 복음을 부당하게 억압하면 안 된다고 조금이라도 공평무사한 태도를 보이면, 그 즉시 원수들은 분노에 차서 벌 떼처럼 달려들어, 그 사람을 이단(異端)으로 몰아붙여서 단죄해 버린다.

53. 다 각각 집으로 돌아가고. 이제 이 사건의 깜짝 놀랄 만한 결말이 이어진다. 우리가 한편으로는 당시에 제사장들의 통치 방식이 어떠하였는지, 그들의 분노가 얼마나 극에 달해 있었는지, 그들에게 얼마나 크고 많은 권한이 주어져 있었는지를 생각해 보고, 다른 한편으로는 그리스도께서는 그 어떤 방어수단도 없이 맨몸으로 계셨고 그를 보호해 줄 사람도 아무도 없었다는 것을 생각해 보면, 결론은 그리스도께서 백 번이라도 끝장이 날 수밖에 없는 상황이었다는 것이다. 그런데 이와 같이 가공할 만한 음모가 저절로 무산되고, 거기에 참여했던 모든 자들이 내부에서 서로 치고 박고 싸우다가 마치 파도처럼 저절로 부서져 버렸다면, 하나님께서 손을 쓰셔서 그들을 흩으신 것임을 인정하지 않을 사람이 누가 있겠는가? 그런데 하나님은 어제나 오늘이나 늘 동일하시다. 그러므로 하나님께서는 원하시기만 하신다면 원수들의 온갖 시도들을 얼마든지 부수셔서 흩어버리실 수 있으시기 때

문에, 그들은 모든 것을 자신들의 수중에 쥐고 있고 자신들의 계획을 실행할 모든 준비가 다 갖추어져 있다고 할지라도, 결국 자신들의 뜻을 이루지 못한 채로 흩어지게 될 것이다. 우리는 우리의 원수들이 복음의 빛을 꺼버리기 위해서 그 어떤 음모를 꾸밀지라도, 그들의 음모는 하나님의 믿을 수 없을 정도로 놀라운 은혜로 말미암아 이내 맥을 못추고 꺾여 버리는 것을 자주 보아 왔다.

제8장

¹예수는 감람 산으로 가시니라 ²아침에 다시 성전으로 들어오시니 백성이 다 나아오는지라 앉으사 그들을 가르치시더니 ³서기관들과 바리새인들이 음행중에 잡힌 여자를 끌고 와서 가운데 세우고 ⁴예수께 말하되 선생이여 이 여자가 간음하다가 현장에서 잡혔나이다 ⁵모세는 율법에 이러한 여자를 돌로 치라 명하였거니와 선생은 어떻게 말하겠나이까 ⁶그들이 이렇게 말함은 고발할 조건을 얻고자 하여 예수를 시험함이러라 예수께서 몸을 굽히사 손가락으로 땅에 쓰시니 ⁷그들이 묻기를 마지 아니하는지라 이에 일어나 이르시되 너희 중에 죄 없는 자가 먼저 돌로 치라 하시고 ⁸다시 몸을 굽혀 손가락으로 땅에 쓰시니 ⁹그들이 이 말씀을 듣고 양심에 가책을 느껴 어른으로 시작하여 젊은이까지 하나씩 하나씩 나가고 오직 예수와 그 가운데 섰는 여자만 남았더라 ¹⁰예수께서 일어나사 여자 외에 아무도 없는 것을 보시고 이르시되 여자여 너를 고발하던 그들이 어디 있느냐 너를 정죄한 자가 없느냐 ¹¹대답하되 주여 없나이다 예수께서 이르시되 나도 너를 정죄하지 아니하노니 가서 다시는 죄를 범하지 말라 하시니라(8:1-11).

3. 서기관들과 바리새인들이 … 끌고 와서. 이 이야기가 옛적에 헬라 교회에는 알려져 있지 않았다는 것은 아주 분명하다. 그래서 어떤 이들은 이 이야기가 다른 곳에서 가져와져서 여기에 삽입된 것이라고 추측한다. 그러나 이 이야기는 라틴 교회에서는 늘 받아들여져 왔고, 많은 옛 헬라어 사본들에서 발견되며, 사도적 정신과 맞지 않는 내용을 담고 있지도 않기 때문에, 우리가 이 이야기를 우리의 유익을 위해서 사용하는 것을 거부할 이유가 없다. 복음서 기자가 서기관들과 바리새인들이 어떤 여자를 그리스도께로 끌고 왔다고 말하는 것은 그들이 그리스도를 잡을 덫을 놓기 위해서 서로 짜고서 이 일을 하고 있다는 것을 의미한다. 복음서 기자가 "바리새인들"을 명시적으로 언급한 것은 그들이 서기관들 중에서 주축을 이루고 있던 자들이었기 때문이다. 그들이 그리스도를 중상모략하기 위해서 이런 기

만적인 수법을 사용한 것은 그들의 엄청난 사악함을 드러내 주는 것이었고, 그들의 입이 자기들이 어떠한 자들인지를 똑똑히 보여주었다. 왜냐하면, 그들은 자기들이 율법의 계명을 분명하게 알고 있다는 사실을 숨기지 않고 자신들의 입으로 말하고 있기 때문이다. 이것으로부터 우리는 그들이 스스로 뻔히 다 알고 있으면서도, 마치 어떤 판단하기 어려운 의심스러운 일이 있어서 그리스도께 질문을 하는 것인 양, 교활하게 행하고 있는 것임을 알게 된다. 그들의 의도는 그리스도로 하여금 은혜를 전하는 일을 포기하고 자기 앞에 끌려온 여자를 단죄하게 함으로써 그리스도가 사람들의 눈에 변덕스럽고 믿지 못할 자로 보이게 하는 데에 있었다. 그들은 그리스도로 하여금 율법에 의해서 이미 정해진 판결대로 말하지 않을 수 없도록 압박하기 위해서, 모세가 간음한 여자를 단죄하고 있다는 사실(레 20:10)을 분명하게 밝힌다. 왜냐하면, 율법이 단죄하는 자를 죄가 없다고 한다면, 그것은 불법을 행하는 것이 될 것이고, 반면에 만일 그리스도께서 율법에 동의하셔서 그 여자를 단죄하신다면, 그것은 얼마간 그리스도답지 않게 행하시는 것이 될 것이었기 때문이다.

6. 예수께서 몸을 굽히사. 그리스도께서는 먼저 이러한 몸짓을 통해서 그들에 대한 경멸감을 표시하셨다. 따라서 내 생각에는, 그리스도께서 이런저런 글을 쓰셨을 것이라고 추측하는 자들은 이 본문을 잘못 파악하고 있는 것이다. 또한, 아우구스티누스(Augustinus)는 그리스도께서는 "돌판"(출 31:18)이 아니라 먼지이자 흙인 사람 위에 글을 쓰심으로써, 율법과 복음의 차이가 무엇인지를 그런 식으로 보여주셨다고 생각하지만, 나는 그런 기발한 발상에도 동의할 수 없다. 왜냐하면, 그리스도께서는 도리어 아무것도 하지 않으심으로써 그들의 말은 들을 가치조차 없는 것임을 보여주시고자 하신 것이기 때문이다. 이것은 마치 어떤 사람이 당신에게 무슨 말을 하고 있는데, 당신이 손가락으로 벽에 선을 긋거나 등을 돌리거나, 또는 그 밖의 다른 어떤 표시를 통해서 당신은 그 사람이 하는 말에 아무 관심도 없다는 것을 보여주는 것과 같다. 오늘날에도 사탄이 여러 가지 다양한 방법으로 우리를 유혹하고 미혹시켜서 바른 가르침의 길에서 벗어나게 하고자 할 때, 우리는 사탄이 우리 앞에 던져 놓는 수많은 올무들을 경멸하며 무시해 버리는 것이 마땅하다. 교황주의자들은 하늘에 흩어져 있는 구름들처럼 그렇게 많은 사소한 것들로 있는 힘을 다해서 우리를 트집잡으며 괴롭힌다. 만일 경건한 선생들이 그들의 그러한 트집들을 하나하나 다 살피고 검토하는 일에 힘을 쏟는다면, 그것은 페넬로

페(Penelope: 그리스 신화. 수의를 짜고 밤에 풀면서 구혼자들을 물리침)의 직물을 짜기 시작하는 것, 즉 아무런 유익이나 진전도 없는 일을 끝없이 반복하는 것이 되고 말 것이다. 그러므로 단지 복음의 진보를 방해하는 것 외에 그 어떤 유익도 없는 그런 종류의 방해물들은 무시해 버리는 것이 지혜로운 일이다.

7. 너희 중에 죄 없는 자가. 그리스도께서는 율법의 관습(신 17:7)에 따라 이렇게 말씀하신 것이다. 왜냐하면, 하나님께서는 사람들이 증언을 함에 있어서 신중에 신중을 기하도록 하시기 위하여, 어떤 행악자나 범죄자에게 사형이 선고되면 증인들이 자신들의 손으로 직접 그를 죽이라고 명령하셨기 때문이다. 자신의 혀로 다른 사람에게 치명적인 상처를 입힐 수 있다는 것을 미처 생각하지 못하기 때문에, 경솔하게 위증(僞證)을 해서 형제를 망하게 하는 자들이 많다. 그런데 저 비난하고 욕하던 자들은 비록 도덕적으로 파산한 자들이었는데도, 그리스도께서 던지신 바로 이 정곡을 찌르는 한 마디 말씀이 그들에게 강력한 영향력을 발휘하였다. 왜냐하면, 그들이 그 말씀에 직면하게 되자, 그 여자를 간음하는 현장에서 붙잡아 오면서 잔뜩 격해져 있던 그들의 감정이 순식간에 차분히 가라앉았기 때문이다. 그러나 율법에서 명한 것과 그리스도께서 하신 말씀은 차이가 있었다. 즉, 율법에서는 하나님께서 단지 어떤 사람을 직접 자기 손으로 죽여도 좋다는 허락을 받은 자들이 아닌 경우에는 그 누구도 자신의 혀로 그 사람을 정죄해서는 안 된다고 경고하신 것인 반면에, 여기에서 그리스도께서는 증인들에게 완전하게 죄가 하나도 없는 상태를 요구하심으로써, 모든 죄로부터 자유롭고 순전한 자가 아니면, 그 누구도 다른 사람을 벌하는 데에 참여해서는 안 된다고 말씀하시는 것이기 때문이다. 그리고 우리는 그리스도께서 당시에 소수의 사람들에게 하신 말씀, 즉 다른 사람을 고소하는 자는 누구든지 자기는 죄가 없다는 것을 보여야 한다는 말씀을 우리 모두에게 하신 말씀으로 보는 것이 마땅하다. 따라서 만약 우리가 우리 자신에게 죄가 있는 상태에서 다른 사람을 고소한다면, 그것은 그 사람의 악행을 벌하는 것이 아니라, 그 사람의 인격을 공격하는 것이 되어 버리고 만다.

그런데 이런 식으로 보면, 그리스도께서는 세상에서 일어나는 모든 사법적 판결들을 부정하시고, 그 누구도 범죄들을 벌할 권한이 자기에게 있다고 말해서는 안 된다고 말씀하시는 것처럼 들린다. 왜냐하면, 자기가 잘못한 것이 전혀 없다고 말할 재판관은 단 한 사람도 없을 것이고, 그 어떤 잘못으로도 비난받지 않을 수 있는 증인을 단 한 사람이라도 세우는 것은 불가능할 것이기 때문이다. 그러므로 그리스도께서는 모든 중인들을 증언대에 서지 못하게 하시고, 모든 재판관들을 재판석에 앉지 못하게 하시는 것처럼 보인다. 나의 대답은 그리스도께서는 죄인들에게 다른 사람들의 죄를 바로잡는 일에 자신의 의무와 본분을 다하는 것을 금지하는 절대적이고 무조건적인 금령(禁令)의 의미로 이 말씀을 하신 것이 아니라, 이 말씀을 통해서 단지 그들 자신과 자신들의 악행들에 대해서는 좋은 쪽으로 해석해서 너그럽게 넘어가지만, 다른 사람들에 대해서는 이루 말할 수 없이 가혹하고 야만적이기까지 한 심판자들이 되는 외식(外飾)하는 자들을 꾸짖으신 것일 뿐이라는 것이다. 그러므로 어떤 사람이 자기 자신 및 다른 사람들에게 있는 정죄 받아 마땅한 것들을 미워하기만 한다면, 그 사람은 자기에게 죄가 있다는 이유로 다른 사람들의 죄를 바로잡거나, 필요한 경우에는 그들의 죄를 벌할 자격이 없다고 생각할 것이 아니라, 도리어 바로 그런 이유에서, 다른 사람들을 바로잡거나 벌하기에 앞서, 먼저 자신의 양심을 자세히 살펴서, 자기가 자신을 고소하고 정죄하는 증인이자 재판관이 되는 것으로부터 시작하는 것이 마땅하다. 이런 식으로 하면, 우리는 사람을 미워하지 않으면서도 죄와의 싸움을 해나갈 수 있게 될 것이다.

9. 그들이 이 말씀을 듣고 양심에 가책을 느껴. 이 구절 속에는 비록 악한 것일지라도 양심의 힘이 얼마나 큰지가 분명하게 드러나 있다. 이 불경건한 외식하는 자들은 어떻게든 트집을 잡아서 그리스도를 곤경에 빠뜨리고자 하였지만, 그리스도께서 단 한 마디 말씀으로 그들의 양심을 찔러버리자마자, 망치로 얻어맞은 듯이 어쩔 줄 몰라 하며 도망치듯 뿔뿔이 흩어지고 만다. 외식하는 자들의 교만을 부수는 망치는 바로 그들을 하나님의 심판대 앞으로 소환하는 것이다. 물론, 하나님에 대한 두려움보다도 사람들 앞에서 당한 수치가 그들에게 더 큰 영향을 미쳤을 것이지만, 그렇다고 하더라도, 그들이 당혹스러워하며 도망치듯 뿔뿔이 흩어짐으로써 그들에게 죄가 있다는 것을 스스로 인정한 것은 대단한 일이었다. 또한, 우리가 주목할 만한 것은 복음서 기자가 사람들이 흩어지는 상황을 "어른으로 시작하여 젊은이까지"라는 어구로 표현하고 있다는 것인데, 이것은 사회적 지위나 신분이 더 높을수록 자기를 단죄하는 말에 더 신속하고 민감하게 반응한다는 것을 보여주는 것이다. 오늘날 교황에게서 이득을 얻어내기 위하여 온갖 수고를 아끼지 않고 그리스도를 대적하는 우리 시대의 서기관들이 최소한 옛적에 저 서기관들과 바리새인들 같이 자신들의 행위를 부끄러워하는 수치심이라도 있었으면 좋겠는데, 도리어 그들은 온갖 부끄러운 짓들을 행하여 그들 자신을 악명 높은 자들로 만들어

놓고서도, 부끄러워하기는커녕 자기들이 하고 싶은 대로 온갖 부끄러운 악행들을 자행하는데도 전혀 벌을 받지 않고 있다는 사실을 자랑스러워한다. 또한, 우리는 서기관들이 이런 식으로 "가책을 느낀" 정도가 아무리 심하다고 하여도, 그런 것은 참된 회개와는 다르다는 것을 유념하여야 한다. 왜냐하면, 만일 그것이 참된 회개였다면, 그들은 하나님의 심판에 관한 말씀에 찔림을 받고서, 심판주(審判主) 되시는 하나님에게서 도망쳐서 숨을 곳을 찾는 것이 아니라, 도리어 하나님께 용서해 주시기를 탄원하기 위해서 하나님에게로 곧장 나아가는 것이 마땅하였을 것이기 때문이다.

예수와 그 가운데 섰는 여자만 남았더라. 저 악한 자들이 그리스도를 시험하였다가 목적을 이루지 못하고 아무런 소득도 없이 물러가게 만든 것은 지혜의 성령이 하신 일이었다. 따라서 우리도 이 동일한 성령이 우리 자신을 다스리시게 우리를 내드릴 때에만, 우리의 원수들의 온갖 궤계들을 이기게 되리라는 것은 의심의 여지가 없다. 그러나 우리가 원수들이 놓는 덫이나 올무들을 가볍게 여겨서 그들의 궤계들을 알아차릴 수 있을 정도의 주의를 기울이지 못하거나, 우리 자신의 지혜를 의지하는 마음이 커서, 성령의 다스리심이 우리에게 얼마나 절실한지를 제대로 생각하지 못하게 될 때, 우리가 원수들에게 제압당하는 일이 종종 일어난다.

복음서 기자는 오직 그리스도만이 남으셨다고 말하는데, 이것은 그리스도께서 앞서 가르치고 계셨던 백성들이 그를 떠났기 때문이 아니라, 간음한 여자를 끌고 왔던 서기관들이 모두 이제 더 이상 그를 괴롭히지 않게 되었기 때문이다. 간음하다 끌려온 "여자"가 그리스도 옆에 "남았다"는 말씀 속에서, 이 예(例)가 우리에게 가르쳐 주는 것은. 우리가 유순하고 순종하는 마음으로 그리스도의 다스리심에 우리 자신을 드러서 순종할 준비가 되어 있기만 하다면, 죄인(罪人)으로서 그의 심판대 앞에 서는 것보다 우리에게 더 좋은 것은 없다는 것이다.

11. 나도 너를 정죄하지 아니하노니. 이 말씀은 그리스도께서 그 여자의 죄를 사해 주셨다는 것을 의미하는 것이 아니라, 그 여자가 자유롭게 가도록 허락하셨다는 것을 의미한다. 이것은 의아해할 일이 아니다. 왜냐하면, 그리스도께서는 자신의 직분에 속하지 않은 그 어떤 일에도 관여하고 싶어하지 않으신 것일 뿐이기 때문이다. 아버지 하나님께서는 "잃어버린 양"(마 10:6)을 모으라고 그리스도를 보내신 것이기 때문에, 그리스도께서는 자신의 부르심을 생각하시고서, 그 여자에게 회개를 권하시고, 은혜의 약속으로 그 여자를 위로하셨다. 만약 이 예(例)를 근거

로 삼아서 간음을 사형으로 벌해서는 안 된다고 주장하는 자들이 있다면, 마찬가지로 그들은 그리스도께서 두 형제 간에 유산을 분배하는 일이 문제가 되었을 때에 중재자로 나서기를 거절하신 것(눅 12:13)을 근거로 삼아서 유산을 분배해서는 안 된다고 주장하여야 할 것이다. 만일 간음을 행하고도 벌을 받지 않는다면, 그 어떤 범죄를 행하여도 율법의 벌을 받지 않게 될 것이고, 온갖 종류의 사기(詐欺), 독살(毒殺), 살인, 강도가 난무하게 될 것이다. 게다가, 간음한 여자가 사생아를 낳는다면, 그 여자는 그 가문의 이름을 도둑질한 것이 될 뿐만 아니라, 적자(嫡子)들에게서 상속권을 빼앗아서 남에게 줘버린 꼴이 될 것이다. 그러나 무엇보다도 가장 악한 것은 그 간음한 여자가 아내로서 자기와 한 몸이 된 남편을 욕되게 했을 뿐만 아니라, 자기 자신을 부정(不貞)에 내주어 부끄러운 짓을 행함과 동시에 하나님의 거룩한 언약을 범하였다는 것이다. 하나님의 거룩한 언약 없이는 이 세상에 그 어떤 거룩함도 계속해서 존재할 수 없게 되는데도 말이다.

　　하지만 교황주의자들의 신학은 이 구절에서 그리스도께서는 간음한 자들에게 그들이 받을 형벌을 면제해 주는 은혜의 법을 선포하신 것이라고 가르친다. 교황주의자들은 그리스도의 은혜, 즉 복음의 가르침이 어디에서나 우리에게 선포하고 있는 바로 그러한 은혜를 사람들의 마음에서 지워버리기 위해서 온갖 수단과 방법을 다 동원해서 애를 쓰면서도, 오직 이 구절에서만 은혜의 법을 큰 소리로 설파한다. 도대체 그 이유가 무엇일까? 그 이유는 그들이 주체할 수 없는 욕정으로 거의 모든 "침소"를 더럽히면서도 그 벌을 피해려고 하기 때문이 아니라면 그 무엇 때문이겠는가? 물론, 이것은 저 마귀적인 제도인 독신주의의 결과이다. 왜냐하면, 한 여자와 결혼해서 사는 것이 허락되지 않은 자들은 고삐 풀린 것처럼 음행을 저지를 가능성이 높기 때문이다. 그러나 우리는 그리스도께서는 사람들의 죄를 용서하기는 하시지만, 사회 질서를 뒤집어엎으시거나 법률이 정한 관결이나 형벌들을 폐하지는 않으신다는 것을 명심하여야 한다.

　　다시는 죄를 범하지 말라. 이 말씀으로부터 우리는 그리스도께서 우리에게 은혜를 주시는 목적이 무엇인지를 알게 된다. 즉, 그것은 죄인으로 하여금 하나님과 화목을 이루어서 경건하고 거룩한 삶을 통해서 자신의 구원의 주(主)께 영광을 돌리게 하시기 위한 것이다. 요컨대, 우리에게 죄 사함을 주는 하나님의 그 동일한 말씀은 동시에 우리를 회개로 부르는 말씀이기도 하다는 것이다. 또한, 이 권면의 말씀은 장래를 향한 것이기는 하지만, 죄인들에게 과거의 삶을 상기시킴으로써 그들을 낮추는 것이기도 하다.

[12]예수께서 또 말씀하여 이르시되 나는 세상의 빛이니 나를 따르는 자는 어둠에 다니지 아니하고 생명의 빛을 얻으리라 [13]바리새인들이 이르되 네가 너를 위하여 증언하니 네 증언은 참되지 아니하도다 [14]예수께서 대답하여 이르시되 내가 나를 위하여 증언하여도 내 증언이 참되니 나는 내가 어디서 오며 어디로 가는 것을 알거니와 너희는 내가 어디서 오며 어디로 가는 것을 알지 못하느니라(8:12-14).

12. 나는 세상의 빛이니. 앞에서 말했듯이, 간음한 여자와 관련된 이야기가 원래의 본문에는 없었다고 보는 이들은 여기에 나오는 설교를 그리스도께서 "명절 끝날"에 많은 무리들이 모인 가운데에 전하셨던 설교와 연결시킨다. "세상의 빛"이라는 말은 그리스도에게 어울리는 가장 아름답고 고상한 명패(名牌)이다. 왜냐하면, 우리는 다 본성적으로 눈 먼 자들인데, 우리를 어둠에서 건져내고 해방시켜서 참 빛에 참여하는 자들로 만들어줄 치유책이 그 명패에 제시되어 있기 때문이다. 그리고 이 은택(恩澤)은 어느 한 사람에게만 주어지는 것이 아니다. 왜냐하면, 그리스도께서는 자기가 온 "세상의 빛"이라고 선언하고 계시기 때문이다. 이 보편적으로 적용되는 선언을 통해서 그리스도께서는 유대인과 이방인 간의 차별만이 아니라 유식한 자와 무식한 자, 지체 높은 자와 일반 서민 간의 차별도 제거하고자 하셨다.

하지만 우리는 이 빛이 우리에게 절실하게 필요하다는 것을 먼저 깨닫지 않으면 안 된다. 왜냐하면, 이 세상이 어둠이라는 것과 자기 자신이 완전히 눈이 멀어 있다는 것, 이 두 가지를 알게 된 자들 외에는 그 누구도 결코 자기 자신을 그리스도께 드려서 그 빛을 받고자 하지 않을 것이기 때문이다. 그러므로 우리는 이 빛을 얻을 길이 그리스도 안에서 우리에게 나타날 때, 우리는 모두 눈이 멀어 있다는 정죄를 받게 되고, 우리가 빛이라고 생각하는 다른 모든 것들은 어둠, 곧 깜깜한 밤으로 규정된다는 것을 알아야 한다. 왜냐하면, 그리스도께서는 다른 사람들에게도 있는 그런 빛을 자기도 갖고 계시다고 말씀하시는 것이 아니라, 이 빛을 오직 자기 자신만이 갖고 있다고 말씀하시기 때문이다. 이것으로부터 우리는 그리스도 외에 다른 곳에서는 "참 빛"의 한 조각도 찾아볼 수 없다는 결론을 얻게 된다. 물론, 빛나는 것처럼 보이는 것들은 있을 수 있지만, 그런 것들은 단지 우리의 눈을 어질어질하게 만드는 섬광과 같은 것들일 뿐이다. 또한, 우리가 주목해야 할 것은 빛을 비추는 능력이나 일은 그리스도께서 친히 임재해 계실 때에만 일어나는 것이 아니라는 것이다. 즉, 그리스도께서는 몸으로는 우리에게서 아주 멀리 떨어져 계시지만, 복음의 가르침과 자신의 성령의 비밀한 능력을 통해서 우리에게 날마다 자신의 빛을 비추신다. 그러나 우리는 복음과 그리스도의 영을 통해서 빛을 받아, 모든 지식과 지혜의 샘이 그리스도 안에 감춰져 있다는 것을 알게 될 때에야, 비로소 이 빛에 대한 온전한 정의(定義)를 갖게 된다.

나를 따르는 자는. 그리스도께서는 앞서 주신 가르침을 토대로 권면을 행하시고 서는, 즉시 그 권면에 약속을 덧붙이심으로써 그 권면을 한층 더 강화시키신다. 왜냐하면, 자기 자신을 그리스도께 내드려서 그의 다스리심을 받는 모든 자들은 잘못된 길로 갈 위험이 없다는 것을 알았을 때, 우리는 더욱 분발해서 그리스도를 따르려고 할 것이 틀림없기 때문이다. 사실, 이것은 그리스도께서는 자신의 손을 내미셔서 우리를 자기에게로 이끄시겠다고 말씀하신 것과 같다. 이토록 크고 장엄한 약속에는 지극히 큰 능력이 수반될 수밖에 없기 때문에, 그리스도를 바라보는 자들은 어둠의 한복판에서조차도 확실하고 분명한 길이 나 있어서, 단지 잠시만이 아니라 경주(競走)를 마칠 때까지 자신들이 길을 잃지 않고 끝까지 달려갈 수 있을 것임을 확신하게 된다. 왜냐하면, 바로 그것이 그리스도께서 "나를 따르는 자는 어둠에 다니지 아니하고 생명의 빛을 얻으리라"고 말씀하실 때에 미래 시제를 사용하신 이유이고, 이 빛의 영속성(永續性)을 분명하게 표현하고 있는 이 구절의 후반부의 취지이기도 하기 때문이다. 그러므로 이 빛은 우리를 "생명"으로 인도할 것이기 때문에, 우리는 이 빛이 우리의 여정(旅程)의 중간에서 없어져 버리면 어쩌나 하고 염려할 필요가 없다. 그리스도께서 효과 또는 결과를 나타내기 위해서 형용사가 아니라 명사의 속격을 사용하셔서 "생명의 빛"이라고 하신 것은 히브리어 어법을 따른 것이다. 따라서 그리스도께서는 "생명을 주는 빛"이라고 말씀하신 것과 같다. 그러므로 우리는 그리스도를 바라보는 자들이 거의 없는 이 세상에서 오류(error)들과 미신(迷信, superstitio)들로 가득한 짙은 어둠이 지배하고 있다는 것을 이상하게 여길 필요가 없다.

13. 바리새인들이 이르되. 바리새인들은 자기가 자기 자신에 대하여 주장하는 말은 신뢰할 수 없다는 사람들의 통념(通念)을 근거로 삼아서 반론을 제기한다. 왜냐하면, 여기에서 "참된 증언"은 합법적이고 신뢰할 만한 것을 나타내기 때문이

다. 요컨대, 그들이 한 말의 요지는 그리스도께서 자기 외에 다른 곳에서 증거를 가져와서 제시하지 않는 한 스스로 어떤 말을 해도 아무 소용이 없다는 것이다.

14. 내가 나를 위하여 증언하여도. 그리스도께서는 자기는 단지 수많은 사람들 중의 한 사람에 불과한 것이 아니라 그런 사람들과는 근본적으로 다른 지위를 지니고 있기 때문에, 자신의 "증언"은 충분한 신뢰성과 권위를 지니고 있다고 대답하신다. 왜냐하면, 그리스도께서는 "나는 내가 어디서 오며 어디로 가는 것을 안다"고 말씀하심으로써 자기 자신을 다른 모든 사람들로부터 구별하시기 때문이다. 그러므로 그리스도께서 하신 말씀의 요지는 이런 것이다: 자기 자신이 옳다고 주장하는 사람이 있다면, 그런 사람의 말을 의심하는 것은 당연하고, 율법도 자기 자신에게 유리한 말을 하는 사람을 믿지 말라고 하고 있다. 하지만 그런 원칙은 온 세상 위에 뛰어나신 하나님의 아들에게는 적용될 수 없다. 왜냐하면, 그는 일반적인 사람들 중의 한 사람이 아니라, 단지 말씀만으로도 모든 사람을 다스리실 수 있는 권세를 아버지 하나님으로부터 받으신 분이기 때문이다.

나는 내가 어디서 오며 어디로 가는 것을 알거니와. 이 말씀을 통해서 그리스도께서는 자신의 기원(起源)이 세상에 있는 것이 아니라, 자기는 하나님에게서 나왔기 때문에, 하나님의 것인 자신의 가르침을 인간의 법에 종속시키고자 하는 것은 이치에 맞지 않는 부당한 일이라고 선언하신다. 그러나 그 때에 그들은 "종의 형체"를 입고 계셨던 그리스도를 바로 그 육신을 입으신 비천한 모습으로 인해서 멸시하고 있었기 때문에, 그리스도께서는 전에는 감춰져 있고 알려져 있지 않았던 자신의 신성(神性)을 밝히 드러내 줄 한 사건, 즉 장차 나타나게 될 자신의 부활의 영광을 그들에게 상기시키신다. 그러므로 비록 그리스도께서 아직 온전히 영광을 받지 않으신 모습으로 계셨더라도, 유대인들은 옛적부터 율법을 통해서 약속되었던 하나님의 유일하신 대사(大使)에게 마땅히 순복하였어야 했다.

그리스도께서 "너희는 내가 어디서 오며 어디로 가는 것을 알지 못하느니라"고 말씀하신 것은 아무리 그들이 믿지 않는다고 해도 그들의 그런 불신앙으로 인해서 자신의 영광이 손상을 입는 일은 결코 없으리라는 것을 의미한다. 그러므로 그리스도께서 우리에게 동일한 "증언"을 하신다면, 우리는 불경건한 자들의 온갖 반박하는 말들과 시끄럽게 비방하는 말들을 믿음으로 멸시하는 것이 마땅하다. 왜냐하면, 세상에서 가장 높아진 것들을 뛰어넘어서 그 위로 날아오르지 않는다면, 우리의 믿음은 하나님이라는 터 위에 세워질 수 없기 때문이다. 그러나 복음에 나타난 그리스도의 위엄(maiestas)이 우리 안에 견고히 서게 하고자 한다면, 우리는 그리스도께서 어디에서 오셔서 자신의 대사직(大使職)을 다 수행하신 후에 지금 어떤 권세를 지니고 계시는지를 기억하고서, 언제나 그리스도께서 지니신 하늘 영광을 바라보는 가운데에, 그가 이 세상에서 하신 말씀에 귀를 기울이지 않으면 안 된다. 왜냐하면, 그리스도께서는 잠시 스스로 낮아지셨다가, 지금은 아버지 하나님께서 그를 지극히 높이셔서 자신의 오른편에 앉아 계시게 하시고, "모든 무릎으로" 그 앞에 "꿇게" 하셨기 때문이다(빌 2:10).

[15]너희는 육체를 따라 판단하나 나는 아무도 판단하지 아니하노라 [16]만일 내가 판단하여도 내 판단이 참되니 이는 내가 혼자 있는 것이 아니요 나를 보내신 이가 나와 함께 계심이라 [17]너희 율법에도 두 사람의 증언이 참되다 기록되었으니 [18]내가 나를 위하여 증언하는 자가 되고 나를 보내신 아버지도 나를 위하여 증언하시느니라 [19]이에 그들이 묻되 네 아버지가 어디 있느냐 예수께서 대답하시되 너희는 나를 알지 못하고 내 아버지도 알지 못하는도다 나를 알았더라면 내 아버지도 알았으리라 [20]이 말씀은 성전에서 가르치실 때에 헌금함 앞에서 하셨으나 잡는 사람이 없으니 이는 그의 때가 아직 이르지 아니하였음이러라(8:15-20).

15. 너희는 육체를 따라 판단하나. 이 말씀은 두 가지로 해석될 수 있는데, 하나는 그들이 "육체"의 타락한 지각(知覺)을 따라 판단한다는 것이고, 다른 하나는 그들이 사람의 겉모습만을 보고서 판단한다는 것이다. 왜냐하면, "육체"는 종종 사람의 겉모습을 가리키기 때문이다. 육정(肉情)이 지배하는 곳에서나 사람의 겉모습만을 보고 판단이 행해지는 곳에서나 진리나 정의가 발붙일 수 없는 것은 마찬가지이기 때문에, 이 두 가지 해석은 어느 것이나 이 본문과 잘 들어맞는다. 그러나 나는 "육체"를 "성령"과 대비시켜서 볼 때에 이 본문의 의미가 더 분명해질 것이라고 생각한다. 따라서 그리스도께서는 그들은 성령의 인도하심을 받고 있지 않기 때문에 제대로 된 합법적인 판단자들이 될 수 없다는 의미로 이 말씀을 하신 것이다.

나는 아무도 판단하지 아니하노라. 이 말씀과 관련해서도 주석자들의 설명은 서로 다르다. 어떤 이들은 그리스도께서 자기는 인간적으로 판단하는 것이 아니라고 하시면서 그들과 자신을 구별하고 계시는 것이라고 설명하고, 어떤 이들은 이 말씀을 시기(時期)와 관련된 것으로 보아서, 그리스도께서는 이 땅에 계시는 동안에는 자기가 재판관의 직무를 수행하지 않으실 것임을 보여주신 것이라고 설명한다. 아우구스티누스(Augustinus)는 이 두 가지 설명을 둘 다 제시하기만 하고, 둘 중의 어느 하나를 택해서 자신의 견해로 제시하지는 않는다. 그러나 첫 번째 설명은 이 말씀에 전혀 적용될 수 없다. 왜냐하면, 이 말씀이 속해 있는 문장 전체는 두 개의 구절, 즉 그리스도께서는 판단하지 않으신다는 것을 내용으로 하는 구절과 만일 그리스도께서 판단하시더라도 그의 판단은 하나님으로부터 나오는 것인 까닭에 참되고 진실하다는 것을 내용으로 하는 구절로 이루어져 있기 때문이다. 그러므로 나는 그리스도께서 자기는 판단하지 않으신다고 말씀하셨다는 것을 내용으로 하는 첫 번째 구절은 그런 말씀이 나오게 된 상황과 연결시켜서 거기에 한정하여 해석해야 한다고 본다. 왜냐하면, 그리스도께서는 자신의 원수들에게 그들의 교만을 좀 더 깊이 있게 깨우쳐 주시기 위해서, 자기는 남들을 판단하는 재판관의 일을 행하지 않고 단지 가르치기만 할 뿐인데, 그들은 마치 그들에게 판단할 권한이 있는 듯이 주제넘게 행하지만, 사실은 자기를 정죄할 수 없는 권한이 그들에게 없다는 식으로 그들과 자기를 대비시켜서 말씀하신 것이기 때문이다.

16. 만일 내가 판단하여도. 그리스도께서는 자신의 권리를 완전히 포기하신 것처럼 보이지 않게 하시려고, 앞에서 하신 말씀을 사람들이 오해하지 않도록 하시기 위하여 "만일 내가 판단하여도 내 판단이 참되니"라고 보충설명을 덧붙이신다. 즉, 그리스도께서 판단을 내리신다면, 그것은 권위를 지닌 판단이 되리라는 것이다. 그 권위는 그리스도께서는 아버지 하나님께서 명령하신 것 외에는 아무것도 하지 않으신다는 사실로부터 나온다.

"내가 혼자 있는 것이 아니요"라는 말씀은 마치 그리스도께서 자기를 단지 여느 수많은 사람들 중의 한 사람으로 보아서는 안 되고, 아버지 하나님께서 자기에게 맡기신 직분을 따라서 자기를 바라보아야 한다고 말씀하신 것과 같다. 그런데 그리스도께서는 자신의 신성(神性)을 분명하게 선언하셨어도, 그 선언은 참되고 합당하였을 것인데, 왜 그렇게 하지 않으신 것인가? 그 이유는 그리스도께서는 자신의 신성(神性)이 육체라는 베일 아래 감추어져 있었던 까닭에, 그 신성이 더 분명하게 나타나 있던 아버지 하나님을 그들 앞에 제시하고자 하셨기 때문이다. 그럼에도 불구하고, 그리스도께서 여기에서 하신 모든 말씀의 취지는 자기가 행하고 가르치는 모든 것을 하나님에게서 나온 것으로 받아들이는 것이 마땅하다는 것이다.

17. 너희 율법에도. 아무도 자신이 관련된 문제에 자기가 증인으로 나서는 것은 받아들여질 수 없는 일이기 때문에, 얼핏 보면, 그리스도께서 여기에서 제시하시는 논거(論據)는 빈약해 보일 수 있다. 그러나 우리는 내가 앞에서 이미 말했던 것, 즉 그리스도는 사인(私人)도 아니시고 자신의 사적인 일을 행하시는 것도 아니기 때문에, 여느 수많은 일반 사람들과는 근본적으로 다른 분이라는 것을 기억하여야 한다. 그리스도께서는 청중들의 수준에 맞춰서 얘기하시기 위해서, 일단 자기 자신을 아버지 하나님과 구별하시고서는 말씀을 해나가신다. 즉, 그리스도께서는 이때에 자신의 직분으로 인해서 아버지 하나님의 종으로 행하고 계셨던 까닭에, 자기가 가르치는 모든 것이 아버지 하나님에게서 온 것이라고 말씀하신다.

19. 네 아버지가 어디 있느냐. 그들이 그리스도께 "네 아버지가 어디 있느냐"고 물은 것이 조롱하는 말이었다는 것은 의심의 여지가 없다. 왜냐하면, 이 말은 그들이 자신들의 몸에 밴 교만함으로 그리스도께서 아버지 하나님에 대하여 하신 말씀을 아니꼽다는 듯이 경멸하며 듣고 있다가, 그리스도께서 마치 자기가 하늘에서 왔다는 듯이 자신의 아버지 하나님을 지극히 높여 말씀하시는 것을 듣고서는 비꼬는 투로 던진 말이었기 때문이다. 그러므로 이 말을 통해서 그들은 그리스도의 "아버지"가 누군지를 자기들이 알지 못하고 그런 것에는 관심도 없기 때문에 그 "아버지"로 인해서 "아들"을 존중해 주는 그런 일은 없을 것임을 밝히고 있는 것이다. 마찬가지로, 오늘날 도처에서 감히 주제넘고 오만방자하게 그리스도를 멸시하는 일이 일어나고 있는 이유도 하나님께서 그리스도를 보내셨다고 여기는 자들이 거의 없기 때문이다.

너희는 나를 알지 못하고 내 아버지도 알지 못하는도다. 그리스도께서는 그들의 질문에 곧이곧대로 대답해 주시는 것이 합당하지 않다고 여기셨기 때문에, 그들이 자신들의 무지함을 전혀 깨닫지 못한 채로 도리어 자기만족에 빠져서 잘난 체하는 것을 몇 마디 말씀으로 꾸짖으신다. 그들은 "아버지" 하나님에 대하여 물었지만, 정작 그 "아들"이 자신들의 눈앞에 계시는 것을 "보고도 보지 못하였다"(마 13:13). 그러므로 자기들에게 친근하게 다가오셨던 하나님의 아들을 멸시한 자들이 아버지 하나님께로 결코 나아갈 수 없게 된 것은 그들의 교만함과 불경건한 배은망덕함에 대한 의로운 벌이었다. 죽을 수밖에 없는 존재인 사람이 하나님의 아들의 손에 이끌려서 높은 곳으로 들어올려지지 않는다면, 어떻게 저 높은 곳에 계시는 하나님께 나아갈 수 있겠는가? 하나님께서는 사람들에게 자신의 손을 내미시기 위해서 그리스도 안에서 비천한 사람의 모양으로 이 땅에 내려오셨는데, 이렇게 다가오신 하나님을 거부하고 배척한 자들이 천국에 들어가지 못하게 되는 것은 합당한 일이 아니겠는가?

우리는 이 동일한 말씀이 우리 모두에게도 그대로 적용된다는 것을 알아야 한다. 즉, 하나님을 알고자 열망하면서도 그리스도로부터 시작하지 않는 자는 누구든지 미로(迷路)에서 헤맬 수밖에 없다는 것이다. 왜냐하면, 앞에서 이미 언급했듯이, 그리스도께서 "하나님의 형상"으로 불리시는 데에는 다 그럴 만한 이유가 있기 때문이다. 그리스도를 떠나서 거인족들(그리스 신화. 제우스와 싸웠던 족속. 인간의 악함과 어리석음을 상징한다)처럼 하늘에 오르고자 하는 자들은 누구나 다 하나님을 아는 바른 지식을 하나도 얻을 수 없는 것과 마찬가지로, 자신의 마음과 모든 지각(知覺)을 그리스도께로 향하는 자들은 누구나 다 아버지 하나님께로 곧장 인도함을 받게 될 것이다. 왜냐하면, 사도 바울이 우리가 복음이라는 거울을 통해 그리스도의 인격 속에서 하나님을 똑똑히 본다고 선언하고 있는 것(고후 3:18)은 결코 거짓이 아니기 때문이다. 그리스도 앞에서 자기 자신을 낮추는 자마다 모든 하늘들 너머로 올라가서, 천사들이 보고서 경탄하며 찬송하는 저 신비(神秘)들 속으로 들어가게 되는 것은 믿음의 순종(obedientia fidei)에 주어지는 최고의 상급(賞給)임이 분명하다.

20. 이 말씀은 성전에서 가르치실 때에 헌금함 앞에서 하셨으나. "헌금함"은 거룩한 헌물들을 담아두는 기구(器具)로서 성전의 일부였고, 사람들이 많이 찾는 곳이었다. 이것으로부터 우리가 알 수 있는 것은 그리스도께서는 많은 사람들이 모여 있던 곳에서 이 설교를 행하셨고, 따라서 사람들은 말씀을 듣지 못하였다고 변명하기가 어렵게 되었다는 것이다. 또한, 복음서 기자는 방금 전만 해도 그리스도를 붙잡아서 죽이려고 했던 바리새인들이 그리스도께서 성전에서 공개적으로 가르치시는 것을 바라만 보고 있을 수밖에 없게 되었다는 것을 보도하고 있는 것이기 때문에, 그런 점에서 우리에게 하나님의 놀라우신 능력을 보여주고 있는 것이라고 할 수 있다. 왜냐하면, 바리새인들은 성전을 완벽하게 장악하고서 폭군처럼 행세하며 횡포를 부리고 있었던 까닭에, 그들의 말 한 마디면 얼마든지 그리스도를 성전에서 쫓아낼 수 있었을 것이기 때문이다. 그런데도, 그리스도께서 담대하게 가르치는 자의 직무를 수행하고 계셨을 때, 왜 그들은 즉시 무력을 동원해서 그

리스도를 제지하거나 붙잡지 못한 것인가? 우리는 여기에서 하나님께서 사람들에게 그리스도께서 전하시는 말씀을 듣게 하고자 하셔서 그를 보호하시고 지키셨기 때문에, 저 사나운 야수들은 그를 삼키려고 입을 크게 벌리고 있었으면서도 실제로는 그를 건드릴 수 없었다는 것을 알게 된다. 복음서 기자는 우리가 살고 죽는 것이 사람들의 뜻이 아니라 하나님의 뜻에 달려 있다는 것을 우리에게 알게 해주기 위하여 다시 한 번 "그리스도의 때"를 언급한다.

²¹다시 이르시되 내가 가리니 너희가 나를 찾다가 너희 죄 가운데서 죽겠고 내가 가는 곳에는 너희가 오지 못하리라 ²²유대인들이 이르되 그가 말하기를 내가 가는 곳에는 너희가 오지 못하리라 하니 그가 자결하려는가 ²³예수께서 이르시되 너희는 아래에서 났고 나는 위에서 났으며 너희는 이 세상에 속하였고 나는 이 세상에 속하지 아니하였느니라 ²⁴그러므로 내가 너희에게 말하기를 너희가 너희 죄 가운데서 죽으리라 하였노라 너희가 만일 내가 그인 줄 믿지 아니하면 너희 죄 가운데서 죽으리라(8:21-24).

21. 내가 가리니. 그리스도께서는 이 완악한 자들 가운데서는 자기가 어떻게 해도 아무런 소용이 없다는 것을 확인하시고 나서, 이제 여기에서는 그들의 멸망을 경고하신다. 이것이 복음을 거부하고 배척하는 모든 자들의 최후(最後)이다. 왜냐하면, 복음은 허공 속에 마구잡이로 뿌려지는 것이 아니라, 반드시 "사망에 이르는 냄새"나 "생명에 이르는 냄새"(고후 2:16)를 풍기게 되어 있기 때문이다. 그리스도께서 여기에서 하신 말씀의 요지는 이런 것이다: 그리스도께서 자기 자신을 값없이 은혜로 내주시는데도, 그런 그를 거부하고 배척한다면, 그 불경건한 자들은 자기들이 그렇게 함으로써 얼마나 큰 손해를 입게 된 것인지를 결국은 깨닫게 될 것이다. 그러나 회개의 기회가 더 이상 주어지지 않을 것이기 때문에, 그들이 나중에 그것을 깨닫게 되더라도, 이미 때가 너무 늦어서 아무 소용이 없을 것이다. 그리고 그리스도께서는 그들에 대한 심판이 가까웠다는 것을 보여주심으로써 그들에게 한층 더 큰 경각심을 주시기 위해서, 먼저 자기가 곧 그들을 떠나게 될 것이라고 말씀하시는데, 이것은 복음이 그들에게 오직 짧은 시간 동안만 선포될 것이기 때문에, 만약 그들이 이 기회를 그냥 흘려버려서 놓치고 만다면, "은혜의 때"와 "구원의 날"(사 49:8; 고후 6:2)은 다시 오지 않을 것이라고 말씀하시는 것이다. 오늘날에

도 마찬가지로, 그리스도께서 우리의 마음 문을 두드리실 때, 우리는 즉시 그를 영접하러 나가야 한다. 그렇게 하지 않으면, 그리스도께서는 우리의 게으름(ignavia)에 지치셔서 우리를 떠나가 버리실 것이기 때문이다. 그리고 사실, 우리는 그리스도께서 이렇게 떠나 버리시는 것이 얼마나 두렵고 무시무시한 일인지를 모든 세대들이 겪어온 수많은 경험을 통해서 이미 잘 알고 있다.

우리는 먼저 이 본문에서 언급된 사람들이 어떤 식으로 그리스도를 찾았던 것인지를 확인하지 않으면 안 된다. 왜냐하면, 죄인(peccator)이 자신의 죄로 인하여 괴로워하고 슬피 울면, 그 즉시로 그리스도께서 오셔서 그 사람을 도우실 것이라고 하신 약속은 결코 거짓이 아닌 까닭에, 만일 그들 가운데에 참된 회심(回心)이 있었다면, 그들은 그리스도를 헛되이 찾은 것이 아닐 것이기 때문이다. 그러므로 그리스도께서 하신 말씀은 그들이 믿음의 올바른 길을 통해서 그를 찾은 것이 아니라, 마치 너무나 괴롭고 고통스러워서 어떻게 해서든지 그 곤경에서 헤어나올 방법을 찾기 위해서 온 사방을 헤매고 다니는 자들처럼 그를 찾은 것임을 보여주는 말씀이다. 왜냐하면, 믿지 않는 자들은 하나님께서 자기들과 화목하게 되기를 원하면서도, 끊임없이 하나님에게서 도망치기 때문이다. 즉, 하나님께서는 그들을 부르시고, 하나님께 나아가는 길은 오직 믿음과 회개뿐인 데도, 그들은 평소에는 완악한 마음으로 하나님을 대적하다가, 곤경에 빠져서 절망에 사로잡히게 되면 하나님을 원망하며 울고불고 난리를 친다. 요컨대, 그들은 하나님을 바라는 것과는 너무나 거리가 멀기 때문에, 하나님께서 하나님이시기를 포기하시기 전에는 하나님의 도우심을 결코 받아들이지 않는다는 것이다. 그런데 하나님께서 하나님이시기를 포기하시는 일은 결코 있을 수 없지 않는가. 마찬가지로, 서기관들이 아무리 불경건하고 악한 자들이었다고 할지라도, 만일 그리스도께서 그들의 입맛에 맞게 자기 자신을 바꾸시기만 하셨다면, 그들은 메시야의 손으로 이루게 될 것이라고 약속되었던 구속(救贖)을 기꺼이 환영하고 받아들였을 것이다. 그런 까닭에, 본문에 나오는 말씀을 통해서 그리스도께서는 모든 불신자들에게 그들이 복음의 가르침을 멸시하면, 극심한 곤경에 빠지게 되어서, 결국 하나님께 부르짖을 수밖에 없게 될 것이지만, 앞에서 이미 말했듯이, 그들이 찾는 것은 진정으로 그리고 올바르게 찾는 것이 아니기 때문에, 그들의 부르짖음이 아무 소용도 없게 될 것이라고 경고하시고 선언하신다. 그리고 이러한 경고는 바로 뒤에 나오는 어구, 즉 "너희 죄 가운데서 죽겠고"라는 말씀 속에 한층 더 분명하게 표현되어 있다. 왜냐하면, 이 말씀을 통해서 그리스도께서는 그들이 끝까지 하나님께 불순종하고 배역한 것이 그들의 멸망의 원인이라는 것을 보여주고 계시기 때문이다. 그들의 죄가 어떤 성격의 죄였는지에 대해서는 우리가 곧 살펴보게 될 것이다.

22. 그가 자결하려는가. 서기관들은 대놓고 조롱하며 비웃는 일을 그치지 않을 뿐만 아니라, 뻔뻔스러움을 노골적으로 드러낸다. 즉, 그들은 그리스도께서 하신 말씀, 즉 "내가 가는 곳에는 너희가 오지 못하리라"는 말씀을 비웃고 조롱한다. 왜냐하면, 그들은 "그가 자결한다면, 우리는 그렇게 하지 않을 것이니까, 우리가 그를 따라갈 수 없을 것이라는 그의 말이 맞긴 맞네"라고 말한 것이나 다름없기 때문이다. 그들은 그리스도께서 어떤 식으로든 그들의 눈앞에서 사라져 준다면, 그것은 그들에게 손실이 되는 중대한 일이라고 여기기는커녕, 도리어 모든 면에서 그들이 그에 대하여 승리하는 것이라고 생각하였기 때문에, 그리스도께 "가시고 싶은 곳으로 얼른 가주세요"라고 말하고 있는 것이다. 우리는 여기에서 정말 너무나 충격적이고 끔찍한 우둔함을 본다! 그러나 사탄은 버림받은 자들을 바로 그런 식으로 홀려서, 그들로 하여금 극도의 광기(狂氣)에 취해서 스스로 하나님의 진노의 불구덩이 한복판으로 뛰어들게 만든다. 오늘날에도 우리는 양심이 완전히 마비되어서 하나님의 두려운 심판에 대하여 들으면서도 거들먹거리며 여유를 부리면서 그 모든 것을 웃음거리로 만들어 조롱하는 많은 사람들 속에서 여기에서 서기관들이 보여준 것과 동일한 광기(狂氣)를 보지 않는가? 그러나 그들이 조롱하며 웃는 웃음은 독(毒)을 머금고 있는 웃음일 수밖에 없다. 왜냐하면, 그들은 내적으로 찔림을 받아서 눈에 보이지 않는 상처를 입고 피를 흘리고 있는데도, 마치 정신이 나간 자들처럼 갑자기 광기어린 웃음을 터뜨리며 박장대소(拍掌大笑) 하고 있는 것이기 때문이다.

23. 너희는 아래에서 났고 나는 위에서 났으며. 그리스도께서는 그들을 가르쳐 보아야 아무 소용이 없다는 것을 아시고서는, 단지 몇 마디 짧은 말씀으로 그들을 따끔하게 야단치시고자 하셨기 때문에, 여기에서 그들은 하나님의 나라를 철저히 미워하고 혐오하는 자들인 까닭에 자신의 가르침을 받지 않는 것이라고 말씀하신다. 그리스도께서는 사람들이 나면서부터 본성적으로 지니고 있는 모든 것을 "세상"과 "아래"라는 단어로 표현하시면서, 자신의 복음이 인간의 지성(知性)에서 나오는 명철 및 통찰력과 어떤 차이가 있는 것인지를 보여주신다. 즉, 복음은 하늘의 지혜인 반면에, 우리의 지성은 땅에 붙어 있다는 것이다. 그러므로 그리스도께서

자신의 영으로 빚어낸 자가 아니면, 그 누구라도 결코 그리스도의 참 제자가 될 수 없다. 세상에서 믿음을 거의 찾아볼 수 없는 이유는 그리스도께서 성령의 특별한 은혜를 통해서 땅에서 높이 들어올리신 자들 외에는 온 인류는 나면서부터 본성적으로 그리스도를 대적하고 싫어하기 때문이다.

24. 너희가 너희 죄 가운데서 죽으리라. 그리스도께서는 앞에서는 "너희 죄 가운데서"(21절)라고 단수형을 사용하신 반면에, 여기에서는 "너희 죄들 가운데서"라고 복수형으로 표현하신다. 단수형이 사용된 어구는 불신앙이 모든 악(惡)의 근원이자 원인이라는 것을 보여주기 위한 것이라는 점을 제외하면, 이 두 어구의 의미는 동일하다. 일부 사람들이 이것을 지나치게 과장되게 해석해서, 불신앙 외에는 그 밖의 다른 죄는 존재하지 않는다거나, 오직 불신앙만이 우리로 하여금 하나님 앞에서 영원한 사망의 벌을 받게 한다고 말하는 것은 잘못이다. 그러나 우리가 그리스도 및 그의 은혜를 의지해서 우리의 모든 죄에서 구원받고자 하여야 하는데도, 불신앙은 우리를 그리스도에게서 멀어지게 하고 그의 은혜를 우리에게서 앗아가 버리는 것은 사실이다.

유대인들의 치명적인 질병은 완고한 악의(惡意)를 가지고서 치료약을 거부하는 데에 있다. 그런 이유 때문에 사탄의 종들은 죄 위에 죄를 쌓는 일을 그치지 않고, 죄로 인하여 받을 형벌들을 끊임없이 자기 자신에게 더해간다. 그러므로 그리스도께서는 "너희가 만일 내가 그인 줄 믿지 아니하면"이라는 말씀을 즉시 덧붙이신다. 왜냐하면, 멸망받을 자들이 구원을 회복할 수 있는 것은 그리스도께로 피하는 것 외에는 다른 길이 없기 때문이다. 이 구절에서 강조점은 "내가 그인 줄"이라는 어구에 두어져 있다. 왜냐하면, 성경에서 메시야에게 돌리고 있는 모든 것과 성경이 우리에게 메시야에게서 기대하라고 말씀하고 있는 모든 것이 이 어구 속에 압축되어서 표현되고 있기 때문이다. 그러나 이 구절 전체의 주제이자 핵심은 "믿음"의 빛에서 시작되어 의(義)와 새 생명을 낳는 교회의 회복이다. 교부(敎父)들 중 일부는 이 구절을 그리스도의 신적 본질에 대하여 말하고 있는 것으로 보았지만, 그것은 잘못이다. 왜냐하면, 그리스도께서는 여기에서 우리에 대한 자신의 직분(職分, officium)을 말씀하고 계시는 것이기 때문이다. 이 말씀은 마음에 깊이 새겨둘 필요가 있다. 왜냐하면, 사람들은 자기들이 흠뻑 빠져 있는 악(惡)들을 결코 충분히 깊이 생각하지 않고, 비록 자기들이 멸망받게 될 것임을 어쩔 수 없이 인정하게 되더라도, 그리스도는 거들떠보지도 않은 채로 아무 짝에도 쓸모없는 치료약들을 찾아서 온 사방을 헤매고 돌아다닐 뿐이기 때문이다. 그런 까닭에, 우리는 그리스도의 은혜가 나타나서 우리를 구원하기 전까지는, 쓰레기 더미 같은 무수히 많은 온갖 악들이 우리를 점령하고서 우리 안에서 활개를 치고 다닌다는 사실을 믿지 않으면 안 된다.

²⁵그들이 말하되 네가 누구냐 예수께서 이르시되 나는 처음부터 너희에게 말하여 온 자니라 ²⁶내가 너희에게 대하여 말하고 판단할 것이 많으나 나를 보내신 이가 참되시매 내가 그에게 들은 그것을 세상에 말하노라 하시되 ²⁷그들은 아버지를 가리켜 말씀하신 줄을 깨닫지 못하더라 ²⁸이에 예수께서 이르시되 너희가 인자를 든 후에 내가 그인 줄을 알고 또 내가 스스로 아무 것도 하지 아니하고 오직 아버지께서 가르치신 대로 이런 것을 말하는 줄도 알리라 ²⁹나를 보내신 이가 나와 함께 하시도다 나는 항상 그가 기뻐하시는 일을 행하므로 나를 혼자 두지 아니하셨느니라 (8:25-29).

25. 나는 처음부터 너희에게 말하여온 자니라. 이 구절에서 대격(對格)으로 사용된 '텐 아르켄'(τὴν ἀρχήν, "처음부터")을 주격(主格)으로 바꾸어 "나는 처음이다"로 해석해서, 그리스도께서 자신의 영원한 신성(神性)을 단언하고 계시는 것이라고 설명하는 이들이 있지만, 그것은 크게 잘못된 것이다. 헬라어 본문에는 그 어떤 모호함도 존재하지 않지만, 헬라어 주석가들 사이에서도 그 의미에 대해서는 견해가 서로 갈린다. 사실, 이 단어에 전치사를 보충해 넣어서 해석해야 한다는 데에는 그들 모두의 견해가 일치하긴 하지만, 그들 중 다수는 이 단어를 부사적으로 해석해서, 그리스도께서 여기에서 "이것이 첫 번째로 주목해야 할 것이다"라고 말씀하신 것이라고 설명하고, 크리소스토무스(Chrysostomus)를 비롯해서 그들 중 일부는 이 단어를 뒤에 이어지는 내용과 연결시켜 하나의 문맥 속에서 읽는 것을 택해서, 그리스도께서 "내가 지금까지 너희에게 말한 것을 시작으로 해서, 내게는 너희에게 말하고 너희에 대하여 판단할 것이 많다"고 말씀하신 것이라고 설명하는데, 주후 5세기에 헬라 도시 에데사의 감독이었던 논누스(Nonnus)는 이 후자의 해석을 시(詩)로 표현하기도 하였다. 그러나 좀 더 일반적으로 채택되고 있는 또 다른 읽기가 내게는 더 옳아 보이기 때문에, 나는 '텐 아르켄'(τὴν ἀρχήν)을 "처음부터"로 해석하고자 한다. 따라서 내 생각에는, 그리스도께서는 "나는 갑자기 등장한 것

이 아니라, 전에 약속된 것을 따라서 지금 내가 많은 사람들 앞에 나타난 것"이라고 말씀하신 것으로 보인다. 그리스도께서는 곧이어서 "나도 너희에게 말하고 있기 때문에"(칼빈이 사용한 라틴어본 성경에는 이렇게 되어 있다 — 역주)라는 말씀을 덧붙이시는데, 이것은 그리스도께서도 직접 자기가 누구인지를 지금까지 아주 분명하게 증언하셨기 때문에, 그들이 들을 귀만 있었다면 얼마든지 알 수 있었으리라는 것이다. 이 구절에서 '호티'(ὅτι, "때문에")는 단지 이유를 나타내기 위해서 사용되고 있는 것이 아니다(칼빈이 사용한 헬라어 본문에는 ὅτι로 되어 있었지만, 오늘날의 헬라어 본문에는 ὅ τι로 되어 있다 — 역주). 즉, 여기에서 그리스도께서는 자기가 지금 말씀하고 있다는 것을 근거로 삼아서, 자기가 처음부터 계셨다는 것을 증명하고자 하시는 것이 아니라, 자기가 지금 가르치고 있는 것과 자기에 대하여 "처음부터" 약속된 것이 서로 일치하는 까닭에, 자신의 가르침을 전에 자기에 대하여 약속된 것에 대한 의심할 여지 없는 확증으로 여기고 받아들이는 것이 마땅하다고 역설하시는 것이라는 말이다. 따라서 그리스도께서 하신 말씀을 풀면 이렇다: "처음 그대로, 즉 내가 전에 말했던 것을 다시 그대로 나는 지금 확증하고 있는 것이다," 또는 "사실 내가 지금 말하고 있는 것은 모든 세대에 행해진 예언들과 부합하기 때문에 그 예언들에 대한 확실한 확증이다."

요약하자면, 그리스도께서 하신 대답은 두 부분으로 되어 있다. 즉, 그리스도께서는 먼저 하나님이 그들의 조상들과 언약을 맺어 오셨던 일련의 모든 세대를 "처음부터"라는 단어로 압축해서 표현하셨고, 다음으로는 "나는 … 말하여 온 자니라"는 말씀을 통해서, 자신의 가르침을 옛적의 예언들과 연결시키시면서, 그 가르침이 그 예언들에 토대를 두고 있음을 보여주셨다. 이것으로부터 우리는 유대인들이 무지했던 이유는 그들이 선지자들이나 복음을 믿지 않았기 때문이고, 그것 말고 다른 이유가 없었다는 것을 알게 된다. 왜냐하면, 한 분 동일한 그리스도께서 선지자들의 글에도 나타나셨고 복음에도 나타나신 것이기 때문이다. 그들은 선지자들의 제자들인 체하고, 하나님의 영원한 언약을 바라보는 체하였지만, 실제로는 그들에게 "처음부터" 약속되었다가 지금은 그들 앞에 직접 나타나신 그리스도를 배척하였다.

26. 내가 너희에게 대하여 말하고 판단할 것이 많으나. 그리스도께서는 자기가 귀 먹은 자들 앞에서 말하고 노래하고 있는 것임을 아시고서, 자신의 설교를 더 이상 계속해 나가지 않으시고, 단지 자신의 가르침은 그들이 멸시하고 있지만 사실

은 하나님에게서 나온 것인 까닭에 하나님께서 친히 그 가르침이 옳다는 것을 증명해 주실 것이라고 선언하신다. 그리스도께서는 여기에서 이렇게 말씀하신다: "내가 너희를 고소하고자 한다면, 너희의 악의(malitia)와 사악함(improbitas)으로 인해서 내가 할 말이 아주 많지만, 지금은 너희를 그대로 놓아두겠다. 그러나 내게 가르치는 자의 직분을 맡기신 나의 아버지께서 반드시 자신의 소임을 다하셔서 그것을 그대로 두지 않으실 것이다. 왜냐하면, 하나님은 늘 사람들의 불경건하고 신성모독적인 경멸에 맞서 자신의 말씀이 옳다는 것을 증명하는 분이시기 때문이다." 그리스도께서 하신 이 말씀은 바울이 "우리는 미쁨이 없을지라도 주는 항상 미쁘시니 자기를 부인하실 수 없으시리라"(딤후 2:13)고 한 말씀과 그 취지가 동일하다. 요컨대, 그리스도께서는 하나님은 자기가 참되시다는 것을 반드시 증명하시는 분이시라는 사실을 근거로 삼아서, 자신의 말씀을 믿기를 거부한 불신자들에 대하여 하나님의 심판을 경고하고 계시는 것이다. 온 세상이 하나님의 가르침을 배척한다고 할지라도, 그 가르침의 권위를 굳게 세우는 데에는 오직 하나님 한 분만으로 충분하다고 우리가 믿을 때, 그것이야말로 진정으로 견고한 믿음이다. 이러한 믿음에 의지해서 그리스도를 충성되게 섬기는 모든 자들은 온 세상이 거짓되다고 두려움 없이 고소할 수 있을 것이다.

내가 그에게 들은 그것을 세상에 말하노라. 그리스도께서는 자기가 아버지 하나님에게서 받지 않은 것은 그 어떤 것도 전하지 않는다고 말씀하신다. 사역자의 경우에도 자기가 전하는 것이 아버지 하나님에게서 왔다는 것을 보여줄 때에만, 그의 가르침은 옳다는 것이 확증된다. 우리는 그리스도께서 당시에 사역자의 직분을 맡고 계셨다는 것을 안다. 그러므로 그리스도께서 하나님이 명하신 것들을 전하고 계셨기 때문에, 사람들에게 자기가 전하는 말들을 들으라고 요구하신 것은 전혀 이상한 일이 아니다. 또한, 그리스도께서는 자신의 모범을 통해서 온 교회를 위한 일반적인 법(法), 즉 하나님의 입에서 나오는 말씀을 받아서 전하는 자가 아니면 그 누구의 말도 들어서는 안 된다는 규범을 제시하고 계시는 것이다. 그리스도께서는 하나님에게서 말씀을 받지도 않았으면서 스스로 가르치는 자의 직분을 맡아서 행하는 자들의 저 악한 교만함을 무너뜨리시고 헐어버리시지만, 자신의 소명(召命)이 무엇인지를 잘 알고 있는 충성된 선생들에 대해서는 그들을 불굴의 견고함으로 무장시키시고 굳세게 세우셔서, 그들로 하여금 하나님의 인도하심 아래에서 죽을 수밖에 없는 존재들인 사람을 두려워하지 않고 담대하게 말씀을 전하게 하신다.

27. 그들은 아버지를 가리켜 말씀하신 줄을 깨닫지 못하더라. 우리는 여기에서 그 마음이 사탄에게 사로잡힌 자들이 얼마나 우둔하고 어리석게 되어 버리는지를 본다. 그리스도께서 방금 전에 그들을 하나님의 심판대 앞으로 소환하셨다는 것은 누가 보아도 너무나 분명한 것이었다. 그런데도 그들은 눈이 멀어서 그런 사실을 까맣게 모르고 있다. 이런 일은 복음의 원수들에게 매일같이 일어난다. 우리는 그들의 그런 눈먼 모습을 보고서, 거기에서 교훈을 얻어, 모든 일에서 두렵고 떨리는 마음으로 행하는 법을 배우는 것이 마땅하다.

28. 너희가 인자를 든 후에. 그리스도께서는 복음서 기자가 설명한 바와 같은 그들의 우둔함에 맞닥뜨리시고서는, 그들은 더 이상 자신의 가르침을 듣기에 합당하지 않다고 다시 한 번 선언하신다: "너희의 모든 지각(知覺)은 온통 흐려 있기 때문에, 내가 무슨 말을 해도 너희는 하나도 깨닫지 못한다. 그러나 하나님의 선지자가 너희 가운데 살면서 하나님의 말씀을 전했다는 사실을 너희가 알게 될 때가 장차 올 것이다." 이것은 우리가 불경건한 자들을 대할 때에 사용해야 하는 방식이다. 즉, 우리는 단도직입적으로 그들을 하나님의 심판대 앞으로 소환하여야 한다. 그러나 버림받은 자들과 불경건한 자들이 벌을 받기 위해 하나님 앞에 끌려 나와서, 그들이 진작 순순히 공경하고 경외했어야 할 하나님이 바로 그들을 심판하실 재판장이시라는 것을 어쩔 수 없이 인정하게 될 때에, 그리스도께서 여기에 말씀하시는 것이 옳았다는 것을 알게 되더라도, 때가 이미 너무 늦어서 아무 소용이 없게 될 것이다. 왜냐하면, 그리스도께서는 그들에게 그들이 장차 회개하게 될 것이라고 약속하시는 것이 아니라, 단지 장차 그들이 하나님의 진노로 인해서 전혀 예기치 않았던 생소한 공포를 맛보고 나서야, 지금의 그들의 무감각한 상태(torpor)에서 깨어나게 될 것이라고 선언하시는 것이기 때문이다. 아담의 경우도 마찬가지였다. 아담은 자신의 눈이 밝아지자 곧 부끄러워서 숨을 곳을 찾았지만 아무 소용이 없었고, 결국은 자기가 무익하고 무력한 존재가 되어 버렸다는 것을 깨닫게 되었지만, 사실 아담의 그러한 깨달음은 그 자체로는 아무 소용도 없는 것이었다. 하지만 하나님께서는 아담에게 은혜를 주셔서 그 깨달음이 그에게 유익한 것이 되게 하셨다. 그러나 버림받은 자들은 절망에 파묻혀서 눈이 열리게 되더라도, 멸망으로 치닫는 자신의 모습을 그저 바라만 보고 있을 수밖에 다른 도리가 없다.

하나님께서는 그들을 여러 가지 다양한 방식으로 이끄셔서 그들로 하여금 이런 실상(實狀)을 깨닫게 하신다. 그들은 때로는 그들을 짓누르는 극심한 환난들에 떠밀려서, 때로는 그 어떤 외적인 벌(罰)도 없이 내적으로 하나님이 주신 큰 고통을 당해서, 때로는 하나님이 세상에서 그들을 불러 가실 때까지 계속해서 잠자게 하심으로써, 하나님이 그들에게 진노하신다는 사실을 깨닫게 된다.

그리스도께서는 "들다"라는 단어를 사용하셔서 자신의 죽음을 나타내신다. 그리스도께서 이렇게 자신의 죽음을 언급하시는 것은 그들이 육체를 따라 자기를 죽인다고 하여도 그런 일로 아무런 유익도 얻지 못할 것이라고 경고하시기 위한 것이다. 따라서 그리스도께서는 이렇게 말씀하신 것과 같다: "지금은 너희가 내가 말하는 것을 듣고 오만하게 비웃고 조롱하는 식으로 나를 대하고 있지만, 머지않아 너희의 악(惡)은 더욱 진척되어서 결국 나를 죽이게 될 것이다. 그 때에 너희는 너희의 소원을 이루었다고 몹시 기뻐하며 의기양양해하겠지만, 얼마 안 가서 나의 죽음이 나의 멸망이나 파멸이 결코 아니라는 것을 알고서는 초죽음이 될 것이다." 그리스도께서는 그들을 더 아프게 찌르시기 위해서 "들다"라는 단어를 사용하신다. 왜냐하면, 그들의 계획은 그리스도를 가장 낮은 음부(陰府)로 던져 넣는 것이었던 까닭에, 그리스도께서는 그들에게 이 모든 일의 결과가 그들이 기대했던 것과는 정반대로 나타나서, 그들이 완전히 실망하게 될 것이라고 말씀하시는 것이기 때문이다.

실제로, 이 단어를 통해서 그리스도께서는 자신의 죽음의 외적인 모습, 즉 자기가 십자가 위에 "들려서" 죽으실 것임을 암시하고자 하시는 의도도 있으셨을 것이지만, 그가 주로 염두에 두고 계셨던 것은 자기가 죽고 난 후에 곧 뒤따라 있게 될 결과, 즉 모든 사람들의 예상과는 정반대가 될 저 영광스러운 결과였다. 사실, 그리스도께서는 십자가를 통해서 이미 "우리를 거스르고 불리하게 하는 법조문으로 쓴 증서를 지우시고 제하여 버리사"(골 2:14) 우리에 대한 사망 선고를 무효화시켜 버리심으로써 하나님과 천사들 앞에서 사탄을 이기시고 당당하게 승리하셨지만, 이 승리가 사람들에게 분명하게 나타나기 시작한 것은 오직 복음이 전파된 후였다. 십자가의 죽음이 있은 후에 얼마 되지 않아서 그리스도께서 무덤에서 다시 살아나셔서 승천하신 일이 일어났는데, 우리는 바로 그런 일이 우리에게 일어나기를 날마다 기대하는 것이 마땅하다. 왜냐하면, 불경건한 자들이 그리스도의 가르침과 그의 교회를 박해하여서 그리스도를 없애려고 온갖 궤계를 궁리해 낼지라도, 그리스도께서는 그들의 그런 궤계들에도 불구하고 다시 살아나실 뿐만 아니라, 그들의 악한 시도들을 자신의 나라를 더욱 진보시키는 수단으로 바꾸어 놓으실 것이기 때문이다.

"내가 그인 줄"이라는 어구가 그리스도의 신적 본질이 아니라 그의 직분에 대하여 말하고 있는 것이라는 것에 대해서는 내가 이미 앞에서 말한 바 있는데, 이것은 그리스도께서 곧이어서 자기는 아버지 하나님이 명령하신 것이 아니면 아무것도 행하지 않으신다고 말씀하신 것으로부터 한층 더 분명해진다. 왜냐하면, 그 말씀은 그리스도께서 하나님의 보내심을 받아서 자신의 직분을 충성되게 수행하고 계신다는 것을 의미하기 때문이다.

"내가 스스로 아무것도 하지 아니하고"라는 말씀은 "내가 내 멋대로 나서서 경솔하게 어떤 일을 행하는 것이 없다"는 뜻이다. 또한, "말하는"이라는 단어도 앞에서와 동일한 것, 즉 가르치는 직분을 나타낸다. 왜냐하면, 그리스도께서는 자기가 아버지 하나님의 명령이 없이는 아무것도 하지 않는다는 것을 증명하고자 하실 때에, 자기는 아버지 하나님이 가르쳐 주신 대로 "말한다"고 말씀하시기 때문이다. 그러므로 그리스도께서 여기에서 하신 말씀의 의미는 이렇게 요약해 볼 수 있다: "너희가 정죄하는 나의 모든 행위 속에는 내가 스스로 하는 것은 아무것도 없고, 나는 단지 하나님이 내게 명하신 것들만을 행하고 있는 것일 뿐이다. 너희가 내 입으로부터 듣는 말씀들은 하나님의 말씀들이고, 나의 소명(召命)은 하나님에게서 나온 것인 까닭에, 오직 하나님만이 마음대로 하실 수 있다." 그러나 내가 앞에서 종종 언급했듯이, 이것은 그리스도께서 청중들의 수준에 맞춰서 말씀하신 것임을 우리는 유념해야 한다. 즉, 여기에서 말씀을 듣고 있던 사람들은 그리스도를 단지 어느 수많은 사람들 중의 한 사람으로만 여기고 있었기 때문에, 그리스도께서는 자기에게 있는 것은 무엇이든지 다 하나님의 것이고 자기 자신의 것은 없다고 말씀하셨다는 것이다. 그리스도의 이러한 말씀은 아버지 하나님이 자기를 통해서 우리를 가르치시고 자기를 교회의 유일한 선생으로 세우셨기 때문에 자기에게 있는 것은 무엇이든지 사람에게 속한 것도 아니고 사람으로 말미암은 것도 아니라는 것을 의미한다. 이것이 그리스도께서 자기가 아버지에게서 가르침을 받으셨다고 분명하게 말씀하시는 이유이다.

29. 나를 보내신 이가 나와 함께 하시도다. 그리스도께서는 여기에서 다시 한 번 자기는 하나님의 인도하심과 권위 아래에서 모든 일을 행하는데, 그 하나님께서 자기를 도우실 것이기 때문에, 자신의 수고는 헛되거나 쓸데없게 되지 않을 것이

라고 당당하게 말씀하신다. 이것은 그리스도께서 자신의 사역에는 늘 하나님의 성령의 능력이 함께 한다고 말씀하신 것과 같다. 모든 신실하고 충성된 교사들은 여기에서 그리스도께서 보여주신 것과 같은 확신을 가지고서, 그들이 순전한 양심으로 하나님께서 요구하시는 사역을 수행해 나가기만 한다면, 하나님의 손길이 늘 그들과 함께 하리라는 것을 조금도 의심하지 않아야 한다. 왜냐하면, 하나님께서는 그들로 하여금 아무런 생명도 없는 공허한 소리로 허공을 치게 하시기 위해서가 아니라, 자신의 성령의 비밀한 역사(役事)로 말미암아 자신의 말씀이 능력 있게 선포되게 하시기 위해서 그들을 자신의 말씀으로 가르치셔서 무장시키시는 것이고, 아울러 그들을 자신의 보호하심 아래에 두어 지키심으로써 그들로 하여금 그들의 원수들을 굴복시키고 온 세상에 맞서 굴하지 않고 당당하게 설 수 있게 하시기 때문이다. 사실, 자기 자신 및 자신의 능력을 기준으로 삼아서 판단한다면, 그들은 매순간 좌절할 수밖에 없기 때문에, 그들이 견고히 설 수 있는 유일한 길은 하나님의 손이 그들을 붙들고 계신다는 것을 확신하는 것이다.

우리는 그리스도께서 어떤 근거 위에서 하나님이 자기편이시고, 하나님은 언제나 자기를 도우실 것이라고 말씀하시는 것인지, 그 이유를 주목할 필요가 있는데, 그 이유는 그리스도께서는 전적으로 하나님의 뜻에 의지하고 진실하게 하나님을 섬기기 때문이라는 것이다. 왜냐하면, 이 말씀 속에서 부사로 사용되고 있는 "항상"이라는 단어가 그리스도께서는 하나님을 단지 부분적으로만 순종하시는 것이 아니라, 전적으로 그리고 그 어떤 예외도 없이 하나님을 순종하는 일에 헌신되어 있다는 것을 의미하기 때문이다. 그런 까닭에, 우리가 그리스도께서 누리신 것과 동일한 하나님의 임재를 누리고자 한다면, 우리의 모든 생각이나 지각(知覺)이 온전히 다 하나님의 다스리심 아래 있지 않으면 안 된다. 왜냐하면, 만일 우리의 지각들이 부분적으로만 하나님의 다스리심 아래에 있다면, 하나님의 복이 우리가 하는 일들에 임하지 않을 것인 까닭에, 그 일들은 열매를 맺지 못하게 될 것이고, 따라서 우리가 잠시 동안은 부푼 마음으로 형통을 기대하고 즐거워하였더라도, 결국은 안 좋은 결과로 끝나고 말 것이기 때문이다.

"나를 혼자 두지 아니하셨느니라"는 말씀 속에는 그리스도께서 자기를 거의 지지해 주지 않은 이스라엘 나라의 변절과 배신을 간접적으로 탄식하시는 심경이 담겨 있다. 그렇지만 그리스도께서는 자기는 하나님이 자기를 보호해 주시는 것만으로 충분하다고 여긴다는 것을 보여주신다. 오늘날 우리에게 필요한 것도 바로 그런 것이다. 즉, 우리는 오늘날 믿는 자들의 수가 적다는 이유로 낙심해서는 안 된다는 것이다. 왜냐하면, 온 세상이 우리의 가르침에 반대한다고 할지라도, 우리는 여전히 혼자가 아니기 때문이다. 또한, 이것으로부터 분명해지는 것은 교황주의자들이 하나님은 무시하면서도 그들의 수가 대단히 많다는 것을 자랑하는 것은 그들의 지독한 우매함을 보여주는 것이라는 사실이다.

³⁰이 말씀을 하시매 많은 사람이 믿더라 ³¹그러므로 예수께서 자기를 믿은 유대인들에게 이르시되 너희가 내 말에 거하면 참으로 내 제자가 되고 ³²진리를 알지니 진리가 너희를 자유롭게 하리라 ³³그들이 대답하되 우리가 아브라함의 자손이라 남의 종이 된 적이 없거늘 어찌하여 우리가 자유롭게 되리라 하느냐 ³⁴예수께서 대답하시되 진실로 진실로 너희에게 이르노니 죄를 범하는 자마다 죄의 종이라 ³⁵종은 영원히 집에 거하지 못하되 아들은 영원히 거하나니 ³⁶그러므로 아들이 너희를 자유롭게 하면 너희가 참으로 자유로우리라 ³⁷나도 너희가 아브라함의 자손인 줄 아노라 그러나 내 말이 너희 안에 있을 곳이 없으므로 나를 죽이려 하는도다 ³⁸나는 내 아버지에게서 본 것을 말하고 너희는 너희 아비에게서 들은 것을 행하느니라 (8:30-38).

30. 이 말씀을 하시매. 당시에 유대인들은 메마른 황무지 같았지만, 하나님께서는 자신의 말씀의 씨앗이 완전히 다 죽어버리도록 내버려 두지는 않으셨다. 그래서 모든 예상을 뒤엎고 온통 장애물들만이 가득 차 있는 곳에서 몇몇 열매가 나타나는 일이 일어났다. 그러나 복음서 기자는 여기에서 부적절하게도 단지 믿음을 위한 일종의 준비단계라고 할 수 있는 것에 "믿음"이라는 명칭을 부여하고 있다. 왜냐하면, 그는 그들이 그리스도의 가르침을 받아들이고자 하는 마음을 갖게 되었다는 것 이상으로는 그들에 대하여 말하고 있지 않고, 그리스도께서 바로 이어서 하신 경고의 말씀도 그들이 준비단계 이상의 믿음을 갖고 있지 않았다는 것을 보여주기 때문이다.

31. 너희가 내 말에 거하면. 그리스도께서는 여기에서 먼저 어느 누구도 시작이 아무리 좋았더라도 그런 모습으로 끝까지 잘 해나가지 않는다면 그런 시작만으로는 충분하지 않다고 그들에게 경고하신다. 이것이 그리스도께서 자신의 가르침을 맛본 자들에게 자신의 말씀에 견고하게 뿌리를 내리고서 그 말씀 안에 머무는 자

들이 진정으로 자신의 제자들이 될 것이라고 말씀하심으로써 믿음으로 끝까지 인
내하라고 권면하시는 이유이다. 이 말씀의 취지는 자기가 그리스도의 제자라고 고
백하지만, 실제로는 제자가 아니고, 또한 제자로 여김을 받을 자격도 없는 자들이
많다는 것이다. 그리스도께서는 자기를 진정으로 따르는 자들과 외식하는 자들을
다음과 같은 표지(標識)를 통해서 구별하신다. 즉, 거짓되게 믿음이 있다고 자랑하
는 자들은 경주를 시작하자마자, 또는 도중에 포기하지만, 진정으로 믿는 자들은
끝까지 변함없이 인내하며 믿음을 지킨다는 것이다. 그러므로 우리가 그리스도께
서 우리를 그의 제자로 여겨 주시기를 바란다면, 우리는 끝까지 인내하며 믿음을
지키지 않으면 안 된다.

32. 진리를 알지니. 그리스도께서는 자신의 말씀에 대한 일정 정도의 지식에 도
달한 자들은 "진리를 알게" 될 것이라고 말씀하신다. 사실, 당시에 그리스도께서
하신 말씀을 듣고 있던 자들은 교육을 받지 못해서 초보적인 것들도 거의 알지 못
하였던 자들이었기 때문에, 그리스도께서 그들에게 자신의 가르침을 더 온전히 깨
닫게 될 것이라고 약속하신 것은 이상한 일이 아니지만, 이 말씀은 누구에게나 일
반적으로 적용되는 말씀이다. 그런 까닭에, 우리가 현재 복음에 있어서 어떤 진보
를 이루었든지 간에, 우리는 계속해서 더 새롭게 알아갈 필요가 있다는 것을 명심
해야 한다. 그리스도께서 믿음으로 인내하는 자들에게 주시는 상(賞)은 그들로 하
여금 자기를 더 친밀하게 알게 하시는 것이다. 그러나 그것은 단지 그리스도께서
이전에 그들에게 거저 주셨던 은사(恩賜, donum)에 또 다른 은사를 거저 더해 주
시는 것일 뿐이기 때문에, 그들 중 그 누구도 자기가 상을 받을 만한 자격이 있어서
상을 받게 된 것이라고 생각해서는 결코 안 된다. 왜냐하면, 그리스도께서는 자신
의 영으로 자신의 말씀을 우리 마음에 심으시는 분이시기도 하고, 복음의 빛을 가
리는 무지(無知)의 구름을 우리 마음으로부터 날마다 쫓아내시는 분이시기도 하기
때문이다. 진리가 우리에게 온전히 계시되게 하고자 한다면, 우리가 진실하고 간
절하게 진리를 얻고자 애써야 한다. 그리스도께서는 자기 백성에게 처음부터 끝까
지 오직 동일한 하나의 "진리"만을 가르치시지만, 그들에게 처음에는 작은 불꽃들
을 주시다가 끝에 가서는 온전한 빛을 부어주시는 것이다. 따라서 믿는 자들은 온
전히 자랄 때까지는, 말하자면 그들이 사실은 알고 있는 것인데도, 단지 그것을 인
식하지 못해서 무지한 상태에 놓여 있게 된다. 그렇지만 그런 상태에 있더라도 그
들이 지니고 있는 지식은 구원에 이르지 못할 정도로 작거나 희미한 지식이 결코

아니다.

진리가 너희를 자유롭게 하리라. 그리스도께서는 우리가 복음을 알게 되면 어떤 열매를 얻게 되는지, 또는 동일한 말이긴 하지만 복음을 아는 지식이 우리에게 어떤 효과를 가져다주는지를 설명해 주시는 것을 통해서 우리에게 복음을 알기를 권하신다. 즉, 우리가 복음을 알게 되면 "자유"를 얻게 된다는 것이다. 이것은 그 어떤 것과도 비교할 수 없을 정도로 큰 복이다. 이것으로부터 우리는 복음을 아는 것(evangelii cognitio)보다 더 중요하거나 가치 있거나 바람직한 것은 없다는 결론을 얻게 된다. 노예로 살아가는 것이나 종살이 하는 것이 얼마나 비참한지는 누구나 다 알고 있는 것이고 인정하는 것이다. 복음은 우리를 그런 삶에서 건져주는 것이기 때문에, 복된 삶이라는 보화가 복음으로부터 온다는 결론이 나온다.

이제 우리는 그리스도께서 여기에서 어떤 종류의 "자유"를 말씀하시는 것인지를 확인할 필요가 있는데, 그것은 사탄과 죄와 사망의 폭정(暴政)으로부터 우리를 해방시켜 주는 그런 "자유"이다. 우리가 복음으로 말미암아 그러한 "자유"를 얻는 것이라면, 이러한 사실로부터 분명해지는 것은 우리가 나면서부터 본성상으로 죄의 노예들이라는 것이다. 다음으로, 우리는 그리스도께서 우리가 "자유"를 얻게 되는 방법에 대하여 무엇이라고 말씀하시는지를 확인할 필요가 있다. 우리는 우리 자신의 지각(知覺, sensus)이나 타고난 육성(肉性, ingenio)의 지배를 받는 동안에는 죄에 대하여 종살이 할 수밖에 없다. 그러나 주님께서 자신의 영으로 우리를 거듭나게 하셔서 거기에서 풀어주어 "자유롭게" 하실 때, 우리는 사탄의 덫들로부터 놓여나서 자원해서 의(義)에 순종하게 된다. 그러나 거듭남은 믿음으로 말미암아 오기 때문에, 그러한 사실로부터 분명해지는 것은 "자유"는 복음으로부터 온다는 것이다.

이제 우리는 교황주의자들이 자신들의 자유의지를 들먹이며 의기양양하게 자랑하고 다니도록 내버려 두고, 우리만이라도 우리 자신이 노예로 살아가고 있다는 사실을 알아서, 오직 우리를 자유롭게 하시는 분이신 그리스도 한 분만을 자랑하는 것이 마땅하다. 왜냐하면, 우리가 복음이 우리에게 "자유"를 가져다주었다고 하는 것은 복음이 우리를 그리스도께로 넘겨주고 인도해서 그리스도께서 우리를 죄의 멍에로부터 자유롭게 해주시는 까닭이기 때문이다. 끝으로, 우리가 유의해야 할 것은 각자의 믿음의 분량에 따라서 "자유"의 정도가 서로 다르다는 것이다. 그런 까닭에, 바울은 이미 자유롭게 되었음에도 불구하고 여전히 온전한 자유를 갈망하며 탄식하였다.

33. 우리가 아브라함의 자손이라. 여기에서 복음서 기자가 앞에서 이미 그리스도를 믿은 사람들이 이 말을 한 것으로 소개하고 있는 것인지, 아니면 그들과는 다른 어떤 사람들이 이 말을 했다고 하는 것인지는 확실하지 않지만, 내 생각에는, 여러 부류의 사람들이 뒤섞여 있는 군중 속에서 흔히 그렇듯이, 거기에 모여 있던 사람들이 웅성거리며 여기저기에서 이런 말이 나왔던 것으로 보이고, 그리스도를 향하여 이런 대답을 한 자들은 앞서 그를 믿었던 자들이 아니라 도리어 그를 멸시하고 있던 자들이었을 것으로 보인다. 성경에서는 일부 사람들이 한 일을 언급할 때에 오직 그 일부에게만 해당되는 일을 마치 무리 전체가 한 것처럼 표현하는 것이 통상적인 관례이다.

자기들은 "아브라함의 자손"이고 언제나 자유를 누리며 살아왔다고 반론을 제기한 자들은 그리스도께서 하신 말씀으로부터 그가 자기들을 노예가 되어 있는 백성으로 취급하여 자기들에게 "자유"를 약속하고 있다는 것을 금방 알 수 있었고, 그리스도께서 택함받은 거룩한 백성인 자기들을 노예들로 취급하여 말씀하시는 것을 용납할 수 없었다. 왜냐하면, 만일 그들이 하나님의 자녀로 여김을 받지 못한다면, "양자됨과 언약들"(롬 9:4)에 의해서 그들이 다른 열방들로부터 구별된 것이 아무 소용이 없게 되어 버릴 것이었기 때문이다. 그러므로 그리스도께서 그들이 아직 "자유"라는 복을 갖고 있지 않다고 여기서서 그들에게 그 복을 주시겠다고 제시하시자, 그들은 그런 제안 자체를 그들에 대한 모욕으로 생각하게 된 것이었다. 하지만 그들은 과거에도 여러 이런저런 폭군들에 의해서 비일비재하게 압제를 받아왔고, 당시에는 로마의 멍에를 지고서 노예 상태의 아주 무겁고 힘든 짐 아래에서 신음하고 있었기 때문에, 그들이 한 번도 "종이 된 적이 없다"고 강하게 부인한 것은 터무니없는 것으로 보일 수 있었다. 이러한 사실로부터 우리는 그들의 자랑이 얼마나 어처구니없는 것이었는지를 금방 알 수 있다. 그런데도 그들에게는 그런 식으로 당당하게 주장할 수 있는 핑곗거리가 있었다. 왜냐하면, 그들은 실제로는 그들의 원수들에 의해서 부당하게 지배를 받고 있었으면서도 법적으로는 여전히 자유민으로 살아가고 있었기 때문이다.

그러나 그들의 말은 틀렸다. 먼저, 그들은 그들의 양자됨이 오직 중보자라는 토대 위에 세워져 있다는 사실을 생각하지 못하였다. "아브라함의 자손"에게 "자유"가 있게 된 것이 구속주(救贖主)의 특별한 은혜로 말미암아 그들이 모든 인류에게

지워져 있는 노예 상태로부터 자유롭게 되었기 때문이 아니면 대체 무엇 때문이겠
는가? 그러나 그들에게는 앞에서 말한 것보다 더 용납하기 어려운 또 다른 잘못이
있었는데, 그것은 그들이 완전히 타락했음에도 불구하고, 여전히 "아브라함의 자
손"으로 인정받고자 하였고, 성령으로 거듭나는 것 외에 다른 방법으로는 그들이
참된 아브라함의 자손이 될 수 있는 길이 없다는 것을 전혀 생각하지 않았다는 것
이다. 사실, 하나님의 놀라운 은사(恩賜)들이 마치 육체에서 나온 것으로 여기고,
하나님이 인간의 타락한 본성을 치유하시려고 주시는 저 치료제들을 마치 본성에
속한 것으로 여기는 것은 거의 모든 세대에서 너무나 일반화되어 있던 악(惡)이었
다. 한편, 우리는 여기에서 거짓된 확신으로 한껏 부풀어 올라서 자신들의 상태를
좋게만 보고서 자기만족에 빠져 흡족해하는 모든 자들이 어떤 식으로 그리스도의
은혜를 내팽개쳐 버리는지를 본다. 그렇지만 그러한 교만은 온 세상에 널리 퍼져
있기 때문에, 하나님의 은혜가 필요하다고 느끼는 자는 백 명 중에서 한 명도 찾아
보기 어렵다.

34. 죄를 범하는 자마다 죄의 종이라. 이것은 논리학에서 대우(對偶:대칭이 되어
있는 것) 명제를 이용한 논증이다. 즉, 그리스도께서는 그들이 자유롭다고 자랑하
자, 그들이 자유롭다면 죄를 짓지 않아야 하는데, 사실은 육체의 욕망들의 노예가
되어서 끊임없이 죄를 짓고 있기 때문에, 그들은 "죄의 종"이라고 논증하시는 것이
다. 사람들이 자신의 경험을 통해 스스로 깨달아서 교만을 버리고 겸손을 배울 법
한데도, 그렇게 하지 않는 것은 놀랍고 이상한 일이다. 그런 일은 오늘날에도 만연
되어 있어서, 더 많은 악들에 파묻혀서 사는 자일수록 더욱더 과장된 말들로 열변
을 토하며 자유의지를 옹호하고 칭송한다.

　그리스도께서는 여기에서 과거에 철학자들이 했던 말, 즉 자신의 욕망들에 사로
잡혀 사는 자들은 가장 비참하고 추악한 노예 상태에 있는 것이라고 했던 것과 똑
같은 말씀을 하고 계시는 것처럼 보일 수 있지만, 사실은 더 깊은 의미가 그 속에
숨겨져 있다. 왜냐하면, 그리스도께서는 사람들이 자행하는 악들에 대해서가 아니
라 인간 본성의 상태(humanae naturae conditio)가 어떠한지에 대하여 논하고 계
시는 것이기 때문이다. 철학자들은 인간은 누구든지 자신의 선택에 의해서 노예가
되기도 하고, 자신의 선택에 의해서 다시 자유의 상태로 돌아오기도 한다고 생각
하였다. 그러나 그리스도께서는 여기에서 그로 말미암아 자유를 얻지 않은 자는
누구든지 다 노예 상태에 있고, 타락한 본성으로 인해서 죄에 오염되어 있는 자는

누구든지 다 날 때부터 노예들이라고 선언하신다. 우리가 특히 주목해야 할 것은
그리스도께서 여기에서 강조하고 계시는 은혜(gratia)와 본성(natura) 간의 대비(對
比)이다. 이것으로부터 우리는 인간은 자기 자신 이외의 다른 곳으로부터 자유를
회복하기 전까지는 자유를 박탈당한 상태에 있다는 것을 쉽게 알 수 있다. 그렇지
만 이러한 노예 상태는 사람들이 스스로 원한 것이기 때문에, 사람들은 죄를 지을
수밖에 없어서 어쩔 수 없이 죄를 짓는 것이 아니다.

35. 종은 영원히 집에 거하지 못하되. 그리스도께서는 관습과 법에서 말하고 있
는 사실, 즉 "종"은 일시적으로는 권세를 얻을 수 있을지 몰라도 그 가문을 이어받
을 상속자가 될 수는 없다는 사실을 인용하셔서 여기에서 하나의 비유로 덧붙이신
다. 이 비유를 통해서 그리스도께서는 "아들"로 말미암아 얻어진 자유 외에는 온
전하고 영속적인 자유는 존재하지 않는다는 결론을 이끌어 내신다. 유대인들은 자
신을 있는 그대로 드러내지 않고 가면을 쓰고서 행하고 있었기 때문에, 그리스도
께서는 이런 식으로 그들의 자랑이 얼마나 거짓되고 허망한 것인지를 드러내신다.
왜냐하면, 그들이 "아브라함의 자손"을 자처한 것은 단지 가면에 불과한 것이었기
때문이다. 그들은 하나님의 교회에서 자리를 차지하고 있었지만, 그것은 "종"이었
던 이스마엘이 "자유자"로 태어난 동생 이삭을 밀어내고 잠시 찬탈해서 얻은 자리
와 같은 것이었다(갈 4:29). 그리스도께서 여기에서 하신 말씀의 요지는 "아브라함
의 자손"이라고 자랑하는 모든 자들은 거짓되고 허망한 빈껍데기만을 붙잡고 있는
자들이라는 것이다.

36. 아들이 너희를 자유롭게 하면. 이 말씀의 의미는 자유롭게 할 수 있는 권한
은 오직 그리스도에게만 있고, 다른 모든 사람들은 "종"으로 태어나기 때문에 그리
스도의 은혜로 말미암지 않고는 자유롭게 될 수 없다는 것이다. 왜냐하면, 우리가
믿음으로 그리스도의 몸에 접붙임을 받고서 그의 지체가 될 때, 그리스도께서는
우리를 양자(養子)로 인정하시고서, 자기가 본성적으로 가지고 계시는 것을 우리
에게 나누어 주시기 때문이다. 그러므로 우리는 앞에서 내가 말했던 것, 즉 우리를
자유롭게 하시는 그리스도의 복음으로 말미암아 우리가 자유를 얻게 된다는 것을
명심하여야 한다. 그런 까닭에, 우리의 자유는 그리스도께서 주시는 은혜의 선물
(beneficium)이지만, 우리는 믿음으로 그 자유를 얻는다. 또한, 이 믿음으로 말미암
아 그리스도께서는 자신의 영으로 우리를 거듭나게 하신다.

그리스도께서 "너희가 참으로 자유로우리라"고 말씀하실 때, 강조점은 "참으

로"라는 단어에 있다. 왜냐하면, 우리는 세상의 대다수의 사람들이 실제로는 지극히 비참한 종살이를 하고 있으면서도 마치 자기들이 왕국을 소유하고 있는 것처럼 착각하며 살아가는 것과 마찬가지로, 여기에 등장하는 유대인들이 거짓되고 어리석은 확신에 한껏 마음이 부풀어 있는 모습과 대비되는 의미에서 "참으로"라는 단어가 사용되고 있는 것으로 이해해야 하기 때문이다.

37. 나도 너희가 아브라함의 자손인 줄 아노라. 나는 그리스도께서 양보 또는 용인(容認)의 의미로 이런 말씀을 하신 것이라고 본다. 그러나 사실 이 말씀을 통해서 그리스도께서는 그런 하잘것없는 칭호를 자랑하는 그들의 어리석음(stultitia)을 비웃고 계시는 것이기도 하다. 즉, 그리스도께서는 이렇게 말씀하신 것과 같다: "설령 너희가 그토록 자랑하고 흐뭇해하는 것이 사실이라고 하더라도, 하나님과 그의 사역자들을 대적하여 분노하고, 진리에 대한 불경건하고 가증스러운 증오감에 사로잡혀서 죄 없는 자들의 피를 흘리려고 맹렬히 달려가는 자들이 '아브라함의 자손'이라고 불린다고 해서, 그것이 도대체 무슨 소용이 있겠는가?" 이것으로부터 우리는 그들에게는 아브라함과 닮은 것이 전혀 없었기 때문에, 그들 자신이 불리고 싶어했던 호칭만큼 그들의 참모습과 거리가 먼 것은 없었다는 결론을 얻는다.

내 말이 너희 안에 있을 곳이 없으므로 나를 죽이려 하는도다. 이 말씀은 그들이 단순히 살인자들이 아니라, 하나님과 그의 진리에 대한 증오심으로 저렇게 광분하는 것이기 때문에, 살인자들보다 훨씬 더 극악무도한 자들이라는 것을 의미한다. 왜냐하면, 그들의 그런 행태는 단지 사람들에게만 해악을 끼치는 것이 아니라, 하나님까지 욕되게 하는 것이기 때문이다. 그리스도께서는 그들의 마음이 악의(惡意)로 인하여 꽉 막혀 있어서 그 어떤 것도 제대로 받아들일 수 없기 때문에, 그들이 자기 말을 받을 수 없는 것이라고 말씀하신다.

38. 나는 내가 아버지에게서 본 것을 말하고. 그리스도께서는 앞에서도 자주 자신의 "아버지"를 언급하셨지만, 이제 여기에서는 대우(對偶) 명제를 이용한 논증을 통해서, 그들이 자신의 가르침에 반대하기 때문에 하나님의 원수들이자 마귀의 자식들이라는 결론을 이끌어 내신다: "나는 내 아버지에게서 배운 것 외에는 아무것도 전하지 않는데도, 너희가 하나님의 말씀을 듣고서 그토록 분노하는데, 그 이유가 너희에게 하나님과 양립할 수 없는 다른 아버지가 있는 것이 아니라면, 도대체 어떻게 그런 일이 있을 수 있겠는가?" 그리스도께서 자신에 대해서는 "말하고"

라는 단어를 사용하시고 그들에 대해서는 "행하느니라"는 단어를 사용하시는 것
은 그리스도께서는 가르치는 자의 직분을 수행하신 반면에 그들은 그의 가르침을
멸절시키려고 부단히 애썼기 때문이다. 또한, 여기에서 그리스도께서는 복음이 마
귀의 자식들에 의해서 반대를 받는 것은 전혀 이상한 일이 아니라는 것을 보이심
으로써, 복음을 사람들의 경멸로부터 보호하신다. 어떤 이들은 "너희는 … 행하느
니라"를 "너희는 … 행하라"로 읽어서, 그리스도께서 "나는 하나님이 명하신 것 외
에는 아무것도 말하지 않기 때문에, 너희는 어서 나를 대적함으로써, 너희가 마귀
의 자식들임을 보이라"고 말씀하신 것으로 해석한다.

[39]대답하여 이르되 우리 아버지는 아브라함이라 하니 예수께서 이르시되 너희가 아
브라함의 자손이면 아브라함이 행한 일들을 할 것이거늘 [40]지금 하나님께 들은 진
리를 너희에게 말한 사람인 나를 죽이려 하는도다 아브라함은 이렇게 하지 아니하
였느니라 [41]너희는 너희 아비가 행한 일들을 하는도다 대답하되 우리가 음란한 데
서 나지 아니하였고 아버지는 한 분뿐이시니 곧 하나님이시로다 [42]예수께서 이르시
되 하나님이 너희 아버지였으면 너희가 나를 사랑하였으리니 이는 내가 하나님께
로부터 나와서 왔음이라 나는 스스로 온 것이 아니요 아버지께서 나를 보내신 것
이니라(8:39-42).

39. 우리 아버지는 아브라함이라. 이 완강한 항변은 그들이 얼마나 교만하고 거
세게 그들에 대한 그리스도의 모든 책망들을 멸시하였는지를 너무나 분명하게 보
여준다. 그들이 자신들을 내세우기 위해서 끈질기게 주장하는 것은 자기들이 "아
브라함의 자손"이라는 것이다. 여기에서 그들이 "아브라함의 자손"이라는 것은 단
지 그들이 아브라함의 혈통을 이어받은 후손들이라는 것만을 의미하는 것이 아니
라, 그들이 거룩한 족속이자 하나님의 기업(基業)이며 하나님의 자녀라는 것을 의
미한다. 그런데도 그들은 오직 육체(carnis)만을 신뢰하고 의지하며 살아간다. 그
러나 "믿음"이 없는 육체적 혈통은 단지 빈껍데기일 뿐이다. 이제 우리는 그리스
도께서 우렛소리를 발하시듯이 큰 능력으로 조목조목 말씀해 주시는데도, 그들로
하여금 철저하게 눈이 멀게 하여서 그 말씀을 전혀 알아들을 수 없게 만들어버린
것이 무엇이었는지를 알게 된다. 마찬가지로, 바위라도 옮길 수 있는 하나님의 말
씀이 오늘날 교황주의자들에 의해서 마치 꾸며낸 이야기인 것처럼 조롱당하고 있

고, 칼과 불로 극심한 박해를 받고 있는데, 이것은 모두 교황주의자들이 "교회"라
는 거짓된 칭호에 의지해서 하나님과 사람을 다 속여먹을 수 있다고 자신하기 때
문이고, 다른 이유가 없다. 요컨대, 외식하는 자들은 뭔가 그럴 듯한 구실을 얻자마
자, 하나님께서 그들의 마음을 꿰뚫어보지 못하실 것이라고 착각하고서, 강철 같
이 완악한 마음으로 하나님을 대적한다는 것이다.

너희가 아브라함의 자손이면. 그리스도께서는 이제 아브라함을 닮지 않은 모든
자들에게 "아브라함의 자손"이라는 이름을 부여하시는 것을 거절하심으로써, 아
브라함의 사생아와 적자(嫡子)를 좀 더 분명하게 구별하신다. 사실, 행실에 있어서
자녀들이 그들을 낳아준 부모와 닮지 않은 경우는 흔히 볼 수 있는 일이다. 그러나
여기에서 그리스도께서는 육신적인 자손들에 대해서 다루시는 것이 아니고, 단지
믿음으로 말미암아 양자됨의 은혜를 입지 않은 자들은 하나님 앞에서 "아브라함의
자손"으로 여김을 받지 못하리라는 것을 선언하시는 것이다. 왜냐하면, 하나님께
서는 "내가 내 언약을 나와 너 및 네 대대 후손 사이에 세워서 영원한 언약을 삼고
너와 네 후손의 하나님이 되리라"(창 17:7)고 말씀하심으로써, 아브라함의 자손에
게 자기가 그들의 하나님이 되시겠다고 약속하신 까닭에, 모든 불신자들은 스스로
이 약속을 받아들이지 않음으로써 아브라함의 권속이 되는 것을 자발적으로 포기
한 것이기 때문이다.

그러므로 문제의 핵심은 하나님의 말씀을 통해서 자기들에게 약속된 복을 거부
한 자들을 아브라함의 자손으로 여겨서, 그들이 "거룩한 나라"이고 "하나님의 기
업(基業)"이며 "왕 같은 제사장"(출 19:6; 욜 3:2; 벧전 2:9)이라고 부르는 것이 옳으
냐는 것이다. 그리스도께서는 그렇지 않다고 하시고, 그것은 합당하다. 왜냐하면,
"약속의 자녀"가 되려면 성령으로 거듭나야 하고, 하나님의 나라에서 자신의 자리
를 얻고자 하는 자는 누구든지 "새로운 피조물"이 되어야 하기 때문이다. 육신적
으로 아브라함의 자손이라는 사실은 거기에 그 실체(實體)가 덧붙여지기만 한다면
쓸데없는 것도 아니고 중요하지 않은 것도 아니었다. 왜냐하면, 하나님의 택하심
(electio)은 아브라함의 자손에게 있기 때문이다. 그러나 그 택하심은 거저 주어지
는 것이기 때문에, 하나님께서 자신의 성령으로 거룩하게 하시는 모든 자들은 생
명의 상속자들로 여김을 받게 된다.

40. 지금 … 나를 죽이려 하는도다. 그리스도께서는 결과(結果)로부터의 논증을
통해서, 결과적으로 그들이 하나님을 대적하고 있기 때문에, 그들은 그들의 자랑

과는 달리 하나님의 자녀들이 아니라는 것을 증명하신다. 사실, 아브라함에게 있어서 믿음의 순종(obedientia fidei)보다 더 칭찬받을 만한 것이 무엇이 있겠는가? 그러므로 바로 그것이야말로 우리가 "아브라함의 자손"을 그 밖의 다른 사람들로부터 구별하여야 할 때마다 사용하여야 하는 판별기준이다. 왜냐하면, 실체도 없는 공허한 칭호들을 앞세워서 세상으로부터는 대단한 칭송을 얻었다고 하여도, 그러한 칭호들은 하나님 앞에서는 아무것도 아니기 때문이다. 그러므로 그리스도께서는 그들은 참되고 올바른 가르침을 대적하는 위험스러운 원수들인 까닭에 마귀의 자식들이 틀림없다고 다시 한 번 결론을 내리신다.

41. 우리가 음란한 데서 나지 아니하였고. 그들은 여기에서 그들 자신에 대하여 앞에서와 똑같은 주장을 되풀이하고 있는 것이다. 왜냐하면, "아브라함의 자손"이라는 것과 하나님의 자녀라는 것은 그들에게 동일한 것이었기 때문이다. 그러나 그들은 하나님을 아브라함의 모든 자손에게만 한정시켜서 거기에 묶여 계시는 분으로 오해하였다는 점에서 중대한 잘못을 저질렀다. 왜냐하면, 그들은 이렇게 추론하였을 것이기 때문이다: "하나님은 아브라함의 권속을 자신의 권속으로 택하셨다. 그러므로 아브라함의 자손인 우리가 하나님의 자녀라는 것은 틀림없다." 이제 우리는 그들이 거룩한 뿌리에서 나왔기 때문에 모태로부터 거룩함을 가지고 태어난다고 생각하였다는 것을 알게 된다. 요컨대, 그들은 자신들의 기원(起源)이 거룩한 조상들에게 있기 때문에, 바로 그들이 하나님의 교회라고 주장하였다는 것이다. 마찬가지로, 오늘날 교황주의자들은 조상들로부터 대대로 내려온 자신들의 유구한 전통에 대한 헛된 자랑으로 잔뜩 헛바람이 들어 있다. 사탄은 바로 그러한 속임수들로 그들을 속여서, 그들로 하여금 하나님을 그 말씀에서, 교회를 믿음에서, 천국을 성령에서 분리하게 만든다.

그러므로 우리는 생명의 씨앗을 부패시켜서 망쳐 놓은 자들은 비록 육체를 따라서는 그들이 사생자들이 아닐 뿐만 아니라, 교회라는 명칭을 사용할 정당한 권한을 가지고 있는 체할지라도, 결코 하나님의 자녀들이 아니라는 것을 알아야 한다. 왜냐하면, 그들이 온 사방을 다 헤매며 찾아다닌다고 해도, 결국 그들은 자신들이 유일하게 자랑하고 뽐내며 할 수 있는 말이 "거룩한 조상들을 계승한 자는 우리인 까닭에, 바로 우리가 교회다"라는 말밖에 없다는 것을 스스로 인정하지 않을 수 없게 될 것이기 때문이다. 그리스도께서 여기에서 하신 대답은 당시에 유대인들을 반박하기에 충분하였던 것과 마찬가지로, 오늘날에 교황주의자들을 반박하여 입을 다물게 하기에도 충분하다. 외식하는 자들은 지독하게 사악한 뻔뻔스러움으로 하나님의 이름을 거짓되게 사용하는 것을 영원히 결코 그치지 않을 것이지만, 그리스도의 판단을 견고하게 믿고 의지하는 모든 자들에게 그들이 자신들의 자랑거리라며 떠들어대는 거짓된 것들이 얼마나 우스꽝스러운 것들인지가 언제나 훤히 드러나게 될 것이다.

42. 하나님이 너희 아버지였으면. 그리스도의 논증은 이렇다: "하나님의 자녀라면 누구나 다 하나님의 독생자인 그 '아들'을 인정하고 사랑할 것이다. 그러나 너희는 나를 미워한다. 그러므로 너희는 너희가 하나님의 자녀라고 자랑할 근거가 전혀 없다." 이 말씀은 그리스도를 배척하는 곳에는 경건함도 없고 하나님을 경외함도 없다는 것을 보여주기 때문에, 우리는 이 말씀을 주의 깊게 살펴볼 필요가 있다. 거짓된 사이비 신앙은 뻔뻔스럽게도 하나님의 이름을 내걸고 그 뒤로 숨어 버린다. 그러나 하나님의 독생자와 불화하는 자들이 어떻게 아버지 하나님과 화합할 수 있겠는가? "하나님의 살아 있는 형상"을 거부하고 배척하면서 하나님을 아는 지식이라고 내세우는 것은 도대체 어떤 종류의 지식인가? 그리스도께서 "내가 하나님께로부터 나와서 왔음이라"고 증언하신 것의 의미가 바로 그런 것이다. 왜냐하면, 그 말씀은 그리스도께서 가지고 계신 모든 것은 하나님의 것인 까닭에, 하나님을 참되게 예배하는 자들이 그리스도께서 보여주신 진리와 의(義)를 배척하고 도망친다는 것은 앞뒤가 전혀 맞지 않는다는 것을 의미하기 때문이다. 그리스도께서는 이렇게 말씀하신다: "나는 내 마음대로 스스로 온 것이 아니기 때문에, 너희는 내게서 하나님을 거스르는 그 어떤 것도 찾아낼 수 없다. 요컨대, 너희는 나의 가르침이나 나의 사역 전체에서 땅에 속한 것이나 인간적인 것을 아무것도 찾아내지 못할 것이라는 말이다." 그리스도께서 이렇게 말씀하시는 것은 여기에서 자신의 본질에 대해서가 아니라 자신의 직분에 대해서 말씀하고 계시는 것이기 때문이다.

[43]어찌하여 내 말을 깨닫지 못하느냐 이는 내 말을 들을 줄 알지 못함이로다 [44]너희는 너희 아비 마귀에게서 났으니 너희 아비의 욕심대로 너희도 행하고자 하느니라 그는 처음부터 살인한 자요 진리가 그 속에 없으므로 진리에 서지 못하고 거짓을 말할 때마다 제 것으로 말하나니 이는 그가 거짓말쟁이요 거짓의 아비가 되었음이라 [45]내가 진리를 말하므로 너희가 나를 믿지 아니하는도다(8:43-45).

43. 어찌하여 내 말을 깨닫지 못하느냐. 유대인들은 그리스도의 말씀을 듣는 것조차 견딜 수 없어 할 정도로 그 완악함이 극심하였기 때문에, 그리스도께서는 여기에서 그들의 그런 완악함(contumacia)을 꾸짖으심과 동시에, 그들의 그런 모습을 보시고서, 그들이 마귀에 사로잡혀서 광분하고 있는 것이라고 말씀하신다. 어떤 이들은 이 구절에 나오는 '랄리아'(λαλιά, "말")와 '로고스'(λόγος, "말")를 구별해서, 후자가 전자보다 더 넓은 의미를 지닌다고 주장하지만, 나는 그렇게 보지 않는다. 게다가, 그렇게 본다면, 더 좁은 의미를 지닌 단어가 먼저 사용된 것이 되는데, 그것은 좀 어색하다. 많은 사람들이 이 절을 두 부분으로 나누어서, 첫 번째 부분을 '랄리아'라는 단어에서 끝나는 것으로 보고서, "어찌하여 내 말을 깨닫지 못하느냐"라는 의문문이 먼저 나오고, 뒤이어 그 이유를 제시하는 평서문인 "이는 내 말을 들을 줄 알지 못함이로다"가 두 번째 부분으로 나온다고 설명한다. 그러나 나는 이 절 전체를 하나로 연결해서 읽어야 한다고 생각한다. 즉, 그리스도께서는 "'내 말'이 너희에게 알아들을 수 없는 야만인들의 '말'처럼 들려서, 내가 너희에게 아무리 말해도 아무 소용이 없고, 너희는 내가 하는 '말'을 들으려고 귀를 열려고 하지조차 않는 이유가 무엇일까"라는 취지로 말씀하신 것이라고 보아야 한다는 것이다. 따라서 그리스도께서는 이 절의 전반부에서는 그들의 우둔함(stupor)을 꾸짖으시고, 후반부에서는 자신의 가르침에 대한 그들의 고집스럽고 끈질긴 증오심(odium)을 꾸짖으신 후에, 다음 절에서는 그들이 "마귀에게서 났기" 때문에 그런 것이라고 이 두 가지에 대한 이유를 제시하고 계시는 것이다. 그리스도께서는 여기에서 앞에서 설명한 것과 같은 질문을 던지심으로써, 그들이 끊임없이 우기고 있었던 것, 즉 그들은 이성적으로 사리(事理)를 분별해서 그리스도를 반대하고 배척하는 것이지 무턱대고 그러는 것이 아니라는 그들의 허풍을 제거해 버리고자 하셨다.

44. 너희는 너희 아비 마귀에게서 났으니. 그리스도께서는 그들이 마귀의 자식이라는 것을 이미 앞에서 두 번이나 암시적으로 말씀하셨지만, 이제 여기에서는 그것을 명시적으로 아주 분명하게 말씀하신다. 우리는 이것을 대우(對偶) 명제를 이용해서 이렇게 표현해 볼 수 있다. 즉, 만일 그들이 하나님의 영원한 원수를 자신들의 아버지로 두고 있지 않다면, 그들은 하나님의 아들에 대하여 그토록 지독한 증오심을 품지 않았으리라는 것이다. 그리스도께서 그들을 마귀의 자식이라고 부르시는 이유는 단지 그들이 마귀를 본받아서 마귀와 똑같은 짓을 하고 있기 때문

만이 아니라, 마귀의 부추김을 받아서 그리스도를 대적하고 있기 때문이었다. 우리가 하나님의 자녀라 불리는 것이 단지 우리가 하나님을 닮았기 때문만이 아니라, 하나님께서 자신의 영으로 우리를 다스리시고, 그리스도께서 우리 안에 살아 계셔서 활동하심으로써, 우리로 하여금 아버지 하나님의 형상을 닮아가게 하시기 때문인 것과 마찬가지로, 마귀가 어떤 사람들의 총명을 눈멀게 하고, 그들의 마음을 부추겨서 온갖 불의를 행하게 할 때, 요컨대 마귀가 그들에게 강력하게 역사해서 그들을 폭압적으로 지배할 때(고후 4:4; 엡 2:2 등), 마귀는 그들의 "아비"라고 할 수 있다.

마니교도들은 자신들의 정신 나간 주장들을 정당화시키기 위하여 이 구절을 증거본문으로 악용하였는데, 그것은 정말 어리석고 황당한 짓이다. 왜냐하면, 성경에서 우리를 하나님의 자녀라고 부르는 것은 실체(實體, substantia)의 이전(移轉)이나 기원(起源)을 언급하는 것이 아니라, 우리를 새 생명으로 거듭나게 하시는 성령의 은혜를 언급하는 것인 까닭에, 여기에서 그리스도께서 하신 말씀은 실체의 이전이 아니라, 인간의 반역이 그 원인이자 기원이 된 인간 본성의 타락에 관한 언급이기 때문이다. 그러므로 사람들이 마귀의 자식으로 태어나는 것은 원래부터 그렇게 창조되었기 때문이 아니라, 죄로 말미암아 타락하고 망가져서 그렇게 태어나게 되어 버렸기 때문이다. 그리스도께서는 그들은 자발적으로 기꺼이 마귀를 따르고자 하는 성향을 지니고 있는 까닭에 마귀의 자식이라고 말씀하심으로써 결과(結果)를 근거로 삼아서 이것을 증명하신다.

그는 처음부터 살인한 자요. 그리스도께서는 마귀의 "욕망"(개역에서는 "욕심")이 무엇인지를 설명하시면서, 잔인함(crudelitas)과 거짓(mendacium)이라는 두 가지 예를 드시는데, 유대인들은 이 두 가지 점에서 마귀를 쏙 빼닮았다. 그리스도께서 마귀는 "살인자"였다고 말씀하신 것은 마귀가 인간을 파멸시키려고 획책하였다는 것을 의미한다. 왜냐하면, 인간이 창조되자마자, 마귀는 인간을 해치려는 악한 "욕망"에 사로잡혀서 인간을 파멸시키기 위해 혼신의 힘을 기울였기 때문이다. 그리스도께서 마귀는 "처음부터 살인한 자요"라고 말씀하신 것은 태초의 창조의 때를 언급하시면서 하나님께서 아예 처음부터 마귀 속에 남을 해치고자 하는 성향이나 소질을 심어놓으셨다는 것을 말씀하시는 것이 아니라, 사탄이 스스로 원해서 그의 본성이 타락하여 망가지게 된 것을 단죄하시는 것이다. 이것은 "진리에 서지 못하고"라는 두 번째 구절에서 좀 더 분명하게 드러난다. 왜냐하면, 마귀는 원래부터 본성적으로 악하였다고 생각하는 자들은 이 구절을 피해가려고 하겠지만, 이 구절은 마귀의 본성에 좋지 않은 쪽으로의 변질이 일어났고, 마귀가 "거짓말쟁이" 가 된 이유는 그가 반역하여 "진리"에서 떠났기 때문이라는 것을 분명하게 보여주는 까닭이다. 따라서 마귀가 "거짓말쟁이"인 것은 그의 본성이 처음부터 늘 진리를 거슬러 왔기 때문이 아니라, 그가 스스로 자발적으로 타락하여 "진리"에서 떠났기 때문이다.

마귀에 대한 이러한 설명은 우리에게 대단히 유익하다. 왜냐하면, 마귀는 "우는 사자같이 두루 다니며 삼킬 자를 찾고"(벧전 5:8) 있고, 사람들을 속이고 미혹시키기 위해서 수많은 궤계들을 자유자재로 사용할 수 있는데, 이 구절은 우리에게 마귀에 대한 경각심을 불러일으켜서, 우리로 하여금 마귀의 올무들을 조심함과 동시에 마귀의 역사(役事)와 세력을 물리치는 데에 더욱 힘쓰게 해주기 때문이다. 마귀가 그런 존재이기 때문에, 믿는 자들은 더욱더 마귀와의 싸움을 위해서 영적인 무기들로 무장하여야 하고, 더욱더 정신을 차리고 경각심을 가지고서 마귀를 경계하는 것이 마땅하다. 마귀는 그러한 성향을 버릴 수 없는 자이기 때문에, 온갖 수많은 잘못된 일들이 끊임없이 일어난다고 해도, 우리는 마치 그것이 새롭고 희귀한 일인 양 당혹스러워해서는 안 된다. 왜냐하면, 마귀의 부추김을 받은 추종자들은 마치 선동가들처럼 자신들의 거짓된 언행으로 세상을 속이고 미혹하는 까닭에, 그런 일이 일어나기 때문이다. 마귀가 진리의 빛을 꺼버리려고 그렇게 끈질기고 악착같이 애쓰는 것은 전혀 이상한 일이 아니다. 왜냐하면, 진리의 빛은 영혼의 유일한 생명이기 때문이다. 그러므로 영혼을 죽이는 가장 중요하고 치명적인 무기는 "거짓" 이다. 볼 수 있는 눈을 지닌 자들이라면 누구든지 오늘날 교황제도 속에서 마귀의 그러한 모습을 볼 수 있기 때문에, 그런 자들은 먼저 자신들이 어떤 원수와 싸우고 있는지를 잘 숙고하여야 하고, 다음으로는 자신들의 대장이신 그리스도의 도우심을 의지하고서 그 군기 아래에서 싸우는 것이 마땅하다.

그 다음에 이어지는 "진리가 그 속에 없으므로 진리에 서지 못하고"라는 말씀에서 그리스도께서는 결과를 근거로 해서 결론을 이끌어 내는 증명방식을 사용하고 계신다. 왜냐하면, 마귀는 "진리"를 미워해서 견딜 수 없어 하고, 온통 "거짓"으로 가득 차 있다는 결과를 근거로 해서, 그리스도께서는 마귀가 진리에서 완전히 떨어져 나갔고 진리로부터 완전히 등을 돌린 것이라고 결론을 이끌어 내고 계시기 때문이다. 그러므로 마귀가 날마다 자신의 배교(背敎)의 열매들을 드러내 보인다고 할지라도, 우리는 그것을 이상하게 여기지 말아야 한다.

거짓을 말할 때마다 제 것으로 말하나니. 일반적으로 이 말씀은 그리스도께서 여기에서 마귀의 "거짓"은 모든 것을 창조하신 하나님이 마귀를 원래 그렇게 만드셨기 때문이 아니라, 마귀 자신의 자발적인 타락(depravatio) 때문이라는 것을 선언하신 것으로 해석된다. 그러나 나는 이 말씀을 좀 더 단순하게 설명하고자 한다. 즉, 그리스도께서는 여기에서 마귀가 거짓말만 하고 오직 속임수와 사기와 궤계들을 꾸며내는 데에 온통 정신이 팔려 있는 것은 마귀의 습성(習性)이라고 선언하고 계신다는 것이다. 하지만 이 말씀으로부터 우리가 현재의 마귀 속에는 이러한 악(惡)이 내재되어 있어서, 그 악을 마귀에게 고유한 것("제 것")이라고 할 수 있지만, 마귀가 창조될 때부터 원래 있었던 것이 아니라 나중에 생겨난 것이라고 추론한다면, 그러한 추론은 옳다. 왜냐하면, 그리스도께서는 마귀를 "거짓말쟁이"라고 지칭하시지만, 마귀와 하나님을 분명하게 분리하시고, 더 나아가 마귀를 하나님을 대적하는 자라고 선언하시기 때문이다. 그리스도께서 "거짓의 아비가 되었음이라"고 말씀하시면서 덧붙이신 "아비"라는 단어도 앞에서 말씀하신 것과 동일한 의미를 지닌다. 왜냐하면, 마귀가 "거짓의 아비"라 불리는 이유는 오직 하나님께만 진리가 거하고 진리의 유일한 원천이신 하나님으로부터만 진리가 흘러나오는데도 그런 하나님에게서 마귀가 떠난 까닭이기 때문이다.

45. 내가 진리를 말하므로. 그리스도께서는 앞에서 하신 말씀을 여기에서 다시 한 번 확증하신다. 즉, 그리스도께서는 그들이 자기를 반대하고 대적하는 것은 오직 그들이 진리를 미워하고 견딜 수 없기 때문이고 다른 이유가 있는 것이 아닌 까닭에, 이것을 통해서 그들은 그들이 마귀의 자식이라는 것을 아주 분명하게 보여주고 있다는 것이다.

[46]너희 중에 누가 나를 죄로 책잡겠느냐 내가 진리를 말하는데도 어찌하여 나를 믿지 아니하느냐 [47]하나님께 속한 자는 하나님의 말씀을 듣나니 너희가 듣지 아니함은 하나님께 속하지 아니하였음이로다 [48]유대인들이 대답하여 이르되 우리가 너를 사마리아 사람이라 또는 귀신이 들렸다 하는 말이 옳지 아니하냐 [49]예수께서 대답하시되 나는 귀신 들린 것이 아니라 오직 내 아버지를 공경함이거늘 너희가 나를 무시하는도다 [50]나는 내 영광을 구하지 아니하나 구하고 판단하시는 이가 계시니라 (8:46-50).

46. 너희 중에 누가 나를 죄로 책잡겠느냐. 이 반문은 완전한 자신감에서 나온 말씀이다. 왜냐하면, 이것은 그리스도께서 그 누구도 자기를 "책잡을" 수 없다는 것을 알고 계셨던 까닭에, 승리자로서 자신의 원수들을 조롱하는 말씀이기 때문이다. 그렇지만 그리스도께서는 이제 자기가 그들의 비방과 중상모략에서 벗어났다고 말씀하시는 것은 아니다. 왜냐하면, 그들은 그리스도를 비방할 이유가 전혀 없었는데도 불구하고, 여전히 비방을 쏟아내는 일을 그치지 않았기 때문이다. 따라서 그리스도께서는 단지 자기에게는 아무런 잘못이 없다는 것을 선언하고 계시는 것이다. 그리스도께서 여기에서 어떤 사람의 잘못이나 범죄사실이 입증되어서 유죄로 인정이 된다는 것을 의미하는 헬라어 '엘렝코'(ἐλέγχω, "책잡다")를 사용하신 것도 바로 그런 취지에서였다. 어떤 이들은 그리스도께서 여기에서 자기는 하나님의 아들로서 다른 모든 사람들 위에 홀로 뛰어나신 분이기 때문에 자신의 완전한 무죄함을 선언하고 계시는 것이라고 생각하지만, 그것은 잘못된 생각이다. 왜냐하면, 우리는 그리스도의 자기변호를 오직 이 구절과 관련된 상황에만 국한시켜서, 그리스도께서 자기가 하나님의 신실하고 충성된 종이 아니라는 것을 보여주는 그 어떤 증거도 그들이 제시할 수 없을 것이라고 선언하신 것으로 보아야 할 것이기 때문이다. 마찬가지로, 바울도 "내가 자책할 아무것도 깨닫지 못한다"(고전 4:4)고 자신 있게 말하지만, 이것은 그의 삶 전체를 두고 한 말이 아니라, 단지 그의 가르침과 사도직을 변호하는 말이다. 그러므로 어떤 이들처럼, 이 말씀이 오직 하나님의 아들에게만 있는 완전한 의(義)에 관한 것이라고 생각하는 것은 이 말씀의 취지에서 벗어난 것이다. 왜냐하면, 그리스도께서 이 말씀을 하신 유일한 목적은 자신의 사역에 신뢰성을 부여하시기 위한 것이기 때문이다. 그리고 이것은 그리스도께서 즉시 덧붙이신 말씀, 즉 "내가 진리를 말하는데도 어찌하여 나를 믿지 아니하느냐"고 하신 말씀을 통해서 더욱 분명하게 드러난다. 왜냐하면, 이 말씀으로부터 우리는 그리스도께서 자신의 인격이 아니라 자신의 가르침을 변호하고 계신다는 결론을 이끌어 낼 수 있기 때문이다.

47. 하나님께 속한 자는 하나님의 말씀을 듣나니. 그리스도께서는 자기가 하늘에 계신 아버지 하나님의 대사(大使)라는 것과 자기에게 맡겨진 직분을 충성되게 수행하고 계시다는 것을 당연한 사실로 여기실 권리가 있으셨기 때문에, 그들에 대하여 더 맹렬한 진노를 발하신다. 왜냐하면, 그들은 하나님의 말씀을 너무도 완악하게 거부하고 배척함으로써 자신들의 불경건(impietas)을 이제 더 이상 감추지

않고 노골적으로 드러내었기 때문이었다. 그리스도께서는 자기가 가르친 것들 중에서 하나님의 입에서 나오지 않은 것을 단 하나라도 그들이 제시할 수 없다는 것을 이미 보여주셨다. 그러므로 이제 그리스도께서는 그들이 "하나님의 말씀을 듣지 않기" 때문에 하나님과 아무 상관이 없다고 결론을 내리시고, 자기 자신에 대하여 그들이 어떻게 하고 있는 것인지에 대해서는 아무 말씀도 하지 않으신 채로, 단지 그들이 하나님을 대적하여 싸우고 있다고 고발하신다.

이 말씀을 통해서 우리는 어떤 사람이 다른 면들에서는 외적으로 천사 같이 거룩한 빛을 발한다고 할지라도, 그가 그리스도의 가르침을 견딜 수 없어 한다면, 바로 그것이야말로 그가 버림받은 자의 마음을 지니고 있다는 것을 가장 분명하게 보여주는 증표(證標)라는 것을 배우게 된다. 그러므로 역으로 말해서, 우리가 그리스도의 가르침을 기쁜 마음으로 받아들인다면, 그것은 우리가 택함받은 자라는 것을 증명해 주는 가시적인 증표가 된다. 왜냐하면, 하나님의 말씀을 가진 자는 하나님 자신을 향유하고 있는 자이지만, 그 말씀을 배척하는 자는 의(義)와 생명을 박탈당한 자이기 때문이다. 그런 까닭에, 그러한 두려운 선고를 받게 되는 것보다 우리가 더 두려워해야 할 것은 아무것도 없다.

48. 우리가 너를 사마리아 사람이라 또는 귀신이 들렸다 하는 말이 옳지 아니하냐. 그들은 자신들의 지각(知覺)이 마귀에 의해서 얼마나 지독하게 마비되어 있는지를 점점 더 분명하게 드러낸다. 왜냐하면, 그리스도께서 그들이 충분히 알아들을 수 있을 만큼 그들의 잘못을 깨우쳐 주셨는데도, 그들은 그런 것을 개의치 않고서, 여전히 필사적으로 대들고 있기 때문이다. 그들은 두 가지의 욕을 사용해서 그리스도를 비난하고 있지만, 그들이 말하고자 하는 것을 한 마디로 요약하자면, 그것은 그리스도는 악한 영의 조종을 받고 있는 저주받은 자라는 것이다. 유대인들은 사마리아인들을 율법을 더럽힌 배교자들로 여겼기 때문에, 어떤 사람을 욕하고 싶을 때에 "사마리아 사람"이라는 표현을 사용하였다. 그러므로 그들은 그리스도에게서 그 어떤 구체적인 흉악한 범죄를 찾아내어 고발하거나 비난할 수 없었기 때문에, 사리분별을 따져보지도 않고 무턱대고 이 통상적인 욕을 사용해서 그리스도를 비난한 것이었다. 요컨대, 사람들이 미친 개처럼 분노했을 때에 상대방에게 뭐라고 말을 하긴 해야 하겠는데 딱히 비난할 말이 없을 때에 아무 욕이나 사용해서 분풀이를 하듯이, 마찬가지로 이 유대인들도 그런 식으로 그리스도에게 이런 욕을 퍼부은 것이라는 말이다.

49. 나는 귀신 들린 것이 아니라. 그리스도께서는 두 가지 비난 중에서 첫 번째 비난에 대해서는 아무 말씀도 안 하시고, 오직 두 번째 비난에 대해서만 해명을 하신다. 어떤 이들은 그리스도께서 그렇게 하신 것은 자신의 인격에 대한 비난은 무시하시고, 단지 자신의 가르침만을 변호하고자 하셨기 때문이라고 설명한다. 그러나 나는 그들의 그런 설명은 잘못된 것이라고 본다. 왜냐하면, 유대인들이 아주 치밀하게 그리스도의 삶과 가르침을 구별해서 비난했을 가능성은 별로 없어 보이기 때문이다. 게다가, 앞에서 말했듯이, "사마리아 사람"에 대한 혐오감은 사마리아인들이 율법을 왜곡하고 타락시켜서, 수많은 미신들과 잘못된 것들로 율법을 변질시켰고, 이질적인 것들을 만들어 내어 하나님에 대한 예배 전체를 더럽힌 데서 생겨난 것이었다.

아우구스티누스(Augustinus)는 알레고리적인 해석방법으로 도피해서, 그리스도께서는 자신의 양 무리를 지키는 참된 보호자이셨던 까닭에 "사마리아 사람"이라 불리는 것을 거부하지 않으신 것이라고 말한다. 그러나 내가 보기에는, 그리스도의 의도는 아우구스티누스의 설명과는 다른 것 같다. 왜냐하면, 그리스도에 대한 유대인들의 두 가지 비난은 동일한 목적을 지니고 있었던 까닭에, 그리스도께서는 어느 한 쪽을 반박하심으로써 다른 한 쪽도 반박하신 것이기 때문이다. 사실, 이 비난들을 꼼꼼히 살펴보면, 우리는 "사마리아 사람"이라는 욕이 "귀신이 들렸다"는 욕보다 더 심한 것이었음을 알게 된다. 그러나 내가 앞에서 이미 말했듯이, 그리스도께서는 여기에서도 자기가 아버지 하나님께서 더욱 "공경"을 받으시게 하려고 애쓰는 것일 뿐이라고 밝히심으로써, 대우(對偶) 명제를 통한 논증방식을 사용하셔서 그들의 주장을 반박하는 것으로 만족하신다. 왜냐하면, 하나님을 진심으로 그리고 제대로 공경하는 자는 하나님의 성령의 인도하심을 받고 있는 자임에 틀림없고 하나님의 신실하고 충성된 종임에 틀림없기 때문이다.

너희가 나를 무시하는도다. 이 말씀은 마치 그리스도께서 자기가 하나님의 영광을 구하는 까닭에 사람들로부터 합당한 공경을 받지 못하는 것이라고 탄식하시는 것인 듯이 해석될 수도 있다. 그러나 나는 그리스도께서는 그 이상의 것을 바라보시면서, 아버지 하나님의 영광과 자기 자신의 영광을 연결시키고 계시는 것이라고 생각한다. 즉, 그리스도께서는 이렇게 말씀하시는 것이다: "나는 아버지 하나님께 영광이 되지 않는 것은 그 어떤 것이라도 내 자신을 위해서 구하지 않는다. 왜냐하면, 아버지 하나님의 위엄이 내 안에서 빛나고, 아버지 하나님의 능력과 권세가 내

안에 거하기 때문이다. 그러므로 내가 너희로부터 이렇게 모욕을 당한다면, 너희
는 바로 하나님을 모욕하는 것이다." 그래서 그리스도께서는 하나님이 그런 모욕
에 대하여 반드시 보응하실 것이라는 말씀을 즉시 덧붙이신다. 왜냐하면, 만일 그
리스도께서 자기는 사사로운 육신적인 감정으로 자기에 대한 그들의 공경이나 멸
시에 대하여 마음을 쓰는 것이 아니라, 단지 하나님에 대한 그들의 공경이나 멸시
에 대하여 마음을 쓰는 것이라고 증언하지 않으셨다면, 그들은 그리스도께서 야심
이 있어서 그렇게 말씀하시는 것이라고 비난하였을 것이기 때문이다. 한편, 우리
는 그리스도와는 비교할 수 없는 그런 자들이기는 하지만, 우리가 하나님의 영광
을 진심으로 구하기만 한다면, 하나님께서 우리를 위해 차고 넘치는 칭찬을 예비
해 놓으신 것을 알게 되리라는 것을 온전히 확신하여야 한다. 왜냐하면, 우리는
"나를 존중히 여기는 자를 내가 존중히 여기고"(삼상 2:30)라는 말씀이 참되다는
것을 늘 알게 될 것이기 때문이다. 사람들이 우리를 멸시하고 욕한다면, 우리는
"주의 날"이 동터올 때까지 한결같은 마음으로 소망하며 기다리는 것이 마땅하다.

⁵¹진실로 진실로 너희에게 이르노니 사람이 내 말을 지키면 영원히 죽음을 보지 아
니하리라 ⁵²유대인들이 이르되 지금 네가 귀신 들린 줄을 아노라 아브라함과 선지
자들도 죽었거늘 네 말은 사람이 내 말을 지키면 영원히 죽음을 맛보지 아니하리
라 하니 ⁵³너는 이미 죽은 우리 조상 아브라함보다 크냐 또 선지자들도 죽었거늘 너
는 너를 누구라 하느냐 ⁵⁴예수께서 대답하시되 내가 내게 영광을 돌리면 내 영광이
아무 것도 아니거니와 내게 영광을 돌리시는 이는 내 아버지시니 곧 너희가 너희
하나님이라 칭하는 그이시라 ⁵⁵너희는 그를 알지 못하되 나는 아노니 만일 내가 알
지 못한다 하면 나도 너희 같이 거짓말쟁이가 되리라 나는 그를 알고 또 그의 말씀
을 지키노라(8:51-55).

51. 진실로 진실로 너희에게 이르노니. 그리스도께서는 그 무리들 중에서 일부
는 고침받을 수 있고, 일부는 자신의 가르침을 대적하지 않고 있다는 것을 알고 계
셨음에 틀림없다. 그런 까닭에, 그리스도께서는 철저하게 악의(惡意)를 지닌 불경
건한 자들에게 두려움을 주면서도, 선한 자들이 위로받을 수 있는 여지를 남겨두
거나, 아직 완전히 버림받은 자가 되지 않은 자들을 자기에게로 이끌고자 하셨다.
아무리 많은 사람들이 하나님의 말씀을 싫어하고 혐오한다고 하여도, 하나님의 말

씀을 신실하게 가르치는 자들은 온통 악한 사람들을 책망하는 일에만 몰두해서는 안 되고, 하나님의 자녀들에게 구원의 가르침을 베풀고, 악한 사람들 중에서 고침 받는 것이 완전히 불가능하지 않은 자들이 올바른 정신과 마음으로 돌아올 수 있도록 애쓰는 것이 마땅하다. 그러므로 이 말씀을 통해서 그리스도께서는 자신의 제자들에게 영생을 약속하시면서, 자신의 가르침이 옳다고 단지 나귀들처럼 귀만 쫑긋 세우거나 입으로만 고백하는 것이 아니라, 자신의 가르침을 귀한 보배로 여겨서 "지키는" 자들이 자신의 제자들이라고 말씀하신다. 그리스도께서 그런 자들이 "영원히 죽음을 보지 아니하리라"고 말씀하시는 이유는 믿음으로 말미암아 한 사람의 영혼이 깨어나고 살아나면, 사망의 독침과 그 독이 제거되어서, 사망은 그 사람에게 치명적인 위해(危害)를 입힐 수 없게 되기 때문이다.

52. 지금 네가 귀신 들린 줄을 아노라. 버림받은 자들은 계속해서 우둔함 (stupor) 가운데서 고집을 부리며, 경고의 말씀을 들을 때와 마찬가지로 약속의 말씀을 들을 때에도 아무런 감화도 받지 못하기 때문에, 그리스도께로 인도함을 받거나 이끌림을 받을 수 없다. 어떤 이들은 그리스도께서 "죽음을 맛보지 아니하리라"고 말씀하신 적이 없는데도, 그들이 마치 그리스도께서 그렇게 말씀하신 것처럼 악의적으로 왜곡하고 있는 것이라고 생각하지만, 내가 보기에는, 그런 생각은 근거가 없어 보인다. 나는 "죽음을 맛보다"라는 표현과 "죽음을 보다"라는 표현은 둘 다 히브리인들에 의해서 "죽다"라는 동일한 의미로 사용되었다고 생각한다. 그러나 이 유대인들은 그리스도의 영적인 가르침을 육신에 적용하였다는 점에서 거짓 해석자들이었다. 믿는 자들은 누구든지 "죽음을 보지 않게" 될 것이다. 왜냐하면, 믿는 자들은 "썩지 아니할 씨로 거듭난"(벧전 1:23) 까닭에 죽더라도 살아 있을 것이고, 자신들의 머리 되시는 그리스도와 연합되어 있는 까닭에 죽음으로 소멸되지 않을 것이며, 그들에게 죽음이라는 것은 천국으로 들어가는 문이 되고, 그리스도께서 사망의 남은 세력을 다 삼켜 버리실 때까지 그들 속에 거하시는 "영은 의로 말미암아 살아 있기"(롬 8:10) 때문이다. 그러나 이 유대인들은 육신적인 자들이었기 때문에 죽음이 육신에 분명하게 나타나기 전에는 죽음으로부터 구원을 받는다는 것이 무엇인지를 전혀 알 수가 없었다. 대다수의 사람들은 그리스도의 은혜를 오직 자신들의 육신적인 지각(知覺)에 의해서만 판단하기 때문에 그 은혜에 대하여 거의 관심을 갖지 않는데, 이것은 세상에 만연되어 있는 병(病)이다. 그런 일이 우리에게도 일어나는 것을 막고자 한다면, 우리는 죽음 가운데서도 영적인 생명을

분별할 수 있도록 우리의 마음을 깨워야 한다.

53. 너는 이미 죽은 우리 조상 아브라함보다 크냐. 유대인들은 여기에서 아브라함과 성인(聖人)들의 광휘(光輝)로 그리스도의 영광을 가리고자 하는 또 하나의 악(惡)을 행한다. 그러나 태양의 밝은 빛 앞에서 모든 별들이 빛을 잃고 어두워지는 것과 마찬가지로, 그리스도의 측량할 수 없이 밝은 빛 앞에서 성인들에게서 비쳐 나오는 모든 영광도 그 빛을 잃을 수밖에 없다. 그러므로 유대인들이 종에 불과한 자들을 주님과 대비시킨 것은 너무나 어이없고 말도 안 되는 일이었다. 또한, 그들은 아브라함과 선지자들의 이름을 악용해서 그리스도를 대적함으로써 심지어 그 조상들까지 욕되게 하였다. 그러나 이러한 사악함은 거의 모든 세대에 만연되어 있었고, 오늘날에도 만연되어 있어서, 불경건한 자들은 하나님의 역사(役事)들을 왜곡시켜서 하나님을 본래의 모습과는 전혀 다른 모습으로 바꾸어 놓는다.

하나님께서는 사도들과 순교자들을 통해서 자신의 이름을 영화롭게 하셨는데, 교황주의자들은 자신들을 위해서 사도들과 순교자들을 우상으로 만들어서 하나님의 자리에 앉혀 놓았다. 이것은 그들이 하나님께서 주신 은혜들을 악용해서 그것들로부터 하나님의 능력을 무너뜨릴 무기들을 만든 것이 아니면 무엇이겠는가? 왜냐하면, 교황주의자들은 모든 것을 아낌없이 쏟아 부어서 지극정성을 다하여 성인(聖人)들을 공경하고 섬기는 까닭에, 그들이 하나님이나 그리스도께 드릴 것은 거의 남아 있지 않기 때문이다. 그런 까닭에, 우리는 선지자들과 사도들과 성인(聖人)이라 불릴 수 있는 모든 자들을 그리스도보다 훨씬 아래에 두어서, 오직 그리스도만이 홀로 높임을 받으실 수 있게 하지 않는다면, 하나님 나라의 전체 질서는 무너지고 만다는 것을 알아야 한다. 사실, 우리가 성인(聖人)들을 그리스도의 아래에 둘 때, 바로 그것이야말로 우리가 성인들을 제대로 그리고 최고로 공경하는 것이 된다. 교황주의자들은 자기들은 성인들을 진심으로 공경하는 자들이라는 것을 자랑스럽게 내세움으로써 무지한 자들을 속일 수 있을지 모르지만, 그것은 성인들을 지나치게 높임으로써 그리스도를 끌어내려서 성인들과 동격(同格)으로 만들고 있는 것이기 때문에, 하나님과 성인들, 양쪽을 다 모욕하고 해악을 끼치는 일이 된다. 그들은 한편으로는 성인들의 가르침을 그리스도의 가르침보다 더 앞세우고, 다른 한편으로는 그리스도에게서 강탈한 것들로 성인들을 치장함으로써 그리스도로부터 그의 거의 모든 능력을 빼앗아 버리고 있기 때문에, 이중으로 죄를 짓고 있는 것이다.

54. 내가 내게 영광을 돌리면. 그리스도께서는 그들의 그런 말도 안 되는 비교에 대하여 대답하시기 전에, 자기는 자신의 영광을 구하는 것이 아니라고 말씀하심으로써 그들의 비방을 먼저 미리 차단하신다. 혹시 누가 그리스도께서는 자기 자신에게도 영광을 돌리신 것이 아니냐고 반론을 제기한다면, 거기에 대하여 대답하기는 쉽다. 즉, 그리스도께서는 인간적인 방식으로 스스로 자기에게 영광을 돌리신 것이 아니라, 하나님의 지시하심과 권위에 의거해서 그렇게 하신 것이라는 것이다. 왜냐하면, 다른 많은 구절들에서와 마찬가지로 여기에서도 그리스도께서는 유대인들의 수준에 맞춰서 말씀하시느라고 자기 자신과 하나님을 구별해서 말씀하고 계시는 것이기 때문이다. 요컨대, 그리스도께서는 아버지 하나님이 자기에게 주신 것 외에는 그 어떤 영광도 원하지 않는다고 선언하시는 것이다. 이 말씀을 통해서 우리는 하나님께서는 자기 "아들"에게 영광을 수여하고 계시기 때문에, 세상이 그 아들을 미워하거나 멸시한다면, 반드시 벌을 받게 될 것이라는 가르침을 받는다.

"아들에게 입맞추라"(시 2:12), "모든 천사들은 그에게 경배할지어다"(히 1:6), "모든 무릎을 예수의 이름에 꿇게 하라"(빌 2:10), "너희는 그의 말을 들으라"(마 17:5), "열방들아 그를 찾으라"(롬 15:11), "모든 육체는 낮아지라" 등과 같이 하늘에서 들려온 하나님의 음성들은 믿는 자들로 하여금 더욱더 분발해서 그리스도를 경외함으로 경배하게 하기 위한 것임에 틀림없다. 또한, 그러한 말씀들은 우리에게 사람들이 스스로 취하는 모든 영광은 아무것도 아닌 하찮고 무가치한 것임을 일깨워 준다. 그런데도 우리는 아무것도 아닌 것을 얻기 위해 그토록 애를 쓰는 것을 보면, 야심이라는 것은 얼마나 지독하게 우리를 눈멀게 하는 것인가! 그러므로 우리는 "옳다 인정함을 받는 자는 자기를 칭찬하는 자가 아니요 오직 주께서 칭찬하시는 자니라"(고후 10:18)고 한 바울의 말을 늘 명심하여야 한다. 또한, 우리에게는 하나님의 영광이 결여되어 있고, 그리스도께서는 자신의 은혜로써 우리를 자신의 영광에 참여하는 자가 되게 하시기 때문에, 우리는 오직 그리스도 한 분만을 자랑하는 것이 마땅하다.

너희가 너희 하나님이라 칭하는 그이시라. 그리스도께서는 유대인들이 습관적으로 사용하던 "하나님"의 이름이라는 거짓된 가면(假面)을 그들에게서 벗겨내신다. 그리스도께서는 여기에서 이렇게 말씀하고 계신다: "나는 너희가 얼마나 뻔뻔스럽고 넉살좋게 너희 자신을 하나님의 백성이라고 자랑하고 다니는지를 안다. 그러나 너희는 하나님을 모르는 자들이기 때문에, 그런 호칭을 사용하는 것은 거짓된 것이다." 또한, 이것으로부터 우리는 오직 참된 지식에서 나오는 것만이 참되고 합당한 신앙고백이라는 것을 배운다. 그리고 그러한 참된 지식은 하나님의 말씀에서 나오지 않으면 어디에서 나오겠는가? 그러므로 하나님의 말씀 없이 하나님의 이름을 자랑하는 자들은 모두 다 거짓말쟁이들일 뿐이다. 그리스도께서는 그들의 뻔뻔스러움을 자신의 양심의 확신과 대비시키고 계시기 때문에, 하나님의 모든 종들은 온 세상이 벌 떼처럼 일어나서 하나님을 대적한다고 할지라도, 하나님이 자신들의 편이시라는 오직 이 한 가지만으로 만족할 수 있는 마음이 갖추어져 있어야 한다. 옛적에 선지자들과 사도들은 자신들이 누구의 보내심을 받았는지를 알고 있었기 때문에, 온 세상의 무시무시한 공격들에 대하여 굳게 서서 맞서는 불굴의 위대한 영혼을 지니고 있었다. 그러나 하나님을 아는 그러한 확고한 지식이 결여되어 있다면, 우리를 지탱해 줄 것은 아무것도 없다.

55. 만일 내가 알지 못한다 하면. 이 말씀을 통해서 그리스도께서는 자신의 직분상 자기가 침묵하는 것은 진리를 기만적으로 배신하는 것이 되는 까닭에 자기는 말할 수밖에 없다고 증언하신다. 이 말씀은 하나님께서는 우리로 하여금 필요한 경우에 사람들 앞에서 우리의 마음에 있는 믿음을 고백하도록 하시기 위하여 우리에게 자기 자신을 계시하신다는 것을 밝히고 있다는 점에서 주목할 만한 말씀이다. 왜냐하면, 우리는 사람들을 기쁘게 하려고 외식(外飾)하는 자들, 또는 하나님의 진리를 부인하거나 불경건한 궤변으로 왜곡시키는 자들은 단지 가벼운 꾸지람을 듣는 데서 그치는 것이 아니라, 하나님 앞에서 쫓겨나서 마귀의 자식들이 될 것이라는 이 말씀을 들을 때에 크게 두려워하는 것이 마땅하기 때문이다.

[56]너희 조상 아브라함은 나의 때 볼 것을 즐거워하다가 보고 기뻐하였느니라 [57]유대인들이 이르되 네가 아직 오십 세도 못되었는데 아브라함을 보았느냐 [58]예수께서 이르시되 진실로 진실로 너희에게 이르노니 아브라함이 나기 전부터 내가 있느니라 하시니 [59]그들이 돌을 들어 치려 하거늘 예수께서 숨어 성전에서 나가시니라 (8:56-59).

56. 너희 조상 아브라함은. 그리스도께서는 앞에서 유대인들이 아브라함의 자손이라는 것을 부정하셨지만, 여기에서는 그들이 아브라함의 이름을 들먹이며 반

론을 제기하는 것이 얼마나 어리석고 무가치한 일인지를 보여주시기 위하여, 자기들이 아브라함의 자손이라는 그들의 유명무실한 주장을 일단 수용하시고서, "아브라함이 평생을 살면서 유일하게 원하였던 것은 나의 나라가 잘 되어나가는 것을 보는 것이었기 때문에, 그는 내가 함께 있지 않은 때에도 나를 대망하였는데, 너희는 내가 함께 있는데도 나를 멸시하고 내치고 있다"고 말씀하신다. 그리스도께서 여기에서 아브라함에 대하여 말씀하시는 것은 모든 성인(聖人)들에게도 그대로 적용이 되지만, 아브라함은 온 교회의 조상이라는 점에서, 이 가르침은 구체적으로 아브라함이라는 인물과 관련시킬 때에 더 큰 무게를 지니게 된다. 그러므로 경건한 자들의 수(數)에 속하기를 바라는 자들은 누구든지 아브라함이 그토록 간절하게 대망하였던 그리스도의 임재를 기쁨으로 받아들여야 한다.

나의 때 볼 것을 즐거워하다가. "즐거워하다"라는 단어는 불타는 듯한 열렬한 감정을 표현하는 단어이다. 우리는 여기에서 유대인들과 아브라함이 보여준 대조적인 모습을 주목할 필요가 있다. 아브라함은 그리스도를 아는 지식이 아직 분명하게 나타나지 않아서 아주 희미했던 시절에 너무나 간절한 열망에 불타올라서, 자기가 그리스도를 아는 지식을 향유하게 되는 것을 다른 모든 좋은 것들보다 더 열렬히 원하였다. 그러므로 그리스도께서 분명하게 계시되었는데도, 그를 멸시하고 배척하는 자들이 있다면, 그들의 배은망덕함은 얼마나 가증스럽고 역겨운 것이겠는가?

이 구절에서 "때"는 아우구스티누스(Augustinus)가 생각한 것처럼 "영원"을 의미하는 것이 아니라, 그리스도께서 구속주의 직무를 이루시기 위하여 육신을 입으시고 이 세상에 나타나셨을 때인 "그리스도의 나라의 때"를 의미한다. 그러나 여기에서 아브라함은 아무리 믿음의 눈으로 본 것이라고는 하지만 어떻게 그리스도의 나타나심을 볼 수 있었던 것인가라는 의문이 생겨난다. 왜냐하면, 그것은 그리스도께서 다른 대목에서 "많은 선지자와 임금이 너희가 보는 바를 보고자 하였으되 보지 못하였으며"(눅 10:24)라고 말씀하신 것과 부합하지 않는 것으로 보이기 때문이다. 나의 대답은 믿음으로 그리스도를 보는 것과 실제로 보는 것은 차이가 있다는 것이다. 즉, 옛적의 선지자들은 자신들에게 약속되었던 그리스도를 멀리서 바라보긴 하였지만, 그리스도께서 하늘에서 내려오셔서 사람들과 함께 거하심으로써, 사람들로 하여금 그를 아주 가까이에서 온전히 볼 수 있게 하셨을 때와 같이 그를 바로 옆에서 보는 것은 허락되지 않았다.

또한, 이 말씀을 통해서 우리는 하나님께서 아브라함의 소원을 거절하지 않으셨던 것과 마찬가지로, 오늘날에도 그리스도를 애타게 찾는 자들을 빈손으로 돌려보내지 않으시고 반드시 그들의 경건한 소원을 들어주실 것이라는 가르침을 받는다. 많은 사람들이 그리스도를 만나지 못하는 이유는 그들이 악해서 그리스도를 원하지 않기 때문이다. 아브라함이 "그리스도의 때를 볼 것을 즐거워하였다"는 것은 그가 그리스도의 나라를 아는 지식을 다른 어떤 것과도 비교할 수 없는 보화로 여겼다는 것을 보여주는 증거이다. 그리스도께서 이 말씀을 하시는 것은 아브라함이 가장 소중하고 귀하게 여긴 것이 무엇이었는지를 우리에게 알게 해주시기 위한 것이었다. 모든 믿는 자들은 자신의 믿음으로 말미암아서 바로 그런 열매, 즉 오직 그리스도 한 분만으로 만족하고, 그리스도 안에서 온전하고 완전한 복을 누리며 행복하여, 자신의 양심이 평안하고 기뻐하는 그런 열매를 맺는다. 실제로, 그리스도를 전적으로 의지하고 의뢰하는 그러한 영광을 그리스도께 드릴 때까지는, 그 누구도 그리스도를 올바르게 제대로 알 수 없다.

어떤 이들은 이 말씀을 그리스도께서 세상에 나타나셨을 때에 이미 죽은 아브라함이 이 때에 비로소 그리스도의 임재를 누리게 되었다는 것을 의미하는 것으로 해석함으로써, 아브라함이 소원했던 때와 실제로 그리스도를 보게 된 때가 서로 달랐다고 주장한다. 물론, 일평생 그리스도께서 오시기를 대망하며 살다가 죽은 성도들의 영들에게 그리스도의 강림이 보여졌다는 것은 사실이지만, 나는 그리스도께서 여기에서 하신 말씀을 그런 식으로 교묘하게 해석하는 것이 과연 옳은 것인지는 잘 모르겠다.

57. 네가 아직 오십 세도 못 되었는데. 유대인들은 "아직 오십 세도 못 된" 사람이 까마득한 저 옛날에 죽은 아브라함과 마치 같은 시대에 함께 살았다는 듯이 말하고 있다는 것을 근거로 삼아서, 그리스도가 말이 되지 않는 얘기를 하고 있는 것이라고 반박한다. 그리스도께서는 아직 34세도 되지 않으셨지만, 그들은 자기들이 그리스도를 너무 야박하고 가혹하게 대한다는 인상을 주지 않기 위해서 마치 인심이라도 쓴다는 듯이 그리스도의 나이를 후하게 쳐주고서는, "당신이 설령 지금 내 나이가 오십 세라고 주장한다고 해도, 당신이 아브라함을 두고서 그런 말을 할 수 있는 나이가 아니라는 것은 너무 빤한 일이지 않은가"라고 말한 것이었다. 따라서 그리스도께서는 실제 나이보다도 더 나이 들어 보이신 것이라고 주장하거나, 이 구절에서 언급된 나이는 태양력에 의한 것이 아니었을 것이라고 주장하는 자들은

다 쓸데없는 수고를 하고 있는 것이고, 그리스도께서는 사십 세 이상을 사셨다고 주장하는 파피아스(Papias: 60-130. 히에라폴리스의 감독)의 견해도 결코 받아들여질 수 없다.

58. 아브라함이 나기 전부터 내가 있느니라. 불신자들은 육신적인 겉모습만을 보고서 판단하기 때문에, 그리스도께서는 자기에게는 인간적인 겉모습을 초월한 더 크고 높은 그 무엇, 즉 육신의 감각이나 지각에는 감춰져 있고 오직 믿음의 눈으로만 볼 수 있는 그 무엇이 있고, 그렇기 때문에 자기가 육신으로 사람들 앞에 나타나기 전에 거룩한 조상들이 자기를 볼 수 있었다는 것을 그들에게 일깨워 주신다. 그리스도께서는 이 말씀 속에서 아브라함과 자기에 대하여 서로 다른 동사들을 사용하셔서, "아브라함이 나기 전부터 내가 있느니라"고 말씀하심으로써, 자기를 통상적인 사람들로부터 구별하셔서, 자기에게는 인간 이상의 능력, 즉 하늘에 속한 신적인 능력이 있다고 주장하신다. 그리스도의 이러한 신적인 능력에 대한 인식은 창세 때로부터 모든 세대에 걸쳐서 있어 왔다. 이 말씀은 두 가지로 설명될 수 있다. 어떤 이들은 이 말씀은 단지 그리스도의 신성(神性)에만 적용된다고 생각해서, 모세의 글에 나오는 "나는 스스로 있는 자이니라"(출 3:14)는 말씀과 비교한다. 그러나 그리스도께서는 세상의 구속주이신 까닭에 그의 능력과 은혜가 모든 세대에 다 미치고 있었기 때문에, 나는 이 말씀을 훨씬 더 폭넓게 해석하여야 한다고 생각한다. 그러므로 이 말씀은 "그리스도는 어제나 오늘이나 영원토록 동일하시느니라"(히 13:8)는 사도의 말과 일치하고, 현재의 문맥상으로도 그런 해석이 요구되는 것으로 보인다. 왜냐하면, 그리스도께서는 앞에서 아브라함이 "나의 때 볼 것"을 간절히 바랐다고 말씀하셨는데, 유대인들이 그 말씀을 믿으려 하지 않자, 여기에서 자기가 그 때에도 계셨다는 말씀을 덧붙이신 것이기 때문이다. 만일 우리가 그리스도께서 심지어 그 때에도 중보자로 인정을 받고 계셔서 하나님의 진노를 가라앉히실 수 있으셨다는 것을 이해하지 못한다면, 그리스도께서 여기에서 그런 말씀을 덧붙이신 이유가 충분히 해명되지 않는다. 하지만 모든 세대에서 중보자의 은혜가 효력을 발휘한 것은 그리스도의 영원한 신성(神性)에 의한 것이었기 때문에, 그리스도께서 여기에서 하신 말씀은 자신의 신적인 본질에 대한 주목할 만한 증언을 담고 있다.

또한, 우리는 "진실로 진실로"라는 엄숙한 맹세의 양식을 주목할 필요가 있다. 그리고 나는 그리스도께서 "내가 있느니라"고 말씀하심으로써 현재 시제의 동사를 사용한 것에 강조점이 있다고 말한 크리소스토무스(Chrysostomus)의 견해에 대하여 불만이 없다. 왜냐하면, 그리스도께서는 "내가 있어 왔느니라" 또는 "내가 있었느니라"가 아니라 "내가 있느니라"고 말씀하심으로써 자신의 신분이나 지위가 처음부터 끝까지 한결같이 동일하다는 사실을 보여주고 계시고, 반면에 "아브라함이 있기 전부터"가 아니라 "아브라함이 나기 전부터"라고 말씀하심으로써 아브라함에게는 처음이 있었다는 것을 암시하고 계시기 때문이다.

59. 그들이 돌을 들어 치려 하거늘. 그들은 율법의 규정에 따라서 그리스도를 돌로 쳐서 죽이는 것이 마땅하다고 생각해서(레 24:16) 이렇게 했을 것이다. 이것으로부터 우리는 무분별한 열심(zelus)이라는 것이 얼마나 지독한 광기(狂氣)인지를 알게 된다. 왜냐하면, 그들에게는 이 일의 진상(眞相)을 제대로 분별해 낼 수 있는 귀는 없었지만, 살인을 행할 손은 준비되어 있었기 때문이다. 나는 그리스도께서 자신의 비밀한 능력으로 자신을 구하셨다는 것을 의심하지 않지만, 낮아지신 모습을 그대로 유지하신 채로 그렇게 하셨다. 왜냐하면, 그리스도께서는 인간의 연약함을 포기하시고서 자신의 신성(神性)을 분명하게 나타내는 것을 원하지 않으셨기 때문이다.

"예수께서 숨어 성전에서 나가시니라"는 본문이 몇몇 사본들에는 "예수께서 그들 가운데로 지나가셨다"로 되어 있고, 에라스무스(Erasmus)는 이러한 읽기가 누가복음 4:30에서 가져온 것이라고 보았는데, 그의 판단은 무난해 보인다. 또한, 우리가 주목해야 할 것은 불경건한 제사장들과 서기관들은 "그 안에 신성의 모든 충만이 육체로 거하시는"(골 2:9) 그리스도를 쫓아내고서 외적인 성전을 차지하였지만, 그 성전에는 하나님이 계시지 않기 때문에 그들에게 성전이 있다고 생각한 것은 큰 착각이었다는 것이다. 오늘날 교황과 그의 추종자들도 그리스도를 몰아내고 교회를 더럽히고 나서, 어리석게도 교회의 거짓된 허울만을 붙들고서 자랑함으로써, 옛적의 유대인들과 똑같은 길을 걷고 있다.

제9장

¹예수께서 길을 가실 때에 날 때부터 맹인 된 사람을 보신지라 ²제자들이 물어 이르되 랍비여 이 사람이 맹인으로 난 것이 누구의 죄로 인함이니이까 자기니이까 그의 부모니이까 ³예수께서 대답하시되 이 사람이나 그 부모의 죄로 인한 것이 아니라 그에게서 하나님이 하시는 일을 나타내고자 하심이라 ⁴때가 아직 낮이매 나를 보내신 이의 일을 우리가 하여야 하리라 밤이 오리니 그 때는 아무도 일할 수 없느니라 ⁵내가 세상에 있는 동안에는 세상의 빛이로라(9:1-5).

1-2. 예수께서 길을 가실 때에 날 때부터 맹인 된 사람을 보신지라. 복음서 기자는 이 장(章)에서 그리스도께서 "맹인"을 고치셔서 보게 하신 이적을 보도하면서, 아울러 이 이적이 어떤 열매를 맺었는지를 보여주는 가르침도 함께 제시한다. 맹인의 상태를 묘사하는 "날 때부터"라는 표현은 그리스도의 능력을 더욱 부각시키는 역할을 한다. 왜냐하면, 모태로부터 시작되어서 성년이 될 때까지 눈이 멀어 있던 자를 고치는 일은 인간에게 불가능하기 때문이다. 이것은 제자들이 누구의 죄에 대한 벌로 이 사람이 맹인으로 태어나게 된 것이냐고 묻게 된 계기가 되었다. 성경은 인류가 겪는 온갖 환난들이 죄로부터 온 것이라고 선언하고 있기 때문에, 우리는 어떤 사람이 비참한 처지에 있는 것을 볼 때마다, 그 사람을 무겁게 짓누르고 있는 환난이나 고통들이 하나님의 손에 의해서 가해진 징벌이 아닐까 하는 생각이 우리의 마음에 자동적으로 즉시 떠오르는 것을 어쩔 수 없다.

그러나 그렇게 생각하는 순간, 우리는 대체적으로 세 가지 점에서 잘못을 저지르고 있는 것이다. 첫 번째 잘못은 누구든지 다른 사람들에 대해서는 아주 지독하고 신랄하게 비판하지만, 마찬가지로 동일하게 엄격한 잣대를 자기 자신에게 적용해야 하는데도, 실제로 그렇게 하는 사람은 거의 없다는 데에 있다. 우리의 형제가 좋지 않은 일을 당했을 때에는 우리는 즉시 하나님의 심판을 인정하지만, 정작 하나님께서 우리 자신을 더 심하게 치셔서 징계하실 때에는 우리는 우리의 죄를 인정하지 않고 묵인하는 가운데에 그냥 넘겨버리고 만다. 그러나 하나님의 징벌에 대하여 생각할 때, 각 사람은 자기 자신으로부터 시작하는 것이 마땅하고, 남들에 대해서와 마찬가지로 자기 자신에 대해서도 결코 봐주는 것이 없어야 한다. 그런 까닭에, 이 문제에 있어서 공평한 재판관이 되고자 한다면, 우리는 다른 사람들의 악(惡)보다는 우리 자신의 악을 더 빨리 찾아내는 법을 배워야 한다.

두 번째 잘못은 지나친 엄격함에 있다. 즉, 어떤 사람이 하나님의 손에 의해서 징벌을 받게 되자마자, 우리는 그것을 그 사람이 하나님으로부터 지독하게 미움을 받고 있는 증거라고 결론을 내리고서는, 작은 잘못을 큰 범죄로 부풀려서, 그 사람이 구원 받을 가능성이 거의 없다고 단정해 버리는 반면에, 우리 자신이 지은 죄악들에 대해서는 별 것 아닌 일로 취급해서, 아주 중대한 범죄를 저질러놓고서도, 자기가 아주 경미한 잘못을 범했다는 것조차 거의 인정하려 들지 않는다.

세 번째 잘못은 하나님께서는 십자가 고난을 통해서 사람들을 연단시키시는 경우가 있는데도, 우리는 환난을 당한 모든 사람을 예외 없이 정죄한다는 데에 있다. 조금 전에 말했듯이, 우리의 모든 환난은 죄로부터 생겨난다는 것은 의심할 여지 없이 사실이지만, 하나님께서는 여러 가지 다양한 이유로 자기 백성에게 고난을 주신다. 하나님께서는 어떤 사람들에 대해서는 그들로 하여금 내세에서 더 혹독한 고통을 당하도록 하시기 위하여 그들의 죄악을 이 세상에서 벌하지 않으시고 내세까지 미루시는 경우도 있고, 자신의 신실한 백성들에 대해서는 그들이 더 많이 죄를 지었기 때문이 아니라 장래를 위해 그들의 육신의 죄들이 죽어지게 하시기 위해서 더 심한 고난을 주시는 경우도 있다. 또한, 하나님께서는 종종 자기 백성들의 죄악들을 상관하지 않으시고, 단지 그들의 순종을 시험하시거나 그들을 연단시키셔서 인내를 배우게 하시기도 하신다. 우리는 거룩한 자 욥이 "하나님을 경외하는" 의인(욥 1:1)이었으면서도 다른 모든 사람들보다 더 큰 재난을 당하였지만, 그가 그토록 극심한 환난을 겪게 된 것은 그의 죄 때문이 아니라, 극심한 환난 속에서 그의 경건이 더 온전히 검증되게 하고자 하신 하나님의 다른 목적이 있었기 때문이었다는 것을 본다. 그러므로 모든 환난을 그 어떤 구별도 없이 다 죄 때문인 것으로 돌리는 자들은 거짓된 해석자들이다. 그런 자들은 마치 징벌의 잣대가 획일적이고, 하나님께서는 사람들을 벌하심에 있어서 오직 각 사람이 어떤 징벌을 받아야 마땅한지만을 고려하실 뿐이고 그 밖의 다른 것들은 고려하지 않으신다는 듯이 생각한다.

따라서 우리가 여기에서 주목해야 할 것이 두 가지가 있다. 첫 번째는 대부분의 경우에 "심판"은 "하나님의 집에서 시작된다"(벧전 4:17)는 것이다. 그런 까닭에, 하나님께서는 불경건한 자들이 지은 죄악들에 대해서는 그냥 넘어가시지만, 범죄한 자기 백성에 대해서는 심하게 벌하시고, 교회의 죄악 된 행위들을 바로잡고자 하실 때에는 그 회초리가 훨씬 더 매섭다. 두 번째로 우리가 주목해야 할 것은 하나님께서 사람들에게 환난을 주시는 데에는 여러 가지 다양한 이유가 있다는 것이다. 예를 들면, 하나님께서는 베드로와 바울을 극악무도한 강도들의 경우와 마찬가지로 사형집행인의 손에 넘겨주셨다. 이것으로부터 우리는 사람들이 받는 징벌들의 원인을 항상 꼭 집어서 말할 수 있는 것은 아니라는 것을 알게 된다.

제자들이 당시의 일반적인 통념에 따라서 이 사람이 태어나자마자 맹인이 된 것이 하늘의 하나님께서 어떤 죄에 대하여 벌하신 것이냐고 물은 것은 이 사람이 태어나기 전에 이미 범죄해서 맹인이 된 것이냐고 물은 것만큼 그렇게 터무니없는 질문을 한 것은 아니었다. 그런데 터무니없는 이 후자의 질문도 당시에 유대인들 가운데에 널리 퍼져 있던 또 하나의 통념이었다. 왜냐하면, 성경의 다른 본문들을 보면, 그들이 피타고라스(Pythagoras)가 주장하였던 영혼윤회설, 즉 영혼이 여러 몸을 전전한다는 학설을 믿었다는 것이 아주 분명하기 때문이다. 이것으로부터 우리는 사람들의 호기심(curiositas)이라는 것이 얼마나 복잡미묘한 미로(迷路)인지를 알게 되는데, 특히 무분별한 추측이 거기에 가미될 때는 더욱더 그러하다. 그들은 불구(不具)로 태어난 자들도 있고, 날 때부터 사시(斜視)인 자들도 있고, 날 때부터 완전히 맹인인 자들도 있고, 기형아(畸形兒)로 태어난 자들도 있는 것을 보았다. 그러나 그들은 마땅히 거기에서 하나님의 감추어진 심판들을 깨닫고서 경외심을 지녀야 하는데도 그렇게 하지 않고, 도리어 하나님께서 그렇게 하시는 명확한 이유를 알아내는 일에만 몰두하였기 때문에, 결과적으로 그들 자신의 경솔함으로 인해서 그들은 한 영혼이 한 번의 생을 마친 후에는 새로운 몸으로 옮겨 들어가 다시 환생해서, 전생(前生)에 지은 죄에 대한 벌을 받게 되는 것이라는 저 유치하기 짝이 없는 어리석은 망상에 빠져들었다. 유대인들은 오늘날에도 자신들의 회당에서 이 어리석은 망상(妄想)을 마치 하늘로부터 받은 계시인 양 선포하기를 부끄러워하지 않는다.

이 예(例)를 통해서 우리는 사람이 하나님의 심판들의 비밀을 알려고 건전한 정도 이상으로 캐고 들어가게 되면, 그 마음이 길을 잃고 끝없이 미로를 헤매게 되고,

결국에는 무시무시한 나락으로 떨어지게 되기 때문에 그렇게 되지 않도록 극히 조심하여야 한다는 것을 배우게 된다. 율법과 선지자들에 의해서 하늘의 지혜의 빛이 환히 켜져 있었던 하나님의 택하신 백성 가운데서 그러한 엄청난 망상(妄想)이 자리 잡고 있었다는 것은 정말 기괴한 일이었다. 그러나 하나님께서 그들의 주제넘고 뻔뻔스러운 망상을 그토록 엄중하게 벌하셨다는 것을 생각할 때, 우리가 하나님의 일들을 묵상할 때에 최선의 방책은 그 일들의 이유가 분명하게 드러나 있지 않은 경우에, 우리의 마음으로는 그 일들을 찬양하면서, 우리의 입술로는 "오, 주여, 주는 의로우시기 때문에, 주의 판단들은 비록 우리가 이해할 수 없는 것들일지라도 옳습니다"라고 즉시 외치는 것이다.

제자들이 그 사람의 부모가 죄를 지어서 그 사람이 맹인으로 태어나게 된 것이냐고 물은 것도 일리가 없는 것이 아니었다. 왜냐하면, 죄 없는 "아들이 아버지의 죄악을 담당하여" 벌을 받는 것이 아니라, "범죄하는 그 영혼이 죽을" 것이기는 하지만(겔 18:20), 부모가 범한 죄악들을 그 자녀들에게로 대물림시켜서 "삼사 대까지" 그 죄악들을 갚게 하실 것이라는(출 20:5) 하나님의 말씀은 결코 헛된 경고가 아니기 때문이다. 그러므로 하나님의 진노가 한 가문에 여러 세대 동안 머무는 경우가 종종 있다. 하나님께서는 믿는 자들로 인해서 그들의 자손에게 복을 주시는 것과 마찬가지로, 불경건한 자들로 인해서 그들의 자손을 버리시고, 그 자손에게 의로운 심판의 벌을 내리셔서 그 조상들과 동일한 멸망에 이르게 하신다. 그렇다고 해서, 그 누구도 이런 이유를 들어서, 자기가 다른 사람의 죄로 인해서 부당하게 벌을 받고 있다고 불평할 수 없다. 왜냐하면, 성령의 은혜가 없는 곳에서는, 속담을 빌려서 표현하자면, 까마귀에게서는 까마귀 새끼가 나올 수밖에 없기 때문이다. 이것이 사도들로 하여금 하나님께서 부모의 어떤 범죄로 인해서 그 아들을 벌하신 것은 아닌가 하는 생각을 갖게 만든 이유였다.

3. 이 사람이나 그 부모의 죄로 인한 것이 아니라. 그리스도께서는 이 맹인과 그의 부모가 모든 죄책(罪責)에서 자유롭다고 말씀하시는 것이 결코 아니고, 단지 그 사람이 맹인으로 태어난 이유를 죄에서 찾아서는 안 된다고 말씀하시는 것일 뿐이다. 이것은 내가 이미 앞에서 말한 바 있다. 즉, 하나님께서는 사람들에게 환난을 주실 때에 그 사람들의 죄를 벌하고자 하시는 것 이외에 또 다른 목적을 갖고 계시는 경우가 종종 있다는 것이다. 그러므로 환난의 원인이 감춰져 있는 경우에, 우리가 하나님을 욕되게 하거나 우리의 형제들에게 해(害)를 끼치지 않기 위해서는, 우

리의 호기심을 억제하는 것이 마땅하다.

따라서 그리스도께서는 이 사람이 맹인으로 태어난 다른 이유를 "그에게서 하나님이 하시는 일들을 나타내고자" 하시기 위한 것이라고 말씀하신다. 그리스도께서는 하나의 "일"이라 하지 않으시고, 복수형을 사용하셔서 "일들"이라고 말씀하신다. 왜냐하면, 그 사람이 "날 때부터 맹인"이 된 것 자체 속에서 이미 하나님의 엄하심을 보여주는 증거가 나타난 까닭에, 사람들이 그것을 보고서 하나님을 두려워하고 자신을 낮추어야 한다는 것을 배웠을 것이고, 곧이어서 그 사람이 고침받고 구원의 은혜를 얻은 역사(役事)를 통해서 하나님의 놀라우신 선하심이 드러났기 때문이다. 이 말씀을 통해서 그리스도께서는 자신의 제자들의 마음을 고무시켜서 그들로 하여금 이적을 기대하도록 하고자 하신 것이지만, 아울러 하나님께서 자신의 이름을 영화롭게 하고자 하시는 것이야말로 세상이라는 무대 속에서 일어나는 모든 고난의 참된 이유라는 것이 널리 드러나야 한다는 것을 일반적인 방식으로 자신의 제자들에게 일깨워 주시고자 하신 것이기도 하였다. 또한, 하나님께서 사람들을 자신의 영광을 드러내는 도구로 삼으셔서, 자기 자신을 어떤 제자들에게는 인자하신 분으로, 어떤 제자들에게는 엄하신 분으로 나타내신다고 하여도, 사람들은 하나님에 대하여 이의를 제기하고 다툴 권리가 없다.

4. 나를 보내신 이의 일을 우리가 하여야 하리라. 그리스도께서는 이제 자기가 이 "맹인"을 고쳐서 볼 수 있게 해줌으로써 하나님의 은혜를 나타내기 위하여 보내심을 받았다고 증언하시면서, 일상의 삶에서 가져온 비유를 사용하여 말씀하신다. "해가 돋으면 … 사람은 나와서 일하며 저녁까지 수고하는도다"(시 104:22-23)라는 말씀처럼, 해가 뜨면 사람들은 일어나서 일하지만, 밤이 되면 휴식에 들어간다. 그래서 공직을 맡게 된 사람이라면 누구나 자신의 직책이 요구하는 것을 수행하기 위해서 "낮" 동안에 자신의 일과를 행하여야 하는 것과 마찬가지로, 그리스도께서는 아버지 하나님이 자기에게 맡기신 일을 끝마쳐야 하는 기간을 "낮"이라고 표현하신다. 이것으로부터 우리는 하나의 보편적인 원칙을 도출해 낼 수 있는데, 그것은 각 사람에게 주어진 일생(一生)은 그 사람의 "낮"이라는 것이다. 그러므로 일하는 자들은 "낮"이 짧다는 것을 명심하고서 열심히 땀 흘리며 부지런히 일해서, 일을 끝내기도 전에 밤의 어둠이 찾아오는 불상사가 일어나지 않게 하여야 한다. 우리에게 주어진 일생이 짧다는 것을 알았다면, 우리는 빈둥거리며 무기력하고 나태하게 지내는 것을 부끄러워하는 것이 마땅하다. 요컨대, 하나님께서 우리를 부

르서서 빛을 비춰 주실 때, 우리가 머뭇거리고 지체하여 기회를 놓치는 일이 있어
서는 안 된다는 것이다.

5. 내가 세상에 있는 동안에는. 나는 그리스도께서 사람들의 반응을 예상하시고
서 이 말씀을 덧붙이신 것이라고 본다. 왜냐하면, 그리스도께서 마치 어느 사람들
의 경우와 마찬가지로 자기에게도 밤이 불시에 찾아올 위험이 있다는 듯이, 자기
가 일할 수 있는 때를 미리 한정해서 말씀하신 것이 사람들에게 이상하게 보였을
수 있기 때문이다. 그래서 그리스도께서는 자신의 경우와 어느 사람들의 경우는
다르다는 것을 분명히 하시면서도, 여전히 자기가 일할 수 있는 때가 한정되어 있
다고 말씀하신다. 즉, 그리스도께서는 온 세상을 밝은 빛으로 비추다가 일몰 때가
되면 "낮"과 함께 사라지는 해에 자신을 비유하시면서, 자신의 죽음은 해가 지는
것과 같을 것이기 때문에, 자신의 죽음으로 인해서 자신의 빛이 꺼지거나 희미해
지는 것이 아니라, 단지 세상에서 사라져서 볼 수 없게 될 뿐이라고 말씀하신다. 아
울러, 그리스도께서는 자기가 육신으로 나타나서 이 땅에 계시는 기간이 바로 이
세상의 "낮"이라는 것을 보여주신다. 왜냐하면, 하나님께서는 모든 세대에 빛을
주셨지만, 그리스도께서 오심으로써, 전대미문(前代未聞)의 새로운 "광채"가 그리
스도에게서 뿜어져 나왔기 때문이다. 그런 까닭에, 그리스도께서는 지금이 하나님
께서 자신의 놀라운 역사(役事)들을 통해서 자기 자신을 더 분명하게 나타내고자
하신 때이기 때문에, 하나님의 영광을 분명하게 드러낼 최고의 적기(適期)이고, 따
라서 지금이 바로 "한낮"이라고 하신다.

그러나 여기에서 또 다른 질문이 생긴다. 왜냐하면, 그리스도의 죽음 이후에 복
음의 가르침이나 이적들을 통해서 하나님의 능력이 더 밝게 빛을 발하였고, 바울
도 그리스도께서 여기에서 하신 말씀을 자기가 복음을 전하던 바로 그 때에 적용
해서, 태초에 어둠 가운데 빛이 있으라고 명하셨던 "그 하나님께서 예수 그리스도
의 얼굴에 있는 하나님의 영광을 아는 빛을" 복음을 통해서 "우리 마음에 비추셨
느니라"(고후 4:6)고 말하였기 때문이다. 또한, 그리스도께서는 이 땅에서 사람들
과 함께 하셨던 때보다 지금 세상에 빛을 덜 비추고 계시는 것도 아니지 않는가?
나의 대답은 이렇다. 그리스도께서는 자신의 직무를 다 마치신 후에도, 이 세상에
서 계실 때에 친히 일하신 것 못지않게 계속해서 강력하게 자신의 사역자들을 통
해서 일하셨고, 나는 그것이 사실임을 인정한다. 그러나 그것은 첫째로는 그리스
도께서 육신으로 오셨을 때에 아버지 하나님이 명하신 일을 친히 수행하셔야 했다

는 말씀과 모순되지 않는다는 것이고, 둘째로는 그리스도께서 육신을 입으시고 이 땅에 계신 것이 바로 세상의 진정한 "낮"이었고, 그 광채가 모든 세대에 두루 퍼졌다고 하신 말씀과도 모순되지 않는다는 것이다. 옛적의 거룩한 조상들이나 지금 우리에게 "빛"과 "낮"이 있는 것이 그리스도께서 이 땅에 나타나신 이후로 저 멀리까지 "빛"을 비추서서 "낮"이 지속되게 하셨기 때문이 아니라면, 도대체 그것들은 어디에서 왔겠는가? 이것으로부터 우리는 그리스도를 자신의 인도자로 삼지 않는 자는 누구든지 맹인처럼 어둠 속에서 더듬거리며, 모든 것이 혼란스럽고 뒤죽박죽인 가운데 헤맬 수밖에 없다는 결론을 얻게 된다. 그러나 이 말씀을 통해서 우리는 해가 천지(天地)의 지극히 아름다운 모습과 자연의 질서정연한 모습을 다 우리 눈앞에 드러내 주듯이, 하나님께서는 자기가 행하신 일의 최고의 영광을 자기 아들 안에서 분명하게 드러내셨다는 것을 깨달아야 한다.

⁶이 말씀을 하시고 땅에 침을 뱉어 진흙을 이겨 그의 눈에 바르시고 ⁷이르시되 실로암 못에 가서 씻으라 하시니 (실로암은 번역하면 보냄을 받았다는 뜻이라) 이에 가서 씻고 밝은 눈으로 왔더라 ⁸이웃 사람들과 전에 그가 걸인인 것을 보았던 사람들이 이르되 이는 앉아서 구걸하던 자가 아니냐 ⁹어떤 사람은 그 사람이라 하며 어떤 사람은 아니라 그와 비슷하다 하거늘 자기 말은 내가 그라 하니 ¹⁰그들이 묻되 그러면 네 눈이 어떻게 떠졌느냐 ¹¹대답하되 예수라 하는 그 사람이 진흙을 이겨 내 눈에 바르고 나더러 실로암에 가서 씻으라 하기에 가서 씻었더니 보게 되었노라 ¹²그들이 이르되 그가 어디 있느냐 이르되 알지 못하노라 하니라(9:6-12).

6. 땅에 침을 뱉어. 그리스도의 의도는 맹인으로 하여금 다시 볼 수 있게 하시는 것이었지만, 그리스도께서는 아주 어처구니없어 보이는 방식으로 그 일을 시작하신다. 왜냐하면, 눈에 "진흙을 이겨서 눈에 바르면," 눈이 안 보이는 상태가 말하자면 두 배로 악화되기 때문이다. 따라서 사람들은 그리스도께서 불쌍한 사람을 가지고 논다고 생각하거나, 정신 나간 사람처럼 무의미하고 어리석은 바보짓을 하고 있다고 생각하였을 것이다. 그러나 그리스도께서는 맹인의 믿음과 순종을 이런 식으로 시험하셔서, 그 맹인을 모든 사람이 본받아야 할 모범이 되게 하고자 하신 것이었다. 실제로, 맹인은 그리스도께서 하신 말씀을 그대로 받아들여서, 자신의 시력이 회복되리라는 것을 온전히 확신하고, 그러한 확신 속에서 그리스도께서 명하

신 곳으로 서둘러 갔는데, 이것은 맹인의 믿음이 상당했음을 보여주는 분명한 증거였다. 또한, 맹인은 그리스도의 말씀을 의심하도록 유혹하는 많은 이유들이 있었음에도 불구하고 그 말씀을 그대로 순종한 것이기 때문에, 그의 순종은 놀라운 것이었고 칭찬을 받을 만한 것이었다. 이것은 경건한 마음이 다른 모든 면에서는 도저히 믿기지 않는 약속을 오직 하나님의 말씀이라는 이유 하나만으로 믿는지를 보는 것이기 때문에 참된 믿음을 가리는 시험(試驗)이 된다. 믿음이 오는 순간 즉각적으로 순종하고자 하는 마음도 뒤따라오기 때문에, 하나님이 자신의 신실하신 인도자가 되시리라는 것을 확신한 사람은 하나님의 다스리심에 자기 자신을 고분고분히 내드리게 된다. 자기가 우롱당하고 있는 것일 수도 있다는 의심과 염려가 맹인의 마음을 스쳤을 것임은 의심의 여지가 없지만, 일단 자신의 마음속에서 그리스도를 따르는 것이 안전할 것이라는 결론을 내리고 나자, 맹인은 온갖 장애물들을 뚫고나가는 것이 그리 어렵지 않다는 것을 발견하게 되었을 것이다. 누가 맹인은 그리스도가 어떤 분이신지를 몰랐기 때문에 하나님의 아들이신 그리스도에게 합당한 공경을 드릴 수가 없었을 것이라는 반론을 제기한다면, 나는 그 말이 맞다는 것을 인정한다. 그러나 맹인은 그리스도께서 하나님으로부터 보내심을 받았다는 것을 믿었기 때문에 그에게 순종한 것이었고, 그리스도께서 진리를 말씀하신다는 것을 의심하지 않았다는 점에서 그에게서 오직 신적인 것만을 본 것이었다. 이 모든 것에 더하여, 맹인의 믿음이 더 큰 칭찬을 받아 마땅한 이유는 그의 지식이 아주 적었는데도 불구하고, 그가 자기 자신을 온전히 그리스도께 내드렸다는 것이다.

7. 실로암 못에 가서 씻으라. "진흙"이나 "실로암 못" 속에 맹인의 시력을 회복시켜 줄 수 있는 어떤 효능(效能)이 있지 않았다는 것은 분명하다. 그런데도 그리스도께서는 믿는 자들이 상징들의 사용에 익숙해지도록 하시기 위해서, 또는 모든 것이 자신의 뜻 아래에 있다는 것을 보여주시기 위해서, 또는 각각의 피조물은 자기가 부여하시는 정도만큼의 능력만을 지닌다는 것을 증언하시기 위해서, 자주 자유롭게 외적인 상징들을 사용해서, 자신의 이적들을 빛내신다. 어떤 이들은 그리스도께서 흙과 침으로 만드신 "진흙"에 의미를 부여해서 그 의미가 무엇인지를 캐고 들어가서, 흙은 육체가 지닌 땅의 속성을 가리키고, 그리스도의 입에서 나온 침은 말씀의 신적 본질을 가리키기 때문에, "진흙"은 그리스도를 나타내는 상징이었다고 설명한다. 나는 그러한 알레고리적인 해석은 확실한 것을 말하기보다는 궤

변적인 측면이 훨씬 많기 때문에 지양(止揚)하는 것이 좋다고 보고, 다음과 같은 단순한 설명, 즉 인간이 처음에 진흙으로 지음을 받은 것과 마찬가지로, 그리스도께서도 맹인의 눈을 회복시키실 때에 진흙을 사용하심으로써, 아버지 하나님이 인간을 전인적으로 지으셨을 때에 나타내 보이셨던 것과 동일한 능력을 자기도 인간의 몸의 일부에 대하여 갖고 계시다는 것을 보여주신 것이라는 설명으로 만족하고자 한다. 또는, 이러한 상징의 사용을 통해서 그리스도께서는 자기가 사람들의 장애를 제거하고 맹인의 눈을 뜨게 하는 것이 사람들이 눈에 묻은 진흙을 씻어내는 것만큼이나 쉬운 일이라는 것을 보여주고자 하신 것일 수도 있고, 자기에게는 맹인의 눈에 진흙을 바를 권세도 있고 맹인의 시력을 회복시킬 권세도 있다는 것을 보여주고자 하신 것일 수도 있는데, 나는 후자의 해석이 더 낫다고 본다.

이사야가 "이 백성이 천천히 흐르는 실로아 물"을 멸시하여 버리고 "흉용하고 창일한 큰 하수를 기뻐한다"(사 8:6-7)고 당시의 사람들을 꾸짖었듯이, 그리스도께서 맹인에게 "실로암 못에 가서 씻으라"고 명하신 것은 하나님의 능력이 자신들의 눈앞에서 나타나고 있는데도 그것을 분별하지 못하는 유대인들을 꾸짖으시기 위한 것이었을 수 있다. 내 생각에는, 엘리사가 아람 사람 나아만에게 "너는 가서 요단 강에 몸을 일곱 번 씻으라"(왕하 5:10)고 명한 것도 바로 그런 이유 때문이었을 것으로 보인다. 히에로니무스(Hieronymus)의 말이 사실이라면, 실로암 못은 언제인지는 모르지만 시온 산에서 흘러내려온 물에 의해서 형성되었다. 정작 그리스도께서 유대인들 앞에 나타나셨을 때에 그들은 그를 멸시하긴 했지만, 어쨌든 성전 근처에 있던 실로암 못은 유대인들에게 장차 오실 그리스도를 날마다 상기시키는 역할을 했기 때문에, 복음서 기자는 "실로암"이라는 말에 대한 해석을 여기에 의도적으로 덧붙여 놓는다.

그러므로 이것을 통해서 복음서 기자는 오직 그리스도만이 우리의 어둠에 빛을 비춰 주시고 눈먼 자들의 눈을 다시 뜨게 해주실 분이시라는 것을 부각시킴으로써 그리스도의 은혜를 받아들이라고 우리에게 권하고 있는 것이다. 왜냐하면, "맹인"이라는 한 사람을 통해서 우리의 본성(本性)의 상태, 즉 우리가 모두 다 모태로부터 빛과 지각(知覺)이 결여된 상태로 태어나는 까닭에 오직 그리스도에게서 이 병을 치유받고자 하여야 한다는 것이 묘사되고 있는 것이기 때문이다.

우리가 주목해야 할 것은 그리스도께서는 그 때에 친히 거기에 계셨으면서도, 상징들을 소홀히 하는 것을 원하지 않으셨기 때문에, 여기에서 본질은 제쳐놓고서 오직 상징이라는 공허한 그림자들에만 매달렸던 유대 백성의 우둔함을 꾸짖으시는 데에도 상징들을 사용하셨다는 사실이다. 또한, 그리스도께서는 맹인이 자기를 도와 달라고 기도하기를 기다리지 않으시고 먼저 다가오셔서 그 맹인을 고쳐 주셨다는 점에서도 하나님의 놀라운 선하심이 밝게 빛난다. 사실, 우리는 본성적으로 그리스도를 싫어하여 그에게서 멀리 떠나 있기 때문에, 그리스도께서 우리가 그를 부르기 전에 먼저 오셔서 우리를 만나주시고, 빛과 생명을 까맣게 망각한 상태로 지내는 우리를 그의 긍휼하심으로 거기에서 건져 주시지 않는다면, 우리는 멸망받을 수밖에 없다.

8. 이웃 사람들과 전에 그가 걸인인 것을 보았던 사람들이. 이 맹인은 성전 문 앞에 앉아서 구걸하곤 하였기 때문에 자신의 이웃 사람들에게만이 아니라 도성의 모든 주민들에게도 알려져 있었고, 또한 다른 평범한 사람들보다도 이 맹인 같은 사람들은 일반 사람들의 눈에 더 잘 띄게 마련이었다. 이 맹인이 널리 알려져 있었기 때문에, 이 이적에 관한 소문이 훨씬 더 많은 사람들에게 퍼져나갔다. 그러나 불경건(impietas)은 하나님의 역사(役事)들을 가리고 덮는 일에 천부적인 재능을 지니고 있어서, 많은 사람들은 고침을 받은 자와 전에 걸인이었던 자가 서로 동일인이 아닐 것이라고 생각하였다. 왜냐하면, 하나님의 새로운 능력이 그 사람에게서 두드러지게 나타났기 때문이다. 하나님의 역사(役事)들 속에서 하나님의 위엄이 더 밝게 드러나면 날수록, 사람들은 그런 역사(役事)들을 더욱더 믿지 않는다. 그러나 사람들의 의심은 이 이적을 증명하는 데에 도움이 되었다. 왜냐하면, 그러한 의심 탓에 이 맹인은 자신의 증언을 통해서 그리스도의 은혜를 더욱더 송축하게 되었기 때문이다. 따라서 복음서 기자가 이 이적이 실제로 일어났음을 좀 더 분명하게 보여주는 모든 정황들을 다 모아서 보도한 데에는 그럴 만한 이유가 있었다.

11. 가서 씻었더니 보게 되었노라. 순종으로 인해 얻어진 이러한 복된 결과는 우리에게, 주님이 우리를 부르시면 우리는 모든 장애를 극복하고서 어디든지 담대하게 달려가야 한다는 것과 우리가 주님의 인도하심 아래에서 주님의 권세로 행하는 모든 일이 결국에는 형통하게 되리라는 것을 조금이라도 의심하지 말아야 한다는 것을 가르쳐 준다.

[13]그들이 전에 맹인이었던 사람을 데리고 바리새인들에게 갔더라 [14]예수께서 진흙을 이겨 눈을 뜨게 하신 날은 안식일이라 [15]그러므로 바리새인들도 그가 어떻게 보

게 되었는지를 물으니 이르되 그 사람이 진흙을 내 눈에 바르매 내가 씻고 보나이다 하니 [16]바리새인 중에 어떤 사람은 말하되 이 사람이 안식일을 지키지 아니하니 하나님께로부터 온 자가 아니라 하며 어떤 사람은 말하되 죄인으로서 어떻게 이러한 표적을 행하겠느냐 하여 그들 중에 분쟁이 있었더니 [17]이에 맹인되었던 자에게 다시 묻되 그 사람이 네 눈을 뜨게 하였으니 너는 그를 어떠한 사람이라 하느냐 대답하되 선지자니이다 하니(9:13-17).

13. 그들이 전에 맹인이었던 사람을 데리고 바리새인들에게 갔더라. 여기에서부터 이어지는 기사(記事)는 불경건한 자들은 하나님의 역사(役事)들로 인해서 유익을 얻는 것과는 너무나 거리가 멀기 때문에, 자신들의 권력을 행사하면 할수록, 자기들 속에 품고 있던 독(毒)을 더욱더 많이 뿜어낼 수밖에 없다는 것을 보여준다. 돌처럼 단단한 마음을 지닌 자들조차도 이 맹인의 시력이 회복된 것을 보았을 때에 그 마음이 부드럽게 녹아내리는 것이 마땅한 일이었다. 또는, 바리새인들은 이일이 하나님의 역사(役事)인지를 조사하는 동안에, 적어도 이 신기하고 굉장한 이적에 압도되어 충격을 받아서 잠시나마 어떻게 결론을 내려야 할지를 고민하고 망설이는 것이 마땅한 일이었다. 그러나 그들은 그리스도에 대한 증오심으로 인해서 광분하여, 그리스도께서 행하셨다고 자기들이 들은 일을 막무가내로 성급하게 정죄해 버렸다. 복음서 기자가 "바리새인들"이라고 특별히 언급한 것은 다른 분파들은 그리스도에 대하여 호의적이었기 때문이 아니라, 바리새파가 다른 분파들보다 현 체제를 유지하는 일에 더 열심이었기 때문이었다. 외식(外飾, hypocrisis)은 언제나 잔인하고 오만하다. 그런 까닭에, 자기들은 거룩하다는 잘못되고 거짓된 생각으로 잔뜩 헛바람이 들어 그 마음이 부풀어 올라 있었던 바리새인들은 자신들의 모든 의(義)를 가짜라고 정죄한 복음의 가르침으로 인해서 큰 상처를 입었다. 무엇보다도, 그들은 율법을 수호한다는 미명 아래 자신들의 권력과 통치기반을 지키기 위해 싸웠다.

복음서 기자는 무리들이 "맹인"을 바리새인들에게로 데려갔다고 말하지만, 그들이 어떤 심정과 무슨 의도로 그렇게 한 것인지는 불확실하다. 그 때에는 무리들 중에서 바리새인들이 그리스도를 얼마나 지독하게 미워하는지를 모르는 사람은 아무도 없었을 것이다. 그러므로 많은 사람들이 바리새인들의 비위를 맞추고 호감을 사기 위해서 이 이적의 영광을 일부러 은폐하고자 그렇게 했을 가능성도 있다.

그러나 나는 이런 일의 경우에 보통 그러하듯이, 대다수의 사람들이 자신들의 판단을 유보한 채로 이 나라를 통치하고 있던 자들을 중재자와 판단자로 삼아서 이 일을 해결해 보기로 결정했을 가능성이 높다고 본다. 그러나 이 무리들은 해가 뻔히 밝게 비치고 있는데도 일부러 눈을 감음으로써 그 빛을 가리는 어둠을 스스로 자초한 것이다. 바로 이것이 평신도들의 잘못된 신앙이다. 즉, 그들은 하나님을 경외한다는 미명 아래에서 교회의 불경건한 폭군들을 칭송하고, 하나님의 말씀과 역사(役事)들을 무시함으로써 하나님을 멸시하거나, 적어도 하나님을 바라보려고 하지 않는다.

14. 예수께서 진흙을 이겨 눈을 뜨게 하신 날은 안식일이라. 그리스도께서는 유대인들에게 걸림돌이 될 것이 틀림없었던 안식일을 의도적으로 택하셔서 이적을 행하셨다. 그리스도께서는 앞서 중풍병자를 고치신 사건을 통해서 그런 일이 비방을 받게 되리라는 것을 이미 알고 계셨다. 그러므로 그리스도께서 그런 걸림돌을 쉽게 피하실 수 있으셨을 텐데도 그렇게 하지 않으신 이유는 자신의 원수들이 온갖 악한 수단을 동원해서 그들 자신을 방어하는 과정에서 하나님의 능력이 더 밝히 드러나게 하시기 위한 것이 아니면 무엇이겠는가? 안식일은 그들로 하여금 더욱더 악착같이 이 이적과 관련된 모든 것을 다 파헤치도록 그들을 흥분시키고 자극하는 뇌관과 같은 것이었다. 그렇지만 그들이 이 이적을 온 힘을 다해서 열심히 파헤쳤을 때, 복음의 진리가 더욱더 밝히 빛나게 되는 것 외에 그들이 거기에서 무슨 유익을 거둘 수 있겠는가? 우리가 이 일을 통해서 배우는 것은 우리는 그리스도를 따르고자 한다면 복음의 원수들을 자극해서 분노하게 만들어야 한다는 것이다. 또한, 우리는 그리스도께서는 불경건한 자들을 골라서 의도적으로 분노하게 하시는 반면에, 세상과 그리스도를 동시에 섬기고자 하는 자들은 완전히 미쳐서 광분하는 자들이기 때문에 자신들의 마음에 들지 않는 것이면 무엇이나 다 정죄한다는 것도 여기에서 배운다. 그러므로 우리는 그리스도께서 다른 곳에서 제시하신 원칙, 즉 "만일 맹인이 맹인을 인도하면 둘이 다 구덩이에 빠지게"(마 15:14) 되기 때문에 그런 자들을 따라서는 안 된다는 경고에 귀를 기울여야 한다.

15. 바리새인들도 그가 어떻게 보게 되었는지를 물으니. 무리들은 맹인의 입에서 "그가 어떻게 보게 되었는지"를 이미 직접 들었고, 이제 여기에서는 바리새인들이 부지불식간에 그 일에 대한 증인들이 될 차례였다. 아마도 바리새인들은 무지한 백성들이 이 근거 없는 소문을 퍼뜨려서 마치 그 소문이 진실인 양 무분별하게

믿는 것이라는 선입견을 지니고 있었을 것이다. 그들은 이 소문의 진상(眞相)이 어떠한지에 관한 문제는 제쳐 둔 채로, 그 일이 율법에 비추어 합당한 일이었는지를 가장 우선적으로 따졌다. 즉, 그들은 그리스도께서 맹인을 다시 보게 하셨다는 것에 대해서는 부정하지 않고, 단지 그리스도께서 그 일을 안식일에 행하신 것을 발견하고서 그 일을 불법으로 규정하고서, 그 일은 안식일을 범한 것이기 때문에 하나님의 역사(役事)가 아니라고 단정하였다. 그러나 무엇보다도 먼저 그들은 하나님의 일을 하는 것이 과연 안식일을 범하는 것이냐 하는 것을 살펴보았어야 했다. 그런데도 그들이 이 점을 간과하게 된 이유가 자신들의 뒤틀린 감정과 악의(惡意)로 인해서 눈이 멀어서 아무것도 보지 못하게 되었기 때문이 아니라면 무엇 때문이겠는가? 게다가, 그리스도께서는 율법은 사람들에게 단지 그들 자신의 일들만을 쉬라고 명할 뿐이고 하나님의 일들을 그치라고 명하는 것은 아니기 때문에(출 20:8), 하나님이 사람들에게 베푸시는 은택(恩澤)들은 할례와 마찬가지로 안식일을 범하는 것이 아니라는 것을 그들에게 이미 여러 차례 가르치신 바 있으셨다. 그러므로 그리스도께서 그토록 강력하게 반박하셨던 그들의 잘못을 그들이 여전히 버리지 않고 계속해서 당연시하여 고집하고 있는 것은 그들의 끈질긴 악의(惡意) 때문이거나, 또는 적어도 그들이 악을 행하기로 결심했기 때문이라고 할 수밖에 없다.

마찬가지로, 우리가 교황주의자의 저 쓸데없고 어리석은 비방과 중상모략들에 대하여 이미 무수히 답변하고 해명했는데도, 그들은 철면피 같은 뻔뻔스러움으로 그런 비방들을 그칠 줄을 모른다. 그렇다면, 우리는 그들에 대하여 어떻게 하여야 하는가? 우리는 기회가 주어질 때에 우리의 힘이 닿는 데까지, 거짓되고 잘못된 열심에 이끌려서 복음을 욕하고 비방하는 자들의 뻔뻔스럽고 악한 시도들을 반박하여야 한다. 우리가 아무리 옳고 정당하게 우리 자신을 변호해도 그들이 입을 다물지 않는다고 할지라도, 우리는 낙심할 필요가 없고, 비방과 중상모략으로 우리를 억압하고자 하는 그들의 끈질긴 욕망을 담대하고 당당하게 발로 짓밟아 버려야 한다. 교회에 등을 돌리고 떠나서 신앙의 하나 됨을 파괴하는 자들의 말에 귀를 기울여서는 안 된다는 그들이 내세우는 원칙은 우리도 얼마든지 인정하고 받아들인다. 그러나 그들은 우리가 가장 우선적으로 살펴보아야 할 중요한 문제들이 무엇인지를 제시하며 입이 닳도록 분명하게 설명했던 것들, 즉 교황과 그의 일당보다 교회로부터 가장 거리가 먼 집단은 없다는 것, 온갖 거짓된 꾸며낸 허구(虛構)들과 잘못된 신앙에 근거해서 고안해 낸 것들로 점철되어 있는 그들의 신앙은 참된 신앙과는 거리가 멀다는 것에 대해서는 짐짓 못들은 체하며 그냥 넘겨버린다. 그러나 그들이 아무리 뻔뻔스럽게 귀를 막고 광분하여 우리를 공격한다고 할지라도, 우리가 그토록 자주 확고하게 증언해 온 진리가 결국 승리하는 것을 그들은 결코 막지 못할 것이다. 교황주의자들과 마찬가지로, 바리새인들도 여기에서 그럴 듯한 원칙, 즉 안식일을 지키지 않는 자는 하나님으로부터 온 자일 수가 없다는 원칙을 들먹이며 그리스도를 공격하였다. 그러나 그들은 하나님의 일을 하는 것조차 안식일을 범하는 것이라고 판단했다는 점에서 근본적인 잘못을 저지른 것이었다.

16. 죄인으로서 어떻게 이러한 표적을 행하겠느냐. "죄인"이라는 단어는 다른 많은 구절들에서와 마찬가지로 여기에서도 하나님을 멸시하는 악한 자를 가리키기 위하여 사용되고 있다. 한 예로, "어찌하여 세리 및 죄인들과 함께 먹는가"(막 2:16)라는 말은 "어찌하여 너희 선생은 그 악명이 널리 알려져 있는 불경건하고 악한 자들과 함께 먹는가"라는 뜻이다. 그리스도의 원수들은 여기에서 그리스도께서 맹인을 다시 보게 하신 일을 통해 안식일을 범한 것으로 단정하고서, 그리스도는 신앙이 전혀 없는 속인(俗人)이라고 결론을 내린다. 반면에, 바리새인들 중에서 중립적인 관점에 서서 좀 더 공정하게 판단한 자들은 그리스도는 하나님의 놀라운 능력을 덧입어서 이적들을 행한 것이기 때문에 신앙이 있는 경건한 인물이라는 결론을 내린다. 하지만 그들의 논거는 충분히 탄탄해 보이지는 않는다. 왜냐하면, 하나님께서는 종종 거짓 선지자들이 이적들을 행하는 것을 허용하시고, 사탄도 하나님의 역사(役事)들을 원숭이처럼 흉내 내어서 깨어 있지 않은 자들을 미혹시키기 때문이다. 수에토니우스(Suetonius)라고도 불리는 트란퀼루스(Tranquillus)는 베스파시아누스 황제가 알렉산드리아의 공개 법정에서 재판을 하기 위해서 법정에 앉아 있을 때에, 한 맹인이 황제에게 자기 눈에 침을 발라줄 것을 청하면서, 세라피스(Serapis) 신이 현몽해서 그 치료법을 자기에게 가르쳐 주었다고 말했고, 황제는 경솔하게 처신했다가 웃음거리가 될 것을 염려해서 그 청을 들어주기를 주저하였지만, 주변에 있던 그의 친구들의 강력한 권유로 그 청을 들어주었더니, 맹인의 눈이 즉시 떠졌다는 이야기를 기록하고 있다. 그러나 그렇다고 해서, 베스파시아누스 황제를 하나님의 종들 중의 한 사람으로 여기거나 경건하다고 칭송할 자가 누가 있겠는가? 나의 대답은 선한 자들과 하나님을 경외하는 자들 가운데서 이적은 성령의 능력에 대한 의심할 여지 없는 보증(保證)이지만, 하나님의 의로우신 심판으

로 인해서 사탄이 마치 주문(呪文)을 걸 듯이 거짓 이적으로 불신자들을 속이는 일도 일어난다는 것이다. 나는 앞에서 수에토니우스(Suetonius)의 글에서 인용한 이야기가 허황된 것이라고 생각하는 것이 아니라, 그리스도의 수많은 명백한 이적들을 멸시한 유대인들을 사탄에게 붙이신 것은 하나님의 의로우신 보응(報應)이라고 보는데, 그들이 그렇게 된 것은 마땅한 일이었다. 왜냐하면, 그들은 그리스도의 이적들을 보고서, 다시 한 번 하나님을 순전하게 예배하게 되고, 율법의 가르침이 옳다는 것을 깨달아서, "율법의 마침"이 되시는 메시야를 바라보았어야 했는데도, 그렇게 하지 않았기 때문이다. 여기에서 분명한 것은 그리스도께서는 맹인의 눈을 뜨게 하심으로써 자기가 메시야라는 것을 확실하게 증명하셨다는 것이다. 그런데도 그들은 단지 영적 무감각(socordia)으로 인해서만이 아니라 악의적인 멸시로 인해서 그리스도께서 행하신 역사(役事)들 속에서 하나님을 인정하기를 거부한 것이기 때문에, 하나님께서 그들을 사탄의 거짓된 속임수에 넘겨주시는 것은 합당한 일이 아니겠는가? 그러므로 우리는 하나님께서 성령의 능력으로 자기 자신을 우리에게 분명하게 나타내시도록 하고자 한다면 진실한 마음으로 하나님을 구하여야 하고, 하나님께서 거짓 이적들이 아니라 참된 이적들을 통해서 우리로 하여금 참 선지자들을 분명하게 알게 해주시도록 하고자 한다면 순종하는 마음으로 하나님의 말씀에 귀를 기울여야 한다는 것을 명심하여야 한다. 그렇게 할 때, 우리는 이적들을 통해서 합당한 유익을 얻을 수 있고, 사탄의 속임수에 넘어가지 않을 수 있다.

본문에서 바리새인들 중의 일부가 하나님의 능력이 나타난 이적들에 대하여 경외하는 마음으로 얘기한 것은 칭찬받을 만하지만, 그들은 그리스도를 하나님이 약속하신 "선지자"로 여겨야 한다는 것을 증명하기 위한 충분히 확고한 논거를 제시하지는 못하였다. 또한, 복음서 기자는 그들의 대답을 하나님이 주신 말씀으로 여겨서 보도한 것이 아니라, 단지 하나님의 역사(役事)라는 것을 인정할 수밖에 없는 일을 가지고서 악의적으로 트집을 잡을 뿐만 아니라 경고를 받고서도 잠시라도 비방을 멈추지 않고 있는 그리스도의 원수들의 불경건한 완악함을 보여주고자 한 것일 뿐이었다.

그들 중에 분쟁이 있었더니. "분쟁"은 하나님의 교회에서 대단히 해로운 추악한 악(惡)이다. 그런데도 그리스도께서 교회의 선생들 가운데에 그런 "분쟁"의 빌미를 주신 것처럼 보이는 것은 도대체 어떻게 된 일인가? 이 질문에 대한 대답은 쉽다. 즉, 그리스도께서는 오직 자신의 손을 뻗쳐서 모든 사람들을 아버지 하나님께로 인도하실 생각 외에 다른 목적이 없으셨고, 이 "분쟁"은 하나님께로 나아올 마음이 없었던 자들의 완악한 악의(惡意)로 인해서 일어난 것일 뿐이라는 것이다. 그러므로 분쟁과 분열로 교회를 찢어놓는 것은 하나님의 진리에 순종하기를 거부하는 자들이다. 그러나 사람들이 모두 다 한통속이 되어서 참된 신앙에서 떠나는 것보다는 사람들 사이에서 서로 의견이 달라서 분쟁이 있는 편이 더 낫다. 그러므로 서로 의견이 달라서 분쟁이 일어날 때마다, 우리는 그 원인과 근원이 무엇인지를 늘 잘 살펴볼 필요가 있다.

17. 이에 맹인 되었던 자에게 다시 묻되. 바리새인들이 꼬치꼬치 캐물을수록, 하나님의 진리는 더욱더 선명하게 드러났다. 왜냐하면, 그들은 마치 활활 타오르는 불길을 입으로 불어서 *끄고자* 하는 자들처럼 행하고 있기 때문이었다. 따라서 우리는 악한 자들이 온갖 술수들을 다 동원해서 하나님의 진리를 무너뜨리고자 하는 것을 볼 때에 그 결과에 대하여 두려워하거나 지나치게 염려할 필요가 없다. 왜냐하면, 그들이 그런 식으로 해서 얻을 수 있는 것은 하나님의 진리가 더욱더 밝은 빛으로 타오르게 하는 것뿐이기 때문이다.

바리새인들이 맹인이었던 자에게 "너는 그를 어떠한 사람이라 하느냐"고 말하며 그의 의견을 물은 것은 그들이 그 사람의 판단을 따르거나 그 판단에 어떤 가치를 부여하고자 했기 때문이 아니라, 그 사람이 겁을 집어먹고서 자신들이 원하는 대로 대답해 주기를 기대했기 때문이었다. 그런 면에서 하나님께서는 그들에게 좌절을 안겨주셨다. 왜냐하면, 우리는 한 불쌍한 사람이 그들의 위협에도 아랑곳하지 않고, 그리스도가 "선지자"라고 담대하게 주장할 수 있었던 것은 하나님의 은혜로 인한 것이라고 해야 옳고, 그런 의미에서 그 사람의 담대한 고백은 또 하나의 이적이었기 때문이다. 그 사람이 그리스도가 하나님의 아들이신 것을 아직 알지 못하였으면서도 그리스도를 "선지자"로 아주 담대하고 거리낌 없이 인정하고 고백한 것을 생각할 때, 그리스도께서 아버지 하나님의 우편에 앉아 계시다는 것과 장차 온 세상을 심판하시기 위하여 거기로부터 오시리라는 것을 알고 있는 자들이 겁이 나서 그리스도를 부인하거나 침묵한다면, 그것은 얼마나 부끄러운 변절(變節)이겠는가? 이 맹인이었던 자가 그리스도를 별로 잘 알지 못했으면서도 그 작은 지식의 불꽃조차도 끄지 않았다는 것을 생각할 때, 우리의 마음속에서 빛을 발하고 있는 저 충만한 불길로부터 솟구쳐 나온 온전하고 참된 고백이 우리에게서 나오는 것이 마땅하지 않겠는가?

¹⁸유대인들이 그가 맹인으로 있다가 보게 된 것을 믿지 아니하고 그 부모를 불러 묻되 ¹⁹이는 너희 말에 맹인으로 났다 하는 너희 아들이냐 그러면 지금은 어떻게 해서 보느냐 ²⁰그 부모가 대답하여 이르되 이 사람이 우리 아들인 것과 맹인으로 난 것을 아나이다 ²¹그러나 지금 어떻게 해서 보는지 또는 누가 그 눈을 뜨게 하였는지 우리는 알지 못하나이다 그에게 물어 보소서 그가 장성하였으니 자기 일을 말하리이다 ²²그 부모가 이렇게 말한 것은 이미 유대인들이 누구든지 예수를 그리스도로 시인하는 자는 출교하기로 결의하였으므로 그들을 무서워함이러라 ²³이러므로 그 부모가 말하기를 그가 장성하였으니 그에게 물어 보소서 하였더라(9:18-23).

18. 유대인들이 … 믿지 아니하고. 이 구절에서 우리가 주목해야 할 것이 두 가지가 있는데, 하나는 그들이 이적이 일어났다는 것을 믿지 않았다는 것이고, 다른하나는 그들이 그리스도에 대한 뒤틀린 증오심으로 인해서 자발적으로 눈이 멀어버렸기 때문에 너무나 분명히 보이는 것도 보지 못했다는 것이다. 복음서 기자는그들이 "믿지 않았다"고 보도하는데, 그 이유를 묻는다면, 그들이 자발적으로 자신들의 눈을 멀게 하였기 때문이었다는 것은 의심의 여지가 없다. 그들이 자신들의눈앞에서 벌어진 하나님의 분명한 역사(役事)를 보지 못한 것, 또는 그들의 주장들이 철저하게 반박당하고 나서도 그들이 이미 알게 된 것을 여전히 믿지 못한 것이그들의 마음속에 있던 악의(惡意)로 인해서 그들의 눈이 감겨 버렸기 때문이 아니라면, 도대체 무엇이 그들을 그렇게 만들었겠는가? 바울은 "이 세상의 신이 믿지아니하는 자들의 마음을 혼미하게 하여 … 우리의 복음이 … 망하는 자들에게 가리어진 것"(고후 4:3-4)을 제외한다면, 복음은 결코 가리어진 것이 아니라고 말함으로써, 위에서 말한 것과 동일한 일이 복음을 전파할 때에도 일어난다는 것을 우리에게 보여준다. 이러한 예(例)들은 우리에게 타산지석이 되어서, 우리는 우리의믿음을 방해하는 장애물들을 스스로 자초해서는 안 된다는 가르침을 얻는다. 복음서 기자는 여기에서 제유법(提喩法)을 사용해서, 유대 백성을 다스리고 있던 자들을 그냥 "유대인들"로 표현하고 있다.

19-21. 너희 아들이냐. 그들의 첫 번째 시도가 성공을 거두지 못하자, 그들은 이제 또 다른 방식으로 시도를 해본다. 그러나 하나님께서는 그들의 시도들을 놀라운 방식으로 좌절시키실 뿐만 아니라, 그들이 의도했던 것과는 정반대의 목적을이루시는 데에 사용하시기까지 하신다. 그들은 단지 한 가지 질문만을 던진 것이

아니라, 대답을 곤란하게 할 목적으로 교활하게 여러 가지 질문을 하나로 뭉뚱그려서 던진다. 그러나 그들이 여러 가지 질문들이 서로 뒤섞여 있는 복잡미묘한 질문을 던지자, 맹인의 부모는 단지 그 중의 절반에 대해서만 대답을 한다. 즉, 맹인의 부모는 "이 사람이 우리 아들인 것과 맹인으로 난 것을 아나이다"라고 대답한다. 이것으로부터 도출되는 결론은 맹인이 날 때부터 보지 못했지만, 그의 눈이 이적에 의해서 떠지게 되었다는 것이다. 그러나 그들은 이 후자, 즉 자기 아들의 시력이 이적에 의해서 회복되었다는 것을 말하게 되면 곤욕을 치르게 될 것을 알고 있었기 때문에 그 점에 대해서는 침묵하였다. 이러한 침묵은 그들의 배은망덕함을 보여주는 것이었다. 왜냐하면, 그들은 하나님의 너무나 놀라운 은총을 입은 자들로서 마땅히 하나님의 이름을 송축하고자 하는 열망으로 타올랐어야 하는데도, 겁을 집어먹고서는 가능한 한 하나님의 은혜를 덮어버리고자 했고, 단지 자기 아들이 이 일과 관련된 모든 것을 사심 없이 있는 그대로 잘 설명할 수 있는 신뢰할 만한 증인이니, 자기들이 아니라 자기 아들에게 물어보라고 책임을 회피하였기 때문이다. 맹인의 부모는 자기 아들에게 물어보라고 사람들에게 말함으로써 그리스도를 간접적으로 증언하는 중도적인 길을 고수해서 현명하게 위험을 피해가기는 했지만, 그들은 결국 자신들의 의무를 다하지 못한 것이기 때문에, 성령께서는 복음서 기자의 입을 빌려서 그들의 비겁함을 정죄하신다. 그리스도를 기만적으로 부인(否認)하여, 그리스도와 그의 가르침과 그의 이적들, 그의 능력과 은혜를 철저하게 덮어버린 그들이 무슨 변명의 말을 할 수 있겠는가!

22. 유대인들이 누구든지 예수를 그리스도로 시인하는 자는 출교하기로 결의하였으므로. 이 구절은 출교의 관습이 오래 되었고 모든 세대에서 행해져 왔다는 것을 보여준다. "출교"는 이 때에 처음으로 고안된 것이 아니라, 배교자들 및 율법을 멸시한 자들에 대하여 옛적부터 사용되어 왔고, 그리스도의 제자들을 멸절시키기 위한 벌로도 사용되었다. 그러므로 우리는 출교의 규례가 교회의 아주 오래된 치리(治理)에서 생겨난 것임과 아울러서, 불경건한 자들이 자신들의 신성모독적인 행위들을 통해서 하나님의 거룩한 규례들을 더럽히는 악(惡)이 최근에 생겨난 것도 아니고 어느 한 세대에 국한된 것도 아니라는 것을 알게 된다. 하나님께서는 배교자들을 다스리기 위한 모종의 치리(治理) 수단을 처음부터 정해 두셨다. 그러나 제사장들과 서기관들은 죄 없는 자들을 억압하기 위하여 이 권세를 폭압적인 방식으로 남용하였을 뿐만 아니라, 급기야는 하나님과 그의 가르침을 공격하는 불경죄

도 서슴없이 저지르게 되었다. 그리스도의 진리가 너무나 강력해서, 법이나 규제를 통해서 그 진리를 억제하는 것이 불가능하게 되자, 그들은 출교라는 가공할 무기를 빼든 것이었다.

이와 같은 일이 그리스도인들에 대해서도 행해져 왔다. 왜냐하면, 거짓 주교들이 어떤 식으로 야만적인 폭정(暴政)을 행하여 사람들을 꼼짝못하게 압제해서 그 누구도 감히 끽 소리조차 할 수 없게 만들어 왔는지는 말로 표현하기가 불가능할 정도이기 때문이다. 또한, 지금 우리는 그들이 하나님을 섬기는 모든 자들에 대하여 얼마나 잔인하게 출교라는 이 무기를 휘두르고 있는지를 안다. 그러므로 우리가 알아야 할 것은 사람들이 자신들의 감정과 기분을 따라 제멋대로 출교라는 무기를 그 본래의 용도와는 다르게 휘두를 때에, 그런 것을 하찮은 것으로 여겨서 멸시하는 것이 안전하다는 것이다. 왜냐하면, 하나님께서 자신의 교회에 출교의 권세를 맡기신 것은 폭군들이나 살인자들에게 영혼들을 죽일 칼을 주신 것이 아니라, 하나님이 최고의 통치권을 계속해서 지니고 계시고, 사람들은 하나님의 일꾼들이 되어 그 뜻을 받든다는 조건 아래에서, 교회가 자신의 백성을 다스릴 때에 지켜야 할 규범을 주신 것이기 때문이다. 그러므로 거짓 주교들로 하여금 자기들이 좋아하는 대로 큰소리를 치고 엄포를 놓게 내버려 두라. 그들은 자신들의 공허한 소음으로는 참된 양 우리, 즉 교회가 무엇인지를 선한 목자의 음성을 통해서 아직 가르침 받지 않아서 확신이 없이 의심 가운데서 이리저리 방황하고 헤매는 자들 외에는 그 누구도 두렵게 하지 못할 것이다.

요컨대, 우리가 보기에 그리스도께 복종하지 않는 자들은 신자들을 출교할 수 있는 합법적인 권세를 박탈당한 것이라는 것보다 더 분명한 사실은 없다는 것이다. 그러므로 우리는 그들에 의해서 그들의 회중(會衆)에서 쫓겨나는 것을 두려워할 필요가 없다. 왜냐하면, 우리의 생명과 구원이신 그리스도께서도 우리와 마찬가지로 거기에서 쫓겨나셨기 때문이다.

우리는 그들의 회중에서 쫓겨나는 것을 두려워할 필요가 없을 뿐만 아니라, 우리가 그리스도와 연합되고자 한다면, 도리어 교황의 회당들에서 자발적으로 나오는 것이 마땅하다. 그러나 출교의 규례가 옛 교회에서 그토록 형편없이 훼손되긴 하였지만, 그리스도께서는 자신의 오심을 통해서 그 규례를 폐지하고자 하신 것이 아니라, 올바른 상태로 회복시키셔서 그 규례가 우리 가운데서 제대로 작용을 해서 본래의 효력을 발휘하게 하고자 하신 것이다. 마찬가지로, 오늘날에도 교황제도 아래에서 이 거룩한 치리 수단을 악용하여 형편없이 더럽히는 일이 만연되어 있기는 하지만, 우리는 이 규례를 폐지하려고 하기보다는 본래의 흠없는 온전한 모습으로 회복시키는 데에 온 힘을 쏟는 것이 마땅하다. 세상에서 제대로 된 선한 질서가 서는 일은 결코 없을 것이기 때문에, 하나님의 지극히 거룩한 율법조차도 사람들의 악(vitio)으로 말미암아 더럽혀지고 부패하게 된다. 만일 사탄이 자기가 더럽힌 것을 다 아예 무(無)로 돌릴 수 있다고 한다면, 그것은 사탄에게 너무 지나친 권한을 주는 것이 될 것이고, 우리에게는 세례나 성만찬도 없게 될 것이며, 우리에게 하나님 신앙이라는 것 자체가 아예 남아 있지 않게 될 것이다. 왜냐하면, 신앙 가운데서 사탄에 의해 더럽혀지지 않은 부분이 단 하나도 없는 것이 엄연한 현실이기 때문이다.

²⁴이에 그들이 맹인이었던 사람을 두 번째 불러 이르되 너는 하나님께 영광을 돌리라 우리는 이 사람이 죄인인 줄 아노라 ²⁵대답하되 그가 죄인인지 내가 알지 못하나 한 가지 아는 것은 내가 맹인으로 있다가 지금 보는 그것이니이다 ²⁶그들이 이르되 그 사람이 네게 무엇을 하였느냐 어떻게 네 눈을 뜨게 하였느냐 ²⁷대답하되 내가 이미 일렀어도 듣지 아니하고 어찌하여 다시 듣고자 하나이까 당신들도 그의 제자가 되려 하나이까 ²⁸그들이 욕하여 이르되 너는 그의 제자이나 우리는 모세의 제자라 ²⁹하나님이 모세에게는 말씀하신 줄을 우리가 알거니와 이 사람은 어디서 왔는지 알지 못하노라 ³⁰그 사람이 대답하여 이르되 이상하다 이 사람이 내 눈을 뜨게 하였으되 당신들은 그가 어디서 왔는지 알지 못하는도다 ³¹하나님이 죄인의 말을 듣지 아니하시고 경건하여 그의 뜻대로 행하는 자의 말은 들으시는 줄을 우리가 아나이다 ³²창세 이후로 맹인으로 난 자의 눈을 뜨게 하였다 함을 듣지 못하였으니 ³³이 사람이 하나님께로부터 오지 아니하였으면 아무 일도 할 수 없으리이다(9:24-33).

24. 이에 그들이 맹인이었던 사람을 두 번째 불러. "맹인이었던 사람"이 앞에서 이미 그토록 확고하고 일관되게 증언하는 것을 보았으면서도, 그들은 자기들이 수모를 당했다고 생각해서 그것을 못 이겨서 이 맹인이었던 사람을 다시 부르게 된 것이었다. 이렇게 점점 더 많은 올가미들이 그들의 목을 조여 와서 그들을 더 꽁꽁 묶을수록, 그들은 하나님을 대적하여 더욱더 사납고 맹렬하게 싸운다. 그래서 그들은 맹인이었던 사람이 자신들이 원하는 대답을 하도록 유도하기 위해서 이런 식

으로 질문을 한 것이었다. 그들이 맹인이었던 사람에게 "너는 하나님께 영광을 돌리라"고 말한 것은 그럴 듯하고 듣기 좋은 서막에 불과한 것이었고, 그들은 즉시 뒤이어서 맹인이 자신의 확신을 따라서 대답하는 것을 고압적인 방식으로 방해한다. 그러므로 그들은 하나님의 이름을 내세워서 맹인이었던 사람에게 굴종을 요구한 것이었다.

하나님께 영광을 돌리라. 그들의 이러한 권면을 현재의 상황과 결부된 것으로 보고서, 그들이 맹인이었던 사람에게 그가 받은 은택(恩澤)을 사람에게 돌림으로써 하나님의 영광을 가려서는 안 된다는 의미로 그런 권면을 한 것이라고 볼 수도 있겠지만, 나는 이 어구가 유대인들이 어떤 사람에게 맹세를 요구할 때에 사용하곤 하던 공식적인 정형어구였다고 생각하는 자들의 견해에 동의한다. 예를 들면, 여호수아가 아간에게서 저 저주받은 물건을 몰래 가져갔다는 자백을 얻어내고자 했을 때에 바로 이 어구를 사용한다: "여호수아가 아간에게 이르되 내 아들아 청하노니 이스라엘의 하나님 여호와께 영광을 돌려 그 앞에 자복하고 네가 행한 일을 내게 알게 하라 그 일을 내게 숨기지 말라 하니"(수 7:19). 그러므로 이 말을 통해서 그들은 맹인이었던 사람에게 그가 하나님의 이름으로 거짓말을 한다면 그것은 하나님을 크게 모독하는 것임을 상기시켜 준 것이었다. 우리도 맹세를 하도록 요구받는 경우에 이 정형어구를 기억하고서, 진실을 말하는 것을 하나님의 영광만큼이나 소중하고 귀하게 여기는 것이 마땅하다. 그렇게만 한다면, 맹세의 신성함이 우리에게 지금까지와는 판이하게 다르게 보이게 될 것이다. 대다수의 사람들이 거짓을 유지하기 위해서 하나님의 이름을 내세우는 것이 하나님을 부인하는 것임을 생각하지 않고서 무분별하고 뻔뻔스러운 태도로 툭 하면 아무렇지도 않게 맹세를 하는 바람에 위증(僞證)이 난무하게 된 것이 오늘날의 현실이다. 여기에서 우리는 외식하는 자들이 겉보기에는 하나님을 지극히 경외하는 듯하지만, 실제로는 기만적으로 행하는 죄만이 아니라, 하나님을 오만방자하게 우롱하는 죄도 범하고 있는 것을 본다. 왜냐하면, 그들은 맹인이었던 사람이 자신들의 지시를 따라서 불경스러운 맹세를 하고서 하나님을 공개적으로 모욕하도록 부추기고 있기 때문이다. 그러나 아무리 그들이 여러 가지 그럴 듯한 모습과 허울 좋은 핑계나 구실 뒤에 숨어서 자신을 은폐하고자 해도, 하나님께서는 그들의 악한 술수들을 다 빛으로 끌어내신다.

25. 그가 죄인인지 내가 알지 못하나. 맹인이었던 사람이 두려움으로 인해서 정

직하게 증언하지 못하는 일은 벌어지지 않았다. 얼핏 보면, 그가 한 이러한 대답 속에는 그리스도에 대한 어떤 의심이 있는 것처럼 여겨질 수도 있지만, 사실 그에게는 그리스도에 대한 그 어떤 의심도 없었고, 한 걸음 더 나아가서, 나는 그가 그들의 마음이 더 깊이 찔림을 받게 하기 위하여 반어법을 사용해서 그렇게 말한 것이라고 본다. 그는 앞에서 이미 그리스도가 "선지자"라고 고백하였었다(17절). 그러나 그러한 고백이 그들에게 아무 소용이 없다는 것을 알아차리고서, 그는 이제 여기에서는 그리스도가 누구인지에 대한 판단은 유보한 채 사실 자체만을 진술하고 있는 것이다. 그러므로 그가 이렇게 한 발 양보한 것은 그들에 대한 조롱의 측면이 없지 않다.

26-27. 그들이 이르되. 우리는 불경건한 자들이 악한 일들을 행하기 위해서 이렇게 분주하게 움직이는 것을 보면서, 그리스도의 일들을 행하면서도 너무나 냉랭하고 무감각하게 행하고 있는 우리 자신의 모습을 부끄러워하는 것이 마땅하다. 여기에서 그들은 맹인을 눈 뜨게 한 이적을 어떻게든 어둠 속에 묻어 버리려고 그 비방거리를 찾아내기 위해서 사방을 뒤졌지만, 하나님께서는 맹인이었던 사람의 요지부동의 태도를 통해서 그들의 시도를 여지없이 좌절시키신다. 왜냐하면, 맹인이었던 사람은 자신의 앞서의 태도를 그대로 고수하였을 뿐만 아니라, 그들이 진실을 충분히 확인해서 잘 알고 있음에도 불구하고, 계속해서 의문을 제기하며 그 진실을 덮어버리려 하고 있다고 거리낌 없이 호되게 책망하였기 때문이다. 또한, 그는 "당신들도 그의 제자가 되려 하나이까"라고 말함으로써, 그리스도에 대한 그들의 악한 증오심을 고발한다. 왜냐하면, 그의 말은, 그들은 악하고 적대적인 감정에 너무나 심하게 사로잡혀 있어서, 누가 그들의 잘못을 수백 번 깨우쳐 준다고 해도 결코 승복하지 않을 것이라는 의미이기 때문이다. 전에 비천하였던 자, 특히 구걸을 해서 살아가야 했던 처지로 인해서 늘 수치를 당해야 했던 사람이 자기를 윽박지르는 모든 제사장들을 이런 식으로 압박하고 그들의 분노를 겁내지 않는 모습은 그가 얼마나 자유로워졌는지를 보여주는 놀라운 증거이다. 믿음을 위한 작은 준비과정에 불과했던 것을 지니고서도 그가 그들과의 싸움을 벌어야 했을 때에 이토록 담대하게 그들과 맞선 것을 생각할 때, 복음을 전하는 큰 자들이 자신들에게 적의 화살이 닿지도 않는 곳에 있으면서도 복음이 위험에 처해 있는데도 입을 다물어 버린다면, 그들이 무슨 변명거리를 내놓을 수 있겠는가? 맹인이었던 사람이 여기에서 던진 질문은 역설적이다. 왜냐하면, 이 질문은 그들이 진실을 알아내기

위한 진지한 마음으로 인해서가 아니라 악의(惡意)에 사로잡혀서 이 일과 관련해서 자기를 이토록 압박하고 있는 것이라는 의미를 담고 있기 때문이다.

28-29. 그들이 욕하여. 그들은 분노가 머리끝까지 치밀어 올라서 광분하여 온갖 욕을 그에게 퍼부었을 것이다. 그러나 여기에서는 그 욕들 중에서 한 가지만 보도되고 있다. 그들은 그를 율법을 배반한 배교자라고 불렀다. 왜냐하면, 그들은 모세의 율법에 반기를 들지 않고는 그리스도의 제자가 될 수 없다고 생각하였기 때문이다. 그들은 이 둘이 서로 양립할 수 없다는 것을 분명하게 밝힌다. 모세의 가르침에서 떠나는 것을 두려워하고 염려하는 듯한 그들의 말은 아주 그럴듯한 핑곗거리가 될 수 있었다. 왜냐하면, 우리는 우리의 믿음이 사람들에게서 나온 교훈이나 가르침에 의해서 형성되는 것을 막으시기 위해서 하나님께서 선지자들을 통해서 말씀하셨다는 것을 확실히 알고 있는 까닭에, 선지자들의 말을 청종하는 것이야말로 참된 경건의 표준이자 잣대이기 때문이다. 이러한 원칙에 의해서 그들은 모세의 율법에 대한 자신들의 확신을 표명하였다. 그러나 자기들이 "모세의 제자"라고 그들이 말한 것은 거짓이다. 왜냐하면, 그들은 율법의 목적에서 벗어나 있었기 때문이다. 이런 식으로 외식하는 자들은 하나님의 이름 아래로 숨어들어가 자신을 은폐하려고 함으로써 하나님을 갈기갈기 찢어놓는 것이 체질화되어 있다. 바울이 말한 대로, 그리스도가 율법의 영혼이기 때문에(롬 10:4), 그리스도에게서 분리되어 떨어져나간 율법은 죽은 것이 아니면 무엇이겠는가? 이 예를 통해서 우리는 하나님의 음성을 귀 기울여서 듣는 자 외에는 그 누구도 진정으로 하나님의 말씀을 듣고서 그 뜻을 깨달을 수 없다는 것을 배운다.

그들이 "이 사람은 어디서 왔는지 알지 못하노라"고 말한 것은 그리스도가 살던 곳이나 태어난 곳을 알지 못한다는 뜻이 아니라 그리스도가 선지자 직분을 받았다는 것을 인정하지 못하겠다는 뜻이다. 왜냐하면, 그들은 그리스도가 하나님의 부르심을 받았다는 것을 알지 못하는 까닭에, 그리스도가 하나님에게서 왔다는 것도 받아들일 수 없다고 주장하는 것이기 때문이다.

30. 이상하다. 맹인이었던 사람은 이렇게 명백한 이적에도 불구하고 그들이 전혀 미동도 하지 않고, 그리스도가 하나님의 부르심을 받았다는 것을 알지 못하겠다는 듯한 반응을 보이는 것을 간접적으로 책망한다. 이것은 하나님의 능력이 너무나 분명하게 증언되었는데도 그들이 하찮은 일로 여기고, 그리스도의 부르심이 너무나 분명하게 검증되고 확인되었는데도 그들이 그것을 믿지 못하는 것은 도무

지 이해할 수 없는 일이라고 말한 것과 같다. 그는 그들의 영적 무감각 또는 사악함을 좀 더 분명하게 보여주기 위해서, 인간이 기억해 낼 수 있는 역사(歷史) 속에서 사람이 "맹인으로 난 자의 눈을 뜨게 하였다"는 말을 들어본 적이 없다는 말로써 이 이적이 엄청난 것임을 부각시킨다. 이것으로부터 도출되는 결론은 그들은 하나님의 명백한 역사(役事)에 대하여 의도적으로 눈을 감아 버린 자들이기 때문에 악하고 배은망덕한 자들이라는 것이다. 맹인이었던 사람은 그리스도는 하나님의 성령의 너무나 놀라운 능력을 부여받으신 분이기 때문에 하나님으로부터 보내심을 받은 분이시고, 그리스도와 그의 가르침은 신뢰할 만하다는 결론을 내린다.

31. 하나님이 죄인의 말을 듣지 아니하시고. 맹인이었던 사람이 당시 사람들의 통념에 따라 이런 말을 한 것이라고 생각한다면, 그것은 잘못이다. 왜냐하면, "죄인"이라는 말은 방금 전에서와 마찬가지로 여기에서도 불경건하고 속되어 저주받은 자를 의미하기 때문이다. 하나님께서 오직 참되고 진실한 마음으로 그를 부르는 자들의 말만을 들으신다는 것은 성경의 일관된 가르침이다. 왜냐하면, 오직 믿음만이 우리가 하나님께로 나아가는 문을 열어줄 수 있는 까닭에, 모든 불경건한 자들은 하나님께로 나아갈 수 없다는 것은 너무나 분명하기 때문이다. 맹인이었던 사람은 심지어, 하나님께서는 그런 자들의 기도를 싫어하시고(잠 28:9) 그런 자들의 제사를 가증스럽게 여기신다고(잠 15:8) 말하기까지 한다. 하나님께서 자신의 자녀들을 자기에게로 부르시는 것은 하나님의 자녀들에게만 주어지는 특권이고, 하나님의 자녀들은 오직 자신들 속에 계시는 "양자(養子)의 영"으로 말미암아 하나님을 "아바 아버지라 부르짖을" 수 있다(롬 8:15; 갈 4:6). 요컨대, 자신의 마음이 믿음으로 말미암아 정결하게 되지 않는다면, 그 누구도 하나님께 기도하기에 합당한 자가 될 수 없다는 것이다. 불경건한 자들의 기도는 하나님의 거룩하신 이름을 더럽히는 것이기 때문에, 그들은 자신들의 구원을 위한 그 무엇을 얻기는커녕 자신들의 신성모독으로 인한 벌을 받는 것이 마땅하다. 따라서 맹인이었던 사람이 하나님께서 그리스도의 기도를 들으셨다는 것을 근거로 삼아서 그리스도는 하나님에게서 오신 분이라고 결론을 내린 것은 결코 잘못된 추론이 아니다.

³⁴그들이 대답하여 이르되 네가 온전히 죄 가운데서 나서 우리를 가르치느냐 하고 이에 쫓아내어 보내니라 ³⁵예수께서 그들이 그 사람을 쫓아냈다 하는 말을 들으셨더니 그를 만나사 이르시되 네가 인자를 믿느냐 ³⁶대답하여 이르되 주여 그가 누구

시오니이까 내가 믿고자 하나이다 ³⁷예수께서 이르시되 네가 그를 보았거니와 지금
너와 말하는 자가 그이니라 ³⁸이르되 주여 내가 믿나이다 하고 절하는지라 ³⁹예수께
서 이르시되 내가 심판하러 이 세상에 왔으니 보지 못하는 자들은 보게 하고 보는
자들은 맹인이 되게 하려 함이라 하시니 ⁴⁰바리새인 중에 예수와 함께 있던 자들이
이 말씀을 듣고 이르되 우리도 맹인인가 ⁴¹예수께서 이르시되 너희가 맹인이 되었
더라면 죄가 없으려니와 본다고 하니 너희 죄가 그대로 있느니라(9:34-41).

34. 네가 온전히 죄 가운데서 나서. 교만한 자들이, 재난을 당하거나 곤경에 처
한 자들을 괴롭히는 그런 방식으로, 유대인들은 여기에서 맹인이었던 사람이 맹인
으로 태어난 것을 염두에 두고서 이런 말을 한 것이 분명하다. 그러므로 그들은 마
치 맹인이었던 사람이 자신의 죄를 보여주는 표지(標識)를 달고서 모태에서 나온
것처럼 그를 모욕한다. 왜냐하면, 모든 서기관들은 사람의 영혼은 한 생애를 끝마
치고 나면 새로운 몸으로 들어가고, 거기에서 전생(前生)에 지은 죄에 대한 벌을
받는다고 생각하였기 때문이다. 그래서 그들은 날 때부터 맹인인 자는 태어날 때
부터 자신의 죄에 더럽혀져 있고 그 죄로 뒤덮여 있는 것이라는 결론을 내렸다. 그
들이 이렇게 말도 안 되는 가당치 않은 비난을 하고 있는 것을 보면서, 우리는 어떤
사람에 대한 하나님의 징계를 근거로 삼아서 무턱대고 그 사람의 죄를 평가하고
판단하지 않도록 극히 조심하여야 한다는 것을 배운다. 왜냐하면, 우리가 앞에서
이미 보았듯이, 하나님께서는 여러 가지 다양한 목적을 가지시고서 사람들에게 재
난을 주시기 때문이다. 그러나 저 외식하는 자들은 이 불쌍한 사람에게 모욕을 줄
뿐만 아니라, 그의 거룩하고 선한 권면들을 멸시하고 배척한다. 사람들이 자기가
멸시하는 사람에게서 가르침을 받는 것을 견딜 수 없어 하는 것은 너무나 흔한 일
이다. 하지만 우리는 하나님께서 누구를 통하여 우리에게 말씀하시든지 항상 하나
님의 말씀을 듣고자 하는 것이 마땅한 일이기 때문에, 하나님이 극히 비천하고 멸
시받을 만한 사람을 통해서 우리를 가르치고자 하실 때에, 우리가 늘 고분고분하
고 순종하는 자로 발견되기 위해서라도, 그 누구도 멸시하지 않는 법을 배워야 한
다. 교만으로 인하여 우리의 귀가 막혀서, 우리가 우리의 유익을 위해 경고해 주는
자들의 말에 귀를 기울이지 않는 것보다 더 위험한 병(病)은 없다.

이에 쫓아내어 보내니라. 이것은 저 오만한 자들이 맹인이었던 사람을 폭력적으
로 성전에서 쫓아낸 것일 가능성이 없지 않지만, 나는 그들이 그를 출교시킨 것을

복음서 기자가 이렇게 표현한 것이라고 본다. 그를 이런 식으로 출교시켜서 쫓아
낸 것은 율법에 합당한 일로 보여졌을 것이다. 이렇게 보았을 때, 앞뒤 문맥이 더
잘 통한다. 왜냐하면, 만일 그들이 그를 욕하며 폭력적으로 쫓아낸 것이었다면, 그
일은 그다지 중요한 일도 아니었을 것이므로, 그 소문이 퍼져서 그리스도의 귀에
들어갔을 가능성도 별로 없었을 것이기 때문이다. 그리스도께서 "그들이 그 사람
을 쫓아냈다 하는 말을 들으셨다"는 사실로부터 나는 그들이 이 일을 매우 중대한
문제로 공론화해서 정식 절차를 거쳐서 맹인이었던 사람을 출교시켰을 것이라고
본다. 이 예를 통해서 우리는 그리스도의 원수들이 시행하는 출교가 얼마나 하찮
은 일이고, 전혀 두려워할 일도 아니라는 것을 배운다. 만일 우리가 그리스도께서
다스리시는 회중(會衆)에서 쫓겨난다면, 그것은 교회가 우리를 사탄에게 내주는
방식으로 우리에 대하여 두려운 심판을 행한 것이 된다(고전 5:5). 왜냐하면, 우리
는 하나님의 아들의 나라에서 추방된 것이기 때문이다. 그러나 불경건한 자들이
그리스도의 종들을 저 폭압적인 심판을 통하여 모욕하는 것에 대해서는 우리가 두
려워할 필요가 없을 뿐만 아니라, 그리스도께서 자신의 말씀과 성령으로 주재(主
宰)하시지 않는 곳에서는, 누가 우리를 쫓아내지 않는다고 할지라도, 스스로 거기
에서 나오는 것이 마땅하다.

35. 그를 만나사. 만일 맹인이었던 사람이 계속해서 회당에 있는 것이 허용되었
더라면, 그는 시간이 지날수록 점점 더 그리스도에게서 멀어져서 결국에는 저 불
경건한 자들과 함께 동일한 멸망 속으로 빠져 들어갔을 것이다. 이제 그리스도께
서는 더 이상 성전에 있지 못하게 되어서 이리저리 떠돌고 있던 "그를 만나서서"
제사장들에 의해서 쫓겨난 그를 받아주시고 품어주시며, 넘어져 있던 그를 일으켜
세우시고, 사망선고를 받은 그에게 생명을 주신다. 우리는 이 시대에서도 동일한
일이 일어난 것을 알고 있다. 루터(Martin Luther)와 그의 동료들은 교황의 중대한
범죄들을 책망하기 시작했을 때만 해도 순전한 기독교 신앙을 거의 경험하지 못한
상태였지만, 교황이 그들을 맹렬히 비난하며 무시무시한 교서(敎書)들을 내려서
로마 가톨릭의 회당에서 그들을 쫓아내자, 그리스도께서는 자신의 손을 뻗으셔서
그들에게 자신을 온전히 나타내셨다. 그러므로 그리스도께서 우리에게 더 가까이
오시게 하고자 한다면, 우리가 복음의 원수들에게서 아주 멀리 떨어져 있는 것보
다 더 좋은 방법은 없다.

네가 인자를 믿느냐. 그리스도께서는 어려서부터 율법의 가르침을 받아왔고 하

나님께서 메시야를 약속하셨다는 것을 배운 바 있는 한 유대인에게 말씀하신다. 그러므로 이 질문은 그리스도께서 그에게 메시야를 따르고 전적으로 의지하라고 권하신 것과 동일한 의미를 지닌다. 그러나 그리스도께서는 당시에 사용되던 것보다 더 존귀한 명칭인 "하나님의 아들"(칼빈이 사용한 본문에는 이렇게 되어 있었다 — 역주)을 사용하신다. 왜냐하면, 당시 사람들은 메시야를 단지 "다윗의 자손"(마 22:42)으로만 여겼기 때문이다.

36. 주여 그가 누구시오니이까 내가 믿고자 하나이다. 맹인이었던 사람이 한 이 대답에서 분명한 것은 그가 아직은 그리스도를 아는 분명하거나 확실한 지식을 갖고 있지는 않았지만, 그리스도의 가르침을 기꺼이 받을 준비가 되어 있었다는 것이다. 왜냐하면, 그의 대답은 "그가 누구신지를 가르쳐 주시기만 한다면, 나는 기꺼이 그를 영접할 준비가 되어 있습니다"라고 말한 것과 다름없기 때문이다. 그러나 우리가 주목해야 할 것은 이 맹인이었던 사람은 그리스도를 "선지자"로 여기고서 가르침을 받고자 했다는 것이다. 왜냐하면, 그는 그리스도의 가르침을 무턱대고 받아들이고자 했던 것이 아니라, 그리스도가 하나님의 보내심을 받으셨다는 것을 이미 확신하고 있었던 까닭에 그 가르침을 신뢰하고 받아들이고자 한 것이기 때문이다.

37. 네가 그를 보았거니와. 그리스도께서 하신 이 말씀을 통해서 저 맹인이었던 사람은 아주 작은 단편적이고 냉랭한 믿음 이상으로는 더 나아갈 수 없었을 것이다. 왜냐하면, 그리스도께서는 자신의 권능이나 아버지 하나님이 자기를 보내신 이유, 또는 자기가 사람들에게 무엇을 가져다주었는지에 대해서는 언급하지 않으셨기 때문이다. 믿음에서 가장 중요한 것은 그리스도의 죽음의 제사로 말미암아 우리의 죄가 깨끗하게 되어서 우리가 하나님과 화목을 이루게 되었다는 것, 그리스도의 부활이 사망을 이기고 승리하신 것이라는 것, 우리가 그리스도의 영으로 거듭나서 육체와 죄에 대하여는 죽고 의(義)에 대하여는 살게 되었다는 것, 오직 그리스도만이 유일한 중보자이시라는 것, 성령은 우리의 양자됨의 보증이시라는 것, 요컨대 영생과 관련된 모든 것이 다 그리스도 안에 있다는 것을 아는 것이다. 어쨌든, 복음서 기자는 그리스도께서 맹인이었던 사람과 나누신 대화 전체를 다 보도하고 있는 것이 아니고, 단지 그가 그리스도를 따르겠다고 고백하고서 그리스도의 제자들 중 한 사람으로 살기 시작하였다는 것만을 보여줄 뿐이다. 나는 예수께서 맹인이었던 사람이 자기를 그리스도로 인정하고 고백하게 되기를 바라셨다

는 것을 의심하지 않는다. 왜냐하면, 그런 식으로 해서 그의 믿음이 시작될 때에 그리스도께서는 그를 점진적으로 이끄셔서 그리스도를 더 친밀하게 아는 지식에 이르게 하고자 하셨기 때문이다.

38. 주여 내가 믿나이다 하고 절하는지라. 맹인이었던 사람은 여기에서 그리스도를 신적인 존재로 여기고서 그에게 존귀와 영광을 돌린 것인가라는 질문이 생길 수 있다. 복음서 기자가 사용한 "절하는지라"로 번역된 단어는 단지 무릎을 꿇거나 다른 어떤 몸짓을 통해서 공경의 예(禮)를 표시했다는 것을 의미할 뿐이다. 그러나 나는 이렇게 예(禮)를 표시하는 것이 드물고 이례적인 일을 나타내는 것이라고 생각한다. 즉, 맹인이었던 사람은 평범한 사람이나 선지자에게 예(禮)를 표시할 때보다도 훨씬 더 큰 공경을 그리스도께 드렸다는 것이다. 하지만 나는 맹인이었던 사람이 당시에는 그리스도께서 육신으로 나타나신 하나님이시라는 것을 아는 정도까지 나아갔을 것이라고는 생각하지 않는다. 그렇다면, "절하였다"는 무엇을 의미하는 것인가? 맹인이었던 사람은 예수가 하나님의 아들이시라는 것을 확신하는 순간, 마치 넋이 나간 사람처럼 경외심에 사로잡혀서 그리스도 앞에 엎드려 절하게 된 것이었다.

39. 내가 심판하러 이 세상에 왔으니. 우리는 이 구절에서 사용된 "심판"이라는 단어를 단지 불경건한 자들과 하나님을 멸시하는 자들에게 임하는 벌(罰)을 가리키는 것으로 이해해서는 안 된다. 왜냐하면, 이 단어는 "조명(照明)하시는 은혜"(illuminationis gratia)까지도 포함하는 의미로 사용되고 있기 때문이다. 그러므로 그리스도께서 조명하시는 은혜를 "심판"이라고 하신 이유는 그 일은 그가 무질서와 혼돈에 빠져 있는 것들을 본래의 질서로 회복하시는 일이기 때문이다. 아울러, 그리스도께서 그 일이 사람들의 통상적인 생각과 반대되는 하나님의 놀라우신 계획에 따라 이루어질 것임을 나타내신 것이기도 하다. 사실, 인간의 이성에 비추어 본다면, 세상의 빛이신 그리스도께서 "보는 자들"을 "맹인이 되게" 하실 것이라는 말씀보다 더 불합리한 것은 없다. 그러므로 이것은 사람들의 교만을 꺾으시는 하나님의 비밀한 심판들 중의 하나이다. 우리가 주목해야 할 것은 여기에서 언급되고 있는 "맹인이 되는 것"은 그리스도로 인한 것이 아니라 사람들의 잘못으로 인한 것이라는 사실이다. 왜냐하면, 조명하시는 은혜는 본래 그 본질상 그 누구의 눈도 멀게 하지 않지만, 버림받은 자들은 그 무엇보다도 그 빛을 꺼버리는 것을 가장 간절하게 원하는 까닭에, 죄악으로 말미암아 병든 그들의 마음눈이 그들에게 비쳐

진 그 빛을 바라볼 수 없게 되는 것이기 때문이다. 요컨대, 그리스도는 본질상으로 "세상의 빛"이시기 때문에, 어떤 자들이 그의 오심으로 말미암아 눈이 멀어 "맹인이 되는" 것은 부수적인 결과일 뿐이라는 것이다.

그러나 여기에서 또다시, 모든 사람이 누구나 다 눈멀어 있다는 선고를 받고 있는 상황에서, 도대체 "보는 자들"은 누구란 말인가라는 질문이 제기될 수 있다. 나의 대답은 그리스도께서는 여기에서 사람들의 생각을 일단 받아들여서 양보 또는 용인(容認)의 방식을 사용하여 반어법적으로 말씀하고 계신다는 것이다. 왜냐하면, 불신자들은 실제로는 눈멀어 있음에도 불구하고, 자신들의 눈이 아주 멀쩡하고 밝게 잘 본다고 생각해서, 그러한 착각에 빠져 교만해져서 하나님의 말씀에 귀 기울이고자 하지 않기 때문이다. 게다가, 세상은 진정으로 지혜로운 것이 무엇인지를 알지 못하기 때문에, 그리스도의 밖에 있는 자들에게는 육신의 지혜가 대단히 멋지게 보인다. 그러므로 그리스도께서는, 자기가 지혜롭다는 어리석은 확신에 빠져서 스스로 속고 다른 사람들을 속이며, 자신의 생각에 이끌려 살아가면서, 자신의 헛된 망상(妄想)들을 지혜라고 생각하는 자들을 "보는 자들"이라고 지칭하신다. 그런 자들은 그리스도께서 복음의 밝은 빛 가운데서 나타나시는 순간 "맹인이 되고" 만다. 왜냐하면, 전에 불신앙의 어둠 속에 감춰져 있던 그들의 우매함 (stultitia)이 드러날 뿐만 아니라, 그들은 하나님의 의로우신 보응(報應)으로 말미암아 더 깊은 어둠 속으로 떨어져서, 자신들에게 남아 있던 저 희미한 빛마저도 잃어버리게 되기 때문이다 — 그런 빛이 남아 있거나 한 것인지 나는 알지 못하지만.

우리가 다 눈먼 채로 맹인으로 태어나는 것은 사실이지만, 부패하고 타락한 본성의 어둠 가운데서도 여전히 작은 불빛이 계속해서 빛나고, 그런 까닭에 인간은 짐승과 다르다. 그런데 어떤 사람이 자신의 생각이나 지각(知覺)이 옳다는 확신 속에서 교만해져서 하나님께 순복하기를 거부하면, 그 사람은 겉보기에는 그리스도를 떠나서 지혜로운 듯이 보이지만, 그리스도의 밝은 빛이 비치자마자 그 사람의 어리석음이 그대로 드러나 버린다. 왜냐하면, 하늘의 지혜가 나타날 때, 인간의 생각이나 이성의 허망함(vanitas)이 드러나기 시작하기 때문이다.

그러나 내가 앞에서도 이미 말했듯이, 그리스도께서는 이 말씀을 통해서 그 이상의 어떤 것을 표현하고자 하셨다. 왜냐하면, 그리스도께서 빛을 발하시기 전에는, 외식하는 자들이 이렇게까지 완악하게 하나님을 대적하지는 않았지만, 그 빛이 그들에게 더 가까이 다가오자마자, 그들은 공개적으로 선전포고를 하고 일어나서 군기를 높이 세우고 하나님을 공격하고 있기 때문이다. 그러므로 그들이 갑절로 맹인이 된 것과 하나님께서 전에 참 빛을 볼 수 없었던 그들의 눈을 완전히 감기게 하신 것은 다 그들의 이러한 사악함과 배은망덕함으로 인한 것이었다.

우리는 이제 그리스도께서 여기에서 하신 말씀의 요지를 알게 되었다. 즉, 그리스도께서는 "보지 못하는 자들을 보게 하고" 스스로 지혜롭다고 생각하는 자들을 광기(狂氣)로 내몰기 위하여 이 세상에 오셨다는 것이다. 먼저, 그리스도께서는 "보지 못하는 자들을 보게 하는" 조명하심(illuminatio)에 대하여 말씀하시는데, 이 것이 원래 그리스도께서 세상에 오신 이유이다. 왜냐하면, 그리스도께서는 세상을 심판하시기 위해서가 아니라 "길 잃은 자들을 구원하시기" 위해서 오신 것이기 때문이다(마 18:12). 마찬가지로, 바울도 그리스도께서 "모든 복종하지 않는 것을 벌하려고 준비하는 중에 있노라"고 선언하면서, 아울러 "너희의 복종이 온전하게 될 때에" 그런 벌이 집행될 것이라는 말을 덧붙인다(고후 10:6). 우리는 이러한 보응을 장차 그리스도께서 직접 오셔서 행하실 심판으로 국한시켜서는 안 된다. 왜냐하면, 그리스도께서는 복음의 사역자들을 통해서 날마다 그 동일한 일을 행하시기 때문이다. 우리는 우리 중의 한 사람이라도 자신의 지혜에서 나온 어리석은 생각을 의지했다가 이 무시무시한 벌을 자초하는 일이 없도록 더욱더 조심하여야 한다. 그리스도께서 여기에서 하신 말씀이 얼마나 옳은 것인지는 경험이 우리에게 가르쳐 준다. 왜냐하면, 우리는 많은 사람들이 다른 이유들로 인해서가 아니라 의(義)의 해가 떠오르는 것을 견딜 수 없어서 머리가 어지러워지고 분노가 치밀어 올라서 미처 광분하게 되는 것을 보기 때문이다. 아담은 참된 명철(明哲, intelligentia)의 빛을 부여받고 살았지만, 자기에게 허락된 것 이상의 것을 보고자 하다가, 하나님이 주신 그 복을 상실하였다. 만일 우리가 눈멀어서 맹인이 되어 하나님의 간섭에 의해서 낮아져 있는데도 불구하고 여전히 어둠 속에서 자기만족에 빠져서 우리의 정신 나간 생각들에 의지해서 하늘의 지혜를 대적한다면, 하나님의 보응이 우리에게 임해서, 우리가 갑절로 눈멀게 되더라도, 우리는 그것을 이상하게 여길 이유가 없다. 바로 그러한 벌(罰)이 전에 율법 아래에서 불경건한 자들에게 임한 적이 있었다. 즉, 하나님께서는 옛적의 이스라엘 백성을 눈멀게 하기 위하여 이사야 선지자에게 "너희가 듣기는 들어도 깨닫지 못할 것이요 보기는 보아도 알지 못하리라 하여 이 백성의 마음을 둔하게 하며 그들의 귀가 막히고 그들의 눈이 감기게 하라"(사 6:9-10)는 사명을 주어 보내셨다. 그러나 하나님의 빛은 선지자들에게서보다도 그리스도에게서 더 온전히 나타났기 때문에, 사람들의 눈먼 정도 도 더욱더 뚜렷하고 분명하게 드러나고 인식되어 왔을 것임에 틀림없다. 그러므로 오늘날에도 정오의 빛 같은 복음의 빛이 외식하는 자들을 극단적인 광기(狂氣)로 치닫게 하고 있다.

40. 바리새인 중에 ⋯ 이 말을 듣고. 바리새인들은 그리스도께서 그들을 치시는 말씀을 하셨다는 것을 즉시 깨달았다. 그렇지만 그들은 최악의 부류에 속한 자들 은 아니었던 것으로 보인다. 왜냐하면, 최악의 원수들은 그리스도를 너무나 지독 하게 혐오하여서 아예 그리스도와 상종을 하지 않았지만, 이 바리새인들은 그리스 도께서 하신 말씀을 듣기는 하였기 때문이다. 하지만 그들은 말씀을 듣고도 아무 런 유익을 얻지 못하였다. 왜냐하면, 누구든지 자기 자신을 비우기 전에는 그리스 도의 제자가 될 수 없는데, 그들은 전혀 그렇게 하지 않았기 때문이다. 아니, 도리 어 그들은 그리스도께서 그들을 "맹인" 취급을 하여 모욕했다고 생각해서 분개하 여 "우리도 맹인인가"라고 반문하기까지 하였다. 이러한 반문은 그리스도께서 베 푸신 은혜를 오만하게 멸시하며 조롱하는 것이기도 하였다. 그들은 이렇게 말한 것과 같았다: "당신은 우리를 모욕해야만 명성을 얻을 수 있다고 생각하시나 본데, 당신이 이런 식으로 우리에게 창피를 주고 명성을 얻도록 우리가 그냥 놔둘 것 같 은가? 맹인들에게 새 빛을 주어 보게 해주겠다고 당신이 약속한 복은 당신이나 가 져가서 받으시고, 여기에서 냉큼 떠나시오. 우리는 이제까지 맹인으로 살아 왔다 는 것을 인정하면서까지 당신에게서 새 빛을 받아 눈 뜨고 싶은 생각이 없으니까." 여기에서 우리는 외식(外飾)은 늘 교만과 독기로 가득 차 있다는 것을 깨닫게 된 다. 교만(superbia)은 자기만족에 빠져서 자기에게 있는 것들을 조금도 버리고자 하지 않는 것에서 드러나고, 독기(virulentia)는 그리스도께서 그들의 아픈 곳을 건 드리자, 마치 그들에게 중상을 입히기라도 하셨다는 듯이, 그리스도에게 분노하며 따지고 드는 것에서 드러난다. 그리스도와 그가 그들에게 주시고자 하신 은혜에 대한 그들의 멸시는 바로 그러한 교만과 독기에서 비롯된 것이다. 그들의 반문 속 에서 강조점은 "우리도"에 두어져 있다. 왜냐하면, 그들이 "우리도"라고 한 것은 다른 모든 사람이 맹인이라고 할지라도 자기들을 그런 사람들과 동일하게 취급하 는 것은 말도 되지 않는 일이라는 의미를 담고 있기 때문이다. 다른 사람들보다 높 은 위치에 있는 자들은 교만에 취해서, 자기들이 사람일 뿐임을 망각하는 일이 너 무나 비일비재하다.

41. 너희가 맹인이 되었더라면. 이 말씀은 두 가지로 해석될 수 있다. 하나는 만일 그들이 자신들의 생각이 전적으로 옳다고 확신하고서 의도적으로 진리에 맞서 싸우지 않고, 자기들은 잘 모른다고 생각했더라면, 그들의 죄책(罪責)이 조금은 가벼워졌을 것이라는 의미일 수 있다는 것이고, 다른 하나는 만일 그들이 자신들의 무지(無知)를 인정하기만 했더라면, 그들에게 있는 무지의 질병을 고침받을 수 있었을 것이라는 의미일 수 있다는 것이다. 그리스도께서 다른 곳에서 "내가 와서 저희에게 말하지 아니하였더라면 죄가 없었으려니와 지금은 그 죄를 핑계할 수 없느니라"(요 15:22)고 하신 말씀에 비추어보면, 전자의 해석이 옳다. 그러나 이 말씀 속에서 그리스도께서 자기가 대비시키고 있는 것이 무엇인지를 보여주시기 위하여 "본다고 하니 너희 죄가 그대로 있느니라"는 대구(對句)를 덧붙이고 계시기 때문에, 그리스도께서는 자기가 맹인이라는 것을 깨닫고서 자신의 그러한 병을 고칠 치료책을 찾는 자를 "맹인"으로 지칭하신 것이라고 보는 것이 더 적절할 것으로 보인다. 이런 식으로 해석한다면, 이 말씀의 의미는 "너희가 너희의 병을 인정한다면, 그 병을 치료하는 것이 전적으로 불가능한 일은 아니겠지만, 지금 너희는 너희가 건강하다고 생각하고 있기 때문에 여전히 절망적인 상태에 있다"는 것이다. 그리스도께서 "맹인이 되었더라면 죄가 없으려니와"라고 말씀하셨다고 해서 아무것도 알지 못하는 무지(無知)의 상태가 마치 아무런 해악(害惡)도 없고 죄책(罪責)도 없는 상태인 것처럼 말씀하신 것은 결코 아니다. 그리스도께서는 단지 사람이 자기가 이 병에 걸려 있다는 것을 진정으로 깨달을 때에 그 병은 쉽게 치유될 수 있다고 말씀하신 것일 뿐이다. 왜냐하면, 맹인된 자가 이 병에서 건짐을 받고자 한다면, 하나님께서 기꺼이 그를 도와주실 수 있으시지만, 자신의 병에 대한 자각이 없어서 하나님의 은혜를 멸시하는 자들은 고침을 받을 수 없기 때문이다.

제 10 장

¹내가 진실로 진실로 너희에게 이르노니 문을 통하여 양의 우리에 들어가지 아니하
고 다른 데로 넘어가는 자는 절도며 강도요 ²문으로 들어가는 이는 양의 목자라 ³문
지기는 그를 위하여 문을 열고 양은 그의 음성을 듣나니 그가 자기 양의 이름을 각
각 불러 인도하여 내느니라 ⁴자기 양을 다 내놓은 후에 앞서 가면 양들이 그의 음성
을 아는 고로 따라오되 ⁵타인의 음성은 알지 못하는 고로 타인을 따르지 아니하고
도리어 도망하느니라 ⁶예수께서 이 비유로 그들에게 말씀하셨으나 그들은 그가 하
신 말씀이 무엇인지 알지 못하느니라(10:1-6).

1. 내가 진실로 진실로 너희에게 이르노니. 그리스도께서는 서기관들과 바리새
인들을 상대하고 계셨고, 그들은 교회의 목자들로 대접을 받고 있었기 때문에, 사
람들로 하여금 자신의 가르침을 받아들이게 하려면, 그들에게서 목자라는 직함으
로 인한 존귀를 박탈하지 않으면 안 되셨다. 또한, 그리스도를 믿는 자들이 소수라
는 것도 그의 가르침의 권위를 크게 약화시킬 수 있었다. 그러므로 그리스도께서
는 교회에서 외적으로 목자나 양의 자리를 차지하고 있다고 해서 그런 자들을 모
두 참된 목자나 양으로 여겨서는 안 된다고 역설하신다. 합법적인 목자와 배역(背
逆)한 목자, 진짜 양과 가짜 양을 구별해 주는 표지(標識)는 그리스도가 그 사람에
게 모든 것이고 처음이자 끝인가 하는 것이다.

이러한 경고는 모든 세대에서 대단히 유익하였지만, 오늘날에는 특히 절실하다.
이리들이 버젓이 목자 행세를 하며 교회에서 활보하는 것보다 더 교회를 파멸로
이끄는 재앙은 없다. 또한, 우리는 사생아들 또는 타락한 이스라엘 사람들이 교회
의 적자(嫡子)인 체하며, 그런 가면을 쓰고서 믿는 자들을 모욕한 것이 얼마나 중
대한 범죄였는지를 알고 있다. 거의 모든 세대에 걸쳐서 교회는 이 두 가지 악(惡)
에 지배당해 왔지만 오늘날 무지하고 연약한 자들은 하나님의 성소가 교회의 철천
지원수들에 의해서 장악당해 있는 것을 보면서 극심한 당혹감과 혼란에 빠져 있

다. 왜냐하면, 오늘날 교회의 목자들이 그토록 거세게 반발하고 대적하는 것이 바로 그리스도의 가르침이라는 것을 그런 무지하고 연약한 자들에게 깨우쳐 주는 것은 결코 쉽지 않은 일이고, 게다가 대다수의 사람들은 거짓된 가르침으로 인해서 여러 가지 오류들에 빠져 있어서, 서로 남들이 어떻게 하는지 눈치만 볼 뿐, 선뜻 나서서 바른 길로 인도함을 받고자 하는 자는 거의 없기 때문이다. 그러므로 우리는 제 발로 걸어 들어가서 이리들과 강도들의 밥이 되고자 하는 것이 아니라면, 무엇보다도 가장 우선적으로 거짓 목자들이나 양들에게 속지 않도록 조심하지 않으면 안 된다. "교회"라는 이름은 존귀하고, 따라서 우리가 존귀하게 여기는 것이 합당하다. 그러나 교회를 존귀하게 여기는 것이 합당하면 할수록, 바로 그렇기 때문에 우리는 참된 교회와 거짓 교회를 분별하는 데에 더욱더 세심한 주의를 기울여야 한다. 여기에서 그리스도께서는 우리가 목자라고 자처하는 자들을 모두 다 목자로 여겨서는 안 되고, 외적인 표지(標識)들을 갖추었다고 해서 그것만을 보고서 모두 다 양으로 여겨서도 안 된다고 분명하게 말씀하신다. 그리스도께서는 유대 교회에 대하여 말씀하시는 것이지만, 이 말씀은 오늘날 우리 시대의 교회에도 그대로 적용된다. 또한, 우리는 그리스도께서 이 말씀을 하시는 목적과 의도를 생각해 볼 필요가 있다. 즉, 그리스도께서는, 목자의 자리에 앉아서 교회를 다스리는 자들이 복음을 미워하고 대적하는 것을 연약한 양심을 지닌 자들이 보고서 크게 놀라거나 낙심하지 않게 하시기 위해서, 그리고 그들이 그리스도인이라 불리는 사람들 중에서 그리스도의 말씀을 청종하는 제자들이 별로 없는 것을 보고서 참된 믿음에서 떠나는 일이 없게 하시기 위해서 이 말씀을 하셨다는 것이다.

문을 통하여 양의 우리에 들어가지 아니하고 다른 데로 넘어가는 자는. 내 생각에는, 이 비유의 모든 부분을 아주 세밀하게 천착해 들어가서 그 의미를 찾아내고자 하는 자들은 쓸데없는 짓을 하고 있는 것이다. 그러므로 우리는 그리스도께서 하나님이 자신의 모든 백성을 한데 모으시는 곳인 교회를 "양의 우리"에 비유하시고, 그리스도를 통하지 않고는 교회로 들어가는 다른 입구가 없는 까닭에 자신을 "문"에 비유하신 것이라는 개략적인 설명으로 만족하여야 한다. 이것으로부터 우리는 사람들을 그리스도께로 곧장 인도하는 자들이 선한 목자들이고, 자기 자신을 오직 그리스도께만 드리는 자들만이 진정으로 그리스도의 양 우리로 들어가서 그리스도의 양으로 여김을 받게 되는 것이라는 결론을 얻게 된다.

여기에서 그리스도의 모든 말씀은 그러한 가르침으로 귀결된다. 왜냐하면, "지

혜와 지식의 모든 보화는 그리스도 안에 감추어져"(골 2:3) 있는 까닭에, 그리스도
를 떠나서 다른 데로 가는 자는 바른 길을 가는 것도 아니고 바른 문으로 들어가는
것도 아니기 때문이다. 너무나 많은 사람들이 교회가 무엇인지, 그리고 우리가 누
구를 목자로 알고서 청종해야 하는 것인지에 대하여 계속해서 주저하며 혼란스러
운 상태에 빠져 있을지라도, 우리의 선생이신 그리스도를 멸시하지 않는 자는 누
구든지 쉽게 그러한 주저함에서 벗어나게 될 것이다. 왜냐하면, 목자라 불리는 자
들이 우리를 이끌어서 그리스도에게서 멀어지게 하고자 하면, 우리는 그리스도의
명령을 따라 마치 이리나 강도들에게서 도망치듯이 그들에게서 도망치면 되고, 복
음의 순전한 믿음에 부합하는 모임 외에는 그 어떤 모임에도 들어가거나 함께 하
지 않으면 되기 때문이다. 그런 까닭에, 그리스도께서는 자신의 제자들에게 유대
민족의 믿지 않는 무리들에게서 떠나고, 불경건한 제사장들의 지배를 받아들이지
말며, 겉모습만 그럴듯한 유명무실한 "이름들"에 속지 말라고 당부하신다.

   3. 문지기는 그를 위하여 문을 열고. 이 말씀 속에서 "문지기"라는 단어가 하나
님을 가리키는 것으로 이해하고자 하는 사람이 있다면, 나는 거기에 반대하지 않
는다. 아니, 한 걸음 더 나아가서, 그리스도께서는 어떤 사람을 "목자"로 인정하는
문제에 있어서 하나님의 판단과 사람들의 거짓된 견해들을 분명하게 대비시키고
계시는 것으로 보인다. 즉, 그리스도께서는 "세상이 다 박수갈채를 보내고 기꺼이
존경을 바치는 그런 목자들이 있을지라도, 목자들에 관한 모든 권한을 가지고 계
시는 하나님께서는 양들을 이 길로 인도하는 자들만을 알아주시고 인정하신다"고
말씀하신 것이다.

   그리스도께서 "자기 양의 이름을 각각 불러"라고 말씀하실 때, 나는 그것이 믿음
으로 말미암아 서로의 뜻이 잘 맞는 모습을 보여주는 것이라고 생각한다. 왜냐하
면, 제자와 선생이 한 성령으로 말미암아 하나가 된 까닭에, 선생이 앞서 가면 제자
가 뒤따르는 것이기 때문이다. 어떤 이들은 이것이 각각의 목자가 자기 양들 하나
하나를 속속들이 다 알고 있는 것을 가리키는 것이라고 생각하지만, 나는 그들이
충분히 확실한 근거 위에서 그렇게 말하고 있는 것인지가 의심스럽다.

   4. 양들이 그의 음성을 아는 고로. 그리스도께서는 여기에서 사역자들과 관련해
서 말씀하시는 것이기는 하지만, 양들이 사역자들 자신의 말을 듣는 것이 아니라,
사역자들을 통해서 하나님의 말씀을 듣기를 원하시는 것이다. 왜냐하면, 우리는,
그리스도께서 앞에서 참된 사역자들의 자격에 대하여 말씀하시면서, 그리스도의

인도하심과 권세 아래에서 양들을 다스리는 자만이 교회의 신실한 목자라는 말씀을 아울러 고려하지 않으면 안 되기 때문이다. 우리는 양들이 목자를 따르는 이유를 주목할 필요가 있는데, 그것은 양들이 "음성"을 듣고서 목자와 이리를 구별하는 법을 알고 있기 때문이다. 이것이 분별의 영(spiritus discretionis)이고 택함을 받은 자들은 이 분별의 영으로 하나님의 진리와 사람들이 고안해 낸 거짓된 것들을 구별해 낸다. 그러므로 그리스도의 양들에게는 진리를 아는 지식이 먼저 있고, 다음으로 순종하고자 하는 간절한 원함이 있기 때문에, 그들은 무엇이 참된 것인지를 알 뿐만 아니라, 그 참된 것을 진심으로 받아들인다. 그리스도께서 믿음의 순종을 칭찬하시는 이유는 단지 양들이 목자의 음성을 듣고서 순순히 모여오기 때문만이 아니라 낯선 자들의 음성에 귀를 기울이지 않고, 누가 그들에게 소리를 질러도 흩어지지 않기 때문이기도 하다.

6. 예수께서 이 비유로 그들에게 말씀하셨으나 그들은 그가 하신 말씀이 무엇인지 알지 못하니라. 자신의 지혜를 자랑하며 그 마음이 높아져 있는 자들이 그리스도의 빛을 배척하는 이유는 누구나 아주 분명히 알 수 있는 일에서도 그들은 지독하게 둔하고 무감각해서 깨닫지 못하기 때문이다. 위에서 "그들은 그가 하신 말씀이 무엇인지 알지 못하니라"로 번역된 부분의 읽기는 헬라어 사본들에서 서로 다르게 나타난다. 어떤 사본들에는 "그들은 그가 하신 말씀을 알지 못하니라"로 되어 있고, 어떤 사본들에는 의미는 동일하지만 더 자세하게 되어 있는데, 나는 이 두 번째 읽기를 따랐다. 세 번째 읽기는 "그들은 자기 자신에 대하여 말씀하신 이가 하나님의 아들이심을 알지 못하니라"로 되어 있는 데, 이 읽기는 별로 받아들여지지 않는다.

⁷그러므로 예수께서 다시 이르시되 내가 진실로 진실로 너희에게 말하노니 나는 양의 문이라 ⁸나보다 먼저 온 자는 다 절도요 강도니 양들이 듣지 아니하였느니라 ⁹내가 문이니 누구든지 나로 말미암아 들어가면 구원을 받고 또는 들어가며 나오며 꼴을 얻으리라 ¹⁰도둑이 오는 것은 도둑질하고 죽이고 멸망시키려는 것뿐이요 내가 온 것은 양으로 생명을 얻게 하고 더 풍성히 얻게 하려는 것이라(10:7-10).

7. 나는 양의 문이라. 만일 이 설명이 덧붙여지지 않았더라면, 그리스도께서 여기에서 하신 말씀 전체는 알레고리가 되었을 것이다. 하지만 그리스도께서는 자기

가 "양의 문"이라고 선언하심으로써, 이 비유의 주된 부분을 좀 더 분명하게 설명하신다. 그러니까 이 말씀의 요지는 영혼들의 양식인 모든 영적 가르침은 그리스도 안에 있다는 것이다. 그런 까닭에, 목자들 중의 한 사람이었던 바울도 "내가 … 예수 그리스도와 그가 십자가에 못 박히신 것 외에는 아무것도 알지 아니하기로 작정하였음이라"(고전 2:2)고 말하였다. 바울의 이 말은 그리스도께서 우리 모두가 오직 자기에게로 와서 모여야 한다고 말씀하신 것과 동일한 의미이다. 그러므로 그리스도께서는 구원을 얻고자 하는 모든 자는 자기에게로 오라고 초청하시고 권면하신다. 이 말씀은 하나님께로 갈 수 있는 문은 오직 하나만 열려 있고, 다른 그 어떤 방법으로도 하나님께로 갈 수 있는 길은 없기 때문에, 그리스도를 떠나서 하나님께 가려고 이리저리 헤매고 방황해도 아무 소용이 없다는 것을 의미한다.

8. 나보다 먼저 온 자는. 이 어구의 헬라어 본문을 직역하면 "나보다 먼저 온 자가 얼마나 많든지 간에 그들은 모두"가 된다. 이 어구가 갈릴리 사람 유다를 비롯해서 그리스도보다 먼저 와서 메시야 행세를 한 그런 부류의 사람들만을 가리킨다고 보는 자들은, 내 생각에는, 그리스도께서 말씀하시고자 하신 것과는 거리가 먼 것으로 보인다. 왜냐하면, 그리스도께서는 모든 거짓된 가르침을 복음과 대비시키고, 모든 거짓 선지자들을 신실한 교사들과 대비시키고 계시는 것이기 때문이다. 또한, 이 어구를 이방인들에게까지 확대해서 적용하여, 창세로부터 선생이라는 직함을 지니고 있으면서도, 양들로 하여금 그리스도께 가서 모이도록 가르치지 않고, 도리어 그 직함을 악용해서 영혼들을 멸망에 빠뜨려온 모든 자들을 가리키는 것으로 설명하는 것도 무리한 해석인 것 같다. 한편, 이 어구는 오직 그리스도의 나라를 세우고자 하는 일념으로 일하였던 모세와 선지자들에게는 결코 적용되지 않는다. 왜냐하면, 그리스도께서는 여기에서 자신의 복음의 말씀을 그 말씀을 대적하는 것들과 대비시키고 계시는 것인데, 율법은 사람들을 복음으로 인도하기 위한 준비과정에 다름 아닌 까닭에, 율법과 복음의 가르침은 서로 모순되지 않기 때문이다. 요컨대, 그리스도께서는 세상 사람들을 자기에게서 멀어지게 해온 모든 가르침은 치명적인 역병(疫病)들이라고 증언하시는 것이다. 왜냐하면, 그리스도를 떠나서는 오직 멸망과 끔찍한 방황(dissipatio)만이 있을 뿐이기 때문이다. 또한, 우리는 여기에서 그리스도를 떠나서 하나님께로 가고자 하는 다른 방법들이 얼마나 오래되었는지가 하나님 앞에서 과연 어떤 중요성을 지니고 있는지, 그리고 우리는 그 방법들이 오래되었다는 것에 대하여 어떤 평가를 해야 하는지를 알게 된다. 사

람들을 그리스도께로 인도하는 일에 아무런 관심도 갖지 않았던 선생들이 모든 세대에 있어 왔다는 사실을 생각하고서 사람들의 마음이 동요하지 않도록 하시기 위해서, 그리스도께서는 그런 부류의 선생들이 얼마나 많이 있어 왔는지, 또는 그런 자들이 얼마나 오래 전부터 있어 왔는지 등과 같은 사실들은 중요하지 않다는 것을 분명하게 선언하신다. 왜냐하면, 우리가 고려해야 할 것은 하나님께로 갈 수 있는 "문"이 오직 하나뿐이라는 것, 그리고 그 문으로 들어가려고 하지 않고 담에 구멍을 내서 거기로 들어가는 자들은 모두 "절도요 강도"라는 사실이기 때문이다.

양들이 듣지 아니하였느니라. 그리스도께서는 앞에서 알레고리를 통해서 비유적으로 모호하게 말씀하셨던 것을 이제 여기에서는 좀 더 분명하게 밝히시는데, 그것은 속이는 자들을 따라 바른 길을 떠나서 잘못된 길로 간 자들은 하나님의 교회에 속하지 않은 자들이라는 것이다. 그리스도께서 이 말씀을 하시는 이유는 먼저는 수많은 사람들이 잘못된 길로 간다고 해서 우리도 그들을 따라가다가 멸망하는 일이 없게 하시기 위한 것이고, 다음으로는 하나님께서 속이는 자들이 많은 사람들을 속이는 것을 허락하셨다고 해서 우리가 거기에 요동하지 않게 하시기 위한 것이다. 왜냐하면, 그리스도께서 이리들과 강도들의 여러 가지 다양한 공격과 교묘한 술책들 속에서 자신의 양들을 언제나 신실하게 보호하시고 지키셔서 그 중 하나도 자기를 떠나지 않게 하셨다는 것을 우리가 아는 것은 우리에게 아주 큰 위로와 확신의 근거가 되기 때문이다.

그러나 여기에서 한 사람이 하나님의 아들 그리스도의 양 무리에 속하게 되었다고 할 수 있는 시기가 언제인가라는 문제가 생긴다. 왜냐하면, 우리는 많은 사람들이 자신의 생애의 대부분을 광야에서 방황하다가 마침내 그리스도의 양 우리로 모여오는 것을 보기 때문이다. 나의 대답은 여기에서 "양"이라는 단어는 두 가지 의미로 사용되고 있다는 것이다. 즉, 그리스도께서는 나중에 자기에게는 "다른 양들"도 있다고 말씀하실 때, 현재에는 그리스도의 양처럼 보이지 않았던 자들까지 포함해서 하나님의 모든 택함받은 자들을 가리키는 의미로 "양"이라는 단어를 사용하시지만, 여기에서는 목자의 표(標)를 지닌 양들이라는 의미이다. 그리스도의 영이 우리를 길들이셔서, 사납고 미개한 짐승에서 온순한 양으로 변화시켜 주시기 전까지는, 우리는 본질상으로는 그리스도의 양이 결코 아니고, 도리어 사자나 호랑이나 이리나 곰으로 태어난다. 하나님의 비밀한 택하심을 따라서 우리는 태어나기 전에 이미 하나님의 마음속에서 그의 양이지만, 하나님이 우리를 자신의 양 우리로 불러 모으시는 바로 그 부르심을 통해서 비로소 우리 자신을 그의 양으로 인식하기 시작한다. 그리스도께서는 믿는 자들의 반열로 부르심을 받은 자들은 자기에게 아주 단단히 붙어 있기 때문에, 새로운 교훈의 그 어떤 바람에도 요동하거나 휩쓸려가지 않는다고 말씀하신다.

누군가가 그리스도께 헌신된 자들조차도 자주 잘못된 길로 가고, 그것은 빈번한 경험에 의해서 입증되기 때문에, 에스겔 선지자가 흩어진 양들을 모으는 일을 선한 목자에게 돌린 것(겔 34:12)은 쓸데없이 한 말이 아니라고 반론을 제기한다면, 나는 믿음의 권속에 속해 있던 자들이 잠시 바른 길을 벗어나는 일이 자주 일어난다는 것을 기꺼이 인정하지만, 그들이 잘못된 길을 가는 동안에는 그들은 어떤 점들에서는 그의 양이기를 포기하는 것인 까닭에, 그것은 그리스도께서 하신 말씀과 모순되지 않는다. 그리스도께서는 여기에서 단지 하나님의 모든 택함받은 자들은 잘못된 길로 가게 될 수 있는 수많은 유혹들을 받는다고 할지라도 순전한 믿음의 순종을 지켜서 사탄과 그의 일꾼들의 먹잇감이 되지 않는다는 것을 말씀하시고자 하시는 것일 뿐이다. 그러나 하나님의 이러한 역사(役事)는 양들이 양 우리 안에 내내 계속해서 머물러 있을 때는 물론이고, 잠시 길을 잃고 방황하던 양들을 다시 모으실 때에도 동일하게 놀랍게 나타난다. "그들이 우리에게서 나갔으나 우리에게 속하지 아니하였나니 만일 우리에게 속하였더라면 우리와 함께 거하였으려니와 그들이 나간 것은 다 우리에게 속하지 아니함을 나타내려 함이니라"(요일 2:19)는 말씀은 언제나 진리이고, 거기에는 예외가 있을 수 없다.

본문에 나오는 그리스도의 말씀은 우리를 무척 부끄럽게 만든다. 왜냐하면, 첫째로는 우리의 목자 되시는 주님의 음성이 우리에게 친숙하지 않아서, 그 음성을 무심하게 흘려 버리지 않는 자를 우리 가운데서 찾아보기 어렵기 때문이고, 둘째로는 우리가 우리의 목자 되시는 주님을 따르는 일에 너무나 게으르고 나태하기 때문이다. 나는 선한 자들, 또는 적어도 믿음이 괜찮다고 하는 자들이 그렇다고 말하고 있는 것이다. 왜냐하면, 그리스도의 제자라고 자처하는 자들 중에서 대다수는 공공연하게 그리스도를 대적하고 불순종하기 때문이다. 마지막으로, 이 말씀이 우리를 부끄럽게 만드는 세 번째 이유는 어떤 낯선 자의 음성이 우리의 귀에 들리자마자, 우리는 갈피를 잡지 못하고 이리저리 휩쓸리기 때문이다. 이러한 경박하고 견고하지 못한 우리의 모습은 우리가 이제까지 믿음에 있어서 얼마나 진보를 이루어 오지 못하였는지를 여실히 보여준다. 그러나 믿는 자들의 수가 우리가 바라던 것보다 더 적고, 이러한 적은 수의 신자들 중에서 많은 수가 계속해서 떨어져 나간다고 할지라도, 그리스도의 양들인 하나님의 택함받은 자들은 자신들의 가르침에 귀 기울일 것이라는 이 말씀은 신실하게 가르치는 자들에게 위로가 되고 힘이 된다. 가능하기만 하다면, 온 세상을 믿음으로 하나가 되게 하기 위하여 온갖 방법을 다 동원해서 부지런히 힘쓰고 애쓰는 것이 우리의 마땅한 본분이지만, 지금으로서는 우리에게 주어진 믿는 자들의 수(數)로 만족하자.

9. 누구든지 나로 말미암아 들어가면. 일단 그리스도를 영접하기만 하면, 그리스도는 그들에게 구원과 형통(亨通)을 약속해 주고 계시기 때문에, 그들은 위험에서 벗어나 있는 상태가 된다는 말씀을 듣는 것은 믿는 자들에게 너무나 큰 위로가 된다. 그리스도께서는 이 약속의 두 번째 부분을 둘로 나누어서, "들어가며 나오며 꼴을 얻으리라"고 표현하신다. 즉, 첫째는 그들이 어디를 가든지 안전하리라는 것이고, 둘째는 그들이 배불리 먹게 되리라는 것이다. 불어에서 aller et venir("가고 오다")라는 표현이 "거하다"를 의미하는 것과 마찬가지로, 성경에서 "들어가며 나오며"라는 표현은 흔히 삶의 모든 행위들을 가리킨다. 그러므로 이 말씀은 복음의 두 가지 유익, 즉 오직 공기밖에 먹을 것이 없어서 굶주려서 죽어가던 우리의 영혼이 복음 속에서 양식을 발견하게 되리라는 것과 그리스도께서 신실하신 보호자가 되셔서 이리와 강도의 공격에서 우리를 지켜 주시리라는 것을 우리에게 보여준다.

10. 도둑이 오는 것은. 우리가 졸거나 방심하고 있는 사이에 사탄의 일꾼들이 불시에 우리를 덮치는 일이 없도록 하시기 위하여, 이 말씀을 통하여 그리스도께서는 우리의 귀를 잡아당기시며 정신 차리라고 하고 계신다. 왜냐하면, 우리가 지나치게 방심하고 있으면, 거짓 가르침들이 사방에서 우리에게 접근해 오기 때문이다. 그리스도 안에 흔들림 없이 견고하게 머물러서 평안히 있어야 마땅한 자들이 다른 사람들의 말을 너무나 쉽게 믿고서 여기저기를 왔다갔다하며 이런저런 수많은 오류들에 쉽게 빠지는 이유는 무수히 많은 거짓 선생들을 충분히 두려워하고 경계하지 않았기 때문이 아니면 무엇 때문이겠는가? 뿐만 아니라, 우리의 만족할 줄 모르는 호기심은 사람들이 고안해 낸 신기한 것들을 너무도 좋아하고 기뻐하기 때문에, 우리는 그런 것들에 홀려서 정신이 나간 채로 달음박질하여서 도둑들과 이리들을 제 발로 찾아간다. 그러므로 그리스도께서 거짓 선생들은 아무리 매력적인 언행으로 다가온다고 할지라도 늘 치명적인 독(毒)을 지니고 있기 때문에, 우리는 더욱더 조심해서 그런 자들을 멀리하는 것이 마땅하다고 말씀하시는 데에는 다

그럴 만한 이유가 있다. 마찬가지로, 사도 바울도 "누가 철학과 헛된 속임수로 너희를 사로잡을까 주의하라"(골 2:8)고 비슷한 경고를 우리에게 준다.

내가 온 것은. 이것은 앞에 나온 것과 다른 또 하나의 비유이다. 왜냐하면, 그리스도께서는 지금까지는 자기 자신을 "양의 문"이라고 부르시고는 양들을 이 "문"으로 데려오는 자들이 참 목자들이라고 선언하셨는데, 이제 여기에서는 "목자"의 역할을 자기 자신에게로 돌리시면서, 자기만이 유일한 목자이고, 자기 외에는 "목자"의 직함과 존귀를 받기에 합당한 자는 아무도 없다고 밝히시기 때문이다. 교회의 모든 신실한 목자들을 일으키셔서 그들에게 필요한 은사들을 공급해 주시고, 자신의 영으로 그들을 다스리셔서 그들을 통하여 일하시는 분은 바로 그리스도이시기 때문에, 그들은 그리스도께서 자신의 교회의 유일한 통치자가 되시는 것이나, 유일한 목자로서 다스리시는 것을 가로막지 않는다. 왜냐하면, 그리스도께서는 그들의 사역을 사용하시기는 하지만, 자신의 능력으로 목자의 직분을 수행하시는 것을 멈추고 계시는 것이 아닌 까닭에, 그들은 목자장(牧者長)으로서의 그리스도의 권위를 가로막지 않는 방식으로 가르치는 자의 직무를 행하는 것이기 때문이다. 요컨대, "목자"라는 명칭이 사람들에게 적용될 때에는 보조적인 의미를 지닌다. 즉, 그리스도께서는 목자들과 양들, 이 두 부류의 신자들 전체의 유일한 목자이신 가운데에, 목자로서의 자신의 존귀를 자신의 사역자들인 목자들에게도 나누어 주시는 것이다.

그리스도께서 "양으로 생명을 얻게 하기" 위하여 자기가 왔다고 말씀하시는 것은, 이리들과 도둑들의 공격에 노출되는 자들은 오직 자신의 "막대기와 지팡이"(시 23:4)에 순복하지 않는 자들뿐이라는 것을 의미한다. 또한, 그리스도께서는 그들에게 더 큰 확신을 주시기 위해서, 자기를 떠나지 않는 자들은 계속해서 더욱더 생명을 "풍성히 얻게" 될 것이라고 선언하신다. 실제로, 어떤 사람이든 믿음에 있어서 더 큰 진보를 이루면 이룰수록, 그는 생명의 충만함에 더 가까이 다가가게 된다. 왜냐하면, 그 사람은 생명이신 성령으로 더욱더 충만해지기 때문이다.

[11]나는 선한 목자라 선한 목자는 양들을 위하여 목숨을 버리거니와 [12]삯꾼은 목자가 아니요 양도 제 양이 아니라 이리가 오는 것을 보면 양을 버리고 달아나나니 이리가 양을 물어 가고 또 헤치느니라 [13]달아나는 것은 그가 삯꾼인 까닭에 양을 돌보지 아니함이나 [14]나는 선한 목자라 나는 내 양을 알고 양도 나를 아는 것이 [15]아버지께

서 나를 아시고 내가 아버지를 아는 것 같으니 나는 양을 위하여 목숨을 버리노라
(10:11-15).

11. 선한 목자는 양들을 위하여 목숨을 버리거니와. 그리스도께서는 양들에 대
하여 품고 계시는 자신의 특별한 사랑의 감정을 토대로, 자기가 양들에 대하여 목
자로서 얼마나 진실하게 행하고 있는지를 보여주신다. 왜냐하면, 그리스도께서는
그들의 구원을 너무도 간절하게 원하시는 까닭에 자신의 "목숨"까지 아끼지 않으
시기 때문이다. 이것으로부터 우리는 이토록 인자하시고 다정하신 목자 아래에서
보호받기를 거부하는 자들은 지독하게 배은망덕한 자들이기 때문에 백 번 죽어도
마땅하고, 온갖 종류의 해악(害惡)을 당할 수밖에 없게 되어 있다는 결론을 얻게
된다.

아우구스티누스(Augustinus)가 이 말씀은 우리에게 교회를 치리(治理)함에 있어
서 우리가 무엇을 지향하여야 하고, 무엇을 피하여야 하며, 무엇을 감내하여야 하
는지를 보여준다고 말한 것은 지극히 옳다. 교회가 선하고 열심 있는 목자들의 다
스림을 받는다면, 그것보다 더 바람직한 일은 없다. 그리스도께서는 자기가, 먼저
는 자기 자신이, 다음으로는 자기가 사용하시는 자들을 통해서 자신의 교회를 안
전하고 건강하게 지키는 "선한 목자"라고 선언하신다. 그러므로 교회 가운데에 선
한 질서가 있고 적절한 인물들이 교회를 다스리고 있다면, 거기에서는 그리스도께
서 친히 목자가 되어 계시는 것이다. 그러나 목자의 탈을 쓰고서 사악하게 교회를
흩어놓는 이리들과 도둑들이 많이 있다. 그런 자들이 어떤 이름과 직함을 사용하
든, 그리스도께서는 그런 자들은 피해야 할 자들이라고 경고하신다.

교회에 "삯꾼들"이 아예 없다면, 그것보다 더 좋은 일은 없을 것이다. 그러나 그
런 식으로 주님께서는 신자들을 연단시켜 인내를 배우게 하시는 것이기 때문에,
그리고 우리는 그리스도께서 참된 목자들을 통해서 우리에게 나타나시는 그런 놀
라운 복을 받을 자격이 없는 자들이기 때문에, 아무리 우리가 그들을 인정할 수 없
고 싫다고 할지라도, 우리는 그들을 견뎌내지 않으면 안 된다. "삯꾼들"은 순전한
가르침을 보존하고 진리를 선포하기는 하지만, 바울이 말한 것처럼(빌 1:15), 올바
른 열심(熱心)이 아니라 시류(時流)에 편승해서 기회주의적으로 말씀을 전하는 자
들을 가리킨다. 그런 자들은 그리스도를 신실하게 섬기는 자들은 아니지만, 우리
는 그들이 말하는 것을 들어야 한다. 왜냐하면, 그리스도께서 우리에게 바리새인

들이 "모세의 자리에 앉아"(마 23:2) 있으니 "그들의 말하는 바는 행하라고" 하셨으므로, 우리는 복음을 높이는 마음에서 별로 선하지 않은 사역자들일지라도 그들을 경멸하고 멀리하는 일이 없어야 하기 때문이다. 그들에 대하여 아주 약간의 거리낌을 가져도 복음은 우리에게 혐오스러운 것이 되고 마는 까닭에, 그러한 거짓된 예민함으로 인해서 복음을 아는 일에 방해를 받지 않도록 하기 위해서는, 우리는 내가 앞서 말했던 것, 즉 그리스도의 영이 사역자들 속에서 아주 강력하게 역사하여서 그리스도께서 그들의 목자이시라는 것을 분명하게 나타내지 않으신다면, 그것은 하나님께서 우리의 죄악들로 인하여 우리를 징계하시는 것이고, 그 징계를 통해서 우리의 순종을 시험하고 계시는 것임을 항상 기억해야 한다.

12-13. 삯꾼은 목자가 아니요. 그리스도께서는 오직 자기만이 "목자"라는 이름으로 불릴 수 있다고 하시면서도, 어떤 의미에서는 자기가 쓰시는 자들과 더불어서 "목자"라는 이름을 나누어 갖고 계시는 것임을 암묵적으로 내비치신다. 왜냐하면, 우리는 그리스도께서 오신 이후에 수많은 사람들이 교회의 구원을 위하여 자신의 피를 흘리는 것을 주저하지 않았고, 심지어 그리스도께서 오시기 전에도 선지자들은 자신의 목숨을 아끼지 않았다는 것을 알기 때문이다. 그러나 그리스도께서는 자신의 사역자들을 위한 전범(典範)이 될 수 있도록 하기 위하여 친히 온전한 모범을 보여주셨다. 그리스도께서는 자신의 목숨보다도 교회의 구원을 더 우선하셨는데, 만약 우리가 우리의 목숨을 교회의 구원보다 더 소중히 여긴다면, 우리의 그러한 태만함은 얼마나 부끄럽고 창피한 것이겠는가? 그리스도께서 여기에서 "양들을 위하여 목숨을 버린다"고 말씀하신 것은 양들에 대한 하나님 아버지의 사랑을 보여주는 확실하고 두드러진 표지(標識)이다. 그리스도께서는 먼저 우리에 대한 그의 사랑을 입증해 주는 두드러진 증거를 보여주신 후에, 다음으로 자신의 모든 사역자들에게 자신의 모범을 본받으라고 격려하시고자 하셨다. 그렇지만 우리는 그리스도와 그의 사역자들은 차이가 있다는 것을 유의하여야 한다. 그리스도께서는 자신의 목숨을 속전(贖錢)으로 바치셨고, 우리의 영혼을 깨끗하게 하시기 위하여 자신의 피를 흘리셨으며, 아버지 하나님을 우리와 화목하게 하시려고 자신의 몸을 화목제물로 드리셨다. 복음의 사역자들은 이러한 일들 중에서 단 한 가지도 행할 수 없다. 왜냐하면, 그들은 모두 다 그리스도께서 드리신 저 단번의 제사를 통해서 깨끗하게 하심과 대속하심을 받고 하나님과 화목하게 될 필요가 있는 자들이기 때문이다. 그러나 그리스도께서는 여기에서 자신의 죽음이 가져올 효과나 열

매를 논하시거나 자기 자신을 다른 사람들과 비교하시는 것이 아니라, 단지 우리에 대하여 어떠한 사랑이 자기에게 있는지를 증명하시고서 다른 사람들에게 자신의 모범을 따르라고 격려하신다. 요컨대, 자신의 죽음으로 말미암아 우리로 하여금 생명을 얻게 하시고, 복음에 담겨 있는 모든 것을 이루시는 것이 그리스도의 고유한 일이었던 것과 마찬가지로, 목숨을 바쳐서라도 자기들이 선포하는 가르침을 변호하고, 자신들의 피로 복음의 가르침을 인치며, 그리스도께서 그들 자신 및 다른 사람들을 위하여 구원을 이루신 것이 결코 헛된 일이 아니었다는 것을 보여주는 것은 모든 목자들의 공통된 본분이라는 것이다.

그러나 여기에서 한 가지 질문이 제기될 수 있다: 우리는 이리들을 피하여 달아난 자를 이유여하를 불문하고 누구든지 "삯꾼"으로 여겨야 하는가? 이것은 폭군들이 교회에 대하여 분노하여 잔혹하게 박해하였던 옛적에는 절박한 현안(懸案)이었다. 내 생각에는, 테르툴리아누스(Tertullianus)를 비롯해서 그와 입장을 같이 했던 자들은 이 문제에 대하여 지나치게 엄격하였던 것 같다. 나는 아우구스티누스(Augustinus)의 온건한 입장을 훨씬 더 선호한다. 그는 목자들이 이리들을 피하여 도망하는 것이 자기들에게 맡겨진 양 무리를 배신하는 것이 되기보다는 도리어 양 무리의 안전을 위한 것이 될 때에는 그렇게 해도 된다고 말하였다. 그는 목자들이 그렇게 하였을 때에, 교회는 훌륭한 사역자들을 잃지 않게 되고, 원수들은 특히 목자를 죽이려고 혈안이 되어 있다가 그가 도망간 것을 알게 되면 그 분노가 가라앉게 되는 이점이 있다고 지적한다. 그러나 목자는 물론이고 양 무리까지도 위험에 처해 있는 상황이고, 목자가 양 무리의 유익을 위해서가 아니라 죽는 것이 두려워서 도망치는 것이라고 볼 만한 합당한 이유가 있는 경우에는, 목자가 살아남아서 장래에 유익을 끼치는 것보다 그가 도망한 일 자체가 더 큰 해악을 끼치는 것이 되기 때문에, 그가 이리들을 피하여 도망하는 것은 전혀 합당하지 않다고 아우구스티누스는 주장한다 (「호노라투스 감독에게 보낸 편지」를 참조하라). 이러한 근거 위에서 볼 때, 키프리아누스(Cyprianus)가 도망한 것은 합당한 일이었다. 왜냐하면, 주님을 부인하고 배신하는 대가로 목숨을 살려주겠다는 제안을 그가 단호하게 거부한 것이 보여주듯이, 그는 결코 죽음이 두려워서 도망한 것이 아니었기 때문이다. 우리가 오직 유념해야 할 것은 목자는 자신의 양 무리, 아니 양 한 마리를 위해서도 자신의 목숨을 버릴 수 있어야 한다는 것이다.

양도 제 양이 아니라. 그리스도께서는 여기에서 자신을 제외한 모든 목자들을 예외 없이 다 "삯꾼"으로 취급하시는 것으로 보인다. 왜냐하면, 오직 그리스도만이 목자이시라면, 우리 중 그 누구도 자기가 먹이는 양을 자신의 양이라고 말할 권리가 없기 때문이다. 그러나 우리가 명심할 것은, 하나님의 영으로 인도함을 받는 자들은 그들에게 맡겨진 것들에 대한 그들 자신의 권리를 주장하기 위해서가 아니라 충성스럽게 돌보기 위해서, 그들의 머리 되시는 그리스도께 속한 것들을 자신의 것들로 여긴다는 것이다. 왜냐하면, 진정으로 그리스도와 연합된 자는 그리스도께서 아주 소중히 여기시는 것들을 자기와는 아무 상관도 없는 것들로 여길 수가 결코 없을 것이기 때문이다. 그래서 그리스도께서는 "달아나는 것은 그가 삯꾼인 까닭"이라고 말씀하신다. 이것은 "삯꾼"은 그 양들이 자신의 양들이 아니라고 생각하기 때문에, 양들이 흩어져도 그의 마음이 아무렇지도 않다는 것을 의미한다. 양들에게는 관심이 없고 오직 품삯에만 마음이 가 있는 "삯꾼"은 교회가 평안할 때에는 사람들을 속여먹을 수도 있겠지만, 일단 싸움이 시작되면, 사기꾼으로서의 자신의 정체를 금세 드러내게 되어 있다.

14. 나는 내 양을 알고 양도 나를 아는 것이. 이 말씀의 전반부에서 그리스도께서는 우리를 향한 자신의 사랑을 보여주신다. 왜냐하면, "아는 것"은 사랑에서 나오는 것이고, 돌봄을 수반하는 것이기 때문이다. 그러나 이 말씀은 복음에 순종하지 않는 모든 자들은 철저히 도외시될 것임을 의미하는 것이기도 하다. 그래서 이 말씀의 후반부에서 그리스도께서는 "양도 나를 안다"고 하심으로써, 전반부에서 하신 말씀을 확증하신다.

15. 아버지께서 나를 아시고 내가 아버지를 아는 것 같이. 아버지 하나님께서 자신의 지혜이신 그리스도를 안다는 것이 도대체 무엇인가라고 난해하고 골치 아픈 질문을 던지며 사변(思辨)에 빠지는 것은 불필요한 일일 뿐만 아니라 심지어 합당하지 않은 일이기도 하다. 왜냐하면, 그리스도께서는 여기에서 단지 자기는 우리를 하나님과 연합시켜주는 끈(vinculum)으로서 하나님과 우리 사이에 계신다는 것을 보여주시는 것이기 때문이다. 아울러, 그리스도께서는 우리가 마땅히 그리스도에 대하여 행하여야 할 본분을 요구하신다. 왜냐하면, 그리스도께서는 자기가 아버지 하나님에게서 받은 모든 능력을 우리를 지키시기 위하여 다 사용하시면서 아버지 하나님께 전적으로 헌신하고 모든 것을 아버지께 돌리는 것과 마찬가지로, 우리도 그리스도께 순종하고 헌신하기를 원하시기 때문이다.

¹⁶또 이 우리에 들지 아니한 다른 양들이 내게 있어 내가 인도하여야 할 터이니 그들도 내 음성을 듣고 한 무리가 되어 한 목자에게 있으리라 ¹⁷내가 내 목숨을 버리는 것은 그것을 내가 다시 얻기 위함이니 이로 말미암아 아버지께서 나를 사랑하시느니라 ¹⁸이를 내게서 빼앗는 자가 있는 것이 아니라 내가 스스로 버리노라 나는 버릴 권세도 있고 다시 얻을 권세도 있으니 이 계명은 내 아버지에게서 받았노라 하시니라(10:16-18).

16. 다른 양들이 내게 있어. 어떤 이들은 "다른 양들"이 아직 그리스도의 제자가 되지 않은 모든 유대인들과 이방인들을 가리키는 것이라고 보지만, 나는 그리스도께서 장차 이방인들을 부르실 것을 염두에 두고 계셨으리라는 것을 의심치 않는다. 왜냐하면, 그리스도께서는 세상의 이방 나라들과 구별되어서 한 몸으로 연합되어 하나님의 기업(基業)이 된 옛 이스라엘 백성의 회중(會衆)을 양의 "우리"(ovile)라고 지칭하시는 것이기 때문이다. 하나님께서는 유대인들을 택하셔서, 여러 가지 제사들과 예식들로 이루어진 울타리를 그들의 주위에 두르심으로써, 그들이 불신자들과 뒤섞이지 않게 하셨다. 하지만 이 양의 "우리"의 "문"은 그리스도 안에서 확증된 저 영생의 은혜로운 언약이었다. 그리스도께서 "다른 양들"이라고 하신 이유는 이 양들은 기존의 양들과 동일한 표지(標識)를 지니지 않은 다른 부류의 양들이었기 때문이다. 요컨대, 이 말씀의 요지는 목자로서의 그리스도의 직분은 유대 땅에 국한되는 것이 아니라 훨씬 더 광범위하게 미친다는 것이다.

아우구스티누스(Augustinus)가 이 구절을 설명하면서, 교회 안에 많은 이리들이 있는 것과 마찬가지로 교회 밖에 많은 양들이 있다고 말한 것은 두말할 여지 없이 옳다. 그러나 교회의 외적인 형태와 관련해서, 잠시 외인(外人)으로 있었던 이방인들이 나중에 유대인들과 더불어서 하나님의 나라에 받아들여지게 될 것에 대하여 말하고 있는 이 구절에 아우구스티누스의 그러한 설명이 모두 다 적용될 수는 없다. 하지만 나는 그리스도께서 여기에서 현재로서는 양들이라 불릴 자격이 전혀 없는 불신자들을 "양들"이라고 하신다는 점에서는 아우구스티누스의 설명이 이 구절에 부분적으로 적용될 수 있다는 것을 인정한다. "다른 양들"이라는 용어를 통해서 그리스도께서는 그들이 장차 어떻게 될 것인지를 보여주실 뿐만 아니라, 그리스도가 우리의 목자시라는 것을 우리가 알기도 전에 우리는 이미 하나님의 "양들"이 되어 있는 것이라는 점에서 하나님의 비밀한 택하심에 대하여 말씀하시는 것이기도 하다. 이것은 바울이 "우리가 원수 되었을 때에"(롬 5:10) 하나님께서 우리를 사랑하셨다고 말한 것과 일맥상통한다. 또한, 그런 까닭에, 바울은 우리가 하나님을 알기 전에, 이미 하나님께서는 우리를 아셨다고 말한다(갈 4:9).

그리스도께서 "내가 인도하여야 할 터이니"라고 말씀하신 것은 하나님의 택하심은 확실한 것이기 때문에, 하나님께서 구원하시고자 하시는 사람들은 아무도 멸망을 당하지 않을 것이라는 의미이다. 사람들을 생명에 이르게 하고자 하시는 하나님의 비밀한 뜻은 하나님이 정하신 때에 이루어지는 부르심, 즉 이른바 유효한 부르심(vocatio efficax)을 통해서 나타나는데, 이 때에 하나님께서는 전에 혈과 육으로 태어난 자들을 자신의 영으로 거듭나게 하셔서 자기 자녀들로 삼으신다. 하지만 여기에서 한 가지 질문이 제기될 수 있다: 이방인들은 어떤 식으로 유대인들과 연합하게 되는가? 왜냐하면, 유대인들은 그리스도의 제자가 되기 위해서, 하나님께서 자신들의 조상들과 맺으신 언약을 버릴 필요가 없었고, 이방인들은 그리스도께 접붙임이 되어서 유대인들과 연합하기 위해서 율법의 멍에를 멜 필요가 없었기 때문이다. 여기에서 우리는 언약의 실체(實體)와 그 주변적인 것들 간의 차이를 주목하고, 이 둘을 서로 구별하여야 한다. 왜냐하면, 이방인들은 세상의 구원의 토대가 되는 저 영원한 언약을 받아들이는 것 외에 어떤 다른 방식으로는 그리스도를 믿는 믿음에 동의할 수 없을 것이기 때문이다. 다음과 같은 예언들은 바로 그런 식으로 성취되었다: "그 날에 애굽 땅에 가나안 방언을 말하는 … 다섯 성읍이 있을 것이며"(사 19:18); "그 날에는 이방 백성 열 명이 유다 사람 하나의 옷자락을 잡고 말하기를 우리가 너희와 함께 가려 하노라 하리라"(슥 8:23); "많은 이방 사람들이 가며 이르기를 오라 우리가 여호와의 산에 올라가서 야곱의 하나님의 전에 이르자 … 하리니"(미 4:2). 또한, 장차 "동서로부터 많은 사람이 이르러 아브라함과 이삭과 야곱과 함께 천국에 앉게"(마 8:11) 될 것이었기 때문에 아브라함은 "여러 민족의 아버지"(창 17:5)라 불렸고, 율법의 예식들은 "중간에 막힌 담"이었는데, 바울은 그 담이 "허물어졌다"고 말한다(엡 2:14). 그런 까닭에, 실체(實體)라는 면에서 우리는 하나의 동일한 믿음으로 유대인들과 연합되었고 예식들은 폐지되었기 때문에, 유대인들이 우리에게 자신들의 손을 내미는 것을 방해할 것은 아무것도 없게 되었다.

그들도 내 음성을 듣고 한 무리가 되어 한 목자에게 이르리라. 이 말씀은 하나님의 모든 자녀들이 함께 모여서 한 몸으로 연합되리라는 것을 의미한다. 따라서 우리는 "하나의 거룩한 보편 교회"가 존재하고, 그 교회는 "하나의 머리를 지닌 하나의 몸"이어야 한다고 고백한다. 바울은 "주도 한 분이시요 믿음도 하나요 세례도 하나요"라고 말한다. 그르므로 우리는 "한 소망 안에서 부르심을 받았기" 때문에 "하나"여야 한다(엡 4:4-5). 이 양 무리는 서로 다른 양의 우리들에 분산되어 있는 것처럼 보이지만, 사실은 온 세상에 흩어져 있는 모든 신자들은 동일한 울타리 안에 있는 것이다. 왜냐하면, 동일한 말씀이 모든 신자들에게 선포되고, 동일한 성례전들이 행해지며, 동일한 일련의 기도들이 드려지고, 신앙을 고백하는 데에 필요한 모든 것이 동일하기 때문이다.

"그들도 내 음성을 듣고 한 무리가 되어"라는 말씀 속에서, 우리는 하나님의 양 무리가 어떻게 해서 모여지게 되는지를 주목할 필요가 있다. 모든 양 무리에게 한 분의 목자가 계시고, 그들이 오직 그의 음성만을 들을 때, 양 무리는 모이게 된다. 이것은 교회가 오직 그리스도께만 순복하고 그의 명령에 순종하며 그의 음성과 가르침을 들을 때에만, 교회는 선한 질서 속에 있게 된다는 것을 의미한다. 만일 교황주의자들이 이런 모습을 조금이라도 보여준다면, 그들은 그들이 그토록 자랑하는 "교회"라는 이름을 향유할 수 있을 것이다. 그러나 그들 가운데서 그리스도께서 침묵하시고, 그리스도의 위엄이 짓밟히며, 그리스도께서 제정하신 규례들이 조롱당한다면, 그들이 외치는 "하나 된 교회"라는 구호는 교회가 흩어지는 것보다 더 악하고 훨씬 더 혐오해야 할 마귀의 음모가 아니면 도대체 무엇이겠는가? 그르므로 우리는 언제나 머리 되시는 그리스도에게서 시작하여야 한다는 것을 명심하여야 한다. 그런 까닭에, 선지자들도 교회의 회복을 설명할 때에 언제나 왕이신 "다윗"을 하나님과 더불어서 함께 언급한다. 즉, 그들은 목자의 존귀가 그리스도께 드려지지 않는 곳에서는 하나님이 그들을 다스리지 않으시고 하나님의 나라가 거기에 있지 않기 때문에 거기에는 "교회"가 존재하지 않는다고 말하고 있는 것이다.

17. 이로 말미암아 아버지께서 나를 사랑하시느니라. "아버지께서 아들을 사랑하시는" 또 다른 더 고귀한 이유가 있었다. 하늘에서 들려왔던 저 음성, 즉 "이는 내 사랑하는 아들이요 내 기뻐하는 자라"(마 3:17; 17:5)는 음성은 결코 빈 말이 아니었지만, 그리스도께서는 우리를 위하여 사람이 되셨고, 아버지 하나님께서는 우리를 자신과 화목하게 하시기 위해서 그리스도를 기뻐하셨기 때문에, 그리스도께서 자기가 우리의 구원을 자신의 목숨보다 더 소중히 여긴 것이 아버지 하나님께서 자기를 사랑하시는 이유라고 밝히셨다고 해도, 그것은 전혀 놀랄 일이 아니다.

하나님께서 독생자나 받으시기에 합당한 그런 사랑을 우리에게도 부어주실 뿐만 아니라, 우리와 관련해서 그 사랑을 최종 목적으로 삼으시고 계시다는 것은 우리를 향한 하나님의 선하심을 입증해 주는 놀라운 증언이기 때문에, 우리는 우리의 온 영혼을 다 바쳐서 하나님을 찬송하고 경배하는 것이 마땅하다. 사실, 그리스도께서는 굳이 우리와 같이 육신을 입으실 필요가 없으셨지만, 우리를 구속(救贖)하시는 일에 있어서 아버지 하나님의 긍휼히 여기심에 대한 보증(保證)이 되시기 위해서 육신을 입으신 것이기 때문에, 이것이 하나님께서 그리스도를 사랑하신 이유가 되었다.

그것을 내가 다시 얻기 위함이니. 제자들이 그리스도의 죽음에 대하여 들었을 때에 깊은 슬픔에 빠져서 그들의 믿음이 크게 흔들릴 수 있었기 때문에, 그리스도께서는 그들에게 자기가 곧 부활하게 될 것이라는 소망을 주심으로써 그들을 위로하신다. 이것은 그리스도께서 사망의 세력에 의해서 삼켜져 버리기 위해서가 아니라, 사망을 이긴 자로서 곧 다시 부활하기 위하여 죽는 것이라고 말씀하시는 것과 같다. 오늘날에도 우리는 그리스도의 죽음을 묵상할 때에는 그의 부활의 영광도 함께 기억하여야 한다. 그럴 때에, 우리는 그리스도께서 생명이시라는 것을 알게 된다. 왜냐하면, 그리스도께서는 사망과 싸우셔서 빛나는 승리를 거두시고서 당당하게 개선하신 것이기 때문이다.

18. 이를 내게서 빼앗는 자가 있는 것이 아니라. 그리스도께서는 어쩔 수 없어서 죽으시는 것이 아니라 자신의 양 무리의 구원을 위하여 자원해서 자신을 내주시는 것이라는 말씀은 그리스도의 죽음에 직면한 제자들에게 힘을 줄 수 있는 또 하나의 위로가 된다. 그리스도께서는 자기가 허락하지 않는 한 그 누구도 자기를 죽일 권세가 없다고 단언하시고, 자기는 그 어떤 강제적이고 폭력적인 죽음에서도 자유롭다고 선언하신다. 우리의 경우에는 사정이 다르다. 왜냐하면, 우리는 우리의 죄로 인해서 어쩔 수 없이 죽을 수밖에 없는 처지에 놓여 있기 때문이다. 물론, 그리스도께서도 죽을 수밖에 없는 존재인 사람으로 태어나시기는 하셨지만, 그것은 자원해서 그렇게 하신 것이지, 결코 다른 사람에 의해서 강제적으로 부과된 속박이 아니었다. 그러므로 그리스도께서는 자신의 제자들이 자기가 곧 끌려가서 죽는 것을 보게 되었을 때에, 마치 자기가 원수들에게 제압을 당해서 죽는 것인 양 생각하여 낙심하는 것이 아니라, 도리어 자기가 하나님의 놀라운 섭리를 따라서 자신의 양 무리의 구속(救贖)을 위하여 죽는 것임을 알고서 힘을 얻을 수 있도록 그들을

견고하게 세우시고자 하셨다. 그리스도의 죽음은 우리의 죄를 위한 속죄 제사였다는 이러한 가르침은 지속적으로 유익하다. 왜냐하면, "한 사람이 순종하심으로 많은 사람이 의인이 된"(롬 5:19) 것이라는 바울의 말대로, 그것은 그리스도께서 자원해서 드리신 제사였기 때문이다.

"내가 스스로 버리노라"는 말씀은 두 가지로 설명될 수 있다. 즉, 이 말씀은 그리스도께서 자기 자신에게서 목숨을 벗어버리시기는 하지만, 마치 사람이 자신의 몸에서 옷을 벗겨내었을 때와 마찬가지로 여전히 자신의 모습을 그대로 유지하신다는 의미일 수도 있고, 자신의 선택에 의해서 죽으신다는 의미일 수도 있다.

이 계명은 내 아버지에게서 받았노라. 그리스도께서는 아버지 하나님이 자신만큼이나 큰 자신의 독생자를 우리에게 주실 정도로 우리의 구원에 대하여 그렇게 큰 관심을 갖고 계시다는 것을 우리에게 알게 하시기 위해서, 우리로 하여금 아버지 하나님의 영원한 계획(aeternum consilium)을 주목하게 하신다. 아버지 하나님께 순종하시기 위하여 세상에 오신 그리스도께서는 여기에서 친히, 자기가 하는 모든 일은 다 오직 우리의 유익을 위해서 하는 것임을 확증하신다.

[19]이 말씀으로 말미암아 유대인 중에 다시 분쟁이 일어나니 [20]그 중에 많은 사람이 말하되 그가 귀신 들려 미쳤거늘 어찌하여 그 말을 듣느냐 하며 [21]어떤 사람은 말하되 이 말은 귀신 들린 자의 말이 아니라 귀신이 맹인의 눈을 뜨게 할 수 있느냐 하더라 [22]예루살렘에 수전절이 이르니 때는 겨울이라 [23]예수께서 성전 안 솔로몬 행각에서 거니시니 [24]유대인들이 에워싸고 이르되 당신이 언제까지나 우리 마음을 의혹하게 하려 하나이까 그리스도이면 밝히 말씀하소서 하니 [25]예수께서 대답하시되 내가 너희에게 말하였으되 믿지 아니하는도다 내가 내 아버지의 이름으로 행하는 일들이 나를 증거하는 것이거늘 [26]너희가 내 양이 아니므로 믿지 아니하는도다 [27]내 양은 내 음성을 들으며 나는 그들을 알며 그들은 나를 따르느니라 [28]내가 그들에게 영생을 주노니 영원히 멸망하지 아니할 것이요 또 그들을 내 손에서 빼앗을 자가 없느니라 [29]그들을 주신 내 아버지는 만물보다 크시매 아무도 아버지 손에서 빼앗을 수 없느니라 [30]나와 아버지는 하나이니라 하신대(10:19-30).

19. 유대인 중에 다시 분쟁이 일어나니. 그리스도께서는 자신의 이러한 설교를 통해서 몇몇 제자들을 얻으셨지만, 그의 가르침으로 인해서 많은 대적들도 생겨났

기 때문에, "유대인 중에 분쟁이 일어났다." 그들은 모두 아브라함의 하나님을 섬기고 모세의 율법을 따른다고 한 목소리로 고백해 왔기 때문에 지금까지는 교회라는 한 몸을 이루고 있는 것처럼 보였었지만, 이제 분열이 일어난 것이다. 그리스도께서 등장하시면서, 지금 그들은 그리스도로 인해서 서로 다른 의견을 보이며 분열하기 시작하였다. 만일 그들의 신앙고백이 진실한 것이었다면, 그리스도로 인하여 그들의 일치가 깨지지 않았을 것이다. 왜냐하면, 그리스도는 가장 강력한 사랑의 끈이시고, 그리스도의 직무는 흩어진 것들을 모으시는 것이었기 때문이다. 그러나 그리스도께서는 여기에서 하나님의 백성이라고 자처하지만 단지 거짓된 가면을 쓰고 있는 것에 불과한 많은 자들의 위선 또는 외식(外飾)을 자신의 복음의 빛으로 드러내고 계시는 것이다. 마찬가지로, 오늘날에도 교회가 분열로 인하여 혼란스럽고 분쟁이 촉발되는 이유는 다름 아닌 많은 사람들의 사악함과 패역함 때문이다. 그런데도 교회의 화평을 깨뜨리고 있는 장본인들은 도리어 그 화살을 우리에게 돌려서 비난을 퍼부으며 우리를 분리주의자들이라고 부른다. 교황주의자들이 우리를 몰아세우면서 내세우는 가장 큰 비난은 우리의 가르침이 교회의 안녕(安寧)과 질서를 뒤흔들어 놓는다는 것이다.

하지만 그들이 그리스도께 순순히 순복하고 진리를 떠받든다면, 모든 소동은 즉시 가라앉게 될 것이다. 반대로, 그들이 계속해서 그리스도를 대적하여 불평과 불만을 터뜨리고, 우리가 하나님의 진리의 빛을 꺼버리고 그리스도를 그의 나라에서 추방한다는 조건을 제시하지 않는 경우에는 결코 우리를 가만히 놔두지 않고자 한다면, 그들은 우리를 분열의 주범이라고 비난할 자격이 없다. 왜냐하면, 우리가 아니라 그들 자신이 바로 분열의 주범이라는 것은 삼척동자도 다 아는 사실이기 때문이다. 우리는 교회가 동일한 신앙을 고백하는 자들 사이에서의 분열로 인해서 찢어지는 것을 깊이 애통해하는 것이 마땅하지만, 모든 사람이 한 마음으로 하나님을 멸시하는 것보다는 일부가 악한 자들로부터 떨어져 나와서 그들의 머리이신 그리스도와 연합하는 것이 더 낫다. 따라서 분열이 일어날 때, 우리는 하나님과 그의 순전한 가르침에 반기를 드는 자들이 누구인지를 잘 살펴볼 필요가 있다.

20-21. 그가 귀신 들려 미쳤거늘. 유대인들은 모든 사람들로 하여금 그리스도의 말씀을 듣는다는 생각만 해도 치를 떨게 만들기 위해서, 자신들이 생각해 낼 수 있는 욕들 중에서 가장 끔찍한 욕으로 그리스도를 비방한다. 왜냐하면, 불경건한 자들은 자신들이 하나님께 어쩔 수 없이 순종하게 되는 일이 벌어지지 않도록 하기

위하여 눈을 딱 감고서 분노하며 하나님을 오만방자하게 멸시하는 말들을 쏟아내고, 다른 사람들을 부추겨서 자신들과 마찬가지로 분노하게 만들어서, 혹시라도 자신들이 침묵하는 사이에 그리스도의 말씀이 한 마디라도 들리는 일이 없게 하고자 하기 때문이다. 그러나 그리스도의 가르침은 비방하는 자들로부터 자신을 지켜낼 수 있는 충분한 능력을 그 자체 속에 지니고 있다. 이것이 유대인들 중에서 믿는 자들이 "이 말은 귀신 들린 자의 말이 아니라"고 대답했을 때에 그들의 의도였다. 왜냐하면, 그들은 진실은 자신을 지키기에 충분한 힘을 지니고 있다는 사실을 근거로 해서, 사람들에게 사실 그 자체를 가지고 이 문제를 판단해 줄 것을 요구한 것이나 다름없기 때문이다. 우리의 믿음을 붙들어주고 지켜주는 한 가지 사실은, 불경건한 자들은 하나님의 능력과 지혜, 그리고 하나님의 선하심이 복음 안에서 빛을 발하는 것을 결코 막을 수 없다는 것이다.

22. 예루살렘에 수전절이 이르니. 수전절(修殿節)은 "쇄신"을 기념하는 명절이었다. 왜냐하면, 그동안 더럽혀져 있던 성전이 유다 마카베오의 명령에 의해서 다시 봉헌되었고, 그 때에 성전을 새롭게 봉헌하게 된 날이 안티오쿠스(Antiochus)의 폭정을 끝나게 하신 하나님의 은혜를 기억하고 기념하는 연례적인 명절로 제정된 것이기 때문이다. 그리스도께서는 자신의 설교가 수많은 사람들이 모인 자리에서 더 풍성한 열매를 맺게 하시기 위해서 이 때에 늘 그러셨던 것처럼 성전에 나타나셨다.

23. 예수께서 성전 안 솔로몬 행각에서 거니시니. 복음서 기자는 "솔로몬 행각"이 있던 곳을 "성전 안"이라고 부르지만, 사실 솔로몬 행각은 성전의 부속건물이었을 뿐이고 성소 자체에 속해 있는 것은 아니었다. 또한, 복음서 기자가 여기에서 말하는 "솔로몬 행각"은 갈대아 사람들에 의해서 완전히 파괴되어 버렸던 솔로몬이 지은 옛 행각을 의미하는 것이 아니라, 유대인들이 아마도 바벨론의 포로 생활에서 돌아온 직후에 그 옛 행각을 본떠서 지어서 거기에 존귀를 더하기 위하여 "솔로몬 행각"이라고 불렀던 바로 그 행각을 의미한다. 그리고 그 후에 헤롯이 새로운 성전을 지었다.

24. 유대인들이 에워싸고. 적어도 이 음모를 꾸며낸 자들은 여기에서 그리스도를 교활하게 공격하고 있는 것임에 틀림없다. 왜냐하면, 일반 백성들은 그 어떤 속임수도 없이 진정으로 그리스도께서 하나님이 자기를 구원자로 보내셨다는 것을 공개적으로 선언해 주시기를 바랐을 것이지만, 몇몇 사람들은 그리스도께서 폭도

들에 의해서 살해당하거나 로마인들에게 잡혀가도록 하기 위해서 군중 속에 뒤섞여 속임수와 계략을 사용하여 그리스도로부터 그런 말을 이끌어 내고자 한 것이기 때문이다. 유대인들은 "언제까지나 우리 마음을 의혹하게 하려 하나이까"라고 불평함으로써, 마치 자신들이 하나님이 약속하신 구속(救贖)을 너무도 열렬하게 원하고 있는 까닭에, 자신들의 마음이 "그리스도"에 대한 열망으로 온통 사로잡혀 있는 척한다.

그리스도께서 친히 "수고하고 무거운 짐 진 자들아 다 내게로 오라 내가 너희를 쉬게 하리라 … 너희 마음이 쉼을 얻으리니"(마 11:28-29)라고 말씀하셨듯이, 우리의 마음을 만족시켜 줄 것, 또는 우리 마음에 참된 평안을 줄 것을 오직 그리스도 안에서만 찾고 다른 곳에서 찾지 않는 것이 참된 경건(vera pietas)의 태도이다. 그러므로 그리스도께로 나아가는 자들은 이 유대인들이 그런 척했던 바로 그 태도를 진정으로 갖추고 있어야 한다. 그러나 이 유대인들은 마치 그리스도께서 지금까지 그들의 믿음을 확증해 주지 않으셨다는 듯이 그리스도를 비난하는 잘못을 저질렀다. 왜냐하면, 그들이 그리스도를 온전히 그리고 완전하게 알지 못한 것은 전적으로 그들 자신의 잘못이었기 때문이다. 그러나 하나님의 확실한 말씀을 토대로 해서 서기보다는 의심 가운데서 요동하는 편을 택하는 것이 불신자들에게는 체질화되어 있다. 그래서 오늘날에도 우리는 많은 사람들이 복음의 밝은 빛을 어둡게 하기 위해서 의도적으로 자신의 눈을 감아버리고 의심의 연무(煙霧)를 자욱하게 뿌리는 것을 본다. 또한, 우리는 많은 사람들이 쓸데없는 사변(思辨)들에 빠져서 허우적거리다가 죽을 때가 다 되어도 정착할 곳을 찾지 못하는 것을 본다.

유대인들이 그리스도께 자기가 누구인지를 분명하게 또는 허심탄회하게, 그리고 자신 있게 밝히라고 요구한 것은 더 이상 자신의 의도를 간접적이고 우회적으로 말씀하지 말라는 의미이다. 따라서 그들은 귀먹은 자들이 아니라면 누구나 너무나 분명하게 알아들을 수 있었던 그리스도의 가르침을 모호하고 애매하다고 비난하고 있는 것이다. 이 기사(記事)는 우리가 복음을 전하도록 부르심을 받는다면, 우리는 악한 자들의 속임수들과 비방들을 피할 수 없다는 것을 우리에게 경고해 준다. 그러므로 우리는 늘 깨어서 조심하여야 하고, 여기에서 우리의 주님에게 일어난 것과 동일한 일이 우리에게 일어났을 때에는 그것을 무슨 새삼스러운 일인 것처럼 여겨서 놀라지 말아야 한다.

25. 내가 너희에게 말하였으되. 우리 주 예수께서는 자기가 그리스도이시라는

사실을 숨기지 않으시지만, 그들이 기꺼이 배울 준비가 되어 있지 않았기 때문에, 그들을 가르치고 계시는 것이라기보다는 그들의 완고하고 끈질긴 악의(惡意)를 꾸짖고 계시는 것이다. 왜냐하면, 그들은 이제까지 하나님의 말씀과 역사(役事)들을 통해서 가르침을 받아왔는데도 전혀 그 어떤 진보도 보이지 않았기 때문이다. 그래서 그리스도께서는 "나의 가르침은 너무나 쉽게 이해될 수 있는 것인데도, 너희가 악의적으로 하나님을 대적하고 있는 것이기 때문에, 모든 잘못은 너희에게 있다"고 말씀하시며, 그들이 자기를 알지 못하는 것은 전적으로 그들 자신의 잘못이라고 지적하신다. 그런 후에 그리스도께서는 그들이 갑절로 완악하다는 것을 보여주시려고 자기가 행한 "일들"에 대하여 언급하신다. 왜냐하면, 만일 그들이 하나님에 대하여 배은망덕하게 행하지만 않았다면, 그들은 그리스도의 가르침만이 아니라 그의 이적들을 통해서도 눈부신 증언을 얻었을 것이기 때문이다. 그리스도께서는 그들이 의도적으로 자신의 가르침에 귀를 막았고 자신이 행한 "일들"에 눈을 감았다는 것을 증명하시기 위해서 "너희가 믿지 아니하는도다"라는 말씀을 두 번이나 반복해서 말씀하신다. 그들이 보여준 그러한 행태들은 절망적일 정도로 극단적인 그들의 악의를 보여주는 증거였다. 그리스도께서는 자기가 "내 아버지의 이름으로" 그 "일들"을 행하였다고 말씀하신다. 왜냐하면, 그의 의도는 그 "일들"을 통해서 하나님의 능력을 증언함과 동시에, 자기가 하나님에게서 왔음을 분명히 하는 것이었기 때문이다.

26. 너희가 내 양이 아니므로. 그리스도께서는 그들이 자신의 이적들이나 가르침을 믿지 않는 좀 더 근본적인 이유를 제시하시는데, 그것은 그들이 "버림받은 자들"이기 때문이라는 것이다. 우리는 그리스도께서 이렇게 말씀하시는 의도가 무엇인지를 주목할 필요가 있다. 즉, 그들은 자기들이 하나님의 교회라고 자랑하였기 때문에, 그들의 불신앙이 복음에 아무런 해(害)도 끼칠 수 없도록 하시기 위해서, 그리스도께서는 "믿음"은 하나님이 주시는 특별한 은사라고 선언하신 것이다. 바울이 말한 것처럼, 어떤 사람이 하나님을 알게 되려면, 하나님께서 먼저 그 사람을 "아셔야" 한다(갈 4:9). 반면에, 하나님께서 돌아보시지 않는 자는 언제까지나 계속해서 하나님에게서 떠나 있을 수밖에 없다. 만약 누군가가 이 점을 트집 잡아서, 하나님의 양이 되게 하는 능력이 오직 하나님께만 있기 때문에 불신앙의 원인이 하나님께 있다고 주장한다면, 나의 대답은 하나님은 그 어떤 책임이나 잘못이 없으시다는 것이다. 왜냐하면, 사람들이 하나님의 은혜를 배척하는 것은 오직 그

들의 의도적인 악의(malitia)로 인한 것이기 때문이다. 하나님께서는 그들을 믿음으로 이끄시기 위해서 필요한 모든 일을 하시지만, 누가 야수들을 길들일 수 있겠는가? 하나님의 영이 그들을 양으로 변화시키기 전에는 그런 일은 결코 일어나지 않는다. 야수 같은 자들은 자신들이 야수 같이 사나워진 것이 다 하나님 때문이라고 그 책임을 하나님께 전가하지만, 그들의 야수 같은 모습은 그들 자신의 본성에 속한 것인 까닭에 그런 핑계는 아무 소용이 없다. 요컨대, 그리스도께서는 하나님의 영으로 말미암아 다스리심을 받아서 믿음의 순종에 이르게 된 자들 외에는 모두가 다 사나운 야수들이기 때문에, 자신의 복음에 순종하는 자가 소수라고 하더라도, 그것은 이상한 일이 아니라고 말씀하시는 것이다. 하지만 이런 것보다 훨씬 더 터무니없고 어처구니없는 것은 복음의 권위가 사람들의 평가나 동의에 달려있다고 보는 것이다. 그러나 믿는 자들은 눈먼 상태에 있는 다른 사람들과는 달리 성령의 조명(illuminatio)을 통해서 그리스도께로 나아오게 된 자들이기 때문에, 하나님과 더욱 강력하게 묶여져 있다는 것을 명심하는 것이 마땅하다. 또한, 복음 사역자들은 자신들의 수고가 모든 사람에게 유익을 가져다주지 못하는 것을 볼 때에 바로 이것을 생각하면서 위로를 받을 수 있다.

27. 내 양은 내 음성을 들으며. 그리스도께서는 대우(對偶) 명제를 이용한 논증을 통해서, 그들은 복음에 순종하지 않기 때문에, 그들은 자신의 "양"이 아니라는 것을 증명하신다. 왜냐하면, 하나님께서는 자신이 택한 모든 자들을 "유효한 부르심"으로 부르시는 까닭에, 그리스도의 양들은 그들이 지닌 믿음에 의해서 증명되기 때문이다. 사실, 믿는 자들이 "양"이라 불리는 이유는 그들이 목자장(牧者長)의 다스리심을 받아서 하나님께 순복하고, 그들의 사나운 본성을 버리고서 온순하고 고분고분하게 되기 때문이다. 세상의 많은 사람들이 그리스도의 말씀에 귀 기울이지 않는다고 할지라도, 거기에는 그리스도의 양들이 있어서, 그는 그들을 아시고, 그들은 그를 안다는 것은 경건한 교사들에게 큰 위로가 된다. 경건한 교사들은 온 세상 사람들을 그리스도의 양 우리 속으로 인도하기 위해서 최선을 다해야 하지만, 자신들의 소원대로 되지 않는다고 하여도 그리스도의 양들인 사람들이 자신들의 수고를 통해서 모이게 될 것이라는 이 한 가지 사실만으로 만족할 줄 알아야 한다. 이 절의 나머지 부분들은 앞에서 이미 설명된 내용이다.

28-29. 영원히 멸망하지 아니할 것이요. 그리스도께서는 여기에서 우리가 믿음으로 말미암아 자신의 양 우리에 들어오게 되었다면 안전할 것임을 확신하고 안심

하라고 우리에게 명하시는데, 이것은 그 어떤 것에도 비할 수 없는 믿음의 열매 (fructus fidei)이다. 그러나 우리는 그러한 확신이 어떤 토대 위에 세워져 있는 것인지도 주목할 필요가 있는데, 그 토대는 그리스도가 우리의 구원을 지켜주시는 신실하신 수호자가 되어 주실 것이라는 사실에 있다. 왜냐하면, 그리스도께서는 우리의 구원이 자기 손안에 있다고 증언하고 계시기 때문이다. 그것만으로는 믿는 자들이 충분하다고 생각하지 않을까봐, 그리스도께서는 그들이 아버지 하나님의 능력에 의해서 안전하게 보호를 받게 될 것이라는 말씀을 덧붙이신다. 이것은 하나님의 능력이 절대적인 것과 마찬가지로 모든 택함을 받은 자들의 구원도 절대적이라는 것을 우리에게 가르쳐 주는 주목할 만한 말씀이다. 게다가, 그리스도께서는 이 말씀을 별 생각 없이 입 밖에 내서서 허공 속으로 사라지게 하고자 하신 것이 아니라, 믿는 자들의 마음속에 깊이 박혀 있어야 할 약속의 말씀으로 주시고자 하셨다. 그러므로 우리는 그리스도께서 택함받은 자들의 구원이 절대적으로 확실한 것임을 보여주시기 위하여 이 말씀을 하신 것이라는 결론을 얻는다. 물론, 우리는 강력한 대적들에 의해서 둘러싸여 있고, 또한 우리의 연약함도 대단히 크기 때문에, 우리는 순간순간마다 죽음의 위험에 처하지만, 우리가 "의탁한 것을 지키시는" (딤후 1:12) 분은 "만물보다 크시고" 더 능력이 있으시기 때문에, 우리는 마치 우리의 생명이 위험에 처해 있다는 듯이 두려워 떨 이유가 전혀 없다.

이것으로부터도 우리는 교황주의자들이 자유의지(自由意志)와 그들 자신의 덕 (德)과 행위의 공로(功勞)들을 의지하고 믿는 것이 얼마나 정신 나간 짓인지를 알게 된다. 그들의 그런 믿음과는 전혀 다르게, 그리스도께서는 자기 사람들에게 이 세상에서 그들은 전혀 무장도 하지 않은 채로 숲속 한가운데서 수많은 강도들에 의해서 둘러싸여 그들의 먹잇감이 될 위험에 처해 있고, 그들을 죽음으로 몰고 가는 원인이 그들 자신 속에 있기 때문에, 오직 하나님의 보호하심을 의지할 때에만 안전하게 행할 수 있다는 것을 기억하라고 가르치신다. 요컨대, 우리의 구원이 확실한 것은 그 구원이 하나님의 손 안에 있기 때문이라는 것이다. 왜냐하면, 우리의 믿음은 약해서, 우리는 너무나 쉽게 요동하지만, 우리를 자신의 손 안에 붙들고 계시는 하나님은 우리의 대적들의 모든 궤계들을 단숨에 흩어버리실 수 있을 만큼 충분히 강하시기 때문이다. 우리가 우리에게 닥친 시험들로 인해서 두려워 떨며 낙심하지 않기 위해서는 우리의 눈을 들어서 늘 이 진리를 바라보는 것이 대단히 중요하다. 왜냐하면, 이 말씀을 통해서 그리스도께서는 자신의 양들이 수많은 이리들 가운데서 평안하게 살아갈 수 있는 길을 보여주시고자 하신 것이기 때문이다.

아무도 아버지 손에서 빼앗을 수 없느니라. 헬라어 본문에서 계사(繫辭) '카이'(καί, "그리고")는 여기에서 "그러므로"를 의미한다. 왜냐하면, 그리스도께서는 하나님의 능력이 절대적이라는 사실을 근거로 삼아서, 원수들이 경건한 자들의 구원을 방해하고자 한다면, 먼저 경건한 자들을 자신의 손 안에서 보호하시는 하나님을 이겨야 하는데, 그것은 불가능한 일인 까닭에, 경건한 자들로 하여금 구원받지 못하게 하고자 하는 그들의 뜻을 이루지 못할 것이라고 결론을 내리시는 것이기 때문이다.

30. 나와 아버지는 하나이니라. 불경건한 자들은 하나님의 능력이 그리스도와는 아무 상관이 없다고 얼마든지 주장할 수 있을 것이었기 때문에, 그리스도께서는 그들의 조소(嘲笑)에 미리 대처하심과 동시에, 자기 제자들에게 하나님의 능력이 그들을 확실하게 보호해 주시리라는 것을 약속해 두고자 하셨다. 그래서 그리스도께서는 자기가 하는 일들은 아버지 하나님이 하시는 일들이나 마찬가지이기 때문에, 아버지 하나님께서는 자기와 자신의 양들을 반드시 도우실 것이라고 증언하신다. 옛 교부(敎父)들이 그리스도가 아버지 하나님과 동일 본질(ὁμοούσιος)이시라는 것을 증명하기 위한 증거 본문으로 이 구절을 사용한 것은 잘못이다. 왜냐하면, 그리스도께서는 여기에서 본질의 동일성(unitas substantiae)을 다루고 계시는 것이 아니라, 자기와 아버지 하나님은 서로 하나가 되어 있기 때문에 자기가 행하는 모든 일은 아버지 하나님의 능력에 의해서 확증될 것이라고 말씀하시는 것이기 때문이다.

[31]유대인들이 다시 돌을 들어 치려 하거늘 [32]예수께서 대답하시되 내가 아버지로 말미암아 여러 가지 선한 일로 너희에게 보였거늘 그 중에 어떤 일로 나를 돌로 치려 하느냐 [33]유대인들이 대답하되 선한 일로 말미암아 우리가 너를 돌로 치려는 것이 아니라 신성모독으로 인함이니 네가 사람이 되어 자칭 하나님이라 함이로라 [34]예수께서 이르시되 너희 율법에 기록된 바 내가 너희를 신이라 하였노라 하지 아니하였느냐 [35]성경은 폐하지 못하나니 하나님의 말씀을 받은 사람들을 신이라 하셨거든 [36]하물며 아버지께서 거룩하게 하사 세상에 보내신 자가 나는 하나님의 아들이라 하는 것으로 너희가 어찌 신성모독이라 하느냐(10:31-36).

31. 유대인들이 다시 돌을 들어 치려 하거늘. 참된 경건이 하나님의 영광을 높이는 일에 하나님의 영이 불어넣어 주시는 열심(熱心)으로 타오르는 것과 마찬가지로, 불신앙은 분노의 어머니이다. 왜냐하면, 마귀가 불경건한 자들을 휘저어서, 그들로 하여금 살기(殺氣)를 내뿜게 만들기 때문이다. 이 구절에 나타난 그들의 행동은 그들이 무슨 의도로 그리스도께 질문을 던졌는지를 잘 보여준다. 왜냐하면, 그들은 그리스도께서 허심탄회하게 얘기해 주실 것을 원하는 척하였지만, 정작 그리스도께서 진실을 밝히시자마자, 즉시 광분하기 시작하였기 때문이다. 그들은 마치 자신들이 율법을 통해서 하나님이 거짓 선지자들을 돌로 쳐서 죽이라고 명하신 것(신 13:5)을 따라서 행하고 있다는 듯이, 합법성을 가장(假裝)하였지만, 실제로는 폭력적인 광기(狂氣)에 사로잡혀서 그리스도를 제압하고자 한 것임은 의심의 여지가 없다.

32. 내가 아버지로 말미암아 여러 가지 선한 일로 너희에게 보였거늘. 그리스도께서는 여기에서 그들이 이렇게 잔인한 모습을 보일 이유가 전혀 없다고 말씀하실 뿐만 아니라, 하나님이 그들에게 많은 은혜를 베풀어 주고 계시는데도 그들이 적반하장 격으로 은혜를 원수로 갚는 배은망덕한 짓을 하고 있다고 그들을 나무라신다. 또한, 그리스도께서는 그들이 선하다고 인정할 만한 일을 자기가 한두 가지 행한 것이 아니라, 수많은 방법으로 그들에게 인자(仁慈)를 베풀어 왔다는 것을 일깨워 주신다. 그런 후에, 그리스도께서는 자기가 아버지 하나님의 사역자라는 사실을 그들에게 알게 하시고 증언하시기 위하여 아버지 하나님이 그 능력을 공공연히 나타내셨다고 말씀하심으로써, 그들이 자기에게만이 아니라 하나님께도 배은망덕한 짓을 하고 있는 것이라고 그들을 꾸짖으신다. 왜냐하면, 그리스도께서 "아버지로 말미암아"라고 말씀하신 것은 자기가 행한 "여러 가지 선한 일들"이 다 하나님에게서 나온 것임을 의미하기 때문이다. 이 말씀은 이렇게 요약될 수 있다: "하나님께서는 내 손을 빌려서 너희에게 베푸신 놀라운 은택(恩澤)들을 나를 통해서 너희에게 알게 하고자 하셨다. 너희가 원하는 만큼 나를 샅샅이 다 뒤져보라. 나는 너희 가운데서 칭찬받을 일과 합당한 일 외에는 아무것도 하지 않아 왔다. 그러므로 너희가 나를 박해한다면, 그것은 하나님의 은혜를 대적하여 광분하는 것임을 알아야 한다." 그런데 그리스도께서 이런 말씀을 직설적으로 하지 않으시고 반문(反問) 형식으로 하신 것이 그들의 양심을 찌르는 데에 더 큰 힘을 발휘하였다.

33. 선한 일로 말미암아 우리가 너를 돌로 치려는 것이 아니라. 불경건한 자들은

하나님을 대적하여 공개적인 전쟁을 벌이고 있으면서도, 어떤 식으로든 그럴 듯한 핑계를 대서 자신들이 범죄하는 것처럼 보이지 않게 하고자 하였다. 그래서 그들은 광분하여 하나님의 아들을 죽이고자 하였을 때에 단지 그러한 잔인한 짓으로 만족한 것이 아니라, 더 나아가 자신들을 하나님의 영광을 옹호하고 수호하는 자들로 자처하고서는 그리스도를 단죄하고 비난하였다. 그런 까닭에, 우리에게는 선한 양심이 꼭 필요하다. 왜냐하면, 선한 양심은 "놋성벽"과 같아서, 우리는 우리에게 쏟아지는 모욕과 비방들을 그 선한 양심으로 담대하게 일축할 수 있기 때문이다. 불경건한 자들이 자신들의 악의(惡意)를 아무리 그럴 듯한 것들로 치장하고서, 우리에게 잠시 그 어떤 모욕을 퍼붓는다고 할지라도, 우리가 하나님의 대의(大義)를 위해 싸운다면, 하나님께서는 반드시 자신의 진리를 붙들어 주실 것이다. 그러나 불경건한 자들은 하나님의 종들을 압박하기 위한 그럴듯한 구실들을 늘 가지고 있을 뿐만 아니라 너무나 완악하고 뻔뻔스러워서, 자신들이 지고 있는 상황에서도 비방하기를 그치지 않기 때문에, 우리가 끝까지 견뎌내고 서기 위해서는 인내(patientia)와 온유함(mansuetudo)이 우리에게 꼭 필요하다. 세속의 작가들 사이에서는 일반적으로 온갖 종류의 모욕을 가리키는 "모독"이라는 단어가 성경에서는 하나님과 관련해서 하나님의 위엄이 손상되거나 모욕당하는 행위("신성모독")를 가리키는 의미로 사용된다.

네가 사람이 되어 자칭 하나님이라 함이로라. 두 종류의 "신성모독"이 있는데, 하나는 하나님으로부터 그에게 합당한 존귀를 빼앗는 것이고, 다른 하나는 하나님의 본성에 합당치 않은 것이나 이질적인 것을 하나님께 돌리는 것이다. 따라서 유대인들은 그리스도께서 죽을 수밖에 없는 존재인 "사람"에 불과한 자인데도 자기가 신적인 존귀를 지니고 있다고 주장하였다는 이유로 그리스도를 "신성모독"을 행한 자로 단죄한 것이다. 만일 그리스도께서 정말 단지 "사람"에 불과한 존재였다면, 이것은 신성모독에 대한 올바른 정의(定義)가 되었을 것이지만, 그들은 그리스도께서 행하신 이적들 속에서 두드러지게 드러난 그의 신성(神性)을 간과해 버린 결정적인 오류를 범하였다.

34-35. 너희 율법에 기록된 바 내가 너희를 신이라 하였노라 하지 아니하였느냐. 그리스도께서는 자기가 하나님의 아들이라는 것을 부인함으로써가 아니라, 자기가 한 말이 옳다는 것을 증명함으로써 자기에 대한 유대인들의 단죄에서 벗어나신다. 그러나 그리스도께서는 이 문제 자체를 소상하게 설명하시는 것이 아니라 그

들에게 맞춰서 대답을 하신다. 왜냐하면, 그리스도께서는 그렇게 하는 것만으로도 그들의 악의를 드러내는 데에 충분하다고 여기셨기 때문이다. 따라서 그리스도께서는 자기가 어떤 의미로 자신을 하나님의 아들이라고 했는지를 분명하게 설명하지 않으시고, 단지 간접적으로 암시만 하신다. 그리스도께서는 여기에서 대등한 사실들에서 결론을 이끌어 내는 논증방식이 아니라 작은 것에서 큰 것을 유추해내는 논증방식을 사용하신다.

성경이 하나님에게서 존귀한 직분을 수여받은 자들에게 "신(神)"이라는 칭호를 부여하고 있다는 사실을 감안할 때, 하나님이 구별하셔서 다른 모든 사람들보다 뛰어나게 하신 그리스도께서는 그러한 존귀한 칭호를 받으시기에 그 누구보다도 합당하신 분이다. 이러한 사실로부터 도출되는 결론은 첫 번째에 대해서는 순순히 받아들이면서도 두 번째에 대해서는 인정하지 않고 분노하는 유대인들은 성경을 악의적으로 잘못 해석하는 자들일 수밖에 없다는 것이다.

그리스도께서 인용하신 본문은 시편 82:6이다. 거기에서 하나님께서는 자신의 권위와 권력을 악용해서 포악을 행하여 자신의 죄악된 욕망들을 이루기 위하여 가난한 자들을 압제하는 등 온갖 악을 저지르는 세상의 왕들과 재판관들을 훈계하시면서, "내가 말하기를 너희는 신들이며 다 지존자의 아들들이라 하였으나"라고 말씀하시며, 그들이 자신들에게 그토록 큰 존귀를 수여하신 이를 망각한 채로 하나님의 이름을 욕되게 하고 있다고 책망하신다. 그리스도께서는 이것을 현재의 문제에 적용해서, 유대인들은 하나님이 세상을 다스리시기 위하여 사용하시는 사역자들이기 때문에 "신"이라 불린다고 말씀하신다. 동일한 이유에서, 천사들은 하나님의 영광을 세상에 널리 비추는 일을 하기 때문에, 성경에서는 천사들을 "신"이라 부른다. 우리는 그리스도께서 "하나님의 말씀을 받은 사람들"이라는 표현을 사용하신 것을 주목할 필요가 있다. 왜냐하면, 이것은 그들이 하나님의 확실한 명령을 받았다는 것을 의미하기 때문이다. 이것으로부터 우리는 나라들이 우연히 또는 사람들의 실수로 생겨난 것이 아니라, 사람들 사이에서 정치 질서가 견고히 세워져서 사람들이 법령에 의해서 다스려지기를 바라시는 하나님의 뜻으로 말미암아 정해진 것임을 알게 된다. 그런 이유로, 바울은 "권세는 하나님으로부터 나지 않음이 없나니 모든 권세는 다 하나님께서 정하신 바라 그러므로 권세를 거스르는 자는 하나님의 명을 거스름이니 거스르는 자들은 심판을 자취하리라"(롬 13:1-2)고 말한다. 누군가가, 다른 소명(召命)들도 하나님에게서 온 것이고 하나님의 인정을 받은 것이지만, 우리가 그런 이유를 들어서 농부나 소 치는 사람이나 대장장이를 "신"이라고 부르지는 않는다고 반론을 제기한다면, 나의 대답은 그리스도께서 인용하신 본문은 하나님에 의해서 특정한 삶의 방식으로 부르심을 받은 모든 자를 "신"이라 한다는 일반적인 선언이 아니라, 하나님이 다른 사람들보다 더 높은 지위로 부르셔서 사람들을 다스리게 하신 왕들에 대한 것이라는 것이다. 요컨대, 우리는 통치자들이나 재판관들은 하나님으로부터 통치권을 위임받은 자들인 까닭에 "신들"이라 불린다는 것을 알아야 한다. 그리스도께서는 하나님이 자신의 옛 교회를 다스리시기 위하여 그들에게 주신 가르침 전체를 "율법"이라는 단어를 사용하셔서 포괄적으로 지칭하신다. 왜냐하면, 선지자들은 단지 율법의 해설자들이었고, 시편은 율법의 부록으로 보는 것이 마땅하기 때문이다. "성경은 폐하지 못하나니"라는 말씀은 성경의 가르침은 신성불가침(神聖不可侵)이라는 뜻이다.

36. 아버지께서 거룩하게 하사. 모든 경건한 자들에게 공통적인 "거룩하게 하심"(sanctificatio)이 있다. 그러나 그리스도께서는 여기에서 그런 것보다 훨씬 더 탁월한 "거룩하게 하심"이 자기에게 있다고 선언하신다. 즉, 그리스도께서 전에 "인자는 아버지 하나님께서 인치신 자니라"(요 6:27)고 말씀하셨듯이, 하나님께서는 그리스도 안에서 자신의 영의 능력과 자신의 위엄이 나타나도록 하시기 위하여 오직 한 분 그리스도를 다른 모든 사람들로부터 구별하셨다는 것이다. 그러나 엄밀하게 말해서, 이것은 "육신으로 나타나신" 그리스도에만 해당된다. 그러므로 그리스도께서 "거룩하게 하심"을 받으셨다는 것과 "세상에 보내심"을 받으셨다는 것, 이 두 가지는 서로 결합되어 있다. 그러나 우리는 그리스도께서 무슨 이유로, 그리고 어떤 조건으로 보내심을 받으신 것인지도 알아야 하는데, 그것은 하나님으로부터 구원을 가져오시기 위한 것이었고, 자신이 하나님의 아들이라는 것을 어떤 식으로든 나타내시기 위한 것이었다.

너희가 어찌 신성모독이라 하느냐. 옛적에 아리우스파는 이 본문을 왜곡해서, 그리스도는 본성적으로 하나님이신 것이 아니라, 부차적인 신성(神性)을 소유하고 있었을 뿐이라는 것을 증명하는 데에 사용하였다. 그러나 그들의 오류를 반박하기는 쉽다. 왜냐하면, 그리스도께서는 지금 자기가 본성적으로 어떤 존재인지를 다루고 계시는 것이 아니라, 사람의 육신을 입으시고 이적들을 행하시는 그를 우리가 어떤 존재로 인식해야 하는지를 다루고 계시는 것이기 때문이다. 우리는 그리스도를 아버지 하나님께서 우리에게 보내신 구속주(救贖主)로 받아들일 때에만 비로소 그리스도의 영원한 신성(神性)을 깨달을 수 있다. 또한, 우리는 내가 앞에서 잠깐 언급했던 것, 즉 그리스도께서는 자신의 제자들과 함께 계실 때에 그러셨던 것과는 달리 여기에서는 자기가 어떤 존재인지를 소상하고 분명하게 설명하시는 것이 아니라, 원수들의 비방을 반박하시는 데에 중점을 두고 계신다는 것을 기억하여야 한다.

³⁷만일 내가 내 아버지의 일을 행하지 아니하거든 나를 믿지 말려니와 ³⁸내가 행하거든 나를 믿지 아니할지라도 그 일은 믿으라 그러면 너희가 아버지께서 내 안에 계시고 내가 아버지 안에 있음을 깨달아 알리라 하시니 ³⁹그들이 다시 예수를 잡고자 하였으나 그 손에서 벗어나 나가시니라 ⁴⁰다시 요단 강 저편 요한이 처음으로 세례 베풀던 곳에 가사 거기 거하시니 ⁴¹많은 사람이 왔다가 말하되 요한은 아무 표적도 행하지 아니하였으나 요한이 이 사람을 가리켜 말한 것은 다 참이라 하더라 ⁴²그리하여 거기서 많은 사람이 예수를 믿으니라(10:37-42).

37. 만일 내가 내 아버지의 일을 행하지 아니하거든. 그리스도께서는 유대인들이 자기에게, 하나님이 자기를 "거룩하게 하셨다"는 것과 거기에 부수된 모든 것들을 자랑해 보아야 그것은 다 헛소리라고 말하지 못하도록 하시기 위해서, 자신의 신성(神性)을 보여주기에 너무나 명백한 증거인 자신의 이적들을 여기에서 다시 한 번 강조하신다. 그리스도께서는 여기에서 양보(讓步)의 형식을 빌려서, "나는 오직 사실 그 자체가 분명하게 보여주는 것에 의거해서 너희가 나를 믿어주기만을 바랄 뿐이기 때문에, 만일 하나님께서 나에 대하여 공개적인 증언을 하신 것이 아니라면, 너희가 나를 배척해도 괜찮다"고 말씀하신 것이다. 그리스도께서는 자기가 행한 일들이 진정으로 하나님께 속한 일들이고, 그 일들 속에서는 사람이 했다고 할 수 없는 너무나 큰 능력이 빛을 발하였기 때문에 그 일들을 "내 아버지의 일"이라고 표현하신다.

38. 내가 행하거든 나를 믿지 아니할지라도 그 일은 믿으라. 그리스도께서는, 하나님이 하신 것임이 너무나 명백한 일들에 대하여 그들이 공경하거나 존귀하게 여기는 마음을 보이고 있지 않기 때문에 그들은 하나님을 모독하고 멸시하는 불경죄(不敬罪)를 저지르고 있음이 분명하다는 것을 보여주신다. 그리스도께서는 여기에서 두 번째로 양보(讓步)의 형식을 빌려서, "나는 너희가 나의 가르침을 의심하

는 것은 용납할 수 있지만, 너희는 적어도 내가 행한 이적들이 하나님에게서 왔다는 것을 부인할 수는 없을 것이기 때문에, 너희가 나를 배척한다면, 그것은 사람이 아니라 하나님을 공개적으로 배척하는 것이 된다"고 말씀하신다.

그리스도께서는 "너희가 … 알고 믿으리라"(개역에는 "너희가 깨달아 알리라"로 되어 있다 — 역주)고 말씀하심으로써, 마치 믿음이 지식보다 열등하다는 듯이 지식을 믿음보다 먼저 언급하시지만, 이것은 그리스도께서, 경험을 통해서 어쩔 수 없이 승복할 수밖에 없게 되기 전에는 결코 하나님께 굴복하지 않는 패역한 불신자들을 상대하고 계셔서 그렇게 말씀하신 것일 뿐이다. 왜냐하면, 패역한 자들은 믿기 전에 먼저 알기를 원하기 때문이다. 그런데도 은혜가 풍성하신 우리 하나님께서는 우리에게 지극히 관대해서, 먼저 우리에게 "하나님의 일들"을 아는 지식을 주심으로써 믿음으로 나아갈 수 있게 우리를 준비시켜 주신다. 그러나 하나님과 그의 비밀한 지혜를 아는 지식은 순서상으로 믿음 뒤에 온다. 왜냐하면, 믿음의 순종으로 말미암아 우리에게 천국 문이 열리기 때문이다.

너희가 아버지께서 내 안에 계시고 내가 아버지 안에 있음을 깨달아 알리라. 그리스도께서는 전에 "나와 아버지는 하나이니라"(10:30)고 말씀하셨던 것과 동일한 내용을 여기에서 표현을 바꾸어서 다시 한 번 반복하신다. 이 두 말씀의 요지는 그리스도께서 행하시는 일들 가운데는 아버지 하나님의 뜻과 다른 것은 아무것도 없다는 것이다. "아버지께서 내 안에 계시고"는 "하나님의 능력이 내 안에 나타난다"는 것이고, "내가 아버지 안에 있다"는 것은 "나는 하나님의 허락 없이는 그 어떤 일도 하지 않기 때문에 나와 내 아버지는 서로 하나가 되어 있다"는 것이다. 이 말씀은 본질의 동일성을 다루고 있는 것이 아니라, 하나님의 능력이 그리스도 안에 나타났다는 것과 바로 그것이 그리스도가 하나님의 보내심을 받았음을 보여주는 증거라는 것을 다루고 있다.

39. 그들이 다시 예수를 잡고자 하였으나. 이것은 유대인들이 즉시 그리스도를 성전 밖으로 끌고 가서 돌로 치고자 한 것임이 분명하다. 왜냐하면, 그리스도께서 하신 말씀에 의해서 그들의 분노는 전혀 누그러지지 않았기 때문이다. 복음서 기자는 그리스도께서는 "그 손에서 벗어나 나가시니라"고 보도하고 있는데, 이런 일은 하나님의 놀라운 능력에 의해서가 아니면 다른 식으로는 결코 이루어질 수 없는 것이었다. 이것은 하나님께서는 원하시기만 하면 악한 자들의 분노에 재갈을 물려 억제하실 것이기 때문에, 우리가 그런 분노에 희생되는 일은 없으리라는 것

을 우리에게 일깨워준다.

40. 다시 요단 강 저편 … 에 가사. 그리스도께서는 별 유익이 없는 논쟁을 계속할 필요가 없으셨기 때문에 요단 강 저편으로 가셨다. 그러므로 그리스도께서는 우리에게 기회가 주어질 때마다 우리가 그 기회를 활용하여야 한다는 것을 자신의 모범을 통해서 가르쳐 주신 것이다. 그리스도께서 물러가신 장소에 대해서는 요한복음 1:28을 참조하라.

41. 많은 사람이 왔다가. 이렇게 큰 무리가 모였다는 것은 그리스도께서 자신이 마땅히 해야 할 일들을 중단하시고서 혼자 있고자 하신 것이 아니라, 자신의 본래의 거처이자 머물 곳이었던 예루살렘이 완강하게 자기를 내쫓자 광야에 하나님의 성소를 세우시기 위하여 혼자 있고자 하신 것임을 보여준다. 하나님이 택하신 성전이 "강도의 소굴"(렘 7:11; 마 21:13)이 되어 버렸을 때, 하나님의 교회로 하여금 사람들이 멸시하는 곳에 모이게 하신 것은 하나님의 무시무시한 보응(報應)이었음에 틀림없다.

요한은 아무 표적도 행하지 아니하였으나. 사람들은 세례 요한은 "아무 표적도 행하지 아니하였던" 반면에, 그리스도께서는 놀라운 이적들을 많이 행하셨다는 것을 근거로 삼아서 그리스도가 세례 요한보다 더 뛰어난 인물이라고 생각하였다. 우리는 언제나 이적들을 보고서 판단을 내려서는 안 되지만, 앞에서 이미 반복해서 언급했듯이, 이적들이 가르침과 결합되어 있을 경우에는 그 이적들은 상당한 무게를 지니게 된다. 하지만 그들의 논증에는 결함이 있다. 왜냐하면, 그들은 그리스도와 세례 요한을 비교할 때에 오직 한 부분만을 놓고서 둘을 서로 비교하고 있기 때문이다. 또한, 그들은 세례 요한이 하나님의 뛰어난 선지자였고 성령의 놀라운 은혜를 입은 자였다는 것을 기정사실로 받아들인다. 그러므로 그들이 세례 요한은 다른 면들에서는 대단히 위대한 선지자였지만 이적을 행하는 영광이 그에게 주어지지 않은 것은 하나님의 분명한 섭리에 의한 것일 수밖에 없기 때문에 그리스도가 세례 요한보다 더 크다고 결론을 내린 것은 합당하다.

요한이 이 사람을 가리켜 말한 것은 다 참이라. 이 구절은 사람들이 한 말이 아니라, 복음서 기자가 사람들로 하여금 그리스도를 믿게 만든 두 가지 근거가 있었다는 것을 보여주기 위하여 덧붙인 말인 것으로 보인다. 두 가지 중 하나는 사람들이 그리스도에 대한 세례 요한의 증언이 참되다는 것을 알았다는 것이고, 다른 하나는 그리스도께서 행하신 이적들이 그에게 더 큰 권위를 부여해 주었다는 것이다.

제 11 장

¹어떤 병자가 있으니 이는 마리아와 그 자매 마르다의 마을 베다니에 사는 나사로라 ²이 마리아는 향유를 주께 붓고 머리털로 주의 발을 닦던 자요 병든 나사로는 그의 오라버니더라 ³이에 그 누이들이 예수께 사람을 보내어 이르되 주여 보시옵소서 사랑하시는 자가 병들었나이다 하니 ⁴예수께서 들으시고 이르시되 이 병은 죽을 병이 아니라 하나님의 영광을 위함이요 하나님의 아들이 이로 말미암아 영광을 받게 하려 함이라 하시더라 ⁵예수께서 본래 마르다와 그 동생과 나사로를 사랑하시더니 ⁶나사로가 병들었다 함을 들으시고 그 계시던 곳에 이틀을 더 유하시고 ⁷그 후에 제자들에게 이르시되 유대로 다시 가자 하시니 ⁸제자들이 말하되 랍비여 방금도 유대인들이 돌로 치려 하였는데 또 그리로 가시려 하나이까 ⁹예수께서 대답하시되 낮이 열두 시간이 아니냐 사람이 낮에 다니면 이 세상의 빛을 보므로 실족하지 아니하고 ¹⁰밤에 다니면 빛이 그 사람 안에 없는 고로 실족하느니라(11:1-10).

1. **어떤 병자가 있으니 … 베다니에 사는 나사로라.** 복음서 기자는 이제 우리가 꼭 기억해야 할 아주 특별한 이적 사건이 포함되어 있는 또 다른 이야기로 넘어간다. 그리스도께서 죽은 나사로를 살리신 사건은 자신의 신적 능력에 대한 확고부동한 증거를 보여준 것일 뿐만 아니라, 동시에 장차 있을 우리의 부활을 우리의 눈앞에 생생한 이미지로 보여준 것이기도 하다. 그리고 이 사건은 그리스도께 죽음의 순간이 다가온 시점에서 일어난 것이어서, 그리스도의 공생애 기간을 통틀어서 가장 마지막 사건이자 그 공생애를 마감하는 사건이었다. 따라서 그리스도께서 이 사건에서 특별히 자신의 영광을 드러내 보이신 것은 전혀 이상한 일이 아니었다. 왜냐하면, 그리스도께서는 이 사건에 대한 기억이 그들의 마음속에 깊이 새겨져서 그 이전에 있었던 모든 일들을 확인해 주고 인을 치는 역할을 해주기를 바라셨기 때문이다. 그리스도께서는 전에도 여러 사람을 살리신 적이 있으셨지만, 이번에는 이미 썩은 시신을 살리시는 능력을 보여주셨다. 우리는 이 이적을 통해서 하나님

의 영광이 어떻게 드러나게 되었는지를 적절한 곳에서 살펴보게 될 것이다. 나사로는 마리아와 마르다의 마을인 베다니 사람으로 소개되는데, 이것은 아마도 나사로가 믿는 자들 사이에서 자신의 누이들만큼 유명하지 않았기 때문일 것이다. 왜냐하면, 그녀들은 누가복음 10:38에 잘 드러나 있듯이, 그리스도를 늘 따뜻하게 환대했던 신실한 여자들이었기 때문이다. 수도사들을 비롯한 교황의 수하들이 작은 마을인 "베다니"를 성채(城砦)로 이해한 것은 참으로 어처구니없는 일이다.

2. 이 마리아는 향유를 주께 붓고. 교황의 수하들이 나사로의 누이인 이 마리아와 누가복음 7:37에 나오는 "죄를 지은 한 여자"와 동일시한 것도 그들의 무지를 보여주는 것이다. 그들은 그리스도께서 서로 다른 장소에서 한 차례 이상 향유 부음을 받으셨다는 사실을 까맣게 잊어버리고서, 향유를 부은 사건이 일어났다는 것만을 생각함으로써 그런 착각을 한 것이다. 누가는 "죄를 지은" 그 여자가 예루살렘에 살고 있었으며 그곳에서 그리스도께 기름을 부었다고 말한다. 하지만 베다니의 마리아는 그 일보다 나중에 자신의 마을에서 그리스도께 기름을 부었다. 복음서 기자가 사용한 완료 시제는 지금 진행되고 있는 사건들 속에서 완료된 일을 가리키는 것이 아니라, 나중에 복음서가 기록된 시점에서 완료된 일을 가리키는 것으로 보아야 한다. 따라서 복음서 기자는 "이 마리아는 나중에 그리스도에게 향유를 붓고 그 일로 인해서 제자들의 불평을 샀던 바로 그 여자다"(마 26:7-8)라고 말한 것과 같다.

3. 보시옵소서 사랑하시는 자가 병들었나이다. 이것은 아주 짧은 전언(傳言)이었지만, 그리스도께서는 이 두 자매가 원하는 것이 무엇인지를 금세 알아차리셨다. 왜냐하면, 그녀들의 말 속에는 그리스도께서 자기들을 기꺼이 도와주시기를 바라는 간절한 기원이 깃들어 있었기 때문이다. 물론, 우리가 기도할 때에 길게 해서는 안 된다는 법은 없다. 하지만 기도의 요체는 하나님께 우리의 모든 근심과 걱정을 아뢰고 그의 도우심과 구원을 구하는 것인데, 그녀들은 바로 그렇게 하였다. 그녀들은 그리스도께 자신들의 문제를 진술하게 아뢰고 그의 도우심을 구했다. 또한 우리가 주목해야 할 것은 그녀들이 그리스도의 사랑을 믿고서 그의 도우심을 받을 것이라는 확신을 지니고 있었다는 것이다. 이것이 바른 기도의 영원한 규칙이다. 왜냐하면, 하나님의 사랑이 있는 그 곳에는 확실하고 즉각적인 구원도 있고, 하나님께서는 한 번 사랑하신 자를 결코 버리지 않으시기 때문이다.

4. 예수께서 들으시고 이르시되 이 병은 죽을 병이 아니라. 그리스도께서는 제자

들이 자신의 모습을 보면서 "주님께서는 자기 친구가 위험에 처했는데도 어떻게 이처럼 태연하게 계실 수 있을까"라는 의구심을 품고 혼란스러워 하지 않도록 하시기 위해서 이와 같이 대답을 해주신 것이었다. 따라서 그리스도께서는 나사로의 병은 "죽을 병"이 아니라고 말씀하신 후에, 도리어 그 병으로 말미암아 자신이 영광을 받을 것임을 약속해 주심으로써 나사로가 죽을지도 모른다고 생각한 제자들의 걱정을 덜어주셨다. 즉, 비록 나사로는 죽었지만, 그리스도께서는 얼마 후에 그를 다시 살려내셨기 때문에, 이러한 결과를 미리 내다보시고 나사로의 병은 "죽을 병"이 아니라고 말씀하신 것이다.

하나님의 영광을 위함이요. "하나님의 영광"과 "죽을 병"은 서로 상충되는 것은 아니기 때문에, "이 병은 죽을 병이 아니라 하나님의 영광을 위함이요"라는 말씀은 보편적으로 적용될 수 있는 명제는 아니다. 왜냐하면, 우리는 하나님의 영광은 경건한 자들의 구원 속에서와 마찬가지로 멸망받아 마땅한 버림받은 자들의 죽음 속에서도 두드러지게 드러난다는 것을 알기 때문이다. 하지만 여기서 그리스도께서 언급하신 하나님의 영광은, 정확히 말하자면, 자신의 직분과 연관된 하나님의 영광이다. 그리스도께서 행하신 이적들 속에 나타난 하나님의 능력은 두려움을 불러일으키는 것이 아니라, 도리어 자비롭고 온유한 것이었다. 그러므로 그리스도께서 자신의 영광과 아버지 하나님의 영광을 모두 드러내시려고, 나사로의 병이 "죽을 병"이 아니라고 말씀하실 때, 우리는 아버지 하나님께서 그리스도를 우리에게 보내신 이유와 목적을 생각해 보지 않으면 안 되는데, 그것은 멸망시키시기 위한 것이 아니라 구원하시기 위한 것이었다.

하나님의 영광을 위함이요 하나님의 아들이 이로 말미암아 영광을 받게 하려 함이라. 이 표현은 매우 중요하다. 왜냐하면, 이 표현을 통해서 우리는 하나님께서는 자신이 받으실 영광을 아들에게로 돌리시기 위해서 아들을 통해서 자기 자신을 알리기를 원하신 것임을 알게 되기 때문이다. 따라서 요한복음 5:23에서 그리스도께서는 "아들을 공경하지 아니하는 자는 그를 보내신 아버지도 공경하지 아니하느니라"고 말씀하신다. 그러므로 이슬람교도들과 유대인들도 하나님을 섬기는 것처럼 보이지만, 그것은 모두 헛된 것이다. 왜냐하면, 그들은 그리스도의 신성(神性)을 모독하고, 더 나아가 그렇게 함으로써 그리스도를 하나님으로부터 떼어 놓으려고 하기 때문이다.

5. 예수께서 본래 마르다와 그 동생과 나사로를 사랑하시더니. 바로 뒤의 6절을

보면, 그리스도께서는 나사로가 병들었다는 말을 들으시고도 마치 나사로의 목숨에는 아무 관심이 없으시다는 듯이 그 계시던 곳인 요단 저편에 이틀을 더 머무르셨다. 그런데도 복음서 기자는 여기에서 그리스도께서 본래 나사로와 그의 누이들을 사랑하셨다고 말하고 있기 때문에, 언뜻 보면, 이 두 가지는 앞뒤가 잘 안 맞는 것 같아 보인다. 왜냐하면, 사랑은 곧 관심인 까닭에, 그리스도께서 나사로를 사랑하셨다면 소식을 들은 즉시로 나사로에게 달려가셨어야 했을 것으로 보이기 때문이다. 하지만 그리스도께서는 하나님의 은혜를 보여주는 유일한 거울이시기 때문에, 우리는 그리스도께서 나사로에게 가는 것을 지체하신 이 일을 통해서, 눈앞에 보이는 사정만을 근거로 하나님의 사랑을 판단해서는 안 된다는 교훈을 얻게 된다. 하나님께서는 우리가 기도할 때에 우리에게 도우심을 주시는 것을 종종 지체하시는데, 그것은 우리로 하여금 기도에 더욱 열심을 내도록 하시기 위한 것이거나, 우리로 하여금 인내하게 하시고 동시에 순종하는 데에 익숙해지도록 하시기 위한 것이다. 믿는 자들은 하나님의 도우심을 간구해야 하지만, 하나님께서 자신들이 바라는 때에 맞추어서 도움의 손길을 베풀어 주시지 않을 때에는, 자신들의 소망을 잠시 내려놓고 기다리는 법도 배워야 한다. 왜냐하면, 하나님께서는 비록 지체하실지라도 결코 주무시지 않으시며, 또한 자신의 백성들을 잊지 않으시기 때문이다. 또한, 우리는 하나님께서는 자신이 사랑하시는 자가 모두 구원받기를 원하신다는 것을 확실하게 알아야 한다.

7. 그 후에 제자들에게 이르시되. 이제 드디어 그리스도께서 나사로에 대한 자신의 관심을 드러내신다. 이 무렵 제자들은 그리스도께서 나사로를 잊어버리셨거나, 아니면 적어도 나사로의 목숨보다 더 중요한 일이 있는 것이라고 생각하고 있었다. 이제 그리스도께서는 제자들에게 요단 강을 건너 "유대로 다시 가자"고 말씀하신다.

8. 제자들이 말하되 랍비여 방금도 유대인들이 돌로 치려 하였는데. 제자들은 주님께서 유대 땅으로 가시고자 하시는 생각을 단념시키기 위해서 이 말을 했지만, 사실 이것은 주님을 위한 것이라기보다는 자신들의 안위를 걱정해서 그렇게 말한 것이었다. 왜냐하면, 그들은 하나같이 주님의 안전을 걱정하였는데, 주님에게 위험이 닥치면, 그들도 위험에 처하게 될 것이었기 때문이다. 그들은 속으로는 십자가를 피하고 싶어하면서도, 그 사실을 밝히는 것은 수치스럽게 생각하였기 때문에, 자기들이 주님을 염려하는 것처럼 보이기 위해서 이런 말을 한 것이었다. 오늘

날에도 많은 사람들이 그런 식으로 행한다. 그런 자들은 십자가를 지는 것이 두려워서 자신들의 본분을 다하는 것은 꺼려하는 가운데, 자신들이 정당한 이유도 없이 하나님께 순종하지 않는 사람들처럼 비치는 것을 두려워하여서, 자신들의 연약함과 소심함을 은폐하기 위한 핑곗거리들을 찾느라고 애를 쓴다.

9. 낮이 열두 시간이 아니냐. 이 말씀에 대한 설명은 다양하다. 어떤 이들은 그리스도께서 인간의 마음이 변덕스러워서 그 마음의 계획이 시시각각 변한다는 것을 가르치시기 위해서 이 말씀을 하신 것이라고 본다. 하지만 그런 설명은 그리스도께서 뜻하신 바와는 너무 거리가 멀다. 만일 그리스도께서 보편적인 경구(警句)로서 이 말씀을 하신 것이 아니라면, 내가 굳이 이 말씀에 대해서 설명을 덧붙일 필요가 없을 것이다. 따라서 우리는 이 말씀이 지닌 본래적이고 단순한 의미로 만족하여야 한다. 먼저, 그리스도께서는 여기에서 밤과 낮의 은유를 사용하고 계신다. 사람이 캄캄한 밤에 돌아다니게 되면, 어디에 부딪히거나 길을 잃고 헤매거나 넘어지는 것이 당연하다. 그러나 낮에는 빛이 길을 비추어 주기 때문에 아무런 위험이 없다. 하나님의 부르심은 우리로 하여금 길을 잃거나 넘어지지 않게 해주시는 낮의 빛과 같다. 따라서 하나님의 말씀에 순종하고 오직 그의 명령만을 따르는 자는 하늘에 계신 하나님을 자신의 인도자와 지도자로 삼는 자이기 때문에, 그러한 확신과 믿음 속에서 안전하고 당당하게 자신의 길을 걸어갈 수 있다. 왜냐하면, 시편에서 말하고 있는 것처럼, 하나님의 길로 걸어가는 자들에게는 누구나 자신을 지켜주는 천사들이 따라붙게 되어서, 그들은 그 천사들의 보호 아래에서 안전하고, 그들의 발은 돌에 부딪히지 않게 될 것이기 때문이다(시 91:11-12). 따라서 그리스도께서는 자기가 이와 같이 보호받으실 것을 믿으셨기 때문에, 유대인들에게 돌을 맞을까봐 두려워하지 않고 담대하게 유대 땅으로 가셨다. 왜냐하면, 하나님께서 하늘의 해가 되셔서 우리를 비춰 주시고 우리의 길을 인도해 주신다면, 우리는 길을 잃어버릴 염려가 없기 때문이다. 이 말씀을 통해서 우리는 사람이 하나님의 부르심을 받지 않은 채 자기 자신의 생각과 계획에만 매달리게 될 때, 그의 삶은 온통 방황과 오류로 점철될 수밖에 없다는 것을 배우게 된다. 그리고 자기 자신이 대단히 지혜롭다고 생각한 나머지, 하나님의 말씀을 구하지도 않고, 하나님의 성령이 자신들의 행동을 다스리는 것을 바라지도 않는 자들은 어둠 속을 헤매는 맹인과 같다. 단 하나의 올바른 길은 우리가 하나님의 부르심을 올바로 깨달아서 언제나 하나님으로 하여금 우리보다 앞서서 행하시게 하는 것이다. 이것이 우리의

삶을 올바르게 규율해 주는 법칙이고, 우리가 그러한 법칙을 따라서 살게 될 때, 우리는 우리의 삶이 형통하게 될 것임을 확신할 수 있게 된다. 하나님께서 다스리시는 삶에 실패란 있을 수 없기 때문이다. 우리는 그러한 지식을 반드시 알아야 한다. 왜냐하면, 믿는 자들이 하나님을 따라서 첫 걸음을 내딛는 순간, 사탄은 즉시 그들 앞에 수많은 장애물을 쌓아놓고 사방에 온갖 위험한 일들을 깔아 놓는 등 수단과 방법을 가리지 않고 그들의 전진을 막으려고 획책할 것이기 때문이다. 그러나 주님께서 자신의 빛을 비춰 주시고 우리에게 앞으로 나아가라고 하신다면, 비록 수많은 죽음이 우리의 여정을 가로막고 있을지라도, 우리는 담대하게 전진하여야 한다. 주님께서 우리에게 전진을 명하실 때, 주님은 반드시 약속의 말씀으로 우리에게 힘을 주신다. 즉, 주님께서는 우리가 주님의 명령을 따라서 행하는 것은 그것이 무엇이든지 간에 그 결과가 선하고 복될 것이라는 확신을 우리에게 심어 주신다. 이것이 우리의 병거이고, 이 병거를 타는 자는 결코 곤고함을 견뎌내지 못해서 쓰러지지 않을 것이다. 세상의 병거를 타고 통과하지 못할 만큼 대단한 장애물들이 앞에 버티고 있을지라도, 우리의 병거는 날개가 달려 있어서 날아오를 수 있는 까닭에, 우리는 반드시 길을 발견해서 목표 지점에 도달할 수 있게 될 것이다. 이것은 믿는 자들이 결코 그 어떤 역경도 만나지 않을 것이기 때문이 아니라, 역경이 도리어 그들의 구원을 돕는 수단이 되기 때문이다. 요컨대, 하나님의 눈은 자신의 명령에 순복하는 자들을 지켜 주시기 위해서 그들을 응시하고 계신다는 것이다. 이것으로부터 우리는 사람이 하나님의 말씀을 소홀히 여기거나 무시하고 자기가 좋아하는 일만을 하려고 든다면, 그의 전 생애는 하나님의 저주를 받게 될 것이고, 그의 무모함과 맹목적인 열정은 하나님의 보응을 받게 될 것임을 알게 된다.

한편, 그리스도께서는 여기에서 옛적의 관습을 따라서 낮을 열두 시간으로 나누신다. 낮의 길이가 여름이냐 겨울이냐에 따라서 달라짐에도 불구하고, 옛적의 사람들은 날들을 언제나 열두 시간의 낮과 열두 시간의 밤으로 나누었다.

[11]이 말씀을 하신 후에 또 이르시되 우리 친구 나사로가 잠들었도다 그러나 내가 깨우러 가노라 **[12]**제자들이 이르되 주여 잠들었으면 낫겠나이다 하더라 **[13]**예수는 그의 죽음을 가리켜 말씀하신 것이나 그들은 잠들어 쉬는 것을 가리켜 말씀하심인 줄 생각하는지라 **[14]**이에 예수께서 밝히 이르시되 나사로가 죽었느니라 **[15]**내가 거기 있지 아니한 것을 너희를 위하여 기뻐하노니 이는 너희로 믿게 하려 함이라 그러나

그에게로 가자 하시니 ¹⁶디두모라고도 하는 도마가 다른 제자들에게 말하되 우리도
주와 함께 죽으러 가자 하니라 ¹⁷예수께서 와서 보시니 나사로가 무덤에 있은 지 이
미 나흘이라(11:11-17).

11. 우리 친구 나사로가 잠들었도다. 그리스도께서는 앞에서 나사로의 병이 "죽
을 병"이 아니라고 말씀하신 바 있지만, 제자들이 예기치 못한 일에 충격을 받아
너무 혼란스러워 하지 않도록 하시기 위해서, 이제 나사로가 죽었다는 것을 그들
에게 알리시고, 그가 다시 살아날 것이라는 소망을 주신다. 그런데 제자들이 그리
스도의 말씀을 액면 그대로 받아들여서 나사로가 잠든 것으로 이해했다는 것은 그
들의 무지를 여실히 보여주는 증거이다. 왜냐하면, 비록 "잠들다"라는 표현이 비
유적인 것이기는 하지만, 이것은 성경에 아주 흔히 나타나는 평범한 표현으로서,
유대인이라면 누구나 그 뜻을 아는 것이 당연했기 때문이다.

12. 제자들이 이르되 주여 잠들었으면 낫겠나이다. 제자들은 그리스도께서 나사
로에게로 가시지 않기를 내심 바랐기 때문에, 그가 잠이 들었으면 곧 건강이 회복
될 것이라고 말한다. 그들은 그리스도의 말씀을 교묘하게 이용해서 자신들의 목적
을 달성하려고 한 것은 아니었지만, 그리스도께서 나사로가 잠들었다고 말씀하신
것으로 생각하였기 때문에, 이 기회를 이용해서 위험으로부터 벗어나고자 하였다.
아우구스티누스(Augustinus)를 비롯해서 그 후의 많은 사람들은 "잠들다"라는 말
에 대해서 교묘한 철학적 담론을 늘어놓았다. 그들은 하나님께서 죽은 사람을 다
시 살리시는 것은 우리가 일상생활에서 잠든 사람을 깨우는 것만큼이나 쉬운 일이
기 때문에, "잠들다"라는 말로 죽음을 표현한 것이라고 주장한다. 그러나 성경에
나타나는 이 표현의 일반적인 용법으로부터 우리는 그리스도께서 그런 종류의 해
석을 염두에 두시지 않았다고 추론할 수 있다. 세속의 작가들도 보통 죽음을 잠에
비유하는 것으로 미루어 볼 때, 우리는 그리스도께서 이 표현을 사용하신 이유는
죽은 육신이 깊은 잠에 빠진 사람의 육신처럼 아무런 지각이 없기 때문이었을 것
이라고 확실하게 말할 수 있다. 그렇기 때문에, 잠을 죽음의 표상(表象)으로 사용
한 것은 적절한 것이었고, 호메로스는 잠을 "죽음의 형제"(κασίγνητος θανάτου-카
시그네토스 다나투)라고 불렀다. 일부 광신자들은 이 말을 영혼에 적용해서, 영혼
이 분별력을 상실하면 그 영혼은 죽은 것이라고 생각하지만, 이 말은 여기에서 육
신의 잠만을 가리키기 때문에, 그들의 생각은 터무니없다. 이제 그리스도께서는

나사로를 "깨우러" 가신다고 말씀하심으로써 자신의 능력이 어떤 것인지를 보여 주신다. 왜냐하면, 우리가 이미 말했듯이, 잠이라는 말 속에는 죽은 자를 살리시는 것이 쉬운 일이라는 뜻이 표현되어 있지는 않고, 그리스도께서는 자신이 살리실 자를 "깨울" 것이라고 말씀하심으로써 자신이 죽음의 주재자(主宰者)이심을 보여 주시기 때문이다.

14. 이에 예수께서 밝히 이르시되 나사로가 죽었느니라. 제자들의 무지(無知)와 어리석음을 용납하시는 그리스도의 선하심과 인자하심은 놀라울 정도였다. 사실, 그리스도께서는 그들에게 성령을 충만하게 부어 주셔서 그들로 하여금 모든 것을 깨닫게 하실 수도 있으셨지만, 그들을 더욱 극적으로 새롭게 하시기 위해서 그 일을 일시적으로 뒤로 미루신 것이었다.

15. 내가 거기 있지 아니한 것을 너희를 위하여 기뻐하노니. 이 말씀의 의미는 그리스도께서 거기에 계시지 않았던 것이 오히려 제자들에게 더 유익한 일이라는 의미이다. 왜냐하면, 만일 그리스도께서 거기에 계셔서 나사로를 즉시 도와 주셨더라면, 그의 능력은 덜 빛났을 것이기 때문이다. 하나님의 일이 일반적인 자연 법칙에 근접한 것일수록, 사람들은 그 일을 대수롭지 않게 여기게 되고 거기서 분명한 영광도 찾지 못하게 되는데, 이것은 우리가 매일같이 경험하는 일이다. 왜냐하면, 만일 하나님께서 즉각 손을 내밀어 주시면, 우리는 그가 우리를 도우셨다는 사실 자체를 아예 깨닫지 못하기 때문이다. 따라서 나사로가 다시 살아난 것이 인간적인 방식과는 거리가 먼 진정한 하나님의 역사(役事)에 의한 것임을 제자들에게 인식시키기 위해서, 그 일은 상당 기간 뒤로 미루어져야만 했다. 하지만, 내가 앞에서도 간단하게 언급한 바 있듯이, 우리는 우리를 향한 아버지 하나님의 자애로우심이 그리스도 안에서 드러나고 있다는 사실을 기억해야 한다. 따라서 하나님께서 우리로 하여금 고난을 겪게 하시고 오랫동안 고난에 시달리게 하실 때, 우리는 그것이 하나님께서 우리의 구원을 이루시는 방식이라는 것을 알아야 한다. 그럴 때에 우리는 근심과 걱정으로 탄식하며 신음하게 되는 것이 사실이지만, 주님께서는 그것이 우리에게 선한 것이 될 줄을 아시기 때문에 오히려 기뻐하시고, 우리의 허물들을 용서해 주실 뿐만 아니라 그것들을 바로잡을 방도까지도 기꺼이 찾아 주심으로써 자신의 인자하심을 우리에게 갑절로 보여주신다.

이는 너희로 믿게 하려 함이라. 이것은 제자들이 이 사건을 계기로 믿음을 갖기 시작할 것이라는 의미가 아니라, 이미 생겨나긴 했지만 여전히 보잘 것 없고 연약한 그들의 믿음이 이 일로 인해서 견고하게 될 것이라는 의미이다. 또한, 이 말씀 속에는 만일 하나님의 손이 명백하게 드러나지 않았다면, 그들이 믿지 않았을 것 이라는 뜻이 함축되어 있다.

16. 디두모라고도 하는 도마가. 지금까지 제자들은 그리스도께서 유대 땅으로 가시겠다는 생각을 접으시게 만들려고 노력했다. 이제 도마는 그리스도를 따라서 죽으러 갈 준비가 되어 있는 것처럼 말하지만, 그의 말은 확고한 믿음에서 나온 것 이 아니었다. 또는, 적어도 그는 그리스도의 약속의 말씀을 들었음에도 불구하고, 그 말씀 속에서 흔쾌히 그리고 담담하게 그를 따라갈 힘을 얻지 못하였다.

우리도 주와 함께 죽으러 가자. 그들은 자신들의 목숨에 대해서 아무런 걱정도 하지 말았어야 했지만, 도마는 자포자기의 심정에서 이렇게 말한 것이다. "그와 함 께"(개역에는 "주와 함께"로 되어 있다 — 역주)라는 어구에서 "그"는 나사로를 가리키 는 것으로 이해할 수도 있고 그리스도를 가리키는 것으로 이해할 수도 있다. 우리 가 "그"를 나사로를 가리키는 것으로 해석한다면, 도마의 말은 빈정대거나 비꼬기 위한 반어법적인 말이 될 것이기 때문에, 그는 이렇게 말한 것이 된다: "우리가 나 사로와 함께 죽어주는 것 말고 친구로서 할 일이 무엇이 있단 말인가? 그러니 우리 도 그와 함께 죽으러 그에게로 가자!" 그러나 나는 여기에서 "그"는 그리스도를 가 리키는 것이라고 본다. 즉, 도마는 그리스도와 함께 기꺼이 죽겠다고 말한 것이다. 하지만 내가 이미 말한 것처럼, 이 말은 무분별한 열심에서 나온 말이었다. 도리어, 그는 그리스도의 약속의 말씀을 믿고, 이 믿음에서 힘과 용기를 얻었어야 마땅했 다.

[18]베다니는 예루살렘에서 가깝기가 한 오 리쯤 되매 [19]많은 유대인이 마르다와 마리 아에게 그 오라비의 일로 위문하러 왔더니 [20]마르다는 예수께서 오신다는 말을 듣 고 곧 나가 맞이하되 마리아는 집에 앉았더라 [21]마르다가 예수께 여짜오되 주께서 여기 계셨더라면 내 오라버니가 죽지 아니하였겠나이다 [22]그러나 나는 이제라도 주 께서 무엇이든지 하나님께 구하시는 것을 하나님이 주실 줄을 아나이다 [23]예수께서 이르시되 네 오라비가 다시 살아나리라 [24]마르다가 이르되 마지막 날 부활 때에는 다시 살아날 줄을 내가 아나이다 [25]예수께서 이르시되 나는 부활이요 생명이니 나 를 믿는 자는 죽어도 살겠고 [26]무릇 살아서 나를 믿는 자는 영원히 죽지 아니하리니 이것을 네가 믿느냐 [27]이르되 주여 그러하외다 주는 그리스도시요 세상에 오시는

하나님의 아들이신 줄 내가 믿나이다(11:18-27).

18. 베다니는 예루살렘에서 가깝기가 한 오 리쯤 되매. 복음서 기자는 이 이야기의 확실성을 뒷받침하는 모든 사실들을 세심하게 기록하고 있다. 그가 베다니 마을이 예루살렘에서 얼마나 가까운지를 언급한 것은 나사로의 누이들을 위로하기 위해서 많은 친구들이 예루살렘으로부터 온 것이 놀랄 만한 일이 아니라는 것을 보여주기 위한 것이었다. 그들은 하나님께서 이 이적의 증인으로 삼으려고 작정하신 자들이었다. 왜냐하면, 그들은 인간적인 도리에 이끌려서 나사로의 집에 왔지만, 그들이 그 곳에 모인 배후에는 하나님의 은밀하신 작정하심에 따른 다른 목적이 숨어 있었기 때문이다. 그것은 나사로의 부활이 어둠 속에 묻혀 버리거나 나사로의 가족들만이 증인이 되는 일이 없도록 하기 위한 것이었다. 하나님께서 자신의 능력을 예루살렘 성문 가까이에 있던 잘 알려진 장소인 베다니 마을에서, 그것도 마치 무대에서 상연되는 연극처럼 많은 사람들이 보는 가운데서 생생하게 보여주셨음에도 불구하고, 사람들이 그 일을 금방 잊어버리고 만다면, 그것은 유대 민족의 고약한 배은망덕함을 보여주는 확실한 증거가 아닐 수 없었다. 아니, 유대인들은 자신들의 눈앞에서 벌어지는 일들을 외면하기 위해서 악의적으로 자신들의 눈을 감아 버린 것이라고 말하는 것이 더 정확할 것이다. 집요하게 이적들을 갈망하는 자들이 그 이적들이 무슨 의미를 담고 있는지를 생각하는 것에 있어서는 오히려 우둔한 것은 사실 새롭거나 희귀한 일이 아니다. 예루살렘과 베다니 사이의 거리는 2마일이 채 되지 않았다(2마일을 뜻하는 라틴어 표현은 문자적으로 "2000 파수스[passus]"이고, 여기서 파수스는 5걸음에 해당하는 길이로 약 150cm 정도이다 — 역주).

19. 많은 유대인이 … 오라비의 일로 위문하러 왔더니. 그들의 목적은 나사로의 누이들을 위문하는 것이었지만, 우리가 이미 말했듯이, 하나님께서는 다른 목적을 갖고 계셨다. 우리는 이 구절에서 나사로와 그 누이의 집안이 대단히 존경받는 가문이었음을 알게 된다. 혈육이나 벗의 죽음을 슬퍼하고 애도하는 것은 인지상정이기 때문에, 복음서 기자가 언급하고 있는 이러한 일은 사람의 본분에 따른 것으로서 책망받을 일이 아니다. 다만, 이런 경우뿐만 아니라 그 밖의 다른 인생사에서도 그렇듯이, 어떤 행위가 그 자체로는 나쁜 것이 아닐지라도, 도가 지나칠 때에는 그 행위 본래의 의미가 훼손되어 버리고 만다.

20. 마르다는 예수께서 오신다는 말을 듣고 곧 나가 맞이하되. 마르다는 마을 어

귀까지 마중을 나왔다. 우리가 나중에 보겠지만, 그녀가 그렇게 한 것은 그리스도를 공경해서만이 아니고 좀 더 은밀하게 그리스도를 만나고 싶어서였다. 왜냐하면, 마르다는 그리스도께서 지난번에 겪으셨던 위험을 생생하게 기억하고 있었기 때문이다. 그리스도께서 갈릴리 지역으로 돌아가셨을 때, 원수들의 적개심은 잠시 동안 가라앉았으나 완전히 사라진 것은 아니었다. 따라서 만약 그들이 그리스도께서 돌아오셨다는 말을 듣게 된다면, 그들의 적개심은 이전보다 더욱 격렬하게 불타오르게 될 것이었다.

21. 주께서 여기 계셨더라면. 마르다는 푸념부터 늘어놓지만, 그녀는 이런 식으로 자신의 소원을 조심스럽게 표명하고 있는 것이다. 그녀는 이렇게 말한 것과 같다: "주님이 여기 계셨더라면, 주님은 제 오라버니의 목숨을 구하셨을 것입니다. 하지만 하나님께서는 주님이 원하시는 일을 하나도 거절하지 않으시기 때문에, 지금도 주님은 그렇게 하실 수 있습니다." 하지만 마르다는 이런 식으로 말함으로써 믿음으로 자신의 감정을 통제하지 못하고, 도리어 감정을 있는 그대로 여과 없이 표출해 버린 것이었다. 나는 마르다의 말이 부분적으로는 믿음에서 비롯되었다는 것을 인정한다. 하지만, 내가 지적하고자 하는 것은 그녀의 말 속에는 정돈되지 않은 감정이 혼재되어 있었고, 그것 때문에 그녀의 말이 한계를 넘어섰다는 것이다. 그녀는 만일 그리스도께서 여기에 계셨더라면 자기 오라버니가 죽지 않았을 것이라고 장담하였는데, 그녀는 무엇을 근거로 그런 확신에 찬 말을 한 것일까? 그녀의 말이 그리스도의 약속에 근거를 둔 것이 아님은 확실하다. 따라서 우리는 마르다가 그리스도의 뜻을 따라서가 아니라 그녀 자신이 바라는 것을 따라서 그렇게 말한 것이라고 결론을 내릴 수밖에 없다. 그녀가 그리스도에게 능력과 선하심을 돌린 것은 믿음에서 나온 행위였다. 하지만 그녀가 그리스도로부터 들은 말씀 이상으로 자기 확신을 갖게 된 것은 믿음과는 전적으로 무관한 일이다. 우리가 하나님의 말씀에 근거하지 않은 믿음을 갖는 것을 방지하기 위해서, 우리는 언제나 믿음과 말씀이 서로 일치하게 하여야 한다. 게다가, 마르다는 그리스도께서 육신으로 그들과 함께 계시는 것에 지나치게 집착했다. 그 결과로 마르다의 믿음에는 절제되지 않은 욕망뿐만 아니라 미신적인 요소까지 섞여 들어가게 되어서, 그 믿음은 찬란한 빛을 발하는 데에 실패하게 되었다. 결국 그녀의 말은 믿음의 불씨만을 보여주는 데에 그치고 말았다.

23. 네 오라비가 다시 살아나리라. 그리스도께서는 우리가 앞에서 지적한 마르

다의 잘못들을 용서해 주셨을 뿐만 아니라, 그녀가 요구했던 것보다 더 큰 일을 해 주시겠다고 약속하셨다는 점에서, 마르다에게 보여주신 그의 너그러우심과 인자 하심은 참으로 놀랍다.

24. 마지막 날 부활 때에는 다시 살아날 줄을 내가 아나이다. 우리는 여기에서 마르다가 "마지막 날 부활 때에는"이라는 자기 생각을 덧붙임으로써 그리스도께서 하신 말씀의 의미를 약화시키는 것 속에서 그녀의 지나친 소심함을 본다. 우리는 앞에서 마르다가 자기 자신의 생각을 좇아서 감정에 겨워 제멋대로 확신에 찬 말을 한 것이 그녀의 분수에 넘치는 행동이었다는 것을 지적한 바 있다. 그런데 이제 마르다는 그것과 정반대의 잘못을 범하고 있다. 즉, 그리스도께서 손을 내밀어 주시는 이 상황에서 그녀는 크게 놀란 듯이 멈칫하고 있기 때문이다. 우리는 이러한 양 극단을 모두 경계해야 한다. 즉, 우리는 한편으로는 하나님의 말씀이 없는데도 제멋대로 소망을 만들어 내서도 안 되지만, 다른 한편으로는 하나님께서 말씀하시는데도 우리의 마음을 굳게 닫아걸고 있어서도 안 된다는 것이다. 마르다는 이런 대답을 통해서 다시 한 번 그리스도의 말씀으로부터 기대할 수 있는 것 이상을 확인하고 싶어 하는 마음을 드러냈다. 왜냐하면, 마르다는 이렇게 말한 것과 같기 때문이다: "만일 주께서 마지막 날의 부활에 대해서 말씀하신 것이라면, 저는 그 마지막 날에 제 오라버니가 다시 살아날 것에 대해서 아무런 의심도 하지 않고, 그 사실을 믿고 위로를 받을 수 있습니다. 하지만 저는 주님께서 저에게 그것보다 더 놀라운 일을 보여주려고 하시는지는 알 수 없습니다."

25. 예수께서 이르시되 나는 부활이요 생명이니 나를 믿는 자는 죽어도 살겠고. 그리스도께서는 먼저 자신이 "부활이요 생명"이라고 선언하신 후에, 이어서 그 각각에 대해서 명확하게 설명하신다. 그리스도께서는 우선 자신이 "부활"이라고 말씀하신다. 이렇게 말씀하신 까닭은 죽음에서 생명으로 회복되는 것이 "생명"의 상태(vitae status)보다 순서상 먼저라야 하기 때문이다. 그런데 지금 온 인류는 사망의 상태에 빠져 있다. 따라서 그러한 사망의 상태로부터 부활하기까지는, 어느 누구도 생명을 소유하는 것이 아니다. 그래서 그리스도께서는 자기 자신이 생명의 시작(vitae initium)이라는 것을 보여주시고, 바로 이어서 생명의 지속(vitae perpetuitas)도 자신의 은혜의 역사라는 말씀을 덧붙이신다. 바로 뒤에 이어지는 "나를 믿는 자는 죽어도 살겠고"라는 말씀은 그리스도께서 지금 말씀하고 계시는 생명이 영적인 생명이라는 것을 분명하게 보여준다. 그렇다면, 왜 그리스도께서

부활이신가? 그것은 그리스도께서, 죄로 말미암아 하나님으로부터 멀어졌던 아담의 자손들을 자신의 영으로써 거듭나게 하셔서 그들로 하여금 새 생명의 삶을 살아가도록 하시기 때문이다. 이 주제에 대해서는 내가 요한복음 5장 21절과 24절을 다룰 때에 좀 더 상세하게 설명한 바 있다. 이 본문을 가장 탁월하게 해석한 사람은 사도 바울이다(엡 2:5 및 5:8). 인간은 본성의 움직임을 따라서 하나님의 은총을 받을 준비가 되어 있다고 실없는 말을 지껄이는 자들은 꺼져 버려라! 그런 자들은 죽은 자들이 걸어다닌다는 거짓말을 얼마든지 아무렇지도 않게 할 수 있는 자들이다. 사람이 살아서 숨을 쉬고, 감성과 이성과 의지를 부여받았다는 것은 그들이 멸망으로 나아가는 존재라는 것을 보여준다. 왜냐하면, 그들의 영혼은 어느 한 부분이나 어느 한 기능도 타락하지 않고 망가지지 않은 것이 없기 때문이다. 이러한 영혼의 죽음은 하나님으로부터의 소외(alienatio)를 뜻하는 것이기 때문에, 죽음이 모든 곳에서 왕 노릇을 하고 있는 것이다. 따라서 그리스도를 믿는 자들은 비록 전에는 죽은 존재들이었을지라도 이제 새롭게 살기 시작하게 된 존재들이다. 왜냐하면, 죽었던 영혼이 믿음으로 말미암아 영적으로 부활하게 되기 때문이다. "죽은 자들이 하나님의 아들의 음성을 들을 때가 오나니 곧 이 때라 듣는 자는 살아나리라"(요 5:25)는 말씀처럼, 믿음은 우리의 영혼을 깨워서 하나님을 향해서 살도록 만든다. 믿음은 그리스도의 생명을 우리에게 가져다주어서, 우리를 죽음으로부터 해방시켜 준다는 것은 믿음에 대한 대단한 찬사(讚辭)이다.

26. 무릇 살아서 나를 믿는 자는. 그리스도께서는 이제 자기가 어떻게 "생명"이신지에 대해서 설명하시는데, 그리스도께서 생명이신 것은, 자신이 주신 생명을 끝까지 지켜주시고, 그 생명을 결코 잃어버리도록 내버려 두지 않으시기 때문이라는 것이다. 인간은 매우 연약하고 깨어지기 쉬운 존재인 까닭에, 생명은 얻었지만 지속적인 돌봄을 받지 못하는 인간은 어떻게 되겠는가? 따라서 우리는 생명을 얻는 것뿐만 아니라 생명을 유지하는 것도 그리스도의 능력을 의지함으로써, 그리스도로 하여금 자신이 시작하신 일을 끝까지 이루시게 해드려야 한다.

영원히 죽지 아니하리니. 그리스도께서는 믿는 자들이 결코 죽지 않을 것이라고 말씀하신다. 왜냐하면, 그들은 "썩지 아니할 씨"(벧전 1:23)로 거듭났고, 그들의 영혼 안에는 그리스도께서 거하시며, 그들은 그리스도로부터 끊임없이 힘과 생명을 부여받을 것이기 때문이다: "그리스도께서 너희 안에 계시면 몸은 죄로 말미암아 죽은 것이나 영은 의로 말미암아 살아 있는 것이니라"(롬 8:10). 비록 우리의 겉사람이 날마다 낡아져 간다고 하더라도, 우리의 참 생명은 조금도 쇠하여지지 않는다. 오히려, 우리의 속사람이 날로 새로워지기 때문에, 우리의 참 생명은 계속해서 자라간다(고후 4:16). 게다가, 죽음은 우리를 사망의 속박에서 풀어주는 일종의 해방과도 같은 것이다.

이것을 네가 믿느냐. 얼핏 보면, 그리스도께서는 마르다의 마음을 그녀의 현재의 소망으로부터 다른 곳으로 돌리시기 위해서 영적인 생명에 관해서 말씀하고 계시는 것처럼 보인다. 왜냐하면, 마르다가 소망한 것은 그녀의 오라버니가 다시 살아나는 것인데, 그리스도께서는 자기는 하늘의 능력으로 믿는 자들의 영혼을 깨어나게 하는 자인 까닭에, 좀 더 높은 차원에 속한 생명의 주(主)라고 대답하시기 때문이다. 하지만 나는 그리스도께서 이 두 가지 은총을 모두 포함시켜서 이 말씀을 하신 것임을 조금도 의심치 않는다. 즉, 이 말씀을 통해서 그리스도께서는 자기를 믿는 모든 자에게 주어지는 저 영적인 생명에 대해서 일반적으로 설명하셨을 뿐만 아니라, 얼마 후에 자기가 나사로를 살리심으로써 곧 드러나게 될 자신의 능력은 바로 그 생명에 대한 맛보기라는 것을 알게 해주고자 하셨다는 것이다.

27. 주여 그러하외다. 마르다는 그리스도께서 친히 자기 자신에 대하여 "나는 부활이요 생명이니"라고 말씀하신 것을 자기가 믿고 있다는 것을 증명하기 위해서 "주는 그리스도시요 세상에 오시는 하나님의 아들이신 줄 내가 믿나이다"라고 대답한다. 사실, 이것을 아는 지식이 모든 복의 요체(summa)이다. 왜냐하면, 우리는 하나님께서 무슨 목적으로 메시야를 약속하신 것인지, 그리고 선지자들이 예언한 메시야의 사명이 무엇인지를 항상 기억해야 하기 때문이다.

마르다가 "주는 세상에 오시는 하나님의 아들"이시라고 고백했을 때, 그녀는 선지자들의 예언을 의지하여 자신의 믿음을 더욱 견고히 한 것이다. 이것으로부터 우리는 만물의 온전한 회복과 완전한 복은 오직 그리스도로부터만 기대될 수 있고, 궁극적으로 그리스도께서는 하나님의 나라를 참되고 완전한 상태로 세우시기 위하여 보내심을 받았다는 것을 알게 된다.

²⁸이 말을 하고 돌아가서 가만히 그 자매 마리아를 불러 말하되 선생님이 오셔서 너를 부르신다 하니 ²⁹마리아가 이 말을 듣고 급히 일어나 예수께 나아가매 ³⁰예수는 아직 마을로 들어오지 아니하시고 마르다가 맞이했던 곳에 그대로 계시더라 ³¹마리아와 함께 집에 있어 위로하던 유대인들은 그가 급히 일어나 나가는 것을 보고 곡

하러 무덤에 가는 줄로 생각하고 따라가더니 ³²마리아가 예수 계신 곳에 가서 뵈옵고 그 발 앞에 엎드리어 이르되 주께서 여기 계셨더라면 내 오라버니가 죽지 아니하였겠나이다 하더라 ³³예수께서 그가 우는 것과 또 함께 온 유대인들이 우는 것을 보시고 심령에 비통히 여기시고 불쌍히 여기사 ³⁴이르시되 그를 어디 두었느냐 이르되 주여 와서 보옵소서 하니 ³⁵예수께서 눈물을 흘리시더라 ³⁶이에 유대인들이 말하되 보라 그를 얼마나 사랑하셨는가 하며 ³⁷그 중 어떤 이는 말하되 맹인의 눈을 뜨게 한 이 사람이 그 사람은 죽지 않게 할 수 없었더냐 하더라 ³⁸이에 예수께서 다시 속으로 비통히 여기시며 무덤에 가시니 무덤이 굴이라 돌로 막았거늘(11:28-38).

28. 그 자매 마리아를 불러 말하되 선생님이 오셔서 너를 부르신다 하니. 그리스도께서 사람들이 많이 모여 있는 곳으로 오시지 않고 마을 어귀에 머무르신 것은 아마도 마르다의 부탁이었던 것 같다. 마르다는 얼마 전에 그리스도께서 유대인들에게 죽임을 당하실 뻔한 위험에 처하셨다는 것을 잘 알고 있었기 때문에, 이번에도 그리스도께서 그러한 위험에 빠지지나 않을까 하고 염려했던 것이다. 그래서 마르다는 그리스도께서 이 마을에 오셨다는 소문이 퍼지지 않도록 하기 위해서, 마리아에게 은밀하게 그 소식을 전한 것이다. "선생님"이라는 호칭은 그리스도에 대한 이 신실한 여자들의 존경심을 보여준다. 비록 그녀들이 지금까지 기대만큼 큰 진보를 보이지 못한 것은 사실이지만, 그녀들이 그리스도의 제자로서 그에게 보여준 온전한 헌신은 대단한 것이었다. 마리아가 마르다의 말을 듣자마자 급히 일어나서 그리스도께 나아간 것은 그리스도에 대한 마리아의 존경심이 평범한 것이 아니었음을 보여주는 증거이다.

31. 마리아와 함께 집에 있어 위로하던 유대인들은. 마르다는 집으로 가서 그녀들을 위로하기 위해서 온 많은 유대인들과 함께 있던 마리아를 데려오도록 그리스도의 허락을 받은 것이었지만, 그리스도께서 마리아를 자기에게로 데려오도록 하신 데에는 마르다가 생각한 것 말고도 또 다른 목적이 있으셨는데, 그것은 그 유대인들로 하여금 앞으로 일어날 이적의 증인을 삼는 것이었다. 물론, 사람들은 그런 생각을 꿈에도 할 수 없었다. 하지만 하나님의 은밀한 섭리에 의해서 사람들이 스스로 가고자 의도하지 않았던 어둠과 같은 곳으로 인도함을 받게 되는 것은 새삼스러운 일이 아니다. 유대인들은 사람들이 자신들의 슬픔을 더욱 북받쳐 일어나게

하기 위해서 흔히 그러하듯이 마리아도 마찬가지로 그런 목적으로 나사로의 무덤에 가는 것이라고 생각하였다. 왜냐하면, 아내를 잃은 남편이나 자녀를 잃은 부모, 혹은 남편을 잃은 아내, 부모나 다른 친척이나 친구를 잃은 자녀가 온갖 수단과 방법을 동원해서 자신들의 슬픔을 더 크게 만들고자 하는 것은 인간에게 있어서 보편적인 병폐(morbus)이기 때문이다. 또한, 그러한 목적을 위해서 다양한 기교들을 고안해 내는 것도 일반화되어 있다. 사람의 감정들은 이미 충분히 혼돈 속에 빠져 있는데도, 사람들은 여러 가지 방법으로 자신의 감정을 더욱 자극해서 활활 타오르게 하여 더 큰 열심과 폭력으로 하나님에게 더욱 격렬하게 맞서려고 한다. 무덤을 보는 것은 마리아의 슬픔을 더할 뿐이었기 때문에, 그녀와 함께 있던 사람들이 그녀가 무덤에 가지 말도록 말리는 것이 그들의 도리였지만, 그들은 그런 적극적인 조치를 취하는 대신에 마리아를 따라서 무덤까지 감으로써 그녀의 슬픔을 더욱 북돋워 주었을 뿐이다. 이처럼 친구를 너무 자애롭게 보듬고 위로하는 것이 오히려 그 친구에게 도움이 되지 않는 경우가 종종 있다.

32. 마리아가 … 그 발 앞에 엎드리어 이르되. 마리아가 "그 발 앞에" 엎드렸다는 보도를 통해서, 우리는 그리스도께서 사람들이 누릴 수 있는 통상적인 수준 이상의 존경을 그 집에서 받고 계셨다는 것을 알게 된다. 사람이 왕이나 고관대작 앞에서 땅에 머리를 조아리는 것은 흔히 있는 관행이었다. 하지만, 그리스도는 육신적으로만 보면 제왕적 풍모나 귀족적 면모를 갖추고 계시지 않았기 때문에, 마리아가 그의 발 앞에 엎드린 데에는 다른 이유가 있었다. 만일 그리스도가 하나님의 아들(Dei filius)이라는 확신이 그녀에게 없었다면, 그녀는 그러한 행동을 하지 않았을 것이다.

주께서 여기 계셨더라면. 마리아는 그리스도에 대한 존경심을 담아서 이 말을 한 것처럼 보인다. 하지만 우리는 앞에서 이 말 속에 무슨 잘못이 있는지를 살펴본 바 있다. 그녀는 하늘과 땅에 충만한 그리스도의 능력을 그의 육신의 임재에만 국한된 것으로 여기지 말았어야 했다.

33. 예수께서 … 심령에 비통히 여기시고. 만일 그리스도께서 그들의 슬픔에 공감하지 않으셨다면, 그의 표정에는 아무런 변화도 없어야 마땅했을 것이다. 하지만 그리스도께서는 그들의 우는 모습에 자신도 모르게 동화되어서 심지어 눈물을 흘리시기까지 하셨다(35절). 이것은 그리스도께서 그들에게 연민의 정을 느끼셨다는 증거이다. 내 생각으로는, 복음서 기자가 그리스도께서 "마리아가 우는 것과

또 함께 온 유대인들이 우는 것"을 보셨다고 언급하고 있는 것을 볼 때, 그는 그리스도께서 이 일로 말미암아 "심령에 비통히 여기시고 불쌍히 여기셨다"고 표현한 것 같다. 하지만 나는 그리스도께서 그것보다 더 깊은 차원 높은 현실, 즉 온 인류의 보편적인 참상(communis generis humani miseria)을 목도하고 계셨던 것이 틀림없다고 생각한다. 왜냐하면, 그리스도께서는 이 때에 아버지 하나님이 자기에게 명하신 것이 무엇인지, 그리고 무엇 때문에 자신이 아버지 하나님으로부터 보내심을 받았는지를 숙고하고 계셨기 때문이다. 그것은 우리를 모든 악한 것(malum)으로부터 해방시키는 것이었다. 그리스도께서는 자기가 바로 그 일을 행하셨다는 것과, 그 일을 마음으로부터 우러나와서 진실하게 수행하셨다는 것을 보여주고자 하셨다. 따라서 그리스도께서는 나사로를 다시 살리실 때가 임박했을 때, 치료나 도움을 베푸시기에 앞서서, 먼저 심령에 비통히 여기시고 격렬한 슬픔과 눈물을 보여주심으로써, 마치 자기 자신이 몸소 겪고 계시기라도 한 것처럼 우리의 고통에 아파하고 계심을 보여주신 것이다. 그러나 하나님의 아들이 어떻게 비통해하시고 괴로워하실 수 있단 말인가? 어떤 이들은 그리스도께서 한 사람의 인간으로서 인간의 격정(humanis passio)에 좌우될 수밖에 없으셨다는 것은 말도 되지 않는 것이라고 생각해서, 그리스도께서 슬픔이나 기쁨을 겪게 되는 것은 오로지 그 자신이 적절하다고 생각할 때에 모종의 비밀한 방식을 통해서 그러한 감정들을 선별적으로 수용하시는 것이라고 본다. 아우구스티누스(Augustinus)는 복음서 기자가 그러한 의미에서 그리스도께서 "비통해" 하셨다고 보도한 것으로 생각한다. 즉, 다른 사람들은 자신들의 감정에 사로잡히고, 그러한 감정이 그들의 마음을 지배하거나 조종해서 괴로움을 야기하는 것임에 반해서, 그리스도께서는 스스로 괴로움을 자초하셨다는 것이다. 따라서 이 구절의 의미를 아우구스티누스는, 평상시에는 어떤 감정에도 연연해하지 않으시고 평정심을 유지하셨던 그리스도께서 지금은 자발적으로 비통해하시고 괴로워하셨다는 것으로 이해한다. 그러나 나의 생각은, 우리처럼 육신을 입으신 하나님의 아들은 자발적으로 인간의 감정도 입으셨고, 그렇기 때문에 그리스도는 죄가 없으시다는 점을 제외하고는 다른 형제들과 다르지 않으셨다고 단순하게 설명하는 것이 성경에 좀 더 잘 부합한다는 것이다. 우리가 이런 식으로 말하는 것, 즉 그리스도께서는 오직 자신의 자발적인 낮아지심(voluntaria submissio)으로 인해서 마음의 감정에 있어서도 우리와 다를 바가 없게 되셨다고 말하는 것은 결코 그리스도의 영광을 감소시키거나 손상시키는 것이 아니다. 더욱

이, 그리스도께서는 처음부터 낮아지신 분으로 오셨기 때문에, 우리는 그가 감정이 없었다거나 감정과는 무관하였다고 생각해서는 안 된다. 그리스도께서는 여기에서 자신이 우리의 형제가 되셨음을 입증하신다. 그리스도께서 이렇게 하신 것은 우리로 하여금 자신이 친히 겪어서 알고 계셨던 우리의 연약함을 기꺼이 용납하시고 또 도와 줄 준비가 되어 있는 중보자가 우리에게 있음을 알게 하시기 위한 것이었다.

만일, 사람의 감정은 죄악으로 오염된 것인데, 하나님의 아들이 우리처럼 그러한 감정을 갖는다는 것은 있을 수 없는 일이라고 반론을 제기하는 사람이 있다면, 나의 대답은 그리스도와 우리 간에는 커다란 차이가 있다는 것이다. 우리의 감정들이 죄악된 이유는 그것들이 절제되거나 제한됨이 없이 표출되기 때문이다. 그러나 그리스도에게 있어서 감정들은 하나님에 대한 순종 가운데서 조율되고 절제된 것이기 때문에 죄로부터 전적으로 자유로웠다. 좀 더 정확히 말하자면, 인간의 감정은 두 가지 면에서 타락되고 왜곡되어 있다. 첫째는 인간의 감정들은 격정적인 충동에 의해서 표출되기 때문에 진정한 의미에 있어서의 중용의 법칙(modestiae regula)에 따른 규율을 받지 않는다는 것이고, 둘째는 그러한 감정들이 늘 합당한 원인에서 비롯되는 것도 아니고, 또는 적어도 합당한 목적을 지향하는 것도 아니라는 것이다. 내가 사람들의 감정에는 절제가 없다고 말하는 이유는, 세상에는 적정한 정도로만, 또는 하나님께서 허락하시는 한도까지만 기뻐하거나 슬퍼하는 사람이 없고, 심지어 그 어떠한 제약도 없이 감정을 표출하는 자들도 많기 때문이다. 우리가 대수롭지 않은 일이나 이렇다 할 이유도 없이 일희일비(一喜一悲)하는 것은 우리가 세상에 지나치게 경도(傾倒)되어 있어서 우리의 마음이 공허하기 때문이다. 하지만 그리스도에게는 그런 성질의 것은 전혀 발견될 수 없었다. 왜냐하면, 그의 감정은 어느 때든 적절한 도를 넘지 않았으며, 그는 언제나 정당하게 그리고 이성과 바른 판단에 따라서 행하셨기 때문이다. 이 문제를 좀 더 분명히 알기 위해서는, 하나님께서 창조하신 대로의 인간의 최초의 본성과, 죄로 말미암아 타락한 후의 본성을 구별하는 것이 중요하다. 하나님께서 인간을 창조하셨을 때에 인간에게 감정을 심어 주셨지만, 그것은 이성에 복종하고 이성의 통제를 받는 감정이었다. 지금 그러한 감정이 무질서와 반역의 상태에 빠지게 된 것은 창조주로부터 기원한 필연적인 것이 아니라 우연적으로 일어난 인간의 범죄로 인한 것이었다.

물론 그리스도께서는 인간의 감정을 부여받으셨지만, 거기에 '아탁시아'(ἀταξία,

"무질서")는 없었다. 왜냐하면, 육신의 감정에 굴복하는 자는 하나님께 순종하지 않기 때문이다. 그리스도께서는 정말로 고통을 겪으셨고 심하게 고뇌하셨지만, 아버지 하나님의 뜻에 철저히 순복하셨다. 요컨대, 그리스도의 감정과 우리의 감정을 비교해서 말하자면, 완만하게 흐르는 맑고 깨끗한 물이 거품 나는 더러운 흙탕물과 다른 것만큼이나 서로 다르다고 할 수 있다. 그리스도의 모범 하나만으로도 스토아학파의 완악하고 완고한 주장을 굴복시키기에 충분할 것임에 틀림없다. 왜냐하면, 그리스도가 아니면, 우리는 그 어디에서도 절대적으로 완전한 규범(規範, regula)을 찾을 수 없기 때문이다. 우리는 아담의 원죄로 말미암아 우리의 감정에 혼입(混入)된 완악함을 바로잡고 길들이기 위해서 애써야 하는데, 우리가 그리스도를 우리의 인도자로 삼아서 그를 따르면, 그가 우리를 바로잡아 주실 것이다. 그래서 바울은 우리에게 바위처럼 무감각한 존재가 될 것을 요구하지 않고, 슬퍼하되 절제할 줄 알아서 "소망 없는 다른 이와 같이 슬퍼하지 말 것"(살전 4:13)을 명한다. 왜냐하면, 그리스도께서는 우리가 그의 능력을 힘입어 우리의 감정 속에 있는 모든 죄악된 것들을 굴복시킬 수 있도록 하시기 위해서 자기 자신도 우리와 같은 감정을 스스로 취하신 것이기 때문이다.

36. 보라 그를 얼마나 사랑하셨는가. 요한은 여기에서 그리스도에 대해서 사람들이 갖고 있었던 다른 두 가지 견해를 우리에게 제시한다. 첫 번째 부류의 사람들은 "보라 그를 얼마나 사랑하셨는가"라고 말한 자들이다. 그들은 기껏 사람에게나 돌릴 법한 말을 그리스도에게 돌린 것이기 때문에, 그리스도를 합당하게 평가한 것이 아니라 과소평가한 자들이었다. 그럼에도 불구하고, 그들은 두 번째 부류의 사람들, 즉 나사로가 죽지 않도록 막지 않았다는 점에서 그리스도를 폄훼(貶毁)했던 자들에 비해서는 훨씬 솔직하고 겸손하게 말한 것이었다. 왜냐하면, 두 번째 부류의 사람들은 첫 번째 부류의 사람들이 간과했던 그리스도의 능력을 칭송하고 있지만, 그 칭송의 말은 동시에 그리스도를 책망하는 말이기도 했기 때문이다("어떤 이는 말하되 맹인의 눈을 뜨게 한 이 사람이 그 사람은 죽지 않게 할 수 없었더냐 하더라", 37절). 그들이 한 말들로 미루어 볼 때, 그리스도께서 행하신 이적들을 그들이 알고 있었다는 것은 명백하다. 그런데 더 부끄러운 일은 그리스도께서 지금 이 사건 하나에서 아무 일도 하지 않으셨다고 거리낌 없이 투덜대고 있는 그들의 배은망덕함이다. 사람들은 지금까지 이런 식으로 늘 하나님의 은혜를 저버렸으며, 앞으로도 변함없이 그럴 것이다. 하나님께서 우리가 소원하는 것을 모두 들어 주

시지 않으면, 우리는 곧 "하나님께서 지금까지는 한결같이 우리를 도와주시다가, 지금 와서는 왜 우리를 저버리시고 실망시키시는가"라고 말하며 불평을 터뜨린다. 이러한 태도 속에서 우리의 두 가지 병(病)이 드러난다. 하나는 우리는 자신에게 유익하지도 않은 일을 맹목적으로 갈망하면서, 하나님께서 우리 육신의 악한 욕구를 채워 주시기를 바란다는 것이고, 다른 하나는 우리는 참을성을 잃어버리고 아집에 빠져서 적절한 때가 이르기도 전에 오만불손할 정도로 집요하게 하나님을 몰아세운다는 것이다.

38. 이에 예수께서 다시 속으로 비통히 여기시며. 그리스도께서는 한가로운 관중으로서가 아니라 경기를 앞둔 선수로서 무덤에 가신 것이기 때문에, 자기가 정복해야 할 죽음의 횡포와 폭압을 눈앞에 두신 그리스도께서 다시 비통한 심정에 잠기신 것은 이상한 일이 아니다. 어떤 이들은 그리스도의 이 비통함은 우리가 앞에서 언급했던 사람들의 불신앙에 대한 그의 분노로부터 비롯된 것이라고 설명한다. 하지만 내게는 다른 이유가 더 적절해 보이는데, 그것은 그리스도께서 사람들보다는 사건 자체를 바라보고 계셨기 때문이라는 것이다. 이제 그리스도께서 나사로를 살리시면서 어떻게 자신의 능력을 충분히 보여주셨는가에 대한 상세한 설명이 이어지는데, 그것은 나사로가 죽은 지 이미 나흘이 되었다는 것, 그동안에 무덤이 돌로 막혀 있었다는 것, 그리스도께서 모든 사람들이 지켜보고 있는 가운데서 그 돌을 옮겨 놓으라고 명하셨다는 것 등이다.

[39]예수께서 이르시되 돌을 옮겨 놓으라 하시니 그 죽은 자의 누이 마르다가 이르되 주여 죽은 지가 나흘이 되었으매 벌써 냄새가 나나이다 [40]예수께서 이르시되 내 말이 네가 믿으면 하나님의 영광을 보리라 하지 아니하였느냐 하시니 [41]돌을 옮겨 놓으니 예수께서 눈을 들어 우러러 보시고 이르시되 아버지여 내 말을 들으신 것을 감사하나이다 [42]항상 내 말을 들으시는 줄을 내가 알았나이다 그러나 이 말씀 하옵는 것은 둘러선 무리를 위함이니 곧 아버지께서 나를 보내신 것을 그들로 믿게 하려 함이니이다 [43]이 말씀을 하시고 큰 소리로 나사로야 나오라 부르시니 [44]죽은 자가 수족을 베로 동인 채로 나오는데 그 얼굴은 수건에 싸였더라 예수께서 이르시되 풀어 놓아 다니게 하라 하시니라(11:39-44).

39. 주여 죽은 지가 나흘이 되었으매 벌써 냄새가 나나이다. 마르다의 이 말은 그

녀의 불신앙을 보여준다. 왜냐하면, 그녀는 그리스도의 능력을 전폭적으로 신뢰하고 기대하였어야 함에도 불구하고 실제로는 그렇지 못하였기 때문이다. 악의 뿌리는 그녀가 무한하고 헤아릴 수 없는 하나님의 능력을 자신의 육신적인 지각(知覺)을 잣대 삼아서 헤아린 데에 있었다. 썩어서 악취가 풍기는 육신은 도저히 생명이라고 볼 수 없기 때문에, 마르다는 나사로가 살아날 여지가 전혀 없다고 생각한 것이다. 이처럼 우리의 마음이 우매한 생각에 사로잡히게 되면, 그것은 하나님을 우리에게서 쫓아내는 것이기 때문에, 하나님께서 우리 가운데에서 역사하실 수 없게 된다. 아무튼 나사로가 무덤 속에 영원히 누워 있지 않게 된 것은 마르다 덕분은 아니었다. 왜냐하면, 그녀는 그가 살아나리라는 소망을 포기했을 뿐만 아니라, 비록 의도하지는 않았을지라도 그녀는 그리스도께서 그를 살리시는 것을 방해하려고 애를 쓴 셈이 되었기 때문이다. 연약한 믿음이 이런 사태를 초래한다. 우리는 이런저런 일로 마음이 산란해져서 우리 자신과 끊임없이 싸우고 있고, 그 결과 하나님의 도우심을 구하기 위해서 한 손을 내밀면서도, 막상 하나님의 도우심이 주어지면 다른 손으로 그것을 밀쳐내 버린다. 사실, 마르다가 "나는 이제라도 주께서 무엇이든지 하나님께 구하시는 것을 하나님이 주실 줄을 아나이다"(22절)라고 말했을 때, 그녀가 거짓말을 한 것은 아니었다. 하지만 우리가 현실에서 문제에 직면했을 때에 사용할 수 없는 혼탁하고 정제되지 않은 믿음은 별로 쓸모가 없다. 우리는 마르다의 예를 통해서 가장 훌륭한 사람들의 믿음에도 많은 결점들이 있다는 것을 알게 된다. 그녀는 가장 먼저 그리스도를 맞이하러 나왔고, 그것은 대단한 경건의 증거(pietatis testimonium)였다. 하지만 그녀는 끊임없이 그리스도의 길에 방해가 되었다. 하나님의 은혜의 문이 우리를 향해서 활짝 열리려면, 하나님의 은혜는 우리가 알고 있는 것보다 훨씬 더 강력하다는 것을 우리가 알아야 한다. 그러나 하나님이 처음에 주신 약속이 우리에게 충분한 무게로 다가오지 않는다면, 적어도 하나님께서 두 번 세 번 거듭해서 우리에게 그 약속을 확증해 주실 때라도, 우리는 마리아의 본을 따라서 잠자코 순종해야 한다.

40. 내 말이 … 하지 아니하였느냐. 그리스도께서는 마르다가 약속의 말씀을 듣고도 큰 소망을 품지 않았다는 점을 들어 그녀의 불신앙을 책망하신다. 이 구절을 보면, 그리스도께서는 복음서 기자가 보도한 것보다도 더 많은 말씀들을 마르다에게 들려주신 것이 분명하다. 내가 앞서도 말했듯이, 그리스도께서 "나는 부활이요 생명이라"라고 말씀하신 것의 의미가 바로 이것이었다. 따라서 마르다가 책망받

은 것은 그녀가 하나님의 역사(divinum opus)가 일어나리라는 것을 기대하지 않았기 때문이다.

네가 믿으면. 그리스도께서 이렇게 말씀하신 것은 믿음은 우리의 눈을 열어서 우리가 하나님의 역사(役事) 속에서 하나님의 영광이 빛나는 것을 볼 수 있게 할 뿐만 아니라, "네 입을 크게 열라 내가 채우리라"(시 81:10)는 말씀처럼, 하나님의 능력과 선하심이 우리에게 드러나도록 길을 만들어 주기 때문이었다. 뒤집어 말하면, 불신앙은 하나님께서 우리에게 오시는 것을 가로막는 것으로서, 말하자면 하나님의 손을 묶어두는 것과 같다. 따라서 마태복음 기자는 "예수께서는 그들의 불신앙으로 말미암아 거기서 어떤 표적도 행하실 수 없었다"(마 13:58)고 보도한다. 이것은 하나님의 능력이 사람들의 뜻(arbitrium)에 좌지우지되기 때문이 아니라, 사람들의 악의(惡意)가 가로막고 있는 동안에는 그들은 하나님의 능력의 나타남이 주어지기에 합당한 자들이 되지 못하기 때문이다. 물론, 하나님께서 그런 장애물들에도 불구하고 역사하시는 경우도 종종 있다. 그러나 하나님께서 자신의 손을 거두어들이심으로써 불신자들을 도와주시지 않을 때, 그 이유는 그들이 불신앙의 늪에 빠져서 하나님의 손을 받아들이지 않기 때문이다.

하나님의 영광을 보리라. 우리가 주목할 것은 그리스도께서 이적을 "하나님의 영광"이라고 부르신다는 것이다. 왜냐하면, 하나님께서는 이적 속에서 자신의 손의 능력을 보여주심으로써 자신의 이름을 영광스럽게 하시기 때문이다. 그리스도의 이 두 번째 설명에 만족한 마르다는 이제 무덤을 막은 돌을 옮겨 놓는다. 마르다는 아직 아무것도 보지 못했지만, 하나님의 아들이 "돌을 옮겨 놓으라"고 명하신 데에는 그럴 만한 이유가 있을 것이라고 생각해서 기꺼이 그 명령을 따른 것이다.

41. 예수께서 눈을 들어 우러러 보시고. 이 표현은 그리스도께서 진심으로 기도를 드리실 마음의 준비가 되어 있음을 보여준다. 왜냐하면, 하나님께 합당한 기도를 드리려는 자는 하나님과 연결되어야 하고, 그러기 위해서는 그 마음이 반드시 땅에서 하늘로 들어올려져야 하기 때문이다. 물론, 그렇다고 해서 이 일이 언제나 눈에 보이게 가시적인 모습으로 행하여져야 한다는 말은 아니다. 육신의 때와 더러움에 찌들어 있는 외식하는 자들은 짐짓 근엄한 모습을 연출함으로써 하늘을 자기 자신에게로 끌어내리려는 것처럼 보인다. 그러나 하나님의 자녀들은 외식하는 자들이 겉으로 꾸미려 하는 그런 것들을 진실한 마음으로 행하기 위해서 애써야 한다. 하지만 눈을 들어서 하늘을 우러러 보는 자는 하나님께서 하늘 위에만 계시

다고 생각해서는 안 된다. 왜냐하면, 하나님께서는 어느 곳에나 계셔서 하늘과 땅을 가득 채우고 계시기 때문이다. 그러나 사람들의 눈이 세상을 향해 있는 한에 있어서는 그들의 마음은 하나님에 관한 천박하고 세속적인 생각에서 벗어날 수 없기 때문에, 성경은 사람들의 주의를 환기시키기 위해서 "하늘"이 "하나님의 보좌"라고 선언한다(사 66:1). 한편, 눈을 들어 하늘을 우러러보는 동작이 있어야만 적법한 기도가 되는 것은 아니기 때문에, 그러한 동작은 언제 어디서나 요구되는 기도의 격식(格式)은 아니다. 세리는 땅을 향해 고개를 떨군 채 기도하였지만, 그의 기도는 그의 믿음으로 말미암아 하늘에 닿았다. 하지만 하늘을 우러러 보는 동작을 통해서 하나님을 찾으려는 사람의 마음이 일깨워지기 때문에, 그러한 동작은 유익한 것이라고 할 수 있다. 또한, 기도하는 사람의 열성(ardor)이 그의 몸에 영향을 끼치게 되고, 그 결과로 그의 몸도 자연스럽게 그의 마음을 따르게 된다. 그리스도께서 눈을 들어 하늘을 바라보셨을 때, 그의 마음이 뜨거운 기도의 열정으로 하늘로 올라가셨다는 것에 대해서는 의문의 여지가 없다. 또한, 이 때에 그리스도께서는 자기가 온전히 하나님 안에 계셨을 뿐만 아니라, 자신과 더불어서 다른 사람들도 아버지 하나님께 데려가기를 원하셨다.

내 말을 들으신 것을 감사하나이다. 그리스도께서는 아직 아무것도 구하지 않으셨지만 먼저 감사로부터 시작하신다. 그러나 그리스도께서 이 기도 이전에 다른 기도를 드리셨다는 복음서 기자의 언급이 없음에도 불구하고, 그리스도께서 다른 기도를 드리셨다는 것은 의심의 여지가 없다. 만일 그렇지 않았더라면, 그리스도께서 "내 말을 들으신 것을"이라고 하셨을 리가 없기 때문이다. 복음서 기자는 그리스도께서 "속으로 비통히 여기셨다"(38절)고 언급했는데, 아마 이 때 기도를 드리셨을 것이다. 왜냐하면, 그리스도께서 이 때 어리석은 인간들처럼 내적으로 번민하셨다고 생각하는 것보다 더 어처구니없는 일은 없을 것이기 때문이다. 그리스도께서는 이제 자신이 간구한 대로 나사로의 생명을 살리게 되었기 때문에 아버지께 감사 기도를 드리고 있는 것이다. 그리스도께서는 이 기도에서 나사로를 살리는 능력이 자기 자신에게서 비롯된 것이 아니라 아버지 하나님이 주신 것이라고 말씀하시는데, 이것은 자기가 아버지 하나님의 사역자라는 것을 밝히신 것이다. 왜냐하면, 그리스도께서는 인간이 이해할 수 있는 수준에 자신을 맞추셔서, 때로는 자신의 신성(神性)을 공공연히 선언하시거나 자신의 신적인 속성을 주장하시기도 하지만, 또 어떤 때에는 자신이 지닌 인성(人性)으로 만족하시는 가운데에 신적인 모든 영광을 아버지 하나님께 돌리기도 하시기 때문이다. 복음서 기자는 여기에서 아버지 하나님께서 그리스도의 말을 들어 주셨다는 것, 그리고 그리스도께서는 자기가 아버지 하나님의 보내심을 받은 것을 사람들로 하여금 알게 하신 것, 즉 사람들로 하여금 자기가 하나님의 아들인 것을 인정하도록 하신 것에 대해서 아버지 하나님께 감사하셨다는 것을 보도함으로써, 앞에서 말한 그리스도께서 보이셨던 그러한 두 가지 태도를 놀랍게 결합시켜 놓는다. 그리스도의 위엄은 인간에 의해서 온전하게 이해될 수 있는 것이 아니었기 때문에, 그리스도께서는 자신의 육신 안에 나타난 하나님의 능력을 통해서 그 위엄을 온전하게 알게 하시기 위하여 인간의 우둔한 지각(知覺)을 점진적으로 끌어올리시는 방법을 사용하신 것이다. 그리스도께서는 우리의 성정(性情)과 완전히 같아지기를 원하셨기 때문에, 우리는 그가 다양한 방식으로 자기 자신을 우리에게 맞추셨다고 해서 놀랄 필요가 없다. 그리스도께서는 우리를 위해서 자신을 비우시기까지 하셨기 때문에(빌 2:7), 그가 우리 때문에 자신을 낮추셨다고 말하는 것은 전혀 이상한 말이 아니다.

42. 항상 내 말을 들으시는 줄을 내가 알았나이다. 이것은 예변법(豫辯法)이다. 즉, 이 말씀은 그리스도께서 혹시 어떤 이들이 그리스도는 자신이 원하는 대로 이적을 베풀 수 있을 만큼 아버지 하나님의 은총을 그렇게 많이 받지 못한 것이 아닌가라고 생각하지 않도록 하시기 위해서 미리 선제적으로 하신 말씀이라는 것이다. 따라서 그리스도의 이 말씀은 자기 자신과 아버지 사이에는 완전한 일치가 존재하기 때문에 아버지 하나님은 자기가 구하는 것은 무엇이든지 다 물리치지 않으시고 들어주신다는 의미이다. 심지어 그리스도께서는 아버지 하나님이 자기에게 명하신 것들을 알고 계셨고 또한 그것들만을 행하셨기 때문에 기도하실 필요조차 없으셨다. 그럼에도 불구하고, 그리스도께서는 이 일이 참으로 하나님의 일이라는 것을 사람들이 좀 더 확실하게 납득할 수 있도록 하시기 위해서 아버지 하나님의 이름을 부르시며 기도하신 것이었다. 이것에 대해서 "그렇다면 그리스도께서는 왜 죽은 자들을 모두 다 살리시지 않으셨습니까"라고 반문하는 사람이 있을 수 있는데, 그 대답은 쉽다. 이적을 베푸는 일은 하나님의 경륜에 의해서 일정한 제한이 가해져 있는데, 그것은 하나님께서 복음을 확증하는 데에 충분하다고 인정하신 한도까지만 이적이 행해질 수 있다는 것이다.

43. 큰 소리로 나사로야 나오라 부르시니. 그리스도께서는 나사로의 몸에 손을 대지도 않으시고 단지 큰 소리로 그를 부르시기만 하셨다는 사실은 그의 신적인

능력을 더욱 분명하게 보여준다. 아울러, 그리스도께서는 그의 말씀(verbum)이 지닌 신비하고 경이로운 능력을 우리에게 보여주신다. 왜냐하면, 그리스도께서는 오직 말씀으로 죽은 자를 살리신 것이기 때문이다. 그러므로 그리스도께서는 나사로를 살리시는 사건을 통해서 자신의 음성(vox)이 생명을 살리는 것임을 증명해 보이심으로써, 우리가 매일같이 믿음을 통해서 체험하는 그리스도의 영적인 은혜에 대한 가시적인 증거를 제시하신 것이다.

44. 죽은 자가 수족을 베로 동인 채로 나오는데. 복음서 기자는 나사로가 무덤 속에 눕혀져 있던 모습 그대로 밖으로 나왔다는 사실을 우리에게 알게 해주기 위해서 그의 손발은 베로 동여 있었고 얼굴은 수건으로 싸매어져 있었다고 자세하게 묘사한다. 유대인들은 시신을 베로 동이고 머리는 따로 수건으로 싸는 장사법을 지금도 따르고 있다.

풀어 놓아 다니게 하라. 이 이적의 영광이 최고로 드러내기 위해서는, 유대인들이 하나님의 역사(役事)를 보는 데에서 그치는 것이 아니라 자신들의 손으로 직접 만져 볼 필요가 있었다. 왜냐하면, 그리스도께서는 나사로를 감쌌던 베를 친히 풀어주시거나 그것이 저절로 풀리게 하실 수도 있으셨지만, 그 곳에 있던 증인이자 목격자들인 유대인들의 손을 빌리실 심산이셨기 때문이었다. 교황주의자들이 이 본문으로부터 비밀고해(auricularis confessio)의 교리를 도출해 낸 것은 정말 어처구니없는 일이다. 그들은 "그리스도께서는 나사로를 살리신 후에 제자들에게 그의 몸을 싸고 있던 베를 풀어주도록 명하셨기 때문에, 우리가 하나님과 화목을 이루는 것만으로는 부족하고, 교회가 나서서 사람들의 죄에 대하여 사죄(赦罪)를 베풀어야 한다"고 말한다. 하지만 그들은 무슨 근거로 그리스도께서 자신의 제자들에게 나사로의 베를 풀어주라고 명하신 것이라고 추측하는 것인가? 그들의 주장과는 반대로, 우리는 그리스도께서 유대인들로 하여금 이 일에 대하여 한 점의 의혹도 품지 못하도록 하시기 위해서 그들에게 이 명령을 하신 것이라고 보아야 한다.

[45]마리아에게 와서 예수께서 하신 일을 본 많은 유대인이 그를 믿었으나 [46]그 중에 어떤 자는 바리새인들에게 가서 예수께서 하신 일을 알리니라 [47]이에 대제사장들과 바리새인들이 공회를 모으고 이르되 이 사람이 많은 표적을 행하니 우리가 어떻게 하겠느냐 [48]만일 그를 이대로 두면 모든 사람이 그를 믿을 것이요 그리고 로마인들이 와서 우리 땅과 민족을 빼앗아 가리라 하니 [49]그 중의 한 사람 그 해의 대제사장

인 가야바가 그들에게 말하되 너희가 아무 것도 알지 못하는도다 [50]한 사람이 백성
을 위하여 죽어서 온 민족이 망하지 않게 되는 것이 너희에게 유익한 줄을 생각하
지 아니하는도다 하였으니 [51]이 말은 스스로 함이 아니요 그 해의 대제사장이므로
예수께서 그 민족을 위하시고 [52]또 그 민족만 위할 뿐 아니라 흩어진 하나님의 자녀
를 모아 하나가 되게 하기 위하여 죽으실 것을 미리 말함이러라(11:45-52).

45. 많은 유대인이 그를 믿었으나. 그리스도께서는 자신이 행하신 이적을 통해
서 반드시 열매를 거두셨는데, 이번에도 이적을 목격한 사람들 중 몇 사람을 믿음
으로 인도하셨다. 우리는 이적들이 두 가지 측면에서 유익하다는 것을 알아야 한
다. 이적들은 우리로 하여금 믿음을 받아들이도록 만들거나 우리의 믿음을 더욱
견고하게 하는 데에 유익한데, 복음서 기자가 여기에서 보여준 것은 전자에 해당
한다. 왜냐하면, 복음서 기자가 언급한 사람들은 그리스도의 신적인 능력이 경이
로운 것임을 깨닫고서 스스로 그리스도의 제자가 되기로 한 자들이었기 때문이다.
그렇지 않고, 그들이 단순히 이적만으로는 믿음으로 나아갈 수는 없었을 것이다.
따라서 복음서 기자가 여기에서 사용한 "믿었다"라는 말은 그리스도의 가르침을
순순히 받아들일 준비가 되었다는 뜻으로 이해되어야 한다.

46. 그 중에 어떤 자는 바리새인들에게 가서 예수께서 하신 일을 알리니라. 우리
는 그리스도를 고발했던 사람들에게서는 가증스러운 배은망덕, 아니 차라리 섬뜩
한 분노를 보게 되는데, 이것으로부터 그들의 불경건함이 그들을 얼마나 눈멀게
하고 정신 나가게 했는지를 알게 된다. 돌같이 단단한 마음을 가진 사람이라도 나
사로의 부활을 목격했다면 그 마음이 부드럽게 녹아내리는 것이 당연한 일이었는
데도, 불경건한 자들은 그렇지 않았다. 왜냐하면, 그들 속에 있는 불경건(impietas)
이 하나님의 모든 역사(役事)를 그 지독한 독기(毒氣)로 물들이고 훼손시키기 때문
이다. 그렇기 때문에, 그들의 마음에서 독기가 제하여지고 정결하게 되지 않는 한,
이적은 그들에게 아무런 소용이 없다. 하나님을 두려워하지도 않고 공경하지도 않
는 자들은 천지가 개벽하는 것을 목격한다고 할지라도, 자신들의 완악한 배역무도
(背逆無道)함으로 인해서 마땅히 청종해야 할 가르침마저도 끝내 뿌리칠 것이다.
그래서 오늘날에도 수많은 복음의 대적자들이 하나님의 손이 펼쳐진 것을 보고서
도 정신을 못 차리고 거기에 맞서 싸우고 있는 것은 독자들이 목격하고 있는 바와
같다. 그들은 우리에게 이적을 요구하기도 하지만, 그것은 자신들이 완강하게 저

항하는 괴물 같은 사람들임을 보여줄 뿐이다. 그들이 유독 "바리새인들"에게 가서 그리스도께서 행하신 일을 고발한 것은 바리새인들이 가장 외식(外飾)하는 자들이었던 까닭에 복음에 대해서 가장 극렬하게 저항하고 있었기 때문이다. 그렇기 때문에, 복음서 기자는 바로 뒤에서 공회의 소집에 대해서 거론하면서 "바리새인들"이란 명칭을 명시적으로 언급한다. 그들은 제사장단(祭司長團)의 일부에 불과하였지만, 복음서 기자가 특별히 그들의 이름을 거론한 것은 그들이 전체 공회 회원들의 적개심을 들쑤셔 놓은 장본인들이었기 때문이다.

47. 이에 대제사장들과 바리새인들이 공회를 모으고. 이 구절에서 묘사되고 있는 제사장들의 눈먼 모습은 너무나 기괴하다. 만일 그들이 완전히 짐승같이 되어서 우매함이 극에 달해 있지만 않았더라면, 그들은 그토록 놀라운 신적 능력을 목격한 후에 그리스도에 대해서 적어도 최소한도의 존경심은 갖게 되었을 것이다. 그런데 그들은 하나님의 영광을 목격하고서 놀라움을 금할 수 없었어야 마땅한데도, 도리어 이제 그 영광을 의도적이고 계획적으로 매장시키기 위해서 공회를 소집하고 있는 것이다. 물론, 그들이 하나님과 한번 싸워보겠다고 공개적으로 선포한 것은 아니지만, 하나님의 능력을 뒤엎지 않고서는 그리스도를 제거할 수 없기 때문에, 그들은 오만방자한 신성모독을 통해서 하나님의 능력에 정면으로 맞서고 있는 것이 확실하다. 불신앙은 언제나 오만함과 하나님을 멸시하는 것으로 나타나기는 하지만; 언제나 하나님과 노골적으로 대립각을 세우는 것은 아니다. 그러나 사람들이 오랜 기간에 걸쳐서 하나님을 상대로 맞서다 보면, 나중에는 하나님에 대하여 남아 있던 일말의 두려움까지도 다 사라지게 되어, 결국에는 신화에 나오는 거인족처럼 하늘 꼭대기까지 오르려고 기를 쓰게 된다. 그들은 그리스도께서 "많은 표적"을 행하셨다는 사실을 인정한다. 그렇다면, 그리스도의 그 큰 능력이 도대체 어디서 왔겠는가? 그런데도 제사장들은 그리스도의 이적들 속에서 빛나고 있는 하나님의 능력을 덮어 버리려는 음모를 공공연히 획책하고 있다. 하지만 하나님께서는 아무 일도 안 하고 계시는 것이 아니라, 비록 잠시 동안은 그들을 못 본 척하시겠지만, 시편 2:12에서 말하고 있듯이, 그들을 향해서 진노를 발하실 때까지 그들의 어리석은 교만을 비웃고 계신다.

우리가 어떻게 하겠느냐. 이것은 그들이 자신들의 나태함을 자책하는 말이다. 그들은 자신들이 수수방관해서 그리스도께서 점점 세를 불려왔고 자신들이 적극적으로 행동에 나서면 그리스도의 세력이 확산되는 것도 멈출 것이라고 말한 것과 같다. 악한 자들은 자기들이 하고 싶은 대로 할 수 있는 능력이 자신들에게 있고, 심지어 일의 결과까지도 자기들이 원하는 대로 이루어질 것이라는 확신을 갖고 있다. 모든 것을 잘 살펴보면, 우리는 여기에서 대제사장들과 바리새인들이 마치 자기들이 끈질기게 버티고 대들면 하나님의 능력을 이길 수 있다는 듯이, 자신들의 끈질김을 내세워서 하나님의 능력을 이기고자 한다는 것을 알게 된다.

48. 만일 그를 이대로 두면. 그들이 그리스도를 그대로 두지 않는다면, 어떻게 하겠다는 것인가? 우리가 이미 말한 바 있지만, 그들은 자기들이 그리스도를 막고자 애를 쓰기만 한다면 그의 길을 막을 만한 힘이 자신들에게 있다고 철석같이 믿고 있었다. 만일 그리스도께서 사기꾼이셨다면, 그리스도가 하나님의 양 무리를 잘못된 길로 인도하지 못하도록 막는 것은 그들이 마땅히 해야 할 직무였을 것이다. 그러나 그들이 그리스도께서 이적을 행하셨다는 것을 인정한 이후에도 하나님의 능력을 오만방자하게 멸시한 것은 그들이 하나님에 대해서는 전혀 신경 쓰지 않는다는 것을 아주 분명하게 보여준 것이었다.

그리고 로마인들이 와서. 제사장들과 바리새인들은 공공의 선(bonum publici)을 위한 열심이라는 가면으로 자신들의 사악함을 그럴 듯하게 위장하고 있지만, 그들이 가장 두려워한 것은 자신들의 폭정(暴政)이 무너지는 것이었다. 그럼에도 불구하고, 그들은 성전과 하나님 예배, 민족의 명성, 백성의 안녕(安寧)에 대해서 심히 근심하는 체한다. 그들은 왜 그렇게 하는 것인가? 그들의 위선은 타인을 속이기 위한 것이 아니다. 그들은 지금 대중 앞에서 연설을 하고 있는 것이 아니라, 자기들끼리만 모여서 은밀하게 음모를 꾸미고 있는 중이다. 그들은 모두 자신들의 행위가 위선이자 사기(詐欺)라는 것을 알면서도, 왜 자신들의 계획과 속셈을 툭 터놓고 얘기하지 않는 것일까? 그것은 불경건(impietas)은 아무리 조악하고 뻔한 것이라고 할지라도 거의 언제나 외식(外飾)을 수반하는 까닭에, 애매모호한 궤변이나 그럴 듯한 허울로 감싸서 미덕으로 포장하여 사람들을 기만하는 것이 그 속성이기 때문이다. 두말할 것도 없이 그들의 일차적인 목적은 짐짓 근엄하고 사려 깊은 듯한 모양새를 갖춤으로써 다른 사람들을 기만하여 속여 넘기는 것이다. 그러나 그들이 마치 자신들에게는 그리스도를 박해할 만한 정당한 사유가 있는 것처럼 위장할 때, 그들 자신도 자신들이 쓴 허위의 탈에 속고 있는 것이라고 할 수 있을 것이다. 위선자, 즉 외식하는 자들도 처음에는 양심의 가책을 느끼지만, 나중에는 헛된 망상(妄想)들에 빠져서 양심이 마비되어, 결과적으로 죄를 범하면서도 죄의식을 느끼지 않는다. 그러나 그들은 분명한 자기모순에 빠져 있다. 왜냐하면, 그들은 처음에는 그리스도께서 많은 이적을 행하셨다는 것을 인정했음에도 불구하고, 지금 와서는 마치 그러한 이적들을 통해서 드러난 하나님의 능력으로는 로마인들에 대한 충분한 보호막이 될 수 없다는 듯이 로마인들에 대한 두려움을 나타내고 있기 때문이다. 복음서 기자는 "로마인들이 와서"라는 말을 통해서 그들이 음모를 꾸미고 있는 주된 목적이 임박한 위험을 막기 위한 것이라는 사실을 보여준다. 그들은 "만일 로마인들이 공공질서에 어떤 변혁이 생긴 것을 알게 되면, 그들은 군대를 보내서 우리 민족을 멸하고 성전을 파괴하고 하나님에 대한 예배를 금하게 될 것이니, 그것이 두려운 일이다"라고 말한다. 그러나 우리가 정도(正道)를 벗어나지 않고서는 피할 수 없는 위험에 직면하여 스스로를 지키기 위해서 술수를 쓰는 것은 옳은 일이 아니다. 그러한 상황에서 우리가 먼저 물어야 할 것은 하나님께서 우리에게 무엇을 명하시고 우리가 무엇을 하기를 원하시는가 하는 것이다. 그리고 결과가 어떻게 되든지 간에, 우리는 이 점에 있어서 흔들려서는 안 된다. 그런데 대제사장들과 바리새인들은 그리스도께서 시작하신 사역을 그냥 방치해 두면 골치 아픈 문제가 생길 것을 우려해서 그를 없애기로 결심한다. 그러나 하나님께서 그리스도를 보내신 것이 사실이라면, 그들의 계획은 하나님의 선지자를 팔아서 로마인들로부터 평화를 사려는 것이 아닌가? 이것은 하나님을 진실로 경외하지 않는 자들이 꾀하는 전형적인 술책이다. 그들은 법이나 정의에 대해서는 도무지 관심이 없고 오직 결과에만 관심을 둔다. 그러나 이런 문제에 대처하는 경건하고 거룩한 길은 오직 이것뿐이다. 먼저, 우리는 하나님을 기쁘시게 하는 것이 무엇인지를 물어보아야 한다. 다음으로, 우리는 비록 허다한 죽음의 위협에 둘러싸이게 될지라도, 두려움으로 인하여 낙심하거나 위축되지 말고, 하나님께서 명하시는 것은 무엇이든지 담대하게 준행해야 한다. 우리의 행동은 일관되게 하나님의 뜻만을 따라서 나아가야 하고, 바람이 한 번 몰아친다고 해서 그 바람에 휩쓸려서는 안 된다. 위험 따위는 담대하게 무시해 버리는 자들, 또는 적어도 위험에 대한 두려움을 떨쳐내고 순전히 하나님께 복종하는 자들만이 결국에 가서는 승리하고 형통한다. 왜냐하면, 모든 사람들의 생각과는 달리, 하나님께서는 변함없이 자신의 말씀에 순종하는 자들에게 복을 주시기 때문이다. 하지만 불신자들은 아무리 조심하고 노심초사하며 경계한다고 해도, 그런 것들은 그들에게 아무런 유익이 되지 않고, 그들은 조심하면 할수록 더욱 많은 덫들에 걸려들게 된다. 본문의 이야기 속에는 우리

시대의 모습이 아주 생생하게 묘사되어 있다. 신중하고 사려분별이 있는 사람이라는 평판을 듣고 싶어 하는 자들은 언제나 "우리는 공공의 안녕에 고려하여야 하고, 우리가 시도하는 개혁에는 많은 위험이 수반된다"는 말을 입에 달고 산다. 그들은 아무런 근거도 없이 우리에 대한 적대감을 나타낸 후에, 결국 모든 혼란(turba)을 종식시킬 수 있는 최선의 방책은 그리스도를 매장시키는 것이라는 결론에 도달한다. 그들은 혼란을 가라앉히기 위해서 구원의 교리(salutis doctrina)가 폐지되어야 한다는 처방을 내놓고서는, 마치 이처럼 불경건하게 하나님의 은혜를 멸시하는 일이 실제로 잘 되리라는 듯이 생각한다. 그러나 사실은 정반대로 불경건한 자들이 우려하고 두려워하는 일이 일어나게 될 것이고, 비록 그들이 원하는 일이 다 이루어진다 할지라도, 그것은 세상을 달래기 위해서 하나님을 진노케 하는 것이기 때문에 아무런 가치도 없는 일이다.

우리 땅 … 빼앗아 가리라. 그들이 사용한 "우리 땅"(개역에서 "땅"으로 번역된 헬라어는 '장소'를 뜻하는 '토포스' [τόπος]이다 — 역주)이라는 표현이 성전을 의미하는 것인지, 아니면 그들의 조국인 이스라엘 땅을 의미하는지는 확실하지 않다. 유대인들은 자신들의 구원과 안전이 성전과 땅, 이 둘에 달려 있다고 생각하였다. 왜냐하면, 만일 성전이 파괴되면, 그들이 하나님께 제사나 예배를 드릴 수도 없고 하나님의 이름을 부를 수도 없게 될 것이기 때문이다. 따라서 그들에게 종교적 관심(religionis cura)이 조금이라도 남아있는 한, 그들은 성전 문제에 예민할 수밖에 없었다. 한편, 유대 교회가 존속하기 위해서는 그들이 자신들의 땅에서 또다시 쫓겨나지 않는 것도 매우 중요한 일이었다. 그들은 여전히 바벨론에서 포로 생활 하던 시절을 기억하고 있었고, 그것은 하나님께서 그들에게 내리신 가장 혹독한 보응이었다. 유대인들 사이에서 흔히 회자되는 것으로서 율법에서도 자주 발견되는 경구(警句)가 하나 있는데, 그것은 하나님께서 그들을 이 땅에서 쫓아내시는 것은 그들을 버려서 내치시는 것과 같다는 것이다. 그런 까닭에, 그들은 결국 그리스도가 없어지지 않는 한 그들의 교회가 안전할 수 없을 것이라는 결론을 내린다.

49. 그 중에 한 사람 … 가야바가. 가야바로 개입해서 그들이 오랜 시간 주저하는 것을 가로막았기 때문에, 그들의 논의는 짧게 끝났다. 그는 민족의 안전을 확보할 수 있는 단 한 가지 방법은 무죄한 사람을 희생양으로 삼아서 죽이는 것이라고 제안하였다. 하나님을 두려워하지도 않고 하나님의 말씀 대신에 육신적인 판단을 따라 계획을 꾸밀 뿐만 아니라, 모든 복의 주인이신 하나님께서 허락하시지 않은

것으로부터 선한 결과를 얻을 것이라고 확신하고 있으니, 도대체 인간의 사악함의 끝은 어디란 말인가! 가야바는 마치 하나님의 진노를 불러들여야만 자신들이 행복하게 잘 살 수 있다는 식으로 말하고 있는 것이 아닌가! 우리는 하나님께서 복 주신 것이 아닌 그 어떤 것이라도 우리에게 유익하거나 기쁨을 줄 것이라고 기대해서는 안 되기 때문에, 하나님의 법에 부합하는 것과 유익한 것이 결코 별개가 아니라는 사실을 배워야 한다. 하나님의 복(Dei benedictio)은 마귀에게서 도움을 구하는 불경건하고 패역한 무리들과는 아무 상관이 없고, 오직 진실하게 하나님의 길로 행하는 믿는 자들에게만 약속된 것이다. 하지만 공공의 이익(publica utilitas)이 언제나 우선되어야 하는 법이기 때문에, 그들의 논리는 일면 타당성이 있다. 그러나, 내가 이미 말했듯이, 백성 전체를 지키기 위해서 무죄한 한 사람을 불의하게 죽음으로 내모는 것은 한 사람의 몸 전체를 보호하기 위해서 그 사람의 목을 베거나 칼로 가슴을 찌른다고 말하는 것이나 다를 바가 없다.

그 해의 대제사장. 복음서 기자가 가야바를 "그 해의 대제사장"이라고 부르는 것은 그가 일 년짜리 임기의 대제사장이어서가 아니라, 당시에 율법이 무시된 채로 대제사장직이 매관매직되면서 이 사람 저 사람의 손으로 넘어가 있었기 때문이다. 하나님께서는 대제사장이 죽는 경우를 제외하고는 이 영광스러운 직분이 끝나지 않는 것으로 정하셨지만, 세상이 난세이다 보니까 로마인들이 자기들 마음대로 대제사장을 교체하곤 하는 일이 비일비재하게 일어났다.

51. 이 말은 스스로 함이 아니요. 복음서 기자가 이렇게 말한 것은 가야바가 미친 사람이나 정신 나간 사람처럼 자기도 이해하지 못하는 말을 하였다는 의미가 아니다. 왜냐하면, 가야바는 제 정신으로 자신의 생각을 말한 것이기 때문이다. 복음서 기자가 말하고 싶었던 것은 초월적인 어떤 힘이 그의 혀를 주관했다는 것이었다. 왜냐하면, 하나님께서는 가야바 자신이 생각했던 것보다 훨씬 숭고한 내용이 가야바의 입을 통해서 증언되어지기를 바라셨기 때문이다. 그러므로 가야바는 당시에 한 입으로 두 가지 말을 한 셈이다. 왜냐하면, 그는 자기 마음에 품은 생각을 따라 그리스도를 죽이려는 사악하고 무자비한 말을 토해낸 것이었지만, 하나님께서는 그의 혀를 사용하셔서 모호한 말로 장래의 일을 예언하게 하신 것이기 때문이다. 하나님께서 대제사장의 직위에 앉은 자로 하여금 하나님의 말씀을 받아 예언하게 하신 것은 유대인들로 하여금 변명의 여지가 없도록 하시기 위한 것이었다. 왜냐하면, 그의 말을 듣고 즉시 양심의 찔림을 받은 사람은 하나도 없었지만,

나중에 그들은 자신들의 둔감함(stupor)이 용서받을 수 없는 것이었음을 깨닫게 되었기 때문이다. 또한, 하나님께서는 대제사장이라는 인물(persona)이 아니라 자신이 친히 정하신 대제사장직(sacerdotium) 자체를 고려하신 것이었기 때문에, 가야바의 사악함도 그의 혀가 성령의 도구로 쓰임받는 것을 막을 수 없었다. 내가 사람들은 고위직에 있는 자가 말한 것에 더욱 경청하고 더 큰 존경과 권위를 돌리게 된다고 말한 것도 그런 이유 때문이었다. 하나님께서는 이와 동일한 방식으로 발람에게 예언의 영을 불어넣어 주시고, 그의 입으로 이스라엘 백성을 축복하게 하고자 하셨다. 그런데 교황주의자들은 이 구절을 근거로 삼아서 로마 교황이 옳다고 생각하여 선포한 것은 무조건 하나님의 말씀으로 받들어져야 한다고 주장하지만, 그것은 너무나 어처구니없는 주장이다. 먼저, 대제사장이 언제나 선지자이기도 했다는 것은 틀린 말이지만, 설령 그것을 사실이라고 할지라도, 교황주의자들은 로마 교황이 하나님의 명령에 의해서 제정된 직분이라는 것을 반드시 입증하지 않으면 안 된다는 것이다. 왜냐하면, 제사장 제도는 한 분 그리스도께서 오심으로 이미 폐지되었을 뿐만 아니라, 성경의 어디에도 하나님께서 그 후에 어떤 한 사람에게 교회 전체를 다스리라고 명하셨다는 내용이 나오지 않기 때문이다. 다음으로, 대제사장의 권한과 존귀(ius et honor)가 로마의 주교에게 이양되었다손 치더라도, 우리는 대제사장인 가야바의 예언을 받아들인 것이 과연 제사장들에게 어떤 유익이 있었는지를 따져 보아야 한다. 왜냐하면, 그들은 가야바의 생각에 동조해서 그리스도를 죽이기로 공모한 것인데, 대제사장의 말에 순종하는 것이 우리로 하여금 하나님의 아들을 부인하는 끔찍한 배교(背敎)로 나아가게 만드는 것이라면, 우리는 그러한 순종을 결코 받아들일 수 없기 때문이다. 가야바는 하나의 동일한 말로 하나님을 모독함과 동시에 예언을 하였다. 가야바의 제안을 따르는 자들은 예언을 멸시하고 신성모독을 범하는 것이다. 우리가 로마의 가야바의 말을 들을 때, 우리에게도 똑같은 일이 일어나지 않도록 주의해야 한다. 우리가 이 점을 제외하고 그 밖의 다른 관점에서 가야바와 로마 교황을 비교한다면, 그것은 잘못된 비교가 될 것이다. 게다가, 가야바가 한 번 예언을 했다고 해서, 대제사장이 말한 모든 것이 언제나 예언이 되는 것인지를 우리는 묻지 않을 수 없다. 도리어, 가야바는 얼마 후에 우리의 믿음의 최고의 원천이자 근본이신 그리스도를 신성모독으로 정죄한다(마 26:65).

52. 흩어진 하나님의 자녀를 모아 하나가 되게 하기 위하여 죽으실 것을. 먼저,

복음서 기자는 우리의 구원의 모든 것이 그리스도께서 우리를 모아서 "하나가 되게 하는" 것에 있다는 것을 보여준다. 왜냐하면, 그리스도께서는 우리가 하나가 되게 하심으로써, 우리로 하여금 생명의 근원(fons vitae)이신 하나님과 화목을 이루게 하시기 때문이다. 이것으로부터 우리는 인류가 흩어진 채로 하나님으로부터 멀리 떨어져 있고, 이러한 상태는 하나님의 자녀들이 머리 되시는 그리스도 아래에서 하나가 될 때까지 지속될 것임을 알게 된다. 그러므로 성도들의 교제(communio sanctorum)는 영생에 이르기 위한 준비 과정이다. 왜냐하면, 우리가 뒤에 나오는 17장에서 다시 살펴보게 되겠지만, 그리스도께서 아버지 하나님에게로 불러 모으시지 않은 모든 자들은 여전히 사망 가운데 있는 자들이기 때문이다. 그런 까닭에, 바울도 "하늘에 있는 것이나 땅에 있는 것이 다 그리스도 안에서 통일되게 하려"(엡 1:10)고 그리스도께서 보내심을 받았다고 가르친다. 따라서 그리스도께서 가져다주신 구원을 우리가 향유하기 위해서, 우리는 모든 불화를 제거하고, 하나님 및 천사들과 하나가 되고, 우리 사이에서도 하나가 되어야 한다. 이러한 하나 됨(unitas)의 원인이자 보증은 그리스도의 죽음이다. 그리스도께서는 자신의 죽음을 통해서 만물을 자기에게로 이끄셨다. 그렇지만 우리는 날마다 복음으로 말미암아 그리스도의 양 우리 안으로 모여든다.

그 민족만 위할 뿐 아니라. 복음서 기자는 그리스도로 말미암아 성취된 화해가 이방 민족들에게도 뻗어나갈 것이라고 말한다. 그러나 하나님을 떠나 흩어져서 비참하게 방황하고 있는 하나님의 원수인 이방 민족들이 어떻게 하나님의 자녀로 불리게 되는 일이 일어난다는 말인가? 이미 다른 곳에서도 언급한 바와 같이, 나의 대답은 양들(그들은 사실 양들이라고도 불릴 수 없고 오히려 늑대나 이리라고 불려야 할 것이다)이 길을 잃고 방황할 때에 하나님의 품속에는 이미 그들이 있었다는 것이다. 따라서 하나님께서 그들을 심지어 그들이 부르심을 받기도 전에 자신의 자녀로 삼아 주신 것은 전적으로 택하심(electio)에 의한 것이고, 그들은 결국에는 그들 자신과 다른 사람들에게 믿음을 나타내 보일 자들이다.

[53]이 날부터는 그들이 예수를 죽이려고 모의하니라 [54]그러므로 예수께서 다시 유대인 가운데 드러나게 다니지 아니하시고 거기를 떠나 빈 들 가까운 곳인 에브라임이라는 동네에 가서 제자들과 함께 거기 머무르시니라 [55]유대인의 유월절이 가까우매 많은 사람이 자기를 성결하게 하기 위하여 유월절 전에 시골에서 예루살렘으로

올라갔더니 [56]그들이 예수를 찾으며 성전에 서서 서로 말하되 너희 생각에는 어떠하냐 그가 명절에 오지 아니하겠느냐 하니 [57]이는 대제사장들과 바리새인들이 누구든지 예수 있는 곳을 알거든 신고하여 잡게 하라 명령하였음이러라(11:53-57).

53. 그들이 예수를 죽이려고 모의하니라. 복음서 기자는 분노에 찬 원수들이 자기를 찾고 있다는 것을 아신 그리스도께서 다시 몸을 피하셨다고 보도한다. 그러나 우리는 그리스도께서 아버지의 부르심(vocatio)으로부터 벗어나기 위해서 몸을 피하신 것이 아님을 기억해야 한다. 그리스도께서는 오로지 하나님께서 정하신 때가 이르면 자신의 목숨을 스스로 내놓으시려는 생각만을 하고 계셨다. 여기에서 복음서 기자가 언급한 "모의"는 그리스도를 죽일 것인가 말 것인가에 대한 것이 아니라, 어떤 방법으로 그를 없앨 것인가에 대한 것이었다. 그들은 이미 그리스도를 제거하기로 마음을 굳혔고, 남은 문제는 그들의 결의를 어떻게 효율적으로 실행에 옮길 것인가 하는 것뿐이었다.

54. 에브라임이라는 동네에 가서 제자들과 함께. 이 구절에서 언급되고 있는 "에브라임"이라는 동네 이름은 당시에 발음이 달라졌거나, 아니면 전혀 새로운 어떤 동네를 가리키는 것으로 생각된다. 우리는 바벨론 포로 생활 이후에 히브리인들의 언어에 얼마나 큰 변화가 일어났는지, 또 동시에 지리적인 모습이 얼마나 많이 달라졌는지를 안다. 그러므로 어떤 동네가 예전에는 전혀 알려져 있지 않던 다른 이름으로 불리게 되었다고 해도, 그것은 놀랄 일이 아니다. 한편, 복음서 기자가 여기에서 "제자들"이라고 부른 사람들은 전에 그리스도의 가르침을 받았던 사람들이 아니라, 그리스도와 늘 동행하며 숙식을 함께 했던 자들을 가리킨다.

55. 많은 사람이 자기를 성결하게 하기 위하여 … 시골에서 예루살렘으로 올라갔더니. 유월절 제사를 드리기에 앞서서 사람이 스스로를 성결하게 해야 한다는 명확한 규정은 없었다. 그래서 복음서 기자도 모든 사람이 아닌 "많은 사람"이 예루살렘으로 올라갔다고 말한다. 물론, 부정한 자에게는 유월절 음식을 먹는 것이 허용되지 않았다. 하지만 내가 말하고자 하는 것은 그러한 성결은 자발적으로 그리고 개인적인 성향에 따라 이루어졌다는 것이고, 따라서 유월절 전에 성결 의식에 따른 준비를 하지 않은 사람일지라도 유월절 음식을 먹는 것이 금지되지는 않았다.

56. 그들이 예수를 찾으며. 복음서 기자가 이것을 보도하는 의도는 그리스도에

관한 소문이 온 유대 지방에 얼마나 널리 퍼져 있었는지를 보여주는 것이었다. 왜 나하면, 성전에 모인 사람들은 어느 지방에서 왔느냐에 상관 없이 그리스도를 열심히 찾고 있었고, 자기들끼리 그리스도에 대해서 얘기를 나누고 있었기 때문이다. 그들이 인간적인 동기에서 그리스도를 찾은 것은 사실이지만, 그들이 그리스도를 찾았다는 사실은 그리스도께서 대중 앞에 공개적으로 모습을 드러내지 못하신 이유가 제사장들의 폭정(暴政) 때문이었다는 것을 보여준다.

제 12 장

¹유월절 엿새 전에 예수께서 베다니에 이르시니 이 곳은 예수께서 죽은 자 가운데서 살리신 나사로가 있는 곳이라 ²거기서 예수를 위하여 잔치할새 마르다는 일을 하고 나사로는 예수와 함께 앉은 자 중에 있더라 ³마리아는 지극히 비싼 향유 곧 순전한 나드 한 근을 가져다가 예수의 발에 붓고 자기 머리털로 그의 발을 닦으니 향유 냄새가 집에 가득하더라 ⁴제자 중 하나로서 예수를 잡아 줄 가룟 유다가 말하되 ⁵이 향유를 어찌하여 삼백 데나리온에 팔아 가난한 자들에게 주지 아니하였느냐 하니 ⁶이렇게 말함은 가난한 자들을 생각함이 아니요 그는 도둑이라 돈궤를 맡고 거기 넣는 것을 훔쳐 감이러라 ⁷예수께서 이르시되 그를 가만 두어 나의 장례할 날을 위하여 그것을 간직하게 하라 ⁸가난한 자들은 항상 너희와 함께 있거니와 나는 항상 있지 아니하리라 하시니라(12:1-8).

1. 예수께서 베다니에 이르시니. 그리스도께서 유월절에 예루살렘에 오시지 않을 것이라고 생각한 자들이 있었지만(요 11:56), 우리는 그들의 판단이 너무 성급했다는 것을 여기에서 알게 된다. 이것은 우리가 모든 일에 너무 성급해서는 안 되고, 비록 그 때를 알지 못하더라도 적절한 때가 올 때까지 인내하며 묵묵히 기다리는 것이 마땅하다는 것을 일깨워 준다. 이제 그리스도께서는 일단 베다니에 도착하셨고, 삼일 후에는 이곳을 떠나서 예루살렘으로 가실 예정이셨다. 그리스도께서는 자신을 희생 제물로 드리시기 위하여 유다에게 자기를 팔아넘기기에 적당한 때와 장소를 주시려고 정해진 시간에 나타나셨다. 즉, 그리스도께서는 앞으로 어떤 일이 일어날지를 결코 모르고 계신 것이 아니었지만, 자기 자신을 희생 제물로 드리시기 위하여 자발적으로 이 곳에 오신 것이었다. 그리스도께서는 "유월절 엿새 전에" 베다니에 오셨기 때문에, 마태와 마가의 기사(記事)를 통해서 우리는 그리스도께서 이 곳에서 나흘 동안 머무셨다는 것을 쉽게 알 수 있다. 요한은 그리스도를 위한 잔치가 언제 베풀어졌는지, 그리고 마리아가 언제 그리스도께 향유를 부었는

지에 대해서 전혀 언급하지 않지만, 이 일은 그리스도께서 베다니에 오신 후 얼마 되지 않아서 일어났던 것으로 보인다. 어떤 이들은 마태복음(마 26:7)과 마가복음 (막 14:3)에 나오는 향유를 부은 사건이 여기에 기록된 것과는 다른 별개의 것이라 고 생각하지만, 그것은 잘못이다. 그들은 이 두 복음서 기자가 "이틀이 지나면 유 월절이라"(마 26:2; 막 14:1)고 언급한 직후에 한 여자가 그리스도께 향유를 부은 사건을 보도하고 있는 것을 근거로 시간을 계산함으로써 이런 잘못을 범하게 된 것이다. 이 문제는 다음과 같이 두 가지 사실을 생각해 보면 쉽게 풀린다. 요한은 마리아가 그리스도께 향유를 부은 것이 그리스도께서 베다니에 도착하신 바로 그 날이라고 말하지 않는다. 따라서 이 일은 그리스도께서 예루살렘으로 떠날 채비를 하고 계실 무렵에 일어난 것일 수도 있다. 그러나 내가 이미 앞에서 말한 대로, 좀 더 유력한 추정은 그리스도께서 베다니를 떠나시기 적어도 하루 또는 이틀 전에 마리아가 그리스도께 기름을 붓는 사건이 일어났으리라는 것이다. 그리스도께서 유월절을 준비하도록 하시기 위해서 두 제자를 예루살렘으로 보내시기 전에, 이미 가룟 유다는 제사장들과의 협상을 매듭지었을 것임에 틀림없다. 그러므로 이 두 일 사이에는 적어도 하루의 간격이 있지 않으면 안 된다. 복음서 기자들은 유다가 제사장들에게서 뇌물을 받은 후에 그리스도를 팔아넘길 적당한 기회를 찾고 있었 다는 말을 덧붙인다(마 26:16; 막 14:11). 따라서 우리는 복음서 기자들이 "이틀이 지나면 유월절이라"고 언급한 후에 한 여자가 그리스도께 향유를 부은 사건을 보 도하고 있는 것으로 보아서, 이 일련의 기사(記事) 속에서 먼저 일어난 일을 마지 막에 가서야 언급한 것이라고 보아야 한다. 왜냐하면, 복음서 기자들은 "너희가 아 는 바와 같이 이틀이 지나면 유월절이라 인자가 십자가에 못 박히기 위하여 팔리 리라"(마 26:2)는 그리스도의 말씀을 보도한 후에, 앞에서 빠졌던 내용, 즉 그리스 도께서 어떤 상황에서 어떻게 그의 제자에게 배신을 당하셨는지를 이제 와서 덧붙 이고 있는 것이기 때문이다. 한 여자가 베다니에서 그리스도께 향유를 부은 사건 에 관한 복음서 기사들은 이런 식으로 서로 완벽하게 일치한다.

2. 거기서 예수를 위하여 잔치할 새. 마태와 마가는 그리스도께서 이 때에 나병 환자 시몬의 집에서 저녁을 드셨다고 보도한다(마 26:7; 막 14:3). 요한은 그리스도 께서 누구의 집에서 식사를 하신 것인지를 언급하고 있지 않지만, 그 집이 나사로 와 마르다의 집이 아닌 다른 곳이었다는 것을 너무나 분명하게 보여준다. 왜냐하 면, 요한은 나사로가 그리스도와 함께 식탁에 앉은 사람들 중의 하나, 곧 그와 함께

초대받은 사람들 중 하나였다고 말하기 때문이다. 또한, 마태와 마가는 한 여자가 그리스도의 "머리"에 향유를 부었다고 말하고 있고, 요한은 그의 "발"에 부었다고 말하고 있지만, 여기에는 그 어떠한 모순도 없다. 향유는 머리에 붓는 것이 관례였다. 이 때문에, 플리니우스(Plinius:1세기 로마의 학자·작가)는 발목에 향유를 붓는 사람들을 보고서 그것을 지나친 사치이자 낭비라고 생각하였다. 세 복음서 기자는 하나같이 마리아가 그리스도께 많은 양의 향유를 아낌없이 부었다고 일관되게 보도한다. 따라서 요한이 발에 향유를 부었다고 말한 것은 마리아가 그리스도의 온 몸에 향유를 부었기 때문에 그 향유가 발까지 흘러내렸다고 말한 것과 같다. "발"이라는 단어 속에 부연설명의 의미가 존재한다는 것은 요한이 이어서 마리아가 "자기 머리털로 그의 발을 씻어" 드렸다는 말을 덧붙이고 있는 것에서 더욱 분명하게 드러난다.

3. 향유 냄새가 집에 가득하더라. 이 향유는 나드에서 추출한 단순한 액체가 아니고, 많은 향료들이 배합된 것이었다. 따라서 "향유 냄새"가 온 집안에 가득하였다는 것은 놀랄 일이 아니다.

4. 제자 중 하나로서 … 가룟 유다가 말하되. 다음으로 유다의 불평이 이어지는데, 불평한 자가 누구였는지에 대하여 마태는 "제자들"이었다고 모호하게 표현하고 있고(마 26:8), 마가는 거기 있던 "어떤 사람들"이었고 말한다(막 14:4). 그러나 한 사람이나 몇 사람에게 속한 일을 많은 사람들에게 적용하여 표현하는 제유법(提喩法)은 성경에서 흔히 쓰이는 수사법이다. 내 생각에는, 처음에는 가룟 유다가 혼자 투덜댔는데, 나머지 사람들도 거기에 맞장구를 친 것 같다. 불평이라는 것은 우리를 부채질하여 우리 안에서 이런저런 감정들을 불러일으키기가 아주 쉽기 때문이다. 특히 우리는 나쁜 쪽으로 생각하고 판단하려는 성향을 지니고 있기 때문에, 남을 비방하거나 험담하는 것에 쉽게 빠져든다. 그러나 하나님의 영은 사도들이 남의 말을 쉽사리 믿어 버린 것(credulitas)에 대하여 책망하시는데, 이것은 다른 사람들이 하는 비방이나 험담을 듣고서 거기에 솔깃해서 너무 쉽게 믿어서는 안 될 것이라고 우리에게 경고하시는 것이기도 하다.

5. 이 향유를 어찌하여 삼백 데나리온에 팔아 가난한 자들에게 주지 아니하였느냐. 플리니우스(Plinius)에 의하면, 향유는 통상적으로 1파운드에 10데나리온이 넘지 않았지만, 최상품 향유의 가격은 최고 310데나리온까지 나갔다고 한다. 복음서 기자들이 이구동성으로 "지극히 비싼 향유"라고 말하고 있는 것으로 보아서, 유다

가 이 향유의 1파운드 가격을 300데나리온으로 평가한 것은 옳은 것이었다. 부데우스(Budaeus)의 계산에 따르면, 이 금액은 프랑스 돈으로 50리브르(livre)에 해당한다고 한다. 게다가, 거의 모든 사치에는 지나친 낭비와 허비가 따르게 마련이기 때문에, 허비한 돈의 액수가 크면 클수록, 유다의 불평은 더욱더 정당한 명분을 얻을 수 있었다. 유다는 이렇게 말한 것이나 다름이 없었다: "만약 마리아가 적은 돈을 쓴 것이었다면, 그녀에게는 그래도 변명할 수 있는 여지가 있었을지도 모른다. 그러나 그녀는 별것 아닌 일에 막대한 돈을 허비했으니, 그것은 그 막대한 돈으로 큰 도움을 받을 수 있었을 가난한 자들을 해친 것이 아니면 무엇이겠는가? 그러니, 그녀가 한 짓은 결코 용서받을 수 없다."

6. 그는 도둑이라. 나머지 제자들은 악의(惡意)가 있어서가 아니라 생각이 깊지 못해서 마리아를 비난하고 정죄한 것이었다. 그러나 유다는 가난한 사람들에 대해서 전혀 관심이 없었으면서도, 자신의 악(惡)을 은폐하기 위한 핑곗거리로 가난한 사람들을 들먹인 것이었다. 이 일을 통해서 우리는 탐욕(cupiditas)이 얼마나 가증스럽고 역겨운 괴물인지를 배우게 된다. 돈을 훔칠 기회가 사라져 버리자, 자신이 손해를 보게 되었다고 생각한 유다는 이성을 잃어버릴 정도로 극도로 분노하여, 조금도 망설임 없이 그리스도를 팔아넘기기로 작정하였다. 그는 이 일을 통해서 가난한 자들이 자신들이 받아야 할 것을 강탈당한 것이라고 다른 사람들에게 마음에도 없는 거짓말을 한 것도 모자라서, 외식하는 자들, 곧 위선자들이 흔히 그러하듯이, 자기가 그리스도를 팔아넘기고자 하는 것은 자신이 입은 손해를 보상받기 위한 것이기 때문에 별로 잘못하는 것이 아니라는 식으로 마음속으로 자신을 두둔하기까지 하였다. 사실, 그는 단 한 가지 이유(una causa) 때문에 그리스도를 팔아넘겼는데, 그것은 자신의 손아귀에서 빠져나가 버린 돈을 무슨 수를 써서라도 되찾아야 되겠다는 것이었다. 즉, 유다는 거금(巨金)을 거머쥘 뻔했다가 눈앞에서 놓쳐버리자 바짝 약이 올라서 그리스도를 팔아넘기기로 작정한 것이었다. 그리스도께서 유다가 "도둑"이라는 것을 뻔히 아시면서도 이런 작자를 청지기(oeconomus)로 택하셨다는 사실은 놀랍고 기이하다. 왜냐하면, 그것은 그리스도께서 그의 목을 졸라맬 동아줄을 유다의 손에 쥐어 주신 것이나 다름없기 때문이다. 죽을 수밖에 없는 존재인 우리 인간은 여기에서 하나님의 판단(Dei iudicia)은 그 끝을 알 수 없는 깊은 바다와 같다는 말 외에는 달리 할 말이 없다. 그러나 우리는 그리스도께서 그렇게 하신 것을 하나의 보편적인 기준으로 삼아서, 우리도 가난한 자를 돌보

는 일이나 그 어떤 거룩한 일들을 무뢰배나 사악한 자에게 맡겨도 괜찮을 것이라는 생각을 해서는 안 된다. 왜냐하면, 하나님께서는 어떤 자가 교회의 치리(治理)와 그 밖의 직무를 맡도록 부르심을 받을 만한 자인지에 대해서 우리에게 하나의 법을 주셨고, 우리는 이 법을 자의적으로 어겨서는 안 되기 때문이다. 그러나 그리스도의 경우에는 우리와 사정이 달랐다. 왜냐하면, 하나님의 영원한 지혜이셨던 그리스도께서는 자신에게 예정되어 있던 비밀한 일이 유다라는 인물을 통해서 이루어지도록 하시기 위하여 그렇게 하신 것이기 때문이다.

7. 그를 가만 두어. 그리스도께서는 마리아를 가만히 내버려 두라고 제자들에게 명하심으로써, 아무런 이유도 없이 이웃을 괴롭히거나 아무것도 아닌 일로 소란을 피우는 그들의 행실이 옳지 않고 부당하다는 것을 보여주고 계신다. 다른 복음서 기자들은 그리스도의 대답을 좀 더 길게 보도하고 있지만, 그 실질적인 내용은 동일하다. 그리스도께서는 마리아가 그에게 향유를 부은 일을 유다가 비난하지만, 사실 그것은 자신의 장례를 위한 것이라는 이유를 드시면서 그 일을 옹호하신다. 그러므로 그리스도께서는 마리아가 한 그 일을 통상적인 의식(cultus ordinarius)으로 인정하신 것이 아니었고, 모든 교회에서 보편적으로 행해져야 할 의식(儀式)으로 인정하신 것은 더더욱 아니었다. 만일 그리스도께서 그러한 종류의 의식이 매일 행하여지기를 원하셨다면, 이 일을 그의 장례와 연결지어서 말씀하시지 않고, 달리 말씀하셨을 것이다. 하나님께서 외적으로 드러내는 겉치레(externa pompa)에는 관심이 없으시다는 것은 분명하다. 아니, 좀 더 정확히 말하자면, 하나님은 우리의 마음이 육신적인 의식(carnalis ritus)에 잘 끌리는 것을 아시기 때문에, 그러한 의식(儀式)은 도를 넘지 않게 절제하여 행할 것을 종종 명하시는 것이다. 따라서 그리스도의 대답으로부터 돈이 많이 드는 화려한 예배가 하나님을 기쁘시게 하는 것이라고 추론하는 자들은 본말을 전도시킨 해석자들(praeposterus interpres)이다. 그리스도께서 마리아를 받으신 것은 그녀가 돈이 많이 드는 화려한 의식을 행하였기 때문이 아니라, 마리아가 그를 위하여 특별한 의식(officium extraordinarium)을 행하였기 때문이고, 이 의식은 우리가 하나님을 예배할 때에 영원한 규례로 삼아서는 안 되는 그런 특별한 것이었다.

나의 장례할 날을 위하여 그것을 간직하게 하라. 그리스도께서 마리아가 향유를 "간직해" 왔다고 말씀하신 것은 그녀가 향유를 아무렇게나 사용한 것이 아니라 마땅히 사용되어야 할 때에 적절하게 향유를 사용하였다는 것을 의미한다. 왜냐하면, 우리가 어떤 물건을 사용해야 할 때와 상황에 맞추어 내어오기 위해서 보관해 두고 있을 때, 우리는 그것을 "간직하고" 있다고 말하기 때문이다. 만일 어떤 사람이 값비싸고 귀한 물건들을 이 때가 되기 이전에 가득 가져와서 그리스도께 드렸다고 할지라도, 그리스도께서는 분명히 그런 것들을 거절하셨을 것이다. 그런데 그리스도께서는 마리아가 여기에서 늘 해오던 일을 한 것이 아니라, 그리스도께 그녀가 마땅히 해야 할 마지막 일을 수행한 것이라고 단호하게 말씀하신다. 게다가, 몸에 향유를 붓는 것은 그 당시로서도 무의미하고 헛된 의식이 아니라, 도리어 부활의 소망을 사람들의 눈앞에 보여주는 영적 상징(spirituale symbolum)의 역할을 했다. 그리스도께서는 "잠자는 자들의 첫 열매"(고전 15:20)라 불리시는 것이 마땅했지만, 아직 부활 사건이 일어나지 않았기 때문에, 그 약속들은 여전히 베일에 가려져 있었다. 그러므로 당시에 믿는 자들로 하여금 그리스도께서 죽으시더라도 장차 부활하시리라는 것을 보여주기 위해서는 이런 일이 필요하였다. 따라서 이 때 마리아가 그리스도께 향유를 부은 일은 결코 불필요하고 쓸데없는 것이 아니었다. 왜냐하면, 그리스도께서는 머지않아 장사되실 것이었고, 여기에서는 그가 마치 곧 무덤에 들어가 누워야 하실 자인 양 마리아가 그에게 향유를 부은 것이기 때문이다. 제자들은 아직 이것을 모르고 있었지만, 마리아는 성령의 인도하심에 불현듯 감동되어서, 미리 의도하지 않았던 일을 하게 된 것이었음이 분명하다. 그러나 그리스도께서는 제자들이 그토록 못마땅해하였던 이 일을 그의 부활에 대한 소망과 연결시키셔서 이 일의 유익성을 말씀해 주심으로써, 제자들로 하여금 이 일에 대하여 그들이 이전에 지니고 있던 악한 생각과 분(憤)을 버리게 하고자 하셨다. 사실, 하나님께서는 어린애처럼 유치했던 자신의 옛 백성들을 이 같은 훈련들을 통해서 계도(啓導)하고자 하셨다. 그러므로 오늘날에도 우리가 하나님의 옛 백성들과 똑같이 행하고자 한다면, 그것은 어리석은 일일 것이다. 또한, 그리스도께서 이미 오셔서 빛을 비추심으로써 그런 그림자들을 다 몰아내셨는데도, 우리가 여전히 그렇게 행하고자 한다면, 그것은 그리스도를 모욕하는 일이 될 수밖에 없을 것이다. 그러나 당시는 아직 그리스도께서 부활하셔서 그림자들에 불과한 율법을 완성하시기 이전이었기 때문에, 외적으로도 예(禮)와 의식(儀式)을 갖추어서 그리스도를 장사지내는 것이 마땅한 일이었다. 지금은 그리스도의 부활의 향기(odor resurrectionis)가 충분히 강력한 효능을 갖게 되었기 때문에, 더 이상 "나드" 같은 값진 향유가 없어도, 그 향기만으로 온 세상을 살릴 수 있게 되었다. 끝으로,

우리가 명심해야 할 것은 다른 사람들의 행위를 판단할 때에는 오직 그리스도의
판단만을 기준으로 삼아서 그 기준만을 고수하여야 한다는 것이다. 왜냐하면, 우
리는 모두 언젠가는 그리스도의 심판대 앞에 서게 될 것이기 때문이다.

8. 가난한 자들은 항상 너희와 함께 있거니와. 내가 이미 앞에서 지적한 것대로,
그리스도께서는 여기에서 마리아의 특별했던 행위와 우리가 그리스도께 드려야
할 일상적이고 통상적인 예배는 분명하게 구별되어야 한다는 것을 보여주고 계신
다. 그러므로 마치 그리스도께서 이 때에 마리아가 행한 일을 받으시고서, 사람들
에게 후에도 그렇게 하라고 명하시기라도 하셨다는 듯이, 돈을 많이 들이고 외형
적으로 호화롭게 하여서 그리스도를 섬기려고 하는 자들은 마리아의 행위를 본받
는 자들이 아니라 흉내 잘 내는 원숭이들일 뿐이다.

나는 항상 있지 아니하리라. 그리스도께서는 자신의 제자들과 "항상" 함께 "있
지"는 않으실 것이라고 말씀하신다. 여기에서 "있다"라는 말은 사람들이 유형적으
로 드리는 예배나 값비싸고 귀한 것들로 공경하는 것을 받으시기에 적합한 그런
임재 방식(genus praesentiae)을 가리키는 것임에 틀림없다. 왜냐하면, 그리스도께
서는 자신의 성령의 은혜와 능력으로 우리와 함께 계시며, 우리 가운데에 거하셔
서, 우리를 자신의 살과 피로 먹이시는데, 그리스도의 이러한 임재 방식은 유형적
이고 물질적인 섬김이나 예배와는 아무런 상관이 없기 때문이다. 그러므로 교황주
의자들이 그리스도를 예배한다는 명분을 내세워서 고안해 낸 온갖 화려한 예전(禮
典)들을 총동원해서 그리스도를 섬긴다고 큰소리쳐도, 그런 것들은 다 헛될 뿐이
다. 왜냐하면, 그리스도께서는 그 모든 것들을 대놓고 분명하게 거절하시기 때문
이다. "가난한 자들은 항상 너희와 함께 있을" 것이라는 말씀을 통해서 그리스도
께서는 유대인들의 외식(外飾)을 꾸짖고 계시는 것이지만, 우리는 이 말씀에서 유
익한 가르침을 얻을 수 있다. 즉, 가난한 자들의 어려움을 덜어주기 위하여 구제
(救濟)하는 것은 하나님께서 받으실 만한 향기로운 제물이 되지만, 하나님을 예배
하는 데에 많은 돈을 들이는 것은 합당하지 않다는 것이다.

[9]유대인의 큰 무리가 예수께서 여기 계신 줄을 알고 오니 이는 예수만 보기 위함이
아니요 죽은 자 가운데서 살리신 나사로도 보려 함이러라 [10]대제사장들이 나사로까
지 죽이려고 모의하니 [11]나사로 때문에 많은 유대인이 가서 예수를 믿음이러라 [12]그
이튿날에는 명절에 온 큰 무리가 예수께서 예루살렘으로 오신다는 것을 듣고 [13]종

려나무 가지를 가지고 맞으러 나가 외치되 호산나 찬송하리로다 주의 이름으로 오시는 이 곧 이스라엘의 왕이시여 하더라 [14]예수는 한 어린 나귀를 보고 타시니 [15]이는 기록된 바 시온 딸아 두려워하지 말라 보라 너의 왕이 나귀 새끼를 타고 오신다 함과 같더라(12:9-15).

9. 유대인의 큰 무리가 예수께서 여기 계신 줄을 알고 오니. 그리스도께서 죽으실 때가 가까워질수록, 그가 죽으신 후에 사람들의 믿음을 굳게 하기 위해서, 그의 이름이 널리 알려질 필요가 더욱 커졌다. 특히, 요한복음 기자는 얼마 전에 나사로가 다시 살아난 이적으로 인해서 그리스도의 명성이 더욱 널리 알려지게 되었다고 보도하고 있는데, 그리스도께서는 그 사건을 통해서 자신의 신성(神性)을 입증하는 두드러진 증거를 보여주셨기 때문에, 하나님은 그 사건의 증인이 많아지기를 바라셨다. 요한복음 기자는 유대인들이 "예수만 보기 위함이 아니요 나사로도 보려 함이었다"고 말하지만, 그것은 유대인들이 나사로라는 인물에게 공경하는 마음을 표하기 위하여 그를 예방(禮訪)했다는 뜻이 아니고, 그리스도의 놀라운 능력이 나타난 표본인 나사로를 두 눈으로 직접 보고자 했다는 뜻이다.

10. 대제사장들이 나사로까지 죽이려고 모의하니. 하나님의 능력으로 말미암아 죽음에서 기적적으로 살아난 자를 다시 죽이려고 하는 모습을 말로 표현하는 데에는 광기 어린 분노(phreneticus furor)라는 말로도 부족하다. 그러나 사탄은 이런 식으로 불경건한 자들에게 미혹의 영(spiritus vertiginis)을 보내어 정신을 어지럽게 하기 때문에, 하나님이 하늘과 땅과 바다로 하여금 일어나서 그들을 대적하게 하셔도, 그들의 광기는 그칠 줄을 모르게 된다. 요한복음 기자가 이 악하고 가증스러운 음모를 여기에서 이렇게 보도하는 것은 한편으로는 그리스도의 대적들이 단순한 착각이나 어리석음 때문이 아니라 광기 어린 사악함(rabiosa malitia) 때문에 그토록 강퍅하고 완악해졌으며, 그런 까닭에 심지어 하나님과 맞서 싸우는 일도 서슴지 않는 것임을 우리에게 알게 해주기 위한 것이고, 다른 한편으로는 나사로가 다시 살아난 이적 속에서 하나님의 능력이 결코 희미하게 나타난 것이 아니었다는 것을 우리에게 알게 해주기 위한 것이기도 하다. 왜냐하면, 이 보도를 통해서 요한복음 기자는 하나님을 두려워하지 않는 제사장들이 사람들의 뇌리에서 이 이적을 지워 버릴 수 있는 유일한 길은 죄 없는 나사로를 비열하고도 충격적인 방법으로 죽여 없애는 것밖에 없었다는 것을 보여주고 있는 것이기 때문이다. 또한, 사탄은

하나님의 역사(役事)들을 완전히 사장시켜 버리거나, 적어도 상당 부분 덮어서 희석시키기 위해서 사력을 다하고 있기 때문에, 하나님의 역사들을 끊임없이 묵상하는 일에 마음을 다해 애쓰고 힘쓰는 것이 우리의 마땅한 도리이다.

12. 그 이튿날에는 … 큰 무리가. 다른 복음서 기자들은 그리스도의 예루살렘 입성을 더 자세하게 기록하고 있지만(마 21:1; 막 11:1; 눅 19:29), 요한은 여기에서 요점만을 빠짐없이 제시한다. 여기에서 우리에게 무엇보다도 중요한 것은 그리스도의 의도 또는 목적을 기억하는 것이다. 즉, 그리스도께서는 자신을 죽음에 내주시기 위하여 자발적으로 예루살렘에 오셨다는 것이다. 왜냐하면, 하나님의 진노(ira Dei)는 오직 순종의 제사를 통해서만 누그러질 수 있는 것이었던 까닭에, 그리스도의 죽음은 자발적인 것이 되지 않으면 안 되었기 때문이다. 사실, 그리스도께서는 자신의 죽음의 결과가 무엇일지를 잘 알고 계셨지만, 십자가로 끌려가시기 전에 공식적인 의식(儀式)을 통해서 백성들로부터 그들의 왕으로 인정받기를 원하셨다. 아니, 그리스도께서는 여기에서 자신이 죽음으로 나아감으로써 자신의 통치가 개시되고 있다는 것을 만천하에 선포하고 계시는 것이다. 그러나 수많은 무리가 그리스도의 예루살렘 입성을 환호하며 반겼는데도, 그리스도께서 자신에 관한 예언들을 성취하심으로써 — 이것에 대해서는 우리가 나중에 적절한 대목에서 살펴보게 될 것이다 — 자기가 진정한 메시야임을 증명하실 때까지는, 대적들은 여전히 그가 누구신지를 알지 못하였다. 그럼에도 불구하고, 그리스도께서 이 공식적인 의식을 행하신 것은 우리의 믿음을 견고히 하는 데에 도움이 될 만한 일은 하나도 빠뜨리지 않고자 하셨기 때문이었다.

명절에 온 큰 무리. 여기에서 볼 수 있듯이, 다른 모든 사람들의 모범이 되었어야 마땅한 예루살렘 사람들보다도 외지(外地) 사람들이 하나님의 아들에게 경배를 드릴 준비가 더 잘 되어 있었다. 예루살렘 사람들은 매일 제사를 드렸고, 성전이 언제나 그들의 눈앞에 있었기 때문에, 그들의 마음속에 마땅히 하나님을 찾고자 하는 열망이 불타올랐어야 했다. 또한, 거기에는 신앙에 대해 가르쳐 줄 최고의 선생들도 있었고, 하나님의 빛이 임재해 계시는 성소도 있었다. 그러므로 어려서부터 그러한 환경 속에서 살며 신앙 훈련을 받아온 그들이 자신들에게 약속된 구속주(救贖主)를 배척하거나 멸시한 것은 배은망덕하고 극악무도한 짓이 아닐 수 없었다. 그러나 이렇게 하나님께서 사람들에게 더 가까이, 그리고 더 친근하게 다가가실수록, 인간들이 더욱 대담하게 하나님을 멸시하는 잘못은 거의 모든 시대에서 자행되어 왔다. 한편, 여기에서 우리는 자신의 집을 떠나 명절을 지내러 온 사람들이 신앙의 더 큰 열심을 품고 있었다는 것을 보게 된다. 그들은 그리스도에 관하여 열심히 묻고 있었고, 그리스도께서 예루살렘 성에 들어오신다는 말을 듣자, 그를 영접하기 위하여 나아갔다. 그들 자신은 알지 못했겠지만, 그들이 성령의 비밀한 감동을 받아서 그리스도께로 나아가게 되었다는 것은 의심의 여지가 없다. 그리스도께서 이전에 예루살렘에 오셨을 때에는 이런 일이 없었다. 그러나 세상의 왕들이 자신의 왕국으로 행차할 때에 나팔을 불거나 전령을 보내 소리쳐서 자신의 신민(臣民)들을 소집하듯이, 이 때에 그리스도께서는 백성들이 자기를 왕으로 환호하며 맞이하도록 하시기 위하여 자신의 성령의 감동을 따라 모여오게 하신 것이었다. 그리스도께서 광야에 계셨을 때에는, 큰 무리가 그를 왕으로 세우고자 하였으나, 그는 조용히 산 속으로 물러나셨다(요 6:15). 왜냐하면, 그 때에 무리가 꿈꾸었던 나라는 오로지 자신들이 소처럼 배불리 먹을 수 있는 그런 나라였기 때문이었다. 그러므로 만약 그 때에 그리스도께서 그들의 어리석고 터무니없는 소원을 들어주셨다면, 그것은 자기 자신을 부정하고, 하나님 아버지께서 자기에게 주신 직무를 포기하는 것이 되고 말았을 것이다. 그러나 지금은 그리스도께서 자기가 아버지로부터 받은 그 나라의 왕이 자기라고 선언하고 계신다. 물론, 그리스도를 영접하러 나온 백성들이 당시에는 이 나라의 성격을 제대로 알지 못했을 것이지만, 그리스도께서는 앞날을 내다보고 계셨기 때문에, 그 때까지 자신의 영적인 나라에 합당하지 않은 일이 행해지는 것을 일체 허락하지 않으신 것이었다.

13. 종려나무 가지를 가지고 맞으러 나가. 종려나무는 고대 세계에서 승리와 평화의 상징이었지만, 사람들은 누구에게 왕권을 수여할 때나 정복자에게 자세를 낮춰 은총을 구할 때에도 흔히 "종려나무 가지"를 사용하곤 했다. 그러나 여기에 등장하는 사람들은 새로운 왕을 반기며 기뻐한다는 표시로 종려나무 가지를 손에 들고 나왔던 것으로 보인다.

외치되 호산나 찬송하리로다. 그들이 이 말을 했다는 것은 그들이 예수 그리스도를 옛적에 하나님이 구속과 구원을 가져오실 자로 조상들에게 약속하셨던 그 메시야로 인정했다는 증거가 된다. 왜냐하면, 이 구절이 인용하고 있는 시편 118:25은 메시야와 관련된 것으로서, 모든 성도들이 그가 오시기를 끊임없이 바라고 열망하다가, 그가 오셨을 때에는 최고의 경외심으로 그를 맞이하도록 하기 위해서 씌어진 것이기 때문이다. 그러므로 이 기도는 유대인들에 의해서 빈번히 인용되었을 것이고, 따라서 모든 사람의 입에 오르내렸을 가능성이 높다고 우리는 어느 정도 확실성을 가지고 추론할 수 있다. 그래서 하나님의 성령은 그리스도께서 오셔서 모든 일을 이루시기를 열망하던 사람들의 입에 이 말씀을 넣어 주셨는데, 그들은 그리스도께서 오셨다는 것을 증언할 전령(傳令)의 역할을 맡도록 택함받은 자들이었다. "호산나"는 두 개의 히브리어 단어로 이루어져 있는 어구로서 "제발 구원하소서"를 뜻한다. 히브리어에서 이 어구의 실제 발음은 '호쉬안나'(הושיעָ־נא) 이기 때문에 여기에 나와 있는 헬라어 발음과 약간 다르지만, 이처럼 어떤 낱말이 다른 나라 말에 들어갈 때에 그 발음이 다소 달라지는 현상은 흔히 있는 일이다. 복음서 기자들은 헬라어로 글을 썼지만, 여기에서 "무리"가 당시에 일반적으로 통용되던 히브리어 기도문, 즉 다윗에 의해서 처음으로 사용된 이래로 하나님의 백성에 의해서 대대로 받아들여졌던 기도문, 특히 그리스도의 나라를 송축하는 특별한 용도로 사용되었던 기도문을 사용했다는 것을 좀 더 생생하게 보여주기 위해서 의도적으로 히브리어 낱말을 헬라어로 번역하지 않고 그대로 살려서 기록하였다. 바로 뒤에 이어지는 "찬송하리로다 주의 이름으로 오시는 이 곧 이스라엘의 왕이시여"라는 구절도 마찬가지이다. 왜냐하면, 이 구절도 하나님의 교회의 회복과 형통의 관건이 될 그리스도의 나라가 복 되고 잘되기를 기원하는 기쁨에 찬 기도이기 때문이다. 그러나 다윗은 이 시편에서 그리스도가 아니라 자기 자신에 대해서 말하고 있는 듯이 보이기 때문에, 우리는 먼저 이 난점을 해결하지 않으면 안 된다. 하지만 이 난점을 해결하는 일은 어렵지 않다. 왜냐하면, 우리는 하나님이 무슨 목적으로 이 나라를 다윗과 그 후손들의 손에 맡기시고 그 나라를 견고히 하셨는지를 알고 있기 때문이다. 즉, 하나님의 목적은 다윗의 나라를 장차 때가 차면 나타나게 되어 있던 저 영원한 나라를 위한 일종의 서막(序幕)으로 사용하시는 것이었다. 또한, 하나님은 선지자들을 통해서 끊임없이 모든 경건한 자들로 하여금 그들의 눈을 다윗이 아닌 또 다른 한 분에게로 돌리게 하셨기 때문에, 다윗의 관심이 자기 자신에게로만 국한되어 있었다고 보는 것은 옳지 않다. 따라서 다윗이 자기 자신에 대해서 노래한 모든 내용은 다윗의 자손으로 태어나서 구속주(救贖主)로 오시기로 약속되어 있었던 바로 그 왕을 가리킨다고 보는 것이 옳다. 이것으로부터 우리는 유익한 교훈을 얻어야 하는데, 그것은 주님께서는 우리가 진정으로 교회의 지체들이라면, 율법 아래에서 살았던 신자들이 메시야와 그 나라에 대한 열망을 품고 살아갔듯이, 오늘날에 있어서 우리도 그것과 똑같은 열망을 품고 살아가야 한다고 독려하신다는 것이다. 그러므로 우리는 그리스도의 나라가 잘되고 형통하기를 온 마음으로 바라야 하고, 뿐만 아니라 기도를 통해서 우리의 그런 마음을 드러내어야 한다. 또한, 우리는 그리스도께서 이러한 말씀들을 우리에게 주신 것은 이런 것을 위하여 기도하고자 하는 더 간절한 마음과 더 큰 담력을 우리에게 주시기 위한 것임을 명심하여야 한다. 만일 하나님께서 불러일으켜 주신 그 열망을 우리가 우리의 냉담함이나 무관심으로 소멸시켜 버린다면, 우리의 그런 나태함으로 말미암아 우리에게 화(禍)가 있을 것이다! 그러나 우리가 하나님의 인도하심과 가르치심을 따라 기도를 드린다면, 우리의 그러한 기도는 결코 헛되지 않을 것임을 우리는 알아야 한다. 우리가 기도에 게으르거나 지치지만 않는다면, 하나님은 그 나라의 신실하신 수호자(fidus praeses)가 되셔서, 그 누구도 맞설 수 없는 자신의 능력과 보호하심으로 그 나라를 지켜주실 것이고, 비록 우리는 무기력할지라도, 그 나라의 위엄은 확고하고 견고할 것이다. 그러나 하나님의 나라가 마땅히 기대되는 정도만큼 형통하지 못하거나(이런 일은 흔히 일어난다), 심지어 오늘날 우리가 목도하고 있듯이 쇠락의 길로 떨어져서 처참하게 흩어지고 황폐하게 되었다면, 그것은 의심할 여지 없이 우리의 잘못으로 인한 것이다. 하나님의 나라가 회복될 기미가 보이지 않거나 미미할 때, 또는 적어도 그 진보가 느릴 때, 우리는 그 모든 것이 우리의 무관심과 나태함 때문이라는 것을 인정하고 우리 자신을 탓하여야 한다. 우리는 매일 같이 "하나님의 나라가 임하옵시며"라고 기도하지만(마 6:10), 그것을 진정으로 바라면서 기도하는 사람은 백 명 중 하나도 안 될 것이다. 우리가 이처럼 하나님의 나라를 위하여 간구하는 것조차 힘들어 한다면, 우리가 하나님의 축복을 받아 누리지 못하는 것은 너무나 당연한 일이 아니겠는가? 또한, 우리는 "호산나"(구원하소서)라는 표현을 통해서 오직 하나님만이 교회를 보존하시고 지키시는 분이심을 알게 된다. 왜냐하면, 하나님은 자기 것이 아닌 것은 그 어떤 것이라도 자기 것이라고 주장하시거나 우리에게 내놓으라고 명하시는 분이 아니시기 때문이다. 그러므로 하나님이 우리의 혀를 지으셨기 때문에, 우리는 그 혀로 하나님께서 그리스도의 나라를 보전해 주시라고 기도하고, 하나님만이 그 나라를 온전하게 지키실 수 있는 유일한 분이시라는 것을 고백하는 것이다. 하나님은 사람들의 수고를 사용하셔서 이 목적을 이루시기는 하지만, 자신이 손수 그 일을 위해 예비하신 사람들만을 사용하신다. 또한, 그리스도의 나라를 확장시키시거나 지키시는 데에도 사람들의 수고를 사용하시지만, 여전히 모든 일은 오직 하나님께서 성령의 능력을 통해서 사람들의 수고를 빌려 시작하시고 완성하신다.

주의 이름으로 오시는 이. 우리는 먼저 "주의 이름으로 오는"이라는 말의 뜻을 이해하지 않으면 안 된다. 하나님의 이름으로 오는 자는 경솔하게 자신을 내세우거나 그릇되게 자기가 영광을 취하는 자가 아니다. 그는 합당하게 부름을 받은 자답게 하나님의 지시와 권위를 따라 행하는 자이다. 이 호칭은 하나님의 모든 참된 종들에게 적용된다. 성령의 인도하심을 받아 하늘로부터 받은 가르침을 정직하게 사람들에게 전하는 선지자가 하나님의 이름으로 오는 자이고, 하나님이 자기 백성을 다스리시기 위하여 세우신 왕도 하나님의 이름으로 오는 자이다. 그러나 그리스도 위에는 "주의 영"이 머물러 있었고, 그리스도는 "만물의 머리"(엡 1:22)이시며, 교회를 다스리도록 위임받은 모든 자는 그리스도의 다스리심 아래 있기 때문에(아니, 그들은 근원이 되신 그리스도로부터 흘러나오는 물줄기들과 같다고 할 수 있다), 그리스도야말로 "하나님의 이름으로 오신 이"이라고 하는 것이 합당하다. 그리스도께서 다른 모든 자들 위에 뛰어나신 것은 단지 그의 권세가 높기 때문만이 아니고, 하나님이 그리스도 안에서 자신을 우리에게 온전하게 나타내셨기 때문이다. 사도 바울이 말하듯이, "그 안에는 신성의 모든 충만이 육체로 거하시고"(골 2:9), "그는 하나님의 본체의 형상이시다"(히 1:3). 요컨대, 그리스도는 진정한 "임마누엘"(마 1:23)이셨다. 이렇게 하나님께서는 이전에 선지자들을 통해서 부분적으로 자신을 나타내셨던 것과는 달리, 이제는 그리스도를 통해서 자신을 온전하게 나타내셨기 때문에, "주의 이름으로 오시는 이"이라는 것은 사실 그리스도께 적용되어야 하는 특별한 호칭이라고 할 수 있다. 그러므로 우리가 하나님의 종들을 축복하고자 할 때, 우리는 먼저 그들의 머리 되시는 그리스도로부터 시작하지 않으면 안 된다. 거짓 선지자들은 마치 그들만이 하나님의 이름을 부를 수 있다는 듯이 거들먹거리며 그 이름을 부르고, 이 거짓된 허세 아래에 숨어 그들 자신을 자랑하고 선전하기 때문에(사실 그들은 마귀에게 미혹되고 휘둘러서 교회를 훼파하고 있는 것인데도), 우리는 그들의 자랑과는 반대로 주님께서 그들을 흩어 버리시고 멸절시켜 주시도록 기도하는 것이 마땅하다. 그렇기 때문에, 우리가 교황은 물론이고 그가 그리스도를 대적하여 세워 놓은 신성모독적인 폭정(暴政)을 저주하지 않으면서 그리스도를 찬송한다는 것은 언어도단이다. 교황은 우리를 파문(破門)하겠다고 호통을 치며 대단한 폭력을 동원하여 겁을 주면서, 그의 호통과 위협이 마치 우리에게 마른하늘에 날벼락이라도 되는 줄로 생각하는 모양이지만, 실상은 공기방울 같은 허풍에 지나지 않는 것이기 때문에, 우리는 마음 놓고 그것을 무시하는 것이 마땅하다. 교황의 생각과는 반대로, 성령께서는 여기에서 우리에게 교황을 향하여 저 무시무시한 저주, 곧 교황은 그의 모든 부귀영화와 함께 가장 깊은 지옥으로 떨어지라는 저주를 하라고 명하신다. 또한, 주교나 고위 성직자들의 입을 빌려서 교황에게 저주를 선포할 필요도 없다. 왜냐하면, 다른 복음서 기자들이 보도하고 있듯이(마 21:15-16), 그리스도께서는 전에 어린아이들이 성전에서 "호산나 다윗의 자손이여"라고 외치는 것을 받으시면서, 그들에게 그러한 권세를 수여하신 적이 있으시기 때문이다.

14. 예수는 한 어린 나귀를 보고 타시니. 다른 복음서 기자들은 이 부분을 좀 더 상세하게 기록하면서, 그리스도께서 "두 제자"를 보내셔서 "나귀" 한 마리를 끌고 오게 하셨다(마 21:1; 막 11:1; 눅 19:29)고 보도한다. 그러나 가장 나중에 복음서를 쓴 요한은 다른 복음서 기자들이 기록한 내용들 중에서 핵심만을 추려서 간략하게 보도하는 것으로 충분하다고 생각하였기 때문에 세부적인 정황들을 많이 생략하였다. 이 대목에는 얼핏 보면 모순처럼 보여서 많은 사람을 당황하게 만드는 내용이 있지만, 이 문제는 아주 쉽게 해결된다. 즉, 우리는 그리스도께서 "암나귀와 그 새끼 위에 타셨다"는 마태의 표현을 제유법(提喩法)으로 보아야 한다. 어떤 이들은 그리스도께서 먼저 암나귀를 타시고 후에 그 새끼를 타신 것이라고 상상하고서는, 그러한 상상을 토대로 해서, 그리스도께서는 먼저 율법의 멍에를 지는 데에 오랫동안 익숙해져 있던 유대 백성 위에 앉으셨고, 그 후에 사람이 한 번도 타지 않은 야생 상태의 나귀 새끼 같은 이방인들을 길들이신 것이라는 알레고리적 해석을 발전시켰다. 그러나 진실은 의외로 간단한데, 그것은 그리스도께서는 그 어미와 함께 끌려 온 나귀 새끼를 타신 것이다. 그리고 선지자 스가랴의 말도 이 점에서 일치한다. 선지자는 히브리어에서 매우 흔히 나타나는 반복법(反復法)에 의거해서 하나의 동일한 대상을 서로 다른 단어를 사용해서 두 번 언급한다. 즉, 선지자는 먼저 "나귀 위에"라고 말한 후에, 이어서 "그리고 나귀 새끼 위에"라고 말한다. 반면에, 요한복음 기자는 이것을 간결하게 표현하기 위해서, 의미상으로 없어도 되는 앞 구절은 생략하고 뒷 구절만 인용한 것이다. 유대인들은 당시에 성취된 스가랴 9:9의 예언이 메시야를 가리키는 것이라는 해석을 어쩔 수 없이 받아들이면서도, 우리가 "나귀의 그림자"(이솝 이야기에 나오는 표현으로 "대단치 않은 일, 별것 아닌 일"을 뜻함 — 역주)에 미혹이 되어서 마리아의 아들에 불과한 자에게 메시야에게나 합당

한 영광을 돌리고 있다고 조롱하였다. 그러나 우리의 믿음은 전혀 다른 증거들에 토대를 두고 있다. 예수는 메시야시라고 우리가 말할 때, 그것은 예수께서 나귀를 타고 예루살렘에 입성하셨다는 사실만을 증거로 삼아서 그렇게 말하는 것이 결코 아니다. 왜냐하면, 요한복음 1장에서 살펴본 것처럼, 이미 하나님의 아들에게 합당한 영광이 예수 안에서 나타났기 때문이다. 그리고 그의 신성(神性)이 특히 뚜렷하게 나타난 것은 무엇보다도 그의 부활 사건 속에서였다. 그렇지만 우리는 스가랴가 예언했던 것이 하나님의 놀라운 섭리에 의해서 확증되었다는 사실을 가볍게 여겨서는 안 된다. 즉, 그 예언은 그리스도께서 마치 극장 무대에 등장하시듯이 많은 사람들이 지켜보는 앞에서 예루살렘에 입성하시는 사건을 통해서 성취되었다.

두려워 말라. 복음서 기자가 인용하고 있는 스가랴 선지자의 이 말을 통해서 우리가 주목해야 할 것은 우리가 먼저 그리스도께서 우리들 가운데서 다스리신다는 사실을 알아야만, 우리의 마음에 평안이 회복되고, 두려움과 떨림이 사라지게 된다는 것이다. 사실, 이 선지자가 전한 말씀은 복음서 기자가 인용한 것과 다르다. 왜냐하면, 선지자는 믿는 자들에게 기뻐하고 즐거워하라고 권면하고 있는 것이지만, 복음서 기자는 여기에서 어떻게 해야 우리의 마음이 참된 기쁨으로 즐거워하게 될 수 있는지를 말해 주고 있는 것이기 때문이다. 즉, 사람들이 하나님과 화목하게 되어 "믿음으로부터 생겨나는 평화"(pax quae ex fide nascitur)를 얻게 될 때에, 비로소 모든 사람들을 괴롭혀 온 저 두려움(metus)이 사라진다는 것이다(롬 5:1). 그러므로 우리가 사탄의 압제에서 놓여나고, 우리가 메고 있던 죄의 멍에가 깨뜨려지며, 우리의 죄책(罪責)이 사함을 받고, 사망이 폐기되어서, 우리가 우리의 왕의 보호를 의지하여 마음껏 기뻐하며 자랑하게 되는 이 은택은 그리스도로 말미암아 우리에게 온다. 왜냐하면, 그의 보호 아래 있는 자들은 그 어떤 위험도 두려워할 필요가 없기 때문이다. 이것은 우리가 이 세상에 사는 동안에 두려움에서 벗어날 수 있기 때문이 아니라, 그리스도 위에 세워진 우리의 믿음이 그 모든 두려움을 압도해 버리기 때문이다. 선지자 스가랴가 활동하던 시절에 그리스도께서는 여전히 멀리 계셨지만, 선지자는 당대의 경건한 자들에게 그리스도께서 장차 오실 것이니 기뻐하고 즐거워하라고 권면하였다: "보라 네 왕이 임하시리라 그러므로 두려워 말라." 이제 그리스도께서 오셔서 우리로 하여금 그의 임재를 누리게 하셨기 때문에, 우리는 우리의 원수들에게서 벗어나서 화평과 기쁨 가운데서 우리의 왕께 영광을 돌릴 수 있도록 하기 위하여 더욱더 담대하게 두려움과 맞서 싸워야 한다.

시온의 딸. 선지자 스가랴가 여기에서 "시온"을 외쳐 부른 것은 당시에 시온은 교회의 본거지였기 때문이지만, 지금은 하나님께서 온 세상으로부터 사람들을 불러 모아 교회를 세우신다. 그러므로 이 약속은 그리스도께 자신을 다스리시도록 자신을 내드려 복종하는 모든 믿는 자들에게 주어진 것이다. 스가랴 선지자가 그리스도께서 나귀를 타실 것이라고 예언한 것은 그리스도의 나라가 세상의 부귀영화나 권세와는 아무런 상관이 없으리라는 것을 의미하는 것이었다. 그리고 그리스도의 나라가 영적인 것임을 모든 사람이 온전히 확신할 수 있도록 하기 위해서는, 그것을 사람들에게 외적으로 나타내서 알게 하는 것이 합당한 일이었다.

¹⁶제자들은 처음에 이 일을 깨닫지 못하였다가 예수께서 영광을 얻으신 후에야 이것이 예수께 대하여 기록된 것임과 사람들이 예수께 이같이 한 것임이 생각났더라 ¹⁷나사로를 무덤에서 불러내어 죽은 자 가운데서 살리실 때에 함께 있던 무리가 증언한지라 ¹⁸이에 무리가 예수를 맞음은 이 표적 행하심을 들었음이러라 ¹⁹바리새인들이 서로 말하되 볼지어다 너희 하는 일이 쓸 데 없다 보라 온 세상이 그를 따르는도다 하니라(12:16-19).

16. 제자들은 처음에 이 일을 깨닫지 못하였다가. 땅에 떨어진 씨앗에서 금방 싹이 나오지 않듯이, 하나님의 일도 당장 그 열매를 맺는 것은 아니다. 사도들은 예언의 성취를 위해서 부르심을 받은 하나님의 종들이었음에도 불구하고, 그들 자신이 하고 있는 일이 무슨 의미를 지니고 있는지를 알지 못하였다. 그들은 무리가 외치는 소리를 들었고, 그 소리는 그들이 알아들을 수 없는 소음이었던 것이 아니라, 그리스도를 왕으로 맞이하여 환호하는 분명한 내용을 지닌 소리였다. 그런데도 사도들은 그 외치는 소리의 취지나 의미를 전혀 깨닫지 못하였다. 그러므로 주님께서 영광 가운데 부활하셔서 그들의 눈을 열어 주실 때까지는, 그들에게 이 광경은 무의미한 소동에 지나지 않았다. 복음서 기자는 예수께서 영광을 얻으신 후에야 제자들이 "이것이 예수께 대하여 기록된" 것임을 기억해 냈다고 말함으로써, 사도들이 이것을 깨닫기 전에 그토록 무지했던 까닭이 무엇이었는지를 보여주는데, 그것은 사도들이 당시에 성경을 자신들의 생각을 지도하여 자신들로 하여금 올바르고 정확하게 볼 수 있게 해주는 안내자이자 스승으로 삼지 않았기 때문이었다. 하나님의 말씀이 앞장서서 우리의 발걸음을 인도해 주지 않으면, 우리는 맹인과 다를

바가 없고, 또한 성령께서 우리의 눈을 밝게 해주시지 않으시면, 아무리 밝은 빛 가운데 있다고 할지라도 우리는 여전히 맹인일 수밖에 없기 때문에, 하나님의 말씀이 우리에게 빛을 비춰 준다고 해도, 그것만으로는 충분하지 않게 된다. 우리가 요한복음 7:39을 다룰 때에 이미 살펴보았듯이, 그리스도께서 부활하신 후에야 제자들에게 이 은혜를 베풀어 주신 것은 그리스도께서 하늘 영광에 들어가실 때까지는 성령께서 그 풍성한 은혜를 차고 넘치게 부어 주실 수 있는 때가 이르지 않았기 때문이었다. 이 일을 통해서 우리가 배워야 할 것은 그리스도와 관련된 모든 일을 판단할 때에는 우리 자신의 육신적인 지각(知覺)이 아니라 성경 말씀을 따라야 한다는 것이다. 또한, 성령께서 우리를 차근차근 점진적으로 가르치시고 깨우치셔서, 우리로 하여금 하나님의 역사(役事)들을 생각할 때에 우매함에 빠지지 않도록 해주시는 것도 특별한 은총임을 우리는 기억하여야 한다.

이것이 예수께 대하여 기록된 것임과 사람들이 예수께 이같이 한 것임이 생각났더라. 나는 이 구절을 이렇게 해석한다: "그 때에야 비로소 제자들은 그리스도께서 분별없이 이 일들을 행하신 것이 아니고, 무리들도 재미삼아서 그렇게 한 것이 아니라, 성경에 기록된 일들은 반드시 성취되어야 했기 때문에, 이 모든 일들이 시종일관 하나님의 섭리에 의해서 이루어졌다는 것을 깨닫게 되었다." 그러므로 이 구절은 "사람들은 성경이 그리스도에 대하여 기록한 대로 이 일들을 그에게 행한 것이었다"는 의미이다.

17. 무리가 증언한지라. 복음서 기자는 앞에서 했던 말, 곧 놀라운 이적에 관한 소문을 듣고서 많은 사람들이 그리스도를 만나 보기 위해 왔다는 말을 여기에서 다시 한 번 반복한다. 사람들이 무리를 지어 온 것은 나사로가 죽었다가 다시 살아났다는 소문이 널리 퍼졌기 때문이었다. 이렇게 그리스도께서 그런 놀라운 능력을 지니고 계시다는 것이 알려져 있었기 때문에, 사람들이 마리아의 아들에게 메시야에게 합당한 영광을 돌린 것은 당연한 일이었다.

19. 볼지어다 너희 하는 일이 쓸 데 없다. 바리새인들은 이 말을 하면서 자신들을 채찍질하여 더 큰 분노로 몰아갔다. 왜냐하면, 이 말은 그들 자신의 나태함에 대한 자책으로서, 그들은 백성들이 자기들에게 등을 돌리고 그리스도를 따르게 된 것은 자기들이 안일하고 소극적으로 대처한 까닭이라고 말한 것이나 다름없기 때문이다. 이것은 자포자기에 빠진 자들이 최후의 발악으로 극단적인 행동에 나서고자 할 때에 하는 말이다. 하나님의 원수들이 악한 일에 이처럼 끈질기고 악착같은

것을 볼 때, 우리는 의로운 일을 행하는 데에 더욱더 한결같고 확고해야 마땅하지 않겠는가.

²⁰명절에 예배하러 올라온 사람 중에 헬라인 몇이 있는데 ²¹그들이 갈릴리 벳새다 사람 빌립에게 가서 청하여 이르되 선생이여 우리가 예수를 뵈옵고자 하나이다 하니 ²²빌립이 안드레에게 가서 말하고 안드레와 빌립이 예수께 가서 여쭈니 ²³예수께서 대답하여 이르시되 인자가 영광을 얻을 때가 왔도다 ²⁴내가 진실로 진실로 너희에게 이르노니 한 알의 밀이 땅에 떨어져 죽지 아니하면 한 알 그대로 있고 죽으면 많은 열매를 맺느니라 ²⁵자기의 생명을 사랑하는 자는 잃어버릴 것이요 이 세상에서 자기의 생명을 미워하는 자는 영생하도록 보전하리라 ²⁶사람이 나를 섬기려면 나를 따르라 나 있는 곳에 나를 섬기는 자도 거기 있으리니 사람이 나를 섬기면 내 아버지께서 그를 귀히 여기시리라(12:20-26).

20. 헬라인 몇이 있는데. 복음서 기자가 이 헬라인들이 "예배하러 올라왔다"고 말하는 것으로 보아서, 그들은 이방인이나 무할례자들이 아니었을 것이다. 로마법은 자신의 조국의 종교를 버리고 유대교로 개종하는 것을 엄격히 금지하였고, 발각될 경우에는 총독이나 방백들에 의해서 엄벌에 처해졌다. 그러나 아시아와 헬라 지역 곳곳에 흩어져 살고 있던 유대인들에게는 바다를 건너서 예루살렘 성전에서 예배드리는 것이 허용되었다. 또한, 유대인들은 헬라인들과 함께 하나님에 대한 공적인 예배를 드리는 것이 금지되어 있었다. 왜냐하면, 유대인들은 그런 식으로 이방인들과 더불어서 예배를 드리는 경우에는 그들 자신은 물론이고 성전과 예배까지 부정(不淨)하게 된다고 생각하였기 때문이다. 여기에서 "헬라인"으로 불린 자들은 유대인들의 후손이었을 것이지만, 바다 건너 아주 멀리 떨어진 곳에서 살고 있었기 때문에, 복음서 기자가 그들을 근래에 예루살렘과 인근 지역들에서 일어난 일들을 모르고 있던 외지인(外地人)들로 소개하고 있는 것은 전혀 이상한 일이 아니다. 따라서 이 구절이 말하고자 하는 것은 그리스도께서는 단지 유대 땅의 방방곡곡에서 유월절을 지키러 올라온 사람들에 의해서만 왕으로 영접을 받으신 것이 아니라, 그리스도에 관한 소문이 바다 건너 살고 있던 자들이나 먼 나라들에서 온 자들에게도 알려져 있었다는 것이다.

예배하러. 그들은 자신들이 살고 있던 나라에서도 하나님께 예배를 드렸을 것이지만, 요한이 여기에서 "예배"라고 한 것은 희생 제사가 수반된 공예배를 가리키는 것이었다. 왜냐하면, 하나님을 예배하고 경외하는 일은 성전이 없는 곳에서도 얼마든지 가능하였지만, 하나님께 희생 제사를 드리는 것은 성전 이외의 곳에서는 허용되지 않았고, 하나님의 임재의 표(標)였던 언약궤도 다른 곳에는 없었기 때문이다. 사람들은 각자 자기 집에서 날마다 영적으로(spiritualiter) 하나님을 예배하였지만, 당시에 성도들은 율법 아래 있었기 때문에, 모세를 통해서 주어진 율법을 따라 하나님이 임재해 계시는 성전으로 나아와서 예배를 드림으로써 자신들의 신앙과 순종을 외적으로도(externa) 표현하여야 했다. 여러 절기들이 율법에 정해져 있는 것도 이런 목적을 위한 것이었다. 율법 아래 있던 성도들이 자신의 신앙을 외적으로 표현하는 일에도 정성을 다해서, 많은 돈과 시간을 들여가며 온갖 불편과 위험을 감수하면서까지 먼 길을 여행하는 수고를 아끼지 않았는데, 만약 오늘날 우리가 집 가까운 곳에서 예배를 드리면서도 참되신 하나님을 정성으로 예배하는 모습을 보여주지 않는다면, 우리에게 무슨 변명할 말이 있을 수 있겠는가? 율법에 따른 예배가 폐하여졌다는 것은 분명하지만, 주님께서는 자신의 교회에 세례, 성찬, 회중 기도를 남겨두시고, 믿는 자들이 이 예식들에 참여하게 하셨다. 그러므로 우리가 이 예식들을 소홀히 한다면, 그것은 하나님을 섬기고자 하는 우리의 열망 (pietas studium in nobis)이 극도로 냉랭해졌다는 것을 보여주는 증거가 된다.

21. 그들이 … 빌립에게 가서. 헬라인들이 직접 그리스도께 나아가지 않고, 빌립을 통해서 그리스도를 뵙기를 청한 것은 그리스도를 공경하는 그들의 마음을 보여주는 것이다. 왜냐하면, 공경하는 마음은 언제나 겸손을 낳기 때문이다. 교황주의자들이 이 구절을 근거로 삼아서, 신자들이 죽은 성인(聖人)들의 이름을 부르며, 그들을 그리스도와 아버지 하나님 앞에서 자신들의 사정을 대신 아뢰고 변호해 줄 자들로 삼는 것이 마땅하다는 교리를 이끌어 낸 것은 그야말로 너무나 어이없고 가소로운 일이어서 반박할 가치조차 없다. 본문에서 헬라인들은 자신들의 눈앞에 엄연히 살아 있는 빌립을 찾아가서 부탁을 한 것이었다. 그런데, 그것이 이미 죽어서 저 세상에 가 있는 성인들의 이름을 부르며 기도하는 것과 어떻게 같을 수 있단 말인가? 그러나 인간이 주제넘게 하나님의 말씀의 한계를 벗어나 그 말씀을 제멋대로 재단(裁斷)하게 되면, 이런 일이 벌어지게 된다. 성인들의 이름을 부르며 기도하는 것은 교황주의자들이 자신들의 머릿속에서 멋대로 꾸며낸 것일 뿐이다. 그들은 자신들이 그렇게 꾸며낸 것을 마치 하나님의 말씀인 양 위장하기 위하여 성

경을 유린하여 그 참뜻을 훼손해 놓고서도, 부끄러운 줄도 모르고 자신들의 그런 모습을 거리낌 없이 드러내어 수치와 조롱을 자초하고 있다.

23. 때가 왔도다. 이 말씀이 그리스도의 죽음을 가리키는 것이라고 해석하는 이들이 많다. 왜냐하면, 그리스도께서는 죽음을 통해서 "영광을 얻으셨기" 때문이다. 따라서 그들의 견해에 의하면, 그리스도께서는 여기에서 자신의 죽음의 때가 가까웠다고 선언하신 것이 된다. 그러나 나는 이 말씀이 복음의 전파와 관련된 것이라고 본다. 즉, 여기에서 그리스도께서는 그를 아는 지식이 머지않아 온 세상에 두루 퍼지게 될 것이라고 말씀하신 것이다. 이런 식으로 그리스도께서는 자신의 죽음으로 인해 제자들이 겪게 될 수도 있을 혼란과 충격을 미리 차단해 주시고자 하셨다. 왜냐하면, 이 말씀을 통해서 그리스도께서는 자기가 죽더라도, 복음의 가르침은 온 세상에 전파될 것인 까닭에, 그들이 낙심할 이유가 전혀 없다는 것을 보여주신 것이기 때문이다. 다시 말해서, 그리스도께서는 장차 자기가 사형을 선고 받으시고 십자가에 달려 죽으셔서 결국 무덤에 장사되셨을 때에, 제자들이 그리스도께서 영광을 받으실 것이라는 기대가 이제 물거품이 되어 버렸다고 생각하지 않도록 하시기 위해서, 자신의 죽음의 수치가 자기가 장차 받게 될 영광에 아무런 걸림돌이 되지 않으리라는 것을 그들에게 미리 알려 주시고 주의를 주시고 계시는 것이다. 이것을 위해서 그리스도께서는 아주 적절한 비유를 하나 드신다.

24. 한 알의 밀이 땅에 떨어져 죽지 아니하면 한 알 그대로 있고. "한 알의 밀"이 땅에 떨어져서 죽거나 썩지 않으면 말라 버려서 열매를 맺지 못하지만, 그 씨앗이 죽으면 생명을 얻어서 많은 "열매를 맺게" 된다. 요컨대, 그리스도께서는 자신의 죽음을 씨 뿌리는 것에 비유하고 계시는 것인데, 씨를 뿌리면 그 씨가 죽어 없어지는 것 같지만, 실제로는 그것 때문에 더욱 풍성한 결실이 가능해진다는 것이다. 이러한 권면은 당시에 특히 필요한 것이긴 했지만, 지금도 여전히 교회에서 유익하다. 먼저, 우리는 교회의 머리 되시는 그리스도의 경우를 생각하는 것으로부터 시작하는 것이 마땅하다. 우리가 그리스도께서 죽으셔서 끔찍한 수치와 저주를 받으신 것 같은 광경을 보는 순간, 그리스도의 영광은 우리의 시야에서 가려질 뿐만 아니라 송두리째 사라져 버리고 말 것이다. 그러므로 우리는 오직 그리스도의 죽음만을 보아서는 안 되고, 그의 영광스러운 부활로 말미암아 맺어진 열매도 아울러 보아야 한다. 그럴 때에, 그리스도의 영광이 온 세상에 두루 나타나는 것을 막을 수 있는 것은 아무것도 없게 될 것이다. 다음으로, 우리는 그리스도에게서 눈을 돌려

서 그 지체들인 우리를 생각해 보아야 한다. 우리는 죽을 때에 우리의 존재가 소멸한다고 생각할 뿐만 아니라, 우리의 삶조차도 죽음의 일종, 곧 끊임없이 죽어가는 과정이라고 생각한다(골 3:3). 그러므로 바울이 "우리의 겉사람은 낡아지나 우리의 속사람은 날로 새로워지도다"(고후 4:16)라는 말씀으로 우리를 위로하고 우리에게 힘을 더해주지 않았다면, 우리는 절망에 빠져 살 수밖에 없게 되었을 것이다. 따라서 경건한 자들은 이런저런 환난을 당하여 괴롭고, 곤경에 처해 심하게 고생하며, 굶주리거나 헐벗거나 병에 걸리고, 비방을 받거나 욕을 먹으며, 매 시간마다 거의 죽을 것 같은 지경에 처하는 듯이 보일 때에, 그런 것들은 모두 장차 때가 이르러 많은 열매를 맺기 위해서 씨를 뿌리는 일이라는 것을 쉬지 않고 묵상하여야 한다.

25. 자기의 생명을 사랑하는 자는 잃어버릴 것이요. 그리스도께서는 가르침을 베푸신 후에 거기에 권면을 덧붙이신다. 왜냐하면, 우리가 열매를 맺기 위해서 먼저 죽어야 한다면, 우리는 하나님께서 우리를 죽어지게 하고자 하실 때에 그 손길을 참고 받아들이는 것이 마땅하기 때문이다. 그런데 그리스도께서는 "생명을 사랑하는" 것과 "미워하는" 것을 대비시키고 계시기 때문에, 우리는 무엇이 생명을 사랑하는 것이고 무엇이 생명을 미워하는 것인지를 이해하지 않으면 안 되는데, 이 세상에서의 삶이 너무 좋아서 강제적으로가 아니면 이 세상을 떠나고자 하지 않는 사람은 "생명을 사랑하는" 자라고 할 수 있고, 이 세상에서의 삶을 하찮게 여겨서 주저 없이 죽음으로 나아갈 수 있는 사람은 "생명을 미워하는" 자라고 할 수 있다. 이것은 우리가 무조건 "생명을 미워해야" 한다고 말하는 것이 아니다. 왜냐하면, 생명은 하나님이 주신 가장 귀한 복들 중의 하나이기 때문이다. 그러나 믿는 자들은 그리스도께 가까이 나아가는 데에 "생명"이 장애물이 되는 경우에는 기꺼이 생명을 내놓는 것이 마땅하다. 이것은 어떤 일을 신속하게 끝내고자 하는 사람이 무겁고 거추장스러운 짐을 자기 어깨에서 내려놓아야 하는 것과 같다. 요컨대, 우리가 우리의 목적지를 늘 주시하는 가운데 그저 순례자로서 이 세상을 통과해 가고 있는 것이라면, 이 세상에서의 삶, 곧 "생명을 사랑하는" 것 자체가 나쁜 것은 아니라는 말이다. 왜냐하면, 하나님이 허락하시는 동안에 우리가 이 세상에서 살아가다가, 하나님이 부르시면 즉시 아무런 미련 없이 본향으로 돌아갈 채비를 할 수 있을 때, 즉 한 마디로 말해서 하나님이 부르시면 우리가 군말 없이 우리의 "생명"을 우리 자신의 손으로 가져가서 하나님 앞에 희생 제물로 드릴 준비가 되어 있

을 때, 그것이야말로 진정한 의미에서 "생명을 사랑하는" 것이기 때문이다. 이 세상에서의 삶에 도가 지나치게 집착하는 자는 "자기의 생명을 잃어버리는" 것, 즉 그 생명을 영원한 파멸로 내던지는 것이다. 왜냐하면, 여기에서 "잃어버리다"로 번역된 헬라어 '아폴레세이'(ἀπολέσει)는 단순히 "버리다" 또는 "귀중한 것을 잃다"를 의미하는 것이 아니라, 생명을 "멸망에 내주는" 것을 의미하기 때문이다.

자기의 생명. 헬라어로 '프쉬케'(ψυχή)는 "생명"을 가리킬 때에 흔히 사용되지만, 어떤 이들은 이 구절에서 이 단어가 감정들이 자리 잡고 있는 곳을 가리키는 것으로 본다. 그러한 견해를 따르면, 그리스도께서는 "육신의 욕망에 지나치게 탐닉하는 자는 '자기의 생명을 잃어버리게' 된다"고 말씀하신 것이 된다. 그러나 이것은 억지 해석이고, 그리스도께서 자신의 "생명을 버리는" 것이야말로 그 생명을 영원히 누릴 수 있는 최고의 방법이라고 말씀하신 것이라고 보는 것이 더 자연스러운 해석이다.

이 세상에서. 이 어구는 한 번밖에 나오지 않지만, 두 번 반복해서 사용되고 있는 것으로 보아야만, 이 구절의 의미가 한층 더 분명해진다. 그렇게 보았을 때, 이 구절의 의미는 "이 세상에서 자기의 생명을 사랑하는 자들은 자신의 생명을 보존하는 올바른 방법을 따르고 있는 자들이 아니고, 반대로 이 세상에서 자기의 생명을 미워하는 자들이야말로 진정으로 자신의 생명을 보존하는 법을 알고 있는 자들"이라는 것이다. 이 세상에 집착하는 자들은 천국의 생명을 스스로 포기하는 자들이다. 왜냐하면, 우리는 "이 세상에서" 나그네와 객(客)으로 살아가는 것 이외의 방법으로 천국 생명을 물려받는 상속자가 될 수는 없기 때문이다. 그러므로 믿는 자들이 "살고자" 하면서도 그 삶을 이 세상에 국한시키는 것은 어리석기 짝이 없는 태도이다. 왜냐하면, 사람이 자기 자신을 안전하게 지키려고 애를 쓰면 쓸수록, 그는 하나님의 나라, 곧 참된 생명으로부터 점점 더 멀어지게 되기 때문이다.

자기의 생명을 미워하는 자는. 나는 이 표현이 상대적인 의미로 사용되고 있다는 것을 이미 앞에서 지적한 바 있다. 즉, 우리의 생명이 우리가 하나님 안에서 살아가는 데에 방해가 되는 한에 있어서 우리는 그 "생명을 미워하는" 것이 마땅하다는 것이다. 왜냐하면, 천국에서의 삶에 대한 생각이 늘 우리의 마음을 사로잡고 있다면, 이 세상의 그 어떤 것도 우리의 발목을 잡을 수 없을 것이기 때문이다. 또한, 이것으로부터 우리는 사람들이 제기할 수 있는 반론, 즉 "많은 사람들이 주로 이 세상에서의 삶에 지쳐서 절망하거나 그 밖의 다른 이유들로 스스로 목숨을 끊지만, 우리는 그런 사람들이 그들의 안녕(安寧)을 확보한 것이라고 말할 수 없고, 어떤 자들은 야심 때문에 죽음으로 내몰리지만, 그들도 그들 자신을 파멸에 내던지고 있는 것일 뿐이 아닌가"라는 반론에 대한 대답을 얻을 수 있다. 즉, 여기에서 그리스도께서는 믿는 자들은 더 나은 삶을 묵상함으로써 이 세상에서의 덧없는 삶을 미워하고 멸시하여야 한다고 분명하게 말씀하고 계시기 때문에, 천국을 바라보지 않는 자는 어떻게 해야 자신의 "생명을 보전할" 수 있는지를 알지 못하는 자라는 것이다. 또한, 그리스도께서는 이 땅에서의 삶에 집착하는 자들에게 두려움을 주서서 경각심을 불러일으키시기 위하여 이 후반절을 덧붙이셨다. 왜냐하면, 우리의 마음이 이 세상을 사랑하는 것으로 가득 차 있어서 이 세상을 잊기가 쉽지 않다면, 우리가 천국으로 나아가는 것은 불가능하기 때문이다. 하지만 그리스도께서 이토록 격렬하게 우리를 흔들어 깨우고 계시는데도, 우리가 "사망의 잠"을 잔다면, 그것은 참으로 말도 되지 않는 일일 것이다.

26. 사람이 나를 섬기려면. 죽음이 우리에게 몹시 괴롭고 싫은 것이 되지 않도록 하시기 위하여, 그리스도께서는 우리에게 자기를 본받아서 흔쾌히 죽음을 받아들이라고 권하신다. 분명한 것은 우리가 그리스도의 제자가 되는 영광을 거절하는 것은 부끄러운 일이라는 것이다. 그런데 그리스도께서는 자기가 지시하신 길을 우리가 "따를" 때에만 우리를 제자로 받아주신다. 우리는 그리스도의 인도하심을 따라 죽음의 길로 나아가는 것이기 때문에, 죽음의 고통은 완화된다. 게다가, 우리가 하나님의 아들이 걸으셨던 것과 같은 길을 걷고 있는 것이라는 점에서, 그 길은 우리에게 일정 정도 유쾌한 길이 된다. 십자가를 져야 한다는 이유 때문에 그리스도에게서 멀어지고자 한다면, 그것은 결코 합당치 않은 일인 까닭에, 우리는 도리어 그리스도를 위하여 죽음을 마다하지 않는 것이 마땅하다. 그리스도께서 곧이어서 하신 말씀도 그런 취지이다.

나 있는 곳에 나를 섬기는 자도 거기 있으리니. 그리스도께서는 자신의 종들은 죽음을 두려워해서는 안 된다고 말씀하신다. 그들은 그리스도께서 자기들보다 앞서 그 본을 보이시는 것을 보게 될 것인데, 종들이 자신들의 주(主)께서 행하신 것과 다르게 행하는 것은 분명히 옳은 일이 아닐 것이다. "있으리니"로 번역된 헬라어 '에스타이'(ἔσται)는 미래 시제로 되어 있지만, 히브리어 관용어법에 따라 명령법인 "있게 하라"로 번역될 수 있다. 어떤 이들은 이 구절을 위로의 말씀으로 이해하여, 그리스도께서 자기와 함께 기꺼이 죽고자 하는 자들에게 그들이 자신의 부활에 참여하는 자들이 될 것이라고 약속하신 것이라고 본다. 하지만 내가 이미 말했듯이, 명령으로 이해하는 전자(前者)의 견해가 더 타당한 것 같다. 왜냐하면, 그리스도께서는 삶에서나 죽음에서나 자기와 함께 한 자신의 종들에게 아버지 하나님께서 반드시 상을 주실 것이라는 위로의 말씀을 뒤에 덧붙이고 계시기 때문이다.

²⁷지금 내 마음이 괴로우니 무슨 말을 하리요 아버지여 나를 구원하여 이 때를 면하게 하여 주옵소서 그러나 내가 이를 위하여 이 때에 왔나이다 ²⁸아버지여, 아버지의 이름을 영광스럽게 하옵소서 하시니 이에 하늘에서 소리가 나서 이르되 내가 이미 영광스럽게 하였고 또다시 영광스럽게 하리라 하시니 ²⁹곁에 서서 들은 무리는 천둥이 울었다고도 하며 또 어떤 이들은 천사가 그에게 말하였다고도 하니 ³⁰예수께서 대답하여 이르시되 이 소리가 난 것은 나를 위한 것이 아니요 너희를 위한 것이니라 ³¹이제 이 세상에 대한 심판이 이르렀으니 이 세상의 임금이 쫓겨나리라 ³²내가 땅에서 들리면 모든 사람을 내게로 이끌겠노라 하시니 ³³이렇게 말씀하심은 자기가 어떠한 죽음으로 죽을 것을 보이심이러라(12:27-33).

27. 지금 내 마음이 괴로우니. 얼핏 보면, 이 말씀은 그리스도께서 앞에서 하셨던 설교와 판이하게 다른 것처럼 보인다. 왜냐하면, 그리스도께서는 앞에서 자기 제자들에게 죽음을 두려워하지 않아야 하는 것은 물론이고 필요한 경우에는 죽음을 흔쾌히 받아들여야 한다고 권면하심으로써 비상한 용기와 담력을 보여주신 반면에, 여기에서는 죽음을 피하고자 하는 나약한 모습을 보여주고 계시는 것처럼 보이기 때문이다. 그렇지만 모든 믿는 자들이 자신의 경험을 통해 알고 있듯이, 이 둘 간에는 서로 모순되는 것이 전혀 없다. 조소(嘲笑)하는 자들이 그리스도의 이런 모습을 보고 비웃는다고 할지라도, 우리는 그들의 비웃음을 이상하게 여길 필요가 없다. 왜냐하면, 이런 것은 실제로 직접 겪어 보지 않으면 이해할 수 없는 일이기 때문이다. 게다가, 하나님의 아들이 이런 감정을 직접 느껴보시는 것은 우리의 구원을 위해서 대단히 유익한 일이었을 뿐만 아니라 꼭 필요한 일이었다. 우리가 그리스도의 죽음을 생각할 때에 가장 중요하게 보아야 할 것은 그의 죽음은 속죄를 위한 것이었고, 하나님의 진노와 저주를 누그러뜨리기 위한 이 속죄는 그가 우리의 죄책(罪責)을 자기 자신에게로 전가시키셔서 담당하지 않으시고는 이루어질 수

없었다는 것이다. 그러므로 그리스도께서는 하나님의 두려운 심판(horribile Dei iudicium)을 친히 온 몸으로 겪지 않으시고는 우리를 위한 대속(代贖)을 이루실 수 없으셨기 때문에, 그가 겪은 죽음은 두려움으로 가득 차 있을 수밖에 없었다. 이것으로부터 우리는 죄가 얼마나 엄청난 것인지를 더욱 분명하게 알게 된다. 왜냐하면, 하늘에 계신 아버지께서는 그 죗값으로 자신의 독생자에게 이토록 무시무시하고 두려운 심판을 집행하셔야 했기 때문이다. 그러므로 우리는 그에게 있어서 죽음은 일종의 놀이나 재미 삼아 하신 일이 아니고, 우리 때문에(nostra causa) 혹독한 고통과 괴로움에 내던져지실 수밖에 없으셨던 일이었다는 것을 알아야 한다. 또한, 하나님의 아들이신 분이 그런 식으로 고통을 당하셨다는 것은 결코 이치에 맞지 않는 일이 아니었다. 왜냐하면, 그리스도께서 지니신 신성(神性)은 속죄를 위해서 감추어져서 그 능력이 발휘되지 않고 휴면 상태에 있었다고 할 수 있기 때문이다. 그리고 그리스도께서는 우리와 같은 육신만이 아니라, 인간의 감정들도 덧입고 계셨지만, 그러한 감정들은 그에게서 자연스럽게 일어난 것이 아니라, 자신의 선택으로 인한 자발적인 것이었음이 분명하다. 왜냐하면, 그리스도께서는 어쩔 수 없이 강제적으로 두려워하신 것이 아니라, 자발적으로 자기 자신을 두려움에 내주신 것이기 때문이다. 그럼에도 불구하고, 우리는 그리스도께서 두려운 척하신 것이 아니라, 실제로 두려워하신 것임을 믿어야 한다. 그러나 우리가 이미 다른 곳에서 언급하였듯이, 그리스도께서는 하나님의 의(義)에 순종하셔서 자신의 모든 감정들을 통제하셨다는 점에서 여느 사람들과는 달랐다. 이것은 우리에게 또 다른 유익을 가져다준다. 만약 죽음의 두려움 앞에서 그리스도께서 아무런 불안도 느끼지 않으시고 태연하셨다면, 그의 모범이 우리의 경우에도 적용될 수 있을 것이라고 생각할 사람은 우리 가운데 아무도 없을 것이다. 우리는 죽음과 맞닥뜨릴 때에 두렵고 괴롭지 않을 수 없다. 그러나 그리스도께서도 무쇠 심장을 지니고 계셨던 것이 아님을 우리가 알 때, 우리는 그를 따르고자 하는 용기를 얻게 되고, 비록 육신의 연약함(infirmitas carnis)으로 말미암아 죽음 앞에서 떨 수밖에 없다고 할지라도, 우리의 대장 되시는 그와 하나가 되어서 죽음과 맞서 싸울 수 있게 된다.

무슨 말을 하리요. 하나님의 아들이신 그리스도께서 자신의 깊은 고뇌와 슬픔을 표현할 말도 찾지 못하시고 한 인간으로서 내려야 할 결단도 제대로 내리지 못하실 정도로 극한의 고통에 처하시게 된 이 장면 속에서, 우리는 하나님의 아들이 우리의 구원을 위하여 얼마나 큰 대가를 치르셔야 했는지를 마치 눈앞에서 보는 것처럼 생생하게 목도한다. 이제 그리스도께서는 자기가 하실 수 있는 일이 오직 기도뿐이었기 때문에, 자기를 죽음에서 건져 주시라고 아버지께 간구하신다. 하지만 그리스도께서는 자기가 하나님의 영원한 계획을 따라 속죄 제물로 세우심을 입었다는 것을 아시고 계셨기 때문에, 조금 전에 극심한 고통 중에서 흘러나왔던 그 간구를 즉시 바로잡아 거두어들이시고, 아버지의 뜻에 전적으로 따르겠다고 다시 기도하신다. 이 구절 속에서 우리는 다섯 단계를 주목해야 한다. 첫 번째는 극심한 슬픔과 고뇌로 인해서 탄식과 하소연이 터져 나왔다는 것이고, 두 번째는 그리스도께서 이 곤경을 해결해야 할 필요성을 느끼시고, 두려움에 져서 사로잡히지 않으시기 위해서, 자기가 어떻게 해야 할지를 스스로에게 물어 보셨다는 것이다. 세 번째는 아버지께 나아가서 자기를 죽음에서 건져 주시라고 간구하셨다는 것이고, 네 번째는 자기가 구하고 있는 것이 자신의 소명에 어긋난다는 것을 아시고서, 그 소원을 거두어들이신 후에, 아버지께서 자기에게 명하신 것을 거스르느니 차라리 그 어떤 고난도 달게 받으시겠다고 결심하셨다는 것이다. 마지막으로, 그리스도께서는 오직 하나님이 영광 받으시는 것만으로 만족하시고, 그것 외의 다른 모든 것을 하찮은 것으로 여기시며 무시해 버리신다. 그러나 그리스도께서 자신의 소원을 경솔하게 아뢰신 후에 즉시 거두어들이시고 아버지의 뜻에 순종하시겠다고 하신 것은 하나님의 아들이신 그에게 어울리지 않는 일로 보여질 수 있다. 나는 그리스도의 이런 모습이 "십자가의 어리석음"(crucis stultitia)이고, 이것이 교만한 자들에게는 걸림돌이 되리라는 것을 안다. 그러나 사실은 영광의 주(主)께서 자기 자신을 낮추면 낮출수록, 그것은 우리를 향하신 그의 끝없는 사랑을 더욱더 분명하고 생생하게 증언해 주는 증거가 된다. 또한, 우리는 내가 이미 앞에서 말한 것, 즉 그리스도께서는 인간의 감정들을 지니고 계셨지만, 그 감정들은 죄에 물들지 않은 순수한 것들이었다는 것을 기억하지 않으면 안 된다. 그리스도께서 지니고 계셨던 감정들이 그럴 수 있었던 것은 그 감정들이 하나님에 대한 순종 가운데서 형성되고 다스려졌기 때문이다. 즉, 그리스도께서 죽음을 두려워하신 것은 자연스러운 일이었지만, 그가 여러 가지를 고려해서 결국 하나님께 순종하기로 결심하셨을 때에, 그 어떤 것도 그것을 가로막을 수 없었다는 말이다. 그래서 그리스도께서는 "내가 이를 위하여 이 때에 왔나이다"라고 말씀하심으로써 그 결심을 선언하신다. 그리스도께서 죽음을 두려워하신 것은 전혀 이상한 일이 아니었지만, 그는 자기가 왜 보내심을 받았는지, 그리고 구속주로서의 자신의 직분에 합당한 것이 무엇인지를 고려하셔서, 자신의 자연스러운 본성에서 생겨난 두려움을 이겨내시기 위하여 그 두려움을 아버지께 맡기신다. 아니, 그리스도께서는 이미 그 두려움을 이기셨기 때문에 가벼운 마음으로 기꺼이 하나님의 명령을 수행할 준비를 하셨다고 말하는 편이 더 옳을 것이다. 모든 죄에서 자유로우셨던 그리스도께서도 하나님의 뜻에 순종하시기 위해서 이런 식으로 자신의 감정들을 다스리실 필요가 있으셨다면, 우리의 육신으로부터 생겨나는 온갖 감정들은 그 하나하나가 다 우리 안에 있는 원수들이라는 것을 생각할 때, 우리는 얼마나 더 혼신의 힘을 다해서 그렇게 해야 하겠는가? 그러므로 경건한 자들은 자기 부인이 이루어질 때까지 인내심을 가지고서 끊임없이 자기 자신을 쳐서 복종시키지 않으면 안 된다. 또한, 우리가 명심해야 할 것은 하나님의 뜻을 정면으로 거스르는 감정들만이 아니라, 비록 다른 관점들에서 볼 때에는 악하거나 죄가 되지 않는 감정들이라고 할지라도 우리의 소명(召命)을 이루어 나가는 데에 방해가 되는 감정들도 다스려야 한다는 것이다. 이것을 좀 더 분명하게 설명하자면, 우리는 하나님의 뜻(voluntas Dei)을 최우선순위에 두고, 하나님이 아담에게 주신 것이나 그리스도 안에 존재하였던 것과 같은 순전(純全)하고 흠 없는 인간의 뜻(voluntas hominis sincera et integra)을 두 번째 순위에 두며, 죄에 오염되어 있는 우리 자신의 뜻(nostra voluntas)을 마지막 순위에 두어야 한다는 것이다. 하나님의 뜻은 기준 또는 잣대(regula)이기 때문에, 이것보다 하위에 있는 모든 것은 이것에 복종하여야 한다. 순수한 본성에서 나오는 뜻은 그 자체로 하나님을 거스르는 것은 아니다. 그러나 인간은 설령 온전히 의로워졌다고 할지라도, 자신의 감정들을 하나님께 복종시키지 않으면, 수많은 장애들을 만나게 되어 있다. 그러므로 그리스도께서 싸우셔야 했던 것은 단 한 가지인데, 그것은 자신의 본성에서 자연스럽게 생겨난 두려움이 하나님의 뜻과 다르다는 것을 깨닫게 되셨을 때에 그 두려움과 싸워 이기시는 것이었다. 그러나 우리에게는 싸워야 할 것이 두 가지이다. 왜냐하면, 우리는 육신의 완악함(carnis contumacia)과도 싸워야 하기 때문이다. 따라서 우리 중에서 제아무리 용감한 투사들이라도 결코 상처를 입지 않고 승리할 수는 없다.

아버지여 나를 구원하여. 우리가 두려움에 사로잡히거나 근심에 잠길 때마다 가장 먼저 해야 할 일은 그 즉시 우리의 마음을 일으켜 세워서 하나님을 바라보는 것이다. 왜냐하면, 우리를 괴롭히는 일들을 마음속에 담아두는 것보다 더 나쁘거나 해로운 것은 없기 때문이다. 우리는 눈에 보이지 않는 숨겨진 괴로움들에 의해서 세상의 많은 부분이 갉아 먹히고 있는 것을 본다. 그런데도 사람들이 자신의 마음을 들어올려 하나님을 바라보지 않아서 그 괴로움들로부터 건짐을 받지 못한다면, 그것은 그들의 무관심과 게으름에 대한 합당한 벌이다.

28. 아버지여, 아버지의 이름을 영광스럽게 하옵소서. 이 말씀을 통해서 그리스도께서는 자신의 목숨조차도 하찮은 것으로 여기실 정도로 다른 그 어떤 것보다도 아버지의 영광을 최우선으로 생각하고 계시다는 것을 증언하신다. 우리의 욕망들을 진정으로 다스리고 통제하기 위해서는, 다른 어떤 것도 비집고 들어올 틈이 없을 정도로 오직 하나님의 영광만을 구하지 않으면 안 된다. 왜냐하면, 우리가 오직 하나님의 영광을 구해야만 장차 우리에게 차고 넘치는 상이 주어지게 되리라는 것을 알 때, 우리는 온갖 괴롭고 싫은 일들을 한결같은 마음으로 참고 견딜 수 있게 될 것이기 때문이다.

내가 이미 영광스럽게 하였고 또다시 영광스럽게 하리라. 이것은 하나님께서 "내가 시작한 일은 반드시 내 손으로 끝내리라"고 말씀하신 것이나 다름없다. 왜냐하면, 시편 138:8이 보여주듯이, 하나님은 자신의 손으로 시작하신 일을 다 끝내지 않으시고 내버려 두시는 법이 결코 없으시기 때문이다. 그러나 십자가가 걸림돌(scandalum)이 되는 것을 방지하시는 것이 하나님의 목적이었기 때문에, 하나님께서는 그리스도의 죽음을 "영광스럽게" 하실 것이라고 약속하실 뿐만 아니라, 그리스도의 죽음을 이미 수많은 영광스러운 것들로 장식해 놓으셨다고 말씀하신다.

29. 천둥이 울었다고도 하며. 거기에 모여 있던 무리들이 이처럼 분명한 이적 앞에서도 무덤덤하였다는 것은 정말 기괴한 일이었다. 어떤 자들은 너무나 귀가 먹어서, 하나님께서 분명하게 말씀하신 것을 알아들을 수 없는 소음으로 들었고, 그나마 좀 덜 둔감했던 자들은 그것을 "천사가 말한" 것이라고 엉뚱한 소리를 함으로써 하나님의 음성이 지닌 위엄을 크게 손상시켰다. 그러나 이런 일은 오늘날에도 똑같이 벌어지고 있다. 왜냐하면, 하나님께서 복음을 통해서 아주 분명하게 말씀하시면서, 경천동지(驚天動地)할 성령의 능력과 힘을 나타내 보여주시고 계시지만, 수많은 사람들이 이 복음의 말씀을 단지 마치 죽을 수밖에 없는 존재인 사람에게서 나온 것에 불과한 것인 양 무덤덤한 반응을 보이고, 또 어떤 자들은 하나님의 말씀을 도무지 그 내용을 알아들을 수 없는 야만인들이 지껄이는 소리나 천둥소리처럼 여기기 때문이다. 그런데 이 본문과 관련해서 한 가지 질문이 제기될 수 있다: "하늘에서" 들려온 "소리"는 정말 아무런 유익도 없는 헛된 것이었는가? 나의

대답은 복음서 기자가 여기에서 "무리"의 반응으로 기록한 말들은 단지 그들 중의 일부에만 해당되는 것으로 보아야 한다는 것이다. 왜냐하면, 거기에는 "하늘에서" 들려온 "소리"를 그렇게 나쁘게 해석하지 않은 자들이 사도들 이외에도 일부 있었기 때문이다. 그렇지만 복음서 기자의 목적은 세상의 반응이 통상적으로 어떤 것인지를 짤막하게 보여주고자 하는 것이었다. 즉, 실제로 하나님께서 큰 소리로 분명하게 말씀하셔도, 세상 사람들은 대부분 그 말씀을 듣지 못한다는 것이다.

30. 이 소리가 난 것은 나를 위한 것이 아니요. 그리스도께서는 확증이 필요하지 않으셨던 것인가, 아니면 아버지 하나님께서는 그리스도보다도 우리를 더 배려하신 것인가? 우리는 먼저 다음과 같은 사실, 즉 그리스도께서는 우리를 위해서 성육신하신 것이기 때문에, 그가 아버지로부터 받으신 모든 복은 결국 우리를 위해서 주어진 것이라는 사실을 유념할 필요가 있다. 하지만 "하늘에서 난 소리"가 사람들을 위한 것이었다는 것도 사실이다. 왜냐하면, 그리스도께서는 겉으로 드러난 외적인 이적을 필요로 하지 않으셨기 때문이다. 또한, 이 말씀 속에는 유대인들이 하나님의 음성에 철저히 귀를 막고 있다는 간접적인 책망도 들어 있다. 왜냐하면, 하나님께서 그들을 위해서 말씀하고 계시는데도, 그들이 거기에 귀를 기울이지 않는다면, 그들의 배은망덕함은 변명의 여지가 있을 수 없기 때문이다.

31. 이제 이 세상에 대한 심판이 이르렀으니. 주님께서는 이제 마치 이 싸움에서 이미 승리하셨다는 듯이 두려움만이 아니라 죽음에 대해서도 승리를 거두신 자처럼 크게 기뻐하신다. 제자들은 장차 주님이 죽으실 것이라는 말씀을 들었을 때에 너무나 놀라 겁을 집어먹었을 것이지만, 주님께서는 자신의 죽음이 가져다줄 유익을 당당하게 선포하신다. "심판"으로 번역된 '크리시스'(κρίσις)라는 단어는 "개혁"(reformatio) 또는 "정죄"(damnatio)로 해석되고 있는데, 나는 세상이 온전한 질서로 회복되는 것을 의미하는 "개혁"으로 이 단어를 해석하는 전자(前者)의 견해에 동의한다. 왜냐하면, "심판"으로 번역되는 히브리어 '미쉬파트'(משפט)는 "온전한 질서가 자리 잡힌 상태"를 의미하기 때문이다. 그리스도 없는 세상에는 오직 혼란만이 존재할 뿐임을 우리는 안다. 그리스도께서는 이미 하나님의 나라를 세워나가기 시작하셨지만, 그가 죽으셔야만 "바른 질서"가 자리 잡혀서 세상의 온전한 회복이 시작될 것이었다. 그렇지만 우리가 주목해야 할 것은, 육신을 비롯해서 하나님의 의(義)를 대적하는 모든 것이 멸절되어 사탄의 나라가 먼저 멸해지기 전에는, 이 "바른 질서"는 이 세상에 온전히 세워질 수 없다는 것이다. 마지막으로, 이

세상이 새로워지기 위해서는 먼저 이 세상에 대한 심판이 선행되어야 한다. 그래서 그리스도께서는 "이제 이 세상의 임금이 쫓겨나리라"고 선언하신다. 왜냐하면, 이 세상이 혼란스럽고 기형적이 된 것은 사탄이 이 세상에 대한 통치권을 찬탈하여 폭정을 일삼으면서 불법이 세상에 만연되어 있기 때문이다. 그러므로 사탄이 "쫓겨나면," 세상은 비로소 반역을 그치고 하나님의 통치 아래로 돌아오게 될 것이었다. 여기에서 "사탄이 지금도 계속해서 끊임없이 도발을 일삼고 있는데, 어떻게 그리스도의 죽으심으로 말미암아 쫓겨났다고 말할 수 있는가"라는 의문이 제기될 수 있다. 나의 대답은, 사탄이 "쫓겨나리라"는 말씀은 어느 정해진 짧은 기간에 그렇게 된다는 것이 아니라, 그리스도의 죽음이 매일매일 사탄을 쫓아내는 뚜렷한 효능(效能)을 나타낼 것임을 의미한다는 것이다.

32. 내가 땅에서 들리면 모든 사람을 내게로 이끌겠노라. 그리스도께서는 이어서 그 심판이 어떤 식으로 행해질 것인지를 말씀하신다. 즉, 그리스도께서는 친히 십자가에 달려 "땅에서 들리심"으로써, 모든 사람을 자기에게로 모으셔서, 그들을 땅에서 하늘로 들어올리시리라는 것이다. 복음서 기자는 그리스도께서 이 말씀을 통해서 "자기가 어떠한 죽음으로 죽을 것을 보이신" 것이라고 말한다. 따라서 이 말씀은 그리스도께서 십자가를 "병거"로 삼으셔서 그 자신과 함께 모든 사람을 그 병거에 태워서 아버지 하나님께로 들어올리시리라는 의미임이 분명하다. 당시에 사람들은 그리스도께서 이 땅을 떠나시면 그 이후로는 더 이상 사람들과 아무런 상관도 없게 될 것이라고 생각할 수도 있었을 것이다. 그러나 그리스도께서는 자신의 "떠남"은 그들이 생각하는 것과 전혀 다른 성질의 사건이 되리라는 것, 즉 꼼짝없이 이 땅에 붙어 살 수밖에 없던 자들을 들어올려 자기에게로 이끄는 사건이 될 것이라고 선언하신다. 여기에서 그리스도께서는 자기가 "어떠한 죽음으로 죽을 것을" 간접적으로 "보이신" 것이기는 하지만, 이 말씀의 전체적인 의도는 그리스도의 죽음은 그를 사람들에게서 갈라놓는 사건이 아니라, 땅을 이끌어 하늘과 이어줄 새로운 통로(nova ratio)가 되리라는 것이다.

여기에서 그리스도께서 사용하신 "모든 사람"이라는 말은 하나님의 양 무리에 속해 있는 하나님의 자녀들을 가리키는 것으로 보아야 한다. 크리소스토무스(Chrysostomus)는 "한 무리가 되어 한 목자에게 있으리라"(요 10:16)는 말씀대로 이방인과 유대인이 함께 모여 교회를 이루게 될 것이었기 때문에, 그리스도께서는 "모든 사람"이라는 보편성을 띤 단어를 사용하신 것이라고 설명하는데, 나도 그의 설명에 동의한다. 한편, 고대 라틴어 역본인 불가타에서는 "내가 모든 것을 내게로 이끌겠노라"고 번역하고 있고, 아우구스티누스(Augustinus)도 불가타의 읽기가 옳다고 주장한다. 그러나 모든 헬라어 사본들은 한결같이 "모든 사람"으로 읽고 있기 때문에, 우리가 채택한 이 읽기가 훨씬 더 유력한 것으로 보인다.

[34]이에 무리가 대답하되 우리는 율법에서 그리스도가 영원히 계신다 함을 들었거늘 너는 어찌하여 인자가 들려야 하리라 하느냐 이 인자는 누구냐 [35]예수께서 이르시되 아직 잠시 동안 빛이 너희 중에 있으니 빛이 있을 동안에 다녀 어둠에 붙잡히지 않게 하라 어둠에 다니는 자는 그 가는 곳을 알지 못하느니라 [36]너희에게 아직 빛이 있을 동안에 빛을 믿으라 그리하면 빛의 아들이 되리라 예수께서 이 말씀을 하시고 그들을 떠나가서 숨으시니라(12:34-36).

34. 이에 무리가 대답하되 우리는 율법에서 그리스도가 영원히 계신다 함을 들었거늘. 그들의 의도가 그리스도께서 하신 말씀에 대하여 악의적으로 트집을 잡고자 하는 데에 있었다는 것은 의심의 여지가 없다. 그러므로 그들은 그 악의(惡意) 때문에 눈이 멀어서 지극히 밝은 빛 가운데 있었으면서도 아무것도 보지 못하고 깨닫지 못하였다. 그들은 율법에서는 분명히 메시야는 "영원히 계실" 것이라고 말씀하고 있는데도 예수께서 자기가 죽을 것이라고 말하고 있기 때문에, 예수는 그리스도일 수 없다고 주장한다. 그들의 그런 주장은 율법이 그리스도께서 죽으시리라는 것과 그리스도의 나라가 후에 세상 끝날까지 번영하리라는 것을 둘 다 분명하게 말씀하고 있는데도 불구하고, 그런 사실을 정면으로 부정하는 것이었다. 따라서 그들은 오로지 두 번째 내용만을 근거로 삼아서 예수를 중상모략하고 있는 것이다. 그들의 잘못의 근원은 그들이 메시야의 나라가 보여줄 영광을 자신들의 육신적인 생각에 맞추어서 판단한 것에 있었다. 그 결과, 그들은 그리스도이신 예수께서 자신들의 잘못된 판단에 맞지 않는다는 이유로 그리스도를 배척하였다. 유대인들이 "율법"이라고 할 때에, 거기에는 "예언서"도 포함되고, 여기에서 "계신다"로 번역된 단어는 현재 시제로 되어 있지만, 히브리어의 관용어법에 따라 미래의 의미("계시리라")로 사용되고 있다.

그들은 마치 자신들의 짤막한 반박으로 그리스도를 완전히 항복시켜서 그리스도에게는 이제 더 이상 할 말이 없을 것이라고 생각한다는 듯이 "이 인자는 누구냐"라고 비꼬고 조롱한다. 이것은 무지(無知)로 인한 그들의 교만함과 기고만장함이 어떠했는지를 잘 보여준다. 그들은 "자, 당신의 입으로 당신이 메시야와는 아무런 상관도 없는 사람인 것을 증명했는데도, 또다시 밖에 나가서 당신이 그리스도라고 허풍을 떨며 돌아다니는지 어디 두고 보자"라고 말한 것이나 다름없다.

35. 아직 잠시 동안 빛이 너희 중에 있으니. 이 답변을 통해서 주님께서는 그들을 점잖게 일깨워 주시는 것이기는 하지만, 동시에 이것은 그들을 호되게 꾸짖으시고 책망하시는 말씀이기도 하다. 왜냐하면, 이 말씀을 통해서 그리스도께서는 그들이 빛을 보기 싫어하여 눈을 감아 버린 것이라고 그들을 책망하심과 동시에, 머지않아 그들이 그 빛을 빼앗기게 될 것이라고 경고하고 계시는 것이기 때문이다. 그리스도께서 "잠시 동안" 빛이 있을 것이라고 말씀하신 것은 그가 앞서 자신의 죽음에 관하여 하신 말씀을 다시 한 번 확인해 주신 것이다. 여기에서 "빛"은 그리스도께서 육체로 임재해 계시는 것을 의미하는 것이 아니라 그의 복음을 의미하는 것이기는 하지만, 그는 이 말씀을 통해서 자기가 머지않아 죽게 되실 것을 간접적으로 내비치신다. 이것은 그리스도께서 "내가 떠날지라도, 나는 계속해서 빛으로 있을 것이기 때문에, 내게 있는 그 어떤 것도 너희의 어둠으로 인해서 약화되는 일은 결코 없을 것"이라고 말씀하신 것이나 다름없다. 그리스도께서 "빛이 너희 중에 있으니"라고 말씀하셨을 때, 그것은 그들이 의도적으로 눈을 감아서 빛이 그들에게 들어가는 것을 막아 버린 것에 대하여 그들을 책망하신 것이다. 이런 식으로 그리스도께서는 그들이 의도적으로 잘못된 길로 가고자 작정한 것이기 때문에 그들은 그들의 반론에 대한 자신의 답변을 들을 자격조차 없는 자들이라고 선언하고 계신다.

빛이 있을 동안에 다녀 어둠에 붙잡히지 않게 하라. "빛"이 계속해서 있는 것이 아니라 "잠시 동안"만 있을 것이라는 말씀은 모든 믿지 않는 자들에게 적용된다. 왜냐하면, 성경에서는 오직 하나님의 자녀들에게만 "의의 태양"(말 4:2)이 떠올라 결코 지지 않을 것이고, "다시는 낮에 해가 네 빛이 되지 아니하며 달도 네게 빛을 비추지 않을 것이요 오직 여호와가 네게 영원한 빛이 되며 네 하나님이 네 영광이 되리니"(사 60:19)라고 약속하기 때문이다. 그렇지만 빛을 멸시하면 즉시 어둠이 임할 것이기 때문에, 우리는 모두 정신을 차리고 주의해서 "다니지" 않으면 안 된다. 너무나 짙고 어두운 밤이 오랜 세월 동안 이 세상을 뒤덮은 것도 이 때문이었다. 즉, 하늘의 밝은 지혜 속으로 들어가서 행하고자 한 사람들이 거의 없다시피 한 것이 바로 그 이유였다. 그리스도께서는 자신의 복음을 통해 우리에게 빛을 비춰 주셔서, 우리로 하여금 그가 우리에게 보여주시는 구원의 길을 따라갈 수 있게 해 주신다. 그러므로 하나님의 은혜가 자기에는 필요 없다고 여기는 자들은 자기에게 오는 빛을 있는 힘을 다해서 꺼버린다.

어둠에 다니는 자는 그 가는 곳을 알지 못하느니라. 그리스도께서는 그들에게 한층 더 깊은 경각심을 주기 위하여, 빛이 없어서 일생 동안 내내 길을 잃고 헤매는 삶을 살 수밖에 없는 자들의 현실이 얼마나 비참한 것인지를 일깨워 주신다. 왜냐하면, 그런 자들은 한 걸음을 옮길 때마다 넘어지거나 멸망할 위험을 항상 안고 살아갈 수밖에 없기 때문이다. 그런데 그리스도께서는 자기가 우리에게 빛을 비춰 주지 않으면 우리는 "어둠 가운데" 있을 수밖에 없다고 선언하신다. 이것으로부터 우리는 인간이 그리스도를 떠나서 자신의 마음과 생각을 자신의 유일한 안내자이자 선생으로 삼고 살아갈 때에 인간의 마음이나 생각이라는 것이 얼마나 무익한 것인지를 알게 된다.

36. 빛을 믿으라. 그리스도께서는 그들에게 믿음으로 말미암아 "빛"이 그들 안에 있게 하라고 권면하신다. 왜냐하면, 그리스도께서는 진정한 상속자들답게 "빛"을 끝까지 즐거워하는 자들을 "빛의 자녀들"이라는 호칭으로 부르고 계시기 때문이다.

예수께서 이 말씀을 하시고 그들을 떠나가서 숨으시니라. 우리는 여기에서 왜 그리스도께서는 자기를 열렬히 환영해 주었던 사람들에게서 "떠나가신" 것에 대하여 의아해할 수도 있다. 그러나 다른 복음서 기자들을 통해서, 우리는 여기에 등장하는 "그들"이 선하고 진실한 자들의 경건한 열심(studium pium)에 대하여 시기심으로 불타고 있던 대적들이었다는 것을 쉽게 알 수 있다. 왜냐하면, 그리스도를 만나러 온 "헬라인들"은 그를 따라 성전까지 왔고, 거기에서 그리스도께서는 서기관들과 예루살렘 주민들을 맞닥뜨리신 것이었기 때문이다.

³⁷이렇게 많은 표적을 그들 앞에서 행하셨으나 그를 믿지 아니하니 ³⁸이는 선지자 이사야의 말씀을 이루려 하심이라 이르되 주여 우리에게서 들은 바를 누가 믿었으며 주의 팔이 누구에게 나타났나이까 하였더라 ³⁹그들이 능히 믿지 못한 것은 이 때문이니 곧 이사야가 다시 일렀으되 ⁴⁰그들의 눈을 멀게 하시고 그들의 마음을 완고하게 하셨으니 이는 그들로 하여금 눈으로 보고 마음으로 깨닫고 돌이켜 내게 고

침을 받지 못하게 하려 함이라 하였음이더라 ⁴¹이사야가 이렇게 말한 것은 주의 영
광을 보고 주를 가리켜 말한 것이라(12:37-41).

37. 이렇게 많은 표적을 저희 앞에서 행하셨으나 그를 믿지 아니하니. 복음서 기
자는 그리스도께서 유대인들에게 무시를 당하셨다는 사실이 그 누구에게 걸림돌
이나 혼란스럽게 하는 것이 되지 않도록 하기 위해서, 그리스도께서는 자신과 자
신의 가르침에 권위를 부여해 준 분명하고 확실한 "표적들"을 많이 행하셨는데도
불구하고, 그들이 눈멀어 있어서 그의 "표적들"을 통해서 분명하게 나타난 하나님
의 영광과 능력을 보지 못한 것임을 보여줌으로써 그러한 걸림돌을 제거한다. 그
러므로 우리가 가장 먼저 알아야 할 것은 유대인들이 그리스도를 믿지 않은 것은
그리스도 탓이 아니었다는 것이다. 왜냐하면, 그리스도께서는 "많은 표적들"을 통
해서 자기가 누구인지를 충분히 증언하셨던 까닭에, 그들의 불신앙으로 그의 권위
가 훼손되었다고 보는 것은 대단히 부당하고 터무니없기 때문이다. 하지만 이 상
황과 관련해서 많은 사람들이 유대인들이 하나님의 능력을 눈앞에서 보고서도 아
무렇지도 않게 무시해 버릴 정도로 어리석게 되어 버린 일이 어떻게 가능할 수 있
단 말인가라고 당혹스러워하며 의구심을 떨쳐버리지 못할 수도 있었기 때문에, 요
한은 한 걸음 더 나아가서, "믿음"은 사람들의 통상적인 능력으로부터 나오는 것이
아니라 하나님의 특별한 선물이라는 것, 그리고 그리스도와 관련해서는 그의 복음
을 믿을 자가 거의 없으리라는 것이 성경 속에 이미 옛적부터 예언되어 있었다는
것을 보여준다.

38. 이는 선지자 이사야의 말씀을 이루려 하심이라. 요한이 이 예언을 인용한 것
은 유대인들이 그리스도를 믿지 않은 것이 필연적인 일이었음을 보여주기 위한 것
이 아니었다. 왜냐하면, 이사야는 단지 하나님께서 그 비밀의 경륜 가운데서 자기
에게 계시해 주신 것만을 전한 것일 뿐이고(사 53:1; 롬 10:16), 실제로 이 선지자가
이 일에 대하여 아무런 말을 하지 않았다고 해도, 이 일은 그대로 일어났을 것임에
틀림없기 때문이다. 그러나 하나님께서 이 선지자의 입을 빌려서 증언해 두지 않
으셨다면, 사람들은 아무도 무슨 일이 벌어지고 있는 것인지를 알 수 없었을 것이
기 때문에, 복음서 기자는 이 예언의 말씀을 인용해서, 그 예언이 없었더라면 사람
들에게 너무나 모호하고 믿을 수 없었을 일을 거울로 보는 것처럼 생생하게 그들
의 눈앞에 제시하고 있는 것이다.

주여 우리에게서 들은 바를 누가 믿었으며 주의 팔이 누구에게 나타났나이까. 이 구절은 두 부분으로 이루어져 있다. 이미 앞에서부터 그리스도에 대하여 말해 왔던 이사야는 이제 여기에서 그리스도에 대하여 자기가 지금 선포하고 있는 모든 말씀과 나중에 사도들이 전하게 될 모든 말씀이 유대인들에 의해서 곳곳에서 배척당하게 되리라는 것을 미리 보고서, 먼저 상반절에서 마치 너무나 해괴한 일에 경악이라도 한 듯이 "주여 우리에게서 들은 바를 누가 믿었나이까"라고 절규한다. 다음으로, 하반절에서는 이사야는 "믿는 자들"이 이렇게 거의 없게 되는 이유를 밝히는데, 그것은 "믿음"은 사람들이 자신의 힘으로 얻을 수 있는 것이 아니며, 하나님께서도 모든 사람에게 똑같이 빛을 비춰 주시지 않고, 극소수의 사람들에게만 성령의 은혜를 내려 주시기 때문이라는 것이다. 유대인들 가운데서 믿지 않는 자들이 많았을지라도, 그들의 완악한 불신앙이 수적(數的)으로 적었던 믿는 자들에게 걸림돌이 되어서는 안 되었던 것과 마찬가지로, 오늘날에도 복음을 따르는 자들은 비록 그 수(數)가 소수라 할지라도 복음을 부끄러워해서는 안 된다.

우리가 무엇보다 주목해야 할 것은 이사야가 하반절에서 덧붙인 이유, 즉 사람들로 하여금 믿음을 갖게 해주는 것은 그들 자신의 지혜가 아니라 하나님의 계시라는 것이다. 잘 알려져 있듯이, 여기에서 "팔"은 "능력"을 의미한다. 선지자는 복음의 가르침 속에 들어 있는 하나님의 "팔"은 계시될 때까지는 감춰져 있다고 선언하고, 아울러 모든 사람이 이 계시에 똑같이 참여하게 되는 것은 아니라고 증언한다. 그 결과, 많은 사람들이 그들 속에 빛이 없어서 "들어도 듣지 못하기"(마 13:13) 때문에 어둠 가운데 있게 된다.

39. 그들이 능히 믿지 못한 것은 이 때문이니. 이 말씀은 상당히 가혹해 보인다. 왜냐하면, 이 말씀을 문자 그대로 이해하면, 유대인들은 믿을 것인가 믿지 않을 것인가를 스스로 선택하기도 전에, 선지자의 예언으로 말미암아 "눈이 멀" 수밖에 없는 운명에 처해져서, 믿음을 가질 수 있는 길이 처음부터 차단되어 있었고, 믿을 수 있는 힘이 그들에게서 제거되어 있었다는 의미가 되기 때문이다. 나의 대답은 하나님께서 미리 알고 계시는 일 외에는 그 어떤 일도 일어날 수 없다는 것, 즉 하나님께서는 모든 일어날 일들을 다 미리 알고 계신다는 것을 우리가 받아들인다면, 이 말씀 속에는 이치에 어긋나는 것이 전혀 없다는 것이다. 그러나 우리가 유의해야 할 것은 하나님의 미리 아심(praescientia Dei) 그 자체가 모든 일들의 원인이 아니라는 것이다. 그리고 우리가 알아야 할 것은 이 말씀의 초점은 하나님의 미리 아

심이 아니라 하나님의 심판과 보응(iudicium et vindicta)에 있다는 것이다. 왜냐하면, 하나님께서는 사람들이 장차 무슨 일들을 하려고 하는지를 하늘에서 보시고미리 말씀해 주시는 것이 아니라, 하나님 자신이 장차 하실 일, 즉 자기가 경건하지않은 자들을 치셔서 그들의 마음과 생각을 어지럽혀 어리석게 하심으로써, 그들의악(惡)에 대하여 보응하시리라는 것을 미리 말씀해 주시는 것이기 때문이다. 이 말씀을 통해서 요한은 하나님께서 원래 인간을 구원하고 살리고자 하여 주시는 자신의 말씀을 유대인들에게는 멸망시키고 사망에 이르게 하는 것이 되게 하고자 하시는 가장 근원적인 이유를 제시하는데, 그것은 그들의 악(惡, malitia)으로 말미암아그들이 멸망받아 마땅하기 때문이라는 것이다. 그들이 이 징벌을 피하는 것은 불가능하였다. 왜냐하면, 하나님께서 그들을 "타락한 마음에 넘겨주시기로" 작정하시고서, 자신의 말씀이 그들에게 "빛"이 아니라 "어둠"이 되게 하셨기 때문이다.이사야의 이 두 번째 예언은 그런 점에서 첫 번째 예언과 다르다. 첫 번째 예언에서는 선지자는 하나님께서 자신의 기뻐하시는 뜻을 따라 값없이 주시는 은혜로 말미암아 빛을 비춰 주시는 자들 외에는 그 누구도 믿음을 가질 수 없다고 증언하지만, 하나님이 누구를 기뻐하시는지에 대한 이유는 밝히지 않았다. 왜냐하면, 모든사람은 다 똑같이 타락한 가운데에 있는데도, 하나님께서는 오로지 자신의 선하심으로 인하여 은혜를 주실 자들을 택하시는 것이기 때문이다. 그러나 두 번째 예언에서는 선지자는 하나님께서 배은망덕한 백성의 악(惡)을 그들의 완악함으로 인하여 벌하실 것이라고 말한다. 따라서 이러한 차이들을 분별하지 못하는 자들은 천차만별인 성경의 본문들을 오해하고 혼동하게 된다.

40. 그들의 눈을 멀게 하시고. 이 본문은 하나님께서 이사야 선지자에게 그가 백성들을 깨우치기 위해 애를 써도 백성들은 더욱 악해질 뿐 좋은 결과는 얻지 못할것이라고 미리 경고하시는 내용으로 되어 있는 이사야 6:9에서 가져온 것이다. 거기에서 하나님께서는 먼저 "가서 이 백성에게 이르기를 너희가 듣기는 들어도 깨닫지 못할 것이요"라고 말씀하시는데, 이것은 "내가 너를 귀머거리들에게 보내어말씀을 전하게 하는 것"이라고 말씀하시는 것이나 다름없다. 그런 후에, 하나님은"이 백성의 마음을 둔하게 하며 그들의 귀가 막히고 그들의 눈이 감기게 하라"는말씀을 덧붙이신다. 하나님께서 이런 말씀들을 하신 의도는 자신의 말씀이 버림받은 자들에게 징벌이 되게 하셔서, 그들이 그 말씀으로 말미암아 더욱더 철저하게눈이 멀어서 더 깊은 어둠 속으로 굴러 떨어지게 하시기 위한 것이었다. 하나님께

서 말씀의 빛으로 사람들을 뒤덮어서 더욱 혼란스럽게 하여 사람들에게서 모든 분별력을 빼앗아 버리시는 것, 즉 다름 아닌 사람들의 유일한 빛인 말씀을 사용해서 사람들에게 어둠을 가져다주시는 것은 정말 무섭고 두려운 심판이 아닐 수 없다. 그러나 우리가 유의해야 할 것은 사람들의 "눈을 멀게" 하는 것은 하나님의 말씀의 고유한 기능이 아니라는 것이다. 왜냐하면, 진리가 거짓과 전혀 차이가 없다거나, 생명의 떡이 사람을 죽이는 독(毒)이 된다거나, 약이 병을 고쳐주는 것이 아니라 도리어 악화시킨다고 말하는 것만큼 이치에 맞지 않는 말은 없을 것이기 때문이다. 따라서 생명이 되어야 할 것이 사망을 가져다주는 것은 전적으로 인간의 악성(惡性) 때문이다.

　　그들의 마음을 완고하게 하셨으니. 또한, 우리는 하나님께서는 친히 사람들에게서 판단력과 이해력을 빼앗으셔서 그들의 마음을 눈멀게 하신다는 것을 주목하여야 한다. 즉, 하나님은 어떤 때는 사람들의 넋을 빼놓으시고, 어떤 때는 자신의 종들을 보내서서 구원의 가르침을 전하게 하셔서 그 가르침이 사람들에게 해(害)가 되고 치명적인 독(毒)이 되게 하신다. 그러나 선지자들이 가르치는 일에 충성되게 헌신하여 수고하면서 그 결과를 하나님께 맡기고 있는 것이라면, 비록 그 결과가 그들이 바라는 대로 되지 않는다고 할지라도, 그들은 그 일을 포기하거나 낙심하지 말고, 도리어 자신들의 수고가 사람들에게는 별 소용이 없게 되어 버릴지라도 하나님께서는 그 수고를 인정해 주신다는 것, 그리고 바울이 증언하듯이(고후 2:15), 자신들의 가르침이 악인들에게는 "사망에 이르는 냄새"가 될지라도 하나님 앞에서는 선하고 기뻐하시는 "향기"가 된다는 것을 알고서 만족하여야 한다. "마음"은 성경에서 종종 감정들이 자리 잡고 있는 곳을 가리키지만, 여기에서는 다른 많은 본문들에서와 마찬가지로 영혼 가운데서 지성(知性)을 담당하는 부분을 가리킨다. 모세가 "깨닫는 마음과 보는 눈과 듣는 귀는 오늘 여호와께서 너희에게 주지 아니하셨느니라"(신 29:4)고 말했을 때에 거기에 나오는 "마음"도 여기에서와 동일한 의미로 사용되고 있다.

　　그들로 하여금 눈으로 보고 마음으로 깨닫고 … 못하게 하려 함이라. 우리는 여기에서 선지자 이사야는 이미 하나님의 은혜를 거부한 불신자들에 대하여 말하고 있는 것임을 기억해야 한다. 만약 하나님께서 자신이 택하신 자들로 하여금 자기에게 순종할 수 있게 해주지 않으셨다면, 모든 사람이 다 그 본성대로 계속해서 하나님의 은혜를 거부한 채 살아갈 수밖에 없었으리라는 것은 너무나 분명한 사실이다. 그러므로 처음에는 사람들의 상태가 모두 똑같았지만, 버림받은 자들은 자신들의 악성(惡性)을 따라 자발적으로 하나님을 거슬러 대적하다가 이러한 보응을 받고 "상실한 마음"에 넘겨져서 점점 더 멸망을 향하여 쉬지 않고 돌진하게 된 것이다. 그러므로 하나님께서 그들을 돌이키시고자 하지 않으실지라도, 그것은 전적으로 그들 자신의 잘못이다. 왜냐하면, 그들의 절망적인 상황은 그들 자신이 스스로 자초한 것이기 때문이다. 한편, 선지자의 이 말씀을 통해서 우리는 하나님을 향한 우리의 회심(conversio)이 어떻게 시작되는지를 간단하게나마 배우게 된다. 즉, 사탄의 어둠에 붙잡혀 갇혀 있어서 하나님으로부터 멀리 떨어져 있을 수밖에 없던 우리의 마음에 하나님께서 빛을 비춰 주실 때에 우리의 회심은 시작되는데, 하나님의 이 빛 속에는 우리를 그 빛으로 이끌어서 하나님의 형상으로 변화시키는 능력이 있다.

내게 고침을 받지 못하게 하려 함이라. 이사야 선지자는 다음으로 회심의 열매인 "고침"(sanatio)을 언급하는데, 여기에서 "고침"이라는 것은 하나님이 주시는 복과 형통은 물론이고 하나님의 진노에서 비롯되는 온갖 참상(慘狀, miseria)들로부터 건짐을 받는 것도 포함한다. 하나님의 말씀이 지닌 고유한 본질, 즉 "고침을 받게" 하는 효능이 버림받은 자들에게는 일어나지 않을 것이라고 하는 이 말씀 속에서 우리는 여기에서와는 반대로 하나님의 말씀을 받아들이는 자들에게 일어나는 정반대의 효능을 주목할 필요가 있다: 하나님께서 우리에게 말씀을 주시는 목적은 우리에게 빛을 비추셔서 그를 아는 참된 지식을 얻게 하여 우리로 하여금 그에게로 돌이켜 그와 화목을 이루게 하심으로써 우리를 행복하고 복되게 하시기 위한 것이다.

41. 이사야가 이렇게 말한 것은 … 주를 가리켜 말한 것이라. 요한은 독자들이 이 예언의 말씀이 부적절하게 인용된 것이 아닌가라고 생각하지 않도록 하기 위해서, 이사야 선지자는 어느 한 세대를 위해 가르치는 자로 보내심을 받은 것이 아니라, 장차 그리스도의 통치 아래에서 일어날 일들을 증언하도록 하시기 위하여 하나님께서 그에게 그리스도의 영광을 보여주신 것이라고 분명하게 말한다. 하나님께서 선지자들에게 계시를 보여주셨을 때, 그들이 하나님으로부터 받은 계시들을 다른 사람들에게 전해주게 하고자 하시는 목적 이외에 그 어떤 다른 목적이 있으셨겠는가? 복음서 기자는 이사야가 그리스도의 영광을 보았다는 것을 기정사실로 여기고서, 이것을 토대로 해서 이사야가 그리스도의 나라의 장래의 모습에 대하여 가르

친 것이라고 결론을 내린다.

[42]그러나 관리 중에도 그를 믿는 자가 많되 바리새인들 때문에 드러나게 말하지 못하니 이는 출교를 당할까 두려워함이라 [43]그들은 사람의 영광을 하나님의 영광보다 더 사랑하였더라 [44]예수께서 외쳐 이르시되 나를 믿는 자는 나를 믿는 것이 아니요 나를 보내신 이를 믿는 것이며 [45]나를 보는 자는 나를 보내신 이를 보는 것이니라 [46]나는 빛으로 세상에 왔나니 무릇 나를 믿는 자로 어둠에 거하지 않게 하려 함이로라(12:42-46).

42. 그러나 관리 중에도 그를 믿는 자가 많되. 유대인들이 요란하게 소란을 피우면서 오만방자하고 거칠게 그리스도를 배척했을 때에는, 마치 그들 모두가 공범자가 되어서 그리스도를 대적하는 것처럼 보였다. 그러나 복음서 기자는 온 나라가 광기에 휩싸인 것처럼 보일 때에도, 그리스도를 "믿는" 정신이 온전한 사람들이 많이 있었다고 보도한다. 이것은 진정으로 하나님의 은혜를 보여주는 놀라운 일이 아닐 수 없다. 왜냐하면, 우리 몸의 한 곳에서 생긴 질병이 온 몸을 감염시키는 것과 마찬가지로, 불경건(impietas)은 일단 퍼지기 시작하면 걷잡을 수 없이 도처로 퍼져나가는 전염병과 같은 것이기 때문이다. 그러므로 이처럼 타락한 유대 백성들 가운데서도 오염되지 않은 순수한 사람들이 얼마간 남아 있었다는 것은 하나님의 놀라운 선물이자 특별한 은혜가 아닐 수 없었다. 하지만 당시뿐만 아니라 오늘날의 세상에서도 우리는 그것과 동일한 하나님의 은혜를 목도하게 된다. 왜냐하면, 하나님을 믿지 않을 뿐만 아니라 심지어 하나님을 멸시하는 자들이 도처에서 판을 치고 있고, 복음의 가르침을 말끔히 쓸어 버리려고 미쳐 날뛰는 자들이 아무리 많을지라도, "복음의 가르침"은 언제나 피할 곳을 발견하게 마련이고, 따라서 스스로 피난할 항구를 갖고 있는 "믿음"이 세상에서 완전히 끊어질 리는 없는 법이기 때문이다. 당시에 유대인 "관리들"의 세계에서는 복음에 대한 뿌리 깊은 적개심이 자리 잡고 있었기 때문에, 그들 중 단 한 사람이라도 믿는 자가 있었다는 것은 정말 믿기 힘든 일이었다. 그렇기 때문에, 관리 중에 그를 믿는 자가 "많았다"는 보도는 경이롭기까지 하다. 여기에서 더욱 놀라운 것은 도저히 비집고 들어갈 틈이 없을 것 같은 곳도 뚫고 들어가는 하나님의 영의 능력이다. 사실상, 사회 지도층 인사들이 그리스도를 거스르고 불순종하는 현상은 그 시대에만 특유한 악덕은 아니었다.

부와 명예와 높은 사회적 신분을 지닌 자들은 교만해지기 십상이다. 그런 자들은 교만에 빠져서 자신들이 인간이라는 사실조차 인정하지 않으려 하기 때문에, 그들이 자발적으로 겸손해진다는 것은 애초부터 기대하기 어려운 일이다. 그러므로 세상에서 성공을 거두어서 높은 지위에 오른 사람은 — 만일 그가 지혜로운 자라면 — 자신의 높은 지위가 자신에게 오히려 장애물이 되는 일이 없도록 하기 위해서 그 지위를 의지하고 의뢰하지 않아야 한다. 복음서 기자는 여기에서 관리들 중에서 그리스도를 믿는 자가 "많았다"고 말하는데, 우리는 이 말을 그들이 다수였다거나 또는 과반수였다는 의미로 이해해서는 안 되고, 그들은 믿지 않은 다수와 비교해 볼 때는 상대적으로 소수에 지나지 않았지만, 그들 자체로는 "많다"고 할 수 있었다는 뜻으로 이해해야 한다.

바리새인들 때문에 드러나게 말하지 못하니. "사람이 마음으로 믿어 의에 이르고 입으로 시인하여 구원에 이르느니라"(롬 10:10)는 말씀과 마음속에서 한 번 불이 붙은 믿음은 활활 타오르지 않을 수 없다는 사실에 비추어 보면, 믿음(fides)과 신앙고백(confessio)을 별개로 취급하는 듯한 복음서 기자의 표현은 정확하지 않은 것이라고 생각될 수도 있다. 그러나 나의 대답은 복음서 기자는 이 구절을 통해서 미적지근하거나 냉랭한 믿음이 얼마나 연약한 것인지를 보여주고 있는 것뿐이라는 것이다. 요컨대, 요한이 말하고 싶었던 것은 여기 나오는 "관리들"은 그리스도의 가르침이 하나님에게서 비롯된 것임을 알았기 때문에 그 가르침을 받아들였지만, 그들의 "믿음"은 마땅히 그래야 할 만큼 생명력이 있거나 강한 것이 아니었다는 것이다. 왜냐하면, 그리스도께서는 자기를 따르는 자들로 하여금 자기에게서 배운 것을 두려워하지 않고 담대하게 고백할 수 있도록 하시기 위해서 "두려움의 영"(spiritus timoris)이 아니라 "불굴의 영"(spiritus constantiae)을 주시기 때문이다. 그렇지만 나는 그들이 완전히 침묵을 지켰다고는 생각하지 않는다. 다만, 복음서 기자는 그들이 충분히 드러나게 고백하지 않았기 때문에, 그들이 신앙고백을 하지 않았다고 말한 것일 뿐이라는 것이 내 생각이다. 왜냐하면, 진정한 신앙고백은 공개적으로 그리스도의 제자가 되었음을 선언하는 것이기 때문이다. 그러므로 사람들에게 미움을 받는 것이 겁나서 어떤 식으로든 자신의 믿음을 숨기는 것은 자랑할 만한 일은 아니다. 왜냐하면, 사람들이 그리스도라는 이름을 아무리 미워한다고 할지라도, 우리가 그리스도에 대한 신앙고백에서 조금이라도 물러선다면, 그러한 비겁함에 대해서는 변명의 여지가 없을 것이기 때문이다. 우리가 여기에서 주목해야 할 또 한 가지 사실은 여기에 나오는 관리들의 믿음이 그리 확고부동하지 못했던 것은 그들 속에 거의 언제나 야심(ambitio)이 자리 잡고 있었기 때문이라는 것이다. 왜냐하면, 야심(野心)만큼 사람을 노예로 만드는 것은 없기 때문이다. 한 마디로 말해서, 세속적인 영광을 추구하는 것은 황금의 족쇄와도 같다고 말할 수 있는데, 그것은 겉으로 보기에는 좋지만 실제로는 사람을 결박해서 해야 할 일을 자유롭게 하지 못하도록 만들기 때문이다. 그렇기 때문에, 아무것도 가진 것이 없는 사람들은 적어도 가장 지독한 올무들로부터는 빠져 나온 사람들이기 때문에, 좀 더 큰 인내심을 갖고 자신들의 처지(處地)를 참아내야 한다. 반면에, 많은 것을 갖고 있는 높은 자들은 자신의 지위나 신분이 그리스도께 순종하는 데에 걸림돌이 되지 않도록 그것들과 맞서 싸우지 않으면 안 된다. 요한은 관리들이 "바리새인들"을 두려워했다고 말한다. 그가 유독 바리새인들을 지목하여 말한 것은 서기관들이나 제사장들은 그리스도의 제자라고 밝힌 사람들을 그냥 내버려 두었기 때문이 아니라, 바리새인들이 하나님에 대한 열심(熱心)이라는 미명 하에 그리스도의 제자들을 가만 두지 않겠다고 가장 맹렬하게 이를 갈고 있었기 때문이었다. 사실, 신앙을 수호하고자 하는 열심(熱心)은 훌륭한 미덕임이 분명하지만, 위선(僞善)이 가미된 열심은 그 어떤 재앙보다도 위험하다. 그러므로 우리는 주의 성령이 확실히 우리를 다스려서 우리로 하여금 잘못된 길로 가지 않게 해달라고 더욱 간절하게 주께 간구하지 않으면 안 된다.

이는 출교를 당할까 두려워함이라. 관리들은 회당에서 불명예스럽게 "출교를 당할까 두려워서" 그들의 믿음을 공개적으로 고백하지 못했다. 이것으로부터 우리는 하나님께서 정해 주신 최선의 제도들을 짓밟고 더럽힐 뿐만 아니라, 그것들을 파괴적인 압제의 수단으로 악용하고 있는 타락한 인간들의 모습을 엿볼 수 있다. 사실, "출교"가 교회를 멸시한 자를 단호하게 치리하기 위해서 꼭 필요한 거룩한 권징(勸懲)의 중추가 되는 것은 마땅한 일이었다. 하지만 그들은 그리스도에게 속한 사람이라고 고백한 모든 자들을 신자들의 친교(societas fidelium)로부터 추방하기 위하여 출교 제도를 악용하고 있었다. 마찬가지로, 오늘날에도 교황은 믿는 자들을 폭력으로 억압하기 위해서 출교를 명할 권한이 자신에게 있다는 거짓 주장을 늘어놓으며, 합당한 이유도 없이 모든 경건한 사람들에게 노발대발할 뿐만 아니라, 심지어 그리스도까지 하늘 보좌로부터 끌어내리려고 발버둥치고 있다. 뻔뻔스럽게도, 교황은 그리스도께서 자신의 교회에 부여하신 거룩한 사법권(司法權)이 자신의 관할 아래 있다는 주장을 서슴지 않는다.

43. 그들은 사람의 영광을 하나님의 영광보다 더 사랑하였더라. 복음서 기자는 여기에서 관리들이 그리스도를 믿었으면서도 "드러나게 말하지 못한" 것은 그 어떤 미신(迷信)에 이끌렸기 때문이 아니라, 단지 사람들부터 수치와 불명예를 당하고 싶지 않았기 때문이라고 분명하게 밝힌다. 따라서 그들이 하나님을 경외하는 것보다 그들 자신의 야심(野心)을 더 중시한 자들이었다면, 그들은 양심의 가책을 느끼지 않았을 것이라는 결론이 나온다. 이제 독자들은 사람들에게 미움을 받을 것이 두려워서 자신의 믿음을 숨긴 자들이 장차 하나님 앞에서 그 비겁함으로 인해서 얼마나 큰 치욕과 망신을 당하게 될 것인지를 생각해 보아야 한다. 만일 어떤 자가 사람들에게 하찮은 칭찬을 받기 위하여 하나님에게 심판을 받는 길을 선택한다면, 세상에 그것보다 더 어리석고 우매한 일이 어디에 있겠는가? 그렇기 때문에, 복음서 기자는 순전한 믿음을 고백해야 할 순간에 사람들의 미움을 살 것이 두려워서 뒷걸음질치는 자들은 모두 정신이 완전히 나간 자들이라고 선언한다. 그리고 이 말은 지극히 옳다. 히브리서 기자는 믿음에 있어서 시종일관 흔들림이 없었던 모세를 칭찬하면서, 모세는 "보이지 아니하는 자를 보는 것같이 하여 참았으며"(히 11:27)라고 말하는데, 이 말은 하나님을 향하여 자신의 눈을 고정시킨 자는 불굴의 마음을 갖게 되어서 조금도 요동하지 않을 것이라는 뜻이다. 그러므로 우리가 우리의 눈을 하나님을 향하여 고정시키지 않고 세상을 바라보게 될 때, 우리의 지각(知覺)들이 둔해지고 혼미해져서, 우리는 결국 믿음을 저버리고 거짓된 위선에 빠지는 나약한 존재들이 되고 만다. 왜냐하면, 우리가 진정으로 하나님을 바라본다면, 부귀공명이라는 안개는 우리의 눈앞에서 순식간에 사라져 버리고 말 것이기 때문이다. 그리스도를 간접적으로 부인하는 것을 대단한 허물이 아니라고 생각하거나 이른바 용서받을 수 있는 죄(veniale delictum)로 여기는 자들은 당장 꺼져버려라! 사실은 그와 정반대이다. 성령께서는 이런 일은 하늘과 땅이 뒤섞이는 것보다 더 끔찍하고 기괴한 일이라고 선언하신다. 이 구절에서 사용된 "사람의 영광을 사랑한다"는 표현은 "사람들에게 좋은 평판을 받고 싶어한다"는 뜻이다. 그러므로 복음서 기자는 이 관리들이 세상에 너무 빠져서 하나님을 기쁘시게 하기보다는 사람을 기쁘게 하기를 더 좋아하고 있다고 말하고 있는 것이다. 또한, 복음서 기자는 그리스도를 부인하는 자들은 그러한 죄를 범하는 것이라고 단죄하면서, 아울러 제사장들이 남용한 "출교"라는 것이 전혀 정당하지도 않고 적법하지도 않은 것

으로서 공허하고 무가치한 것이었음을 보여준다. 그러므로 우리는 오늘날 교황이
우리를 파문하겠다고 협박하면서 퍼붓는 저주의 말은 모두가 허장성세(虛張聲勢)
에 지나지 않는다는 것을 알아야 한다. 왜냐하면, 우리는 교황의 유일한 목적이 우
리를 그리스도에게서 떼어놓으려는 것임을 너무 잘 알고 있기 때문이다.

44. 예수께서 외쳐 이르시되. 그리스도께서는 여기에서 자기를 따르는 자들에
게 흔들림 없는 올바른 믿음을 갖도록 격려하시기 위해서 이 말씀을 하시는 것이
지만, 거기에는 그들이 불필요한 두려움을 갖고 있다고 책망하심으로써 그 두려움
을 몰아내시려는 의도도 담겨 있다. 그리스도께서 "외쳐 이르셨다"는 표현은 이
말씀이 단순한 가르침이 아니라 강력한 분발을 촉구하는 권면이었다는 것을 보여
준다. 이 말씀의 취지는 그리스도를 믿는 믿음은 죽을 수밖에 없는 존재인 인간이
아니라 하나님에게 그 기초를 두고 있다는 것이다. 왜냐하면, 우리는 믿음을 통해
서 그리스도 안에 있는 모든 것이 하나님으로부터 온 것임을 알게 되기 때문이다.
아니 좀 더 정확히 말하자면, 우리는 믿음을 통해서 그리스도의 얼굴에서 하나님
을 보게 되기 때문이다. 이러한 사실로부터 그리스도께서는 우리가 하나님의 진리
에 만족하지 않는 것보다 하나님을 더 심하게 모욕하는 일은 없는 까닭에, 의심으
로 흔들리는 믿음은 어리석고 무가치한 것이라는 결론을 이끌어 내신다. 따라서
자기는 인간을 믿는 것이 아니라 하나님을 믿고 있다는 확신을 굳게 붙들고서, 사
탄의 모든 술수들과 단호하면서도 묵묵히 맞서 싸우는 자만이 복음으로부터 합당
한 유익을 얻어 왔다. 그러므로 세상이 아무리 소란스럽고 사탄이 온 천지를 뒤집
어엎는다고 해도 우리가 믿음 위에 굳게 서는 법을 배울 때, 우리는 하나님께 합당
한 영광을 올려드릴 수 있게 된다.

나를 믿는 자는 나를 믿는 것이 아니요 나를 보내신 이를 믿는 것이며. 이 구절이
잘 보여주듯이, 그리스도의 인간적인 면모(面貌)에 주목하지 않는 자는 그리스도
를 참으로 믿는 자라고 할 수 없다. 이 말씀을 통해서 그리스도께서는 아버지 하나
님과 자신을 비교하시면서, 우리에게 하나님의 능력을 바라보라고 명하시는데, 이
것은 그가 입고 계신 연약한 육신은 그 자체로는 아무런 힘(firmitas)을 갖고 있지
않기 때문이다. 그리스도께서는 후에 제자들에게 자기를 믿으라고 권면하시는데,
그 때는 지금과는 사정이 달랐다. 왜냐하면, 거기에서는 하나님과 사람이신 그리
스도가 대비되지 않고, 그리스도는 우리의 믿음을 견고하게 세우기에 충분한 모든
은사와 은혜를 갖고 계신 분으로 제시되기 때문이다.

45. 나를 보는 자는 나를 보내신 이를 보는 것이니라. 여기에서 "보다"라는 말은 "알다"를 뜻한다. 그리스도께서는 온갖 일로 끊임없이 소란하고 흔들릴 수밖에 없는 우리의 양심이 내면으로부터 참되고 온전한 평안을 누리도록 하시기 위해서, 여기에서 우리에게 아버지 하나님을 상기시키신다. 우리의 믿음이 확고부동한 이유는 그 믿음이 세상을 초월한 것이기 때문이다. 그런데 우리가 그리스도가 누구이신지를 참으로 알게 될 때, 하나님의 영광이 그리스도 안에서 빛나고 있는 까닭에, 우리는 그리스도를 믿는 우리의 믿음이 사람에게 달려 있는 것이 아니라 영원하신 하나님 위에 세워져 있는 것임을 온전히 깨닫게 된다. 왜냐하면, 그럴 때에 우리의 믿음의 초점은 그리스도의 육신으로부터 그의 신성(神性)으로 옮겨지기 때문이다. 믿음이란 그런 것이기 때문에, 그 믿음은 우리의 마음속에 영원히 간직되어야 할 뿐만 아니라, 필요할 때에는 우리의 입을 통해서도 담대하게 증언되어야 하는 것이다.

46. 나는 빛으로 세상에 왔나니. 그리스도께서는 자신의 제자들을 더욱 담대하고 강건하게 변화시키시기 위해서, 믿음의 확실성을 보여주시는 단계에서 한 걸음 더 나아가신다. 우선, 그리스도께서는 어둠과 미몽(迷夢)에서 사람들을 구원하시기 위해서 "빛으로" 세상에 오셨다고 증언하신다. 아울러, 그리스도께서는 "나를 믿는 자는 어둠에 거하지 않으리라"고 말씀하심으로써, 우리가 그 큰 복을 받게 되는 방법을 알려 주신다. 또한, 그리스도께서는 복음의 가르침을 받고 난 후에 불신자들로부터 자신들을 구별하지 않는 모든 사람들의 배은망덕함을 책망하신다. 왜냐하면, 어둠에서 빛으로 불러내 주신 그리스도의 은혜가 크면 클수록, 자신들 속에 일단 켜진 빛을 게으름이나 무관심으로 꺼트리는 사람들은 그만큼 더 용서받을 여지가 없기 때문이다. "나는 빛으로 세상에 왔나니"라는 말씀은 매우 중요하다. 왜냐하면, 처음부터 빛이셨던 그리스도께서 빛의 사역(lucis munus)을 수행하시기 위해서 세상에 오셨음을 강조하신 데는 그럴 만한 이유가 있었기 때문이다. 그리스도께서는 여기에서 우리에게 다음과 같은 몇 가지 점을 분명하게 보여주신다. 첫 번째는 그리스도는 그 자신을 위한 빛이 아니라 다른 사람을 위한 빛이시라는 것이고, 두 번째는 그리스도는 천사에 대해서 뿐만 아니라 사람들에 대해서도 빛이시라는 것이며, 세 번째는 그리스도는 온전히 밝은 빛을 비추어 주시려고 육신을 입고 오셨다는 것이다. "무릇 나를 믿는 자로 어둠에 거하지 않게 하려 함이로라"에 쓰인 "모두 다"($\pi\tilde{\alpha}\varsigma$-파스)라는 불변화사(개역에서는 이 단어가 번역되어 있지 않

다 — 역주)는 한편으로는 믿는 자들은 "모두 다" 예외 없이 이러한 복과 유익을 누릴 수 있음을 보여주기 위해서, 다른 한편으로는 믿지 않는 자들이 어둠 속에서 멸망하는 이유가 그들 스스로가 빛을 피해서 도망치기 때문임을 보여주기 위해서 의도적으로 덧붙여진 것으로 보인다. 자, 이제 세상의 지혜를 모두 모아서 하나의 덩어리로 쌓아 놓아 보라! 그 속에서는 한 줄기의 참된 빛도 나오지 않을 것이고, 도리어 그것은 허접스러운 쓰레기더미에 지나지 않을 것이다. 왜냐하면, 우리를 "어둠"으로부터 구해 낼 참된 "빛"은 오직 그리스도께만 있기 때문이다.

[47]사람이 내 말을 듣고 지키지 아니할지라도 내가 그를 심판하지 아니하노라 내가 온 것은 세상을 심판하려 함이 아니요 세상을 구원하려 함이로라 [48]나를 저버리고 내 말을 받지 아니하는 자를 심판할 이가 있으니 곧 내가 한 그 말이 마지막 날에 그를 심판하리라 [49]내가 내 자의로 말한 것이 아니요 나를 보내신 아버지께서 내가 말할 것과 이를 것을 친히 명령하여 주셨으니 [50]나는 그의 명령이 영생인 줄 아노라 그러므로 내가 이르는 것은 내 아버지께서 내게 말씀하신 그대로니라 하시니라 (12:47-50).

47. 사람이 내 말을 듣고 지키지 아니할지라도. 그리스도께서는 앞에서 자기가 베푸실 은혜에 대하여 말씀하시면서 제자들에게 요동치 않는 믿음을 가질 것을 권면하신 후에, 이제 여기에서는 패역한 자들을 책망하기 시작하신다. 하지만 그리스도께서는 하나님을 의도적으로 배척한 자들이 그 불경건함으로 인하여 극심한 책망을 받아 마땅한데도 불구하고 그들에 대한 책망의 수위를 낮추신다. 즉, 그리스도께서는 자기가 "세상을 심판하러" 오신 것이 아니라, "세상을 구원하러" 오셨다는 이유를 드셔서, 그런 자들에 대하여 심판을 선언하시는 것을 유예하신다. 먼저 우리가 알아야 할 것은 여기서 그리스도께서는 모든 불신자들에 대하여 말씀하시는 것이 아니라, 복음의 가르침을 듣고도 악의적으로 거부하는 패역한 자들에 대하여 말씀하고 계신다는 점이다. 그렇다면, 그리스도께서는 왜 이 패역한 자들을 정죄하려고 하지 않으신 것일까? 그것은 그리스도께서 모든 사람으로 하여금 회개에 이르도록 더욱 격려하시기 위해서, 심판자로서의 직책을 잠시 내려놓으신 가운데에 모든 사람에게 차별 없이 구원을 베푸시며 자신의 양팔을 벌려서 모든 사람을 껴안으려 하셨기 때문이었다. 하지만 다른 한편으로, 그리스도께서는 이토

록 자비롭고 은혜로운 초대를 거절하는 자들의 죄악이 결코 가볍지 않다는 것을 행간(行間)에서 의미심장하게 경고하고 계신다. 왜냐하면, 그리스도께서는 "보라, 나는 모든 사람을 부르러 왔고, 내가 심판자라는 사실도 잊은 채로, 모든 사람을 설득해서, 이미 몇 번이고 멸망에 처해졌어야 마땅한 자들을 그 멸망으로부터 구원해 내는 것을 나의 단 한 가지 목표로 삼고 있는 까닭에, 구원의 기쁜 소식을 오만하게 경멸하고 스스로 멸망하기를 원하는 자 외에는 그 누구도 복음을 멸시하였다는 이유로 정죄받지 않을 것이다"라고 말씀하신 것이나 다름없기 때문이다. 여기에서 "심판하다"라는 단어는 동일한 절에서 반대말로 사용되고 있는 "구원하다"라는 단어에 비추어 볼 때에 "정죄하다"라는 의미로 사용되고 있음이 분명하고, 그리스도에게 속한 고유한 본래의 직무(職務)를 가리키고 있음에 틀림없다. 우리가 앞에서 이미 여러 차례 말했듯이, 믿지 않는 자들이 복음으로 말미암아 더 심하게 정죄를 받게 되는 것은 복음의 본질에서 비롯된 것이 아니라 부수적인 결과에 지나지 않는다.

48. 나를 저버리고. 불경건한 자들이 그리스도를 대적하여 불순종하며 막무가내로 행하면서도 아무런 벌도 받지 않을 것처럼 자기만족에 빠져서 지내지 못하도록 하시기 위해서, 그리스도께서는 비록 자기가 일부러 나서서 그들을 정죄하지 않는다고 하여도, 자신의 가르침만으로도 그들을 정죄하기에 충분할 것이라는 무시무시한 말씀을 덧붙이신다. 이것은 그리스도께서 다른 곳에서 하신 말씀, 즉 유대인들을 정죄하고 심판하는 데에는 그들이 그토록 자랑하는 모세로 충분하고, 다른 심판자들은 필요하지 않다고 하신 말씀(요 5:45)과 일맥상통한다. 따라서 이 말씀의 의미는 이런 것이다: "나는 너희를 구원하고자 하는 열망으로 불타고 있어서, 너희를 정죄할 수 있는 나의 권세는 사용하지 않고, 오직 길 잃은 자들을 찾는 데에만 전념하고 있다. 하지만 너희는 너희가 하나님의 손길에서 빠져나왔다고 생각하지 말라. 비록 내가 한 마디도 하지 않을지라도, 너희가 멸시한 하나님의 말씀, 바로 그것만으로도 너희를 심판하기에 충분하다."

내 말을 받지 아니하는 자를. 이 구절은 바로 앞에 나온 구절에 대한 설명이다. 외식(外飾)은 인간에게 본성적인 것이기 때문에, 사람들이 자기는 그리스도를 영접할 준비가 되어 있다고 말로만 자랑스레 허풍을 떠는 것보다 더 쉬운 일은 없을 것이다. 우리는 가장 악한 자들 가운데에도 이렇게 떠벌리는 사람들이 얼마나 흔한지를 안다. 그러므로 우리는 복음의 순전한 가르침을 받아들이지 않는 것은 곧 그리스도를 배척하는 것이라는 이 말씀의 교훈을 유념하여야 한다. 실제로, 교황주의자들도 그리스도께서 하신 이 말씀을 큰 소리로 떠벌리지만, 그리스도의 순전한 진리가 제시되자마자, 그들은 그 진리에 대하여 극도의 혐오감을 나타낸다. 그런 자들이 그리스도에게 입맞춤을 하는 것은 가룟 유다가 그리스도에게 입맞춤을 한 것과 동일한 것이다(마 26:49). 그러므로 우리는 그리스도를 영접하되 그의 말씀도 함께 영접하고, 오직 그리스도만이 요구하실 수 있는 순종의 제사를 그에게 드리는 법을 배우는 것이 마땅하다.

내가 한 그 말이 마지막 날에 그를 심판하리라. "내가 한 그 말," 즉 복음이 심판하는 권세를 갖고 있다는 말보다 복음의 권위를 더 영광스럽게 높이는 말은 없다. 왜냐하면, 이 말씀에 따르면, 마지막 심판은 복음의 가르침이 옳았다는 것을 증명해 주는 것에 다름 아닐 것이기 때문이다. 그리스도께서는 장차 심판대에 친히 오르실 것이다. 그러나 그는 자기가 지금 선포하고 있는 말씀에 의거하여 심판을 할 것이라고 선언하신다. 지금 너무나 오만방자하게 그리스도의 가르침을 멸시하는 불경건한 자들은 장차 그 가르침에 의거한 심판을 피할 수가 없을 것이기 때문에, 그들이 그리스도의 이 경고의 말씀에 큰 두려움을 느끼는 것이 당연한 일이었다. 그러나 그리스도께서 마지막 심판에 대하여 언급하시고 있는 것 자체가 불경건한 자들이 지금 그런 사실을 전혀 깨닫고 있지 못하다는 것을 보여주는 것이다. 왜냐하면, 그리스도께서는 그들이 지금은 자기들이 벌을 받게 될 것이라는 자신의 말을 조롱하고 있지만, "마지막 날에는" 모든 사람이 다 알 수 있게 공개적으로 벌을 받게 될 것이라는 사실을 일깨워 주고 계시는 것이기 때문이다. 반면에, 경건한 자들은 지금 이 세상으로부터 아무리 큰 정죄를 당한다고 할지라도, 자기들이 하늘에서는 이미 죄 사함을 받았다는 것을 의심하지 않는 까닭에, 이 말씀은 그들에게 이루 말할 수 없이 큰 위로를 준다. 왜냐하면, 하나님의 법정이 어디에 세워지든, 복음을 믿는 자들에게는 그 법정은 그들의 구원을 위한 것이기 때문이다. 우리에게 이러한 권세가 주어져 있다는 것을 믿는다면, 우리는 교황주의자들이나 그들의 터무니없는 판결과 결정들을 염려하거나 신경 쓸 필요가 없다. 왜냐하면, 우리의 믿음은 하늘의 천사들보다도 더 높은 곳에 닿아 있기 때문이다.

49. 내가 내 자의로 말한 것이 아니요. 그리스도께서는 자신의 외적인 인간적 면모(面貌)로 인해서 하나님의 위엄이 손상되지 않도록 하시기 위해서 자주 우리에게 아버지 하나님을 상기시키신다. 또한, 그리스도께서 아버지 하나님을 그토록

자주 언급하시는 것도 그런 이유에서이다. 하나님의 영광을 조금이라도 사람에게 돌리는 것은 하나님을 모독하는 것이기 때문에, 장차 심판의 근거가 될 말씀은 하나님으로부터 나올 수밖에 없는 것이었다. 여기에서 그리스도께서는 신적인 존재로서의 자신이 아니라 육신을 입은 인간적인 존재로서의 자신을 아버지 하나님과 구별하고 계시는 것이다. 그리스도께서 이렇게 자기 자신과 아버지 하나님을 구별하시는 것은 사람들이 자신의 가르침을 인간적인 잣대로 판단하고 재단(裁斷)해서 그 가르침의 권위가 훼손되는 것을 막으시기 위한 것이었다. 사람의 양심은 인간의 법이나 가르침에 종속될 수밖에 없지만, 그리스도께서 하신 말씀들은 그런 것과는 다르다. 왜냐하면, 그리스도께서는 "나의 말은 사람에게서 나온 것이 아닌 까닭에, 나의 말이 사람들을 심판하리라"고 말씀하시기 때문이다. 이것은 "입법자와 재판관은 오직 한 분이시니 능히 구원하기도 하시며 멸하기도 하시느니라"(약 4:12)는 말씀과 일치한다. 또한, 이것으로부터 우리는 교황이 자기가 스스로 고안해 낸 것들을 통해서 사람들의 영혼을 속박하는 것이 얼마나 끔찍한 신성모독이 되는 것인지를 알게 된다. 왜냐하면, 교황은 그렇게 함으로써 하나님의 아들보다도 자기에게 더 큰 권세가 있다고 주장하는 것이 되기 때문이다. 우리는 심지어 하나님의 아들이신 그리스도께서도 아버지 하나님께서 명하신 것 외에는 아무것도 자기가 말하지 않는다고 분명하게 밝히셨다는 것을 알아야 한다.

50. 나는 그의 명령이 영생인 줄 아노라. 그리스도께서는 모든 사람들이 더욱 기꺼이 자신의 가르침을 받아들이게 하시기 위하여 여기에서 다시 한 번 자신의 가르침을 받아들였을 때의 열매가 무엇인지를 말씀하신다. 그러므로 이 말씀 속에서 불경건한 자들, 즉 지금 하나님을 생명의 주(主)로 섬기기를 거부하는 자들은 하나님이 장차 그들에게 보응(報應)하시리라는 것을 감지하고 알아차리는 것이 마땅한 일이다.

제13장

¹유월절 전에 예수께서 자기가 세상을 떠나 아버지께로 돌아가실 때가 이른 줄 아시고 세상에 있는 자기 사람들을 사랑하시되 끝까지 사랑하시니라 ²마귀가 벌써 시몬의 아들 가룟 유다의 마음에 예수를 팔려는 생각을 넣었더라 ³저녁 먹는 중 예수는 아버지께서 모든 것을 자기 손에 맡기신 것과 또 자기가 하나님께로부터 오셨다가 하나님께로 돌아가실 것을 아시고 ⁴저녁 잡수시던 자리에서 일어나 겉옷을 벗고 수건을 가져다가 허리에 두르시고 ⁵이에 대야에 물을 떠서 제자들의 발을 씻으시고 그 두르신 수건으로 닦기를 시작하여 ⁶시몬 베드로에게 이르시니 베드로가 이르되 주여 주께서 내 발을 씻으시나이까 ⁷예수께서 대답하여 이르시되 내가 하는 것을 네가 지금은 알지 못하나 이후에는 알리라(13:1-7).

1. 유월절 전에. 요한은 마태를 비롯한 다른 복음서 기자들이 이미 보도한 많은 내용들을 의도적으로 생략하는 대신에, 그들이 빠뜨린 것들을 보도하는데, 그리스도께서 제자들의 발을 씻어 주신 기사(記事)도 그런 것들 중의 하나였다. 요한은 그리스도께서 제자들의 발을 씻어 주신 이유를 나중에 좀 더 분명하게 설명할 것이면서도, 그러기에 앞서 여기에서 주님께서는 제자들을 향한 자신의 사랑이 영원히 변하지 않을 것이기 때문에 자기가 죽은 후에도 그들에 대한 자신의 사랑이 끊어지지 않으리라는 확신을 이 상징적인 행위를 통해서 그들에게 주고자 하셨다는 것을 간략하게 서술한다. 그러므로 우리의 마음속에도 그리스도의 사랑에 대한 이러한 확신이 깊이 자리 잡고 있어야 한다. 복음서 기자는 그리스도께서 "세상에 있는 자기 사람들을 사랑하시되 끝까지 사랑하셨다"고 말한다. 그런데 그는 왜 여기에서 사도들을 "제자들"이라고 하지 않고 "세상에 있는 자기 사람들"이라고 완곡하게 에둘러서 표현했을까? 그것은 당시에 제자들이 지금의 우리와 마찬가지로 세상에서 위험하고 힘든 싸움을 싸우고 있었던 까닭에, 그리스도께서 바로 그런 상황에 처해 있는 제자들에게 각별한 관심을 가지고 그들을 지켜보고 계신다는 사실

을 우리에게 알게 해주고 싶었기 때문이었다. 그러므로 우리가 그리스도와 멀리 떨어져 있는 것처럼 생각될지라도, 그는 "세상에 있는 자기 사람들"을 사랑하시기 때문에, 우리는 그가 지금도 우리를 생각하시고 우리를 지켜보고 계신다는 사실을 알아야 한다. 왜냐하면, 우리는 그리스도께서 죽음을 목전에 둔 상황에서 품고 계셨던 그 사랑을 지금도 여전히 지니고 계시다는 사실을 의심할 이유가 전혀 없기 때문이다.

자기가 세상을 떠나 아버지께로 돌아가실 때가 이른 줄 아시고. 이 구절은 그리스도께서 자신의 죽음이 저 하늘에 있는 하나님의 나라로 가는 여정(旅程)이자 통로(通路)임을 알고 계셨다는 것을 보여준다는 점에서 주목할 만한 가치가 있다. 그리스도께서 그 나라로 황급히 떠나가야 하셨던 와중에도 "세상에 있는 자기 사람들"을 변함없이 사랑해 주셨다면, 지금 와서 그 사랑이 변했다고 생각할 이유는 전혀 없다. 그리스도께서는 죽은 자들 가운데서 가장 먼저 나신 분이시기 때문에, 비록 지금은 믿는 자들이 하나님과 멀리 떨어져서 나그네로서 유랑을 하고 있지만, 죽음이 하나님께로 가는 여정이자 통로라는 이러한 설명은 교회 전체에 대해서도 그대로 적용된다.

2. 마귀가 벌써 ⋯ 가룟 유다의 마음에 예수를 팔려는 생각을 넣었더니. 그리스도께서 제자들의 발을 씻어 주신 의도와 그 기사(記事)가 우리에게 주는 유익에 대해서는 우리가 나중에 적당한 곳에서 좀 더 자세하게 다루게 될 것이기 때문에, 여기에서는 일단 이 일의 맥락에 대해서만 생각해 보기로 한다. 복음서 기자는 가룟 유다가 그리스도를 팔아넘기기로 이미 작정한 상황에서 그리스도께서 제자들의 발을 씻어 주시는 일이 일어났다고 말한다. 그가 이렇게 이런 사실을 밝힌 이유는 먼저 그리스도께서 이토록 파렴치하고 사악한 배교자의 발도 씻어 주실 만큼 놀라운 인내심을 지니고 계셨다는 것을 보여주기 위한 것이었고, 다음으로는 그리스도께서 자신의 마지막 사역이 될 이 일을 의도적으로 자신의 죽음이 임박한 시점에 맞추어 하셨다는 것을 보여주기 위한 것이었다. 복음서 기자는 유다가 그리스도를 팔아넘기려고 마음먹게 된 것은 마귀에게 휘둘렸기 때문이라고 말하는데, 이 말은 유다의 죄가 얼마나 엄청난 것인지를 보여주는 것이다. 왜냐하면, 유다의 배신은 사탄의 힘을 분명하게 보여준 아주 끔찍하고 비극적인 악행(惡行)이었기 때문이다. 사실, 인간이 저지르는 사악한 행동치고 사탄이 부추기지 않은 것은 없지만, 그 죄악이 극악무도하고 흉포한 것일수록, 우리는 그 속에 하나님에게서 버림받은 사

람들을 이리저리로 몰고 다니며 농락하는 마귀의 광기(diaboli furor)가 숨어 있다
는 것을 더욱 분명하게 보지 않으면 안 된다. 한편, 사탄이 인간을 부추겨서 그 욕
망에 불을 붙이는 것은 사실이지만, 일단 불이 붙은 인간의 욕망은 용광로처럼 꺼
질 줄을 모른다. 사탄은 인간의 탐욕을 이용해서 그 욕망에 불을 지르고 부채질을
해서 그 불길이 활활 타오르게 만든다. 이렇게 죄악은 인간의 탐욕에 사탄이 불을
질러서 일어나는 것이기 때문에, 불경건한 자들은 자신의 죄악에 대해서 변명할
말이 없다.

3. 예수는 아버지께서 모든 것을 자기 손에 맡기신 것과 … 아시고. 나는 복음서
기자가 이 구절을 덧붙인 의도가 그리스도께서 이렇게 침착하게 평정심(平靜心)을
유지하실 수 있었던 이유가 무엇이었는지를 우리에게 보여주기 위한 것이라고 생
각하는데, 그리스도께서는 내적으로 이미 사망 권세를 이기시고 승리하신 까닭에
자신의 마음을 들어 곧 다가올 영광의 승리를 바라보셨기 때문에 그 마음이 평안
하실 수 있으셨다는 것이다. 두려움에 사로잡힌 사람들은 몹시 허둥대는 것이 보
통이다. 그러나 그리스도께서는 유다가 자신을 곧 배반하게 될 것임에도 불구하
고, "아버지께서 모든 것을 자기 손에 맡기신 것"을 아셨기 때문에 전혀 동요하지
않으셨다는 것을 보여주려는 것이 복음서 기자의 의도였다. 그렇다면, 여기에서
그리스도께서는 왜 땀방울이 핏방울 같이 되어 떨어질 정도로 근심하시고 고민하
셨느냐는 질문이 제기될 수 있다. 나의 대답은 그리스도께는 이 두 가지가 다 필요
했다는 것이다. 즉, 그리스도께서는 죽음을 두려워하실 필요도 있었고, 그럼에도
불구하고 중보자로의 모든 직무를 두려움 없이 담대하게 수행하실 필요도 있었다.

4-5. 겉옷을 벗고. 이것은 그리스도께서 속옷이 아닌 "겉옷"을 벗으셨다는 뜻이
다. 왜냐하면, 우리가 알다시피, 동방 사람들은 긴 겉옷을 입고 다녔기 때문이다.
바로 이어서 그리스도께서 "제자들의 발을 씻으시고 그 두르신 수건으로 닦기를
시작하여"라는 어구가 나오는데, 이것은 그리스도의 외적인 행위보다는 그의 의도
를 보여주는 말씀이다. 왜냐하면, 복음서 기자는 이 어구 뒤에 그리스도께서 베드
로의 발부터 씻어 주기 시작하셨다는 말을 덧붙이고 있기 때문이다.

6. 주여 주께서 내 발을 씻으시나이까. 이 말은 그리스도께서 그런 일을 하시는
것이 너무나 터무니없고 도대체 말이 안 되는 일이라고 생각하여 강하게 거부하는
마음을 표현해 주고 있다. 왜냐하면, 이것은 겉보기에는 베드로가 그리스도께 무
엇을 하고 계시는 것이냐고 묻는 것 같지만, 사실은 자신의 손을 뻗어서 그리스도

를 밀쳐내서 그렇게 하시지 못하도록 제지한 것이나 마찬가지이기 때문이다. 그리스도를 밀쳐 낸 베드로의 이러한 겸손(modestia)은 칭찬받을 수 없었는데, 그것은 하나님 앞에서는 순종(obdientia)이 그 어떤 섬김이나 공경보다도 더 큰 가치를 지니기 때문이다. 아니, 그렇게 말하기보다는 오히려 이렇게 말하는 것이 더 적절할 것이다. 즉, 순종하는 가운데서 우리 자신을 하나님께 맡기고, 우리의 모든 지각(知覺)을 하나님의 기뻐하시는 뜻에 맞추어서, 하나님이 기뻐하신다고 말씀하신 모든 것을 우리도 군말 없이 인정하는 것, 바로 그것이야말로 겸손의 참되고 유일한 법(法)이기 때문에, 베드로의 그런 행동은 칭찬받을 수 없는 것이었다는 말이다. 그러므로 우리는 다른 무엇보다도 하나님을 제대로 섬기는 것이 어떤 것인지를 보여주는 이 법(法)을 잘 지켜야만, 하나님이 무엇을 명하시든지 우리가 언제든지 지체하지 않고 즉시 그 명령에 따를 수 있게 될 것이다.

7. 내가 하는 것을. 이 말씀을 통해서 우리는 그리스도께서 왜 이런저런 일을 하시려는지 우리가 그 이유를 알지 못할지라도 우리는 그저 거기에 순종해야 한다는 것을 배우게 된다. 잘 다스려지는 집안에서는 모든 일의 결정권이 가장(家長) 한 사람에게 있고, 종들은 가장의 수족이 되어 그를 섬기는 것이 마땅하다. 그러므로 하나님이 왜 그렇게 말씀하시는지 그 이유를 모르겠다는 핑계를 대고서 하나님의 명령을 거역하는 자는 매우 교만한 자이다. 그러나 이 권면에는 한층 더 깊은 뜻이 숨겨져 있는데, 그것은 하나님께서 한동안 우리에게 감추고 싶어 하시는 일을 우리가 모른다고 해서 당혹해하거나 염려해서는 안 된다는 것이다. 왜냐하면, 하나님께서 우리보다 훨씬 지혜로우시다는 사실을 우리가 인정한다면, 이런 종류의 무지(無知)는 그 어떤 종류의 지식보다도 더 잘 아는 것이기 때문이다.

[8]베드로가 이르되 내 발을 절대로 씻지 못하시리이다 예수께서 대답하시되 내가 너를 씻어 주지 아니하면 네가 나와 상관이 없느니라 [9]시몬 베드로가 이르되 주여 내 발뿐 아니라 손과 머리도 씻어 주옵소서 [10]예수께서 이르시되 이미 목욕한 자는 발밖에 씻을 필요가 없느니라 온 몸이 깨끗하니라 너희가 깨끗하나 다는 아니니라 하시니 [11]이는 자기를 팔 자가 누구인지 아심이라 그러므로 다는 깨끗하지 아니하다 하시니라(13:8-11).

8. 내 발을 절대로 씻지 못하시리이다. 베드로가 앞에서 보여준 겸손한 듯한 태

도는 칭찬받을 만한 것은 아니었지만 전적으로 책망받을 일인 것도 아니었다. 그러나 이제 여기에서 베드로는 주님의 지적을 받고도 여전히 순종하지 않는 더 큰 죄를 범하고 있다. 사실, 무지(無知)에서 시작된 고집(固執)으로 인해서 잘못을 저지르는 것은 흔히 있는 일이다. 물론, 그리스도를 공경하는 마음에서 자신의 발을 씻어 주겠다는 그의 뜻을 거절했다는 베드로의 변명은 그럴 듯하다. 하지만 결과적으로 베드로는 그리스도의 말씀을 전혀 순종하지 않은 것이 되었기 때문에, 그리스도에 대한 자신의 존경심을 보여주고자 했던 그의 선의는 완전히 퇴색되고 말았다. 그러므로 믿음에서 나온 참된 지혜(vera fidei sapientia)는 하나님으로부터 나온 것은 무엇이든지 올바르고 합당한 것으로 인정하고서 경외하는 마음으로 받아들이는 것이다. 분명한 것은 이것 외에는 우리가 하나님의 이름을 거룩하게 할 수 있는 다른 방법은 없다는 것이다. 만일 우리가 하나님이 하시는 일에는 다 그럴 만한 최선의 이유가 있다는 사실을 마음에 새겨두지 않는다면, 본성 자체가 완악한 우리의 육신은 끊임없이 불평하게 될 것이고, 어쩔 수 없는 경우를 제외하고는 하나님께 합당한 영광을 돌리고자 하지도 않게 될 것이다. 요컨대, 어떤 사람이 하나님의 일을 자기 마음대로 판단하기를 포기하지 않는다면, 그가 하나님께 영광을 돌린답시고 아무리 애를 쓸지라도, 그의 겸손의 가면 아래에는 언제나 여전히 교만이 도사리고 있게 되리라는 것이다.

내가 너를 씻어 주지 아니하면. 그리스도께서는 이 대답 속에서도 여전히 자기가 제자들의 발을 씻어 주기로 결심하게 된 이유를 밝히지 않으시고, 단지 영혼의 일과 육신의 일이 서로 교차되는 그런 비유를 통해서, 제자들의 발을 씻어 주는 것이 자기에게 새삼스러운 일도 아니고 자신의 신분에 어울리지 않는 일도 아니라는 것만을 보여주실 뿐이다. 아울러, 이 대답을 통해서 그리스도께서는 베드로의 지혜가 얼마나 어리석은 것인지도 짚어주신다. 만일 주님이 우리와 논쟁을 벌이신다면, 우리에게도 언제나 이런 일이 일어나게 될 것이다. 그리스도께서 잠잠히 계시는 동안에는, 사람들은 자신들이 그리스도와 얼마나 판이하게 다른 생각을 하고 있다는 것을 깨닫지 못한다. 그러나 그리스도께서 그들의 모든 그럴 듯한 생각을 단 한 마디 말씀으로 일축하시는 것은 식은 죽 먹기만큼이나 쉬운 일이다. 베드로는 자신의 주님이자 선생이신 그리스도께서 자신의 발을 씻으시는 것이 말도 안 되는 일이라고 생각했다. 그러나 베드로가 그리스도의 그러한 섬김을 거절하고 배척하는 것은 자신의 구원의 중요한 부분도 거절하고 배척하는 것이었다. 또한, 이 말씀 속에는 좀 더 일반적인 가르침도 들어 있다. 즉, 그리스도께서 우리의 더럽고 추한 것들을 씻어 주시기 전까지는, 우리는 다 하나님 앞에서 더럽고 냄새나는 가증스러운 존재들이라는 것이다. 그런데 지금 그리스도께서 우리를 씻어 주시겠다고 나서신 것이기 때문에, 우리 각 사람은 그리스도 앞에 나아가서 자신의 더러움을 씻음받고 하나님의 자녀들 가운데에 한 자리를 얻는 것이 마땅한 일이다. 그러나 우리는 앞으로 더 나아가기 전에 일단 멈추고서, 여기에서 "씻다"라는 단어의 의미가 무엇인지를 알아야 한다. 어떤 이는 이 단어가 값없이 주어지는 죄 사함을 의미한다고 하고, 또 어떤 이는 새 생명을 의미한다고도 한다. 그리고 이 둘 모두를 의미한다고 보는 이들도 있다. 나는 마지막 견해에 기꺼이 동의한다. 왜냐하면, 우리의 죄가 하나님의 심판대에 상정되어 우리가 심판을 받지 않도록 하시기 위하여 그리스도께서 자신의 속죄 제사를 통해서 우리의 죄를 속(贖)하여 없애주실 때, 그것이 바로 그리스도께서 우리를 씻어 주시는 것이기 때문이다. 그리고 다른 한편으로는, 그리스도께서 자신의 영으로 우리 육신의 사악한 죄의 욕망들을 제거해 주실 때, 이것도 우리를 씻어 주시는 것이다. 그러나 바로 다음에 이어지는 내용을 볼 때, 그리스도께서 중생(重生)의 은혜에 대하여 말씀하고 계시다는 것이 분명하기 때문에, 나는 그리스도께서 여기에서 죄 사함의 씻음을 포함하여 말씀하신 것이라고 단정적으로 주장하지는 않겠다.

9. 주여 내 발뿐 아니라. 베드로는 자신의 발을 씻어 주시겠다는 그리스도의 말씀을 듣지 않으면 망하게 되리라는 것을 깨달은 베드로는 고분고분해질 수밖에 없었다. 그래서 그는 언제 그랬느냐는 듯이 반대하고 불복하는 마음을 내려놓고서, 그리스도께 자신의 온 몸을 씻어 주시라고 청한다. 사실상, 베드로는 자신의 온 몸이 본래부터 더러움으로 가득 덮여 있어서, 몸의 일부를 씻는 것만으로는 별 소용이 없다는 것을 인정하고 고백한 셈이다. 그러나 베드로는 여기서도 생각이 깊지 못해서, 자기가 이미 받은 은택(恩澤, beneficium)을 아무런 가치도 없는 것으로 여기는 잘못을 또 범하고 있다. 왜냐하면, 그는 마치 한 번도 죄 사함받은 적도 없고 성령의 거룩하게 하심을 받은 적도 없는 사람처럼 말하고 있기 때문이다. 그러므로 베드로는 그리스도께 마땅히 꾸중을 들을 만하였다. 그리스도께서는 베드로에게 전에 자기가 그에게 무엇을 주었는지를 상기시키심과 동시에, 베드로 한 사람에게 말씀하시는 형식을 취하여서, 모든 제자들에게 그들이 이미 받은 은혜를 기억해야 할 뿐만 아니라 장차 그들에게 무엇이 필요한지도 생각해 보아야 한다는

것을 일깨워 주신다.

10. 이미 목욕한 자는 발밖에 씻을 필요가 없느니라 온 몸이 깨끗하니라. 먼저, 그리스도께서는 믿는 자들은 온전히 깨끗하다고 말씀하시는데, 이것은 그들이 모든 부분에서 다 정결하여 더 이상 어떤 흠도 남아 있지 않다는 의미가 아니라, 그들이 중요한 부분에서 깨끗하게 되었다는 의미이다. 즉, 죄가 더 이상 그들 위에 군림하지 못하고 하나님의 의(iustitia Dei)가 죄의 지배를 대신하게 되었다는 말이다. 이것은 우리 몸이 전체적으로 어떤 질병에도 걸리지 않았을 때에 그 몸이 온전히 건강하다고 말하는 것과 같다. 그러므로 우리는 새 생명을 따라 살아가는 모습을 보임으로써 우리가 그리스도의 제자라는 사실을 증언하는 것이 마땅하다. 왜냐하면, 그리스도께서는 자기는 자기를 따르는 모든 자들을 깨끗하게 하시는 이라고 선언하시기 때문이다. 그리스도께서는 여기에서 베드로가 발 씻는 것을 쓸데없는 일로 여겨서 물리치지 않도록 하시기 위해서 또 다른 비유를 사용하신다. 즉, 그리스도께서 자신의 제자로 받아들인 자들을 머리부터 발끝까지 씻어 주신 것처럼, 이제 그리스도에 의해서 깨끗하게 씻음받은 자들은 자신의 발을 매일 씻을 필요가 있다는 것이다. 하나님의 자녀들은 첫 날에 완전히 거듭나서 그날부터 오로지 하늘의 삶만을 살아가는 것이 아니라, 오히려 그 반대이다. 그들 안에는 여전히 육(肉, caro)의 잔재들이 남아 있어서, 그들은 평생에 걸쳐서 그것들과 더불어 싸우며 살아가는 것이다. 우리는 온갖 육정(肉情)과 염려에 이끌려서 이 세상과 부딪치며 살아가기 때문에, 여기에서 "발"이라는 말은 그러한 온갖 육정과 염려를 나타내는 은유적인 표현이다. 만일 성령께서 우리의 모든 부분을 다스리고 계신다면, 우리는 더 이상 이 세상의 더러운 것들과 아무런 상관이 없게 될 것이다. 그러나 우리에게는 여전히 육적인 요소가 있어서, 우리는 땅 위를 기어다니거나, 아니면 적어도 진흙탕에 발을 담그고 살아갈 수밖에 없기 때문에, 그 정도만큼은 우리가 더러울 수밖에 없는 것이다. 그런 까닭에, 그리스도께서는 우리 속에서 깨끗하게 해주실 무언가를 늘 찾고 계신다. 그리스도께서는 여기에서 죄 사하심(remissio peccatorum)에 대해서가 아니라, 새롭게 하심(renovatio)에 대해서 말씀하고 계시는 것인데, 이 새롭게 하심을 통해서 자기를 따르는 사람들을 서서히, 그러나 지속적으로 육신의 정욕(情慾)들로부터 온전히 건져 주신다.

너희가 깨끗하나 다는 아니니라. 그리스도께서는 삼단논법으로 말하자면 "너희가 깨끗하다"라는 명제를 소전제로 삼으셔서, 거기로부터 "너희가 발을 씻어야 한다"는 결론을 이끌어 내시지만, 거기에 "다는 아니니라"는 단서를 덧붙이신다. 그리스도께서 이러한 단서를 붙이신 것은 모든 제자들로 하여금 각자 스스로를 되돌아보게 한다면 혹시라도 가룟 유다가 회개하는 마음을 갖게 되지 않을까라고 생각하셨기 때문이었다. 그러나 그리스도의 진짜 의도는 조만간 드러나게 될 가룟 유다의 극악무도한 범죄로 인하여 제자들이 당혹해하지 않도록 미리 다른 제자들의 마음을 확실하게 다잡아두시기 위한 것이었다. 그러나 그리스도께서는 가룟 유다가 스스로 회개할 가능성의 문을 완전히 닫아 버리지 않도록 하시기 위해서 일부러 그 이름을 밝히지는 않으셨다. 그러나 유다는 이미 회개의 가망성이 전혀 없는 상태에 있었기 때문에, 그리스도께서 해주신 경고의 말씀은 단지 그의 죄책(罪責)을 더 크게 만드는 역할만 했을 뿐이었다. 그러나 다른 제자들에게는 이 말씀이 큰 유익이 되었다. 왜냐하면, 이 말씀으로 인해서 그리스도의 신성(神性)이 제자들에게 좀 더 온전히 드러나게 되었을 뿐만 아니라, 제자들은 깨끗하게 해주시는 것이 성령의 특별한 은사라는 것을 깨닫게 되었기 때문이다.

[12]그들의 발을 씻으신 후에 옷을 입으시고 다시 앉아 그들에게 이르시되 내가 너희에게 행한 것을 너희가 아느냐 [13]너희가 나를 선생이라 또는 주라 하니 너희 말이 옳도다 내가 그러하다 [14]내가 주와 또는 선생이 되어 너희 발을 씻었으니 너희도 서로 발을 씻어 주는 것이 옳으니라 [15]내가 너희에게 행한 것 같이 너희도 행하게 하려 하여 본을 보였노라 [16]내가 진실로 진실로 너희에게 이르노니 종이 주인보다 크지 못하고 보냄을 받은 자가 보낸 자보다 크지 못하나니 [17]너희가 이것을 알고 행하면 복이 있으리라(13:12-17).

12. 그들의 발을 씻으신 후에. 그리스도께서는 여기에서 드디어 자기가 제자들의 발을 씻어 주신 의도를 설명하신다. 왜냐하면, 그리스도께서는 앞에서 영적인 씻음에 대해서 말씀하시긴 했지만, 그것은 발을 씻어 주신 직접적인 목적과는 다소 거리가 있는 것이었기 때문이다. 만일 베드로의 반대가 없었더라면, 그리스도께서는 영적인 씻음에 대해서는 한 마디로 말씀하지 않으셨을 것이다. 이제 그리스도께서는 자기가 왜 그런 일을 했는지 그 이유를 밝히시는데, 그것은 모든 사람의 "주와 선생"이 되신 그리스도께서 친히 모든 경건한 자들이 따라야 할 모범을 보여주셔서, 그들로 하여금 아무리 비천한 일일지라도 그 일이 형제와 동료를 섬

기는 일이라면 기꺼이 자신을 낮추어 허리를 굽혀서 그 일을 행하는 것을 짐스러워하지 않도록 하시기 위한 것이었다. 왜냐하면, 형제 사랑이 소홀해지는 이유는 모든 사람이 자기가 남보다 잘났다고 생각하여 다른 사람을 깔보기 때문이다. 그리스도께서는 단지 겸손을 가르치려고 하신 것이 아니라, 서로를 섬기는 이 사랑의 법(regula caritatis)을 제정하고자 하신 것이었다. 왜냐하면, 자발적으로 자신을 낮추어 이웃을 돕지 않는 곳에 형제 사랑이 있을 리 만무하기 때문이다.

내가 너희에게 행한 것을 너희가 아느냐. 우리는 여기에서 그리스도께서 제자들의 순종을 시험하시려고 잠시 자신의 의도를 감추고 계셨다가, 이제 적절한 때가 되자 제자들이 이전에는 알기 어려웠던 것을 비로소 그들에게 분명하게 가르쳐 주시는 것을 본다. 그리스도께서는 제자들이 물어볼 때까지 기다리지 않으시고, 먼저 나서서 그들의 궁금증을 해결해 주신다. 우리가 그리스도의 손에 이끌려서 걸어가는 것이라면, 비록 그 길이 우리가 지금은 알지 못하는 미지(未知)의 길이라고 할지라도, 결국 그리스도께서는 우리에게도 여기에서 제자들이 경험했던 것과 동일한 것을 경험하게 해주실 것이다.

14. 내가 주와 또는 선생이 되어. 이것은 큰 일을 근거로 삼아서 작은 일에 대한 결론을 도출해 내는 논증방식이다. 우리는 남들이 나와 동등하다고 생각해야 마땅하지만, 실제로 우리가 생각하지 못하는 것은 우리의 교만 때문이다. 그런데 여기에서 그 어떤 존재보다도 이루 말할 수 없이 높으신 그리스도께서 허리를 굽혀 자신을 낮추신 것은, 자신들의 지위나 신분을 망각하고서 자기들은 다른 형제들과 교제할 필요가 없다고 여기는 교만한 자들을 부끄럽게 하시기 위한 것이었다. 형제들의 짐을 지려고 하지도 않고 그들과 함께 어울려 살아가려고도 하지 않는 자들, 그러니까 한 마디로 말해서 교회의 하나 됨을 위해서 꼭 필요한 일들을 행하고자 하지 않는 자들은 도대체 죽을 수밖에 없는 존재인 사람에 지나지 않는 자신을 어떤 존재로 착각하고 있는 것인가? 요컨대, 비천해 보이는 일들을 겸손하고 온유한 마음으로 받아들여 행함으로써 연약한 형제들과 어울려 살아가는 것이 마땅한데도 그렇게 하지 않는 자들은 자기 자신을 지나치게 과대평가하는 자들이라는 것이다.

15. 내가 너희에게 행한 것 같이 … 본을 보였노라. 우리가 주목해야 할 것은 그리스도께서 자기가 "본을 보이셨다"고 말씀하신다는 것이다. 왜냐하면, 우리는 그리스도께서 행하신 것이라고 해서 모든 것을 다 무조건 따라해서는 안 되기 때문

이다. 교황주의자들은 자신들이 그리스도를 본받아 사순절 금식을 행하는 것이라고 자랑하며 허풍을 떤다. 그러나 우리는 그리스도께서 금식을 행하신 것이 과연 모든 제자들이 따라야 할 규범으로 삼도록 하시기 위한 것인지를 먼저 생각해 보지 않으면 안 되는데, 성경에는 그리스도께서 그런 의도로 금식을 행하셨다는 말이 나오지 않는다. 그러므로 그들이 그리스도께서 하신 금식을 따라하는 것은 하늘 위로 날아 올라가려고 하는 것만큼이나 사악한 짓이다. 게다가, 그리스도를 본받아서 행해야 마땅하였던 경우에도, 그들은 그리스도를 진심으로 본받은 것이 아니라 단지 원숭이처럼 흉내만 냈을 뿐이다. 그들은 해마다 발을 씻어주는 세족식(洗足式)을 마치 무슨 연극을 공연하듯이 치른다. 그리고 그들은 그런 알맹이 없는 무의미한 의식을 행하고는 자신들의 의무를 다한 것이라고 여기고, 일 년 중 다른 모든 날에는 형제들을 아무렇게나 대해도 좋다고 생각한다. 그러나 더 나쁜 것은 그들이 열두 사람의 발을 씻겨주고 나서는 그 후에는 그리스도의 모든 지체들을 악랄하게 괴롭힘으로써 그리스도의 얼굴에 침을 뱉는다는 것이다. 그러므로 이런 희극(喜劇) 같은 세족식은 그리스도에 대한 모욕이자 조롱일 뿐이다. 어쨌거나, 그리스도께서는 여기에서 해마다 지켜야 할 어떤 연례적인 의식을 제정하신 것이 아니라, 우리에게 평생토록 형제와 이웃의 발을 기꺼이 씻어 주고자 하는 그런 마음으로 살아가라고 명하신 것이다.

16. 종이 주인보다 크지 못하고 보냄을 받은 자가 보낸 자보다 크지 못하나니. 이것은 제자들의 현재의 상황에 적용되어야 할 말씀이기는 하지만, 사실은 훨씬 더 넓은 적용 범위를 지닌 격언이다. 그래서 어떤 이들은 이 말씀이 일반적으로 널리 적용되는 것인 까닭에, 그리스도께서는 지금 자신의 제자들에게 십자가를 지라고 권면하시는 것이라고 해석하지만, 그러한 해석은 잘못이라는 것이 나의 견해이다. 왜냐하면, 여기에서 그리스도께서는 자기가 제자들의 발을 씻으신 목적을 밝히시기 위해서 이렇게 말씀하신 것이라고 보는 것이 더 옳기 때문이다.

17. 너희가 이것을 알고 행하면 복이 있으리라. 그리스도께서는 제자들에게 "알고 행하면" 복이 있으리라고 말씀하신다. 왜냐하면, 믿는 자들의 지식이 그들로 하여금 그들의 머리 되시는 그리스도를 본받아서 행하게 만들지 못한다면, 그 지식은 참된 지식이라고 불릴 자격이 없기 때문이다. 반대로, 그리스도 및 그에게 속한 것들을 우리와는 아무런 상관이 없는 것이라고 여기는 것은 헛된 망상(妄想)에 지나지 않는다. 이것으로부터 우리는 형제에게 양보하는 것을 배운 자라야 그리스도

를 자신의 선생으로 "알고" 있는 자라는 결론을 얻게 된다. 실제로 형제에게 모든 점에서 헌신하는 자는 하나도 없고, 형제 사랑의 본분을 행함에 있어서 느러터지고 냉랭한 사람들은 많다는 것은 우리가 아직도 믿음의 충만한 빛(plena fidei lux)으로부터 아주 멀리 떨어져 있다는 것을 보여준다.

¹⁸내가 너희 모두를 가리켜 말하는 것이 아니니라 나는 내가 택한 자들이 누구인지 앎이라 그러나 내 떡을 먹는 자가 내게 발꿈치를 들었다 한 성경을 응하게 하려는 것이니라 ¹⁹지금부터 일이 일어나기 전에 미리 너희에게 일러 둠은 일이 일어날 때에 내가 그인 줄 너희가 믿게 하려 함이로라 ²⁰내가 진실로 진실로 너희에게 이르노니 내가 보낸 자를 영접하는 자는 나를 영접하는 것이요 나를 영접하는 자는 나를 보내신 이를 영접하는 것이니라(13:18-20).

18. 내가 너희 모두를 가리켜 말하는 것이 아니니라. 그리스도께서는 제자들 중에 실제로는 제자가 아닌 자가 있다고 재차 선언하신다. 그리스도께서 이렇게 하시는 것은 한편으로는 유다에게 더 이상 변명의 여지가 없도록 하시기 위한 것이고, 다른 한편으로는 다른 제자들이 유다의 변절로 인하여 그 믿음이 흔들리지 않도록 하시기 위한 것이었다. 그리스도께서는 유다의 변절에도 불구하고 다른 제자들은 각자의 소명(召命)을 끝까지 붙들어야 한다고 격려하실 뿐만 아니라, 자기가 말한 복은 모든 사람이 누릴 수 있는 것이 아니기 때문에, 그 복을 더 열심히 간구하고 그 복 안에 더 견고히 머물러 있어야 한다고 제자들에게 권면하신다.

나는 내가 택한 자들이 누구인지 앎이라. 그리스도께서는 제자들이 끝까지 견디게 될 것은 그들이 자신에 의해서 택함을 받았기 때문이라고 말씀하신다. 왜냐하면, 주께서 그 손으로 붙들어 주시지 않는다면, 힘이 연약한 인간은 미풍에도 흔들리고 조금만 건드려도 쓰러질 수밖에 없기 때문이다. 그러나 그리스도께서는 자신이 "택한 자들"을 친히 이끌어 주실 것이기 때문에, 그들은 사탄의 모든 계교와 술책에도 불구하고 흔들리지 않고 끝까지 달려갈 수 있게 될 것이다. 그런데 그리스도께서는 그들의 견인(堅忍, perseverantia)은 물론이고, 그들의 신앙의 시작도 "택하심"에 의한 것이라고 말씀하신다. 그렇다면, 어떤 사람이 다른 사람들과는 달리 하나님 말씀에 헌신하는 이유는 무엇인가? 그 대답은 그 사람이 택함받았기 때문이라는 것이다. 다시 한 번 물어보자. 그 사람이 계속해서 선하고 거룩한 삶을 살게 되는 이유는 무엇인가? 그것은 하나님의 뜻과 계획은 확고부동한 까닭에, 하나님께서는 자신의 손으로 시작하신 일을 반드시 완성하시기 때문이 아니면 무엇 때문이겠는가? 요컨대, 사람들이 하나님의 자녀와 불신자로 갈라지게 되는 근본적인 원인은 전자가 양자(養子)의 영에 의해서 구원으로 인도되는 반면에, 후자는 그 어떤 재갈도 물려지지 않은 육(肉)으로 말미암아 파멸로 신속하게 내몰리기 때문이다. 만일 그렇지 않다면, 그리스도께서는 "나는 너희 각자가 장차 어떤 부류의 사람이 될지를 알고 있다"고 말씀하셨을 것이다. 그러나 그리스도께서는 그렇게 말씀하지 않으시고, 그들로 하여금 자신들이 양자(養子)가 되는 것이 마땅하다고 자신의 권리를 주장하기는커녕, 그들 자신의 능력이나 선행에 의해서가 아니라 오직 은혜로 말미암아 그들이 가룟 유다와 다를 수 있었다는 것을 인정하도록 하시기 위해서, 그들에게 "택하심"이 값없이 거저 주어졌고, 바로 그 "택하심" 위에 그들이 발을 딛고 서 있다는 것을 깨우쳐 주신다. 그러므로 우리는 우리의 구원의 모든 부분이 이 "택하심"에 달려 있다는 것을 알아야 한다. 그리스도께서는 다른 구절에서 가룟 유다를 택함받은 자들의 수에 포함시키셔서, "내가 너희 열둘을 택하지 아니하였느냐 그러나 너희 중의 한 사람은 마귀니라"(요 6:70)고 말씀하셨지만, 그 표현은 다르다고 할지라도, 그 내용은 여기에서 말씀하신 것과 서로 모순되지 않는다. 왜냐하면, 그리스도께서는 거기에서는 하나님이 어떤 특정한 일을 맡기시기 위해서 일시적으로 택하셨다는 의미로 그렇게 말씀하신 것이기 때문이다. 사울의 경우가 그랬다. 그는 일시적으로 왕으로 택함받은 자(electus)였지만, 실상은 버림받은 자(reprobus)였다. 반면에, 그리스도께서는 여기에서는 영원한 택하심(aeterna electio)에 대하여 말씀하신다. 이 택하심에 의해서 우리가 하나님의 자녀가 되었고, 또한 이 택하심에 의해서 하나님께서는 세상이 창조되기도 전에 우리에게 생명을 주시기로 예정하셨다. 실제로, 하나님께서는 때로는 버림받은 자들에게도 그들에게 부여하신 직분을 수행할 수 있도록 하시기 위하여 성령의 은사를 부어주시기도 하신다. 그래서 사울은 일시적이긴 하지만 왕으로서의 뛰어난 능력을 발휘하였고, 가룟 유다도 그리스도의 사도라 불릴 만한 뛰어난 은사를 통해서 다른 사람들과 구별되었다. 그러나 그런 것들은 하나님께서 오직 자신의 자녀들에게만 허락하시는 성령의 거룩하게 하심(sanctificatio spiritus)과는 판이하게 다르다. 왜냐하면, 하나님께서는 그들이 자기 앞에서 거룩하고 흠이 없는 자들이 되게 하시기 위해서 그들의 심령(心靈)을 새롭게 하시기 때문이다. 뿐만 아니라, 하나님이 그들을 양자로 삼으신 것에는 후회하심이 있을 수 없기 때문에, 그 거룩하게 하심은 그들 안에 깊이 뿌리를 내려서 결코 제거되거나 없어지지 않는다. 한편, 우리가 그리스도의 가르침을 믿음으로 받아들이고 우리의 삶에서 그 가르침을 따르며 살아갈 때, 이 모든 것이 하나님의 택하심으로 말미암은 선물임이 분명하게 확인되고, 우리가 행복할 수 있는 유일한 원인이 하나님의 택하심에 있고, 이 택하심으로 인해서 우리가 버림받은 자들과 구별된다는 것도 분명하게 확인된다. 왜냐하면, 하나님으로부터 버림받은 자들은 성령의 은혜를 덧입지 못하는 까닭에 비참하게 멸망으로 치닫는 반면에, 우리의 보호자가 되시는 그리스도께서는 우리를 그의 손으로 인도하시고 그의 능력으로 붙들어 주시기 때문이다. 또한, 그리스도께서는 여기에서 자신의 신성(神性)을 보여주는 분명한 증거를 제시하시는데, 자기가 인간적인 방식을 따라서 심판하는 것이 아니라고 선언하신 것이 첫 번째 증거이고, 사람들을 택하시는 권세가 자기에게 있다고 선언하신 것이 두 번째 증거이다. "내가 앎이라"는 말씀이 그리스도의 신성에 대한 첫 번째 증거가 되는 이유는 여기에서의 "앎"은 인간적인 지식이 아닌 오직 하나님께만 속한 "앎"이기 때문이다. 그러나 "내가 택한 자들"이라는 말씀에 담겨 있는 두 번째 증거가 훨씬 더 강력한데, 그이유는 이 말씀을 통해서 그리스도께서는 세상이 창조되기 이전에 택함받은 자들이 자기에 의해서 택함을 받은 자들이라고 증언하시기 때문이다. 그리스도의 신적인 능력을 보여주는 이 놀라운 증거는 성경에서 그리스도를 하나님이라고 수백 번칭한 것보다 더 깊은 감화를 우리에게 주는 것임에 틀림없다.

내 떡을 먹는 자가 내게 발꿈치를 들었다 한 성경을 응하게 하려는 것이니라. 그리스도께서 참된 경건을 지니지 않은 가룟 유다를 택하시고 영광스러운 사도의 직분을 맡기신 것은 무언가 잘못된 일처럼 보일 수 있었다. 왜냐하면, 그리스도께서는 왜 처음부터 사도가 될 만한 자를 뽑지 않으신 것인가라는 반문이나, 그리스도께서는 처음부터 유다가 사악한 짓을 할 줄 잘 알고 계셨으면서도, 왜 그런 자를 사도로 임명하신 것인가라는 반문이 얼마든지 제기될 수 있었을 것이기 때문이다. 그리스도께서는 이런 일이 일어날 것이 예언되어 있었기 때문에 "성경을 응하게 하려는 것"이었다고, 아니면 적어도, 다윗도 이와 동일한 일을 겪었으니 새로울 것은 없다고 말씀하신다. 어떤 이들은 여기에 인용된 "내 떡을 먹는 자가 내게 발꿈치를 들었다"는 말씀이 본래부터 그리스도에 관한 예언이었을 것이라고 생각하지만, 또 어떤 이들은 다윗이 자기 권속에 속하여 있던 원수에게 배신을 당하였듯이,

하나님의 아들이신 그리스도께서도 그것과 비슷한 일이 자기를 기다리고 있다는 것을 보여주신 단순한 비유였을 것이라고 생각한다. 후자의 견해에 의하면, 이 말씀의 의미는 이런 것이 된다: "내 제자 중 한 사람이 사악하게도 자신의 스승을 배반할 것이지만, 그런 일은 세상에서 처음 있는 일은 아니고, 성경이 옛적에도 있었다고 말한 것과 똑같은 일을 지금 우리가 겪고 있는 것일 뿐이다." 그러나 다윗에게 일어났던 일은 훗날 그리스도에게서 더 온전하게 이루어질 일을 희미하게 보여주는 것이었기 때문에, 나는 전자의 견해에 동의한다. 즉, 이 일은 다윗이 예언의 영에 이끌려서 예언하였던 내용(시 41:9)의 온전한 성취로 해석되어야 한다. 한 가지 덧붙이자면, 어떤 이들은 여기에 인용된 글이 완전하지 않기 때문에 주동사(主動詞)를 보충할 필요가 있다고 생각한다는 것이다. 그러나 우리가 "내 떡을 먹는 자가 내게 발꿈치를 들었다 한 성경을 응하게 하려는 것이니라"는 구절을 연이어서 전체적으로 읽어 보면, 이 문장에서 빠진 요소가 하나도 없다는 것을 알게 된다. "발꿈치를 들다"라는 표현은 우정(友情)을 가장해서 어떤 사람을 부지불식간에 공격해서 무방비 상태로 있는 그 사람에게 타격을 입힌다는 의미를 지닌 비유이다. 이제 그리스도의 지체들인 우리는 우리의 머리이자 우리의 모범이 되시는 그리스도께서 당하신 것과 같은 일을 당할 때에도 인내로써 감당해내는 것이 마땅하다. 사실, 집안 식구가 가장 무서운 적으로 돌변하는 것은 교회 속에서 거의 모든 시대에 걸쳐서 비일비재하게 일어났던 일이다. 그러므로 믿는 자들은 변절자들로 말미암아 그런 험악한 일을 당할 때에 곤혹스러워하지 않기 위해서 미리미리 그런 자들의 공격을 참아내고 감당하는 훈련이 되어 있어야 한다.

19. 일이 일어나기 전에 미리 너희에게 일러둠은. 이 말씀을 통해서 그리스도께서는 자신의 제자들에게 그들 가운데 한 사람이 버림받은 자(reprobus)였다는 것이 밝혀진다고 해도 그들은 낙심할 이유가 없고, 도리어 그들 자신의 믿음을 더 견고히 하는 계기가 되어야 한다고 권면하신다. 만일 교회 안에서 일어날 것이라고 예언된 괴롭고 힘든 일들이 실제로 우리 눈앞에 일어나지 않는다면, 우리는 분명히 "그런 예언들이 맞기나 한 거야"라고 말하며 의구심을 갖게 될 것이 뻔하다. 그러나 우리의 일상적인 경험을 통해서 성경의 진리가 옳다는 것이 입증되면, 우리는 하나님이 우리를 돌보시고 우리가 하나님의 섭리에 의해서 다스려지고 있다는 것을 더 분명하게 깨닫게 된다.

게다가, 여기에서 그리스도께서 "일이 일어날 때에 내가 그인 줄 너희가 믿게 하려 함이로라"고 말씀하시는데, 이것은 제자들이 유다의 배신을 겪으면서 비로소 그리스도께서 그 약속된 메시야라는 것을 처음으로 믿게 될 것이라는 의미가 아니라, 그들이 그리스도에게서 직접 들었던 일들이 실제로 일어나는 것을 보면서 그리스도가 바로 그 메시야라는 것을 믿는 믿음이 더욱 커지게 될 것이라는 의미이다. 따라서 이 말씀은 다음과 같이 두 가지로 해석될 수 있다. 하나는 그 사건이 실제로 일어났을 때에 그리스도께서는 모르시는 일이 하나도 없으시다는 것을 제자들이 깨닫고서 그리스도가 메시야이심을 더욱 믿게 될 것이라는 의미로 해석하는 것이고, 다른 하나는 성경에서 그리스도에 관하여 증언한 일들 중에서 그리스도에게 일어나지 않는 일이 하나도 없는 것을 보고 제자들의 믿음이 더욱 견고해질 것이라는 의미로 해석하는 것이다. 그러나 이 두 가지 해석은 서로 내용에 있어서 큰 차이가 없기 때문에, 나는 어느 쪽을 택하느냐 하는 것은 독자들의 판단에 맡겨두고자 한다.

20. 내가 진실로 진실로 너희에게 이르노니. 이 구절은 복음서 기자가 비록 단편적이고 불완전한 형태이기는 하지만 앞에서와는 다른 주제를 다룬 그리스도의 설교를 보도하는 것일 수도 있고, 그리스도께서 유다의 범죄로 인해서 야기될지도 모를 걸림돌들을 미리 제거하시기 위해 이 말씀을 친히 하신 것일 수도 있다. 왜냐하면, 복음서 기자들은 그리스도께서 하신 설교나 말씀들을 늘 시간적인 순서를 따라 보도하는 것이 아니라, 종종 서로 다른 여러 시기에 하셨던 말씀들을 한 군데에 모아서 보도하기 때문이다. 하지만 여기에서는 그리스도께서 앞에서 말한 걸림돌을 미리 제거하시기 위해서 이 말씀을 하신 것일 가능성이 더 크다. 다른 사람이 나쁜 모범을 보이는 것을 경험하게 될 때에 사람들이 상처를 받기가 얼마나 쉬운지는 굳이 증명할 필요가 없을 정도로 자명하다. 그렇기 때문에, 한 사람이 잘못하면 수많은 사람이 상처받고 믿음에서 실족하지만, 믿음이 좋은 수십 명이 본을 보여도 한 사람을 바로 세우기는 어려운 법이다. 그러므로 그리스도께서는 그런 끔찍한 일을 제자들에게 미리 말씀하시면서, 그들이 난생 처음 겪게 될 그 일에 충격을 받아 그 믿음이 크게 후퇴하는 일이 벌어지지 않게 하시기 위해서 손을 내미셔서 그들을 붙잡아 주실 필요가 있으셨다. 그러나 그리스도께서 이런 말씀을 주신 것은 단지 그들만을 위한 것이 아니었고, 이후의 세대들의 유익을 위한 것이기도 하였다. 왜냐하면, 만일 그리스도께서 이렇게 말씀해 주시지 않으셨다면, 오늘날에도 우리는 유다의 배신을 생각할 때에 큰 상처를 입게 될 것이기 때문이다. 마귀

는 우리를 그리스도에게서 떼어놓고자 할 때에 먼저 우리로 하여금 그리스도의 가르침을 미워하도록 만들고, 그것이 실패했을 경우에는 우리를 부추겨서 그리스도의 사역자들을 싫어하거나 경멸하게 만든다. 그런데 그리스도께서 여기에서 해주신 권면은 교회에서 직분을 맡은 자들이 악하게 또는 자신의 직분에 합당치 않게 행한다고 할지라도, 그런 자들의 불경건한 행실로 인해서 사도직의 권위나 존귀함 자체가 흔들리는 일이 있어서는 안 된다는 것이다. 왜냐하면, 우리는 모든 직분을 주시는 분은 하나님이시고, 우리에게는 바로 그 하나님으로부터 나온 것을 어느 하나라도 멸시할 권한이 없다는 사실을 깊이 묵상해야 하고, 또한 아버지 하나님이 세우신 교회의 유일한 선생이신 그리스도께서는 자신의 사도들을 통해서 말씀하신다는 사실을 깊이 묵상해야 하기 때문이다. 그러므로 복음의 사역자들을 영접하지 않는 자는 그들 안에 계시는 그리스도를 영접하지 않는 것이고, 아울러 그리스도 안에 계시는 하나님을 영접하지 않는 것이다. 하지만 교황주의자들이 그리스도의 이 말씀을 아전인수격으로 해석해서, 그들 자신을 높이고 자신들의 폭정(暴政)을 공고히 하는 데에 악용하는 것은 참으로 어리석고 우스꽝스러운 일이다. 먼저, 그들은 유래도 불분명한 이상한 깃털 장식들로 자신들을 치장해서 일반 신자들과 다르다는 것을 나타내고 있는데, 그것은 그리스도의 사도들과는 닮은 것이 전혀 없는 행위이다. 다음으로, 설령 그들이 사도들이라고 해도, 그리스도께서 여기에서 하신 말씀의 취지는 자신의 권세를 사람들에게 "넘겨준다"는 것이 결코 아니었다는 것이다. 그리스도께서는 단지 자기가 보낸 자들이 자신들에게 맡겨진 직분을 다할 수 있도록 활동공간을 마련해 주시기 위하여 그들을 영접하라고 하신 것일 뿐인데, 그밖에 어떤 다른 의도가 있으셨겠는가?

[21]예수께서 이 말씀을 하시고 심령이 괴로워 증언하여 이르시되 내가 진실로 진실로 너희에게 이르노니 너희 중 하나가 나를 팔리라 하시니 [22]제자들이 서로 보며 누구에게 대하여 말씀하시는지 의심하더라 [23]예수의 제자 중 하나 곧 그가 사랑하시는 자가 예수의 품에 의지하여 누웠는지라 [24]시몬 베드로가 머릿짓을 하여 말하되 말씀하신 자가 누구인지 말하라 하니 [25]그가 예수의 가슴에 그대로 의지하여 말하되 주여 누구니이까 [26]예수께서 대답하시되 내가 떡 한 조각을 적셔다 주는 자가 그니라 하시고 곧 한 조각을 적셔서 가룟 시몬의 아들 유다에게 주시니 [27]조각을 받은 후 곧 사탄이 그 속에 들어간지라 이에 예수께서 유다에게 이르시되 네가 하는 일

을 속히 하라 하시니 ²⁸이 말씀을 무슨 뜻으로 하셨는지 그 앉은 자 중에 아는 자가 없고 ²⁹어떤 이들은 유다가 돈궤를 맡았으므로 명절에 우리가 쓸 물건을 사라 하시는지 혹은 가난한 자들에게 무엇을 주라 하시는 줄로 생각하더라(13:21-29).

21. 예수께서 이 말씀을 하시고. 사도직은 거룩하고 존귀한 직분이었기 때문에, 그만큼 유다의 배신은 더욱 추악하고 혐오스러운 일이었다. 그리스도께서는 한 사람의 믿기 어려울 정도의 사악함으로 인해서 하나님의 위엄으로 찬란하게 빛나야 할 저 거룩한 질서가 더럽혀지는 것을 보셨을 때에 이 너무나 기괴하고 가증스러운 범죄에 경악하실 수밖에 없으셨다. 복음서 기자도 동일한 심정에서 그리스도께서 "증언하여" 말씀하셨다는 표현을 덧붙이는데, 이것은 이 일은 너무나 괴이한 일이라서 처음 들었을 때에는 도저히 믿기지 않는 일이었다는 의미이다.

복음서 기자는 그리스도께서 "심령이 괴로워" 하시며 증언하셨다고 보도함으로써, 이 일로 인한 괴로움이 단지 그리스도의 얼굴과 음성에만 나타난 것이 아니라, 그리스도께서는 마음속 깊은 곳에서부터 괴로워하셨다는 것을 우리에게 알게 해준다. 여기에서 "심령"은 "마음"을 의미한다. 어떤 이들은 그리스도께서 성령의 격렬한 충동에 사로잡혀서 이 말씀을 토해내신 것이라고 해석하지만, 나는 그런 견해에는 동의하지 않는다. 물론, 나는 그리스도의 모든 감정들이 성령의 지배를 받고 있었다는 사실에 대해서는 기꺼이 인정한다. 그러나 여기에서 복음서 기자의 의도는 그런 사실을 말하고자 한 것이 아니라, 그리스도의 이러한 고난(passio)이 시늉만 내는 그런 것이 아니고 실제로 내면 깊은 곳까지 미친 그런 것이었음을 보여주고자 한 것이었다. 우리가 이 점을 아는 것은 매우 중요하다. 왜냐하면, 복음서 기자가 그리스도께서 여기에서 보여주신 열심(zelus)를 보도하는 이유는 우리로 하여금 그리스도의 그런 모습을 본받아서, 하나님과 그의 교회의 거룩한 질서를 뒤엎는 저 괴이한 일들에 대하여 내면 깊은 곳에서 두려움을 느끼게 하기 위한 것이기 때문이다.

22. 제자들이 서로 보며 누구에게 대하여 말씀하시는지 의심하더라. 그 어떤 악한 것도 생각하지 않고 있었던 다른 제자들은 그리스도께서 하신 말씀을 듣고 불안해했지만, 오직 유다만은 자기가 품고 있던 악의(惡意)로 인해서 그 마음이 둔해져 있었기 때문에 오히려 태연한 모습을 보였다. 다른 제자들은 그리스도의 권위에 대한 신뢰가 대단하였기 때문에, 그리스도께서 아무런 근거도 없이 무슨 말씀

을 하실 분이 아니시라는 것을 철석같이 확신하고 있었지만, 유다의 마음은 사탄에 의해서 그리스도에 대한 모든 공경심을 완전히 다 빼앗긴 채로 돌보다 더 굳어져 있었던 까닭에, 그리스도의 경고의 말씀은 유다의 귀에는 하나도 들어오지 않았다. 그리스도께서 이런 말씀을 하신 것은 아무 죄도 없었던 다른 제자들의 마음을 잠시 아프게 한 비정한 처사인 것 같았지만, 실제로는 이런 근심과 염려는 그들에게 유익한 것이었기 때문에, 그리스도께서는 그들에게 그 어떤 해(害)도 끼치신 것이 아니었다. 하나님의 자녀들이 불경건한 자들에게 임할 심판에 대하여 들을 때에 그들을 자신도 마음에 찔림을 받아서 스스로를 잘 살피고 외식(外飾)에 빠지지 않게 조심하는 것은 마땅한 일이다. 왜냐하면, 하나님의 자녀들은 그런 일들을 겪으면서 자기 자신과 자신의 삶을 되돌아볼 수 있는 기회를 얻게 되기 때문이다. 또한, 이 구절은 하나님이 친히 자신의 손으로 불경건한 자들의 정체를 드러내실 때까지는 우리가 먼저 나서서 그들에게 손가락질해서는 안 될 때가 종종 있다는 것을 가르쳐 준다. 왜냐하면, 교회 안에는 우리가 덮어두어서는 안 될 은밀한 질병들이 있지만, 그 질병들의 장본인인 자들의 사악함을 드러낼 때가 무르익지 않은 경우가 종종 있는데, 그런 경우에 우리는 앞에서 말한 것과 같은 중도적인 입장을 취하는 것이 마땅하기 때문이다.

23. 예수의 제자 중 하나 곧 그가 사랑하시는 자가. 그리스도께서 다른 제자들보다 요한을 더 각별히 사랑하셨다는 사실은 우리가 어떤 사람을 다른 사람들보다 더 사랑하는 것이 언제나 형제 사랑의 가르침에 어긋나는 것은 아님을 보여준다. 그러나 중요한 것은 우리의 사랑이 하나님을 향한 것이어야 한다는 것과 하나님에게서 더 많이 받은 자를 우리가 더욱 사랑해야 한다는 것이다. 그리스도께서는 이러한 원칙에서 조금도 벗어나지 않으셨지만, 우리의 경우는 사정이 아주 다르다. 왜냐하면, 우리의 마음은 너무나 부실하고 허망해서 사람을 사랑하는 가운데에 하나님께 더 가까이 나아가는 자는 거의 없기 때문이다. 우리가 사람을 사랑하는데, 그 사랑이 하나님을 향한 것이 아니라면, 그것은 결코 합당한 사랑이 될 수 없다.

복음서 기자가 여기에서 한 제자가 "예수의 품에 의지하여 누웠는지라"고 말하고 있는 것이 오늘날에는 이상하게 비쳐질 수도 있겠지만, 그런 모습은 당시에 사람들이 식사하던 통상적인 방식이었다. 즉, 그들은 우리처럼 식탁에 앉아서 식사를 했던 것이 아니라, 신발을 벗은 후에 작은 쿠션에 기대어 반쯤 누운 자세로 식사를 하였다.

26. 내가 떡 한 조각을 적셔다 주는 자가 그니라. 그리스도께서 자기를 배신할 자가 누구인지를 밝히고자 하신 것이라면, 그 자의 이름을 공개적으로 부르셨어도 되셨을 텐데, 왜 굳이 "떡 한 조각을 적셔다" 그 자에게 주시는 방식을 택하신 것인가라는 질문이 여기에서 제기될 수 있다. 나의 대답은, 그리스도께서는 유다가 배신자라는 사실을 모든 제자들이 다 알아차리게 하지 않으시고, 오직 한 사람 요한만이 그것을 알게 하시기 위하여 그렇게 하셨다는 것이다. 그리스도께서 그렇게 하신 것은 요한을 그런 사실의 증인이 되게 하셔서, 그로 하여금 나중에 적절한 때에 다른 사람들에게도 그 사실을 알릴 수 있게 하시기 위한 것이기 때문에, 그것은 우리에게 유익이 되는 일이었다. 그리고 그리스도께서 이렇게 가룟 유다를 모든 사람들 앞에 드러내시는 것을 의도적으로 미루신 것은 자신의 정체를 감추고 숨어 있는 위선자들이 밝은 빛으로 끌려 나와서 그 정체가 드러날 때까지 우리로 하여금 좀 더 끈기 있게 인내하는 법을 배우게 하시기 위한 것이었다. 우리는 여기에서 유다가 다른 제자들과 함께 앉아 있었지만 심판자의 입에 의해 정죄당하는 것을 보면서, 하나님의 자녀들 가운데 한 자리를 차지하고 있다는 사실 자체가 버림받은 자들에게 조금이라도 유익을 가져다주는 것은 전혀 없다는 것을 알게 된다.

27. 사탄이 그 속에 들어간지라. 가룟 유다가 사탄의 부추김을 받아서 이런 흉악한 음모를 도모했다는 것은 분명하다. 즉, 사탄은 이미 유다를 장악하고서 그의 마음을 좌지우지하고 있었다. 그런데도 복음서 기자는 왜 지금에 와서야 비로소 "사탄이 그 속에 들어갔다"고 말하고 있는 것인가? 그것은 우리가 흔히 이전부터 믿음을 갖고 있었던 어떤 사람의 믿음이 더 확실하게 검증되었을 때에 비로소 그 사람이 믿음을 가지게 되었다고 말하는 것과 마찬가지로, 가룟 유다가 지금에 이르러 옴짝달싹할 수 없을 정도로 사탄의 포로가 되어서 주체할 수 없는 악한 충동에 사로잡혀 극단적으로 치닫는 상태가 되었기 때문에 복음서 기자는 "사탄이 그 속에 들어갔다"고 말하고 있는 것이다. 성도들이 점차 믿음의 진보를 나타내어서 새로운 은사들을 받아 계속 장성해나갈 때, 우리는 그들이 성령으로 충만하다고 말하는 것과 마찬가지로, 불경건한 자들이 하나님에 대하여 배은망덕함으로써 하나님의 진노를 불러일으키는 정도에 따라, 하나님께서는 점차 그들에게서 자신의 영과 모든 이성의 빛과 인간의 모든 감정까지도 거두어들이시고, 결국에는 그들을 사탄에게 넘겨주신다. 하나님께서 사람들을 "그 상실한 마음대로 내버려"(롬 1:28) 두시는 것은 하나님의 무시무시한 보응(報應)인 까닭에, 그런 자들은 짐승과 별반 다

를 것이 없고, 아니 짐승만도 못하다고 할 수 있어서, 짐승조차 꺼리는 악행을 서슴지 않고 행한다. 그러므로 우리는 우리의 악(惡)으로 하나님의 선하심을 자꾸 물리치다가 결국 하나님이 우리를 사탄에게 넘겨주셔서 사탄이 우리를 좌지우지하게 되는 일이 일어나지 않도록 하기 위해서는 하나님을 경외하는 가운데에 근신하며 부지런히 행하지 않으면 안 된다. 그리스도께서는 "떡 한 조각"을 유다에게 주심으로써 그를 사탄에게 내주신 것이 아니고, 도리어 유다가 그 떡 조각을 받음으로써 자신을 완전히 사탄에게 내맡긴 것이었다. 사실, 그리스도께서 그에게 떡 조각을 주신 것은 기회(occasio)였을 뿐이지 원인(causa)은 아니었다. 그리스도께서 이처럼 큰 관용(indulgentia)을 베풀어 주셨음에도 불구하고, 쇠보다 더 단단해진 유다의 마음은 돌이켜지지 않았다. 유다의 완악함은 치유가 불가능할 정도로 절망적인 것이었기 때문에, 하나님께서 사탄을 사용하셔서 유다의 마음을 더욱 완악하게 하신 것은 유다의 자업자득이자 하나님의 의로우신 심판이었다. 이렇게 우리가 원수들에게 자비를 베풂으로써 그들의 "머리에 숯불을 쌓아 놓을"(롬 12:20) 때, 그들이 도저히 구제불능인 자들인 경우에는, 그들은 더욱더 광분하다가 결국 그 불에 타서 멸망하고 만다. 하지만 그런 결과가 나왔다고 해서, 우리가 그들에게 자비를 베푼 것이 잘못인 것이 아니라, 단지 그들이 우리가 베푼 자비에 대하여 우리를 사랑하게 되는 것으로 화답하였어야 마땅한데도 불구하고, 그렇게 하지 않은 그들에게 잘못이 있을 뿐이다.

아우구스티누스(Augustinus)는 본문에 나오는 "떡 조각"이 그리스도의 몸을 상징하는 것이었다고 생각하지만, 이 떡은 성만찬 때에 유다에게 주어진 것이 아니기 때문에, 그것은 잘못된 생각이다. 또한, 어떤 이들은 마귀가 실체적으로 (essentialiter) 유다에게 들어간 것이라고 생각하지만, 복음서 기자는 단지 마귀의 능력과 영향력에 대해서만 언급하고 있을 뿐이기 때문에, 그런 생각은 지극히 어리석고 터무니없는 망상일 뿐이다. 이 일을 통해서 우리는 주님께서 주신 은택(恩澤)들을 남용하여 욕되게 하는 자들에게는 무시무시한 벌이 기다리고 있다는 경고를 받는다.

예수께서 유다에게 이르시되 네 하는 일을 속히 하라 하시니. 그리스도께서는 유다를 부추겨서 그로 하여금 그가 마음먹은 일을 하게 하시기 위하여 이렇게 말씀하신 것이 아니다. 도리어, 이 말씀 속에는 유다의 범죄를 끔찍해하고 혐오하는 마음이 담겨 있다. 지금까지 그리스도께서는 여러 가지 방법으로 유다를 돌이키고자 하셨지만 아무 소용이 없었기 때문에, 이제 유다를 아무런 가망이 없는 자로 여기시고서, "네가 스스로 멸망 길로 가기로 단단히 작정을 했으니 속히 그 길로 가거라"고 말씀하신 것이다. 이 말씀을 하심으로써 그리스도께서는 자기가 멸망시키고 싶으신 자들에게가 아니라 그들 자신의 잘못으로 인해서 이미 자기 자신을 멸망에 던져 버린 자들에게 죽음을 선고하시는 심판자의 직무를 수행하신 것이다. 요컨대, 그리스도께서는 유다에게 멸망당할 수밖에 없는 자라는 운명을 강제로 지워주신 것이 아니라, 이미 자기 자신을 멸망 속으로 집어던져서 도저히 돌이킬 수 없게 된 유다에게 최종적인 멸망을 선언하신 것일 뿐이라는 말이다.

28. 이 말씀을 무슨 뜻으로 하셨는지 그 앉은 자 중에 아는 자가 없고. "아는 자" 가 없었던 것은 요한이 그리스도로부터 들은 말씀을 아직 다른 제자들에게 전해주지 않았기 때문이거나, 요한이 전해준 말을 들은 제자들이 너무나 큰 충격을 받아서 정신이 나가 있었기 때문일 것이다. 사실, 요한 자신도 거의 제정신이 아니었을 것이다. 우리는 당시에 제자들에게 벌어졌던 상황이 오늘날에도 교회 속에서 일어나고 있는 것을 흔히 본다. 즉, 주님께서는 분명한 음성으로 외식하는 자들을 단죄하고 계시는데도, 그런 외식하는 자들을 알아차리는 신자는 거의 없다는 것이다.

29. 혹은 가난한 자들에게 무엇을 주라 하시는 줄로 생각하더라. 우리는 다른 여러 본문들을 통해서 그리스도께서 얼마나 가난하게 지내셨는지를 잘 알고 있다. 그리스도께서 그렇게 가지신 것이 별로 없으셨으면서도 우리에게 하나의 규범을 제시해 주시기 위해서 늘 "가난한 자들에게" 뭔가를 주시곤 하셨다. 만일 가난한 자들을 돕는 것이 그리스도의 일행이 늘 해오던 일이 아니었다면, 사도들은 그리스도께서 "가난한 자들에게 무엇을 주라 하시는 줄로" 착각할 수 없었을 것이다.

[30]유다가 그 조각을 받고 곧 나가니 밤이러라 [31]그가 나간 후에 예수께서 이르시되 지금 인자가 영광을 받았고 하나님도 인자로 말미암아 영광을 받으셨도다 [32]만일 하나님이 그로 말미암아 영광을 받으셨으면 하나님도 자기로 말미암아 그에게 영광을 주시리니 곧 주시리라 [33]작은 자들아 내가 아직 잠시 너희와 함께 있겠노라 너희가 나를 찾을 것이나 일찍이 내가 유대인들에게 너희는 내가 가는 곳에 올 수 없다고 말한 것과 같이 지금 너희에게도 이르노라 [34]새 계명을 너희에게 주노니 서로 사랑하라 내가 너희를 사랑한 것 같이 너희도 서로 사랑하라 [35]너희가 서로 사랑하면 이로써 모든 사람이 너희가 내 제자인 줄 알리라(13:30-35).

31. 지금 인자가 영광을 받았고. 이제 최후의 시간이 다가오고 있었다. 그리스도께서는 제자들의 마음이 얼마나 연약한지를 알고 계셨기 때문에, 온갖 가능한 방법을 동원해서 그들이 실족하지 않게 붙잡아 주려고 애쓰셨다. 만일 그리스도께서 자기가 십자가 위에서 사탄과 죄와 사망을 이기고 승리하셨다는 위로의 말씀을 즉시 덧붙이지 않으셨다면, 오늘날 우리조차도 그리스도의 십자가를 생각할 때에 두려워 떨지 않을 수 없었을 것이다. 하물며, 그리스도께서 온갖 모욕을 당하시며 끌려가서 십자가에 못 박히시는 것을 본 사도들에게는 어떤 일이 일어났을 것 같은가? 너무나 슬프고 처참한 광경에 사도들은 백 번도 더 낙담하고 좌절하지 않았겠는가? 그래서 그리스도께서는 그런 위험성을 미리 차단하기 위해서, 그들로 하여금 자신의 죽음을 육신적인 관점에서 외적으로 보지 말고, 그 죽음이 가져다줄 영적인 열매를 바라보게 하신다. 즉, 믿는 자들은 십자가에 내포된 수치와 욕됨을 생각할 때에 당혹해할 수밖에 없을 것이지만, 그리스도께서는 바로 그 십자가로 인해서 자기가 영광과 존귀를 받게 될 것이라고 증언하신다. 그리스도께서는 이것을 확증하시기 위해서 곧바로 "하나님도 인자로 말미암아 영광을 받으셨도다"는 말씀을 덧붙이신다. 왜냐하면, 사람들이 보기에 수치스럽고 욕되며 하나님 앞에서 저주받은 십자가 위에서의 죽음으로 인하여 "인자가 영광을 받았다"는 것은 모순된 말로 들릴 수밖에 없었을 것이기 때문이다. 그래서 그리스도께서는 그런 죽음을 통해서 왜 자기가 영광을 얻게 되는 것인지를 보여주신다. 즉, 그리스도께서 십자가의 죽음으로 말미암아 영광을 얻게 되시는 이유는 그 죽음이 하나님 아버지께 영광을 돌리는 일이었기 때문이다. 왜냐하면, 그리스도의 십자가는 하나님의 이루 헤아릴 수 없이 크신 선하심을 온 천하에 선전하여 드러내는 웅장한 극장과 같은 곳이었기 때문이다. 물론, 하나님의 영광은 천지간의 모든 피조물 속에서 빛을 발하고 있겠지만, 그 영광의 빛은 십자가에서 최고조에 이르렀다. 왜냐하면, 바로 그 십자가에서 만물의 놀라운 변화가 일어났고, 모든 사람에 대한 정죄가 이루어지고 해결이 되어서 그 모든 죄가 지워지게 되었으며, 사람들에게 구원이 찾아왔기 때문이다. 요컨대, 십자가에서 온 세상이 새로워졌고, 만물의 질서가 회복되었다.

한편, "인자로 말미암아"로 번역된 어구에서 사용된 헬라어 전치사 '엔(ἐν)'은 히브리어 전치사 '베'(ב)의 역어(譯語)로 사용되는 경우가 흔하고, 그런 경우에는 "-로 말미암아"라는 의미를 지니기는 하지만, 나는 여기에서는 이 어구가 강조되고 있는 것으로 생각되기 때문에, "하나님도 인자 안에서 영광을 받으셨도다"로 번역하는 것이 더 낫다고 본다. 또한, 내 생각에는, 여기에서 사용된 계사(繫辭) '카이' (χάι)는 원인을 나타내는 불변화사로 보아서, 이 구절 전체를 "하나님이 인자 안에서 영광을 받으셨기 때문이다"로 번역하는 것이 옳다.

32. 만일 하나님이 그로 말미암아 영광을 받으셨으면. 그리스도께서는 자신의 죽음으로 이루고자 하시는 단 하나의 목적이 하나님께 영광을 돌리는 것이기 때문에 자기는 자신의 죽음으로 영광의 승리를 얻으실 것이라고 결론을 내리신다. 왜냐하면, 아버지 하나님께서는 자기 아들의 죽음으로 인하여 오직 자신의 영광만을 취하시는 것이 아니라, 자기 아들을 그 영광에 참여시키고자 하시는 계획을 갖고 계셨기 때문이다. 그러므로 그리스도께서는 자기가 잠시 수치를 당하겠지만 그 수치는 곧 말끔히 씻어지고 자신의 죽음 속에서 찬란한 영광이 나타나게 될 것이라고 약속하신다. 그리고 이 약속은 그대로 이루어졌다. 왜냐하면, 인류를 향한 그리스도의 놀라운 사랑, 인류의 죄를 대속하시고 하나님의 진노를 가라앉히신 그리스도의 무한한 의로우심, 죽음을 정복하시고 사탄을 굴복시키셔서 마침내 하늘의 문을 여신 그리스도의 놀라운 능력이 십자가의 죽음 속에서 가장 밝게 빛났던 까닭에, 그리스도께서 담당하신 십자가의 죽음은 결코 그의 영광을 가릴 수 있는 것이 아니었을 뿐만 아니라, 도리어 그의 영광을 가장 밝히 드러내주는 것이었기 때문이다. 이러한 가르침은 지금 우리에게도 그대로 적용된다. 왜냐하면, 온 세상이 공모하여 우리에게 수치를 안겨 주려고 할지라도, 우리가 진실하고 정직하게 하나님의 영광을 높이고자 하기만 한다면, 하나님께서도 우리를 영화롭게 하실 것이 분명하기 때문이다.

그리스도께서는 제자들에게 하나님이 자기에게 "곧" 영광을 주실 것이라고 약속하심으로써 때가 멀지 않았다는 것을 보여주시는 것을 통해서 그들에 대한 위로를 배가(倍加)시켜 주신다. 이 "영광"은 그의 부활과 더불어서 시작된 것이기는 하지만, 그리스도께서 여기에서 특히 염두에 두고 계신 것은 자신의 부활 후에 일어날 일들, 즉 자기가 자신의 복음과 자신의 영의 능력으로 죽은 자들을 일으키셔서 자기를 위한 새로운 백성을 창조하게 되셨을 때의 자신의 영광이었다. 왜냐하면, 그리스도의 죽음으로 말미암은 특별한 "영광"은 그 죽음으로 인하여 맺어진 열매였던 인류의 구원이었기 때문이다.

33. 작은 자들아 내가 아직 잠시 너희와 함께 있겠노라. 제자들은 자신들의 선생이 떠나신다는 말씀에 큰 슬픔에 빠지지 않을 수 없을 것이었기 때문에, 그리스도

께서는 자기가 이제 더 이상 그들과 "함께 있을" 수 없게 될 것임을 미리 알리시면
서 그들에게 참고 견딜 것을 권면하신다. 그리고 그들이 쓸데없이 자기를 따라가
겠다고 고집부리는 것을 미리 차단하시기 위해서, 그리스도께서는 그들이 지금 당
장은 자기를 따라올 수 없다고 못을 박으신다. 그리스도께서는 그들을 "작은 자들
아"라고 애정이 듬뿍 담긴 호칭을 사용하여 부르심으로써, 자기가 그들을 보살펴
주기 싫어서 그들에게서 떠나는 것이 아니라는 것을 보여주심과 동시에, 도리어
자기가 그들을 지극히 사랑한다는 것을 재확인해 주신다. 사실, 그리스도께서는
우리의 형제가 되시기 위하여 우리와 같은 육신을 입으신 것이었지만, 여기에서는
"작은 자들"이라는 호칭을 통하여 자신의 지극한 사랑을 더 강렬하게 표현하신다.

그리스도께서는 자기가 일찍이 "유대인들에게 말한 것"을 여기에서 다시 자신
의 제자들에게 말씀하시는 것이라고 하신 것은 그 자체로는 사실이기는 하지만,
이 두 경우에 있어서 이 말씀이 갖는 의미는 판이하게 달랐다. 즉, 그리스도께서 여
기에서 자신의 제자들에게 "너희는 내가 가는 곳에 올 수 없다"고 하신 것은 그들
로 하여금 자기가 잠시 없는 동안 이를 악물고 그들 각자의 자리를 묵묵히 지키는
가운데 이 땅에서 그들 자신의 싸움을 끝까지 인내로써 잘 싸우게 하시기 위한 것
이었다. 그러므로 그리스도께서는 자신의 제자들을 앞에서 "유대인들"의 경우처
럼 하나님의 나라에서 영원히 배제시키신 것이 아니라, 단지 자기가 그들을 천국
으로 불러 모아서 다시 그들과 함께 있게 될 때까지 인내하며 묵묵히 기다리라고
명하신 것이었다.

34. 새 계명을 너희에게 주노니. 그리스도께서는 제자들에게 위로의 말씀을 해
주신 후에 거기에 "서로 사랑하라"는 권면의 말씀을 덧붙이시는데, 이것은 "내가
육신적으로 너희를 떠나 있는 동안에, 너희는 서로 사랑함으로써 내가 너희를 가
르친 것이 헛되지 않은 것임을 증언하고, 나의 이 말을 늘 명심하고 묵상하여라"고
말씀하신 것과 같다. 그런데 왜 그리스도께서는 이것을 "새 계명"이라고 하신 것
일까? 이 질문에 대한 일치된 견해는 없다. 어떤 이들은 옛적에 율법에서 명한 형
제 사랑에 관한 계명은 문자적이고 외적인 것이었던 반면에, 그리스도께서는 그
계명을 자신의 영으로써 신자들의 마음판에 새롭게 쓰셨기 때문이라고 주장한다.
따라서 그들의 견해에 의하면, 그리스도께서 주신 계명은 온전한 효력을 확보하기
위해서 새로운 방식으로(novo modo) 주어진 것이어서 "새 계명"이라고 하셨다는
것이다. 그러나 내 생각에는, 그러한 설명은 너무 억지스럽고 그리스도의 의도와

도 맞지 않는 것 같다. 또 어떤 이들은 율법도 우리에게 사랑의 실천을 명하기는
했지만, 율법에서는 형제 사랑에 관한 가르침이 수많은 의식(儀式)들 및 부수적인
규례들과 뒤섞여 있어서 아주 분명하게 드러나지 않았던 반면에, 복음 속에서는
그 사랑이 그 어떤 것에 의해서도 가려지지 않은 채로 그대로 온전하게 제시되고
있기 때문이라고 설명한다. 나는 그러한 설명을 완전히 거부하지는 않겠지만, 그
리스도께서 "새 계명"이라고 하신 이유는 좀 더 단순한 것이라고 본다. 우리는 법
이라는 것이 처음에는 좀 더 세심하게 지켜지다가 점점 사람들의 기억에서 엷어져
서 결국에는 진부한 것이 되고 만다는 사실을 잘 알고 있다. 그러므로 그리스도께
서는 형제 사랑의 가르침을 자신의 제자들의 마음에 좀 더 깊이 각인시키기 위해
서 "새 계명"이라고 부르신 것이다. 즉, 이것은 "나는 너희가 이 계명을 마치 방금
주어진 것인 양 늘 명심해서 지켜 나가기를 바란다"고 말씀하신 것과 같다는 것이
다. 요컨대, 그리스도께서 여기에서 자신의 제자들에게 "서로 사랑하라"고 권면하
신 의도는 그들이 서로 사랑하는 것을 실천하지 않게 되거나 이 가르침을 잊어버
리는 일이 일어나지 않게 하시기 위한 것이었다. 우리는 일상적인 경험을 통해서
이 권면의 말씀이 얼마나 필요한 것이었는지를 알게 된다. 왜냐하면, 사랑을 유지
하는 것은 어려운 일인 까닭에, 사람들은 그런 것을 제쳐놓고서 하나님을 예배하
는 새로운 방식들을 스스로 고안해 내고, 그런 와중에서 사탄은 그들이 혹할 만한
것들을 무수히 그들의 생각 속에 집어넣어 주기 때문이다. 이런 식으로 사람들은
그런 쓸데없는 일들에 골몰함으로써 하나님을 헛되이 우롱함과 동시에 스스로를
속인다. 그러므로 우리는 "새 계명"이라는 명칭에 걸맞게 형제를 사랑하는 일에
온 힘을 쏟는 것이 마땅하다. 또한, 우리는 하나님이 이제 와서 비로소 형제 사랑을
기뻐하기 시작하셨기 때문에 그리스도께서 이 형제 사랑을 "새 계명"이라고 부르
신 것이 아니라는 것을 알아야 한다. 왜냐하면, 형제 사랑은 성경 속에서 그 어디에
서나 "율법의 완성"(롬 13:10)이라 불리기 때문이다.

서로 사랑하라. 사랑은 교회 밖의 외인(外人)들에게도 미치는 것이 당연하다.
왜냐하면, 우리는 모두 동일한 육신을 입고 있는 자들이고, 모두가 다 "하나님의
형상대로 지음받은" 자들이기 때문이다. 그러나 하나님의 형상은 거듭난 자들에
게서 더 밝게 빛나는 까닭에, 사랑의 유대(紐帶)는 그리스도의 제자들 사이에서 훨
씬 더 긴밀한 것이 마땅하다. 사랑의 원인(原因)이 하나님에게 있고, 사랑의 뿌리
가 하나님으로부터 나오며, 모든 사랑은 하나님을 향한다. 그러므로 사랑은 어떤

사람을 하나님의 자녀로 인식할 때에 그 사람을 더 뜨겁고 열렬하게 품는다. 게다가, 상호 간에 "서로 사랑하라"는 것은 오직 동일한 성령의 다스리심을 받고 있는 자들 사이에서만 존재할 수 있다. 그러므로 그리스도께서 여기에서 말씀하신 것은 최고 수준의 형제 사랑이다. 그러나 다른 한편으로, 하나님의 선하심이 온 세상에 미치고 있는 까닭에, 우리도 모든 사람, 아니 심지어 우리를 미워하는 자들까지도 사랑하는 것이 마땅하다는 것을 믿어야 한다.

그리스도께서 "내가 너희를 사랑한 것 같이"라고 말씀하시며 자신의 모범을 제시하신 것은 우리도 그리스도께서 사랑하신 것만큼 사랑할 수 있기 때문이 아니라 (그리스도는 우리와 아예 비교대상이 되지 않는 분이시다), 우리로 하여금 적어도 동일한 목표를 가지고 행하도록 하시기 위한 것이다.

35. 이로써 모든 사람이 너희가 내 제자인 줄 알리라. 그리스도께서는 앞에서 하신 말씀, 즉 "서로 사랑하는" 자들은 자신의 학교에서 헛되게 배운 것이 아니라고 하신 말씀을 여기에서 재확인해 주신다. 이것은 "너희 스스로가 나의 제자임을 알게 될 뿐만 아니라, 너희의 신앙고백이 참되다는 것을 사람들로부터 인정받게 될 것이다"라고 말씀하신 것과 같다. 그리스도께서는 이것을 자기 사람들과 외인(外人)들을 구별하는 표지(標識)로 삼으신 것이기 때문에, 형제 사랑을 내팽개친 채 새롭게 날조된 예배 의식들에 매달리는 자들은 쓸데없이 헛수고를 하고 있는 것인데, 오늘날 교황 제도 속에는 그러한 헛된 것들이 만연해 있다. 그리스도께서 이 문제를 이토록 역설하시고 강조하시는 것은 결코 지나친 것이 아니다. 왜냐하면, 자기애(自己愛)와 이웃 사랑은 물과 불만큼이나 서로 상극관계에 있어서, 우리가 자기 자신을 사랑하게 되면, 우리의 모든 지각(知覺) 속에는 이웃 사랑이 들어설 자리가 완전히 없어져 버리는데도, 우리는 사탄이 우리를 미혹시켜서 우리로 하여금 잘못을 깨닫지 못하도록 하기 위하여 던져주는 수많은 미끼들을 덥석 받아 먹어 버리는 까닭에, 우리가 우리 자신의 본분을 다하고 있다고 착각하기 때문이다. 그러므로 그리스도의 참된 제자가 되어 하나님의 인정을 받고자 하는 자는 형제를 사랑하는 일에 자신의 일생을 바칠 각오를 하고서 이 목표를 향해서 온 힘을 다해 매진하지 않으면 안 된다.

[36]시몬 베드로가 이르되 주여 어디로 가시나이까 예수께서 대답하시되 내가 가는 곳에 네가 지금은 따라올 수 없으나 후에는 따라오리라 [37]베드로가 이르되 주여 내

가 지금은 어찌하여 따라갈 수 없나이까 주를 위하여 내 목숨을 버리겠나이다 [38]예
수께서 대답하시되 네가 나를 위하여 네 목숨을 버리겠느냐 내가 진실로 진실로
네게 이르노니 닭 울기 전에 네가 세 번 나를 부인하리라(13:36-38).

36. 주여 어디로 가시나이까.

베드로의 이 질문은 그리스도께서 앞에서 "내가
유대인들에게 너희는 내가 가는 곳에 올 수 없다고 말한 것과 같이 지금 너희에게
도 이르노라"(33절)고 하신 말씀에 대한 것이다. 이제까지 그리스도께서 자신의
제자들의 곁을 잠시 떠나 있을 것이라고 말씀하신 것을 수 차례 들어왔음에도 불
구하고 마치 그런 말씀을 처음 듣기라도 한 것처럼 무척 당혹스러워하며 이런 질
문을 던지는 베드로의 모습에서, 우리는 베드로가 얼마나 무지했는지를 분명하게
보게 된다. 하지만 그런 점에 있어서 우리도 베드로와 다를 것이 전혀 없다. 왜냐
하면, 우리는 우리의 삶을 유익하게 해줄 모든 것과 우리가 꼭 알아야 할 모든 것들
을 그리스도의 입을 통해서 날마다 들어왔으면서도, 막상 현실에서 그런 일들에
부딪치게 되면, 마치 그런 말씀을 단 한 마디도 들어본 적이 없는 자들처럼 깜짝 놀
라기 때문이다. 또한, 베드로의 이러한 질문을 통해서 우리는 그가 그리스도께서
자기들과 함께 육신적으로 꼭 함께 계셔야 한다는 무절제한 열망에 사로잡혀 있다
는 것을 알게 된다. 왜냐하면, 베드로는 그리스도께서 자기를 남겨두고 다른 곳으
로 떠나신다는 것은 있을 수 없는 일로 여기고 있기 때문이다.

내가 가는 곳에 네가 지금은 따라올 수 없으나. 이 말씀을 통해서 그리스도께서
는 베드로의 지나친 열망을 다스리신다. 그리스도께서는 선생답게 간결하게 말씀
하시기는 하지만, 자기가 방금 전에 하신 말씀의 강도(强度)를 즉시 낮추셔서, 자
기가 자신의 사람들과 떨어져 있는 것은 잠시일 뿐이라고 말씀해 주신다. 여기에
서 우리는 우리의 모든 열망을 하나님께 온전히 맡겨서 그 열망들이 합당한 정도
를 넘어서지 않게 해야 한다는 가르침을 받는다. 만일 우리의 열망이 도가 지나쳐
서 제멋대로 날뛴다면, 우리는 적어도 그리스도께서 여기에서 하신 말씀을 재갈로
삼아서 그 열망을 다스리는 것이 마땅하다. 또한, 그리스도께서는 우리가 낙심하
지 않도록 하시기 위해서, 언젠가는 자기가 우리를 자기에게로 모으실 것이라고
약속하심으로써, 우리에게 위로가 될 말씀을 즉시 덧붙이신다.

그리스도께서 "후에는 따라오리라"고 말씀하신 것은 베드로가 아직은 십자가를
질 만큼 성장하지 않았기 때문에, 마치 잎사귀만 나 있는 곡식 같은 그가 시간이 흐

르면서 영글어져서 이삭이 되어야 비로소 자기를 따를 수 있을 것임을 의미한다. 그러므로 우리는 하나님께서 우리 안에서 시작하신 일을 점점 자라게 하셔서 무르익게 해주시기를 기도하면서, 더 빨리 달릴 수 있게 될 때까지는 분수를 지켜서 기꺼이 기는 것이 마땅하다. 또한, 우리가 어리고 연약할 때에 그리스도께서 우리를 참아주시고 용납해주셨듯이, 우리도 목표지점에서 한참이나 멀리 떨어져 있는 연약한 형제들을 멸시하거나 배척하지 않는 법을 배워야 한다. 물론, 우리 모두가 최고로 열심히 온 힘을 다해 달리는 것이 바람직하고, 모든 사람을 격려해서 발걸음을 빨리 하도록 하는 것이 마땅하지만, 속도가 느려서 뒤처지는 자들이 있다면, 그들이 제대로 길을 가고 있는 한, 우리는 그들에 대하여 최선을 다하여야 한다.

37. 내가 지금은 어찌하여 따라갈 수 없나이까. 이 반문(反問)을 통해서 베드로는 그리스도의 대답에 대한 자신의 불편한 심기를 내비친다. 왜냐하면, 베드로는 그리스도께서 하신 말씀을 자신의 연약함을 지적하신 것으로 이해하고서, 자기가 그리스도를 즉시 따라가지 못하는 것이 자신의 탓이라고 결론을 내렸기 때문이다. 하지만 베드로는 아직도 여전히 그리스도께서 해주신 대답을 납득할 수 없었다. 왜냐하면, 인간이라는 것은 태어날 때부터 본성적으로 자신의 능력이나 자질을 과대평가해서 자만심으로 부풀어올라 있는 그런 존재이기 때문이다. 베드로의 이 반문 속에는 우리가 태어날 때부터 지녀 왔던 성향, 즉 우리의 능력을 실제보다 더 과대평가하는 성향이 그대로 고스란히 반영되어 있다. 그런 성향으로 인해서, 사람들은 실제로는 아무런 능력도 없으면서도 하나님의 도우심을 구하지도 않은 채로 혼자 힘으로 온갖 일들을 이루어보겠다고 덤벼들게 된다.

38. 네가 나를 위하여 네 목숨을 버리겠느냐. 그리스도께서는 베드로와의 논쟁을 그만두시고, 다만 실패를 맛보고 나서야 지혜를 얻게 되는 어리석은 자들 같이, 베드로도 자신의 경험을 통해서 지혜로워지게 되기를 바라셨다. 베드로는 자기가 흔들림 없이 견고할 것이라고 장담하였고, 사실 이런 호언장담은 베드로의 마음속에 있던 진실한 확신의 표현이었다. 그러나 베드로는 자기에게 어느 정도의 힘과 능력이 있는지를 면밀하게 따져본 것이 아니기 때문에, 그의 자신만만함은 너무나 무모하고 경솔할 것이었다. 베드로의 이런 모습은 바로 우리의 모습이기도 하기 때문에, 우리는 각자 자신에게 부족한 것들이 무엇인지를 잘 살펴서, 근거 없는 자신감으로 헛바람이 들어서 우리의 마음이 부풀어오르게 하지 않아야 한다. 물론, 우리가 하나님의 은혜에 대해서는 아무리 호언장담을 해도, 그것은 지나친 것이

될 수 없기 때문에, 여기에서 책망의 대상이 되고 있는 것은 육(肉)을 따라 행해진 무모하고 경솔한 자만(自慢, praesumptio)이다. 왜냐하면, 참된 믿음은 도리어 두려워하고 근신하는 마음을 가져다주기 때문이다.

닭 울기 전에 네가 세 번 나를 부인하리라. 무모하고 경솔한 자만심은 자기 자신에 대한 무지(無知)에서 비롯되는데, 베드로는 자신의 능력을 검증해 보지도 않은 채 자기는 무슨 일이든 할 수 있다는 망상에 사로잡혀 있었던 까닭에, 화살이 날아오지도 않는 곳에서 용맹스러운 군사인 체했기 때문에, 여기에서 책망을 받고 후에는 자신의 교만의 대가를 톡톡히 치르게 된다. 그러므로 우리는 우리의 힘과 능력을 의지하지 말고 우리 자신을 일찌감치 주님께 맡겨서, 주님께서 자신의 능력으로 우리를 도와주시게 하는 것이 마땅하다.

제14장

¹너희는 마음에 근심하지 말라 하나님을 믿으니 또 나를 믿으라 ²내 아버지 집에 거할 곳이 많도다 그렇지 않으면 너희에게 일렀으리라 내가 너희를 위하여 거처를 예비하러 가노니 ³가서 너희를 위하여 거처를 예비하면 내가 다시 와서 너희를 내게로 영접하여 나 있는 곳에 너희도 있게 하리라 ⁴내가 어디로 가는지 그 길을 너희가 아느니라 ⁵도마가 이르되 주여 주께서 어디로 가시는지 우리가 알지 못하거늘 그 길을 어찌 알겠사옵나이까 ⁶예수께서 이르시되 내가 곧 길이요 진리요 생명이니 나로 말미암지 않고는 아버지께로 올 자가 없느니라 ⁷너희가 나를 알았더라면 내 아버지도 알았으리로다 이제부터는 너희가 그를 알았고 또 보았느니라(14:1-7).

1. **너희는 마음에 근심하지 말라.** 곧 시작될 아주 힘들고 끔찍한 싸움이 제자들을 기다리고 있었기 때문에, 그리스도께서 이렇게 많은 말씀으로 그들을 견고히 세우시고 계시는 것은 다 그럴 만한 이유가 있는 것이었다. 즉, 제자들은 머지않아 그리스도께서 십자가에 달리시는 것을 목도하게 될 것이었는데, 그것은 그들에게 대단한 시험이 아닐 수 없을 것이었기 때문에, 그들은 그 광경을 보고서 절망할 수밖에 없을 것이었다. 너무나 크나큰 시련의 때가 목전에 닥쳤기 때문에, 그리스도께서는 제자들이 패배의식에 사로잡히거나 주눅 들지 않도록 하시기 위해서 그 해결책을 제시하신다. 그리스도께서는 그들에게 단순히 침착하게 흔들림 없이 대처하라고 권면하시며 격려하시는 것이 아니라, 그들이 어떻게 해야 담력과 용기를 얻을 수 있는지 그 방법까지 일러주시는데, 그것은 바로 자기 사람들을 안전하게 지켜줄 충분한 힘을 갖고 계신 분을 "믿음"으로 하나님의 아들로 인정하는 것이다. 우리는 그리스도께서 이 말씀을 하신 시점에 주목하여야 한다. 즉, 그리스도께서는 모든 것이 극심한 혼란 속에 빠져 있다고 생각되던 때에 제자들이 용기를 잃지 않고 담대해지기를 원하셔서 이 말씀을 하신 것이다. 그러므로 우리도 그런 공격들에 직면했을 때에 이 방패를 사용하는 것이 마땅하다. 물론, 우리의 감정이 요

동치는 것을 피할 수는 없겠지만, 우리는 흔들리기는 할지언정 쓰러져서는 안 된다. 따라서 믿는 자들은 아무리 어려운 곤경에 봉착하더라도 하나님 말씀을 붙들고서 흔들림 없이 의연하게 대처해 나갈 수 있기 때문에 혼란에 빠지지 않는다고 말할 수 있다.

하나님을 믿으니 또 나를 믿으라. "하나님을 믿으니"라는 어구에 쓰인 동사를 명령법으로 보아서 "하나님을 믿으라"로 읽는 것도 가능하다: "하나님을 믿으라, 또 나를 믿으라"(여기에서 쓰인 헬라어 동사 '피스튜에테'[πιστεύετε]는 직설법 현재 능동태 2인칭 복수형도 되고, 명령법 현재 능동태 2인칭 복수형도 된다 — 역주). 그러나 명령법이 아니라 직설법으로 보아서 "너희가 하나님을 믿으니 또 나를 믿으라"로 읽는 것이 문맥에 더 잘 어울릴 뿐만 아니라 좀 더 일반적으로 받아들여지는 읽기이기도 하다. 앞에서 이미 말했듯이, 여기에서 그리스도께서는 우리가 어떻게 해야 흔들림 없이 견고히 설 수 있는지를 보여주시는데, 그것은 우리의 믿음을 그리스도께 두고서, 우리가 그리스도를 우리 곁에 계셔서 우리를 돕기 위하여 손을 내밀어 주시는 분으로 바라보는 것이다. 그런데 여기에서 아버지 하나님을 믿는 믿음이 순서 상으로 먼저 나온다는 것이 놀랍다. 사실, 우리 생각으로는, 그리스도께서는 자신의 제자들에게 "너희는 나를 믿었으니 또 하나님을 믿어야 한다"고 말씀하셨어야 마땅했을 것으로 보인다. 왜냐하면, 그리스도께서는 아버지 하나님을 사람들에게 가시적으로 보여주는 형상이신 까닭에, 우리는 순서상으로 먼저 그리스도를 바라보아야 하기 때문이고, 또한 그리스도께서 우리에게 내려오신 까닭도 우리의 믿음이 그리스도에게서 시작해서 하나님에게로 올라가도록 하기 위한 것이었기 때문이다. 그러나 그리스도께서 본문에 나오는 순서로 말씀하신 데에는 다른 목적이 있으셨다. 우리가 하나님을 믿어야 한다는 것은 누구나 인정하는 자명한 공리(公理)이고, 이것에 대해서는 그 누구도 반론을 제기하지 않을 것이지만, 실제로 하나님을 믿는 사람은 백 명 중에서 한 명도 찾아보기 어려운데, 그 이유는 하나님의 위엄이 우리로부터 너무 멀리 떨어져 있어서 우리에게 생생하게 느껴지지 않기 때문이기도 하지만, 사탄이 온갖 장애물을 동원해서 우리로 하여금 하나님을 바라볼 수 없게 만들기 때문이기도 하다. 그 결과, 하늘의 영광과 범접(犯接)할 수 없는 빛 가운데에 계신 하나님을 찾으려는 우리의 믿음은 무위(無爲)로 돌아가서 아무런 소용이 없게 된다. 게다가, 온갖 종류의 망상(妄想)을 멋대로 만들어 내는 우리의 육(肉)은 우리로 하여금 더더욱 하나님을 온전히 바라볼 수 없게 만든다. 그러므로 그리스도께서는 우리가 믿음을 두어야 할 곳을 쉽게 찾도록 하시기 위해서 우리의 믿음이 지향(指向)해야 할 대상으로 자기 자신을 제시하신다. 왜냐하면, 그리스도 는 우리가 믿음으로 그를 찾기만 하면 그 즉시 우리 안에서 응답해 주시는 참된 "임마누엘"이시기 때문이다. 우리의 믿음이 길을 잃고 이리저리 방황하지 않고 오 로지 그리스도만을 향해서 나아가는 것, 즉 우리의 믿음이 여러 가지 시험들로 흔 들리지 않고 오직 그리스도만을 붙잡는 것이야말로 우리의 믿음의 주된 강령(綱 領)들 중 하나이다. 참된 믿음의 증거는 우리가 그리스도로부터 결코 떨어져 나가 지 않는 것, 그리고 그리스도 안에서 우리에게 주어진 약속들로부터 떨어져 나가 지 않는 것이다. 교황의 신학자들은 믿음의 대상에 대하여 논하면서 — 아니, 나는 차라리 "주절거린다"는 표현을 사용하고 싶다 — 그리스도에 대해서는 전혀 관심 을 보이지 않고, 오로지 하나님에 대해서만 언급한다. 그런 자들의 가르침을 받아 들이는 자들은 한 줄기 산들바람에도 영락없이 흔들리고 말 것이다. 교만한 자들 은 낮아지신 그리스도(humilitatis Christi)를 부끄러워하는 까닭에, 하나님의 불가 해한 신성(神性)으로 도피해 버린다. 그러나 낮고 천한 모습으로 이 세상에 오신 하나님이신 그리스도 앞에 무릎을 꿇지 않는 믿음은 결코 하늘에 닿을 수 없고, 연 약함을 입으신 그리스도(Christi infirmitas)를 토대로 삼지 않는 믿음은 결코 견고하 게 설 수 없다.

2. 내 아버지 집에 거할 곳이 많도다. 제자들은 그리스도께서 떠나가신다는 말 씀에 크게 상심했기 때문에, 그리스도께서는 천국에는 그들이 "거할 곳"도 마련되 어 있는 까닭에 자기가 떠나가는 것이 영원한 이별인 것은 아니라고 분명하게 말 씀해 주신다. 왜냐하면, 제자들은 아버지 하나님께로 올라가신다는 그리스도의 말 씀을 자기들을 땅에 남겨놓으시고서 더 이상 보살펴 주시지 않으시겠다는 뜻으로 받아들일 수 있었던 까닭에, 그리스도께서는 그들의 그런 의구심을 해소시켜 주실 필요가 있으셨기 때문이다. 어떤 이들은 이 말씀을 잘못 이해해서, 그리스도께서 천국에는 여러 등급의 영광이 존재한다고 가르치신 것으로 다르게 해석해 오기도 하였다. 그러나 그리스도께서 아버지 하나님의 집에는 "거할 곳들"이 많다고 하신 것은 그 "거할 곳들"이 서로 다르다거나 같지 않다고 말씀하신 것이 아니라, 단지 많은 사람들이 거하기에 충분한 처소가 마련되어 있다고 말씀하신 것이었다. 즉, 그리스도께서는 천국에는 자기를 위한 처소만이 아니라, 자신의 모든 제자들을 위 한 처소도 있다고 말씀하신 것과 같다.

그렇지 않으면 너희에게 일렀으리라. 이 말씀에 대해서는 주석가들마다 해석이 다르다. 어떤 이들은 이 말씀을 앞부분과 묶어서 하나의 맥락 속에서 이렇게 읽는다: "만일 너희의 거할 곳들이 아직 준비되어 있지 않았다면, 나는 그것들을 준비하기 위해서 너희보다 먼저 가는 것이라고 말했을 것이다." 그러나 나는 다음과 같이 해석하는 사람들의 견해에 동의한다: "만일 하늘의 영광이 오직 나만을 기다리고 있는 것이었다면, 나는 너희에게 사실 그대로를 밝혀서, 내 아버지의 집에 나 말고 다른 사람들을 위한 곳은 없다고 말했을 것이다. 그러나 실상은 전혀 그렇지 않다. 나는 너희가 거할 곳을 마련하기 위해서 너희보다 먼저 가는 것이다." 내 생각에는, 문맥을 고려해 볼 때에 이렇게 이해하는 것이 합당하다고 본다. 왜냐하면, 이 말씀 바로 뒤에 "내가 너희를 위하여 거처를 예비하러 가노니"라는 말씀이 이어지기 때문이다. 이 말씀을 통해서 그리스도께서는 자기가 떠나시는 목적이 자기 사람들의 거처를 마련하기 위한 것임을 보여주신다. 요컨대, 그리스도께서는 혼자서만 하늘에서 사시기 위해서 사적(私的)인 목적으로 거기로 올라가시는 것이 아니라, 천국이 모든 경건한 자들이 함께 누릴 공동의 기업(基業)이 되게 하심으로써 머리 되시는 그리스도 자신과 그의 지체들이 하나로 연합될 수 있도록 하시기 위해서 떠나시는 것이다. 그러나 여기에서 한 가지 질문이 생긴다. 그렇다면, 그리스도께서 하늘로 올라가시기 전에 이미 죽은 조상들은 지금 어떤 상태로 있는 것인가? 이 문제에 대한 통상적인 견해는 그리스도께서 자기가 승천하여야 거처가 마련될 것이라고 말씀하고 계시다는 것을 근거로 삼아서, 믿는 자들의 영혼은 중간 단계인 림보(limbo)에 일시적으로 머물러 있다는 것이다. 그러나 이 질문에 대한 대답은 쉽다. 즉, 그리스도께서 말씀하신 그 거처들은 부활의 날을 위해 마련된 것이라고 말할 수 있다는 것이다. 사람들은 본래 하나님의 나라에서 쫓겨난 존재들이지만, 천국의 유일한 상속자이신 하나님의 아들이 그들의 이름으로 그 나라를 소유하고 계시기 때문에, 그로 말미암아 우리도 거기에 들어갈 수 있게 되었다. 바울이 에베소서 1:3에서 말한 대로, 우리는 "그리스도 안에서" 이미 소망으로 천국을 소유하고 있다. 그러나 그리스도께서 하늘로부터 다시 오실 때까지, 우리는 이 큰 복을 누릴 수 없고, 이미 죽은 조상들의 상태도 여기에 있는 우리의 상태와 다르지 않다. 왜냐하면, 그리스도께서는 그들과 우리를 위한 거처들을 이미 마련해 두셨고, 이제 마지막 날에 그들과 우리를 모두 그 거처들로 영접해 주실 것이기 때문이다. 비유적으로 말하자면, 믿는 자들의 영혼은 그리스도로 말미암아 하나님과의 화목이 이루어지기 전에는 망대 위에 올라가서 약속된 구속(救贖)을 기다리고 있었다고 한다면, 지금은 구속이 완성될 때를 기다리면서 복된 안식을 누리고 있다고 할 수 있다.

3. 가서 너희를 위하여 거처를 예비하면. 이 구절에서 사용된 조건(條件)의 불변화사 '에안'(ἐὰν)은 시간의 부사로 해석되어야 하기 때문에, 그리스도께서는 여기에서 "내가 떠나간 후에 너희에게 다시 돌아올 것이다"라고 말씀하신 것과 같다. 하지만 우리는 그리스도께서 "다시 돌아오시겠다"고 하신 말씀을 성령과 연관시켜 해석해서, 마치 그리스도께서 성령을 통한 자신의 새로운 임재방식을 제자들에게 밝히신 것으로 이해해서는 안 된다. 물론, 그리스도께서 성령을 통해서 우리와 함께 거하시고 우리 안에 거하신다는 것은 의심할 여지 없이 사실이지만, 여기에서는 자기가 장차 결국에는 다시 돌아오셔서 자기 백성을 불러 모으시게 될 저 마지막 심판의 날에 대하여 말씀하고 계시는 것이다. 그리고 사실, 우리가 교회 전체를 생각해 본다면, 그리스도께서는 하루도 빠짐없이 우리를 위한 거처를 준비하고 계신다. 이것으로부터 도출되는 결론은 우리가 천국에 들어갈 때가 아직 오지 않았다는 것이다.

4. 내가 어디로 가는지 그 길을 너희가 아느니라. 제자들이 그리스도와 떨어져서 오랜 세월을 인내하며 견뎌내기 위해서는 특별한 담대함과 용기가 필요하였기 때문에, 그리스도께서는 먼저 자신의 죽음이 멸망이 아니라 아버지 하나님께로 가는 통로라는 것을 그들이 이미 알고 있다는 것, 다음으로는 그들이 그리스도와 동일한 영광에 참여하기 위해서 어떤 길을 가야 하는지를 알고 있다는 것을 여기에서 다시 한 번 재확인해 주신다. 우리는 이 두 가지를 마음에 깊이 새기지 않으면 안 된다. 즉, 우리는 첫째로 하늘 영광과 복된 영생에 들어가 계신 그리스도를 믿음의 눈으로 바라보아야 하고, 둘째로 그리스도는 우리의 생명의 "첫 열매"로서 우리에게 닫혀 있던 그 생명의 길을 열어 주신 분이라는 것을 알아야 한다.

5. 도마가 이르되 주여 어디로 가시는지 우리가 알지 못하거늘. 도마의 대답은 언뜻 보면 그리스도께서 이제까지 하셨던 말씀을 반박하는 것처럼 보이지만, 그에게는 그리스도를 불신하고자 하는 의도가 전혀 없었다. 그렇다면, 도마는 무슨 의도로 그리스도께서 단정적으로 말씀하신 것을 부정하고 있는 것인가라는 질문이 자연스럽게 제기된다. 나의 대답은 비록 하나님으로부터 어떤 일에 대하여 확실한 설명을 들었더라도 그 일이 이루어지는 방식이나 그 일의 이유를 깨닫지 못해서

그 일에 대해서 제대로 알지 못하는 경우가 종종 있다는 것이다. 일례로, 선지자들은 믿음으로 말미암은 분명한 지각(知覺) 속에서 장차 하나님께서 이방인들을 부르시게 될 것에 대하여 예언한 것이었지만, 바울은 그 일이 선지자들에게는 감춰진 비밀이었다고 말한다. 마찬가지로, 사도들은 그리스도께서 아버지 하나님께로 가실 것이라고 믿고 있었지만, 그리스도께서 어떤 식으로 자신의 나라를 얻고자 하시는지에 대해서는 알지 못하였기 때문에, 도마가 "어디로 가시는지 우리가 알지 못하거늘"이라고 말한 것은 솔직한 것이었다. 거기에서 한 걸음 더 나아가서, 도마는 자기들이 그리스도께서 "어디로 가시는지"를 모르기 때문에, 그리스도께서 가시고자 하시는 그 길 자체에 대해서는 더더욱 모르겠다고 결론을 내린다. 왜냐하면, 우리가 길을 떠나려면 먼저 어디로 가고자 하는지 그 행선지를 알아야 하기 때문이다.

6. 내가 곧 길이요. 그리스도께서는 도마의 질문에 대한 직접적인 대답을 주시지는 않으시지만, 제자들이 꼭 알아야 할 유익한 내용들은 하나도 빠뜨리지 않으시고 다 말씀해 주신다. 즉, 그리스도께서는 도마의 호기심을 물리치시는 것이 합당한 일이었기 때문에, 자기가 장차 아버지 하나님과 함께 있게 될 때에 어떤 상태로 있게 될지에 대해서는 설명해 주지 않으시고, 다만 제자들에게 꼭 필요한 것들만을 하나하나 짚어서 말씀해 주신다. 사람들은 흥미진진한 공상들을 지어내고 듣는 일에는 결코 지치는 법이 없기 때문에, 도마로서는 그리스도께서 하늘에서 무슨 일을 하시려고 하시는 것인지를 무척 듣고 싶었을 것이다. 그러나 우리는 그런 것과는 다른 일, 즉 어떻게 하면 우리가 저 복된 부활에 참여하게 될 수 있을까 하는 문제에 우리의 열심과 수고를 드리는 것이 마땅하다. 그리스도께서 여기에서 하신 말씀의 요지는 결국 이런 것이다. 즉, 누구든지 그리스도를 얻는 자는 부족함이 없을 것이기 때문에, 오직 그리스도만으로 만족하지 못하는 자는 궁극적인 온전함(ultima perfectio) 그 이상을 추구하는 자라는 것이다.

길이요 진리요 생명이니. 이제 그리스도께서는 세 가지 단계를 제시하시는데, 그것은 자기가 시작이자 중간이자 끝이라고 말씀하신 것과 같다. 이것으로부터 도출되는 결론은 우리는 그리스도에서 시작하여 그리스도를 거쳐서 그리스도에서 끝마쳐야 한다는 것이다. 우리가 우리를 영원한 생명으로 이끌어 주는 지혜에 만족하지 않고 더 높은 지혜를 찾아서는 안 된다는 것은 너무나 분명한데, 그리스도께서는 우리에게 그 영원한 생명을 자기 안에서 찾아야 한다고 말씀하신다. 그리고 "생명"을 얻는 방법은 "새로운 피조물"이 되는 것이다. 그리스도께서는 우리에게 다른 곳에서 생명을 찾아서는 안 된다고 말씀하심과 동시에, 자기가 "길"이기 때문에 오직 그 길을 통해서만 우리가 "생명"에 이를 수 있다는 것을 깨우쳐 주신다. 그리스도께서는 우리 가운데서 한 사람도 실족하지 않도록 하시기 위해서, 길을 잃은 자들에게는 손을 내밀어 주시고, 젖먹이 어린아이에게는 자신의 몸을 낮추어서 그들을 인도해 주신다. 인도자로 나서신 그리스도께서는 자기 백성을 도중에 내팽개치시는 법이 없으시고, 반드시 그들로 하여금 진리에 참여하는 자들이 되게 하셔서, 마침내 그 무엇과도 비교할 수 없을 정도로 뛰어나고 유쾌한 진리의 열매를 누릴 수 있게 해주신다. 그리스도는 "길"이신 까닭에, 아무리 연약하고 무지한 자들이라 할지라도 자기들이 그리스도 때문에 길을 잃었다고 탄식할 일이 없다. 또한, 그리스도는 "진리"와 "생명"이신 까닭에, 가장 온전한 자들까지도 만족시켜 주실 만한 것이 그리스도 안에 있다. 요컨대, 그리스도께서는 내가 앞에서 믿음의 대상과 관련해서 설명했던 내용을 지금 복과 관련해서 말씀하고 계시는 것이다. 누구나 다 인간의 복은 오직 하나님 안에 있다고 믿고 고백하면서도, 결국에는 그리스도 안에서가 아니라 다른 곳에서 하나님을 찾음으로써 그리스도의 참되고 실체적인 신성(神性)을 부정하는 어리석음을 범한다.

어떤 이들은 여기에서 "진리"는 하늘에 속한 지혜가 지닌 구원의 빛을 나타낸다고 보고, 또 어떤 이들은 "은혜와 진리는 예수 그리스도로 말미암아 온 것이라"(요 1:17)는 말씀에서 볼 수 있듯이, 율법의 그림자들이나 예표(豫表)들과 대비되는 "생명"을 비롯한 모든 신령한 복들의 실체 또는 본체(substantia)를 나타낸다고 본다. 내 생각으로는, "길"이 믿음의 시작과 초보들을 의미하는 것과 마찬가지로, "진리"는 여기에서 믿음의 온전함을 의미한다. 따라서 이 말씀 전체를 요약하면 이렇다: "누구든지 그리스도를 떠난 자는 길을 잃을 수밖에 없게 될 것이고, 누구든지 그리스도를 의지하지 않는 자는 다른 어딘가에서 오직 바람과 헛된 것만을 먹게 될 것이며, 누구든지 그리스도만으로 만족하지 않고 그 이상으로 나아가는 자는 생명 대신에 죽음을 만나게 될 것이다."

나로 말미암지 않고는 아버지께로 올 자가 없느니라. 이 구절은 앞에 나온 말씀에 대한 설명이다. 즉, 그리스도께서는 우리를 아버지 하나님께로 인도해 주시기 때문에 "길"이 되시고, 우리가 그리스도 안에서 아버지 하나님을 알게 되기 때문에 "진리"와 "생명"이 되신다는 것이다. 한편, 하나님의 이름을 부르는 것과 관련하여 그리스도의 중보를 통하지 않고는 그 어떤 기도도 열납되지 않는다는 것은 사실이지만, 그리스도께서는 여기에서 기도에 대하여 말씀하고 계시는 것이 아니기 때문에, 우리는 이 말씀이 그리스도를 떠나서 하나님께로 나아가고자 하는 자들은 단지 스스로 미로(迷路)들을 만들어 내는 것일 뿐이라는 것을 가르쳐 주고 있는 것이라고 보는 것이 합당하다. 자기를 통하지 않으면 다른 그 어떤 방법으로도 "생명의 근원"(시 36:9)이신 하나님을 만날 수 없다는 의미로 그리스도께서는 자기가 "생명"이라고 선언하신다. 그러므로 그리스도를 떠난 모든 신학은 혼란스럽고 공허한 것일 뿐만 아니라, 광기(狂氣)이고 사기(詐欺)이며 가짜이다. 철학자들은 때때로 현란한 말들을 토해내지만, 그런 말들은 덧없는 것들일 뿐만 아니라 심지어 그 속에 사악한 오류들이 뒤섞여 있다.

7. 너희가 나를 알았더라면 내 아버지도 알았으리로다. 그리스도께서는 우리가 방금 말했던 것, 즉 사람들이 그리스도만으로 만족하지 않고 어그러지고 굽은 길들로 하나님께 나아가고자 하는 것은 어리석고 해로운 호기심일 뿐이라는 것을 여기에서 확증해 주신다. 사람들은 하나님을 아는 지식이 그 무엇보다도 가장 고상한 것임을 인정하기는 하지만, 정작 하나님께서 그들 곁에 오셔서 다정하게 말을 건네시면, 그들 자신의 생각과 사변(思辨)에 빠져서, 하나님이 자기에게 오신 것을 깨닫지 못한 채 구름 위에서 하나님을 찾아 헤맨다. 그러므로 그리스도께서는 자신의 제자들이 아버지 하나님의 온전한 신성(神性)이 자기 안에서 분명하게 드러났는데도 그것을 알아차리지 못하고 있다고 책망하신다: "너희는 내 안에서 분명하게 드러난 아버지 하나님의 생생한 형상을 지금까지도 알지 못하고 있기 때문에, 나를 제대로 올바르게 안 것이 아니다."

이제부터는 너희가 그를 알았고 또 보았느니라. 그리스도께서 이 말씀을 덧붙이신 것은 방금 전에 제자들을 책망하시던 분위기를 조금 바꾸시기 위한 것이기도 하지만, 사실은 자기가 이렇게까지 말해 주었는데도, 만일 그들이 여전히 깊이 생각하고 세심하게 살피지 않는다면, 그들은 배은망덕하고 나태한 자들이라는 비난을 들을 수밖에 없다는 것을 재차 확인해 주시기 위한 것이다. 왜냐하면, 그리스도께서는 그들의 믿음을 칭찬하시기 위해서가 아니라 그들로 하여금 자신의 가르침을 명심하도록 하시기 위해서 이 말씀을 하신 것이기 때문이다. 그러므로 이 말씀의 취지는 그들이 눈을 떠서 보기만 한다면 그 즉시 하나님이 그들에게 분명하게 보이게 되리라는 것이다. 여기에서 "보다"는 믿음의 확신(fidei certitudo)을 나타낸다.

[8]빌립이 이르되 주여 아버지를 우리에게 보여 주옵소서 그리하면 족하겠나이다 [9]예수께서 이르시되 빌립아 내가 이렇게 오래 너희와 함께 있으되 네가 나를 알지 못하느냐 나를 본 자는 아버지를 보았거늘 어찌하여 아버지를 보이라 하느냐 [10]내가 아버지 안에 거하고 아버지는 내 안에 계신 것을 네가 믿지 아니하느냐 내가 너희에게 이르는 말은 스스로 하는 것이 아니라 아버지께서 내 안에 계셔서 그의 일을 하시는 것이라 [11]내가 아버지 안에 거하고 아버지께서 내 안에 계심을 믿으라 그렇지 못하겠거든 행하는 그 일로 말미암아 나를 믿으라 [12]내가 진실로 진실로 너희에게 이르노니 나를 믿는 자는 내가 하는 일을 그도 할 것이요 또한 그보다 큰 일도 하리니 이는 내가 아버지께로 감이라 [13]너희가 내 이름으로 무엇을 구하든지 내가 행하리니 이는 아버지로 하여금 아들로 말미암아 영광을 받으시게 하려 함이라 [14]내 이름으로 무엇이든지 내게 구하면 내가 행하리라(14:8-14).

8. 빌립이 이르되 주여 아버지를 우리에게 보여 주옵소서. 사도들이 연이어서 그리스도께서 하시는 말씀에 대하여 딴지를 걸며 이 소리 저 소리 하는 모습은 정말 어이없어 보인다. 왜냐하면, 그리스도께서는 빌립이 방금 질문한 바로 그 문제를 제자들에게 알게 해주시기 위해서 지금까지 말씀해 오신 것이기 때문이다. 하지만 제자들이 여기에서 저지른 것으로 기록된 여러 잘못들은 하나도 빠짐없이 바로 우리가 저지르는 잘못들이기도 하다. 왜냐하면, 우리는 열심히 하나님을 찾는다고 고백하면서도, 정작 하나님께서 우리 앞에 나타나시면, 우리의 눈이 멀어 있어서 보지 못하기 때문이다.

9. 내가 이렇게 오래 너희와 함께 있으되 네가 나를 알지 못하느냐. 그리스도께서 믿음의 눈(oculus fidei)이 밝지 못하다고 빌립을 책망하신 것은 합당하다. 왜냐하면, 이미 오래 전부터 하나님께서 그리스도 안에 임재해 계셨는데도, 빌립은 하나님을 보지 못했고, 그가 보지 못한 것은 자신의 배은망덕함(ingratitudo)으로 인한 것이었기 때문이다. 마찬가지로, 오늘날에도 그리스도만으로 만족하지 못하고 다른 곳에서 하나님을 찾았다고 헛된 망상들로 치닫는 자들은 복음 속에서 거의 유익을 얻지 못한다. 그런 어리석은 욕망은 낮아지신 그리스도에 대한 멸시에서 비롯된 것이지만, 그리스도께서는 바로 그 낮아지심을 통해서 아버지 하나님의 무

한한 선하심을 나타내 보여주신 것이기 때문에, 그들의 그런 태도는 지극히 온당치 않은 것이고 결코 용납될 수 없는 것이다.

10. 나는 아버지 안에 거하고 아버지는 내 안에 계신 것을. 나는 이 말씀이 그리스도의 신적 본질에 대한 것이 아니라 계시의 양태(樣態)에 대한 것이라고 본다. 그리스도의 신성(神性)은 감춰져 있기 때문에, 신성에 관한 한, 그리스도는 아버지 하나님보다 우리에게 더 잘 알려져 있는 것이 아니다. 그러나 하나님께서는 그리스도 안에서 자신의 무한한 선하심과 지혜와 능력을 분명하게 나타내셨다는 점에서 그리스도 안에서 자기 자신을 온전히 다 계시하셨기 때문에, 그리스도는 하나님의 생생한 형상 또는 가시적인 형상(expressa Dei imago)이라 불린다. 따라서 옛 교부들이 그리스도의 신성을 변증하기 위해서 이 구절을 증거 본문으로 인용한 것은 잘못이 아니지만, 그리스도께서는 여기에서 단순히 자기가 어떤 존재인지를 밝히고 계시는 것이 아니라, 우리가 그를 어떤 존재로 인정하고 고백해야 하는지를 말씀해 주신 것이기 때문에, 이 구절은 그리스도의 본질(本質, essentia)과 연관된 것이 아니라 그리스도의 능력(virtus)과 연관된 것이다. 그러므로 아버지 하나님이 그리스도 안에 거하신다는 것은 온전한 신성(神性)이 그리스도 안에 거하여 그 능력을 나타내고 있다는 것이고, 그리스도가 아버지 하나님 안에 거하신다는 것은 그리스도께서 자신의 신적 능력을 통해서 자기가 아버지 하나님과 하나라는 것을 보여주고 계신다는 것이다.

내가 너희에게 이르는 말은. 그리스도께서는 결과를 근거로 들어서, 우리가 그리스도 안에서가 아닌 다른 어떤 곳에서 하나님을 찾아서는 안 된다는 것을 증명하신다. 즉, 그리스도께서는 자신의 가르침이 하늘에 속한 것이고 진정으로 신적인 것이라는 사실이 자기 안에 하나님이 임재해 계심을 보여주는 명백한 증거이자 거울이라고 선언하신다. 이러한 논증과 관련해서, 그렇다면 선지자들도 성령의 감동으로 예언한 자들이고, 그들의 가르침도 하나님에게서 나왔으니, 우리는 그들도 하나님의 아들들이라고 해야 하지 않는가라는 반론이 제기될 수 있지만, 그런 반론에 대답하는 것은 쉽다. 먼저, 우리는 선지자들의 가르침이 어떤 내용을 담고 있었는지를 생각해 볼 필요가 있다. 왜냐하면, 선지자들은 자신의 제자들을 가르쳐서 다른 사람(즉, 그리스도 — 역주)에게로 보내었던 반면에, 그리스도께서는 자신의 제자들을 가르치셔서 자기 곁에 두셨기 때문이다. 또한, 우리는 사도가, 하나님께서 옛적에는 "모세를 통해서 땅으로부터" 말씀하셨지만, 지금은 "그 아들의 입을

통해서 하늘로부터" 말씀하고 계시다고 선언하고 있는 것(히 12:25)을 기억하여야
한다.

그리스도께서 "내가 너희에게 이르는 말은 스스로 하는 것이 아니라"고 하신 것
은, 아버지 하나님께서는 그리스도의 가르침을 통해서 하나님의 영의 능력을 나타
내심으로써 사람들로 하여금 그리스도 안에서 하나님의 신성(神性)을 보게 하고자
하셨기 때문에, 자기가 단지 한 사람의 인간으로서, 또는 인간적인 방법으로 말씀
하고 있는 것이 아니라는 것이다. 또한, 그리스도께서 "아버지께서 내 안에 계셔서
그의 일을 하시는 것이라"고 하셨을 때, 우리는 "그의 일들"을 단지 이적들로 한정
해서는 안 되고, 이 말씀을 앞에서 하신 말씀의 연장으로 보아서, 하나님의 위엄이
그리스도의 가르침 속에서 분명하게 나타났다는 것을 의미하는 것으로 받아들여
야 한다. 즉, 그리스도께서는 자신의 가르침이 진정으로 하나님의 역사(役事)인 까
닭에, 그것은 하나님이 자기 안에 거하신다는 것을 확실하게 증명해 주는 것이라
고 말씀하신 것과 같다. 따라서 나는 여기에서 "그의 일들"은 하나님의 능력이 나
타났음을 분명히 보여준 역사(役事)들을 가리키는 것이라고 본다.

11. 내가 아버지 안에 거하고 아버지께서 내 안에 계심을 믿으라. 이것은 우선적
으로는 그리스도께서 자기가 하나님의 아들이라고 선언하시면서, 제자들에게 자
신의 증언을 믿을 것을 요구하시는 것이지만, 그들은 이제까지 좀처럼 그리스도께
서 하신 말씀들을 믿으려 하지 않아 왔기 때문에, 그들의 영적 나태함을 간접적으
로 나무라시는 것이기도 하다: "내가 이렇게 강조해서 말을 해도 너희에게 확신이
생기지 않고, 너희가 나를 신통치 않게 여겨서 내 말이 믿어지지 않을지라도, 너희
는 적어도 내 안에서 역사해서 하나님의 임재를 너희 눈앞에 가시적으로 보여주고
있는 저 능력에 대해서는 깊이 생각해 보아야 할 것이다." 사실, 그들은 그리스도
의 말씀을 단 한 마디도 빼놓지 않고 주저 없이 다 받아들였어야 마땅했기 때문에,
그들이 그리스도의 입에서 나온 말씀을 전적으로 믿지 않은 것은 너무나 어처구니
없고 황당한 일이었다. 그러나 여기에서 그리스도께서 제자들을 책망하신 이유는
그들이 동일한 가르침을 수없이 반복해서 들었으면서도 거의 나아진 것이 없었기
때문이었다. 그리스도께서는 믿음의 본질(natura fidei)을 그들에게 설명해 주시는
것이 아니라, 단지 믿지 않는 자들을 설득시키기에 충분한 것들이 자기에게 있다
는 것을 보여주실 뿐이다. 그리스도께서 앞 절에서 하셨던 말씀, 즉 "내가 아버지
안에 거하고 아버지께서 내 안에 계시다"는 것을 여기에서 다시 한 번 반복하신 것

은 쓸데없는 사족이 아니다. 왜냐하면, 우리는 본성적으로 허황된 호기심에 빠져들기 쉽다는 것을 경험을 통해 너무나 잘 알기 때문이다. 우리가 그리스도를 떠나는 순간 우리에게는 오직 우리가 만들어 낸 우상들만이 있게 될 것이지만, 그리스도 안에는 오직 하나님께 속한 것들과 우리를 하나님 안에 있게 해주는 것들만이 있다.

12. 내가 진실로 진실로 너희에게 이르노니. 그리스도께서 지금까지 자신에 대해서 제자들에게 말씀해 주신 모든 것들은 다 그들에게는 그저 스쳐지나가는 일시적인 말씀들이었을 뿐이다. 그러므로 그리스도께서 이 구절을 덧붙이지 않으셨다면, 그가 지금까지 제자들에게 해주셨던 위로의 말씀은 완전한 것이 되지 못했을 것이다. 왜냐하면, 무엇보다도 특히, 우리는 하나님이 우리에게 베풀어 주신 은혜들을 매우 빨리 잊어버리는 자들이기 때문이다. 이 점과 관련해서 우리는 그 예들을 멀리서 찾을 필요도 없다. 왜냐하면, 하나님께서 우리에게 내내 온갖 복을 내려주셨다고 해도, 만일 한 보름간만 잠잠하시면, 우리는 하나님이 과연 지금도 살아 계시는 것이냐고 의심을 하게 될 것이 때문이다. 이것이 그리스도께서 여기에서 사도들이 당시에 직접 목격했던 자신의 현재적인 능력에 대해서 말씀해 주실 뿐만 아니라, 장래에도 그 능력에는 변함이 없을 것이라고 약속해 주시는 이유이다. 실제로 그리스도의 신성(神性)은 그가 이 땅에 계시는 동안에만 입증된 것이 아니었고, 그가 아버지에게로 가신 후에도 그의 신성을 보여주는 생생한 증거들이 믿는 자들에게 주어졌다. 그러나 우리의 우매함이나 악함 때문에 우리는 그리스도께서 행하신 일들 속에서 하나님을 깨닫지 못하고, 하나님께서 행하신 일들 속에서 그리스도를 알아보지 못한다.

그리스도께서는 사도들이 자기가 행한 것보다 더 "큰 일들"을 할 것이라고 말씀하셨는데, 많은 사람들이 이 말씀에 대하여 당혹해한다. 나는 이 문제에 대한 통상적인 설명들은 모두 생략하고, 오직 다음 한 가지만을 설명하는 것으로 만족하고자 한다. 먼저, 우리는 그리스도께서 무슨 의미로 이런 말씀을 하신 것인지를 알 필요가 있다. 즉, 그리스도께서는 자기가 하나님의 아들이심을 증명하기 위해서 보여주셨던 능력은 자기가 육신을 입고 있는 동안에만 나타나는 것이 결코 아니라는 사실이 자기가 이 세상을 떠나고 난 후에 한층 더 많이 주어질 놀라운 증거들을 통해서 분명하게 입증될 것이라는 의미로 이런 말씀을 하신 것이었다. 그리스도께서 승천하신 직후에 이 세상에는 놀라운 회심(回心)이 일어났고, 그러한 회심 속에서 나타난 그리스도의 신성(神性)은 전에 그가 사람들 사이에 계실 때에 나타난 것보다 훨씬 강력한 것이었다. 이렇게 해서, 우리는 그리스도의 신성을 보여주는 증거가 그리스도 자신에게 국한되지 않고, 교회 전체에 널리 나타나게 된 것을 알게 되었다. 따라서 "그도 할 것이요"라고 하신 말씀은 단지 당시의 사도들이나 소수의 경건한 자들에게만 적용되는 것이 아니라, 그리스도께서 교회 전체를 염두에 두고 하신 말씀이었다.

이는 내가 아버지께로 감이라. 이것은 제자들이 그리스도보다 더 "큰 일들"을 할 수 있게 되는 이유를 보여주는 말씀이다. 즉, 그리스도께서는 "아버지께로 감"으로써 자신의 나라를 소유하게 되셨을 때에 하늘로부터 자신의 능력을 더 온전히 나타내시게 될 것이기 때문에, 제자들은 그리스도보다 더 "큰 일들"을 할 수 있게 된다는 것이다. 이것으로부터 분명한 것은 그리스도의 영광은 그가 떠나시고 난 후에도 조금도 쇠하지 않으리라는 것이다. 실제로, 그리스도께서 떠나신 후에 그의 지체 또는 도구에 불과했던 제자들은 그보다 더 놀라운 일들을 행하였다. 또한, 이것으로부터 더 분명해지는 사실은 "모든 무릎을 예수의 이름에 꿇게 하시기"(빌 2:10) 위하여 그리스도께서 아버지 하나님 우편에 앉아 계신다는 것이다.

13. 너희가 내 이름으로 무엇을 구하든지 내가 행하리니. 이 말씀을 통해서 그리스도께서는 제자들의 손으로 행해지게 될 모든 일의 주체(主體)가 자기가 될 것이라는 사실을 분명하게 선언하신다. 그러나 여기에서, 그리스도께서는 이 땅에 계실 당시에도 중보자이셨고, 사람들은 그의 이름으로 아버지 하나님께 기도한 것이 아니었던가라는 질문이 제기될 수 있다. 나의 대답은 그리스도께서는 하늘 성소에 들어가신 이후에 더 분명하게 중보자의 직분을 수행하셨다는 것이다 — 나는 이 점에 대해서 나중에 적절한 곳에서 다시 한 번 설명하고자 한다.

아버지로 하여금 아들로 말미암아 영광을 받으시게. 이 말씀은 바울이 "모든 입으로 예수 그리스도를 주라 시인하여 하나님 아버지께 영광을 돌리게 하셨느니라"(빌 2:11)고 말한 것과 일치한다. 모든 일의 목적은 하나님의 이름을 거룩하게 하는 것이지만, 여기에서는 하나님의 이름을 거룩하게 하는 참된 방법이 분명하게 제시되고 있는데, 그것은 "아들 안에서" 그리고 "아들로 말미암아"라는 것이다. 왜냐하면, 하나님의 위엄은 그 자체로는 우리에게 감춰져 있지만, 그리스도 안에서는 밝게 빛나고 있고, 하나님의 손길은 숨겨져 있지만, 우리는 그리스도 안에서 하나님의 손길을 보게 되기 때문이다. 그러므로 "아버지"께서 우리에게 베풀어 주시는 은택(恩澤)으로 말미암아 살아가는 우리에게는 "아버지"와 "아들"을 떼어놓을 권한이 없는데, "아들을 공경하지 아니하는 자는 그를 보내신 아버지도 공경하지 아니하느니라"(요 5:23)는 말씀도 동일한 취지이다.

14. 내 이름으로 무엇이든지 내게 구하면 내가 행하리라. 이것은 결코 쓸데없는 반복이 아니다. 모든 사람은 자기가 하나님께 나아갈 자격이 없다는 것을 알고 있다. 그런데도 대다수의 사람들은 마치 정신 나간 사람처럼 뛰쳐나와서 무례하고 오만방자하게 하나님의 이름을 불러대고 나서는, 그런 후에야 내가 방금 말한 자신의 무가치함이 그들의 뇌리에 불현듯 떠오르면, 거기에서 빠져나오기 위해서 온갖 편법들을 강구해 낸다. 그러나 하나님께서 우리를 자기에게로 초대하실 때에는, 우리 앞에 오직 한 분의 중보자를 세우시고, 오직 그로 말미암아서만 우리의 간구에 너그러이 귀를 기울여 주신다. 그러나 여기서 또다시 인간의 사악한 마음이 반기(反旗)를 들기 때문에, 대다수의 사람들은 바른 길을 버리고 굽은 길로 돌아가기를 그치지 않는다. 사람들이 그렇게 하는 이유는 그리스도 안에 있는 하나님의 능력과 선하심을 제대로 알지 못하고 단지 피상적이고 엷게만 알고 있기 때문이다. 그러나 거기에 또 한 가지 잘못이 추가되는데, 그것은 하나님께서 우리를 불러 주실 때까지는 우리가 그에게로 나아갈 수 없다는 것과 우리는 오직 아들을 통해서만 하나님의 부르심을 받을 수 있다는 것을 깊이 생각하지 않는다는 것이다. 그리스도께서 한 번 말씀해 주신 것으로는 그러한 사실이 우리의 뇌리에 잘 각인이 되지 않았다고 해도, 우리는 그가 우리에게 자신의 이름으로 아버지 하나님께 기도해야 한다고 거듭 말씀하실 때에는, 우리로 하여금 다른 중보자들을 찾아 헤매는 헛수고를 하지 않도록 하시기 위해서, 그가 우리를 채찍질하시는 것임을 알아야 한다.

¹⁵너희가 나를 사랑하면 나의 계명을 지키리라 ¹⁶내가 아버지께 구하겠으니 그가 또 다른 보혜사를 너희에게 주사 영원토록 너희와 함께 있게 하리니 ¹⁷그는 진리의 영이라 세상은 능히 그를 받지 못하나니 이는 그를 보지도 못하고 알지도 못함이라 그러나 너희는 그를 아나니 그는 너희와 함께 거하심이요 또 너희 속에 계시겠음이라 ¹⁸내가 너희를 고아와 같이 버려두지 아니하고 너희에게로 오리라(14:15-18).

15. 너희가 나를 사랑하면 나의 계명을 지키리라. 제자들이 그리스도를 사랑한

것은 참되고 진실한 것이었지만, 우리의 경우가 흔히 그렇듯이, 그 안에는 어느 정
도 미신적(迷信的)인 요소가 섞여 있었다. 왜냐하면, 그들은 너무나 어처구니없게
도 그리스도를 이 세상에 붙들어 두고 싶어 했기 때문이다. 그리스도께서는 제자
들의 그러한 잘못을 바로잡아 주시기 위해서 그들에게 그들의 사랑을 다른 곳으로
옮기라고 명하시는데, 그것은 그리스도께서 친히 그들에게 주신 "계명들"을 지키
는 일에 온 힘을 쏟으라는 것이었다. 이것은 두말할 필요도 없이 유익한 가르침이
다. 왜냐하면, 그리스도를 사랑하는 것처럼 보이는 자들 중에서도 그를 바르게 섬
기는 자들은 아주 적고, 반대로 대부분의 사람들은 그리스도를 섬긴답시고 사소한
일 몇 가지를 하고 나서는 자기만족에 빠져서 흡족해하기 때문이다. 하지만 그리
스도를 진정으로 사랑하는지의 여부는 그의 가르침을 자신의 유일한 규범으로 삼
아서 지키고 있는가에 달려 있다. 그러나 우리는 우리의 감정(感情)이 얼마나 죄악
으로 물들어 있는지를 생각하여야 한다. 왜냐하면, 우리가 그리스도에 대하여 사
랑을 품고 있다고 할지라도, 그 사랑이 순전한 순종으로 연결되지 않는다면, 그 사
랑조차도 결함이 있는 것이기 때문이다.

16. 내가 아버지께 구하겠으니. 그리스도께서는 자기가 떠난 후에 제자들이 겪
게 될 슬픔을 위로하시고 어루만져 주시기 위하여 이 말씀을 하시는 것이지만, 아
울러 그들에게 자신의 계명을 지킬 수 있는 힘과 능력을 주시겠다고 약속하신다.
왜냐하면, 만일 그리스도께서 이런 약속을 주시지 않았다면, 제자들에 대한 그의
권면은 별 효과가 없게 될 것이었기 때문이다. 그러므로 그리스도께서는 지체 없
이 자기가 비록 몸으로는 그들을 떠나 있겠지만, 그들을 결코 고립무원(孤立無援)
의 상태로 내버려 두지는 않을 것이라고 말씀하신다. 왜냐하면, 그리스도께서는
자신의 영으로 앞으로도 제자들과 함께 하실 것이기 때문이다. 여기에서 그리스도
께서는 성령을 아버지 하나님이 주시는 은사(恩賜)라고 부르시지만, 그 은사는 그
의 기도를 통해서 주어지게 될 것이다. 한편, 다른 본문에서는 그리스도께서 자기
가 성령을 보내 주시겠다고 약속하신다: "내가 떠나가지 아니하면 보혜사가 너희
에게로 오시지 아니할 것이요 가면 내가 그를 너희에게로 보내리니"(요 16:7). 이
두 본문의 말씀은 모두 참되고 옳다. 왜냐하면, 그리스도께서는 한편으로 우리의
중보자와 대도자(代禱者)이신 한에서는 아버지로부터 성령의 은사(恩賜)를 받으
시는 것이고, 다른 한편 자신이 하나님이신 한에서는 스스로 그 은사를 주시는 것
이기 때문이다. 따라서 이 말씀의 의미는 이런 것이다: "아버지께서 나를 너희에게

보혜사로 주셨지만, 그것은 단지 일시적이었을 뿐이다. 이제 나는 나의 직무(職務)를 다 마쳤으니, 아버지께 '다른 보혜사'를 보내 주시도록 기도할 것인데, 이 '다른 보혜사'는 너희 곁에 잠시가 아니라 영원히 머무를 것이다."

"보혜사"(παράκλητος- 파라클레토스)라는 단어가 여기에서 그리스도와 성령, 두 분 모두에 대하여 사용된 것은 옳다. 왜냐하면, 우리를 위로하시고 권면하시며 우리의 후견인이 되셔서 우리를 보호하시고 지키시는 것은 그리스도와 성령, 두 분 모두의 직무이기 때문이다. 그리스도께서는 이 세상에 계시는 동안에는 직접 제자들의 후견인(patronus)이 되어 주셨지만, 그 후에는 후견인으로서의 직무를 성령에 넘겨주셔서 성령의 보호하심에 그들을 맡기셨다. 그렇다면, 지금 우리는 그리스도의 보호 아래에 있는 것이 아니지 않느냐는 질문이 제기될 수 있지만, 그 질문에 대한 대답은 쉽다. 그리스도께서는 영원한 보호자이시지만, 눈에 보이는 방식으로 보호자 역할을 하시는 것은 아니라는 것이다. 왜냐하면, 그리스도께서는 세상에 계신 동안에는 모든 사람이 다 볼 수 있게 보호자 역할을 하셨지만, 지금은 자신의 영을 통해서 우리를 보호해 주시기 때문이다. 그리스도께서 성령을 "다른 보혜사"라 부르시는 것은 우리가 그리스도와 성령으로부터 받는 복이 서로 다르기 때문이다. 그리스도의 고유한 직무는 세상 죄를 대속하심으로써, 하나님의 진노를 가라앉히시고, 사망으로부터 사람들을 구원하셔서 의(義)와 생명을 얻게 하시는 것이었던 반면에, 성령의 고유한 직무는 우리로 하여금 그리스도 및 그의 모든 복에 참여하게 하는 것이다. 이런 사실을 근거로 해서, 그리스도와 성령은 서로 다른 구별된 위격(位格)이라는 결론을 내리는 것은 결코 잘못된 것이 아닐 것이다. 왜냐하면, 성령에게 성자와 다른 어떤 고유한 속성이 존재한다면, 성령은 성자와 다른 존재라는 것이 분명하기 때문이다.

17. 그는 진리의 영이라. 그리스도께서는 성령에게 또 다른 칭호를 부여하시는데, 그것은 성령은 진리의 교사(magister veritatis)이시라는 것이다. 이것으로부터 도출되는 결론은 우리가 내적으로 성령의 가르침을 받을 때까지는, 우리의 마음 전체는 헛된 것들과 거짓된 것들에 사로잡혀 있다는 것이다.

세상은 능히 그를 받지 못하나니 … 그러나 너희는 그를 아나니. 이러한 대비(對比)는 하나님께서 오직 자기가 택하신 자들에게만 허락하시는 은혜가 얼마나 특별하고 놀라운 것인지를 보여준다. 왜냐하면, 그리스도께서는 여기에서 세상이 얼마나 특별하고 놀라운 은사(恩賜)를 박탈당하고 있는 것인지를 말씀하시는 것이기 때문이다. 이사야 선지자도 그런 취지로 이렇게 말하였다: "보라 어둠이 땅을 덮을 것이며 캄캄함이 만민을 가리려니와 오직 여호와께서 네 위에 임하실 것이며 그의 영광이 네 위에 나타나리니"(사 60:2). 하나님께서는 교회에 특별한 은사를 주셔서 온 세상 위로 높이시고 계시는 것이기 때문에, 교회에 대하여 하나님이 베푸신 긍휼은 지극한 찬송을 받으시는 것이 마땅하다. 그렇지만 그리스도께서는 제자들에게 세상 사람들처럼 육신적인 생각을 따라서 교만해져서 성령의 은혜가 그들에게서 떠나게 해서는 안 된다고 권면하신다. 세상 사람들은 성경에서 성령에 대하여 말씀하고 있는 모든 것들이 한낱 꿈 같은 이야기일 뿐이라고 생각한다. 왜냐하면, 그들은 자신들의 머리만 믿고 하늘로부터 오는 빛은 생각하지 못하기 때문이다. 세상에는 할 수만 있다면 성령의 빛을 소멸시켜 버리려는 그러한 교만으로 가득 차 있지만, 우리는 우리 자신이 얼마나 부족한 존재인지 깨닫고서, 올바른 분별력(intelligentia sana)은 오직 성령으로부터만 오고 그 어떤 다른 것으로부터도 오지 않는다는 것을 알아야 한다. 하지만 그리스도께서 여기에서 하신 말씀은 성령과 관련된 것은 그 어떤 것이든지 인간적인 지각(知覺)을 통해서는 배울 수 없고, 오직 믿음으로 말미암은 체험(fidei experientia)을 통해서만 성령을 알게 된다는 것을 보여준다. 그리스도께서는 "세상은 능히 그를 받지 못하나니 이는 그를 보지도 못하고 알지도 못함이라 그러나 너희는 그를 아나니 그는 너희와 함께 거하심이요 또 너희 속에 계시겠음이라"고 말씀하신다. 그러므로 오직 성령께서 친히 우리 속에 거하셔서 우리로 하여금 성령을 알게 하실 때에만 우리가 성령을 알게 되는 것이고, 우리는 다른 방법으로는 성령을 알 수도 없고 이해할 수도 없다.

18. 내가 너희를 고아와 같이 버려두지 아니하고. 이 말씀은 성령의 보호 밖에 있는 사람들이 어떤 존재이고 무엇을 할 수 있는지를 보여준다. 그들은 온갖 사기(詐欺)와 불법(不法)에 노출되어 있고 자기 자신을 지킬 힘도 없는, 한 마디로 말해서, 스스로는 아무것도 할 수 없는 "고아" 같은 존재들이다. 이처럼 치명적인 우리의 결함과 약점을 치유해 줄 수 있는 유일한 것은 그리스도께서 약속하신 대로 자신의 성령을 통해서 우리를 다스려 주시는 것이다. 그래서 그리스도께서는 제자들이 스스로를 믿지 말고 오직 그리스도의 보호만을 의지하도록 하시기 위해서, 먼저 그들이 얼마나 연약한 존재인지를 일깨워 주시고 나서, 다음으로는 그들에게 한 가지 치유책을 약속하심으로써 그들에게 소망 가운데서 힘을 얻게 해주신다. 왜냐하면, 그리스도께서는 그들을 결코 "고아와 같이 버려두지" 않으실 것이라고

선언하시기 때문이다. 또한, 그리스도께서 "너희에게로 오리라"고 말씀하신 것은 자기가 어떤 방식으로 자기 백성 가운데에 거하셔서 모든 일을 이루어 가실 것인 지를 보여주신 것이다. 물론, 그 방식이라는 것은 자신의 성령을 통한 역사(役事)를 의미한다. 이것으로부터 분명한 것은 성령의 은혜는 그리스도의 신성(神性)을 증명해 주는 확실한 증거라는 것이다.

[19]조금 있으면 세상은 다시 나를 보지 못할 것이로되 **너희는 나를 보리니** 이는 내가 살아 있고 너희도 살아 있겠음이라 [20]그 날에는 내가 아버지 안에, **너희가 내 안에,** 내가 **너희** 안에 있는 것을 **너희가** 알리라(14:19-20).

19. 조금 있으면. 그리스도께서는 제자들의 슬픔을 덜어줄 뿐만 아니라 아예 없애 주기에도 부족함이 없었을 것임에 틀림없는 이 특별한 은혜에 대한 상찬(賞讚)을 이어 가신다. 그리스도께서는 "내가 떠나감으로써 이 세상에서 더 이상 보이지 않게 될 때에도, 나는 여전히 너희들과 함께 있을 것이다"라고 말씀하신다. 하지만 우리가 그리스도의 이 비밀한 임재를 누리기 위해서는, 그의 임재나 부재(不在)를 육신적인 지각을 따라 판단해서는 안 되고, 믿음의 눈을 통해서 그리스도의 능력을 바라볼 수 있어야 한다. 그렇기 때문에, 믿는 자들은 비록 육신으로는 그리스도와 멀리 떨어져 있을지라도, 언제나 그의 영으로 말미암아 그와 함께 있고 그를 보고 있는 것이다.

이는 내가 살아 있고 너희도 살아 있겠음이라. 이 말씀은 두 가지로 설명될 수 있다. 하나는 앞에 나온 말씀을 확증하는 것으로 보고서, "이는 내가 살아 있고 너희도 살아 있겠음이라"로 읽는 것이고, 다른 하나는 앞에 나온 말씀과 단절된 것으로 보고서, "내가 살아 있기 때문에 너희도 살아 있게 될 것이다"로 읽는 것이다. 나는 전자의 견해를 흔쾌히 따르고자 한다. 하지만 이 말씀으로부터 우리는 그리스도께서 살아 계시기 때문에 우리도 살아 있는 것이라는 가르침도 얻을 수 있다. 먼저, 그리스도께서는 제자들은 자기를 볼 수 있지만 세상은 볼 수 없는 그런 차이가 생겨나는 이유가 무엇인지를 보여주신다. 즉, 그것은 그리스도를 보려면 영적인 생명이 있어야 하는데, 세상은 그런 생명을 갖고 있지 못하기 때문이라는 것이다. 세상은 눈이 멀어 죽어 있는 까닭에, 세상이 그리스도를 다시 보지 못하게 되는 것은 이상한 일이 아니다. 그러나 성령으로 말미암아 살아나기 시작한 자는 누구든지 그 즉시 그리스도를 볼 수 있는 눈을 부여받게 된다. 그 이유는 우리의 생명이 그리스도의 생명과 긴밀하게 연결되어 있어서, 우리의 생명은 그 원천(源泉)인 그리스도의 생명으로부터 흘러나오는 것이기 때문이다. 왜냐하면, 우리는 본래 죽어 있는 자들이고, 우리가 자랑하는 살아 있음도 죽어 있는 것일 뿐만 아니라 최악의 상태 속에서 죽어 있는 것일 뿐이기 때문이다. 따라서 우리가 어떻게 해야 생명을 얻을 수 있느냐 하는 것이 문제인데, 그 대답은 우리의 눈을 들어서 오직 그리스도만을 바라봄으로써, 그의 생명이 믿음으로 말미암아 우리에게 전해지게 하여야 한다는 것이다. 그렇게 될 때, 우리의 양심은 그리스도께서 살아 계시는 한, 우리가 모든 멸망의 위험으로부터 벗어나 있다는 것을 확신할 수 있게 된다. 왜냐하면, 만일 그리스도의 지체들이 죽어 있다면, 그리스도의 생명도 무의미해질 수밖에 없다는 것은 의심할 여지 없는 사실일 것이기 때문이다.

20. 그 날에는 … 너희가 알리라. 많은 사람들은 "그 날"이 오순절을 가리킨다고 생각한다. 그러나 우리는 그리스도께서 자신의 영이 활동을 개시한 때로부터 마지막 부활의 때까지의 전체 기간을 "하루"와 같은 연속적인 과정으로 보시고서 "그 날"이라고 지칭하신 것으로 이해하는 것이 더 옳다고 본다. 이 때부터 제자들은 그리스도께서 하신 말씀의 의미를 깨닫기 시작하긴 했지만, 아직 성령께서 그들 속에서 강력하게 역사하시기 전이었기 때문에, 그 깨달음은 아주 초보적인 것이었다. 왜냐하면, 그리스도께서는 우리와 그리스도 사이에, 그리고 그리스도와 아버지 하나님 사이에 존재하는 거룩하고 신비한 하나됨이 어떤 것인지를 우리의 무익하고 헛된 사변(思辨)으로는 깨달을 수가 없고, 오직 자기가 성령의 비밀한 능력을 통해서 우리 안에 자신의 생명을 부어 주실 때에만, 우리가 그것을 깨달을 수 있다는 것을 보여주시기 위해서 이 말씀을 하고 계시는 것이기 때문이다. 그리고 이것이 바로 내가 앞에서 말한 바 있는 믿음으로 말미암은 체험(experimentum fidei)이다. 옛적에 아리우스파는 그리스도께서는 오직 참여(participatio)와 은혜(gratia)에 의해서 하나님이 되신 것일 뿐이라는 자신들의 주장을 뒷받침하기 위해서 이 구절을 악용한 적이 있었지만, 그들의 궤변을 반박하는 것은 쉬운 일이다. 왜냐하면, 이 본문에서 그리스도께서는 단순히 자신의 영원한 본질(本質)에 대하여 말씀하시는 것이 아니라, 자신 안에 나타난 저 신적 능력에 대하여 말씀하시는 것이기 때문이다. 아버지 하나님께서는 "아들" 안에 모든 복을 두셨고, "아들"은 자기 자신을 우리에게 온전히 주셨다. 우리가 그리스도 안에 있다고 하는 것은 우리가 그리스도

의 몸에 "접붙임이 되어서" 그의 모든 의(義)와 복에 참여하는 자들이 되었기 때문이고, 그리스도께서 우리 안에 계신다고 하는 것은 그가 우리의 생명의 주(主)이자 원인이심을 자신의 성령의 역사(役事)를 통해서 분명하게 보여주시기 때문이다.

[21]나의 계명을 지키는 자라야 나를 사랑하는 자니 나를 사랑하는 자는 내 아버지께 사랑을 받을 것이요 나도 그를 사랑하여 그에게 나를 나타내리라 [22]가룟인 아닌 유다가 이르되 주여 어찌하여 자기를 우리에게는 나타내시고 세상에는 아니하려 하시나이까 [23]예수께서 대답하여 이르시되 사람이 나를 사랑하면 내 말을 지키리니 내 아버지께서 그를 사랑하실 것이요 우리가 그에게 가서 거처를 그와 함께 하리라 [24]나를 사랑하지 아니하는 자는 내 말을 지키지 아니하나니 너희가 듣는 말은 내 말이 아니요 나를 보내신 아버지의 말씀이니라(14:21-24).

21. 나의 계명을 지키는 자라야 나를 사랑하는 자니. 그리스도께서는 우리가 그를 사랑하는 분명한 증거는 그의 계명들을 지키는 것이라는 앞서의 말씀을 여기에서 다시 한 번 되풀이하신다. 그리스도께서 이렇게 여러 차례에 걸쳐서 제자들에게 이것을 상기시키시는 것은 그들로 하여금 이 말씀을 벗어나지 않게 하시기 위한 것이었다. 왜냐하면, 우리는 너무도 놀랄 만큼 자연스럽게 육정(肉情)에 빠져들어서 그리스도의 이름을 내세우면서도 실상은 그리스도 아닌 다른 것들을 사랑하는 성향이 있기 때문이다. 사도 바울도 그런 취지에서 "비록 우리가 그리스도도 육신을 따라 알았으나 이제부터는 그같이 알지 아니하노라 그런즉 누구든지 그리스도 안에 있으면 새로운 피조물이라"(고후 5:16-17)고 말한다. 그리스도의 계명들을 "받는다"는 것은 그 계명들로 바르게 가르침을 받는다는 뜻이고, 그의 계명들을 "지킨다"는 것은 우리 자신과 우리 삶을 그 계명들로 이루어진 규범에 합치시키는 것이다(칼빈이 사용한 성경 본문에는 이 구절이 "나의 계명을 받아서 지키는 자라야 나를 사랑하는 자니"로 되어 있다 — 역주).

나를 사랑하는 자는 내 아버지께 사랑을 받을 것이요 나도 그를 사랑하여. 그리스도께서는 여기에서 마치 하나님이 인간을 사랑하시기 전에 인간이 먼저 하나님을 사랑한 것처럼 말씀하시는 듯이 보이지만, 그것은 터무니없는 것으로서 전혀 사실이 아니다. 왜냐하면, "우리가 원수 되었을 때에 하나님께서 우리를 그 자신과 화목하게 하셨고"(롬 5:10), 요한의 저 유명한 말처럼, "우리가 [먼저] 하나님을 사랑한 것이 아니요 하나님이 [먼저] 우리를 사랑하신"(요일 4:10) 것이기 때문이다. 따라서 그리스도께서는 여기에서 어느 쪽이 원인이고 어느 쪽이 결과인지에 대해서 논하시는 것이 아니기 때문에, 이 본문을 근거로 삼아서, 그리스도에 대한 우리의 사랑이 우리에 대한 하나님의 사랑보다 순서상으로 먼저라고 결론을 내리는 것은 잘못이다. 왜냐하면, 이 말씀은 단지 그리스도를 사랑하는 자들은 그리스도와 아버지에게서 사랑을 받게 될 것인 까닭에 복될 것이라는 의미이기 때문이다. 즉, 이것은 그들이 그리스도를 사랑하게 되었을 때에야 하나님께서 비로소 그들을 사랑하기 시작하실 것이라는 뜻이 아니라, 바로 그 때에야 비로소 그들은 그들의 마음에 새겨진 아버지 하나님의 사랑에 대한 증거를 갖게 될 것이라는 뜻이다. 곧바로 이어서 나오는 "그에게 나를 나타내리라"는 말씀도 동일한 취지이다. 아는 것이 사랑하는 것보다 선행한다는 것은 분명하지만, 그리스도께서 여기에서 하신 말씀은 자신의 가르침을 순전하게 지키는 자들에게는 날마다 믿음의 진보가 나타나도록 해주실 것이라는 뜻이다. 즉, 이것은 "나는 그들로 하여금 나에게 더 가까이 다가와서 나와 더 친밀한 사이가 되게 할 것"이라고 말씀하신 것과 같다. 이것으로부터 우리는 경건의 열매라는 것은 그리스도를 아는 지식에서 진보를 나타내는 것임을 알게 된다. 왜냐하면, 그리스도께서는 자기를 아는 자에게 자기를 나타내시겠다고 약속하신 까닭에, 외식하는 자들을 물리치실 것인 반면, 진심으로 복음의 가르침을 받아들여서 거기에 전적으로 순종하는 모든 자들에게서는 믿음의 진보가 나타나게 하실 것이기 때문이다. 이것이 많은 사람이 실족하는 이유이기도 하고, 바른 길로 행하는 자를 열 명 중에 한 명도 찾아보기 어려운 이유이기도 하다. 왜냐하면, 대다수의 사람들은 그리스도께서 자신을 계시하여 주시기에 합당치 않은 자들이기 때문이다. 또한, 우리가 주목해야 할 것은 우리가 그리스도를 사랑할 때에 우리에게 주어지는 특별한 상급(賞給)은 우리로 하여금 그리스도를 더 많이 알게 해주시는 것이라는 사실이다. 이것으로부터 우리는 그리스도를 아는 지식은 값으로 따질 수 없을 정도로 이루 헤아릴 수 없이 귀한 보배임을 알게 된다.

22. 가룟인 아닌 유다가 이르되. 유다가 "주여 어찌하여 자기를 우리에게는 나타내시고 세상에는 아니하려 하시나이까"라고 말함으로써, 그리스도께서 왜 소수의 사람들에게만 그 빛을 비추어 주시는 것인지, 그 이유를 물은 것은 일리가 있는 것이었다. 왜냐하면, 그리스도께서는 온 세상을 밝게 비추어 주셔야 할 "공의로운 해"(말 4:2)이셨던 까닭에, 그가 온 세상에 골고루 밝은 빛을 비추어 주시지 않고

단지 소수의 사람들에게만 그 빛을 비추어 주시는 것은 당연히 수긍하기 어려운 일로 보였을 것이기 때문이다. 그리스도의 대답 속에는 그가 대다수의 사람들에게는 자신을 감추시고 단지 소수의 사람들에게만 자신을 나타내시는 일차적인 이유가 언급되어 있지 않기 때문에, 그 대답으로는 이 문제가 전부 다 풀리지는 않는다. 왜냐하면, 처음에는 모든 사람들이 다 똑같이 그리스도로부터 완전히 떨어져 있던 존재들이었던 까닭에, 그리스도께서는 자기를 사랑하는 자들을 찾아서 택하실 수가 없으셨고, 도리어 자신의 원수들 중에서 몇몇을 택하신 후에 그들의 마음을 돌이키셔서 자기를 사랑하게 하신 것이기 때문이다. 그러나 그리스도께서는 지금 여기에서 사람들을 구별하시고 택하시는 문제를 다루시려는 것이 전혀 아니었고, 단지 자신의 제자들에게 경건의 훈련에 열심을 내서 믿음의 더 큰 진보를 나타내도록 권면하고자 하신 것이었다. 그래서 그리스도께서는 복음의 가르침을 지키는지의 여부를 표지(標識)로 삼아서 "제자들"과 "세상"을 구별하시는 것으로 만족하신다. 그런데 이 표지는 부르심의 결과로서의 믿음이 시작된 후에야 나타난다. 그리스도께서는 다른 대목들에서 제자들이 값없이 주어진 은혜로 부르심을 받았다는 사실을 일깨워 주신 적이 있으시고, 나중에 다시 한 번 그들에게 그 사실을 상기시켜 주실 것이다. 그러나 여기에서는 그리스도께서는 단지 제자들에게 자신의 가르침을 지켜서 경건에 힘쓸 것을 명하실 뿐이다. 이 말씀을 통해서 그리스도께서는 어떻게 하는 것이 복음을 올바르게 순종하는 것인지를 보여주시는데, 그것은 우리가 마땅히 해야 할 본분들과 그 밖의 다른 외적인 행위들이 그리스도를 향한 사랑으로부터 나와야 한다는 것이다. 왜냐하면, 우리의 손이나 발이나 온 몸으로 하는 모든 수고가 우리의 마음을 지배하고 있던 하나님에 대한 사랑이 밖으로 표출되어서 온 몸까지도 지배하게 된 것에서 비롯된 것이 아닌 경우에는, 그것들은 헛수고가 되고 말 것이기 때문이다. 오직 그리스도를 사랑하는 정도만큼만 우리가 그의 계명을 지킨다는 것은 분명한 까닭에, 이 세상 어느 곳에서도 그리스도에 대한 온전한 사랑을 찾아볼 수 없다. 왜냐하면, 그리스도의 계명을 온전히 지키는 사람은 이 세상에 없기 때문이다. 하지만 하나님은 이 목표를 이루기 위해서 진실하게 애쓰는 자들이 드리는 순종을 기뻐하신다.

23. 내 아버지께서 그를 사랑하실 것이요. 우리는 하나님이 우리를 사랑하시는 것이 마치 우리가 먼저 하나님을 사랑해서 우리의 그런 경건의 결과로서 우리에게 주어지는 것인 양 부차적인 것으로 여겨서는 안 되지만, 믿는 자들은 복음에 대한

그들의 순종이 하나님을 기쁘시게 해드리는 것임을 온전히 확신할 수 있고, 하나님이 계속해서 새로운 은사들을 그들에게 주실 것임을 기대해도 좋다는 것에 대해서는 우리가 이미 앞에서 설명한 바 있다.

우리가 그에게 가서 거처를 그와 함께 하리라. 이것은 그리스도의 말씀을 지키는 자는 하나님의 은혜가 자기 안에 거하는 것을 느끼게 될 것이고, 하루하루 하나님이 주시는 은사들을 점점 더 많이 받게 되리라는 것이다. 그러므로 그리스도께서는 여기에서 우리가 태어나기도 전부터, 심지어 세상이 창조되기도 전부터 우리를 사랑하셨던 자신의 영원하신 사랑에 대해서 말씀하시는 것이 아니라, 자기가 우리를 자신의 양자(養子)로 삼으실 때에 우리의 마음에 인(印)쳐 주시는 그 사랑에 대해서 말씀하시는 것이다. 또한, 그리스도께서 여기에서 염두에 두고 계시는 것은 처음으로 우리에게 빛을 비춰 주신 때가 아니라, "무릇 있는 자는 받아 넉넉하게 되되"(마 13:12)라는 말씀이 보여주듯이, 믿는 자들이 계속해서 진보해 나가면서 거치게 될 믿음의 여러 단계들이다. 그러므로 교황주의자들이 이 구절을 근거로 삼아서, 하나님을 향한 우리의 사랑이 두 단계로 이루어져 있다고 주장하는 것은 옳지 않다. 그들은, 하나님이 우리의 마음을 새롭게 해주시기 전에는 우리 모두가 하나님에게서 멀리 떠나 있고, 우리의 심령은 하나님을 미워하는 마음으로 가득 차 있다는 사실을 성경이 어느 곳에서도 가르쳐 주지 않고 있고, 우리의 경험도 그런 사실을 보여주지 않는다는 듯이, 하나님이 자신의 성령으로 우리를 거듭나게 하시기 전에도 우리가 본성적으로 하나님을 사랑하고 있고, 이러한 사랑으로 인해서 우리는 거듭남의 은혜를 받기에 합당하다는 식으로 사탕발림 같은 말을 천연덕스럽게 늘어놓는다. 그러므로 우리는 그리스도께서 믿는 자들로 하여금 자신의 은혜가 그들에게 계속해서 주어지리라는 것을 의심치 않고 굳게 믿게 하시기 위해서 자기와 아버지 하나님이 그들에게 와서 그들과 함께 할 것이라는 말씀을 하셨다는 것을 명심하여야 한다.

24. 나를 사랑하지 아니하는 자는 내 말을 지키지 아니하나니. 믿는 자들이 이 세상에서 불신자들과 뒤섞여 살아가면서 마치 거친 바다에 있는 것처럼 온갖 풍랑에 시달릴 것은 너무나 분명한 사실이었기 때문에, 그리스도께서는 믿는 자들이 악한 모범들에 이끌려서 그릇된 길로 빠져서는 안 된다는 것을 여기에서 다시 한 번 이 경고의 말씀으로 재확인해 주신다: "나와 내 가르침을 멸시하는 자들은 언제나 있을 것이기 때문에, 너희는 세상을 바라보거나 의지하지 말고, 오직 너희가 이미 받

은 그 은혜를 끝까지 굳게 붙들어야 한다." 아울러, 이 말씀은, 이 세상은 참된 의 (義)를 멸시하고 그리스도를 향해서 사악한 적개심을 드러냈기 때문에, 이 세상이 눈먼 상태에서 멸망해 가는 것은 그 배은망덕함에 대한 의로운 심판이라는 것을 내비치시는 것이기도 하다.

너희가 듣는 말은. 그리스도께서는 제자들이 세상의 완악함으로 인해서 낙심하거나 동요하지 않도록 하시기 위해서, 자신의 가르침은 이 땅에서 만들어진 것이나 사람들이 고안해.낸 것이 아니라 하나님으로부터 온 것이라고 증언하심으로써 자신의 가르침에 다시 한 번 권위를 부여하신다. 실제로, 우리의 믿음은 하나님이 우리의 인도자이시라는 것과 우리가 오로지 하나님의 영원한 진리의 터 위에 서 있다는 것을 알 때에 견고해진다. 따라서 세상이 아무리 미쳐서 광분할지라도, 우리는 하늘과 땅 위에 가장 뛰어난 그리스도의 가르침을 따라야 한다. 그리스도께서 "내 말이 아니요"라고 하신 것은 자신을 낮추시고 제자들의 수준에 맞추어서 말씀하신 것으로서, 자기는 아버지 하나님이 자기에게 주신 말씀을 그대로 신실하게 전하고 있는 것이기 때문에, 자신의 말은 사람으로부터 비롯된 것이 아니라고 말씀하신 것과 같다. 그러나 우리는 그리스도께서는 하나님의 영원한 지혜이시기 때문에, 그리스도만이 모든 가르침의 유일한 원천(源泉)이시라는 것과 태초부터 있었던 모든 선지자들이 그리스도의 영으로 예언하였다는 것을 알고 있다.

²⁵내가 아직 너희와 함께 있어서 이 말을 너희에게 하였거니와 ²⁶보혜사 곧 아버지께서 내 이름으로 보내실 성령 그가 너희에게 모든 것을 가르치고 내가 너희에게 말한 모든 것을 생각나게 하리라 ²⁷평안을 너희에게 끼치노니 곧 나의 평안을 너희에게 주노라 내가 너희에게 주는 것은 세상이 주는 것과 같지 아니하니라 너희는 마음에 근심하지도 말고 두려워하지도 말라 ²⁸내가 갔다가 너희에게로 온다 하는 말을 너희가 들었나니 나를 사랑하였더라면 내가 아버지께로 감을 기뻐하였으리라 아버지는 나보다 크심이라(14:25-28).

25. 이 말을 너희에게 하였거니와. 그리스도께서는 제자들이 자기가 지금까지 해주신 말씀들로부터 마땅히 얻어야 할 만큼의 유익을 얻지는 못했을지라도, 그들이 낙심하지 않도록 하시기 위해서 이 말씀을 덧붙이신다. 왜냐하면, 그리스도께서는 이 때에 가르침의 씨앗을 뿌리신 것이고, 그 씨앗은 당분간 제자들 속에서 싹

을 틔우지 않은 채로 묻혀 있을 것이었기 때문이었다. 그러므로 그리스도께서는 그들에게 지금은 아무 쓸모없어 보이는 그 가르침이 열매를 맺을 때까지 소망을 가지고서 기다리라고 권면하신다. 요컨대, 그리스도께서는 자신의 제자들에게 그들이 지금까지 들은 가르침이 장차 그들에게 차고 넘치는 위로를 가져다줄 것이기 때문에, 다른 곳에서 위로를 찾으려고 해서는 안 된다고 당부하시는 것이다. 그리고 그리스도께서는 지금 당장 그 말씀들이 그들의 마음에 와 닿지 않을지라도, 그들의 심령 속에서 그들을 가르치실 성령께서 그들의 마음에 동일한 말씀들을 들려주실 때까지 낙심하지 말고 기다리라고 명하신다. 이러한 권면의 말씀은 당시의 제자들에게만이 아니라 우리 모두에게 유익하다. 왜냐하면, 만일 그리스도께서 이 말씀을 해주지 않으셨다면, 우리는 그리스도의 가르침이 즉시 잘 이해가 되지 않는 경우에 그 가르침에 곧 싫증을 내고서는 다른 곳에서 진리를 찾기 위해 진리 아닌 것들을 천착하느라 쓸데없는 힘을 허비하는 고생을 하게 되었을 것이기 때문이다. 그러나 우리에게는 그리스도의 가르침을 즉시 받아들이고자 하는 간절함이 있어야 한다. 하나님의 학교에서 좋은 성적을 거두려면, 우리는 정신을 차리고서 그 가르침에 열심히 귀를 기울여야 한다. 특히, 우리가 여러 번 읽고 들어도 그 뜻을 분명하게 알 수 없을 때에도, 우리는 성령께서 그 가르침을 분명하게 깨우쳐 주실 때까지 인내심을 갖고 기다릴 필요가 있다. 우리가 그리스도께서 우리에게 해주신 말씀의 의미를 곧바로 깨닫지 못할 때에도, 우리 안에서 배우고자 하는 마음이 식지 않기 위해서, 또는 우리가 낙심하는 일이 없게 하기 위해서, 우리는 이 말씀이 우리 모두에게 주어진 것임을 알아야 한다.

26. 성령 그가 … 내가 너희에게 말한 모든 것을 생각나게 하리라. 선지자 이사야가 믿지 않는 자들에 대하여 그들이 받게 될 벌은 하나님의 말씀이 그들에게 "봉한 책의 말처럼"(사 29:11) 되는 것이라고 경고한 바 있는데, 주님께서도 종종 그런 식으로 자기 백성들을 낮추신다. 그러므로 우리는 깨닫지 못하겠다는 이유로 말씀을 배척해서는 안 되며, 하나님께서 깨닫게 해주실 때까지 인내심을 가지고 묵묵히 기다리는 것이 마땅하다. 그리스도께서는 제자들이 자신의 입으로부터 직접 듣고 배운 말씀들을 깨달아 알도록 해주는 것이 성령의 고유한 사역이라고 증언하고 계시기 때문에, 우리는 성령의 깨닫게 해주시는 역사(役事)가 수반되지 않을 때에는 외적인 설교는 무익하고 헛된 것이 되고 만다는 결론을 얻게 된다. 따라서 하나님께서 우리를 가르치시는 방법은 두 가지가 있다. 하나는 사람들의 입을 통해서 우

리의 귀에 하나님의 말씀을 들려 주시는 방법이고, 다른 하나는 성령을 통해서 우리의 내면에 직접 말씀해 주시는 방법이다. 하나님께서는 자신이 적절하다고 생각하시는 대로 이 두 가지 방법을 동시에 사용하기도 하시고 따로따로 사용하기도 하신다. 하지만 여기에서 우리는 그리스도께서 성령이 가르쳐 주실 것이라고 약속하신 "모든 것"이 무엇을 가리키는 것인지를 짚고 넘어갈 필요가 있다. 그리스도께서는 "성령이 내가 너희에게 말한 모든 것을 생각나게 하리라"고 말씀하시기 때문에, 우리는 성령은 새로운 계시들을 만들어 내는 건축자(novarum revelationum architectus)가 아니라는 결론을 얻게 된다. 우리는 오직 이 말씀 하나만으로도 사탄이 처음부터 성령을 빙자하여 교회에 들여온 온갖 날조된 가르침들이 잘못된 것임을 증명할 수 있다. 이슬람교의 창시자인 마호메트(Mahomet)와 천주교의 교황은 성경에는 모든 교리가 완벽하게 들어 있지 않기 때문에, 좀 더 고차원적인 교리는 성령에 의해서 계시되어 왔다는 것을 자신들의 신앙 원리로 똑같이 내세우고 있고, 오늘날 재세례파와 자유주의자들의 정신 나간 신앙 사상도 바로 그 구정물 같은 신앙 원리에서 길어낸 것이다. 그러나 복음과는 거리가 먼 가르침이나 교리를 기독교 신앙에 도입시키는 영(靈)은 속이는 자의 영일 뿐이고 그리스도의 영이 결코 아니다. 왜냐하면, 그리스도께서 약속하신 성령은 복음의 가르침에 인(印)을 쳐서 그 가르침을 확증해 주시는 분이시기 때문이다. 아버지 하나님께서 그리스도의 이름으로 성령을 보내 주신다는 말씀이 무엇을 의미하는지에 대해서는 내가 이미 설명한 바 있다.

27. 평안을 너희에게 끼치노니. 그리스도께서 사용하신 "평안"이란 말은 사람들이 만나거나 헤어질 때에 의례적으로 서로 빌어주고 했던 성공이나 형통을 나타낸다. 왜냐하면, 히브리어에서 "평안"에 해당하는 '샬롬'(שלום)이란 말이 바로 그런 뜻을 갖고 있기 때문이다. 그러므로 그리스도께서는 마치 자신의 동족인 유대인들의 일상적인 언어 관습을 좇아서 "내가 너희에게 작별을 고하노라"고 하신 것처럼 이 말씀을 하시지만, 자신이 말한 이 "평안"은 세상 사람들이 통상적으로 입에 올리는 그런 평안과는 근본적으로 다르다는 것을 곧바로 덧붙여서 말씀하신다. 사람들은 평안이라는 말을 그저 무심히 의례적인 인사말로 입에 올리거나, 또한 때로 진심으로 평안을 빌어준다고 할지라도 실제로 그 평안을 줄 수는 없다. 그러나 그리스도께서는 자기가 주는 "평안"은 아무 쓸데없는 공허한 기원(祈願)이 아니라, 즉시 효과가 나타나는 것임을 제자들에게 상기시켜 주신다. 요컨대, 그리스도께서

는 비록 자기가 몸으로는 제자들을 떠나가지만, 자기가 주는 평안은 그들에게 남아 있을 것이라고 말씀하시는 것이다. 즉, 그들은 그리스도의 축복으로 인해서 언제나 복되리라는 것이다.

너희는 마음에 근심하지도 말고 두려워하지도 말라. 그리스도께서는 자신이 떠난다는 말에 놀란 제자들을 다시금 진정시켜 주신다. 그리스도께서는 그들이 육신으로는 자기와 함께 있을 수 없지만, 실제로는 성령을 통해서 자기와 함께 있을 것이기 때문에 놀랄 이유가 없다고 말씀하신다. 육신은 늘 외형적인 허구(虛構)들을 만들어 내어서 하나님을 묶어두고자 하기 때문에, 우리는 그런 육신에 굴복하지 말고, 그리스도의 이런 방식의 임재에 만족하는 법을 배워야 한다.

28. 나를 사랑하였더라면 내가 아버지께로 감을 기뻐하였으리라. 제자들이 그리스도를 사랑하였다는 것은 의심할 여지가 없지만, 그 사랑은 온전한 것은 아니었다. 그들의 사랑 속에는 어느 정도 육신적인 요소가 섞여 있었기 때문에, 그들은 그리스도와의 헤어지는 것이 견딜 수 없었던 것이다. 만일 제자들이 그리스도를 영적으로 사랑했더라면, 그들은 그리스도께서 아버지에게로 가시는 것을 다른 무엇보다도 더 충심으로 기뻐했을 것이다.

아버지는 나보다 크심이라. 이 구절은 여러 가지 방식으로 잘못 해석되어져 왔다. 아리우스파는 그리스도가 하급의 신(secundarius Deus)이라는 것을 증명하기 위해서, 이 구절을 증거 본문으로 삼아서, 그리스도는 아버지 하나님보다 열등한 존재라고 주장하였다. 한편, 정통적인 교부들은 그리스도에 대한 그러한 중상모략의 빌미를 아예 없애버리기 위해서, 이 구절은 그리스도의 인성(人性)에 대한 것임에 틀림없다고 주장하였다. 그런데 아리우스파가 그리스도의 이 말씀을 사악하게 악용한 것은 사실이지만, 그들의 주장을 반박하기 위한 교부들의 설명도 부정확하고 부적절한 것은 마찬가지였다. 왜냐하면, 그리스도께서는 여기에서 자신의 인성이나 영원한 신성에 대해서 말씀하신 것이 아니고, 단지 우리의 연약함을 고려하셔서 자신을 하나님과 우리 사이에 놓으신 것뿐이기 때문이다. 사실, 이것은 우리가 높은 곳에 계신 하나님께 올라갈 수가 없기 때문에, 그리스도께서 우리를 그곳으로 올라가게 하시기 위해서 우리에게 내려오신 것이다. 그리스도께서는 여기에서 "너희가 궁극적으로 가야 할 곳도 바로 그곳이기 때문에, 너희는 내가 아버지께로 돌아간다는 말을 마땅히 기뻐했어야 한다"고 말씀하신 것이다. 이 말씀을 통해서 그리스도께서는 자기가 어떤 점에서 아버지 하나님과 다른지를 보여주시는 것이 아니라, 자기가 왜 우리에게로 내려 왔는지를 보여주시는 것인데, 그것은 우리와 하나님을 연합되게 하시기 위한 것이었다. 그러므로 우리가 하나님과 연합되는 그 목표지점에 이를 때까지는, 우리는 아직 그곳을 향해 가는 길 위에 있는 셈이다. 만일 그리스도께서 우리를 목표지점인 하나님께로 인도하시지 않는다면, 우리는 그런 그리스도는 반 토막에 지나지 않는 불구(不具)의 그리스도일 뿐이라고 생각하게 될 것이다. 마찬가지로, 사도 바울도 그리스도께서 마지막 때에 "나라를 아버지 하나님께 바칠"(고전 15:24) 것인데, 그것은 "하나님이 만유의 주로서 만유 안에 계시게"(고전 15:28) 하기 위한 것이라고 말한다. 그리스도께서 단지 인성(人性)을 지니셨기 때문이 아니라, 육신으로 나타나신 하나님이시기 때문에 만유를 다스리시게 되신 것임은 분명하다. 그렇다면, 어떻게 해서 그리스도께서는 장차 그 나라를 아버지 하나님께 바치게 되는 것일까? 그것은 그리스도의 신성(神性)이 지금은 그의 얼굴에만 부분적으로 드러나고 있지만, 바울이 말한 그 때에는 그리스도 안에서 온전히 드러나게 될 것이기 때문이다. 단 한 가지 차이는 바울이 거기에서 말하고 있는 것은 그리스도께서 승천하신 때로부터 시작되어서 가장 온전한 형태로 완성된 신적인 영광이라는 것이다. 이 문제를 좀 더 분명히 하자면, 우리는 좀 더 직설적인 표현을 사용할 필요가 있다. 즉, 그리스도께서는 여기에서 아버지 하나님의 신성과 자신의 신성을 비교하시는 것도 아니며, 자신의 인성과 아버지의 신적 본질을 비교하시는 것도 아니고, 단지 자신의 현재 상태와 자기가 얼마 후에 받으시게 될 하늘 영광을 비교하시는 것이다. 따라서 그리스도께서는 "너희는 나를 이 세상에 붙들어 두고 싶어 하지만, 내가 하늘로 올라가는 것이 더 좋은 일이다"라고 말씀하신 것과 같다. 그러므로 그리스도께서 우리를 저 복된 영생의 원천(源泉)으로 인도해 가실 수 있도록 하기 위해서는, 우리가 육신을 입으시고 낮아지신 그리스도를 바라보는 법을 배워야 한다. 왜냐하면, 그리스도께서는 우리를 단지 일월성신(日月星辰)의 영역으로 데려가시기 위해서가 아니라, 오직 우리로 하여금 하나님 아버지와 하나가 되게 하시기 위해서 우리의 인도자로 세우심을 받으신 것이기 때문이다.

²⁹이제 일이 일어나기 전에 너희에게 말한 것은 일이 일어날 때에 너희로 믿게 하려 함이라 ³⁰이후에는 내가 너희와 말을 많이 하지 아니하리니 이 세상의 임금이 오겠음이라 그러나 그는 내게 관계할 것이 없으니 ³¹오직 내가 아버지를 사랑하는 것과

아버지께서 명하신 대로 행하는 것을 세상이 알게 하려 함이로라 일어나라 여기를 떠나자 하시니라(14:29-31).

29. 이제 일이 일어나기 전에 너희에게 말한 것은. 사실, 이 일은 어떤 사람도 깨달을 수 없는 비밀이었기 때문에, 그리스도께서 이 일에 대해서 제자들에게 여러 차례에 걸쳐서 일러 주신 것은 합당하였다. 그리스도께서는 자기가 제자들에게 앞으로 있을 일을 미리 말씀해 주시는 것은 그 일이 일어났을 때에 그들로 하여금 "믿게" 하기 위한 것이라고 분명하게 밝히신다. 왜냐하면, 제자들이 나중에 그리스도의 예언을 기억해 내고서, 그리스도로부터 직접 들었던 일들이 자신들의 눈앞에서 실제로 성취되는 것을 목격했을 때, 그것은 그들의 믿음을 더욱 견고하게 해주는 유익을 가져다줄 것이었기 때문이다. 그러나 이 말씀은 일종의 양해(諒解)를 나타내는 말씀인 것으로 보인다. 즉, 그리스도께서는 "너희가 아직은 이런 깊은 신비를 깨달을 수 없고, 사건이 실제로 일어난 후에 그 사건이 해설자 역할을 해서 너희에게 나의 이 가르침을 설명해 줄 것이기 때문에, 나는 너희가 깨닫지 못하는 것을 양해한다"고 말씀하신 것과 같다. 비록 그리스도께서 말씀하신 것이 당시에는 쇠귀에 경 읽기처럼 보였을지 모르지만, 그의 말씀은 허공으로 흩어져서 사라져 버린 것이 아니라 땅 속에 잘 심겨진 씨앗이었다는 사실이 나중에 드러나게 될 것이었다. 그리스도께서 지금 여기에서 자기가 한 말들이 장차 사건들을 통해서 성취될 것이라고 말씀하신 것처럼, 그리스도의 죽음과 부활과 승천이라는 사건들은 그의 가르침과 결합되고 하나가 되어서 우리 안에서 믿음을 낳는다.

30. 이 후에는 내가 너희와 말을 많이 하지 아니하리니. 그리스도께서는 제자들의 주의(注意)를 자기에게로 집중시키시고, 자신의 가르침을 그들의 마음속에 좀 더 깊이 새겨 주시기 위해서 이 말씀을 하신다. 왜냐하면, 우리는 배가 부르면 음식을 쳐다보기도 싫어하는 반면에, 우리에게 없는 것에 대해서는 더욱더 갖고 싶어하고 곧 빼앗길 것에 대해서는 더 큰 애착을 보이는 법이기 때문이다. 그러므로 그리스도께서는 그들이 자신의 가르침에 더 간절하게 귀를 기울이게 하시기 위해서, 자기가 곧 그들 곁을 떠나게 될 것임을 알려 주신다. 그리스도께서 우리의 전 생애에 걸쳐서 끊임없이 우리에게 가르침을 주시는 것은 사실이지만, 지금 이 말씀은 우리에게도 그대로 적용될 수 있다. 왜냐하면, 우리의 일생은 극히 짧은 까닭에, 우리는 지금 현재 우리에게 주어진 기회를 놓치지 말고 그리스도의 말씀에 귀를 기

울여야 하기 때문이다.

이 세상의 임금이 오겠음이라. 그리스도께서는 자기가 곧 죽을 것이고 그 죽음의 때가 가까이 왔다고 직설적으로 말씀하실 수도 있으셨지만, 자신의 끔찍하고 무시무시한 죽음으로 인해서 제자들이 공포에 질려서 낙담하게 될 것을 염려하시고서, 미리 그들의 마음을 단단히 다잡아 두시기 위해서 이런 식으로 우회적으로 말씀하신 것이다. 왜냐하면, 십자가에 달리신 그리스도를 믿으라는 말은 지옥에서 생명을 찾으라는 말과 다를 바가 없었기 때문이다. 그리스도께서는 먼저 자기가 사탄에게 넘겨질 것이라고 말씀하시고 나서, 이어서 자기는 어쩔 수 없어서 강제적으로 죽는 것이 아니라 아버지 하나님께 순종하기 위해서 떠나는 것이라는 말씀을 덧붙이신다. 마귀가 "이 세상의 임금"이라 불리는 것은 마니교도들이 생각하듯이 마귀가 하나님 나라와 구별되어 존재하는 나라를 소유하고 있어서가 아니라, 하나님의 허락 아래에서 이 세상을 장악하고 폭정을 행하기 때문이다. 그러므로 마귀가 "이 세상 임금"이라는 호칭으로 불리는 것을 들을 때, 우리는 우리의 비참한 처지를 부끄러워하는 것이 마땅하다. 왜냐하면, 제아무리 잘난 사람일지라도 그리스도의 영으로 거듭나기 전에는 마귀의 종일 뿐이고, 여기에서 "세상"이라는 단어는 온 인류를 포괄하는 말이기 때문이다. 이런 비참한 종살이로부터 우리를 구해 주시고 그 한을 풀어 주실 구원자(liberator)는 오직 그리스도 한 분뿐이시다. 우리가 받고 있는 이 벌은 첫 사람의 죄로 인한 것이기는 하지만, 우리가 날마다 새로 짓는 죄들로 인해서 그 벌은 점점 더 무거워져 가기 때문에, 우리는 우리 자신과 우리의 죄들을 둘 다 미워하는 법을 배워야 한다. 우리가 사탄의 지배 아래에서 포로로 사로잡혀 있다고 할지라도, 그것은 자원한 것이기 때문에, 그런 종살이를 하는 것과 관련해서 우리에게 아무런 잘못(culpa)이 없다고 할 수 없다. 또한, 우리가 여기에서 주목해야 할 것은 불경건한 자들의 행위들이 마귀에게로 돌려지고 있다는 것이다. 왜냐하면, 그들은 사탄의 조종을 받고 있는 까닭에, 그들이 행하는 모든 것은 사탄 자신의 행위로 여기는 것이 옳기 때문이다.

그는 내게 관계할 것이 없으니. 사탄이 사망 권세를 장악하게 된 것은 아담의 죄로 인한 것이기 때문에, 그리스도께서 스스로 사탄에게 자신을 내주시지 않는 한, 사탄은 아무런 죄도 없으신 그리스도에게는 손을 댈 수가 없다. 그러나 나는 이 말씀은 사람들이 통상적으로 설명하는 것보다 더 폭넓은 의미를 지니고 있다고 본다. 주석자들은 보통 이 말씀을 이렇게 푼다: 그리스도는 아무런 죄도 없으신 분이셨던 까닭에, 그리스도 안에는 그를 죽음에 이르게 할 만한 것이 아무것도 없었기 때문에, 사탄은 그리스도 안에서 아무것도 찾아내지 못하였다. 그러나 나의 견해는, 그리스도께서는 여기에서 자기에게는 죄가 없다는 것을 선언하고 계실 뿐만 아니라, 나아가서 죽음에 종속될 수 없는 자신의 신성(神性)을 선언하고 계신다는 것이다. 왜냐하면, 그리스도께서는 제자들이 자신의 능력에 대해서 회의를 품지 않도록 하시기 위해서, 자기가 연약해서 사탄에게 굴복하는 것이 아니라는 것을 그들에게 밝히실 필요가 있으셨기 때문이다. 하지만, "그는 내게 관계할 것이 없으니"라는 이 포괄적인 말씀 속에는 전자의 의미, 즉 그리스도께서 사탄에 의해서 강압적으로 죽음으로 내몰리신 것이 아니라는 의미도 들어 있다. 이것으로부터 우리는 그리스도께서 자신을 죽음에 내주신 것이 우리를 대신하시기 위한 것이었다는 결론을 얻게 된다.

31. 세상이 알게 하려 함이로라. 어떤 이들은 이 말씀을 뒷부분과 연결해서 "세상이 알게 하기 위해서 일어나라 여기를 떠나자"로 읽어야 문맥이 잘 통한다고 주장하고, 또 어떤 이들은 이 절의 앞부분을 따로 떼어서 읽기는 하지만, 거기에서 일부 어구가 누락된 것이라고 주장한다. 그러나 어떻게 읽든 의미상 큰 차이는 없기 때문에, 나는 두 가지 견해 중 어느 쪽을 취할 것인가에 대해서는 독자들에게 맡겨 두고자 한다. 그리스도께서는 "내가 아버지를 사랑하는 것과 아버지께서 명하신 대로 행하는 것을 세상이 알게 하려 함이로라"고 말씀하셨는데, 우리가 특히 주목해야 할 것은 그리스도께서는 하나님의 계획(consilium Dei)에 반하여 자기가 사탄에 의해서 죽음으로 끌려갔다고 우리가 생각하지 않도록 하시기 위해서, 하나님의 작정(decretum Dei)을 이 말씀 속에서 가장 강력하게 부각시키고 계시다는 것이다. 왜냐하면, 자기 아들을 화목제물로 정하시고, 그로 하여금 자신의 죽음을 통해서 세상 죄를 대속하도록 정하신 분은 바로 하나님 자신이셨기 때문이다. 하나님께서는 이 계획을 이루시기 위해서, 사탄이 잠시 동안 마치 승리라도 한 양 그리스도를 조롱하며 함부로 다루는 것을 허락하셨다. 그러므로 그리스도께서는 아버지 하나님의 작정에 순종하시기 위해서, 또한 그렇게 하심으로써 자신의 순종을 우리를 의롭게 하시기 위한 속전(贖錢)으로 바치시기 위해서 사탄에게 아무런 저항도 하지 않으신 것이다.

일어나라 여기를 떠나자. 어떤 이들은 그리스도께서 이 말씀을 하신 후에 그 곳을 떠나셨다고 생각한다. 그렇게 본다면, 그 뒤에 이어지는 내용은 걸어가면서 말씀하신 것이 된다. 그러나 복음서 기자는 나중에 그리스도께서 "제자들과 함께 기드론 시내 건너편으로 나가시니"(요 18:1)라는 말을 덧붙이고 있는 것이기 때문에, 그리스도께서는 그 즉시 제자들을 이끌고서 다른 곳으로 가시기 위해서가 아니라, 제자들에게 자기가 보여준 탁월한 순종을 모범으로 삼아서 동일하게 하나님께 순종하라고 권면하시려는 의도로 이 말씀을 하신 것이라고 보는 것이 더 옳은 것 같다.

제 15 장

¹나는 참포도나무요 내 아버지는 농부라 ²무릇 내게 붙어 있어 열매를 맺지 아니하는 가지는 아버지께서 그것을 제거해 버리시고 무릇 열매를 맺는 가지는 더 열매를 맺게 하려 하여 그것을 깨끗하게 하시느니라 ³너희는 내가 일러준 말로 이미 깨끗하여졌으니 ⁴내 안에 거하라 나도 너희 안에 거하리라 가지가 포도나무에 붙어 있지 아니하면 스스로 열매를 맺을 수 없음 같이 너희도 내 안에 있지 아니하면 그러하리라 ⁵나는 포도나무요 너희는 가지라 그가 내 안에, 내가 그 안에 거하면 사람이 열매를 많이 맺나니 나를 떠나서는 너희가 아무 것도 할 수 없음이라 ⁶사람이 내 안에 거하지 아니하면 가지처럼 밖에 버려져 마르나니 사람들이 그것을 모아다가 불에 던져 사르느니라(15:1-6).

1. **나는 참포도나무요.** 이 비유의 요지는 우리가 그리스도에게 접붙임을 받아서 그로부터 우리에게 없는 새 힘을 공급받지 않는 한, 우리는 본성적으로 열매 맺지 못하는 마른 나무 같은 존재들이라는 것이다. 나는 다른 주석자들과 마찬가지로 헬라어 '암펠로스'(ἄμπελος)를 라틴어 '비티스'(vitis, "포도나무")로, '클레마타'(κλήματα)를 라틴어 '팔미테스'(palmites, "가지들")로 번역하였다. 라틴어로 '비티스'는 본래 포도나무가 심겨진 포도밭이 아니라 포도나무 자체를 가리키고, 포도밭은 라틴어로 '비네아'(vinea)이지만, 예컨대 키케로(Cicero)가 '파우페룸 아겔로스 에트 비티쿨라스'(pauperum agellos et viticulas, "가난한 자들의 작은 농장들과 작은 포도원들")라고 표현한 것에서 볼 수 있듯이, 때로는 '비티스'가 포도밭이라는 의미로 쓰이기도 한다. 라틴어 '팔미테스'(단수형은 palmes)는 포도나무에서 뻗어 나온 가지들이다. 그러나 종종 헬라어 '클레마'(κλῆμα)는 "가지"가 아니라 "포도나무"를, '암펠로스'(ἄμπελος)는 "포도나무"가 아니라 "포도원"을 뜻하기도 하기 때문에, 나는 그리스도께서 자신을 "포도밭"으로, 그리고 우리를 "포도나무들"에 비유하신 것이라는 견해에 더 마음이 끌린다. 하지만 나는 이 문제에 대

해서는 어느 누구와도 논쟁하고 싶지는 않고, 다만 독자들에게 각자가 문맥상 더 적절하다고 생각하는 견해를 따를 수밖에 없다는 것을 지적해 두고자 하는 것일 뿐이다.

먼저, 우리는 모든 비유를 해석할 때에 우리가 일반적으로 지켜야 할 원칙을 명심할 필요가 있는데, 그것은 이 비유에서 포도나무의 모든 특성을 하나하나를 다 세세하게 검토하려고 해서는 안 되고, 오직 그리스도께서 이 비유를 사용하신 목적을 전체적으로 살펴보는 것으로 충분하다는 것이다. 이 비유가 보여주고자 하는 주된 것은 세 가지이다. 첫 번째는 우리에게는 그리스도에게서 능력을 받지 않고서는 그 어떤 선을 행할 능력도 없다는 것이고, 두 번째는 우리가 그리스도 안에 뿌리를 내리면 아버지 하나님께서 가지치기를 해주심으로써 우리를 가꾸어 주신다는 것이며, 세 번째는 아버지 하나님께서는 열매를 맺지 않는 가지를 잘라내어 불에 던져서 태워버리신다는 것이다. 자기가 갖고 있는 선한 것들이 모두 다 하나님에게서 온 것이라는 사실을 인정하는 것을 부끄러워하는 사람은 거의 없다. 그러나 그렇게 인정한 것까지는 좋은데, 그러고 나서 사람들은 자기들에게는 일반 은총(gratia universalis)이 주어져 있어서, 마치 그 은총이 자신들 안에 본성적으로 심겨져 있는 것이라고 착각한다. 그러나 그리스도께서는 생명의 수액(succus vitalis)이 오직 자기로부터만 흘러나온다는 사실을 무엇보다도 강조하신다. 이것으로부터 도출되는 결론은 사람의 본성은 선한 열매를 맺을 수 없고 그 어떤 선한 것도 지니고 있지 않다는 것이다. 왜냐하면, 모든 사람은 그리스도 안에 심겨질 때까지는 포도나무처럼 열매를 맺는 본성을 지니고 있지 못하기 때문이다. 그러한 본성은 특별 은총(specialis gratia)에 의해서 오로지 택함받은 자들에게만 주어진다. 그러므로 모든 복의 근원은 아버지 하나님이시고, 그는 친히 자기 손으로 우리를 심으신다. 그러나 우리는 그리스도 안에 뿌리를 내리기 시작하는 것이기 때문에, 우리의 생명은 그리스도 안에서 시작된다. 그리스도께서 자신을 "참포도나무"라 부르시는 것은 이런 의미이다: "내가 진정으로 포도나무인 까닭에, 사람들이 다른 곳에 가서 생기(vigor)를 얻으려고 수고해 보아야 아무 소용이 없다. 왜냐하면, 쓸 만한 과일은 오로지 내게서 돋아난 가지들에서만 맺힐 것이기 때문이다."

2. 무릇 내게 붙어 있어 열매를 맺지 아니하는 가지는. 사람들은 하나님의 은혜를 변질시키기도 하고, 악의적으로 그 은혜를 억눌러 버리기도 하고, 무관심함으로 인해서 그 은혜를 소멸시켜 버리기도 하기 때문에, 그리스도께서는 열매를 맺

지 않는 모든 가지는 포도나무에서 제거될 것이라고 선언하심으로써, 사람들로 하여금 더욱 정신을 바짝 차리고서 열매를 맺기 위해 애쓰게 하시기 위해서 이 말씀을 하시는 것이다. 그러나 여기에서, 그리스도에게 접붙여진 사람들 중에서도 열매를 맺지 않는 사람이 있을 수 있다는 것인가라는 질문이 제기된다. 나의 대답은 사람들이 볼 때에는 포도나무에 접붙여진 것 같이 보이는 많은 사람들이 실제로는 포도나무에 뿌리를 내리지 못하고 있다는 것이다. 그러므로 선지자들의 글 속에서 하나님은 이스라엘 백성이 외적인 신앙고백에 의해서 교회라는 이름을 지니고 있었던 까닭에 그들을 자신의 "포도나무"라고 부르고 계시는 것이다.

무릇 열매를 맺는 가지는 더 열매를 맺게 하려. 이 말씀을 통해서 그리스도께서는 믿는 자들이 타락하고 변질되지 않기 위해서는 끊임없는 돌보는 손길이 필요하다는 것과 하나님이 계속해서 그 손으로 돌보아 주셔야만 그들이 선한 열매를 맺을 수 있다는 것을 보여주신다. 즉, 만일 하나님께서 우리 안에서 자신의 은혜의 역사(役事)를 지속적으로 해나가지 않으신다면, 우리가 양자(養子)가 된 것만으로는 충분하지 않다는 것이다. 그리스도께서 여기에서 가지치기에 대하여 말씀하시는 이유는 우리의 육신(carnis)은 쓸데없는 것들과 해로운 사악한 것들로 차고 넘칠 뿐만 아니라 그런 것들이 자라기에 너무나 비옥한 토양을 지니고 있어서, 하나님이 그의 손으로 가지를 쳐주시거나 손질을 해주지 않으시면 그러한 것들이 끝도 없이 자라서 무성해질 것이기 때문이다. 포도나무는 가지치기를 해주고 손질을 해주어야 풍성한 열매를 맺을 수 있다는 그리스도의 말씀은 믿는 자들이 경건의 과정 속에서 어떤 식으로 진보를 이루어가야 하는지를 보여준다.

3. 너희는 내가 일러 준 말로 이미 깨끗하여졌으니. 그리스도께서는 제자들에게 자기가 지금까지 "일러준" 모든 말씀이 그들 안에서 이미 효력을 발휘하였기 때문에, 그들은 자기 안에 심겨졌고, 또한 "깨끗하여졌다"고 선언하신다. 그리스도께서는 여기에서 하나님이 그들을 깨끗하게 하시기 위해 사용하신 수단을 밝히시는데, 그것은 가르침(doctrina)이다. 그리스도께서는 그들이 자기가 "일러 준 말로" 깨끗하여졌다고 분명하게 말씀하고 계시기 때문에, 여기에서 가르침은 외적인 설교를 가리킨다는 것에 대해서는 의심의 여지가 없다. 사람의 입에서 나오는 말(vox) 자체가 그렇게 대단한 효력을 지니고 있는 것은 아니고, 오직 그리스도께서 성령을 통해서 사람의 마음속에서 역사하실 때, 그 말은 사람을 깨끗하게 하는 도구가 된다. 하지만 그리스도께서는 사도들이 모든 죄에서 깨끗하다고 말씀하신 것

은 아니고, 단지 그들로 하여금 그들 자신의 경험을 통해서 하나님으로부터 계속
적으로 은혜를 받는 것이 얼마나 중요한 것인지를 배우게 하시기 위해서, 그들의
경험을 상기시켜 주신 것일 뿐이다. 또한, 그리스도께서는 그들에게 복음의 가르
침이 그들 안에서 어떤 열매를 맺었는지를 상기시켜 주심으로써, 그들로 하여금
더욱더 힘을 내어서 그 가르침을 계속해서 묵상하도록 자극을 주신 것이다. 왜냐
하면, 복음의 가르침은 병들고 쓸모없는 가지들을 베어내는 전지(剪枝)용 가위와
같은 것이기 때문이다.

4. 내 안에 거하라. 그리스도께서는 여기에서 다시 한 번 제자들에게 정신을 바
짝 차리고서 그들이 받은 은혜를 지키는 데에 힘쓰고 애쓰라고 권면하신다. 왜냐
하면, 육신의 안일함(securitas carnis)을 떨치고 일어나는 일은 아무리 힘을 쓰고
애를 써도 결코 쉽지 않은 일이기 때문이다. 사실, 그리스도께서는 우리가 무관심
과 안일함에 빠져서 멸망으로 치닫지 않도록 하시기 위해서, 마치 "암탉이 그 새끼
를 날개 아래에 모음 같이"(마 23:37) 우리를 지켜주시고자 하시는 일념으로 이런
말씀을 하고 계시는 것이다. 그러므로 그리스도께서는 자기가 시작한 우리에 대한
구원 사역을 완성하지도 못한 채로 중도에서 포기하는 일은 결코 일어나지 않을
것임을 증명하시기 위해서, 우리가 거부하지만 않는다면, 성령의 역사(役事)가 우
리 안에서 늘 효력을 나타내게 될 것이라고 약속해 주고 계신다. 왜냐하면, 그리스
도께서는 "나는 너희 안에 거할 준비가 이미 되어 있으니, 너희는 내 안에 거하라"
고 말씀하시고서는, 다시 "내 안에 거하는 자는 많은 열매를 맺을 것이다"라고 말
씀하시기 때문이다. 즉, 이 말씀들을 통해서 그리스도께서는 자기 안에 생명의 뿌
리(viva radix)를 내리고 있는 자는 누구든지 반드시 열매를 맺는 가지들이 될 것이
라고 선언하고 계시는 것이다.

5. 나를 떠나서는 너희가 아무 것도 할 수 없음이라. 이 말씀은 이 비유 전체의
결론이자 적용이다. 즉, 우리는 스스로는 그 어떤 선한 일도 할 수 없기 때문에, 우
리가 그리스도를 떠나 있는 한, 우리는 하나님을 기쁘시게 할 만한 선한 열매를 단
하나도 결코 맺을 수 없다는 것이다. 그런데 교황주의자들은 이 말씀의 의미를 약
화시킬 뿐만 아니라, 그 본지(本旨)를 훼손하거나, 심지어 완전히 회피해 버린다.
그들은 우리가 그리스도 없이는 아무것도 할 수 없다는 것을 입으로는 인정하면서
도, 다른 한편에서는 우리에게도 얼마만큼은 능력이 있고, 이 능력은 그 자체로는
온전하지 않지만, 하나님의 은혜의 도우심을 받아서, 즉 그들의 표현을 빌리자면,

하나님의 은혜와 "협동해서" 선을 행할 수 있다는 잠꼬대 같은 소리를 한다. 왜냐하면, 그들은 인간은 빈껍데기와 같은 존재여서 인간으로부터는 그 어떤 선한 것도 나올 수 없다는 사실을 받아들인다는 것을 용납할 수 없기 때문이다. 그러나 그리스도의 이 말씀은 너무도 명백하기 때문에, 그들은 자신들이 생각하는 것만큼 손쉽게 이 말씀을 피해갈 수는 없다. 교황주의자들이 꾸며 낸 교리는, 우리가 그리스도의 도우심 없이는 아무것도 할 수 없다는 것은 사실이지만, 그리스도께서 우리를 도와주실 경우에는, 우리는 그리스도의 은혜 외에 우리에게 고유한 그 무엇을 갖고 있다는 것이다. 그러나 그리스도께서는 우리가 스스로 "아무것도 할 수 없다"고 선언하신다. 즉, "가지는 스스로 열매를 맺지 못한다"는 것이다. 그러므로 그리스도께서는 단지 자기가 우리에게 은혜를 주셔서 우리와 협동하고 우리를 돕는다고 말씀하시는 것이 아니라, 자기가 공급해 주시는 능력 외에는 우리에게 그 어떤 능력도 없다고 말씀하시는 것이다. 따라서 "나를 떠나서는"이라는 어구는 "나로부터가 아니면"이라는 뜻으로 해석되어야 한다. 교황주의자들 외에도 또 다른 궤변을 늘어놓는 자들이 있는데, 그들은 처음부터 열매를 맺을 수 없는 가지는 접붙여진다고 해도 아무런 열매를 맺을 수 없다는 것을 근거로 내세워서, "가지" 자체도 본래부터 무언가를 지니고 있는 것이 아니냐고 주장한다. 그러나 그러한 주장을 반박하기는 쉽다. 왜냐하면, 그리스도께서는 접붙여진 가지가 본래 어떤 가지였느냐에 대하여 말씀하시는 것이 아니라, 그리스도와 연합될 때에 우리가 비로소 가지가 되기 시작한다는 의미로 이 말씀을 하시는 것이기 때문이다. 그리고 실제로 성경의 다른 곳에서도 그리스도 안에 있기 전의 우리는 말라 버려서 아무런 쓸모가 없게 된 나무와 같은 존재라는 것을 보여준다.

6. 사람이 내 안에 거하지 아니하면 가지처럼 밖에 버려져 마르나니. 이 말씀을 통해서 그리스도께서는 제자들에게 다시 한 번 배은망덕한 자들이 받을 벌이 무엇인지를 보여주심으로써, 그들로 하여금 더욱더 분발해서 인내로써 믿음을 지켜나가도록 촉구하시고 자극을 주신다. 물론, 우리로 하여금 끝까지 인내로써 믿음을 지켜나가게 하시는 것은 분명히 하나님의 은혜로 되는 일이긴 하지만, 우리가 육신을 따라서 제멋대로 살다가 우리의 뿌리가 통째로 뽑혀 버릴 수도 있기 때문에, 그렇게 되지 않도록 하기 위해서는, 우리도 그렇게 될 수 있다는 것을 두려워해야 한다는 권면의 말씀도 반드시 필요한 것이었다. 그리스도로부터 잘려 나간 자는 나무에서 잘려 나가 말라 버린 가지와 같다. 왜냐하면, 우리의 능력이 그리스도로

부터 비롯된 것과 마찬가지로, 그 능력이 계속해서 유지되는 것도 그리스도로 말미암는 것이기 때문이다. 그리스도께서 이런 말씀을 하시는 것은 택함받은 자들 중에서 실제로 잘려 나간 자가 있기 때문이 아니라, 한동안은 무성하게 잘 자라고 녹음(綠陰)이 짙어 보이지만 나중에 열매를 맺을 때가 되었을 때에 주님의 기대를 저버리고 마는 외식하는 자들이 많기 때문이다.

⁷너희가 내 안에 거하고 내 말이 너희 안에 거하면 무엇이든지 원하는 대로 구하라 그리하면 이루리라 ⁸너희가 열매를 많이 맺으면 내 아버지께서 영광을 받으실 것이요 너희는 내 제자가 되리라 ⁹아버지께서 나를 사랑하신 것 같이 나도 너희를 사랑하였으니 나의 사랑 안에 거하라 ¹⁰내가 아버지의 계명을 지켜 그의 사랑 안에 거하는 것 같이 너희도 내 계명을 지키면 내 사랑 안에 거하리라 ¹¹내가 이것을 너희에게 이름은 내 기쁨이 너희 안에 있어 너희 기쁨을 충만하게 하려 함이라(15:7-11).

7. 너희가 내 안에 거하고 … 무엇이든지 원하는 대로 구하라 그리하면 이루리라. 믿는 자들은 흔히 자기들은 궁핍하고 부족하며 풍요로움과는 너무나 거리가 멀어서 많은 열매를 맺을 수 없을 것이라고 느낀다. 이것이 그리스도께서 이 말씀을 일부러 덧붙이신 이유이다. 즉, 그리스도 안에 있는 자들은 어떤 것에서 궁핍함을 느낄 때마다 하나님께 구하기만 하면, 하나님께서는 무엇이든지 그들의 부족함을 즉시 해결해 주시리라는 것이다. 이것은 매우 유익한 권면이다. 왜냐하면, 주님께서는 우리로 하여금 더 열심을 내서 기도하도록 하시기 위해서 우리로 종종 배고픔을 겪게 하시기 때문이다. 그러나 우리가 기도를 통해서 주님께 나아가기만 한다면, 우리는 구한 것들을 얻어서 결코 궁핍함을 겪지 않게 될 것이고, 주님은 자신의 결코 고갈되지 않는 풍성하심으로부터 우리에게 필요한 모든 것들을 공급해 주실 것이다(고전 1:5).

내 말이 너희 안에 거하면. 이 말씀은 우리가 믿음으로 그리스도 안에 뿌리를 내려야 한다는 것이다. 왜냐하면, 우리가 복음의 가르침을 떠나는 것은 그리스도 밖에서 그리스도를 찾으려 하는 것과 같기 때문이다. 그리스도께서는 우리가 구하는 것은 무엇이든지 시행하시겠다고 약속하셨지만, 우리가 무엇이든 제멋대로 구해도 된다고 하신 것은 아니다. 만일 하나님께서 우리에게 너무 쉽사리 그리고 너무 관대하게 우리가 원하는 것들을 들어주신다면, 그것은 하나님이 우리의 구원에 별 관심이 없으신 것이다. 왜냐하면, 우리는 인간이 어리석고 부질없는 욕망에 얼마나 잘 빠지는 존재인지를 스스로 잘 알고 있기 때문이다. 그래서 그리스도께서는 자기 백성들이 무엇을 구해야 하는지 그 한계를 정해 주심으로써 바르게 기도하는 법(法)을 제시해 주시는데, 그 법이라는 것은 우리의 모든 감정을 하나님의 뜻에 복종시키는 것이다. 이것은 문맥을 통해서 확인된다. 왜냐하면, 그리스도께서는 자기 백성이 육신의 어리석은 소욕(所欲)을 따라서 부나 명예 따위를 바라지 말고, 그들로 하여금 열매를 맺을 수 있게 해줄 성령의 생명의 수액(樹液)을 바라고서 기도하라는 뜻으로 이 말씀을 하시는 것이기 때문이다.

8. 내 아버지께서 영광을 받으실 것이요. 이것은 앞의 문장을 확증하는 말씀이다. 왜냐하면, 그리스도께서는 여기에서 자기 백성들이 열매를 맺는 것은 하나님께 크게 영광을 돌리는 일인 까닭에, 그들이 열매를 맺고자 한다면, 하나님이 그들의 기도를 들어주실 것을 의심하지 말아야 한다는 것을 보여주고 계시기 때문이다. 그러나 그리스도께서는 아울러 그러한 목표 내지는 효과를 이용하셔서, 그들의 마음속에 선을 행하고자 하는 열망을 불러일으키신다. 왜냐하면, 우리를 통해서 하나님의 이름이 영광을 받으시게 하는 것보다 우리가 더 귀하게 여겨야 할 일은 없기 때문이다. 이 말씀에 뒤이어서 그리스도께서 "너희는 내 제자가 되리라"고 하신 말씀도 동일한 취지이다. 왜냐하면, 이 후반절은 그리스도께서 자기 양들 중에서 열매를 맺지 못해서 하나님께 영광을 돌리지 못하는 자는 아무도 없을 것이라고 선언하시는 말씀이기 때문이다.

9. 아버지께서 나를 사랑하신 것 같이. 사람들은 흔히 그리스도께서 여기에서 하나님 아버지가 자기에 대하여 늘 품고 계셨던 은밀한 사랑을 말씀하고 계시는 것이라고 생각하지만, 그런 생각은 이 말씀의 취지를 벗어난 사변(思辨)에 불과하고, 그리스도께서 여기에서 표현하고자 하신 것은 그런 사랑보다 훨씬 더 큰 것이었다. 왜냐하면, 그리스도께서는 하나님이 우리를 사랑하신다는 확실한 증거를 우리의 가슴에 새겨 주시려고 이 말씀을 하신 것이기 때문이다. 그러므로 성부께서 성자 안에서 자기 자신을 사랑하신 것이라는 등과 같은 궤변은 이 본문과는 아무런 상관도 없다. 여기에서 언급된 사랑은 우리를 향한 사랑을 가리키는 것으로 보는 것이 합당하다. 왜냐하면, 그리스도께서는 아버지 하나님이 교회의 머리인 자기를 사랑하신 것이라고 증언하시기 때문이다. 그리고 이것은 우리에게 매우 절실하다. 왜냐하면, 중보자 없이 하나님에게 사랑받는 길을 찾는 자는 스스로 미로에

빠져서 올바른 길도 찾지 못하고 거기에서 빠져나오지도 못하게 될 것이기 때문이
다. 그러므로 우리의 눈은 우리를 향한 하나님 사랑의 증거이자 보증이 되시는 그
리스도만을 바라보아야 한다. 왜냐하면, 하나님께서 자신의 사랑을 그리스도에게
완전히 부어 주신 것은 그 사랑이 그리스도에게서 그의 지체들에게로 흘러들어가
게 하기 위한 것이었기 때문이다. 그리스도께서는 아버지 하나님의 뜻을 다 이루
어드릴 "내 사랑하는 아들"(마 3:17)로 불리셨지만, 우리는 그리스도께서 그렇게
불리신 목적이 하나님께서 그리스도 안에서 우리를 기쁘게 받으시기 위한 것이었
음을 알아야 한다. 그러므로 우리는 그리스도 안에서, 마치 거울로 보는 것 같이,
우리 모두를 향한 하나님의 아버지로서의 사랑을 본다. 그리스도께서는 자기 혼자
사랑을 받으시거나 자신의 사적인 이익을 위해서 사랑을 받으신 것이 아니고, 오
직 우리로 하여금 자기와 더불어서 아버지 하나님과 연합되도록 하시기 위해서 사
랑을 받으신 것이다.

나의 사랑 안에 거하라. 이 말씀을 어떤 이들은 그리스도께서 자기가 제자들을
사랑하신 것처럼, 그들에게도 자기를 사랑할 것을 요구하신 것으로 해석하고, 어
떤 이들은 우리를 향한 그리스도의 사랑을 적극적으로 표현한 것으로 해석하는데,
후자의 견해가 더 낫다. 즉, 그리스도께서는 우리가 우리를 사랑하신 그의 사랑을
빼앗기지 않도록 주의하고 조심해서 그 사랑을 계속해서 누려야 한다는 의미로 이
말씀을 하신 것이다. 왜냐하면, 하나님께서는 은혜를 주시고자 하시는데도 그 은
혜를 거부하는 사람도 많고, 한 번 은혜를 받았다가도 내팽개쳐 버리는 사람도 많
기 때문이다. 그러므로 이미 하나님의 은혜를 받은 자들은 자신의 잘못으로 인해
서 그 은혜에서 떨어져 나가는 일이 없도록 주의하고 조심하는 것이 마땅하다. 이
말씀으로부터 어떤 이들은 우리의 한결같은 마음(constantia)이 밑받침되지 않으
면 하나님의 은혜도 효험(efficacia)이 없다는 결론을 이끌어 내기도 하지만, 그런
추론은 쓰레기 같은 무익한 것이다. 나는 성령께서 우리의 능력이 감당할 수 있는
일만을 요구하시고 그 이상으로는 요구하지 않으신다는 주장에 동의할 수 없다.
도리어, 그리스도께서는 우리가 마땅히 해야 할 일을 보여주신 후에, 우리의 힘이
부족할 때에는 우리로 하여금 자기에게 그 힘을 구하게 하신다. 마찬가지로, 그리
스도께서 여기에서 우리에게 끝까지 인내할 것을 권면하실 때, 우리는 우리 자신
의 힘이나 노력을 의지해서 그렇게 하려고 하지 말고, 우리에게 그런 명령을 주신
분에게 그의 사랑 안에서 우리를 견고하게 해주시라고 기도함으로써 그렇게 해나

가야 한다.

10. 너희도 내 계명을 지키면. 그리스도께서는 여기에서 우리가 끝까지 인내할 수 있는 방법을 제시하시는데, 그것은 그리스도께서 친히 부르시는 곳으로 따라가는 것이다. 왜냐하면, 사도 바울이 말했듯이, "그리스도 예수 안에 있는 자"는 "육신을 따라" 행하지 않고 "그 영을 따라" 행하기 때문이다(롬 8:1, 4). 한편으로는 값없이 거저 주시는 그리스도의 사랑을 깨닫는 저 믿음, 다른 한편으로는 선한 양심과 새 생명, 이 둘은 언제나 서로 결합되어 있다. 그리스도께서는 믿는 자들이 방탕하게 살면서도 아무런 벌도 받지 않게 하시기 위해서가 아니라, 그들로 하여금 성령의 다스리심을 받아서 아버지 하나님의 장중(掌中)에 붙들려서 그 통치 아래 있게 하시려고, 그들을 아버지 하나님과 화목되게 하신 것이다. 이것으로부터 우리는 참된 순종을 통해서 그리스도의 제자임을 증명하지 못하는 자들은 결국 그리스도의 사랑을 거부하고 배척한 자들이라는 것을 알게 된다. 만약 그렇다면, 우리의 구원 여부가 결국에는 우리 자신에게 달려 있는 것이 아니냐는 반론을 제기하는 사람이 있을 수 있겠지만, 나의 대답은 그리스도의 말씀을 그런 식으로 이해하는 것은 잘못이라는 것이다. 왜냐하면, 믿는 자들이 하나님께 순종하는 까닭에 하나님이 그들을 계속해서 사랑해 주시는 것이 아니라, 하나님께서 그들을 사랑해 주시는 까닭에 그들이 하나님께 순종하는 것이기 때문이다. 그들이 하나님의 부르심에 응답할 수 있는 것은 값없이 은혜로 주어지는 양자(養子)의 영인 성령의 인도하심으로 인한 것이 아니라면 무엇 때문이겠는가? 그러나 어쨌든 그리스도의 계명을 지켜야 한다는 조건은 우리에게 너무 가혹해 보일 수 있다. 왜냐하면, 그런 조건은 우리의 능력으로는 도저히 이룰 수 없는 완전한 의(iustitiae perfectio)를 요구하기 때문이다. 그렇다면, 우리가 천사 같은 순전함을 덧입지 않는다면, 그리스도의 사랑도 아무 소용이 없다는 말이 되지 않겠는가? 그러나 이 문제를 해결하기는 쉽다. 왜냐하면, 그리스도께서는 우리가 선하고 거룩한 삶을 살기를 원하신다고 말씀하시지만, 그렇다고 해서 자신의 가르침 중에서 가장 중요한 것, 즉 하나님의 의(義)가 값없이 우리에게 전가(轉嫁)된다는 가르침을 배제하고 계시는 것은 아니기 때문이다. 따라서 우리는 값없이 의롭다 하심을 받았기 때문에, 비록 우리가 행하는 일들이 그 자체로는 불완전하고 거룩하지 못해서 거부되어야 마땅한데도, 하나님께서는 그 일들을 기쁘게 받아주시는 것이다. 그러므로 믿는 자들이 그리스도의 계명을 지키려고 애쓰고 힘쓴다면, 비록 그들이 목표에는 크게 못 미친다고 할지

라도, 그들은 계명을 지킨 것으로 여겨진다. 왜냐하면, 그들은 "이 율법의 모든 말씀을 실행하지 아니하는 자는 저주를 받을 것이라"(신 27:26)는 저 냉혹한 율법의 선고(宣告)로부터 건짐을 받은 자들이기 때문이다.

내가 아버지의 계명을 지켜 그의 사랑 안에 거하는 것 같이. 우리가 그리스도 안에서 택함을 받은 것과 마찬가지로, 그리스도 안에는 우리의 부르심이 무엇인지를 보여주는 생생한 표본이 드러나 있다. 그러므로 그리스도께서 여기에서 모든 경건한 자들이 본받아야 할 모범으로 자기 자신을 우리에게 제시하신 것은 합당하다. 그리스도께서는 이렇게 말씀하신다: "내가 너희에게 요구한 것들은 아버지께서 내게 똑같이 요구하신 것들이다. 너희들은 내가 나의 아버지에게 얼마나 진실하게 순종하였는지, 그리고 내가 이 길을 어떻게 인내로써 달려왔는지도 알고 있고, 아버지도 나를 사랑하셨는데, 그 사랑이 일시적인 것이 아니라 영원히 변치 않는 사랑이었다는 것도 알고 있지 않느냐." 우리는 교회의 머리 되시는 그리스도와 그 지체들이 이렇게 서로 닮지 않으면 안 된다는 것을 늘 명심하고 유념해야 한다. 이것은 믿는 자들로 하여금 그리스도를 본받아 닮아가려고 애쓰게 하기 위해서만이 아니라, 그들로 하여금 그리스도의 영이 날마다 그들을 새롭게 하셔서 점점 더 선하게 만들어갈 것이라는 확신과 소망을 갖고서 끝까지 새 생명 속에서 행해 나갈 수 있도록 하기 위해서도 꼭 필요한 일이다.

11. 내가 이것을 너희에게 이름은. 그리스도께서는 자신의 사랑은 경건한 자들도 도저히 알 수 없는 그런 것이 아니라, 믿음을 통해서 얼마든지 알 수 있는 것이기 때문에, 그들이 양심의 복된 평안(pax)을 누리게 될 것이라는 말씀을 덧붙이신다. 왜냐하면, 그리스도께서 말씀하신 이 "기쁨"은 값없이 의롭다 하심을 얻은 모든 자들이 하나님과 더불어 누리는 저 평안(pax)으로부터 솟아나오는 것이기 때문이다. 그러므로 우리는 우리를 향한 아버지 하나님의 사랑이 선포될 때마다, 우리가 진정으로 기뻐할 수 있는 이유가 주어지고 있고, 그런 까닭에 우리가 양심의 평안 가운데서 우리의 구원을 확신할 수 있게 된 것을 알아야 한다.

한편, 이 기쁨은 서로 다른 관점에서 "그리스도의 기쁨"이라고도 불리고, "우리의 기쁨"이라고도 불린다. 그것이 그리스도의 기쁨인 이유는 우리에게 기쁨을 주신 분이 그리스도이시기 때문이다. 즉, 그리스도께서 기쁨의 원천(源泉)이자 원인(原因)이라는 것이다. 내가 그리스도께서 우리의 기쁨의 원인이라고 말하는 것은 "그가 징계를 받음으로 우리가 평화를 누리고"(사 53:5), 우리가 죄악으로부터 풀

려났기 때문이다. 그리고 내가 그리스도를 기쁨의 원천이라 말하는 것은 그리스도
께서 자신의 영으로 우리의 마음에서 두려움과 걱정을 몰아내신 까닭에 거기에서
고요한 기쁨이 생겨났기 때문이다. 또한, 그리스도의 기쁨은 또 다른 이유에서 "우
리의 기쁨"이라 불리는데, 그것은 그리스도의 기쁨이 우리에게 주어져서 우리가
그것을 누리기 때문이다. 그리스도께서는 제자들로 하여금 기쁨을 누리게 하시기
위해서 이 말씀을 하신 것이라고 선언하시기 때문에, 우리는 그리스도의 이 말씀
을 듣고 합당한 유익을 얻은 모든 사람들은 자신들에게 쉼을 줄 무언가를 얻게 된
다는 결론을 얻는다.

　　그리스도께서는 여기에서 자기가 말한 "기쁨"이 일시적이거나 덧없는 그런 기
쁨이 아니라, 결코 소멸하거나 사라지지 않는 기쁨이라는 것을 나타내시기 위해서
"머무르다"(개역에서는 "있어")라는 동사를 사용하신다. 그러므로 우리는 오직 그리
스도의 가르침 속에서 구원의 확신(salutis fiducia)을 찾아야만, 그 구원의 확신은
우리가 살아 있을 때나 죽은 후에나 동일한 효력을 지니게 될 것이다.

너희 기쁨을 충만하게 하려 함이라. 그리스도께서는 이 기쁨이 그들 안에서 온
전히 충만할 것이라는 말씀을 덧붙이신다. 그것은 믿는 자들이 슬픈 일을 하나도
겪지 않을 것이기 때문이 아니라, 그들이 기뻐하는 원인 또는 근거가 되고 있는 것
이 그 어떤 두려움이나 근심이나 슬픔보다도 훨씬 더 큰 까닭에, 그것들이 그들을
집어삼키지 못할 것이기 때문이다. 왜냐하면, 믿는 자들에게 이 기쁨이 주어진 것
은 그들로 하여금 그리스도를 자랑하게 하기 위한 것인 까닭에, 삶이나 죽음이나
그 어떤 환난도 그들이 슬픔을 무시하는 것을 막지 못할 것이기 때문이다.

¹²내 계명은 곧 내가 너희를 사랑한 것 같이 너희도 서로 사랑하라 하는 이것이니라
¹³사람이 친구를 위하여 자기 목숨을 버리면 이보다 더 큰 사랑이 없나니 ¹⁴너희는
내가 명하는 대로 행하면 곧 나의 친구라 ¹⁵이제부터는 너희를 종이라 하지 아니하
리니 종은 주인이 하는 것을 알지 못함이라 너희를 친구라 하였노니 내가 내 아버
지께 들은 것을 다 너희에게 알게 하였음이라(15:12-15).

12. 내 계명은 … 이것이니라. 우리가 그리스도의 계명을 따라 살아야 한다는 것
은 지극히 당연한 일이기 때문에, 우리는 먼저 그리스도께서 무엇을 원하시거나
명하시는지를 알아야 한다. 그래서 그리스도께서는 지금까지 앞에서 말씀하셨던

것을 여기에서 다시 한 번 되풀이하시는데, 그것은 믿는 자들은 무엇보다도 서로 사랑해야 한다는 것이다. 물론, 하나님을 사랑하고 경외하는 것이 순서상으로 먼저이겠지만, 우리가 하나님을 사랑하고 있다는 것을 보여주는 참된 증거는 우리의 이웃을 사랑하는 것이기 때문에, 그리스도께서는 특히 여기에서 후자를 역설하시는 것이다. 또한, 그리스도께서는 앞에서 일반적인 가르침을 지키는 것과 관련해서 자신을 모범으로 제시하신 것처럼, 여기에서는 특별한 경우와 관련해서도 자신을 모범으로 제시하신다. 그리스도께서 자신의 모든 백성들을 사랑하신 것은 그들로 하여금 서로 사랑하게 하시기 위한 것이었다. 그리스도께서는 여기에서 믿지 않는 자들을 사랑하는 것과 관련해서는 분명한 원칙을 밝히지 않으셨는데, 나는 그리스도께서 그렇게 하신 이유를 이미 제14장에서 언급한 바 있다.

13. 이보다 더 큰 사랑이 없나니. 그리스도께서는 우리로 하여금 우리의 구원에 대하여 좀 더 확신을 갖도록 하시기 위해서 우리를 향한 자신의 사랑이 얼마나 큰지를 종종 말씀하시지만, 이제 여기에서는 한 걸음 더 나아가서, 자기를 본받아서 형제를 사랑하라고 우리의 마음에 불을 지피신다. 하지만 그리스도께서는 우리를 향한 자신의 사랑과 형제들을 향한 우리의 사랑을 한데 결합시키신다. 왜냐하면, 그리스도께서는 먼저 우리가 믿음을 통해서 자신의 무한하신 선하심을 깨닫게 되기를 원하신 후에, 다음으로 거기에 근거해서 우리에게 형제 사랑에 열심을 낼 것을 권면하시기 때문이다. 그래서 바울도 "그리스도께서 너희를 사랑하신 것 같이 너희도 사랑 가운데서 행하라 그는 우리를 위하여 자신을 버리사 향기로운 제물과 희생제물로 하나님께 드리셨느니라"(엡 5:2)고 말한다. 만일 하나님께서 한 마디 말씀이나 명령으로 우리를 구속하시는 것이 우리의 유익을 위해서 가장 좋은 방법이었다면, 두말 할 필요도 없이 하나님께서는 우리를 그런 식으로 구속하셨겠지만, 그런 방법들을 사용하지 않으시고서, 자신의 사랑하는 독생자를 아낌없이 내주신 것은 자기가 우리의 구원을 위해 얼마나 노심초사하시는지를 몸소 증명해 보이시기 위한 것이었다. 그러므로 측량할 수 없는 하나님의 달콤한 사랑으로도 그 마음이 녹아내리지 않는 자들이 있다면, 그들의 마음은 바위나 무쇠보다 더 단단한 것임에 틀림없다. 그러나 그리스도께서 우리를 하나님과 화목하게 하시기 전에 우리는 단지 원수들일 뿐이었는데, 어떻게 그리스도께서 죽으신 것이 "친구를 위한" 것이 될 수 있는가라는 질문이 제기될 수 있다. 왜냐하면, 그리스도의 죽음이 화목제물이 되어서 우리의 죄를 대속해 주심으로써, 그 때에야 비로소 하나님과

우리 사이에 존재했던 원수 관계가 청산된 것이기 때문이다. 이 질문에 대한 대답은 요한복음 3장을 설명한 부분에서 찾아볼 수 있다. 거기에서 우리는 이렇게 말하였다: 그리스도의 죽음으로 우리의 죄악이 깨끗하게 도말될 때까지는, 우리와 하나님 간에는 불화(不和) 상태가 존재하고 있었지만, 하나님의 영원한 사랑은 자신의 원수들까지도 사랑하는 그런 사랑이었기 때문에, 하나님께서는 그리스도 안에서 그러한 은혜를 베풀어 주셨다. 마찬가지로, 그리스도께서도 아직 외인(外人)들이었던 그들을 이미 사랑하셨기 때문에, 그들을 위해서 자신의 목숨을 내주신 것이었다. 만일 그들을 사랑하지 않으셨다면, 그리스도께서 그들을 위해서 죽지 않으셨을 것이다.

14. 너희는 내가 명하는 대로 행하면 곧 나의 친구라. 그리스도께서는 우리에게 어떤 공로(功勞)가 있어서 우리가 이런 큰 영광을 받는 것이라는 의미로 이 말씀을 하시는 것이 아니라, 단지 자기가 어떤 조건 위에서 우리를 은혜로 받아주시고, 자신의 친구로 삼아 주시고자 하시는지를 그들에게 상기시키고자 하시는 것일 뿐이다. 이것은 앞에서 "너희도 내 계명을 지키면 내 사랑 안에 거하리라"(요 15:10)고 말씀하신 것과 동일한 취지이다. 우리의 구주께서 "모든 사람에게 구원을 주시는 하나님의 은혜"를 나타내셔서 "우리를 양육하신" 것은 우리로 하여금 "경건하지 않은 것과 이 세상 정욕을 다 버리고 신중함과 의로움과 경건함으로 이 세상에 살게"(딛 2:11-12) 하시기 위한 것이었다. 그러나 악의적으로 복음을 멸시하고 그리스도를 거스르는 불경건한 자들은 그리스도의 친구가 되기를 스스로 포기하는 자들이다.

15. 이제부터는 너희를 종이라 하지 아니하리니. 그리스도께서는 또 다른 말씀을 통해서 제자들에 대한 자신의 사랑을 보여주시는데, 그것은 마치 친구들 사이에서 마음을 터놓고 친근하게 대화하듯이, 그리스도께서 그들에게 자신의 마음을 완전히 열어 주신 것이었다. 그리스도께서는 이렇게 말씀하신다: "나는 세상 사람들이 자기 종들에게 흔히 하는 것보다 더 흉허물 없이 너희를 대해 왔다. 그러므로 너희는 내가 아버지에게서 들은 천국 지혜의 비밀들을 지금까지 너희에게 정겹고 친밀하게 설명해 주었다는 사실을 너희에 대한 나의 사랑의 증표로 삼아라." 복음이 이처럼 그리스도의 마음을 적나라하게 보여줌으로써, 우리로 하여금 더 이상 그리스도의 사랑을 의심할 수 없게 만들고 도무지 알 수 없는 것으로 치부할 수 없게 만들고 있는 것은 참으로 복음이 얼마나 놀랍고 귀한 것인지를 보여주는 것이

기 때문에, 우리는 우리의 구원에 대한 확신을 얻기 위해서 구름 위 하늘로 올라가고자 하거나 땅 속 깊은 곳에 내려가고자 할 필요가 없고, 단지 우리를 향한 그리스도의 사랑을 증언하고 있는 복음에 만족해야 한다. 왜냐하면, 복음은 우리를 속이지 않을 것이기 때문이다. 모세는 옛적의 이스라엘 백성에게 "우리 하나님 여호와께서 우리가 그에게 기도할 때마다 우리에게 가까이 하심과 같이 그 신이 가까이 함을 얻은 큰 나라가 어디 있느냐"(신 4:7)고 말하였다. 그러나 하나님께서는 자기 아들을 통해서 우리에게 자기 자신을 온전히 다 열어 보여 주셨기 때문에 옛적의 이스라엘 백성보다도 훨씬 더 큰 특권과 존귀를 우리에게 주신 것이다. 그러므로 이 놀라운 복음의 지혜에 만족하지 못하고 교만한 욕망에 휘둘려서 새로운 사변(思辨)들을 찾아서 이리저리 배회하는 자들의 배은망덕함과 패역함도 마찬가지로 더욱 큰 것이 될 수밖에 없다.

내가 내 아버지께 들은 것을. 제자들이 그리스도께서 알고 계신 모든 것을 다 알지는 못했다는 것은 확실하고, 사실 그들이 그런 높은 경지에 이르는 것은 불가능한 일이었다. 인간이 하나님의 지혜(sapientia)를 다 깨달을 수는 없기 때문에, 그리스도께서는 각각의 제자들에게 꼭 필요한 것들을 충분하다고 할 정도의 지식(scientia)을 나누어 주신 것이었다. 그렇다면, 왜 그리스도께서는 "내가 내 아버지께 들은 것을 다 너희에게 알게 하였다"고 말씀하신 것일까? 나의 대답은 이 말씀은 그리스도께서 지니신 중보자로서의 인격과 직분에 국한된 지식을 뜻한다는 것이다. 그리스도께서는 하나님과 우리 사이에 위치해 계셔서, 하나님의 비밀한 성소로부터 그러한 지식을 받으셔서, 여기에서 말씀하고 계시듯이, 우리에게 손에서 손으로 일일이 다 전달하셨다. 따라서 그리스도께서는 우리의 구원과 관련된 일들과 우리가 알아야 할 중요한 일들은 하나도 빠뜨리지 않고 제자들에게 다 가르쳐 주셨다. 하나님께서는 그리스도를 교회의 유일한 스승과 선생으로 세우셨기 때문에, 그리스도께서는 자기가 아버지 하나님에게서 들은 것들을 하나도 빠뜨리지 않고 제자들에게 신실하게 가르쳐 주셨다. 그러므로 우리에게 단지 겸손하고 고분고분하게 배우고자 하는 열심(studium)만 있다면, 바울이 복음을 "각 사람을 그리스도 안에서 완전한 자로 세우는"(골 1:28) 지혜라고 부른 것이 얼마나 적절한 것이었는지를 깨닫게 될 것이다.

[16]너희가 나를 택한 것이 아니요 내가 너희를 택하여 세웠나니 이는 너희로 가서 열

매를 맺게 하고 또 너희 열매가 항상 있게 하여 내 이름으로 아버지께 무엇을 구하든지 다 받게 하려 함이라 ¹⁷내가 이것을 너희에게 명함은 너희로 서로 사랑하게 하려 함이라 ¹⁸세상이 너희를 미워하면 너희보다 먼저 나를 미워한 줄을 알라 ¹⁹너희가 세상에 속하였으면 세상이 자기의 것을 사랑할 것이나 너희는 세상에 속한 자가 아니요 도리어 내가 너희를 세상에서 택하였기 때문에 세상이 너희를 미워하느니라 ²⁰내가 너희에게 종이 주인보다 더 크지 못하다 한 말을 기억하라 사람들이 나를 박해하였은즉 너희도 박해할 것이요 내 말을 지켰은즉 너희 말도 지킬 것이라 ²¹그러나 사람들이 내 이름으로 말미암아 이 모든 일을 너희에게 하리니 이는 나를 보내신 이를 알지 못함이라(15:16-21).

16. 너희가 나를 택한 것이 아니요. 그리스도께서는 제자들이 그렇게 큰 영광을 받게 된 것이 그들 자신의 공로(meritum) 때문이 아니라, 자신의 은혜(gratia) 때문이라는 것을 여기에서 한층 더 분명하게 밝히신다. 왜냐하면, "너희가 나를 택한 것이 아니요"라는 말씀은 결국 제자들이 그들 자신의 재주나 노력으로 얻은 것은 아무것도 없다는 뜻이기 때문이다. 사람들은 흔히 하나님의 은혜(divinae gratia)와 인간의 의지(humanae voluntas)가 어느 정도는 동시에 작용하는 것이라고 생각해서, 그리스도와 인간 사이에도 각자가 서로 나누어 맡아서 해야 할 일들이 존재한다고 생각하는 경향이 있지만, 그리스도께서는 "내가 너희를 택하여 세웠나니"와 "너희가 나를 택한 것이 아니요"라는 서로 대비되는 두 말씀을 통해서, 모든 것은 오로지 자기에게 달려 있다는 것을 밝히신다. 따라서 그리스도께서는 "내가 어떤 사람을 찾아갈 때까지는, 그 사람이 먼저 자발적으로 나를 찾아 나서지는 않는다"고 말씀하신 것과 같다. 하지만 이 말씀에서 다루고 있는 주제는 사람이 어떻게 하나님의 자녀로 택함을 받아서 신자가 되는가 하는 일반적인 택정(擇定)하심에 관한 것이 아니라, 그리스도께서 복음 선포의 직분을 맡기시기 위해서 제자들을 따로 구별하여 세우신 특별한 택정하심에 관한 것이다. 그러나 제자들이 택하심을 입어서 사도의 직분을 받게 된 것이 그들 자신의 공로로 인한 것이 아니라 순전히 값없이 주어진 것이라면, 진노의 자녀이자 저주 받은 인간의 후손인 우리를 영원한 상속자로 삼아 주시는 그런 택하심이 값없이 주어진 것임은 더더욱 확실하다. 또한, 그리스도께서는 여기에서 그들이 사도로 택함받은 것이 자신의 은혜에 의한 것임을 부각시키심으로써, 그들이 처음으로 몸 된 교회에 접붙임을 받게 되었던

이전의 택하심도 마찬가지로 자신의 은혜로 의한 것이었다는 것을 아울러 상기시키신다. 그러니까, 그리스도께서는 "내가 너희를 택하여 세웠나니"라는 말씀 속에 자기가 그들에게 수여한 모든 존귀와 영광을 다 포함시키고 계시는 것이다. 그렇지만 나는 그리스도께서는 여기에서 분명히 사도직(使徒職)에 대하여 말씀하고 계신다는 것을 인정한다. 왜냐하면, 그리스도께서 이 말씀을 하시는 의도는 제자들로 하여금 그들의 직분을 성실하게 수행하도록 촉구하시기 위한 것이기 때문이다. 그리스도께서는 자기가 그들에게 값없이 베풀어 주신 은혜를 사도직에 대한 자신의 권면의 토대로 삼으신다. 왜냐하면, 우리가 주님께 받은 은혜가 크면 클수록, 우리는 그가 우리에게 요구하시는 일들을 감당하기 위하여 더욱더 열심을 낼 수밖에 없기 때문이다. 만일 우리가 그렇게 하지 않는다면, 우리는 은혜도 모르는 파렴치한 자라는 비난을 피할 수 없게 될 것이다. 이것으로부터 분명한 것은, 우리가 가진 모든 것이 본래 우리의 것이 아니라 하나님으로부터 온 것임을 인정하고, 나아가 우리의 구원의 시작은 물론이고 구원 이후의 모든 과정도 값없이 베풀어 주시는 하나님의 긍휼에서 비롯된 것임을 인정하는 것보다 우리 안에서 거룩하고 경건한 삶에 대한 열망에 더 강력하게 불을 붙여 주는 것은 없다는 것이다. 또한, 그리스도께서 사도직에 전혀 어울릴 것 같지 않은 자들을 택하셔서 사도로 삼으셨다는 사실에서, 우리는 그의 말씀이 지극히 참되다는 것을 분명히 알 수 있다. 그러니까, 그리스도께서 그런 자들을 사도로 택하여 세우심으로써, 자신의 은혜를 증명해 줄 영원한 기념비를 세우고자 하신 것이었다. 사도 바울도 하나님과 사람을 화목하게 하는 대사(大使)의 직분을 맡기에 합당한 자는 결코 있을 수 없다는 의미로 "누가 이 일을 감당하리요"(고후 2:16)라고 반문한다. 좀 더 정확히 말하자면, 죽을 수밖에 없는 존재인 인간(homo mortalis)은 하나님을 대변하거나 대표할 수 없다는 것이다. 사람들을 택하셔서 직분을 맡기에 합당한 자들로 변화시켜 주시는 분은 오직 그리스도이시다. 그래서 바울은 자기가 사도가 된 것이 오로지 은혜로 말미암아 된 것이라고 고백하고 있고(롬 1:5), 심지어 자기는 "어머니의 태에 있을 때에" 이미 "택정함"을 입었다고 말한다(갈 1:15). 사실, 우리는 모두 아무런 쓸모없는 종들에 지나지 않기 때문에, 가장 뛰어나고 훌륭해 보이는 자일지라도 택함을 받기 전에는 가장 작은 소명조차도 감당하기에 합당치 않은 자일 뿐이다. 그러므로 하나님으로부터 더 많은 존귀를 부여받은 자일수록, 그는 자기가 하나님께 더 깊은 은혜를 입고 있다는 것을 명심하지 않으면 안 된다.

내가 너희를 택하여 세웠나니. 어떤 사람이 하나님에 의해서 예정되어 있던 직분을 받음으로써 자기가 택함받았다는 것이 실제로 드러나기 전까지는, 하나님의 택하심(electio)은 감추어져 있다. 그래서 내가 앞에서 인용한 갈라디아서 본문에서, 바울은 자기가 어머니의 태에 있을 때에 이미 택정함을 받았다고 말한 후에, 자기가 사도로 세우심을 받은 것은 그것이 하나님이 기뻐하시는 뜻이었기 때문이라는 말을 덧붙인다. 마찬가지로, 하나님께서도 예레미야를 실제로 선지자로 부르신 것은 자기가 정하신 적절한 때가 이르렀을 때였지만, 예레미야에게 "내가 너를 복중에 짓기 전에 너를 알았고"(렘 1:5)라고 말씀하신다. 그렇지만 때로는 적절한 자격이 갖춰진 자가 가르치는 직분으로 부르심을 받는 일도 있다는 것은 의심의 여지가 없다. 아니, 꼭 필요한 자격들을 갖추어서 준비가 되었을 때에야 부르심을 받게 되는 것이 교회에서 통상적으로 일어나는 일이라고 말하는 것이 좀 더 정확할 것이다. 그리스도께서 자기가 이 두 가지, 즉 택하심과 부르심 둘 다의 주체라고 말씀하시는 것은 결코 놀랄 일이 아니다. 왜냐하면, 하나님께서는 오직 그리스도를 통해서만 역사(役事)하시고, 그리스도께서도 아버지 하나님과 동역(同役)하시기 때문이다. 그러므로 택하심(electio)과 세우심(ordinatio)은 하나님의 역사임과 동시에 그리스도의 역사이다.

이는 너희로 가서 열매를 맺게 하고. 그리스도께서는 이제 여기에서 자기가 왜 지금까지 자신의 은혜에 대하여 말씀하셨는지 그 이유를 설명해 주시는데, 그것은 제자들로 하여금 그들에게 맡겨진 일에 더욱 열심을 내도록 하시기 위한 것이었다. 사도직은 수고도 하지 않고 빈둥거리면서 사람들로부터 공경만 받는 자리가 아니었기 때문에, 그들은 매우 어려운 문제들과 맞서 싸우지 않으면 안 되었다. 그러므로 그리스도께서는 그들이 힘들고 귀찮고 위험한 일들에 주눅이 들어서 피하지 않도록 하시기 위해서 그들에게 힘을 내라고 격려하고자 하셨고, 여기에서의 말씀은 바로 그런 목적에서 나온 것이다. 그리스도께서는 "너희로 열매를 맺게 하기" 위한 것이라고 결과(結果)를 가지고 그들을 격려하신다. 왜냐하면, 열심히 노력해도 소기의 성과를 기대하기 어려울 때에는, 어느 누구도 자신의 일에 전심전력을 다하는 것이 쉽지 않을 것이기 때문이었다. 그러므로 그리스도께서는 그들이 기꺼이 순종하기만 한다면, 그들의 수고가 반드시 유익하게 되어서 열매를 맺게 될 것이라고 선언하신다. 즉, 그리스도께서는 사도들이 무기력해지고 냉담해지지 않도록 하시기 위해서, 그들에게 그들의 소명(召命)이 어떤 것이고 무엇을 요구하는지에 대해서만 말씀해 주시는 것이 아니라, 그들이 형통하고 성공할 것이라는 약속도 주신다. 그리스도의 사역자들이 매일같이 맞닥뜨리는 수많은 시험들을 물리치는 데에 이 위로의 말씀만큼 값진 것은 거의 없을 것이다. 그러므로 우리의 수고하고 애쓰는 것이 모두 헛된 것 같이 보일 때마다, 우리는 언젠가는 그리스도께서 우리의 수고하고 애쓴 것을 결코 헛되거나 무익한 것으로 만들지 않으실 것임을 기억해야 한다. 왜냐하면, 아무런 열매도 보이지 않을 때, 이 약속은 특히 더욱 더 빛을 발할 것이기 때문이다. 오늘날 세상에서 지혜 있다고 하는 자들은 우리의 이런 노력을 어리석은 것이라고 조롱하면서, 우리가 하늘과 땅을 뒤섞으려는 헛수고를 하고 있다고 비웃는다. 그들이 이처럼 비웃는 것은 우리의 수고의 "열매"가 아직 우리의 기대에 미치지 못하고 있기 때문이다. 그러나 그들의 조롱과는 반대로 그리스도께서는 지금은 비록 눈에 보이지 않게 감춰져 있을지라도 우리의 수고에는 반드시 상급(賞給)이 뒤따를 것이라고 약속하셨기 때문에, 우리는 세상의 조롱 한가운데에서도 성심(誠心)을 다해서 우리의 본분과 도리를 다하기 위하여 애쓰는 것이 마땅하다.

그런데 왜 그리스도께서는 이 "열매"가 영원할 것이라고 말씀하신 것일까 하는 질문이 여기에서 제기될 수 있다. 많은 이들은 복음의 가르침이 영혼들을 그리스도께로 인도하여 영원한 구원을 얻게 하기 때문에, 바로 그것이 열매가 영원히 있는 것이라고 생각한다. 그러나 나는 거기에서 한참 더 나아가서, 이 말씀을 교회가 세상 끝날까지 존속할 것이라는 의미로 받아들이고자 한다. 왜냐하면, 사도들의 수고는 오늘날까지도 그 열매를 맺고 있고, 우리의 복음 전도도 단지 한 세대 동안만 열매를 맺는 것이 아니라, 교회를 성장시켜서 우리가 죽은 후에도 새로운 열매를 계속해서 맺게 될 것이기 때문이다. 그리스도께서는 "너희" 열매라고 말씀하시기 때문에, 바울이 "심는 이나 물 주는 이는 아무것도" 아니라고 가르치고 있는데도 불구하고(고전 3:7), 마치 그 열매가 제자들 자신의 수고를 통해서 얻어진 것처럼 말씀하시는 것 같지만, 교회는 하나님의 너무나 큰 역사(役事)로 세워지는 까닭에, 그 영광을 인간에게 돌리는 것은 합당하지 않다. 그러나 하나님께서는 인간의 손을 빌려서 자신의 권능을 행사하시기 때문에, 그들의 수고가 헛되지 않도록 하시기 위해서, 당연히 자신에게 속한 것들조차도 그들에게 넘겨주시곤 하신다. 그러나 그리스도께서 은혜로우시게도 자신의 제자들을 존귀하게 하시고 그들에게 영광의 관을 씌워 주신다고 해도, 그것은 그들에게 힘을 더해 주시기 위한 것이지,

그들의 교만을 부추기기 위한 것이 아니라는 것을 우리는 명심하여야 한다.

내 이름으로 아버지께 무엇을 구하든지 다 받게 하려 함이라. 이 말씀은 많은 사람들이 생각하듯이 글의 흐름을 끊고서 갑자기 끼어든 것이 아니다. 왜냐하면, 가르치는 직분은 사람의 능력으로는 도저히 감당할 수 없을 뿐만 아니라, 거기에는 하나님의 능력을 힘입지 않고서는 도저히 물리칠 수 없는 사탄의 무수한 공격이 늘 뒤따르는 까닭에, 그리스도께서는 여기에서 제자들이 낙심하지 않도록 하시기 위해서, 그들에게 최고의 도움이 될 수 있는 것을 제시하고 계시는 것이기 때문이다. 따라서 이 말씀의 의미는 이런 것이다: "너희에게 맡겨진 일이 너무 벅차서 너희가 너희의 직분으로 인한 일들을 감당할 수 없을 때, 내 아버지께서는 결코 너희를 그냥 내버려 두지 않으실 것이다. 왜냐하면, 나는 너희가 내 이름으로 내 아버지께 기도하면, 그가 손을 내밀어 너희에게 도움을 베풀어 주실 것이라는 조건 위에서, 너희를 복음의 사역자들로 세운 것이기 때문이다." 실제로, 가르치는 직분을 맡은 자들 중 대부분이 무기력함에 빠져서 주눅이 들거나 절망으로 인해서 자포자기 상태가 되는 것은 오로지 그들이 기도의 본분을 소홀히 하기 때문이다. 그러므로 우리는 그리스도의 이 약속의 말씀을 믿고서 하나님께 부르짖어야 한다. 왜냐하면, 자기가 하는 일의 성패(成敗)가 오로지 하나님께 달려 있음을 인정하는 자는 두렵고 떨리는 마음으로 자신의 모든 수고를 하나님께 올려드릴 것이기 때문이다. 반면에, 자신의 노력만 믿고 하나님의 도우심을 무시하는 자는 시련이 닥쳤을 때에 자신의 창과 방패를 다 팽개치고 도망하거나, 아무런 소득도 없이 분주히 움직이기만 하게 될 것이다. 우리는 여기에서 교만(arrogantia)과 불신(diffidentia)이라는 두 가지 잘못을 조심해야 한다. 왜냐하면, 자기 스스로 문제를 해결할 수 있다고 생각한 나머지 겁도 없이 하나님의 도우심을 거부하는 자들도 많고, 하나님의 깃발을 앞세우고 전쟁터에 나가면서도 자신들이 하나님의 능력과 보호하심을 의지하여 싸운다는 사실을 진지하게 생각하지 못하고 난관 앞에서 무릎을 꿇는 자들도 많기 때문이다.

17. 내가 이것을 너희에게 명함은 너희로 서로 사랑하게 하려 함이라. 그리스도께서는 여기에서 사역자들이 한마음이 되어서 하나님의 교회를 세우기 위해서는 무엇보다도 서로 사랑할 것이 요구된다는 것을 사도들에게 알게 하시려고, 시의적절하게 이 말씀을 덧붙이신다. 왜냐하면, 교회를 세우는 데에, 모든 사람이 각자 자기 일만 하고 공동의 목표를 향하여 다 함께 노력을 경주하지 않는 것보다 더 큰 장

애물은 없기 때문이다. 그러므로 사역자들 사이에서 형제로서의 교제가 유지되지 않는다면, 그들이 아무리 큰 더미를 쌓아올린다고 하여도, 결국에는 다 무너지고 해체되며 엉망진창이 되어서, 결국 교회는 제대로 세워지지 못하게 될 것이다.

18. 세상이 너희를 미워하면. 그리스도께서는 영적 싸움에 대비하여 제자들을 무장시키시고 나서, 아울러 그들에게 인내할 것을 당부하신다. 왜냐하면, 복음이 선포되는 즉시, 세상이 미쳐 날뛸 것이고, 복음을 가르치는 경건한 자들은 세상으로부터 미움받는 것을 결코 피할 수 없게 될 것이기 때문이다. 그래서 그리스도께서는 그들이 신출내기들이 흔히 겪는 시행착오를 겪지 않도록 하시기 위해서 미리 이 점을 알려 주신다. 왜냐하면, 신출내기들은 경험 부족으로 인해서 적군과 맞닥뜨리기 전에는 용기백배하지만, 정작 전투가 개시되면 혼비백산하기 일쑤이기 때문이다. 그리스도께서는 제자들에게 예상치 못한 새로운 일들이 그들에게 일어나지는 않을 것이라고 미리 알려 주실 뿐만 아니라, 자신의 예(例)를 드셔서 그들에게 용기를 불어넣어 주신다. 즉, 그리스도 자신이 세상에서 미움을 받는데, 그리스도를 대리하는 제자들인 우리가 세상에서 환영을 받으리라고 생각하는 것은 앞뒤가 맞지 않는 일이다. 왜냐하면, 세상은 언제나 그 속성이 동일하기 때문이다.

너희보다 먼저 나를 미워한 줄을 알라. 나는 동사 '기노스케테'(γινώσκετε)를 직설법으로 번역했지만("너희가 안다"), 이 동사 형태는 명령형으로도 번역될 수 있고("너희는 알라"), 어느 쪽으로 번역하더라도 의미의 차이는 없기 때문에, 어떻게 번역하든 별 상관이 없다. 그것보다 더 큰 문제는 헬라어 본문에서 이 동사 앞에 나오는 어구인 '프로톤 휘몬'(πρωτον ὑμῶν, "너희보다 먼저")에 있다. 왜냐하면, "그리스도께서 자신의 제자들보다 먼저"라고 말하고 있는 이 어구는 시간상으로 "먼저"라는 의미일 수도 있고, 지위(地位)상으로 "먼저"라는 의미일 수도 있기 때문이다. 이 두 가지 의미 중에서 시간상으로 "먼저"를 의미한다는 전자의 견해가 좀 더 일반적으로 받아들여져 왔다. 즉, 그리스도께서는 사도들보다 시간상으로 "먼저" 세상으로부터 미움을 받으셨다는 것이다. 그러나 나는 후자의 견해를 택하고자 한다. 즉, 제자들과는 비교할 수 없을 정도로 높고 뛰어나신 그리스도께서도 세상으로부터 미움을 받으셨는데, 하물며 그리스도의 사역자들이 동일한 상황에 처하는 것을 거부해서는 안 된다는 것이다. 우리가 후자의 견해를 택해야 하는 이유는 이 표현이 우리가 앞서 요한복음 1:27과 1:30에서 살펴본 것과 동일하기 때문이다: "내 뒤에 오는 사람이 있는데 나보다 앞선 것[ὅτι πρῶτός μου ἦν-호티 프로토스 무 엔은 그가 나보다 먼저 계심이라"(요 1:30).

19. 너희가 세상에 속하였으면. 이것은 또 다른 위로의 말씀이다. 즉, 그들이 세상에서 미움을 받는 것은 그들이 세상으로부터 구별되었기 때문이고, 그들은 그렇게 구별되어서 멸망으로부터 구원을 받은 것이기 때문에, 그것이야말로 그들에게는 진정한 행복이자 영광이라는 것이다.

"내가 너희를 세상에서 택하였기 때문에"라는 말씀에서 "택하다"는 "분리하다, 떼어놓다"를 의미한다. 그들이 세상으로부터 택함을 받은 것이라면, 그것은 그들이 세상의 일부로 살아가다가, 오직 하나님의 긍휼로 말미암아 멸망 중에 있는 나머지 사람들로부터 구별되었다는 것을 의미한다. 그리스도께서는 여기에서도 "세상"이라는 말로써 하나님의 영으로 거듭나지 않은 모든 사람을 지칭하신다. 왜냐하면, 우리가 나중에 17장에서 좀 더 자세하게 살펴보겠지만, 그리스도께서는 교회와 세상을 서로 대비시키시기 때문이다. 그러나 이 가르침은 "할 수 있거든 너희로서는 모든 사람과 더불어 화목하라"(롬 12:18)는 바울의 권면과 모순되지 않는다. 왜냐하면, 바울이 덧붙인 이 예외적인 말씀은 우리가 무엇이 옳고 무엇이 그른지를 잘 분별해서, 세상의 모든 사람과 화목하려고 하다가 세상의 타락에 휩쓸리는 일이 없어야 한다고 말하는 것과 같기 때문이다.

또한, 그리스도께서 "세상이 자기의 것을 사랑할 것이나"라고 말씀하신 것과 관련해서도 반론이 제기될 수 있다. 왜냐하면, 우리는 악인들은 세상에 속한 자들인데도 다른 사람들로부터 미움도 받고 욕도 먹는 것을 흔히 보기 때문이다. 그런 점에 있어서는 "세상이 자기의 것을 사랑하지 않는다"는 것이 확실해 보인다. 나의 대답은 육신의 생각을 따라 살아가는 세상적인 자들은 진정으로 죄를 미워하는 것이 아니라, 단지 자신들이 불편을 겪거나 손해를 입는 한에서만 죄를 미워할 뿐이다. 그리스도께서는 세상이 자체적인 분란과 다툼으로 인해서 광분하고 격동한다는 것을 부정하는 의미로 이 말씀을 하신 것이 아니라, 단지 세상이 믿는 자들을 미워하는 것은 오직 하나님께 속한 것들이 믿는 자들 속에 있기 때문임을 보여주시고자 하신 것일 뿐이다. 이것으로부터 우리는, 상당수의 사람들이 자기들을 미워한다는 이 한 가지 사실을 근거로 해서, 자기들이 하나님의 종들이라고 결론을 내리고 있는 재세례파가 얼마나 어리석은 몽상(夢想)에 빠져 있는 것인지를 분명하게 보게 된다. 왜냐하면, 실상을 살펴보면, 세상에 속한 많은 자들은 세상의 모든 질서가 와해되어 혼란스럽게 되기를 바라는 마음이 있어서 재세례파의 가르침에 동조하는 것이고, 세상에 속하지 않은 많은 자들은 세상의 통치 질서가 와해되지 않고 그대로 유지되기를 바라는 마음에서 재세례파의 가르침을 혐오하는 것이기 때문이다.

20. 내가 … 한 말을 기억하라. "기억하라"로 번역된 동사는 직설법으로 읽을 수도 있다("너희는 기억하고 있다"). 직설법으로 읽든 명령법으로 읽든 의미상의 차이는 별로 없지만, 나는 후자로 읽는 것("기억하라")이 좀 더 낫다고 생각한다. 이 말씀은 그리스도께서 방금 전에 18절에서 자기가 제자들보다 비교할 수 없을 정도로 높고 뛰어남에도 불구하고 세상으로부터 미움을 받았다고 말씀하신 것을 재확인해 주시는 것이다. 즉, 종의 사정이 주인의 사정보다 나을 수는 없다는 것이다. 그리스도께서는 이 원리를 먼저 사람과 관련해서 적용하신 후에, 다음으로는 가르침에 적용하신다. 하나님께 속한 가르침이 사람들에 의해서 멸시당하는 것을 보는 것보다 경건한 자들의 마음을 더 낙심되게 하고 당혹스럽게 하는 것은 없다. 왜냐하면, 그런 일은 정말 경악을 금할 수 없는 충격적이고 끔찍한 일인 까닭에, 제아무리 담대한 자일지라도 그런 모습을 보고서 마음이 흔들리지 않을 수 없기 때문이다. 그러나 다른 한편으로는, 우리가 하나님의 아들조차 그토록 심한 배척을 당하셨다는 사실을 기억한다면, 하나님의 가르침이 사람들 사이에서 별로 존중을 받지 못한다고 해서 우리가 그런 모습에 놀라거나 이상하게 여길 필요는 없다. 그리스도께서 여기에서 하나님의 가르침을 "내 말" 또는 "너희 말"이라고 하실 때, 그것은 자신의 사역과 제자들의 사역을 가리킨다. 물론, 교회의 유일한 선생은 그리스도이시지만, 그리스도께서는 최초의 선생이었던 자신의 가르침이 나중에 사도들에 의해서 전파되게 하고자 하셨기 때문에 그렇게 말씀하신 것이다.

21. 이 모든 일을 너희에게 하리니 이는 나를 보내신 이를 알지 못함이라. 세상은 그 자신을 구원해 주기 위한 가르침에 대적해서 그토록 광분하는 것이기 때문에, 세상의 분노는 기괴한 것이었다. 그러므로 그리스도께서는 세상이 눈멀고 무지하여서 자신의 파멸을 향해서 치닫고 있는 것을 모르고 있기 때문에 그렇게 분노하며 광분하는 것이라고 말씀하신다. 왜냐하면, 하나님을 대적하는 것임을 뻔히 알면서도 의도적으로 하나님과 맞서 싸우고자 하는 사람은 아무도 없을 것이기 때문이다. 즉, 세상은 눈멂(caecitas)과 하나님에 대한 무지(ignoratio)로 인해서 그리스도와 싸우기 위해서 주저 없이 돌진하는 것이다. 우리는 세상이 그렇게 행동하는 이유를 언제나 유념하여야 한다. 참된 위로는 오직 선한 양심의 증언을 받을 때에

만 온다. 세상은 이처럼 눈먼 채로 멸망을 향해 달려가고 있는 상황 속에서, 하나님이 우리에게 자신의 빛을 주신 것이기 때문에, 우리 속에 감사하는 마음이 일어나는 것이 당연하다. 그러므로 우리는 그리스도를 미워하는 것은 하나님을 알지 못하는 어리석고 우매한 마음에서 비롯된다는 것을 알아야 한다. 내가 종종 말한 바 있지만, 믿지 않는다는 것은 눈이 멀어 있다는 것이다. 그것은 불경건한 자들이 아무것도 이해하지 못하거나 모르기 때문이 아니라, 그들이 갖고 있는 지식이라는 것이 뒤죽박죽인데다가 한순간에 사라져 버리는 지식이기 때문이다. 이 주제에 대해서는 내가 다른 곳에서 좀 더 자세하게 다룬 바 있다.

²²내가 와서 그들에게 말하지 아니하였더라면 죄가 없었으려니와 지금은 그 죄를 핑계할 수 없느니라 ²³나를 미워하는 자는 또 내 아버지를 미워하느니라 ²⁴내가 아무도 못한 일을 그들 중에서 하지 아니하였더라면 그들에게 죄가 없었으려니와 지금은 그들이 나와 내 아버지를 보았고 또 미워하였도다 ²⁵그러나 이는 그들의 율법에 기록된 바 그들이 이유 없이 나를 미워하였다 한 말을 응하게 하려 함이라 ²⁶내가 아버지께로부터 너희에게 보낼 보혜사 곧 아버지께로부터 나오시는 진리의 성령이 오실 때에 그가 나를 증언하실 것이요 ²⁷너희도 처음부터 나와 함께 있었으므로 증언하느니라(15:22-27).

22. 내가 와서 그들에게 말하지 아니하였더라면. 앞에서 그리스도께서는 유대인들이 하나님을 알지 못해서 복음을 미워한 것이라고 말씀하셨다. 그들이 알지 못했기 때문에 그런 것이라면, 그들의 죄책(罪責)이 좀 가벼워지는 것이 아니냐고 생각하는 자가 없도록 하시기 위해서, 그리스도께서는 여기에서 마치 빛을 보지 않으려고 일부러 눈을 감는 자들처럼, 그들이 악의적으로 스스로 자신들의 눈을 멀게 한 것이라는 말씀을 덧붙이신다. 만일 그리스도께서 이 말씀을 하지 않으셨다면, 이렇게 반론을 제기하는 자가 있었을지도 모른다: "유대인들이 당신의 아버지를 몰랐다면, 마땅히 당신이 그들의 무지를 깨우쳐 주어야 하지 않습니까? 그런데도 왜 당신은 그들이 정말 배울 자세가 되어 있는 것인지 아닌지를 시험해 보지조차 않았습니까?" 그런 반론에 대해 그리스도께서는 그들은 자신들의 악의(惡意)로 인해서 바른 마음을 지니고 있지 않았기 때문에, 자기가 최선을 다해서 성실하게 그들을 가르쳤지만, 아무 소용이 없었다고 대답하신다. 그리스도께서는 이러한 믿

지 않은 유대인들을 본보기로 내세우셔서, 하나님의 진리로 초대되었는데도 그 초대를 거부하거나 하나님의 진리를 알고 있으면서도 그 진리에 맞서 싸우고자 하는 모든 자들에게 두려움을 주고자 하셨다. 하나님의 두려운 보응(報應)이 그들을 기다리고 있는 것이 사실이었지만, 여기에서 그리스도께서 주로 의도하신 것은 자신의 제자들이 불경건한 자들의 악의에 굴복하지 않도록 하시기 위해서, 그들에게 승리에 대한 견고한 확신을 심어 줌으로써 힘을 실어 주는 것이었다. 왜냐하면, 우리가 장차 결과가 어떻게 될 것인지를 알고 있을 때, 우리는 싸움을 하고 있는 도중에도 승리의 개가(凱歌)를 부를 수 있게 될 것이기 때문이다.

죄가 없었으려니와 지금은 그 죄를 핑계할 수 없느니라. 이 말씀만 놓고 보면, 그리스도께서는 유대인들의 죄가 오직 불신앙뿐이라고 말씀하시는 것 같고, 실제로 그렇게 생각하는 이들도 있다. 아우구스티누스(Augustinus)의 견해는 좀 더 신중하긴 하지만, 그런 견해 쪽으로 기울어져 있다. 왜냐하면, 그는 모든 죄는 믿음으로 말미암아 사함받고 도말되는 까닭에, 정죄되어야 할 유일한 죄는 불신앙이라고 말하기 때문이다. 아우구스티누스가 한 말 자체는 틀린 것이 없다. 왜냐하면, 불신앙은 사람들이 사망의 정죄로부터 구원받는 것을 가로막는 장애물일 뿐만 아니라, 모든 악의 원천이자 원인이기 때문이다. 하지만 그런 식의 논증은 여기에 나오는 말씀과는 아무런 상관이 없다. 왜냐하면, 여기에서 사용된 "죄"라는 단어는 일반적인 의미에서의 죄를 가리키는 것이 아니라, 지금 여기에서 다루어지는 주제와 관련된 것이기 때문이다. 즉, 그리스도께서는 자기가 하나님을 나타내 보여주었는데도 불구하고, 유대인들이 자기를 배척한 것은 곧 하나님을 악의적으로 배척한 것이기 때문에, 그들이 하나님을 몰랐다고 변명해 보아야 아무 소용이 없다고 말씀하신 것이다. 이것은 우리가 어떤 사람을 한 가지 죄목(罪目)으로 기소하였지만, 그 죄가 성립되지 않아서 방면(放免)하기를 원한다면, 그 사람은 그 죄에 대하여 무죄하고 결백하다고 선언해야 하는 것과 같다. 그러므로 그리스도께서 "죄가 없었으려니와"라고 말씀하셨을 때에 그 죄는 한 가지 죄에 국한된다. 그 죄로 말미암아, 복음을 멸시하고 미워한 유대인들에게 몰라서 그랬다는 핑계가 통하지 않게 된 것이다. 하지만 또 다른 질문이 제기된다: "그리스도께서 오시기 전에 살았던 사람들이 단지 불신앙을 이유로 정죄받는 것은 옳지 않은 것이 아닌가?" 일부 광신자들은 이 말씀을 근거로 삼아서, 그리스도께서 오시기 전에 죽은 사람들은 모두 믿음이 없는 상태에서 죽은 것이고, 그리스도께서 자신을 그들에게 나타내실 때까지 그들은 보류 상태에 머물러 있다는 잘못된 결론을 이끌어 낸다. 그러나 그런 자들은 양심(conscientia)만으로도 그리스도께서 오시기 전에 죽은 사람들을 정죄하기에 부족함이 없다고 증언하는 성경 본문이 많다는 것을 모르는 것 같다. 바울은 "그러나 아담으로부터 모세까지 … 사망이 왕노릇 하였나니"(롬 5:14)라고 말하고, "무릇 율법 없이 범죄한 자는 또한 율법 없이 망하고"(롬 2:12)라고 말한다. 그렇다면, 그리스도께서 이 말씀을 하신 취지는 무엇일까? 적어도 이 말씀이 의심할 여지없이 보여주는 것은 유대인들은 생명으로 초대를 받고서도 그 생명을 의도적으로 거부하고 배척했기 때문에, 그들에게는 자신들의 죄책(罪責)을 좀 더 가볍게 해줄 그 어떤 것도 없다는 것이다. 따라서 "죄가 없었으려니와"라는 말씀은 그들의 모든 죄책(罪責)이 완전히 사함받는다는 뜻이 아니고, 다만 그리스도께서 "그들에게 말하지 아니하였다"는 정상을 참작해서 그들의 죄과(罪過)를 다소 가볍게 보아주신다는 뜻이다. 이것은 "주인의 뜻을 알고도 준비하지 아니하고 그 뜻대로 행하지 아니한 종은 많이 맞을 것이요 알지 못하고 맞을 일을 행한 종은 적게 맞으리라"(눅 12:47-48)는 말씀과도 부합한다. 왜냐하면, 그리스도께서는 여기에서 사람들에게 죄 사함에 대해서 약속하시고자 하시는 것이 아니라, 하나님의 은혜를 완강하게 거부하고 배척하는 자들은 그 어떤 용서나 자비도 기대할 수 없다는 것을 그들에게 철저히 깨닫게 하시고자 하시는 것이기 때문이다.

"내가 와서 그들에게 말하지 아니하였더라면"이라는 말씀 속에서 우리가 주목해야 할 것은 그리스도께서는 자기가 오신 것을 그 자체로가 아니라, 자신의 가르침과 연결시켜서 말씀하고 계시다는 것이다. 만일 유대인들의 죄가 단지 그리스도의 육신적인 임재를 몰라본 것에서 그쳤다면, 그들의 죄책(罪責)이 그렇게 무겁지는 않았을 것이다. 그들이 그들 스스로를 도저히 변명하거나 핑계할 수 없게 만들어 버린 것은 그들이 그리스도의 가르침을 멸시하였다는 것이다.

23. 나를 미워하는 자는 또 내 아버지를 미워하느니라. 이 말씀은 복음의 가르침을 미워하는 것은 하나님을 대적하는 불경건(impietas)의 표출이라는 것을 우리에게 가르쳐 준다는 점에서 주목할 만한 말씀이다. 물론, 말로는 복음의 가르침을 받아들인다고 고백하는 자들도 많다. 왜냐하면, 그들은 복음을 혐오하면서도, 하나님을 잘 섬기는 사람으로 인정받기를 원하기 때문이다. 하지만 그들 속에는 하나님을 멸시하는 마음이 숨겨져 있는 까닭에, 그런 신앙고백은 거짓이다. 그리스도께서는 많은 사람들의 외식(外飾)을 이런 식으로 자신의 가르침의 빛을 통해서 드

러내신다. 이 주제에 대해서는 우리가 이미 다음의 두 본문을 통해서 자세히 살펴본 바 있다: "악을 행하는 자마다 빛을 미워하여 빛으로 오지 아니하나니 이는 그 행위가 드러날까 함이요"(요 3:20); "아들을 공경하지 아니하는 자는 그를 보내신 아버지도 공경하지 아니하느니라"(요 5:23).

24. 내가 아무도 못한 일을 그들 중에서 하지 아니하였더라면. 그리스도께서는 자신의 신적 영광을 보여주는 모든 증거들을 여기에서 "일들"이라는 한 단어로 표현하고 계신다는 것이 나의 생각이다. 왜냐하면, 그리스도께서는 이적들과 성령의 능력을 비롯해서 그 밖의 다른 증거들을 통해서 자기가 하나님의 아들이심을 분명하게 증명하셨고, 그 결과로 우리가 요한복음 제1장에서 보았듯이, 하나님의 "독생자"의 위엄이 그리스도 안에서 밝히 드러났기 때문이다(요 1:14). 그런데 그리스도께서 모세를 비롯한 선지자들보다 더 많은 이적들을 행하시거나 더 큰 이적들을 행하신 것은 아니라는 반론이 흔히 제기된다. 그러나 우리가 잘 알고 있듯이, 그리스도는 선지자들 같은 단순한 사역자가 아니셨고, 정확히 말하면, 그들의 모든 활동의 근원이 되시는 분이셨다는 점에서, 그가 베푸신 이적들은 다른 그 어떤 이적들보다 더 탁월한 것이었다. 왜냐하면, 그리스도께서는 자신의 이름과 자신의 권위와 자신의 능력으로 이적들을 행하셨기 때문이다. 그러나 내가 이미 말했듯이, 그리스도께서는 자신의 신성(神性)을 나타내시기 위해 사용하셨던 온갖 하늘에 속한 영적인 능력을 보여주는 모든 증거들을 "일들"이라는 단어로 포괄하신다.

그들이 나와 내 아버지를 보았고 또 미워하였도다. 그리스도께서는 자신의 원수들이, 하나님에게서 온 것이 너무도 명백한 자신의 능력을 멸시하였기 때문에 그 무슨 수를 써도 그 책임에서 벗어날 수 없다고 결론을 내리신다. 왜냐하면, 하나님께서는 누구나 다 알 수 있도록 자기 "아들" 안에서 자신의 신성(神性)을 나타내신 까닭에, 그리스도의 원수들이 자기들은 단지 한 인간을 상대했을 뿐이라고 변명해 보아야 아무런 소용이 없게 되었기 때문이다. 이 말씀은 하나님께서는 자신의 "일들"을 통해서 자신의 능력을 보여주심으로써 우리로 하여금 자기에게 합당한 영광을 돌리기를 원하시기 때문에, 우리에게 하나님의 "일들"에 세심한 주의를 기울여야 한다는 것을 일깨워 준다. 따라서 하나님의 은사들을 받고도 안 받은 척하거나 업신여겨서 소홀히 하는 모든 자들은 하나님의 은혜를 저버리는 사악한 자들이다.

25. 그들이 이유 없이 나를 미워하였다 한 말을 응하게 하려 함이라. 자연의 이치를 거슬러 무슨 일이 일어난다는 것을 믿기도 어렵지만, 사람이 하나님을 미워하

는 것보다 더 이치에 어긋나는 일은 없다. 그래서 그리스도께서는 그들의 마음에 악의(惡意)가 가득하기 때문에 그들이 "이유 없이" 자기를 미워한 것이라고 말씀하신다. 그리스도께서는 시편 35:19을 인용하시면서, 그 말씀이 지금 자기에게 "응하였다"고 말씀하시는데, 그것은 그런 일이 전에 다윗에게 일어나지 않았기 때문이 아니라, 예로부터 대대손손 이어져 온 이스라엘 백성의 완고한 악의(惡意)를 책망하고자 하셨기 때문이다. 따라서 그리스도께서는 지금의 유대인들이 아무런 "이유 없이" 다윗을 미워했던 그들의 조상들보다 하나도 나을 것이 없다고 말씀하신 것과 같다.

여기에서 "율법"은 시편을 가리킨다. 왜냐하면, 선지자들의 모든 가르침은 다름 아닌 율법의 부록이었기 때문이다. 그리고 우리는 모세의 사역이 그리스도의 때까지 계속되었다는 것을 알고 있다. 그리스도께서 율법을 "그들의" 율법, 곧 유대인들의 율법이라고 부르신 것은 그들에 대해서 경의를 표시하시기 위한 것이 아니라, 그들에게 익숙한 표현을 사용하셔서 그들에게 더 따끔한 일격을 가하시기 위한 것이었다. 즉, 그리스도께서는 이렇게 말씀하신 것과 같다: "그들에게는 조상대대로 물려받은 율법이 있어서, 그들은 그 율법 속에서 그림처럼 생생하게 묘사되어 있는 조상들의 행실을 볼 수 있지 않느냐?"

26. 보혜사 곧 아버지께로부터 나오시는 진리의 성령이 오실 때에. 그리스도께서는, 복음을 대적하는 자들이 교회 밖은 물론이고 심지어 교회 안에도 많이 있다고 해서 사도들이 복음을 가볍게 여겨서는 안 되는 이유를 설명해 주신 후에, 이제 여기에서는 복음을 대적하는 자들의 사악한 분노와 대비되는 성령의 증언(testimonium spiritus)을 제시하신다. 사도들이 성령의 증언을 의지하기만 한다면, 그들의 양심은 결코 흔들리지 않게 될 것이다. 따라서 그리스도께서는 이렇게 말씀하신 것과 같다: "세상은 분명히 너희에게 해를 끼치기 위해서 분노하며 광분할 것이다. 너희의 가르침을 조롱하는 자들도 있고 욕하며 저주하는 자들도 있을 것이다. 그러나 진리의 성령이 너희에게 오셔서 너희가 그의 증언에 의해서 견고히 세워진다면, 그들의 공격이 아무리 맹렬할지라도, 너희의 믿음은 견고해서 결코 흔들림이 없게 될 것이다." 사실, 세상이 온통 분노로 가득 차서 사방으로 광분할 때, 우리를 지켜줄 유일한 보호막은 성령께서 우리 마음속에 인치신 하나님의 진리뿐이고, 우리는 그 진리를 의지해서 세상에 속한 모든 것들을 얼마든지 멸시할 수 있게 된다. 왜냐하면, 만일 하나님의 진리가 사람들의 판단이나 평가에 의해서

좌지우지되는 것이라면, 우리의 믿음은 하루에도 수백 번 무너져 내릴 것이다. 그러므로 우리는 그러한 수많은 폭풍우들의 와중에서 흔들리지 않고 견고하게 설 수 있기 위해서는 어디에 발을 딛고 서야 하는지를 주의 깊게 살펴보아야 한다. 우리가 "세상의 영을 받지 아니하고 오직 하나님으로부터 온 영을 받은" 것은 "하나님께서 우리에게 주신 것들을 알게" 하시기 위한 것이다(고전 2:12). 세상이 하나님의 진리를 은폐하거나 파괴하기 위해서 만들어 낸 모든 것들은 이 증언 하나만으로도 충분히 강력하게 몰아내고 흩어 버리고 뒤집어 버릴 수 있다. 왜냐하면, "진리의 성령"을 받은 사람은 세상의 증오나 멸시에도 의기소침하지 않고, 도리어 온 세상을 이기고 승리를 거둘 것이기 때문이다. 따라서 우리는 사람들의 평판을 의지하지 않도록 주의해야 한다. 왜냐하면, 우리의 믿음이 그런 식으로 여기저기를 기웃거릴 때, 아니 좀 더 정확히 말해서, 우리의 믿음이 하나님의 성소(聖所)를 떠나는 바로 그 순간부터, 우리의 믿음은 절망의 심연(深淵) 속에서 헤맬 수밖에 없게 되기 때문이다. 그러므로 우리는 우리의 내면에서 은밀하게 들려오는 성령의 증언만을 의지해야 한다. 믿는 자들은 이 증언이 하늘로부터 그들에게 주어진 것임을 안다. 그리스도께서는 "진리의 성령"이 오셔서 자기를 증언할 것이라고 말씀하신다. 왜냐하면, 성령께서는 우리의 믿음이 오직 그리스도 안에만 머물러 깊이 뿌리를 내리게 하셔서, 우리로 하여금 다른 곳에서 우리의 구원과 관련된 그 어떤 것도 찾지 않도록 하실 것이기 때문이다. 또한, 그리스도께서는 우리로 하여금 성령의 보호하심을 의지해서 결코 놀라거나 두려워하지 않도록 하시기 위해서 성령을 "보혜사"라고도 부르신다. 왜냐하면, 그리스도께서는 "보혜사"라는 호칭을 사용하심으로써, 우리의 믿음을 견고하게 하셔서 그 어떤 시험에도 넘어가지 않게 하고자 하셨기 때문이다. 그리스도께서는 성령을 "진리의 성령"이라고 부르셨는데, 우리는 "진리의 성령"이라는 말을 제자들이 현재 처해 있는 상황에 적용해 볼 필요가 있다. 왜냐하면, 그것은 성령의 증언이 주어지지 않은 자들은 이리저리 휘몰려 다니느라 확고한 안식처를 찾지 못하는 반면에, 진리의 성령이 말씀하시는 곳에서는 사람들의 마음에서 온갖 의심이 걷히고 미혹(迷惑)의 두려움이 물러가기 때문이다. 그리스도께서 자기가 "아버지께로부터" 성령을 보내실 것이고, 성령은 "아버지께로부터" 나오실 것이라고 말씀하시는 것은 성령의 권위에 무게를 더하시기 위한 것이다. 왜냐하면, 만일 우리가 성령께서 하나님으로부터 오셨다는 확신이 없다면, 성령의 증언은 원수들의 강력한 공격들과 수많은 음흉한 술수들을 막아내기에 충분하지 못하게 될 것이기 때문이다. 따라서 성령을 보내시는 분은 그리스도이시지만, 그리스도께서는 하늘 영광을 입으신 후에 성령을 보내시는 것이다. 이것은 우리로 하여금 성령이 인간에 의해 주어진 선물이 아니라 하나님의 은혜에 대한 확실한 보증(保證)임을 알게 하시기 위한 것이다. 이것으로부터 우리는 "아버지께로부터 나오시는 진리의 성령"이라는 말씀을 근거로 삼아서, 성령이 "아들로부터 나오신다"는 것을 부인한 헬라 교부들의 궤변이 얼마나 근거 없는 것이었는지를 분명하게 알게 된다. 왜냐하면, 그리스도께서는 늘 그러셨듯이 여기에서도 우리로 하여금 눈을 들어서 자신의 신성(神性)을 바라보도록 하시기 위하여 "아버지"를 언급하시는 것이기 때문이다.

27. 너희도 … 증언하느니라. 이 말씀은 성령의 증언은 사도들의 개인적인 유익을 위해서 주어지거나 오직 그들만이 누리도록 주어지는 것이 아니라, 성령께서 그들을 도구로 사용하셔서 그들의 입을 통해 말씀하심으로써 널리 전파되게 하기 위하여 주어지는 것이라는 뜻이다. 우리는 이제 어떤 이유로 "믿음은 들음에서 나는지"(롬 10:17), 그리고 믿음의 확신이 성령의 "인치심"과 "보증"으로 말미암는지를 알게 된다(엡 1:13-14). 인간의 마음이 얼마나 깊은 어둠 속에 있는지를 잘 알지 못하는 자들은, 말씀을 전하고 듣기만 하면 그 안에서 믿음이 자연스럽게 생겨난다고 생각하고, 또한 외적으로 말씀을 전하는 것은 멸시하고 도외시한 채로 신비한 계시와 영감(靈感, ἐνθουσιασμούς-엔두시아스무스)만을 추구하는 광신자들도 많다. 그러나 우리는 그리스도께서 이 두 가지를 하나로 결합시키고 계시는 것을 본다. 그러므로 하나님의 성령이 우리의 심령에 빛을 비추어 주시고 인을 쳐 주실 때까지는 우리에게 믿음이 있는 것이 아니지만, 그렇다고 해서 우리는 뜬구름 잡듯이 환상이나 신탁(神託)을 구하여서는 안 되고, 도리어 우리에게 "가까워" 우리의 "입"과 "마음"에 있는 "말씀"에 우리의 모든 지각을 집중하여야 한다(신 30:14; 롬 10:8). 이것에 대하여 이사야는 이렇게 아름답게 말한다: "여호와께서 또 이르시되 내가 그들과 세운 나의 언약이 이러하니 곧 네 위에 있는 나의 영과 네 입에 둔 나의 말이 이제부터 영원하도록 네 입에서와 네 후손의 입에서와 네 후손의 후손의 입에서 떠나지 아니하리라"(사 59:21).

그리스도께서 "너희도 처음부터 나와 함께 있었으므로"라고 말씀하시는 것은 사도들은 자신들이 직접 목격한 것들을 전해준 사람들이기 때문에 그들을 더욱 신뢰해야 한다는 것을 우리에게 알게 해주시기 위한 것이었다. 이 점에 대해서 요한은 "태초부터 있는 생명의 말씀에 관하여는 우리가 들은 바요 눈으로 본 바요 자세히 보고 우리의 손으로 만진 바라"(요일 1:1)고 말한다. 이렇게 주님께서는 복음을 온전히 확증하는 데에 무엇 하나 부족한 것이 없도록 하시기 위해서 우리에게 가능한 모든 것을 알려 주고자 하셨다.

제 16 장

¹내가 이것을 너희에게 이름은 너희로 실족하지 않게 하려 함이니 ²사람들이 너희를 출교할 뿐 아니라 때가 이르면 무릇 너희를 죽이는 자가 생각하기를 이것이 하나님을 섬기는 일이라 하리라 ³그들이 이런 일을 할 것은 아버지와 나를 알지 못함이라 ⁴오직 너희에게 이 말을 한 것은 너희로 그 때를 당하면 내가 너희에게 말한 이것을 기억나게 하려 함이요 처음부터 이 말을 하지 아니한 것은 내가 너희와 함께 있었음이라 ⁵지금 내가 나를 보내신 이에게로 가는데 너희 중에서 나더러 어디로 가는지 묻는 자가 없고 ⁶도리어 내가 이 말을 하므로 너희 마음에 근심이 가득하였도다 ⁷그러나 내가 너희에게 실상을 말하노니 내가 떠나가는 것이 너희에게 유익이라 내가 떠나가지 아니하면 보혜사가 너희에게로 오시지 아니할 것이요 가면 내가 그를 너희에게로 보내리니(16:1-7).

1. 내가 이것을 너희에게 이름은. 그리스도께서는 여기에서 자기가 지금까지 해 준 말들 중에서 쓸데없는 것은 하나도 없다는 것을 제자들에게 다시 한 번 상기시키신다. 왜냐하면, 이제 전쟁과 전투가 그들을 기다리고 있었으므로, 그들은 필요한 군장(軍裝)을 미리 꾸려둘 필요가 있었기 때문이다. 또한, 그리스도께서 여기에서 하신 말씀 속에는 그들이 지금까지 자기가 베푼 가르침들을 깊이 마음에 새긴다면 장차 다가올 일들에 얼마든지 대처할 수 있을 것이라는 의미도 담겨 있다. 우리는 그리스도께서 당시에 자신의 제자들에게 해주셨던 말씀들은 오늘날의 우리에게 해주신 말씀들이기도 하다는 것을 명심하여야 한다. 먼저, 우리는 그리스도께서는 자기 백성들을 아무런 무장(武裝)도 시키지 않은 채로 전쟁터에 내보내지 않으시기 때문에, 영적 나태함에 빠져 있지만 않는다면, 어느 누구도 이 전쟁에서 패하지 않을 것이라는 사실을 깨달아야 한다. 그러나 우리는 전투가 실제로 시작될 때까지 그냥 기다리고 있어서는 안 되고, 그전에 미리 그리스도의 이 말씀들을 잘 숙지하여 마음속에 깊이 담아두고 있다가, 때가 되면 기꺼이 전쟁터로 뛰어들

어야 한다. 우리는 그리스도의 이 권면들이 우리의 마음속에 깊이 새겨져 있기만 하다면 승리가 우리 손 안에 있음을 의심해서는 안 된다. 왜냐하면, "너희로 실족하지 않게 하려 함이니"라는 그리스도의 말씀은 그 어떤 위험도 우리를 바른 길에서 벗어나게 할 수 없다는 것을 의미하기 때문이다. 그러나 이 가르침을 올바로 배운 사람이 얼마나 적은지는 전투에 나가기 전에는 마음속에 이 가르침을 담고 있다고 생각하지만, 막상 전투에 돌입하면, 마치 그런 가르침은 전혀 들어보지도 못하고 배우지도 못한 사람처럼, 곧바로 굴복해 버리고 마는 사람이 많다는 사실에서 분명하게 드러난다. 그러므로 우리는 필요할 때에 즉시 사용할 수 있도록 이 무기를 늘 지니고 있어야 한다.

2. 사람들이 너희를 출교할 뿐 아니라. 장차 제자들이 경건한 자들의 총회로부터, 또는 적어도 하나님의 백성이라는 자부심을 갖고 교회라는 이름을 자랑하는 사람들로부터, 마치 사악한 죄인들이라도 되는 양 쫓겨나게 될 것이라는 사실은 그들의 마음을 혼란스럽게 만들고 뒤흔들어 놓을 만한 중대한 걸림돌(scandalum)이었다. 왜냐하면, 사도 바울이 우리에게 말해준 대로(고전 4:11-13), 믿는 자들은 "박해"와 "모욕"과 "비방"을 받을 수밖에 없게 될 것이기 때문이다. 그러나 그리스도께서는 자신의 제자들에게 비록 그들이 회당에서 출교를 당한다고 할지라도 그들은 여전히 하나님의 나라 안에 있기 때문에 그러한 공격에 꿋꿋하게 맞서서 견고히 서라고 명하신다. 이 말씀의 요지는 우리는 우리가 한 일들을 사람들은 불의하고 사악하게 정죄했지만 하나님께서는 인정해 주실 것이라는 이 한 가지 사실에 만족하는 가운데, 사람들의 왜곡된 판결에 낙심하지 말고, 그리스도의 십자가의 치욕을 담대하게 감당하여야 한다는 것이다. 또한, 이것으로부터 우리는 복음의 사역자들이 신앙의 공적(公敵)임을 자처하는 자들로부터 박해를 받는 것은 물론이고, 때로는 교회의 지체들, 심지어는 교회의 기둥들로 여겨지는 자들로부터도 극심한 비방을 받게 된다는 사실을 알게 된다. 사도들을 단죄한 서기관들과 제사장들은 자신들이 하나님에 의해서 세움받은 교회의 심판관들이라고 허풍을 떨었다. 사실, 교회의 일상적인 치리(治理)는 그들의 수중에 있었지만, 심판하는 직분은 인간으로부터가 아니라 하나님으로부터 주어지는 것이었다. 그러나 그들은 자신들이 폭정을 통해서 하나님께서 세우신 모든 제도를 이미 다 훼손시켜 놓은 상태였다. 그 결과, 교회의 덕을 세우기 위해서 그들에게 주어진 권세는 하나님의 종들을 무자비하게 탄압하는 데에 사용되었을 뿐이었고, 교회를 정결하게 유지하기 위한

약(藥)으로 사용되었어야 할 "출교" 제도는 경건한 자들을 내쫓는 정반대의 목적에 악용되었다. 사도들도 그들의 당시에 이미 출교를 경험했는데, 오늘날 복음을 증언한다는 이유로 교황이 파문하겠다고 협박하는 것에 우리가 지나치게 겁먹을 필요는 없다. 왜냐하면, 우리는 옛적에 서기관들과 제사장들이 사도들에게 가했던 것보다 더 큰 해악을 교황이 우리에게 가할 것이라고 두려워할 필요가 없기 때문이다. 아니, 그리스도를 추방해 버린 저 회중(會衆)에서 쫓겨나는 것보다 더 바람직한 일은 없다. 그러나 비록 출교 제도가 지독하게 남용된다고 할지라도, 우리는 하나님께서 처음부터 교회에 주신 권징(disciplina) 제도가 폐지되어야 하는 것은 아니라는 것을 유념하여야 한다. 왜냐하면, 사탄은 하나님이 세우신 모든 규례들을 훼손하려고 발악을 하지만, 우리가 하나님이 영원한 제도로 구별하여 세우신 것들을 단지 그것들이 훼손되었다는 이유만으로 폐지하는 것은 결국 사탄에게 굴복하는 것이 되기 때문이다. 그러므로 우리는 출교를 세례나 성만찬과 마찬가지로 남용을 바로잡고서 그 본래의 순수하고 적법한 용도로 회복시키는 것이 마땅하다.

때가 이르면. 그리스도께서는 출교와 박해라는 걸림돌에 대한 것을 좀 더 자세하게 강조해서 말씀하시는데, 복음의 원수들은 자기들에게 대단한 권세가 있는 것으로 착각해서, 믿는 자들을 죽이면서도 하나님께 희생 제사를 드린다고 생각할 것이라고 말씀해 주신다. 죄 없는 사람들이 끔찍한 고통을 겪는 것은 그 자체로도 견디기 어려운 일이지만, 그것보다 훨씬 더 힘들고 괴로운 것은 불경건한 자들이 하나님의 자녀들에게 저지르는 불법(iniuria)이 죗값을 치르기 위해서 응당 받아야 할 정당한 형벌(poena)로 여겨진다는 것이다. 그러나 우리는 그리스도께서 하늘로부터 강림하셔서 우리의 무죄함과 자신의 복음의 정당성을 밝히 드러내 주실 때까지, 바른 양심(conscientia recta)으로 견고히 서서 잠시 동안 겪게 될 박해를 참고 견뎌내는 것이 마땅하다. 그러나 진리의 원수들이 자신들의 사악함을 잘 알면서도 사람들을 속일 뿐만 아니라 심지어 하나님 앞에서도 자신들의 불의한 포악함을 자랑하는 것은 정말 이상하게 생각될 수 있다. 나의 대답은 외식하는 자들은 자신의 양심에서 들려오는 비난하는 소리를 들을 때마다 늘 그럴듯한 핑곗거리를 만들어 내어서 스스로를 속이기 때문이라는 것이다. 그들은 야심만만하고 잔인하며 교만한 자들이기도 하지만, 자신들의 온갖 악행을 마음껏 자행하며 즐기기 위해서 신앙의 열심이라는 탈을 이용해서 그 악행들을 은폐하는 자들이기도 하다. 뿐만 아니라, 그들은 순교자들의 피를 맛본 후 진노의 술에 취한 자들이기도 하다.

3. 그들이 이런 일을 할 것은 아버지와 나를 알지 못함이라. 믿지 않는 자들이 사도들에 대하여 분노하며 이렇게 미쳐 날뛰는 단 한 가지 이유는 그들이 하나님을 알지 못하기 때문이라는 것을 그리스도께서 사도들에게 종종 상기시켜 주시는 데에는 그럴 만한 이유가 있었는데, 그것은 믿지 않는 자들의 죄를 가볍게 해주시기 위한 것이 아니라, 사도들이 그러한 자들의 맹목적인 분노를 담대하게 무시해 버리도록 하시기 위한 것이었다. 왜냐하면, 겸손하고 경건한 자들의 마음이 불경건한 자들이 누리는 권세와 영광으로 인해서 흔들리는 일이 종종 있기 때문이다. 그러나 그리스도께서는 자기 백성들에게 거룩하고 의연(毅然)한 자세를 잃지 말고, 오류와 맹목에 사로잡혀 있는 원수들을 무시하라고 명하신다. 왜냐하면, 하나님이 우리의 편이시라는 것과 우리를 대적하는 자들은 이성이 없는 자들이라는 것을 온전히 확신하는 것이야말로 우리를 든든하게 지켜주는 놋 성벽 같은 것이기 때문이다. 또한, 이 말씀은 하나님을 알지 못하는 것이 얼마나 중대한 죄악인지를 우리에게 다시 한 번 일깨워준다. 왜냐하면, 하나님을 모르는 자들은 자기 부모를 살해하고 나서도, 자신들의 그런 극악무도한 죄악에 대하여 사람들이 자신들에게 찬사와 갈채를 보내줄 줄로 생각하기 때문이다.

4. 그 때를 당하면 내가 너희에게 말한 이것을 기억나게 하려 함이요. 그리스도께서는 자기가 이미 말씀하셨던 것을 여기에서 다시 한 번 되풀이하셔서, 자기가 이제까지 제자들에게 해주신 말씀들은 한가로운 시절에나 어울리는 철학적인 담론이 아니라 실전에서 사용될 수 있는 것이기 때문에, 자기가 지금 그러한 것들에 대해서 말씀해 주시는 것은 그들이 실전에 임했을 때에 자기에게서 배운 것들이 실제로 효력을 발휘하게 하기 위한 것이라고 말씀해 주신다. 그리스도께서는 "너희로 기억나게 하려 함이요"라는 말씀을 통해서 자신의 제자들에게 세 가지를 명하시는데, 첫째는 지금까지 들은 것들을 마음속에 잘 간직해 두라는 것이고, 둘째는 실제로 사용할 필요가 있게 될 때까지 잘 기억해 두라는 것이며, 셋째는 자기가 장차 일어날 일들을 미리 말해 준 것이기 때문에 중요하게 여기라는 것이다.

처음부터 이 말을 하지 아니한 것은. 그리스도께서 육신으로 사도들과 함께 계실 동안에, 그들은 여전히 유약(柔弱)한 자들이었기 때문에, 최고로 자애로우신 선생이신 그리스도께서는 그들이 감당할 수 없는 일에 내몰리지 않도록 그들을 감싸 주셨다. 그 때에는 제자들이 박해에 대한 걱정 없이 여유롭고 자유로운 한 삶을 누리고 있었기 때문에, 그들을 견고하게 세울 필요성이 아주 절실하지는 않았다. 그러나 이제 그리스도께서는 제자들에게 그들을 기다리고 있는 새로운 상황에 맞추어서 생각 자체를 바꾸고 싸울 준비를 해야 한다고 말씀하신다.

5. 지금 내가 나를 보내신 이에게로 가는데. 제자들은 그리스도께서 떠나신다는 말씀에 큰 슬픔을 느끼고 있었기 때문에, 이 슬픔을 달래 주시기 위해서 그리스도께서는 최고의 위로가 될 수 있는 말씀을 해주실 필요가 있으셨다. 지금까지 평온하게 살아 왔던 제자들은 장차 있을 혹독하고 치열한 전투로 소집되었다. 이런 상황에서, 만일 그들의 구원의 수호자이신 그리스도께서 하늘에 계신다는 사실을 알지 못했다면, 그들은 어떻게 되었을까? "아버지"에게로 간다는 것은 하늘의 영광에 들어가서 최고의 권세를 소유하게 된다는 것이다. 그러므로 그리스도께서 육신으로 그들과 헤어진 후에 아버지 하나님의 우편에 앉으셔서 자신의 권능으로 믿는 자들을 보호해 주실 것이라고 말씀하시는 것은 그들의 슬픔을 위로하고 치유하기 위한 것이었다. 하지만 그리스도께서는 여기에서 사도들의 두 가지 잘못을 책망하시는데, 첫째는 그들이 그리스도의 육신적인 임재에 지나친 집착을 보였다는 것이고, 둘째는 그리스도의 육신적인 임재가 사라질 때에 그들이 슬픔에 사로잡혀서 더 높은 곳을 바라보지 않았다는 것이다. 우리에게도 동일한 일이 일어난다. 왜냐하면, 우리는 언제나 그리스도를 우리의 지각 속에 가두어놓고서는, 우리가 바라는 대로 그리스도께서 나타나지 않으시면, 그것을 절망의 핑곗거리로 삼기 때문이다.

그리스도께서 "너희 중에서 나더러 어디로 가는지 묻는 자가 없고"라고 말씀하시면서, 자기가 어디로 가고자 하는 것인지를 묻지 않았다는 이유로 제자들을 책망하시는 것은 근거 없고 부당한 일로 보일 수도 있다. 왜냐하면, 제자들은 전에 이 문제에 대해서 상당히 집요하게 그리스도께 여쭈어 본 적이 있었기 때문이다. 그러나 이 문제에 대한 대답은 쉽다. 즉, 그것은 그들이 마땅히 그리스도를 신뢰하는 마음을 가지고서 그런 질문을 하였어야 함에도 불구하고, 실제로는 그렇게 하지 않았기 때문이다. 따라서 그리스도께서는 "너희는 내가 떠나간다는 말을 듣자마자 놀라기만 했을 뿐, 내가 어디로 가는지, 그리고 무슨 목적으로 가는지에 대해서는 생각하려고 하지 않았다"고 말씀하신 것과 같다.

7. 실상을 말하노니 내가 떠나가는 것이 너희에게 유익이라. 그리스도께서는 제자들이 자기를 더 이상 붙들어 두고자 하지 않도록 하시기 위해서, 자기가 떠나가는 것이 그들에게 유익할 것이라고 맹세하시듯이 말씀하신다. 왜냐하면, 우리는

육신을 지니고 있어서, 그리스도를 하늘에서 끌어내려서라도 함께 있고자 하는 그런 어리석은 정(情)을 마음에서 떨쳐내기가 너무나 어렵기 때문이다. 그리스도께서는 자기가 세상을 떠나갈 때에 그들이 얻게 될 유익을 설명해 주시는데, 그것은 자기가 세상을 떠나가지 않으면 성령께서 그들에게 오실 수 없다는 것이다. 왜냐하면, 그리스도께서 자신의 영의 은혜와 능력을 통해서 임재하셔서 우리와 교통하시는 것이 그리스도께서 우리의 눈앞에 계시는 것보다 훨씬 더 유익하고 바람직하기 때문이다. 여기에서 우리는 그리스도께서 이 땅에 계실 동안에는 성령을 보내주실 수 없으셨던가라고 반문하며 이의를 제기해서는 안 된다. 왜냐하면, 그리스도께서는 아버지 하나님이 명하신 모든 일들을 당연한 기정사실로 여기셨던 까닭에, 하나님께서 자기가 이루고자 하시는 일이 무엇인지를 일단 밝히신 후에는, 무엇이 가능한지 여부를 따져 묻는 것은 어리석고 백해무익한 일일 뿐이기 때문이다.

⁸그가 와서 죄에 대하여, 의에 대하여, 심판에 대하여 세상을 책망하시리라 ⁹죄에 대하여라 함은 그들이 나를 믿지 아니함이요 ¹⁰의에 대하여라 함은 내가 아버지께로 가니 너희가 다시 나를 보지 못함이요 ¹¹심판에 대하여라 함은 이 세상 임금이 심판을 받았음이라 ¹²내가 아직도 너희에게 이를 것이 많으나 지금은 너희가 감당하지 못하리라 ¹³그러나 진리의 성령이 오시면 그가 너희를 모든 진리 가운데로 인도하시리니 그가 스스로 말하지 않고 오직 들은 것을 말하며 장래 일을 너희에게 알리시리라 ¹⁴그가 내 영광을 나타내리니 내 것을 가지고 너희에게 알리시겠음이라 ¹⁵무릇 아버지께 있는 것은 다 내 것이라 그러므로 내가 말하기를 그가 내 것을 가지고 너희에게 알리시리라 하였노라(16:8-15).

8. 그가 와서. 이 구절의 의미가 모호해서 지금까지 다양한 해석들이 제시되어 왔지만, 나는 그러한 해석들을 소개하는 대신에, 단지 내가 보기에 그리스도의 참된 의도라고 생각되는 것만을 말하고자 한다. 그리스도께서는 앞에서 이미 제자들에게 성령이 오시게 될 것이라고 약속하신 바 있는데, 이제 여기에서는 성령이 행하실 뛰어난 역사(役事)들을 칭송하시는 말씀을 이어가신다. 왜냐하면, 성령께서는 그들을 개인적인 차원에서 인도하시고 붙들어 주시며 보호해 주실 뿐만 아니라, 훨씬 광범위한 영역에서 자신의 능력과 효력을 나타내실 것이기 때문이다. 그

리스도께서 "세상을 책망하시리라"고 말씀하시는 것은 "성령께서 너희 안에만 머무르시지 않으시고, 그의 능력은 온 세상으로 미칠 것"이라는 것이다. 따라서 그리스도께서는 세상의 심판자이실 뿐만 아니라 사도들의 설교에 생명력과 권능을 부여하셔서, 세상의 그 무엇도 두려워하거나 경외하지 않고 방종에 빠져 살던 사람들을 굴복시킬 성령을 자신의 제자들에게 약속하고 계시는 것이다. 우리가 주목해야 할 것은 그리스도께서 여기에서 신비한 계시가 아니라, 인간의 입에서 나오는 말을 통해서 외부로 선포되는 복음의 가르침 속에서 나타나는 성령의 능력에 대해서 말씀하고 계시다는 것이다. 그리스도의 영이 역사하시는 것이 아니라면, 어떻게 인간의 입에서 나온 말이 사람들의 마음을 뚫고 들어가서 그 곳에 뿌리를 내리고 마침내 열매를 맺어서, 돌덩이 같이 딱딱했던 마음을 살 같이 부드러운 마음으로 변화시켜서 사람들 자체를 완전히 새롭게 할 수 있겠는가? 만일 이런 역사가 일어나지 않는다면, 복음의 가르침은 한낱 죽은 문자와 공허한 소리에 지나지 않게 될 것이다. 따라서 바울도 하나님이 자신의 가르침 속에서 능력으로 역사하신 것이기 때문에, 자기는 "율법 조문의 일꾼"이 아니라 "성령의 일꾼"이라고 자랑한다(고후 3:6). 그러므로 그리스도께서 여기에서 하신 말씀은 성령을 받은 사도들이 하늘에서 온 하나님의 능력을 부여받아서 온 세상을 심판하게 되리라는 의미이다. 그러나 그것은 사도들이 행하는 것이 아니라 성령의 역사(役事)이다. 왜냐하면, 사도들은 스스로 능력을 소유하고 있는 것이 아니라, 단지 성령의 일꾼이자 도구일 뿐이고, 그들을 주관하시는 이는 오직 성령이시기 때문이다. 여기에서 "세상"이라는 단어 속에는 진심으로 회심하고 그리스도께 돌아온 자들뿐만 아니라, 외식하는 자들이나 버림받은 자들도 포함되어 있다는 것이 나의 생각이다. 왜냐하면, 성령께서 복음의 선포를 통해서 사람들을 "책망하시는" 방식에는 두 가지가 있기 때문이다. 어떤 사람들은 진정으로 성령의 감화를 받고 스스로 겸비해져서 자기를 정죄하는 심판을 기꺼이 받아들이는 반면에, 어떤 사람들은 자신의 죄를 깨달을 뿐만 아니라 죄책감을 피할 수가 없는데도 불구하고, 그 죄를 진정으로 인정하지도 않고, 성령의 법과 주권에 굴복하지도 않는다. 아니, 그런 자들은 굴복을 할지라도 속으로는 투덜대고, 당혹해하는 가운데에 여전히 완악한 마음을 버리지 않는다. 이제 우리는 어떤 방식으로 성령께서 사도들을 통해서 세상을 책망하시는지를 알게 되었다. 즉, 복음에는 하나님의 심판이 나타나 있어서, 복음을 듣는 사람들이 양심의 찔림을 받고 자신의 죄와 하나님의 은혜를 자각하게 되는 것이다. 헬라어 동사 '엘렝케인'(ἐλέγχειν)은 여기에서 "책망하다"를 의미한다. 사도 바울의 다음과 같은 말씀이 이 구절을 이해하는 데에 적지 않게 도움이 된다: "다 예언을 하면 믿지 아니하는 자들이나 알지 못하는 자들이 들어와서 모든 사람에게 책망을 들으며 모든 사람에게 판단을 받고 그 마음의 숨은 일이 드러나게 되므로 엎드리어 하나님께 경배하며 하나님이 참으로 너희 가운데 계신다 전파하리라"(고전 14:24-25). 이 본문에서 바울은 특히 한 종류의 책망에 대해서 언급하고 있다. 즉, 주님께서 복음을 통해서 자기가 택하신 자들을 회개에 이르게 하시는 것과 연관된 책망이지만, 아울러 이 본문은 하나님의 성령이 어떤 식으로 인간의 목소리를 도구로 삼아서, 이전에 하나님의 멍에를 메지 않았던 사람들을 꼼짝하지 못하게 해서 하나님의 통치를 인정하고 하나님께 복종하게 만드는지를 분명하게 보여준다. 이제 우리는 그리스도께서 이 말씀을 하신 목적을 물어보아야 한다. 어떤 이들은 제자들이 미움을 받게 될 것이라고 앞서 말씀하셨던 그리스도께서 이제 여기에서는 그 이유를 보여주시는 것이라고 생각한다. 즉, 그리스도께서는 그들이 세상에서 미움을 받는 것은 성령께서 그들을 통해서 세상을 심하게 책망하기 때문이라고 말씀하신 것이나 다름없다는 것이다. 그러나 내가 이 절에 대한 해설의 첫 부분에서 간단히 밝혔듯이, 나는 그리스도의 목적은 다른 데에 있었다는 견해에 동의한다. 즉, 그리스도께서는 사도들이 그들에게 약속된 성령이라는 선물이 매우 놀라운 것임을 알게 되는 것이 아주 중요했기 때문에, 하나님이 이런 식으로 자신의 재판정을 여시고서 온 세상을 심판하게 되실 것이라고 말씀하심으로써, 성령의 독보적인 탁월성을 부각시키시기 위하여 이 말씀을 하셨다는 것이다.

9. 죄에 대하여라 함은 그들이 나를 믿지 아니함이요. 우리에게 이제 남은 일은 죄에 대하여 세상을 책망하시리라는 말씀이 무슨 의미인지를 살펴보는 것이다. 그리스도께서는 마치 불신앙(infidelitas)을 죄의 유일한 원인이라고 말씀하시는 것으로 보이기 때문에, 많은 주석자들이 여러 가지 다양한 방식으로 그것을 곡해하여 왔다. 그러나 이미 말했듯이, 나는 그런 다양한 견해들을 자세하게 다루고자 하지 않는다. 먼저, 우리가 주목해야 할 것은 성령의 심판은 죄를 드러내는 것으로부터 시작한다는 것이다. 왜냐하면, 죄 가운데 출생하는 인간은 오직 죄 짓는 것 외에는 아무것도 할 수 없는 존재라는 것이 영적인 가르침의 시작이기 때문이다. 또다시, 그리스도께서는 인간의 본성이 원래 어떠한 것인지를 보여주시기 위해서 불신앙을 언급하신다. 왜냐하면, 믿음은 그리스도와 우리를 하나로 묶는 띠인 까닭에, 우

리가 그를 믿기까지는, 우리는 그리스도 밖에 있고 그리스도에게서 떨어져 있기 때문이다. 따라서 여기에서 그리스도께서는 "성령이 오셔서, 내가 없는 세상에서는 죄가 왕 노릇 한다는 것을 분명하게 보여주실 것"이라고 말씀하신 것과 같다. 그러므로 그리스도께서 여기에서 불신앙을 언급하시는 것은 불신앙이 그리스도와 우리를 갈라놓아서 그 결과로 우리에게는 오직 죄 외에는 아무것도 남아 있지 않게 되었기 때문이다. 요컨대, 이 말씀을 통해서 그리스도께서는 우리로 하여금 그리스도 없이는 단 한 방울의 의로움도 우리 속에 있지 않다는 것을 깨우쳐 주시기 위해서, 인간 본성의 부패와 타락을 책망하시는 것이다.

10. 의에 대하여라 함은. 우리는 그리스도께서 순차적으로 밟아 가시는 순서, 즉 먼저 "죄"에 대하여 말씀하시고, 이어서 "의"에 대하여 말씀하신다는 것을 주목하여야 한다. 그리스도께서는 이제 세상이 "의에 대하여" 깨우침을 받아야 한다고 말씀하신다. 왜냐하면, 사람들이 죄에 대한 책망에 의해서도 가책을 받지 않는다면, 그들은 의에 주리거나 목말라 있는 것이 아니라, 반대로 의에 관한 모든 말씀을 경멸하며 배척할 것이기 때문이다. 특히 믿는 자들과 관련해서, 우리는 그들이 먼저 자신의 죄를 깨달아야만 낮아질 수 있고, 자신이 낮아져 있어야만 복음의 진보를 이룰 수 있다는 사실을 알아야 한다. 율법의 고유한 임무가 사람들의 양심을 하나님의 심판대로 호출해서 그들로 하여금 두려움을 느끼도록 만드는 것임은 의심의 여지가 없다. 그러나 복음이 올바르게 선포되면, 사람들은 죄에서 의로, 그리고 사망에서 생명으로 옮겨지게 된다. 그러므로 그리스도께서 첫 번째로 말씀하신 "죄"에 관한 구절은 율법과 관련된 것이다. 그리고 우리는 여기에서 "의"(iustitia)를 그리스도께서 자신의 은혜로 말미암아 우리에게 나누어 주시는 것으로 이해하여야 한다. 그리스도께서는 그 의(義)를 자기가 승천하여 아버지 하나님께 가신 것과 연결시키시는데, 그것은 당연한 일이다. 왜냐하면, 바울의 말대로, 그리스도께서는 "우리를 의롭다 하시기 위하여 살아나셔서"(롬 4:25), 지금은 아버지 하나님의 우편에 앉아 계시면서, "아버지"께서 그에게 수여하신 모든 권세를 행사하심으로써 "만물을 충만하게"(엡 4:10) 하고 계시기 때문이다. 요컨대, 그리스도께서는 하늘 영광 가운데에 계시면서, 자신의 의(義)의 향기로 온 세상을 뒤덮으신다. 따라서 성령께서는 복음을 통해서 우리가 의롭다 함을 받는 유일한 길이 바로 이것뿐이라고 선언하신다. 죄에 대한 책망에 이어서 두 번째 단계는 성령께서 무엇이 참된 의(義)인지를, 즉 그리스도께서 승천하심으로써 생명의 나라를 세우신 후에,

지금은 참된 의를 확증하시기 위해서 아버지 하나님의 우편에 앉아 계신다는 사실을 세상에 깨우쳐 주시는 것이다.

11. 심판에 대하여라 함은. 어떤 이들은 "심판"(χρίσεως-크리세오스)이라는 말이 여기에서는 정죄(定罪)를 의미한다고 보는데, 그것은 전혀 일리 없는 주장은 아니다. 왜냐하면, 그리스도께서는 바로 이어서 "이 세상 임금이 심판을 받았음이라"고 말씀하시기 때문이다. 그러나 나는 그것과는 다른 견해, 즉 복음의 빛이 켜진 후에, 그리스도께서 사탄의 통치를 무너뜨리시고 승리하심으로써 세상에 선한 질서가 들어왔다는 것을 성령께서 나타내 보여주시게 될 것을 의미하는 것으로 보는 견해를 더 선호한다. 따라서 그리스도께서는 자기가 사탄을 굴복시키시고 승리하신 후에 자신의 나라를 세우시고 다스리실 때에 만물을 새롭게 하는 진정한 회복이 이루어질 것이라고 말씀하신 것과 같다. 그러므로 "심판"은 혼란스럽고 무질서한 것과 대비되는 것, 또는 좀 더 간단히 말하자면 그런 것과 정반대되는 것이고, 성경에서 흔히 "공의"라 부르는 것이다. 그러므로 이 말씀의 의미는 이런 것이다: 사탄이 자신의 통치 기간 동안 만물을 뒤죽박죽으로 만들어 버려서 끔찍한 혼란이 하나님의 피조물들에 나타나게 되었지만, 그리스도께서 사탄의 폭정을 타도하실 때, 세상이 회복되고 선한 질서가 빛을 발하게 될 것이다. 그러므로 성령께서 심판에 대해서 세상을 책망하시리라는 것은 그리스도께서 "세상 임금," 즉 악의 수괴(首魁)를 정복하신 후에 전에 부서지고 망가졌던 모든 것들을 회복시키셨다는 것을 사람들에게 깨우치시리라는 것이다.

12. 내가 아직도 너희에게 이를 것이 많으나. 그리스도께서 지금까지 많은 말씀을 해주셨는데도, 제자들은 잘 깨닫지를 못해서 무지하였기 때문에, 여전히 많은 것들에서 혼란을 겪고 있었다. 뿐만 아니라, 그들이 제대로만 받아들였더라면 그 말씀들로 인하여 완전히 환골탈태해서 새롭게 되었을 것인데도, 그들은 육신의 연약함에 가로막혀서 채 그 맛도 보지 못한 상태에 있었다. 그러므로 그들은 자신들의 부족함과 궁핍함을 알고서, 그런 것들로 인한 두려움과 염려에 짓눌려 있을 수밖에 없었다. 그래서 그리스도께서는 여기에서 그들이 성령을 받게 되면 이전과는 전혀 다른 새 사람이 될 것이라는 위로의 말씀으로 그들의 두려움과 염려를 없애 주고자 하신다.

그리스도께서 자기가 더 많은 것들을 얘기해 주거나 더 심오한 일들을 말해 주면 그들이 감당할 수 없을 것이라고 말씀하시는 것은 그들이 앞으로 더 신앙의 진보를 이루게 될 것이라는 소망을 그들에게 주어서, 그들로 하여금 낙심하지 않고 용기를 갖게 하시기 위한 것이었다. 왜냐하면, 지금 그들은 하늘에서 너무도 멀리 떨어져 있는 상태였던 까닭에, 그리스도께서 장차 그들에게 주실 은혜를 지금의 그들의 생각이나 느낌을 따라 판단해서는 안 되는 것이었기 때문이다. 요컨대, 그리스도께서는 그들에게 그들이 지금 어떤 연약한 상태에 있다고 할지라도 즐거워하고 힘을 내라고 명하고 계시는 것이다. 그러나 그들이 의지할 수 있는 것은 오로지 그리스도의 가르침뿐이었기 때문에, 그리스도께서는 그들에게 자기가 지금까지는 그들의 수준에 맞추어서 가르침을 베풀었다는 것을 상기시키심으로써, 그들로 하여금 머지않아 그들이 더 수준 높고 풍성한 가르침을 받게 될 것이라는 기대를 갖게 만드신다. 그리스도께서는 이렇게 말씀하신 것과 같다: "너희가 지금까지 내게 들은 것으로 충분한 확신을 갖지 못했다고 할지라도, 조금만 더 참고 기다려라. 머지않아 너희가 성령을 너희의 선생으로 모시고서 가르침을 받게 되면, 그가 지금 너희에게 남아 있는 모든 무지(無知)를 다 몰아내 주실 것이기 때문에, 너희는 더 이상 그 어떤 것도 부족하지 않게 될 것이다." 여기에서 한 가지 질문이 제기된다: 사도들이 그리스도에게서 아직 배울 수 없었던 것들은 대체 무엇이었을까? 자신들이 날조한 교리들을 하나님의 계시라고 주장하는 교황주의자들은 사악하게도 이 구절을 악용해서 이렇게 말한다: "그리스도께서는 사도들에게 새로운 계시들을 약속하셨기 때문에, 우리는 오직 성경에만 매달려서는 안 된다. 왜냐하면, 그리스도께서는 여기에서 자기 사람들에게 성경을 넘어서는 그 무엇을 약속하고 계시기 때문이다." 우선, 교황주의자들이 아우구스티누스(Augustinus)와 대화를 해 보고자 한다면 문제는 쉽게 풀릴 것이다. 아우구스티누스는 이렇게 말한다: "그리스도께서 아무런 말씀이 없으셨다는 이유로, 어느 누가 그의 의중에 대해서 이렇다 저렇다 말할 수 있단 말인가? 만일 어떤 사람이 감히 이렇다 또는 저렇다고 말했다고 치자. 그는 도대체 자기 판단이 옳다는 것을 어떻게 증명한단 말인가? 설령 한 발 양보해서 그가 진실을 말했다고 치자. 그렇더라도 어느 누가 하나님의 그 어떤 증언도 없이 자기 말이 주님께서 당시에 하지 않으셨던 바로 그 말씀이라고 단언한다면, 그것만큼 허황되고 오만불손한 것이 어디 있겠는가?" 하지만 교황주의자들의 주장을 더욱 확실하게 반박하고 있는 것은 그리스도께서 곧이어서 직접 하신 말씀이다.

13. 그러나 진리의 성령이 오시면. 그리스도께서는 자기가 사도들에게 약속한

성령을 "진리를 완벽하게 가르쳐줄 선생"이라고 밝히신다. 그리스도께서 그들에게 성령을 약속하신 것은 그들이 성령으로부터 지혜를 받아서 그 지혜를 사람들에게 전달하도록 하시기 위한 것이 아니면 무엇이겠는가? 성령이 사도들에게 주어졌고, 사도들은 성령의 인도하심을 따라서 자신들에게 부여된 직분을 수행하였다.

그가 너희를 모든 진리 가운데로 인도하시리니. 사도들에게 자기들이 가르친 것들의 핵심을 기록하는 일이 맡겨졌을 때, 바로 그 동일한 성령께서 그들을 "모든 진리 가운데로" 인도하셨다. 사도들의 가르침에 무엇인가를 추가해야 한다고 생각하는 자들은 결국 그 가르침이 불완전한 미완성의 것이라고 여기는 것이기 때문에, 그것은 단순히 사도들이 정직하지 못하다고 비난하는 것일 뿐만 아니라, 성령을 모독하는 것이기도 하다. 만일 사도들이 기록한 가르침이 한낱 초보자나 초학자로부터 온 것이라면, 마땅히 보충되어져야 할 내용이 있을 것이다. 그러나 이제 사도들의 글은 그들에게 약속되고 주어진 저 계시에 관한 영원한 기록으로 여겨져야 하기 때문에, 거기에 어떤 것을 조금이라도 첨가하는 것은 성령에 대한 심각한 모독이 된다. 교황주의자들은 그리스도께서 말씀하시지 않은 내용이 실제로 무엇이었는지를 그들 스스로 결정할 때에도 참으로 어처구니없는 모습을 보여준다. 왜냐하면, 그들은 유치하기 짝이 없는 실없는 소리들을 늘어놓으면서, 세상에서 가장 터무니없고 어처구니없는 것들을 내놓고서, 그런 것들이 사도들이 당시에 주님으로부터 가르침을 받기에 감당할 수 없었던 저 신비(神秘)들이었다고 주장하기 때문이다. 그들은 그리스도께서 말씀하시지 않은 저 신비들이 사도들이 잔과 제단을 성별하고, 교회의 종(鐘)에 세례를 베풀고, 성수(聖水)를 축복하고, 미사를 집례하는 데에 필요한 의식(儀式)들에 관한 것이었다고 주장하는데, 과연 사도들에게 그런 것들을 가르치시기 위해서 성령께서 하늘로부터 내려오셨다는 것인가? 바보들이나 어린애들도 그런 것들을 모두 다 알고 있는데, 그렇다면 그들은 그런 것들을 성령으로부터 배운 것이라고 해야 하지 않겠는가? 그런 의식(儀式)들이 하늘로부터 온 것이라고 거짓 주장을 펴는 교황주의자들이 하나님을 우롱하고 있는 것임은 너무나 분명한 사실이다. 케레스(Ceres: 로마신화에 나오는 농업의 여신 ― 역주)나 프로세르피나(Proserpina: 로마신화에 나오는 지하세계의 여신 ― 역주)의 신화가 성령의 순전한 지혜와 아무런 상관이 없는 것과 마찬가지로, 그들의 주장도 성령의 순전한 지혜와는 아무런 상관이 없다. 하나님에 대하여 배은망덕한 자가 되지 않고자 한다면, 우리는 사도들이 기록한 글들이 증언하고 있는 저 가르침에 만족해야 한다. 왜냐하면, 그 글들 자체가 사도들이 저자임을 선언하고 있고, 그 글들 속에는 "하나님의 사람으로 온전하게" 할 만한(딤후 3:17) 하늘의 지혜가 가장 완전한 형태로 우리에게 계시되어 있기 때문이다. 우리는 이 한계를 넘어설 자유가 우리에게 있다고 여겨서는 안 된다. 왜냐하면, 우리의 지식의 높이와 넓이와 깊이는 그리스도 안에서 우리에게 계시된 하나님의 사랑을 아는 것에 두어져야 하기 때문이다. 바울이 하나님의 사랑을 아는 이 지식은 인간의 모든 지식을 초월한다고 말하고(엡 3:19), "지혜와 지식의 모든 보화"(골 2:3)가 그리스도 안에 감추어져 있다고 말할 때, 그것은 지금까지 알려지지 않은 다른 어떤 그리스도를 염두에 두고 그렇게 말하고 있는 것이 아니라, 단지 자기가 복음 전도를 통해서 일생 동안 전해 왔던 분을 그렇게 묘사하고 있는 것일 뿐이다. 그래서 바울은 갈라디아 성도들에게 "예수 그리스도께서 십자가에 못 박히신 것이 너희 눈 앞에 밝히 보이거늘"(갈 3:1)이라고 질타하고 있는 것이다. 그러나 그리스도께서는 그 어떤 모호한 것도 남기지 않으시려고, 사도들이 가르침받기에 감당할 수 없었던 것들이 무엇이었는지를 나중에 친히 설명해 주신다.

장래 일을 너희에게 알리시리라. 어떤 이들은 이 말씀을 오직 예언의 영과 연결시키지만, 나는 이 말씀이 사도들이 당시에는 전혀 깨달을 수 없었지만 그리스도의 부활 직후에 목격하게 된 그리스도의 영적인 나라의 장래의 모습에 대하여 말하고 있는 것이라고 본다. 따라서 이 말씀을 통해서 그리스도께서는 사도들에게 그들이 죽은 후에 일어날 일들에 관한 예언의 말씀들을 성령이 그들에게 주실 것이라고 약속하신 것이 아니라, 단지 자신의 나라는 세상 나라들과는 그 성격이 판이하게 다르고, 그 나라의 영광은 제자들이 지금 생각할 수 있는 것보다 훨씬 클 것임을 알게 해주시고자 하신 것일 뿐이다. 사도 바울은 에베소서 1장부터 시작해서 4장 끝에 이르기까지 이 감추어진 지혜의 보화를 설명하면서, 하늘의 천사들조차도 교회를 통해서 깜짝깜짝 놀라면서 이 지혜를 배운다고 말한다(엡 3:10). 그러므로 우리는 이 지혜를 얻으려고 교황의 서고(書庫)를 기웃거릴 필요가 없다.

그가 스스로 말하지 않고 오직 들은 것을 말하며. 이 말씀은 바로 앞에 나오는 "그가 너희를 모든 진리 가운데로 인도하시리라"는 말씀을 확증해 주는 역할을 한다. 우리는 하나님이 진리의 원천이시고 하나님을 떠나서는 확실하거나 견고한 것이 있을 수 없다는 것을 안다. 그러므로 그리스도께서는 사도들로 하여금 성령이 하시는 말씀들을 온전히 신뢰할 수 있도록 하시기 위해서, 성령이 하시는 말씀들은 하나님이 하시는 말씀들이라고 선언하신다. 이것은 성령으로부터 오는 모든 것은 하나님 자신으로부터 오는 것이라고 말씀하신 것과 같다. 이 말씀은 성령이 하나님이 아니라거나 아버지 하나님보다 열등한 존재라는 의미가 아니기 때문에 성령의 위엄을 손상시키는 말씀이 결코 아니고, 단지 우리의 이해 수준에 맞춰서 표현한 것일 뿐이다. 즉, 그리스도께서 이렇게 성령의 신성(神性)을 분명하게 일깨워 주시는 이유는 우리는 성령께서 우리에게 계시해 주시는 것들을 경외심을 가지고서 받아들여야 한다는 것을 우리와 성령 사이에 있는 휘장으로 인해서 충분히 깨닫지 못하기 때문이다. 마찬가지로, 성령은 다른 곳에서는 하나님이 우리의 구원을 확증해 주시기 위해서 "보증(保證)"으로 주어지는 것이자 우리의 구원의 확실성을 보장해 주시는 "인치심"이라고 불린다(엡 1:13-14). 요컨대, 그리스도께서는 우리에게 성령의 가르침은 뜬구름과 같은 이 세상에 속한 것이 아니라, 하늘 성소의 비밀한 곳으로부터 온 것임을 가르쳐 주고자 하신 것이었다.

14. 그가 내 영광을 나타내리니. 그리스도께서는 성령이 오시는 목적은 새로운 나라를 세우기 위한 것이 아니라, 아버지 하나님께서 자기에게 주신 영광을 확증하기 위한 것이라는 사실을 제자들에게 상기시켜 주신다. 왜냐하면, 많은 사람들이 그리스도께서는 자신의 제자들에게 초보적인 것들만을 가르치신 후에, 그들을 성령이 가르치시는 더 수준 높은 학교로 보내시는 것이라는 잘못된 생각에 빠져서, 복음을 저 옛적의 이스라엘 백성의 "초등교사"(갈 3:24)로 불렸던 율법보다 더 나은 것이 없는 것으로 격하시키기 때문이다. 도저히 용납될 수 없는 오류는 여기에서 그치지 않고 계속되어서, 그들은 마치 그리스도께서 통치하시던 시대는 끝이 났고, 이제 그리스도는 아무것도 아닌 존재가 되어 버렸다는 듯이, 그리스도께 작별을 고하고 그 자리에 성령을 대신 들어앉힌다. 교황주의자들과 이슬람교도들의 신성모독은 바로 거기에서 비롯되었다. 왜냐하면, 이 두 적그리스도들은 많은 점들에서 서로 차이가 있음에도 불구하고, 한 가지 공통된 원리를 갖고 있기 때문이다. 즉, 우리는 복음을 통해서 우리를 바른 믿음의 길로 인도해 줄 가장 초보적인 가르침들을 받아들이지만, 그런 후에 우리의 믿음을 온전하게 세워 줄 완벽한 가르침은 복음이 아닌 다른 곳에서 찾아야 한다는 것이다. 우리가 교황의 가르침을 반박하기 위하여 성경을 제시하면, 교황은 성령께서 오셔서 성경에 없는 많은 것들을 우리에게 가르쳐 주셨기 때문에, 우리가 성경에만 갇혀 있어서는 안 된다는 논리를 편다. 또한, 마호메트도 자기가 기록한 경전인 "코란"이 없이는 사람들은

언제까지나 어린아이와 같은 상태에 머물러 있을 수밖에 없게 된다고 주장한다. 이런 식으로, 세상은 성령을 빙자한 잘못된 가르침에 미혹되어서 그리스도의 순전한 가르침으로부터 떠나게 된다. 왜냐하면, 성령이 그리스도의 말씀과 분리되는 그 순간, 온갖 미혹과 사기(詐欺)가 판을 치기 시작하기 때문이다. 오늘날에도 많은 광신자들이 이와 비슷한 방법으로 사람들을 미혹해 왔다. 그들에게는 하나님의 가르침을 기록한 성경이 단지 "문자"로만 보였기 때문에, 그들은 계시들로 이루어진 새로운 신학을 만들어 내는 것을 좋아한다. 우리는 이제 그리스도께서 자기가 보내실 성령이 그리스도 자신의 영광을 나타낼 것이라고 말씀하시는 것이 결코 불필요한 것이 아니었다는 것을 알게 된다. 왜냐하면, 그리스도께서는 성령의 역할은 그리스도의 나라를 세우고, 아버지 하나님께서 그리스도에게 주신 모든 것을 영원히 유지하고 견고하게 하는 것일 뿐임을 우리에게 알려 주시기 위해서 이 말씀을 하신 것이기 때문이다. 그렇다면, 성령의 가르침의 목적은 무엇인가? 그것은 우리로 하여금 그리스도의 학교(schola Christi)에서 떠나게 하는 것이 아니라, 그리스도께서 자신의 말에 청종하라고 명하신 것을 우리에게 확인시켜 주는 것이다. 만일 성령께서 그렇게 하지 않으신다면, 그것은 그리스도의 영광을 손상시키는 일이 될 것이다. 그리스도께서는 성령이 "내 것을 가지고 너희에게 알리실" 것이기 때문에 그리스도의 영광을 나타내게 될 것이라고 그 이유를 밝히신다. 이 말씀은 그리스도께서 우리로 하여금 자기가 주시는 복들을 누리게 하시기 위해서 성령을 우리에게 보내시는 것이라는 의미를 담고 있다. 그렇다면, 그리스도께서는 우리에게 무엇을 주시고자 하시는 것인가? 그것은 우리가 그리스도의 피로 씻음을 받아 깨끗하게 되는 것, 그리스도의 죽으심으로 말미암아 우리의 죄악이 도말되는 것, 우리의 옛 사람이 십자가에 못 박히는 것(롬 6:6), 그리스도의 부활하심으로 말미암아 우리가 새 생명을 얻게 되는 것이다(롬 6:4). 요약하자면, 그것은 우리로 하여금 그리스도의 복들에 참여하는 자들이 되게 해주시는 것이다. 그러므로 성령께서 우리에게 주시는 것 중에는 그리스도와 상관이 없는 것은 아무것도 없다. 성령이 우리에게 부어 주시는 것은 모두 다 그리스도에게서 가져온 것이다. 우리는 성령의 가르침에 대해서도 동일한 생각을 가져야 한다. 왜냐하면, 성령께서 우리에게 빛을 비춰 주시는 것은 우리를 그리스도에게서 떼어 놓으려는 것이 아니라, 바울이 말했듯이, 그리스도께서 우리에게 "지혜"가 되신다는 말씀(고전 1:30)을 이루기 위한 것이고, 아울러 그리스도 안에 감추어진 "모든 보화"를 드러내어 보여주기 위한 것이기 때문이다. 한 마디로 말해서, 성령께서는 오직 그리스도의 부요하심으로 우리를 부요하게 하심으로써 모든 것 속에서 그리스도의 영광을 드러내신다.

15. 무릇 아버지께 있는 것은 다 내 것이라 … 그가 내 것을 가지고 너희에게 알리시리라. 그리스도께서는 자기가 아버지 하나님의 것을 가로채서 자신의 것이라고 주장하는 것처럼 보일 수도 있었기 때문에, 자기가 성령을 통해서 우리에게 주는 모든 것은 아버지 하나님에게서 받은 것이라고 해명하신다. 그리스도께서 "무릇 아버지께 있는 것은 다 내 것이라"고 말씀하시는 것은 우리가 "그의 충만한 데서 받아야"(요 1:16) 하기 때문에 중보자의 자격으로 그렇게 말씀하시는 것이다. 앞에서 이미 말했듯이, 그리스도의 마음은 늘 우리에게 있으신 데도, 대다수의 사람들은 미혹에 빠져서 그리스도를 제쳐두고 엉뚱한 길들을 통해서 하나님을 찾고자 한다. 어떤 주석자들은 이 말씀을 성자는 성부와 동일한 하나님이시기 때문에 성부 하나님의 것이 다 성자의 것이라는 뜻이라고 해석한다. 그러나 그리스도께서는 여기에서 자신의 감춰진 능력, 곧 자기 자신 안에 내재된 본래적인 능력에 대해서가 아니라, 자신에게 부여된 직분에 대해서 말씀하고 계시는 것이다. 요컨대, 그리스도께서는 우리를 초대하셔서 자신의 부요함을 누리게 하시고, 우리로 하여금 성령을 자기가 아버지 하나님으로부터 받아서 우리에게 주시는 선물들 중의 하나로 여기게 하시기 위하여, 여기에서 자신의 부요하심에 대하여 말씀하시는 것이다.

[16]조금 있으면 너희가 나를 보지 못하겠고 또 조금 있으면 나를 보리라 하시니 [17]제자 중에서 서로 말하되 우리에게 말씀하신 바 조금 있으면 나를 보지 못하겠고 또 조금 있으면 나를 보리라 하시며 또 내가 아버지께로 감이라 하신 것이 무슨 말씀이냐 하고 [18]또 말하되 조금 있으면이라 하신 말씀이 무슨 말씀이냐 무엇을 말씀하시는지 알지 못하노라 하거늘 [19]예수께서 그 묻고자 함을 아시고 이르시되 내 말이 조금 있으면 나를 보지 못하겠고 또 조금 있으면 나를 보리라 하므로 서로 문의하느냐 [20]내가 진실로 진실로 너희에게 이르노니 너희는 곡하고 애통하겠으나 세상은 기뻐하리라 너희는 근심하겠으나 너희 근심이 도리어 기쁨이 되리라(16:16-20).

16. 조금 있으면 너희가 나를 보지 못하겠고. 그리스도께서는 전에도 종종 자기가 사도들을 떠나게 될 것이라고 예고하신 적이 있으셨는데, 그것은 그들로 하여금 더욱 힘을 내어서 그런 상황을 잘 감당해 내게 하시기 위한 것이기도 하였고, 그

리스도께서 육신으로 그들과 함께 있는 동안에는 크게 갈망하지 않았던 성령의 은혜를 더 간절하게 갈망하게 하시기 위한 것이기도 하였다. 그러므로 우리는 그리스도께서 그럴 만한 이유가 있으셔서 이렇게 반복적으로 하신 말씀을 읽는 것을 지루하게 생각해서는 안 된다. 먼저, 그리스도께서는 자기가 조만간 제자들을 떠나게 될 것이라고 말씀하시는 것은 그들이 유일하게 의지하던 자기가 떠나고 없을 때에 그들이 용기를 잃지 않도록 하시기 위한 것이었다. 다음으로, 그리스도께서는 자기가 떠나고 없는 동안에 그 빈 자리를 메워줄 것을 그들에게 약속하신다. 좀 더 정확히 말하자면, 그리스도께서는 자기가 그들을 떠나고 난 후에 얼마 되지 않아서 다시 그들에게 돌아오실 것이라고 밝히시면서, 다만 이전과는 다른 방식, 곧 성령의 임재라는 방식으로 그들에게 돌아오실 것이라고 말씀하신다.

또 조금 있으면 나를 보리라. 어떤 이들은 이 말씀의 후반부를 우리와는 다르게 이렇게 해석한다: "너희는 내가 죽은 자 가운데서 살아날 때에 나를 다시 보게 될 것이지만, 나는 곧 하늘로 올라가게 되어 있기 때문에, 아주 잠깐 동안만 보게 될 것이다." 그러나 나는 이 말씀을 그렇게 해석하는 것은 옳지 않다고 본다. 왜냐하면, 그리스도께서는 여기에서 자기가 제자들을 떠나 있는 기간이 길지 않을 것이라는 위로의 말씀을 해주심으로써, 자기가 떠나 있는 동안 그들이 겪게 될 슬픔을 덜어 주시려고 이 말씀을 하시는 것이기 때문이다. 결국, 이 말씀은 그리스도께서 그들에게 성령을 주셔서 계속해서 그들과 함께 하실 것임을 강조하신 것이다. 따라서 그리스도께서는 자기가 조만간 돌아올 것이기 때문에, 그들이 자기와 떨어져서 지내는 기간은 그리 길지 않을 것이라고 약속하신 것과 같다. 또한, 우리는 그리스도께서 자기가 성령으로 제자들과 함께 하실 때에 그들이 자기를 보게 될 것이라고 말씀하신 것을 이상하게 여겨서는 안 된다. 왜냐하면, 우리는 비록 육신의 눈으로는 그를 볼 수 없지만, 믿음의 확실한 체험을 통해서 그가 우리와 함께 하심을 알게 되기 때문이다. 바울이 "우리가 몸으로 있을 때에는 주와 따로 있는 줄을 아노니 이는 우리가 믿음으로 행하고 보는 것으로 행하지 아니함이로라"(고후 5:6-7)고 가르치고 있는 것은 틀림없는 사실이다. 그러나 우리가 주님과 몸으로 떠나 있는 동안에도, 우리는 믿음으로 그리스도를 우리 가운데에 계시게 하고, 머리 되시는 그리스도의 지체들로서 그와 연합되어 있으며, 소망 가운데서 그리스도와 더불어 천국을 소유하고 있다는 것을 자랑할 수 있다는 것도 마찬가지로 사실이다. 그런 까닭에, 그리스도께서는 우리가 성령의 은혜라는 거울을 통해서 그리스도를 보게 되기를 원하시는 것이다. 그래서 바울도 "비록 우리가 그리스도도 육신을 따라 알았으나 이제부터는 그같이 알지 아니하노라 그런즉 누구든지 그리스도 안에 있으면 새로운 피조물이라 이전 것은 지나갔으니 보라 새 것이 되었도다"(고후 5:16-17)라고 말한다.

17. 내가 아버지께로 감이라. 어떤 이들은 이 말씀을 그리스도께서는 하늘에 계시고 제자들은 땅에 있기 때문에 그들이 그를 더 이상 볼 수 없다는 의미라고 해석하지만, 나는 이 말씀을 16절의 후반부에 나오는 말씀에 걸리는 것으로 보아서 이렇게 해석하고자 한다: "너희는 곧 나를 보게 될 것이다. 왜냐하면, 나의 죽음은 내가 죽어 없어져서 나와 너희가 영원히 갈라질 수밖에 없게 만드는 그런 것이 아니라, 내가 하늘 영광 속으로 들어가서 거기로부터 너희에게 나의 신적인 능력을 부어 주기 위하여 통과해야 할 관문이기 때문이다." 그러므로 그리스도께서는 자기가 육신을 입은 인간으로 더 이상 제자들과 함께 하지 못하는 것을 그들이 손실이라고 생각하지 않고, 자기가 영적으로 그들과 함께 하는 것에 그들이 만족할 수 있도록 하시기 위하여, 자신의 죽음 이후에 자기가 어떤 모습으로 있게 될 것인지를 가르쳐 주시고자 하셨다는 것이 나의 생각이다.

19. 예수께서 그 묻고자 함을 아시고. 주님께서 제자들에게 말씀하시는 것이 종종 귀 먹은 자들에게 말씀하시는 것처럼 보일 때도 있지만, 결국에는 주님은 자신의 가르침이 무익하게 되지 않도록 하시기 위해서, 그들을 도우셔서 무지(無知)로부터 벗어나게 해주신다. 그러므로 깨닫기에 둔한 우리가 해야 할 것은 교만이나 게으름에 빠지지 않고 겸손한 마음으로 배우고자 하는 것이다.

20. 너희는 곡하고 애통하겠으나 세상은 기뻐하리라. 그리스도께서는 왜 자기가 떠날 때가 임박했음을 미리 말해 주고, 아울러 자기가 속히 다시 돌아오겠다고 약속하였는지 그 이유를 여기에서 보여주시는데, 그것은 자신의 제자들에게 성령의 도우심이 얼마나 절실한지를 좀 더 잘 깨닫게 하시기 위한 것이었다. 그리스도께서는 이렇게 말씀하신다: "참으로 어렵고 혹독한 시험이 너희를 기다리고 있다. 왜냐하면, 내가 죽어서 너희 곁에서 없어지게 되면, 세상은 자기들이 너희에게 승리를 거두었다고 떠들어 대며 환호할 것이기 때문이다. 너희는 극심한 슬픔에 빠질 것이고, 세상은 자기들은 행복하고 너희는 비참하게 되었다고 생각할 것이다. 그래서 나는 너희가 이 싸움에 필요한 무기로 너희를 무장시키기로 결심한 것이다." 그리스도께서는 여기에서 자기가 죽은 때로부터 성령이 오실 때까지의 기간 동안

에 일어날 일들을 설명해 주신다. 왜냐하면, 바로 이 기간이야말로 제자들의 믿음이 밑바닥까지 추락하는 시기가 될 것이었기 때문이다.

너희 근심이 도리어 기쁨이 되리라. 그리스도께서 여기에서 말씀하시는 "기쁨"은 제자들이 성령을 받은 후에 맛보게 될 "기쁨"을 뜻한다. 그러나 이것은 그들이 이후로는 그 어떤 "슬픔"(개역에서는 "근심" — 역주)도 겪지 않게 될 것이라는 의미가 아니라, 성령이 주시는 "기쁨"이 그들이 겪게 될 모든 "슬픔"을 삼켜 버릴 것이라는 의미이다. 사실, 우리는 사도들이 평생에 걸쳐서 힘들고 혹독한 싸움을 지속하면서 수치스러운 욕과 비방들을 참고 견뎠으며, 통곡할 일들도 수없이 겪었다는 것을 안다. 하지만 그들은 그럴 때마다 성령으로 새롭게 되어서, 자기들이 연약하다는 이전의 생각은 잊어버리고, 자신들에게 닥친 온갖 험악한 일들을 고귀한 당당함으로 쉽게 발로 짓밟을 수 있었다. 그러므로 여기에서는 제자들의 현재의 연약함(infirmitas)과 그들에게 곧 주어질 성령의 능력(spiritus virtus)이 대비되고 있다. 왜냐하면, 제자들은 비록 잠시 동안은 의기소침하여 거의 압도당하는 것 같았지만, 그 후에는 치열하고 용감하게 싸워서 결국 영광의 승리를 얻어냈기 때문이다. 우리는 그리스도께서 자신의 부활과 사도들의 죽음 사이의 기간뿐만 아니라 그 후의 기간도 염두에 두고 계셨다는 점을 주목하여야 한다. 따라서 그리스도께서는 이렇게 말씀하신 것과 같다: "너희들은 잠시 동안은 땅바닥에 엎드려 있을 것이다. 그러나 성령께서 너희를 일으켜 세워 주실 때, 새로운 기쁨이 시작될 것이고, 이 기쁨은 계속해서 커져서, 너희가 하늘 영광에 들어갈 때에는 완전한 기쁨을 누리게 될 것이다."

[21]여자가 해산하게 되면 그 때가 이르렀으므로 근심하나 아기를 낳으면 세상에 사람 난 기쁨으로 말미암아 그 고통을 다시 기억하지 아니하느니라 [22]지금은 너희가 근심하나 내가 다시 너희를 보리니 너희 마음이 기쁠 것이요 너희 기쁨을 빼앗을 자가 없으리라 [23]그 날에는 너희가 아무 것도 내게 묻지 아니하리라 내가 진실로 진실로 너희에게 이르노니 너희가 무엇이든지 아버지께 구하는 것을 내 이름으로 주시리라 [24]지금까지는 너희가 내 이름으로 아무 것도 구하지 아니하였으나 구하라 그리하면 받으리니 너희 기쁨이 충만하리라(16:21-24).

21. 여자가 해산하게 되면. 그리스도께서는 방금 하신 말씀의 의미를 확인시켜

주시기 위하여, 여기에서 "해산"의 비유를 사용하신다. 좀 더 정확히 말하자면, 이 비유를 통해서 그리스도께서는 자기가 한 말 속에는 그들의 "슬픔"이 변해서 "기쁨"이 될 것이라는 의미만이 아니라, "슬픔" 자체가 "기쁨"의 씨앗을 품고 있다는 의미도 들어 있다는 것을 좀 더 분명하게 보여주신 것이다. 고생 끝에 낙(樂)이 왔을 때, 사람들은 이전의 "슬픔"은 다 잊어버리고 그저 "기쁨"에만 빠져들긴 하지만, 그렇다고 해서 이전의 "슬픔"이 그 후에 오는 "기쁨"의 원인이 되는 것은 아닌 경우가 허다하다. 그러나 여기에서 그리스도께서는 제자들이 복음으로 인해서 겪게 될 "슬픔"이 "기쁨"의 열매를 맺게 될 것이라는 의미로 이 말씀을 하시는 것이다. 사실, 모든 "슬픔"은 그리스도께서 복 주시지 않는다면 그저 좋지 않은 불행으로 끝날 수밖에 없다. 그러나 그리스도의 십자가는 언제나 그 안에 승리를 품고 있기 때문에, 그리스도께서는 십자가로 말미암아 겪게 될 고통을 "해산하는 여인"의 고통, 즉 아기가 태어났을 때의 기쁨으로 보상을 받게 될 그런 고통에 빗대어서 말씀하신 것은 합당하다. 여자가 "해산"할 때의 고통이 아기를 얻는 기쁨의 원인이 되는 것이기 때문에, 만일 그리스도의 고난에 참여한 지체들의 고통이 "기쁨"의 원인이 되지 못한다면, 이 비유는 적절한 것이라고 할 수 없게 될 것이다. 또한, 이 비유는 "해산하는 여인"의 고통이 아주 극심하기는 해도 그 고통이 오래 가지는 않는다는 점에서도 제자들이 처한 상황에 그대로 적용될 수 있다. 그러므로 그들은 이 비유를 통해서 자신들의 고통이 오래 지속되지 않을 것임을 알게 되었을 때에 적지 않은 위로를 받았을 것이다. 이제 우리는 이 가르침을 우리 자신에게도 적용시켜야 한다. 우리는 그리스도의 영으로 거듭난 자들이기 때문에 모든 부정적인 감정을 말끔히 없애 줄 그런 "기쁨"이 우리의 속에서 넘쳐나는 것이 마땅하다. 말하자면, 우리는 태어난 아기를 바라보기만 해도 기분이 좋아서 "해산"의 고통을 모두 잊어버린 산모(産母)와 같이 되어야 한다는 것이다. 그러나 우리는 단지 "성령의 처음 익은 열매"(롬 8:23)를 받았을 뿐이고, 그것도 아주 조금만 받았을 뿐이기 때문에, 우리의 고통스런 상처에 발랐을 때에 그 아픔을 덜어줄 수 있는 영적 기쁨은 우리에게 겨우 몇 방울밖에 없다는 것을 안다. 그런데도 우리에게 있는 그 적은 분량의 영적 기쁨이 분명하게 보여주는 것은, 믿음으로 그리스도를 바라보는 자들은 결코 고난과 슬픔에 굴복하지 않고, 도리어 극한의 고통 속에서도 놀랄 만큼 기뻐한다는 것이다. 그러나 모든 피조물들은 마지막 구속(救贖)의 날까지 "탄식하며 고통을 겪어야" 하기 때문에(롬 8:22), 우리가 현세에서의 끊임없는 환난들로부터 건짐을 받고 우리의 믿음의 열매를 온전히 보게 될 때까지는, 우리도 "고통" 가운데에서 신음할 수밖에 없다는 사실을 알아야 한다. 지금까지의 논의를 요약하자면, 믿는 자들은 그리스도 안에서 거듭났지만 아직 저 천국의 복된 삶 속으로 들어가지 않았다는 점에서는 "해산하는 여자"와 같고, 믿는 자들이 여전히 육신의 감옥에 갇혀서 소망 아래 감추어져 있는 저 복된 삶을 대망하고 있다는 점에서는 "임신한 여자"와 같다는 것이다.

22. 너희 기쁨을 빼앗을 자가 없으리라. 기쁨이 영원한 것일 때에 그 가치는 배가(倍加)된다. 왜냐하면, 거기에 비하면 잠시의 고통은 가벼운 것인 까닭에, 우리가 그 고통을 인내로써 참고 견딜 수 있게 되기 때문이다. 이 말씀을 통해서 그리스도께서는 우리에게 참된 기쁨이 무엇인지를 가르쳐 주신다. 세상 사람들의 기쁨이 신속하게 사라질 수밖에 없는 이유는 그들이 단지 덧없는 것들 속에서 기쁨을 구하기 때문이다. 그러므로 우리는 영원토록 변치 않고 견고히 있는 그리스도의 부활로 나아가야 한다. 그리스도께서 "내가 다시 너희를 보리니"라고 말씀하시는 것은 자기가 성령의 은혜로 제자들을 다시 찾아올 것이고, 그들은 계속해서 자기와 함께 있게 될 것이라는 의미이다.

23. 그 날에는 너희가 아무 것도 내게 묻지 아니하리라. 그리스도께서는 제자들이 요동치 않고 담대하게 믿음을 지키면 "기쁨"을 얻게 될 것이라고 약속하신 후에, 이제 여기에서는 성령의 또 다른 은혜가 그들에게 주어질 것이라고 말씀하시는데, 그것은 그들이 너무나 놀라운 명철의 빛(lux intelligentiae)을 받게 될 것이고, 그 빛이 그들의 심령을 높이 들어올려서 하늘에 속한 신비(神秘)들까지도 깨닫게 해주리라는 것이었다. 당시 깨닫는 것이 아주 더뎠던 제자들은 조금만 어려운 일을 당해도 당황하곤 하였다. 마치 글 한 줄을 읽으려면 더듬거리며 몇 번씩 멈춰야 하는 학동(學童)처럼, 그들은 그리스도께서 말씀해 주실 때마다 그 한 마디 한 마디에 난관에 봉착해서 앞으로 나아가지를 못하였다. 그러나 얼마 후에 성령의 조명(照明)을 받은 그들은 무리 없이 하나님의 지혜에 친숙해졌고 하나님의 신비들도 무난하게 깨달을 수 있게 되었다. 그러나 실제로는 사도들이 최고의 지혜를 깨달을 정도가 된 후에도 여전히 그리스도께 여쭙기를 멈추지 않았기 때문에, 이 말씀은 단지 성령이 오시기 이전과 이후의 제자들의 상태를 상대적으로 대비시켜서 하신 말씀일 뿐이다. 즉, 그리스도께서는 그들이 지금은 아주 작은 것들에도 걸려서 앞으로 나아가지 못하고 멈칫거리지만, 앞으로는 무지한 상태를 벗어나서 가장

심오한 신비들까지도 전혀 어려움 없이 꿰뚫어 알게 될 것이라고 말씀하신 것과 같다. 예레미야가 "그들이 다시는 각기 이웃과 형제를 가리켜 이르기를 너는 여호와를 알라 하지 아니하리니 이는 작은 자로부터 큰 자까지 다 나를 알기 때문이라"(렘 31:34)고 예언한 것도 동일한 취지이다. 물론, 예레미야는 이렇게 예언하였다고 해서, 자기가 그리스도의 나라에서 가장 왕성하게 이루어져야 할 가르침을 포기하거나 중단한 것은 아니었다. 그는 단지 장래에는 모든 사람이 하나님으로부터 가르침을 받을 것이기 때문에, "공의로운 해"(말 4:2)이신 그리스도께서 자신의 영의 빛으로 비추어 주시기 전에 사람들의 마음을 뒤덮고 있던 저 완전한 무지(無知)는 더 이상 존재하지 않게 될 것이라고 선언한 것일 뿐이었다. 사도들은 분별력에 있어서는 사실상 어린아이와 다를 바가 없었지만, 아니, 좀 더 정확히 말하자면, 사람보다는 나무토막에 더 가까웠지만, 우리는 그들이 성령을 선생으로 모시고서 그 가르침을 받았을 때에 갑자기 어떤 식으로 변화되었는지를 잘 안다.

너희가 무엇이든지 아버지께 구하는 것을. 그리스도께서는 어떻게 장차 그들이 이 새로운 능력을 얻게 되는 것인지를 보여주시는데, 그것은 그 때에는 그들이 그들에게 필요한 것들을 지혜의 원천(源泉)이신 하나님으로부터 값없이 길어 올릴 수 있게 될 것이기 때문이라는 것이다. 따라서 그리스도께서는 이렇게 말씀하신 것과 같다: "너희는 명철이나 분별력이 너희에게 없다고 걱정할 필요가 없다. 왜냐하면, 내 아버지께서 모든 풍성한 복으로 너희를 부요하게 해주실 준비를 이미 다 해 두시고 계시기 때문이다." 또한, 이 말씀을 통해서 그리스도께서는 자기가 성령을 약속했다고 해서, 아무 일도 하지 않고 나태하게 있으면서 성령을 기다려서는 안 되고, 도리어 자기들에게 약속된 은혜를 주시라고 간절하게 구하여야 한다는 것을 말씀해 주신다. 요컨대, 그리스도께서는 그 때가 되면 자기가 중보자의 직분을 수행할 것이기 때문에, 그들이 무엇을 구하든지, 자기가 아버지 하나님에게서 그들이 기도한 것 이상으로 차고 넘치게 받아서 그들에게 줄 것이라고 선언하시는 것이다. 그러나 이것과 관련해서 한 가지 어려운 질문이 제기된다: "중보자를 통하지 않고 다른 방법으로는 하나님과 결코 화해가 될 수 없었던 인간이 그리스도의 이름으로 하나님에게 간구하기 시작한 것이 그 때가 처음이었던 것인가?" 그리스도께서는 제자들이 자신의 이름으로 무엇을 구하든지, 하늘의 아버지께서 그들이 구한 것을 들어 주시게 될 장래의 일을 염두에 두고 계셨다. 만일 이것이 유례를 찾아볼 수 없는 새로운 은혜였다면, 우리는 그리스도께서 이 땅에 계시는 동안에는 아직 중보자의 직분을 수행하지 않으셨기 때문에, 믿는 자들의 기도가 오직 중보자를 통해서 드려질 때에만 하나님께 열납될 수 있다는 사실에 비추어 볼 때에 그들은 그 때까지는 그런 기도를 드릴 수 없었을 것이라고 추론할 수 있는 것으로 보인다. 이 점은 바로 이어지는 말씀 속에서 한층 더 분명하게 표현된다.

24. 지금까지는 너희가 내 이름으로 아무 것도 구하지 아니하였으나. 사도들은 율법에서 정한 대로 기도 생활을 하였을 가능성이 높다. 그러나 우리는 구약의 선조들이 중보자 없이 기도하는 데에 익숙하지 않았다는 것을 안다. 왜냐하면, 하나님께서는 그 선조들에게 중보자를 통한 기도 훈련을 많이 시키셨기 때문이다. 그들은 대제사장이 백성 전체의 이름으로 성소에 들어가는 것도 보았고, 교회의 기도들이 하나님 앞에 열납되게 하기 위하여 제사장들이 매일 제사를 드리는 것도 보았다. 그러므로 중보자를 통하지 않고 하나님께 기도를 드리는 것은 경솔할 뿐만 아니라 소용없는 일이라는 것이 신앙의 기본적인 원칙들 중의 하나였다. 그리스도께서는 자신의 제자들에게 자기가 중보자라는 것을 이미 충분히 밝히셨지만, 그들은 이 사실을 분명하게 알지 못했기 때문에, 아직은 그리스도의 이름으로 제대로 기도할 수 없었다. 또한, 그들이 율법의 규례를 따라 중보자에 대한 믿음을 갖고서 하나님께 기도했지만, 그것이 무엇을 의미하는지를 온전하고도 분명하게 이해하고 있지는 못하였을 것이라고 말하여도, 그것은 전혀 틀린 말은 아니다. 왜냐하면, 성전의 휘장은 여전히 드리워져 있었고, 하나님의 위엄은 그룹들(Cherubim)의 그림자 아래에 감추어져 있었으며, 참 대제사장이신 그리스도께서는 아직 자기 백성을 중보하기 위하여 하늘 성소에 들어가시거나 하늘 성소에 이르는 길을 자신의 피로 성별하지도 않으셨기 때문이다. 그러므로 그리스도께서 지금은 자신을 희생 제물로 드려서 하나님과 우리를 화목하게 하시고 나서, 우리를 위해 하늘에서 아버지 하나님을 뵈옵고 있어서, 비참한 인간인 우리로 하여금 담대하게 하나님 앞에 나갈 수 있게 하셨지만, 당시에는 그런 중보자로 인정받지 못하셨다고 해도, 그것은 놀랄 일이 아니다. 왜냐하면, 사실 그리스도께서는 속죄 사역을 마치신 후에야, 하늘로 들려 올라가셔서, 자기가 중보자이심을 공개적으로 나타내셨기 때문이다. 특히 우리는 그리스도의 이름으로 기도해야 한다는 표현이 반복해서 나오고 있는 점에 주목할 필요가 있다. 이것은 그리스도를 제쳐놓고 감히 하나님의 심판대 앞에 나아가고자 하는 자는 하나님의 이름을 모독하는 사악한 자라는 것을 우리에게 가르쳐 준다. 우리가 "아들"의 이름으로 구하는 것은 무엇이든지 하나님께

서 기꺼이 그리고 풍성하게 주실 것이라는 이 확신이 우리 마음에 깊이 새겨져 있다면, 우리는 우리를 도와줄 중재자들을 찾기 위해서 이 곳 저 곳을 기웃거릴 필요가 없을 것이고, 다만 우리를 위해서 언제든지 기꺼이 수고를 아끼지 않으시는 그리스도 한 분만을 우리의 중보자로 모시는 것으로 만족하게 될 것이다. 우리가 우리를 하나님과 화목하게 해주신 그리스도를 우리의 중보자로 받아들인다면, 비록 우리의 입술로 그 이름을 부르지 않을지라도, 우리는 그리스도의 이름으로 기도하는 것이라고 할 수 있다.

구하라 그리하면 받으리니. 이 말씀은 머지않아 그리스도께서 다시 오셔서 성령을 통해서 그들과 함께 하시게 될 때와 관련되어 있다. 그런 까닭에, 오늘날 날조된 성인들의 중보기도를 내세워서 그리스도의 중보에 관한 가르침을 유명무실하게 만들어 버리는 자들은 결코 용서받을 수 없다. 구약시대의 백성들은 기도하고 싶을 때마다 기껏해야 모형이자 그림자에 지나지 않았던 대제사장과 희생 제물들만을 바라보아야 했다. 그러므로 그리스도를 통해서 아무런 대가도 치르지 않고 언제나 하나님의 영광의 보좌 앞에 나아갈 수 있는 길이 우리에게 열렸는데도 불구하고, 만일 우리가 우리의 화목제물로 오신 참 대제사장이신 그리스도만을 바라보지 않는다면, 그것은 배은망덕함보다 더 악한 것이다.

너희 기쁨이 충만하리라. 그리스도께서는 마지막으로 덧붙이신 이 말씀의 요지는 우리가 우리에게 필요한 것들을 그리스도의 이름으로 하나님께 구하기만 한다면, 우리는 모든 복을 차고 넘치게 받아서 우리가 원하던 것들을 이루며 평안한 만족을 얻어서 아무것에도 부족함이 없게 되리라는 것이다.

[25]이것을 비유로 너희에게 일렀거니와 때가 이르면 다시는 비유로 너희에게 이르지 않고 아버지에 대한 것을 밝히 이르리라 [26]그 날에 너희가 내 이름으로 구할 것이요 내가 너희를 위하여 아버지께 구하겠다 하는 말이 아니니 [27]이는 너희가 나를 사랑하고 또 내가 하나님께로부터 온 줄 믿었으므로 아버지께서 친히 너희를 사랑하심이라 [28]내가 아버지에게서 나와 세상에 왔고 다시 세상을 떠나 아버지께로 가노라 하시니(16:25-28).

25. 이것을 비유로 너희에게 일렀거니와. 그리스도께서는 제자들이 비록 자기가 한 말들 중에서 많은 것을 깨달을 수 없을지라도 지금 듣고 있는 가르침이 무익한

것이라고 생각하지 말고 앞으로는 더 잘 깨닫게 될 것이라는 소망을 품도록 하시기 위해서, 여기에서 그들에게 힘이 되는 말씀을 해주신다. 또한, 말씀을 잘 깨닫지 못한 제자들이 그리스도께서 일부러 자기들이 알아들을 수 없게 말씀하신 것이라는 의심(疑心)에 붙들릴 수도 있었다. 그래서 그리스도께서는 그들이 이 가르침의 열매를 머지않아 가시적으로 보게 될 것이라고 선언하신다. 사실, 그들은 잘 알아들을 수 없는 애매한 가르침에 염증을 느낄 수도 있었을 것이다. 히브리어 '마샬'(משׁל)은 종종 잠언을 뜻하기도 하지만, 잠언 속에는 비유나 수사적(修辭的)인 표현들이 들어 있는 것이 보통이었기 때문에, 히브리인들은 수수께끼나 경구(警句)도 '마샬'이라고 불렀고, 헬라인들은 그런 말들을 '아포프데그마타'라고 했는데, 그런 말들 속에는 통상적으로 애매하거나 모호한 내용을 담겨 있었다. 따라서 이 말씀의 요지는 이런 것이다: "너희는 내가 지금 너희에게 분명하고 직설적으로가 아니라 비유적으로 말하고 있다고 생각하겠지만, 나는 머지않아 너희가 나의 가르침을 어려워하거나 당혹스러워하지 않도록 너희에게 좀 더 친숙한 방식으로 말해줄 것이다." 우리는 이제 내가 조금 전에 앞에서 한 말, 즉 그리스도께서는 제자들이 자기가 하는 말의 의미를 이해하지 못할지라도 앞으로는 나아질 것이라는 소망을 품고서 가르침을 거부하지 말라고 그들을 격려하시기 위하여 이 말씀을 하신 것이라는 말의 의미를 이해할 수 있게 되었을 것이다. 왜냐하면, 앞으로 나아질 것이라는 소망이 우리 속에서 생기지 않는다면, 배우고자 하는 열정도 당연히 식어버릴 것이기 때문이다. 그러나 사실은 그리스도께서는 수수께끼 같은 말씀을 하신 것이 아니었다. 오히려 그리스도께서 그들에게 들려주신 말씀들은 너무나 평이해서 심지어 투박하게 느껴질 정도였다. 그런데도 그들은 무지함으로 인해서 그 말씀들을 깨닫지 못하고 다만 당혹감 속에서 그의 입을 바라볼 수밖에 없었던 것일 뿐이었다. 그러므로 우리는 그리스도의 가르침이 모호했다기보다는 제자들의 이해력이 미숙했다고 말할 수 있다. 사실, 이와 동일한 상황이 오늘날 우리에게도 일어난다. 왜냐하면, 하나님의 말씀이 우리의 "빛"(시 119:105; 벧후 1:19)이라고 칭송을 받는 것은 다 그럴 만한 이유가 있고, 단지 우리의 몽매함이 그 빛을 가려서, 그 말씀이 우리에게 아리송한 수수께끼나 비유처럼 들릴 뿐이기 때문이다. 하나님께서는 믿지 않는 자들과 버림받은 자들에게는 자신의 말이 "더듬는 입술"로 말하는 야만인들의 말처럼 도무지 알아들을 수 없는 말과 같을 것이라고 이사야 선지자를 통해서 말씀하셨고(사 28:11), 바울도 사탄이 그런 자들의 "마음을 혼미하게"

하였기 때문에 그들에게는 복음이 감추어져 있는 것이라고 말한다(고후 4:3-4). 따라서 연약하고 무지한 제자들에게 그리스도의 말씀은 대체로 도무지 종잡을 수 없고 알아들을 수 없는 말씀처럼 들릴 수밖에 없었다. 왜냐하면, 그들의 분별력은 믿지 않는 자들처럼 완전히 어두워진 것은 아니라고 할지라도, 여전히 구름에 둘러싸인 것과 같은 상태에 있었기 때문이다. 이렇게 주님께서는 우리로 하여금 스스로의 궁핍함을 깨달아서 겸손해지도록 하시기 위해서, 우리가 잠시 우둔해지는 것을 용인하신다. 그러나 주님께서 자신의 영으로 조명해 주시는 자들은 주의 말씀을 알 뿐만 아니라 친숙하게 느껴지게 될 정도로 큰 진보를 이루게 된다.

"때가 이르면 다시 비유로 너희에게 이르지 않고"라는 말씀은 "내가 더 이상 너희에게 비유적인 언어로 말하지 않게 될 때가 곧 이를 것"이라는 의미이다. 분명히 성령은 그리스도께서 제자들에게 이미 일러 주신 말씀 이외에 다른 것을 가르치신 것이 결코 아니었고, 단지 그들의 심령에 빛을 비추심으로써 어둠을 몰아내어 주셨기 때문에, 그들은 그리스도의 말씀을 이전과는 다른 새로운 방식으로 듣게 되어 그 뜻을 쉽게 이해할 수 있게 된 것이었다.

아버지에 대한 것을 밝히 이르리라. 이 말씀을 통해서 그리스도께서는 자신의 가르침의 목적이 우리를 참된 복의 근원이신 하나님에게로 인도하기 위한 것임을 일깨워 주신다. 그러나 한 가지 질문이 생긴다: 왜 그리스도께서는 다른 곳에서는 자신의 제자들에게 "천국의 비밀을 아는 것"이 그들에게는 "허락되었다"(마 13:11)고 말씀하신 것일까? 왜냐하면, 여기에서는 그리스도께서 자기가 제자들에게 비유로 말씀하셨다는 것을 직접 밝히고 계시는 반면에, 거기에서는 제자들과 다른 사람들을 구별해서 다른 사람들에게만 비유로 말씀하셨다고 하시기 때문이다(마 13:13). 나의 대답은, 제자들은 자신들의 선생이 무슨 말씀을 하시는지를 전혀 깨닫지 못할 정도로 무지하지는 않았기 때문에, 그리스도께서 제자들을 완전히 눈먼 다른 사람들과 구별하신 것은 일리가 있었다는 것이다. 그리고 여기에서는 그리스도께서는 장차 그들이 성령의 은혜를 통해서 빛을 받아서 자신의 말들을 분명하게 깨닫게 될 것과 비교해 볼 때, 상대적으로 자기가 이제까지 그들에게 한 말들은 "비유"였다고 말씀하신 것이다. 그러므로 두 본문에 나오는 말씀은 모두 참이다. 즉, 제자들은 한편으로는 복음의 말씀을 전혀 맛볼 수조차 없었던 자들보다는 훨씬 나았지만, 다른 한편으로는 장차 성령께서 그들에게 부어 주실 새로운 지혜(sapientia nova)와 비교해 볼 때에는 여전히 알파벳을 배우는 학동(學童)들과 같왔다는 것이다.

26. 그 날에 너희가 내 이름으로 구할 것이요. 그리스도께서는 "그 날에" 하늘의 보화들이 그토록 차고 넘치게 그들에게 부어지게 되는 이유를 여기에서 다시 한 번 말씀해 주시는데, 그것은 그들이 그들에게 필요한 것을 무엇이든지 그리스도의 이름으로 구하게 될 것이고, 하나님께서는 사람들이 자기 아들의 이름으로 구하는 것은 무엇이든 물리치지 않으실 것이기 때문이다. 그런데 이 말씀에는 한 가지 모순이 있는 것처럼 보인다. 왜냐하면, 그리스도께서는 바로 이어서 "내가 너희를 위하여 아버지께 구하겠다 하는 말이 아니니"라는 말씀을 덧붙이고 계시기 때문이다. 만일 이 말씀이 그리스도께서 중보자의 직분을 맡지 않으신다는 의미라면, 도대체 무엇 때문에 그리스도께서는 자신의 이름으로 기도하라고 하신 것이란 말인가? 요한은 다른 곳에서 그리스도를 우리의 "대언자"라고 부르고(요일 2:1), 바울도 그리스도께서 지금 우리를 위해서 "대신 간구하신다"고 증언하며(롬 8:34), 히브리서 기자도 "그가 항상 살아 계셔서 그들을 위하여 간구하심이라"(히 7:25)고 동일한 것을 재확인해 준다. 나의 대답은, 그리스도께서는 여기에서 자기가 중보자가 되지 않을 것이라고 말씀하신 것이 아니라, 단지 아버지 하나님께서 자신의 제자들을 매우 기뻐하실 것이기 때문에 그들이 구하는 것들을 차고 넘치게 주시는 데에 아무런 문제도 없을 것이라는 의미로 그렇게 말씀하신 것일 뿐이라는 것이다. 즉, 그리스도께서는 이렇게 말씀하신 것과 같다: "내 아버지께서는 너희를 너무도 사랑하시기 때문에, 중보자인 내가 나서서 너희를 위해 아버지께 말씀드리기도 전에, 너희가 구하는 것들을 주실 것이다." 또한, 그리스도께서 우리와 아버지 하나님 사이에서 중보자 역할을 하신다는 말씀을 들었을 때, 우리는 우리의 육신적인 생각을 따라서, 그리스도께서 우리를 대신해서 아버지 하나님 앞에 무릎을 꿇고 겸손하게 비는 모습을 상상해서는 안 된다. 도리어 우리가 생각해야 할 것은 우리를 단번에 하나님과 화목하게 하신 그리스도의 희생제사의 능력은 언제나 강력하고 유효하다는 사실이다. 우리의 죄를 대속하시기 위해 그리스도께서 흘리신 피와 그리스도께서 보여주신 순종이야말로 우리를 위한 영원한 중보(intercessio)이다. 이 말씀은 우리가 아버지 하나님 앞에 그 아들의 이름을 내미는 순간, 우리가 하나님의 마음을 얻게 된다는 사실을 가르쳐 준다는 점에서 주목할 만한 말씀이다.

27. 너희가 나를 사랑하고 … 아버지께서 친히 너희를 사랑하심이라. 이 말씀은

우리를 하나님과 연결해 주는 유일한 끈이 그리스도와의 연합이라는 것을 우리에게 일깨워 준다. 우리는 그리스도께서 "사랑"이라고 표현하신 진실함에서 우러나오는 가식 없는 믿음을 통해서 그리스도와 연합하게 된다. 왜냐하면, 그리스도를 진심으로 영접하는 자가 아니라면 그 누구도 결코 그리스도를 진정으로 믿는다고 할 수 없을 것이기 때문이다. 그러므로 그리스도께서는 "사랑"이라는 단어를 통해서 믿음의 능력과 본질을 잘 표현하신 것이라고 할 수 있다. 그러나 만일 우리가 그리스도를 사랑하고 난 후에야 하나님께서 비로소 우리를 사랑하기 시작하시는 것이라면, 하나님의 은혜에 앞서서 우리가 먼저 그리스도를 사랑한 것이 되기 때문에, 구원의 시작(initium salutis)이 우리로부터 비롯된다는 결론이 나온다. 하지만 성경의 수많은 증언들은 그런 결론과 반대된다. 즉, 하나님께서는 "내가 그들로 하여금 나를 사랑하게 할 것"이라고 약속하셨고, 요한도 "우리가 먼저 하나님을 사랑한 것이 아니요"라고 말한다(요일 4:10). 더 이상의 성경 본문을 끌어 모으는 것은 쓸데없는 일일 것이다. 왜냐하면, 하나님께서는 "없는 것을 있는 것으로 부르시며"(롬 4:17), 죽은 자를 살리시고(눅 7:22), 외인(外人)이었던 자들을 불러서 자신과 연합시키시고(엡 2:12), 돌같이 굳은 마음을 살 같이 부드러운 마음으로 바꾸어 주시고(겔 36:26), 자신을 찾지 않는 자들에게 자신을 나타내신다(사 65:1; 롬 10:20)는 이러한 가르침보다 더 확실한 것은 없을 것이기 때문이다. 나의 대답은, 하나님께서는 자기가 택하신 자들을 부르시기 전에, 먼저 은밀한 방식으로 그들을 사랑하신다는 것이다. 왜냐하면, 하나님께서는 자신의 사람들을 그들이 지음받기 전부터 사랑하시기 때문이다. 하지만 바울이 "우리가 원수 되었을 때에 그의 아들의 죽으심으로 말미암아 하나님과 화목하게 되었은즉"(롬 5:10)이라고 말하고 있듯이, 그들은 아직 하나님과 화목하게 되지 않았기 때문에 하나님의 원수들로 여겨지는 것이다. 그런 까닭에, 우리가 전에는 하나님을 냉혹한 심판자로 알고 그 앞에서 두려움에 떨었지만, 이제는 하나님이 우리의 아버지가 되셔서 우리를 사랑하신다는 확실한 보증(保證)을 갖게 되어서, 그리스도를 사랑할 때, 우리는 하나님의 사랑을 받게 된다고 말할 수 있다.

28. 내가 아버지에게서 나와. 이러한 표현 방식은 우리로 하여금 그리스도가 지닌 신적 능력을 주목하게 만든다. 그리스도의 신적 능력을 깨닫지 못한다면, 우리의 믿음은 결코 탄탄해지지 못할 것이다. 왜냐하면, 우리 믿음의 두 기둥인 그리스도의 죽음과 부활은 그의 신적 능력과 결합되어 있지 않을 때에는 우리에게 별 도

움이 되지 못하게 될 것이기 때문이다. 이제 우리는 그리스도를 어떻게 사랑해야 하는지를 알 수 있게 되었다. 즉, 우리가 그리스도를 사랑하게 되었을 때, 우리의 믿음이 그리스도를 우리에게 주신 하나님의 뜻과 능력을 깊이 묵상할 수 있게 되어야만, 비로소 그 사랑은 올바른 것이라고 할 수 있다는 것이다. 우리는 그리스도께서 하나님에게서 나오셨다는 말씀을 무덤덤하게 받아들여서는 안 될 뿐만 아니라, 그리스도께서 무슨 이유로, 그리고 무슨 목적으로 오셨는지를 알아야 한다. 즉, 우리는 그리스도께서 "우리에게 지혜와 의로움과 거룩함과 구원함"(고전 1:30)이 되시기 위해서 하나님으로부터 오신 것임을 알아야 한다는 것이다.

다시 세상을 떠나 아버지께로 가노라. 그리스도께서는 여기에서 자신의 능력이 영원하리라는 것을 우리에게 보여주신다. 왜냐하면, 제자들은 그리스도께서 이 세상에 구속주로 오신 것을 일시적인 복으로 생각할 수도 있었기 때문이다. 그러므로 그리스도께서는 자기가 그들에게 가져다주신 모든 복은 비록 자기가 떠나도 하나도 소멸하지 않을 것임을 그들에게 확실히 납득시키기 위해서, 자기가 아버지 하나님께로 돌아가는 것이라고 말씀하신다. 왜냐하면, 그리스도께서는 "아버지께로" 가셔서 하늘 영광 가운데에 계시면서 자신의 죽음과 부활의 능력과 효력을 온 세상에 부어 주시게 될 것이기 때문이다. 그러므로 그리스도께서는 우리의 연약함을 그대로 놓아두신 채로 세상을 떠나서서 하늘로 올라가신 것이었지만, 아버지 하나님의 우편에서 온 세상에 대한 통치권을 행사하고 계시기 때문에, 우리를 향한 그의 은혜는 이전과 다름없이 강력하게 역사하고 있다.

²⁹제자들이 말하되 지금은 밝히 말씀하시고 아무 비유로도 하지 아니하시니 ³⁰우리가 지금에야 주께서 모든 것을 아시고 또 사람의 물음을 기다리시지 않는 줄 아나이다 이로써 하나님께로부터 나오심을 우리가 믿사옵나이다 ³¹예수께서 대답하시되 이제는 너희가 믿느냐 ³²보라 너희가 다 각각 제 곳으로 흩어지고 나를 혼자 둘 때가 오나니 벌써 왔도다 그러나 내가 혼자 있는 것이 아니라 아버지께서 나와 함께 계시느니라 ³³이것을 너희에게 이르는 것은 너희로 내 안에서 평안을 누리게 하려 함이라 세상에서는 너희가 환난을 당하나 담대하라 내가 세상을 이기었노라 (16:29-33).

29. 제자들이 말하되 지금은 밝히 말씀하시고 아무 비유로도 하지 아니하시니.

이것은 그리스도께서 해주신 말씀이 제자들에게 얼마나 큰 위로가 되었는지를 잘 보여준다. 왜냐하면, 조금 전까지만 해도 낙담하고 의기소침해 있던 그들이 갑자기 활달하고 명랑해졌기 때문이다. 그렇지만 그들은 아직도 그리스도께서 하신 말씀들을 온전히 이해하지 못하였다는 것은 확실하다. 그들은 비록 그 말씀들을 온전히 이해할 수 없었고 단지 어렴풋이 그 향취만 맛본 것에 지나지 않았는데도, 그것만으로도 기운을 차릴 수 있었던 것이다. 그들이 자신들의 선생께서 "밝히 말씀하시고 아무 비유로 하지 아니하신다"고 토로했을 때, 그것은 분명히 과장된 말이긴 했지만, 오늘날 우리가 그렇듯이, 자기들이 느낀 대로 솔직히 말한 것이었다. 왜냐하면, 복음의 가르침을 조금이라도 맛본 사람은 그 마음에 불이 붙게 되어, 그 적은 분량의 믿음만으로도 플라톤의 모든 글들을 다 읽고 알게 되었을 때보다도 훨씬 더 큰 힘을 얻은 것 같은 느낌을 받게 되기 때문이다. 뿐만 아니라, 하나님의 성령께서 경건한 자들의 마음속에 불러일으키시는 탄식(歎息)은 하나님께서 그들의 이해 수준을 뛰어넘는 은밀한 방법으로 역사하신다는 것을 보여주는 충분한 증거가 된다. 만일 그렇지 않다면, 바울이 그것을 "말할 수 없는 탄식"이라고 표현하지 않았을 것이다: "이와 같이 성령도 우리의 연약함을 도우시나니 우리는 마땅히 기도할 바를 알지 못하나 오직 성령이 말할 수 없는 탄식으로 우리를 위하여 친히 간구하시느니라"(롬 8:26). 따라서 우리는 사도들은 자신들이 어느 정도는 진보를 이루었다고 생각했기 때문에, 그리스도께서 하신 말씀들이 이제는 더 이상 뭐가 뭔지 모를 비유처럼 들리지는 않게 되었다고 진실로 말할 수 있었지만, 자신들이 실제로 깨달은 것보다 더 많이 깨달은 것처럼 생각했다는 점에서는 스스로 속고 있었다고 보아야 한다. 그리고 그들의 그러한 착각은 성령을 받는다는 것이 무엇인지를 알지 못한 데서 비롯된 것이었다. 그래서 그들은 마치 금화 한 닢 얻은 사람이 부자가 다 된 줄로 생각하는 것과 마찬가지로, 아직 기뻐할 때가 이르지 않았는데도 마냥 즐거워했던 것이다. 그들은 몇 가지 증거들을 근거로 삼아서, 그리스도께서 하나님으로부터 오신 분이라는 결론을 내리고는, 마치 이제는 더 이상 아무것도 필요 없다는 듯이, 오로지 그 사실을 안 것만으로 기뻐하였던 것이다. 그러나 그리스도께서 장차 그들에게 어떤 존재가 되실 것인지를 깨닫지 못하는 한, 그들은 여전히 제대로 알고 있는 것이 결코 아니었다.

31. 이제는 너희가 믿느냐. 그리스도께서는 제자들이 지나치게 기뻐하는 것을 보시고서, 그들에게 자신들의 연약함을 기억하고 자신들의 보잘것없는 능력의 한

계를 벗어나지 말아야 한다고 경고하신다. 하지만 우리는 어떤 중대한 시련이 닥치기 전까지는, 우리에게 무엇이 부족한지, 그리고 우리가 온전한 믿음에서 얼마나 멀리 떨어져 있는지를 제대로 알지 못한다. 우리는 그런 상황에 처하고 나서야, 비로소 스스로 온전하다고 생각했던 우리의 믿음이 얼마나 연약한 것이었는지를 알게 된다. 그리스도께서는 제자들에게 이 점을 일깨워 주신 후에, 머지않아 그들이 자기를 버리게 될 것이라고 밝히신다. 박해는 믿음을 시험하는 시금석(試金石)이기 때문에, 전에는 자신만만해하며 교만으로 그 마음이 부풀어올라 있던 사람들도 박해를 받자마자 두려워 떨며 뒤로 물러나기 시작하면서, 자신의 믿음이 얼마나 보잘것없는 것이었는지가 그대로 드러나게 된다. 그러므로 그리스도께서 던지신 "이제는 너희가 믿느냐"라는 질문은 반어법(反語法)인 셈이다. 즉, 그리스도께서는 "너희가 믿음이 충만해진 것처럼 으스대는 것이냐? 너희의 허풍을 드러내 줄 시련이 코앞에 닥쳤다"고 말씀하신 것과 같다. 그러므로 우리는 이런 상황에서 너무 기쁨에 들뜨지 말고 스스로 삼가서 근신하는 것이 마땅하다. 그러나 제자들의 믿음과 관련해서, 그들에게는 처음부터 믿음이 아예 없었던 것인가, 아니면 그리스도를 버리고 사방으로 흩어지면서 믿음도 함께 사라진 것인가라는 질문이 제기될 수 있다. 나의 대답은, 그들의 믿음이 약해져서 거의 없다시피 할 정도가 되었다고 할지라도, 그들에게는 나중에 새 가지들을 낼 만한 일말의 믿음이 여전히 남아 있었다는 것이다.

32. 그러나 내가 혼자 있는 것이 아니라. 그리스도께서는 사람들이 다 자기를 버릴지라도 자기가 잃는 것은 아무것도 없을 것임을 보여주시기 위해서, 바로 앞에서 하셨던 "나를 혼자 둘 때가 오나니"라는 말씀과 관련되어 생길 수 있는 오해를 차단하시기 위하여, 여기에서 이 말씀을 덧붙이신다. 왜냐하면, 그리스도의 진리와 영광은 세상이 믿느냐 안 믿느냐에 좌지우지되는 것이 아니라, 오직 그리스도 자신에게 토대를 두고 있는 것인 까닭에, 온 세상이 그리스도를 버린다고 하여도, 하나님이시며 어느 누구의 도움도 필요로 하지 않으시는 그리스도는 조금도 손상을 입지 않으실 것이기 때문이다.

그리스도께서 "아버지께서 나와 함께 계시느니라"고 말씀하시는 것은 하나님이 자기편이시기 때문에 자기는 사람들의 그 어떤 도움도 빌리실 필요가 없다는 의미이다. 이 말씀을 제대로 묵상하는 자들은 비록 온 세상이 흔들린다고 하여도 중심을 잃지 않고 견고하게 서 있을 수 있게 될 것이고, 다른 모든 사람들이 다 믿음을 저버리고 배역한다고 할지라도 자신의 믿음을 끝까지 지킬 수 있게 될 것이다. 왜냐하면, 그들은 오직 하나님 한 분으로 만족하지 않는 것은 하나님께 합당한 영광을 돌리는 것이 아님을 알기 때문이다.

33. 이것을 너희에게 이르는 것은. 그리스도께서는 여기에서 자신의 제자들에게 이 세상에서는 수많은 고통과 환난이 그들을 기다리고 있기 때문에, 자기가 지금까지 그들에게 들려주셨던 위로의 말씀들이 얼마나 필요한 것인지를 다시 한 번 말씀하신다. 먼저, 우리는 하나님께서는 모든 경건한 자들로 하여금 인내(tolerantia)를 배우게 하시기 위해서 이 세상에서 수많은 환난들을 겪게 하시는 것이라는 말씀에 주목하여야 한다. 그러므로 이 세상은 험하고 거친 바다와 같기 때문에, 우리는 그리스도 안에서가 아니면 다른 어느 곳에서도 참된 평안(pax vera)를 발견할 수 없다. 다음으로, 우리는 그리스도께서 여기에서 말씀하시는 "평안"을 어떻게 얻을 수 있는 것인지에 주목하여야 한다. 그리스도께서는 제자들이 이 가르침을 더 깊이 깨닫게 될 때에 "평안을 누리게" 될 것이라고 말씀하신다. 우리는 환난 중에서도 평안하고 고요한 마음을 갖게 되기를 원하는가? 그렇다면, 그리스도께서 여기에서 들려주고 계시는 말씀들에 귀를 기울여 보라. 그 말씀들 자체가 우리에게 평안을 가져다줄 것이다.

환난을 당하나 담대하라. 주님께서는 우리가 여러 가지 환난들을 통해서 우리의 나태함을 고치기를 원하시고, 우리로 하여금 정신을 차리고서 그 환난들을 극복할 수 있는 치유책을 찾기 위해서 분발하기를 원하시는 것이기 때문에, 우리가 낙심하여 의기소침하지 않고, 도리어 치열하게 맞서 싸우기를 원하시지만, 우리에게 승리에 대한 확신이 없다면, 그것은 불가능한 일이 될 수밖에 없다. 왜냐하면, 결과가 불확실한 싸움에 우리가 언제까지나 모든 열정을 바칠 수는 없기 때문이다. 그러므로 그리스도께서는 우리를 전쟁터로 불러내실 때에는, 먼저 우리를 승리에 대한 확신으로 무장시키신다. 하지만 승리하기 위해서는 우리의 분투가 여전히 필요한 것은 두말 할 필요도 없다.

우리에게는 언제나 우리를 두려워 떨게 만드는 많은 요인들이 있기 때문에, 그리스도께서는 자기가 이미 "세상을 이기었고," 그 승리는 자기 자신을 위한 것이 아니라 우리를 위한 것임을 가르쳐 주시면서, 그런 까닭에 우리가 승리에 대한 확신을 가지고서 "담대해야" 한다는 것을 보여주신다. 그러므로 우리가 낙심하여 거의 죽게 될 만한 상황에 처해 있을 때에라도, 우리의 머리 되시는 그리스도께서 얼으신 그 지극한 영광을 바라보기만 한다면, 우리는 우리를 짓누르는 모든 환난들을 담대하게 무시하고 나아갈 수 있게 된다. 그러므로 우리가 그리스도인이 되고자 한다면, 우리는 어떻게든 십자가를 지지 않을 궁리를 하지 말고, 우리가 그리스도의 깃발 아래에서 싸운다면, 전쟁의 한복판에서도 모든 위험으로부터 벗어나서 안전할 것이라는 한 가지 사실에 만족하여야 한다. 여기에서 그리스도께서는 경건한 자들의 구원을 방해하는 모든 것, 특히 사탄이 우리를 올무에 걸리게 하기 위해 사용하는 모든 시험들을 "세상"이라는 말로 포괄하신다.

제 17 장

¹예수께서 이 말씀을 하시고 눈을 들어 하늘을 우러러 이르시되 아버지여 때가 이르렀사오니 아들을 영화롭게 하사 아들로 아버지를 영화롭게 하게 하옵소서 ²아버지께서 아들에게 주신 모든 사람에게 영생을 주게 하시려고 만민을 다스리는 권세를 아들에게 주셨음이로소이다 ³영생은 곧 유일하신 참 하나님과 그가 보내신 자 예수 그리스도를 아는 것이니이다 ⁴아버지께서 내게 하라고 주신 일을 내가 이루어 아버지를 이 세상에서 영화롭게 하였사오니 ⁵아버지여 창세 전에 내가 아버지와 함께 가졌던 영화로써 지금도 아버지와 함께 나를 영화롭게 하옵소서(17:1-5).

1. 예수께서 이 말씀을 하시고. 그리스도께서는 앞에서 제자들에게 십자가를 지는 것에 대해서 설교하신 후에, 이제 그들로 하여금 끝까지 인내할 수 있도록 하시기 위해서 그들이 믿고 의지할 수 있는 위로의 말씀들을 들려주신다. 지금까지 그리스도께서는 장차 성령이 오실 것이라고 약속하신 후에, 그들로 하여금 더 큰 소망을 품게 하시기 위하여, 자신의 나라의 빛나는 영광에 대해서 말씀해 주셨다. 하나님의 능력이 수반되지 않는 가르침은 아무런 힘도 없기 때문에, 이제 여기에서 그리스도께서 기도에 들어가시는 것은 지극히 당연한 일이다. 그러므로 그리스도께서는 가르치는 자들에게 그들이 말씀의 씨를 뿌리는 데에만 몰두하지 말고, 하나님의 복을 받아 그들의 수고가 결실을 맺도록 하기 위해서 기도에도 힘을 써서 하나님의 도우심을 간구해야 한다는 본(本)을 보여주신 것이다. 요컨대, 그리스도의 이 기도는 자기가 지금까지 가르치신 것에 대하여 인(印)을 치심으로써, 그 가르침이 스스로의 정당성을 확보하게 함과 동시에 제자들로부터도 전폭적인 신뢰를 획득할 수 있게 하기 위한 것이다.

그리스도께서 "눈을 들어 하늘을 우러러" 기도하셨다는 요한의 보도는 그리스도께서 유례없는 열정과 간절함으로 기도에 임하셨다는 것을 보여준다. 왜냐하면, 이러한 자세는 그리스도께서 자신의 마음을 땅이 아닌 하늘에 두시고서, 제자들을 제쳐두고 오직 하나님과만 친밀하게 대화하셨다는 것을 보여주는 것이기 때문이다. 그리스도께서 "하늘을 우러러" 보신 것은 하나님이 하늘에만 계신 분이기 때문이 아니라("나는 천지에 충만하지 아니하냐," 렘 23:24), 하나님의 위엄이 주로 하늘에서 나타나기 때문이고, 또 다른 이유는 "하늘을 우러러" 보시는 자신의 모습을 통해서, 하나님의 위엄이 모든 피조물 위에 뛰어나다는 사실을 우리에게 일깨워 주시기 위한 것이다. 우리는 손을 들고 기도하는 것에 대해서도 동일한 관점에서 해석할 수 있다. 인간은 본성적으로 게으르고 나태하여 땅에 속한 속성을 따라 땅으로 향하려는 성향을 갖고 있기 때문에, 손을 들어올리는 것과 같은 특별한 자극제가 필요하다. 말하자면, 그것은 기도하는 자를 하늘로 들어올려 주는 "병거"인 셈이다. 그러나 우리가 진정으로 그리스도를 본받고자 한다면, 우리는 우리가 외적으로 행하는 의식(儀式)이나 몸짓이 우리의 마음속에 있는 것 이상의 것이 되지 않도록 주의해야 하고, 우리의 내면에 있는 감정이 자연스럽게 우리의 눈과 손과 입 등을 통해서 표출되어 나오게 하는 것이 마땅하다. 세리(稅吏)는 "감히 눈을 들어 하늘을 쳐다보지도 못하고 가슴을 치며"(눅 18:13) 기도했지만, 성경에서는 그것을 하나님께 올바르게 기도한 것이라고 말하는데, 세리가 기도할 때에 보여준 모습이 지금까지 내가 한 설명과 모순되는 것은 아니다. 왜냐하면, 세리는 자신의 죄로 인하여 곤혹스러워 하며 자신을 낮추긴 했지만, 여전히 확신을 갖고서 자신의 죄를 사함받기를 기도한 것이었기 때문이다. 그러나 그리스도께서는 자신에 대하여 조금도 부끄러워할 것이 없으셨기 때문에, 그 기도하시는 모습이 세리와 다를 수밖에 없으셨다. 그리고 분명한 것은 다윗도 자신의 형편과 처지에 따라서 이런저런 모습으로 기도했다는 것이다.

아버지여 때가 이르렀사오니. 그리스도께서는 자기도 아버지 하나님을 영화롭게 해드리기 위해서, 자신의 나라를 영화롭게 해주시기를 구하신다. 그리스도께서 "때가 이르렀사오니"라고 말씀하시는 것은 자기가 그동안 온갖 이적과 기사(奇事)들을 통해서 자신이 하나님의 아들임을 증명하기는 하셨지만, 머지않아 온전히 빛을 발하게 될 자신의 영적인 나라가 당시에는 여전히 베일에 가려져 있었기 때문이다. 만일 누군가가 곧 있을 그리스도의 죽음이야말로 영광과는 가장 거리가 먼 일이라고 반론을 제기한다면, 나의 대답은 우리는 바로 그 죽음 속에서 불경건한 자들에게는 감춰져 있는 저 영광스러운 승리를 본다는 것이다. 왜냐하면, 그리스도의 죽음 속에서 우리는 인류의 죄악을 위한 대속(代贖)이 이루어져서, 세상이 하나님과 화목하게 되었고, 저주가 도말되었으며, 사탄이 패배한 것을 보기 때문이다. 또한, 이것은 그리스도께서 자신의 죽음을 통해서 하나님의 영원한 계획에 따라서 오래 전에 작정되었던 열매가 하늘의 성령의 능력으로 말미암아 맺히게 해주시라고 기도하신 것이기도 하다. 왜냐하면, 그리스도께서 말씀하신 "때"는 인간의 뜻에 따라 정해진 것이 아니고, 하나님이 정하신 "때"이기 때문이다. 그렇다고 해서, 그리스도의 기도가 불필요한 것이었다는 말은 아니다. 왜냐하면, 철저히 하나님의 뜻을 따라 행하셨던 그리스도께서는 하나님이 약속하신 것이 확실히 이루어지기를 원하고 기도하는 것이 마땅하다는 사실을 잘 알고 계셨기 때문이다. 하나님께서는 온 세상이 잠들어 있거나, 심지어 자기를 대적할지라도, 자신이 작정하신 것들을 하나도 빠짐없이 다 이루실 것이지만, 우리로 하여금 기도하게 하시려고 약속들을 주신 것이기 때문에, 우리는 하나님이 약속하신 것들을 이루시도록 기도하는 것이 마땅하다.

아들을 영화롭게 하사 아들로 아버지를 영화롭게 하게 하옵소서. 그리스도께서는 자기가 영광을 받는 것이 곧 아버지 하나님이 영광을 받으시는 것이라는 의미로 이 말씀을 하신다. 왜냐하면, 그리스도께서는 우리를 아버지 하나님께로 인도하시기 위해서 이 세상에 오셨기 때문이다. 따라서 이것으로부터 우리는 그리스도께서 영광을 받으실수록, 아버지 하나님의 영광이 줄어들기는커녕, 도리어 그 만큼 더 견고하게 된다는 결론을 얻게 된다. 우리는 그리스도께서 여기에서 어떤 자격으로 이 말씀을 하고 계시는지를 항상 유념하지 않으면 안 된다. 왜냐하면, 그리스도께서는 여기에서 육신을 입고 나타나신 하나님으로서, 그리고 중보자의 직분을 맡으신 자로서 말씀하고 계시는 것인 까닭에, 우리는 그리스도의 영원한 신성(神性)만을 염두에 두어서는 안 되기 때문이다.

2. 아버지께서 아들에게 주신. 그리스도께서는 자기는 오직 아버지 하나님의 뜻에 합당한 것들만을 구한다는 것을 다시 한 번 확인해 주신다. 하나님께서 기꺼이 주고자 하시는 것 이외의 것을 구하지 않는 것은 영원히 변치 않는 기도의 법(法)이다. 왜냐하면, 사람이 자기 마음에 드는 것들을 골라서 하나님 앞에 드리는 것보다 더 본말이 전도된 일은 없기 때문이다.

"만민을 다스리는 권세"는 아버지 하나님께서 그리스도를 왕과 머리(rex et caput)로 세우셨을 때에 그에게 주신 권세를 의미한다. 그러나 우리는 그 권세의 목적이 "아버지께서 아들에게 주신 모든 사람에게 영생을 주게 하시려는" 것임을 주목해야 한다. 그리스도께서 받으신 권세는 자신을 위한 것이라기보다는 우리의 구원을 위한 것이다. 따라서 우리가 마땅히 그리스도께 순복해야 하는 것은 단지 하나님께 순종하기 위해서만이 아니라, 그러한 순복이 우리에게 영생을 가져다주는 까닭에 우리가 그렇게 하는 것보다 더 좋은 일은 없기 때문이다. 그리스도께서는 하나님이 모든 사람에게 차별 없이 생명을 주시려고 자기에게 온 세상을 다스리는 권세를 주셨다고 말씀하시는 것이 아니다. 도리어, 그리스도께서는 이 은혜가 오직 "아버지께서 아들에게 주신 모든 사람"에게만 주어질 것이라고 말씀하신다. 그렇다면, 그들은 어떤 식으로 그리스도에게 주어진 자들을 의미하는 것일까? 왜냐하면, 아버지 하나님께서는 버림받은 자들도 그리스도에게 주셔서 복속시키셨기 때문이다. 나의 대답은 오직 택함받은 자들만이 그리스도의 양 무리에 속한 자들이고, 그리스도께서는 목자가 되셔서 그들을 지켜 주신다는 것이다. 그러므로 그리스도의 나라가 모든 사람들에게 전파되기는 하지만, 목자의 음성(vox pastoris)을 듣고서 자원하여 순종해서 따라가는 택함받은 자들에게만 구원을 가져다준다. 그 밖의 다른 사람들에 대해서는 그리스도께서는 그들로 하여금 어쩔 수 없이 자기에게 복종하게 하게 하신 후에, 결국에는 자신의 철장(鐵杖)으로 그들을 철저하게 부수실 것이다.

3. 영생은 곧. 그리스도께서는 이제 여기에서 어떤 식으로 생명이 주어지게 될 것인지에 대해서 설명해 주시면서, 자기가 택함받은 사람들에게 하나님을 아는 참된 지식의 빛을 비추어 주실 때에 그들에게 생명이 주어지게 될 것이라고 말씀하신다. 왜냐하면, 그리스도께서는 여기에서 우리가 소망하는 생명의 향유(享有) 그 자체에 대해서 말씀하시는 것이 아니라, 단지 사람들이 생명을 얻게 되는 방법에 대해서만 말씀하시는 것일 뿐이기 때문이다. 이 말씀의 뜻을 제대로 이해하려면, 우리는 먼저 유일한 "생명"이신 하나님이 우리에게 빛을 비춰 주실 때까지는, 우리는 모두 죽음 가운데에 있다는 사실을 알아야 한다. 하나님께서 빛을 비추어 주실 때, 우리는 믿음으로 하나님을 받아들여서 생명으로 나아가게 된다. 이것이 "하나님을 아는" 지식이 구원을 가져다준다고 말하는 것이 참되고 옳은 이유이다. 이 말씀에 나오는 거의 모든 단어가 중요하다. 왜냐하면, 여기에서 언급된 하나님을 아는 지식(cognitio Dei)은 모든 종류의 지식을 의미하는 것이 아니라, 우리로 하여금 믿음에서 믿음으로 이르게 하여 우리를 하나님의 형상으로 새롭게 변화시켜 줄 그러한 지식을 의미하기 때문이다. 아니, 그 지식은 우리를 그리스도의 몸에 연합시

켜 주고, 우리를 하나님의 양자(養子)와 하늘의 상속자로 만들어 주는 믿음과 동일하다.

하나님과 그가 보내신 자 예수 그리스도를 아는 것이니이다. 그리스도께서 이 말씀을 하시는 것은 하나님의 생생하고 분명한 형상(imago)이신 "예수 그리스도"의 얼굴 속에서가 아니면 하나님을 알 수 있는 다른 방법이 없기 때문이다. 그리스도께서 여기에서 하나님을 먼저 언급하신 것은 우리가 하나님을 알고 난 후에 그리스도를 알아야 한다는 식으로 믿음의 순서(ordo fidei)를 보여주시기 위한 것이 아니라, 우리가 중보자이신 예수 그리스도를 통해서 하나님을 알게 된다는 의미이다.

유일하신 참 하나님. 그리스도께서 하나님을 수식하는 단어들로 "참"과 "유일하신"이라는 두 개의 형용사를 사용하신 이유는, 첫째로는 믿음은 인간들이 고안해 낸 헛된 것들과 참된 하나님을 분별해서, 흔들림이나 주저 없이 확고한 확신 속에서 하나님을 받아들이는 것이기 때문이고, 둘째로는 믿음은 하나님에게는 부족하거나 불완전한 것이 없음을 인정하고서 하나님 한 분만으로 만족해야 하기 때문이다. 어떤 이들은 이 말씀을 "유일하게 하나님이신 당신을 아는 것"이라고 해석하지만, 그런 해석은 근거가 약하다. 그러므로 이 말씀은 "당신 한 분만을 참 하나님으로 아는 것"이라고 해석하는 것이 옳다. 그러나 그리스도께서 그런 의미로 말씀하신 것이라면, 그리스도께서는 자신의 신적인 권리와 칭호를 포기하신 것처럼 보일 수도 있다. 만일 우리가 그리스도에게도 "아버지"에게와 마찬가지로 하나님이라는 칭호를 사용할 수 있다고 대답한다면, 성령에 대해서도 동일한 문제가 제기된다. 왜냐하면, 만일 "아버지"와 "아들"만이 한 분 하나님이시라면, 성령은 그러한 반열에서 제외된다는 결론이 나오는데, 이것은 앞에서 그리스도의 경우와 마찬가지로 말이 안 되기 때문이다. 하지만 우리가 그리스도께서 요한복음에서 일관되게 사용하신 화법(話法)에 주목한다면, 우리는 이 문제에 대한 대답을 쉽게 얻어낼 수 있다. 그리고 나는 그 화법에 대해서 이미 여러 차례 설명한 바 있기 때문에, 지금쯤은 독자들도 그것을 충분히 숙지하고 있을 것이라고 생각한다. 즉, 그것은 사람의 모습으로 나타나신 그리스도께서는 "아버지 하나님"을 내세우셔서 삼위일체 하나님의 능력과 본성과 위엄을 표현하신다는 것이다. 그러므로 그리스도의 아버지는 "유일하신 참 하나님," 즉 세상에 구속주(救贖主)를 보내 주시기로 약속하신 바로 그 "한 분 하나님"이시다. 그러나 그리스도께서는 우리를 높이 들어올리시기 위하여 스스로 낮아지신 것이기 때문에, 삼위일체 하나님의 "유일하심"과 "참되심"은 그리스도 안에서 발견된다. 우리가 이러한 사실을 깨닫는 순간, 그리스도의 신적 위엄(divina maiestas)이 우리 앞에 드러나고, 우리는 그리스도께서 온전히 아버지 하나님 안에 계시며 또 아버지 하나님은 온전히 그리스도 안에 계신다는 것을 알게 된다. 요컨대, 그리스도를 아버지 하나님의 신성(神性)과 분리시키는 자는 아직도 "유일하신 참 하나님"을 알지 못하는 자이고, 도리어 자기 마음대로 "낯선 신"을 만들어 내는 자이다. 이것이 그리스도께서 우리에게 "하나님"을 알고 "그가 보내신 자 예수 그리스도"를 알라고 말씀하신 이유이다. 말하자면, 하나님께서는 그리스도를 통해서 자신의 손을 내밀어 우리를 자기에게로 초대하시는 것이다. 어떤 이들은 단지 하나님을 모른다는 이유만으로 사람이 멸망받는 것은 부당하다고 생각하지만, 그런 생각은 그들이 유일하신 하나님 외에는 그 어디에도 생명의 근원이 존재하지 않기 때문에 하나님을 떠나 있는 자들은 모두 다 생명을 잃을 수밖에 없다는 사실을 고려하지 못한 데서 비롯된 것이다. 믿음 외에는 하나님께 나아갈 길이 없다면, 믿지 않는 자들은 필연적으로 죽은 상태에 있는 것이라는 결론이 나온다. 이것에 대해서, 하나님을 믿지 않는다는 것만을 제외한 다른 모든 면에서 의롭고 무죄한 사람들이 정죄를 받는 것은 부당하다는 반론이 제기된다면, 거기에 대한 대답은 분명하다. 즉, 사람이 자신의 본성 안에 머물러 있는 한, 사람 속에서는 그 어떤 의로움이나 참된 것이 발견될 수 없다는 것이다. 그래서 바울은 우리가 "새 사람을 입었으니 이는 자기를 창조하신 이의 형상을 따라 지식에까지 새롭게 하심을 입은 자"라고 말한다(골 3:10). 이제 우리는 지금까지 우리가 말해 온 세 가지를 여기에서 요약해서 한 눈에 살펴볼 필요가 있다: 첫째는 그리스도의 나라는 생명과 구원을 가져다준다는 것이고, 둘째는 모든 사람이 그리스도로부터 생명을 받는 것은 아니고, 그리스도의 직분도 모든 사람들에게가 아니라, 아버지 하나님께서 택하셔서 자기에게 돌보도록 맡기신 자들에게만 생명을 주는 것이라는 것이고, 셋째는 이 생명은 믿음에 달려 있고, 그리스도께서는 자기가 빛을 비추어 주셔서 복음을 믿는 믿음에 이르게 된 자들에게 이 생명을 주신다는 것이다. 이것으로부터 우리는 조명(照明)과 천국 지혜의 은사는 모든 사람들에게 똑같이 주어지는 것이 아니라, 택함받은 자들에게만 특별히 주어지는 것이라는 사실을 알게 된다. 복음이 모든 사람들에게 제시되는 것은 의심할 여지 없는 사실이지만, 그리스도께서는 여기에서 하나님의 자녀들만을 믿음으로 인도하는 저 신비한 능력을 지닌 가르침에 대해서 말씀하시는 것이다.

4. 아버지를 … 영화롭게 하였사오니. 그리스도께서 자기가 "아버지를 이 세상에서 영화롭게 하였다"고 말씀하시는 것은 자기가 가르침과 이적들을 통해서 하나님을 세상에 알게 하셨고, 우리가 하나님이 어떤 분이신지를 알게 되는 것이 곧 하나님을 영화롭게 하는 것이기 때문이다. 그리스도께서 이 말씀을 하시기에 앞서 덧붙이신 "아버지께서 내게 하라고 주신 일을 내가 이루어"라는 말씀은 자기가 하나님께서 자기에게 주신 소명(召命)을 모두 다 이루었고, 이제 자기가 하늘 영광에 들어갈 때가 다 찼다는 것을 의미한다. 또한, 그리스도께서는 자신의 가르치는 직분만이 아니라, 자신의 사역의 다른 모든 부분들까지도 다 포괄하셔서, 그렇게 말씀하고 계시는 것이다. 왜냐하면, 그리스도께서는 자신의 사역의 주된 부분, 즉 우리 모두의 죄를 대속하기 위한 죽음의 희생제사(sacrificium mortis)가 아직 남아 있었지만, 자기가 죽을 때가 이미 가까이 와 있었기 때문에, 마치 그 죽음을 이미 겪으신 것처럼 말씀하고 계시는 것이기 때문이다. 그러므로 그리스도께서 여기에서 간구하시는 요지는, 이미 자신이 달려갈 길(stadium)을 다 달리셨고, 이제 자기에게는 자기가 아버지 하나님의 명을 따라 땅 위에서 행한 모든 일의 열매와 효과를 성령의 능력을 통해서 보여주는 것 말고는 더 이상 할 일이 남아 있지 않았기 때문에, 이제 아버지 하나님께서 자기로 하여금 자신의 나라를 소유하게 해주시라는 것이다. 바울은 이것을 이렇게 말한다: "자기를 비워 종의 형체를 가지사 사람들과 같이 되셨고 … 이러므로 하나님이 그를 지극히 높여 모든 이름 위에 뛰어난 이름을 주사 하늘에 있는 자들과 땅에 있는 자들과 땅 아래 있는 자들로 모든 무릎을 예수의 이름에 꿇게 하시고"(빌 2:7, 9-10).

5. 창세 전에 내가 아버지와 함께 가졌던 영화로써. 그리스도께서는 "아버지와 함께" 영화롭게 되기를 바라신다. 즉, 그리스도께서는 아버지 하나님이 그 어떤 중인도 없이 은밀하게 자기를 영화롭게 해주시기를 바라신 것이 아니라, 자기가 하늘에 오르신 후에, 아버지 하나님이 자기의 위대함과 능력을 장엄하게 나타내셔서, "모든 무릎을 예수의 이름에 꿇게"(빌 2:10) 하여 주시기를 바라시는 것이다. 따라서 "아버지와 함께 가졌던 영화"는 세상의 덧없는 영광과 대비된다. 바울도 "그가 죽으심은 죄에 대하여 단번에 죽으심이요 그가 살아 계심은 하나님께 대하여 살아 계심이니"(롬 6:10)라는 말로 그리스도의 저 지복(至福)의 영원한 삶을 묘사한다.

그리스도께서는 원래 자신의 것이 아닌 것을 바라는 것이 아니라, 자기가 "창세
전에 가졌던 영화"가 육신에도 그대로 나타나기만을 바라는 것이라고 밝히신다.
좀 더 쉽게 말하자면, 그리스도께서는 자기가 늘 갖고 계셨던 저 신적 위엄이 이제
중보자로서의 자신과 자기가 입고 있는 인간의 육신에도 찬란하게 나타나기를 바
라신 것이라고 할 수 있다. 이 말씀은 그리스도는 결코 새롭게 만들어진 신이나 일
시적으로 존재했던 신(novitius vel temporalis Deus)이 아니라는 것을 우리에게 가
르쳐 준다는 점에서 주목할 만한 말씀이다. 왜냐하면, 그리스도의 영광이 영원한
것이라면, 그리스도 자신도 언제나 존재하셨을 것이기 때문이다. 또한, 이 말씀 속
에는 그리스도의 인격과 아버지 하나님의 인격이 분명하게 구별되어 표현되고 있
기 때문에, 이것으로부터 우리는 그리스도는 "영원한 하나님"이실 뿐만 아니라, 창
세 전에 아버지로부터 나신 "하나님의 영원한 말씀"이라는 사실을 알게 된다.

[6]세상 중에서 내게 주신 사람들에게 내가 아버지의 이름을 나타내었나이다 그들은
아버지의 것이었는데 내게 주셨으며 그들은 아버지의 말씀을 지키었나이다 [7]지금
그들은 아버지께서 내게 주신 것이 다 아버지로부터 온 것인 줄 알았나이다 [8]나는
아버지께서 내게 주신 말씀들을 그들에게 주었사오며 그들은 이것을 받고 내가 아
버지께로부터 나온 줄을 참으로 아오며 아버지께서 나를 보내신 줄도 믿었사옵나
이다 [9]내가 그들을 위하여 비옵나니 내가 비옵는 것은 세상을 위함이 아니요 내게
주신 자들을 위함이니이다 그들은 아버지의 것이로소이다 [10]내 것은 다 아버지의
것이요 아버지의 것은 내 것이온데 내가 그들로 말미암아 영광을 받았나이다 [11]나
는 세상에 더 있지 아니하오나 그들은 세상에 있사옵고 나는 아버지께로 가옵나니
거룩하신 아버지여 내게 주신 아버지의 이름으로 그들을 보전하사 우리와 같이 그
들도 하나가 되게 하옵소서(17:6-11).

6. 세상 중에서 내게 주신 사람들에게 내가 아버지의 이름을 나타내었나이다. 그
리스도께서는 여기에서부터 아버지 하나님께 자신의 제자들을 위한 기도를 드리
기 시작하시는데, 그들을 뜨겁게 사랑하시는 마음으로 곧 그들을 위해 기꺼이 죽
음을 맞을 준비를 하고 계시는 가운데 이제 그 동일한 사랑의 마음으로 그들의 구
원을 위해서 간구하시는 것이다. 그리스도께서 이렇게 그들을 위해서 간구하실 때
에 가장 먼저 제시하시는 근거는 사람들을 진정으로 하나님의 자녀로 만들어 주는

가르침을 그들이 받아들였다는 것이다. 그리스도께서는 모든 사람을 하나님께로 부르시기 위해서 온갖 정성을 기울이시는 데에 부족함이 없으셨지만, 오직 택함받은 자들에게서만 그 수고가 결실을 맺었다. 그리스도께서는 모든 사람들에게 똑같이 말씀을 전하셔서 하나님의 이름을 분명히 나타내셨고, 심지어 완악한 자들에게도 하나님의 영광을 전하시는 일을 멈추지 않으셨다. 그런데도, 그리스도께서 여기에서 소수의 사람, 즉 "내게 주신 사람들에게"만 "아버지의 이름을 나타내셨다"고 말씀하신 것은 택함받은 자들만이 성령의 은혜로 말미암아 내적으로 가르침을 받아서 유익을 얻고 결실하였기 때문이었다. 그러므로 우리는 가르침의 참된 효과는 가르침을 받은 모든 자들에게서가 아니라, 그 마음에 빛이 비추어진 자들에게서만 나타나는 것이라는 사실을 알게 된다. 그리스도께서는 그렇게 되는 원인을 하나님의 선택(electio Dei)으로 돌리신다. 왜냐하면, 그리스도께서는 아버지 하나님이 그들을 자기에게 주셨다는 사실을 제외하고는, 이 두 부류 간의 어떤 차이점을 자기가 아버지 하나님의 이름을 누구에게는 나타내시고 누구에게는 나타내지 않으신 이유로 제시하지 않으시기 때문이다. 이것으로부터 우리는 믿음은 하나님의 영원한 예정(praedestinatio)으로부터 흘러나오는 것이고, 모든 사람이 다 그리스도에게 속한 것은 아니기 때문에, 믿음이 모든 사람에게 차별 없이 주어지는 것은 아니라는 결론을 얻게 된다.

그들은 아버지의 것이었는데 내게 주셨으며. 이 말씀을 덧붙이심으로써 그리스도께서는 먼저 택하심의 영원성(aeternitas electionis)을 보여주시고, 다음으로는 이것에 대해서 우리가 어떻게 생각해야 하는지를 보여주신다. 그리스도께서는 택함받은 자들은 언제나 하나님께 속해 있는 자들이라는 것을 밝히신다. 그러므로 하나님께서는 사람들의 믿음이나 그 어떤 공로에 의해서가 아니라 오직 자신의 은혜로 말미암아 택함받은 자들을 버림받은 자들로부터 구별하신다. 왜냐하면, 하나님께서는 택함받은 자들이 비록 자기에게서 아주 멀리 떨어져 있는 동안에도, 자신의 비밀한 경륜 속에서는 그들을 자신의 백성으로 여기시기 때문이다. 하나님께서 오직 자신의 값없는 은혜로 말미암아 그들을 택하셨다는 것은 자기가 택하신 자들을 자기 아들의 보호하심에 맡겨서 그들로 하여금 멸망하지 않도록 하셨다는 사실에서 분명하게 확인된다. 우리가 하나님의 자녀의 반열에 들어 있다는 것을 온전히 확신하기 위해서 우리의 눈길을 돌려야 할 것도 바로 이것이다. 왜냐하면, 하나님의 예정(豫定)은 그 자체로는 감추어져 있고, 오직 그리스도 안에서만 우리에게 계시되기 때문이다.

그들은 아버지의 말씀을 지키었나이다. 이것은 세 번째 단계인데, 첫 번째 단계는 값없이 주시는 은혜로 말미암은 택하심이고, 두 번째는 우리를 그리스도의 보호 아래 두신 것이다. 그리스도께서 우리를 받아 주셨을 때, 우리는 믿음으로 그 양 우리 안으로 들어가게 된다. 하나님의 말씀은 버림받은 자들에게는 비껴가지만, 택함받은 자들에게서는 뿌리를 내리기 때문에, 그리스도께서는 "그들은 아버지의 말씀을 지키었나이다"라고 말씀하신 것이다.

7. 지금 그들은 … 알았나이다. 그리스도께서는 여기에서 무엇이 믿음에서 주된 부분인지를 보여주시는데, 그것은 우리의 믿음이 그리스도의 육신을 바라보는 데에 만족하지 않고, 그의 신적인 능력을 깨닫는 데까지 나아가야 한다는 것이다. 즉, 그리스도께서는 믿는 자들이 자기들에게 주어진 모든 것들이 다 하늘의 하나님으로부터 온 것임을 알고 있다는 의미로, "그들은 아버지께서 내게 주신 것이 다 아버지로부터 온 것인 줄 알았나이다"라고 말씀하신 것이기 때문이다. 여기에서 분명한 것은 우리가 그리스도를 통해서 하나님을 알지 못한다면, 우리는 언제까지나 비틀거리고 있을 수밖에 없다는 것이다.

8. 그들은 이것을 받고. 그리스도께서는 제자들이 어떻게 이 지식을 갖게 되었는지를 말씀해 주시는데, 그것은 그들이 주님의 가르침을 받아들였기 때문이었다. 그러나 그리스도께서는 어느 누구도 자신의 가르침이 인간이나 세상에서 기원한 것으로 생각하지 않도록 하시기 위해서, "나는 아버지께서 내게 주신 말씀들을 그들에게 주었사오며"라고 말씀하심으로써, 자신의 가르침의 원천이 하나님이라고 밝히신다. 그리스도께서는 늘 그러셨듯이 중보자 혹은 사역자의 자격으로 자기는 아버지 하나님에게서 받은 것들만을 가르쳤다고 말씀하신다. 왜냐하면, 육신을 입은 그리스도께서는 여전히 비천한 상태에 계셨고, 그의 신적 위엄은 "종의 형체" 밑에 감추어져 있었던 까닭에, 아버지 하나님을 내세워서 삼위일체 하나님을 나타내고 계시는 것이기 때문이다. 그러나 우리는 요한복음의 첫머리에서 요한이 증언한 것, 즉 그리스도께서는 하나님의 영원한 말씀이신 한에서 언제나 아버지 하나님과 더불어 한 분 하나님(unus Deus)이셨다는 것을 잊어서는 안 된다. 따라서 이말씀의 의미는 그리스도께서는 제자들에게 하나님을 신실하게 증언하신 까닭에, 그것은 아버지 하나님께서 친히 "아들" 안에서 말씀하신 것과 같았기 때문에, 그들의 믿음은 오로지 하나님의 진리 위에 세워지게 되었다는 것이다. 그들이 그리스

도께서 하신 말씀을 "받은" 것은 그리스도께서 성령을 통해서 아버지 하나님의 이름을 그들에게 유효하게 나타내셨기 때문이었다.

내가 아버지께로부터 나온 줄을 참으로 아오며. 그리스도께서는 방금 전에 하신 말씀과 동일한 내용을 다른 표현을 사용하셔서 여기에서 되풀이하신다. 왜냐하면, 자기가 아버지 하나님께로부터 나왔으며 그에게서 보내심을 받았다는 말씀은 자기에게 있는 모든 것이 아버지 하나님으로부터 온 것이라는 앞에서 하신 말씀과 동일한 것이기 때문이다. 요컨대, 그리스도께서 하신 말씀의 요지는 이런 것이다: 믿음은 그리스도를 직시해서, 그의 육신적이거나 비천한 모습을 보는 것이 아니라, 우리의 눈을 들어서 그의 신적인 능력을 바라보고서, 그가 자신 안에 하나님과 하나님께 속한 모든 것을 온전히 갖고 계시다는 것을 확실하게 깨닫는 것이다.

또한, 우리는 그리스도께서 바로 앞에서는 "알다"라는 동사를 사용하시고, 여기에서는 "믿다"라는 동사를 사용하시는 것에 주목할 필요가 있다. 왜냐하면, 이것은 그리스도께서 믿음에 의해서가 아니면 하나님에 대하여 아무것도 제대로 알 수 없다는 것과 "믿는 것"을 "아는 것"이라고 해도 틀리지 않을 정도로 믿음 속에는 확실성(certitudo)이 있다는 것을 보여주시는 것이기 때문이다.

9. 내가 그들을 위하여 비옵나니. 그리스도께서는 지금까지 제자들이 어떤 점에서 아버지 하나님의 은혜를 받을 만한지를 아버지께 고하셨는데, 이제 여기에서는 기도 형식을 갖추어서, 자기는 아버지께서 기꺼이 사랑하시는 자들을 위해서만 간구하는 것이기 때문에, 오직 아버지의 뜻에 합한 것만을 구하고 있는 것임을 보여주신다. 그리스도께서는 아버지 하나님이 친히 자기에게 주신 자신의 양들에 대해서만 관심이 있는 까닭에, 자기가 세상을 위해서 기도하는 것이 아니라는 것을 분명하게 밝히신다. 그러나 그리스도께서는 이렇게 기도하신 것은 우리가 수긍하기 어려워 보인다. 왜냐하면, 우리의 인도자와 선생이 되시는 그리스도를 본받아서 기도하는 것보다 더 좋은 기도의 규범은 없을 것인데, 우리는 모든 사람을 위해서 기도하라는 명령을 받고 있고, 그리스도께서도 나중에 친히 모든 사람을 위해서 차별 없이 "아버지, 저들을 사하여 주옵소서 자기들이 하는 것을 알지 못함이니이다"(눅 23:24)라고 기도하셨기 때문이다. 나의 대답은 우리가 모든 사람을 위하여 드리는 기도가 사실은 하나님에게서 택함받은 자들을 위한 기도라는 것이다. 다만, 우리는 아직 택함받은 자들과 버림받은 자들을 구별할 수 없기 때문에, 이 사람 저 사람 따지지 않고 모든 사람들이 구원받을 수 있도록 기도하고, 온 인류를 위하

여 기도해야 한다. 그러나 우리는 하나님 나라가 도래하기를 바라는 기도를 하면서, 동시에 하나님께서 그 원수들을 멸망시켜 주실 것을 기도한다. 우리가 드리는 이 두 가지 기도의 유일한 차이는 우리는 하나님의 형상을 따라 지음받아서 우리 자신과 동일한 본성을 지닌 모든 사람들의 구원을 위해서 기도하고, 하나님만이 아시는 버림받은 자들은 하나님의 심판에 맡긴다는 것이다. 그러나 그리스도께서는 여기에서 어떤 특별한 이유가 있으셔서 그런 기도를 드리신 것이기 때문에, 우리가 기도할 때에 그 기도를 우리의 본(本)으로 삼아서는 안 된다. 왜냐하면, 그리스도께서는 여기에서 단순히 믿음과 사랑의 감정에 근거해서 기도하시는 것이 아니라, 하늘 성소에 들어가서서, 우리가 믿음을 따라 살아가는 동안에는 우리에게 감춰져 있는 아버지 하나님의 비밀한 심판을 자신의 눈앞에 두시고 기도하시는 것이기 때문이다. 또한, 이 말씀으로부터 우리는 하나님께서는 이 세상에서 생명의 상속자가 되기에 합당하다고 여겨지는 자들을 이 세상에서 택하실 때에 각 사람의 공로(功勞, merito)를 따라서가 아니라, 오직 자신의 기뻐하시는 뜻에 따라서 택하신다는 것을 알게 된다. 따라서 하나님께 택함받는 여부가 사람들에게 달려 있다고 보는 자들은 믿음을 처음부터 다시 시작해야 한다. 그리스도께서는 자기에게 주어진 자들이 아버지 하나님께 속한 자들이라고 분명하게 선언하신다. 분명한 것은 그들이 그리스도에게 주어진 것은 그들로 하여금 믿게 하기 위한 것이고, 그들의 믿음이 아버지 하나님이 그들을 그리스도께 "주신 것"에서 비롯되었다는 것이다. 믿음의 기원이 그러한 "주심"(donatio)에 있고, 택하심(electio)이 순서나 시간상으로 그러한 "주심"에 앞서 이루어지는 것이라면, 우리가 하나님께서 세상으로부터 구원하시기를 원하시는 자들을 아무런 대가 없이 은혜로 택하신 것이라고 고백하는 것 말고, 과연 우리에게 무슨 할 말이 남아 있을 수 있겠는가? 그리스도께서는 오직 택함받은 자들만을 위해서 기도하시기 때문에, 우리가 그리스도께서 우리의 구원을 위해서 아버지 하나님께 간구해 주시기를 바란다면, 우리에게는 택하심에 관한 가르침을 믿는 것이 필수적이다. 그러므로 믿는 자들의 마음에서 택하심에 관한 지식을 지워 버리려는 자들은 그들에게 치명상을 입히는 것과 같다. 왜냐하면, 그러한 자들은 믿는 자들에게서 그리스도의 도우심을 빼앗아 버리는 것이기 때문이다. 또한, 이 말씀은 택하심을 빌미로 삼아서 나태함에 빠져 있는 자들의 우매함을 드러내 주는 역할도 한다. 왜냐하면, 그리스도께서 자신의 모범을 통해서 우리에게 가르쳐 주고 계시듯이, 사실 택하심에 관한 가르침은 우리로 하여금 기도에 더욱 열심을 내도록 불을 붙여 주는 것이기 때문이다.

10. 내 것은 다 아버지의 것이요. 첫 번째 구절은 아버지 하나님께서 자신의 기도를 분명히 들어주실 것이라는 그리스도의 확신을 보여준다. 그리스도께서는 "내게 있는 것 중에서 아버지의 것이 아닌 것이 하나도 없는 까닭에, 나는 오직 아버지의 것으로 인정된 자들만을 위해서 아버지께 기도하는 것이니, 아버지께서 나의 기도를 거절하실 이유가 전혀 없나이다"라고 기도하시는 것과 같다. 두 번째 구절인 "아버지의 것은 내 것이온데"라는 표현을 통해서는 그리스도께서 자기가 택함받은 자들을 돌보는 데에는 그럴 만한 이유가 있다는 것을 보여주시는데, 그 이유라는 것은 그들은 아버지 하나님의 것이기 때문에 자신의 것이기도 하다는 것이다. 그리스도께서 이 모든 말씀들을 우리에게 해주시는 것은 우리의 믿음을 견고히 해주시기 위한 것이기 때문에, 우리는 그리스도 밖에서 구원을 찾으려고 해서는 안 된다. 그러나 우리가 그리스도 안에서 하나님을 향유하게 된다는 사실을 알지 못한다면, 우리는 그리스도로 만족할 수 없게 될 것이다. 그러므로 우리는 성부와 성자는 서로를 떼어놓는 것이 불가능할 정도로 하나가 되어 있다는 것을 믿어야 한다.

내가 그들로 말미암아 영광을 받았나이다. 이것은 바로 앞의 "아버지의 것은 내 것이온데"라는 두 번째 구절과 연결되어 있다. 왜냐하면, 그들이 자신의 것임을 보여주는 그 구절로부터, 그리스도께서 그들의 구원을 책임져 주시는 것이 당연하다는 결론이 나오기 때문이다. 그리고 이것은 그리스도께서는 우리로 말미암아 영광을 받으시는 것이기 때문에, 우리의 구원을 돌보시는 일을 결코 소홀히 하지 않으실 것이라는 우리의 믿음을 확증시켜 주는 최고의 증표(symbolum)이다.

11. 나는 세상에 더 있지 아니하오나. 그리스도께서는 자기가 제자들을 위해서 아주 간절하게 기도하실 수밖에 없는 또 다른 이유를 제시하시는데, 그 이유라는 것은 그들이 지금까지는 그리스도의 육신적인 임재에 의지해서 안식을 누려 왔지만, 그동안 의지해 왔던 것을 이제 머지않아 박탈당하게 되리라는 것이다. 그리스도께서는 그들과 함께 계시는 동안에, 마치 "암탉이 그 새끼를 날개 아래에 모음 같이," 그들을 자신의 날개 아래 품어 주셨지만, 이제 떠날 때가 임박해오자, 그들을 지켜 주실 것을 아버지 하나님께 간구하신다. 이것은 물론 제자들을 위한 것이었다. 왜냐하면, 그리스도께서는 이제 그들을 하나님의 손에 맡겨서, 그들로 하여금 하나님을 의지할 수 있도록 하심으로써, 그들의 두려움을 없애줄 치유책을 마

련해 놓으신 것이기 때문이다. 하나님의 아들이 육신적으로 자기 백성을 떠나시면서 그들의 구원에 대해서 이전보다 더욱 간절하게 마음을 쓰셨다는 것을 알 때, 우리는 적지 않은 위로를 받는다. 왜냐하면, 이것으로부터 우리는 그리스도께서는 세상의 온갖 어려움들에 시달리고 있는 우리를 늘 지켜보고 계시다가, 하늘의 영광 가운데에 계시면서 도움의 손길을 뻗치셔서 우리를 환난에서 건져 주실 것이라는 결론을 얻을 수 있기 때문이다.

거룩하신 아버지여. 제자들은 자신들의 선생이 더 이상 육신으로 함께 하실 수 없게 되어서 자신들의 상황이 더 나빠지기라도 할 것처럼 생각할 수 있었기 때문에, 그들이 낙심하지 않도록 하는 것이 그리스도께서 여기에서 드리신 기도 전체의 목적이다. 왜냐하면, 그리스도께서는 아버지 하나님으로부터 한동안 그들의 보호자로 세우심을 받으신 후에 이제 그 임무를 마치시고, 그들을 원래대로 아버지 하나님의 손에 넘겨 드리셔서, 이제부터는 아버지 하나님이 그들을 보호하시고 능력으로 그들을 붙들어 주시게 하시려고 이 기도를 드리신 것이기 때문이다. 그러므로 그리스도께서 드리신 기도의 요지는 자기가 육신으로 제자들을 떠나면, 하나님께서 그들을 자신의 보호 아래로 받아주실 것이고, 그 효력은 영원할 것이기 때문에, 자기가 떠나가는 것이 그들에게 결코 손해가 되는 일은 아니라는 것이다.

우리와 같이 그들도 하나가 되게 하옵소서. 그리스도께서는 제자들이 "하나가 될" 때에 아버지 하나님의 보호를 받게 될 것임을 보여주신다. 왜냐하면, 하늘의 아버지께서는 자기가 지키시기로 작정하신 자들을 불러모으셔서 믿음과 성령으로 말미암은 거룩한 연합(sancta unitas)을 이루게 하시기 때문이다. 그러나 사람들이 자기들끼리 뭉치는 것으로는 충분하지 않기 때문에, 그리스도께서는 "우리와 같이"라는 짤막한 어구를 덧붙이신다. 우리의 연합이 하나님 아버지와 그리스도의 형상을 지니게 될 때, 그것은 마치 도장을 찍고 그 위에 밀랍을 발라서 봉인하는 것과 같을 것이고, 그 때에 비로소 우리의 연합은 진정으로 복된 연합이 될 것이다. 아버지 하나님과 그리스도께서 어떤 식으로 하나가 되어 계시는지에 대해서는 조금 후에 살펴보기로 하자.

[12]내가 그들과 함께 있을 때에 내게 주신 아버지의 이름으로 그들을 보전하고 지키었나이다 그 중의 하나도 멸망하지 않고 다만 멸망의 자식뿐이오니 이는 성경을 응하게 함이니이다 [13]지금 내가 아버지께로 가오니 내가 세상에서 이 말을 하옵는

것은 그들로 내 기쁨을 그들 안에 충만히 가지게 하려 함이니이다(17:12-13).

12. 내가 그들과 함께 있을 때에. 그리스도께서는 자기가 "아버지의 이름으로 그들을 보전하고 지키었나이다"라고 말씀하신다. 이것은 그리스도께서 자신을 오 직 하나님의 능력과 보호 아래에서만 모든 것을 행해 오신 일꾼이라고 말씀하시는 것과 같다. 그러므로 그리스도께서는 자기가 떠난다고 해서 하나님의 능력이 소멸 하지도 않을 것이고 제자들이 망하는 일도 없을 것이라고 말씀하고 계시는 것이 다. 그러나 그리스도께서 마치 자기는 이제 자신의 삶의 여정을 다 마쳤기 때문에 자기 백성의 보호자로서의 자신의 역할도 끝이 났다는 듯이, 그들을 보전하고 지 키는 소임을 하나님께 다시 돌려드리시는 것은 우리에게 잘 납득이 되지 않을 일 로 생각될 수도 있다. 하지만 대답은 간단하다. 왜냐하면, 그리스도께서는 여기에 서 단지 자신의 죽음으로 끝이 날 가시적인 보호자로서의 역할에 대해서만 말씀하 고 계시는 것이기 때문이다. 그리스도께서 세상에 계시는 동안에는 제자들을 보전 하고 지키기 위해서 외부로부터 힘을 빌리실 필요가 없으셨다. 그러나 이 모든 것 은 종의 형체를 입으시고 잠시 이 세상에 오신 중보자로서의 그리스도와 관련된 것이다. 그러나 이제 그리스도께서는 제자들에게 외부의 도움, 곧 자신의 도움을 받지 못하는 상황이 생기게 되자마자 즉시 눈을 들어 하늘을 바라보라고 말씀하신 다. 이것으로부터 우리는 지금은 그리스도의 신적 위엄이 만천하에 드러나 있기 때문에, 비록 그 방식은 다르다고 할지라도, 오늘날에도 그리스도께서는 예전과 똑같이 믿는 자들을 지켜 주고 계신다는 것을 알게 된다.

내게 주신. 그리스도께서는 앞에서 사용하신 것과 동일한 논리를 여기에서 다시 한 번 사용하셔서, 아버지 하나님의 명령을 따라서 그 아들이 끝까지 지켜왔던 사 람들을 "아버지"께서 이제 내치신다는 것은 결코 있을 수 없는 일이라고 말씀하신 다. 따라서 그리스도께서는 "아버지께서 내게 명하신 일을 내가 성실하게 수행해 서, 내 손으로 하나도 손상되지 않도록 돌보았으니, 이제 아버지께서 내게 맡기셨 던 것을 다시 되돌려 받으시면, 그것을 온전하게 돌보시는 것은 아버지의 몫이나 이다"라고 말씀하신 것과 같다.

다만 멸망의 자식뿐이오니. 그리스도께서 가룟 유다를 제외하신 데에는 타당한 이유가 있었다. 왜냐하면, 유다는 택함받은 자들 중의 한 사람이 아니었고, 하나님 의 참된 양 무리에 들어 있지도 않았지만, 그가 가졌던 사도직의 권위로 말미암아 마치 그런 사람인 것처럼 보일 수 있었기 때문이다. 사실, 유다가 사도라는 높은 지위를 갖고 있는 동안에는, 어느 누구도 유다가 택함받은 자도 아니고 하나님의 양 무리에 속한 자도 아니라고 생각할 수는 없었을 것이다. 가룟 유다를 제외하는 이 어구가 여기에 나오는 것이 문법상으로는 어색하고 잘 맞지 않지만, 우리가 이 문제를 좀 더 신중하게 숙고해 보면, 그리스도께서 여기에서 가룟 유다에 대하여 언급하실 수밖에 없으셨다는 것을 알게 된다. 즉, 그리스도께서는 하나님의 영원한 택하심(aeterna Dei electio)에 관한 가르침이 유다의 멸망으로 인해서 무너졌다고 생각하는 사람이 없게 하시기 위해서, 유다가 "멸망의 자식"이었다는 말씀을 즉시 덧붙이신 것이다. 이 말씀은, 유다의 멸망은 사람들이 보기에는 갑작스럽게 일어난 사건 같지만, 하나님은 이미 전부터 알고 계셨던 일이라는 의미이다. 왜냐하면, 히브리어에서 "멸망의 자식"이라는 말은 "버림받은 자" 또는 "멸망에 부쳐진 자"를 가리키는 관용적 표현이기 때문이다.

이는 성경을 응하게 함이니이다. 이 말씀은 바로 앞 구절과 연결된다. 따라서 유다가 멸망한 것은 성경의 말씀이 그대로 이루어진 것이었다. 그러나 이 말씀을 근거로 삼아서, 유다의 배신은 예언에 따라서 필연적으로 일어날 수밖에 없었기 때문에, 그가 멸망한 것은 그의 탓이라기보다는 하나님의 탓이라고 보아야 한다는 논리를 펴는 것은 잘못이다. 왜냐하면, 사실, 선지자들은 자기들이 어떤 사건이 일어날 것이라고 예언하지 않았다고 하더라도 장차 일어나게 될 사건을 단지 미리 경고한 것일 뿐인 까닭에, 어떤 사건이 예언되어 있었다고 해서, 그 사건이 일어나게 된 것이 그 예언 탓이라고 하는 것은 잘못이기 때문이다. 따라서 우리는 사건의 원인을 예언에서 찾으려고 해서는 안 된다. 물론, 나는 하나님께서 정하시지 않은 일이 일어나는 법은 없다는 것을 인정한다. 그러나 이제 우리에게 남는 한 가지 의문은, 어떤 사람에게 예언된 일이 있을 때에 그 사람은 필연적으로 그 예언대로 되는 것인가 하는 것인데, 나는 그렇지 않다는 것을 이미 보여주었다. 또한, 가룟 유다가 멸망하게 된 원인을 성경의 예언 탓으로 돌리는 것은 그리스도의 의도가 아니었고, 그리스도께서는 단지 연약한 자들의 믿음을 흔들어놓을 수도 있는 이 걸림돌을 제거하고자 하신 것일 뿐이다. 그리고 그리스도께서는 이 걸림돌을 제거하시기 위해 사용하신 논리는 하나님의 영이 오래 전에 장차 그런 일이 일어나게 될 것을 증언하였다는 것이다. 왜냐하면, 통상적으로 우리는 갑작스럽게 새로운 일이 벌어지면 경악할 수밖에 없기 때문이다. 이것은 아주 유익한 교훈이고, 폭넓게 사용될 수 있다. 왜냐하면, 오늘날 대다수의 사람들이 이런 걸림돌들에 걸려 넘어지는 이유는, 하나님이 성경의 증언들을 통해서 자기 백성들이 장차 목격하게 될 온갖 악들과 환난들을 미리 예고해 주셔서 그들로 하여금 흔들리지 않고 충분히 설 수 있을 만큼 견고하게 해주셨는데도 불구하고, 그들이 성경의 그러한 증언들을 기억하고 있지 않는 까닭이기 때문이다.

13. 내가 세상에서 이 말을 하옵는 것은. 그리스도께서는 여기에서 자기가 제자들을 위해서 이토록 간절하게 기도하는 이유가 그들이 장차 어떻게 될 것인지가 불안하고 염려가 되어서가 아니라, 단지 그들의 근심을 없애줄 치유책을 제공해 주기 위한 것임을 보여주신다. 왜냐하면, 우리의 마음은 눈에 보이는 외적인 도움들을 의존하고자 하는 경향이 아주 강해서, 우리는 그러한 도움들이 우리 앞에 있을 때에 그것들을 악착같이 붙잡고자 하고, 쉽사리 놓지 않으려 하기 때문이다. 그러므로 그리스도께서 제자들의 면전에서 아버지 하나님께 기도하신 것은 자기와 "아버지" 사이에 어떤 말이 필요했기 때문이 아니라, 단지 그들의 모든 의심을 없애 주시기 위한 것이었을 뿐이었다. 그래서 그리스도께서는 "내가 세상에서 이 말을 하옵는 것," 즉 제자들이 듣는 데서, 또는 그들의 면전에서 이러한 말씀들을 하시는 것은 그들의 마음을 평안하게 해주기 위한 것이라고 말씀하시는 것이다. 왜냐하면, 그리스도께서는 그들의 구원을 이미 아버지 하나님의 손에 맡기신 까닭에 그들의 구원에는 아무런 문제가 없었기 때문이다.

그들로 내 기쁨을 … 충만히 가지게 하려 함이니이다. 제자들은 그리스도로부터 기쁨을 얻어야 하기 때문에, 그리스도께서는 그 기쁨을 "내" 기쁨이라고 하신다. 좀 더 간단히 말하자면, 그리스도께서는 자기가 기쁨의 원천이자 원인이며 보증이신 까닭에 "내 기쁨"이라고 하시는 것이다. 왜냐하면, 우리 안에는 오직 두려움과 불안만이 있을 뿐이고, 평안과 기쁨은 오직 그리스도 안에만 있기 때문이다.

[14]내가 아버지의 말씀을 그들에게 주었사오매 세상이 그들을 미워하였사오니 이는 내가 세상에 속하지 아니함 같이 그들도 세상에 속하지 아니함으로 인함이니이다 [15]내가 비옵는 것은 그들을 세상에서 데려가시기를 위함이 아니요 다만 악에 빠지지 않게 보전하시기를 위함이니이다 [16]내가 세상에 속하지 아니함 같이 그들도 세상에 속하지 아니하였사옵나이다 [17]그들을 진리로 거룩하게 하옵소서 아버지의 말씀은 진리니이다 [18]아버지께서 나를 세상에 보내신 것 같이 나도 그들을 세상에 보

내었고 [19]또 그들을 위하여 내가 나를 거룩하게 하오니 이는 그들도 진리로 거룩함을 얻게 하려 함이나이다(17:14-19).

14. 내가 아버지의 말씀을 그들에게 주었사오매. 그리스도께서는 아버지 하나님이 자신의 제자들을 돌보아 주셔야 할 또 다른 이유를 제시하시며 그들을 위해서 아버지 하나님께 간구하신다. 즉, 세상이 그들을 미워하기 때문에 아버지의 도우심이 그들에게 필요하다는 것이다. 또한, 그리스도께서는 세상이 그들을 미워하는 이유를 세상이 감당할 수 없는 "하나님의 말씀"을 그들이 받았기 때문이라고 말씀하신다. 따라서 그리스도께서는 "아버지의 말씀으로 인해서 세상에서 미움을 받는 사람들을 보호해 주시는 것은 마땅히 아버지께서 하실 일이나이다"라고 말씀하신 것과 같다. 우리는 그리스도께서 방금 전에 하신 말씀, 즉 그리스도의 "기쁨"을 우리 안에 충만하게 하시려는 것이 이 기도의 목적이라는 것을 명심해야 한다. 그러므로 세상이 우리를 치기 위하여 광분함으로써 우리가 거의 망하게 될 지경에 이르렀다고 생각이 들 때마다, 우리는 하나님께서는 복음을 위해서 수고하는 자들을 결코 버리지 않으실 것이라는 이 말씀의 방패로 즉시 맞서는 법을 배워야 한다. 그리스도께서 자신의 제자들을 "세상에 속하지 아니한" 자들이라고 말씀하시는 것은 그리스도께서 자신의 성령으로 거듭나게 한 자들은 세상으로부터 구별된 자들이기 때문이다. 그런 까닭에, 하나님께서는 자신의 양 무리를 이리 떼 가운데 방치하지 않으시고, 반드시 자기가 그들의 목자라는 것을 나타내 보이신다.

15. 내가 비옵는 것은 그들을 세상에서 데려가시기를 위함이 아니요. 그리스도께서는 경건한 자들에게 있어서 안녕(安寧, salus)이 어떤 식으로 보장되는 것인지를 가르쳐 주신다. 즉, 그것은 그들이 온갖 걱정거리로부터 해방되어 편안하고 태평하게 지낼 수 있게 된다는 것이 아니라, 비록 온갖 위험들 속에서도 하나님의 도우심으로 말미암아 언제나 안전하리라는 것이다. 왜냐하면, 그리스도께서는 아버지 하나님께 자신의 제자들에게 이런저런 나쁜 일들이 생기지 않게 해주시라고 주문하시는 것이 아니라, 단지 그들의 연약함을 도우셔서, 그들로 하여금 분수를 벗어나서 지나치게 나아가기 쉬운 그들의 마음을 자기가 정해준 방법을 따라서 적절하게 절제할 수 있게 해주시라고 간구하시는 것이기 때문이다. 요컨대, 그리스도께서 그들에게 약속하시는 아버지 하나님의 은혜는 그들로 하여금 전혀 근심하거나 수고할 필요가 없게 해주시는 그런 은혜가 아니라, 그들이 치러야 할 힘든 싸움

들 속에서 그들의 원수들과 맞설 수 있는 불굴의 힘을 주셔서 그들로 하여금 패배하지 않게 해주시는 그런 은혜이다. 그러므로 우리가 그리스도께서 가르쳐 주신 법(法)을 따라 살고자 한다면, 우리는 "악"이 전혀 없는 세상을 바라거나, 우리를 즉시 저 복된 안식으로 옮겨 주실 것을 하나님께 간구해서는 안 되고, 도리어 확실한 승리를 보장해 주신 것에 대하여 만족하는 가운데에 온갖 "악"에 맞서 용감하게 싸워야 한다. 그리스도께서는 우리로 하여금 그 모든 "악"과의 싸움에서 복된 결과를 얻을 수 있도록 해주시라고 아버지 하나님께 기도하셨다. 요컨대, 하나님께서는 자기 백성이 나약하고 나태해지는 것을 원치 않으시기 때문에, 그들을 이 세상에서 데려가시는 것이 아니라, 그들로 악과 싸우게 하시지만, 그들이 이 싸움들 속에서 치명상을 입게 되는 것을 바라지 않으시는 까닭에, 그들이 악에 져서 멸망당하지 않도록 하시기 위하여 그들을 건져 주시는 것이다.

16. 그들도 세상에 속하지 아니하였사옵나이다. 그리스도께서는 여기에서 온 세상이 자신의 제자들을 미워하기 때문에, 하늘의 아버지께서 그들을 더욱 각별히 돌보아 주실 것임을 다시 한 번 말씀하시면서, 아울러 세상이 그들을 미워하는 것은 그들에게 무슨 잘못이 있기 때문이 아니라, 순전히 세상이 자기와 하나님을 미워하기 때문이라는 것을 밝히신다.

17. 그들을 진리로 거룩하게 하옵소서. 이 성화(聖化, sanctificatio)는 하나님께서 우리를 통치하시며 그의 의(義)를 이루시는 전 과정을 포괄하는 개념이기 때문에, 하나님이 우리를 자신의 성령으로 새롭게 하시고, 그 새롭게 하시는 은혜를 우리 안에서 거듭거듭 확증해 주시는 가운데에 끝까지 이어가시는 전 과정을 가리킨다. 그러므로 먼저, 그리스도께서는 아버지 하나님께서 자신의 제자들을 "거룩하게" 해주시기를 구하신다. 달리 말하면, 그리스도께서는 아버지 하나님께서 그들을 성별하여 온전히 아버지 자신의 것으로 삼으셔서, 아버지의 거룩한 기업(基業)인 그들을 보전하시고 지켜 주시기를 구하시는 것이다. 다음으로, 그리스도께서는 이 성화를 위해서 하나님이 사용하시는 수단이 무엇인지를 보여주시는데, 그렇게 하시는 데에는 그럴 만한 이유가 있다. 왜냐하면, 성화에 대해서 끝도 없이 무익한 수다를 늘어놓으면서도 정작 우리를 성별(聖別)하는 데에 사용되는 하나님의 "진리"에 대해서는 무관심한 광신자들도 있고, "진리"를 논한답시고 말도 안 되는 허튼 소리들을 늘어놓으면서도 정작 하나님의 "말씀" 자체는 무시해 버리는 자들도 있는 까닭에, 그리스도께서는 하나님은 "진리"로 자신의 자녀들을 거룩하게 만드

시고, 이 "진리"는 오직 하나님의 "말씀" 안에서만 발견된다는 것을 분명하게 밝히신 것이기 때문이다.

"아버지의 말씀"은 사도들이 자신들의 선생이신 그리스도의 입을 통해서 이미 들은 것으로서, 그들이 나중에 다른 사람들에게 전하게 될 복음의 가르침을 가리킨다. 바울도 그런 의미로 교회가 "물로 씻어 말씀으로 깨끗하게 하사 거룩하게" 되었다고 말한다(엡 5:26). 사실, 거룩하게 하시는 이는 하나님이시지만, "복음은 모든 믿는 자에게 구원을 주시는 하나님의 능력"(롬 1:16)이기 때문에, 구원의 매개체인 복음을 떠난 자는 점점 더 타락의 수렁으로 빠져들 수밖에 없다. 여기에서 "진리"는 무엇보다도 특히 하늘의 지혜의 빛을 가리키는데, 하나님께서는 바로 그 빛 속에서 우리에게 자기 자신을 나타내셔서, 우리로 하여금 자신의 형상을 닮아 가게 하신다. 하지만 외적으로 말씀을 전하면 저절로 그러한 결과가 이루어지는 것은 아니다. 왜냐하면, 버림받은 자들은 그렇게 전해진 말씀을 사악하게 모독할 뿐이기 때문이다. 그러나 우리는 그리스도께서 여기에서 성령에 의해서 말씀으로 거듭난 택함받은 자들에 대해서 말씀하고 계시는 것임을 기억해야 한다. 그런데 사도들이 지금까지 그러한 은혜를 전혀 받지 않은 것은 아니라는 점에서, 그리스도의 이 말씀으로부터 우리는 성화(聖化)는 하루아침에 즉시 완성되는 것이 아니라, 하나님이 우리의 육신의 장막을 벗겨 주시고 우리를 그의 의(義)로 채워 주실 때까지, 평생에 걸쳐서 이루어져 가는 것이라고 결론을 내리는 것이 마땅하다.

18. 아버지께서 나를 세상에 보내신 것 같이. 이제 그리스도께서는 제자들의 소명(召命)이 자신의 소명과 동일하다는 또 다른 이유를 드셔서, 자신의 기도가 정당하다는 것을 다시 한 번 확증하신다. 따라서 그리스도께서는 "내가 아버지의 명령으로 지금까지 맡아왔던 직분을 이제 나의 제자들로 하여금 이어받게 하였사오니, 그들이 그 무거운 직책을 잘 감당할 수 있도록, 그들로 하여금 아버지의 성령의 능력을 덧입게 해주시는 것이 마땅하나이다"라고 말씀하시는 것이다.

19. 또 그들을 위하여 내가 나를 거룩하게 하오니. 이 말씀을 통해서 그리스도께서는 복음의 가르침을 통해서 우리 안에서 완성되는 저 성화(聖化)가 어떤 근원으로부터 비롯되는 것인지를 좀 더 분명하게 보여주신다. 즉, 그것은 그리스도께서 자기 자신을 성별하셔서 아버지 하나님께 드리셨기 때문에, 그 거룩하심이 우리에게까지 미치게 되었다는 것이다. 왜냐하면, 마치 첫 열매에 있어서의 복(福)이 수확물 전체에 대한 복으로 이어지듯이, 하나님의 성령께서 그리스도의 거룩하심으

로 우리를 깨끗하게 해주시고, 우리를 그 거룩함에 참여하는 자들이 되게 하시기 때문이다. 하지만 성화는 오직 이러한 전가(轉嫁, imputatio)에 의해서만 이루어지는 것이 아니다. 왜냐하면, 이 전가로 말미암아 그리스도께서는 우리에게 "의로움"이 되신 것이기는 하지만, 아울러 그리스도께서는 우리가 하나님의 성령에 의해서 새롭게 되어서 참된 거룩함에 이를 수 있도록 하시기 위해서 자기 자신 안에서 우리를 아버지 하나님께 드리신 까닭에 우리에게 "거룩함"이 되신 것이기도 하기 때문이다(고전 1:30). 이러한 성화(聖化)는 그리스도의 전 생애에 걸쳐서 이루어진 것이기는 하지만, 그리스도의 죽음의 희생제사에서 그 절정을 이루었다. 왜냐하면, 이 때에 그리스도께서는 성전과 제단과 모든 기물과 백성들을 자신의 성령의 능력으로 거룩하게 구별하심으로써 자기가 참 대제사장이심을 보여주셨기 때문이다.

²⁰내가 비옵는 것은 이 사람들만 위함이 아니요 또 그들의 말로 말미암아 나를 믿는 사람들도 위함이니 ²¹아버지여, 아버지께서 내 안에, 내가 아버지 안에 있는 것 같이 그들도 다 하나가 되어 우리 안에 있게 하사 세상으로 아버지께서 나를 보내신 것을 믿게 하옵소서 ²²내게 주신 영광을 내가 그들에게 주었사오니 이는 우리가 하나가 된 것 같이 그들도 하나가 되게 하려 함이니이다 ²³곧 내가 그들 안에 있고 아버지께서 내 안에 계시어 그들로 온전함을 이루어 하나가 되게 하려 함은 아버지께서 나를 보내신 것과 또 나를 사랑하심 같이 그들도 사랑하신 것을 세상으로 알게 하려 함이로소이다(17:20-23).

20. 내가 비옵는 것은 이 사람들만 위함이 아니요. 그리스도께서는 지금까지는 오직 사도들을 위한 것으로만 한정되었던 기도의 범위를 여기에서 장차 세상 끝날까지 복음을 따르게 될 모든 제자들을 위한 기도로 넓히신다. 우리가 확신을 가져도 좋은 이유가 바로 여기에 있다. 왜냐하면, 우리가 복음의 가르침을 따라 그리스도를 믿는다면, 우리는 사도들과 마찬가지로 그의 신실하신 보호 아래에 이미 들어와 있는 것인 까닭에, 우리 중 어느 한 사람도 멸망하지 않으리라는 것을 의심하지 않아도 되기 때문이다. 그리스도의 이 기도는 안전한 항구와 같아서, 누구든지 그리로 피하는 자는 모든 난파(難破)의 위험으로부터 벗어날 수 있다. 왜냐하면, 여기에서 그리스도께서는 우리의 구원을 위해서 자신의 열심과 정성을 다하시겠

다고 엄숙하게 맹세하신 것과 같기 때문이다. 그리스도께서는 자신의 사도들로부터 구원 사역을 시작하셨고, 우리는 그 사도들의 구원이 확실함을 알기 때문에, 우리 자신의 구원에 대해서도 더욱 확신을 가질 수 있다. 우리는 하나님의 아들의 거룩한 말씀에 의해서 사도들과 연합되었고, 이 연합은 헛되지 않아서, 우리 모두의 구원이 하나의 띠로 묶이게 되었다. 그러므로 사탄이 우리를 공격해 올 때마다, 우리는 그러한 확신의 방패로 사탄을 대적하는 법을 배워야 한다. 이러한 사실이야말로 우리로 하여금 복음을 받아들이도록 고무시키는 것들 중에서 가장 강력한 자극제라는 것은 분명하다. 왜냐하면, 그리스도께서 자신의 손으로 우리를 하나님께 바쳐드려서 멸망으로부터 보전하시고 지키시는 것은 헤아릴 수 없이 큰 복인 까닭에, 우리가 다른 그 무엇보다도 복음에 더 큰 사랑과 관심을 기울이는 것이 마땅하기 때문이다. 그런 점에서 세상이 단단히 미쳐 있는 것은 너무나 기괴하다. 왜냐하면, 누구나 다 구원을 바라고 있고, 그리스도께서는 구원을 얻는 확실한 길을 우리에게 가르쳐 주셨으며, 그 확실한 길을 떠나서는 그 어떠한 소망도 있을 수 없다는 것이 분명한데도, 그리스도께서 그렇게 큰 은혜를 베푸셔서 사람들에게 주신 구원의 길을 받아들이는 자는 백 명 중 한 명이나 있을까 말까 하기 때문이다.

그들의 말로 말미암아 나를 믿는 사람들도 위함이니. 우리는 그리스도께서 자기를 믿게 될 모든 사람들을 위해서 기도하는 것이라고 하신 말씀을 주목할 필요가 있다. 왜냐하면, 이 말씀은 우리가 이미 몇 차례 언급했던 것, 즉 우리의 믿음의 대상은 그리스도여야 한다는 것을 우리에게 다시 한 번 일깨워 주기 때문이다. "그들의 말로 말미암아"라는 어구는 믿음의 능력과 본질을 잘 표현해 주고 있는 동시에, 우리의 믿음이 사도들이 가르쳐 준 복음 위에 토대를 두고 있다는 것을 확증해 준다. 그러므로 세상이 우리를 무수히 욕한다고 하여도, 우리는 그리스도께서 우리를 자신의 소유로 인정해 주시고 아버지 하나님께 우리를 돌보아 주시도록 위탁하셨다는 이 한 가지 사실만으로 만족하는 것이 마땅하다. 그러나 이러한 원칙과는 완전히 동떨어진 신앙을 내세우며, 성경에는 애매모호하지 않은 것이 하나도 없다는 저 끔찍한 신성모독적인 발언을 아무렇지도 않게 내뱉는 교황주의자들에게는 화(禍)가 있을진저! 그들에게 있어서 그들의 믿음을 이끌어줄 유일한 권위는 오직 교회의 전통(traditio ecclesiae)뿐이다. 그러나 우리는 유일한 심판자이신 하나님의 아들께서는 사도들의 가르침에 따른 믿음만을 인정하시고, 사도들의 가르침에 대한 확실한 증언은 오직 그들이 쓴 글들에서만 찾아볼 수 있다는 것을 명심하여야 한다. 또한, 우리가 주목해야 할 것은 "그들의 말로 말미암아 나를 믿는"이라는 말씀이다. 왜냐하면, 이것은 사람들이 전하는 말씀이 하나님께서 우리를 믿음으로 이끄시는 수단이 되는 까닭에, 믿음이 들음에서 난다는 것을 보여주는 말씀이기 때문이다. 그러므로 엄밀하게 말하자면, 바울이 말하고 있듯이, 하나님이 우리에게 믿음을 주시는 주체(autor)이시고, 사람들은 우리를 믿음으로 안내하는 "사역자들"(고전 3:5)이다.

21. 그들도 다 하나가 되어. 그리스도께서는 하나님이 우리에게 믿음의 복을 주시는 목적이 "하나가 되게" 하시는 데에 있다는 것을 다시 한 번 보여주시는데, 이것은 지당하신 말씀이다. 왜냐하면, 인류가 멸망하는 것은 그들이 하나님을 떠나서 자중지란(自中之亂)을 일으켜서 깨지고 흩어지는 까닭이기 때문이다. 그러므로 이것을 뒤집어 말하면, 인류의 회복은 하나의 몸으로(in corpus unum) 온전히 합쳐지는 데에 있다. 따라서 바울은 믿는 자들이 한 성령 안에서 연합할 때에만 교회가 온전히 세워지는데, 그리스도께서 교회에 사도와 선지자와 복음 전하는 자와 목사와 교사를 주신 것은 그리스도의 몸을 세우고 회복시켜서 "믿는 것에 하나가 되게" 하기 위한 것이라고 말한 후에, "그에게서 온 몸이 각 마디를 통하여 도움을 받음으로 연결되고 결합되어 각 지체의 분량대로 역사하여 그 몸을 자라게 하며 … 세우느니라"고 설명하고 나서, 믿는 자들에게 "머리"이신 그리스도에게까지 "자랄지라"고 권면한다(엡 4:3, 11-16). 그러므로 그리스도께서 하나가 되라고 말씀하실 때마다, 우리는 먼저 세상이 그리스도를 떠나서 흩어지는 것이 얼마나 두렵고 끔찍한 일인지를 기억해야 하고, 다음으로는 오직 그리스도의 성령의 다스림만을 받으며 살아가는 것이 복된 삶의 시작이라는 것을 배워야 한다. 그리스도께서는 이 장(章)에서 자기가 아버지 하나님과 "하나"라고 여러 차례 선언하셨는데, 그 때마다 그것은 단지 자신의 신적 본질(essentia divina)을 언급하시는 것이 아니라, 자기가 중보자의 직분을 수행하시는 것 및 우리의 머리가 되시는 것과 관련해서 자기가 아버지 하나님과 "하나"라고 하시는 것이다. 많은 교부들은 이 말씀을 그리스도는 영원한 하나님이시기 때문에 아버지 하나님과 "하나"이시라는 절대적인 의미를 지닌 것으로 해석하였다. 그러나 그들은 아리우스파와의 논쟁에서 자신의 대적들을 반박하기 위해서 이 구절만을 문맥에서 따로 떼어내어서 해석함으로써, 결과적으로 그 본래의 의미를 왜곡시키게 된 것이었다. 하지만 그런 식으로 우리를 그리스도의 감춰진 신성(神性)에 대한 단순한 사변(思辨)으로 이끄는 것은 그

리스도께서 여기에서 의도하신 것과는 거리가 멀다. 왜냐하면, 그리스도께서는 우리가 "하나"가 되어야 한다는 것을 보여주시기 위한 목적으로 이 말씀을 하신 것이기 때문이다. 만일 그런 목적이 없었다면, 그리스도께서 자기와 아버지 하나님이 "하나"라는 것을 언급하신 것이 무익하고 공허한 것이 되어 버렸을 것이다. 그리스도와 아버지 하나님이 "하나"라는 말씀의 의미를 제대로 이해하기 위해서는, 우리는 그리스도께서 중보자로서의 직분을 갖고 계시고, 따라서 그는 교회의 머리이며, 그와 그의 지체들이 연합되어 있다는 사실을 잊어서는 안 된다. 성자와 성부가 하나라는 사실이 무익하고 공허한 것이 되지 않으려면, 그러한 하나됨의 능력이 그리스도의 몸인 교회의 믿는 자들 전체로 퍼져나가야 한다. 이것으로부터 우리는 우리가 그리스도와 "하나"라는 결론을 이끌어 낼 수 있다. 그러나 그것은 그리스도께서 우리에게 자신의 본체(substantia)를 옮겨서 부어 주셨기 때문이 아니라, 자신의 생명과 자기가 아버지 하나님으로부터 받은 모든 복을 자신의 성령의 능력으로 우리에게 나누어 주셨기 때문이다.

세상으로 아버지께서 나를 보내신 것을 믿게 하옵소서. 어떤 이들은 여기에서 "세상"이란 단어가 당시에 여전히 흩어져 살고 있던 택함받은 자들을 가리키는 것이라고 설명하지만, 이 단어는 이 장 전체에 걸쳐서 버림받은 자들을 지칭하는 데에 사용되고 있기 때문에, 나는 그런 견해에 동의하지 않는다. 사실, 우리는 그리스도께서 바로 뒤에서(23절) 지금 여기에 언급된 것과 동일한 단어인 "세상"을 자신의 모든 백성과 구별해서 사용하시는 것을 알 수 있다. 복음서 기자는 여기에서 "믿다"라는 동사를 사용하고 있지만, 문맥상으로는 "알다"라는 동사를 사용하는 것이 더 정확하다. 왜냐하면, 이 말씀은 불신자들이 자신들의 경험을 통해서 그리스도의 하늘에 속한 신적인 영광을 알게 된다는 의미이기 때문이다. 그러나 이런 자각(自覺)이 그들의 심령의 중심에까지 닿지 않기 때문에, 그들은 믿기는 하지만, 실제로는 믿지 않는 것이다. 그러므로 버림받은 자들이 하나님의 영광의 광채에 눈이 부셔서 그것을 제대로 바라볼 수 없는 것은 하나님의 의로우신 보응(報應)이다. 왜냐하면, 그들은 그 영광을 똑바로 바라볼 자격이 없는 자들이기 때문이다. 그리스도께서는 나중에 23절에서도 "알다"라는 동사를 이런 의미로 사용하신다.

22. 내게 주신 영광을 내가 그들에게 주었사오니. 우리가 여기에서 주목해야 할 것은 완전한 복의 원형(原型)이 그리스도 안에서 나타났지만, 그 복은 그리스도 자신을 위한 것이 아니었고, 자기를 믿는 자들을 부요하게 하시기 위해 스스로 부요

하게 되신 것이었다는 사실이다. 우리의 복(福)은 죄로 인해서 소멸되었던 하나님의 형상(imago Dei)이 우리 안에서 새롭게 회복되고 형성되었느냐에 달려 있다. 하나님의 영원한 말씀이신 그리스도는 하나님의 살아 있는 형상이실 뿐만 아니라, 우리와 동일하게 갖고 계신 그의 인성(人性)에조차 아버지 하나님의 영광의 원형(原型)이 각인되어 있어서, 자신의 지체들로 하여금 그 모습을 닮아가게 하신다. 바울도 "우리가 다 수건을 벗은 얼굴로 거울을 보는 것 같이 주의 영광을 보매 그와 같은 형상으로 변화하여 영광에서 영광에 이르니 곧 주의 영으로 말미암음이니라"(고후 3:18)고 말함으로써 이 사실을 우리에게 가르쳐 준다. 이것으로부터 우리는 마치 도장으로 인(印)을 치듯이, 그리스도를 닮아감으로써 하나님의 영광이 각인되어 있지 않은 자는 어느 누구도 그리스도의 제자로 여겨져서는 안 된다는 결론을 얻는다. 바로 뒤에 이어지는 말씀도 동일한 취지이다.

23. 내가 그들 안에 있고 아버지께서 내 안에 계시어. 이 말씀을 통해서 그리스도께서는 자기 안에는 모든 복이 충만하게 거하고 있고, 하나님 안에 감춰져 있던 것들이 이제 자기 안에서 분명하게 드러났기 때문에, 자기는 마치 샘에서 솟아난 물이 여러 물길을 따라가며 온 들판을 적시듯이, 그 복을 자신의 백성들에게 나누어 줄 수 있게 되었다는 것을 가르쳐 주시고자 하신다.

나를 사랑하심 같이 그들도 사랑하신 것을. 이 말씀의 의미는 믿는 자들 안에 거하시는 성령께서 의로움과 거룩함의 빛을 나타내실 때, 그것은 그들을 향한 하나님의 사랑을 보여주는 확실한 증표(證票)이자 최고의 보증(保證)이고, 세상은 좋든 싫든 믿는 자들을 향한 하나님의 사랑을 인정하지 않을 수 없게 된다는 것이다. 사실, 하나님께서는 수많은 방법들을 통해서 우리를 향한 자신의 아버지로서의 사랑을 보여주는 증거를 매일 같이 주시지만, 양자(養子)가 되었음을 보여주는 표지(標識)야말로 가장 확실한 증거임에 틀림없다. 그래서 그리스도께서는 "나를 사랑하심 같이 그들도 사랑하신 것을"이라는 말씀을 덧붙이신다. 이 말씀을 통해서 그리스도께서는 하나님이 우리를 사랑하시는 이유와 근거를 보여주시고자 하신다. 왜냐하면, 여기에서 사용된 비교의 불변화사 "-같이"는 이유를 나타내는 것으로 보아야 하는 까닭에, 그리스도께서는 "아버지께서 나를 사랑하셨기 때문에"라고 말씀하신 것과 같기 때문이다. "내 사랑하는 자"라는 칭호는 오직 그리스도에게만 적용된다(마 3:17; 17:5). 또한, "머리"이신 그리스도를 향한 천부(天父)의 사랑은 그의 모든 지체들에게도 미치는 까닭에, 천부께서는 오직 그리스도 안에 있는 자들만을 사랑하신다. 그러나 이런 말에는 한 가지 모순이 있는 것처럼 보일 수 있다. 왜냐하면, 우리가 이미 앞에서 보았듯이, 그리스도께서는 하나님이 "세상"을 이루 말할 수 없이 사랑하셔서 자신의 "독생자"를 주셨다고 밝히셨고(요 3:16), 원인이 결과보다 먼저인 것은 당연한 까닭에, 우리는 하나님 아버지께서 그리스도와는 상관없이, 즉 그리스도께서 구세주(救世主)로 세우심을 받으시기 전에도 사람들을 사랑하셨다고 결론을 내릴 수 있기 때문이다. 나의 대답은 요한복음 3:16 및 그 비슷한 본문들에 나오는 "사랑"은 하나님께서 자신과 화목하게 하시기 이전의 무가치한 인간들, 심지어는 자기를 대적하는 자들에게까지도 품으셨던 긍휼(misericordia)을 가리킨다는 것이다. 미워할 수밖에 없는 자들에게조차도 자비를 베푸셔서 미움의 원인을 제거하심으로써 자신의 사랑에 그 어떤 장애물도 없게 하신 것은 인간의 생각으로는 도저히 이해할 수 없는 하나님의 놀라운 선하심이다. 바울은 하나님께서 우리를 그리스도 안에서 사랑하시는 방식이 두 가지가 있다고 가르치는데, 하나는 아버지 하나님께서 "창세 전에 그리스도 안에서 우리를 택하신" 것이고(엡 1:4), 다른 하나는 하나님께서 그리스도 안에서 우리를 자신과 "화목하게" 하셔서 우리에게 자신의 은혜를 베푸신 것이라고(롬 5:10) 말한다. 이와 같이, 우리의 죄를 위한 속죄가 이루어져서 하나님과의 관계가 다시 회복될 때까지는, 우리는 하나님에게 원수인 동시에 친구이다. 그러나 우리가 믿음으로 의롭다 하심을 받을 때, 우리는 비로소 아버지의 사랑을 받는 자녀처럼 제대로 하나님의 사랑을 받기 시작한다. 하나님께서 그리스도를 세우셔서, 우리가 아직 태어나지도 않았고 아담 안에서 여전히 타락한 존재였을 때에 우리를 그리스도 안에서 값없이 택하신 그 사랑은 하나님의 품에 감춰져 있었던 것으로서 인간의 생각으로는 도저히 이해할 수 없는 일이었다. 하나님께서 그리스도 안에서 진노를 그치셨다는 사실을 깨닫지 못하는 자는 하나님이 자기에게 은혜를 베푸신다는 사실도 결코 알지 못할 것이다. 우리는 그리스도를 떠나서는 하나님의 사랑을 맛볼 수 없는 것과 마찬가지로, 믿음으로 그리스도의 몸에 접붙임을 받은 자는 하나님의 사랑으로부터 떨어져 나갈 위험이 없다고 결론을 내릴 수 있다. 왜냐하면, 아버지 하나님께서 자기 아들을 사랑하신 까닭에, 우리가 아버지 하나님의 사랑을 받는다는 이 토대는 무너질 수 없는 것이기 때문이다.

²⁴아버지여 내게 주신 자도 나 있는 곳에 나와 함께 있어 아버지께서 창세 전부터

나를 사랑하시므로 내게 주신 나의 영광을 그들로 보게 하시기를 원하옵나이다 ²⁵
의로우신 아버지여 세상이 아버지를 알지 못하여도 나는 아버지를 알았사옵고 그
들도 아버지께서 나를 보내신 줄 알았사옵나이다 ²⁶내가 아버지의 이름을 그들에게
알게 하였고 또 알게 하리니 이는 나를 사랑하신 사랑이 그들 안에 있고 나도 그들
안에 있게 하려 함이니이다(17:24-26).

24. 나 있는 곳에 나와 함께 있어 … 원하옵나이다. "원하옵나이다"는 여기에서
"기원하나이다"를 의미한다. 왜냐하면, 이것은 명령이 아니라 기도이기 때문이다.
그리고 이 구절은 두 가지로 이해될 수 있다. 즉, 그리스도께서는 제자들이 자신과
육신으로 함께 있게 해주시기를 기원하신 것일 수도 있고, 하나님이 장차 제자들
을 천국으로 받아주셔서 그들이 거기에 먼저 들어간 자기와 함께 있게 해주시기를
기원하신 것일 수도 있다.

나의 영광을 그들로 보게 하시기를. 그리스도의 영광을 본다는 말씀을 어떤 이
들은 그리스도의 영광에 참여하는 것을 의미한다고 설명하기도 하고, 어떤 이들은
믿음으로 말미암은 체험을 통해서 그리스도께서 어떤 분이신지, 그리고 그의 위엄
이 얼마나 큰 지를 아는 것을 의미한다고 설명하기도 한다. 모든 것을 신중하게 검
토해 본 결과, 나는 그리스도께서 경건한 자들이 누리게 될 완전한 복(perfecta
beatitudo)에 대해서 말씀하고 계시는 것이라고 생각한다. 따라서 그리스도께서는
제자들이 천국에 들어갈 때까지는 자신의 소원이 다 충족된 것이 아니라고 말씀하
신 것과 같다. 나는 "영광을 본다"라는 표현도 마찬가지라고 본다. 당시에 제자들
은 마치 어둠 속에 갇힌 사람이 작은 틈 사이로 들어온 가물가물한 빛을 본 것처럼
그렇게 그리스도의 영광을 본 것이었다. 그러나 이제 그리스도께서는 결국에는 그
들이 천국의 완전한 빛과 광채를 볼 수 있게 되기를 원하신다. 요컨대, 그리스도께
서는 그들이 장차 자신의 영광을 온전히 볼 수 있도록 아버지 하나님께서 그들을
끊임없이 인도해 주실 것을 구하고 있는 것이다.

아버지께서 창세 전부터 나를 사랑하시므로. 이 말씀도 그리스도의 신성(神性)
자체보다는 중보자로서의 그리스도에게 더 잘 부합한다. 이 구절을 아버지 하나님
께서 자신의 지혜이신 그리스도를 사랑하셨다는 의미로 이해하는 것은 무리가 있
어 보인다. 우리가 그렇게 생각하고 싶어도, 문맥은 우리를 다른 방향으로 이끌어
간다. 그리스도께서는 앞에서 사도들이 자기와 "하나"가 되고 자신의 나라의 "영

광"을 볼 수 있게 해주시기를 아버지 하나님께 기도하셨을 때에 의심할 여지 없이 교회의 머리라는 자격으로 기도하신 것이었다. 그리고 지금 여기에서는 자기가 그렇게 기도한 이유가 아버지 하나님께서 자기를 사랑하시기 때문이라고 말씀하시는 것이다. 그러므로 우리는 그리스도께서 세상의 구주(救主)로 세우심을 받으셨기 때문에 아버지 하나님의 사랑을 받으신 것이라는 결론을 내리게 된다. 아버지 하나님께서는 그리스도 안에서 자신의 택하신 자들을 사랑하시기 위해서, 그러한 사랑으로 창세 전부터 그리스도를 사랑하셨던 것이다.

25. 의로우신 아버지여. 그리스도께서는 자신의 제자들과 세상을 비교하심으로써, 그들이 아버지 하나님으로부터 칭찬과 은총을 받는 것이 마땅하다는 것을 한층 더 부각시키신다. 왜냐하면, 온 세상이 하나님을 거절하였지만, 오직 그들만은 하나님을 알았던 까닭에, 그들이 다른 사람들과 구별되는 것은 당연하였기 때문이다. 또한, 그들은 세상의 불신앙에도 굴하지 않고 하나님을 인정했기 때문에, 그리스도께서 각별한 애정을 갖고 그들을 칭찬하시는 것은 지극히 마땅한 일이었다. 그리스도께서는 하나님을 "의로우신 아버지"라고 지칭하심으로써 세상과 세상의 악의(惡意)에 대하여 코웃음 치신다. 이것은 그리스도께서 "세상이 제아무리 주제넘게 하나님을 멸시하고 배척할지라도, 하나님께 그 어떤 해악도 끼칠 수 없고, 하나님의 의로우심도 전혀 손상되지 않을 것이다"라고 말씀하신 것과 같다. 이 말씀을 통해서 그리스도께서는 온 세상이 경건한 자들의 믿음을 흔들어댈지라도, 그들은 자신의 믿음이 결코 무너지지 않도록 그 믿음의 토대를 하나님 위에 견고하게 세워야 한다는 것을 보여주신다. 이것은 오늘날 우리가 하나님께 합당한 찬양을 돌려드리기 위해서는 교황을 불의하다고 단죄하여야 하는 것과 마찬가지이다.

나는 아버지를 알았사옵고 그들도 아버지께서 나를 보내신 줄 알았사옵나이다. 그리스도께서는 단순히 자신의 제자들이 하나님을 알았다고 말씀하시지 않고, 두 단계로 나누어 말씀하신다. 즉, 먼저 그리스도께서 아버지 하나님을 아셨고, 다음으로 자신의 제자들이 그리스도께서 아버지 하나님으로부터 보냄을 받았다는 것을 알았다는 것이다. 그러나 그리스도께서는 곧바로 자기가 그들로 하여금 아버지 하나님의 이름을 알게 하였다는 것을 밝히고 계시기 때문에, 내가 앞에서 말했듯이, 이 말씀은 그들이 하나님을 알고서 세상으로부터 구별된 것에 대해서 그들을 칭찬하시는 말씀이다. 하지만 우리는 여기에 나와 있는 믿음의 순서(ordo fidei)를 주목하여야 한다. 정확히 말하자면, 아버지 하나님의 품에서 나오신 아들만이 아버지를 아시기 때문에, 하나님께 나아가고자 하는 자들은 먼저 그들을 영접해 주시는 그리스도에게로 나아가서 자기 자신을 드려야 한다. 그러면, 그리스도께서는 제자들이 자기를 안 후에야 비로소 그들을 하나님 아버지에게로 올려 드리실 것이다.

26. 내가 아버지의 이름을 그들에게 알게 하였고 또 알게 하리니. 그리스도께서는 말 그대로 교사의 직분(officium doctoris)을 수행하신 것이지만, 제자들에게 아버지 하나님을 알게 하시기 위해서, 자신의 음성만이 아니라 성령의 비밀한 계시도 이용하셨기 때문에, 자신의 가르침이 그들에게서 효과를 나타내었다고 여기에서 말씀하고 계신다. 아울러, 그들의 믿음은 이 때까지도 매우 연약했기 때문에, 그리스도께서는 그들이 장차 믿음의 큰 진보를 이루게 될 것이라고 약속하심으로써, 그들로 하여금 더욱 풍성한 성령의 은혜를 기대하게 하신다. 그리스도께서는 여기에서 사도들에 대해서 말씀하고 계시는 것이지만, 우리는 이 말씀 속에서 보편적인 권면을 이끌어 낼 수 있는데, 그것은 우리가 지금까지 잘 달려 왔기 때문에 육신을 입고 있는 동안에 우리 앞에 남아 있는 여정(旅程)은 얼마 되지 않는다고 안일한 생각을 품지 말고, 끊임없이 진보해 나가기 위해서 애써야 한다는 것이다.

나를 사랑하신 사랑이 그들 안에 있고 나도 그들 안에 있게 하려 함이니이다. "나를 사랑하신 사랑이 그들 안에 … 있게 하려"라는 말씀은 "아버지께서 내 안에서 그들을 사랑하시게 하려," 또는 "아버지께서 나를 사랑하신 사랑이 그들에게까지 미치게 하려"라는 의미이다. 왜냐하면, 엄밀하게 말해서, 하나님께서 우리를 사랑하시는 "사랑"은 하나님이 그리스도 안에서 우리를 자기가 받으실 만하고 사랑하실 만한 자들이 되게 하시기 위해서 태초부터 자기 아들을 사랑하신 바로 그 "사랑"이기 때문이다. 앞에서도 말했듯이, 그리스도와 상관 없이 우리 자체만 놓고 보면, 우리는 하나님이 미워하실 수밖에 없는 존재일 뿐이기 때문에, 우리가 하나님의 사랑하시는 아들과 연합될 때에만, 하나님께서는 비로소 우리를 사랑하시기 시작하신다. 아버지 하나님께서 우리로 하여금 그 동일한 사랑에 참여하여 영원히 그 사랑을 누릴 수 있게 하시기 위하여 그리스도를 사랑하셨다는 것을 우리가 아는 것은 믿음의 이루 헤아릴 수 없이 귀한 특권(privilegium fidei)이다. "나도 그들 안에"라는 어구는 그리스도께서 말씀하신 이 사랑 안에 우리가 들어가기 위한 유일한 길은 그리스도께서 우리 안에 거하시는 것뿐임을 가르쳐 준다는 점에서 주목할 만하다. 왜냐하면, 아버지 하나님께서는 언제나 자기 아들과 그 몸 전체를 하나로 보시는 까닭에, 우리가 그리스도 안에서 발견되고자 한다면, 우리는 진정으로 그리스도의 지체가 되어 있어야 하기 때문이다.

제18장

¹예수께서 이 말씀을 하시고 제자들과 함께 기드론 시내 건너편으로 나가시니 그 곳에 동산이 있는데 제자들과 함께 들어가시니라 ²그 곳은 가끔 예수께서 제자들과 모이시는 곳이므로 예수를 파는 유다도 그 곳을 알더라 ³유다가 군대와 대제사장들과 바리새인들에게서 얻은 아랫사람들을 데리고 등과 횃불과 무기를 가지고 그리로 오는지라 ⁴예수께서 그 당할 일을 다 아시고 나아가 이르시되 너희가 누구를 찾느냐 ⁵대답하되 나사렛 예수라 하거늘 이르시되 내가 그니라 하시니라 그를 파는 유다도 그들과 함께 섰더라 ⁶예수께서 그들에게 내가 그니라 하실 때에 그들이 물러가서 땅에 엎드러지는지라(18:1-6).

1. 예수께서 이 말씀을 하시고. 이 기사(記事)에서 요한은 다른 세 복음서 기자가 보도한 많은 내용들을 생략하는데, 그의 목적은 기억할 만한 가치가 있는 내용들 중에서 다른 복음서 기자들이 언급하지 않은 것들을 모아서 보도하는 것이었기 때문에 의도적으로 그렇게 하고 있는 것이다. 그러므로 독자들은 여기에서 어떤 내용들이 생략되고 있는지를 알고자 한다면 다른 복음서들을 찾아보아야 한다.

기드론 시내 건너편으로. 헬라어 본문에는 마치 이 시내의 이름이 백향목(cedrus)에서 비롯되기라도 한 것처럼, "기드론"(Cedron)이란 단어에 관사가 붙어 있지만, 이 관사는 실수로 본문에 끼어든 것일 가능성이 높다. 왜냐하면, 기드론 계곡 또는 기드론 시내가 고유명사로 성경에 종종 등장하기 때문이다. 그 곳은 움푹 파인 계곡으로 어둡고 그늘진 곳이었기 때문에 "기드론"이라고 불렸을 가능성이 크다(히브리어 קִדְרוֹן - '기드론'은 "검다" 또는 "어둡다"를 뜻하는 קָדַר - '카다르'에서 온 명사로 볼 수 있다 — 역주). 그러나 나는 이 점에 대해서는 논쟁을 벌이고 싶지 않고, 단지 좀 더 가능성이 높은 설명을 제시할 뿐이다. 우리가 중요하게 살펴보아야 할 것은 복음서 기자가 이 장소를 밝힌 의도이다. 왜냐하면, 복음서 기자의 의도는 그리스도께서 자원해서 죽음을 향하여 나아가셨다는 것을 보여주는 것이었기 때문이다. 그리스도께서는 가룟 유다가 잘 알고 있던 장소로 가셨다. 그렇다면, 저 배신자와 자신의 원수들에게 자진해서 자기를 내주시기 위한 것이 아니라면, 그리스도께서 그렇게 하신 이유가 무엇이었겠는가? 또한, 그리스도께서는 앞으로 일어날 모든 일을 미리 알고 계셨기 때문에, 그가 부주의로 실수를 범한 것이라고 생각해서도 안 된다. 나중에 요한도 그리스도께서 그들을 만나러 나아가신 것이라고 보도한다. 그러므로 그리스도께서는 어쩔 수 없이 죽임을 당하신 것이 아니라, 자원해서 자기 자신을 제물로 드리시기 위하여 기꺼이 죽음을 맞으신 것이다. 왜냐하면, 자발적인 순종이 없었다면, 우리를 위한 대속(代贖)도 이루어질 수 없었을 것이기 때문이다. 또한, 그리스도께서는 은신처를 찾으시기 위해서가 아니라, 아무에게도 방해받지 않고 기도하시기 위해서 "동산"에 들어가신 것이었다. 그리스도께서 자기를 죽음에서 건져 달라고 세 번이나 기도하셨다는 것은 우리가 방금 말한 자발적인 순종과 모순되는 것이 아니다. 왜냐하면, 그리스도께서는 최후의 승리를 거두시기 위해서는 여러 난관(難關)들과 맞서 싸우셔야 했기 때문이다. 그러나 그리스도께서는 결국 죽음의 공포를 굴복시키시고서는 의연하게 죽음을 향해서 나아가신다.

3. 유다가 군대와 대제사장들과 … 아랫사람들을 데리고. 가룟 유다가 "군대"와 큰 무리를 대동하고 왔다는 것은 별 이유도 없이 늘 두려워 떠는 악한 양심이 그에게 있었음을 보여주는 증표였다. 이 "군대"는 총독의 군대로부터 차출된 것이 확실하고, 총독은 천 명의 군인을 지휘하는 천부장도 보냈다. 예루살렘에는 불시에 일어날지 모를 폭동에 대비하기 위해서 수비대가 주둔하고 있었고, 총독은 어디를 가든지 호위병을 대동하고 다녔다. 나머지 사람들은 제사장들이 보낸 종들이었다. 그러나 요한은 "바리새인들"을 별도로 언급한다. 왜냐하면, 그들은 마치 자기들이 남들보다 하나님 신앙을 보호하는 데에 더 큰 열심이 있다는 듯이, 다른 모든 사람들보다 더욱 격분하고 있었기 때문이었다.

4. 예수께서 그 당할 일을 다 아시고. 복음서 기자는 그리스도께서 기꺼이 죽음을 향하여 나아가셨다는 것을 좀 더 분명하게 보여줌과 동시에, 불경건한 자들은 그리스도께서 특별히 허락하신 경우를 제외하고는 그를 제압할 힘을 갖고 있지 못하다는 것을 우리에게 알게 해주기 위해서, 그리스도께서 말씀 한 마디로 얼마나 큰 능력을 발휘하셨는지를 여기에서 보도한다.

5. 내가 그니라. 그리스도께서는 그들이 찾는 사람이 바로 자기라고 부드럽게

대답하신 것인데도, 그 말씀 앞에서 그들은 마치 태풍이나 벼락에 일격을 당하기라도 한 것처럼 땅바닥에 엎드러졌다. 그러므로 그리스도께서는 자기를 잡으러 온 자들을 제압할 만한 힘이 없으셨던 것이 결코 아니었지만, 자기가 죽음으로 나아가는 것이 아버지 하나님의 뜻이라는 것을 알고 계셨던 그리스도께서는 아버지 하나님께 순종하기를 원하셨다. 이 일로부터 우리는 그리스도께서 세상을 심판하기 위하여 보좌에 오르셔서 그 음성을 발하실 때에 그 음성이 불경건한 자들에게 얼마나 두렵고 경악스러운 것이 될 것인지를 알게 된다. 그리스도께서는 여기에서 희생 제물로 바쳐지기 위한 어린 양으로 서 계셨기 때문에, 그에게서는 위풍당당한 모습은 전혀 찾아볼 수 없었는데도 불구하고, 무장을 갖추고 의기양양하게 다가오던 원수들은 그리스도의 말씀 한 마디에 모두 땅에 엎드러졌다. 그리스도께서는 그들을 향해서 무시무시한 저주를 퍼부으신 것도 아니었고, 단지 "내가 그니라"고 말씀하셨을 뿐이었다. 그렇다면, 그리스도께서 장차 사람들에게서 재판을 받으시는 존재가 아니라, 산 자와 죽은 자의 심판자가 되시기 위하여 오실 때에는, 즉 그리스도께서 천하고 보잘것없는 모습이 아니라, 하늘의 영광 가운데서 자신의 천사들과 함께 오실 때에는 무슨 일이 벌어지겠는가? 일찍이 선지자 이사야는 그리스도의 여러 권능들 중에서 특히 그의 입에서 나오는 음성이 어떤 능력을 보여줄 것인지에 대하여 "그의 입의 막대기로 세상을 치며 그의 입술의 기운으로 악인을 죽일 것이며"(사 11:4)라고 예언한 바 있는데, 그리스도께서는 바로 그 능력의 한 예(例)를 여기에서 실제로 보여주고자 하셨다. 물론, 바울은 "그 때에 불법한 자가 나타나리니 주 예수께서 그 입의 기운으로 그를 죽이시고 강림하여 나타나심으로 폐하시리라"(살후 2:8)고 말함으로써, 이사야의 예언이 세상 끝날에 성취될 것이라고 선언한 것은 사실이지만, 우리는 분노와 교만으로 가득 찬 불경건한 자들이 그리스도의 음성 앞에서 엎드러지는 것을 매일 목격하고 있다. 그리스도를 잡으러 왔던 자들이 엎드러진 것은 불경건한 자들이 속으로 느끼고 있던 두려움이 가시적인 증표로 나타난 것인데, 이 두려움은 그리스도께서 자신의 사역자들을 통해서 말씀하실 때에 불경건한 자들이 원하든 원치 않든 느낄 수밖에 없는 그런 두려움이다. 하지만 이런 것은 그리스도의 음성이 지닌 능력으로 인하여 부수적으로 일어나는 일일 뿐이고, 그리스도의 음성이 지닌 고유한 능력은 죽음 가운데에 누워 있는 불쌍한 자들을 일으키는 능력이기 때문에, 그리스도께서는 의심할 여지 없이 자신의 음성을 통해서 우리를 하늘 위로 들어올리시는 그런 능력을 우리에게 나타내실 것이다.

⁷이에 다시 누구를 찾느냐고 물으신대 그들이 말하되 나사렛 예수라 하거늘 ⁸예수
께서 대답하시되 너희에게 내가 그니라 하였으니 나를 찾거든 이 사람들이 가는
것은 용납하라 하시니 ⁹이는 아버지께서 내게 주신 자 중에서 하나도 잃지 아니하
였사옵나이다 하신 말씀을 응하게 하려 함이러라(18:7-9).

7. 이에 다시 누구를 찾느냐고 물으신대. 이것으로부터 우리는 하나님께서 불경
건한 자들의 마음을 어둡게 하실 때에 그 어둠이 얼마나 극심한 것인지, 그리고 하
나님의 의로우신 심판으로 말미암아 사탄에게 사로잡히게 된 자들의 우매함이 얼
마나 끔찍한 것인지를 알게 된다. 소나 나귀도 넘어지면 무언가를 느낀다. 그러나
이 불경건한 자들은 그리스도의 신적인 능력을 직접 몸으로 겪고서도, 마치 그리
스도 안에서 심지어 사람의 기미조차 느끼지 못했다는 듯이, 전과 조금도 달라진
것이 없이 서슴없이 나아왔고, 가룟 유다 자신도 전혀 달라지지 않았다. 버림받은
자들은 하나님의 심판으로 말미암아 사탄의 손에 넘겨져서 이렇게 금수(禽獸)만도
못한 우매하고 어리석은 존재가 되어 버리기 때문에, 우리는 하나님의 심판을 두
려워할 줄 알아야 한다. 그리고 사탄이 그러한 자들을 광분하게 만들어서 무모할
정도의 대담함으로 몰고 간다는 것은 의심할 수 없는 사실이다. 왜냐하면, 사람이
미쳐도 이렇게 맹목적일 정도로 난폭하게 되지는 않는 반면에, 하나님이 "그 상실
한 마음대로 내버려 두신"(롬 1:28) 불경건한 자들은 마치 파리를 상대하듯이, 아
무런 거리낌도 없이 하나님과 맞서려고 하기 때문이다. 그런 자들은 하나님의 능
력을 피부로 느끼더라도 굴복하고자 하지 않는다. 왜냐하면, 그들은 굴복하느니
차라리 백 번을 깨지고 죽는 쪽을 택하고자 할 것이기 때문이다. 요컨대, 그들의 사
악함(malitia)이 그들로 하여금 하나님의 빛을 보지 못하게 가로막는 휘장 역할을
하고, 그들의 완악함(obstinatio)이 그들의 마음을 돌보다 더 단단하게 만들기 때문
에, 그것이 그들로 굴복하기를 끝까지 거부하게 만든다는 것이다.

8. 너희에게 내가 그니라 하였으니. 우리는 여기에서 하나님의 아들이 자신의
순종을 통해서 우리의 죄악을 도말(塗抹)해 주시기 위해서 자원해서 자신을 죽음
에 내주시는 모습뿐만 아니라, 자신의 양 무리를 보호하시기 위해서 선한 목자의
직분을 다하시는 모습을 본다. 그리스도께서는 이리들의 위협을 보시고서, 이리들

이 자신에게 맡겨진 양 떼에게 접근할 때까지 기다리지 않으시고, 즉시 그들을 보호하시기 위해서 나서신다. 그러므로 불경건한 자들이나 마귀가 우리를 덮치려고 할 때마다, 우리는 선한 목자께서 우리를 즉시 도와주시기 위하여 준비하고 계신다는 것을 의심하지 말아야 한다. 그리스도께서는 자신의 본(本)을 통해서 직분에 충실하고자 하는 목자들이 따라야 할 규범을 제시해 주셨다.

9. 하나도 잃지 아니하였사옵나이다. 그리스도께서는 앞에서 그들의 육신이 아니라 영혼과 관련해서 이 말씀을 하셨던 것이기 때문에(cf. 요 6:39), 요한이 여기에서 이 말씀을 인용한 것은 부적절해 보일 수 있다. 왜냐하면, 그리스도께서는 사도들의 육신을 끝까지 안전하게 지켜 주신 것이 아니라, 끊임없는 위험들과 심지어 죽음으로부터도 그들의 영원한 구원을 안전하게 지켜 주신 것이기 때문이다. 나의 대답은 복음서 기자는 그들의 육신적인 목숨만을 염두에 두고 이 말씀을 인용한 것이 아니라, 그리스도께서 그들의 목숨을 건지셔서 그들에게 시간을 벌어주심으로써 그들로 하여금 영원한 구원을 준비하게 해주셨다는 의미로 그렇게 보도하였다는 것이다. 우리는 그들이 지금까지 얼마나 연약한 모습을 보여주었는지를 생각해 보아야 한다. 그런 그들이 만일 자신의 목숨을 위협받는 그런 시험을 받았더라면, 그들이 어떻게 처신하였을까? 그러므로 그리스도께서는 그들이 자신들의 능력으로는 감당할 수 없는 시험을 받게 되지 않도록 그들을 건져 주신 것이기 때문에, 사실상 그들을 영원한 멸망으로부터 구원해 주신 것이다. 이것으로부터 우리는 그리스도께서는 많은 시험들을 통해서 우리의 믿음을 시험하실지라도, 우리에게 그 시험을 이길 수 있는 힘을 주지도 않으신 채로 우리를 극한의 위험에 빠뜨리지는 않으신다는 일반적인 가르침을 얻게 된다. 우리는 그리스도께서 우리에 대한 사탄과 불경건한 자들의 무수한 공격들을 직접 나서서 물리쳐 주심으로써 우리의 연약함을 끊임없이 담당해 주고 계신다는 것을 안다. 왜냐하면, 그리스도께서는 우리가 아직은 그러한 공격들을 감당할 수 없다는 것을 아시기 때문이다. 요컨대, 그리스도께서는 충분히 훈련되지 않은 자신의 백성을 전쟁터로 내보내시는 법이 없고, 그리스도의 백성들에게는 죽는 것도 유익이고 사는 것도 유익이기 때문에, 비록 그들이 죽더라도, 그것은 망하는 것이 아니라는 것이다.

[10]이에 시몬 베드로가 칼을 가졌는데 그것을 빼어 대제사장의 종을 쳐서 오른편 귀를 베어버리니 그 종의 이름은 말고라 [11]예수께서 베드로더러 이르시되 칼을 칼집

에 꽂으라 아버지께서 주신 잔을 내가 마시지 아니하겠느냐 하시니라 ¹²이에 군대
와 천부장과 유대인의 아랫사람들이 예수를 잡아 결박하여 ¹³먼저 안나스에게로 끌
고 가니 안나스는 그 해의 대제사장인 가야바의 장인이라 ¹⁴가야바는 유대인들에게
한 사람이 백성을 위하여 죽는 것이 유익하다고 권고하던 자러라(18:10-14).

10. 이에 시몬 베드로가 칼을 가졌는데 그것을 빼어. 복음서 기자는 이제 불법적
인 방법으로 자신의 선생을 지키려고 했던 베드로의 어리석은 열심(熱心)에 대해
서 보도한다. 사실, 베드로는 그리스도를 위해서 용기를 내어 담대하게 큰 위험을
무릅쓴 것이었다. 그러나 그의 행동은 자신의 소명이 요구하는 것이 무엇이고 하
나님께서 허락하시는 것이 무엇인지에 대한 성찰이 없이 행해진 것이었기 때문에,
결코 칭찬받을 만한 것이 아니었고, 도리어 그리스도로부터 호된 책망을 들어야만
했다. 그러나 우리는 그리스도께서 베드로의 예(例)를 통해서 사람들이 제멋대로
행하는 모든 일들을 단죄하시는 것임을 알아야 한다. 이 가르침은 특히 주목할 만
한 가치가 있다. 왜냐하면, 신앙의 열심이라는 미명 하에 자기가 하는 모든 일을 정
당화시키는 것은 우리가 가장 흔히 범하는 잘못이기 때문이다. 이것은 인간의 모
든 지혜는 헛된 것에 지나지 않는데도 불구하고, 어떤 일을 우리 자신이 옳다고 생
각하면, 하나님께서 그 일을 어떻게 생각하시느냐는 전혀 중요하지 않다고 여기는
것과 같다. 만약 우리가 베드로의 열심 속에서 아무런 흠을 발견할 수 없다고 할지
라도, 그리스도께서 베드로의 행동을 기뻐하지 않는다고 밝히셨다면, 우리는 그리
스도의 판단을 기꺼이 받아들이는 것이 마땅하다. 그러나 우리는 그리스도께서 죽
음의 길에서 돌이키지 않으신 것과 그의 이름이 영원한 수치가 되지 않은 것이 베
드로 덕분이 아니었다는 것을 안다. 왜냐하면, 천부장과 군대에 대하여 폭력을 행
사한 베드로의 소행은 하나님이 부여하신 권력에 저항한 것이었던 까닭에 강도의
소행과 다를 바가 없었기 때문이다. 그리스도께서는 이미 세상으로부터 극도의 미
움을 받고 계신 상태였는데, 베드로의 그러한 행동은 원수들이 그리스도를 대적하
여 퍼부어온 온갖 거짓 비방들을 정당화시켜줄 수도 있는 것이었다. 게다가, 입으
로(lingua) 자신의 믿음을 증명할 수 없었던 베드로가 칼로(gladio) 자신의 믿음을
증명하려고 한 것은 본말이 전도된 것이었다. 나중에 신앙고백을 요구받았을 때에
자신의 주(主)를 부인했던 베드로가 지금은 주님의 명령을 받지 않았는데도 소동
을 벌이고 있는 것이다. 우리는 이 두드러진 사례에서 교훈을 얻어서, 우리의 열심

(zelus)을 절제하는 법을 배워야 한다. 우리의 육신은 기회만 있으면 하나님이 명하신 것을 넘어서서 만용(蠻勇)을 부리려는 성향이 있기 때문에, 우리는 하나님의 말씀을 거슬러서 어떤 일을 감행할 때마다 우리의 열심이 좋지 않은 결과를 초래할 것이라는 사실을 알아야 한다. 처음에는 잘 되어가는 것 같아도 결국에는 우리의 경솔함의 대가를 톡톡히 치르는 경우가 흔히 있다. 그러므로 우리는 순종(obedientia)을 우리가 행하는 모든 일의 토대로 삼아야 한다. 또한, 이 사례는 그리스도를 위하여 일한다고 하는 자들일수록 실수를 범하지 않도록 신중하게 처신해야 한다는 교훈을 우리에게 준다. 그러므로 우리는 모든 일에서 분별의 영으로 우리를 인도해 주시도록 주님께 더욱 간절하게 기도해야 한다.

11. 칼을 칼집에 꽂으라. 그리스도께서는 베드로의 행동을 질책하시면서 "칼을 칼집에 꽂으라"고 명하신다. 그러나 우리는 그리스도께서 그렇게 명하신 이유를 주목할 필요가 있는데, 그 이유인즉 사인(私人)은 공권력에 맞서서 저항하는 것이 용인되지 않는다는 것이다. 왜냐하면, 우리는 다른 세 복음서가 그리스도께서 "칼을 가지는 자는 다 칼로 망하느니라"(마 26:52)고 말씀하셨다고 보도하고 있는 것으로부터 그런 결론을 이끌어 낼 수 있기 때문이다. 그러므로 우리는 원수들이 우리에게 부당한 도발을 해올 때에도, 법과 제도가 허용하는 한도를 벗어나서 무력이나 폭력으로 그들을 물리치려고 하지 않도록 조심해야 한다. 왜냐하면, 자신이 받은 소명의 한계를 벗어나는 자는 비록 그가 온 세상으로부터 갈채를 받는다고 할지라도, 그의 행동은 결코 하나님의 인정을 받지는 못할 것이기 때문이다.

아버지께서 주신 잔을 내가 마시지 아니하겠느냐. 이 말씀은 그리스도께서 도살장으로 끌려가는 어린 양처럼(사 53:7) 잠잠하셔야만 했던 특별한 이유를 보여주는 것이지만, 우리 모두에게도 이와 동일한 인내가 요구된다는 것을 보여주는 본보기의 역할도 한다. 성경은 환난들을 "잔"에 비유한다. 왜냐하면, 집 주인이 자신의 자녀들과 종들에게 먹을 것과 마실 것을 나누어 주듯이, 하나님께서도 우리 각 사람에게 자기가 합당하다고 생각하시는 대로 행하실 권한을 가지고 계시는 까닭에, 하나님이 형통함으로 우리를 기쁘게 하시거나 역경을 통해서 우리를 낮추셨을 때, 우리는 하나님이 달콤한 잔 또는 쓴 잔을 마시게 하셨다고 말하기 때문이다. 그리스도께서 마셔야 할 잔은 하나님과 세상을 화목하게 하시기 위한 십자가의 죽음이었다. 그래서 그리스도께서는 아버지 하나님이 자기에게 정하셔서 건네 주신 "잔"을 마셔야 한다고 말씀하시는 것이다. 마찬가지로, 우리도 십자가를 질 준비

를 하고 있어야 한다. 한편, 어떤 광신자들은 우리가 우리에게 닥친 질병이나 그 밖
의 다른 환난들에서 건져 주실 것을 하나님께 구하는 것은 하나님이 우리에게 주
시는 "잔"을 거절하는 것이기 때문에 그런 기도를 해서는 안 된다고 주장하는데,
우리는 그런 자들의 말에 귀를 기울여서는 안 된다. 우리는 언젠가 한 번은 죽어야
한다는 것을 알고 있기 때문에(히 9:27) 죽음을 준비하고 있어야 한다. 그러나 우리
는 언제 죽을지를 모르기 때문에, 하나님께서는 우리가 하나님이 친히 정해 주신
여러 수단들을 통해서 우리의 생명을 보전하는 것을 허락하시는 것이다. 우리가
아무리 위중한 병에 걸렸을지라도, 우리는 인내로써 견뎌내야 하고, 죽을 병이 아
닌 한 그 병에서 낫게 해달라고 간구해야 한다. 다만 한 가지 주의해야 할 점이 있
다면, 그것은 하나님의 말씀에 의해서 허락되지 않은 그 어떤 일도 시도해서는 안
된다는 것이다. 요컨대, "주의 뜻대로 이루어지이다"(행 21:14)라는 마음이 우리
속에 확고하게 자리 잡고 있기만 하다면, 우리를 짓누르고 있는 환난들로부터 건
져 주실 것을 구한다고 하여도, 우리는 주님이 주신 잔을 마시고 있는 것이라는 말
이다.

12. 이에 군대와 천부장과. 말씀 한 마디로 군인들을 땅바닥에 엎드러지게 하셨
던 그리스도께서 이제 와서 순순히 그들에게 잡히시는 모습이 이상하게 보일 수도
있다. 왜냐하면, 어차피 원수들에게 잡히실 생각이셨다면, 그리스도께서 굳이 그
런 이적을 보여주실 필요가 있으셨을까 하는 의구심이 들 수도 있기 때문이다. 그
러나 그리스도께서 자신의 신적인 능력을 보여주신 것은 두 가지 점에서 유익이
있었다. 첫 번째 유익은 그리스도께서 힘이 없어서 붙잡히신 것이 아닌가 하는 우
리의 오해나 걸림돌을 제거해 준 것이었고, 두 번째 유익은 그리스도께서 전적으
로 자의에 의해서 죽음을 받아들이셨음이 증명된 것이었다. 그리스도께서는 그러
한 유익들을 생각하셔서 원수들에게 자신의 능력을 보여주신 것이지만, 아버지 하
나님의 뜻에 순종하셔야 했기 때문에, 자신을 희생 제물로 드리시기 위하여 자신
의 그런 능력을 자제하신 것이었다. 그러나 우리가 잊지 말아야 할 것은 하나님의
아들의 몸(corpus)이 "결박당하신" 것은 우리의 영혼(anima)을 죄와 사탄의 사슬
에서 풀어 주시기 위한 것이었다는 사실이다.

13. 먼저 안나스에게로 끌고 가니. 다른 복음서 기자들은 이러한 정황이 이 기사
(記事) 속에서 별로 중요하지 않다고 보아서 생략한다. 왜냐하면, 안나스의 집에서
는 특별히 기억할 만한 가치가 있는 일이 일어나지 않았고, 그들은 단지 대제사장

이 공회를 소집할 때까지 그리스도를 안나스의 집에 가두어 두는 것이 편리하다고 생각해서 먼저 "안나스에게로 끌고 간" 것이기 때문이다.

그 해의 대제사장인 가야바. 이것은 많은 사람들이 잘못 이해해 왔듯이, 대제사장의 임기가 일 년이었다는 의미가 아니라, 요세푸스의 글에도 분명히 나타나 있듯이, 당시의 대제사장이 가야바였다는 의미이다. 율법의 규정에 따르면, 대제사장직은 종신직으로서 본인이 죽을 때에만 끝이 났다. 그러나 야망이나 내분으로 인해서 대제사장직에 문제가 발생했을 때, 로마 총독들이 기존의 대제사장을 폐하고, 금전적인 이해관계나 인맥을 따라서 자기 마음에 드는 사람을 그 자리에 앉히는 경우도 있었다. 일례로, 비텔리우스(Vitellius)는 가야바를 폐하고 안나스의 아들인 요나단을 그 후계자로 임명하였다.

14. 유대인들에게 … 권고하던 자러라. 복음서 기자는 우리가 앞에서 이미 들었던 가야바의 말(요 11:50)을 여기에서 다시 한 번 반복해서 소개한다. 왜냐하면, 하나님께서, "모압 왕 발락"의 총애를 얻기 위해서 이스라엘 백성을 저주하고자 했던 선지자 "발람"의 혀를 주장하셔서 그의 의도와는 반대로 이스라엘 백성을 축복하게 하신 것과 마찬가지로(민 23:7-8; 24:5), 여기에서도 불경건하고 패역한 대제사장의 더러운 입을 사용하셔서 그 입으로 장차 될 일을 예언하게 하신 것은 바로 하나님이셨기 때문이다.

[15]시몬 베드로와 또 다른 제자 한 사람이 예수를 따르니 이 제자는 대제사장과 아는 사람이라 예수와 함께 대제사장의 집 뜰에 들어가고 [16]베드로는 문 밖에 서 있는지라 대제사장을 아는 그 다른 제자가 나가서 문 지키는 여자에게 말하여 베드로를 데리고 들어오니 [17]문 지키는 여종이 베드로에게 말하되 너도 이 사람의 제자 중 하나가 아니냐 하니 그가 말하되 나는 아니라 하고 [18]그 때가 추운 고로 종과 아랫사람들이 불을 피우고 서서 쬐니 베드로도 함께 서서 쬐더라(18:15-18).

15. 시몬 베드로와 또 다른 제자. 어떤 이들은 요한이 자신의 복음서에서 자기 자신을 익명으로 언급하곤 한다는 사실에 현혹되어서, 여기에 나오는 "또 다른 제자"가 요한이었을 것이라고 추정하지만, 그것은 근거가 빈약한 추론이다. 비천한 어부였던 요한이 저 오만한 대제사장과 무슨 교분을 가질 수 있었겠는가? 또한, 그리스도의 일가친척이었던 요한이 어떻게 대제사장의 집을 수시로 드나들 수 있었

겠는가? 따라서 "또 다른 제자"는 열두 제자 중의 한 사람이었던 것이 아니라, 하나
님의 아들이신 그리스도의 가르침을 받아들인 사람이었기 때문에 "제자"라고 불
렸을 가능성이 더 높다. 요한은 일련의 사건들을 시간상의 순서를 따라 정확히 배
열하는 데에는 그다지 관심이 없고, 단지 그 사건들을 짤막하게 요약해 놓는 것으
로 만족한다. 왜냐하면, 요한은 베드로가 그리스도를 한 번 부인하였다고 언급한
후에, 중간에 다른 몇 가지 일들을 말하고 나서, 다시 베드로가 그리스도를 두 번
더 부인한 이야기로 되돌아오기 때문이다. 그런 까닭에, 이 기사(記事)를 주의 깊
게 읽지 않은 독자들은 베드로가 처음으로 그리스도를 부인한 곳이 안나스의 집이
라고 착각하게 된다. 그러나 이 기사(記事)가 전하고자 하는 의미는 그런 것이 아
니라, 대제사장의 여종이 베드로로 하여금 그리스도를 부인할 수밖에 없도록 만들
었다는 사실을 분명히 보여주는 것이다. 그러므로 우리는 그리스도께서 대제사장
앞에 끌려가셨을 때, 대제사장의 집에는 아무나 들어갈 수 없었기 때문에, 대제사
장을 아는 "또 다른 제자"가 특별히 부탁을 해서 베드로도 들어갈 수 있었던 것으
로 보아야 한다. 이 두 제자가 경건한 열심에서 그리스도를 따라갔다는 사실을 의
심할 이유는 없다. 그러나 그리스도께서 자기를 잡으러 온 무리들에게 베드로를
비롯한 다른 제자들은 그냥 가도록 놔두라고 말씀하셨다(8절)는 것을 생각해 보
면, 지금은 너무나 연약한 상태에 있었던 베드로로서는 사람들 앞에 나서기보다는
으슥한 구석에서 탄식하며 기도하는 편이 훨씬 더 좋았을 것이다. 그런데도 지금
베드로는 그리스도께서 벗겨 주신 짐을 악착같이 다시 짊어지고자 한다. 그러나
막상 목숨을 걸고서 자신의 신앙을 고백해야 할 상황이 닥치자, 그의 용기는 물거
품처럼 사라져 버린다. 그러므로 우리는 주님이 우리에게 요구하시는 것이 무엇인
지를 잘 헤아려서, 연약한 자들이 불필요한 일에 나서는 일이 없도록 해야 한다.

17. 문 지키는 여종이 베드로에게 말하되. 베드로는 대제사장의 집에 들어갈 수
있게 되긴 하였지만, 이 일로 인해서 값비싼 대가를 치러야만 했다. 왜냐하면, 베드
로는 그 집 안으로 발을 내딛자마자 그리스도를 부인하지 않으면 안 되는 상황에
맞닥뜨렸기 때문이다. 문지방을 채 넘기도 전에 이토록 치욕스럽게 무너져 버린
베드로의 모습 속에서 그가 큰소리를 쳤던 것이 다 허세(虛勢)이자 허풍(虛風)이라
는 것이 그대로 드러났다. 베드로는 자기가 죽기까지 싸워서 이길 수 있는 불굴의
투사임을 증명해 보이겠다고 큰소리를 쳤다. 그런데 이제 아무런 위협도 되지
않는 일개 여종의 말 한 마디에 베드로는 기겁을 하고서는 자신의 무기를 내던져

버린다. 이것은 인간의 힘이라는 것이 얼마나 허망한 것인지를 생생하게 보여준다. 인간 안에 있는 것처럼 보이는 모든 힘은 한 줄기 바람에 금세 흩어져서 없어져 버리고 마는 연기와도 같다. 사람들은 전쟁터 밖에서는 모든 것을 할 수 있다는 듯이 큰소리치지만, 그것이 얼마나 어리석고 허황되게 큰소리치는 것인지는 우리가 경험을 통해서 잘 알고 있다. 심지어 사탄이 공격을 하기도 전에, 우리는 자신의 생각 속에서 미리 두려운 일들을 만들어 내어 상상하고서는 지레 겁을 먹고 혼비백산하기도 한다. 베드로는 한낱 여종의 말 한 마디에 기겁하여 그리스도를 부인하였다. 그렇다면, 우리는 어떤가? 우리는 낙엽이 떨어지는 소리에 깜짝깜짝 놀라지 않는가? 베드로는 당장에 위험한 것도 아닌 일에 두려워 떨었다. 우리는 매일같이 유치하고 어리석은 두려움에 사로잡혀서 그리스도를 멀리 떠나지는 않는가? 요컨대, 우리의 용기라는 것은 실제로 원수가 없을 때에도 스스로 무너지고 마는 나약한 것에 지나지 않는다. 그래서 하나님께서는 인간의 사나운 마음이 얼마나 나약한 것인지 그 실체를 드러내심으로써 인간의 교만을 벌하신다. 진정한 용기가 아닌 허풍으로 가득 찬 사람은 온 세상을 상대해서도 손쉽게 승리할 수 있다고 장담하지만, 실제로는 엉겅퀴 그림자만 보아도 곧 두려움에 빠진다. 그러므로 우리는 오직 주님 안에서 용감해지는 법을 배워야 한다.

나는 아니라. 베드로가 이 말을 했다고 해서 그가 그리스도를 완전히 부인한 것으로 볼 수는 없지만, 두려움 때문에 자기가 그리스도의 제자임을 부인한 것은 결국 자기가 그리스도와 아무 상관이 없는 사람이라고 말한 것과 같다. 자신의 신앙을 직접적으로 고백하는 것을 회피하고 어물쩍 넘겨 버리고는 자기가 지혜롭게 위기를 모면하였다고 착각하는 사람이 생기지 않도록 하기 위해서, 우리는 베드로의 이 사례를 주의 깊게 살펴볼 필요가 있다.

18. 베드로도 함께 서서 쬐더라. 복음서 기자는 베드로가 "종"을 비롯한 다른 "아랫사람들"과 함께 불 곁에 서 있었다는 것을 덧붙이는데, 우리가 나중에 알게 되겠지만, 이것은 이 기사(記事)의 여러 부분들을 서로 연결시켜 주는 역할을 한다. 하지만 방금 전에 자신의 주(主)를 부인했던 베드로가 악한 무리들 틈에서 아무런 거리낌도 없이 불을 쬐었다는 사실은 그의 우매함이 얼마나 컸는지를 보여준다. 물론, 베드로는 대제사장의 집을 빠져나가려고 하다가 또다시 비슷한 위험에 빠지지는 않을까 하는 두려움 때문에 움츠러들어서 그렇게 한 것일 가능성도 있다.

¹⁹대제사장이 예수에게 그의 제자들과 그의 교훈에 대하여 물으니 ²⁰예수께서 대답하시되 내가 드러내 놓고 세상에 말하였노라 모든 유대인들이 모이는 회당과 성전에서 항상 가르쳤고 은밀하게는 아무 것도 말하지 아니하였거늘 ²¹어찌하여 내게 묻느냐 내가 무슨 말을 하였는지 들은 자들에게 물어 보라 그들이 내가 하던 말을 아느니라 ²²이 말씀을 하시매 곁에 섰던 아랫사람 하나가 손으로 예수를 쳐 이르되 네가 대제사장에게 이같이 대답하느냐 하니 ²³예수께서 대답하시되 내가 말을 잘못하였으면 그 잘못한 것을 증언하라 바른 말을 하였으면 네가 어찌하여 나를 치느냐 하시더라 ²⁴안나스가 예수를 결박한 그대로 대제사장 가야바에게 보내니라 (18:19-24).

19. 대제사장이 예수에게 그의 제자들과 그의 교훈에 대하여 물으니. 대제사장은 마치 그리스도께서 자신의 제자들을 규합해서 교회를 분열시킨 선동가라도 되는 것처럼 심문하고 있고, 또한 그리스도께서 새로운 사악한 가르침을 베풀어서 순수한 신앙을 훼손하고자 한 거짓 선지자라도 되는 것처럼 심문하고 있다. 그리스도께서는 이미 자신의 가르치는 직분을 다 수행하셨기 때문에, 자신의 가르침을 새롭게 변호하실 필요가 없으셨지만, 진리를 변호하시는 일을 포기할 수는 없으셨기 때문에, 자기가 지금까지 가르치셨던 모든 것을 변호할 준비가 다 되어 있다는 것을 보여주신다. 아울러, 그리스도께서는 이미 다 알려진 사실을 마치 생소한 일인 것처럼 묻고 있는 대제사장의 뻔뻔스러움을 책망하신다. 그들은 하나님께서 그들에게 주신 구속주(救贖主)와 그를 통해서 이루실 것이라고 약속하셨던 구원(救援)을 배척하는 것으로도 만족하지 못해서, 한 걸음 더 나아가 그리스도께서 풀어주신 율법 전체까지도 단죄하고 있는 것이었다.

20. 내가 드러내 놓고 세상에 말하였노라. 어떤 이들은 그리스도의 이 답변은 불경건한 자들이 폭정을 자행해서 하나님의 말씀을 드러내 놓고 공공연하게 전하는 것을 금지시켰을 때에 몰래 개인의 집에서 사람들을 모아놓고 은밀하게 하나님의 말씀을 전하는 자들을 단죄하시는 말씀이라고 주장하는데, 그것은 유치하기 짝이 없는 잘못된 주장이다. 왜냐하면, 그리스도께서는 여기에서 그런 자들이 말한 그러한 행위가 옳은지 그른지를 논하고 계시는 것이 아니라, 단지 가야바의 뻔뻔스러운 악의(惡意)를 반박하고자 하신 것일 뿐이기 때문이다. 하지만 이 말씀은 그리스도께서 다른 곳에서 제자들에게 "너희가 귓속말로 듣는 것을 집 위에서 전파하

라"(마 10:27)고 말씀하신 것이나, "천국의 비밀을 아는 것이 너희에게는 허락되었으나 그들에게는 아니되었나니"(마 13:11)라고 말씀하심으로써 오직 열두 제자에게만 이 은혜를 주시는 것이라고 밝히신 것과 모순되는 것처럼 보일 수 있다. 나의 대답은 그리스도께서는 여기에서 "은밀하게는 아무것도 말하지 않았다"고 말씀하신 것은 자기가 가르치는 방식은 여러 가지로 다양하였지만, 그 가르침의 핵심은 언제나 동일하였다는 것을 의미한다는 것이다. 왜냐하면, 그리스도께서는 방식을 달리하여 제자들에게 가르치시기는 하셨지만, 가르침의 내용이 달라진 것은 없었기 때문이다. 또한, 그리스도께서는 실내에서 소수의 사람들에게 말씀하신 것을 많은 사람들 앞에서는 일부러 숨기시는 등과 같은 이중적인 행동을 보이지도 않으셨다. 그래서 그리스도께서는 자기는 "드러내 놓고" 진실하게 자신의 가르침의 핵심적인 것들을 밝히고 선포하였다고 선한 양심으로 가야바에게 증언하실 수 있으셨다.

22. 이 말씀을 하시매. 복음서 기자가 그리스도께서 이렇게 말씀하시자 대제사장의 아랫사람 하나가 손으로 주님을 친 사실을 덧붙인 것은 첫 번째로는 그리스도의 원수들이 얼마나 분노로 가득 차 있었고, 그들의 통치가 얼마나 포악한지를 보여주기 위한 것이었고, 두 번째로는 제사장들이 어떤 교육을 받았는지를 보여주기 위한 것이었다. 그들은 재판관으로 앉아 있었지만, 잔인한 야수와 같았다. 가장 위엄이 있어야 할 공회가 소집되어 열리고 있었는데, 일개 "아랫사람"이 주제넘게도 심문이 진행되는 도중에, 그것도 재판관들의 면전에서, 그 어떤 점에서도 아직 유죄임이 드러나지 않은 피고(被告)를 폭행하는 일이 벌어진 것이다. 그러므로 정의도, 인간성도, 수치심도 다 사라져 버린 극도로 야만적인 공의회에서 그리스도의 가르침이 단죄를 당한 것은 놀랄 일이 아니다.

23. 내가 말을 잘못하였으면. 이것은 "만일 내게 죄가 있다면, 나를 기소해서 심리(審理)한 후에, 내가 범죄한 것이 드러나면 나를 처벌하는 순리이고, 재판정에서는 일상에서와는 다른 아주 특별한 질서와 절차가 지켜져야 하는 것이 마땅하기 때문에, 지금의 재판 절차는 불법이다"라는 의미이다. 그러므로 그리스도께서는 만일 자기에게 죄가 없다면 이러한 폭행은 자기에 대한 중대한 침해인 것이고, 만일 자기에게 죄가 있다고 할지라도 폭력이 아닌 합법적인 절차를 따라 재판이 이루어져야 할 것이라고 항의하시는 것이다. 그러나 그리스도께서 여기에서 보여주시는 모습은 자신이 전에 제자들에게 명하신 것과 어긋나는 것처럼 보일 수 있다.

왜냐하면, 그리스도께서는 "누구든지 네 오른편 뺨을 치거든 왼편도 돌려 대며" (마 5:39)라고 말씀해 놓고서는, 자신은 여기에서 그렇게 하지 않으시는 것처럼 보이기 때문이다. 나의 대답은 기독교적인 인내라는 것은 폭력을 당하고도 언제나 말 한 마디 하지 않고 그 해악을 감수하는 것이 아니라, 먼저는 그것을 인내로써 참고 견디는 것이고, 다음으로는 보복하겠다는 생각을 다 버리고서 "선으로 악을 이기기" 위해서 애쓰는 것이라는 것이다. 악한 자들은 사탄의 영의 강력한 충동질을 받아서 누구도 자기를 건드리지 못하도록 하기 위하여 언제라도 타인을 공격할 준비를 이미 다 갖추어 놓고 있다. 그러므로 언제든지 우리에게 해(害)를 끼칠 준비가 되어 있는 그런 자들을 또다시 자극하라는 의미로 그리스도의 이 말씀을 해석하는 것은 어리석은 것이다. 왜냐하면, 그리스도께서는 우리 각자가 첫 번째 침해를 받았을 때에 그것에 대해서 보복할 생각을 품기보다는 두 번째 침해까지도 감수할 각오를 해야 한다는 의미로 그런 말씀을 하신 것이기 때문이다. 그러므로 이 말씀은 그리스도인이 부당하게 침해를 받았을 때, 자신의 마음과 손에 분노와 적개심이 없는 한, 그러한 침해에 대해서 항변하는 것조차 금지하는 것은 아니다.

24. 안나스가 예수를 결박한 그대로 대제사장 가야바에게 보내니라. 이 구절은 삽입구로 보아야 한다. 왜냐하면, 복음서 기자는 그리스도께서 안나스의 집으로 끌려가셨고, 거기에서 제사장들의 공회가 열려서, 그리스도에 대한 심문이 진행되고 있는 것처럼 이야기를 이끌어오다가, 여기에서 불현듯 생각이 났다는 듯이, 그리스도께서 안나스의 집에서 대제사장의 집으로 옮겨지신 사실을 독자들에게 상기시키고 있기 때문이다. 그러나 여기에서 사용된 헬라어 동사 '아페스테일렌'(ἀπέστειλεν, "보내니라")의 시제가 많은 사람들을 착각에 빠지게 하여 왔기 때문에, 나는 이 동사를 과거완료로 번역하는 쪽을 택해 왔다.

[25]시몬 베드로가 서서 불을 쬐더니 사람들이 묻되 너도 그 제자 중 하나가 아니냐 베드로가 부인하여 이르되 나는 아니라 하니 [26]대제사장의 종 하나는 베드로에게 귀를 잘린 사람의 친척이라 이르되 네가 그 사람과 함께 동산에 있는 것을 내가 보지 아니하였느냐 [27]이에 베드로가 또 부인하니 곧 닭이 울더라(18:25-27).

25. 베드로가 부인하여 이르되 나는 아니라 하니. 자신의 주(主)를 부인하고서도 참회의 감정을 느끼기는커녕 도리어 태연자약(泰然自若)하게 또다시 동일한 죄를

범하고 있는 베드로의 무감각함(stupor)에 우리는 경악을 금할 수 없다. 만일 거기에 있던 사람들이 차례대로 베드로에게 물어보았다면, 그는 천 번이라도 주저하지 않고 자신의 주를 부인했을 것이다. 사탄은 이런 식으로 비참한 인간들을 흔들어서 추락시킨 후에 일거에 휩쓸어가 버린다. 또한, 우리는 베드로가 "저주하며 맹세"까지 해가면서 그리스도를 알지 못한다고 부인했다고 보도한 다른 복음서들의 기사(記事)도 주목할 필요가 있다(마 26:74; 막 14:71). 이러한 일은 많은 사람에게서 매일매일 일어난다. 처음에는 그 잘못이 사소한 데에서 시작되지만, 동일한 잘못이 반복되면서 습관이 되고, 마침내 양심이 마비되고 만다. 결국, 하나님을 무시하는 것이 몸에 배어 버린 자들은 자기가 무엇이 잘못되었는지를 생각하지도 못하게 되어서, 극악무도한 짓을 서슴지 않고 저지르게 된다. 그러므로 우리가 아직 악에 물들어 있지 않을 때에 정신을 바짝 차리고서 경계를 늦추지 않는 것이야말로 사탄의 시험을 받게 될 때에 아주 작은 방종에도 빠지지 않을 수 있는 최선의 방책이 된다.

27. 곧 닭이 울더라. 복음서 기자가 "닭이 울었다"고 보도하는 것은 바로 그 때에 베드로가 하나님의 경고를 받았다는 것을 우리에게 알게 하기 위한 것이다. 동일한 취지에서 마태복음과 마가복음 기자는 이 때에 베드로가 "닭 울기 전에 네가 세 번 나를 부인하리라"고 하셨던 주님의 말씀을 기억했다고 보도한다(마 26:75; 막 14:72). 그러나 누가복음 기자는 베드로가 닭이 울 때에는 아무것도 깨닫지 못하다가, "주께서 돌이켜" 그를 쳐다보셨을 때에야 비로소 "주의 말씀"을 기억하였다고 보도한다(눅 22:61). 그러므로 누구든지 일단 사탄의 충동질에 의해서 무너지기 시작하면, 주님께서 그들에게 눈길을 주실 때까지는, 그 어떤 음성이나 신호나 경고도 그를 돌이키지 못한다.

²⁸그들이 예수를 가야바에게서 관정으로 끌고 가니 새벽이라 그들은 더럽힘을 받지 아니하고 유월절 잔치를 먹고자 하여 관정에 들어가지 아니하더라 ²⁹그러므로 빌라도가 밖으로 나가서 그들에게 말하되 너희가 무슨 일로 이 사람을 고발하느냐 ³⁰대답하여 이르되 이 사람이 행악자가 아니었더라면 우리가 당신에게 넘기지 아니하였겠나이다 ³¹빌라도가 이르되 너희가 그를 데려다가 너희 법대로 재판하라 유대인들이 이르되 우리에게는 사람을 죽이는 권한이 없나이다 하니 ³²이는 예수께서 자기가 어떠한 죽음으로 죽을 것을 가리켜 하신 말씀을 응하게 하려 함이러라

(18:28-32).

28. 그들이 예수를 … 관정으로 끌고 가니. 복음서 기자가 언급하고 있는 재판은 동이 트기 전에 열렸다. 그러나 제사장들이 백성들을 선동하려고 도시 전역에 선동꾼들을 심어 놓았음이 분명하다. 그래서 한 목소리로 그리스도의 죽음을 요구하는 것 같이, 군중의 분노가 갑자기 불처럼 일어난 것이다. 재판을 진행한 것은 제사장들이었는데, 이것은 그들에게 판결을 선고할 권한이 있어서가 아니었고, 단지 그들은 자신들이 사전에 세워놓은 각본대로 그리스도를 몰아 부쳐서 항복을 받아낸 후에, 마치 그리스도에 대한 모든 사실이 이미 다 밝혀진 것처럼 꾸며서, 빌라도 총독에게 그리스도를 넘길 심산이었던 것이다. 로마인들은 총독의 관저, 또는 총독이 통상적으로 송사(訟事)를 처리하는 재판정(개역에서는 "관정")을 "브라이도리온"(막 15:16)이라고 불렀다.

그들은 더럽힘을 받지 아니하고. 제사장들을 비롯한 유대인들은 율법의 계명대로 "더럽힘을 받지 아니하고" 정결하게 유월절 음식을 먹기를 원했기 때문에, 모든 부정(不淨)한 일을 피하기 위해서 "관정"에는 들어가지 않았는데, 이 점에서 그들의 신앙은 칭찬받을 만한 것이었다. 그러나 그들의 그런 태도에는 아주 심각한 두 가지 잘못이 있었다. 하나는 그들은 부정한 장소에 들어감으로써 그들이 더럽힘을 받는 것보다 더 큰 더러움과 부정함을 그들이 자신들의 마음속에 늘 지니고 다닌다는 사실을 전혀 생각하지 않았다는 것이고, 다른 하나는 그들은 지엽적인 일에 지나치게 집착한 나머지 가장 중요한 것은 소홀히 하였다는 것이다. 바울은 "더럽고 믿지 아니하는 자들에게는 아무것도 깨끗한 것"이 없는데, 그것은 "그들의 마음과 양심"이 더럽기 때문이라고 말한다(딛 1:15). 그러나 악의와 야심과 속이는 것과 잔인함과 탐욕으로 가득 차 있던 이 외식하는 자들은 그들에게서 나오는 악취가 하늘과 땅조차도 오염시킬 정도인데도 불구하고, 그저 자기들이 외적으로 더럽힘을 받게 되는 것만을 겁내고 있다. 이렇게 그들이 참된 정결함은 무시한 채로, 오직 자신들이 부정한 것과 접촉해서 더럽혀지는 일만 일어나지 않는다면, 하나님이 그들을 기뻐하실 것이라고 생각한 것은 하나님을 극도로 조롱하는 것이었다. 외식(外飾)에 의한 또 하나의 잘못은 외적인 의식(儀式)들을 행하는 데에는 세심하게 신경을 쓰면서도, 정작 자기가 가장 중요한 일들을 소홀히 한 것에 대해서는 아무렇지도 않게 여긴다는 것이다. 그런데 하나님께서 율법을 통해서 유대인들에게 그런 의식들을 행하도록 명하신 유일한 이유는 참된 거룩함을 사랑하고 실천하는 것이 그들의 몸에 배게 하시기 위한 것이었다. 게다가, 율법에는 그들이 이방인의 집에 들어가는 것을 금지하는 규정이 없다. 그것은 조상들의 전통에서 비롯된 것으로서, 부정한 집에 무심코 들어갔다가 스스로를 더럽히는 사람이 없도록 하기 위한 주의 사항에 지나지 않는 것이었다. 그러나 저 잘난 율법 해석자들은 "하루살이"는 걸러 내고 "낙타"는 삼켰다(마 23:24). 외식하는 자들에게서는 벼룩 한 마리 죽이는 것을 사람을 죽이는 것보다 더 큰 죄라고 여기는 일이 다반사(茶飯事)이다. 이러한 잘못은 결국 하나님의 거룩한 계명보다 사람의 전통들을 더 우선시하는 잘못과 밀접하게 연결되어 있다. 그들은 스스로를 정결하게 함으로써 유월절 음식을 온전하게 먹고자 하였다. 그러나 그들은 총독 관저의 담장 안에만 부정함이 있다고 생각하였기 때문에, 하늘과 땅이 지켜보고 있는데도, 무죄한 자를 죽음으로 내모는 일을 서슴지 않았다. 요컨대, 그들은 가식적(假飾的)인 경외심으로 허울뿐인 유월절을 지키고자 하면서, 자신들의 손으로 신성모독을 행하여 참 유월절을 범할 뿐만 아니라, 자신들의 힘이 닿는 데까지 참 유월절을 영원히 소멸시켜 버리려고 애쓰고 있는 것이다.

29. 그러므로 빌라도가 밖으로 나가서. 세속적인 인간이자 이교도였던 빌라도는 자신이 조롱하고 경멸하는 미신(迷信)쯤은 기꺼이 용인할 의향이 있었지만, 정작 송사(訟事)와 관련된 중요한 대목에 이르러서는, 유대인들에게 고소할 것이 있으면 말해 보라고 명함으로써, 충실한 재판관으로서의 본분을 다한다. 그러나 제사장들은 자기들이 직접 판결을 선고할 권한이 없어서 판결을 내리지 못했을 뿐이지 이미 그리스도가 유죄라는 것은 다 밝혀내었기 때문에 빌라도는 단지 자기들의 앞서의 결정을 추인(追認)해 주면 된다고 대답한다.

30. 이 사람이 행악자가 아니었더라면 우리가 당신에게 넘기지 아니하였겠나이다. 이것은 그들이 빌라도에게 자신들의 말에는 아무런 흠이 없기 때문에 마땅히 믿어 주어야 하는데도 그렇게 해주지 않는다고 간접적으로 항의하는 것이다. 그들은 "당신은 우리가 고발한 사람이 사형에 처해져야 마땅하다는 우리의 말을 왜 선뜻 받아들이지 않는 것입니까"라고 말하고 있는 것이다. 하나님께서는 그들을 높이셔서 제사장이라는 존귀한 자리에 앉혀 주셨는데도, 자신들의 권세와 영광으로 인해서 눈이 멀어 버린 이 불경건한 자들은 제멋대로 방자하게 행하고 있다. 이것은 교만(superbia)이 사람을 얼마나 지독하게 취하게 만드는지를 잘 보여준다. 그

들은 자기들이 그리스도를 고발하였다는 이 단 한 가지 이유만으로 빌라도가 그리
스도를 범죄자로 취급하는 것이 마땅하다고 여겼다. 그러나 진실을 한 번 살펴보
면, 그리스도께서 행하신 것은 온갖 병을 고쳐 주시고, 귀신을 내쫓으시고, 중풍병
자와 절름발이를 걷게 하시고, 소경을 보게 하시고, 귀머거리를 듣게 하시고, 죽은
자를 살리신 것뿐인데, 그리스도에게서 그 어떤 악행이나 범법행위를 찾을 수 있
단 말인가? 이것은 분명한 사실이었고, 그들도 이것을 잘 알고 있었다. 그러나 내
가 조금 전에도 말했듯이, 교만에 취한 사람들을 깨워서 건전하고 냉정한 정신으
로 판단하도록 만드는 것보다 더 어려운 일은 없다.

31. 너희 법대로 재판하라. 의심할 여지 없이 여기에서 빌라도는 그들의 야만적
이고 폭력적인 태도에 격앙되어서, 그들이 밀어붙이고자 하는 그런 식의 재판은
모든 나라의 보편적인 법체계와 인류의 정서에 어긋나는 것이라고 그들을 비난하
고 있는 것이다. 아울러, 빌라도는 그들이 하나님께서 자기들에게 "법"을 주셨다
고 자랑하는 것과 관련해서도 그들을 비난한다.

그를 데려다가. 빌라도는 비꼬듯이 "너희가 그를 데려다가 너희 법대로 재판하
라"고 말한다. 이것은 빌라도가 사형 선고를 내릴 수 있는 권한을 그들에게 허용한
것이 아니라, 단지 "만일 너희에게 힘이 있다면, 너희는 그를 즉시 데려가서 변론
할 기회도 주지 않고 처형할 기세인데, 아무런 죄도 없는 사람을 그렇게 단죄하는
것이 너희가 말하는 율법의 공정함이란 말이냐"라고 말한 것과 같다. 이처럼 하나
님의 이름을 빙자하여 악을 행하는 무리들 때문에 하나님의 거룩한 진리가 원수들
에게서 비난을 받고, 세상은 그런 기회를 놓치지 않고서 그것을 빌미로 삼아서 하
나님의 진리를 비방하고 나선다.

우리에게는 사람을 죽이는 권한이 없나이다. 그들이 이렇게 말한 것이 빌라도의
제안을 거절한 것이라고 생각하는 것은 잘못이다. 단지 그들은 "너희가 그를 데려
다가 너희 법대로 재판하라"는 빌라도의 말이 자기들을 조롱하는 말이라는 것을
깨닫고서는, "이 일은 재판관인 당신이 해야 할 일이니, 그런 식으로 말하지 마십
시오"라고 대답한 것일 뿐이다.

32. 이는 예수께서 … 가리켜 하신 말씀을 응하게 하려 함이러라. 끝으로, 복음서
기자는 그리스도께서 인자(人子)가 이방인들의 손에 넘겨질 것이라고 말씀하신 것
(마 20:19)이 이루어지기 위해서, 이 일이 이렇게 될 수밖에 없었다는 말을 덧붙인
다. 우리가 그리스도의 죽음에 관한 기사(記事)를 읽고 유익을 얻고자 한다면, 하

나님의 영원한 계획(aeternum Dei consilium)을 염두에 두는 것이 가장 중요하다. 지금 하나님의 아들이 인간의 법정 앞에 서 계신다. 만일 우리가 이 일이 사람들의 뜻과 욕망에 의해서 이루어지고 있는 것이라고 생각해서 우리의 시선을 하나님에게로 돌리지 않는다면, 우리는 당혹감에 휩싸여서 우리의 믿음을 부끄럽게 여길 수밖에 없게 될 것이다. 그러나 우리가 그리스도께서 정죄를 받으심으로 말미암아 우리가 하나님 앞에서 정죄를 받지 않게 되었고, 하나님께서는 이런 식으로 자기와 인간이 화목하게 되기를 기뻐하셨다는 것을 깨닫는 순간, 우리는 이 한 가지 사실만으로도 크게 고무(鼓舞)되어서, 그리스도의 수치스러운 죽으심을 담대하고 부끄러움 없이 당당하게 자랑하게 된다. 그러므로 우리가 이 기사(記事)를 한 줄 한 줄 읽어 내려가면서, 우리의 구속(救贖)의 근원이신 하나님에게로 우리의 눈을 돌리는 법을 배워야 한다.

[33]이에 빌라도가 다시 관정에 들어가 예수를 불러 이르되 네가 유대인의 왕이냐 [34]예수께서 대답하시되 이는 네가 스스로 하는 말이냐 다른 사람들이 나에 대하여 네게 한 말이냐 [35]빌라도가 대답하되 내가 유대인이냐 네 나라 사람과 대제사장들이 너를 내게 넘겼으니 네가 무엇을 하였느냐 [36]예수께서 대답하시되 내 나라는 이 세상에 속한 것이 아니니라 만일 내 나라가 이 세상에 속한 것이었더라면 내 종들이 싸워 나로 유대인들에게 넘겨지지 않게 하였으리라 이제 내 나라는 여기에 속한 것이 아니니라(18:33-36).

33. 이에 빌라도가 다시 관정에 들어가. 요한복음 기자는 보도하고 있지만, 빌라도와 유대인들 사이에서는 많은 말들이 오고갔을 것이다. 이것은 다른 복음서들을 보면 금방 분명하게 드러난다. 그러나 요한복음 기자는 여기에서 단 한 가지 사실만을 집중적으로 부각시키는데, 그것은 빌라도가 그리스도를 재판에 회부하는 것이 정당한지의 여부를 면밀하게 조사했다는 것이다. 그러나 제사장들의 선동으로 흥분한 무리 앞에서 모든 것은 엉망이 되어 버렸다. 그래서 빌라도는 다시 관정으로 들어간다. 사실, 그의 의도는 그리스도를 무죄 방면(放免)하는 것이었다. 그러나 그리스도께서는 아버지 하나님에게 순종하시기 위해서, 빌라도가 자기를 정죄하도록 자기 자신을 그에게 내주는 것이었다. 그래서 그리스도께서는 대답을 아끼신다. 빌라도는 그리스도에게 호의적인 재판관이었기 때문에 그리스도의 주장을

기꺼이 경청하고자 했다. 따라서 그리스도께서 자신의 입장을 변호하는 것은 그리 어렵지 않은 상황이었다. 그러나 그리스도께서는 자기가 이 세상에 온 목적이 무엇이며, 지금 아버지 하나님께서 자기를 어디로 부르고 계시는지를 염두에 두고 계셨기 때문에, 다가올 죽음을 피하지 않으시려고 일부러 말을 아끼고 계셨다.

네가 유대인의 왕이냐. 만일 유대인들이 이 죄목과 관련해서 그리스도를 고소하지 않았다면, 빌라도가 스스로 생각해 내서 이런 질문을 했을 리가 만무하다. 그러나 이 죄목은 아주 중대한 것이었기 때문에, 빌라도가 그리스도를 무죄로 석방할 수 있으려면 가장 골치 아픈 이 문제를 잘 처리해야만 했다. 빌라도의 이 질문에 대해서, 그리스도께서는 "이는 네가 스스로 하는 말이냐 다른 사람들이 나에 대하여 네게 한 말이냐"라고 반문하시는데, 이 반문은 유대인들이 그리스도에 대해서 고소한 내용이 아무런 근거가 없다는 것을 보여준다. 즉, 이러한 반문을 통해서 그리스도께서는 간접적으로 유대인들의 주장을 반박한 것이다. 왜냐하면, 그리스도께서는 "내가 그런 말을 하지 않았다는 것에 대해서는 일말의 의혹도 있을 수 없는 까닭에, 나를 그런 죄목으로 고소한 것은 터무니없다"고 말씀하신 것과 같기 때문이다. 그리스도께서 왜 자기를 의심하느냐고 반문하신 것이 빌라도의 심기를 불편하게 한 것으로 보인다. 그래서 빌라도는 화를 내면서, 모든 문제는 유대 민족으로부터 비롯된 것이라고 그리스도를 책망한다. 빌라도는 이렇게 말한다: "나는 지금 재판관으로 이 곳에 앉아 있기는 하지만, 너를 고소한 자들은 이방인들이 아니라 네 동족들이다. 그러니 너희들끼리의 불화와 다툼에 내가 개입할 이유가 없다. 나와 로마인들은 너희가 평화롭게 살도록 내버려 두었는데도, 너희들 사이에서 자꾸 분란이 일어나니, 내가 싫어도 어쩔 수 없이 개입하지 않을 수 없다."

36. 내 나라는 이 세상에 속한 것이 아니니라. 이 말씀을 통해서 그리스도께서는 자신이 "왕"이라는 것을 시인하시기는 하시지만, 유대인들이 고소한 내용은 중상 모략에 불과하고 거기에 대해서는 자신이 무죄함을 밝히실 필요가 있으셨기 때문에, 자신의 나라와 세상의 정치 질서 간에는 그 어떤 갈등관계도 존재하지 않는다고 선언하시는 것이다. 그리스도께서는 이렇게 말씀하신 것과 같다: "나는 사회 혼란을 초래하거나 정치적인 변혁을 꾀하였다는 혐의로 고소되었지만, 그것은 사실 무근이다. 내가 하나님의 나라에 대해서 선포한 것은 사실이지만, 그 나라는 영적인 나라이다. 그러므로 당신은 내가 세상 권력에 뜻을 두고 왕이 되고자 했다고 의심할 이유가 전혀 없다." 이것은 빌라도 앞에서 행하신 그리스도의 변론(defensio

Christi)이지만, 세상 끝날까지 믿는 자들에게 적용되는 유익한 가르침이다. 만일 그리스도의 나라가 땅에 속한 나라였다면, 그것은 무너지기 쉬운 불안정한 나라에 지나지 않았을 것이다. 왜냐하면, "이 세상의 외형," 즉 이 세상에 속한 것들은 다스쳐 "지나가는" 것들에 불과하기 때문이다(고전 7:31). 그러나 그리스도께서는 자신의 나라가 하늘에 속한 나라라고 선언하셨기 때문에, 우리는 그 나라가 영원할 것임을 확신할 수 있다. 따라서 온 세상이 뒤집어진다고 해도, 우리의 양심이 그리스도의 나라를 바라보기만 한다면, 요동치는 세태(世態) 속에서는 물론이고 참담한 폐허의 한가운데에서도 우리의 양심은 흔들림 없이 견고할 것이다. 불경건한 자들이 우리를 폭압(暴壓)으로 괴롭힐지라도, 우리의 구원은 사람들의 뜻에 좌우되지 않는 그리스도의 나라에서 확고하게 보장된다. 요컨대, 세상은 온갖 풍파에 끊임없이 요동하지만, 세상과 절연(絶緣)된 그리스도의 나라는 요동하지 않는데, 우리의 평안을 보장해 주는 것은 바로 그 나라라는 것이다. 또한, 이 말씀은 우리에게 그리스도의 나라의 성격에 대해서도 가르쳐 준다. 만일 그 나라가 우리에게 재물과 사치품과 그 밖에 현세의 삶에 필요한 모든 것을 공급해 주어서, 육신을 따라 우리를 행복하게 만들어 준다면, 그런 나라는 하늘에 속한 나라가 아니라, 땅과 세상에 속한 나라일 뿐이다. 그러나 우리의 처지와 형편이 겉보기에는 초라해 보일지라도, 우리의 실질적이고 참된 행복(solida felicitas)은 전혀 손상되지 않은 채로 그대로 유지된다. 여기에서 우리는 그리스도의 나라에 속한 자들이 누구인지도 알게 되는데, 그들은 하나님의 성령으로 새롭게 되어서 의로움과 거룩함 가운데서 하늘의 생명을 바라는 자들이다. 그러나 우리가 이렇게 말한다고 해서, 그리스도의 나라가 이 세상 속에 존재하지 않는다고 말하는 것은 결코 아니라는 것을 우리는 유의해야 한다. 왜냐하면, 그리스도께서 "하나님의 나라는 너희 안에 있느니라"(눅 17:21)고 말씀하신 것처럼, 우리는 그 나라가 "우리의 마음 속에" 있다는 것을 알기 때문이다. 그러나 엄밀하게 말해서, 하나님의 나라가 우리 안에 있는 것은 사실이지만, 그 나라는 이 세상 나라와는 그 성격이 판이하게 다르기 때문에, 이 세상에서는 낯선 존재일 수밖에 없다.

만일 내 나라가 이 세상에 속한 것이었더라면 내 종들이 싸워. 그리스도께서는 자기가 그 누구를 동원하거나 무장시켜서 자기를 지지하게 하지 않았다는 것을 근거로 제시하셔서, 자신의 목적이 이 세상에 속한 나라를 세우는 것이 아니었다는 것을 증명하신다. 왜냐하면, 왕권을 잡으려는 자는 사람들을 선동해서 규합해야만

하기 때문이다. 그리스도께서는 그런 성격의 일을 전혀 하지 않으셨기 때문에, 그리스도는 이 세상의 왕이 아니라는 결론이 나올 수밖에 없다. 그러나 여기에서 무력을 사용해서 그리스도의 나라를 지키는 것이 과연 불법인가라는 질문이 제기될 수 있다. 왜냐하면, 하나님께서 "세상의 군왕들"에게 자기 아들인 그리스도에게 "입맞추라"고 명하신 것(시 2:10-12)은 그들이 개인적으로는 그리스도의 권세에 굴복하라고 명하신 것이지만, 아울러 그들의 모든 무력을 사용해서 교회와 그 성도들을 지키라고 명하신 것이기도 하기 때문이다. 나의 대답은 이런 것이다. 첫 번째는 이 말씀을 근거로 삼아서, 복음의 가르침과 하나님에 대한 순전한 예배를 지키기 위해서 무력을 사용하는 것은 옳지 않다는 결론을 내리는 자들은 무지로 인해서 오류에 빠진 자들이라는 것이다. 왜냐하면, 그리스도께서는 오직 당시의 상황과 관련해서만 유대인들의 중상모략이 대응할 가치조차 없는 것임을 논하고 계시는 것이기 때문이다. 두 번째는 경건한 왕들이 무력으로 그리스도의 나라를 지킬지라도, 그 방식은 세상의 나라들을 지킬 때와는 다르다는 것이다. 왜냐하면, 그리스도의 나라는 영적인 나라인 까닭에 성령의 가르침과 능력이라는 토대 위에 세워져야 하기 때문이다. 또한, 그리스도의 나라를 세워갈 때에도 동일한 방식이 사용되어야 한다. 왜냐하면, 인간의 법률이나 칙령, 또는 그런 것들에 의해서 가해지는 형벌들은 사람의 양심에는 영향을 미치지 못하기 때문이다. 그러나 이것은 군왕들이 외적인 징벌을 시행함으로써, 또는 불경건한 자들에 맞서서 교회를 보호해 줌으로써 그리스도의 나라를 지켜 주는 것을 막는 것은 아니다. 그러나 타락한 세상에서 그리스도의 나라는 무력에 의해서가 아니라, 순교자들의 피에 의해서 세워져야 한다.

[37]빌라도가 이르되 그러면 네가 왕이 아니냐 예수께서 대답하시되 네 말과 같이 내가 왕이니라 내가 이를 위하여 태어났으며 이를 위하여 세상에 왔나니 곧 진리에 대하여 증언하려 함이로라 무릇 진리에 속한 자는 내 음성을 듣느니라 하신대 [38]빌라도가 이르되 진리가 무엇이냐 하더라 이 말을 하고 다시 유대인들에게 나가서 이르되 나는 그에게서 아무 죄도 찾지 못하였노라 [39]유월절이면 내가 너희에게 한 사람을 놓아 주는 전례가 있으니 그러면 너희는 내가 유대인의 왕을 너희에게 놓아 주기를 원하느냐 하니 [40]그들이 또 소리 질러 이르되 이 사람이 아니라 바라바라 하니 바라바는 강도였더라(18:37-40).

37. 네 말과 같이 내가 왕이니라. 빌라도는 방금 전의 대답을 통해서 그리스도께서 모종의 왕권을 주장하고 계시다는 것을 이미 알고 있었지만, 이제 그리스도께서는 자기가 왕이라는 것을 다시 한 번 확실하게 밝히신다. 그리스도께서는 거기에서 만족하지 않으시고, 자신이 앞서 하셨던 말씀에 인(印)을 치는 역할을 하는 또 다른 말씀을 덧붙이신다. 이것으로부터 우리는 그리스도의 나라에 대한 가르침이 얼마나 중요한지를 알게 된다. 왜냐하면, 그리스도께서는 그 나라를 이렇게 공식적으로 엄숙하게 단언하실 가치가 있는 것으로 여기셨기 때문이다.

내가 이를 위하여 태어났으며 … 곧 진리에 대하여 증언하려 함이로라. 이 말씀은 분명히 일반적인 선언이지만, 그 의미는 현재의 문맥과 관련해서 고찰되어야 한다. 따라서 이 말씀의 의미는 그리스도께서 진리를 말씀하시는 것은 당연하고, 자기는 이 목적을 위해서 아버지 하나님의 보내심을 받았기 때문에, 그것은 자신의 고유한 직무라는 것이다. 그러므로 우리가 그리스도를 믿어서 속을 위험은 없다. 왜냐하면, 진리를 선포하기 위해서 하나님으로부터 보내심을 받으신 그리스도께서 진리가 아닌 것을 가르치신다는 것은 있을 수 없는 일이기 때문이다.

진리에 속한 자는 내 소리를 듣느니라. 그리스도께서는 빌라도를 설득시키기 위해서가 아니라(그는 빌라도에게 이런 말을 해봐야 아무 소용이 없다는 것을 알고 계셨다), 자신의 가르침에 대해 가해진 비열한 비방들로부터 그 가르침을 변호하시기 위해서 이 말씀을 덧붙이셨다. 따라서 그리스도께서는 "나는 내가 왕이라고 주장했다는 이유로 고소되었지만, 그 주장은 의심할 바 없는 사실이기 때문에, 올바른 판단력과 제대로 된 분별력이 있는 자라면 누구나 이의(異議) 없이 경외심으로 그 사실을 인정할 것이다"라고 말씀하신 것과 같다. 그리스도께서 "진리에 속한 자"라고 말씀하신 것은 태어날 때부터 진리를 아는 자들이 있다는 의미가 아니라, 하나님의 성령의 인도하심을 받는 자들이라는 의미이다.

38. 진리가 무엇이냐. 어떤 이들은 빌라도가 호기심에서 이런 질문을 한 것이라고 생각한다. 왜냐하면, 세속적인 사람들도 종종 신기한 일에 대해서 몹시 알고 싶어 하곤 하기 때문이다. 그러나 그들은 자기가 왜 알고 싶어 하는지는 모른 채, 단지 자신들의 귀를 즐겁게 하기 위해서 그렇게 하는 것일 뿐이다. 그러나 빌라도의 이 질문은 경멸의 표현이라는 것이 나의 생각이다. 왜냐하면, 빌라도는 그리스도께서 자기를 진리에 무지한 자로 여기셨을 때에 상당한 모욕을 당했다고 여겼기 때문이다. 우리는 여기에서의 빌라도의 모습 속에서 사람들에게 통상적으로 나타

나는 병(病)을 본다. 즉, 우리는 다 우리 자신의 무지를 알기는 하지만, 그것을 사실대로 고백하는 자는 거의 없다는 것이다. 그 결과로서 대다수의 사람들은 참된 가르침을 배척해 버린다. 그러나 결국에는 겸손한 자들의 선생이 되시는 주님께서는 교만한 자들의 눈을 멀게 하셔서 그들로 하여금 그들에게 합당한 벌을 받게 하신다. 사람들이 자기가 지혜가 있고 똑똑하다고 착각해서 겸손하게 배우기를 거절하는 것도 그런 교만에서 비롯된다. 사람들은 진리가 진부한 것(res trita)이라고 생각하지만, 하나님께서는 정반대로 진리야말로 인간의 모든 예지(叡智)를 훨씬 뛰어넘는 것이라고 선언하신다. 이것과 동일한 일이 다음과 같은 주요한 신학적 주제들과 관련해서도 일어난다: 저주받은 인류, 본성의 타락, 육신의 죽음, 새롭게 된 생명, 유일한 희생 제사를 통해서 값없이 주어지는 화해, 죄인이 하나님께 용납되는 수단인 의(義)의 전가, 성령의 조명. 이런 주제들은 역설(逆說)로 이루어져 있기 때문에, 평범한 이해력을 지닌 자들은 이런 것들을 경멸해서 배척해 버린다. 이와 같은 가장 기본이 되는 가르침들에 주의를 기울이는 사람이 열 명 중에 한 명도 안 되는 까닭에, 하나님의 학교에서 진보를 보이는 사람을 찾기가 어려운 것이다. 그렇다면, 왜 사람들은 이런 것들을 경멸하고 무시하는 것일까? 그것은 사람들이 자신의 이해력에 비추어서 하나님의 비밀한 지혜를 판단하고 평가하기 때문이다. 빌라도가 이 말을 마치고 곧 자리를 떴다는 사실에서, 그가 냉소적으로 이 질문을 던졌다는 것이 잘 드러난다. 요컨대, 빌라도는 그리스도께서 어둠 속에 감춰져 있던 진리를 자기가 드러내 제시한 것이라고 주장하신 것에 대해서 화가 난 것이다. 빌라도가 이렇게 화를 내는 모습 속에서 우리는 불경건한 자들이라도 복음의 가르침에 의해서 아무런 자극도 받지 않은 채로 그 가르침을 거부하는 것은 아니라는 사실을 알게 된다. 왜냐하면, 빌라도는 그 가르침을 순순히 받아들일 만큼 감화를 받은 것은 아니었지만, 어느 정도 내면의 찔림은 피할 수가 없었기 때문이다.

39. 내가 너희에게 한 사람을 놓아 주는 전례가 있으니. 빌라도는 어떻게 하면 그리스도의 목숨을 구할 수 있을지를 내내 궁리하고 있었다. 그러나 무리들의 분노가 하늘을 찌를 듯했기 때문에, 빌라도는 타협점을 찾아서 그들의 분노를 누그러뜨리고자 하였다. 왜냐하면, 빌라도는 그리스도를 행악자로 낙인을 찍어서 영원한 수치를 당하게 하는 것으로 충분하리라고 생각했기 때문이다. 그래서 빌라도는 다른 모든 범죄자들을 제쳐두고 "바라바"를 선택했는데, 이것은 무리들이 그리스도와 바라바를 비교하게 되면서, 그리스도에 대한 그들의 증오가 누그러지게 하기

위한 것이었다. 왜냐하면, 모든 사람들이 흉악범인 바라바를 극도로 증오하고 있었기 때문이다. 사실, "강도"보다 더 흉악한 죄인이 어디 있겠는가? 그러나 누가는 바라바가 강도였을 뿐만 아니라, "민란과 살인"의 죄도 그에게 있었다고 말한다 (눅 23:19). 유대인들이 바라바가 놓아줄 사람으로 그리스도가 아닌 바라바를 선택한 것은 오로지 하나님의 특별한 간섭이 없었다면 일어날 수 없는 일이었다. 왜냐하면, 그리스도께서 이런 식으로 구차하게 목숨을 건진다는 것은 하나님의 아들에게는 도무지 어울리지 않는 일이었을 것이기 때문이다. 그리스도께서는 결국 가장 수치스러운 죽음을 당하게 되셨고, 바라바가 석방된 까닭에, 두 강도 사이에서 십자가에 못 박히셨다. 왜냐하면, 그리스도께서는 다른 어떤 방법으로도 속죄받을 수 없는 모든 사람들의 죄를 친히 짊어지셔야 하셨기 때문이다. 그러나 십자가에서의 죽음 바로 뒤에 이어진 부활의 영광으로 말미암아 그의 죽음 자체가 영광의 승리가 되었다. 로마 총독이 해마다 유월절을 맞아서 죄인들 중 한 명을 유대인들에게 넘겨 주는 이 관습은 가증스러운 악습이었다. 이것은 명목상은 거룩한 유월절을 기념하기 위한 것이었지만, 사실은 유월절을 천박하게 모독하는 것일 뿐이었다. 성경은 죄 있는 자를 죄 없다고 풀어 주는 것은 하나님이 보시기에 가증스런 일이라고 말한다(잠 17:15). 그러므로 하나님께서는 이처럼 본말이 전도된 방식으로 죄인을 사해 주는 것을 결코 기뻐하지 않으신다. 우리는 이 사례를 통해서 우리가 만들어 낸 제도들을 통해서 하나님을 섬기려는 것보다 더 본말이 전도된 일은 없다는 것을 알아야 한다. 왜냐하면, 사람이 자신의 생각을 좇기 시작하면 끝도 없이 그 생각을 좇아가다가, 결국에는 극도로 망령된 행위에 빠지게 되어서, 결국 하나님을 공공연히 모독하는 데까지 이르게 되기 때문이다. 그러므로 우리는 하나님을 섬기는 법(法)도 오직 하나님 자신의 가르침 속에서만 찾아야 한다.

제 19 장

¹이에 빌라도가 예수를 데려다가 채찍질하더라 ²군인들이 가시나무로 관을 엮어 그의 머리에 씌우고 자색 옷을 입히고 ³앞에 가서 이르되 유대인의 왕이여 평안할지어다 하며 손으로 때리더라 ⁴빌라도가 다시 밖에 나가 말하되 보라 이 사람을 데리고 너희에게 나오나니 이는 내가 그에게서 아무 죄도 찾지 못한 것을 너희로 알게 하려 함이로라 하더라 ⁵이에 예수께서 가시관을 쓰고 자색 옷을 입고 나오시니 빌라도가 그들에게 말하되 보라 이 사람이로다 하매 ⁶대제사장들과 아랫사람들이 예수를 보고 소리 질러 이르되 십자가에 못 박으소서 십자가에 못 박으소서 하는지라 빌라도가 이르되 너희가 친히 데려다가 십자가에 못 박으라 나는 그에게서 죄를 찾지 못하였노라(19:1-6).

1. 이에 빌라도가 예수를 데려다가 채찍질하더라. 그리스도를 무죄라고 확신해서 놓아주려고 하는 빌라도의 입장은 변함이 없었지만, 그는 그리스도에게 적당한 징벌을 가하면 유대인들이 그것으로 만족할 것이라는 희망을 갖고서, 그리스도에게 채찍질이라는 또 다른 치욕을 안긴다. 빌라도가 이렇게 애를 썼음에도 불구하고 자신의 뜻을 이룰 수 없었다는 것 속에서 우리는 하늘이 그리스도께서 죽으실 수밖에 없도록 정해 놓으셨다는 사실을 읽을 수 있어야 한다. 그런데도 하나님께서 재판관인 빌라도의 입을 통해서 그리스도께서 죄가 없으셨다는 것을 반복적으로 증언하게 하신 것은 아무런 죄도 없으신 그리스도께서 다른 사람들의 죄를 대신해서 짊어지시고 그 벌을 받으셨다는 것을 우리에게 알게 하시기 위한 것이었다. 또한, 우리는 빌라도 속에서 두려워 떠는 양심의 전형적인 예를 본다. 그는 입으로는 그리스도에게는 죄가 없기 때문에 방면하겠다고 말하지만, 실제로는 그리스도가 마치 죄인이라도 되는 양 형벌을 가하고 있다. 이렇게, 옳다고 생각하는 일을 흔들림 없이 밀어붙일 만한 용기가 없는 자는 이리저리 갈팡질팡하다가 결국에는 자신의 생각과 상충되는 의견까지도 수용하고 만다. 우리 모두는 빌라도를 단

죄한다. 그러나 말하기조차 창피스러운 일이지만, 세상에는 그리스도의 육신만이 아니라 그의 가르침에도 채찍질을 하는 빌라도와 같은 인간들이 얼마나 많은지 모른다. 그리고 복음을 위하여 박해받는 자들의 목숨을 구한다는 명분하에 그들로 하여금 그리스도를 부인할 것을 강요하는 악행을 저지르는 인간들도 많은데, 그러한 행위는 그들로 하여금 그리스도를 비웃음거리로 만들고서는 자신의 목숨을 구차하게 건지도록 강요하는 것이 아니고 무엇이겠는가? 또한, 어떤 자들은 복음서에서 자기들이 인정하는 본문들만을 발췌해냄으로써 복음서의 전체 내용을 갈기갈기 찢어놓고서도, 자기들이 몇몇 크게 잘못된 본문들을 바로잡은 것은 아주 잘한 일이라고 생각한다. 그러나 그리스도의 가르침이 이런 식으로 채찍질당하는 것보다는 차라리 일시적으로 묻혀 있는 편이 더 나을 것이다. 왜냐하면, 마귀와 폭군들의 훼방에도 불구하고 그 가르침은 다시 태어날 것이기 때문이다. 그러나 한번 훼손된 가르침이 순수한 모습으로 회복되는 것보다 더 어려운 일은 없다.

2. 군인들이 가시나무로 관을 엮어 그의 머리에 씌우고. 이 일은 빌라도의 명령에 의한 것임이 분명하다. 빌라도가 이런 조치를 취한 것은 하나님의 아들에게 왕을 참칭한 죄인임을 나타내는 치욕적인 표(標)를 붙임으로써, 이제 자기가 유대인들의 고소가 옳다는 것을 확신한 척함으로써 그들의 분노를 가라앉히기 위한 것이었다. 그러나 군인들은 재판관 빌라도가 자기들에게 명령한 것보다 더 악하고 오만하게 행하였다. 불경건한 자들은 이처럼 악을 행할 기회가 자신들에게 주어지면 그 기회를 한껏 이용하는 법이다. 그런데 우리는 이토록 애처로운 광경을 보고도 연민의 정조차 느끼지 않은 유대인들이 얼마나 잔인한 민족인지를 보게 된다. 그러나 자기 아들의 죽음을 통해서 세상을 자기와 화목하게 하시기 위해서 이 모든 일을 주관하고 계신 분은 바로 하나님이셨다.

6. 너희가 친히 데려다가 십자가에 못 박으라. 빌라도는 그리스도를 유대인들의 손에 넘겨주고 싶지 않았고, 그들의 광분함에 그리스도를 내던져 주고 싶지 않았지만, 단지 자기가 그들을 위해서 사형집행인의 역할을 하지 않겠다는 것만을 분명하게 선언했을 뿐이다. 빌라도가 그렇게 말한 이유는 바로 이어지는 그 자신의 말 속에 분명하게 드러나 있다. 즉, 빌라도는 그리스도에게서 "죄를 찾지 못한" 것이었다. 따라서 빌라도는 자기가 그들을 위해서 무죄한 자의 피를 흘릴 생각이 결코 없다고 말한 것과 같다. "대제사장들과 아랫사람들"만이 그리스도를 십자가에 못 박으라고 요구했다는 사실에서 우리는 백성들은 나중에 그들의 선동을 받기까

지는 그들만큼 광기에 빠져 있지는 않았다는 것을 알게 된다.

[7]유대인들이 대답하되 우리에게 법이 있으니 그 법대로 하면 그가 당연히 죽을 것은 그가 자기를 하나님의 아들이라 함이니이다 [8]빌라도가 이 말을 듣고 더욱 두려워하여 [9]다시 관정에 들어가서 예수께 말하되 너는 어디로부터냐 하되 예수께서 대답하여 주지 아니하시는지라 [10]빌라도가 이르되 내게 말하지 아니하느냐 내가 너를 놓을 권한도 있고 십자가에 못 박을 권한도 있는 줄 알지 못하느냐 [11]예수께서 대답하시되 위에서 주지 아니하셨더라면 나를 해할 권한이 없었으리니 그러므로 나를 네게 넘겨 준 자의 죄는 더 크다 하시니라(19:7-11).

7. 우리에게 법이 있으니. 이것은 그들이 증오심이나 악의적인 감정에 의해서가 아니라, 법에 따라서 그리스도를 처리하고 있는 것이라는 의미이다. 왜냐하면, 그들은 그리스도에게서 죄를 찾지 못하겠다는 빌라도의 말이 간접적으로 자신들을 비난하는 것임을 눈치 챘기 때문이다. 그들은 마치 자신들의 법을 알지 못하는 사람이 자기들 앞에 있는 것처럼 말하고 있다. 따라서 그들은 "우리에게는 우리의 관습대로 살 권리가 허용되어 있는데, 우리의 종교에 의하면 어느 누구도 하나님의 아들을 참칭하는 것이 금지되어 있습니다"라고 말한 것과 같다. 유대인들의 이런 주장이 전혀 틀린 것은 아니었지만, 그들은 그 율법을 적용함에 있어서 심각한 잘못을 범하였다. 인간이 하나님의 영광을 스스로 취하는 것은 율법에 어긋난다는 것과 오직 하나님께만 속한 것을 자신에게 돌리는 자는 마땅히 죽임을 당해야 한다는 것은 보편적인 가르침으로서 의심할 여지 없는 사실이었다. 그러나 그들의 근본적인 잘못은 그리스도가 어떤 분이신지를 오해했다는 데에 있었다. 만일 그들이 성경을 진지하게 상고(詳考)하였더라면, 메시야가 하나님의 아들이라고 불릴 것이라는 예언을 쉽게 알 수 있었을 것이다. 그러나 그들은 그러한 사실을 간과하였을 뿐만 아니라, 예수께서 하나님이 전에 약속하셨던 메시야이신지 아닌지를 알아보고자 하는 노력조차 하지 않았다. 따라서 우리는 여기에서 그들이 잘못된 추론에 의해서 기본 진리로부터 그릇된 결론을 이끌어 냈다는 사실을 알게 된다. 우리는 이 사례에서 보편적인 가르침과 그것을 적용하는 일은 엄격하게 구별해야 한다는 경고를 받게 된다. 왜냐하면, 진리를 가장한 사이비 가르침에 한 번 속고 난 후에는, 성경의 기본 진리 자체까지도 거부하고마는 무지하고 경박한 자들이 많이

있고, 오늘날의 세계에서도 그러한 방종과 무질서가 난무하고 있기 때문이다. 그러므로 우리는 신앙의 기본 진리들을 온전히 보전하고 성경의 권위가 무너지지 않도록 하기 위해서는 사술(詐術)에 대한 경계를 늦추지 말아야 한다는 것을 명심하여야 한다. 한편, 이 사례 속에서 우리는, 성경의 증언을 비롯해서 자신들이 성경으로부터 이끌어 낸 기본 진리들을 악한 동기를 갖고 부당하고 그릇되게 주장하는 악용하는 불경건한 자들을 반박할 수 있는 근거를 쉽게 발견할 수 있는데, 교황주의자들이 바로 그런 자들에 속한다. 오늘날 교황주의자들은 화려한 언변을 구사하여 교회의 권위를 외치고, 그들이 주장하는 내용들은 하나 같이 하나님의 자녀들이 모두 동의할 수 있는 것들뿐이다. 그들은 교회가 믿는 자들의 어머니이고 진리의 기둥이기 때문에, 믿는 자들은 교회가 하는 말들을 청종해야 하고, 교회는 성령의 다스림을 받고 있다고 주장한다. 이런 주장은 그 자체로는 모두 옳다. 그러나 교황주의자들이 교회에 돌려져야 할 모든 권위를 가로채서 자신들의 것으로 만들어 버릴 때, 그것은 자신들에게 전혀 속하지 않은 것들을 취하는 사악하고 신성모독적인 월권행위이다. 왜냐하면, 우리는 그들의 그런 행위의 전제가 되는 질문, 즉 그들이 과연 교회라고 불리는 것이 타당한가를 검토해 보아야 하는데, 그 결론은 절대로 그렇지 않다는 것이기 때문이다. 마찬가지로, 그들은 경건한 자들을 폭력으로 잔인하게 박해하면서, 자기들이 교회의 신앙과 평화를 수호하는 사명을 부여받았기 때문에 그렇게 하는 것이라는 핑계를 들이댄다. 그러나 진실을 좀 더 자세히 들여다보면, 우리는 그들이 참된 가르침을 수호하고 평화(pax)와 일치(concordia)를 이루는 데에는 전혀 관심이 없고, 단지 자신들의 폭정을 유지하는 데에만 혈안이 되어 있다는 것을 쉽게 알아차릴 수 있다. 보편적인 진리를 아는 것으로 만족하고 구체적인 사정(事情)에는 별 관심이 없는 사람들은 우리에 대한 교황주의자들의 공격이 정당한 것이라고 오해할 수 있다. 그러나 실상을 알게 되면, 순진한 사람들을 속이기 위해서 쳐 놓은 그들의 연막은 순식간에 사라져 버리고 말 것이다.

8. 빌라도가 이 말을 듣고 더욱 두려워하여. 이 구절은 두 가지로 설명될 수 있다. 하나는 빌라도는 자기가 그리스도에게 유죄 판결이 내리지 않아서 폭동이라도 일어나면 그 책임이 자기에게 돌려지게 될 것을 두려워했다는 것이고, 다른 하나는 "하나님의 아들"이라는 이름을 들은 빌라도의 마음이 종교심으로 인하여 흔들렸다는 것이다. 이후에 이어지는 내용은 두 번째 설명이 옳다는 것을 보여준다.

9. 다시 관정에 들어가서 예수께 말하되 너는 어디로부터냐. 빌라도가 "하나님의 아들"이라는 말을 듣고는 다시 관정에 들어가서 이렇게 물은 것을 보면, 빌라도는 섣불리 하나님의 아들에게 손을 댔다가 신성모독으로 화를 입을지도 모른다는 두려움으로 인해서 당혹감과 걱정을 감추지 못하는 상태에 빠지게 된 것이 분명하다. 우리가 유의할 것은 빌라도가 그리스도께 "어디로부터냐"고 물은 것은 그리스도의 출신 국가가 어디냐는 의미로 물은 것이 아니라, "너는 사람으로 이 세상에 태어난 자냐, 아니면 신이냐"라고 물은 것과 같았다는 것이다. 그러므로 나는 빌라도가 더욱 두려워하게 되었다는 것을 그가 하나님에 대한 두려움에 사로잡혀서 어떻게 해야 할지를 몰라서 진퇴양난에 빠지게 되었다는 의미로 해석한다. 왜냐하면, 빌라도는 한편으로는 백성들 가운데 폭동의 징후가 있다는 사실을 알게 되었을 뿐만 아니라, 다른 한편으로는 자기가 화를 면하려면 하나님을 거슬러서는 안 된다는 종교심이 발동하였기 때문이다. 이 일은 매우 주목할 만한 가치가 있다. 왜냐하면, 빌라도 앞에 끌려 온 그리스도의 모습은 정말 볼품이 없었지만, 빌라도는 하나님의 이름을 듣자마자, 천하고 비루한 모습의 한 인간 속에 나타난 하나님의 위엄을 범접(犯接)해서는 안 된다는 두려움에 사로잡혔기 때문이다. 빌라도 같이 세속적인 인간에게도 이처럼 하나님을 두려워하는 마음이 큰 영향을 끼쳤다면, 오늘날 마치 장난하듯이 하나님의 일들에 대해서 겁도 없이 함부로 판단하려 드는 자들은 빌라도보다 더 악한 버림받은 자들이 아니면 무엇이겠는가? 사실, 여기에서 빌라도는 사람들 속에는 하나님의 일들과 관련하여 제멋대로 행동하지 못하도록 그들을 제어하는 선천적인 종교심이 있다는 것을 보여주는 증거로서의 역할을 하고 있다. 이것이 성경의 가르침을 다루면서도 사소한 일을 놓고 논쟁을 벌일 때만큼이나 하나님의 위엄을 느끼지 못하는 자들을 내가 "상실한 마음대로 내버려진"(롬 1:28) 자들이라고 말하는 이유이다. 하지만 그런 자들은 장차 멸망을 당할 때에 자기들이 지금 능멸하고 있는 하나님의 이름이 어떠한 공경을 받아 마땅한지를 알게 될 것이다. 말하기도 끔찍하지만, 교황주의자들은 오만방자하게도 명백하게 증명된 하나님의 진리를 비방할 뿐만 아니라, 잔악하게 무죄한 자들의 피를 흘리고 있다. 나는 그들이 하나님의 일을 하고 있다는 사실을 잊은 것이 아니라면, 어떻게 그렇게 주정뱅이 같은 망동(妄動)을 할 수 있는 것이냐고 정말 묻고 싶은 심정이다.

예수께서 대답하여 주지 아니하시는지라. 내가 앞서 말한 것을 기억한다면, 우리

는 그리스도께서 대답하지 않으신 것에 대하여 이상하게 생각할 필요가 없다. 왜
나하면, 그리스도께서 빌라도 앞에 서신 것은 여느 피고(被告)들처럼 자신의 입장
을 변호하여 무죄 판결을 받아 풀려나기 위한 것이 아니라, 우리를 대신하여 재판
을 받고 정죄를 당하시기 위한 것이었기 때문이다. 이것이 그리스도께서 자신을
변호하지 않으신 이유였다. 그리스도의 침묵은 "그리스도께서 빌라도 앞에서 선
한 증언을 하셨음을 기억하라"(딤전 6:13)는 바울의 말과 모순되지 않는다. 왜냐하
면, 그리스도께서는 빌라도 앞에서 복음을 믿는 것에 대해서 충분히 증언하셨고,
그의 죽으심은 자신의 가르침을 인치신 것이었기 때문이다. 그리스도께서는 빌라
도 앞에서 믿음에 관한 것은 다 말씀하셨지만, 자기는 무죄이니 풀어 달라는 요구
는 하지 않으시고 도리어 침묵하셨다. 또한, 티베리우스 황제가 그리스도를 로마
의 신들 중 하나로 편입시키기를 바랐던 것처럼, 빌라도가 그리스도를 신적인 인
물로 추앙하여 석방할지도 모르는 위험이 도사리고 있었다. 그러므로 그리스도께
서는 침묵을 지키심으로써 그런 우매하고 잘못된 미신(迷信)을 일축해 버리신 것
은 합당한 일이었다.

10. 내가 너를 놓을 권한도 있고 십자가에 못 박을 권한도 있는 줄 알지 못하느냐.
빌라도가 이렇게 말하고 있는 것을 보면, 우리는 그에게 갑자기 엄습해 왔던 두려
움은 그의 마음속에 깊이 뿌리를 내린 것이 아니라, 단지 일시적인 것이었음을 알
게 된다. 빌라도는 이제 모든 두려움을 잊어버리고, 안하무인(眼下無人) 식으로 오
만해져서 하나님까지도 우습게 여기고, 마치 하늘에 재판장이 없기라도 한 것처럼
그리스도를 겁박한다. 하지만 이것은 빌라도에게만 국한된 일이 아니라, 세속적인
인간들에게서 늘 일어나는 일이다. 그들은 잠시 하나님을 두려워하다가도, 이내
그것을 잊어버리고 자신들의 본성으로 신속하게 되돌아간다. 이것으로부터 우리
는 사람의 마음이 "만물보다 거짓되고 심히 부패한 것"(렘 17:9)이라 불리는 데에
는 다 그럴 만한 이유가 있다는 것을 알게 된다. 왜냐하면, 사람에게는 하나님을 두
려워하는 마음이 얼마간 있기는 하지만, 마찬가지로 하나님으로부터 멀어지려는
마음도 있기 때문이다. 그러므로 하나님의 성령으로 거듭나지 않은 자는 잠시 하
나님을 경외하는 척할 수는 있지만, 곧 모순되는 행동들을 보임으로써, 자신의 그
러한 경외심이 가식적인 것이었음을 드러내고 만다. 또한, 우리는 빌라도에게서
야심 때문에 분별력을 잃어버린 교만한 인간상을 본다. 왜냐하면, 그는 자신의 권
력을 위해서라면 자기가 정의를 행해서 얻게 될 온갖 찬사와 명성 따위는 대수롭

지 않게 여길 수 있다는 것을 보여주기 때문이다. 방금 전까지만 해도 그리스도를 무죄라고 인정했던 빌라도가 이제 와서는 자기에게는 그리스도의 목을 벨 수도 있는 권세가 있다고 말하는 것은 자기가 강도와 다를 바 없다는 것을 보여준 것이다. 이와 같이 믿음과 하나님을 아는 참 지식이 다스리지 않는 양심은 그 속에서 육신의 여러 가지 다양한 감정들이 서로 다투고 있기 때문에 늘 혼들리고 요동칠 수밖에 없다. 인간이 마치 자신의 능력이 무한하다는 듯이 그 한계를 넘어설 때, 하나님께서는 그런 식으로 인간의 교만을 응징하신다. 그 결과, 그들은 자기 자신을 불의하다고 정죄함으로써, 자기 자신에게 더할 나위 없이 치욕스런 낙인을 찍게 된다. 그러므로 교만으로 인하여 눈먼 것보다 더 심각하게 눈이 머는 것은 없다. 교만한 인간이 자신의 교만을 쳐서 응징하시는 하나님의 손을 느끼게 되는 것은 놀랄 일이 아니다. 그러므로 우리가 기억해야 할 것은, 우리는 경솔하게 우쭐대면서 헛된 자만에 빠지는 어리석은 인간이 되어서는 안 되고, 특히 지도자의 위치에 있는 자들은 더더욱 분수를 지켜 처신하여야 하고, 하나님과 그의 법에 복종하는 것을 부끄러워해서는 안 된다는 것이다.

11. 위에서 주지 아니하셨더라면 나를 해할 권한이 없었으리니. 어떤 이들은 이 말씀을 폭 넓게 해석해서, 이 세상에는 하나님의 허락 없이 일어나는 일이 하나도 없다는 의미로 이해한다. 따라서 그리스도께서는 자기가 그 어떤 일도 할 수 있다고 생각하는 빌라도에게 사람은 하나님께서 허락하신 일만을 할 수 있을 뿐이라는 뜻으로 이렇게 말씀하셨다는 것이다. 이 세상이 하나님의 뜻(arbitrium)에 의해서 다스려진다는 말과 하나님의 비밀한 힘(potentia)이 작용하지 않으면 불경건한 자들이 아무리 애를 써도 손가락 하나도 움직일 수 없다는 말은 모두 사실이다. 그러나 나는 이 말씀을 빌라도 총독의 권한에만 국한시켜서 해석하는 견해를 따르고자 한다. 왜냐하면, 이 말씀을 통해서 그리스도께서는 자신의 힘이 마치 하나님에게서 비롯되지 않은 것처럼 우쭐대며 뽐내는 빌라도의 어리석은 교만을 책망하시는 것이기 때문이다. 그리스도께서는 이렇게 말씀하신 것과 같다: "너는 네가 한 행위들을 언젠가는 하나님 앞에서 결산을 해야 할 것임에도 불구하고 마치 그런 일은 없을 것이고 모든 것은 그저 네 자신의 것일 뿐이라고 생각하지만, 하나님의 섭리가 없었다면 네가 재판관이 될 수도 없었을 것이다. 그러므로 너는 하늘에 있는 하나님의 보좌가 네 자리보다 훨씬 높다는 것을 생각하라." 다른 사람들을 다스리는 자들이 자신의 권세를 남용하지 않기 위해서는 자신의 오만방자함을 억제하여야

한다는 말보다 더 적절한 교훈은 없다. 하나님께서 다스리는 자들의 권세에 일정한 한계를 정해 주셨다는 것을 사람들이 생각하지 않는다면, 아버지는 자식을, 남편은 아내를, 주인은 종을, 통치자는 백성을 자기 마음대로 해도 괜찮다고 착각하게 된다.

나를 네게 넘겨 준 자의 죄는 더 크다. 어떤 이들은, 유대인들은 합법적인 권한이 없는 사인(私人) 신분으로서 악한 적개심과 악의적인 술수로 무죄한 의인을 해치려고 광분하였기 때문에, 그리스도께서 그들의 죄가 빌라도의 죄보다 더 크다고 말씀하시는 것이라고 생각한다. 그러나 나는 유대인들의 죄가 더 중대하고 더 용서받기 어려운 이유는 따로 있다고 생각하는데, 그것은 그들이 하나님에 의해 임명된 통치자인 빌라도에게 자신들의 불법적인 요구를 수용할 것을 강요했다는 것이다. 왜냐하면, 하나님께서 정하신 거룩한 제도를 악한 목적을 위해서 악용하는 것은 중대한 신성모독이 되기 때문이다. 불쌍한 나그네를 죽이고 재물을 빼앗는 강도가 지탄을 받는 것은 당연하지만, 사법(司法) 절차를 악용해서 죄 없는 사람을 죽이는 것은 더욱 사악한 행위이다. 그러나 그리스도께서는 빌라도의 죄를 완화시켜 주시기 위해서 유대인들의 죄가 더 크다고 하신 것이 아니다. 왜냐하면, 그리스도께서는 양자의 죄의 경중을 비교하신 것이 아니라, 유대인들과 빌라도는 둘 다 똑같이 거룩한 권세를 악용하는 죄를 저지른 까닭에, 둘 다를 동일하게 단죄하신 것이기 때문이다. 한 가지 차이점이 있다면, 그것은 그리스도께서 유대인들의 죄에 대해서는 직접적으로 거론하신 반면에, 유대인들의 악한 요구에 영합한 빌라도에 대해서는 간접적으로 비난하셨다는 것이다.

[12]이러하므로 빌라도가 예수를 놓으려고 힘썼으나 유대인들이 소리 질러 이르되 이 사람을 놓으면 가이사의 충신이 아니니이다 무릇 자기를 왕이라 하는 자는 가이사를 반역하는 것이니이다 [13]빌라도가 이 말을 듣고 예수를 끌고 나가서 돌을 깐 뜰(히브리 말로 가바다)에 있는 재판석에 앉아 있더라 [14]이 날은 유월절의 준비일이요 때는 제육시라 빌라도가 유대인들에게 이르되 보라 너희 왕이로다 [15]그들이 소리 지르되 없이 하소서 없이 하소서 그를 십자가에 못 박게 하소서 빌라도가 이르되 내가 너희 왕을 십자가에 못 박으랴 대제사장들이 대답하되 가이사 외에는 우리에게 왕이 없나이다 하니 [16]이에 예수를 십자가에 못 박도록 그들에게 넘겨 주니라 (19:12-16).

12. 이러하므로 빌라도가 예수를 놓으려고 힘썼으나. 빌라도는 지혜롭게 행하지 못하였고, 정의감이 아니라 야심에 의해서 움직이는 인간이었기 때문에, 불쌍할 정도로 결단력이 없었지만, 그리스도에게서 호된 질책을 받고도 자신의 감정에 휩쓸리지 않고, 도리어 그를 놓아 주려고 한층 더 애썼다는 점에서 그의 절제력은 칭찬받을 만한 것이었다. 빌라도는 재판관이었음에도 불구하고 자신에 대한 피고의 질책을 순순히 받아들였다. 사실, 대등한 자들 사이에서도 상대방의 질책을 이렇게 순순히 받아들이는 사람은 백 명 중에 한 명도 되지 않는다.

이 사람을 놓으면 가이사의 충신이 아니니이다. 유대인들은 이제 그리스도에게 유죄를 선고하라고 빌라도를 위협한다. 왜냐하면, 가이사에 대한 충성심이 의심스럽다는 말보다 빌라도에게 더 기분 나쁘고 두려운 말은 없었을 것이기 때문이다. 유대인들은 "모든 것을 송두리째 뒤엎으려 한 자를 무죄로 풀어주는 것은 당신이 가이사의 권위에 아무런 관심도 없다는 반증입니다"라고 말한 것이다. 지금까지 유대인들의 광기 어린 절규에도 그저 흔들리기만 할 뿐이었던 빌라도의 마음은 이 사악한 협박 앞에서 결국 무너지고 만다. 복음서 기자가 이 문제를 집중적으로 자세하게 다룬 데에는 그럴 만한 이유가 있었다. 왜냐하면, 그는 그리스도께서 자신의 죄가 아니라 우리의 죄로 말미암아 정죄를 받으셨다는 것을 우리에게 알게 해주고자 했는데, 그러기 위해서는, 빌라도가 결국에는 그리스도에게 유죄 판결을 내리긴 했지만, 그렇게 되기까지 그가 서너 차례에 걸쳐서 그리스도가 무죄라고 언급했다는 사실이 매우 중요하였기 때문이다. 또한, 이것으로부터 우리는 그리스도께서 자신에게 매우 우호적이었던 재판관의 호의를 활용할 생각을 하지 않으시고 아예 무시해 버리셨다는 사실에서 그의 죽음이 얼마나 자발적인 것이었는지를 알게 된다. 그리스도의 죽음이 우리의 모든 죄를 대속하는 "향기로운 제물"(엡 5:2)이 된 것은 바로 그러한 순종 때문이었다.

13. 빌라도가 … 재판석에 앉아 있더라. 우리는 여기에서 빌라도가 마치 일인이역(一人二役)을 하는 배우처럼 그 마음이 갈피를 잡지 못하고 흔들리고 있는 것을 본다. 그는 그리스도에게 사형을 선고하기 위해서 재판관으로서의 위엄을 갖추고 재판석에 오르기는 하지만, 자기가 마지못해서 자신의 양심을 거슬러서 그렇게 하고 있다는 것을 노골적으로 드러낸다. 유대인들은 왕을 참칭하였다는 죄목으로 그리스도를 고소했는데, 역설적이게도 빌라도는 그리스도를 그들의 "왕"이라고 부르는 것은 자기는 사실 그들의 고소를 대수롭지 않은 것으로 여기고 있다는 속내

를 드러낸 것이었다. 아니, 빌라도는 유대 백성 중 한 사람이 왕권을 꿈꾸다가 사형을 당했다는 소문이 널리 퍼지는 것은 민족 전체의 망신이 될 것이라는 경고를 이런 식으로 표시해서, 그들의 분노를 가라앉히려 한 것일 가능성이 크다.

돌을 깐 뜰(히브리 말로 가바다). 복음서 기자는 총독의 재판석이 위치한 곳의 이름이 히브리어로 "가바다"였다고 말하지만, 정확히 말하면 히브리어라기보다는 당시에 일반적으로 쓰이던 아람어라고 해야 할 것이다. 히브리어에서 '가바흐'(גבה)는 "높다"는 뜻이다. 그리스도께서는 마지막 날에 하늘로부터 최고의 재판장으로 오셔서 우리의 죄를 사하시기 위해서, 높은 곳에 앉은 인간에게서 정죄를 받으셔야 했다.

14. 때는 제육시라. 복음서 기자들 간에는 그리스도께서 사형 판결을 받으시고 십자가에 달리신 시간을 보도함에 있어서 차이가 있는 것처럼 보이고 심지어는 서로 모순되는 것처럼 보이기도 한다. 요한을 제외한 다른 세 복음서 기자들은 그리스도께서 십자가에 달리시고 난 후에 "제육시부터" 어둠이 임했다고 보도하고 있고(마 27:45; 막 15:33; 눅 23:44), 마가는 그리스도에 대한 사형 판결이 내려진 것이 "제삼시"였다고 분명하게 말한다(막 15:25에 따르면, "제삼시"는 그리스도께서 십자가에 못 박히신 시각이었다 — 역주). 그러나 이 문제의 해결은 그리 어렵지 않다. 복음서의 다른 본문들을 보면, 당시에 밤이 네 개의 경(更)으로 나뉘어 있었듯이, 낮도 네 부분으로 나뉘어 있었음이 분명하다. 따라서 복음서 기자들은 종종 낮을 네 부분으로 나눈 계산법을 사용하였고, 각각의 부분은 다시 세 시간으로 이루어져 있었다. 아울러, 그들은 어느 시간이 거의 끝나갈 때에는 그 때를 다음 시간에 속하는 것으로 여기기도 하였다. 요한은 이러한 계산법에 따라서 시간이 "제육시," 즉 낮의 두 번째 부분에 접근하고 있었기 때문에 그리스도께서 "제육시"에 사형 판결을 받으셨다고 말한 것이다. 이것으로부터 우리는 그리스도께서 십자가에 달리신 때가 "제육시" 또는 그 무렵이었다고 추론할 수 있다. 왜냐하면, 요한이 조금 뒤에서 밝히고 있듯이(요 19:20), 그리스도께서 십자가에 못 박히신 곳은 예루살렘 성에서 가까웠기 때문이다. 그런 후에, 제육시부터 제구시 사이에 어둠이 임하기 시작했고, 그 어둠은 그리스도께서 숨을 거두신 "제구시"까지 계속되었다.

15. 가이사 외에는 우리에게 왕이 없나이다. 이스라엘 백성의 구원은 전적으로 메시야에게 있었고, 하나님이 주신 모든 약속도 메시야에 달려 있었으며, 이스라엘 신앙의 모든 토대도 메시야 위에 놓여 있었는데도, 어느 누구보다도 율법에 정

통해 있었어야 할 제사장들이 그 메시야를 배척한 것은 그들이 얼마나 지독한 광
기에 사로잡혀 있었는지를 보여준다. 사실, 그들은 그리스도를 배척함으로써 하나
님의 은혜와 온갖 복을 모두 다 차버린 것이다. 그러므로 우리는 그들이 얼마나 지
독한 광기에 사로잡혀 있었는지를 알게 된다. 설령 예수 그리스도께서 메시야가
아니었다고 하더라도, 대제사장들이 자기들에게는 "가이사 외에는 왕이 없다"고
말한 것은 변명의 여지가 없다. 왜냐하면, 그들의 행위는 영적인 하나님의 나라에
반기를 든 것일 뿐만 아니라, 하나님께서 그들에게 약속해 주신 의로운 통치보다
는 그들이 그토록 혐오했던 로마 제국의 독재가 더 좋다고 고백한 것이기 때문이
다. 이렇게 불경건한 자들은 그리스도에게서 등을 돌림으로써 영원한 생명을 빼앗
기게 될 뿐만 아니라, 온갖 종류의 참상(慘狀)들을 자신들의 머리로 끌어온다. 반
면에, 경건한 자들의 단 한 가지 유일한 행복(felicitas)은 그들이 육신적으로 정당하
고 합법적인 통치 아래 있거나 아니면 폭군의 압제 아래 있거나 그리스도의 왕권
에 복종하는 데에 있다.

16. 이에 예수를 십자가에 못 박도록 그들에게 넘겨 주니라. 빌라도는 대제사장
들을 비롯한 유대인들의 끈질긴 요구에 못 이겨서 어쩔 수 없이 그리스도를 넘겨
줄 수밖에 없었지만, 이 과정은 폭압적인 방식이 아닌 적법한 절차를 밟아서 이루
어졌다. 왜냐하면, 거기에는 정상적인 심리(審理)를 거쳐서 십자가형을 선고받은
다른 두 강도도 있었기 때문이다. 그럼에도 불구하고, 요한이 이런 표현을 사용한
것은 아무런 죄도 없으신 그리스도께서 잔학무도(殘虐無道)한 백성들에게 넘겨졌
다는 사실을 분명히 하기 위한 것이었다.

[17]그들이 예수를 맡으매 예수께서 자기의 십자가를 지시고 해골(히브리 말로 골고
다)이라 하는 곳에 나가시니 [18]그들이 거기서 예수를 십자가에 못 박을새 다른 두
사람도 그와 함께 좌우편에 못 박으니 예수는 가운데 있더라 [19]빌라도가 패를 써서
십자가 위에 붙이니 나사렛 예수 유대인의 왕이라 기록되었더라 [20]예수께서 못 박
히신 곳이 성에서 가까운 고로 많은 유대인이 이 패를 읽는데 히브리와 로마와 헬
라 말로 기록되었더라 [21]유대인의 대제사장들이 빌라도에게 이르되 유대인의 왕이
라 쓰지 말고 자칭 유대인의 왕이라 쓰라 하니 [22]빌라도가 대답하되 내가 쓸 것을
썼다 하니라(19:17-22).

17. 예수께서 자기의 십자가를 지시고 해골(히브리 말로 골고다)이라 하는 곳에
나가시니. 복음서 기자가 여기에서 이런 세부적인 상황들을 보도한 것은 이 기사
(記事)의 진실성을 보여주는 것에서만이 아니라 우리의 믿음을 견고히 세워 주는
데에도 큰 도움을 준다. 우리에게는 그리스도의 대속(代贖)으로 말미암은 의(義)
가 필요했기 때문에, 그리스도께서는 자기가 우리의 죄를 대속하기 위한 희생 제
물이 되셨다는 것을 증명하시기 위하여, 성 밖으로 끌려 나가서서 나무 위에 달리
신 것이었다. 왜냐하면, 사람들의 죄를 속하기 위해서 피를 흘린 제물은 율법에 따
라서 진영 밖으로 내어가는 것이 관례였고(레 6:30; 16:27), 또한 율법은 "나무에 달
린 자는 하나님께 저주를 받은" 것이라고 선언하고 있었기 때문이다(신 21:23). 이
두 가지가 그리스도 안에서 모두 성취됨으로써, 우리는 다음과 같은 사실들을 온
전히 확신할 수 있게 되었다: 그리스도의 죽음을 통해서 우리의 죄를 위한 대속이
이루어졌다는 것, 그리스도께서 우리를 율법의 저주에서 속량하시기 위해서 스스
로 저주를 받으셨다는 것(갈 3:13), 우리로 하여금 그리스도 안에서 하나님의 의
(義)가 되게 하시려고 그리스도께서 우리를 대신하여 죄 있는 자처럼 여김을 받으
셨다는 것(고후 5:21), 우리의 허물을 없애 주시려고 우리의 허물을 대신 지시고 성
문 밖에서 고난을 받으셨다는 것(히 13:12). 바로 뒤에 이어지는 두 강도에 관한 기

18. 다른 두 사람도 그와 함께 좌우편에 못 박으니 예수는 가운데 있더라. 그리스
도께서는 저 잔혹한 십자가 형벌로도 충분하지 않다는 듯이 두 강도 사이에 달리
셨는데, 이것은 그리스도께서 두 강도와 동일한 부류로 취급받으신 것일 뿐만 아
니라, 그들 중에서도 가장 악하고 가증스러운 자로 취급받으신 것이었다. 그러나
우리가 기억해야 할 것은 불경건한 자들이 자행한 모든 일은 오로지 하나님의 손
길과 계획에 의해서 미리 정해져 있었던 것에 지나지 않았다는 것이다. 왜냐하면,
하나님께서는 불경건한 자들의 욕망을 충족시켜 주시려고 자기 아들을 내주신 것
이 아니라, 자기 아들이 자신의 의지와 판단을 좇아서 자신을 희생 제물로 바치도
록 정하신 것이기 때문이다. 하나님께서 자기 아들로 하여금 이 모든 고난을 겪도
록 정하신 데에는 다 그럴 만한 이유가 있었는데, 그것은 한편으로는 죄에 대한 그
의 진노가 너무 컸기 때문이었고, 다른 한편으로는 우리를 향하신 그의 선하심이
한이 없으셨기 때문이었다. 따라서 하나님의 아들이 우리를 대신해서 저주를 받아
버림받으시는 것 말고는 우리의 죄가 제거될 수 있는 다른 방법이 없었다. 우리는

그리스도께서 하나님과 사람 앞에 저주받은 자로 나타나시기 위해서 마치 온갖 죄악을 다 저지른 흉악한 자인 양 저주의 십자가로 내몰리신 것임을 안다. 만일 우리가 이런 장면 속에서 우리의 죄악이 하나님께 얼마나 가증스러운 것인지를 깨닫지 못한다면, 우리는 지독하게 어리석은 자들이라고 할 수밖에 없고, 만일 우리가 하나님의 이러한 심판에 두려움과 전율을 느끼지 못한다면, 우리는 차갑고 단단한 돌멩이보다 더 나을 것이 없는 자들이라고 할 수밖에 없다. 반면에, 하나님께서 우리의 구원이 너무나 소중하였기 때문에 자기 독생자까지도 아낌없이 내주셨다는 것을 우리가 깨달을 때, 우리는 여기에서 하나님의 선하심과 은혜가 얼마나 놀랍고 풍성한지를 보게 된다. 그러므로 그리스도께서 죽으신 이유와 그 죽음이 우리에게 가져다준 유익을 올바르게 깨달은 자는 누구나 십자가의 도(doctrina crucis)를 헬라인처럼 "미련한 것"으로 여기거나 유대인처럼 "거리끼는 것"으로 여기지 않고(고전 1:23), 도리어 하나님의 능력과 지혜와 의로우심과 선하심을 보여주는 값으로 따질 수 없는 귀한 증거와 보증으로 여길 것이다. 요한은 그리스도께서 십자가에 달리신 곳의 이름이 히브리 말로 해골을 뜻하는 "골고다"라고 한다고 말하지만, 이것도 아람어이다. "골고다"는 "굴리다"를 뜻하는 '갈갈'에서 유래했는데, 해골은 공처럼 둥글었기 때문이다.

19. 빌라도가 패를 써서 십자가 위에 붙이니 나사렛 예수 유대인의 왕이라 기록되었더라. 복음서 기자는 빌라도가 사형 판결을 선고한 후에 한 가지 기억될 만한 행동을 했다고 보도한다. 당시에 죄인을 처형할 때에는 십자가 위에 죄명을 적은 패(牌)를 붙여 놓아서 누구나 그 죄인이 무슨 죄로 형벌을 받는 것인지를 알게 함으로써 모든 사람에게 본보기가 되도록 하는 관행이 있었던 것 같다. 그런데 그리스도의 경우에 특이했던 것은 그 죄패에 적힌 내용이 수치스러운 것이 아니었다는 것이다. 빌라도가 이렇게 한 의도는 무죄한 사람에게 사형 판결을 내리도록 끈질기게 강요한 유대인들에게 간접적으로나마 앙갚음을 하기 위한 것이기도 했고, 아울러 그리스도라는 한 개인을 통해서 유대 민족 전체를 비난하기 위한 것이기도 했다. 그렇기 때문에, 그가 써 붙인 죄패에는 그리스도 개인을 죄인으로 낙인찍는 그 어떤 내용도 들어 있지 않았다. 그러나 빌라도의 붓을 주장하셔서 그러한 내용을 쓰게 하신 하나님의 섭리 속에는 더 깊은 뜻이 숨겨져 있었다. 사실, 빌라도가 그리스도를 구세주이자 하나님의 나실인이며 택함받은 백성의 왕이라고 찬양하는 것은 있을 수 없는 일이었다. 그러나 하나님께서는 비록 빌라도 자신은 자기가 스

스로 쓴 글이 무슨 의미인지도 깨닫지 못했음에도 불구하고, 그로 하여금 복음의 핵심이 되는 내용인 "나사렛 예수 유대인의 왕"(Iesus Nazarenus rex Iudaeorum)이라는 글을 써넣게 하셨다. 또한, 이 죄패가 세 가지 언어로 기록된 것도 성령의 비밀한 인도하심에 의한 것이었다. 왜냐하면, 그것은 일반적인 관행은 아니었을 가능성이 높은 데도, 하나님께서는 이런 전주곡을 통해서 자기 아들의 이름이 세계만방에 알려질 때가 가까웠음을 보여주신 것이기 때문이다.

21. 유대인의 대제사장들이 빌라도에게 이르되. 빌라도가 쓴 "패"에 기분이 몹시 상한 대제사장들은 자기네 민족 전체가 수치를 당하지 않고 오직 그리스도에게만 욕이 돌아가도록 하기 위해서 거기에 쓰인 호칭을 바꿔줄 것을 요구하고 나섰다. 그러나 이것은 그들이 진리의 아주 작은 불꽃조차도 용납하거나 참을 수 없어 한다는 것을 보여줌으로써 진리에 대한 자신들의 뿌리 깊은 적개심을 드러낸 것이었다. 이렇게 사탄은 늘 하나님의 빛이 아주 희미하게라도 비치게 되면, 즉시 자신의 졸개들을 동원해서 그들의 어둠으로 하나님의 빛을 꺼버리거나 적어도 그 빛을 가려 버리기 위해서 광분한다.

22. 빌라도가 대답하되 내가 쓸 것을 썼다 하니라. 그들이 빌라도의 결심을 바꿔 놓기 위해서 모든 방법을 다 동원했으리라는 것은 의심의 여지가 없는데, 그럼에도 불구하고 그가 뜻을 굽히지 않은 것은 하나님의 섭리 때문이었음이 틀림없다. 따라서 우리는 빌라도가 하나님의 손에 붙들려 있었기 때문에 자신의 뜻을 굽히지 않았다는 것을 알아야 한다. 빌라도는 제사장들의 간청이나 유혹에도 굴하지 않았고, 도리어 하나님께서는 빌라도의 입을 빌려서 자기 아들의 나라가 견고하게 설 것임을 밝히셨다. 이방인이었던 빌라도가 쓴 글을 통해서도 그리스도의 나라가 모든 대적들의 공격과 술수에 흔들리지 않을 만큼 견고하다는 것이 드러났다면, 하나님께서 친히 그 입과 손을 성별하셔서 자기를 섬기게 하신 선지자들의 증언에 대해서는 우리가 어떻게 생각해야 하겠는가? 빌라도의 사례는 진리를 지키는 일에 있어서 늘 변함이 없어야 하는 것이 우리의 본분이라는 것을 일깨워 준다. 이교도였던 빌라도조차도 자기가 하고 있는 일의 의미를 이해하거나 숙고한 것은 아니었지만, "내가 쓸 것을 썼다"고 말함으로써, 결과적으로 자기가 그리스도에 대하여 참되게 쓴 내용을 철회하지 않았다. 그런데 만일 우리가 어떤 위협이나 위험에 겁을 먹고서 하나님께서 자신의 성령으로 우리의 마음에 인을 쳐 주신 그의 가르침에 대한 신앙고백을 철회한다면, 그것은 얼마나 수치스러운 일이겠는가? 또한, 우

리는 평신도들에게 복음서를 비롯한 모든 성경을 읽지 못하도록 금지하고 있는 교황주의자들의 횡포가 얼마나 가증스러운 일인지도 똑바로 보아야 한다. 빌라도는 버림받은 자였고, 어떤 점들에서는 사탄의 도구였음에도 불구하고, 비밀한 인도하심을 따라서 복음의 전령(傳令)으로 세움을 받아 복음의 핵심을 세 가지 언어로 공표할 수 있었다. 그렇다면, 우리는, 수단과 방법을 가리지 않고 복음을 아는 지식을 억압함으로써 빌라도보다도 더 악한 자들이라는 것을 스스로 보여주는 자들에 대해서는 무엇이라고 말해야 하겠는가?

²³군인들이 예수를 십자가에 못 박고 그의 옷을 취하여 네 깃에 나눠 각각 한 깃씩 얻고 속옷도 취하니 이 속옷은 호지 아니하고 위에서부터 통으로 짠 것이라 ²⁴군인들이 서로 말하되 이것을 찢지 말고 누가 얻나 제비 뽑자 하니 이는 성경에 그들이 내 옷을 나누고 내 옷을 제비 뽑나이다 한 것을 응하게 하려 함이러라 군인들은 이런 일을 하고(19:23-24).

23. 군인들이. 다른 복음서 기자들도 군인들이 그리스도의 옷을 나눠 가진 사건을 보도한다(마 27:35; 막 15:24; 눅 23:34). 네 명의 군인들이 있었고, 그들은 그리스도의 옷을 나눠 가졌는데, "호지 아니하고 위에서부터 통으로 짠" 속옷만은 나눌 수가 없어서 제비를 뽑았다. 복음서 기자들은 우리의 마음이 하나님의 계획과 뜻에 고정될 수 있도록 하기 위해서, 이 사건도 성경의 말씀이 성취된 것이라는 사실을 우리에게 상기시켜 준다. 하지만 복음서 기자들이 시편 22:18에서 인용한 본문을 이 사건에 적용한 것은 왠지 부적절해 보일 수 있다. 왜냐하면, 다윗은 이 시편에서 자기가 원수들의 먹잇감이 되었다고 탄식하면서, 자신의 모든 것을 "옷"이라는 단어를 사용해서 은유적으로 표현한 것이기 때문이다. 즉, 다윗은 자기가 악한 자들에게 모든 것을 빼앗기고 벌거벗겨진 것과 같은 신세라고 말하고 있는 것이다. 따라서 복음서 기자들은 그러한 정황을 고려하지 않고 이 본문을 인용한 것이기 때문에 이 본문의 원래의 의미가 훼손된 것이라고 할 수 있다. 그러나 우리가 먼저 알아야 할 것은 이 시편의 모든 내용이 오직 다윗에게만 한정해서 적용되는 것은 아니라는 사실이다. 이러한 사실은 이 시편의 많은 곳에서 확인할 수 있지만, 그 중에서도 특히 그리스도에 관한 내용임이 분명한 "내가 … 이방인들[개역에서는 '회중'] 가운데에서 주를 찬송하리이다"(시 22:22)라는 구절에서 더욱 두드러지게

드러난다. 그러므로 이것은 다윗 안에서 희미하게 그림자처럼 나타났던 것이 그리스도 안에서 더욱 분명하게 실체를 드러낸 것이기 때문에 전혀 놀랄 일이 아니다. 왜냐하면, 진리(veritas)가 그 모형(typus)보다 더 뚜렷해야 하는 것은 당연하기 때문이다. 또한, 우리는 그리스도의 옷이 벗겨짐으로써 그리스도께서 우리에게 자신의 의(義)를 덧입혀 주실 수 있게 되었고, 그의 벌거벗겨진 몸이 사람들에게서 모욕을 받음으로써 우리가 영광 가운데 하나님의 심판대 앞에 설 수 있게 되었다는 것을 알아야 한다. 이 구절을 억지로 알레고리적으로 해석해서, 이교도들이 성경을 갈기갈기 찢는다는 의미로 이해하는 자들이 있지만, 그것은 지나치게 어색한 해석이다. 그러나 그리스도의 옷을 제비 뽑아 나누어 가졌던 불경건한 군인들을 오늘날 날조되고 생소한 것들을 끌어들여서 성경 전체를 훼손하는 패역한 자들에 비유하는 것에는 내가 반대할 생각이 없다. 왜냐하면, 성경은 그리스도께서 우리에게 자신을 나타내시기 위해서 입으신 옷과 같기 때문이다. 그러나 하나님에 대한 끔찍한 신성모독을 자행하는 교황주의자들의 파렴치한 행위는 도저히 용납될 수 없는데, 그들은 이교도들에 의해서 성경이 갈기갈기 찢길지라도, "속옷," 즉 교회는 온전히 보전된다고 말하고서는, 성경의 권위는 도외시한 채, 마치 교회의 하나됨(unitas ecclesiae)이 성경에 대한 믿음이 아닌 다른 어떤 것 위에 세워지기라도 하는 것처럼, 믿음의 하나됨(unitas fidei)은 오직 교회라는 이름에만 의존하고 있다는 것을 증명하고자 애쓴다. 이렇게 교황주의자들은 믿음(fides)과 성경(scriptura)을 따로 떼어 놓고 믿음은 오직 교회(ecclesia)하고만 관련이 있다고 주장한다. 이처럼 믿음과 성경을 분리시킴으로써, 그들은 그리스도의 옷을 벗길 뿐만 아니라 그의 몸까지 찢는 잔혹한 신성모독을 범하고 있다. 설령 우리가 "호지 않은 속옷"이 교회의 상징이라는 그들의 주장을 인정한다고 할지라도, 모든 것이 그들이 생각하고 원하는 대로 되지는 않을 것이다. 왜냐하면, 교회가 그들의 권세 아래 놓여 있는지가 먼저 증명되어야 하는데, 그들은 그 증거를 하나도 내놓지 못할 것이기 때문이다.

[25]예수의 십자가 곁에는 그 어머니와 이모와 글로바의 아내 마리아와 막달라 마리아가 서 있는지라 [26]예수께서 자기의 어머니와 사랑하시는 제자가 곁에 서 있는 것을 보시고 자기 어머니께 말씀하시되 여자여 보소서 아들이니이다 하시고 [27]또 그 제자에게 이르시되 보라 네 어머니라 하신대 그 때부터 그 제자가 자기 집에 모시니

라(19:25-27).

25. 예수의 십자가 곁에는 그 어머니와 … 섰는지라. 복음서 기자는 여기에서 그리스도께서 하나님 아버지께 순종하셨을 뿐만 아니라, 자신의 어머니에 대한 본분도 소홀히 하지 않으셨다는 것을 부수적으로 언급한다. 물론, 그리스도께서는 아버지 하나님에게 순종하는 데에 필요하다면 자기 자신은 물론이고 다른 모든 것도 다 잊으셨지만, 아버지 하나님에 대한 본분을 다하신 후에는 자신의 어머니에 대한 본분도 소홀히 하지 않으신 것이다. 이것으로부터 우리는 하나님에 대한 본분과 사람에 대한 본분을 어떤 식으로 이행해야 하는지를 배우게 된다. 하나님께서 우리를 어떤 일로 부르시는데, 우리의 부모나 아내나 자녀들은 우리를 다른 일로 불러내서, 결국은 우리가 두 쪽을 다 만족시킬 수 없는 경우가 종종 생긴다. 그럴 때, 우리가 사람과 하나님을 대등하게 놓고 생각한다면, 우리의 생각은 잘못되어 버린다. 우리는 당연히 하나님의 명령을 지키고 하나님을 예배하고 섬기는 일에 우선순위를 두어야 하고, 그런 후에야 우리의 힘이 닿는 한에서 사람들에 대한 본분을 이행하여야 한다. 율법의 첫 번째 돌판에 기록된 하나님에 관한 계명들과 두 번째 돌판에 기록된 사람에 대한 계명들은 얼핏 보면 서로 상충되는 듯이 보이지만, 실제로는 결코 그렇지 않다. 왜냐하면, 우리는 하나님을 예배하는 것을 우선순위로 삼고 사람에 대한 것은 후순위로 삼는 것이 마땅하기 때문이다. 그리스도께서 다음과 같이 말씀하신 것도 동일한 취지이다: "아버지나 어머니를 나보다 더 사랑하는 자는 내게 합당하지 아니하고 아들이나 딸을 나보다 더 사랑하는 자도 내게 합당하지 아니하며"(마 10:37); "무릇 내게 오는 자가 자기 부모와 처자와 형제와 자매와 더욱이 자기 목숨까지 미워하지 아니하면 능히 내 제자가 되지 못하고"(눅 14:26). 그러므로 우리는 하나님에 대한 예배와 순종에 지장이 없는 한에서, 사람에 대한 우리의 본분을 이행하는 데에 최선을 다해야 한다. 하나님께 순종한 후에, 부모와 아내와 자녀를 돌보는 것은 지극히 당연한 일이다. 그래서 그리스도께서도 아버지 하나님의 명령을 좇아 십자가에 달리신 후에 자신의 어머니를 돌보신 것이다. 하지만 이 일이 있은 시간과 장소를 고려해 본다면, 자신의 어머니를 향한 그리스도의 마음은 놀랍도록 지극한 것이었다. 우리가 지금 그리스도께서 겪고 계신 육신의 고통이나 치욕에 대해서는 군이 말하지 않는다고 하여도, 하나님에 대한 끔찍한 신성모독으로 인해서 마음에 가득 찬 헤아릴 수 없는 슬픔이나 영원한

사망 및 마귀와의 사투 등과 같은 그 어느 것도 자신의 어머니를 걱정하는 그리스도의 마음을 막지는 못하였다. 또한, 우리는 그리스도께서 여기에서 행하신 것을 통해서, 하나님이 율법을 통해서 "부모를 공경하라"(출 20:12)고 하셨을 때에 그것이 무슨 의미인지를 배우게 된다. 그리스도께서는 한 제자를 지명하셔서 그에게 자신의 어머니를 돌봐 달라고 부탁하셨다. 이것으로부터 우리는 부모에 대한 참된 공경이란 형식적으로 예의를 차리는 것이 아니라, 부모에게 필요한 모든 일들을 다 행하는 것임을 알게 된다. 한편, 우리는 십자가 곁에 서 있던 다른 거룩한 여자들의 믿음에 대해서도 생각해 보아야 한다. 그리스도를 따라 십자가 형벌이 집행되는 곳에까지 온 것을 보면, 그리스도에 대한 이 여자들의 감정이 결코 평범한 것이 아니었음이 분명하지만, 만일 믿음으로 훈련되고 준비되지 않았더라면, 이 여자들은 결코 이런 상황에서 십자가 곁에 서 있을 수 없었을 것이다. 요한 자신에 대해서 말해 보자면, 우리는 그의 믿음이 일시적으로는 사그라졌지만 완전히 꺼진 것은 아니었다는 것을 알게 된다. 이 여자들은 오직 십자가의 치욕과 저주만을 볼 수 있었을 뿐이었지만, 지금 우리의 눈앞에는 그리스도의 부활의 영광이 놓여 있는데도, 우리가 십자가에 대한 두려움으로 인해서 그리스도를 따르기를 주저한다면, 그것은 얼마나 부끄러운 노릇이겠는가!

글로바의 아내 마리아와 막달라 마리아. [개역에서 "글로바의 아내 마리아"로 옮겨진 헬라어 원문 또는 라틴어 본문은 문자적으로는 "글로바의 마리아"라는 뜻이다 — 역주] "글로바의 마리아"라는 어구는 "글로바의 아내 마리아"라는 의미일 수도 있지만, 나는 이 "마리아"가 "글로바의 딸"이었을 것이라고 생각한다. 요한은 이 "마리아"가 예수의 "이모," 즉 예수의 어머니의 자매였다고 말하는데, 이것은 사촌을 비롯한 모든 혈육을 "형제"라고 부르는 히브리어의 어법을 따른 것이다. 또한, 우리는 막달라 마리아가 끝까지 그리스도의 신실한 제자로 머물러 있었던 것으로 보아서, 그리스도께서 그녀를 "일곱 귀신"에게서 건져 주신 것이 결코 헛된 일이 아니었음을 알게 된다.

26. 여자여 보소서 아들이니이다. 이것은 그리스도께서 "이제 나는 이 세상을 떠나야 하니 더 이상 아들로서의 도리를 다할 수 없어서, 이 사람으로 하여금 제 대신 아들 노릇을 하게 하려고 하나이다"라고 말씀하신 것과 같다. 또한, 그리스도께서 요한에게 "보라 네 어머니라"고 하신 것도 동일한 의미이다. 왜냐하면, 이 말씀을 통해서 그리스도께서는 요한에게 "마리아"를 자기 어머니로 여기고 잘 돌보아

드리라고 부탁하신 것이기 때문이다. 어떤 이들은 그리스도께서 마리아의 가슴에 더 깊은 상처를 주지 않으시려고 "어머니"라 부르지 않고 단지 "여자"라고 부르셨다고 생각한다. 나는 그런 생각에 반대하지는 않는다. 그러나 인간으로서의 삶의 여정을 모두 마치신 그리스도께서는 자기가 이제까지 인간으로서 살아 왔던 조건들을 다 벗어던지고 천국에 들어가서 천사들과 사람들을 다스리게 될 것이라는 사실을 보여주고자 그렇게 하셨다고 보는 것도 마찬가지로 유력한 견해일 수 있다. 왜냐하면, 우리는 그리스도께서 믿는 자들에게 육신적으로 바라보는 것을 경계하라고 늘 말씀해 오셨고, 그리스도께서 죽음을 목전에 둔 지금에 있어서 그것은 더욱 필요한 일이었기 때문이다.

27. 그 때부터 그 제자가 자기 집에 모시니라. 요한이 그리스도의 명령을 즉시 준행한 것은 자신의 주(主)에 대한 제자로서의 공경심의 표시였다. 또한, 이것으로부터 분명한 것은 사도들이 각자의 가정을 꾸리고 있었다는 것이다. 왜냐하면, 만일 요한에게 집이 없었거나 일정한 생계 수단이 없었다면, 그가 그리스도의 어머니를 집으로 모셔 와서 봉양할 수 없었을 것이기 때문이다. 그러므로 사도들이 자신의 재산을 다 버리고 빈 손으로 그리스도께 왔다고 생각하는 자들은 어리석은 자들이고, 구걸하여 사는 것이야말로 완전한 덕(德)에 이르는 길이라고 생각하는 자들은 미쳐도 단단히 미친 자들이다.

[28]그 후에 예수께서 모든 일이 이미 이루어진 줄 아시고 성경을 응하게 하려 하사 이르시되 내가 목마르다 하시니 [29]거기 신 포도주가 가득히 담긴 그릇이 있는지라 사람들이 신 포도주를 적신 해면을 우슬초에 매어 예수의 입에 대니 [30]예수께서 신 포도주를 받으신 후에 이르시되 다 이루었다 하시고 머리를 숙이니 영혼이 떠나가시니라(19:28-30).

28. 예수께서 모든 일이 이미 이루어진 줄 아시고. 요한은 다른 세 복음서 기자가 보도한 많은 내용들을 의도적으로 생략하고, 이제 가장 중요한 저 마지막 순간을 기록해 나간다. 요한은 거기에 "신 포도주가 담긴 그릇"이 놓여 있었다고 말할 때에, 그것을 통상적인 일로 보도한다. 이 문제를 둘러싸고 많은 논란이 있어 왔지만, 나는 그것이 장시간에 걸쳐서 충분히 고통받은 죄수의 임종을 촉진시키기 위해서 준비된 음료의 일종이었다는 견해에 동의한다(실제로 이러한 관습은 역사서

들에 의해서 입증된다). 그러나 그리스도께서는 모든 일이 다 이루어질 때까지는 그 어떤 마실 것도 요구하지 않으심으로써, 우리를 향한 무한하신 사랑과 우리의 구원을 위한 헤아릴 수 없는 간절함을 나타내 보이셨다. 그리스도께서 감내하신 엄청난 고통은 그 어떤 말로도 완전히 표현할 수 없는 것이었지만, 하나님의 공의가 만족되고 완전한 대속이 이루어질 때까지는 그 고통을 떨쳐 낼 생각을 하지 않으셨다. 그런데 그리스도께서는 자신의 사역 중에서 가장 중요한 부분, 즉 자신의 죽음 자체가 아직 현실화되지도 않았는데, 어떻게 모든 일이 다 이루어졌다고 말씀하신 것일까? 더욱이, 그리스도의 부활이 일어나야 비로소 우리의 구원이 완성되는 것이 아닌가? 나의 대답은, 요한은 곧 이루어질 일들도 그 말씀 속에 다 포함된 것으로 보았다는 것이다. 그리스도께서는 아직 죽지 않으셨고 아직 다시 살아나신 것도 아니었지만, 이제 자신의 죽음과 부활을 막을 수 있는 것이 아무것도 없다는 것을 아셨다. 우리로 하여금 극심한 고통과 슬픔 가운데서 하나님의 뜻대로 사는 것이 어렵다고 생각하지 않도록 하시기 위해서, 그리스도께서는 이런 식으로 자신의 모범을 통해서 우리에게 온전한 순종을 드려야 한다는 것을 가르쳐 주셨다.

성경을 응하게 하려 하사. 다른 복음서 기자들이 보도한 것을 보면(마 27:48; 막 15:23, 36; 눅 23:36), 우리는 여기에서 말하는 성경 본문이 시편 69:21이라는 것을 쉽게 알 수 있다: "그들이 쓸개를 나의 음식물로 주며 목마를 때에는 초를 마시게 하였사오니." 물론, 이것은 은유적인 표현이다. 즉, 다윗은 사람들이 자기에게 도움을 베풀어 주기는커녕 잔인하게도 고통을 배가시켰다는 의미로 이렇게 말한 것이다. 그러나 다윗에게서 희미한 그림자처럼 나타났던 일이 그리스도 안에서 좀 더 분명하게 드러났다고 말하는 것은 전혀 이상한 것이 아니다. 왜냐하면, 다윗에게서 단지 비유적으로 예표(豫表)로 나타났던 일들이 그리스도 안에서 분명하고 실질적인 것으로 나타났을 때, 우리는 진리 자체와 비유 또는 예표가 얼마나 다른 것인지를 충분히 깨달을 수 있기 때문이다. 그리스도께서는 다윗으로 표상(表象)되었던 인물이 자기라는 것을 보여주시기 위해서 신 포도주를 마시는 쪽을 택하셨다. 그리스도께서 그렇게 하신 데에는 우리의 믿음을 견고하게 하시려는 목적도 있으셨다.

"목마르다"라는 말씀 속에서 알레고리적인 의미를 이끌어 내고자 하는 자들은 본문에서 참된 교훈을 찾아서 덕을 세우려고 하기보다는 자신들의 말솜씨나 재치를 드러내고 싶어 하는 자들이다. 복음서 기자는 죽음을 목전에 두신 그리스도께서 친히 "신 포도주"를 요구하셨다고 말함으로써, 그들의 그런 해석을 단번에 일축해 버린다. 또한, 복음서 기자가 "신 포도주를 적신 해면을 우슬초에 매어"(29절)라고 말한 것은 해면이 그리스도의 입에 닿게 하려고 우슬초 가지 끝에 해면을 묶었다는 의미이다.

30. 다 이루었다. 그리스도께서는 조금 전에 하셨던 말씀을 여기에서 되풀이하신다. 그리스도께서 하신 이 말씀은 가장 기억할 만한 가치가 있는 말씀이다. 왜냐하면, 이 말씀은 우리의 구원과 그것을 이루는 모든 요소들이 그리스도의 죽음 안에서 담겨 있다는 것을 보여주기 때문이다. 우리는 그리스도의 부활이 그의 죽음과 분리될 수 없다는 것을 이미 말한 바 있지만, 그리스도께서 "다 이루었다"라고 말씀하신 것은 단지 우리의 믿음이 이리저리 흔들리거나 다른 곳으로 향하지 말고 오직 자기에게만 고정되기를 바라셨기 때문이다. 따라서 "다 이루었다"는 말씀의 의미는 인간을 구원에 이르게 하는 모든 것은 그리스도 안에 있기 때문에, 구원을 다른 곳에서 찾는 것은 아무런 소용이 없다는 것, 또는, 동일한 말이긴 하지만, 온전한 구원이 그리스도 안에 있다는 것이다. 그리스도께서는 여기에서 암묵적으로 자신의 죽음을 옛적의 희생제사들 및 모든 예표(豫表)들과 대비시키고 계신다. 즉, 그리스도께서는 "율법에 따라 행해지는 모든 제도 중에서 그 자체로 죄를 대속해 주고 하나님의 진노를 가라앉히고 의로움을 얻을 수 있게 해 주는 것은 하나도 없었지만, 이제 나의 죽음을 통해서 참된 구원이 세상에 분명하게 드러났다"고 말씀하신 것이다. 율법에 따른 모든 의식(儀式)들이 폐지되어야 하는 것은 이러한 가르침에 근거한 것이다. 왜냐하면, 그리스도 안에서 실체(corpus)를 갖고 있는 우리가 허상(umbra)과 같은 율법을 좇는 것은 황당한 일이 아닐 수 없기 때문이다. 우리가 "다 이루었다"는 그리스도의 이 선언에 동의한다면, 우리는 우리의 구원을 위하여 오직 그리스도의 죽음만으로 만족해야 하고, 어떤 다른 곳에서 도움의 손길을 구해서는 안 된다. 그러나 교황의 종교는 각 사람으로 하여금 오만 가지 구원의 방법을 스스로 찾아내도록 유도하는 것으로 온통 넘쳐나기 때문에, 우리는 그 종교가 가증스러운 신성모독으로 차고 넘치고 있다고 말하지 않을 수 없다. 좀 더 구체적으로 말하자면, 그리스도의 이 말씀은 특히 미사의 가증스러움을 단죄한다. 사람의 구원은 그리스도의 죽음이라는 단번의 제사로 완결되었기 때문에, 율법에 따른 모든 제사들은 폐기되는 것이 마땅하다. 그런데도, 교황주의자들은 자신들에게 무

슨 권리가 있거나 무슨 그럴 듯한 변명거리가 있기에, 자기들이 하나님과 인간을 화목하게 하는 새로운 제사(sacrificium novum)를 제정할 권한을 위임받았다고 주장한단 말인가? 이것에 대해서 그들은 미사는 새로운 제사가 아니라 그리스도께서 드리셨던 바로 그 제사라고 대답한다. 그러나 그들의 대답을 반박하는 것은 쉽다. 첫째는 그들은 미사를 드리라는 명령을 그리스도로부터 받은 적이 없다는 것이고, 둘째는 그리스도께서는 단번에 자신을 제물로 드리신 후 십자가에서 모든 것이 다 이루어졌다고 선언하셨기 때문에, 하나님의 아들이 자신의 거룩한 피로 인치신 언약을 온갖 속임수들로 짓밟고 변질시킨 그들은 그 어떤 위조범들보다 더 악한 자들이라는 것이다.

영혼이 떠나가시니라. 모든 복음서 기자들이 그리스도의 죽음을 보도하는 데에 세심한 주의를 기울이는 데에는 다 그럴 만한 이유가 있다. 왜냐하면, 우리가 생명에 대한 확실한 소망을 갖게 되고, 죽음에 대한 두려움 없는 승리를 얻게 되는 것은 그리스도의 죽음, 즉 하나님의 아들이 우리를 대신해서 죽임을 당하셨고 죽음과의 싸움에서 승리하셨다는 사실에서 오는 것이기 때문이다. 우리는 그리스도 안에서 죽는 모든 경건한 자들의 죽음은 자신들의 영혼을 하나님의 보호에 안전하게 의탁하는 것이라는 사실을 가르쳐 주는 요한의 표현에 주목할 필요가 있다. 하나님은 신실하시고, 자기에게 맡겨진 자들을 결코 멸망하도록 내버려 두지 않으시는 분이시기 때문이다. 하나님의 자녀들이나 버림받은 자들이나 죽은 것은 마찬가지이지만, 버림받은 자들은 자신의 영혼이 어디로 가는지, 또는 어떻게 되는 것인지를 알지도 못한 채로 숨을 거두는 반면에, 하나님의 자녀들은 부활의 날까지 그들의 영혼을 신실하게 지켜 주실 하나님의 보호에 자신의 영혼을 귀중한 위탁물처럼 맡긴다는 데에 그 차이가 있다. 여기에서 사용된 "영혼"이라는 단어는 불멸의 영혼(anima immortalis)을 가리키는 것임에 분명하다.

[31]이 날은 준비일이라 유대인들은 그 안식일이 큰 날이므로 그 안식일에 시체들을 십자가에 두지 아니하려 하여 빌라도에게 그들의 다리를 꺾어 시체를 치워 달라 하니 [32]군인들이 가서 예수와 함께 못 박힌 첫째 사람과 또 그 다른 사람의 다리를 꺾고 [33]예수께 이르러서는 이미 죽으신 것을 보고 다리를 꺾지 아니하고 [34]그 중 한 군인이 창으로 옆구리를 찌르니 곧 피와 물이 나오더라 [35]이를 본 자가 증언하였으니 그 증언이 참이라 그가 자기의 말하는 것이 참인 줄 알고 너희로 믿게 하려 함

이니라 ³⁶이 일이 일어난 것은 그 뼈가 하나도 꺾이지 아니하리라 한 성경을 응하게 하려 함이라 ³⁷또 다른 성경에 그들이 그 찌른 자를 보리라 하였느니라(19:31-37).

31. 이 날은 준비일이라. 이 기사(記事)도 우리의 믿음을 세우는 데에 도움을 주는데, 그 이유는 먼저는 이 기사가 성경에 예언되었던 것(슥 12:10)이 그리스도에게서 성취되었다는 것을 보여주기 때문이고, 다음으로는 이 기사 속에는 매우 중요한 신비가 담겨 있기 때문이다. 복음서 기자는 유대인들이 십자가에서 시체들을 내려 달라고 요구했다고 말한다. 이것은 두말할 것도 없이 하나님의 율법에서 명한 것에 따른 것이다. 그러나 유대인들은 외식하는 자들이 늘 그러하듯이 사소한 일들에는 극도로 신경을 쓰면서도 정작 엄청난 죄악들은 아무렇지도 않게 거리낌 없이 무시해 버린다. 왜냐하면, 그들은 안식일을 거룩하게 지키려고 외적인 부정(不淨)함에는 신경을 많이 썼지만, 무죄한 자의 목숨을 뺏는 것이 얼마나 심각한 범죄인지에 대해서는 생각조차 하지 않았기 때문이다. 우리는 앞에서 유대인들이 스스로를 더럽히지 않으려고 총독 관저에 들어가지도 않았다는 것을 보았지만(요 18:28), 사실 온 나라는 이미 그들의 사악함으로 더럽혀져 있었다. 그러나 주님께서는 그들의 사악함을 선용하셔서 우리의 구원을 위해서 아주 중요한 일을 이루셨다. 즉, 놀라운 섭리에 의해서, 그리스도의 시신은 뼈가 꺾이지 않고 보전되었고, 다만 옆구리에서 피와 물이 흘러나왔을 뿐이었다.

그 안식일이 큰 날이므로. 좀 더 일반적으로 받아들여지는 읽기는 "그 날이 큰 날이므로"이지만, 내가 선택한 읽기인 "그 안식일이 큰 날이므로"도 고대의 권위 있는 많은 사본들의 지지를 받고 있다. 선택은 독자들의 몫이다. 만약 독자가 헬라어 본문을 속격인 '에케이누'(ἐκείνου)로 읽는다면, 안식일이라는 단어는 주간(週間)을 가리키는 것으로 이해되어야 하고, 이 경우에, 복음서 기자는 "그 주간의 날은 유월절로 인해서 매우 엄숙한 날이었다"고 말한 것이 된다. 복음서 기자는 해질 때부터 시작되는 다음 날에 대해서 말하고 있는 것인데, 그 날에 시신을 십자가에 달린 채로 놓아 두는 것은 더욱 금기시되는 일이었다. 만약 우리가 그 헬라어 단어를 주격으로 읽더라도("그 안식일이 큰 날이므로"), 실질적인 내용에는 거의 차이가 없고, 단지 이 어구는 다음 날부터 시작되는 유월절로 인해서 그 안식일이 더욱 거룩한 날이 될 것이라는 의미로 해석되는 차이만이 있을 뿐이다.

33. 예수께 이르러서는 이미 죽으신 것을 보고. 군인들은 숨이 빨리 끊어지도록

두 강도의 다리를 꺾었지만, 그리스도의 경우에는 이미 죽으신 것을 보고는 그 몸에 손을 대지 않았다. 이것은 하나님의 놀라운 섭리에 의한 것으로 보인다. 물론, 불경건한 자들은 누가 먼저 죽고 누가 나중에 죽느냐 하는 것은 자연스럽게 일어나는 일일 뿐이라고 말할 것이다. 그러나 이 일련의 이야기를 주의 깊게 읽어 본 자들이라면, 그들은 그리스도께서 사람들의 생각보다 일찍 숨을 거두셨고, 이것으로 인해서 그 다리가 꺾이지 않으셨다는 사실을 하나님의 비밀한 계획에 의해서 그렇게 된 것이라고 생각하지 않을 수 없게 될 것이다.

34. 그 중 한 군인이 창으로 옆구리를 찌르니. 이 군인이 창으로 옆구리를 찌른 것은 그리스도께서 죽었는지를 확인하기 위한 것이었다. 그러나 우리가 곧 보게 보겠지만, 여기에는 하나님의 더 깊은 뜻이 숨겨져 있었다. 교황주의자들은 정말 유치하게도 "창"을 뜻하는 헬라어 '롱케'(λόγχη)에서 '롱기누스'(Longinus)라는 남자 이름을 만들어서 그 군인에게 붙였다. 그리고는 이 군인이 소경이 되었다가 나중에 시력을 되찾고는 회심하여 믿음을 갖게 되었다는 이야기까지 지어내고, 그 군인을 성인의 반열에 포함시켰다. 그리고 그들은 사람의 기도가 하나님께 상달되느냐의 여부가 이러한 성인들의 중보기도에 달려 있다고 주장하는데, 나는 그들은 그렇게 해서 도대체 무엇을 얻고자 하는 것인지를 묻고 싶다. 그리스도를 업신여기고 죽은 자들의 대도(代禱, suffragia)나 쳐다보는 자들이 마귀의 조종을 받아서 귀신이나 망령을 좇게 되는 것은 어쩌면 당연한 일이 아니겠는가?

곧 피와 물이 나오더라. 어떤 이들은 미망(迷妄)에 빠져서 이 일을 이적으로 잘못 생각한다. 그러나 피가 응고되면서 붉은색이 사라지고 물처럼 보이는 것은 자연스런 일이다. 또한, 심장 부근의 막(膜)에 물이 들어 있다는 것도 잘 알려져 있는 사실이다. 그런데도 그들이 착각에 빠지게 된 것은 복음서 기자가 피와 함께 물이 나왔다는 사실을 마치 이례적이고 초자연적인 사건을 말하고 있는 것처럼 아주 힘을 주어서 똑똑히 기록하였기 때문이다. 그러나 복음서 기자가 그와 같이 기록한 데에는 다른 목적이 있었다. 즉, 그는 이 이야기가 자신이 다음에 기록하게 될 성경의 증언들과 딱 들어맞게 하고 싶었고, 특히 믿는 자들이 여기에 기록된 내용을 토대로 자기가 다른 곳에서 언급할 내용, 곧 그리스도께서 "물과 피"로 임하셨다(요일 5:6)는 것을 생각해 낼 수 있기를 바랐다. 또한, "피와 물이 나오더라"는 표현을 통해서 복음서 기자는 그리스도께서 참된 속죄(贖罪)와 참된 씻음을 가져오신 분이심을 보여주고자 하였다. 왜냐하면, 율법에서는 죄 사함과 의롭게 됨과 영혼이 깨끗하게 되는 것이 희생제사와 씻음이라는 두 가지 상징적인 행위로 표상되었기 때문이다. 희생제사에서 피는 죄를 속(贖)하는 것이었고, 하나님의 진노를 가라앉히기 위해 지불되는 속전(贖錢)이었다. 씻음은 참된 정결의 표시였고, 부정함을 몰아내고 육신의 더러움을 씻어내는 수단이었다. 요한은 우리의 믿음이 더 이상 율법의 이런 초보적인 것들에 머물러 있지 않도록 하기 위해서, 요한일서 5장에서 이러한 두 가지 은혜가 모두 다 그리스도 안에서 성취되었다고 선언하지만, 여기에서는 그러한 사실을 보여주는 가시적인 증표를 우리에게 제시한다. 그리스도께서 자신의 교회에 남겨 주신 성례전들도 동일한 목적을 갖고 있다. 왜냐하면, 세례는 "새 생명"(롬 6:4)이 정결하게 되고 거룩하게 된 영혼을 가져다줄 것임을 우리에게 보여주는 성례전이고, 성만찬은 온전한 속죄에 대한 보증을 나타내는 성례전이기 때문이다. 그러나 이 성례전들은 예표(豫表)에 불과했던 옛 율법 의식들과는 크게 다르다. 왜냐하면, 성례전들이 그리스도의 임재를 나타내는 것들인 반면에, 율법의 의식들은 아직 멀리 계신 그리스도를 가리키는 역할만을 하였기 때문이다. 그런 까닭에, 나는 우리의 성례전들이 그리스도의 옆구리에서(ex Christi latere) 흘러나왔다는 아우구스티누스의 말에 반대하지 않는다. 왜냐하면, 세례와 성만찬이 우리를 그리스도의 옆구리로 인도할 때, 우리는 거기에서 성례전들이 표상하는 것을 마치 샘에서 물을 긷듯이 믿음으로 길어 올릴 수 있고, 그 때에 우리는 진정으로 더러움에서 씻음을 받고 거룩한 생명으로 새롭게 되기 때문이고, 또한 그 때에 우리는 죽음으로부터 구속함을 받고 정죄로부터 벗어나서 하나님 앞에서 살게 되기 때문이다.

36. 그 뼈가 하나도 꺾이지 아니하리라. 이 인용문은 모세가 유월절의 어린 양에 대하여 다루고 있는 출애굽기 12:46 및 민수기 9:12에서 온 것이다. 요한은 유월절의 어린 양이 교회의 구속을 가져올 참되고 유일한 희생양인 그리스도의 상징이었다는 것을 당연한 것으로 받아들인다. 요한의 이러한 이해는 유월절의 어린 양이 이미 이루어진 구속(救贖)을 기념하는 제물이라는 사실과 모순되지 않는다. 왜냐하면, 하나님께서는 어린 양을 통해서 유월절에 이루어진 구속의 은혜가 기념되기를 원하셨을 뿐만 아니라, 장차 있게 될 교회의 영적 구원도 약속하신 것이기 때문이다. 그렇기 때문에, 바울은 유월절 양을 먹는 것에 관한 모세의 율법을 주저하지 않고 그리스도에게 적용한다: "우리의 유월절 양 곧 그리스도께서 희생되셨느니라 이러므로 우리가 명절을 지키되 묵은 누룩으로도 말고 악하고 악의에 찬 누룩으로

도 말고 누룩이 없이 오직 순전함과 진실함의 떡으로 하자"(고전 5:7-8). 믿음은 율법의 모든 의식들 속에서 그리스도에게서 이루어진 구원을 보는 것이기 때문에, 우리는 이러한 유비(類比) 또는 유사성을 통해서 믿음의 큰 유익을 얻을 수 있다. 이것은 하나님께서 예전에 유월절이라는 예표(豫表)를 통해서 옛적의 백성들에게 보여주셨던 것이 이제 그리스도 안에서 성취된 것이기 때문에, 요한이 그리스도께서 우리 구원의 보증이실 뿐만 아니라 그 대가도 치르셨다고 말한 의도이기도 하였다. 또한, 이것은 율법에서 예표로 주어지긴 하였으나 실제로는 이루어지지 않은 모든 일들을 그리스도 안에서 찾아야 한다는 경고를 유대인들에게 던져주고 있는 것이기도 하다.

37. 그들이 그 찌른 자를 보리라. 이 구절이 문자적으로 그리스도를 가리키는 것이라고 해석하는 자들은 이 구절의 의미를 심각하게 왜곡하는 것이다. 복음서 기자가 이 구절을 인용한 것은 그런 목적에서가 아니라, 스가랴 선지자를 통해서(슥 12:10) 유대인들이 자신의 마음을 찔렀다고 탄식하셨던 하나님이 바로 그리스도이심을 보여주려는 것이었다. 하나님께서는 스가랴서의 이 본문에서 사람이 말하는 방식대로 말씀하셨는데, 그 의미는 "연약한 인간이 창에 찔려서 치명상을 입듯이, 나는 내 백성의 죄악, 특히 나의 말을 무시하는 그들의 완악함에 상처를 입었다"는 것이다. 그리스도께서도 다른 곳에서 자신의 마음이 심히 고민되어 죽게 되었다고 말씀하신 적이 있다(마 26:38). 그리스도는 "육신으로 나타난" 하나님이시기 때문에(딤전 3:16), 요한은 이스라엘 백성이 옛적에 그리스도의 신적인 위엄을 짓밟았던 것이 지금 그의 가시적인 육신을 통해서 분명하게 드러났다고 말하고 있는 것이다. 요한이 이렇게 말한 것은 하나님이 인간에 의해서 모욕을 받으실 수 있거나 하나님에 대한 인간의 비방이 그에게 미칠 수 있어서가 아니라, 하늘에 대적하여 반역을 꾀하는 불경건한 자들의 죄악이 얼마나 큰 신성모독인지를 이런 식의 표현을 통해서 선언하고자 하였기 때문이다. 요한이 로마 군인의 행위를 유대인들에게 돌린 것은 정당한 것이었다. 이것은 유대인들이 그리스도의 몸에 손가락 하나 대지 않았음에도 불구하고, 성경의 다른 본문에서 그들이 하나님의 아들을 십자가에 못 박았다고 말하고 있는 것과 같다(행 2:36). 선지자의 글에서 인용된 이 본문과 관련해서, 하나님께서는 유대인들에게 구원에 이르는 회개를 약속하신 것인가, 아니면 자기가 장차 그들에게 심판자로 오실 것이라고 경고하신 것인가라는 질문이 제기된다. 이 본문을 면밀하게 검토한 결과, 나는 이 두 가지 메시지가 모두 포함되

어 있다는 결론을 내렸다. 즉, 하나님께서는 아무런 소망도 없이 살고 있는 백성들 가운데 남은 자를 모아서 구원해 주시는 동시에, 자기를 멸시하던 자들에게는 무시무시한 심판을 통해서 자기가 어떤 존재인지를 보여주시리라는 것이다. 왜냐하면, 우리는 유대인들이 선지자들을 하나님의 명을 받아서 말하는 사람들이 아니라 스스로 지어낸 이야기나 떠들어대는 사람들인 양 그들을 오만불손하게 조롱하곤 하였다는 사실을 알고 있기 때문이다. 하나님께서는 그들의 죄를 결코 묵과하지 않으실 것이다. 하나님은 결국에는 자신의 뜻을 관철하시는 분이시기 때문이다.

[38]아리마대 사람 요셉은 예수의 제자이나 유대인이 두려워 그것을 숨기더니 이 일후에 빌라도에게 예수의 시체를 가져가기를 구하매 빌라도가 허락하는지라 이에 가서 예수의 시체를 가져가니라 [39]일찍이 예수께 밤에 찾아왔던 니고데모도 몰약과 침향 섞은 것을 백 리트라쯤 가지고 온지라 [40]이에 예수의 시체를 가져다가 유대인의 장례 법대로 그 향품과 함께 세마포로 쌌더라 [41]예수께서 십자가에 못 박히신 곳에 동산이 있고 동산 안에 아직 사람을 장사한 일이 없는 새 무덤이 있는지라 [42]이 날은 유대인의 준비일이요 또 무덤이 가까운 고로 예수를 거기 두니라(19:38-42).

38. 아리마대 사람 요셉은 … 빌라도에게 예수의 시체를 가져가기를 구하매. 요한은 이제 누가, 어디에, 어떻게 예(禮)를 갖추어서 그리스도를 장사하였는지를 보도한다. 그는 그리스도를 장사 지낸 인물로 두 사람을 언급하는데, 그들은 요셉과 니고데모였다. "요셉"은 빌라도에게 그리스도의 시체를 내어 달라고 요청한 사람으로서, 그가 아니었다면, 그리스도의 시신은 군인들에 의해서 아무렇게나 다루어졌을 것이다. 그는 "부자"였고(마 27:57) "공회 의원"이었다(눅 23:50). 한편, 니고데모에 대해서는 그가 유대인 사회에서 존경받는 위치에 있던 인물이라는 사실을 우리가 요한복음 3장을 다룰 때에 살펴본 바 있다. 그리스도를 장사 지내기 위해서 "몰약과 침향 섞은 것"을 가져온 것을 볼 때, 니고데모도 역시 부자였을 것이다. 그들은 부자였기 때문에 지금까지 그리스도의 제자라고 공개적으로 고백하지 못했고, 그러한 사정은 그 후로도 크게 달라지기 어려웠을 것이다. 왜냐하면, 그리스도의 제자임을 고백하기 위해서는 사람들로부터 박해나 불명예를 당하는 것을 감수해야만 했기 때문이다. 복음서 기자는 요셉이 유대인들을 두려워해서 그리스도의 제자라는 사실을 숨겼다고 분명히 언급하고 있고, 니고데모에 대해서는 그가 일찍

이 밤에 예수를 몰래 찾아왔던 사람이라는 사실을 상기시켜 준다. 그렇다면, 그들로 하여금 막다른 궁지에 처했을 때에 오히려 두려워하지 않고 자신들의 정체를 드러내도록 만든 그 영웅적인 담대함은 어디에서 비롯된 것일까? 나는 그들의 그러한 행동으로 말미암아 당장에 야기될 것이 명백한 위기 상황에 대해서는 언급하지 않겠다. 더 중요한 사실은 그들이 망설이지 않고 자기 동족들과의 끝없는 싸움에 뛰어들었다는 점이다. 그리스도께서 살아 계실 때에도 그에게 합당한 공경을 표하기를 두려워했던 그들이, 마치 딴 사람이라도 된 것처럼, 돌아가신 그리스도의 시신을 향해서 발걸음을 재촉하고 있다. 따라서 그들의 이런 행동은 하나님께서 주신 충동에서 비롯된 것임이 확실하다. 그들은 그리스도의 시신에 바르려고 향품을 가져왔다. 만일 그들이 그리스도의 죽음의 향기(odor mortis)에 흠뻑 취하지 않았더라면, 결코 그런 행동을 할 수 없었을 것이다. 이것은 그리스도께서 친히 하셨던 말씀이 진실이었음을 보여준다: "한 알의 밀이 땅에 떨어져 죽지 아니하면 한 알 그대로 있고 죽으면 많은 열매를 맺느니라"(요 12:24). 우리는 여기에서 생명을 살리는 일에 있어서 그리스도의 죽음이 그리스도의 삶보다 더 강력하였다는 명백한 증거를 발견한다. 그리스도의 죽음이 이 두 사람의 심령에 불어넣은 너무도 달콤한 향기가 그들의 모든 육정(肉情, affectus carnis)을 일순간에 날려 버린 것이다. 그들이 재물에 대한 애착과 욕망에 사로잡혀 있었을 때에는, 그들은 그리스도의 은혜에서 아무런 맛도 느낄 수 없었다. 그러나 이제 그들은 세상이 주는 모든 맛을 포기하였다. 우리는 요셉과 니고데모의 모범을 통해서 우리가 그리스도에 대하여 어떻게 해야 할지를 배워야 한다. 이 두 사람은 엄청난 위험을 무릅쓰고 그리스도를 십자가에서 내렸을 뿐만 아니라 담대하게 무덤으로 옮김으로써 자신들의 믿음을 증명해 보였다. 지금 그리스도께서는 하늘의 영광 가운데서 다스리고 계심에도 불구하고, 우리가 그리스도에 대한 신앙고백을 저버린다면, 우리의 그러한 나태함(ignavia)은 참으로 비열하고 수치스러운 것일 수밖에 없다. 오늘날 더욱 용서받을 수 없는 자들은, 기만적인 외식(外飾)을 통해서 속으로는 그리스도를 부인하면서도 겉으로는 니고데모의 모범을 따르는 것처럼 가장하는 악한 무리들이다. 나는 그들이 니고데모와 한 가지는 닮았다는 것을 인정하는데, 그것은 그들도 니고데모처럼 있는 힘을 다해서 그리스도를 장사 지내고 있다는 것이다. 그러나 지금은 장사 지낼 때가 아니다. 그리스도께서는 하늘에 오르셔서 아버지 하나님의 우편에서 영광 가운데에 사람들과 천사들을 굽어보고 계시고, "모든 입들"은 그의 다스리심을 선포하고 있기 때문이다(빌 2:11).

아리마대 사람 요셉은 예수의 제자이나 유대인이 두려워 그것을 숨기더니. 아리마대 요셉이 유대인을 두려워한 것은 주의 성령이 그의 마음에 주신 거룩한 담대함과 반대되는 것이기 때문에 잘못이라고 말할 수 있다. 그렇지만 자신을 지키려는 신자들이 복음을 박해하고 대적하는 자들에게 두려움을 갖는다고 해서 모두 잘못이라는 뜻은 아니다. 다만 두려움 때문에 자신의 믿음을 고백하지 못하고 머뭇거리는 것은 그의 믿음이 연약함을 반증하고 있는 것이라는 뜻에서 잘못이라고 말하는 것이다. 우리는 주님께서 무엇을 명하시는지, 그리고 어디까지 나아가라고 명하시는지를 항상 숙고해야 한다. 도중에 경주를 포기하는 자는 하나님을 신뢰하지 않는다는 것을 드러내는 것이고, 하나님의 명령보다 자신의 목숨을 더 귀하게 여기는 자는 변명의 여지가 없는 자이다. 복음서 기자는 아리마대 요셉이 지나치게 겁을 먹고 세상을 향해서 자신의 믿음을 떳떳하게 밝히지 못했는데도 불구하고 그에게 "제자"라는 영광스런 호칭을 붙여주고 있는데, 이것으로부터 우리는 하나님께서 자기 백성들에게 지극한 자비를 베풀어 주신다는 것, 그리고 아버지로서의 인자하신 사랑으로 그들의 허물을 용서해 주신다는 것을 알게 된다. 그러나 이런 사실에 가짜 니고데모들까지 기뻐할 이유는 없다. 가짜 니고데모들이란 믿음을 마음속에 감춰 두는 데에 그치지 않고, 한 걸음 더 나아가서 불경건한 미신(迷信)들에 동조하는 척하는 태도를 취함으로써 결과적으로 자신들이 그리스도의 제자들이라는 것을 부인하는 자들을 말한다.

40. 유대인의 장례 법대로. 그리스도께서 십자가 위에서 극도의 치욕을 당하시는 가운데에 돌아가셨을 때, 하나님께서는 그의 장례가 영화롭게 치러지게 하셔서, 그것으로 그리스도의 영광스러운 부활을 알리는 서막으로 삼기로 작정하셨다. 니고데모와 요셉이 그리스도를 장사 지내느라고 쓴 막대한 비용은 낭비로 생각될 수도 있다. 그러나 우리는 여기에서도 하나님의 뜻을 헤아릴 수 있어야 한다. 하나님께서는 그리스도의 무덤에서 퍼져 나오는 향취로써 십자가에 대한 우리의 두려움을 없애 주시려고, 자신의 영으로 이 두 사람을 감동시키시고 그들로 하여금 자기 아들에게 영광을 돌리게 하셨다. 그러나 우리는 하나님의 특별한 뜻이 담겨 있는 이 사건을 우리 모두가 따라야 할 본보기로 삼아서는 안 된다. 복음서 기자는 그리스도께서 "유대인의 장례 법대로" 장사되었다는 사실을 명시적으로 언급한다. 즉, 그는 그리스도의 장례가 율법의 의식을 따라서 치러졌다는 사실을 지적한

것이다. 왜냐하면, 우리가 그리스도 안에서 갖고 있는 것과 같은 그런 부활의 증거와 보증을 갖지도 못했을 뿐만 아니라, 부활에 대해서 분명히 들은 적도 없었던 그 시대의 백성들로 하여금 중보자이신 그리스도께서 다시 오실 것임을 굳게 믿고 대망하도록 하기 위해서, 그들에게는 율법의 의식(儀式)이라는 보조수단이 필요하였기 때문이었다. 그러므로 우리는 그리스도에 관한 예표(豫表)들만을 알고 있었던 옛 선조들이 복음의 밝은 빛을 받은 우리와는 다를 수밖에 없었다는 사실에 유의해야 한다. 오늘날이라면 비난받아야 마땅했던 화려한 의식들이 당시에는 허용될 수 있었던 이유도 거기에 있었다. 만일 오늘날에 와서도 이처럼 막대한 비용을 들여서 장례를 치르는 자들이 있다면, 그들은 죽은 자들을 장사 지내는 것이라기보다는 생명의 임금이신 그리스도를 하늘로부터 끌어내려서 다시 한 번 무덤 속에 눕히는 것이다. 왜냐하면, 그러한 옛 의식들은 그리스도의 부활로 인해서 모두 폐지되었기 때문이다. 이교도들 사이에서도 지극한 정성과 종교심을 가지고 최고의 예(禮)를 갖춰서 죽은 자를 장사 지내는 풍습이 있었는데, 그러한 풍습은 제사의 풍습과 마찬가지로 저 먼 조상들로부터 비롯된 것임에 틀림없다. 그러나 그들에게는 부활의 소망이 없었기 때문에, 그들의 풍습은 단순히 조상들을 흉내 낸 것에 불과한 것이었다. 왜냐하면, 하나님의 약속과 말씀이야말로 그러한 의식들에 생명을 불어넣어 주는 영혼과도 같은 것이기 때문이다. 하나님의 말씀이 제외된 모든 의식은 겉보기에는 경건한 자들이 드리는 예배와 비슷하게 보일지라도 실상은 썩은 냄새 나는 헛된 미신에 지나지 않는다. 이미 앞에서 말한 바 있지만, 오늘날의 우리는 이 문제에 있어서 절제와 검소를 지향하여야 한다. 왜냐하면, 장례를 치를 때의 사치와 낭비는 그리스도의 부활의 향취를 좀먹는 것이기 때문이다.

41. 예수께서 십자가에 못 박히신 곳에 동산이 있고. 이것은 내가 앞서 말한 대로 그리스도의 장례와 관련된 기사(記事)에서 우리가 주목해야 할 세 번째 내용이다. 복음서 기자가 이렇게 장소를 언급한 데에는 여러 가지 이유가 있었다. 우선, 그리스도의 몸이 "새 무덤"에 두어지게 된 것은 우연이 아니라 하나님의 분명한 섭리에 의한 것이었다. 그리스도의 육신은 다른 사람들과 마찬가지로 죽음을 맞았지만, 그리스도께서는 "죽은 자들 가운데서" 처음으로 다시 살아나신 "먼저 나신 이"가 되셔서(골 1:18) 부활의 "첫 열매"가 되어야 하셨기에(고전 15:20), 아직 사람을 장사한 일이 없는 새 무덤에 두어지게 된 것이다. 물론, 니고데모와 요셉의 의도는 달랐다. 즉, 안식일이 시작되는 해질녘까지는 시간이 얼마 남지 않았기 때문에, 그

들은 그리스도의 시신을 옮기기에 편리한 곳을 찾고자 한 것이었다. 그러나 그들의 의도와는 달리, 하나님께서는 자기 아들을 위하여 아무도 사용한 적이 없는 새 무덤을 예비해 두셨다. 경건한 유대인이었던 요셉과 니고데모는 안식일을 범하지 않고 그리스도의 시신을 모실 만한 곳이 가까이에 있다는 사실만으로도 만족할 수 있었다. 그러나 하나님께서 그들이 구하지도 않은 것을 그들에게 주신 것은 자기 아들의 장사를 지내는 것이 보통 사람들을 장사 지내는 것과는 다른 것이라는 확실한 증표를 보여주시기 위한 것이었다. 장소와 관련된 이러한 정황은 그리스도의 부활의 신빙성을 더해 주는 역할을 할 뿐만 아니라, 다음 장에서 언급될 기사(記事)들에도 적지 않은 빛을 비추어 준다.

제20장

¹안식 후 첫날 일찍이 아직 어두울 때에 막달라 마리아가 무덤에 와서 돌이 무덤에서 옮겨진 것을 보고 ²시몬 베드로와 예수께서 사랑하시던 그 다른 제자에게 달려가서 말하되 사람들이 주님을 무덤에서 가져다가 어디 두었는지 우리가 알지 못하겠다 하니 ³베드로와 그 다른 제자가 나가서 무덤으로 갈새 ⁴둘이 같이 달음질하더니 그 다른 제자가 베드로보다 더 빨리 달려가서 먼저 무덤에 이르러 ⁵구부려 세마포 놓인 것을 보았으나 들어가지는 아니하였더니 ⁶시몬 베드로는 따라와서 무덤에 들어가 보니 세마포가 놓였고 ⁷또 머리를 쌌던 수건은 세마포와 함께 놓이지 않고 딴 곳에 쌌던 대로 놓여 있더라 ⁸그 때에야 무덤에 먼저 갔던 그 다른 제자도 들어가 보고 믿더라 ⁹(그들은 성경에 그가 죽은 자 가운데서 다시 살아나야 하리라 하신 말씀을 아직 알지 못하더라)(20:1-9).

1. 안식 후 첫날 일찍이 아직 어두울 때에 막달라 마리아가 무덤에 와서. 그리스도의 부활은 우리의 믿음에서 가장 중요한 신조(信條)이고, 부활이 없다면 영생에 대한 소망도 사라지기 때문에, 복음서 기자들은 부활을 증명하는 데에 더욱 세심한 주의를 기울이고 있고, 요한도 여기에서 그리스도께서 죽은 자들 가운데서 살아나셨다는 것을 우리에게 확신시키기 위해서 많은 증거들을 모아서 보도한다. 요한이 좀 더 비중 있는 증인들을 내세우지 않고 한 여자로부터 부활 기사(記事)를 시작하고 있는 것은 이상하게 생각될 수도 있겠지만, 그것은 하나님께서 세상의 약하고 미련하고 천한 것들을 택하셔서 지혜 있고 힘 있고 유명한 자들을 부끄럽게 하신다는 말씀(고전 1:27)을 성취한 것이다. 세상적인 관점에서 볼 때는 제자들이나 그리스도를 따르던 여자들은 모두 연약한 자들이었다. 그러나 그리스도께서 연약한 그들을 부활의 일차적이고 주된 증인들로 삼으시기를 기뻐하셨던 단 한 가지 이유가 있는데, 그것은 그들의 증언은 지극히 진실해서(authentici), 그 어떤 이의(異議)도 물리칠 수 있는(여기에서 사용된 라틴어 표현인 omni exceptione major는 법률

용어로서 "모든 이의를 초월하는"의 뜻인데, 칼빈의 저서에 흔히 나타나는 법률 용어나 법리적 [法理的]인 논리 전개 방식은 그가 젊은 시절에 받았던 법학 교육과 변호사 훈련의 영향 때문인 것으로 여겨진다 — 역주) 것이었기 때문이었다. 한편, 고집만 세고 눈이 멀어 있던 지체 높은 제사장들과 서기관들, 그리고 모든 백성들, 심지어 빌라도까지도 그리스도께서 다시 살아나셨다는 것을 확실히 믿을 수 없었다. 그러므로 그들은 모두 "보아도 보지 못하는 자들"이 되는 것이 당연하였다. 그러나 그리스도께서는 자신의 보잘것없는 무리들에게는 자기를 나타내셨다. 그러나 이 기사(記事)를 좀 더 자세하게 살펴보기에 앞서서, 우리는 새벽에 그리스도의 무덤에 왔던 여자 또는 여자들에 관한 기사에서 복음서 기자들 상호 간에 내용이 얼마나 일치하는지를 먼저 살펴볼 필요가 있다. 왜냐하면, 얼핏 볼 때에는, 복음서 기자들의 보도에는 약간의 모순이 있는 것처럼 보이기 때문이다. 즉, 요한은 "막달라 마리아" 한 명만을 언급하는 반면에, 마태는 두 여자, 곧 "막달라 마리아"와 "다른 마리아"(마 28:1)를, 그리고 마가는 세 여자, 곧 "막달라 마리아"와 "야고보의 어머니 마리아"와 "살로메"를 언급하고(막 16:1), 누가는 몇 명인지는 밝히지 않고 단지 "갈릴리에서 예수와 함께 온 여자들"이 무덤에 왔다고만 보도한다(눅 23:55; 24:1). 하지만 우리는 이 문제는 쉽게 풀린다. 왜냐하면, 마태는 가장 잘 알려진 여자들이자 제자들 사이에서 가장 유명했던 두 여자의 이름을 기록한 것이고, 요한은 그 중 한 여자인 "막달라 마리아"의 이름만을 언급하는 것으로 만족하긴 했지만, 그렇다고 해서 요한이 다른 여자들이 함께 무덤에 왔다는 사실을 배제한 것은 아니기 때문이다. 실제로 요한복음의 앞뒤 문맥을 살펴보면, 무덤에 갔던 것이 "막달라 마리아" 혼자가 아님을 곧 알게 된다. 왜냐하면, 바로 뒤에서 막달라 마리아는 "우리"라는 복수형을 사용해서 "사람들이 주님을 무덤에서 가져다가 어디 두었는지 '우리가' 알지 못하겠다"(2절)고 말하기 때문이다. 그러므로 "막달라 마리아"와 함께 갔던 여자들에 대해서 아무 말도 하지 않은 요한복음의 기사와, 막달라 마리아 말고도 다른 여자들이 더 있었다고 보도한 다른 복음서 기자들의 기사 간에는 서로 모순되는 점이 전혀 없다. 여자들이 무덤에 갔던 시간에 대한 복음서 기자들의 표현상의 불일치도 쉽게 해결된다. 우리는 요한이 이 여자들이 날이 밝기 전에 무덤에 왔다고 말하고 있는 것을 이렇게 이해해야 한다. 즉, 그녀들은 안식일이 끝난 일몰(日沒) 후 저녁에 향품을 구입하였고, 아직 어두울 때에 무덤을 향해 출발했지만, 무덤에 도착하기 전에 동이 텄다는 것이다. 다른 복음서 기자들의 기사도 이것과 마찬가지로 이해할 수 있다. 요한은 무덤에서 돌아온 막달라 마리아가 베드로와 자기에게만 이 야기했다고 보도하는 반면에, 누가는 그녀가 열한 사도에게 와서 자기가 부활하신 그리스도를 만났다고 말했으며, 그들은 그녀의 말을 허황된 것으로 여겼다고 보도하는 것도 겉보기에 서로 모순이 있는 것처럼 생각될 수 있다. 그러나 이 문제도 쉽게 설명된다. 요한은 자기와 베드로만 무덤으로 달려갔기 때문에 다른 사도들에 대해서는 의도적으로 언급하지 않았던 것이고, 베드로가 혼자 무덤으로 달려갔다는 누가의 보도는 우리가 앞에서 막달라 마리아와 다른 여자들이 무덤에 간 것과 관련해서 설명한 것과 같은 이유로 그렇게 한 것이라고 할 수 있다. 또한, 베드로와 요한을 제외한 나머지 아홉 제자들은 다함께 갔다가 사람들의 눈에 쉽게 뜨일 것을 염려해서 그냥 집에 머물러 있었을 가능성이 높다. 이것은 제자들이 마리아의 말을 무시했음을 암시하고 있는 누가의 보도와 모순되는 것이 아니다. 왜냐하면, 누가는 바로 이어서 베드로가 무덤으로 달려갔다는 말을 덧붙이고 있기 때문이다 (눅 24:12). 그러므로 우리는 누가의 보도는 제자들이 처음에 마리아의 말을 들었을 때에는 모두가 너무나 놀라서 믿으려 하지 않았지만, 조금 후에 베드로가 정신을 차리고서 사실을 직접 확인하기 위하여 막달라 마리아를 따라나섰다는 의미라고 이해할 수 있다. 누가는 막달라 마리아가 제자들에게 무덤이 비어 있다는 것을 알리기 전에 그리스도께서 그녀에게 나타나셨다고 보도하는데, 이것은 이야기의 순서가 뒤바뀐 것으로 보아야 한다. 이 점은 문맥을 보면 분명하게 드러난다. 왜냐하면, 요한이 우리에게 보여주듯이, 누가는 그녀가 예수를 뵙기 전에 있었던 일을 순서를 바꾸어서 뒤에 덧붙여 기록하고 있기 때문이다. 히브리어로 글을 쓰는 저술가들은 이런 식으로 시간적으로 뒤에 일어난 일을 먼저 기록하는 경우가 흔하기 때문에, 이것은 결코 이상한 것이 아니다.

안식 후 첫날. 복음서 기자들은 그리스도께서 언제, 그리고 어떻게 다시 살아나셨는지에 대해서는 언급하지 않는다. 왜냐하면, 그들로서는 그리스도의 부활이 언제, 그리고 누구에게 알려졌는지를 설명하는 것으로 충분했기 때문이다. 그래서 요한은 마리아가 "안식 후 첫날"(유대인들의 하루는 해가 지면서부터 시작되었다 — 역주)에 무덤으로 왔다고만 말한다. 이 어구를 직역하면, "안식일의 한 날" 또는 "한 주간의 한 날"이다. 그러나 히브리어에서는 서수(序數)인 "첫째"를 써야 할 곳에 기수(基數)인 "하나"(אחד, '에하드')를 쓰는 것이 관례였다. 왜냐하면, 사람이 수를 셀 때에 하나부터 시작하기 때문이다. 또한, 모든 일곱째 날이 "안식일"이었기 때문에, 히브리어에서는 "안식일"을 한 주간 전체를 가리키는 말로도 사용하였다. 그리고 나머지 날들은 안식일로부터 첫째 날, 둘째 날이라는 식으로 부름으로써 안식일의 거룩함에 영광을 더하였다. 그러므로 여자들은 안식일이 끝난 일몰 후에 향품을 구입해 두었다가, 같은 날, 곧 "안식 후 첫 날 아직 어두울 때에" 무덤에 온 것이었다. 사람들의 시선이 두려울 때에 누구나 그러하듯이, 이 여자들도 밤을 틈 타서 몰래 성을 빠져 나온 것이다. 이 날은 안식일로 끝이 나고 시작되는 한 주간 의 첫째 날이자 다음 번에 돌아올 안식일의 첫째 날이었다.

3. 베드로와 그 다른 제자가 나가서 무덤으로 갈새. 제자들이나 여자들에게 믿음 이 남아 있으리라고 기대하기 어려운 이 상황 속에서 그들이 보여준 열심은 놀라 운 것이었다. 사실, 그들의 신앙심(pietas)이 그리스도를 찾도록 만들지 않았다면, 이런 일은 불가능하였다. 그러므로 그들의 마음속에는 믿음의 씨앗이 어느 정도 남아 있었지만, 일시적으로 질식 상태에 있었기 때문에, 그들 자신도 자기들에게 믿음이 남아 있다는 것을 깨닫지 못하고 있었던 것이다. 이와 같이 하나님의 성령 은 흔히 택함받은 자들 속에서 은밀한 방식으로 역사하신다. 요컨대, 우리는 그들 속에 장차 열매를 맺게 될 감추어진 믿음의 뿌리가 있었다는 것을 알아야 한다. 그 들이 갖고 있던 그러한 신앙심(sensus pietatis)은 혼란스럽기도 했고 때로는 미신 적인 많은 생각들과 뒤섞이기도 했지만, 나는 그것에 믿음이라는 이름을 붙여주고 자 한다 ― 비록 꼭 정확한 표현은 아닐 수 있지만. 왜냐하면, 그러한 신앙심은 오 직 복음의 가르침으로 말미암아서만 잉태되어서 오직 그리스도를 향해서만 뻗어 나가기 때문이다. 이 씨앗으로부터 마침내 무덤을 박차고 그리스도의 하늘 영광에 오른 참되고 진실한 믿음이 자라났다. 믿음의 미약한 시작에 대해서, 성경은 그리 스도께서 우리 안에서 태어나시고 우리는 그리스도 안에서 태어난다고 말한다. 그 러나 그리스도의 부활에 대하여 무지하였던 제자들의 믿음은 유아 수준에도 미치 지 못하는 것이었지만, 주님께서는 마치 자신의 자궁 속에 태아를 둔 어머니처럼 그들에게 자양분을 공급해 주신다. 전에, 제자들은 발육이 늦은 아이들 같았다. 게 다가, 그리스도의 죽으심으로 인해서 너무도 약해져 버린 그들은, 바울이 "나의 자 녀들아 너희 속에 그리스도의 형상을 이루기까지 다시 너희를 위하여 해산하는 수 고를 하노니"(갈 4:19)라고 말한 것처럼, 다시 태어나고 다시 빚어져야만 했다. 베 드로가 요한보다 무덤에 늦게 도착했지만 무덤 속에는 먼저 들어갔다는 사실로부 터 우리는 많은 사람들이 결국에는 처음에 생각했던 것보다 더 많은 것을 얻게 된

다는 것을 알게 된다. 처음에는 열심히 달리다가 난관에 부딪치면 포기하는 자들이 많이 있는 반면에, 처음에는 느리고 굼떠 보이지만 막상 위험이 닥치면 정신을 차려서 더 큰 담력을 보이는 자들도 있다.

5. 세마포 놓인 것을 보았으나. 그리스도의 시신을 쌌던 세마포는 그리스도의 부활을 보여주고 믿게 하기 위한 유품(遺品, exuvia)이었다. 왜냐하면, 사람들이 세마포를 벗겨내고서 그리스도의 시신을 다른 곳으로 옮겼을 가능성은 없었고, 그리스도에게 우호적인 사람이었든 적대적인 사람이었든, 그렇게 했을 리는 만무하였기 때문이다.

7. 머리를 쌌던 수건. 복음서 기자가 그리스도의 머리가 수건으로 싸여 있었다고 말하고 있는 것은, 교황주의자들이 그리스도의 온 몸이 통으로 된 하나의 세마포 옷으로 싸여 있었다는 거짓 주장을 내세우고서는, 그런 세마포 옷을 불쌍한 평신도들에게 보여주고 숭배하게 만드는 것이 얼마나 거짓된 것임을 잘 보여준다. 나는 그들이 라틴어에 무지해서 얼굴의 땀을 닦기 위해 쓰이는 물건인 "수건"(linteolum)이라는 단어를 온 몸을 감싸는 덮개(tegumentum)로 오해한 것에 대해서는 거론하지 않겠고, 바로 그 수건을 대여섯 군데의 장소에 보관하고 있다고 자랑하는 그들의 뻔뻔스러움에 대해서도 거론하지 않겠지만, 복음과 관련된 역사적 사실을 정면으로 부정하는 그런 허무맹랑한 거짓말들은 결코 용납될 수 없다. 그들은 거기에서 한 술 더 떠서, 그 세마포에 그리스도의 형체의 흔적이 그대로 남아 있다는 터무니없는 이적까지 날조하였다. 만일 그런 이적이 일어났다면, 그것보다 중요도가 떨어지는 사건들도 세심한 주의를 기울여서 기록한 복음서 기자가 그렇게 중요한 사실을 무시해 버리고 언급하지 않았을 리가 있겠는가? 그러므로 우리는 그리스도께서 자기가 저 복된 영원한 생명의 옷을 입으셨다는 사실을 증명하시기 위해서 죽음의 상징인 세마포 수의를 벗어 던지셨다는 이 단순한 설명으로 만족하는 것이 마땅하다.

8. 그 다른 제자도 들어가 보고 믿더라. 어떤 이들은 이 구절을 "그 다른 제자," 즉 요한이 무덤에 들어가 보고서, 그리스도의 시신이 누군가에 의해서 옮겨졌다는 막달라 마리아의 말을 "믿게" 된 것이라는 의미라고 설명하지만, 그러한 설명은 너무나 둔감한 해석이다. 왜냐하면, "믿다"라는 단어가 그런 의미로 사용된 것은 한 군데도 없고, 특히 아무런 수식어 없이 단독으로 사용된 경우에는 더욱 그렇기 때문이다. 또한, 이것은 베드로와 요한이 여전히 미심쩍어하면서 집으로 돌아왔다는

사실과도 모순되지 않는다. 왜냐하면, 요한은 몇몇 본문들 속에서 믿음의 진보를 보여주고자 할 때에 이 표현을 사용했기 때문이다. 더욱이, 누가는 베드로가 무덤 속을 들여다보고서 "세마포만 보이는" 것을 "놀랍게 여기며" 집으로 돌아갔다고 말한다. 즉, 베드로는 막달라 마리아가 자기에게 말해준 것보다 더 크고 놀라운 일이 일어난 것으로 생각하였다는 것이다.

9. 그들은 성경에 그가 죽은 자 가운데서 다시 살아나야 하리라 하신 말씀을 아직 알지 못하더라. 베드로와 요한은 자신들의 눈으로 방금 보았던 일에 대해서 그리스도에게서 직접 자주 들었지만, 지금은 그 말씀을 까맣게 잊고 있었다. 그러나 이제 이 신기한 광경을 목격한 것에 자극을 받아서, 비록 믿음으로 말미암은 확실하고 온전한 지식(notitia)에 이르려면 여전히 아직 멀었지만, 비로소 그리스도께 모종의 신성(神性)이 있었다는 사실을 생각하기 시작하였다. 그러므로 여기에서 요한은 자기가 그리스도의 부활의 증표들을 보고 나서야 비로소 믿게 되었다는 것을 밝히면서 자기 자신을 책망하고 있는 것이다. 나아가, 요한은 자신을 비롯해서 제자들이 그리스도의 말씀을 까맣게 잊고 있었을 뿐만 아니라 성경의 말씀을 깨닫지도 못하고 있었다는 말을 덧붙임으로써, 모든 제자들의 허물을 좀 더 부각시킨다. 요한은 자신들의 빈약한 믿음을 이러한 무지(無知) 탓으로 돌린다. 이것으로부터 우리는 그리스도에 대하여 우리가 꼭 알아야 할 것을 알지 못하는 것은 우리의 영적 무관심과 나태함 때문이라는 유익한 교훈을 얻을 수 있다. 왜냐하면, 성경은 그리스도의 능력을 분명하게 계시해 주고 있는데도, 우리가 성경으로부터 당연히 얻어야 할 유익을 우리 자신의 잘못으로 얻지 못하는 것이기 때문이다. 우리는 이것을 보여주는 예증(例證)을 멀리서 찾을 필요가 없고, 단지 그리스도의 부활에 대한 것만 생각해 보면 된다. 성경은 그리스도의 부활에 대해서 오직 비유들을 통해서 애매하고 불분명하게 말하고 있는 것처럼 보일 수 있지만, 성경을 주의 깊게 읽는 독자들은 부활에 대한 분명한 증언들을 차고 넘치게 찾아낼 수 있다. 바울은 하나님께서 선지자 이사야를 통해서 그리스도의 통치 아래에서 "다윗에게 허락한 확실한 은혜"가 실현될 것이라고 밝히셨기 때문에(사 55:3), 그리스도께서 죽은 자 가운데서 다시 살아나신 것이 확실하다는 것을 증명한다(행 13:34). 성경 해석에 서투른 자들은 바울이 별 관계도 없는 부적절한 본문을 인용한 것이라고 생각할 수 있지만, 신앙의 기본 진리들을 믿고 성경 해석에 숙달된 자들은 바울의 이러한 논법이 얼마나 유효적절한 것인지를 쉽게 알 수 있다. 왜냐하면, 그리스도께서 우

리에게 하나님의 "은혜"를 영원토록 보장해 주시기 위해서는 자기 자신이 영원토록 사셔야만 하기 때문이다. 그밖에도 성경에는 이러한 본문들이 많이 있지만, 지금 그 모두를 제시할 필요는 없을 것이기 때문에, 우리는 다음과 같은 세 개의 본문을 인용하는 것으로 만족하기로 하자. 시편 기자는 "이는 내 영혼을 스올에 버리지 아니하시며 주의 거룩한 자로 썩지 않게 하실 것임이니이다"(시 16:10)라고 말하고 있고, 베드로와 바울도 이 예언이 그리스도를 가리키는 것이라고 옳게 해석하였다(행 2:27; 13:35). 왜냐하면, 아담의 자손으로서 "썩지 않을" 자는 아무도 없기 때문이다. 그러므로 이 시편은 그리스도의 불멸성(immortalitas Christi)을 선언하고 있는 것이다. 마찬가지로, "여호와께서 내 주에게 말씀하시기를 내가 네 원수들로 네 발판이 되게 하기까지 너는 내 오른쪽에 앉아 있으라 하셨도다"(시 110:1)라는 본문이 그리스도를 가리킨다는 점에도 의문의 여지가 없다. 왜냐하면, 사망은 마지막 날이 도래할 때까지 멸해지지 않을 것이고, 하나님께서는 그리스도에게 세상 끝날까지 자신의 나라를 맡기신 까닭에, 그리스도께서 살아 계시지 않으면 그 나라는 존재할 수 없을 것이기 때문이다. 그러나 그리스도의 부활에 대해서 가장 분명하게 증언한 사람은 이사야 선지자였다. 왜냐하면, 이사야는 그리스도의 죽음을 예언한 후에 바로 이어서 그리스도의 시대는 영원무궁할 것이라는 말을 덧붙이고 있기 때문이다(사 53:8). 요컨대, 성경의 가르침은 모든 점에서 완전하고 완벽하기 때문에, 만일 우리의 믿음이 부족하다면, 우리는 그것이 성경에 대한 우리의 무지 탓임을 알아야 한다는 것이다.

[10]이에 두 제자가 자기들의 집으로 돌아가니라 [11]마리아는 무덤 밖에 서서 울고 있더니 울면서 구부려 무덤 안을 들여다보니 [12]흰 옷 입은 두 천사가 예수의 시체 뉘었던 곳에 하나는 머리 편에, 하나는 발 편에 앉았더라 [13]천사들이 이르되 여자여 어찌하여 우느냐 이르되 사람들이 내 주님을 옮겨다가 어디 두었는지 내가 알지 못함이니이다 [14]이 말을 하고 뒤로 돌이켜 예수께서 서 계신 것을 보았으나 예수이신 줄은 알지 못하더라 [15]예수께서 이르시되 여자여 어찌하여 울며 누구를 찾느냐 하시니 마리아는 그가 동산지기인 줄 알고 이르되 주여 당신이 옮겼거든 어디 두었는지 내게 이르소서 그리하면 내가 가져가리이다(20:10-15).

10. 이에 두 제자가 자기들의 집으로 돌아가니라. 두 제자가 집으로 돌아갔을

때, 그들의 마음은 여전히 확실한 것을 알지 못해서 의심하는 상태에 있었을 것이다. 왜냐하면, 요한은 그들이 믿었다고 말하고 있기는 하지만, 그들에게 아직 견고한 믿음이 생긴 것은 아니었고, 단지 확고한 믿음으로 자리 잡기 이전의 상태, 즉 이적으로 인한 혼란스러운 감정 또는 황홀경과 비슷한 것만이 그들의 마음속에 자리 잡고 있었기 때문이었다. 사실, 본 것만으로는 확고한 믿음이 생겨날 수 없었다. 게다가, 그리스도께서는 그들이 육적인 우둔함에서 완전히 깨어날 때까지는 그들에게 자신의 모습을 나타내지 않으셨다. 황급하게 무덤으로 달려간 그들의 열심은 확실히 칭찬받을 만한 것이기는 하였지만, 그들은 여전히 미신적인 생각에 사로잡힌 채로 그리스도를 찾은 것이기 때문에, 그리스도께서는 그들에게 모습을 드러내지 않으신 것이었다.

11. 마리아는 무덤 밖에 서서 울고 있더니. 복음서 기자는 이제 그리스도께서 어떻게 여자들과 제자들에게 나타나셔서 자신의 부활을 증명하셨는지에 대해서 보도하기 시작한다. 요한은 막달라 마리아 한 여자에 대해서만 말하고 있지만, 나는 다른 여자들도 그녀와 함께 있었을 것이라고 생각한다. 왜냐하면, 어떤 이들이 생각하는 것처럼 다른 여자들이 두려움으로 인해서 기절했다고 보는 것은 근거 없는 추측에 불과하기 때문이다. 그들은 다른 복음서들과의 모순을 피해 보자는 의도로 그런 추측을 하는 것이겠지만, 우리가 이미 살펴보았듯이 여기에는 어떠한 모순도 존재하지 않는다. 제자들은 성 안에 있는 집으로 돌아가고 여자들만 무덤에 남아 있었다는 것과 관련해서, 여자들이 특히 큰 칭찬을 들을 이유는 없다. 왜냐하면, 제자들은 위로와 기쁨을 안고서 집으로 돌아간 반면에, 여자들은 그저 슬픔에 잠겨서 울고 있었을 뿐이기 때문이다. 요컨대, 그녀들은 단지 잘못된 생각을 품고서 육적인 감정들에 휩싸여서 무덤에 머물러 있었던 것이다.

12. 흰 옷 입은 두 천사가. 막달라 마리아와 그 일행의 너무나 많은 허물들을 다 용납해 주신 주님의 너그러우심(indulgentia)은 얼마나 놀라운 것인가! 왜냐하면, 주님께서 그녀들에게 자신의 천사들을 보내 주셨을 뿐만 아니라, 더 나아가 사도들에게 나타나시기 전에 먼저 그녀들에게 나타나신 것은 그녀들에게 특별한 영광을 허락하신 것이기 때문이다. 사도들에게나 여자들에게나 똑같이 문제가 있었지만, 사도들은 주님으로부터 세심하고 귀한 가르침을 통해서 제대로 된 교육을 받았음에도 불구하고 거기에서 그다지 유익을 얻지 못한 것이기 때문에, 그들의 우둔함(stupor)은 더욱 변명의 여지가 없는 것이었다. 그리스도께서 여자들에게 먼

저 나타나시기로 정하신 데에는 제자들을 부끄럽게 하시려는 목적도 있었음이 분명하다.

막달라 마리아가 "흰 옷 입은" 자들을 천사로 알았는지, 아니면 사람이라고 생각했는지는 확실하지 않다. 우리는 "흰 옷"이 하늘의 영광을 상징하는 것임을 알고 있다. 그리스도께서도 산에서 변화된 모습으로 영광 가운데 자신의 위엄을 세 제자에게 나타내셨을 때에 "흰 옷"을 입고 계셨고(마 17:2), 누가도 "빛난 옷"을 입은 천사가 고넬료 앞에 나타났다고 보도한다(행 10:30). 물론, 나는 동방 사람들에게 세마포 옷을 입는 관습이 있었다는 사실을 부인하지 않지만, 하나님께서는 천사들의 옷에 눈길을 끄는 특이한 표시를 하셔서 천사와 사람이 구별되도록 하셨다. 뿐만 아니라, 마태는 여자들에게 말하던 천사의 "형상"이 "번개"와 같았다고 보도한다(마 28:3). 하지만 그녀들이 두려워한 것은 천사들의 모습이 번개 같았기 때문이라기보다는 그들이 목격한 놀라운 일에 충격을 받았기 때문일 것이다. 왜냐하면, 그녀들은 경악하여 서 있었던 것으로 보이기 때문이다. 또한, 이 천사들이 눈에 보이는 사람의 형상으로 옷을 입고 나타났다고 말하는 자들이 있는데, 사람들이 그렇게 말하는 것은 무지(無知)로 인한 것이다. 나는 천사들이 때때로 실제로 사람의 몸을 입고 나타난다는 사실을 의심하지 않지만, 이 두 천사가 실제의 몸을 입고 있었던 것인지, 아니면 단순히 몸의 형상만을 갖고 있었던 것인지를 따지는 것은 쓸데없는 일이기 때문에 여기에서 그런 문제를 다루지 않을 것이다. 나의 생각은 주님이 천사들에게 사람의 형상을 부여하신 것은 여자들이 그들을 보고 들을 수 있도록 하시기 위한 것이었고, 그들이 빛이 나는 특별한 옷을 입은 것은 사람과 구별되게 함으로써 신적이고 천상적인 면모를 보여주시기 위한 것이었다는 것만을 말해 두는 것으로 충분하다는 것이다.

하나는 머리 편에, 하나는 발 편에 앉았더라. 마태는 오직 한 천사만을 언급하고 있지만(마 28:2), 그것은 요한의 기사(記事)와 모순되지 않는다. 왜냐하면, 요한복음에서도 두 천사가 아니라 오직 말하는 것을 맡은 한 천사만이 막달라 마리아에게 말한 것으로 보도하고 있기 때문이다. 천사들이 "하나는 머리 편에, 하나는 발 편에" 있었다는 사실을 복음이 동쪽에서 서쪽으로 전파될 것이라는 의미로 이해한 아우구스티누스의 알레고리적인 해석은 타당한 근거가 없다. 우리가 좀 더 주목해야 할 것은 그리스도께서 이러한 예비적인 사건들을 통해서 자신의 나라의 영광을 본격적으로 드러내기 시작하셨다는 것이다. 왜냐하면, 천사들이 나타나서 그리스도의 무덤이 영광의 장소가 됨으로써, 십자가의 치욕이 제거되었을 뿐만 아니라, 그리스도의 하늘에 속한 위엄이 빛을 발하게 되었기 때문이다.

13. 여자여 어찌하여 우느냐. 우리는 다른 복음서들을 통해서 천사가 막달라 마리아에게 많은 얘기를 했다는 것을 어렵지 않게 알 수 있지만, 요한은 그리스도의 부활을 증명하기에 충분할 정도로만 짤막하게 요약해서 보도한다. 천사의 이 말 속에는 막달라 마리아가 쓸데없이 지나치게 울고 있는 것에 대한 책망과 그리스도께서 부활하신 것이기 때문에 울 필요가 없는 것이라는 기쁨이 동시에 들어 있다.

14. 예수께서 서 계신 것을 보았으나 예수이신 줄은 알지 못하더라. 막달라 마리아는 주님과 아주 가까운 사이였을 텐데 어떻게 주님을 알아보지 못하는 실수를 할 수 있었는지에 대해서 의문이 있을 수 있다. 어떤 이들은 그리스도께서 다른 모습으로 나타나셨기 때문이라고 생각하기도 하지만, 나는 누가가 "엠마오"로 가는 두 제자에 관한 기사(記事) 속에서 그들의 눈이 가리어져서 주님을 알아보지 못했다고 말한 것과 똑같이(눅 24:16), 이 여자들의 눈에 문제가 있었다고 생각한다. 그러므로 우리는 그리스도께서 변신술(變身術)에 능했던 프로테우스(Proteus: 그리스 신화. 여러 모습으로 바뀐다는 바다의 신)처럼 계속해서 그 모습을 바꾸셨다고 말해서는 안 되고, 사람들로 하여금 보아도 보지 못하게 할 필요가 있을 때에 그들의 시력을 약하게 만드는 것은 사람들에게 눈을 주신 하나님께서 얼마든지 하실 수 있는 일이라고 말하는 것이 합당하다. 우리는 막달라 마리아에게서 사람의 마음이 흔히 저지르는 잘못의 한 가지 예를 본다. 즉, 그리스도께서는 우리의 눈앞에 그 모습을 나타내시는데도, 우리가 마음속으로 그리스도의 여러 가지 모습들을 지어내기 때문에, 우리의 지각(知覺)은 진짜 그리스도를 어떤 다른 존재로 인식하게 된다. 왜냐하면, 우리의 마음은 원래 어떤 것을 잘못 보기 쉬운데다가, 그 마음이 세상과 사탄의 미혹까지 받게 되면, 진실을 전혀 인식할 수 없게 되기 때문이다.

15. 동산지기인 줄 알고 이르되 주여 당신이 옮겼거든. 막달라 마리아가 동산지기를 "주"라고 부른 것은 유대인들의 관습을 따른 것인데, 이것은 히브리인들은 농부를 비롯해서 신분이 낮은 사람들에게도 "주여"(χύριε-퀴리에)라는 호칭을 사용했기 때문이다. 우리는 여기에서 막달라 마리아가 오직 땅의 일에만 관심이 있었음을 보게 된다. 다시 말해서, 그녀는 그리스도의 시신을 찾아서 무덤 속에 다시 안치할 수 있게 되기만을 바라고 있었을 뿐이고, 가장 중요한 일, 즉 그리스도의 부활로 나타난 하나님의 능력에는 전혀 관심이 없었다. 그러므로 그녀의 눈이 이러한

영적 둔감함으로 인해서 가리어진 것은 놀랄 일이 아니었다.

¹⁶예수께서 마리아야 하시거늘 마리아가 돌이켜 히브리 말로 랍오니 하니 (이는 선생님이라는 말이라) ¹⁷예수께서 이르시되 나를 붙들지 말라 내가 아직 아버지께로 올라가지 아니하였노라 너는 내 형제들에게 가서 이르되 내가 내 아버지 곧 너희 아버지, 내 하나님 곧 너희 하나님께로 올라간다 하라 하시니 ¹⁸막달라 마리아가 가서 제자들에게 내가 주를 보았다 하고 또 주께서 자기에게 이렇게 말씀하셨다 이르니라(20:16-18).

16. 예수께서 마리아야 하시거늘. 그리스도께서 막달라 마리아로 하여금 잠시 동안 착각에 빠지게 하신 것은 그녀의 믿음을 견고하게 하는 데에 유익한 것이었지만, 이제 "마리아야"라는 말씀 한 마디로 그녀의 착각을 바로잡아 주신다. 그리스도께서는 전에도 마리아에게 말씀하신 적이 있으셨지만, 그 때에 하신 말씀은 모르는 사람에게 하신 말씀 같았었다. 그러나 지금 그리스도께서는 제자의 이름을 부르는 선생의 모습을 보이신다. 왜냐하면, 우리가 앞에서 보았듯이, 선한 목자는 "자기 양의 이름을 각각 불러" 자기에게로 인도하기 때문이다(요 10:3). 그러므로 목자의 음성이 마리아의 마음속으로 파고들어서, 그녀의 눈을 열어주고 그녀의 모든 지각을 일깨웠기 때문에, 그 결과 마리아는 즉시 그리스도께 자신을 의탁하게 된 것이다. 우리는 마리아의 예를 통해서 우리의 부르심(vocatio)에 대한 생생한 모습을 그려볼 수 있다. 왜냐하면, 우리가 그리스도를 아는 참 지식을 얻을 수 있는 유일한 길은, 그리스도께서 먼저 우리를 아신 후에, 다음으로 우리를 자기에게로 친근하게 불러주실 때이기 때문이다. 그러나 그리스도께서는 모든 사람의 귀에 다 들리는 음성이 아니라, 아버지 하나님께서 자기에게 주신 양들만을 부르시는 특별한 음성이다. 그래서 바울은 "이제는 너희가 하나님을 알 뿐 아니라 하나님이 아신 바 되었거늘"(갈 4:9)이라고 말한다.

그리스도의 부르심이 효력을 발휘하였다는 것은 마리아가 즉각적으로 그리스도에게 합당한 예(禮)를 올린 것에서 분명하게 드러난다. 왜냐하면, "랍오니"라는 말 속에는 존경의 의미만이 아니라 순종하겠다는 고백의 의미도 들어 있기 때문이다. 그러므로 이 말씀을 통해서 마리아는 자기가 그리스도의 제자라는 것을 고백하고, 그리스도를 자신의 주(主)로 섬기겠다고 선언한 것이다. 하나님께서 우매하고 사실상 완전히 눈멀어 있던 마리아를 자신의 영으로 빛을 비춰 주셔서 그녀의 눈을 밝게 해주셨을 때, 그녀의 심령에 놀랍고 신비한 변화가 일어난 것이다. 막달라 마리아의 예를 통해서 우리는 그리스도의 초대를 받은 자는 누구나 지체하지 말고 응답해야 한다는 가르침을 얻는 것이 마땅하다. "랍오니"란 말은 아람어였고, 아람어에서는 "립오니"로 발음되었지만, 이렇게 어떤 단어가 다른 나라에서 차용되면서 발음이 달라지는 것은 흔히 있는 일이다. "랍오니"는 "나의 주님" 또는 "나의 선생님"이라는 뜻이다. 그러나 그리스도께서 계실 당시에는 "선생님"이란 말 대신에 "랍비" 또는 "랍오니"를 사용하는 것이 일반적이었다.

17. 나를 붙들지 말라. 이것은 마태의 기사(記事)와 일치하지 않는 것처럼 보인다. 왜냐하면, 마태는 여자들이 "그 발을 붙잡고" 경배하였다고 분명하게 보도하고 있기 때문이다(마 28:9). 그렇다면, 그리스도께서는 제자들이 자기를 만지도록 허락하셨는데도 불구하고, 왜 여기에서는 막달라 마리아에게 자기를 만지지 말라고 하셨을까? 부활하신 그리스도께서는 처음에는 제자들이 자기를 만지는 것을 허락하셨지만 자기를 만져보고자 하는 그들의 열망이 도를 지나치게 되자 그것을 금하셨다는 것을 우리가 깨닫기만 한다면, 이 문제에 대한 대답은 쉽다. 즉, 그리스도께서는 그들의 의심을 제거하는 데에 필요하다고 생각하셔서 그들이 자신의 몸을 만지는 것을 금하지 않으셨지만, 그들이 자신의 발을 만지는 데에 지나치게 정신을 빼앗기는 것을 보시고서는, 그들의 무분별한 열심을 억제하시고 바로잡아 주시기 위해서 자기를 만지는 것을 금하신 것이다. 그들의 관심은 그리스도의 육신적인 임재에 집중되어 있었고, 그들은 이 땅에서 그리스도와 대화를 나누는 것 말고는 그리스도와 교제할 수 있는 다른 방법을 알지 못하였다. 그러므로 우리는 그리스도께서는 어리석고 사려 깊지 못한 열망으로 가득 찬 제자들이 자기를 이 세상에 붙들어 두고 싶어 하는 것을 보시기까지는, 그들이 자기를 만지는 것을 금하지 않으셨다는 결론을 내릴 수 있다.

내가 아직 아버지께로 올라가지 아니하였노라. 우리는 그리스도께서 막달라 마리아에게 자기를 만지지 말라고 말씀하신 후에 여기에서 덧붙이신 그 이유를 주목할 필요가 있다. 왜냐하면, 이 말씀을 통해서 그리스도께서는 여자들에게 자기가 아직 하늘의 영광에 들어가지 않았기 때문에 그 때까지는 그녀들의 감정을 절제해야 한다고 명하신 것이기 때문이다. 요컨대, 그리스도께서는 여기에서 자신의 부활의 목적을 보여주신 것인데, 그 목적이라는 것은 제자들이 상상했던 것처럼 부활하신 후에 이 세상에서 승리자가 되시는 것이 아니라, 도리어 하늘에 올라가셔서 자기에게 약속되어 있던 나라를 소유하고 아버지 하나님의 우편에 앉으셔서 자신의 영으로 교회를 다스리시는 것이었다. 그러므로 이 말씀의 의미는 그리스도께서 아버지 하나님의 보좌 우편에 앉으실 때까지는 자신의 부활은 모든 점에서 충분하게 완성된 것이 아니기 때문에, 여자들이 부분적으로만 완성된 그리스도의 부활에 만족해하면서 이 세상에서 그와 함께 있는 것만을 열망한 것은 잘못이었다는 것이다. 이러한 가르침은 우리에게 두 가지 유익한 교훈을 준다. 하나는 그리스도를 찾는 일에서 길을 잃고 싶지 않은 자들은 자신들의 마음을 들어올려서 높은 곳을 바라보아야 한다는 것이고, 다른 하나는 그리스도에게로 가고자 하는 자는, 바울이 "그러므로 너희가 그리스도와 함께 다시 살리심을 받았으면 위의 것을 찾으라 거기는 그리스도께서 하나님 우편에 앉아 계시느니라"(골 3:1)고 권면하였듯이, 땅에 속한 육신의 소욕(所欲)들을 버려야 한다는 것이다.

너는 내 형제들에게 가서. 어떤 이들은 여기에서 "형제들"이 그리스도의 친척들만을 가리키는 것으로 보지만, 내 생각에는 그러한 해석은 옳지 않다. 왜냐하면, 그리스도께서 이 여자들을 제자들이 아니라 자신의 친척들에게 보내실 이유가 딱히 없기 때문이다. 이것에 대해서 그들은, 그리스도께서는 자신의 형제들이 자기를 믿지 않았기 때문에(요 7:5) 여자들을 그들에게 보낸 것이라고 주장한다. 그러나 나는 그리스도께서 이 큰 영광을 자신의 친척들에게 주었을 가능성은 희박하다고 생각한다. 또한, 막달라 마리아가 그리스도의 명령에 순종했을 것임은 분명한데, 그녀는 곧장 제자들에게로 갔다. 따라서 우리는 그리스도께서 말씀하신 "형제들"은 제자들을 가리키는 것이었다는 결론을 내릴 수 있다. 더욱이, 그런 주장을 펴는 자들은 제자들이 제각각 흩어져 있었다고 생각하지만, 사실 제자들은 한곳에 모여 있었고, 그리스도께서도 그 사실을 알고 계셨다. 그런 상황 속에서, 그리스도께서 자신의 친척들 — 나는 이 친척들이라는 것이 어떤 부류의 사람들인지를 알지 못하겠다 — 에게는 관심을 기울이시면서, 정작한 곳에 모여서 희망과 두려움 사이에서 심한 갈등을 겪고 있었던 제자들에게는 무관심하셨다는 것은 도무지 말이 되지 않는 얘기다. 거기에 한 가지를 덧붙이자면, 그리스도께서는 시편 22:22에 나오는 "내가 주의 이름을 형제에게 선포하고"라는 구절에서 이 표현을 빌려오신 것으로 보인다는 점이다. 왜냐하면, 시편의 이 예언이 현재의 본문 속에서 그리스도에 의해서 그대로 성취되었다는 것에 대해서는 논란의 여지가 전혀 없기 때문이다.

그러므로 나는 막달라 마리아가 제자들 모두에게로 보내심을 받은 것이라는 결론을 내린다. 또한, 나는 그리스도께서는 제자들이 자신의 부활을 잘 믿으려 하지 않고 미적거리고 있었기 때문에 그들을 책망하시고자 마리아를 그들에게 보내셨다고 생각한다. 사실, 여자들이 아니라 소나 나귀가 그들의 선생으로 왔다고 해도, 그들로서는 할 말이 없었을 것이다. 왜냐하면, 하나님의 아들이신 그리스도께서 그들에게 그렇게 오랫동안 정성을 다해서 가르침을 베푸셨음에도 불구하고, 그들은 나아진 모습을 거의 또는 전혀 보여주지 못했기 때문이다. 그러나 그리스도께서는 제자들이 다시 자기에게 돌아오도록 하시기 위해서, 그들을 여자들이 선생인 학교로 보내서서 정신을 차리게 하시는 정도의 가벼운 벌을 주시는 선에서 그들을 징계하신다. 이렇게 사도들에게 자신의 부활을 알릴 증인들로 여자들을 세우신 것에서도 우리는 그리스도의 무한한 인자하심을 본다. 왜냐하면, 그 여자들에게 주어진 일은 우리의 구원을 위한 견고한 토대가 되었을 뿐만 아니라, 하늘의 지혜를 담고 있는 것이기도 하였기 때문이다. 하지만 우리는 이 일이 이례적이고 예외적인 것이었다는 것을 유의해야 한다. 왜냐하면, 여자들은 사도들에게 나중에 그들이 자신들에게 위임된 직분을 따라 온 세상에 전파하게 되어 있던 것을 전하도록 명령을 받은 것일 뿐이고, 그녀들이 사도로서 그리스도의 명령을 수행한 것은 아니기 때문이다. 그러므로 그리스도께서 이 여자들에게 그러한 명령을 하셨다는 것을 근거로 삼아서, 여자들에게도 세례를 베풀 수 있는 직분이 허락되었다는 규례를 도출해 내는 것은 잘못이다. 우리는 그리스도께서는 잠시 여자들을 사도들의 선생으로 삼으심으로써 그녀들에게 한없이 값진 은혜를 베풀어 주시긴 하셨지만, 일회적으로 특별히 허락된 이 은혜를 하나의 일반적인 모범으로 삼고자 하신 것은 아니라는 것을 아는 것으로 만족해야 한다. 이것은 한때 "일곱 귀신이 들렸던 막달라 마리아"(막 16:9; 눅 8:2)의 경우에서 특히 분명하게 드러난다. 왜냐하면, 그리스도께서 그녀를 일시적으로나마 사도들의 선생으로 삼으신 것은 그녀를 가장 깊은 지옥에서 꺼내어서 하늘 높이 올려 주신 것과 같은 것이었기 때문이다. 혹시 어떤 이들이 이 여자들도 사도들 못지않게 육신적이고 우매한 모습을 보였다는 사실을 근거로, 그리스도께서 사도들을 제쳐두고 이 여자들에게 특권을 주었을 리가 없다고 반박한다면, 나의 대답은, 여자들과 사도들 중에서 누가 뛰어났는지를 판단하는 것은 우리의 소관이 아니라 재판관이신 그리스도의 소관이라는 것이다. 하지만 내가 말해 두고 싶은 것은 사도들이 더 호된 책망을 받는 것이 마땅하다는 것이다.

왜냐하면, 그들은 다른 사람들보다 가르침을 더 잘 받았을 뿐만 아니라, 온 세상에 가르침을 전할 선생들로 세우심을 받았고, 그리스도께서 그들을 "세상의 빛"이자 "세상의 소금"이라고 그토록 힘주어 말씀하셨는 데도(마 5:13-14) 형편없이 실패한 모습을 보여주었기 때문이다. 그런데도 주님께서는 이처럼 보잘것없고 연약한 도구들을 사용하셔서 자신의 능력을 나타내시기를 기뻐하셨다.

내가 … 곧 너희 하나님께로 올라간다 하라. 그리스도께서 "올라간다"라는 단어를 사용하신 것은 내가 앞서 설명했던 것, 즉 그리스도께서 죽은 자들 가운데서 다시 살아나신 것은 이 세상에 더 머무르시기 위한 것이 아니라, 천상(天上)의 삶으로 들어가셔서 믿는 자들을 자기에게로 데려가시기 위한 것이었다는 것을 확증해 준다. 요컨대, 이 말씀을 통해서 그리스도께서는 제자들에게 단지 자신의 부활 그 자체만을 보는 것으로 그치지 말고, 영적인 나라, 하늘의 영광, 하나님 자신에게 이를 때까지 계속해서 나아가라고 명령하신 것이다. 따라서 "올라간다"라는 단어에 주된 강조점이 두어지고 있다. 왜냐하면, 그리스도께서는 제자들이 하늘 이외의 다른 곳에서 자신들의 복을 구하지 않도록 하시기 위하여 하늘로부터 그들에게 손을 내밀어 주실 것이고, 우리의 "보물"이 있는 곳에 우리의 마음도 있을 것이기 때문이다(마 6:21). 이제 그리스도께서는 자기가 높은 곳으로 올라갈 것이라고 선언하신다. 그러므로 우리도 그리스도와 헤어지기를 원하지 않는다면 높은 곳으로 올라가야 한다. 또한, 그리스도께서는 자기가 "하나님께로" 올라가는 것이라는 말씀을 덧붙이심으로써 자신과의 이별로 인해서 그들이 겪게 될 슬픔과 걱정을 신속히 없애 주신다. 왜냐하면, 이 말씀은 그리스도께서 자신의 신적인 능력으로 그들과 항상 함께 하실 것이라는 의미이기 때문이다. 물론, "올라간다"라는 말 속에는 공간적으로 거리가 멀어진다는 뜻이 내포되어 있기는 하다. 그러나 그리스도께서는 육신으로는 더 이상 그들과 함께 계시지 않게 되겠지만, 하나님과 함께 계시기 때문에, 모든 곳에 퍼져 있는 자신의 능력이 자신의 영적 임재를 분명하게 보여줄 것이다. 하나님의 우편에 앉으셔서 하늘과 땅을 두루 다스리시기 위한 것이 아니라면, 그리스도께서는 무엇 때문에 하나님에게로 올라가셨겠는가? 요컨대, 그리스도께서는 자기가 떠나갔을 때에 그들이 자신의 육신적인 부재(不在)로 인해서 슬퍼하고 근심하지 않도록 하시기 위해서 이 말씀을 통해서 자신의 나라의 신적인 능력을 그들에게 각인시켜 주고자 하신 것이다.

내 아버지 곧 너희 아버지, 내 하나님 곧 너희 하나님께로 올라간다. 우리가 앞에

서 말한 바 있는 형제적인 유대(紐帶)의 열매와 결과는 그리스도 자신의 하나님이
자 아버지이신 분이 곧 우리의 하나님이자 아버지라는 말씀 속에서 잘 드러난다.
그리스도께서는 "내가 내 아버지 곧 너희 아버지, 내 하나님 곧 너희 하나님께로
올라간다"고 말씀하시고, 또한 다른 구절들을 통해서 우리는 우리가 그리스도의
모든 복에 참여하는 자들이 되었다는 것을 안다. 그러나 우리가 누리는 모든 특권
의 토대는 그리스도께서 복의 근원(根源) 자체를 우리와 함께 공유하신다는 사실
이다. 믿는 자들이, 그리스도의 하나님이 바로 자신들의 하나님이고 그리스도의
아버지가 바로 자신들의 아버지라는 결론을 안전하고 확실하게 내릴 수 있다는 것
은 의심할 여지 없이 헤아릴 수 없이 큰 복이다. 그런 결론은 그리스도 위에 세워
진 것이기 때문에, 우리는 그러한 확신이 너무 성급한 것이 아닌가 하고 두려워할
이유가 전혀 없고, 그런 결론은 그리스도께서 친히 우리에게 말씀해 주신 것이기
때문에 우리는 그것을 자랑하는 것이 교만이 되지는 않을까 하고 두려워할 이유도
전혀 없다. 그리스도께서 여기에서 "자기를 비워 종의 형체를 가지신"(빌 2:7) 자
로서의 위치에서 하나님을 "내 하나님"이라고 부르시는 것이다. 그러므로 그것은
그리스도의 인성(人性)에만 해당하는 것이라고 할 수 있지만, 그리스도께서는 하
나님이시면서 동시에 인간이시기 때문에, 이러한 단일성(unitas)에 비추어 볼 때에
그리스도의 전체 인격에 적용된다. 한편, "내 아버지 곧 너희 아버지"라는 구절 속
에는 그리스도와 우리 간의 차이점도 내포되어 있다. 왜냐하면, 그리스도는 본성
(natura)에 의해서 하나님의 아들이시지만, 우리는 오직 입양(入養, adoptio)에 의
해서 하나님의 자녀가 되었기 때문이다. 마귀는 우리로 하여금, 자신의 독생자 안
에서 우리를 양자로 삼아 주신 하나님을 "우리 아버지"라고 부르지 못하게 하려고
끊임없이 온갖 술수를 써서 방해하지만, 그리스도를 통하여 우리가 받은 바로 그
은혜는 너무도 확고부동해서 결코 흔들릴 수 없다.

[19]이 날 곧 안식 후 첫날 저녁 때에 제자들이 유대인들을 두려워하여 모인 곳의 문
들을 닫았더니 예수께서 오사 가운데 서서 이르시되 너희에게 평강이 있을지어다
[20]이 말씀을 하시고 손과 옆구리를 보이시니 제자들이 주를 보고 기뻐하더라 [21]예수
께서 또 이르시되 너희에게 평강이 있을지어다 아버지께서 나를 보내신 것 같이
나도 너희를 보내노라 [22]이 말씀을 하시고 그들을 향하사 숨을 내쉬며 이르시되 성
령을 받으라 [23]너희가 누구의 죄든지 사하면 사하여질 것이요 누구의 죄든지 그대

로 두면 그대로 있으리라 하시니라(20:19-23).

19. 이 날 곧 안식 후 첫날 저녁 때에. 복음서 기자는 이제 그리스도께서 제자들 앞에 모습을 나타내심으로써 자신의 부활을 증명하신 사건을 보도한다. 제자들이 모두 한곳에 모여 있을 때에 그리스도께서 나타나심으로써 그의 부활이 더욱 확실 하고 신뢰할 수 있는 일이 된 것은 하나님의 섭리로 인한 것이었다. 우리가 주목할 것은 그리스도께서는 그들이 너무 오랫동안 불안에 떨지 않도록 하시기 위해서 부 활하신 당일 저녁 때에 그들을 찾아오심으로써 자신의 인자하심을 나타내셨다는 사실이다. 게다가, 그리스도께서는 세상이 온통 어둠에 잠겨 있을 때에 새 생명의 보증(保證)를 갖고 찾아오심으로써 그들에게 밝은 빛을 비춰 주셨다.

제자들이 유대인들을 두려워하여 모인 곳. 제자들이 모두 모여 있었다는 것은 믿 음의 표현이었거나, 적어도 모종의 신앙심의 표현이었다. 우리는 닫힌 문 뒤에 숨 어 있었던 그들의 모습에서 그들의 연약함을 발견하게 된다. 물론, 아무리 강하고 담대한 자일지라도 가끔은 두려움에 사로잡힐 때가 있다. 하지만 우리는 이 때에 사도들이 두려워한 것은 그들의 믿음이 부족했기 때문이라는 것을 쉽게 짐작할 수 있다. 우리가 이 사례에서 한 가지 주목할 만한 것은 그들이 비록 합당한 정도의 담대함을 보여주지는 못했지만 자신들의 연약함에 무릎을 꿇지는 않았다는 것이 다. 그들은 위험을 피하기 위해서 몸을 숨기기는 했지만, 그래도 함께 모여 있을 만 큼의 용기는 냈다. 만일 그들이 그런 용기조차 내지 못했더라면, 그들은 뿔뿔이 흩 어져서 서로의 얼굴을 보려는 생각조차 못 했을 것이다. 우리도 이런 식으로 두려 움에 사로잡혀서 배교(背敎)에 빠지는 것이 아니라, 도리어 육신의 연약함에 맞서 싸워야 한다. 그리스도께서도 함께 모여 있던 제자들에게 나타나셔서 그들의 열심 을 칭찬하신다. 한편, 본대(本隊)의 깃발에서 이탈하여 낙오한 병사 같았던 도마가 모든 형제들에게 주어진 이 은혜를 받지 못한 것은 당연한 일이었다. 지나치게 소 심하고 겁이 많은 자들은 자신의 육신적인 두려움을 물리치기 위해서 스스로 분발 하고 단련하는 법을 배워야 하고, 특히 두려움으로 인해서 본대에서 이탈하여 흩 어지지 않도록 조심할 필요가 있다.

모인 곳의 문들을 닫았더니. 복음서 기자가 이렇게 당시의 세부적인 상황을 설 명하는 말을 덧붙인 것은 의도적인 것이었다. 왜냐하면, 이 상황은 그리스도의 신 적인 능력을 보여주는 명백한 증거를 담고 있었기 때문이다. 어떤 이들은 누군가에 의해서 빗장이 풀려 있었기 때문에 그리스도께서 인간적인 방법으로 그 집에 들어가신 것이라고 생각하지만, 그런 추측은 복음서 기자의 의도에서 완전히 벗어난 것이다. 우리는 그리스도께서 자신의 신성(神性)을 보여주심으로써 제자들의 주의를 환기시키시기 위해서 이적을 사용하여 들어오신 것임을 믿어야 한다. 그러나 그리스도의 몸이 닫힌 문을 통과한 것이라는 교황주의자들의 주장을 내가 인정하는 것은 결코 아니다. 그들은 그런 식의 주장을 통해서 부활하신 그리스도의 영광스러운 몸이 장소에 구애를 받지 않는 영체(靈體)였다는 것을 증명하고자 하는 것이지만, 본문은 그런 의미를 전혀 담고 있지 않다. 왜냐하면, 복음서 기자는 그리스도께서 닫힌 문을 통해서 들어가셨다고 말하는 것이 아니라, 도리어 문은 여전히 닫혀 있었고 문을 열어 준 사람도 없었지만, 그리스도께서는 어느 순간 제자들 가운데 서 계셨다고 말하기 때문이다. 우리는 베드로가 문이 닫혀 있는 감옥에서 빠져나온 사건을 알고 있다. 그렇다면, 우리는 베드로가 쇠창살을 뚫고 빠져 나왔다고 말해야 하는가? 핵심은 없고 궤변으로 가득 찬 그따위 유치한 말장난은 집어치워라! 우리는 단지 그리스도께서 놀라운 이적을 보여주심으로써 제자들에게 부활의 확신을 심어 주고자 하셨다는 사실을 아는 것으로 만족해야 할 것이다.

너희에게 평강이 있을지어다. 이것은 히브리인들 사이에서 일반적으로 사용된 인사말이다. 그들에게 "평강"이라는 말은 사람들이 행복한 삶을 위해서 바라는 모든 행운이나 형통함을 의미하는 것이었다. 그러므로 "너희에게 평강이 있을지어다"라는 말은 "너희가 잘 되고 행복하기를 바란다"는 뜻이다. 내가 이런 설명을 하는 이유는 그리스도께서는 단지 제자들에게 모든 일이 잘 되고 행복하라고 하는 인사말을 하셨을 뿐인 데도 불구하고, 이 구절을 설명하면서 평화니 화합이니 하며 쓸데없는 논의를 하는 자들이 있기 때문이다.

20. 손과 옆구리를 보이시니. 복음서 기자는 그리스도께서 모든 방법을 다 동원해서 제자들에게 자신의 부활을 온전히 확신할 수 있게 해주고자 하셨다는 것을 확증해 주려고 이 일을 덧붙였다. 그런데 그리스도께서 부활 이후에도 이러한 상흔(傷痕)을 지니고 계시는 것이 그의 영광에 어울리지 않는 이상한 일이라고 생각하는 사람이 있다면, 그는 먼저 그리스도께서는 자신을 위해서가 아니라 우리를 위해서 부활하셨다는 사실, 다음으로 우리의 구원에 유익한 일은 그리스도께도 영광이 되는 일이라는 사실을 생각해야 할 것이다. 왜냐하면, 그리스도께서 잠시 스스로를 낮추셨다고 해서 그의 위엄이 손상을 입는 것도 아니고, 우리가 지금 말하

고 있는 그리스도의 상처는 그의 부활에 대한 믿음을 한층 견고하게 해주는 것일 뿐이고, 조금도 그의 영광을 손상시키는 것이 아니기 때문이다. 그러나 이 일을 근거로 삼아서, 그리스도의 옆구리에는 여전히 창에 찔린 자국이 있고 손바닥에는 못 박힌 상처가 있다고 추론하는 것은 억측에 지나지 않는다. 왜냐하면, 그리스도의 상처 자국들은 사도들이 그리스도의 부활을 온전히 확신할 때까지만 사용된 일시적인 것이었음이 분명하기 때문이다. 한편, 복음서 기자가 "제자들이 주를 보고 기뻐하더라"고 말하는 것은 그리스도의 죽음으로 인해서 제자들이 지니고 있던 모든 슬픔이 그리스도께서 다시 살아나신 것으로 인해서 사라졌다는 뜻이다.

21. 예수께서 또 이르시되 너희에게 평강이 있을지어다. 내 생각에는, 그리스도께서 이렇게 두 번째로 제자들에게 인사말을 건네신 목적은 자기가 이제부터 말씀하고자 하시는 것들이 아주 중요하고 중대한 것들이었기 때문에 그들의 주의를 환기시키시기 위한 것이었다.

아버지께서 나를 보내신 것 같이 나도 너희를 보내노라. 이 말씀을 통해서 그리스도께서는 자기가 전에 제자들에게 맡기셨던 그 직분에 다시 한 번 그들을 세우신다. 물론, 그리스도께서는 전에도 유대 땅 곳곳으로 제자들을 보내셨지만, 그 때에 그들은 죽을 때까지 가르치는 직분을 수행하는 사도(使徒, apostolus)가 아니라, 단지 사람들에게 최고의 선생이신 그리스도의 말씀을 들으라는 영(令)을 전하는 일시적인 전령(傳令, praeco)의 역할을 한 것에 불과하였다. 그러나 이제 주님은 세상에 자신의 나라를 세우기 위하여 그들을 자신의 대사(大使, legatus)로 임명하셨다. 그러므로 우리는 사도들이 이제야 비로소 복음의 정식 사역자(使役者, minister)로 세우심을 받은 것이라는 결론을 내릴 수 있다. 이 말씀은 그리스도께서 자신이 달려갈 길을 다 달려오셨기 때문에 지금까지 자기가 맡아 왔던 선생의 직분을 이제 제자들에게 넘겨 주신다는 선언이다. 왜냐하면, 이 말씀은 아버지 하나님께서는 일정 기간 동안은 그리스도께서 가르치는 일을 맡으시겠지만, 나중에는 다른 사람들로 하여금 그의 빈 자리를 대신하게 한다는 조건 하에서 자신을 교회의 선생으로 임명하셨다는 의미이기 때문이다. 그런 까닭에, 바울은 그리스도께서 "어떤 사람은 사도로, 어떤 사람은 복음 전하는 자로, 어떤 사람은 목사와 교사로 삼으셔서"(엡 4:11), 그들로 하여금 세상 끝날까지 교회를 다스리게 하셨다고 말한다. 그러므로 그리스도께서는 먼저 비록 자신의 가르치는 직분은 일시적인 것이었지만, 복음의 선포 자체는 일시적인 것이 아니고 영원한 것이 되리라는 것을 선언하시고, 다음으로는, 자신의 가르침이 사도들을 통해서 선포될 때에 그 권위가 조금도 손상되지 않도록 하시기 위해서, 자기가 아버지 하나님에게서 받은 동일한 과업(functio)을 계승할 것을 그들에게 명하시고, 가르침에 있어서 자신과 동일한 위상(位相, persona) 및 권한(權限, ius)을 그들에게 수여하신다. 그리스도께서 그들의 사역을 이런 식으로 재가(裁可)하시고 인준(認准)해 주셔야 했던 것은 그들이 무명의 평범한 사람들에 지나지 않았기 때문이었다. 하지만 가령 그들이 최고의 부귀영화를 누리던 자들이었다고 할지라도, 우리는 그들이 소유한 그 모든 것들이 믿음보다 훨씬 못하다는 것을 안다. 그러므로 그리스도께서 복음 선포의 사명이 인간에게서 비롯된 것이 아니라 하나님의 명령에 의한 것임을 나타내기 위해서는, 자신이 아버지 하나님으로부터 받은 권위를 사도들에게 전해 주실 필요가 있으셨다. 그러나 그리스도께서는 최고의 선생으로서의 지위를 완전히 포기하시고 그 자리에 그들을 대신 앉히신 것은 아니었다. 왜냐하면, 아버지 하나님께서는 오직 그리스도에게만 그 지위를 부여하고자 하셨기 때문이다. 그러므로 그리스도께서는 영원히 교회의 유일한 선생(unicus ecclesiae doctor)이시다. 다만, 한 가지 차이점이 있다면, 그것은 그리스도께서 세상에 계실 때에는 자신의 입으로 직접 말씀하셨지만, 지금은 사도들을 통해서 말씀하신다는 것이다. 따라서 사도들이 그리스도의 뒤를 이어서, 또는 그리스도를 대신해서 가르치는 직분을 맡았다고 할지라도, 교회의 최고의 선생으로서의 그리스도의 지위와 권세와 존귀에는 전혀 변함이 없다. 왜냐하면, 하나님께서는 "이는 내 사랑하는 아들이요 내 기뻐하는 자니 너희는 그의 말을 들으라"고 말씀하셨고, 오직 그리스도의 말씀만을 들으라는 하나님의 이 명령은 누구도 거역할 수 없는 것이기 때문이다(마 17:5). 요컨대, 그리스도께서는 여기에서 사람들, 즉 사도들이 아니라 복음의 가르침에 존귀를 더하시고자 하셨다는 것이다. 또한, 우리는 이 말씀 속에서 다루어지고 있는 주제가 오로지 복음의 선포에 관한 것뿐이라는 점에 유의해야 한다. 왜냐하면, 그리스도께서 사도들을 보내시는 것은 아버지 하나님께서 그리스도를 보내신 것과는 달리 세상의 죄를 대속하고 사람들로 하여금 의(義)를 얻게 하려는 것이 아니기 때문이다. 따라서 그리스도께서는 이 말씀 속에서 자기 자신에게만 특유한 어떤 일을 언급하신 것이 아니라, 단지 교회를 다스리게 될 사역자들과 목회자들을 세우신 것일 뿐이다. 그렇기 때문에, 모든 권세는 오직 그리스도께 있고, 사도들이 자기 자신에 대하여 주장할 수 있는 것은 자신들이 그리스도의 사역자들이라는 것뿐이다.

22. 그들을 향하사 숨을 내쉬며 이르시되 성령을 받으라. 죽을 수밖에 없는 존재인 인간들 중에서 이렇게 어려운 직분을 감당할 수 있는 자격을 갖춘 사람은 있을 수 없기 때문에, 그리스도께서는 제자들에게 자신의 영을 주심으로써 그들을 준비시키신다. 사실, 하나님의 교회를 다스리고, 영원한 구원의 대사(大使) 역할을 하고, 이 땅에 하나님의 나라를 세우고, 사람들을 천국으로 인도하는 일은 인간의 능력 밖에 있는 일이다. 따라서 성령의 감동을 받은 사람이 아니라면 이러한 일을 수행하기에 합당하지 않다는 것은 놀랄 일이 아니다. 왜냐하면, 이와 같이 숭고한 직분에 따르는 모든 본분들을 충성스럽고 신실하게 수행할 자격을 갖춘 사람이 있다고 말하는 것은 전혀 사실이 아닌 까닭에, 성령의 지배를 받지 않는 사람은 그리스도에 대해서 한 마디도 말할 수 없기 때문이다(고전 12:3). 다시 한 번 말하지만, 자신의 교회의 선생으로 세우신 자들을 그 직분에 합당한 자들로 만드시는 분은 오직 그리스도이시기 때문에, 이 일은 그리스도의 영광에 속하는 일이다. 왜냐하면, 그리스도께 성령이 충만하게 부어진 것은 그로 하여금 각 사람에게 합당한 분량대로 성령을 부어 주실 수 있도록 하기 위한 것이었기 때문이다. 따라서 그리스도께서는 영원토록 교회의 유일한 목자(牧者)이시지만, 자기가 세우신 사역자들에게 성령의 능력을 부어 주셔야만 하셨고, 그들을 향해서 숨을 내쉬는 외적인 상징 행위를 통해서 그들에게 성령을 부어 주시는 이는 자기라는 것을 보여주신다. 왜냐하면, 만일 성령이 그리스도에게서 나가는 것이 아니었다면, 그런 행위는 무의미했을 것이기 때문이다. 그렇기 때문에, 하나님의 아들에게 속한 영광을 자신들의 것으로 가로채는 교황주의자들의 신성모독은 더욱 가증스럽다. 왜냐하면, 그들의 주교들은 사제들(司祭, sacrifici, 이 라틴어는 "희생제사를 드리는 제사장"이라는 뜻인 sacrificus의 복수형임 — 역주)을 서품할 때에 자신들이 그들에게 숨을 내쉬는 행위가 성령을 불어넣어 주는 것이라고 주장하며 자랑을 늘어놓기 때문이다. 그러나 그들의 악취 나는 숨결과 그리스도의 신성한 숨이 얼마나 다른 것인지는 누구나 다 아는 사실이다. 왜냐하면, 그들이 하는 짓은 언제나 한결같이 눈 가리고 아웅 하는 식이기 때문이다. 게다가, 그리스도께서 제자들에게 주신 영은 자신이 아버지 하나님으로부터 받은 영일 뿐만 아니라, 자신이 아버지 하나님과 함께 갖고 있는 자신의 영이기도 하기 때문에, 숨을 내쉬면서 성령을 준다고 떠벌리는 자들은 모두가 하나님의 영광을 가로채는 자들이기도 하다. 이제 우리가 주목해야 할 것은 그리스도께서는 목회자의 직분으로 부르신 자들에게는 거기에 필요한 은사들을 친히

공급해 주셔서, 그들이 그러한 직분을 감당할 수 있는 자격을 갖추게 하시거나, 적어도 아무런 준비 없이 맨손으로 그러한 직분에 나아가지 않게 하신다는 것이다. 이것이 사실이라면, 성직위계제도에 대한 교황주의자들의 과장된 자화자찬에도 불구하고, 그들의 주교들을 통해서 성령의 한 줄기 불꽃도 보여줄 수 없는 그들의 어리석은 자랑을 우리가 반박하는 것은 어려운 일이 아니다. 교황주의자들은 자신들에게 성령의 은혜가 전혀 없다는 것이 명백한 데도 불구하고, 자신들이 교회의 합법적인 목회자들이고, 그리스도의 사도이자 대리자라는 것을 우리가 믿어 주기를 바란다. 하나님의 교회를 다스리는 자들의 소명(vocatio) 유무를 판단할 수 있는 확실한 기준이 있는데, 그것은 그들이 성령을 받았는지를 알아보는 것이다. 그러나 그리스도께서 제자들에게 숨을 내쉬셔서 성령을 주신 주된 목적은 사도직(司徒職)의 존귀함을 부각시키기 위한 것이었다. 왜냐하면, 사도들은 그리스도께서 택하셔서 복음을 최초로 전한 자들이자 가장 중요한 설교자들이었기 때문에, 그들이 특별한 권위를 부여받은 것은 지극히 타당한 일이었기 때문이다. 그러나 그리스도께서 이 때에 숨을 내쉼으로써 사도들에게 성령을 주신 것이라면, 그 후에 다시 성령을 보내시는 것은 불필요한 일이 아닌가라고 생각하는 사람이 있을 수 있다. 나의 대답은 이 때에는 사도들에게 그리스도의 은혜를 살짝 맛볼 정도로만 성령이 주어졌기 때문에, 그들이 성령의 충만한 능력을 덧입은 것은 아니었다는 것이다. 왜냐하면, 나중에 성령이 불의 혀처럼 갈라지며 제자들에게 임했을 때(행 2:3), 사도들은 비로소 완전히 새롭게 되었기 때문이다. 그리스도께서 지금 그들을 복음의 선포자로 임명하신 것은 그들을 즉시 사역 현장으로 보내시기 위한 것이 아니었다. 성경의 다른 본문이 보여주듯이, 그리스도께서는 "너희는 위로부터 능력으로 입혀질 때까지 이 성에 머물라"(눅 24:49)고 말씀하시며 그들에게 잠잠히 기다릴 것을 명하셨다. 모든 정황을 잘 살펴보면, 우리는 그리스도께서 제자들에게 그들이 당장 사용해야 할 그런 은사들을 주신 것이 아니라, 장래를 대비해서 그들을 성령이 사용하실 도구들로 세우신 것이라는 결론을 내릴 수 있다. 따라서 우리는 그리스도께서 그들을 향하여 숨을 내쉰 것은 특히 지금까지 자기가 여러 차례에 걸쳐서 약속하신 저 놀라운 일, 즉 장차 자기가 성령을 보내 주실 것임을 보여주는 의미를 담고 있는 것으로 이해해야 할 것이다. 그리스도께서는 은밀한 영감(靈感)을 통해서 자신의 사도들에게 은혜를 베푸실 수도 있으셨지만, 그들에게 좀 더 분명한 확신을 주시기 위해서 이처럼 눈에 보이는 행위인 숨을 내쉬는 방식을 택하셨다. 성경은 성령을 "바람"에 비유하는 경우가 종종 있는데, 그리스도께서는 그런 비유를 염두에 두시고 숨을 내쉬는 상징행위를 하신 것이다. 우리는 요한복음 3장을 다룰 때에 그러한 비유에 대해서 간단히 살펴본 바 있다. 그러나 독자들은 외적이고 가시적인 상징행위가 말씀과 결합되어 있다는 사실에 주목해야 한다. 왜냐하면, 성례전이 갖는 효력의 원천은 말씀이기 때문이다. 그러나 이것은 성령의 역사(役事)가 우리의 귀에 들리는 말씀에 국한된다는 뜻이 아니라, 신자들이 성례전을 통해서 받는 모든 효력이 말씀의 증언에 달려 있다는 뜻이다. 그리스도께서는 사도들에게 숨을 내쉬셨을 뿐인데, 그들이 숨만을 받은 것이 아니라 성령을 받은 것은 그리스도께서 그들에게 약속의 말씀을 주셨기 때문이 아니면 무엇 때문이겠는가? 마찬가지로, 세례를 통해서 우리는 하나님의 의(義)가 우리 안에서 역사하여 우리를 다스리도록 하기 위하여, 그리스도로 옷 입고(갈 3:27), 그의 피로 씻음을 받으며(계 1:5), 우리의 옛 사람이 십자가에 못 박히는 것(롬 6:6)이고, 성만찬을 통해서는 우리가 영적으로 그리스도의 살과 피를 먹고 마신다. 성례전들의 이러한 엄청난 효력이 자신이 말씀하신 바를 성령을 통해서 행하시고 이루시는 그리스도의 약속으로부터 온 것이 아니라면 어디서 온 것이겠는가? 그러므로 우리는 그리스도께서 약속하신 것이 아니라 사람들이 만들어 낸 것에 불과한 모든 성례전은 웃음거리나 하찮은 유희에 지나지 않는다는 사실을 알아야 한다. 왜냐하면, 주님의 말씀이 함께 하지 않는 표징(表徵)들에는 그 어떤 진리도 있을 수 없기 때문이다. 거룩한 일들을 가지고 이런 식으로 장난을 치는 것은 하나님을 사악하게 모독하는 것이고 사람들의 영혼을 파멸시키는 행위이기 때문에, 우리는 사탄의 그러한 궤계(詭計)들을 극히 조심하지 않으면 안 된다. 주교들이 사제의 서품식을 행할 때에 숨을 내쉬는 행위는 그리스도의 말씀과 상징행위가 결부된 것이기 때문에 우리가 그것을 비난할 수는 없지 않느냐는 반론이 있을 수 있지만, 그런 반론에 대한 대답은 분명하다. 먼저, 그리스도께서는 이 일과 관련해서 사도들에게 교회 안에 영원한 성례전을 제정하라고 말씀하신 적이 없고, 우리가 조금 전에 말했듯이, 성령이 오직 자기로부터만 나온다는 사실을 일회적으로 선언하고자 하셨던 것일 뿐이라는 것이다. 다음으로, 그리스도께서는 사람에게 어떤 직분을 맡기실 때에 반드시 힘과 능력을 공급해 주신다. 나는 교황 제도 하에서 사제들이 전혀 다른 목적을 위해서, 아니 정반대의 목적을 위해서 세워진다는 것, 즉 사도들이 복음의 칼로써 사람들을 제물로 바치기 위해서 세워진 반면에, 사제들은 날마다 그리스도를 죽음의 희생 제물로 바치기 위해서 세워진다는 것에 대해서는 거론하고 싶지 않다. 그러나 우리는 그리스도께서 외적인 상징들이나 표징(表徵)들을 통해서 나타내시고 약속하신 모든 복들은 오직 그리스도에 의해서만 주어진다는 것을 믿어야 한다. 왜냐하면, 그리스도께서는 "내쉰 숨으로부터"가 아니라 "자기로부터" 성령을 받으라고 명령하신 것이기 때문이다.

23. 너희가 누구의 죄든지 사하면 사하여질 것이요. 우리 주님께서 여기에서 복음의 요지를 간략하게 요약해서 말씀하셨다는 것은 의문의 여지가 없다. 우리는 죄를 사하는 이런 권세를 가르치는 직분과 분리해서는 안 된다. 왜냐하면, 이 말씀 속에서 이 둘은 밀접하게 연결되어 있기 때문이다. 그리스도께서는 조금 전에 "아버지께서 나를 보내신 것같이 나도 너희를 보내노라"(21절)고 말씀하셨는데, 이제 여기에서 자기가 제자들을 보내시는 취지와 의도가 무엇인지를 선언하신다. 그 중간에 그리스도께서는 단지 그들이 받은 사명을 수행하기 위해서 필요한 단 한 가지 일을 행하셨는데, 그것은 스스로는 아무 일도 할 수 없었던 그들에게 성령을 주신 일이었다(22절). 복음을 설교하는 일차적인 목적은 사람들을 하나님과 화목하게 만드는 것이고, 이것은 값없이 주어지는 죄 용서를 통해서 이루어진다. 그렇기 때문에, 바울도 복음을 "화목하게 하는 직분"이라고 부른다(고후 5:18). 물론, 복음에는 다른 많은 것들이 포함되어 있지만, 하나님께서 복음을 통해서 이루고자 하시는 일차적인 목적은 사람들의 죄를 묻지 않으심으로써 그들을 은혜 안으로 받아들이시는 것이다. 그러므로 우리가 신실한 복음의 사역자이고자 한다면, 이 일에 가장 큰 열심을 보이는 것이 마땅하다. 왜냐하면, 인간의 구원이 값없이 주어지는 죄 사함을 통해서 이루어진다고 하는 것이 복음(evangelium)과 세속적인 철학(philosophia profana)의 가장 현저한 차이이기 때문이다. 죄 사함은, 하나님께서 자신의 성령으로 우리를 조명해 주시고 거듭나게 해주시는 것, 우리를 자신의 형상대로 새롭게 빚어 주시는 것, 세상과 사탄에 맞설 수 있는 불굴의 담대함으로 우리를 무장시켜 주시는 것과 같은 하나님께서 주시는 다른 복들의 근원(根源)이 된다. 그러므로 경건에 관한 모든 가르침과 교회를 영적으로 세우는 일은, 하나님께서 우리의 모든 죄를 사해 주시고 우리를 값없이 자신의 자녀로 삼아 주셨다는 이 기초(基礎) 위에 놓여 있다. 그리스도께서 사도들에게 죄를 사하라고 명하셨다고 해서 오직 자기 자신에게만 고유한 권세를 그들에게 넘겨 주신 것은 아니다. 죄를 사하는 권세는 여전히 그리스도에게 있다. 그러므로 그리스도께서는 죄를 사하는

영광을 그들에게 넘겨 주신 것이 아니라, 단지 그들에게 그리스도의 이름으로 죄 사함을 선언해서, 사람들을 하나님과 화목하게 만들라고 명하신 것일 뿐이다. 요컨대, 정확하게 말하면, 오직 그리스도만이 자신의 제자들을 통해서 사람들의 죄를 사해 주시는 분이시라는 것이다. 그러나 여기에서 이런 질문이 제기될 수 있다: 그리스도께서 사도들을 그러한 복의 원천이 되는 자들이 아닌 단순한 증인 또는 사자(使者)로 세우신 것이라면, 왜 그들의 권능을 그토록 높이 칭송하신 것일까? 나의 대답은 그리스도께서 우리의 믿음을 견고하게 하시기 위해서 그렇게 하셨다는 것이다. 왜냐하면, 우리의 죄가 하나님 앞에서 더 이상 기억되지 않는다는 사실을 확고하게 믿을 수 있게 되는 것보다 더 중요한 일은 우리에게 없기 때문이다. 사가랴는 자신의 찬송 속에서 이것을 구원을 아는 지식이라고 부른다(눅 1:77). 하나님께서는 사람들의 증언을 사용하셔서 그것을 증명하시기 때문에, 자신 안에서 친히 말씀하시는 하나님을 깨닫지 못하는 자들의 양심은 결코 평안할 수 없다. 그래서 바울은 "우리가 그리스도를 대신하여 사신이 되어 하나님이 우리를 통하여 너희를 권면하시는 것 같이 그리스도를 대신하여 간청하노니 너희는 하나님과 화목하라"(고후 5:20)고 말한다. 이제 우리는 그리스도께서 자기가 사도들에게 명하신 그 사역을 그처럼 아름다운 찬사(讚辭)로 칭송하고 장식하신 이유를 알게 되었다. 그것은 믿는 자들이 사도로부터 들은 죄 사함에 관한 말씀이 그리스도의 재가(裁可)를 받은 것임을 그들로 하여금 온전히 확신할 수 있도록 하기 위한 것이었고, 아울러 그들로 하여금 사람들, 곧 사도들의 음성을 통해서 제시된 화해의 메시지가 하나님께서 친히 하늘로부터 내미신 화해의 손길보다 덜 중요한 것이라고 생각하지 않도록 하기 위한 것이었다. 목회자들이 하나님에 의해서 임명된 영원한 구원의 보증인들이라는 것과 목회자들에게 위탁된 죄 사함을 멀리서 찾을 필요가 없다는 것을 알 때, 교회는 이 가르침으로부터 날마다 풍성한 열매를 거두게 될 것이다. 또한, 우리는 그 무엇과도 비교할 수 없는 이 보배가 질그릇에 담겨 있다고 해서 이것을 대수롭지 않게 여겨서는 안 된다. 우리는 하나님 자신과 그의 아들을 대신해서 죄 사함을 선언할 수 있는 크나큰 영광을 인간에게 주신 하나님께 감사해야 한다. 우리는 하나님의 사자(使者)인 목회자들을 멸시하는 것은 그리스도의 보혈을 발로 짓밟는 행위라는 것을 알아야 한다. 반면에, 교황주의자들은 이 말씀을 왜곡해서 자신들의 마법 같은 사죄(赦罪) 선언을 정당화하는 어처구니없는 짓을 저지르고 있다. 그들은 사제의 귀에 자신의 죄를 고백하지 않는 자는 죄 사함을 받을 수 없다고 주장한다. 그들은 그리스도께서는 사도들을 통해서 죄 사함이 이루어지기를 바라셨고, 사제들로서는 사람들의 사정도 모르면서 죄 사함을 선언할 수는 없기 때문에, 고해성사가 필수적이라는 그럴 듯한 논리를 제시한다. 그러나 그들은 죄 사함의 권세가 사도들에게 주어진 것은 복음 선포의 책임을 위임받은 사도들로 하여금 복음의 권위를 수호할 수 있도록 하기 위한 것이라는 이 문제의 가장 중요한 핵심을 간과한 채로 엉뚱한 환상에 빠져 있는 것이다. 왜냐하면, 그리스도께서는 여기에서 나지막한 소리로 사람들의 죄에 대해서 꼬치꼬치 캐묻는 고해신부(告解神父)들을 임명하신 것이 아니라, 목소리를 높여 외쳐서 경건한 자들의 마음에 그리스도로 말미암아 얻게 되는 속죄의 은혜를 인쳐 주는 복음전도자들을 임명하신 것이기 때문이다. 그러므로 우리는 사도들에게 어떠한 권세가 부여되었는지를 알기 위해서, 어떤 식으로 죄 사함이 이루어지는지를 찬찬히 살펴볼 필요가 있다.

누구의 죄든지 그대로 두면 그대로 있으리라. 그리스도께서 이 말씀을 덧붙이신 것은 자신의 복음을 멸시하는 자들로 하여금 그들의 오만한 행위가 심판을 면할 수 없다는 사실을 알게 하시기 위한 것이다. 따라서 사도들은 한편으로는 구원과 영생을 전하는 대사(大使)로서의 임무를 부여받은 것이었지만, 다른 한편으로는 자신들이 초대하는 구원을 거부하는 모든 불경건한 자들을 벌할 무기도 갖추게 되었다. 그래서 바울도 "모든 복종하지 않는 것을 벌하려고 준비하는 중에 있노라"(고후 10:6)고 말한다. 그러나 복음 선포의 일차적이고 본래적인 목적이 먼저 제시되는 것이 옳기 때문에, 이 말씀은 순서상으로 나중에 언급된 것이다. 우리를 하나님과 화목하게 만드는 것이 복음의 본질이고, 불신자들이 영원한 사망을 선고받게 되는 것은 부수적인 효과일 뿐이다. 그런 까닭에, 바울은 우리가 방금 전에 인용한 고린도후서 10:6에서 불신자들에 대한 응보를 경고하면서, "너희의 복종이 온전히 될 때에"라는 어구를 곧바로 덧붙인다. 바울도 모든 사람을 구원으로 초대하는 것이 복음의 본질이고, 불신자에게 멸망을 가져다주는 것은 복음의 부수적인 효과라는 것을 보여주고 있는 것이다. 따라서 우리는 죄 사함의 약속이 담겨 있는 복음의 말씀을 듣고도 받아들이지 않는 자는 영원한 멸망의 정죄에 이를 수밖에 없다는 것을 기억해야 한다. 왜냐하면, 복음은 하나님의 자녀들에게는 "생명으로부터 생명에 이르는 냄새"이지만, 멸망하는 자들에게는 "사망으로부터 사망에 이르는 냄새"(고후 2:16)이기 때문이다. 그것은 복음의 선포가 멸망받기로 작정된 버림받은 자들을 정죄하기 위해서 필요한 것이기 때문이 아니라, 하나님의 아들을 고의적으로 멸시하는 자들의 완악함은 훨씬 더 큰 벌을 받아 마땅하기 때문이다. 왜냐하면, 우리는 모두 본성상 그대로 내버려 두면 멸망받을 수밖에 없는 자들이고, 조상으로부터 물려받은 저주에 더하여 새로운 사망의 원인들(novas mortis causas)을 자기 자신에게 쌓아가고 있는 자들인 까닭에, 굳이 복음 선포를 통해서 우리를 정죄할 필요가 없기 때문이다.

[24]열두 제자 중의 하나로서 디두모라 불리는 도마는 예수께서 오셨을 때에 함께 있지 아니한지라 [25]다른 제자들이 그에게 이르되 우리가 주를 보았노라 하니 도마가 이르되 내가 그의 손의 못 자국을 보며 내 손가락을 그 못 자국에 넣으며 내 손을 그 옆구리에 넣어 보지 않고는 믿지 아니하겠노라 하니라 [26]여드레를 지나서 제자들이 다시 집 안에 있을 때에 도마도 함께 있고 문들이 닫혔는데 예수께서 오사 가운데 서서 이르시되 너희에게 평강이 있을지어다 하시고 [27]도마에게 이르시되 네 손가락을 이리 내밀어 내 손을 보고 네 손을 내밀어 내 옆구리에 넣어 보라 그리하여 믿음 없는 자가 되지 말고 믿는 자가 되라 [28]도마가 대답하여 이르되 나의 주님이시요 나의 하나님이시니이다 [29]예수께서 이르시되 너는 나를 본 고로 믿느냐 보지 못하고 믿는 자들은 복되도다 하시니라(20:24-29).

24. 열두 제자 중의 하나로서 디두모라 불리는 도마는. 복음서 기자는 경건한 자들의 믿음은 더욱 견고히 다져주기 위해서 여기에서 도마의 불신앙에 대하여 보도한다. 도마는 잘 믿으려 하지 않았을 뿐 아니라, 심지어 완악하기까지 하였다. 이러한 도마의 완악함이 그리스도로 하여금 제자들에게 앞서처럼 자기를 눈으로 보고 손으로 만져 보라고 허락하신 계기가 되었다. 이렇게 해서 도마는 물론이고 우리에게도 그리스도의 부활을 보여주는 새로운 증거가 추가되었다. 뿐만 아니라, 도마의 완악함은 거의 모든 사람들이 이러한 악함을 갖고 태어나기 때문에, 믿음으로 들어가는 문이 활짝 열려 있을 때에도 그 문으로 들어가지 않으려고 고집을 부린다는 것을 보여주는 사례이기도 하다.

25. 내가 그의 손의 못 자국을 보며 … 내 손을 그 옆구리에 넣어 보지 않고는. 도마의 이 말은 악(惡)의 근원이 무엇인지를 보여주는데, 그것은 사람들은 누구나 자신의 힘으로 지혜로워지려고 할 뿐만 아니라, 자신의 생각이 지혜로운 것이라고

너무 과신한다는 것이다. 자기 눈으로 보고 자기 손으로 만져보지 않으면 믿을 수 없다는 도마의 말은 믿음과는 거리가 먼 감각적 판단에 근거한 것이다. 자기 자신에 너무 집착해서 하나님의 말씀이 들어갈 여지가 없는 모든 사람들에게서 이와 동일한 일이 일어난다. "못 자국"으로 번역된 헬라어는 "못 박힌 곳"이나 "못 박힌 모습" 또는 "못 박힌 흔적"으로 읽어도 문제가 되지 않는다. 왜냐하면, 성경 필사자들이 τύπον('튀폰,' τύπος의 대격으로서 "모양, 형태, 자국"을 뜻한다 — 역주)을 τόπον('토폰,' τόπος의 대격으로서 "장소, 곳"을 뜻한다 — 역주)으로 바꾸어 적거나, 그 반대로 하였을 가능성이 있지만, 이것으로 인해서 의미가 달라지지는 않기 때문이다. 그러므로 어느 쪽을 선택할지는 독자들의 몫이다.

27. 네 손가락을 이리 내밀어. 우리는 그리스도께서 제자들이 모여 있던 방에 들어오신 것과 거기에서 어떤 인사말을 건네셨는지를 이미 앞에서 살펴보았었다. 그런데 그리스도께서는 여기에서 도마의 어처구니없는 요구를 기꺼이 들어주셔서, 자신의 손과 옆구리의 상처를 만져 보도록 허락하셨다. 이것을 통해서 우리는 그리스도께서 우리들과 도마의 믿음을 위해서 극진한 배려를 아끼지 않으셨다는 것을 알게 된다. 왜냐하면, 그리스도께서는 우리가 믿음 위에 굳게 서는 데에 부족함이 없도록 하시기 위해서, 도마의 믿음뿐만 아니라 우리의 믿음도 염두에 두고 계셨기 때문이다. 도마의 어리석음은 놀랍다 못해 기괴할 정도였다. 그는 단지 그리스도를 눈으로 보는 것만으로는 만족할 수 없어서 자신의 손으로 부활의 증거를 확인하고 싶어 하였다. 이렇게 도마는 완악했을 뿐만 아니라 교만했고, 심지어 그리스도께 모욕을 안겨 주기도 하였다. 지금 도마는 그리스도를 뵈었을 때에 적어도 부끄러움에 몸 둘 바를 몰라 해야 했다. 그런데도 그는 마치 자신의 잘못을 전혀 알지 못한다는 듯이 대담하고 서슴없이 자신의 손을 내밀었다. 복음서 기자의 보도로 미루어 보면, 도마는 손으로 그리스도를 만져 보고 나서야 비로소 제정신으로 돌아온 것 같다. 이와 같이, 우리가 주님의 말씀에 합당한 영광을 돌리지 않을 때, 우리는 자신도 모르게 완악함에 빠지게 되고, 그 결과로 하나님의 말씀에 대한 경외심을 잃어버리고 말씀을 멸시하게 된다. 따라서 우리의 마음이 그러한 방종에 빠지지 않도록 한층 더 힘쓰고 애쓸 때에만, 우리는, 말씀에 대적하여 경건에 대한 지각(知覺)을 소멸시킴으로써 우리 자신이 믿음으로 나아갈 수 있는 문을 닫아 버리는 잘못을 범하지 않게 된다.

28. 나의 주님이시요 나의 하나님이시니이다. 늦게나마 정신을 차린 도마는 무

언가에 홀렸다가 깨어난 사람처럼 "나의 주님이시요 나의 하나님이시니이다"라는 탄성을 내뱉는다. 갑작스럽게 터져 나온 도마의 이 말은 매우 격정적이다. 부끄러움을 견딜 수 없었던 도마가 자신의 어리석음을 자책하기 위해서 이런 표현을 쓴 것에 틀림없다. 또한, 이처럼 갑작스레 터져 나온 탄성은 도마의 내면에는 믿음의 불씨가 사그라진 상태로나마 여전히 살아 있었다는 것을 보여준다. 왜냐하면, 도마는 그리스도의 옆구리와 손을 만져 보고 단지 그의 신성(神性)만을 감지한 것이 아니라, 그 증표들이 겉으로 보여주는 것보다 훨씬 엄청난 것을 추론해 냈기 때문이다. 그가 망각과 혼수상태(veternus)를 벗어나서 불현듯 제정신을 차린 것이 아니라면, 어떻게 이런 일이 일어날 수 있었겠는가? 그러므로 우리는 여기에서도 내가 앞서 말한 것, 즉 완전히 사라진 것처럼 보였던 믿음이 실상은 그의 마음속에 은밀하게 묻혀 있었다는 말이 사실임을 확인할 수 있다. 이런 일은 많은 사람에게서 흔히 일어난다. 그들은 일시적이긴 하지만 하나님을 전혀 두려워하지 않는다는 듯이 방종에 빠지고, 그 결과 믿음까지 다 팽개친 것처럼 보인다. 그러나 하나님께서 징계의 회초리를 드시는 순간, 광포(狂暴)하게 날뛰던 그들의 육신은 무릎을 꿇고, 그들의 정신도 제자리로 돌아오게 된다. 물론, 이처럼 한바탕 열병을 앓았다고 해서 경건이 저절로 배워지는 것은 아니다. 다만, 우리가 여기에서 추론할 수 있는 것은 장애물에 짓눌려 있던 좋은 씨앗은 그 장애물이 사라지기만 하면 곧 싹을 틔운다는 것이다. 우리는 이것을 보여주는 좋은 사례를 다윗에게서 찾아볼 수 있다. 우리가 알다시피, 다윗은 방탕한 생활에 빠져 있었다. 이 때에 다윗의 마음에 믿음이 남아 있을 것이라고 생각한 사람은 아무도 없었을 것이다. 그러나 나단 선지자의 짧막한 경고와 권면의 말씀에 다윗은 불현듯 정신을 차리고 제자리로 돌아올 수 있었다. 따라서 우리는 다윗의 내면에 완전히 꺼지지 않은 불씨가 계속 남아 있었고, 선지자의 말을 듣는 순간 이 불씨가 신속하게 큰 불로 살아난 것이라고 추론할 수 있다. 인간 자체만을 놓고 볼 때, 모든 인간은 믿음과 성령의 온갖 은혜를 거부한 죄인들과 다를 바 없지만, 하나님의 무한하신 선하심으로 말미암아 택함받은 자들이 하나님으로부터 완전히 떨어져 나가지는 않는 것이다. 따라서 우리는 믿음에서 실족하지 않도록 매우 조심해야 한다. 하지만 우리는 하나님께서는 택함받은 자들이 실족하여 멸망에 빠지지 않도록 하시기 위해서, 은밀한 고삐(frenum)로써 그들을 지켜 주시고, 기적적으로 그들의 마음속에 언제나 믿음의 작은 불씨를 살려 두셨다가, 정하신 때가 되면 성령의 바람으로 새롭게 불을 지펴 주신다는 것을 믿어야 한다.

도마의 고백은 두 개의 절로 이루어져 있다. 도마는 그리스도께서 자신의 "주님"이라고 고백한 후, 두 번째 절에서는 고백의 수위를 높여서 그를 자신의 "하나님"이라고 부른다. 우리는 그리스도를 "주님"이라는 이름으로 부르는 것이 성경에서 무슨 의미인지 알고 있는데, 그것은 아버지 하나님께서 만물을 그리스도의 통치 아래 두어서 모든 무릎을 그 앞에 꿇게 하시기 위하여, 즉 그리스도를 자신의 대리자(vicarius)로 세우셔서 세상을 다스리게 하시기 위하여 그를 만물의 주재자(主宰者)로 임명하셨다는 것이다(빌 2:10). 따라서 그리스도께서 육신으로 나타나신 중보자이시고 교회의 머리이신 한에 있어서, "주님"이라는 칭호는 그리스도에게 고유한 것이다. 그러나 도마는 그리스도를 "주님"으로 인정한 후에, 곧바로 그리스도의 영원한 신성(神性)을 고백하는 것으로 나아가는데, 이것은 합당하다. 왜냐하면, 그리스도께서는 우리를 높이셔서 자신의 신적 영광과 아버지 하나님의 신적 영광에 이르게 하시기 위하여, 먼저는 자신을 낮추셔서 우리에게 내려오셨고, 다음으로는 아버지 하나님의 우편에 앉으셔서 하늘과 땅을 다스리는 권세를 얻으셨기 때문이다. 그러므로 우리의 믿음이 그리스도의 영원한 신성을 고백하는 데까지 이르도록 하기 위해서는, 우리는 좀 더 가까이에 있고 좀 더 쉽게 얻을 수 있는 지식에서 출발해야 한다. 사람이신 그리스도에 의해서(a Christo homine) 하나님이신 그리스도에게로(ad Christum Deum) 인도함을 받는다고 말한 자들이 있는데, 그것은 옳은 말이다. 왜냐하면, 우리의 믿음은, 마구간에서 태어나시고 십자가에 달리신 지상(地上)의 그리스도를 아는 데서 시작해서, 영광중에 부활하시고 마침내 자신의 신적 위엄이 빛나는 영원한 생명과 권세에 들어가신 그리스도를 아는 데로 점진적으로 자라가는 것이기 때문이다. 그러나 도마의 이 말은 우리가 그리스도의 신성(神性)을 아는 것으로 곧바로 나아가지 않는다면, 그리스도를 우리의 주님이라고 제대로 알 수 없다는 의미로 이해되어야 한다. 우리는 그리스도께서 도마의 이 신앙고백을 인정하시는 것을 보기 때문에, 모든 신자가 그러한 신앙고백을 해야 한다는 점에 대해서는 의문의 여지가 없다. 물론, 그리스도께서는 누가 하나님께 합당한 영광을 탈취해서 부당하게 자기에게 돌리는 것은 결코 용납하지 않으셨을 것이지만, 도마의 고백은 분명하게 인정하신다. 그러므로 이 한 구절만으로도 아리우스의 정신 나간 주장을 반박하기에 차고 넘칠 정도로 충분하다. 왜냐하면, 두 하나님(duos deos)을 상정(想定)하는 것은 사리에 맞지 않기 때문이다.

또한 동일한 분이 하나님으로도 불리고 주님으로도 불리고 있기 때문에, 이 구절은 그리스도 안에서의 위격의 통일성(unitas personae)을 보여준다. 도마는 그리스도를 "나의" 주님, 그리고 "나의" 하나님이라고 두 번씩이나 강조해서 부름으로써, 그가 생생하고 진실한 믿음으로 이 고백을 하고 있다는 것을 보여준다.

29. 예수께서 이르시되 너는 나를 본 고로 믿느냐. 그리스도께서는 단 한 가지 점에서만 도마를 나무라셨는데, 그것은 그가 믿음에 너무 둔감해서, 믿음의 본질과는 전혀 부합하지 않는 감각적 체험을 통해서 어쩔 수 없이 믿게 될 수밖에 없었다는 것이다. 믿음이란 만지고 봄으로써 얻어지는 확신이라고 말하는 것보다 더 부적절한 것은 없다는 반론이 제기될 수 있지만, 이 문제에 대한 대답은 내가 이미 말한 것 속에서 쉽게 얻을 수 있다. 즉, 도마가 그리스도를 하나님으로 믿게 된 것은 단지 보거나 만졌기 때문이 아니라, 잠에서 깨어나듯이 각성을 통해서 자신이 그동안 거의 잊고 있었던 가르침이 기억으로 되돌아왔기 때문이었다는 것이다. 믿음은 사건들에 대한 단순한 체험에서 비롯되는 것이 아니라, 반드시 하나님의 말씀에서 비롯되어야 한다. 그러므로 그리스도께서 도마를 꾸짖으신 것도 그가 마땅히 하나님의 말씀을 존귀하게 여겼어야 함에도 불구하고 그렇게 하지 못했기 때문이고, 들음에서 나오고 전적으로 말씀에 토대를 두어야 하는 믿음을 육신적인 감각들을 통해서 얻으려 했기 때문이었다.

보지 못하고 믿는 자들은 복되도다. 그리스도께서 여기에서 칭찬하시는 믿음은 육신적인 감각이나 이성에 전혀 좌우됨이 없이 하나님의 말씀 그 자체를 순순히 받아들이는 것이다. 그러므로 그리스도께서는 이 짧은 말씀 속에 믿음의 능력과 본질을 담아내신다. 즉, 눈앞에 보이는 것에 안주하지 않고 저 멀리 하늘을 바라봄으로써 인간의 지각에는 감춰져 있는 것을 믿는 것이 바로 믿음이라는 것이다. 우리는 하나님의 진리가 우리에게 "어떠한 증명도 요구되지 않고 그 자체로서 믿음의 대상이 되는 것"(αὐτόπιστος-아우토피스토스)이 되게 함으로써 하나님께 영광을 돌려드려야 한다. 물론, 믿음에도 나름대로 보는 것이 있지만, 그것은 세상과 땅에 속한 것들을 보는 것에 국한되지 않는다. 그렇기 때문에, 믿음은 "볼 수 없는 것들" 또는 "보이지 않는 것들"의 증거라고 불리고(히 11:1), 바울도 "믿음"과 "보는 것"을 대비하면서(고후 5:7), 믿음이란 현세를 바라보는 데에서 만족하거나 세상의 보이는 것들에 눈길을 주는 것이 아니라, 도리어 하나님의 입에서 나오는 말씀을 붙들고서 세상의 모든 것을 뛰어넘어 하늘에 그 닻을 내리는 것이라고 말한다. 요약하자면, 하나님의 말씀에 토대를 두고, 보이지 않는 하나님 나라로 비상(飛上)하여, 인간의 모든 이해(理解)를 초월하는 것만이 참된 믿음이라는 것이다. 그리스도의 이 말씀이 "너희 눈은 봄으로" 복이 있다는 다른 말씀(마 13:16)과 모순된다는 반론을 제기하는 자가 있다면, 나의 대답은 그리스도께서 여기에서는 단지 육신의 눈으로 보는 것에 대해서 말씀하신 것인 반면에, 거기에서는 자기가 구속주로 이 세상에 오셨을 때부터 모든 경건한 자들에게 주어진 계시(revelatio)에 대해서 말씀하신 것이라는 것이다. 즉, 거기에서 그리스도께서는 사도들을 모세 율법의 어두운 그림자들 아래에서 살았던 거룩한 왕들 및 선지자들과 비교하시면서(마 13:17), 더 밝은 빛이 이제 사도들에게 비치고 있기 때문에, 좀 더 정확하게 말하면, 예표 (豫表)들을 통해서만 알려졌던 것들의 실체와 진리가 이제 그들에게 분명하게 나타났기 때문에, 지금 믿는 자들의 처지가 훨씬 더 복된 것이라고 말씀하신다. 당시에 많은 사람들이 그리스도를 육신의 눈으로 보았음에도 불구하고 믿지 않았기 때문에, 단순히 보았다는 것만으로 그들이 더 복된 것은 아니었다. 반면에, 우리는 육신의 눈으로는 그리스도를 보지 못했음에도 불구하고, 그리스도께서 칭찬하신 그러한 복을 누리고 있다. 이것으로부터 우리는 그리스도께서 자기 안에 있는 하늘에 속한 신적인 것을 볼 수 있는 영적인 눈을 가진 자를 복되다고 말씀하신 것이라는 결론을 얻는다. 왜냐하면, 오늘날 우리는 그리스도께서 마치 우리 앞에 서 계신 것처럼 복음 안에서 그를 보기 때문이다. 그런 의미에서 바울은 갈라디아 교인들에게 "예수 그리스도께서 십자가에 못 박히신 것이 너희 눈앞에 밝히 보이거늘" (갈 3:1)이라고 말하였다. 그러므로 우리가 그리스도 안에서 복을 받아 누리기를 원한다면, 우리는 그리스도를 보지 않고도 믿는 법을 배워야 한다. "예수를 너희가 보지 못하였으나 사랑하는도다 이제도 보지 못하나 믿고 말할 수 없는 영광스러운 즐거움으로 기뻐하니"(벧전 1:8)라는 사도 베드로의 말은 그리스도께서 여기에서 하신 말씀에 대한 화답이라고 할 수 있다. 이 말씀을 왜곡해서 자신들의 화체설(化 體說) 교리에 대한 증거 본문으로 삼고 있는 교황주의자들의 행위는 어리석다 못해 어처구니가 없을 지경이다. 그들은 그리스도께서 떡의 형체 안에 임재해 계시다는 것을 믿어야 우리가 복을 받는다고 가르친다. 그러나 우리는 인간이 꾸며 낸 제도나 사상에 믿음을 예속시키는 것이야말로 그리스도의 의도와는 완전히 거리가 먼 것임을 잘 안다. 조금이라도 말씀의 범위를 벗어난 것은, 그것이 무엇이든지 간에, 그 순간부터 더 이상 믿음이 아니다. 만일 우리가 보지 못한 것이라고 해서 아무것이나 무차별적으로 다 믿어야 하는 것이라면, 우리의 믿음은 인간들이 꾸며 낸 온갖 기괴한 것들이나 사람들이 제멋대로 만들어 낸 온갖 허구(虛構)들 속에 갇혀 버리고 말 것이다. 그러므로 그리스도의 이 말씀을 어떤 것에 적용하기 위해서는, 우리는 먼저 그것을 하나님의 말씀에 비추어서 검증해 보아야 한다. 교황주의 자들은 자신들의 화체설 교리를 옹호하기 위해서 하나님의 말씀을 끌어다대지만, 말씀을 정확히 해석하기만 한다면, 그 어떤 말씀도 그들의 정신 나간 주장을 지지해 주지 않을 것이다.

³⁰예수께서 제자들 앞에서 이 책에 기록되지 아니한 다른 표적도 많이 행하셨으나 ³¹오직 이것을 기록함은 너희로 예수께서 하나님의 아들 그리스도이심을 믿게 하려 함이요 또 너희로 믿고 그 이름을 힘입어 생명을 얻게 하려 함이니라(20:30-31).

30. 다른 표적도 많이 행하셨으나. 만일 복음서 기자가 이 말을 하지 않았다면, 독자들은 요한이 그리스도께서 행하신 모든 이적을 하나도 빠뜨리지 않았고, 일어난 모든 일들을 완벽하게 기록한 것으로 생각했을 것이다. 요한은 먼저 자기가 많은 일들 중에서 단지 일부만 기록했다는 것을 밝히면서, 이것은 다른 일들이 기록할 가치가 없어서가 아니라, 이것들을 기록하는 것으로도 우리의 믿음을 세우기에 충분했기 때문이라고 말한다. 우리는 복음서에 기록되지 않은 일들도 아무런 의미 없이 행해진 것이 아니라, 당대 사람들에게 유익을 주기 위한 것이었다고 이해해야 한다. 다음으로, 오늘날의 우리는 "이 책에 기록되지 아니한 다른 많은 표적들"이 어떤 것들이었는지를 알 수 없지만, 복음이 수많은 이적들로 말미암아 보증되고 인쳐졌다는 사실을 아는 것은 여전히 중요한 일이라고 생각해야 한다.

31. 오직 이것을 기록함은 너희로 … 믿게 하려 함이요. 요한은 여기에서 자기가 복음서를 쓴 의도가 우리에게 꼭 필요한 것들을 기록해서, 우리의 믿음을 견고하게 해주고자 한 것이라고 밝힌다. 왜냐하면, 요한은 만족할 줄 모르는 헛된 호기심에 지나치게 탐닉하는 자들에게 한 마디 해주고 싶었기 때문이다. 또한, 요한은 다른 복음서 기자들이 보도한 것들을 잘 알고 있었지만, 그에게는 다른 복음서들을 배척하고자 하는 의도가 전혀 없었기 때문에, 그들의 보도를 자신의 보도와 분리시키지 않는다. 오로지 하나님의 약속과 말씀만을 의지해야 할 믿음이 이적들에 토대를 두고 있다는 것이 이상하게 보일 수 있지만, 나의 대답은 요한복음에서 이

적들은 오직 믿음을 북돋우고 도와주는 기능만을 한다는 것이다. 왜냐하면, 사람들은 이적들을 통해서 하나님의 말씀을 더욱 경외할 수 있는 마음을 갖게 되기 때문이다. 우리는 우리의 마음이 무언가 외적인 자극을 받지 않으면 얼마나 무관심하고 둔감해지는지를 잘 알고 있다. 그럴 때에 하나님께서 하늘로부터 권능의 손을 내미셔서, 우리가 이미 받은 가르침을 뒷받침해 주신다면, 그 가르침의 권위는 배가될 것이다. 그래서 마가는 "제자들이 나가 두루 전파할새 주께서 함께 역사하사 그 따르는 표적으로 말씀을 확실히 증언하시니라"(막 16:20)고 말한다. 그러므로 믿음은 본래 하나님의 말씀만을 의지해야 하고 하나님의 말씀만을 바라보아야 하는 것이 사실이긴 하지만, 이적들이 하나님의 말씀과 관련이 있고, 또한 믿음으로 하여금 말씀을 지향하게 하는 것이라면, 이적들이 추가되는 것은 결코 불필요한 것이 아니다. 우리는 앞에서 이적(miracula)이 표적(signa)이라고 불리는 이유를 이미 설명한 바 있는데, 그것은 주님께서는 새롭고 기이한 일들을 나타내실 때에 이적들을 통해서 사람들로 하여금 그의 능력을 진지하게 생각하도록 만드셨기 때문이다.

예수께서 … 그리스도이심을. 요한이 말하는 "그리스도"는 율법과 선지자들의 글 속에서 약속되었던 "그리스도," 즉 하나님과 인간 사이의 중보자, 아버지 하나님의 최고의 대사(大使), 세상의 유일한 회복자, 완전한 행복의 원천이신 바로 그 "그리스도"이다. 왜냐하면, 요한은 하나님의 아들을 영화롭게 하기 위해서 아무런 의미도 없는 공허한 칭호를 갖다 붙이는 대신에, 선지자들에 의해서 부여되었던 모든 직책을 "그리스도"라는 칭호로 포괄한 것이기 때문이다. 그러므로 우리는 율법과 선지자들의 글 속에서 묘사된 "그리스도"를 생각하여야 한다. 이것은 내가 앞에서 말했던 것, 즉 믿음은 이적들만을 바라보는 데에서 그치는 것이 아니라, 우리를 곧장 말씀으로 데려간다는 것을 더 분명하게 보여준다. 왜냐하면, 결국 요한은 예전에 선지자들이 말씀을 통해서 가르쳤던 것들이 이적들에 의해서 증명되었다고 말한 것이나 다름없기 때문이다. 사실, 우리는 복음서 기자들이 이적들을 소개하는 데에만 몰두한 것이 아니라, 도리어 가르침을 전하는 데에 더 힘을 썼다는 것을 안다. 왜냐하면, 이적들 자체는 왜곡된 경탄만을 자아낼 뿐이기 때문이다. 그러므로 여기에서 요한이 한 말의 취지는 우리로 하여금 "예수께서 하나님의 아들 그리스도이심을 믿게" 하려고, 표적들이 믿음에 도움이 되는 한에서 그런 일들을 기록하였다는 것이다.

하나님의 아들. 복음서 기자가 "하나님의 아들"이라는 어구를 덧붙인 것은 하나님의 아들이 아닌 그 어떤 인간도 아버지 하나님과 우리를 화해시키고, 세상의 죄를 대속하며, 죽음을 폐하고, 사탄의 나라를 멸하고, 우리에게 진정한 의와 구원을 가져다주는 것 같은 큰 일들을 할 수 없었다는 것을 보여주기 위한 것이다. 게다가, "아들"이라는 이름은 오직 그리스도에게만 속한 것이기 때문에, 우리는 그리스도께서 입양(入養)에 의해서가 아니라 본성(本性)으로 말미암아 하나님의 아들이시라는 결론을 얻게 된다. 그러므로 "아들"이라는 이름 속에는 그리스도의 영원한 신성(神性)이 함축되어 있다. 복음서에 이처럼 명백한 증거가 나타나 있는데도 불구하고 그리스도께서 하나님이심을 깨닫지 못하는 자는 백주 대낮인데도 아무것도 볼 수 없는 소경과 같은 자이기 때문에, 하늘의 해를 우러러볼 자격도 없고 땅을 굽어볼 자격도 없다.

너희로 믿고 그 이름을 힘입어 생명을 얻게 하려 함이니라. 요한은 사람들의 어리석은 욕망을 억제해서, 그들이 생명을 얻는 데에 충분한 것 이상을 알고 싶지 않도록 하기 위해서, 믿음의 결과로 "생명을 얻게" 된다는 말을 덧붙인다. 왜냐하면, 영원한 구원에 만족하지 못하고 천국 너머에까지 이르려 하는 자들은 참으로 분수를 모르는 뻔뻔스럽고 악한 자들이기 때문이다. 여기에서 요한은 자신의 가르침 중에서 가장 중요한 것, 즉 우리는 그리스도 밖에 있는 동안에는 죽은 자들이고, 오직 그리스도의 은혜를 통해서만 생명을 회복할 수 있기 때문에, 믿음으로 말미암아 영원한 생명을 얻게 된다는 것을 다시 한 번 되풀이한다. 이 주제에 대해서는 우리가 요한복음 3장과 5장을 다룰 때에 충분히 설명한 바 있다. 또한, 요한이 "그리스도를 힘입어"가 아니라 "그리스도의 이름을 힘입어"라는 표현을 사용한 이유에 대해서도 우리는 요한복음 1:12을 다룰 때에 이미 설명한 바 있다. 독자들이 관련된 대목을 참조한다면, 나로서는 동일한 내용을 반복하는 수고를 덜 수 있을 것이다.

제 21 장

¹그 후에 예수께서 디베랴 호수에서 또 제자들에게 자기를 나타내셨으니 나타내신 일은 이러하니라 ²시몬 베드로와 디두모라 하는 도마와 갈릴리 가나 사람 나다나엘과 세베대의 아들들과 또 다른 제자 둘이 함께 있더니 ³시몬 베드로가 나는 물고기 잡으러 가노라 하니 그들이 우리도 함께 가겠다 하고 나가서 배에 올랐으나 그 날 밤에 아무 것도 잡지 못하였더니 ⁴날이 새어갈 때에 예수께서 바닷가에 서셨으나 제자들이 예수이신 줄 알지 못하는지라 ⁵예수께서 이르시되 얘들아 너희에게 고기가 있느냐 대답하되 없나이다 ⁶이르시되 그물을 배 오른편에 던지라 그리하면 잡으리라 하시니 이에 던졌더니 물고기가 많아 그물을 들 수 없더라 ⁷예수께서 사랑하시는 그 제자가 베드로에게 이르되 주님이시라 하니 시몬 베드로가 벗고 있다가 주님이라 하는 말을 듣고 겉옷을 두른 후에 바다로 뛰어 내리더라 ⁸다른 제자들은 육지에서 거리가 불과 한 오십 칸쯤 되므로 작은 배를 타고 물고기 든 그물을 끌고 와서 ⁹육지에 올라보니 숯불이 있는데 그 위에 생선이 놓였고 떡도 있더라 ¹⁰예수께서 이르시되 지금 잡은 생선을 좀 가져오라 하시니 ¹¹시몬 베드로가 올라가서 그물을 육지에 끌어 올리니 가득히 찬 큰 물고기가 백쉰세 마리라 이같이 많으나 그물이 찢어지지 아니하였더라 ¹²예수께서 이르시되 와서 조반을 먹으라 하시니 제자들이 주님이신 줄 아는 고로 당신이 누구냐 감히 묻는 자가 없더라 ¹³예수께서 가셔서 떡을 가져다가 그들에게 주시고 생선도 그와 같이 하시니라 ¹⁴이것은 예수께서 죽은 자 가운데서 살아나신 후에 세번째로 제자들에게 나타나신 것이라(21:1-14).

1-2. 그 후에 예수께서 디베랴 호수에서 또 제자들에게 자기를 나타내셨으니. 복음서 기자는 그리스도의 부활을 증명하기 위해서 계속해서 수고를 아끼지 않는다. 요한은 그리스도께서 일곱 명의 제자들에게 나타나셨다고 보도하는데, 그 중에는 도마도 들어 있었다. 요한이 도마의 이름을 언급한 것은 그에 대한 존경심을 표하기 위해서라기보다는 그의 불신앙이 워낙 유별났던 만큼 그의 증언이 더욱 신빙성

이 높을 것으로 생각했기 때문이다. 기사(記事)의 진실성을 증명하는 데에 도움이 될 모든 자료들을 세심하게 수집했던 요한은 세세한 면까지 빠짐없이 보도한다. 히브리인들에게는 "디베랴 호수"를 "디베랴 바다"로 부르는 습관이 있었다는 것에 대해서는 우리가 앞에서 이미 언급한 바 있다.

3. 나는 물고기 잡으러 가노라. 우리는 베드로가 물고기 잡는 일에 관심을 쏟는 것을 보고서 그것이 그의 사도 직분과 어울리지 않는다고 생각해서는 안 된다. 우리가 앞에서 이미 살펴본 바와 같이, 그리스도께서는 숨을 내쉬어 성령을 주심으로써 베드로를 사도의 직분에 임명하시긴 했지만, 베드로는 자신이 새로운 권능으로 덧입혀질 때까지 그 직분의 수행을 잠시 유보하고 있었다. 왜냐하면, 그리스도께서는 베드로에게 가르치는 직분을 수행하러 즉시 나서라고 명하신 것이 아니라, 베드로를 비롯한 사도들에게 초기에 그들이 사도로 택함받은 것이 헛된 것이 아니라는 것을 알게 해주시기 위해서, 그들이 장래에 감당하게 될 소명에 대해서만 상기시켜 주신 것이기 때문이다. 그래서 제자들은 일시적으로 자신들의 생업에 종사하면서 사적인 생활을 영위하고 있었다. 바울이 전도자로 사역하는 동안에 손으로 일을 해서 생계를 유지했다는 사실은 잘 알려져 있지만, 그는 시간 안배를 잘 했기 때문에 손으로 하는 일이 그의 전도 사역에 지장을 초래하지는 않았다. 반면에, 베드로와 그의 동료들은 아직 공적인 사역에 나서기 전이어서 잠시 고기 잡는 일에 전념한 것이기 때문에, 두 경우는 사정이 서로 달랐다.

그 날 밤에 아무 것도 잡지 못하였더니. 하나님께서는 이 이적의 진실성을 증명하시기 위해서 사도들로 하여금 밤새 헛수고만 하게 하셨다. 왜냐하면, 만일 그들이 물고기를 조금이라도 잡았다면, 이후에 벌어진 이적에서 그리스도의 능력이 그토록 분명하게 드러나지는 않았을 것이기 때문이다. 그러나 밤새도록 수고하고도 아무런 소득이 없다가 갑자기 그물 한가득 고기를 잡아 올렸을 때, 그들은 주님의 은혜를 인정할 수밖에 없었다. 마찬가지로, 하나님은 믿는 자들에게 자신의 복이 얼마나 귀한 것인지를 깨닫게 해주시기 위해서 종종 이와 동일한 방식으로 그들을 연단(練鍛)하신다. 만일 우리가 손을 대는 일마다 성공을 거둔다면, 모든 사람이 자신의 성과를 하나님의 축복으로 돌리기는커녕 모든 공을 자기에게 돌리며 자신의 성실함을 자랑하고 자신의 능력을 과시하기에 여념이 없게 될 것이다. 하지만 너무나 힘들게 애쓰고 고생을 했는데도 불구하고 아무런 성과가 없다가, 어느 순간 일이 잘 풀리게 될 때, 사람들은 그 배후에 특별한 그 무엇이 있었음을 인정할 수밖에 없게 되고, 이 때부터 자신의 성공이 하나님의 은혜 때문인 줄 알게 되어 하나님을 찬양하게 된다.

6. 그물을 배 오른편에 던지라. 그리스도께서는 주(主)와 선생으로서의 권세와 능력으로 명령하시지 않고, 그저 한 평범한 사람으로서 조언을 하신 것이었지만, 어찌 할 바를 모르고 있던 제자들은 그가 누구인지도 모른 채 순순히 그 말을 따랐다. 만일 첫 그물을 던지기 전에 누군가가 이런 말을 했다면, 그들이 이처럼 신속하게 그 말을 듣지는 않았을 것이다. 내가 이런 말을 하는 것은 그들이 그렇게 고분고분했던 것이 장시간에 걸친 헛수고로 맥이 빠져 있었던 까닭이기 때문에 이상하게 생각할 필요가 없다는 것이다. 그러나 밤을 지새우고 날이 밝을 때까지도 하던 일을 계속하고 있었다는 사실은 그들의 끈기가 대단했다는 것을 보여주는 확실한 증거이다. 어떤 일에 아무런 성과가 없어 보일지라도 즉시 손을 떼는 것은 가장 미련한 일이기 때문에, 우리는 하나님의 복을 받을 기회를 얻고자 한다면 끊임없이 그 복을 소망해야 한다. 베드로가 옷을 벗고 있었다는 것으로 미루어 볼 때, 우리는 제자들이 열심히 일을 하고 있었다는 것을 알 수 있다. 하지만 어떤 기회도 놓치고 싶지 않았던 그들은 한 번 더 던져보라는 말을 거절하지 않고 순순히 그렇게 하였다. 그들이 여기에서 그리스도의 말씀을 순순히 따른 것을 믿음 때문이었다고 말하기는 어렵다. 왜냐하면, 그들은 낯선 사람의 말을 듣고서 그렇게 한 것이기 때문이다. 우리가 맡은 일이 아무런 성과도 없는 것 같아서 우리의 소명이 부담스러운 것으로 느껴질지라도, 주께서 우리에게 오래 참고 인내하라고 권면하신다면, 우리는 힘과 용기를 내는 것이 마땅하다. 왜냐하면, 때가 되면 결국에는 우리가 반드시 복된 결과를 얻게 될 것이기 때문이다.

그물을 들 수 없더라. 그리스도께서는 여기에서 자신의 신적 능력을 두 가지로 나타내셨는데, 하나는 그들이 어마어마한 고기를 잡아 올리게 된 것이고, 다른 하나는 그런데도 그물이 찢어지지 않고 온전하게 보전된 것이다. 복음서 기자는 제자들이 해변에서 숯불을 보았고, 그 위에는 생선이 놓여 있었으며, 떡도 준비되어 있었다는 그 밖의 다른 세부적인 정황들도 보도한다. 요한은 그물에 가득 찬 고기가 "백쉰세 마리"라고 알려주지만, 우리는 물고기의 숫자에서 어떤 심오한 의미를 찾아서는 안 된다. 아우구스티누스(Augustinus)는 교묘한 추론을 통해서 이 숫자가 율법과 복음을 가리킨다고 주장하지만, 그의 주장을 좀 더 자세히 검토해 보면, 우리는 그것이 유치한 생각임을 곧 알아차리게 된다.

7. 예수께서 사랑하시는 그 제자가 베드로에게 이르되. 복음서 기자는 자신의 모범을 들어서 우리가 어떤 일에서 기대 이상의 성공을 거두었을 때에 우리의 마음을 들어올려서 하나님을 바라보아야 한다는 것을 보여준다. 왜냐하면, 우리는 그러한 성공이 만복(萬福)의 근원이신 하나님의 은혜에서 비롯된 것임을 늘 기억하는 것이 마땅하기 때문이다. 요한의 마음속에서 하나님의 은혜에 대한 거룩한 깨달음이 생기게 되자, 그는 곧 그리스도를 알아볼 수 있게 되었다. 왜냐하면, 그는 육신의 눈으로 그리스도를 알아차린 것이 아니라, 많은 물고기를 잡게 된 것이 하나님의 역사(役事)라는 것을 확신하는 순간, 자신의 손을 인도하신 분이 그리스도이셨다는 결론을 내리게 된 것이기 때문이다. 그런데 믿음에 있어서는 요한이 한 발 앞섰지만, 열심에 있어서는 베드로가 한 수 위였다. 베드로는 위험을 아랑곳하지 않고 호수로 뛰어들었고, 나머지 제자들은 배를 타고 뒤를 따랐다. 마침내 모든 제자들이 그리스도께로 왔지만, 베드로의 열심은 다른 제자들과는 비교가 안 될 정도로 특별한 것이었다. 베드로가 물 위를 걸어서 해변에 도착한 것인지, 아니면 헤엄을 쳐서 해변에 이르렀는지는 확실하지 않다. 우리는 베드로가 배에서 뛰어내려 해변에 온 것이 단지 무모한 행동만은 아니었고, 그가 맨 먼저 그리스도께 올 수 있었던 것은 그의 남다른 열심 덕택이었다는 사실을 아는 것으로 만족하여야 한다.

10. 지금 잡은 생선을 좀 가져오라. 제자들은 아무런 수고를 하지 않고도 한 순간에 그물이 가득 차게 물고기를 잡았지만, 그리스도께서는 그들이 잡은 것이라고 말씀하신다. 마찬가지로, 우리는 우리가 매일 먹는 양식을 우리의 양식이라고 부르지만, 우리가 하나님께 일용할 양식을 주실 것을 구한다는 것은 그 양식이 하나님이 우리에게 복을 주셔서 우리가 그 양식을 얻게 된 것임을 고백하는 것이다.

12. 당신이 누구냐 감히 묻는 자가 없더라. 왜 제자들 중에 감히 묻는 자가 없었을까 하는 질문이 제기될 수 있다. 그것은 주님을 경외하는 마음에서 비롯된 부끄러움 때문이었을까, 아니면 다른 무슨 이유가 있었던 것일까? 그러나 만일 그들에게 확신이 없음을 그리스도께서 아셨다면, 다른 많은 경우들에서 그러셨듯이, 그리스도께서는 그들의 의심을 해소시켜 주셨을 것임에 틀림없다. 나의 대답은 그들이 부끄러움을 느낀 이유는 그들 앞에 있는 분이 그리스도라는 것을 충분히 확신하지 못하였기 때문이고, 다른 이유는 없었다는 것이다. 사람들은 의심스럽거나 애매모호한 일이 있을 때에 질문을 하는 것이 보통인데, 그들은 그렇게 하지 않았

다. 그러므로 여기에서 복음서 기자가 말하고자 한 것은 그리스도께서는 분명한 표적들로써 자기를 분명하게 나타내셨는데도 불구하고, 그들은 그가 그리스도이시라는 것을 확신하지 못한 상태이긴 했지만, 이런 상황에서 그런 질문을 하는 것이 무례나 모욕이 되지는 않을까 하는 두려움이 있어서 그에게 묻지를 못했다는 것이다.

14. 이것은 … 세 번째로 제자들에게 나타나신 것이라. "세 번째"라는 표현은 그리스도께서 시간 간격을 두고 세 차례에 걸쳐 나타나셨다는 것을 의미한다. 그리스도께서는 이미 일곱 차례 이상 자신의 제자들에게 나타나셨지만, 같은 날에 여러 번 나타나신 경우도 한 번으로 계산되었기 때문에 세 번째가 된 것이다. 따라서 복음서 기자가 여기에서 말하고자 하는 것은 그리스도께서 제자들에게 자신의 부활을 확신시켜 주시려고 시간 간격을 두고 나타나셨다는 것이다.

[15]그들이 조반 먹은 후에 예수께서 시몬 베드로에게 이르시되 요한의 아들 시몬아 네가 이 사람들보다 나를 더 사랑하느냐 하시니 이르되 주님 그러하나이다 내가 주님을 사랑하는 줄 주님께서 아시나이다 이르시되 내 어린 양을 먹이라 하시고 [16] 또 두번째 이르시되 요한의 아들 시몬아 네가 나를 사랑하느냐 하시니 이르되 주님 그러하나이다 내가 주님을 사랑하는 줄 주님께서 아시나이다 이르시되 내 양을 치라 하시고 [17]세번째 이르시되 요한의 아들 시몬아 네가 나를 사랑하느냐 하시니 주께서 세번째 네가 나를 사랑하느냐 하시므로 베드로가 근심하여 이르되 주님 모든 것을 아시오매 내가 주님을 사랑하는 줄을 주님께서 아시나이다 예수께서 이르시되 내 양을 먹이라 [18]내가 진실로 진실로 네게 이르노니 네가 젊어서는 스스로 띠 띠고 원하는 곳으로 다녔거니와 늙어서는 네 팔을 벌리리니 남이 네게 띠 띠우고 원하지 아니하는 곳으로 데려가리라 [19]이 말씀을 하심은 베드로가 어떠한 죽음으로 하나님께 영광을 돌릴 것을 가리키심이러라 이 말씀을 하시고 베드로에게 이르시되 나를 따르라 하시니(21:15-19).

15. 그들이 조반 먹은 후에. 이제 복음서 기자는 존귀한 자리에서 추락하였던 베드로가 어떻게 그 자리로 회복되게 되었는지에 관한 이야기를 우리에게 들려준다. 우리가 앞에서 이미 살펴본 대로, 그리스도를 부인하고 배신하였던 베드로는 사도로서의 자격이 없었다는 것은 의심의 여지가 없다. 비열하게 믿음을 배반했던 베

드로가 어떻게 믿음의 선생 노릇을 제대로 할 수 있겠는가? 물론, 베드로는 이미 사도로 임명을 받았고, 가룟 유다도 이 점에 있어서는 마찬가지였다. 그러나 유다가 자신의 직분을 버리고 그리스도를 배신했을 때, 그는 사도로서의 지위도 동시에 박탈당했던 것이다. 이제 지난날의 과오(過誤)로 인해서 상실되었던 베드로의 가르치는 자유와 권세가 회복된다. 그리스도께서는 실족에 따른 수치심이 베드로에게 장애물이 되지 않도록 하시기 위하여 그 실패에 관한 모든 기억을 베드로에게서 완벽하게 지워 주신다. 이러한 회복은 베드로 자신은 물론이고 장차 그의 청중이 될 자들을 위해서도 꼭 필요한 일이었다. 즉, 베드로에게는 그로 하여금 그리스도께서 자신을 다시 한 번 불러 주셨다는 확고한 소명감을 가지고서 자신의 직분을 수행할 수 있도록 하기 위해서 이 회복이 필요하였고, 그의 청중들에게는 베드로의 과거의 오명(汚名)으로 말미암아 복음 자체를 멸시하지 않도록 하기 위해서 이 회복이 필요하였다. 베드로가 자신의 권위에 심각한 장애가 될 수도 있었던 치욕을 말끔히 씻어 버리고 우리 앞에 새 사람으로 등장한 것은 오늘날의 우리에게도 매우 중요한 일이었다.

요한의 아들 시몬아 네가 이 사람들보다 나를 더 사랑하느냐. 이 말씀을 통해서 그리스도께서는 사람들이나 바라보고 더 높은 곳을 바라보지 않는 자는 교회를 충성스럽게 섬길 수도 없고 자신의 양을 먹이는 일도 할 수 없다는 것을 보여주신다. 우리가 먼저 알아야 할 것은 양을 먹이는 직분이 본래 골치 아프고 힘든 일이라는 것이다. 왜냐하면, 사람들에게 하나님의 멍에 아래에서 살게 하는 것보다 더 어려운 일은 없기 때문이다. 그들 중에는 연약한 사람도 있고, 방탕하고 경박한 사람도 있으며, 둔하고 게으른 사람이 있는가 하면, 고집이 세서 가르치기 어려운 사람도 있다. 이러한 사정을 잘 아는 사탄은 모든 걸림돌을 동원해서 선한 목자의 의지를 꺾거나 약화시키려고 광분한다. 사탄의 책동 말고도 많은 사람들의 배은망덕을 비롯해서 목자를 지치게 만드는 많은 요인들이 산재해 있다. 따라서 그리스도의 사랑에 완전히 사로잡혀서 자신은 조금도 생각하지 않고 그리스도께 온전히 자기 자신을 바칠 준비가 되어 있는 자만이 모든 장애물을 극복하고 이 거룩한 직분을 흔들림 없이 감당할 수 있다. 그래서 바울은 자신의 심정을 "그리스도의 사랑이 우리를 강권하시는도다 우리가 생각하건대 한 사람이 모든 사람을 대신하여 죽었은즉 모든 사람이 죽은 것이라"(고후 5:14)고 표현한다. 여기에서 바울은 일차적으로 죽음을 통해서 증명된 사랑, 곧 우리를 향한 그리스도의 사랑을 말하고 있는 것이기는 하지만, 거기에서 그치지 않고 이처럼 큰 은혜에 대한 확신에서 비롯된 자신의 사랑을 그리스도의 사랑과 연결짓는다. 한편, 바울은 다른 곳에서 교회를 어지럽히는 악한 거짓 교사들을 "주 예수를 사랑하지 않는 자"로 규정한다(고전 16:22). 그러므로 교회를 다스리도록 부름을 받고 그 직분을 제대로 신실하게 수행하고자 하는 자들은 반드시 그리스도에 대한 사랑이 동기가 되어서 그 사역을 시작해야 한다는 것을 명심해야 한다. 한편, 그리스도께서 목회자들에게 우리의 구원을 이처럼 각별히 부탁하시고, 목회자들이 그들의 양을 위해서 정성을 기울이는 것이 곧 자기를 사랑하는 증거라고 역설하신 것을 보면, 그리스도께서 우리의 구원을 얼마나 소중하게 여기시는지가 여실히 드러난다. 사실, 온 마음을 다해서 양 무리를 돌보는 것이야말로 그리스도를 가장 기쁘시게 하는 일이라는 말씀을 들을 때, 복음의 사역자들은 다른 그 어떤 말에서도 얻을 수 없는 큰 힘을 얻게 된다. 한편, 믿는 자들의 입장에서도, 하나님의 아들이 그들을 이처럼 아끼시고 귀하게 여기셔서 자신을 대신해서 목회자들을 세우셨다는 말씀을 들을 때보다 더 큰 위로를 받을 수는 없을 것이다. 그러나 교회를 다스린다는 빌미로 자신의 유익만을 구하는 거짓 교사들에게는 이것보다 더 두려운 말도 없을 것이다. 왜냐하면, 그리스도께서는 자기를 욕보인 거짓 교사들이 무서운 벌을 받게 될 것이라고 선언하시기 때문이다.

내 어린 양을 먹이라. 성경에서는 "먹이다"라는 말이 비유적으로 "다스리다"라는 뜻으로 쓰인다. 그러나 우리는 교회를 영적으로 다스리는 것에 관해서 논의하고 있고, 그러한 논의 속에서 가장 중요한 것은 목회자 또는 목자의 직무(officium pastoris)가 과연 어떤 것들인지를 살펴보는 것이다. 그리스도께서 여기에서 "내 어린 양을 먹이라"고 말씀하신 것은 하는 일도 없이 목자로서의 위세나 부리라는 것도 아니고, 죽을 수밖에 없는 존재인 인간에게 자기 멋대로 목자의 권세를 휘두르며 교회를 다스리라고 하신 것도 아니다. 우리는 요한복음 10장을 다룰 때에 교회의 유일하게 참된 목자는 오직 그리스도뿐이라는 것을 살펴본 바 있다. 또한, 우리는 왜 그리스도께서 자기 자신을 "선한 목자"라고 부르셨는지도 살펴보았는데, 그것은 유일하게 영혼의 참 양식이 되시는 그리스도께서 친히 자신의 양들을 구원의 가르침으로 훈육하시고 양육하시기 때문이다. 그러나 그리스도께서는 사람들을 세우셔서 자신의 가르침을 전하시기 때문에, 그 사람들에게 자신의 고유한 이름을 넘겨 주시거나, 적어도 자신의 이름을 사용해서 일하게 하신다. 그러므로 하나님

께서는 교회의 머리이신 그리스도의 말씀을 받들어서 교회를 섬기는 자들만을 목
자로 여기신다. 이것으로부터 우리는 그리스도께서 베드로에게 어떤 짐을 지우신
것인지, 그리고 어떤 조건 하에서 그를 자신의 양 무리를 다스리는 자로 세우신 것
인지를 쉽게 알 수 있다. 이제 우리는 이 말씀을 왜곡해서 교황의 폭정을 정당화하
기 위한 수단으로 삼고 있는 로마 가톨릭의 추종자들의 후안무치한 사악함을 분명
하게 반박할 수 있다. 그들은 "주님께서는 다른 사도들을 놓아두시고 오직 베드로
에게 내 양을 먹이라고 말씀하셨다"고 주장한다. 우리는 그리스도께서 왜 다른 제
자들은 놓아두고 유독 베드로에게만 이 말씀을 하셨는지에 대해서 이미 설명한
바 있다. 즉, 그리스도께서는 자기를 부인했던 베드로의 오점을 말끔히 씻어 주심
으로써 그가 거리낌 없이 복음을 선포할 수 있게 되기를 원하셨던 것이다. 또한 그
리스도께서 베드로에게 동일한 말씀을 세 번씩이나 반복하신 것은 그에게 영원한
치욕을 안겨주었던 세 번의 부인(tres abnegationes)을 상쇄시켜 주심으로써 베드
로가 사도직을 수행하는 데에 아무런 장애가 없도록 하시려는 배려에 기인한 것이
었다. 이 점에 대해서는 크리소스토무스(Chrysostomus), 아우구스티누스, 키릴루
스(Cyrillus) 및 다수의 주석자들도 같은 견해를 밝힌 바 있다. 우리는 이 말씀 속에
서 그리스도께서 베드로에게 복음의 다른 사역자들에게 주어지지 않은 어떤 특별
한 것을 주셨다는 것을 보여주는 그 어떤 암시도 찾아볼 수 없다. 그러므로 "내 양
을 먹이라"는 그리스도의 말씀을 유일하게 받은 사도인 베드로가 모든 사도 가운
데에 으뜸이 되어야 한다는 교황주의자들의 주장은 공허한 것에 지나지 않는다.
그리고 설령 그리스도께서 개인적으로 베드로를 다소 우대해 주신 것이 사실이라
고 할지라도, 어떻게 그러한 사실이 그리스도께서 베드로를 수장(首長)의 자리에
앉히셨다는 증거가 될 수 있는지를 나는 묻고 싶다. 그리고 설령 베드로가 사도들
중에서 최고의 사도였다는 것이 사실이라고 할지라도, 어떻게 그러한 사실로부터
베드로가 당연히 온 세상을 관장하는 주교가 되어야 한다는 결론이 도출될 수 있
는 것인가? 또 한 가지 덧붙일 수 있는 것은 베드로가 그리스도로부터 무엇을 받았
든지 간에, 그것이 마호메트의 것이 되지 않는 것과 마찬가지로 교황의 것이 될 수
없다는 것이다. 그런데도, 무슨 근거로 교황은 자기가 베드로의 후계자라고 주장
하는 것인가? 정신이 멀쩡한 사람이라면 누가 여기에서 그리스도께서 베드로에게
세습권(世襲權, ius haereditarium)을 수여하셨다고 생각하겠는가? 그럼에도 불구
하고, 교황은 베드로의 계승자로 인정받고 싶어 한다. 나도 교황이 그런 자이기를

바란다. 교황에게 그리스도를 사랑하지 말라고 말리는 사람도 없고, 양 무리를 돌보지 말라고 말리는 사람도 없다. 그런데도 교황이 그리스도를 사랑하고 양 무리를 돌보는 일은 제쳐 놓고, 자기가 베드로의 후계자라고 자랑하는 것은 얼마나 같잖고 미련한 짓인가? 그리스도께서는 베드로에게 가르치는 직분을 맡기신 것은 베드로로 하여금 우상놀음을 하거나 영혼들을 죽이는 백정 노릇을 함으로써 교회를 잔학하게 압제할 수 있도록 보좌를 만들어 주신 것이 결코 아니었기 때문에, 교회를 어떤 식으로 다스려야만 자신의 인정을 받게 될 것인지를 짤막하게 말씀하신다. 이 말씀을 통해서 그리스도께서는 단지 연극하는 것과 껍데기뿐인 직위에 만족해하면서 주교로서의 자신들의 권위를 주장하는 모든 자들의 가면을 벗겨 버리신다.

16. 내 양을 치라. 그리스도께서는 베드로를 비롯한 사도들에게 온갖 부류의 사람들을 다 먹이는 직분이 아니라 오직 자신의 양들을 먹이는 직분을 맡기신다. 그리스도께서는 다른 곳에서 누가 자신의 양인지에 대해서 "나의 양은 내 음성을 들으며 나를 따르지만 타인의 음성은 알지 못하는 고로 타인을 따르지 아니한다"(cf. 요 10:5, 27)고 말씀하신 적이 있으시다. 사실, 신실한 선생들이라면 모든 사람을 그리스도에게로 모으려고 애쓰고, 양인지 사나운 짐승인지를 구별하기가 어려울 때에는 양보다는 이리를 닮은 자들을 교화하기 위해서 모든 방법을 강구하는 것이 마땅하다. 그러나 최선을 다해서 애썼더라도, 그들의 수고의 열매는 오직 택함받은 양들에게서만 나타날 것이다. 왜냐하면, 하늘에 계신 아버지께서는 창세 전에 택하신 자들에게만 양순(良順)함과 믿음을 주셔서 그들로 하여금 자기 아들에게 순종하도록 하시기 때문이다. 이 말씀을 통해서 우리는 마음이 온유하여 가르침을 순순히 받아들이는 자들만이 복음의 가르침을 받아먹고 구원에 이를 수 있다는 것을 다시 한 번 배우게 된다. 그리스도께서 자신의 제자들을 어린 양이나 양에 비유하신 데에는 바로 그런 이유가 있었다. 그러나 우리는 본래 곰이나 사자처럼 사납던 자들도 하나님의 영에 사로잡히게 되면 양처럼 순하게 길들여질 수 있다는 사실도 잊어서는 안 된다.

17. 베드로가 근심하여. 베드로는 틀림없이 그리스도께서 동일한 것을 여러 차례 반복해서 물어보시는 까닭을 이해하지 못했기 때문에, 자기가 진실하게 대답을 하지 않아서 간접적으로 꾸지람을 듣고 있는 것으로 생각하였다. 그러나 우리는 그리스도께서 쓸데없이 동일한 질문을 여러 번에 걸쳐 하신 것이 아님을 이미 살

퍼본 바 있다. 게다가, 베드로는 무수한 난관을 헤쳐 나가야 할 자들의 마음에 그리
스도의 사랑이 얼마나 깊이 새겨져야 하는지를 아직 충분히 깨닫지 못하고 있었
고, 나중에 오랜 세월이 흐르고 많은 경험을 한 후에야 이런 시험이 결코 헛된 것이
아니었다는 것을 알게 되었다. 교회를 다스리는 책임을 맡게 된 자들은 먼저 자기
자신을 꼼꼼히 살펴서 자기에게 그 책임에 합당한 열심이 있는지를 철저하게 따져
봄으로써 중도에 움츠러들거나 주저앉는 일이 없도록 하여야 한다. 또한, 우리는
주님께서 우리에게 가혹한 시련을 주실 때마다 묵묵히 인내로써 그 시련을 받아들
여야 한다는 가르침을 받는다. 왜냐하면, 우리가 그 이유를 모를지라도, 주님께서
는 그럴 만한 이유가 있어서 우리에게 시련을 주시는 것이기 때문이다.

18. 내가 진실로 진실로 네게 이르노니. 그리스도께서는 베드로에게 자신의 양
을 칠 것을 명하신 후에, 장차 있을 싸움에 대비하여 그를 무장(武裝)시켜 주신다.
그래서 그리스도께서는 베드로에게 충성됨과 신실함뿐만 아니라 온갖 위험에도
불구하고 한결같이 십자가를 질 수 있는 불요불굴(不撓不屈)의 용기를 요구하신
다. 요컨대, 그리스도께서는 베드로에게 필요하면 언제든지 죽을 각오를 하고 있
어야 한다고 명하신 것이다. 오늘날 모든 목회자들이 베드로와 같은 상황에 있는
것은 아닐지라도, 그리스도의 이 권면의 말씀은 정도 차이는 있겠지만 그들 모두
에게도 그대로 적용된다. 주님께서는 많은 목회자들에게 그들의 생명과 피를 요구
하시는 것은 아니고, 다만 그들이 평생에 걸쳐서 충성과 헌신을 다 바치는 것으로
만족해하신다. 그러나 사탄이 새로운 술수들을 사용해서 끊임없이 공격해 오는 상
황에서 그리스도의 양을 치는 직분을 맡은 모든 자들은 다 죽을 각오를 해야 한다.
왜냐하면, 그들은 양들만 신경 쓰면 되는 것이 아니라, 이리들에도 대처해야 하기
때문이다. 그리스도께서 베드로의 죽음에 대해서 미리 말씀해 주신 것은 베드로로
하여금 자신이 사역자로서 전파한 가르침은 궁극적으로는 자신의 피로 그 옳음을
증명해야 한다는 사실을 늘 잊지 않고 명심하게 하시기 위한 것이었다. 그런데 이
말씀을 통해서 그리스도께서는 단지 베드로의 장래만을 언급하신 것이 아니라, 다
른 사람들이 있는 앞에서 베드로를 순교자라는 영광스러운 칭호로 장식해 주시는
것으로 보인다. 따라서 이것은 그리스도께서 베드로가 이전과는 완전히 다른 사람
으로 바뀌어서 투사(鬪士, athleta)가 될 것이라고 말씀하시는 것과 같다.

네가 젊어서는. 사람이 나이가 들게 되면 하던 일에서 물러나 조용히 쉬고 싶어
하는 것이 인지상정이어서, 정년이 되면 공무원이나 군인도 퇴직을 하는 것이 보

통이다. 그러므로 베드로도 내심으로는 평안한 노후의 삶을 기대하고 있었을 것이다. 그러나 그리스도께서는 베드로가 자연의 순리와는 달리 젊어서는 자기 생각대로 살겠지만 늙어서는 자신의 의지와는 무관하게 다른 사람의 뜻을 따라 살게 될 것이며 심지어 강제로 남의 뜻을 따를 수밖에 없는 상황도 겪게 될 것이라고 선언하신다. 베드로의 이러한 운명은 우리 모두에게 공통되는 운명을 생생하게 보여주는 거울이다. 그리스도께서 부르시기 전까지 평범하고 행복하게 살아가던 많은 사람들이 그리스도의 부르심을 받아들여 그의 제자가 됨과 동시에, 아니 동시는 아닐지라도 얼마 후에는, 힘든 싸움과 곤고한 삶과 큰 위험과 때로는 죽음 자체에 내몰리게 된다. 우리는 아무리 힘들고 괴로울지라도 그런 상황을 즐거운 마음으로 감내해야 한다. 십자가는 그리스도께서 자신의 종들을 시험하시는 시금석이지만, 그리스도께서는 그들의 역량이 충분히 성숙해질 때까지 잠시 동안 십자가를 유보시켜 주신다. 그리스도께서는 그들의 연약함을 아시기 때문에 그들이 감당할 수 없을 정도로 그들을 내몰지 않으신다. 그래서 주님은 베드로가 아직은 연약할 뿐만 아니라 싸울 준비가 되어 있지 않음을 아셨기 때문에, 그에게 십자가를 유보시켜 주신 것이었다. 그러므로 우리는 그리스도께서 우리에게 힘을 공급해 주신다면, 마지막 숨이 넘어갈 때까지 우리 자신을 주님께 드리는 법을 배워야 한다. 우리는 이 점에서 많은 사람들이 비열하게도 배은망덕하게 행하는 것을 본다. 왜냐하면, 주님께서 우리를 온유하게 대해 주시면 주실수록, 우리는 그만큼 더 나약하고 무기력해지는 습성이 있기 때문이다. 그렇기 때문에, 주님께서 오랜 시간 동안 관용을 베푸시고 기다려 주시다가 조금 더 힘든 상황을 주실 때, 그것에 대해서 불평을 늘어놓지 않는 사람은 백 명 중에 한 명도 되지 않는다. 그러나 도리어 우리는 한동안 우리에게 십자가를 유보해 주시고 기다려 주신 하나님의 인자하심을 생각하고 감사하는 것이 마땅하다. 그래서 그리스도께서는 자기가 세상에 머무는 동안에는 마치 혼인집의 신랑처럼 제자들과 기쁜 시간을 보내시겠지만, 그 후에는 금식과 눈물이 제자들을 기다릴 것이라고 말씀하신 것이다(마 9:15).

남이 네게 띠 띠우고. 많은 이들은 이것이 베드로가 어떻게 죽을 것인지를 암시하는 말씀이라고 생각한다. 즉, 그리스도께서는 베드로가 양팔을 벌린 채 교수형을 통해 죽임을 당하게 될 것이라고 미리 말씀해 주셨다는 것이다. 그러나 나는 "띠를 띠다"라는 표현은 사람이 자신과 자신의 모든 삶을 꾸려가기 위한 모든 외적인 행위들을 가리킬 뿐이라고 생각한다. 따라서 이 말씀은 "젊어서는 네 맘대로 옷을 입었지만 늙어서는 네 맘대로 옷을 입을 수 없을 것"이라는 뜻이다. 우리는 베드로가 어떻게 죽었는지에 대한 근거 없는 전설을 믿느니 차라리 아무것도 모르는 편이 더 낫다.

원하지 아니하는 곳으로 데려가리라. 이 말씀은 베드로가 자신의 천수를 다하지 못하고 폭력이나 칼로 죽임을 당할 것임을 보여준다. 그런데 그리스도께서 베드로가 자신의 뜻과 상관없이 죽임을 당할 것이라고 말씀하셨다는 것이 이상하게 생각될 수 있다. 왜냐하면, 어떤 사람이 억지로 죽음에 내몰려 죽은 것을 가지고서, 믿음을 지켰다느니 순교하였다느니 하고 말하며 칭송하는 것은 합당하지 않기 때문이다. 그러나 우리는 이 말씀을, 믿는 자들이 영과 육 사이에서 겪게 되는 내면적 갈등을 가리키는 것으로 이해해야 한다. 왜냐하면, 세상과 육신이 우리를 밧줄로 묶어서 하나님의 뜻과는 반대되는 쪽으로 끌고 가는 까닭에, 우리가 그 어떤 것에도 묶임이 없이 자유롭게 하나님께 순종할 수는 없기 때문이다. 그래서 바울도 "내가 원하는 바 선은 행하지 아니하고 도리어 원하지 아니하는 바 악을 행하는도다"(롬 7:19)라고 탄식하였다. 또한, 우리는 본능적으로 죽음을 두려워할 수밖에 없다는 사실을 간과하지 말아야 한다. 그렇기 때문에 전심으로 하나님께 순종할 준비가 되어 있던 그리스도조차도 죽음에서 자신을 건져 달라고 간구하셨던 것이다. 더욱이 인간들의 잔인성으로 인해서 십자가에 대한 두려움을 느끼신 그리스도께서 어느 정도 죽음으로부터 뒷걸음질치신 것은 놀랄 일이 아니었다. 이 점이 오히려 하나님에 대한 그리스도의 순종을 더욱 분명하게 보여준다. 만일 그리스도께서 자신의 유익만 생각하셨다면 얼마든지 죽음으로부터 도망칠 수 있으셨을 것이다. 하지만 하나님이 무엇을 기뻐하시는지를 아셨던 그리스도께서는 기꺼이 죽음을 받아들이셨다. 만일 그리스도께서 영혼의 고뇌(passio animi)를 겪지 않으셨다면, 그가 참고 견디시는 것(忍從, patientia)도 아예 처음부터 없었을 것이다. 이것은 우리가 알아야 할 매우 유익한 교훈이다. 즉, 하나님의 특별한 도우심이 없이는 우리가 결코 죽음의 두려움을 극복할 수 없기 때문에, 우리는 기도할 수밖에 없다는 것이다. 그러므로 우리가 할 일은 오직 우리 자신을 겸손히 하나님께 맡기고 하나님의 다스리심에 순종하는 것뿐이다. 이러한 사실은 박해로 인하여 마음이 심란(心亂)할 때에, 우리가 좌절하지 않고 마음을 굳게 다잡는 데에도 도움이 된다. 순교자들은 죽음을 전혀 두려워하지 않았는데, 자신들은 두려워한다고 생각해서 자기 자신에 대하여 절망하는 자들이 있다. 그러나 순교자들도 우리와 마찬가지로 두려움을 겪었지만, 자기 자신과의 싸움에서 이김으로써 진리를 대적하는 자들과의 싸움에서도 승리할 수 있었다는 사실을 생각한다면, 우리가 두려움과 연약함으로 인해서 순교자들의 발자취를 따를 수 없다고 말할 이유가 전혀 없는 것이다.

19. 베드로가 어떠한 죽음으로 하나님께 영광을 돌릴 것을 가리키심이러라. 완곡하게 표현된 이 말씀은 매우 의미심장하다. 왜냐하면, 모든 믿는 자들의 목적은 살든지 죽든지 한결같이 하나님께 영광을 돌리는 것이지만(빌 1:20), 요한은 특히 순교의 피로 그리스도의 복음을 인치고 그리스도의 이름을 영화롭게 하는 자들의 죽음에 광채를 더하려는 의도에서 이 구절을 덧붙인 것이기 때문이다. 베드로의 죽음으로 맺힌 열매를 거두는 것은 이제 우리가 마땅히 해야 할 일이다. 왜냐하면, 베드로의 죽음으로도 우리의 믿음이 확고해지지 않고, 우리도 베드로처럼 우리로 말미암아 하나님의 영광이 드러나야 한다는 것을 우리의 삶의 목적으로 삼아야 하는데도 그렇게 하지 않는다면, 그것은 전적으로 우리의 나태함 탓이기 때문이다. 만일 교황주의자들이 순교자들의 죽음이 지닌 그러한 목적을 깊이 숙고했더라면, 그들은 순교자들의 죽음이 하나님의 진노를 가라앉히고 우리의 죄에 대한 속전(贖錢)을 치른 것이라는 참람하고 가증스런 교리를 결코 만들어 내지 않았을 것이다.

이 말씀을 하시고 베드로에게 이르시되 나를 따르라 하시니. 그리스도께서는 베드로가 폭력적인 죽음을 맞게 될 것이라고 미리 말씀하신 의도가 무엇이었는지를 여기에서 설명해 주시는데, 그것은 베드로로 하여금 그런 죽음을 감당할 수 있는 준비를 할 수 있게 하시기 위한 것이었다. 따라서 그리스도께서는 "너는 나와 같은 죽음을 죽어야 할 것이기 때문에, 너의 인도자인 나를 따르라"고 말씀하신 것이다. 즉, 그리스도께서는 하나님께서 베드로를 십자가로 부르실 때에 그가 기꺼이 순종할 수 있도록 하시기 위해서 그에게 그의 인도자인 자기를 따르라고 하신 것이다. 왜냐하면, 여기에서 그리스도께서는 베드로에게 막연히 자신을 본받으라고 권면하시는 것이 아니라, 구체적으로 베드로가 어떠한 죽음을 맞이할 것인지에 대해서 말씀하시는 것이기 때문이다. 그러나 하나님의 아들이 자신의 복된 부활을 우리의 눈앞에 보여주셨고, 이 부활은 죽음에 대한 우리의 승리이기도 한 것이었기 때문에, 우리는 이 단 한 가지 사실을 생각하는 것만으로도 죽음에 대한 모든 두려움과 고통을 크게 덜 수 있다.

²⁰베드로가 돌이켜 예수께서 사랑하시는 그 제자가 따르는 것을 보니 그는 만찬석

에서 예수의 품에 의지하여 주님 주님을 파는 자가 누구오니이까 묻던 자더라 ²¹이에 베드로가 그를 보고 예수께 여짜오되 주님 이 사람은 어떻게 되겠사옵나이까 ²² 예수께서 이르시되 내가 올 때까지 그를 머물게 하고자 할지라도 네게 무슨 상관이냐 너는 나를 따르라 하시더라 ²³이 말씀이 형제들에게 나가서 그 제자는 죽지 아니하겠다 하였으나 예수의 말씀은 그가 죽지 않겠다 하신 것이 아니라 내가 올 때까지 그를 머물게 하고자 할지라도 네게 무슨 상관이냐 하신 것이러라 ²⁴이 일들을 증언하고 이 일들을 기록한 제자가 이 사람이라 우리는 그의 증언이 참된 줄 아노라 ²⁵예수께서 행하신 일이 이 외에도 많으니 만일 낱낱이 기록된다면 이 세상이라도 이 기록된 책을 두기에 부족할 줄 아노라(21:20-25).

20. 베드로가 돌이켜. 우리는 베드로의 모습 속에서 우리에게 있는 호기심의 한 전형적인 예를 본다. 이러한 호기심은 자기가 해야 할 일은 제쳐놓고 다른 사람의 일을 궁금해하는 것으로서 불필요할 뿐만 아니라 해롭기까지 한 것이다. 자신의 삶보다는 남들의 삶에 더 관심을 보이면서 거기에서 괜한 핑곗거리들을 찾는 것은 우리에게 거의 본능적인 것이다. 그래서 우리는 마치 남들이 게으른 것이 우리의 게으름에 대한 면책(免責) 사유가 되기라도 한다는 듯이 남들이 우리보다 나을 게 없다고 생각해서 자신의 잘못을 덮어 버림으로써 자기 자신을 속이기 일쑤이다. 그렇기 때문에, "각각 자기의 짐을 질 것이라"(갈 6:5)는 바울의 말을 깊이 생각하는 사람은 백 명 중에 한 사람도 찾아보기 어렵다. 그러므로 그리스도께서는 베드로 한 사람을 꾸짖으심으로써, 하나님께서 맡겨 주신 일들은 등한히 한 채 다른 사람들은 어떻게 하는지에 관심을 갖고서 사방을 두리번거리는 모든 사람들을 꾸짖으신 것이다. 그런 자들은 무엇보다도 특히 각 사람에게 특별한 소명이 주어져 있다는 사실을 간과하고 무시하는 중대한 잘못을 저지르고 있는 것이다. 하나님께서는 열 명 중 아홉 명에게는 평안한 삶을 허락하시거나 기껏해야 가벼운 정도의 시험만을 주시지만, 택하신 한 명에 대해서는 혹독한 시련이나 고난으로 시험하신다. 하나님께서는 이처럼 모든 사람을 똑같이 다루시지 않고 각 사람에게 적합하다고 생각하시는 시험을 부과하신다. 그리스도인이 치러야 할 싸움에도 여러 가지가 있기 때문에, 각자는 자신의 본분을 지키면 되는 것이고, 할 일 없는 사람처럼 남의 일을 궁금해해서는 안 된다. 왜냐하면, 하늘에 계신 우리의 대장께서 우리 각자를 지휘하고 계시는 까닭에, 우리는 다른 일은 생각하지 말고 그의 명령에만 집

중하면 되기 때문이다.

예수께서 사랑하시는 그 제자. 복음서 기자는 우리가 앞에서 살펴본 베드로의 질문을 불러일으킨 이유가 무엇이었는지를 우리에게 알게 해주기 위하여 이 완곡한 표현을 여기에 추가하였다. 왜냐하면, 베드로는 그리스도께서 자기만을 부르시고, 평소에 각별한 사랑을 받았던 요한에 대해서는 아무런 말씀도 하지 않으시는 것을 이상하게 생각하고서는, 요한에 대한 그리스도의 마음이 바뀌신 것이라도 아닌가 하는 생각에서 "주여 이 사람은 어떻게 되겠사옵나이까"라는 질문을 하게 된 것이기 때문이다. 따라서 베드로는 자기가 그런 질문을 할 만한 이유가 충분히 있는 것처럼 생각하였을 것이다. 그러나 그리스도께서는 베드로에게 하나님께 받은 자신의 소명에만 순종하면 될 뿐이고, 다른 사람이 어떻게 될 것인지에 대해서는 알려고 할 필요가 없다고 말씀하심으로써, 그의 호기심을 일축해 버리신다.

22. 그를 머물게 하고자 할지라도. 이 문장을 접속사가 이끌지 않는 독립된 것으로 보고서, 전반부를 긍정문으로 읽어서 "이와 같이 나는 내가 올 때까지 그가 머물게 하겠다"로 해석하는 것이 관례였다. 그러나 이것은 헬라어 원문을 라틴어로 옮긴 번역자의 실수라기보다는 라틴어 필사자의 무지(無知)에 의한 것으로 보아야 한다. 왜냐하면, 번역자가 헬라어 '에안'(ἐάν, "만일," 라틴어로 si)의 의미를 착각해서 sic("이와 같이')로 옮겼을 리는 없지만, 필사 과정에서 글자 하나(알파벳 c)가 라틴어 본문에 실수로 끼어들어 원래의 si가 sic로 됨으로써 글 전체의 의미가 달라졌을 가능성은 훨씬 크기 때문이다(히에로니무스가 번역한 불가타 성경에는 두 단어가 함께 사용되어서 si sic로 되어 있다 — 역주). 따라서 우리는 이 문장을 그 뒤에 나오는 구절과 연결시켜서 전체적으로 하나의 의문문으로 읽어야 한다: "내가 올 때까지 그를 머물게 하고자 할지라도 네게 무슨 상관이냐"(개역의 번역과 동일하다 — 역주). 즉, 그리스도께서는 자기가 그 제자에게 간섭하셔서 그로 하여금 자신의 소명을 다하게 하시겠다는 것이다. 결국 그리스도께서는 베드로에게 이렇게 말씀하신 것이다: "그 일은 너와는 상관 없는 일이고, 너에게는 네 동료가 어찌 될 것인지에 대해서 물어볼 권리도 없다. 그것은 내가 알아서 할 일이다. 너는 네 일이나 생각하고 부름을 받는 곳으로 달려갈 준비나 해라." 그러나 이 말씀은 형제들에 대한 관심(cura)이 모두 쓸데없다는 뜻이 아니고, 다만 우리의 관심이 지나쳐서 호기심(curiositas)으로 흐르지 않도록, 우리가 그 관심에 적절한 한계를 그어야 한다는 뜻이다. 그러므로 우리는 각자 할 수만 있다면 자신의 이웃을 잘 보살펴서, 그들을 그

리스도에게로 인도할 수 있어야 하지만, 다른 사람들에서 나타나는 걸림돌들이 우리 자신의 믿음의 진보를 방해하게 해서는 안 된다.

23. 이 말씀이 형제들에게 나가서. 복음서 기자는 그리스도의 말씀이 와전되어서 "형제들"에게 "그 제자"(요한)는 결코 죽지 않을 것이라는 의미로 받아들여졌다고 보도한다. 여기에서 "형제들"은 그리스도께서 베드로와 대화하셨을 때에 그곳에 있던 자들, 즉 사도들을 가리킨다. 그러나 복음서 기자가 사도들을 "형제들"이라고 부른 것은 "형제"라는 단어가 사도들에게만 적용될 수 있었기 때문이 아니라, 사도들이 저 거룩한 연합의 첫 열매들이었기 때문이었다. 그러나 복음서 기자가 말한 "형제들"은 열한 명의 사도들 외에 그 당시 사도들과 함께 있었던 자들을 포함한 것일 수도 있다. 또한, 그는 이 말씀이 형제들에게 "나갔다"는 표현을 사용함으로써, 그러한 오해가 외부에까지 널리 퍼져 나갔다는 것을 암시한다. 하지만 그러한 오해는 오래가지 않아서 가라앉았을 것이다. 왜냐하면, 그들은 곧 성령의 조명하심을 따라서 그리스도의 나라의 실체를 더 분명하고 올바르게 알게 되었고, 그 결과 육신적이고 세상적인 헛된 망상(妄想)에 더 이상 집착하지 않게 되었기 때문이다. 요한이 사도들과 관련해서 언급한 이런 일이 우리 주변에서 매일 일어난다는 사실은 놀랄 일이 아니다. 그리스도와 가족처럼 지냈던 제자들이 이처럼 미혹을 받았다면, 하물며 그리스도의 학교에서 그들처럼 배운 적도 없는 자들이 미혹에 넘어가는 것은 너무나 쉬운 일이 아니겠는가? 그러나 우리는 이러한 잘못이 어디서부터 비롯되었는지를 살펴볼 필요가 있다. 그리스도께서는 우리를 바로 세워 주시려고 유익한 가르침을 베풀어 주셨고, 그것도 애매하지 않고 분명하게 가르쳐 주셨는데도, 정작 그 가르침의 빛이 우리에게 도달하지 못하는 것은 우리가 우리의 생각을 따라 제멋대로 상상하고 그릇되게 판단하기 때문이다. 그리스도께서는 요한의 생사(生死)가 전적으로 자신의 손에 달려 있음을 천명하고자 하셨을 뿐이고, 그에 대해서 어떤 일을 확정적으로 선언하시려는 것이 아니었다. 이렇게 그리스도의 가르침은 그 자체로는 단순하고 유익한 것이었지만, 제자들은 그리스도께서 말씀하신 것을 넘어서서 제멋대로 상상하여 허구들을 만들어 낸 것이다. 그러므로 이런 위험에 빠지지 않으려면, 우리는 좀 더 지혜롭고 사려 깊게 생각하는 법을 배울 필요가 있다. 그러나 사람의 마음은 너무나 완악하고 제멋대로여서 헛된 생각을 향해서 전력질주하는 것을 멈추지 않는다. 그 결과, 복음서 기자가 여기에서 그 위험성을 분명히 경고했던 헛소문들이 여전히 세상에서 활개치고 있는

것이다. 일례로, 요한의 죽음과 관련된 다음과 같은 날조된 이야기가 있다: 요한은 사람들에게 자신의 무덤을 파라고 지시했고, 그 후에 그 무덤 속으로 들어갔는데, 그 다음날 그 무덤이 비어 있었다는 것이다. 따라서 우리는 주님께서 전해주신 것들만을 있는 그대로 받아들이고, 다른 어떤 날조된 이야기에도 귀를 기울이지 말아야 한다. 만약 그렇게 하지 않는다면, 우리는 언제라도 오류에 빠져서 잘못을 저지를 수밖에 없다는 것을 알아야 한다.

24. 이 일을 증언하고 이 일을 기록한 제자가 이 사람이라. 지금까지 자신을 3인칭으로 지칭하였던 요한은 이제 여기에서 바로 그 제자가 자기라는 것을 밝히는데, 이것은 이 복음서가 모든 일의 시종(始終)을 훤히 알고 있는 목격자가 기록한 것임을 밝힘으로써 자기가 기록한 모든 내용에 한층 무게를 실어 주기 위한 것이다.

25. 예수께서 행하신 일이 이외에도 많으니. 요한은 사람들이 자기가 그리스도의 사랑을 받았기 때문에 그리스도에 대하여 편파적으로 기록하였을 것이라고 의심할 수도 있었던 까닭에 그러한 의심을 불식시키기 위해서, 그리스도께서 행하신 일은 자기가 실제로 기록한 것보다 훨씬 더 많았다는 사실을 여기에서 밝혀둔다. 요한은 자기가 그리스도께서 하신 온갖 종류의 일들을 다 기록한 것이 아니라, 오직 그리스도의 공적인 사역과 관련된 일들만을 기록했다고 말한다. 우리는 세속적인 작가들의 글에서 흔히 볼 수 있는 과장법을 비롯한 많은 수사법들이 요한의 글에 나타날지라도, 그것들을 허무맹랑한 것으로 치부해서는 안 된다. 또한, 우리는 그리스도께서 얼마나 많은 일들을 하셨는지도 생각해야 하겠지만, 특히 그 일들의 비중과 중요성을 잘 헤아려야 한다. 왜냐하면, 인간의 지각으로는 파악할 수 없을 뿐만 아니라 하늘과 땅조차도 감당할 수 없을 만큼 무한한 그리스도의 신적 위엄(divina Christi maiestas)이 그가 행하신 모든 일들에서 영광스럽고 경이롭게 나타났기 때문이다. 따라서 그리스도의 영광에서 시선을 떼지 않고 자신의 복음서를 적어 내려온 기자는, 만일 자기가 그리스도의 행적을 낱낱이 기록하였더라면 "이 세상이라도 이 기록된 책을 두기에 부족하였을" 것이라는 놀라움 섞인 탄성을 발한다고 해서, 우리가 그의 그런 말에 놀랄 이유가 무엇이겠는가? 또한, 복음서 기자가 그리스도의 탁월한 역사(役事)들을 일반적이고 평이한 문체나 수사법을 사용해서 기록하고 보도한 것에 대해서도, 우리는 그를 비난할 수 없다. 왜냐하면, 우리는 하나님께서 우리의 몽매함을 생각하셔서, 그로 하여금 평범한 화법, 더 나아가

심지어 어눌한 화법을 사용하게 하신 것임을 잘 알기 때문이다. 그럼에도 불구하고, 우리는 내가 앞에서 말했던 것, 즉 복음서 기자들이 기록한 핵심적인 내용들만으로도 믿음을 세우고 구원을 얻기에 조금도 부족함이 없다는 사실을 잊지 말아야 한다. 따라서 우리가 복음서 기자들을 우리의 선생으로 삼아서 제대로 배우기만 한다면, 우리는 충분한 지혜를 얻게 될 것이다. 사실, 그들은 하나님이 세우신 증인들로서 자신들의 역할과 본분을 충성되게 수행했기 때문에, 이제 우리가 해야 할 일은 그들의 증언을 전적으로 신뢰하고, 그들이 우리에게 전해 준 것 이상을 추구하거나 바라지 않는 것이다. 왜냐하면, 하나님의 섭리가 특별히 복음서 기자들의 붓을 주장해서, 그들로 하여금 복음서들이 우리에게 짐이 될 만큼 방대한 분량이 되지 않도록 선별해서, 홀로 지혜로우시며 유일한 지혜의 원천이신 하나님께서 우리에게 꼭 필요한 것임을 아시는 그런 내용들을 빠짐없이 기록하여 우리에게 전해 주게 하신 것이기 때문이다. 그런 하나님께 찬송과 영광이 영원하기를! 아멘.

사복음서 대조표

	마태	마가	누가	요한

I. 예수의 공생애 사역 이전의 복음 역사

	마태	마가	누가	요한
1. 복음에 대한 서문(序文)	—	—	1:1-4	1:1-18
2. 세례 요한의 출생에 대한 약속	—	—	1:5-25	
3. 마리아의 인사: 마리아가 엘리사벳을 방문함			1:26-56	
4. 세례 요한의 출생			1:57-80	
5. 예수의 출생; 목자들의 경배	1:18-25		2:1-20	
6. 동방 박사들의 방문	2:1-12			
7. 예수의 할례; 성전에서의 헌신례	—		2:21-40	
8. 애굽으로 피신함; 헤롯이 베들레헴의 아기들을 죽임; 애굽에서 돌아옴	2:13-23	—		—
9. 열두 살 때의 예수	—	—	2:41-52	

II. 예수의 공생애 사역을 위한 준비 기간

	마태	마가	누가	요한
10. 세례 요한과 그 사역	3:1-12	1:1-8	3:1-18	1:19-34
11. 세례 요한의 투옥	—	—	3:19-20	—
12. 예수의 수세(受洗)	3:13-17	1:9-11	3:21-22	—
13. 예수의 족보	1:1-17		3:23-38	—
14. 예수의 시험	4:1-11	1:12-13	4:1-13	—

III. 갈릴리에서의 예수의 공생애 사역

	마태	마가	누가	요한
15. 물을 포도주로 만드신 첫 번째 이적; 가버나움 방문	—	—	—	2:1-12
16. 유월절에 성전을 깨끗게 하심	—	—	—	2:13-25
17. 니고데모가 밤에 예수를 찾아옴				3:1-21
18. 유대에 머무르시며 제자들을 통해서 세례를 베푸심; 세례 요한이 또 다시 예수를 증거함				3:22-4:3
19. 사마리아 여자와 대화를 나누심	—		—	4:4-42
20. 갈릴리에 이르러, 거기에서 처음으로 전도하심	4:12-17	1:14-15	4:14-15	4:43-45
21. 나사렛에서 처음으로 배척당하심	—		4:16-30	—
22. 물고기를 잡는 이적; 첫 제자들을 부르심	4:18-22	1:16-20	5:1-11	1:35-41
23. 가버나움 회당에서 귀신들린 자를 고치심	7:28-29	1:21-28	4:31-37	7:46
24. 베드로의 장모를 비롯해서 여러 병자들을 고치심	8:14-17	1:29-34	4:38-41	—
25. 가버나움을 떠나심	—	1:35-38	4:42-43	
26. 갈릴리에서의 전도 여행	4:23-25	1:39	4:44	—

	마태	마가	누가	요한
A. 산상설교(또는, 평지설교)				
27. 설교의 서두(序頭)	5:1-2	—	6:20	—
28. 복(福)에 관한 설교	5:3-12	—	6:20-23	—
29. 화(禍)에 관한 설교	—	—	6:24-26	—
30. 소금과 빛에 관한 비유	5:13-16	9:50	11:33-36; 14:34-35	—
31. 율법에 대하여	5:17-20	—	16:16-17	—
32. 살인에 대하여	5:21-26	—	12:57-59	—
33. 간음과 음욕에 대하여	5:27-30	—	—	—
34. 이혼에 대하여	5:31-32	—	16:18	—
35. 맹세와 원수 갚는 것에 대하여	5:33-42	—	6:29-30	—
36. 원수 사랑에 대하여	5:43-48	—	6:27-28, 32-36	—
37. 구제와 기도에 대하여	6:1-8	—	—	—
38. 주기도문	6:9-15	—	11:1-4	—
39. 금식과 보화에 대하여	6:16-21	—	12:33-34	—
40. 성한 눈에 대하여	6:22-23	—	11:34-36	—
41. 두 주인을 섬기는 것에 대하여	6:24	—	16:13	—
42. 염려에 대하여	6:25-34	—	12:22-31	—
43. 비판하는 것에 대하여	7:1-5	—	6:37-42	—
44. 신성모독에 대하여	7:6	—	—	—
45. 기도 응답에 대하여	7:7-11	—	11:9-13	—
46. 황금률	7:12	—	6:31	—
47. 좁은 문	7:13-14	—	13:23-24	—
48. 선한 자를 분별하는 법	7:15-20	—	6:43-45	—
49. 스스로 속지 말 것을 경고하심	7:21-23	—	6:46; 13: 26-27	—
50. 말씀을 듣는 자와 행하는 자	7:24-27	—	6:47-49	—
51. 설교의 결미(結尾)	7:28-29	—	—	7:46
B. 갈릴리에서 계속된 예수의 공생애 사역				
52. 나병환자를 고치심	8:1-4	1:40-45	5:12-16	—
53. 백부장의 하인을 고치심	8:5-13	—	7:1-10	4:46-54
54. 나인 성 과부의 아들을 살리심	—	—	7:11-17	—
55. 제자도의 성격	8:18-22	—	9:57-62	—
56. 가버나움에서 중풍병자를 고치심	9:1-8	2:1-12	5:17-26	5:8-9
57. 레위(마태)를 부르심	9:9-13	2:13-17	5:27-32	—
58. 금식에 관한 문제	9:14-17	2:18-22	5:33-39	—
59. 베데스다 연못에서 38년 된 병자를 고치심	—	—	—	5:1-47
60. 두 맹인을 고치심	9:27-31	—	—	—
61. 귀신 들려 말 못하는 사람을 고치심	9:32-34	3:22-27	11:14-23	—
62. 열두 제자의 파송	9:35-10:6	—	10:1-16	1:42; 4:35
63. 제자들의 운명	10:17-25	13:9-13	21:12-17	13:16;14:26; 15:20

	마태	마가	누가	요한
64. 두려워하지 말고 신앙을 고백하라는 권면	10:26-33	—	12:2-12	14:26
65. 집안 식구들의 불화	10:34-36	—	12:49-56	—
66. 제자도의 조건들	10:37-39	—	14:25-33	12:25
67. 제자들에 대한 강론의 결미(結尾)	10:40-11:1	—	10:16	5:23; 12:44-45
68. 세례 요한이 예수께 질문함	11:2-6	—	7:18-23	—
69. 세례 요한에 관한 예수의 말씀	11:7-19	—	7:24-35	—
70. 갈릴리의 성읍들에 대하여 화(禍)를 선포하심	11:20-24	—	10:13-15	—
71. 아버지 하나님께 감사 기도를 드리심	11:25-27	—	10:21-22	3:35; 7:29; 10:14-15; 17:2
72. 무거운 짐 진 자들에 대한 권면	11:28-30	—	—	
73. 제자들이 안식일에 이삭을 잘라 먹음	12:1-8	2:23-28	6:1-5	5:10
74. 한쪽 손 마른 사람을 고치심	12:9-14	3:1-6	6:6-11	—
75. 많은 병자들을 고치심	12:15-21	3:7-12	6:17-19	—
76. 열두 제자를 세우심	10:1-4	3:13-19	6:12-16	1:42
77. 예수의 발에 향유를 부은 여자	26:6-13	14:3-9	7:36-50	12:1-8
78. 예수의 사역을 도운 여자들	—	—	8:1-3	
79. 예수에 대한 고소들; 분열된 집에 관한 말씀	12:22-37	3:20-30	11:14-23	7:20; 8:48, 52
80. 표적들을 구하는 것을 책망하심	12:38-42	8:11-12	11:29-32	—
81. 다시 돌아온 귀신에 대한 비유	12:43-45	—	11:24-26	—
82. 예수의 참된 형제와 자매들	12:46-50	3:31-35	8:19-21	15:14
83. 비유들(씨 뿌리는 자, 가라지, 은밀하게 자라는 씨,누룩, 숨겨진 보화, 진주, 그물, 집주인)	13:1-52	4:1-34	8:4-18; 10:23-24; 13:18-21	12:40
84. 풍랑을 잔잔케 하심	8:23-27	4:35-51	8:22-25	—
85. 가다라 지방의 귀신 들린 자	8:28-34	5:1-20	8:26-39	—
86. 야이로의 딸과 혈루증 앓던 여자의 믿음	9:18-26	5:21-43	8:40-56	—
87. 나사렛에서 또 다시 배척당하심	13:53-58	6:1-6	—	4:44; 6:42; 7:5, 15
88. 열두 제자의 파송	9:35; 10: 1-11, 14	6:6-13	9:1-6	
89. 헤롯이 예수를 되살아난 세례 요한으로 생각함	14:1-2	6:14-16	9:7-9	
90. 세례 요한의 죽음	14:3-12	6:17-29	—	—
91. 열두 제자가 전도여행에서 돌아옴; 오천 명을 먹이심	14:13-21	6:30-44	9:10-17	6:1-14
92. 물 위를 걸으심	14:22-33	6:45-52	—	6:15-21
93. 생명의 떡에 관한 말씀	—	—		6:22-71
94. 게네사렛에서 많은 병자들을 고치심	14:34-36	6:53-56	—	—
95. 사람을 더럽히는 것	15:1-20	7:1-23	—	—
96. 수로보니게 여자	15:21-28	7:24-30	—	—

	마태	마가	누가	요한
97. 많은 병자들을 고치심; 귀 먹고 말 더듬는 자를 고치심	15:29-31	7:31-37	—	
98. 사천 명을 먹이심	15:32-39	8:1-10	—	—
99. 바리새인들이 표적을 구함	16:1-4	8:11-13	11:29-32 ;12:54-56	6:30
100. 누룩에 관한 말씀	16:5-12	8:14-21	12:1	
101. 벳새다의 맹인	—	8:22-26	—	9:1-7
102. 가이사랴 빌립보에서의 베드로의 신앙고백; 첫 번째 수난 예고	16:13-23	8:27-33	9:18-22	6:68-69; 20:21-23
103. 제자도의 조건들	16:24-28	8:34-9:1	9:23-27	12:25
104. 변화산 사건	17:1-8	9:2-8	9:28-36	1:14
105. 엘리야가 올 것에 관한 예언을 설명해 주심	17:9-13	9:9-13		
106. 간질병을 앓는 아이를 고치심	17:14-21	9:14-29	9:37-43a	14:9
107. 두 번째 수난 예고	17:22-23	9:30-32	9:43b-45	7:1
108. 성전세	17:24-27	—		
109. 누가 큰 자인가에 관한 논쟁	18:1-5	9:33-37	9:46-48	3:3, 5; 12:44-45 ; 13:20
110. 어떤 귀신 쫓는 자	—	9:38-41	9:49-50	
111. 시험들에 대하여	18:6-9	9:42-48	17:1-2	
112. 소금에 대하여	5:13	9:49-50	14:34-35	
113. 길 잃은 양	18:10-14	—	15:1-10	
114. 죄 범한 형제에 관한 문제	18:15-20	—	17:3	20:23
115. 화해에 대하여	18:21-22	—	17:3-4	
116. 무자비한 종에 관한 비유	18:23-35	—	—	
117. 초막절에 예루살렘에 올라가서, 거기에서 말씀을 전하심	—	—	—	7:1-53
118. 간음하다 붙잡힌 여자	—	—	—	8:1-11
119. 예수께서 자신을 세상의 빛이라 하심; 믿지 않는 유대인들이 예수를 돌로 치려 함	—	—	—	8:12-59
120. 날 때부터 맹인 된 거지를 고치심	—	—	—	9:1-41
121. 선한 목자에 관한 비유	—	—	—	10:1-21

C. 누가복음에 나오는 특별한 내용들

	마태	마가	누가	요한
122. 사마리아의 마을 사람들	—	—	9:51-56	—
123. 제자도의 성격	8:18-22	—	9:57-62	—
124. 칠십 인의 제자들의 파송	9:35-10:16	—	10:1-16	4:35; 5:23
125. 칠십 인의 제자들이 돌아옴	—	—	10:17-20	12:31
126. 예수께서 아버지 하나님께 감사를 드리심	11:25-27	—	10:21-22	10:15; 17:2
127. 제자들이 복되다고 하심	13:16-17	—	10:23-24	
128. 율법사의 질문	22:34-40	12:28-31	10:25-28	—
129. 선한 사마리아인의 비유	—	—	10:29-37	
130. 마리아와 마르다	—	—	10:38-42	11:1-3

	마태	마가	누가	요한
131. 밤중에 찾아온 벗에 관한 비유	—	—	11:5-8	—
132. 기도에 대한 응답	7:7-11	—	11:9-13	—
133. 바알세불 논쟁	9:32-34; 12:22-30	—	11:14-23	—
134. 어떤 여자가 예수의 어머니가 복되다고 함	—	—	11:27-28	—
135. 이 세대를 위한 표적	12:38-42; 16:1-4	8:11-12	11:29-32	—
136. 빛에 대하여	5:14-16; 6:22-23	—	11:33-36	—
137. 바리새인들을 치시는 말씀	23:1-36	12:37-40	11:37- 12:1	—
138. 두려워하지 말고 신앙을 고백하라는 권면	10:19-20, 20-33;12:32	4:22; 8:38	12:2-12	14:26
139. 어리석은 부자에 관한 비유	—	—	12:13-21	—
140. 세상일들에 대한 염려들	6:16-21, 25-34	—	12:22-34	—
141. 깨어서 신실하게 행하라는 권면	24:43-51	13:32-33	12:35-46	13:4-5
142. 주인에 대한 종들의 책임	—	—	12:47-48	—
143. 시대를 분별하라고 하심	10:34-36; 16:1-4	—	12:49-56	12:27
144. 고발하는 자와 화해하라고 하심	5:25-26	—	12:57-59	—
145. 회개할 것이냐 멸망 받을 것이냐	—	—	13:1-9	—
146. 18년 동안 꼬부라져 몸을 펴지 못하던 여자를 고치심	—	—	13:10-17	—
147. 겨자씨 비유와 누룩 비유	13:31-33	4:30-32	13:18-21	—
148. 하나님 나라에서 쫓겨남	7:13-14; 25:10-12; 7:22-23	—	13:22-30	—
149. 갈릴리를 떠나심	—	—	13:31-33	—
150. 예루살렘을 보시고 탄식하심	22:37-39	—	13:34-35	—
151. 수종병 든 사람을 고치심	—	—	14:1-6	—
152. 겸손에 대한 가르침	—	—	14:7-14	—
153. 큰 잔치에 관한 비유	22:1-14	—	14:15-24	—
154. 제자도의 대가(代價)	10:26-33, 37-39	—	14:25-35	—
155. 잃은 양과 잃은 동전에 관한 비유	18:12-14	—	15:1-10	—
156. 탕자 비유	—	—	15:11-32	—
157. 불의한 청지기 비유	6:24	—	16:1-13	—
158. 바리새인들의 외식	—	—	16:14-15	—
159. 율법과 이혼에 대하여	5:17-20, 31-32; 11:12-13	—	16:16-18	—
160. 부자와 나사로에 관한 비유	—	—	16:19-31	—
161. 실족하게 하는 죄에 대하여	18:6-9	9:42-48	17:1-2	—
162. 용서에 대하여	18:15,	—	17:3-4	—

IV. 유대에서의 예수의 공생애 사역

	마태	마가	누가	요한
197. 과부의 헌금	—	12:41-44	21:1-4	—
198. 성전 파괴에 관한 예고	24:1-3	13:1-4	21:5-7	—
199. 재림의 징조들	24:4-8	13:5-8	21:8-11	—
200. 재난들의 시작	24:9-14	13:9-13	21:12-19	14:26; 15:21; 16:2
201. 멸망의 가증한 것	24:15-22	13:14-20	21:20-24	—
202. 재난들의 절정	24:23-25	13:21-23	17:20-23	—
203. 인자의 날	24:26-28	—	17:23-24, 37	—
204. 인자의 재림	24:29-31	13:24-27	21:25-28	—
205. 무화과나무에 관한 비유	24:32-33	13:28-29	21:29-31	—
206. 재림의 때	24:34-36	13:30-32	21:32-33	—
207. 종말 설교에 대한 마가의 결미(結尾)	—	13:33-37	—	—
208. 종말 설교에 대한 누가의 결미(結尾)	—	—	21:34-36	—
209. 깨어 있으라고 명하심	24:37-41	—	17:26-27, 34-35	—
210. 깨어서 신실하게 행하라고 명하심	24:42-51	—	12:39-46	—
211. 열 처녀 비유	25:1-13	—	—	—
212. 달란트 비유	25:14-30	—	19:12-27	—
213. 최후의 심판	25:31-46		—	5:28-29
214. 예수께서 예루살렘에서 보내신 날들에 관한 요약	—	—	21:37-38	—

C. 수난 이야기

	마태	마가	누가	요한
215. 예수를 죽이고자 하는 음모	26:1-5	14:1-2	22:1-2	11:47-53
216. 베다니에서 한 여자가 예수의 머리에 향유를 부음	26:6-13	14:3-9	7:36-50	12:1-11
217. 가룟 유다의 배신	26:14-16	14:10-11	22:3-6	18:2-5
218. 제자들을 시켜 유월절을 준비하게 하심	26:17-19	14:12-16	22:7-13	—
219. 제자들의 발을 씻어 주심	—	—	—	13:1-20
220. 배신자	26:20-25	14:17-21	22:14, 21-23	13:21-30
221. 성찬식을 제정하심	26:26-29	14:22-25	22:15-20	
222. 최후의 말씀; 배신에 대한 예고; 하나님 나라에서 큰 자; 베드로가 부인할 것을 예언하심; 두 자루의 검	19:28; 20:25-28	10:42-45	22:21-38	13:4-5, 12-14, 36-38
223. 고별사와 중보기도	—	—	—	13:31-17:26
224. 겟세마네로 가심; 베드로가 부인할 것을 예언하심	26:30-35	14:26-31	22:39; 22:31-34	18:1; 13:36-38; 16:32
225. 겟세마네에서의 예수	26:36-46	14:32-42	22:40-46	18:1; 12:27; 14:3; 18:11

	마태	마가	누가	요한
226. 예수께서 붙잡히심	26:47-56	14:43-52	22:47-53	18:2-12, 20
227. 공회 앞에 서신 예수; 베드로가 예수를 부인함	26:57-75	14:53-72	22:54-71	18:13-27
228. 예수께서 빌라도에게 넘겨지심	27:1-2	15:1	23:1	18:28-32
229. 가룟 유다의 죽음	27:3-10	—	—	—
230. 빌라도 앞에서 심문을 받으심	27:11-14	15:2-5	23:2-5	18:33-37; 19:6,9-10
231. 헤롯 앞에 서신 예수	—	—	23:6-16	—
232. 예수께 사형이 선고됨	27:15-26	15:6-15	23:17-25	18:38-40; 19:4-16
233. 군인들이 예수를 희롱함	27:27-31	15:16-20	—	19:1-3
234. 골고다로 가는 길; 십자가에 달리심	27:32-44	15:21-32	23:26-43	19:17-24
235. 십자가 위에서 죽으시고 장사되심	27:45-61	15:33-47	23:44-56	19:25-42
236. 경비병들이 무덤을 지킴	27:62-66	—	—	

V. 부활

	마태	마가	누가	요한
237. 빈 무덤	28:1-10	16:1-11	24:1-12	20:1-18
238. 대제사장들이 경비병들을 돈으로 매수함	28:11-15	—		
239. 엠마오로 가던 두 제자에게 나타나심	—	16:12-13	24:13-35	—
240. 예루살렘에 나타나심	—	—	24:36-49	—
241. 제자들에게 두 번 나타나심	—	—	—	20:19-29
242. 디베랴 바다에서 나타나심	—	—		21:1-24
243. 갈릴리의 한 산에서 나타나심	28:16-20	16:14-16	—	—
244. 믿는 자들에게 따르는 표적들	—	16:17-18		—
245. 승천	—	16:19	24:50-53	—
246. 제자들이 전도하러 세상으로 나감	—	16:20		—
247. 복음에 대한 요한의 결론	—	—	—	20:30-31; 21:25

🔘 독자 여러분들께 알립니다!

'CH북스'는 기존 '크리스천다이제스트'의 영문명 앞 2글자와
도서를 의미하는 '북스'를 결합한 출판사의 새로운 이름입니다.

칼빈주석 18

요한복음

1판 1쇄 발행 2012년 3월 25일
1판 중쇄 발행 2024년 2월 1일

지은이 존 칼빈
옮긴이 박문재
발행인 박명곤 **CEO** 박지성 **CFO** 김영은
기획편집1팀 채대광, 김준원, 이승미, 이상지
기획편집2팀 박일귀, 이은빈, 강민형, 이지은
디자인팀 구경표, 구혜민, 임지선
마케팅팀 임우열, 김은지, 이호, 최고은

펴낸곳 CH북스
출판등록 제406-1999-000038호
전화 070-4917-2074 **팩스** 0303-3444-2136
주소 서울시 강서구 마곡중앙6로 40, 장흥빌딩 10층
홈페이지 www.hdjisung.com **이메일** support@hdjisung.com
제작처 영신사

ⓒ CH북스 2012